EXCEL

엑셀
피벗&파워 쿼리
바이블

최준선 지음

엑셀 피벗과
파워 쿼리를
다루는 거의
모든 기능

• 엑셀 데이터베이스 관리에 필요한 기초 기능부터 데이터 분석과 보고서 작성에 필요한 중·고급 기능까지 총정리
• 실무에서 바로 활용할 수 있는 수준 높은 예제

BIBLE

한빛미디어

지은이 최준선

마이크로소프트사의 엑셀 MVP로, 엑셀 강의 및 기업 업무 컨설팅과 집필 활동을 활발히 하고 있습니다. 네이버 엑셀 대표 카페인 '엑셀..하루에 하나씩(http://cafe.naver.com/excelmaster)'에서 체계적인 교육 프로그램인 '엑셀 마스터' 과정을 운영하고 있습니다. 주요 저서로는 《엑셀 2016 바이블》(한빛미디어, 2016), 《엑셀 2016 매크로&VBA 바이블》(한빛미디어, 2016), 《엑셀 함수&수식 바이블》(한빛미디어, 2015), 《엑셀 2013 바이블》(한빛미디어, 2013), 《회사에서 바로 통하는 엑셀 실무 데이터 분석》(한빛미디어, 2012), 《회사에서 바로 통하는 엑셀 2010 함수 이해&활용》(한빛미디어, 2012), 《엑셀 매크로&VBA 바이블》(한빛미디어, 2012), 《엑셀 2010 바이블》(한빛미디어, 2011) 등이 있습니다.

엑셀 피벗&파워 쿼리 바이블

초판 1쇄 발행 2017년 11월 5일
초판 5쇄 발행 2023년 8월 25일

지은이 최준선 / **펴낸이** 김태헌
펴낸곳 한빛미디어(주) / **주소** 서울시 서대문구 연희로2길 62 한빛미디어(주) IT출판1부
전화 02-325-5544 / **팩스** 02-336-7124
등록 1999년 6월 24일 제25100-2017-000058호 / **ISBN** 979-11-6224-008-3 13000

총괄 배윤미 / **책임편집** 배윤미 / **기획** 배윤미 / **편집** 신꽃다미 / **진행** 진명규
디자인 표지 김연정 내지 오정화 / **전산편집** 오정화
영업 김형진, 장경환, 조유미 / **마케팅** 박상용, 한종진, 이행은, 김선아, 고광일, 성화정, 김한솔 / **제작** 박성우, 김정우

이 책에 대한 의견이나 오탈자 및 잘못된 내용에 대한 수정 정보는 한빛미디어(주)의 홈페이지나 아래 이메일로 알려주십시오. 잘못된 책은 구입하신 서점에서 교환해 드립니다. 책값은 뒤표지에 표시되어 있습니다.

한빛미디어 홈페이지 www.hanbit.co.kr / 이메일 ask@hanbit.co.kr / 자료실 www.hanbit.co.kr/src/10008

Published by HANBIT Media, Inc. Printed in Korea
Copyright © 2017 최준선 & HANBIT Media, Inc.
이 책의 저작권은 최준선과 한빛미디어(주)에 있습니다.
저작권법에 의해 보호를 받는 저작물이므로 무단 복제 및 무단 전재를 금합니다.

지금 하지 않으면 할 수 없는 일이 있습니다.
책으로 펴내고 싶은 아이디어나 원고를 메일(writer@hanb.co.kr)로 보내주세요.
한빛미디어(주)는 여러분의 소중한 경험과 지식을 기다리고 있습니다.

머리말

엑셀의 꽃, 피벗 테이블

엑셀을 대표하는 가장 강력한 보고서 기능인 피벗 테이블은 대량의 데이터를 빠른 시간 안에 효율적으로 요약할 수 있어 엑셀 사용자라면 반드시 마스터해야 하는 기능으로, 특히 보고서 작업이 많거나 데이터 분석 업무를 하는 사용자에게는 필수적인 도구입니다. 하지만 많은 사용자들이 "보고서로 쓰기에 예쁘지 않다." 또는 "원하는 보고서를 쉽게 만들 수 없다."는 등의 이유로 외면하고 있는 기능이기도 합니다. 보고서가 예쁘지 않다는 주장에는 어느 정도 동감할 수 있지만, 이 문제는 피벗 테이블로 데이터를 요약한 후 그 값에 원하는 보고서 양식을 적용하면 간단하게 해결할 수 있습니다.

피벗 테이블 보고서를 쉽게 만들 수 없다고 하는 사용자들은 함수를 사용해 집계하는 것이 더 편리하다고 생각할 수 있습니다. 하지만 수식을 많이 사용한 파일은 끊임없이 연산을 실행하기 때문에 속도가 느려집니다. 또한 보고서를 만드는 데는 시간이 너무 오래 걸립니다. 이와 달리 피벗 테이블은 기존의 수식이나 다른 기능들에서 제공하지 못하는 유연함과 효율성을 갖추고 있습니다. 피벗 테이블로 보고서가 제대로 만들어지지 않는다면 엑셀로 데이터를 관리하면서 표를 올바르게 구성하지 못하고 있는 것입니다. 이 책에서는 엑셀로 데이터를 관리하는 방법부터 파워 쿼리를 활용한 표 변환 방법까지 피벗 테이블 보고서를 120% 사용할 수 있는 방법을 소개합니다.

데이터 관리의 혁신, 파워 쿼리

원하는 보고서가 피벗 테이블로 만들어지지 않거나 공부한 내용이 업무에 적용되지 않는다면 데이터를 관리하는 방법에 문제가 있을 수 있습니다. 데이터가 제대로 관리되어 있지 않으면 피벗 테이블의 강력한 기능을 온전히 사용할 수 없습니다. 이런 이유로 대부분의 엑셀 사용자가 피벗 테이블을 포함한 엑셀의 기능을 일부분만 사용하고 있습니다.

파워 쿼리는 이런 문제를 해결하기 위해 엑셀 2010 버전부터 제공된 기능입니다. 엑셀 2010, 2013 버전에서는 마이크로소프트사의 웹 사이트에서 다운로드해 설치해야 사용할 수 있는 추가 기능이지만, 2016 버전부터는 리본 메뉴의 [데이터] 탭-[가져오기 및 변환] 그룹에서 명령이 제공됩니다. 엑셀에서 추가 기능을 기본 기능으로 전환한 사례가 거의 없다는 점을 생각하면, 파워 쿼리는 마이크로소프트사에서 매우 중요하게 여기고 있는 기능이라는 것을 알 수 있습니다.

머리말

파워 쿼리를 이용하면 매크로를 사용하지 않고도 잘못 구성된 표를 원하는 표로 변환할 수 있으며, 여러 파일이나 시트에 흩어져 있는 표를 하나로 취합할 수 있습니다. 보수적인 사용자 입장에서는 만들어 놓은 표를 변환하는 것보다는 현 상황에서 문제를 해결하는 방법을 찾고 싶겠지만, 그러려면 매크로를 활용할 수밖에 없습니다. 파워 쿼리는 사용 전과 후를 극명하게 비교할 수 있을 정도로 사용자의 업무 환경을 극적으로 개선할 수 있는 기능입니다. 파워 쿼리에 익숙해지면 엑셀의 다른 기능을 사용할 때도 큰 시너지 효과를 얻을 수 있습니다.

관계와 데이터 모델, 빅데이터 시대를 맞는 엑셀의 변화

피벗 테이블의 현재 모습은 표면적으로는 과거의 엑셀 2003 버전 때와 크게 다르지 않습니다. 하지만 알게 모르게 많은 변화가 진행되었습니다. 엑셀 2013 버전부터 관계 기능과 데이터 모델을 이용해 엑셀 파일 자체적으로 데이터를 보관하는 방식에 변화를 꾀한 것이 대표적입니다. 관계와 데이터 모델을 활용하는 방법은 아는 사람만 알 수 있는 가장 큰 변화 중의 하나인데, 단순히 기능 하나가 추가된 정도가 아니라 피벗 테이블 보고서를 사용하는 트렌드를 바꿀 수 있는 대단한 변화라고 할 수 있습니다. 이는 흡사 워드와 엑셀을 사용하는 차이에 비견할 수 있을 정도의 큰 변화인데, 그것이 어느 정도인지 금방 체감되지는 않겠지만 이 책을 다 보고 나면 무슨 의미인지 이해할 수 있을 겁니다.

더 많은 데이터를, 더 효율적으로, 더 쉬운 방법으로 관리하고 활용할 수 있는 기술을 이 책을 통해 이해하고 습득하기를 바랍니다. 변화는 다소 불편하지만 익숙해지면 이전의 방법으로는 얻을 수 없는 큰 가치를 만끽할 수 있습니다.

카페에서 더 많은 정보를 얻고 교류할 수 있습니다

책에 아무리 많은 정보를 담고 싶어도 지면에는 한계가 있기 마련입니다. 또 책의 예제와 사용자가 실제 사용하는 데이터에는 차이가 있으므로 독학을 하다 보면 여러 가지 문제를 만날 겁니다. 저는 이런 문제를 공유하고 함께 해결하기 위해 2004년부터 '엑셀..하루에 하나씩(http://cafe.naver.com/excelmaster)' 카페를 운영하고 있습니다. 주변에 도움을 얻을 수 있는 분이 있다면 다행이지만, 그렇지 않다면 커뮤니티에 방문해 정보를 얻을 것을 권합니다. 다른 독자들과 함께 공부하면서 잘 이해되지 않는 부분이나 막히는 문제에 대해 언제든 조언을 구할 수 있습니다.

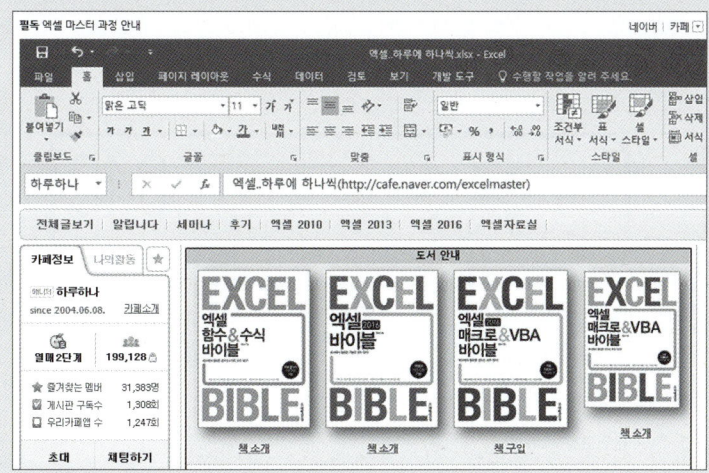

엑셀..하루에 하나씩(http://cafe.naver.com/excelmaster)

또한 카페에서는 이 책에 수록한 내용 이외에도 엑셀에 대한 다양한 추가 강좌가 제공되며, 독학하면서 어려움을 겪는 분들을 위해 '엑셀 마스터' 과정과 '파워 쿼리', '파워 피벗' 등의 다양한 오프라인 세미나도 운영되고 있습니다. 엑셀을 제대로 배우겠다고 마음먹었다면 많은 도움을 얻을 수 있을 겁니다.

아직도 못다한 이야기, 그리고 감사의 인사

"뭐 그렇게 자꾸 책을 쓰냐? 아직도 쓸 책이 있냐?"라고 핀잔을 주는 친구도 있습니다만, 공부는 끝이 없고 엑셀로 할 수 있는 일은 정말로 많습니다. 항상 더 알찬 주제로 만날 수 있도록 꾸준히 노력하겠습니다. 책을 선택하신 독자 여러분께 진심을 담아 감사의 인사를 전합니다. 책이 발간되기까지 수고를 아끼지 않은 배윤미 과장과 한빛미디어 출판사 관계자들께도 고생하셨다는 인사를 남깁니다. 끝으로 항상 건강하게 자라주는 하나, 하얀, 하운이와 함께 항상 옆을 지켜주는 동영에게 감사의 인사를 전합니다.

2017년 10월

최준선

이 책의 구성

SECTION
엑셀의 피벗과 파워 쿼리 등을 다룰 때 꼭 알고 있어야 할 기능을 모아 162개의 섹션(No.)으로 구성했습니다. 관련 기능에 대한 자세한 설명과 활용 방법을 소개합니다.

피벗 테이블 보고서 자동 갱신하기 048

피벗 테이블 보고서는 생성된 후 원본 테이블과의 연결이 끊어집니다. 그렇기 때문에 원본 데이터를 수정한 경우에는 피벗 테이블 보고서에서 반드시 [새로 고침] 명령을 클릭해야 수정된 내용이 반영됩니다. 피벗 테이블 보고서가 대용량 데이터를 분석해야 하는 기능이므로 이해할 수는 있지만 불편한 것은 사실입니다. 피벗 테이블 보고서를 자동으로 갱신하도록 해 보겠습니다.

예제 파일 PART 02 \ CHAPTER 05 \ 새로 고침.xlsx, 새로 고침 (코드).txt

새로 고침 이해하기

수식은 자신이 참조한 셀 값이 변경되면 자동으로 다시 연산을 하지만, 피벗 테이블 보고서는 참조한 셀 값이 변경되어도 자동으로 수정되지 않습니다. 이것은 대량의 데이터를 처리해야 하는 피벗 테이블의 단점이기도 합니다. 그러므로 원본 표의 데이터를 수정하면 피벗 테이블 보고서도 반드시 새로 고쳐야 합니다.

01 예제 파일의 '피벗' 시트를 열어 각 부서의 호봉별 직원 수를 집계한 피벗 테이블 보고서를 확인합니다. 원본 표를 수정한 후, 피벗 테이블 보고서가 변경된 내용을 제대로 집계해 표시하는지 확인해 보겠습니다.

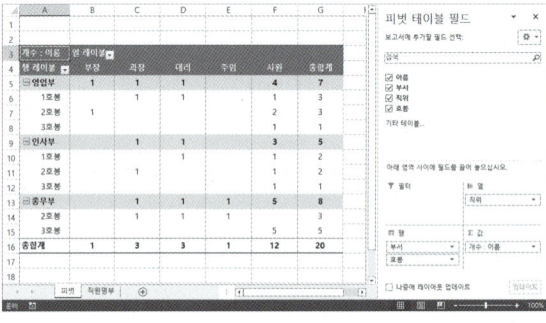

🔎 'No. 47 피벗 테이블 보고서 빠르게 초기화하는 방법'(172쪽)을 참고해 피벗 테이블 보고서를 초기화하고 동일한 피벗 테이블 보고서를 생성해 봅니다.

TIP 피벗 테이블 보고서를 보면 영업부는 사원이 네 명이고, 주임은 한 명도 없다는 사실을 알 수 있습니다.

추가 실습
앞서 공부한 기능을 참고해 더 많은 보고서를 작성할 수 있습니다. 추가 실습 과제를 수행하며 보고서를 더 능숙하게 작성할 수 있도록 활용합니다.

TIP
이론 학습이나 실습 중 혼동될 수 있는 부분을 짚거나, 알고 넘어가면 유용한 정보 등을 소개합니다.

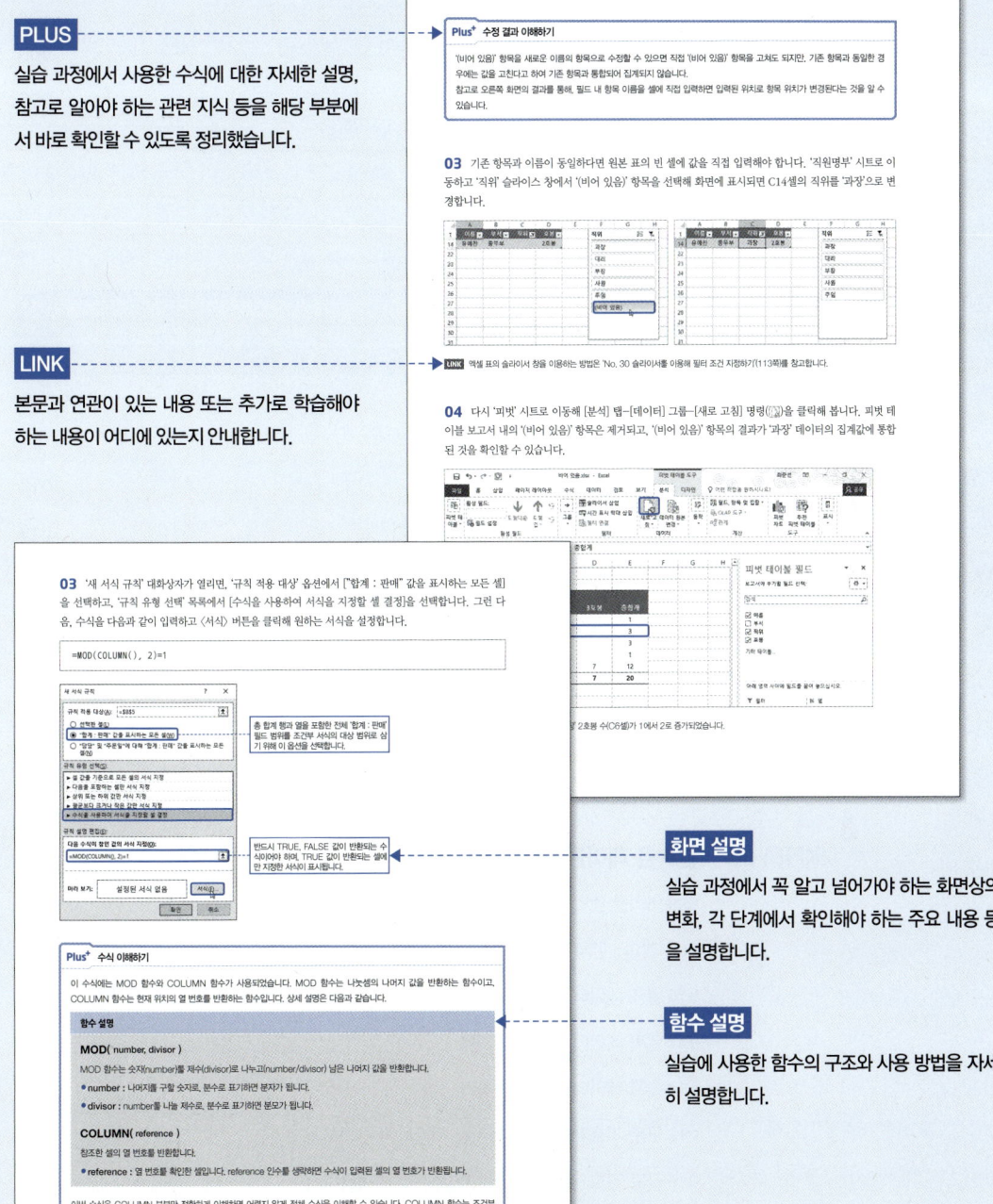

PLUS

실습 과정에서 사용한 수식에 대한 자세한 설명, 참고로 알아야 하는 관련 지식 등을 해당 부분에서 바로 확인할 수 있도록 정리했습니다.

LINK

본문과 연관이 있는 내용 또는 추가로 학습해야 하는 내용이 어디에 있는지 안내합니다.

화면 설명

실습 과정에서 꼭 알고 넘어가야 하는 화면상의 변화, 각 단계에서 확인해야 하는 주요 내용 등을 설명합니다.

함수 설명

실습에 사용한 함수의 구조와 사용 방법을 자세히 설명합니다.

CONTENTS

머리말	003
이 책의 구성	006

PART 01 엑셀 데이터 관리 방법

CHAPTER 01 표의 구분과 목적

001 데이터를 보관하는 표, 테이블	018
002 테이블의 특징을 정확하게 이해하기	019
003 데이터를 요약하는 표, 크로스-탭	022
004 크로스-탭을 위한 테이블 관리 방법	023
005 데이터를 보기 좋게 정리하는 표, 템플릿	026
006 테이블, 크로스-탭, 템플릿의 관계	027
007 잘못 구성된 테이블의 사례	028

CHAPTER 02 올바른 테이블 구성 방법

008 머리글 영역에 설정된 병합 제거하기	032
009 데이터 영역에 설정된 병합 제거하기	034
010 열의 데이터 형식 일치시키기	038
011 날짜 데이터 형식 변환하기	040
012 숫자 데이터 형식 변환하기	043
013 구분 기호가 있는 열 데이터 세분화해 관리하기	047
014 구분 기호가 없는 열 데이터 세분화해 관리하기	052
015 데이터를 대표하는 값이 입력된 키 열	056
016 키 값을 이용해 다른 표의 값 참조하기	058

017 유사한 데이터를 갖는 여러 열을 하나로 합치기   062
018 데이터의 성격에 맞게 표 분리하기   064

CHAPTER 03   표 등록 및 이름 정의

019 이름 상자를 이용해 표 범위를 이름으로 정의하기   068
020 OFFSET 함수를 사용해 표 범위를 이름으로 정의하기   072
021 일반 표를 엑셀 표로 등록하기   076
022 엑셀 표와 일반 표 구분하기   081
023 엑셀 표 등록 해제하기   083
024 엑셀 표의 스타일을 원하는 대로 설정하기   085
025 구조적 참조 이해하기   090
026 계산된 열 이해하기   093
027 텍스트, 날짜 값을 갖는 열에 필터 조건 지정하기   096
028 숫자 값이 입력된 열에 필터 조건 지정하기   103
029 열에 적용된 색상을 필터 조건으로 지정하기   107
030 슬라이서를 이용해 필터 조건 지정하기   109
031 슬라이서 창의 항목을 원하는 순서로 정렬하기   112

PART 02   피벗 테이블 보고서

CHAPTER 04   피벗 테이블 보고서 생성

032 피벗 테이블 보고서에서 사용하는 용어 이해하기   116
033 피벗 테이블 보고서 만드는 과정 이해하기   117

CONTENTS

034 피벗 테이블 보고서에 필드를 추가하는 방법   121

035 간단한 피벗 테이블 보고서 생성하기   126

036 외부 데이터 이해하기   131

037 액세스 데이터베이스를 이용해 피벗 테이블 보고서 만들기   134

038 다른 엑셀 파일을 이용해 피벗 테이블 보고서 만들기   137

039 관계 이해하기   139

040 1:1 관계 설정하기   141

041 1:다 관계 설정하기   146

042 관계와 VLOOKUP 함수의 차이   148

043 관계로 연결된 표를 피벗 테이블 보고서로 분석하기   152

044 관계 자동 검색 기능 이해하기   158

045 추천 피벗 테이블 보고서로 피벗 테이블 보고서 만들기   163

046 피벗 테이블 마법사를 이용해 피벗 테이블 보고서 만들기   165

CHAPTER 05   피벗 테이블 보고서 스킬

047 피벗 테이블 보고서 빠르게 초기화하는 방법   172

048 피벗 테이블 보고서 자동 갱신하기   174

049 피벗 테이블 보고서에 표시된 필드 이름 수정하기   179

050 행/열 영역 내 필드를 중첩 사용하기   182

051 필드 부분합 설정하기   186

052 필드 내 항목이 모두 표시되도록 설정하기   189

053 '(비어 있음)' 항목 제거하기   191

054 원본 표에서 삭제된 항목 피벗에서 제거하기   193

055 피벗 테이블 보고서의 필터 이해하기   196

056 조건에 맞는 상위 n개의 항목만 표시하기   198

057 필드 부분합에 항상 전체 항목의 집계 값 표시하기   202

058 필드 항목을 원하는 순서로 정렬하기   205

059 값 영역 필드의 집계 방법 이해하기   208

060 값 영역에서 고유 항목의 건수 세기 　　　　　　　　　　　211

061 값 영역의 값을 기준으로 고객 등급 표시하기 　　　　　　213

062 값 영역의 오류 값을 원하는 값으로 변경하기 　　　　　　215

063 불필요한 총합계 행/열 제거하기 　　　　　　　　　　　　219

064 피벗 테이블 보고서의 원본 데이터 확인하기 　　　　　　　220

065 필터 영역 내 필드 표시 방법 이해하기 　　　　　　　　　223

066 필터 영역을 슬라이서로 대체하기 　　　　　　　　　　　225

067 여러 피벗 테이블 보고서에서 슬라이서 창 공유하기 　　　228

068 시간 표시 막대 활용 방법 이해하기 　　　　　　　　　　231

069 피벗 테이블 보고서에 피벗 테이블 스타일 적용하기 　　　234

070 보고서 레이아웃 변경하기 　　　　　　　　　　　　　　238

071 기타 피벗 테이블 보고서 서식 설정 이해하기 　　　　　　240

072 GETPIVOTDATA 함수로 피벗 테이블 보고서 참조하기 　244

073 '피벗 테이블 필드' 작업 창 변경하기 　　　　　　　　　247

074 클래식 피벗 테이블 레이아웃 사용하기 　　　　　　　　　250

CHAPTER 06　피벗 테이블 보고서 고급 기술

075 계산 필드의 제한 사항 이해하기 　　　　　　　　　　　　254

076 계산 필드를 이용해 부가세 계산하기 　　　　　　　　　　256

077 함수를 사용해 만드는 계산 필드 　　　　　　　　　　　　258

078 값 영역의 금액 단위 조정하기 　　　　　　　　　　　　　263

079 계산 필드로 만들 수 없는 필드 이해하기 　　　　　　　　266

080 계산 필드 수정, 삭제하기 　　　　　　　　　　　　　　　269

081 계산 항목의 제한 사항 이해하기 　　　　　　　　　　　　271

082 계산 항목 생성하기 　　　　　　　　　　　　　　　　　　273

083 총합계 행/열을 계산 항목으로 대체하기 　　　　　　　　276

084 계산 항목의 계산 순서 변경하기 　　　　　　　　　　　　278

085 계산 필드와 계산 항목의 계산 우선순위 이해하기 　　　　282

086	파워 피벗 추가 기능 활성화하기	284
087	측정값을 이용해 계산 필드 생성하기	287
088	DAX 함수를 사용한 측정값 필드 생성하기	289
089	측정값 관리 방법 이해하기	291
090	그룹 필드 이해하기	293
091	날짜/시간 값이 입력된 필드의 그룹 필드 만들기	294
092	'주' 그룹 필드 만들기	300
093	'반기', '주', '요일' 필드 만들기	305
094	숫자 그룹 필드 만들기	308
095	원하는 항목만 선택해 그룹 필드 만들기	311
096	특정 날짜 기간을 비교 분석하기	314
097	임의의 숫자 구간을 그룹 필드로 묶어 분석하기	318
098	데이터 모델을 사용하는 피벗 테이블 보고서에서 날짜 그룹 필드 생성하기	322
099	데이터 모델을 사용하는 피벗 테이블 보고서에서 숫자 그룹 필드 생성하기	328
100	데이터 모델을 사용하는 피벗 테이블 보고서에서 텍스트 그룹 필드 생성하기	332
101	값 표시 형식 이해하기	334
102	전체 대비 비율 표시하기	336
103	상위 필드의 값 대비 비율 표시하기	338
104	누계, 누계 비율 표시하기	341
105	증감률 표시하기	345
106	순위 표시하기	349
107	인덱스를 이용해 상대적 중요도 확인하기	351

CHAPTER 07 시각화

108	조건부 서식의 사용 방법 이해하기	356
109	상위 n%에 해당하는 데이터 표시하기	362
110	데이터 막대를 이용해 숫자 값 크기 표시하기	365
111	데이터 막대만 표시하기	367

112 색조를 이용해 강조하기 370

113 아이콘 집합을 이용해 증감 표시하기 372

114 아이콘 집합을 이용해 상위 n개 데이터 체크하기 376

115 수식 조건을 사용해 원하는 위치에 서식 적용하기 379

116 피벗 차트의 제한 사항 이해하기 382

117 피벗 차트 생성하기 385

118 피벗 차트의 레이블 단위 조정하기 389

119 물결 차트 표시하기 391

120 계열 간 단위 차이가 큰 경우 콤보 차트로 구성하기 396

121 누적 막대형 그래프에 비율 표시하기 399

122 누적 막대형 그래프에 총합 표시하기 403

123 피벗 차트 표식에 회사 로고 삽입하기 407

124 꺾은선형 차트에 그라데이션 효과 넣기 409

125 피벗 차트와 피벗 테이블 보고서의 연동 끊기 412

PART 03 파워 쿼리

CHAPTER 08 파워 쿼리 소개

126 파워 쿼리 설치하기 416

127 엑셀 2010, 2013 버전과 2016 버전의 명령 위치 비교 419

128 피벗 테이블 보고서를 사용하기 어려운 표 살펴보기 421

129 파워 쿼리를 이용해 표 변환하기 424

130 자동 필터를 이용해 쿼리 편집기에 연결하기 429

	131 엑셀 표로 등록해 쿼리 편집기에 연결하기	433
	132 쿼리 편집기의 데이터 형식 변경 이해하기	436
	133 쿼리 편집기의 '적용된 단계' 이해하기	442
	134 쿼리의 로드 방법 이해하기	448
	135 로드 방법 변경하기	451
	136 쿼리에서 로드된 표 연결 끊기	453

CHAPTER 09 외부 데이터 가져오기

137 다른 엑셀 파일의 표 가져오기	458
138 액세스 데이터베이스에서 데이터 가져오기	464
139 텍스트 파일에서 데이터 가져오기	467
140 웹 사이트의 데이터 가져오기	471
141 XML 파일에서 데이터 가져오기	475
142 특정 폴더 내 파일 정보 가져오기	479
143 폴더를 변경하거나 파일 이름을 수정한 경우 데이터 원본 재설정하기	482

CHAPTER 10 쿼리 편집기의 표 변환 명령 이해하기

144 쿼리를 복제하거나 참조해 새로 만들기	486
145 중복 없이 고유한 항목 값을 갖는 표로 변환하기	489
146 쿼리에서 열을 나누고 간단하게 요약하기	492
147 매개 변수를 이용해 시나리오 설계하기	496
148 행/열 바꿈, 피벗 열, 열 피벗 해제의 차이	502
149 계산된 열 생성하기	507

CHAPTER 11 병합과 추가 이해하기

150 여러 형식의 표를 하나로 통합해 분석하기	520
151 두 개의 표를 관계로 연결해 병합하기	536
152 폴더 내 텍스트 파일을 하나로 합치기	544

153	폴더 내 엑셀 파일을 하나로 합치기	**552**
154	특정 파일의 시트를 하나로 합치기	**562**
155	현재 파일의 표를 하나로 합치기	**571**

CHAPTER 12 **다양한 실무 표 변환 사례**

156	셀에 입력된 값을 구분해 고유한 단어가 얼마나 입력됐는지 확인하기	**576**
157	평가 항목을 점수 표와 매칭해 직원 평가하기	**581**
158	참조하기 좋은 형태로 표 변환하기	**588**
159	변환된 표를 원하는 방식으로 정렬해 표시하기	**595**
160	웹 데이터를 입맛에 맞게 편집하기	**600**
161	판매처별 실적을 하나로 통합해 분석하기	**606**
162	월 시트별 판매 내역을 판매대장으로 변환하기	**614**

PART 01

엑셀 피벗&파워 쿼리 바이블

엑셀 데이터 관리 방법

엑셀을 이용해 업무를 처리하는 사용자는 더 쉽고 빠르게 주어진 일을 해결할 수 있길 바랍니다.
하지만 여러 가지 엑셀 기능을 배워 업무 서식에 적용해 보아도
작업 속도는 좀처럼 빨라지지 않습니다. 이유가 무엇일까요?
근본적인 이유를 하나만 들자면, 우리가 만드는 표를 컴퓨터가 어떻게 이해하고 컨트롤하는지
그 원리에 대한 이해가 부족하기 때문입니다.
마치 스포츠 경기의 규칙을 정확하게 이해하지 못한 상태에서 경기를 하는 것과도 같습니다.
이 상태에서는 업무 자동화를 이루지 못하고 수작업으로 처리해야 하는 일은 계속 쌓이므로
늘 업무량이 과도하다는 생각이 듭니다.
PART 01에서는 엑셀에서 데이터를 관리하는 방법에 대해 전반적으로 필요한 내용을
자세하게 설명할 것입니다. 천천히 일독할 것을 권합니다.

CHAPTER 01

표의 구분과 목적

엑셀 워크시트에서는 자유롭게 표를 구성할 수 있고
만들 수 있는 표의 종류 역시 다양할 것 같지만,
그 모든 표는 결국 다음 세 가지 종류로 구분할 수 있습니다.

- 테이블(Table)
- 크로스-탭(Cross-Tab)
- 서식(Template)

각 표가 어떻게 구성되고 어떤 기능을 하는지에 대해서는 하나씩 따로 설명을 할 것입니다.
엑셀에서 만드는 표는 이 셋 중 하나일 수밖에 없습니다.
제대로 일을 하려면 내가 사용하는 표가 어떤 종류인지 알고, 컴퓨터가 해당 표를 어떻게 인식하고 관리하는지 알아야 합니다.

컴퓨터에는 인간이 입력한 데이터를 처리할 수 있도록,
표가 어떻게 만들어질 것이라고 암묵적으로 정해져 있는 규칙이 있습니다.
컴퓨터는 인간이 다른 인간과 소통하기 위해 만든 것이기 때문에
여러 규칙이 적용되어 있으며, 표도 이 중 하나일 수밖에 없습니다.
그러므로 업무를 손쉽게 해결하려면 목적에 맞는 표를 구성할 수 있어야 합니다.
여기서는 사용자가 만들 수 있는 표의 종류에 대해 설명하고, 각 표의 목적을 알아봅니다.

데이터를 보관하는 표, 테이블

001

테이블(Table)은 데이터베이스에서 사용하는 표를 지칭하는 용어로, 데이터 보관, 관리 등의 목적으로 만드는 표를 의미합니다. 사용자 입장에서 흔하게 접하는 표는 아니지만, 전산 프로그램에서 엑셀로 데이터를 보내는 경우에는 일반적으로 테이블 구조로 표를 만듭니다. 데이터 관리를 하는 데 있어 가장 중요한 표이므로 컴퓨터로 업무를 하는 사용자라면 꼭 이해하고 있어야 합니다.

예제 파일 PART 01 \ CHAPTER 01 \ 테이블.xlsx

가장 대표적인 테이블의 형태는 다음과 같습니다.

	A	B	C	D	E	F	G	H
1	거래번호	고객	담당	제품	단가	수량	할인율	판매
2	N-0705	S&C무역 ㈜	오서윤	컬러레이저복사기 XI-3200	1,176,000	3	15%	2,998,800
3	N-0705	S&C무역 ㈜	오서윤	바코드 Z-350	48,300	3	0%	144,900
4	N-0705	S&C무역 ㈜	오서윤	잉크젯팩시밀리 FX-1050	47,400	3	0%	142,200
5	N-0706	드림씨푸드 ㈜	박현우	프리미엄복사지A4 2500매	17,800	9	0%	160,200
6	N-0706	드림씨푸드 ㈜	박현우	바코드 BCD-100 Plus	86,500	7	0%	605,500
7	N-0707	자이언트무역 ㈜	정시우	고급복사지A4 500매	3,500	2	0%	7,000
8	N-0707	자이언트무역 ㈜	정시우	바코드 Z-350	46,300	7	0%	324,100
9	N-0707	자이언트무역 ㈜	정시우	바코드 BCD-100 Plus	104,500	8	0%	836,000
10	N-0708	진왕통상 ㈜	오서윤	잉크젯복합기 AP-3300	79,800	1	0%	79,800
11	N-0708	진왕통상 ㈜	오서윤	잉크젯복합기 AP-3200	89,300	8	0%	714,400
12	N-0708	진왕통상 ㈜	오서윤	고급복사지A4 500매	4,100	7	0%	28,700
13	N-0709	삼양트레이드 ㈜	김민준	잉크젯복합기 AP-3200	79,500	2	0%	159,000
14	N-0709	삼양트레이드 ㈜	김민준	레이저복합기 L200	165,300	3	0%	495,900
15	N-0709	삼양트레이드 ㈜	김민준	고급복사지A4 500매	3,600	8	0%	28,800
16								

A1:H1 범위(1행)에는 각 열의 제목(머리글)이 입력되어 있고, A2:H15 범위(2행부터)에는 실제 데이터가 입력되어 있습니다. 이런 표를 '테이블'이라고 하며, 테이블의 유형을 다이어그램으로 표시하면 다음과 같습니다.

제목	제목	제목	제목
값	값	값	값
값	값	값	값
값	값	값	값

첫 번째 행에는 각 열의 제목이 입력됩니다. 엑셀에서 제목은 '머리글'이라고 하며, 이 경우 열을 대표하는 제목이라 하여 '열 머리글'이라고 합니다.

두 번째 행부터 입력된 값이 표의 데이터입니다.

테이블은 모든 전산 업무의 가장 기초가 되는 표입니다. 이런 방식으로 데이터가 기록되어 있어야 엑셀을 비롯한 대부분의 응용 프로그램에서 쉽게 업무를 자동화할 수 있습니다.

테이블의 특징을 정확하게 이해하기 002

오피스(Office) 프로그램 중에서 테이블을 메인으로 사용하는 프로그램은 액세스(Access)입니다. 액세스는 SQL Server나 Oracle과 같은 데이터베이스 관리 프로그램으로, 데이터를 저장하고 관리하기 위해 사용합니다. 테이블은 데이터베이스에 익숙하지 않은 엑셀 사용자에게는 조금 낯선 표입니다. 이 표를 좀 더 잘 이해하기 위해 주의해야 하는 상황에 대해 알아보겠습니다.

예제 파일 PART 01 \ CHAPTER 01 \ 테이블.xlsx

첫째, 머리글은 반드시 첫 번째 행에만 입력합니다.

다음 표와 같이 머리글이 1행에만 입력된 것이 올바른 테이블입니다.

	A	B	C	D	E	F	G	H
1	거래번호	고객	담당	제품	단가	수량	할인율	판매
2	N-0705	S&C무역 ㈜	오서윤	컬러레이저복사기 XI-3200	1,176,000	3	15%	2,998,800
3	N-0705	S&C무역 ㈜	오서윤	바코드 Z-350	48,300	3	0%	144,900
4	N-0705	S&C무역 ㈜	오서윤	잉크젯팩시밀리 FX-1050	47,400	3	0%	142,200

하지만, 실제로는 다음과 같이 1:2행에 걸쳐 머리글을 입력한 표를 흔하게 볼 수 있습니다.

	A	B	C	D	E	F	G	H
1	메인 정보			상세 정보				
2	거래번호	고객	담당	제품	단가	수량	할인율	판매
3	N-0705	S&C무역 ㈜	오서윤	컬러레이저복사기 XI-3200	1,176,000	3	15%	2,998,800
4	N-0705	S&C무역 ㈜	오서윤	바코드 Z-350	48,300	3	0%	144,900
5	N-0705	S&C무역 ㈜	오서윤	잉크젯팩시밀리 FX-1050	47,400	3	0%	142,200

이렇게 여러 행에 걸쳐 머리글이 입력된 표는 테이블이라고 할 수 없으며, 이 상태에서는 엑셀의 일부 기능을 제대로 활용하지 못합니다. 그런데도 사용자들이 이런 방식으로 표를 구성하는 이유는 워드에서 표를 만들던 방식을 엑셀에서도 사용하기 때문일 겁니다. 엑셀을 제대로 활용하고 싶은 사용자라면 반드시 첫 번째 행에만 머리글을 입력해야 합니다.

둘째, 새 데이터를 추가할 때 반드시 행 방향으로 입력하는 구조여야 합니다.

테이블에 데이터를 추가할 때, 행 방향(아래쪽)으로 데이터를 입력하도록 되어 있어야 합니다. 예를 들어 표를 다음과 같이 구성하면, 새 판매 내역을 추가할 때 A16셀에 새로운 거래번호를 입력하고, 고객 데이터는 B16셀에, 영업 담당자는 C16셀에 순서대로 입력해야 합니다.

	A	B	C	D	E	F	G	H
1	거래번호	고객	담당	제품	단가	수량	할인율	판매
2	N-0705	S&C무역 ㈜	오서윤	컬러레이저복사기 XI-3200	1,176,000	3	15%	2,998,800
3	N-0705	S&C무역 ㈜	오서윤	바코드 Z-350	48,300	3	0%	144,900
4	N-0705	S&C무역 ㈜	오서윤	잉크젯팩시밀리 FX-1050	47,400	3	0%	142,200
5	N-0706	드림씨푸드 ㈜	박현우	프리미엄복사지A4 2500매	17,800	9	0%	160,200
6	N-0706	드림씨푸드 ㈜	박현우	바코드 BCD-100 Plus	86,500	7	0%	605,500
7	N-0707	자이언트무역 ㈜	정시우	고급복사지A4 500매	3,500	2	0%	7,000
8	N-0707	자이언트무역 ㈜	정시우	바코드 Z-350	46,300	7	0%	324,100
9	N-0707	자이언트무역 ㈜	정시우	바코드 BCD-100 Plus	104,500	8	0%	836,000
10	N-0708	진왕통상 ㈜	오서윤	잉크젯복합기 AP-3300	79,800	1	0%	79,800
11	N-0708	진왕통상 ㈜	오서윤	잉크젯복합기 AP-3200	89,300	8	0%	714,400
12	N-0708	진왕통상 ㈜	오서윤	고급복사지A4 500매	4,100	7	0%	28,700
13	N-0709	삼양트레이드 ㈜	김민준	잉크젯복합기 AP-3200	79,500	2	0%	159,000
14	N-0709	삼양트레이드 ㈜	김민준	레이저복합기 L200	165,300	3	0%	495,900
15	N-0709	삼양트레이드 ㈜	김민준	고급복사지A4 500매	3,600	8	0%	28,800
16	N-0710							
17								

TIP 표에 새 데이터를 추가할 때는 항상 행 방향(아래쪽)으로 입력합니다. 화면에서는 새 데이터를 입력하기 위해 A16셀에 새 거래번호를 입력합니다.

하지만 이런 표는 A:C열(거래번호, 고객, 담당)과 같은 몇몇 열에 중복 데이터를 계속해서 입력해야 하기 때문에 불편한 점이 있습니다. 그래서 어떤 사용자들은 표를 다음과 같이 구성하기도 합니다.

	A	B	C	D	E	F	G	H
1	고객	담당	1월 1일		1월 2일		1월 3일	
2			제품	수량	제품	수량	제품	수량
3	S&C무역 ㈜	오서윤	컬러레이저복사기 XI-3200	10			바코드 Z-350	
4	드림씨푸드 ㈜	박현우	프리미엄복사지A4 2500매	12	바코드 BCD-100 Plus	10		
5	자이언트무역 ㈜	정시우	바코드 BCD-100 Plus	5			고급복사지A4 500매	4
6	진왕통상 ㈜	오서윤	잉크젯복합기 AP-3200	15			잉크젯복합기 AP-3300	20
7	삼양트레이드 ㈜	김민준	레이저복합기 L200	8	잉크젯복합기 AP-3200	15	고급복사지A4 500매	10
8								

TIP C1:H1 범위의 날짜에서 확인할 수 있듯이, 표에 열 방향(오른쪽)으로 데이터를 입력하게 되어 있습니다.

위 표는 중복을 최소화하기 위해 데이터를 열 방향(오른쪽)으로 입력하도록 구성되어 있습니다. 이렇게 하면 입력할 때의 수고는 줄일 수 있을지 모르지만, 테이블 구조의 표가 아니므로 엑셀에서 제공하는 여러 기능을 효율적으로 사용할 수 없습니다.

셋째, 중복이 발생해도 모든 데이터를 입력해야 합니다.

테이블에는 구조상 동일한 데이터를 반복해서 입력할 수밖에 없습니다. 데이터를 중복해서 입력하지 않기 위해 엑셀 사용자들은 다음 두 가지 방법을 주로 사용합니다.

병합 기능을 사용한 경우

	A	B	C	D	E	F	G	H
1	거래번호	고객	담당	제품	단가	수량	할인율	판매
2	N-0705	S&C무역㈜	유준혁	컬러레이저복사기 XI-3200	1,176,000	3	15%	2,998,800
3				바코드 Z-350	48,300	3	0%	144,900
4				잉크젯팩시밀리 FX-1050	47,400	3	0%	142,200
5	N-0706	드림씨푸드㈜	박현우	프리미엄복사지A4 2500매	17,800	9	0%	160,200
6				바코드 BCD-100 Plus	86,500	7	0%	605,500
7	N-0707	자이언트무역㈜	최서현	고급복사지A4 500매	3,500	2	0%	7,000
8				바코드 Z-350	46,300	7	0%	324,100
9				바코드 BCD-100 Plus	104,500	8	0%	836,000
10	N-0708	진왕통상㈜	박지훈	잉크젯복합기 AP-3300	79,800	1	0%	79,800
11				잉크젯복합기 AP-3200	89,300	8	0%	714,400
12				고급복사지A4 500매	4,100	7	0%	28,700
13	N-0709	삼양트레이드㈜	최서현	잉크젯복합기 AP-3200	79,500	2	0%	159,000
14				레이저복합기 L200	165,300	3	0%	495,900
15				고급복사지A4 500매	3,600	8	0%	28,800

병합은 여러 셀을 하나의 셀처럼 사용할 수 있도록 하는 기능인데, 이 경우 셀 값은 병합된 모든 셀의 왼쪽 상단 첫 번째 셀에만 남고 나머지 셀은 비게 됩니다. 위 표를 예로 들면 A2:C4 범위에서 첫 번째 행인 A2:C2 범위에는 값이 저장되어 있고 A3:C4 범위는 비어 있습니다.

입력을 생략한 경우

	A	B	C	D	E	F	G	H
1	거래번호	고객	담당	제품	단가	수량	할인율	판매
2	N-0705	S&C무역㈜	유준혁	컬러레이저복사기 XI-3200	1,176,000	3	15%	2,998,800
3				바코드 Z-350	48,300	3	0%	144,900
4				잉크젯팩시밀리 FX-1050	47,400	3	0%	142,200
5	N-0706	드림씨푸드㈜	박현우	프리미엄복사지A4 2500매	17,800	9	0%	160,200
6				바코드 BCD-100 Plus	86,500	7	0%	605,500
7	N-0707	자이언트무역㈜	최서현	고급복사지A4 500매	3,500	2	0%	7,000
8				바코드 Z-350	46,300	7	0%	324,100
9				바코드 BCD-100 Plus	104,500	8	0%	836,000
10	N-0708	진왕통상㈜	박지훈	잉크젯복합기 AP-3300	79,800	1	0%	79,800
11				잉크젯복합기 AP-3200	89,300	8	0%	714,400
12				고급복사지A4 500매	4,100	7	0%	28,700
13	N-0709	삼양트레이드㈜	최서현	잉크젯복합기 AP-3200	79,500	2	0%	159,000
14				레이저복합기 L200	165,300	3	0%	495,900
15				고급복사지A4 500매	3,600	8	0%	28,800

병합 기능을 사용한 표와 비교하면, 값이 입력된 부분과 입력되지 않은 부분이 명확하게 구분됩니다. 보기에 깔끔하지 않다는 것을 제외하면 병합 기능을 사용한 표와 완전히 같습니다. 참고로 엑셀에서는 데이터를 행별로 읽어 들이므로 2행의 데이터는 S&C무역㈜와 거래한 데이터라는 것을 알 수 있지만, 3행의 데이터는 누구와 거래한 내역인지 컴퓨터가 인식하지 못합니다.

테이블을 구성해 데이터를 기록하려고 한다면 위 두 가지 표는 반드시 피해야 합니다. 중복 데이터가 발생하더라도 제대로 데이터를 입력하는 습관을 들여야 합니다.

> **TIP** 중복되지 않도록 테이블을 구성할 수는 없나요?
> 엑셀로 중복이 발생하지 않도록 테이블을 구성하는 일은 한계가 있습니다. 'No. 18 데이터의 성격에 맞게 표 분리하기'(64쪽)를 보면 중복을 배제하는 방법을 확인할 수 있지만 그 방법을 사용하려면 사용자가 많은 부분을 신경 써야 합니다. 그러므로 중복되지 않도록 테이블을 구성하는 것이 목표라면 엑셀보다는 액세스와 같은 데이터베이스 관리 프로그램을 사용할 것을 추천합니다.

데이터를 요약하는 표, 크로스-탭

003

테이블은 데이터를 기록하고 관리하기에는 유용한 표이지만, 데이터가 많아질수록 확인 작업이 불편해집니다. 그래서 데이터를 요약해 표시하는 집계표가 필요한데, 이 표가 바로 크로스-탭(Cross-Tab)입니다. 엑셀은 크로스-탭을 가장 잘 만들 수 있는 프로그램으로서, 이 책의 주제인 피벗 테이블이 바로 크로스-탭 형식의 표를 가장 효율적으로 만드는 기능입니다.

예제 파일 PART 01 \ CHAPTER 01 \ 크로스 탭.xlsx

크로스-탭은 테이블 표의 데이터를 요약(집계)할 때 만드는 표로, 구조는 다음과 같습니다.

영업사원별 상반기 판매 실적 집계표

월 사원	1월	2월	3월	1사분기	4월	5월	6월	2사분기	상반기
박지훈	410	104	550	1,064	430	372	494	1,296	2,360
유준혁	887	291	614	1,792	686	490	1,119	2,295	4,087
이서연	244	206	239	689	246	393	632	1,271	1,960
김민준	232	646	216	1,094	518	213	508	1,239	2,333
최서현	377	150	188	715	451	274	251	976	1,691
박현우	226	261	612	1,099	227	232	49	508	1,607
정시우	294	98	93	485	280	222	107	609	1,094
이은서	266	474	309	1,049	566	681	746	1,993	3,042
오서윤	769	699	672	2,140	965	736	938	2,639	4,779
합계	3,705	2,929	3,493	10,127	4,369	3,613	4,844	12,826	22,953

TIP 2:3행은 표의 제목 부분으로 표와는 무관합니다.

영업사원의 월별 실적을 집계한 위 표를 보면, C5:K5 범위(첫 번째 행)는 각 열의 제목(열 머리글)이고, B6:B15 범위(첫 번째 열)는 각 행의 제목(행 머리글)입니다. C6:K15 범위에는 테이블 표의 값을 집계한 데이터가 있으며, B5셀의 값은 열 머리글과 행 머리글을 설명하는 제목입니다. 이 표를 다이어그램으로 나타내면 다음과 같습니다.

	제목	제목	제목
제목	집계 값	집계 값	집계 값
제목	집계 값	집계 값	집계 값
제목	집계 값	집계 값	집계 값

첫 번째 행의 값은 열 머리글입니다.

열 머리글과 행 머리글이 교차(Cross)하는 위치에 테이블의 값을 집계한 요약 값이 들어갑니다.

첫 번째 열의 값은 행의 제목이라는 뜻에서 '행 머리글'이라고 합니다.

크로스-탭은 테이블이 있어야 쉽게 만들 수 있으며, 엑셀에는 크로스-탭을 생성, 관리하기 위한 다양한 기능이 제공됩니다.

크로스-탭을 위한 테이블 관리 방법

크로스-탭을 만들려면 반드시 테이블이 있어야 하며, 테이블이 잘못 관리되고 있으면 크로스-탭을 만들기가 쉽지 않습니다. 그러므로 크로스-탭을 만드는 일은 테이블을 제대로 관리하는 데서 출발한다고 할 수 있습니다.

예제 파일 PART 01 \ CHAPTER 01 \ 테이블-분리.xlsx, 크로스-탭-빈셀.xlsx

첫째, 테이블을 분리하지 않습니다.

엑셀을 사용하다 보면 관리하기 편하도록 테이블을 시트 또는 파일별로 나눠 만드는 경우가 많습니다. 하지만 이렇게 분리된 표의 데이터를 모두 취합해 원하는 모양의 크로스-탭으로 만드는 작업은 수월하지 않습니다.

'테이블-분리.xlsx' 파일을 열어 보면, 판매내역이 월별로 다른 시트에 입력되어 있습니다. 즉 테이블이 '1월' ~ '6월'의 여섯 시트로 분리되어 있습니다.

	A	B	C	D	E	F	G	H	I	J
1	거래번호	고객	담당	주문일	분류	제품	단가	수량	할인율	판매
2	N-1043	송현식품 ㈜	최서현	2017-01-02	복사용지	고급복사지A4 1000매	5,800	2	0%	11,600
3	N-1044	미래백화점	박현우	2017-01-03	바코드스캐너	바코드 BCD-300 Plus	98,700	1	0%	98,700
4	N-1044	미래백화점	박현우	2017-01-03	복사용지	복사지A4 1000매	5,600	7	0%	39,200
5	N-1045	세호상사 ㈜	김민준	2017-01-03	복합기	무한잉크젯복합기 AP-3300W	117,000	5	0%	585,000
6	N-1045	세호상사 ㈜	김민준	2017-01-03	복합기	레이저복합기 L950	582,400	2	5%	1,106,560
7	N-1045	세호상사 ㈜	김민준	2017-01-03	바코드스캐너	바코드 Z-750	59,400	3	0%	178,200
8	N-1046	동오무역 ㈜	유준혁	2017-01-04	제본기	와이어제본기 WC-5500	111,700	2	5%	212,230
9	N-1046	동오무역 ㈜	유준혁	2017-01-04	복사기	컬러레이저복사기 XI-2000	833,000	4	15%	2,832,200
10	N-1046	동오무역 ㈜	유준혁	2017-01-05	팩스	잉크젯팩시밀리 FX-1000	41,400	6	5%	235,980
11	N-1046	동오무역 ㈜	유준혁	2017-01-05	복사용지	복사지A4 1000매	6,200	7	5%	41,230
12	N-1046	동오무역 ㈜	유준혁	2017-01-05	복사기	흑백레이저복사기 TLE-9000	878,600	3	10%	2,372,220
13	N-1047	송화상사 ㈜	정시우	2017-01-05	출퇴근기록기	도트 TIC-10A	4,000	4	0%	16,000
14	N-1047	송화상사 ㈜	정시우	2017-01-05	복사용지	고급복사지A4 1000매	7,000	9	0%	63,000
15	N-1048	뉴럴네트워크 ㈜	박지훈	2017-01-06	복사기	흑백레이저복사기 TLE-5000	505,500	3	5%	1,440,675
16	N-1048	뉴럴네트워크 ㈜	박지훈	2017-01-06	복사기	컬러레이저복사기 XI-2000	969,000	2	5%	1,841,100
17	N-1048	뉴럴네트워크 ㈜	박지훈	2017-01-06	복사용지	고급복사지A4 1000매	6,600	2	5%	12,540

엑셀에는 이렇게 떨어져 있는 테이블을 하나로 취합해 크로스-탭으로 만드는 기능이 없으므로 가급적 하나의 시트에 데이터를 누적해야 합니다. 기존 데이터를 하나로 합치는 작업을 하려면 다음 쪽의 '여러 개로 분리된 표를 하나로 합치기'를 참고하기 바랍니다.

> **Plus⁺ 여러 개로 분리된 표를 하나로 합치기**
>
> 여러 개로 분리된 경우라면 개별 워크시트 또는 파일별로 나누어져 있을 겁니다. 이런 경우에 표를 하나로 합치려면 매크로나 파워 쿼리를 이용할 수 있어야 합니다. 매크로는 이 책의 설명 범주를 뛰어넘으므로 소개하기 어렵고, 파워 쿼리를 이용하는 방법은 CHAPTER 11에서 자세하게 설명하고 있습니다.

둘째, 셀을 비워 두지 말고 값을 정확하게 입력합니다.

피벗 테이블을 이용해 크로스–탭을 만들면 테이블의 데이터 중 중복되지 않은 항목으로 머리글이 구성됩니다. 그러므로 테이블을 만들 때는 셀을 비워 두지 말고 값을 정확하게 입력하는 것이 좋습니다.

'크로스–탭–빈셀.xlsx' 파일을 열어 보면 J열에 입금 여부가 대문자 O와 빈 셀로 구분되어 있습니다. 대문자 O는 '입력'을, 빈 셀은 '미입력'을 의미하는데, 편리하게 입력하려고 이렇게 열을 구성하는 경우가 종종 있습니다.

	A	B	C	D	E	F	G	H	I	J
1	거래번호	고객	담당	분류	제품	단가	수량	할인율	판매	입금여부
2	N-0705	S&C무역 ㈜	오서윤	복사기	컬러레이저복사기 XI-3200	1,176,000	3	15%	2,998,800	O
3	N-0705	S&C무역 ㈜	오서윤	바코드스캐너	바코드 Z-350	48,300	3	0%	144,900	O
4	N-0705	S&C무역 ㈜	오서윤	팩스	잉크젯팩시밀리 FX-1050	47,400	3	0%	142,200	O
5	N-0706	드림씨푸드 ㈜	박현우	복사용지	프리미엄복사지A4 2500매	17,800	9	0%	160,200	O
6	N-0706	드림씨푸드 ㈜	박현우	바코드스캐너	바코드 BCD-100 Plus	86,500	7	0%	605,500	O
7	N-0707	자이언트무역	정시우	복사용지	고급복사지A4 500매	3,500	2	0%	7,000	O
8	N-0707	자이언트무역	정시우	바코드스캐너	바코드 Z-350	46,300	7	0%	324,100	O
9	N-0707	자이언트무역	정시우	바코드스캐너	바코드 BCD-100 Plus	104,500	8	0%	836,000	
10	N-0708	진왕통상 ㈜	오서윤	복합기	잉크젯복합기 AP-3300	79,800	1	0%	79,800	O
11	N-0708	진왕통상 ㈜	오서윤	복합기	잉크젯복합기 AP-3200	89,300	8	0%	714,400	
12	N-0708	진왕통상 ㈜	오서윤	복사용지	고급복사지A4 500매	4,100	7	0%	28,700	
13	N-0709	삼양트레이드 ㈜	김민준	복합기	잉크젯복합기 AP-3200	79,500	2	0%	159,000	O
14	N-0709	삼양트레이드 ㈜	김민준	복합기	레이저복합기 L200	165,300	3	0%	495,900	
15	N-0709	삼양트레이드 ㈜	김민준	복사용지	고급복사지A4 500매	3,600	8	0%	28,800	O
16										

그런데 위 표로 피벗 테이블 보고서를 만들고 입금/미입금 현황을 집계하면 다음과 같은 보고서가 표시됩니다. A4:A5 범위의 머리글이 어떤 의미인지 이해하기 쉽지 않습니다.

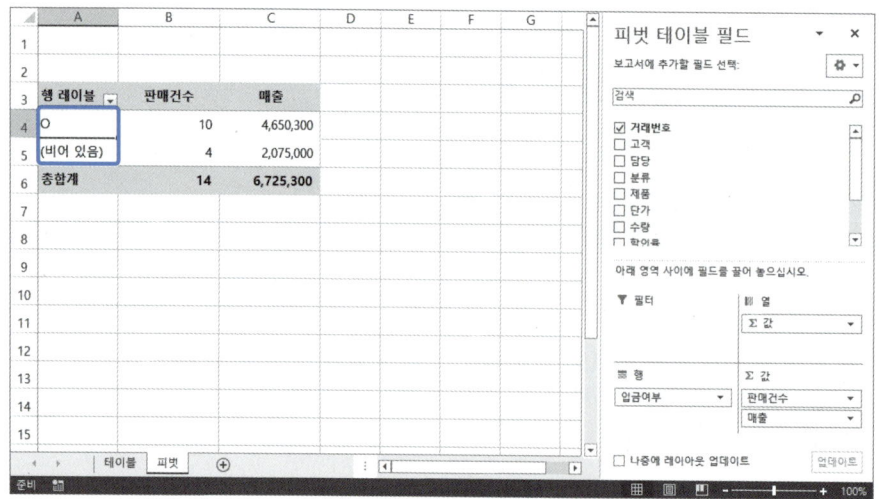

테이블의 항목은 피벗 테이블과 같은 크로스-탭에서는 머리글의 역할을 하므로, 약식으로 표기하거나 빈 셀을 사용하면 정확한 의미가 표시되지 않습니다. 그러므로 다음과 같이 영어 대문자 'O' 대신 '입금'을, 빈 셀 대신 '미입금'을 입력하는 것이 좋습니다.

	A	B	C	D	E	F	G	H	I	J
1	거래번호	고객	담당	분류	제품	단가	수량	할인율	판매	입금여부
2	N-0705	S&C무역 ㈜	오서윤	복사기	컬러레이저복사기 XI-3200	1,176,000	3	15%	2,998,800	입금
3	N-0705	S&C무역 ㈜	오서윤	바코드스캐너	바코드 Z-350	48,300	3	0%	144,900	입금
4	N-0705	S&C무역 ㈜	오서윤	팩스	잉크젯팩시밀리 FX-1050	47,400	3	0%	142,200	입금
5	N-0706	드림씨푸드 ㈜	박현우	복사용지	프리미엄복사지A4 2500매	17,800	9	0%	160,200	입금
6	N-0706	드림씨푸드 ㈜	박현우	바코드스캐너	바코드 BCD-100 Plus	86,500	7	0%	605,500	입금
7	N-0707	자이언트무역 ㈜	정시우	복사용지	고급복사지A4 500매	3,500	2	0%	7,000	입금
8	N-0707	자이언트무역 ㈜	정시우	바코드스캐너	바코드 Z-350	46,300	7	0%	324,100	입금
9	N-0707	자이언트무역 ㈜	정시우	바코드스캐너	바코드 BCD-100 Plus	104,500	8	0%	836,000	미입금
10	N-0708	진왕통상 ㈜	오서윤	복합기	잉크젯복합기 AP-3300	79,800	1	0%	79,800	입금
11	N-0708	진왕통상 ㈜	오서윤	복합기	잉크젯복합기 AP-3200	89,300	8	0%	714,400	미입금
12	N-0708	진왕통상 ㈜	오서윤	복사용지	고급복사지A4 500매	4,100	7	0%	28,700	미입금
13	N-0709	삼양트레이드 ㈜	김민준	복합기	잉크젯복합기 AP-3200	79,500	2	0%	159,000	입금
14	N-0709	삼양트레이드 ㈜	김민준	복합기	레이저복합기 L200	165,300	3	0%	495,900	미입금
15	N-0709	삼양트레이드 ㈜	김민준	복사용지	고급복사지A4 500매	3,600	8	0%	28,800	입금

데이터를 보기 좋게 정리하는 표, 템플릿

005

테이블은 데이터를 기록/보관하기에, 크로스-탭은 데이터를 요약하는 데 최적화되어 있지만, 이 두 표는 한눈에 현황을 파악하기에 적합하지 않습니다. 그러므로 데이터를 깔끔하게 정리된 형태로 표시할 수 있는 표가 필요한데, 이를 템플릿(Template)이라고 합니다. 우리가 흔히 서식 또는 양식이라고 부르는 표입니다. 깔끔하게 정리된 표에 대한 견해는 개인적으로 차이가 있기 때문에 템플릿에는 특별하게 정해진 형식이 없습니다.

예제 파일 PART 01 \ CHAPTER 01 \ 템플릿.xlsx

템플릿의 구조

템플릿에는 일정한 형식이 따로 없으며, 사용자가 보기 좋다고 생각하는 어떤 구조로도 만들 수 있습니다. 주로 테이블이나 크로스-탭의 데이터를 보기 좋게 표시하려고 할 때 만들며, 자동화 서식이나 보고서 등에 많이 쓰입니다. 다음은 템플릿의 하나로, 거래처와의 거래 내역을 보기 좋게 정리한 표입니다.

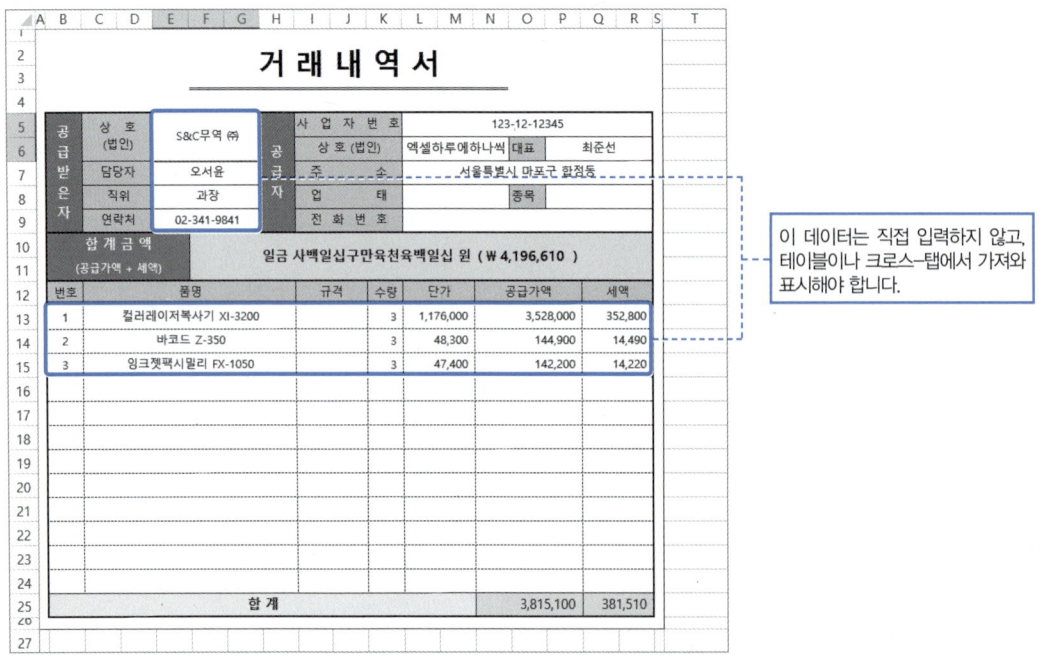

템플릿을 가장 많이 사용하는 프로그램은 워드와 파워포인트입니다. 템플릿은 주로 인쇄할 용지(A4)에 맞춰 구성하며, 여러 범위에서 병합을 사용합니다. 참고로 병합은 템플릿에서만 사용할 수 있습니다. 템플릿은 데이터를 직접 입력하는 구조로 만들면 안 되고, 테이블이나 크로스-탭 등 다른 표에서 가져오는 형태로 작업이 이루어지도록 만들어야 합니다.

테이블, 크로스-탭, 템플릿의 관계

앞에서 설명한 테이블, 크로스-탭, 템플릿은 컴퓨터가 이해할 수 있는 형식의 표로, 사용자가 만드는 모든 표는 이 중 하나에 속합니다. 그러므로 업무 목적에 따라 정확한 표를 사용해 데이터를 보관, 요약, 표시할 수 있어야 합니다. 이 세 표의 관계에 대해 보다 정확하게 알아보겠습니다.

예제 파일 없음

표의 관계

컴퓨터에서 테이블, 크로스-탭, 템플릿의 작업이 이루어지는 순서는 다음과 같습니다.

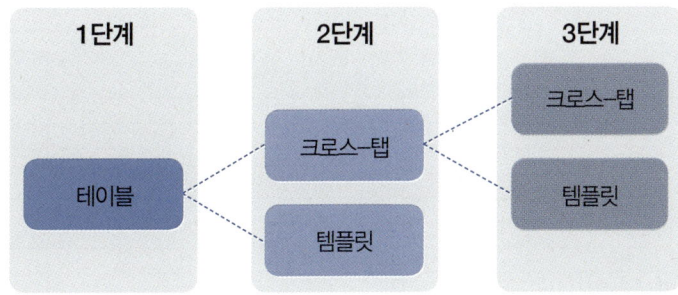

가장 먼저 해야 하는 작업은 데이터를 테이블에 저장하는 일입니다. 이 작업은 대개 회사의 메인 데이터베이스에서 이뤄지지만, 사용자가 개인적으로 관리하는 데이터 역시 테이블 형식의 표에 기록해야 합니다. 이렇게 누적된 데이터를 요약할 때는 크로스-탭을 생성하고, 보기 좋게 표시하려면 템플릿으로 만들면 됩니다. 보고서에는 요약된 데이터를 삽입하는 것이 일반적이므로, 크로스-탭의 데이터를 템플릿에 표시해야 하는 경우가 많습니다. 또는 여러 개의 크로스-탭을 하나로 합치는 작업이 필요할 때도 있습니다.

표의 구분이 왜 필요할까?

지금까지의 내용을 보고 꼭 이렇게 번거로운 과정을 거치며 작업을 해야 하는지 의구심을 가질 수도 있습니다. 하지만 컴퓨터는 미리 정해진 패턴으로만 작동하기 때문에 사용자가 미리 협의된 형식으로 표를 만들지 않는다면 불편한 상황이 이어질 수밖에 없습니다. 규칙을 지킬 때는 별 문제가 없지만, 규칙을 지키지 않고 원하는 결과를 얻으려면 편법을 사용해야 합니다. 엑셀에서의 편법은 매크로(Macro)입니다. 매크로를 사용하려면 VBA(Visual Basic for Applications)라는 프로그래밍 언어를 먼저 학습해야 하는데, VBA를 습득하려면 적지 않은 시간을 투자해야 합니다. 그러므로 손쉽게 업무를 자동화하려면 목적에 맞는 표를 정확하게 만들어 사용하는 것이 가장 좋습니다.

잘못 구성된 테이블의 사례

007

테이블은 만들기 쉬워 보이지만, 표를 작성할 때 지켜야 할 규칙이 꽤 까다롭기 때문에 제대로 작성하기는 어렵습니다. 우리가 테이블로 생각하고 만들어 사용하는 표에는 대개 어떤 문제들이 있는데, 그 때문에 업무가 단순해지지 못하고 더 복잡해지곤 합니다. 잘못 구성된 테이블의 예를 살펴보고, 어떤 문제가 있으며 어떻게 고쳐야 하는지 확인해 보겠습니다.

예제 파일 PART 01 \ CHAPTER 01 \ 잘못 구성된 테이블.xlsx

예제 파일의 '1' 시트에는 다음과 같은 표가 입력되어 있습니다. 직원의 신발 사이즈별 생산수량을 기록한 표입니다.

	직원 정보			생산 내역(단위 : mm)							총계
No	사번	성명	250	255	260	265	270	275	280	285	
1	S-0328	강영광		1	1					1	3
2	S-0324	문분홍						1	1	1	3
3	S-0341	박영재		1				1			2
4	S-0331	강다래			1		1		1	1	4
5	S-0384	안민주	1		1						2
6	S-0361	박단비			1		1	1	1	1	5
7	S-0390	이보석			1	1	1				3
8	S-0376	전술	1		1		1			1	4
9	S-0323	김민지				1	1	1	1	1	5
10	S-0322	성보람			1			1	1	1	4
11	S-0317	장소리	1	1		1	1				4
12	S-0325	정공주	1	1	1						3
13	S-0307	이유리	1	1		1		1			4

이 표는 테이블이 아니라 템플릿입니다. 업무 형태를 추정하자면, D3:K15 범위가 비어 있는 상태로 인쇄한 다음 종이에 값을 입력하고 그 후에 엑셀에 입력하는 방식으로 업무를 진행했을 것입니다.

이 표에 일별로 데이터를 기록한 후에 주별, 월별, 분기별, 연간 등의 생산내역을 집계할 수 있을까요? 어려울 것임을 알 수 있습니다. 이 표는 데이터를 기록하는 것이 목적이므로, 반드시 올바른 형식의 테이블에 입력해야 합니다.

예제 파일의 '테이블' 시트를 열면 다음과 같이 제대로 구성된 테이블을 확인할 수 있습니다.

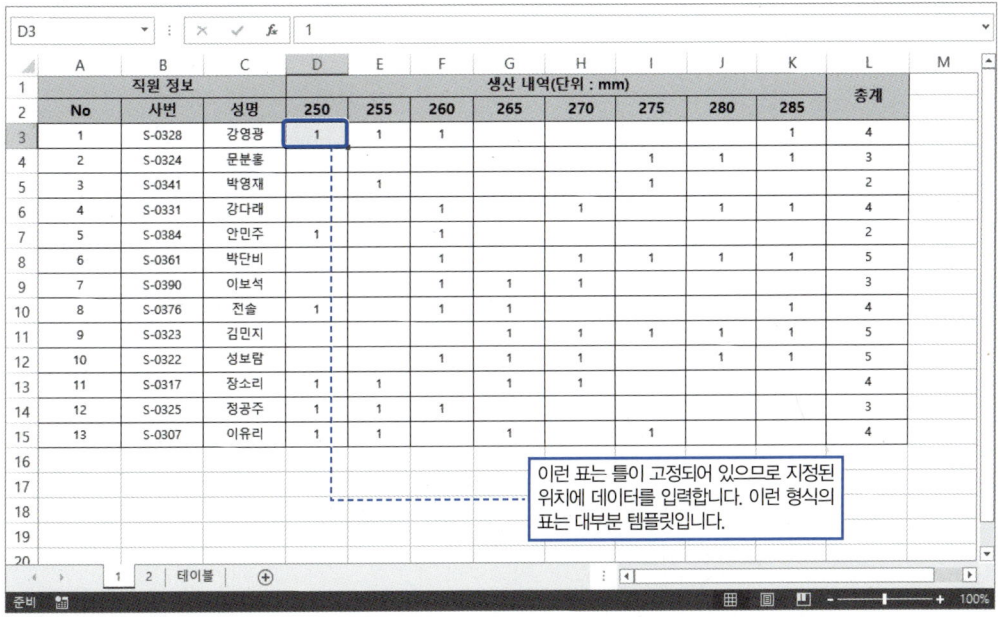

이 표는 신발 사이즈를 D열에, 날짜는 F열에 따로 기록하고 있습니다. 이렇게 동일한 형식의 데이터를 하나의 열로 관리하는 표가 테이블입니다.

그렇다면 왜 많은 사용자들이 '1', '2' 시트와 같이 작업하고 있을까요? 이유는 간단합니다. 그렇게 하는 것이 더 쉽기 때문입니다. 예를 들어 강영광 직원이 12월 1일에 250mm 제품을 한 개 더 생산했다면, '1' 시트의 D3셀에 다음과 같이 '1'을 입력하면 됩니다.

하지만 테이블에서는 새로운 행인 A101:F101 범위에 다음과 같이 입력해야 합니다.

F101				2017-12-01		
	A	B	C	D	E	F
1	No	사번	성명	사이즈	수량	날짜
2	1	S-0328	강영광	255	1	2017-12-01
3	2	S-0328	강영광	260	1	2017-12-01
4	3	S-0328	강영광	285	1	2017-12-01
5	4	S-0324	문분홍	275	1	2017-12-01
6	5	S-0324	문분홍	280	1	2017-12-01
7	6	S-0324	문분홍	285	1	2017-12-01
8	7	S-0341	박영재	255	1	2017-12-01
93	92	S-0325	정공주	270	1	2017-12-02
94	93	S-0325	정공주	275	1	2017-12-02
95	94	S-0325	정공주	280	1	2017-12-02
96	95	S-0325	정공주	285	1	2017-12-02
97	96	S-0307	이유리	250	1	2017-12-02
98	97	S-0307	이유리	255	1	2017-12-02
99	98	S-0307	이유리	265	1	2017-12-02
100	99	S-0307	이유리	285	1	2017-12-02
101	100	S-0328	강영광	250	1	2017-12-01

테이블에서는 중복 데이터가 발생하며, 이를 모두 정확하게 입력해야 합니다.

이런 입력 작업이 비효율적으로 느껴지겠지만, 테이블은 이렇게 관리해야 합니다. 만약 '1', '2' 시트의 표와 같은 방식으로 데이터를 관리하면 처음에는 편리하게 느껴지겠지만, 데이터를 요약하거나 분석할 필요가 생기면 매우 많은 시간을 들여 다시 작업해야 합니다. 그러나 테이블로 데이터를 관리했다면 피벗 테이블 보고서 기능을 이용해 1분 안에 결과 보고서를 만들 수 있습니다.

테이블은 데이터를 입력할 때 중복 값이 발생할 수 있으며, 이는 어쩔 수 없는 일이라는 것을 잊으면 안됩니다. 중복 없이 데이터를 입력하려면 데이터베이스 관리 프로그램인 액세스 등을 사용해야 합니다.

그렇다면 잘못 관리했던 표를 제대로 된 테이블로 변환하는 방법이 엑셀에서 지원될까요? 엑셀 2010, 2013 버전에서는 파워 쿼리 추가 기능을 설치해 작업하면 되고, 2016 버전에서는 내장된 파워 쿼리 기능을 이용하면 됩니다.

LINK 잘못 관리한 표를 테이블 형식의 표로 변환하는 방법은 'No. 129 파워 쿼리를 이용해 표 변환하기'(424쪽)에서 자세히 설명합니다.

CHAPTER 02

올바른 테이블 구성 방법

CHAPTER 01에서 설명한 세 가지 유형의 표 중 사용자가 가장 어려워하고 실수를 많이 하는 표는 테이블입니다. 흔히 사용하지 않고, 액세스와 같은 데이터베이스 관리 프로그램을 경험하지 않은 경우에는 쉽게 구성하기 어려운 표이기 때문입니다. 이번에는 엑셀에서 테이블을 제대로 활용하기 위해 알고 있어야 하는 내용을 실제 표를 수정하면서 설명하겠습니다.

머리글 영역에 설정된 병합 제거하기

008

엑셀의 병합 기능은 워드에서 넘어온 기능으로, 템플릿에서만 사용하는 것이 좋습니다. 테이블은 데이터베이스 프로그램에서 주로 사용하는 표인데, 데이터베이스 프로그램에는 병합 기능이 없습니다. 그러므로 테이블에 병합 기능을 사용하면 올바른 테이블 형식이 되지 못해 업무를 자동화하는 데 여러 가지 문제가 발생할 수 있습니다. 테이블에 적용된 병합 기능을 제거하는 방법에 대해 알아보겠습니다.

예제 파일 PART 01 \ CHAPTER 02 \ 테이블-병합.xlsx

머리글 영역에서 병합 기능을 사용하는 경우는 보통 머리글을 여러 단계로 구분했을 때입니다. 머리글 영역의 병합은 쉽게 해결할 수 있습니다. 일단 병합을 모두 해제한 후 사용할 행 하나만 남기고 삭제하면 됩니다.

01 예제 파일의 'sample1' 시트에는 다음과 같은 표가 입력되어 있습니다. 1:2행에 걸쳐 머리글이 입력되어 있는데, 올바른 테이블로 변환하기 위해 머리글을 한 행으로 변경해 보겠습니다.

02 먼저 병합을 해제하기 위해 A1:H2 범위를 선택하고 [홈] 탭-[맞춤] 그룹-[병합하고 가운데 맞춤] 명령(圉)을 클릭합니다.

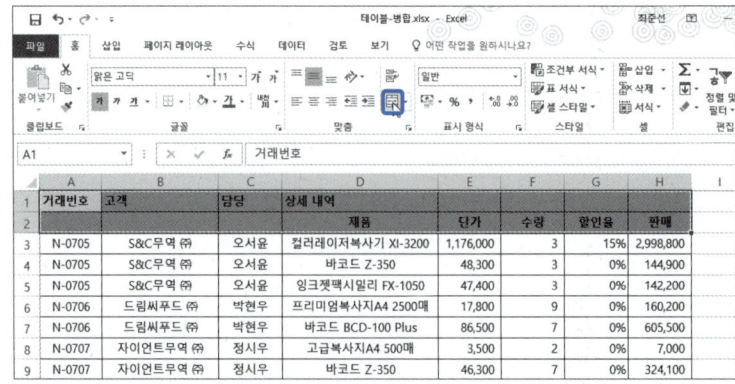

TIP 병합된 셀을 해제하면, 병합된 셀에 입력되어 있던 값은 왼쪽 상단 첫 번째 셀에만 남고 나머지는 모두 빈 셀이 됩니다.

03 병합이 해제되면, 2행의 값 중 사용할 머리글만 1행으로 복사합니다. D2:H2 범위를 선택하고 [홈] 탭-[클립보드] 그룹-[복사] 명령(🗐)을 클릭해 머리글을 복사한 후 D1:H1 범위를 선택하고 [홈] 탭-[클립보드] 그룹-[붙여넣기] 명령(📋)를 클릭해 붙여넣습니다.

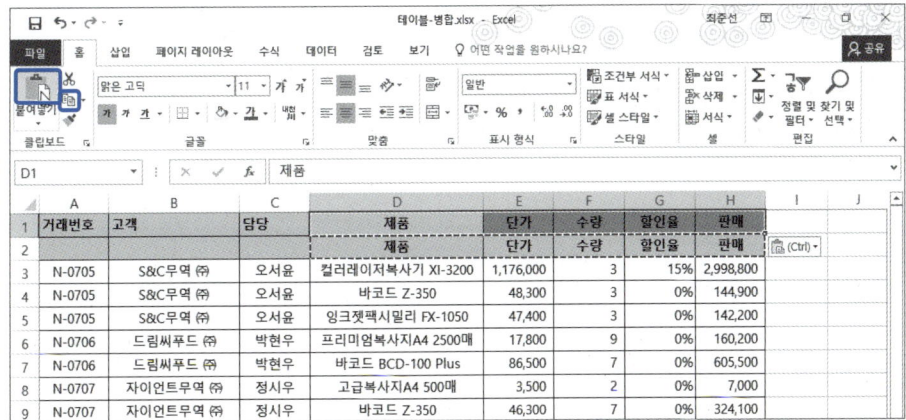

04 삭제할 2행을 선택하고 [홈] 탭-[셀] 그룹-[삭제] 명령(🗑)을 클릭합니다.

05 다음 화면처럼 머리글 부분의 병합이 깔끔하게 정리됩니다.

TIP A1:C1 범위는 [가운데 맞춤]을 적용했습니다.

데이터 영역에 설정된 병합 제거하기

009

데이터 영역의 병합은 머리글의 병합을 해제하는 것보다는 더 복잡한 과정을 거쳐야 합니다. 병합을 해제한 다음 빈 셀에 값을 채워야 하기 때문입니다. 테이블을 구성하는 데 매우 중요한 작업이므로, 이번 과정을 통해 잘 알아둡니다.

\ 예제 파일 PART 01 \ CHAPTER 02 \ 테이블-병합.xlsx

01 예제 파일의 'sample2' 시트를 열면 다음과 같이 C열의 데이터 범위가 병합되어 있는 것을 볼 수 있습니다. C열의 병합을 해제하고 모든 셀에 값을 채워 보겠습니다.

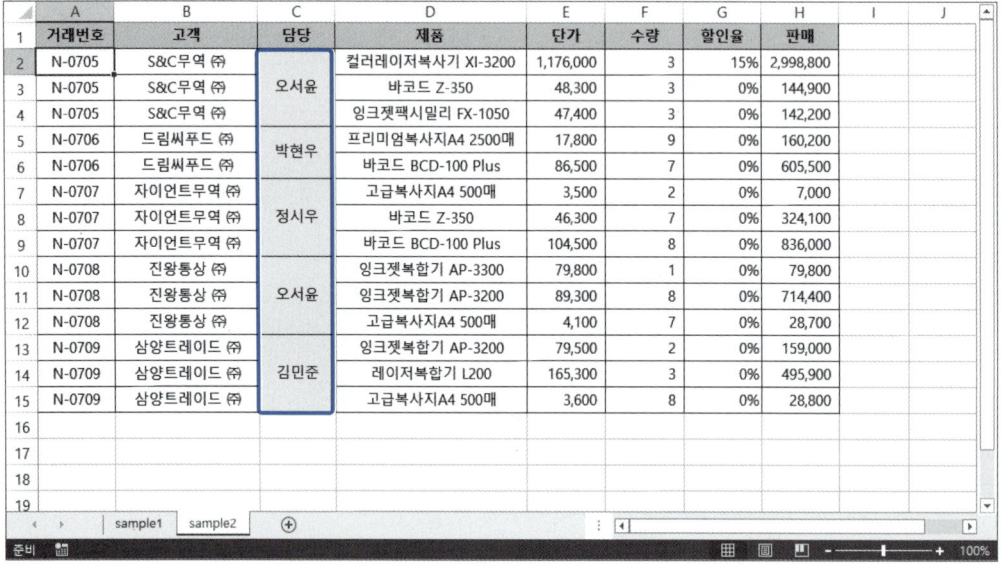

Plus⁺ 병합이나 빈 셀이 표에 있으면 안 되는 이유

컴퓨터는 표 데이터를 행/열 단위로 인식합니다. 즉, '담당' 열과 같이 C2:C15 범위를 열 단위로 통째로 인식하거나, 또는 A2:H2 범위와 같이 행 단위로 인식합니다. 그러므로 병합된 셀이나 빈 셀이 포함되어 있으면 해당 셀을 인식하지 못합니다. 이 예제의 경우 2행의 데이터는 담당자가 '오서윤'이라는 것을 알 수 있지만 3행의 데이터는 담당자가 누구인지 알 수 없습니다. 그러므로 모든 셀에 가급적 데이터를 입력하는 습관을 들이는 것이 좋습니다. 이 예제와 같이 전체 열의 데이터가 텍스트라면 텍스트 값을, 숫자라면 0 값을 입력하면 됩니다.

02 먼저 병합을 해제하기 위해, C2:C15 범위를 선택하고 [홈] 탭-[맞춤] 그룹-[병합하고 가운데 맞춤] 명령(圖)을 클릭합니다.

TIP [병합하고 가운데 맞춤] 명령은 토글 단추로, 한 번 클릭하면 병합되고 다시 클릭하면 병합이 해제됩니다.

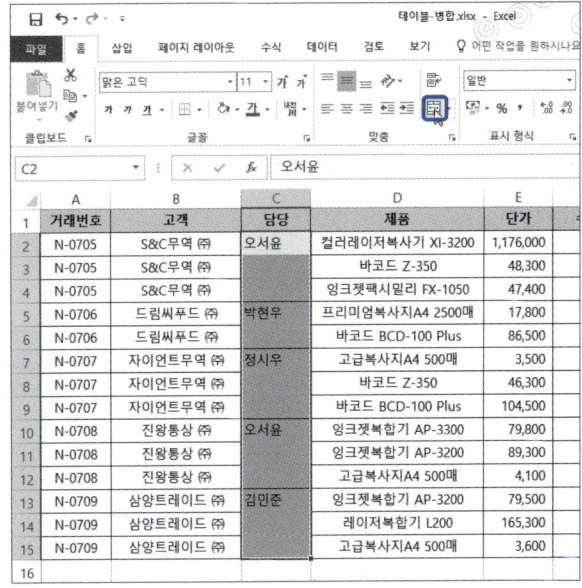

03 빈 셀만 선택하기 위해, [홈] 탭-[편집] 그룹-[찾기 및 선택] 명령(🔎) 내 [이동 옵션] 메뉴를 선택합니다.

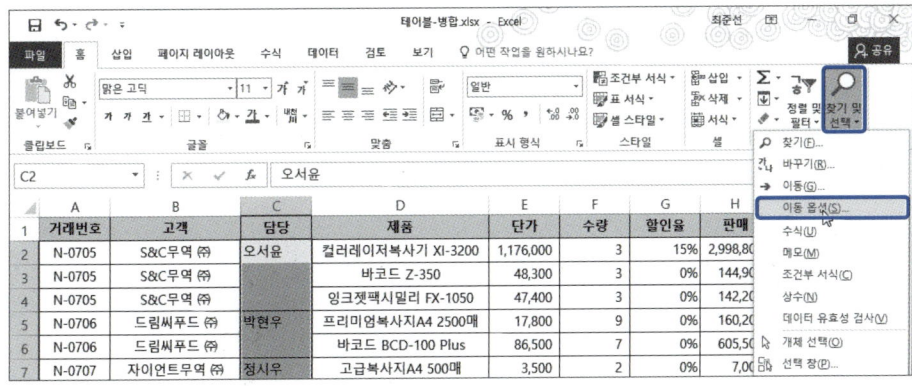

04 '이동 옵션' 대화상자가 열리면 '빈 셀' 옵션을 선택하고 〈확인〉 버튼을 클릭합니다.

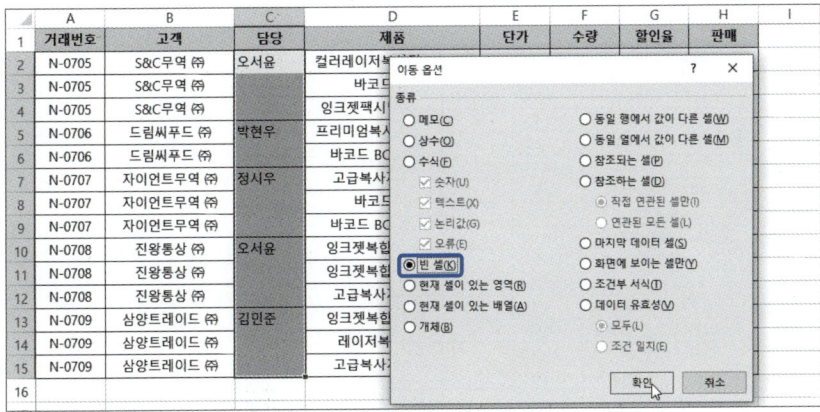

Plus⁺ 엑셀의 [이동] 명령

엑셀의 [이동] 명령을 실행하면 사용자가 지정한 조건에 해당하는 셀로 빠르게 이동됩니다. 조건에 맞는 셀을 찾아가는 것은 해당 셀이 선택된다는 의미이므로, 이 예제와 같이 전체 범위 내에서 필요한 조건에 해당하는 셀을 선택할 때 유용합니다.
[찾기 및 선택] 명령을 클릭했을 때 표시되는 메뉴 중 [이동]부터 [데이터 유효성 검사]까지는 [이동] 명령에서 제공하는 기능을 표시하는 메뉴입니다.

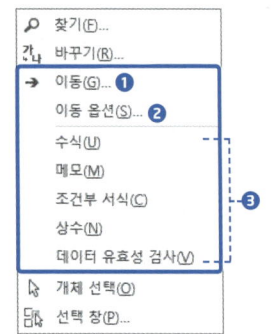

❶ 이동
[이동] 명령을 실행합니다.

❷ 이동 옵션
[이동] 명령을 클릭했을 때 표시되는 대화상자에서 〈옵션〉 버튼을 클릭했을 때 실행되는 명령을 메뉴로 표시합니다.

❸ 기타 메뉴
'이동 옵션' 대화상자에서 자주 선택하는 옵션인 [수식], [메모], [조건부 서식], [상수], [데이터 유효성 검사]를 메뉴로 표시합니다.

[이동] 명령의 단축키는 F5 또는 Ctrl + G 이며, 단축키를 누르거나 [이동] 메뉴를 클릭하면 다음 대화상자가 열립니다.

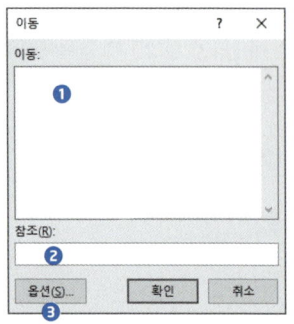

❶ '이동' 목록
'참조'란에서 입력해 이동한 위치가 표시됩니다.

❷ '참조'란
이동할 셀 주소 또는 이름을 입력하고 〈확인〉 버튼을 클릭하면 해당 위치로 바로 이동합니다. 워크시트의 '이름 상자'와 유사한 역할을 합니다.

❸ 〈옵션〉 버튼
사용자가 이동할 조건에 해당하는 옵션을 선택할 수 있습니다.

위 대화상자에서 바로 원하는 위치로 이동하려면 〈옵션〉 버튼을 이용합니다. 그러므로 [찾기 및 선택] 명령 내의 [이동] 메뉴 바로 밑에 [이동 옵션] 메뉴를 제공해 빠르게 '이동 옵션' 대화상자를 호출할 수 있도록 한 것입니다.

05 빈 셀만 선택된 상태에서 등호(=)를 입력하면, C3셀에 수식을 입력할 수 있습니다. 바로 위의 셀인 C2셀을 클릭해 수식 **=C2**를 완성하고 단축키 Ctrl + Enter 를 눌러 다른 빈 셀에도 수식을 채웁니다.

	A	B	C	D	E	F	G	H
1	거래번호	고객	담당	제품	단가	수량	할인율	판매
2	N-0705	S&C무역	오서윤	컬러레이저복사기 XI-3200	1,176,000	3	15%	2,998,800
3	N-0705	S&C무역	=C2	바코드 Z-350	48,300	3	0%	144,900
4	N-0705	S&C무역		잉크젯팩시밀리 FX-1050	47,400	3	0%	142,200
5	N-0706	드림씨푸드	박현우	프리미엄복사지A4 2500매	17,800	9	0%	160,200
6	N-0706	드림씨푸드		바코드 BCD-100 Plus	86,500	7	0%	605,500
7	N-0707	자이언트무역	정시우	고급복사지A4 500매	3,500	2	0%	7,000
8	N-0707	자이언트무역		바코드 Z-350	46,300	7	0%	324,100
9	N-0707	자이언트무역		바코드 BCD-100 Plus	104,500	8	0%	836,000
10	N-0708	진왕통상	오서윤	잉크젯복합기 AP-3300	79,800	1	0%	79,800
11	N-0708	진왕통상		잉크젯복합기 AP-3200	89,300	8	0%	714,400
12	N-0708	진왕통상		고급복사지A4 500매	4,100	7	0%	28,700
13	N-0709	삼양트레이드	김민준	잉크젯복합기 AP-3200	79,500	2	0%	159,000
14	N-0709	삼양트레이드		레이저복합기 L200	165,300	3	0%	495,900
15	N-0709	삼양트레이드		고급복사지A4 500매	3,600	8	0%	28,800
16								

> **Plus⁺ 빈 셀에 값이 모두 채워지는 이유**
>
> 범위를 선택하고 수식이나 값을 입력한 후 단축키 Ctrl+Enter 를 누르면 첫 번째 셀의 수식이 다른 셀에 모두 복사됩니다.
> C3셀에 입력한 **=C2**는 상대 참조 방식으로 셀을 참조한 수식이므로 C2셀이 아니라 바로 위의 셀을 참조한 것입니다. 그러므로 수식이 복사된 셀에는 모두 위의 셀을 참조하는 수식이 복사되고, 결과적으로 모든 빈 셀에 자동으로 값이 채워집니다.

06 C열에 값이 모두 채워지면 수식을 값으로 변경합니다. C2:C15 범위를 선택하고 [홈] 탭-[클립보드] 그룹-[복사] 명령(📋)을 클릭한 후 바로 [붙여넣기] 명령 내 [값] 아이콘(🗒12)을 클릭합니다.

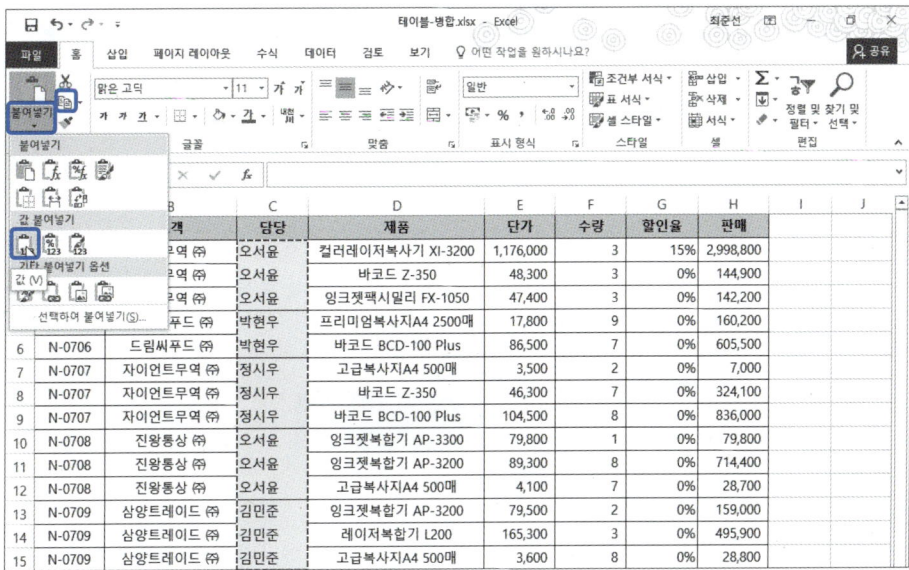

TIP 수식이 계속 계산될 필요가 없을 경우, 이런 방식으로 수식을 값으로 변경하면 파일의 계산 속도가 빨라집니다.

> **Plus⁺ 표 상단에 제목을 넣는 경우**
>
> 다음 표에는 제목이 2:3행에 걸쳐 입력되어 있습니다. 테이블에는 이런 제목도 넣지 않는 것이 좋습니다. 피벗 테이블을 포함한 엑셀의 몇몇 기능은 외부 파일에서 데이터를 읽어 들일 수 있는데, 이렇게 제목이 상단의 병합된 셀에 입력되어 있으면 아래에 있는 표의 데이터를 제대로 읽지 못하는 경우가 발생하기 때문입니다.
>
> LINK 다른 엑셀 파일의 표를 원본으로 피벗 테이블 보고서를 만드는 방법은 'No. 38 다른 엑셀 파일을 이용해 피벗 테이블 보고서 만들기'(137쪽)에서 자세하게 설명합니다.

열의 데이터 형식 일치시키기 010

테이블은 여러 열에 데이터를 구분해 입력합니다. 이때 같은 열의 데이터는 가급적 데이터 형식을 통일해야 하며, 엑셀에서 구분하는 숫자, 날짜/시간, 논리 값, 텍스트와 같은 데이터 형식을 정확하게 구별해 사용해야 합니다. 잘못된 데이터 형식을 사용하거나 데이터 형식을 혼합하면 나중에 크로스-탭이나 템플릿에서 데이터를 원하는 방식으로 집계하거나 가공하는 작업에 문제가 생길 수 있습니다.

예제 파일 PART 01 \ CHAPTER 02 \ 테이블-데이터형식.xlsx

셀의 데이터 형식

엑셀에 입력되는 값은 다음과 같이 세 가지 데이터 형식으로 구분됩니다. 사용자가 입력한 값을 계산할 수 있는지 여부에 따라 숫자, 논리 값, 텍스트로 구분되며, 숫자는 일반 숫자와 날짜/시간으로 다시 구분됩니다.

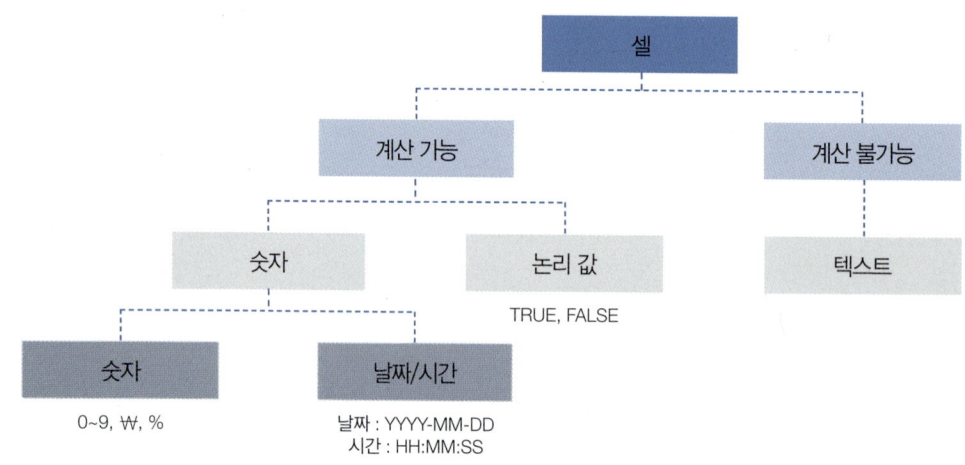

각 데이터 형식이 표시되는 위치는 다음과 같습니다.

데이터 형식	셀 위치
숫자, 날짜/시간	오른쪽
논리 값	가운데
텍스트	왼쪽

예제 파일의 'sample1' 시트에는 다음과 같이 여러 형식의 데이터가 입력되어 있습니다. A열과 E열은 숫자, F열은 날짜가 입력되어 있으므로 셀 오른쪽에 데이터가 표시됩니다. I열은 논리 값이 입력되어 있으므

로 셀 가운데에 데이터가 표시됩니다. 나머지 B:D열, G:H열은 텍스트 값이 입력되어 있으므로 셀 왼쪽에 데이터가 표시됩니다.

그렇다면 A1:I1 범위는 데이터가 가운데에 표시되어 있으니 논리 값일까요? 아닙니다. 이것은 머리글이 보기 좋게 표시되도록 셀 가운데 맞춤을 설정한 것으로, 해당 범위를 선택하고 [홈] 탭-[맞춤] 그룹 내 명령 단추를 보면, [가운데 맞춤] 명령(☰)이 눌려 있는 것을 확인할 수 있습니다.

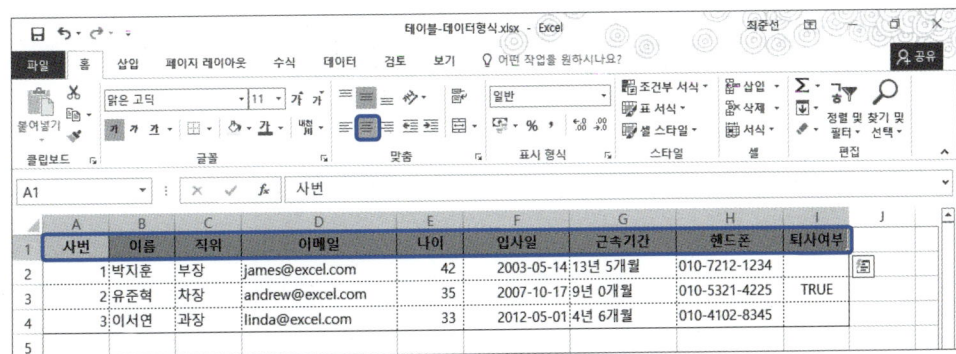

[가운데 맞춤] 명령(☰)을 다시 클릭해 맞춤 설정을 해제하면 텍스트 값인 머리글 역시 모두 셀 왼쪽에 표시됩니다.

> **Plus⁺ 숫자, 날짜/시간 형식의 데이터 형식을 빠르게 확인하는 방법**
>
> 셀에 데이터가 표시되는 위치로 데이터 형식을 확인할 수 있지만, 사용자가 셀 맞춤을 설정했을 수 있으므로 데이터 형식을 제대로 판단하려면 반드시 해당 범위에 셀 맞춤 명령이 적용됐는지 여부를 확인해야 합니다. 이 방법은 반드시 명령을 해제해야 데이터 형식을 확인할 수 있어 불편합니다. 좀 더 빠르고 쉽게 데이터 형식을 확인하는 방법은 자동 요약 기능을 이용하는 것입니다. 숫자 또는 날짜/시간 형식의 데이터가 입력된 범위를 선택하고 상태 표시줄을 확인하면, '평균', '개수', '합계'의 요약 값을 미리 볼 수 있습니다.
>
> 이와 달리 텍스트 값이 입력된 범위를 선택하면 상태 표시줄에는 '개수'만 표시됩니다.
>
>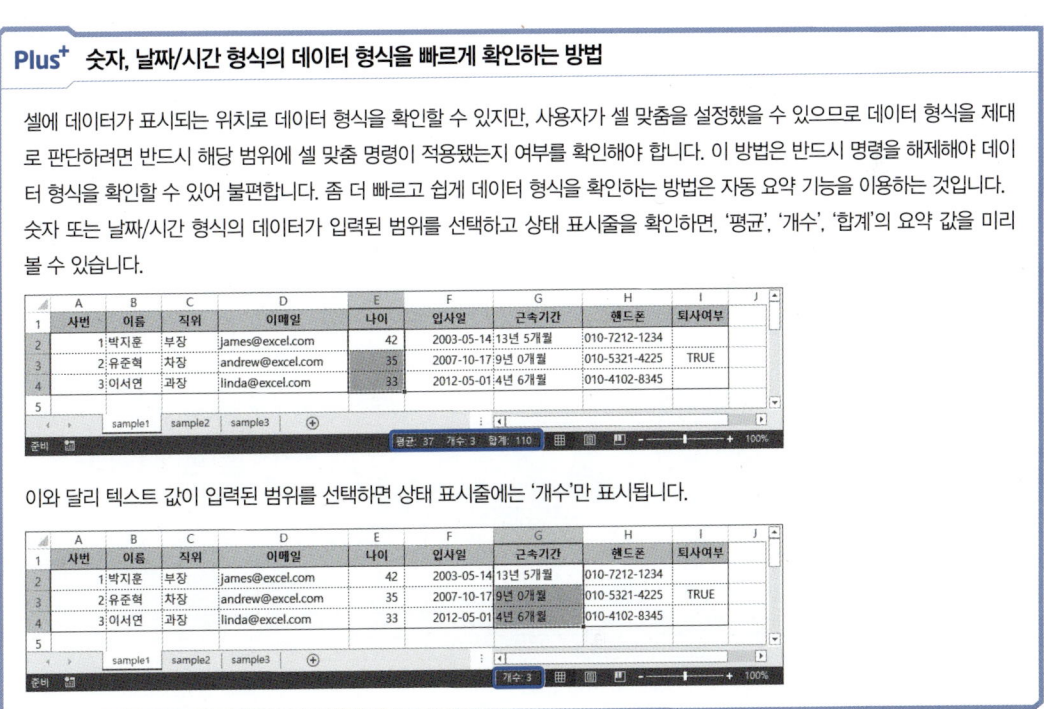

날짜 데이터 형식 변환하기

011

테이블 표에 데이터를 입력할 때는 항상 올바른 형식을 사용해야 합니다. 잘못된 형식으로 데이터를 입력하면 나중에 피벗 테이블 등을 이용할 때 집계나 가공 작업을 제대로 할 수 없기 때문입니다.

\ 예제 파일 PART 01 \ CHAPTER 02 \ 테이블-데이터형식.xlsx

01 예제 파일의 'sample2' 시트에는 다음과 같은 데이터가 입력되어 있습니다. D:E열에 날짜 데이터가 잘못된 형식으로 입력되어 있는데, 이를 올바른 형식의 값으로 변환해 보겠습니다.

02 D열의 날짜 값은 잘못된 날짜 구분 기호(.)를 사용하고 있으므로 이를 올바른 날짜 구분 기호(-)로 변경하면 됩니다. 이 작업에 가장 유용한 기능은 [바꾸기]입니다. D2:D15 범위를 선택하고 단축키 Ctrl + H 를 눌러 '찾기 및 바꾸기' 대화상자가 열리면 '찾을 내용'에는 '.'를, '바꿀 내용'에는 '-'를 입력하고 〈모두 바꾸기〉 버튼을 클릭합니다.

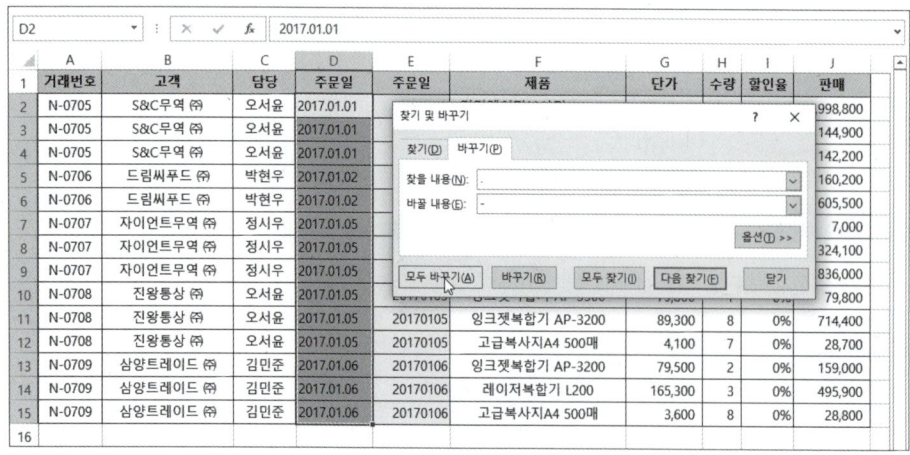

03 E열에는 날짜가 구분 기호 없이 그대로 입력되어 있으므로, 이를 날짜 데이터로 변경하려면 [텍스트 나누기] 명령을 이용하는 것이 좋습니다. E2:E15 범위를 선택하고 [데이터] 탭-[데이터 도구] 그룹-[텍스트 나누기] 명령(📋)을 클릭합니다.

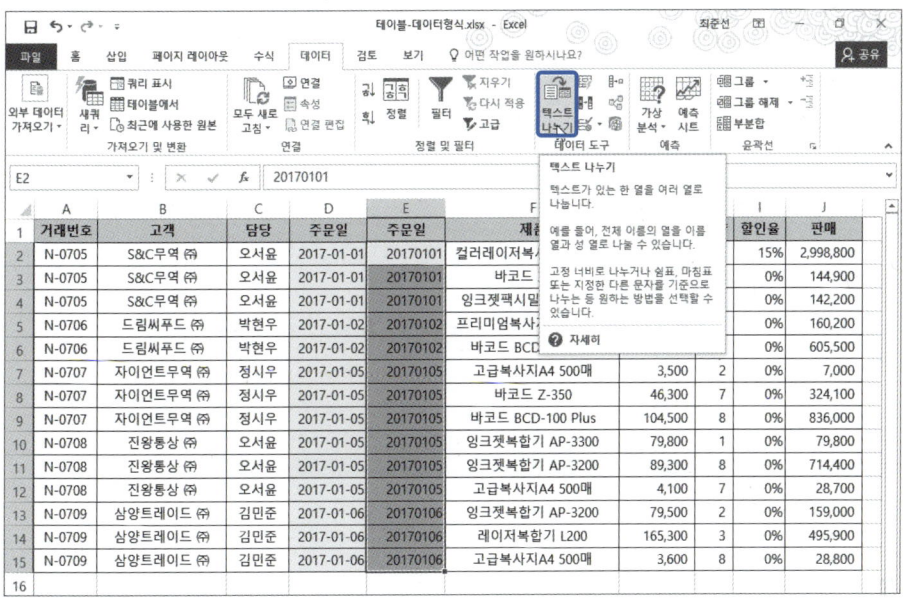

04 '텍스트 마법사' 대화상자가 열리면 1단계에서는 [구분 기호로 분리됨] 옵션이 선택된 상태에서 〈다음〉 버튼을 클릭하고, 2단계에서도 〈다음〉 버튼을 클릭합니다. 3단계에서는 다음과 같이 설정하고 〈마침〉 버튼을 클릭합니다.

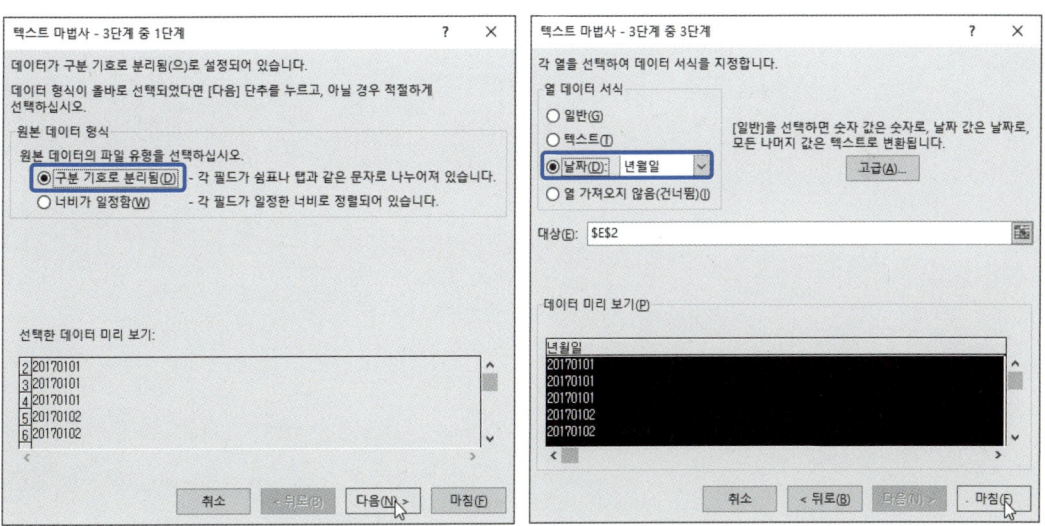

> **TIP** 3단계에서 '열 데이터 서식'을 [날짜]로 변경한 후, 입력된 숫자의 날짜 형식에 맞게 [년월일]을 선택합니다. 이처럼 콤보상자에서 사용자의 데이터에 맞는 날짜 서식을 선택하면 됩니다.

05 다음과 같이 날짜 데이터가 모두 올바른 형식으로 변경됩니다.

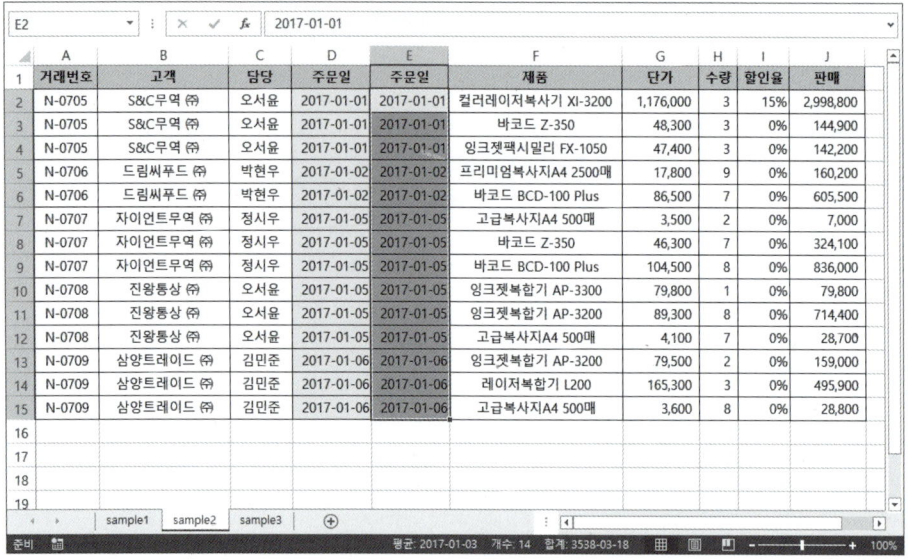

> **Plus⁺ 데이터 형식 변환 방법 이해하기**
>
> 날짜 또는 시간 데이터가 잘못 입력된 경우는 잘못된 구분 기호가 사용된 경우와 구분 기호가 없는 경우가 대부분입니다. 잘못된 구분 기호가 사용된 경우에는 [바꾸기] 명령을 이용하고, 구분 기호가 없다면 [텍스트 나누기] 명령을 이용해 데이터 형식을 변환하는 것이 가장 효율적입니다.

숫자 데이터 형식 변환하기

012

올바른 데이터 형식을 사용한다고 해도 여러 데이터 형식을 혼용하는 것은 바람직하지 않습니다. 테이블에서는 각 열마다 같은 데이터 형식을 유지하는 것이 암묵적인 규칙입니다. 엑셀을 잘 활용하기 위해서는 되도록이면 형식을 통일하는 것이 좋습니다.

예제 파일 PART 01 \ CHAPTER 02 \ 테이블-데이터형식.xlsx

01 예제 파일의 'sample3' 시트에는 다음과 같은 데이터가 입력되어 있습니다. G:I열의 숫자 데이터가 잘못된 형식으로 입력되어 있는데, 이를 올바른 형식으로 변환해 보겠습니다.

02 G열에는 단위(EA)가 함께 입력되어 있는데, 이러면 텍스트로 인식되므로 숫자로 인식할 수 있는 문자 이외의 다른 문자는 모두 제거해야 합니다. G2:G15 범위를 선택하고 단축키 Ctrl + H 를 눌러 '찾기 및 바꾸기' 대화상자를 엽니다. '찾을 내용'에 'EA'를 입력하고 '바꿀 내용'은 비워 놓은 채로 〈모두 바꾸기〉 버튼을 클릭합니다.

TIP '찾을 내용'을 입력할 때는 'EA' 앞에서 Spacebar 를 눌러 공백을 한 칸 입력해야 합니다. '바꿀 내용'을 비워 두면 '찾을 내용'의 문자열을 지우라는 의미가 됩니다.

03 H열은 숫자처럼 보이지만, H2셀을 더블클릭해 보면 숫자 뒤에 공백 문자가 입력되어 있는 것을 확인할 수 있습니다. 이렇게 눈에 보이지 않는 문자를 엑셀에서는 '유령 문자'라고 합니다.

TIP H열에는 숫자 뒤에 공백 문자가 입력되어 있는데, 눈에 보이지 않는 문자는 이외에도 많습니다.

04 눈에 보이지 않는 문자는 복사하여 붙여넣는 방법을 이용해 삭제하는 것이 좋습니다. 숫자 뒤의 공백한 칸을 드래그해 선택하고 [홈] 탭-[클립보드] 그룹-[복사] 명령(🗐)을 클릭해 복사합니다.

05 ESC 키를 눌러 편집 모드를 해제한 후 H2:H15 범위를 선택하고 단축키 Ctrl + H 를 눌러 '찾기 및 바꾸기' 대화상자를 엽니다. '찾을 내용' 입력란을 클릭하고 단축키 Ctrl + V 를 눌러 공백 문자를 붙여넣은 후 〈모두 바꾸기〉 버튼을 클릭합니다.

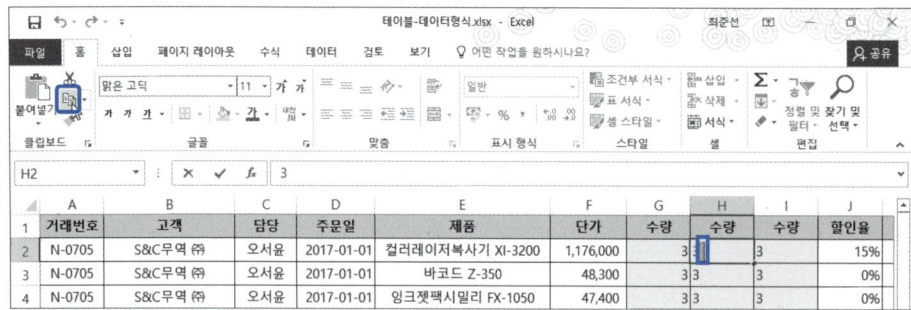

06 I열의 숫자를 더블클릭해 보면 맨 앞에 작은따옴표(')가 입력되어 있는 것을 확인할 수 있습니다. 이런 경우에는 [텍스트 나누기] 명령을 이용해 형식 변환 작업을 하는 것이 쉽습니다.

TIP 작은따옴표(')는 이후에 입력된 값을 텍스트 형식으로 저장하는 연산자입니다.

07 ESC 키를 눌러 편집 모드를 해제하고 I2:I15 범위를 선택합니다. 그리고 [데이터] 탭-[데이터 도구] 그룹-[텍스트 나누기] 명령()을 클릭한 후, 1단계 대화상자에서 바로 〈마침〉 버튼을 클릭합니다.

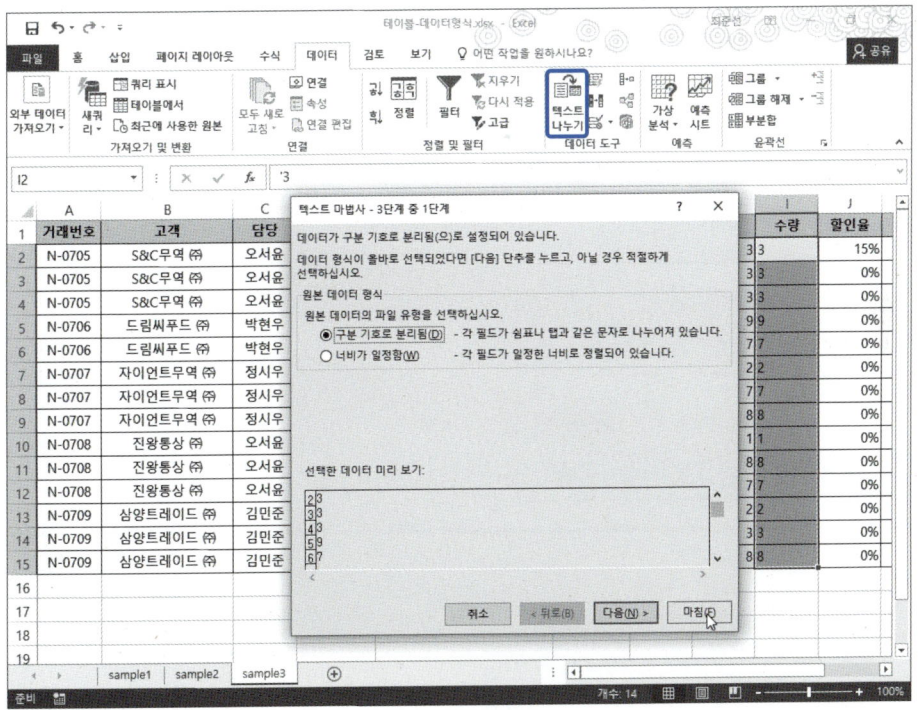

08 G:I열에 입력된 데이터의 형식이 모두 올바른 숫자 형식으로 변경되었습니다.

	A	B	C	D	E	F	G	H	I	J
1	거래번호	고객	담당	주문일	제품	단가	수량	수량	수량	할인율
2	N-0705	S&C무역 ㈜	오서윤	2017-01-01	컬러레이저복사기 XI-3200	1,176,000	3	3	3	15%
3	N-0705	S&C무역 ㈜	오서윤	2017-01-01	바코드 Z-350	48,300	3	3	3	0%
4	N-0705	S&C무역 ㈜	오서윤	2017-01-01	잉크젯팩시밀리 FX-1050	47,400	3	3	3	0%
5	N-0706	드림씨푸드 ㈜	박현우	2017-01-02	프리미엄복사지A4 2500매	17,800	9	9	9	0%
6	N-0706	드림씨푸드 ㈜	박현우	2017-01-02	바코드 BCD-100 Plus	86,500	7	7	7	0%
7	N-0707	자이언트무역 ㈜	정시우	2017-01-05	고급복사지A4 500매	3,500	2	2	2	0%
8	N-0707	자이언트무역 ㈜	정시우	2017-01-05	바코드 Z-350	46,300	7	7	7	0%
9	N-0707	자이언트무역 ㈜	정시우	2017-01-05	바코드 BCD-100 Plus	104,500	8	8	8	0%
10	N-0708	진왕통상 ㈜	오서윤	2017-01-05	잉크젯복합기 AP-3300	79,800	1	1	1	0%
11	N-0708	진왕통상 ㈜	오서윤	2017-01-05	잉크젯복합기 AP-3200	89,300	8	8	8	0%
12	N-0708	진왕통상 ㈜	오서윤	2017-01-05	고급복사지A4 500매	4,100	7	7	7	0%
13	N-0709	삼양트레이드 ㈜	김민준	2017-01-06	잉크젯복합기 AP-3200	79,500	2	2	2	0%
14	N-0709	삼양트레이드 ㈜	김민준	2017-01-06	레이저복합기 L200	165,300	3	3	3	0%
15	N-0709	삼양트레이드 ㈜	김민준	2017-01-06	고급복사지A4 500매	3,600	8	8	8	0%

> **Plus⁺ 하나의 열에 데이터 형식이 둘 이상 섞여 있는 경우**
>
> 엑셀에서 표의 열을 구성할 때, 같은 열에 숫자와 텍스트 데이터를 함께 입력하는 경우가 꽤 있을 것입니다. 그런데 엑셀은 셀 단위로 구성되어 있지만, 대부분의 기능에서 표의 데이터를 읽을 때는 열 단위로 읽어 들입니다. 예를 들어 하나의 열에 숫자와 텍스트 데이터가 섞여 있다면 그 열은 텍스트 열로 구분됩니다. 이런 것이 별 문제가 아니라고 생각할 수도 있겠지만, 피벗 테이블에서 이런 열을 값 영역에서 집계하면 '합계'가 아니라 '개수'가 구해집니다.
>
> 그러므로 가급적 하나의 열에 입력하는 데이터는 하나의 형식으로 통일해 관리해야 합니다. 참고로 빈 셀이 포함된 경우에도 동일한 문제가 생기기 때문에 빈 셀은 최소화하는 것이 바람직하고, 숫자 열의 빈 셀에는 무조건 0을 입력하는 것이 좋습니다.
>
> 만약 표에 빈 셀이 있고, 빈 셀에 0 또는 원하는 값을 입력하려면 [바꾸기] 기능을 이용하는 것이 편리합니다. 빈 셀이 포함된 범위를 모두 선택하고 '찾기 및 바꾸기' 대화상자를 열어 '찾을 내용'은 비워 두고 '바꿀 내용'에 원하는 값을 입력한 후 〈모두 바꾸기〉 버튼을 클릭하면 열의 빈 셀이 깔끔하게 채워집니다.

013 구분 기호가 있는 열 데이터 세분화해 관리하기

엑셀 사용자들이 만든 표를 보면, 서로 성격이 다른 데이터를 하나의 열에 함께 기록한 경우가 종종 있습니다. 표의 데이터는 언제든 집계나 분석 작업이 필요해질 수 있는데, 그러려면 데이터를 성격에 맞게 관리해야 합니다. 열의 데이터를 구분해야 하는 경우, 구분 기호가 있다면 작업이 쉽습니다. 특히 엑셀 2013 이상 버전을 사용한다면 [빠른 채우기] 기능을 이용해 더욱 빠르게 구분할 수 있습니다. 다만 2010 이하 버전에서는 [빠른 채우기] 기능을 이용하지 못하므로 수식이나 [텍스트 마법사] 기능을 이용해야 합니다.

예제 파일 PART 01 \ CHAPTER 02 \ 테이블-열 분리.xlsx

01 예제 파일의 'sample1' 시트에는 다음과 같은 표가 입력되어 있습니다. C열의 이메일 주소를 D:F열에 아이디, 도메인, 서비스로 분리하고, G열의 전화번호에서 지역번호를 H열에 반환해 보겠습니다.

> **Plus⁺ 이메일 주소의 특징**
>
> 이메일 주소는 모두 '아이디@도메인 주소' 구조로 이루어져 있습니다. 그러므로 @ 문자의 좌우 값을 따로 구하면 아이디와 도메인 주소를 분리할 수 있습니다.

02 먼저 이메일 주소에서 아이디를 분리하겠습니다. C2셀의 이메일 주소에서 아이디인 'james'를 D2셀에 입력하고, D3셀에 C3셀의 아이디 앞부분을 입력하면 다음 화면과 같이 빠른 채우기 목록이 표시됩니다. Enter 키를 누르면 D3:D10 범위에 아이디가 정확하게 입력됩니다.

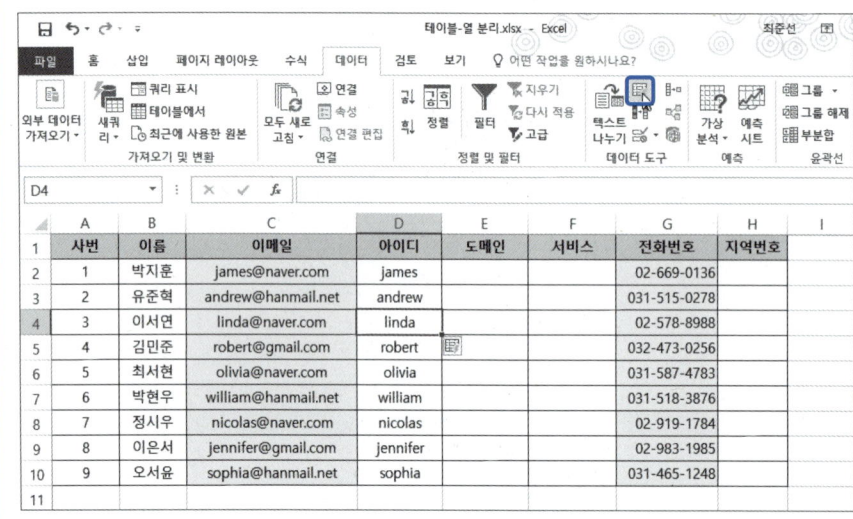

Plus⁺ 빠른 채우기 목록이 표시되지 않는 경우

경우에 따라서는 빠른 채우기 목록이 표시되지 않기도 합니다. 이때는 먼저 입력된 D2셀에 오타가 없는지 확인하고, 문제가 없으면 D2:D3 범위 내 셀 값을 지우고 다시 입력해 봅니다. 그래도 동일한 결과가 반환되면 D4셀에서 [데이터] 탭-[데이터 도구] 그룹-[빠른 채우기] 명령을 클릭하거나 단축키 Ctrl + E 를 눌러 [빠른 채우기] 기능을 실행합니다.

Plus⁺ 빠른 채우기를 사용할 수 없는 경우

엑셀 2010 이하 버전을 사용하고 있거나 [빠른 채우기] 기능이 제대로 동작하지 않는다면, D2셀에 다음 수식을 입력하고 D2셀의 채우기 핸들을 D10셀까지 드래그해 수식을 복사하면 됩니다.

```
=LEFT(C2, FIND("@", C2)-1)
```

위 수식은 C2셀의 값 중 '@' 문자 왼쪽 부분을 반환하도록 구성된 것입니다. 만약 '@' 문자가 아닌 다른 구분 기호를 사용하고 있다면 '@' 부분을 고치면 됩니다.

LEFT, FIND 함수에 대한 설명은 다음을 참고합니다.

> **함수 설명**
>
> **LEFT(text, [num_chars])**
>
> LEFT 함수는 문자열 값의 왼쪽부터 지정된 개수만큼의 문자를 잘라 반환합니다.
> - **text** : 전체 문자열 값입니다.
> - **num_chars** : 잘라낼 문자 개수를 의미하며, 생략하면 1입니다.
>
> **FIND(find_text, within_text, [start_num])**
>
> FIND 함수는 특정 문자 또는 문자열을 전체 문자열에서 찾아 몇 번째에 있는지 반환합니다.
> - **find_text** : 찾고자 하는 문자 또는 문자열입니다.
> - **within_text** : find_text가 포함된 전체 문자열로, 찾는 값이 없으면 #N/A 오류가 반환됩니다.
> - **start_num** : find_text를 찾을 때 within_text의 왼쪽 몇 번째 문자부터 찾을지를 지정하는 옵션으로, 생략하면 1로 처음부터 찾게 됩니다. 보통 생략하고 사용하지 않습니다.
>
> **TIP** 함수 인수가 대괄호 안에 적혀 있으면 생략 가능합니다.

03 도메인 주소를 분리하겠습니다. C2셀의 이메일 주소에서 도메인 주소인 'naver.com'을 E2셀에 입력하고, E3셀에 C3셀의 도메인 주소 앞부분을 입력하면 빠른 채우기 목록이 표시됩니다. Enter 키를 눌러 전체 입력합니다.

	A	B	C	D	E	F	G	H	I
1	사번	이름	이메일	아이디	도메인	서비스	전화번호	지역번호	
2	1	박지훈	james@naver.com	james	naver.com		02-669-0136		
3	2	유준혁	andrew@hanmail.net	andrew	hanmail.net		031-515-0278		
4	3	이서연	linda@naver.com	linda	naver.com		02-578-8988		
5	4	김민준	robert@gmail.com	robert	gmail.com		032-473-0256		
6	5	최서현	olivia@naver.com	olivia	naver.com		031-587-4783		
7	6	박현우	william@hanmail.net	william	hanmail.net		031-518-3876		
8	7	정시우	nicolas@naver.com	nicolas	naver.com		02-919-1784		
9	8	이은서	jennifer@gmail.com	jennifer	gmail.com		02-983-1985		
10	9	오서윤	sophia@hanmail.net	sophia	hanmail.net		031-465-1248		

> **Plus⁺ 빠른 채우기를 사용할 수 없는 경우**
>
> 엑셀 2010 이하 버전을 사용하고 있거나 [빠른 채우기] 기능이 제대로 동작하지 않는다면, E2셀에 다음 수식을 입력하고 E2셀의 채우기 핸들을 E10셀까지 드래그해 수식을 복사하면 됩니다.
>
> `=MID(C2, FIND("@", C2)+1, 100)`
>
> 위 수식은 C2셀의 값 중 '@' 문자 오른쪽부터 끝까지 반환하도록 구성된 것입니다.

MID 함수에 대한 설명은 다음을 참고합니다.

> **함수 설명**
>
> **MID**(text, start_num, num_chars)
>
> MID 함수는 문자열의 중간에서 원하는 개수만큼의 문자를 잘라 반환합니다.
>
> - **text** : 전체 문자열 값입니다.
> - **start_num** : text에서 잘라낼 시작 문자의 인덱스 값입니다. 이 값이 1이면 LEFT 함수와 동일하게 첫 번째 문자부터 잘라냅니다.
> - **num_chars** : 잘라낼 문자 개수를 의미합니다.

04 도메인 주소에서 이메일 서비스 업체만 분리하겠습니다. E2셀의 값 중 서비스 업체인 'naver'를 F2셀에 입력하고, F3셀에는 E3셀의 값 중 서비스 업체인 'hanmail'을 입력합니다. 빠른 채우기 목록이 표시되면 Enter 키를 눌러 전체 입력합니다.

	A	B	C	D	E	F	G	H	I
1	사번	이름	이메일	아이디	도메인	서비스	전화번호	지역번호	
2	1	박지훈	james@naver.com	james	naver.com	naver	02-669-0136		
3	2	유준혁	andrew@hanmail.net	andrew	hanmail.net	hanmail	031-515-0278		
4	3	이서연	linda@naver.com	linda	naver.com	naver	02-578-8988		
5	4	김민준	robert@gmail.com	robert	gmail.com	gmail	032-473-0256		
6	5	최서현	olivia@naver.com	olivia	naver.com	naver	031-587-4783		
7	6	박현우	william@hanmail.net	william	hanmail.net	hanmail	031-518-3876		
8	7	정시우	nicolas@naver.com	nicolas	naver.com	naver	02-919-1784		
9	8	이은서	jennifer@gmail.com	jennifer	gmail.com	gmail	02-983-1985		
10	9	오서윤	sophia@hanmail.net	sophia	hanmail.net	hanmail	031-465-1248		
11									

> **Plus⁺ 서비스 업체를 변경하고 싶은 경우**
>
> hanmail.net은 Daum 메일 서비스에서 제공하는 도메인이므로, hanmail 대신 daum을 표시하고 싶다면, 반환된 값을 변경하는 작업을 해야 합니다. F2:F10 범위를 선택하고 단축키 Ctrl + H 를 눌러 '찾기 및 바꾸기' 대화상자를 연 후, '찾을 내용'에는 'hanmail'을, '바꿀 내용'에는 'daum'을 입력하고 〈모두 바꾸기〉 버튼을 클릭합니다.

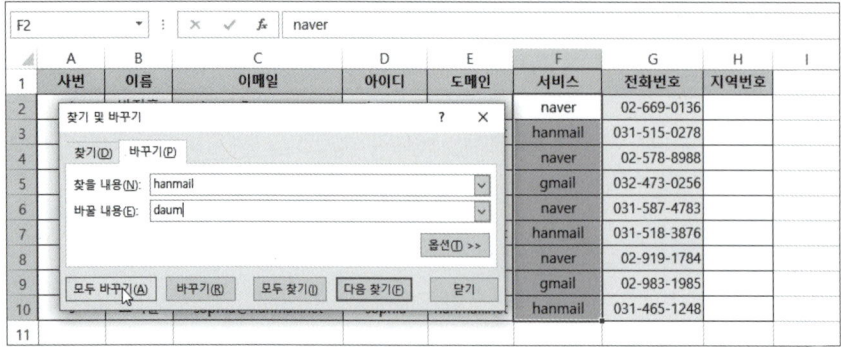

이 작업을 **04** 과정과 동시에 수행하고 싶다면 F2셀에 다음 수식을 입력하고 F2셀의 채우기 핸들을 F10셀까지 드래그해 수식을 복사하면 됩니다.

```
=SUBSTITUTE( LEFT(E2, FIND(".", E2)-1), "hanmail", "daum")
```

위 수식은 **LEFT(E2, FIND(".", E2-1)**을 사용해 E2셀의 값에서 마침표(.) 문자 왼쪽까지 잘라낸 후 SUBSTITUTE 함수를 사용해 'hanmail'을 'daum'으로 변경하는 역할을 합니다.

SUBSTITUTE 함수에 대한 설명은 다음을 참고합니다.

함수 설명

SUBSTITUTE(text, old_text, new_text, [instance_num])

SUBSTITUTE 함수는 전체 문자열 내의 일부 문자 또는 문자열을 다른 문자 또는 문자열로 고치거나 삭제합니다.

- **text** : 고칠 값이 포함되어 있는 전체 문자열입니다.
- **old_text** : text에서 찾으려고 하는 문자 또는 문자열입니다.
- **new_text** : old_text를 대체할 문자 또는 문자열로, old_text를 지우려면 new_text를 빈 문자("")로 설정합니다.
- **instance_num** : old_text가 text에 여러 개 있을 때 몇 번째 old_text를 고칠지 여부를 선택하는 옵션으로, 생략하면 모든 old_text를 new_text로 고칩니다.

---

05 이번에는 G열의 전화번호에서 지역번호만 반환해 보겠습니다. H2셀에 작은따옴표(')를 먼저 입력하고 G2셀의 값 중 지역번호인 '02'를 입력합니다. H3셀에도 작은따옴표(')를 입력하고 G3셀의 값 중 지역번호인 '031'을 입력하여 빠른 채우기 목록이 표시되면 Enter 키를 눌러 전체 입력합니다.

	A	B	C	D	E	F	G	H	I
1	사번	이름	이메일	아이디	도메인	서비스	전화번호	지역번호	
2	1	박지훈	james@naver.com	james	naver.com	naver	02-669-0136	02	
3	2	유준혁	andrew@hanmail.net	andrew	hanmail.net	daum	031-515-0278	'031	
4	3	이서연	linda@naver.com	linda	naver.com	naver	02-578-8988	02	
5	4	김민준	robert@gmail.com	robert	gmail.com	gmail	032-473-0256	032	
6	5	최서현	olivia@naver.com	olivia	naver.com	naver	031-587-4783	031	
7	6	박현우	william@hanmail.net	william	hanmail.net	daum	031-518-3876	031	
8	7	정시우	nicolas@naver.com	nicolas	naver.com	naver	02-919-1784	02	
9	8	이은서	jennifer@gmail.com	jennifer	gmail.com	gmail	02-983-1985	02	
10	9	오서윤	sophia@hanmail.net	sophia	hanmail.net	daum	031-465-1248	031	
11									

Plus+ 작은따옴표를 입력하는 이유

전화번호에서 지역번호만 반환하려면 '02'를 입력해야 하는데, 그대로 입력하면 숫자로 인식되어 앞의 0이 제거됩니다. 이런 경우에는 숫자를 텍스트 값으로 인식시켜야 합니다. 작은따옴표(')는 뒤에 입력될 값을 텍스트 값으로 인식하라는 연산자이므로, '02'와 같은 값을 온전히 입력하려면 앞에 작은따옴표(')를 먼저 입력합니다.

구분 기호가 없는 열 데이터 세분화해 관리하기 014

열 데이터를 여러 열로 나눠 기록해야 하는 경우에 구분 기호가 없다면 작업이 쉽지 않습니다. 구분 기호 없이 데이터가 입력된 경우에는 값을 구분할 수 있는 패턴을 찾는 것이 중요합니다. 패턴을 찾으면 열을 구분할 수 있지만, 찾지 못한다면 일일이 수작업으로 해야 할 수도 있습니다. 패턴을 찾아 값을 구분하는 방법에 대해 알아보겠습니다.

예제 파일 PART 01 \ CHAPTER 02 \ 테이블-열 분리.xlsx

01 예제 파일의 'sample2' 시트에는 다음과 같은 표가 입력되어 있습니다. C열의 주소 데이터에서 시도, 구군, 동, 세부주소를 D:G열에 분리해 보겠습니다.

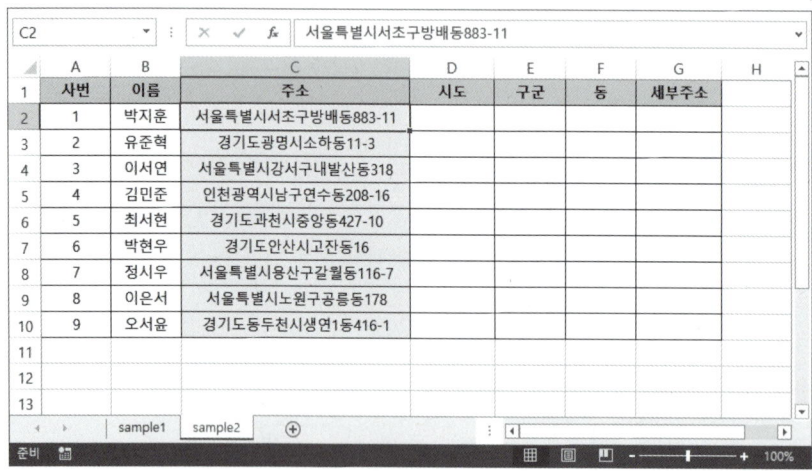

Plus⁺ 주소 데이터 및 처리 방법 이해하기

C열의 주소는 시도, 구군, 동, 세부주소가 구분 기호 없이 입력되어 있습니다. 구분 기호가 없으면 데이터를 분리하기 어렵지만, 이 경우 주소는 반드시 하나의 지역 단위가 '시', '도', '구', '동'으로 구분되므로, 이 값을 기준으로 열을 구분하도록 만들면 됩니다. 그러므로 이번 작업은 전체적으로 다음 과정을 거쳐 진행합니다.

1단계 : 주소의 지역 단위 뒤에 쉼표(,) 구분 기호를 넣습니다. 이 작업은 [바꾸기] 명령을 사용합니다.
2단계 : 쉼표(,) 구분 기호를 이용해 열을 구분합니다. 이 작업은 [텍스트 나누기] 명령을 사용합니다.
'동'의 경우는 C10셀의 '동두천시'와 같이 동일한 문자가 있으면 지역을 구분하는 단위로 사용하기 어려우므로, '시도'와 '구군'을 먼저 구분한 후에 나머지 값에서 '동' 단위를 나누는 작업을 진행합니다.

02 주소에 구분 기호를 넣기 전에 먼저 데이터를 복사하겠습니다. C2:C10 범위를 선택하고 단축키 Ctrl + C 를 눌러 복사한 후 D2셀을 클릭하고 [홈] 탭-[클립보드] 그룹-[붙여넣기] 명령 내 [값] 아이콘을 클릭해 값만 붙여넣습니다.

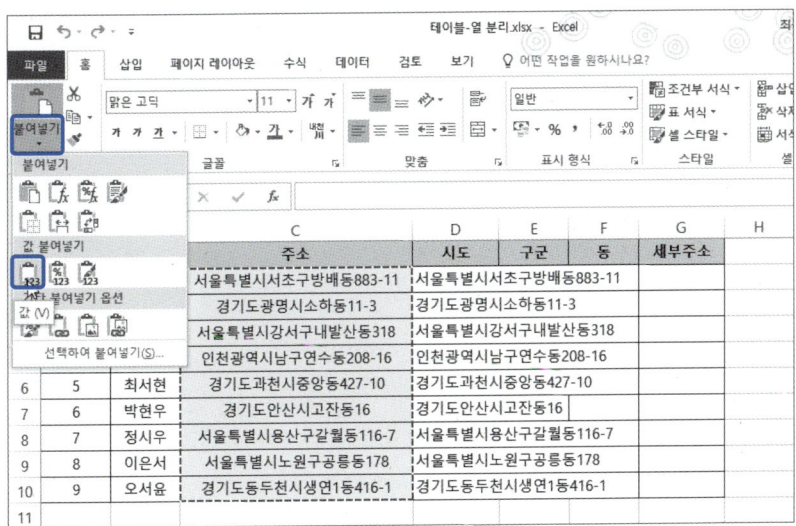

TIP [텍스트 나누기] 명령을 사용하면 전체 주소가 입력된 열에 '시도' 명만 남게 되므로 이렇게 데이터를 복사해 사용하는 것이 좋습니다.

03 [바꾸기]을 이용해 '시도'와 '구군' 사이에 구분 기호를 추가하겠습니다. D2:D10 범위를 선택하고 단축키 Ctrl + H 를 눌러 [바꾸기] 명령을 실행한 후, '찾기 및 바꾸기' 대화상자의 '찾을 내용'에 '시'를, '바꿀 내용'에 '시,'를 입력하고 〈모두 바꾸기〉 버튼을 클릭합니다.

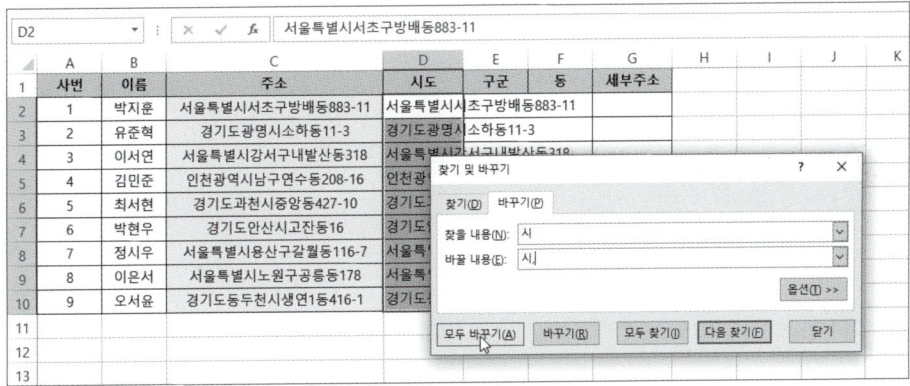

04 같은 방법으로 '도'는 '도,'로 바꾸고, '구'는 '구,'로 바꿉니다.

05 '시도'와 '구군'을 구분하는 작업을 완료했으면, [텍스트 나누기] 명령을 사용해 열을 구분합니다. D2:D10 범위가 선택된 상태에서 [데이터] 탭-[데이터 도구] 그룹-[텍스트 나누기] 명령(🔳)을 클릭합니다.

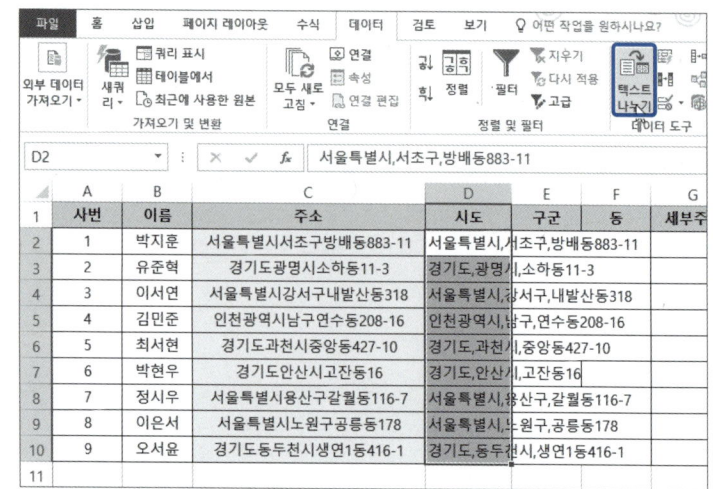

06 '텍스트 마법사' 대화상자가 표시되면 1단계에서 [구분 기호로 분리됨] 옵션이 선택된 상태에서 〈다음〉 버튼을 클릭하고, 2단계에서는 '구분 기호' 옵션에서 [쉼표]를 선택한 후 〈마침〉 버튼을 클릭합니다.

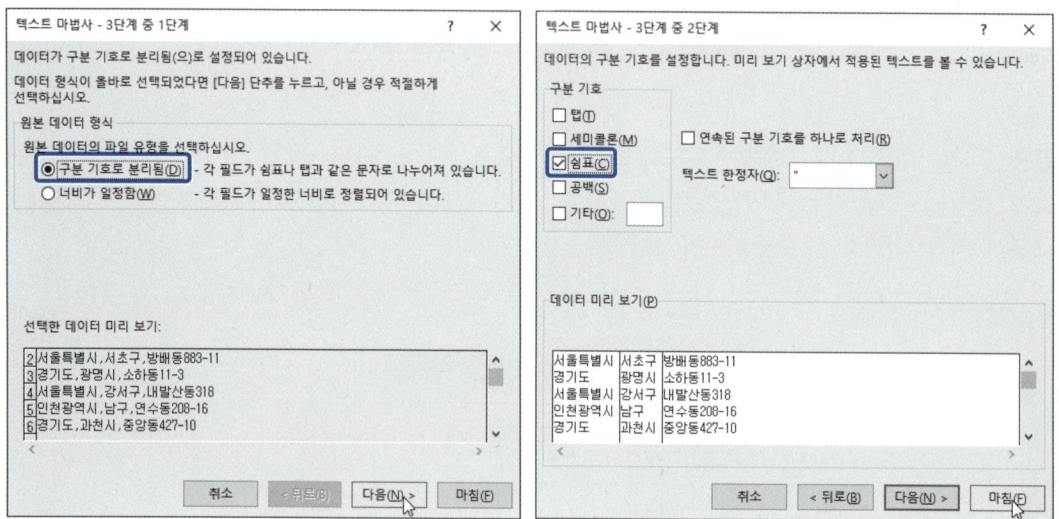

07 D2:D10 범위의 주소가 D2:F10 범위에 걸쳐 다음과 같이 구분됩니다.

08 F2:F10 범위의 값도 '동'과 '세부주소'로 나누겠습니다. 단축키 Ctrl+H를 눌러 [바꾸기] 명령을 실행하고 '찾을 내용'에는 '동'을, '바꿀 내용'에는 '동,'을 입력한 후 〈모두 바꾸기〉 버튼을 클릭합니다.

09 F2:F10 범위가 선택된 상태에서 [데이터] 탭-[데이터 도구] 그룹-[텍스트 나누기] 명령(📊)을 클릭해 열을 구분합니다. '텍스트 마법사' 대화상자의 1단계에서 [구분 기호로 분리됨] 옵션을 선택하고, 2단계에서는 '구분 기호' 옵션에서 [쉼표]를 선택합니다. 3단계에서 '데이터 미리 보기' 화면의 두 번째 열을 선택하고 '열 데이터 서식' 옵션에서 [텍스트]를 선택한 후 〈마침〉 버튼을 클릭합니다.

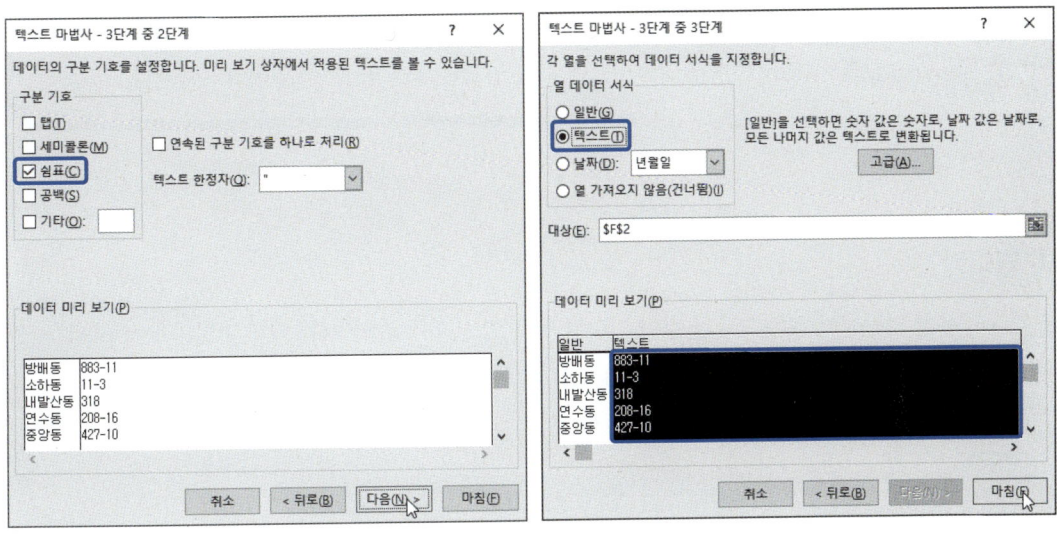

> **Plus⁺ 텍스트 마법사를 3단계까지 진행하는 이유**
>
> 텍스트 마법사로 열을 구분할 때 상세 주소와 같이 번지수만 입력되면 숫자가 아니라 날짜로 인식됩니다. 예를 들어 G3셀의 '11-3'은 '11월 3일'로 입력됩니다. 그러므로 3단계에서 분리할 열을 미리 텍스트 형식으로 지정해 날짜 값으로 인식되지 않도록 해야 '11-3'이 그대로 입력됩니다.

10 다음 화면과 같이 C열의 주소가 D:G열에 상세 주소로 모두 구분됩니다.

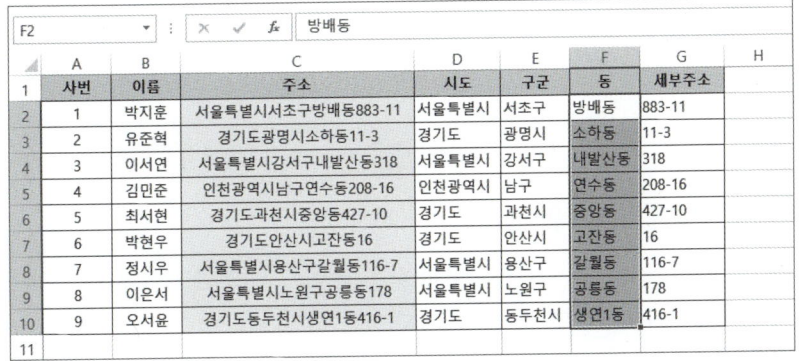

데이터를 대표하는 값이 입력된 키 열

표가 여러 개일 경우, 다른 표를 참조하려면 조건에 맞는 값을 찾아야 할 때가 많습니다. 이 경우에는 VLOOKUP 함수를 사용하는 방법이 가장 쉽습니다. VLOOKUP 함수는 표의 왼쪽 열에서 값을 찾아 그 오른쪽 열을 참조하는 함수로, 이 함수를 효율적으로 사용하려면 반드시 표 왼쪽 첫 번째 열에 데이터 행을 대표하는 값(예를 들면 품번, 사번, 거래번호 등)을 입력하는 것이 좋습니다. 이와 같이 행의 데이터를 대표하는 값을 키(Key) 값이라고 하며, 이 값이 입력된 열을 키(Key) 열이라고 합니다.

예제 파일 PART 01 \ CHAPTER 02 \ 테이블-키.xlsx

키 열이란?

표에서 중복될 가능성이 없는 고유한 값이 입력된 열을 키 열이라고 합니다. 예제 파일의 'sample1' 시트에 입력되어 있는 다음 표에서는 거래번호가 입력된 A열이 키 열입니다.

키 열의 특징

키 열에는 다음과 같은 몇 가지 특징이 있습니다.

첫째, 중복 없이 고유한 값만 입력되어 있어야 합니다.

키 열에 고유한 값만 입력되어 있는지 여부를 확인하려면 다음과 같은 수식을 사용하면 됩니다. 위 화면과 같이 A17셀에 다음 수식을 입력해 결과가 TRUE면 중복 데이터가 없는 것입니다.

```
A17셀 : =SUMPRODUCT(1/COUNTIF(A2:A15, A2:A15))=COUNTA(A2:A15)
```

> **Plus⁺ 수식 이해하기**
>
> SUMPRODUCT 함수의 결과와 COUNTA 함수의 결과가 같은지 비교하는 수식입니다. COUNTA 함수는 범위 내에서 값이 입력된 셀 개수를 세므로, 중복 여부와 상관 없이 셀 개수를 알 수 있습니다. SUMPRODUCT 함수는 1/COUNTIF 연산을 통해, 중복된 범위 내에서 고유한 항목 개수를 세는 역할을 합니다. 두 숫자가 동일하다면 범위 내 중복된 값이 없다고 판단할 수 있습니다.
>
> 이 수식은 배열을 이용한 수식이므로, VLOOKUP, COUNTIF, SUMIF 등의 간단한 함수만 사용해 본 독자에게는 어렵게 느껴질 수 있습니다. 이런 수식 작성 방법에 대해 좀 더 깊이 있게 공부하려면 '함수&수식 바이블' 책을 참고할 것을 권합니다.
>
> 각 함수에 대한 설명은 다음을 참고합니다.
>
> **함수 설명**
>
> **SUMPRODUCT(array1, [arrray2], …)**
> SUMPRODUCT 함수는 데이터 범위 내 같은 위치의 값을 모두 곱하고, 곱해진 값을 모두 더해 반환합니다.
> - **array** : 연산할 값을 갖는 데이터 범위입니다.
>
> **COUNTIF(range, criteria)**
> COUNTIF 함수는 범위 내 조건에 맞는 셀 개수를 세어 반환합니다.
> - **range** : 건수를 세려고 하는 데이터 범위입니다.
> - **criteria** : range에서 확인하려고 하는 조건을 의미합니다.
>
> **COUNTA(value1, [value2], …)**
> COUNTA 함수는 범위 내 값이 입력된 셀 개수를 세어 반환합니다.
> - **value** : 건수를 세려고 하는 값 또는 데이터 범위입니다.

둘째, 빈 셀이 없어야 합니다.

빈 셀이 있으면 키 열로 활용할 수 없습니다. 빈 셀이 포함되어 있는지 여부는 자동 필터를 이용해 확인하는 것이 가장 쉽습니다. 필터 목록에 '(필드 값 없음)' 항목이 표시되면 빈 셀이 포함되어 있는 것으로 이해하면 됩니다.

셋째, 키 열은 표의 왼쪽 첫 번째 열에 구성하는 것이 좋습니다.

표의 왼쪽에 키 열을 구성하는 이유는 다른 표에서 이 표의 데이터를 참조할 때 편리하게 하도록 하기 위해서입니다. 이렇게 하면 VLOOKUP 함수만으로 다른 열의 데이터를 아주 쉽게 참조할 수 있습니다.

키 값을 이용해 다른 표의 값 참조하기

016

테이블과 같은 표에 키 열이 있다면, 참조 작업은 VLOOKUP 함수 정도만 이해하고 있으면 할 수 있습니다. 하지만 키 열이 따로 없다면 복잡한 배열수식을 사용하지 않고서는 다른 표에서 값을 참조해 오기가 쉽지 않습니다. 그러므로 표를 구성할 때는 반드시 표의 왼쪽 첫 번째 열을 키 열로 구성하는 것이 좋습니다.

예제 파일 PART 01 \ CHAPTER 02 \ 테이블-키.xlsx

01 예제 파일의 'sample2' 시트에는 다음과 같은 표가 입력되어 있습니다. 키 값이 있는 경우와 없는 경우를 구분해 'sample1' 시트의 표에서 제품명을 참조해 보겠습니다.

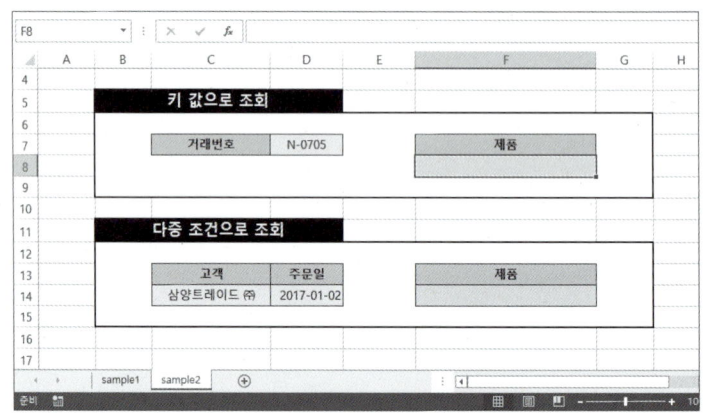

02 D7셀에 입력된 '거래번호'를 알고 있을 때, 해당 거래 건의 제품명을 참조하려면 F8셀에 다음 수식을 입력합니다.

```
F8셀 : =VLOOKUP(D7, sample1!A2:E15, 5, FALSE)
```

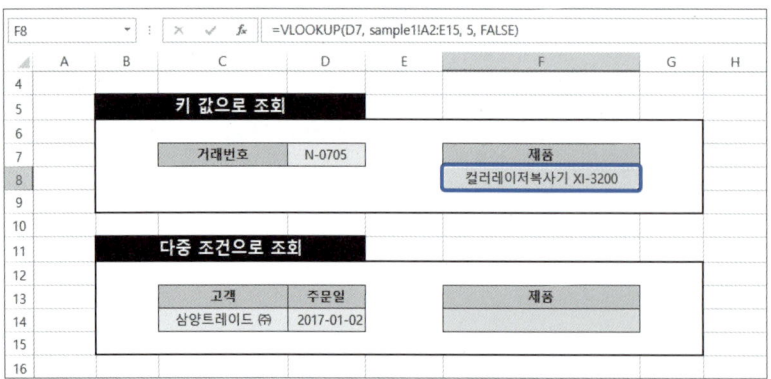

Plus+ 수식 이해하기

이 수식은 VLOOKUP 함수를 사용해 거래번호에 맞는 제품명을 참조해 옵니다.
VLOOKUP 함수에 대한 설명은 다음을 참고합니다.

함수 설명

VLOOKUP(lookup_value, table_array, col_index_num, [range_lookup])

VLOOKUP 함수는 다른 표의 왼쪽 열에서 원하는 값을 찾아, 그 오른쪽의 값을 참조합니다.

- **lookup_value** : table_array의 왼쪽 첫 번째 열에서 찾으려고 하는 값입니다.
- **table_array** : 찾는 값과 참조해 올 값이 모두 존재하는 표의 데이터 범위입니다.
- **col_index_num** : table_array에서 참조해 올 값이 위치한 열의 인덱스 번호입니다.
- **range_lookup** : lookup_value를 table_array에서 찾는 방법을 지정하는 옵션으로, 다음 값 중 하나를 사용할 수 있습니다.

range_lookup	설명
TRUE	table_array의 왼쪽 첫 번째 열에 오름차순으로 정렬된 구간의 최소값이 입력되어 있을 때, lookup_value가 속한 위치를 찾습니다.
FALSE	table_array의 왼쪽 첫 번째 열에서 lookup_value와 정확하게 일치하는 값의 위치를 찾습니다.

TIP VLOOKUP 함수는 찾는 값과 동일한 값이 여러 개 입력되어 있어도 첫 번째 위치만 찾을 수 있습니다.

---

03 거래번호가 없거나 모르는 경우라고 가정하면 고객 이름인 C14셀과 주문일인 D14셀을 알아야 제품명을 참조할 수 있습니다. F14셀에 다음 수식을 입력하고 Ctrl + Shift + Enter 키를 눌러 배열수식으로 입력합니다.

```
F14셀 : =INDEX(sample1!E2:E15, MATCH(1, (sample1!B2:B15=C14)*(sample1!D2:D15=D14), 0))
```

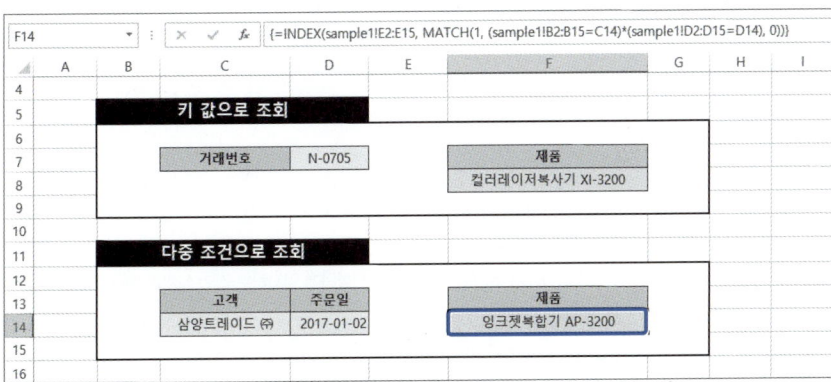

Plus⁺ Ctrl + Shift + Enter 키를 눌러 수식을 입력하는 이유

엑셀의 수식은 일반수식과 배열수식으로 구분할 수 있습니다. 배열수식은 배열(Array)이란 공간을 이용하는 수식으로, Ctrl + Shift + Enter 키를 눌러 입력해야 정확한 계산 결과 값을 반환합니다. Ctrl + Shift + Enter 키를 눌러 수식을 입력하면 수식 입력줄의 수식 앞뒤에 중괄호({ })가 표시됩니다.

배열수식은 계산 결과 값을 얻는 과정을 단축시킬 수 있고 범위를 연산할 수 있으며 일반 수식으로 계산하지 못하는 수식을 만들 수 있다는 장점이 있는 반면 계산 속도가 일반 수식에 비해 느립니다.

배열수식에 대한 설명은 이 책에서는 이 정도로만 간략하게 합니다. 수식 작성 방법에 대해 자세히 알고 싶다면 《엑셀 함수&수식 바이블》 책을 참고하기 바랍니다.

Plus⁺ 수식 이해하기

이번 수식은 'sample1' 시트의 B열에서 C14셀의 값과 같고, 'sample1' 시트의 D열에서 D14셀의 값과 같은 위치를 찾아 'sample1' 시트의 E열에서 같은 행에 위치한 값을 참조해 오는 수식입니다. 배열수식이므로 일반 수식에 비해 이해하기 어렵다는 단점이 있지만, 여러 열에서 조건에 맞는 셀 값을 참조할 경우는 이런 식으로 작성해야 합니다.

INDEX, MATCH 함수에 대한 설명은 다음을 참고합니다.

함수 설명

INDEX(array, row_num, [column_num])

INDEX 함수는 다른 표에서 필요한 값을 참조할 수 있습니다.

- **array** : 참조할 값이 위치한 데이터 범위입니다.
- **row_num** : array에서 참조할 값이 위치한 행의 인덱스 번호입니다.
- **column_num** : array에서 참조할 값이 위치한 열의 인덱스 번호입니다. column_num 인수는 생략 가능하며, 생략하면 1로, 첫 번째 열의 값을 참조합니다.

MATCH(lookup_value, lookup_array, [match_type])

MATCH 함수는 찾는 값이 지정된 범위 내에 몇 번째에 있는지 반환합니다.

- **lookup_value** : lookup_array에서 찾으려고 하는 값입니다.
- **lookup_array** : 찾고 싶은 값이 입력된 데이터 범위로, 하나의 행 또는 열 데이터 범위여야 합니다.
- **match_type** : lookup_value를 lookup_array에서 찾는 방법을 지정하는 옵션으로, 다음 값 중 하나를 사용할 수 있습니다.

match_type	설명
1	lookup_array 인수에 전달된 범위가 오름차순으로 정렬되어 있고 구간의 최소값이 입력되어 있을 때 lookup_value가 속한 구간의 위치를 찾습니다.
0	lookup_array 인수에 전달된 범위에서 lookup_value와 정확하게 일치하는 값의 위치를 찾습니다.
-1	lookup_array 인수에 전달된 범위가 내림차순으로 정렬되어 있고 구간의 최대값이 입력되어 있을 때 lookup_value가 속한 구간의 위치를 찾습니다.

TIP MATCH 함수도 VLOOKUP 함수와 마찬가지로 찾는 값과 동일한 값이 여러 개 입력되어 있어도 첫 번째 값의 위치만 찾을 수 있습니다.

04 이번에는 테이블에 별도의 키 열을 만드는 방법으로 좀 더 쉽게 해결해 보겠습니다. 'sample1' 시트의 E열에 빈 열을 하나 삽입하고 E2셀에 다음 수식을 입력한 후 E2셀의 채우기 핸들을 E15셀까지 드래그해 수식을 복사합니다.

E2셀 : =B2 & D2

	A	B	C	D	E	F	G
1	거래번호	고객	담당	주문일		제품	단가
2	N-0705	S&C무역 ㈜	오서윤	2017-01-01	S&C무역 ㈜42736	컬러레이저복사기 XI-3200	1,176,000
3	N-0706	드림씨푸드 ㈜	박현우	2017-01-01	드림씨푸드 ㈜42736	프리미엄복사지A4 2500매	17,800
4	N-0707	자이언트무역 ㈜	정시우	2017-01-01	자이언트무역 ㈜42736	고급복사지A4 500매	3,500
5	N-0708	진왕통상 ㈜	오서윤	2017-01-02	진왕통상 ㈜42737	잉크젯복합기 AP-3300	79,800
6	N-0709	삼양트레이드 ㈜	김민준	2017-01-02	삼양트레이드 ㈜42737	잉크젯복합기 AP-3200	79,500
7	N-0710	자이언트무역 ㈜	정시우	2017-01-05	자이언트무역 ㈜42740	링제본기 ST-100	127,800
8	N-0711	동남무역 ㈜	최서현	2017-01-05	동남무역 ㈜42740	흑백레이저복사기 TLE-5000	597,900
9	N-0712	한남상사 ㈜	오서윤	2017-01-05	한남상사 ㈜42740	프리미엄복사지A4 2500매	16,800
10	N-0713	금화트레이드 ㈜	최서현	2017-01-05	금화트레이드 ㈜42740	링제본기 ST-100	161,900
11	N-0714	칠성무역 ㈜	박현우	2017-01-05	칠성무역 ㈜42740	바코드 BCD-200 Plus	96,900
12	N-0715	뉴럴네트워크 ㈜	박지훈	2017-01-05	뉴럴네트워크 ㈜42740	복사지A4 1000매	5,400
13	N-0716	신성백화점 ㈜	최서현	2017-01-06	신성백화점 ㈜42741	프리미엄복사지A4 2500매	20,700
14	N-0717	사선무역 ㈜	김민준	2017-01-06	사선무역 ㈜42741	복사지A4 500매	3,200
15	N-0718	네트워크통상 ㈜	박현우	2017-01-06	네트워크통상 ㈜42741	RF OA-300	48,400
16							
17	TRUE						

TIP 열을 삽입하려면 E열을 선택하고 [홈] 탭-[셀] 그룹-[삽입] 명령을 클릭합니다.

> **Plus⁺ 수식 이해하기**
>
> B열과 D열의 값을 모두 찾아 제품을 참조하려고 하므로 두 열의 값을 하나로 연결해 사용합니다. 이렇게 값을 연결하면 고유한 값을 갖는 키 열이 생성됩니다. 참고로 D열의 날짜 값은 연결되면 42736과 같은 날짜 일련번호로 표시됩니다. 참고로 키 열을 생성할 경우에는 참조할 '제품' 열인 F열보다 왼쪽에 위치하도록 해야 VLOOKUP 함수를 사용할 수 있습니다.

05 'sample2' 시트로 이동하여 F14셀의 수식을 다음과 같이 변경합니다.

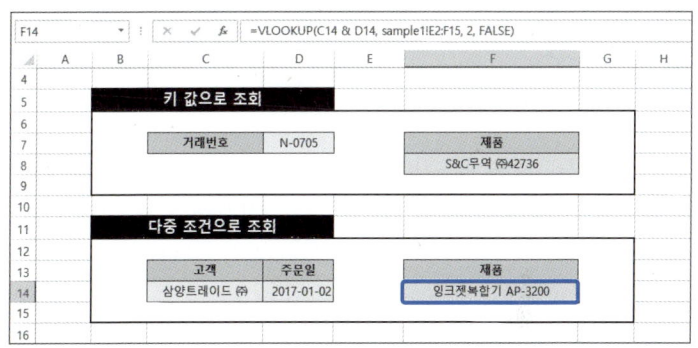

F14셀 : =VLOOKUP(C14 & D14, sample1!E2:F15, 2, FALSE)

> **Plus⁺ 수식 이해하기**
>
> 이 수식은 VLOOKUP 함수를 사용해 C14셀과 D14셀의 값을 연결한 값을 'sample1' 시트의 E2:F15 범위 중 첫 번째 열인 E2:E15 범위에서 찾은 후 두 번째 열인 F2:F15 범위에서 같은 행에 위치한 값을 참조합니다.
> 참고로 F8셀에 반환된 제품명이 변경된 것을 확인할 수 있는데, 이것은 **04** 과정에서 E열에 새 열을 삽입했기 때문입니다. 제품명이 올바로 참조되도록 하려면 F8셀의 수식을 다음과 같이 변경합니다.
>
> =VLOOKUP(D7, sample1!A2:F15, 6, FALSE)
>
> 수정한 부분은 VLOOKUP 함수의 두 번째와 세 번째 인수 부분으로, 두 번째 인수는 **04** 과정에서 새로 삽입한 열 때문에 밀린 '제품' 열, 즉 F열을 포함하도록 범위를 조정했고, 세 번째 인수는 '제품' 열의 값이 참조되도록 여섯 번째 열로 변경했습니다.

017 유사한 데이터를 갖는 여러 열을 하나로 합치기

테이블을 구성할 때 하나의 열에 성격이 다른 데이터가 있으면 열을 구분해 관리해야 합니다. 이와 반대로 성격이 동일한 데이터를 여러 열로 나눠 관리하는 경우도 종종 있습니다. 이런 경우에는 열을 하나로 합쳐 관리해야 나중에 집계, 분석 작업을 할 때 편리합니다.

예제 파일 PART 01 \ CHAPTER 02 \ 테이블-표 분할.xlsx

01 예제 파일의 'sample1' 시트를 보면 H:I열에 서로 다른 결제 방법 두 가지를 입력하는 열이 있습니다. 결제를 둘 중 한 가지 방법으로만 하는 것으로 가정하면, 하나의 열에 '카드'와 '현금'으로 입력하도록 하는 것이 좋습니다.

02 열을 하나로 합치기 위해, 표 오른쪽의 빈 열인 J열에 두 열의 데이터를 하나로 취합하겠습니다. J3셀에 다음 수식을 입력하고 채우기 핸들을 J16셀까지 드래그해 복사합니다.

J3셀 : =IF(H3="o", "카드", IF(I3="o", "현금", ""))

> **Plus⁺ 수식 이해하기**
>
> 이 수식은 IF 함수가 한 번 중첩 사용되면서 H열의 값이 영어 소문자 'o'와 같다면 '카드', 또는 I열의 값이 영어 소문자 'o'와 같다면 '현금', 둘 다 아니라면 빈 문자("")를 반환하도록 구성된 수식입니다. IF 함수에 대한 설명은 다음을 참고합니다.
>
> **함수 설명**
>
> **IF(logical_test, [value_if_true], [value_if_false])**
>
> If 함수는 조건을 판단해 조건이 TRUE일 때와 FALSE일 때를 구분해 서로 다른 값을 반환합니다.
> - **logical_test** : 판단을 하는 식으로, 논리 값(TRUE, FALSE)이 반환되어야 합니다.
> - **value_if_true** : logical_test가 TRUE일 때 TRUE를 대체할 값입니다.
> - **value_if_false** : logical_test가 FALSE일 때 FALSE를 대체할 값입니다.
>
> 이 수식은 INDEX, MATCH 함수를 사용해 해결할 수도 있는데, 이 두 함수를 사용하려면 다음과 같은 수식을 사용하면 됩니다.
>
> =INDEX($H$2:$I$2, 1, MATCH("o", H3:I3, O))
>
> 단, 위와 같은 수식을 사용하면 아직 입금되지 않은 11행, 12행, 14행의 경우는 #N/A 오류가 발생하므로 오류가 발생한 셀 값을 빈 문자("")로 대체하기 위해 IFERROR 함수를 함께 사용하는 것이 좋습니다.
>
> =IFERROR(INDEX($H$2:$I$2, 1, MATCH("o", H3:I3, O)), "")
>
> **함수 설명**
>
> **IFERROR(value, value_if_error)**
>
> IFERROR 함수는 수식 오류가 발생할 경우에 대체할 값을 반환할 수 있습니다.
> - **value** : 반환할 값 또는 값을 반환하는 수식
> - **value_if_error** : value 인수에서 오류가 발생할 경우 대체할 값
>
> 이런 류의 작업을 할 때 HLOOKUP 함수를 떠올릴 수도 있지만, HLOOKUP 함수는 위의 행에서 값을 찾아 아래 행의 데이터를 참조하는 함수이므로 이번 예제와 같은 경우에는 사용할 수 없습니다.

03 No. 14의 **02** 과정(53쪽)을 참고해 J열의 수식을 값으로 변경한 후 H:I열과 2행을 삭제하고 H1셀에 머리글과 서식을 적용해 다음과 같이 표를 완성합니다.

	A	B	C	D	E	F	G	H	I
1	거래번호	고객	제품	단가	수량	판매	결재여부	결재방법	
2	N-0705	S&C무역 ㈜	컬러레이저복사기 XI-3200	1,176,000	3	2,998,800	입금	카드	
3	N-0706	드림씨푸드 ㈜	프리미엄복사지A4 2500매	17,800	9	160,200	입금	카드	
4	N-0707	자이언트무역 ㈜	고급복사지A4 500매	3,500	2	7,000	입금	카드	
5	N-0708	진왕통상	잉크젯복합기 AP-3300	79,800	1	79,800	입금	카드	
6	N-0709	삼양트레이드	잉크젯복합기 AP-3200	79,500	2	159,000	입금	카드	
7	N-0710	자이언트무역 ㈜	링제본기 ST-100	127,800	4	511,200	입금	현금	
8	N-0711	동남무역 ㈜	흑백레이저복사기 TLE-5000	597,900	3	1,704,015	입금	카드	
9	N-0712	한남상사 ㈜	프리미엄복사지A4 2500매	16,800	5	84,000	입금	카드	
10	N-0713	금화트레이드 ㈜	링제본기 ST-100	161,900	9	1,384,245	미입금		
11	N-0714	칠성무역 ㈜	바코드 BCD-200 Plus	96,900	6	581,400	미입금		
12	N-0715	뉴럴네트워크 ㈜	복사지A4 1000매	5,400	3	16,200	입금	카드	
13	N-0716	신성백화점	프리미엄복사지A4 2500매	20,700	2	41,400	미입금		
14	N-0717	사선무역 ㈜	복사지A4 500매	3,200	8	25,600	입금	현금	
15	N-0718	네트워크통상	RF OA-300	48,400	10	484,000	입금	카드	
16									

완성된 열입니다.

데이터의 성격에 맞게 표 분리하기

018

사용자들이 만든 문서를 보면 성격이 완전히 다른 내용을 표 하나로 작성한 경우가 많습니다. 표를 분리해 만들려면 여러 가지 귀찮은 작업을 해야 하고, 한눈에 들어오도록 데이터를 나열하는 것이 편리하기 때문일 것입니다. 이렇게 작성한 표는 처음 작업을 할 때는 별 문제가 없어 보이지만, 데이터를 집계, 분석해야 하는 경우 엑셀에서 제공하는 기능을 대부분 사용할 수 없게 되며, 매우 복잡한 수식이나 매크로 등을 사용해야 하는 주된 원인이 됩니다. 표를 분리하는 방법에는 여러 가지가 있으며 여기에서 모든 사례를 다 들 수는 없으므로, 간단한 예제를 통해 표를 분리하는 기준과 방법에 대해 알아보겠습니다.

예제 파일 PART 01 \ CHAPTER 02 \ 테이블-표 분할.xlsx

예제 파일의 'sample2' 시트에는 다음과 같은 표가 입력되어 있습니다. H:I열을 보면, 결재를 카드나 현금 중 한 가지로만 할 수 있는 것이 아니라 동시에 사용할 수도 있다는 것을 알 수 있습니다. 이런 경우는 열을 하나로 합칠 수 없으므로, 표를 분리해 보겠습니다.

거래번호	고객	제품	단가	수량	판매	결재여부	결재방법	
							카드	현금
N-0705	S&C무역㈜	컬러레이저복사기 XI-3200	1,176,000	3	2,998,800	입금	o	
N-0706	드림씨푸드㈜	프리미엄복사지A4 2500매	17,800	9	160,200	입금	o	
N-0707	자이언트무역	고급복사지A4 500매	3,500	2	7,000	입금	o	
N-0708	진왕통상	잉크젯복합기 AP-3300	79,800	1	79,800	입금	o	
N-0709	삼양트레이드	잉크젯복합기 AP-3200	79,500	2	159,000	입금	100,000	59,000
N-0710	자이언트무역	링제본기 ST-100	127,800	4	511,200	입금		o
N-0711	동남무역	흑백레이저복사기 TLE-5000	597,900	3	1,704,015	입금	1,500,000	204,015
N-0712	한남상사	프리미엄복사지A4 2500매	16,800	5	84,000	입금	o	
N-0713	금화트레이드	링제본기 ST-100	161,900	9	1,384,245	미입금		
N-0714	칠성무역㈜	바코드 BCD-200 Plus	96,900	6	581,400	미입금		
N-0715	뉴럴네트워크	복사지A4 1000매	5,400	3	16,200	입금	o	
N-0716	신성백화점	프리미엄복사지A4 2500매	20,700	2	41,400	미입금		
N-0717	사선무역㈜	복사지A4 500매	3,200	8	25,600	입금		o
N-0718	네트워크통상	RF OA-300	48,400	10	484,000	입금	o	

Plus⁺ 열 하나에 구분 기호를 사용해 데이터를 입력하는 방법의 문제

다음 표의 H열에는 결제방법과 금액이 쉼표(,) 구분 기호를 사용해 한 번에 입력되어 있습니다. 이렇게 구분 기호를 사용해 셀에 여러 데이터를 입력하는 것은 데이터를 입력하는 가장 나쁜 방법 중 하나입니다.

	A	B	C	D	E	F	G	H
1	거래번호	고객	제품	단가	수량	판매	결재여부	결재방법
2	N-0705	S&C무역 ㈜	컬러레이저복사기 XI-3200	1,176,000	3	2,998,800	입금	카드
3	N-0706	드림씨푸드 ㈜	프리미엄복사지A4 2500매	17,800	9	160,200	입금	카드
4	N-0707	자이언트무역 ㈜	고급복사지A4 500매	3,500	2	7,000	입금	카드
5	N-0708	진왕통상 ㈜	잉크젯복합기 AP-3300	79,800	1	79,800	입금	카드
6	N-0709	삼양트레이드 ㈜	잉크젯복합기 AP-3200	79,500	2	159,000	입금	카드(100,000), 현금(59,000)
7	N-0710	자이언트무역 ㈜	링제본기 ST-100	127,800	4	511,200	입금	현금
8	N-0711	동남무역 ㈜	흑백레이저복사기 TLE-5000	597,900	3	1,704,015	입금	카드(1,500,000), 현금(204,015)
9	N-0712	한남상사	프리미엄복사지A4 2500매	16,800	5	84,000	입금	카드
10	N-0713	금화트레이드 ㈜	링제본기 ST-100	161,900	9	1,384,245	미입금	
11	N-0714	칠성무역 ㈜	바코드 BCD-200 Plus	96,900	6	581,400	미입금	
12	N-0715	뉴럴네트워크 ㈜	복사지A4 1000매	5,400	3	16,200	입금	카드
13	N-0716	신성백화점	프리미엄복사지A4 2500매	20,700	2	41,400	미입금	
14	N-0717	사선무역 ㈜	복사지A4 500매	3,200	8	25,600	입금	현금
15	N-0718	네트워크통상 ㈜	RF OA-300	48,400	10	484,000	입금	카드

이 방법이 나쁜 이유는 위 표에서 카드와 현금 매출을 구분해야 하는 경우를 생각해 보면 알 수 있을 것입니다. 위와 같이 작업되어 있다면 반드시 먼저 카드와 현금 매출을 구분해야 하는데, 금방 이루어지는 작업이 아니므로 열을 구분하는 동작을 먼저 해야 합니다.

이런 작업은 복잡한 수식이나 매크로 등을 이용해야 하는 상황으로 이어질 수밖에 없습니다. 데이터를 기록할 때 이런 식으로 표를 구성하지 않는 것이 최선입니다.

이 경우에는 입력된 데이터의 성격에 맞게 거래내역과 입금내역을 분리해야 합니다. 예제의 표에서 열(필드)별로 거래내역과 입금내역을 구분하면 다음과 같습니다.

표	필드	설명
거래내역, 입금내역	거래번호	키(Key) 열이므로, 거래내역과 입금내역에 모두 사용됩니다.
거래내역	고객	거래한 고객명으로, 거래내역과 입금내역에 모두 사용할 수 있지만 '거래번호'가 키 열의 역할을 하면 한쪽에만 있어도 되므로 거래내역 표에 남겨 놓습니다.
	제품	거래한 제품명으로, 거래내역 표에 남겨 놓습니다.
	단가	거래한 제품 단가로, 거래내역 표에 남겨 놓습니다.
	수량	거래한 제품 수량으로, 거래내역 표에 남겨 놓습니다.
	판매	거래한 제품의 판매 금액으로, 거래내역 표에 남겨 놓습니다.
	결제여부	거래내역의 결제가 완료됐는지 여부로, 거래내역 표에 남겨 놓습니다.
입금내역	결제방법	결제방법과 입금액은 서로 다른 데이터이므로 열을 구분해 입력할 수 있도록 구성해 입금내역 표로 구성합니다.

앞의 설명을 기준으로 거래내역 표를 다시 구성하면 다음과 같습니다.

	A	B	C	D	E	F	G
1	거래번호	고객	제품	단가	수량	판매	결재여부
2	N-0705	S&C무역 ㈜	컬러레이저복사기 XI-3200	1,176,000	3	2,998,800	입금
3	N-0706	드림씨푸드 ㈜	프리미엄복사지A4 2500매	17,800	9	160,200	입금
4	N-0707	자이언트무역 ㈜	고급복사지A4 500매	3,500	2	7,000	입금
5	N-0708	진왕통상 ㈜	잉크젯복합기 AP-3300	79,800	1	79,800	입금
6	N-0709	삼양트레이드 ㈜	잉크젯복합기 AP-3200	79,500	2	159,000	입금
7	N-0710	자이언트무역 ㈜	링제본기 ST-100	127,800	4	511,200	입금
8	N-0711	동남무역 ㈜	흑백레이저복사기 TLE-5000	597,900	3	1,704,015	입금
9	N-0712	한남상사 ㈜	프리미엄복사지A4 2500매	16,800	5	84,000	입금
10	N-0713	금화트레이드 ㈜	링제본기 ST-100	161,900	9	1,384,245	미입금
11	N-0714	칠성무역 ㈜	바코드 BCD-200 Plus	96,900	6	581,400	미입금
12	N-0715	뉴럴네트워크 ㈜	복사지A4 1000매	5,400	3	16,200	입금
13	N-0716	신성백화점 ㈜	프리미엄복사지A4 2500매	20,700	2	41,400	미입금
14	N-0717	사선무역 ㈜	복사지A4 500매	3,200	8	25,600	입금
15	N-0718	네트워크통상 ㈜	RF OA-300	48,400	10	484,000	입금

TIP 예제 파일의 'sample4' 시트에서 확인할 수 있습니다.

입금내역 표는 다음과 같습니다. 이 표는 6:7행과, 9:10행에서 확인할 수 있듯이 거래번호가 N-0709와 N-0711인 두 입금액을 서로 다른 행에 입력하고 있습니다.

	A	B	C
1	거래번호	결재방법	입금액
2	N-0705	카드	2,998,800
3	N-0706	카드	160,200
4	N-0707	카드	7,000
5	N-0708	카드	79,800
6	N-0709	카드	100,000
7	N-0709	현금	59,000
8	N-0710	현금	511,200
9	N-0711	카드	1,500,000
10	N-0711	현금	204,015
11	N-0712	카드	84,000
12	N-0715	카드	16,200
13	N-0717	현금	25,600
14	N-0718	카드	484,000

TIP 예제 파일의 'sample5' 시트에서 확인할 수 있습니다.

테이블 형식으로 표를 구성하려면 이런 방식으로 표를 구분할 수 있어야 합니다. 이렇게 표를 구성하는 방법에 대해 좀 더 상세하게 공부하고 싶다면 '데이터베이스 모델링'에 대한 책을 참고할 것을 권합니다.

CHAPTER 03

표 등록 및 이름 정의

테이블은 데이터를 보관하는 표이므로
필요할 때마다 다른 표에서 해당 표의 데이터 범위를 참조해 사용할 수 있어야 합니다.
셀 주소를 이용해 참조할 경우 참조한 데이터 범위가 자동으로 확장되거나 축소되지 않으므로
좀 더 효과적인 범위 참조 방법이 필요합니다.
이번 장에서는 엑셀의 가장 대표적인 표 범위 참조 방식인 이름 정의와
표를 등록한 후 사용할 수 있는 구조적 참조 구문을 다루는 방법에 대해 알아보겠습니다.

이름 상자를 이용해 표 범위를 이름으로 정의하기

019

엑셀에는 셀이나 범위를 원하는 이름으로 정의할 수 있는 이름 정의 기능이 있습니다. 이름 정의는 쉽게 말해 A1:A10과 같은 범위를 '원본' 등의 이름으로 부를 수 있도록 하는 것입니다. 이름을 정의하는 가장 간단한 방법은 이름 상자를 이용하는 것으로, 이 방법을 이용하면 직관적이고 빠르게 셀이나 범위에 이름을 정의할 수 있습니다. 이름 상자를 이용해 이름 정의를 해 보고, 정의된 범위에 셀을 삽입하거나 삭제하면 이름 범위가 어떻게 변화하는지 알아보겠습니다.

예제 파일 PART 01 \ CHAPTER 03 \ 이름 정의.xlsx

01 예제 파일을 열고 표 범위를 이름으로 정의해 보겠습니다. 이름 상자를 이용해 이름을 정의하려면 먼저 이름으로 정의할 표 범위를 선택해야 합니다. A1:G10 범위를 선택합니다.

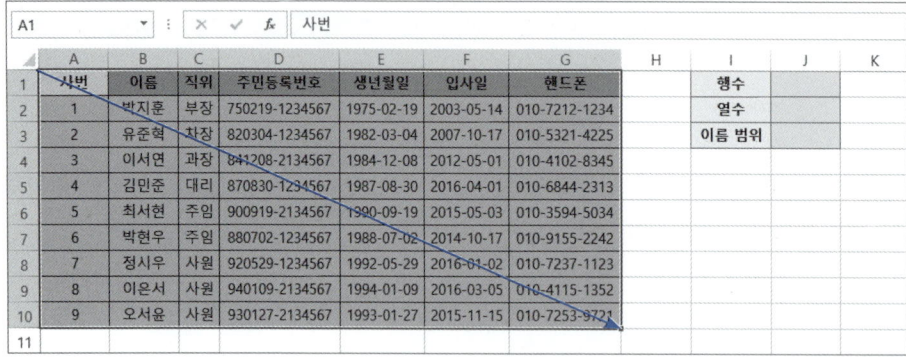

02 이름 상자에 원하는 이름을 입력합니다. 예제에서는 '직원명부'를 입력했습니다.

> **Plus⁺ 이름 정의를 할 때의 규칙**
>
> 이름 정의를 할 때 지켜야 할 규칙은 다음과 같습니다.
> 첫째, 시작 문자는 반드시 한글이나 영어여야 합니다. 숫자는 시작 문자로 사용할 수 없으며, 숫자를 사용하려면 밑줄(_)을 먼저 입력한 후에 숫자를 입력해야 합니다. 예를 들어 이름을 '7월급여'라고 정의하려면 '_7월급여'로 입력해야 합니다.
> 둘째, 단어와 단어 사이에 띄어쓰기를 하면 안 됩니다. 단어와 단어는 밑줄(_)이나 마침표(.) 등의 문자를 사용해 구분해야 합니다. 예를 들어 이름을 '미국 매출'이라고 정의하려면 '미국_매출'이나 '미국.매출'로 입력해야 합니다.
> 셋째, 셀 주소와 같이 프로그램에서 사용하는 예약어는 사용할 수 없습니다. 엑셀 워크시트에서는 열은 16,000개, 행은 100만 개 정도 사용할 수 있으므로, 예를 들어 영문자 세 자리와 숫자로 구성된 'ACD302'는 셀 주소입니다. 이런 식으로 영문자와 숫자로 구성된 이름은 아예 사용하지 않는 것이 좋습니다.

03 이렇게 정의된 이름은 A1:G10과 같은 셀 주소 대신 사용할 수 있습니다. 정의된 이름의 정확한 범위를 몇 가지 수식을 통해 확인해 보겠습니다. J1셀과 J2셀에 다음 수식을 입력하면 정의된 이름의 행 수와 열 수가 반환됩니다.

```
J1셀 : =ROWS(직원명부)
J2셀 : =COLUMNS(직원명부)
```

	A	B	C	D	E	F	G	H	I	J	K
1	사번	이름	직위	주민등록번호	생년월일	입사일	핸드폰		행수	10	
2	1	박지훈	부장	750219-1234567	1975-02-19	2003-05-14	010-7212-1234		열수	7	
3	2	유준혁	차장	820304-1234567	1982-03-04	2007-10-17	010-5321-4225		이름 범위		
4	3	이서연	과장	841208-2134567	1984-12-08	2012-05-01	010-4102-8345				
5	4	김민준	대리	870830-1234567	1987-08-30	2016-04-01	010-6844-2313				
6	5	최서현	주임	900919-2134567	1990-09-19	2015-05-03	010-3594-5034				
7	6	박현우	주임	880702-1234567	1988-07-02	2014-10-17	010-9155-2242				
8	7	정시우	사원	920529-1234567	1992-05-29	2016-01-02	010-7237-1123				
9	8	이은서	사원	940109-2134567	1994-01-09	2016-03-05	010-4115-1352				
10	9	오서윤	사원	930127-2134567	1993-01-27	2015-11-15	010-7253-9721				
11											

> **Plus⁺ 수식 이해하기**
>
> 이번 수식을 이해하려면 ROWS 함수와 COLUMNS 함수에 대해 알아야 합니다. 두 함수의 인수 구성은 다음과 같습니다.
>
> **함수 설명**
>
> **ROWS(array)**
> 데이터 범위 내 행 개수를 세어 반환합니다.
> ● array : 데이터 범위입니다.
>
> **COLUMNS(array)**
> 데이터 범위 내 열 수를 세어 반환합니다.
> ● array : 데이터 범위입니다.
>
> 이 수식에서는 array 인수에 정의된 이름인 '직원명부'를 입력했으므로 해당 이름이 참조하는 데이터 범위 내 행 개수와 열 개수가 반환됩니다. 그러므로 J1:J2 범위에 반환된 값은, '직원명부' 이름이 참조하는 범위 내 행은 10개(1:10행), 열은 7개(A:G열)라는 의미입니다.

04 행 수와 열 수를 참고해 이름 범위를 주소로 나타내 보겠습니다. J3셀에 다음 수식을 입력합니다.

```
J3셀 : ="A1:" & ADDRESS(J1, J2, 4)
```

	A	B	C	D	E	F	G	H	I	J	K
1	사번	이름	직위	주민등록번호	생년월일	입사일	핸드폰		행 수	10	
2	1	박지훈	부장	750219-1234567	1975-02-19	2003-05-14	010-7212-1234		열 수	7	
3	2	유준혁	차장	820304-1234567	1982-03-04	2007-10-17	010-5321-4225		이름 범위	A1:G10	
4	3	이서연	과장	841208-2134567	1984-12-08	2012-05-01	010-4102-8345				
5	4	김민준	대리	870830-1234567	1987-08-30	2016-04-01	010-6844-2313				
6	5	최서현	주임	900919-2134567	1990-09-19	2015-05-03	010-3594-5034				
7	6	박현우	주임	880702-1234567	1988-07-02	2014-10-17	010-9155-2242				
8	7	정시우	사원	920529-1234567	1992-05-29	2016-01-02	010-7237-1123				
9	8	이은서	사원	940109-2134567	1994-01-09	2016-03-05	010-4115-1352				
10	9	오서윤	사원	930127-2134567	1993-01-27	2015-11-15	010-7253-9721				
11											

Plus⁺ 수식 이해하기

다음은 이 수식에서 사용한 ADDRESS 함수에 대한 설명입니다.

함수 설명

ADDRESS(row_num, column_num, [abs_num], [a1], [sheet_text])

지정된 행 번호(row_num), 열 번호(column_num) 위치의 셀 주소를 반환합니다. 예를 들어 **=ADDRESS(1, 2)**는 1행 2열의 셀을 의미하므로 B1셀의 주소가 반환됩니다. 세 번째 인수인 abs_num 뒤는 모두 생략할 수 있으며, 각 인수의 의미는 다음과 같습니다.

- **row_num** : 행 번호입니다.
- **column_num** : 열 번호입니다.
- **abs_num** : 반환할 주소의 참조 방식을 지정하며, 다음 값 중 하나를 사용할 수 있습니다. 생략하면 1의 절대 참조 방식으로 값을 반환합니다.

abs_num	설명	반환 예
1	절대 참조로 반환합니다.	$A$1
2	행은 절대 참조, 열은 상대 참조로 반환합니다.	A$1
3	행은 상대 참조, 열은 절대 참조로 반환합니다.	$A1
4	상대 참조로 반환합니다.	A1

- **a1** : 엑셀의 셀 주소 형식인 A1이나 로터스 1-2-3 프로그램의 셀 주소 형식인 R1C1 형식으로 반환할 것인지 여부를 선택하는 옵션으로, 논리 값 중 하나를 사용하며, 생략하면 엑셀의 셀 주소 형식으로 반환합니다.

a1	설명	반환 예
TRUE	엑셀의 셀 주소 형식을 반환합니다.	A1
FALSE	로터스 1-2-3의 셀 주소 형식을 반환합니다.	R1C1

- **sheet_text** : 반환될 셀 주소 앞에 추가할 시트 이름을 입력합니다. 예를 들어 **=ADDRESS(1, 2, , , "Sheet1")**과 같이 사용하면 셀 주소가 **Sheet1!$A$1**과 같이 반환됩니다.

J1:J2 범위에는 '직원명부' 이름으로 정의된 범위의 행 개수와 열 개수 값이 있습니다. 표가 A1셀부터 시작되고, J1셀과 J2셀의 값을 ADDRESS 함수에 전달하면 셀 주소로 G10셀이 반환됩니다. 그러므로 A1셀 주소와 ADDRESS 함수의 반환 값을 & 연산자로 연결하면 이름으로 정의된 데이터 범위를 확인할 수 있습니다.
이 방법은 표 범위가 A1셀부터 시작할 때만 사용할 수 있으며, 그렇지 않을 경우에는 수식을 변경해야 합니다.

05 표 중간에 행/열을 삽입하면 정의된 이름의 범위가 자동으로 증가합니다. 5행을 선택하고 [홈] 탭-[셀] 그룹-[삽입] 명령(📋)을 클릭해 행을 삽입해 봅니다. J3셀을 보면 이름 정의된 범위가 변경된 것을 확인할 수 있습니다.

Plus⁺ 표 범위 내부에 새 데이터 추가

이름 정의된 데이터 범위 내에 행/열을 삽입하거나 삭제하면 이름으로 정의된 데이터 범위 역시 그에 맞게 조정됩니다. 이 경우 J3셀의 수식 결과가 **A1:G10**에서 **A1:G11**로 변경되었습니다. 또한 A열이나 1행에 새로운 열/행을 추가해도 이름으로 정의된 범위가 자동으로 변경됩니다.

06 이번에는 이름 정의된 범위의 바깥에 새로운 데이터를 추가해 보겠습니다. 먼저 단축키 Ctrl + Z 를 눌러 이전 동작을 취소해 삽입했던 행을 삭제합니다. 11행에 다음과 같이 새로운 데이터를 입력해 보면 J3셀의 이름 정의된 주소가 변경되지 않는 것을 확인할 수 있습니다.

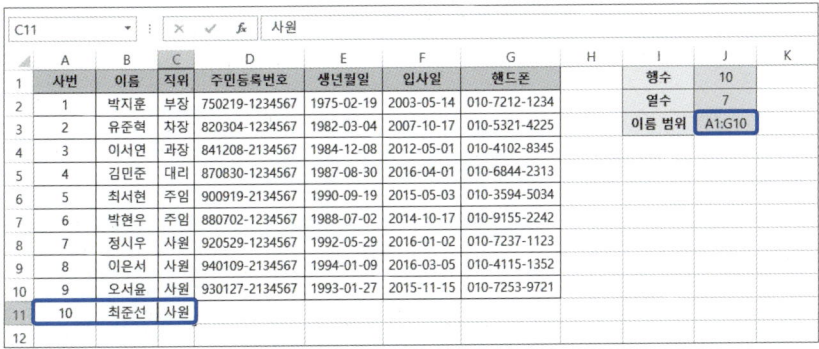

Plus⁺ 표 범위 바깥에 새 데이터를 추가하는 경우

표 범위 바깥에 데이터를 추가하는 것은 이름 정의에 영향을 끼치지 못합니다. 이 예제의 경우 J3셀의 수식을 통해 A11:C11 범위는 '직원명부' 이름으로 참조되지 않은 것을 쉽게 알 수 있습니다.

OFFSET 함수를 사용해 표 범위를 이름으로 정의하기

020

이름 상자를 이용하는 방법은 직관적이긴 하지만 앞에서 살펴본 것처럼 나중에 추가된 데이터 범위는 자동으로 포함되지 않으므로 매번 이름을 수정해야 합니다. 그러므로 표 범위가 변경될 가능성이 있다면 이름 상자보다는 수식을 이용하는 것이 좋습니다. 이렇게 정의한 이름은 현재 파일에서만 사용할 수 있고, 외부 파일의 데이터 범위를 연결하려는 경우에는 사용할 수 없습니다.

예제 파일 PART 01 \ CHAPTER 03 \ 이름 정의.xlsx

01 No. 19의 **06** 과정(71쪽)에서 11행에 새로 추가한 데이터를 삭제하고, 정의된 이름인 '직원명부'를 수식으로 변경해 보겠습니다. [수식] 탭-[정의된 이름] 그룹-[이름 관리자] 명령(📋)을 클릭합니다.

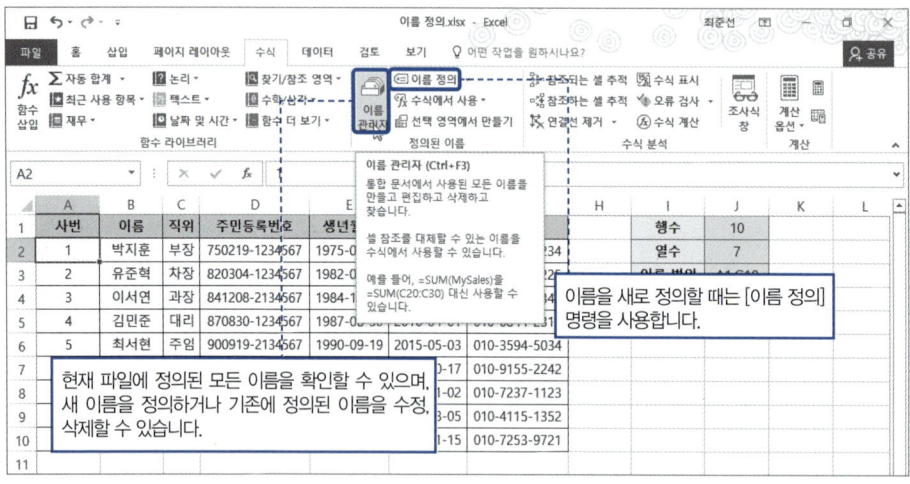

02 '이름 관리자' 대화상자가 표시되면 이전에 정의된 이름인 '직원명부'를 확인할 수 있습니다. 정의된 이름을 수식으로 수정하기 위해 '직원명부'를 선택하고 〈편집〉 버튼을 클릭합니다.

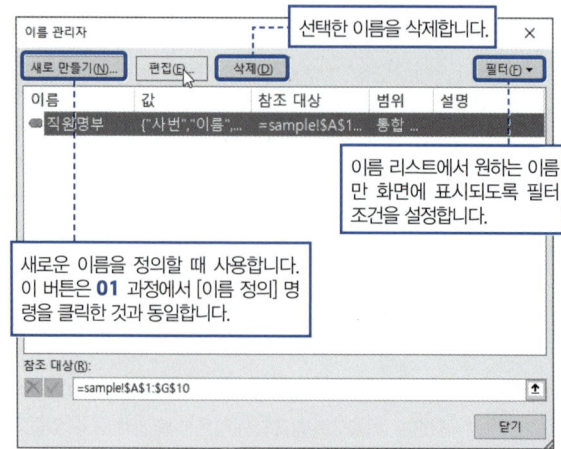

03 '이름 편집' 대화상자가 표시되면 '참조 대상'란에 다음 수식을 입력하고 〈확인〉 버튼을 클릭합니다.

```
=OFFSET($A$1, 0, 0, COUNTA($A:$A), 7)
```

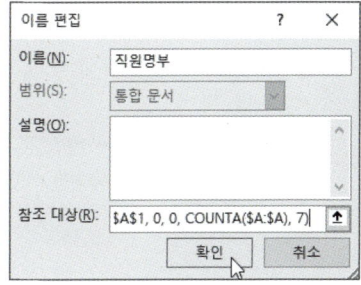

> **Plus⁺ 수식 이해하기**
>
> 이 수식에는 OFFSET 함수와 COUNTA 함수가 중첩해서 사용되었습니다. 함수에 대한 설명은 다음을 참고합니다.
>
> **함수 설명**
>
> **OFFSET(reference, rows, cols, [height], [width])**
>
> reference 인수로 전달된 셀/범위를 rows, cols 인수에 전달된 숫자만큼 행/열 방향으로 이동한 위치를 참조합니다. 각 인수의 의미는 다음과 같습니다.
>
> - **reference** : 참조할 셀/범위로 이동하기 위한 기준이 되는 셀/범위입니다.
> - **rows** : reference 인수에 전달된 셀/범위를 행 방향으로 지정된 숫자만큼 이동합니다.
> - **cols** : reference 인수에 전달된 셀/범위를 열 방향으로 지정된 숫자만큼 이동합니다.
> - **height** : 이동한 위치에서 행 방향으로 포함할 셀 개수입니다. 생략하면 1입니다.
> - **width** : 이동한 위치에서 열 방향으로 포함할 셀 개수입니다. 생략하면 1입니다.
>
> 참고로 rows, height 인수는 양수면 아래쪽 행 방향을, 음수면 위쪽 행 방향을 의미합니다. cols, width 인수는 양수면 오른쪽 열 방향을, 음수면 왼쪽 열 방향을 의미합니다.
>
> 또한 rows, cols 인수는 reference에 전달된 셀에서 바로 이동을 시작하지만, height, width 인수는 이동한 셀을 포함해 범위를 참조합니다.
>
> 다음은 OFFSET 함수를 사용한 예입니다.
>
> ```
> =OFFSET(A1, 1, 1)
> ```
> A1셀에서 아래쪽 행 방향으로 1칸(A2), 오른쪽 열 방향으로 1칸(B2) 이동한 셀, 즉 B2셀을 참조합니다.
>
> ```
> =OFFSET(E10, -1, -1)
> ```
> E10셀에서 위쪽 행 방향으로 1칸(E9), 왼쪽 열 방향으로 1칸(D9) 이동한 셀, 즉 D9셀을 참조합니다.
>
> ```
> =OFFSET(A1, 1, 1, 2, 2)
> ```
> A1셀에 아래쪽 행 방향으로 1칸, 오른쪽 열 방향으로 1칸 이동한 셀(B2)에서 아래쪽 행 방향 두 셀과 오른쪽 열 방향 두 셀로 이루어진 2x2 행렬 범위(B2:C3)를 참조합니다.
>
> 이번에 사용된 수식은 다음과 같습니다.
>
> ```
> =OFFSET($A$1, 0, 0, COUNTA($A:$A), 7)
> ```
>
> 즉, A1셀에서 행/열 방향으로는 이동하지 말고, 아래쪽 행 방향으로는 COUNTA 함수의 반환 개수, 즉 열 개의 셀을 포함하고 오른쪽 열 방향으로는 일곱 개의 셀을 포함하는 범위를 참조하라는 의미입니다. 즉, A1:G10 범위를 참조하게 됩니다.

이번 수식에서 OFFSET 함수의 네 번째 인수인 height 인수에 COUNTA 함수로 A열의 값이 입력된 셀 개수를 세는 것은 A열에 반드시 데이터가 입력된다고 가정했기 때문입니다. 만약 A열에 빈 셀이 존재할 수 있다면 A열 외에 다른 열을 세어야 합니다.

또한 OFFSET 함수의 다섯 번째 인수인 width 인수에 7을 입력한 것은 표의 열이 일곱 개에서 더 추가되지 않을 것을 전제한 것입니다. 만약 더 추가될 수 있다면 다섯 번째 인수 역시 COUNTA 함수를 사용해 다음과 같이 변경할 수 있습니다.

```
COUNTA($1:$1)-2
```

여기서 2를 빼는 것은 I1:J1 범위에 값이 입력되어 있으니 두 개의 열은 제외하라는 의미입니다. OFFSET 함수를 사용하려면 이처럼 표의 형식에 맞춰 수식을 구성할 수 있어야 합니다.

또한 OFFSET 함수를 사용해 이름을 정의할 때는 특별한 경우를 제외하면 절대 참조 방식으로 지정해야 합니다. 이름 정의는 선택된 셀을 기준으로 정의되고, 셀 위치가 옮겨지면 이름 정의에 사용된 수식의 위치도 변경될 수 있기 때문입니다.

04 '이름 관리자' 대화상자에서 '참조 대상'의 수식을 클릭하면, 해당 이름이 참조하는 워크시트 내 대상 범위가 점선으로 깜빡이면서 표시됩니다. 참조할 범위가 A1:G10 범위가 맞는지 확인하고 〈닫기〉 버튼을 클릭합니다.

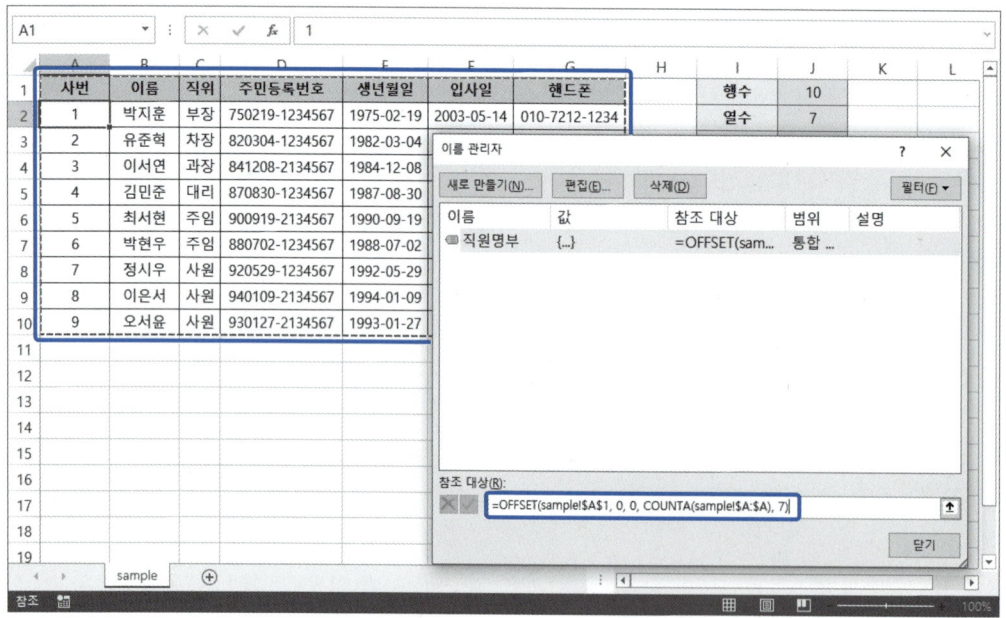

TIP 이처럼 '이름 관리자' 대화상자에서 '참조 대상'란을 선택하는 것은 이름 정의가 제대로 되었는지 확인하는 좋은 습관입니다.

05 이제 11행에 새 데이터를 추가해 봅니다. J1셀의 행 개수와 J3셀의 이름 범위 주소가 변경되는 것을 확인할 수 있습니다.

	A	B	C	D	E	F	G	H	I	J	K
1	사번	이름	직위	주민등록번호	생년월일	입사일	핸드폰		행수	11	
2	1	박지훈	부장	750219-1234567	1975-02-19	2003-05-14	010-7212-1234		열수	7	
3	2	유준혁	차장	820304-1234567	1982-03-04	2007-10-17	010-5321-4225		이름 범위	A1:G11	
4	3	이서연	과장	841208-2134567	1984-12-08	2012-05-01	010-4102-8345				
5	4	김민준	대리	870830-1234567	1987-08-30	2016-04-01	010-6844-2313				
6	5	최서현	주임	900919-2134567	1990-09-19	2015-05-03	010-3594-5034				
7	6	박현우	주임	880702-1234567	1988-07-02	2014-10-17	010-9155-2242				
8	7	정시우	사원	920529-1234567	1992-05-29	2016-01-02	010-7237-1123				
9	8	이은서	사원	940109-2134567	1994-01-09	2016-03-05	010-4115-1352				
10	9	오서윤	사원	930127-2134567	1993-01-27	2015-11-15	010-7253-9721				
11	10	최준선	사원								
12											

'직원명부' 이름은 A열에 입력된 셀 개수를 세어 범위를 인식하므로, A11셀에 값을 입력하자마자 참조 범위가 A1:G10에서 A1:G11로 변경됩니다.

06 이번에는 중간에 행을 삽입해 보겠습니다. 5행을 선택하고 [홈] 탭-[셀] 그룹-[삽입] 명령(圖)을 클릭해 빈 행을 하나 추가합니다. 행이 추가되어도 J1셀과 J3셀의 결과는 달라지지 않습니다.

	A	B	C	D	E	F	G	H	I	J	K
1	사번	이름	직위	주민등록번호	생년월일	입사일	핸드폰		행수	11	
2	1	박지훈	부장	750219-1234567	1975-02-19	2003-05-14	010-7212-1234		열수	7	
3	2	유준혁	차장	820304-1234567	1982-03-04	2007-10-17	010-5321-4225		이름 범위	A1:G11	
4	3	이서연	과장	841208-2134567	1984-12-08	2012-05-01	010-4102-8345				
5											
6	4	김민준	대리	870830-1234567	1987-08-30	2016-04-01	010-6844-2313				
7	5	최서현	주임	900919-2134567	1990-09-19	2015-05-03	010-3594-5034				
8	6	박현우	주임	880702-1234567	1988-07-02	2014-10-17	010-9155-2242				
9	7	정시우	사원	920529-1234567	1992-05-29	2016-01-02	010-7237-1123				
10	8	이은서	사원	940109-2134567	1994-01-09	2016-03-05	010-4115-1352				
11	9	오서윤	사원	930127-2134567	1993-01-27	2015-11-15	010-7253-9721				
12	10	최준선	사원								
13											

Plus⁺ 행을 추가했는데, 이름으로 정의된 범위가 변경되지 않는 이유

03 과정에서 변경된 이름에 사용된 OFFSET 함수로 인해 A열에 데이터가 입력된 개수를 세어 범위를 참조하므로, 행을 삽입하는 것만으로는 범위가 자동으로 늘어나지 않습니다. 반드시 열에 데이터가 입력되어 있어야 개수에 포함됩니다.

07 A5셀에 새로운 사번을 입력해 보겠습니다. 다음과 같이 A5셀에 '11'을 입력하면 J1셀과 J3셀의 결과가 변경됩니다.

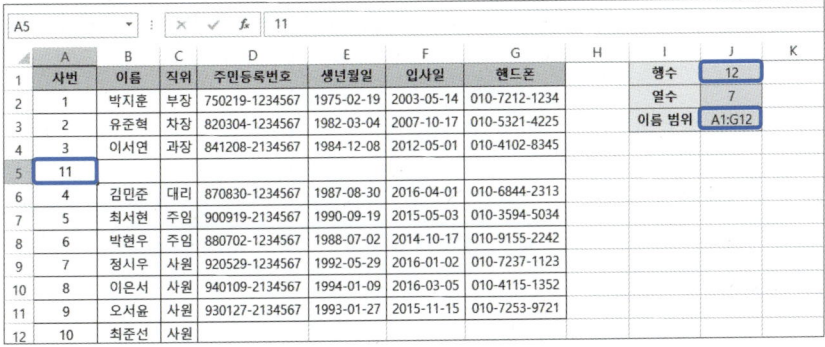

일반 표를 엑셀 표로 등록하기 021

엑셀에서는 표를 등록하고 사용할 수 있습니다. 엑셀 표로 등록하면 표에 데이터가 추가되는 것을 자동으로 인식하기 때문에 이름 정의를 하지 않고도 표 범위를 정확하게 알 수 있습니다. 그러므로 테이블 구조의 표, 즉 데이터가 계속해서 쌓이는 표라면 엑셀 표로 등록하는 것이 좋습니다. 엑셀 표로 등록했을 때 얻을 수 있는 장점이 무엇인지 알아보고, 이름 정의와의 차이에 대해서도 알아보겠습니다.

예제 파일 PART 01 \ CHAPTER 03 \ 엑셀 표.xlsx

01 예제 파일을 열고 왼쪽 표의 셀을 하나 선택한 다음 [삽입] 탭-[표] 그룹-[표] 명령(▦)을 클릭합니다.

TIP 병합 등이 적용된 표는 엑셀 표로 등록할 수 없습니다.

02 '표 만들기' 대화상자가 표시되고, 표로 등록될 데이터 범위에 테두리가 깜빡입니다. '머리글 포함' 옵션이 체크된 상태에서 〈확인〉 버튼을 클릭해 표를 등록합니다.

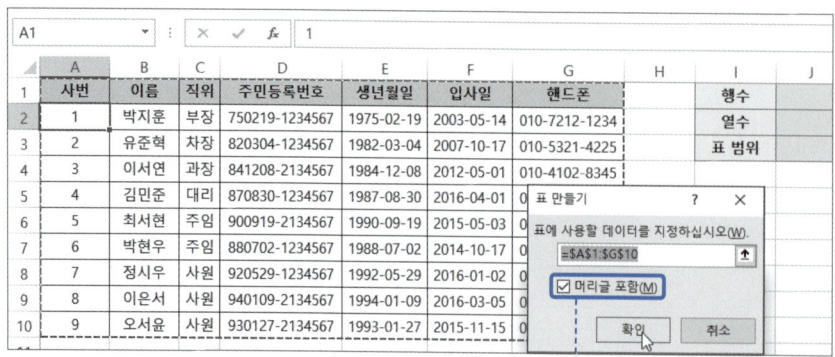

머리글은 열의 제목, 정확하게는 열 머리글을 의미합니다. 예제의 표를 보면 A1:G1 범위에 각 열의 제목이 입력되어 있는데, 이 옵션은 열의 제목이 입력되어 있는지 확인하는 옵션입니다. 만약 표에 제목이 입력되지 있지 않다면 '머리글 포함' 옵션은 해제해야 합니다. 참고로 머리글은 중복될 수 없으므로, 중복된 머리글이 있으면 머리글2, 머리글3과 같이 자동으로 변경됩니다.

03 표가 등록되면 표에 자동 필터가 적용되며 새로운 표 스타일이 적용됩니다. 또한 리본 메뉴에 표 도구의 [디자인] 탭이 나타납니다. [디자인] 탭의 [속성] 그룹에서 [표 이름:]을 보면 등록된 표의 이름이 '표1'이라고 표시되어 있습니다.

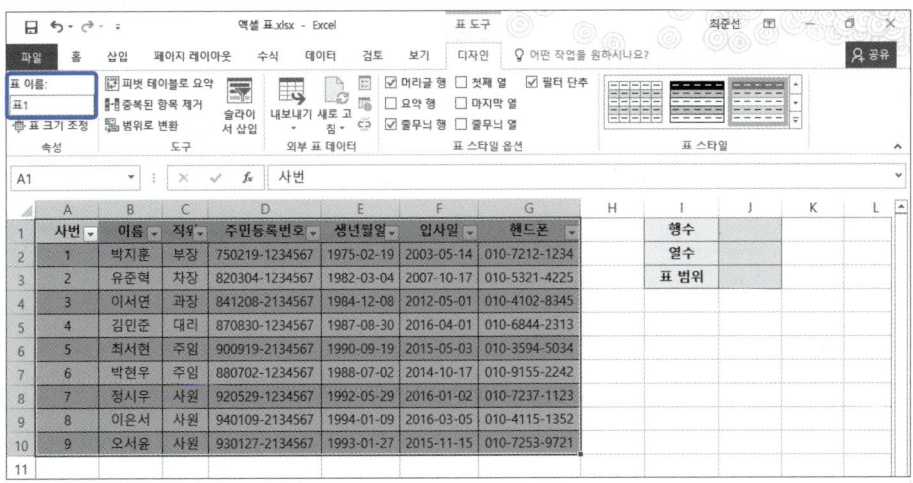

TIP [표 이름:]에서 확인할 수 있는 이름은 고칠 수 있습니다. 이름 명명 규칙은 'No. 19 이름 상자를 이용해 표 범위를 이름으로 정의하기'(68쪽)에서 설명한 '이름 정의를 할 때의 규칙'과 동일합니다.

04 표 이름을 이용해 행 수와 열 수를 계산하기 위해 다음 각 셀에 수식을 입력합니다.

```
J1셀 : =ROWS(표1)
J2셀 : =COLUMNS(표1)
```

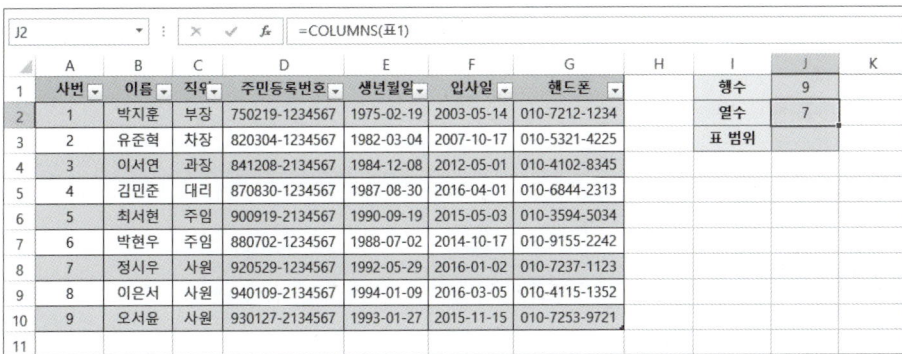

Plus⁺ 수식 이해하기

엑셀 표로 등록한 후, 등록된 표 이름을 이용해 ROWS, COLUMNS 함수로 표의 행 개수와 열 개수를 세면, 열 개수(J2)는 이름 정의 때와 동일하지만 행 개수(J1)는 10이 아니라 9가 반환됩니다. 등록된 엑셀 표 이름은 머리글 범위(A1:G1)를 제외한 데이터 범위(A2:G10)만을 대상으로 하므로, 행 개수로 9가 반환된 것입니다.

05 머리글 범위를 포함한 표의 전체 행 수를 알려면 J1셀의 수식을 다음과 같이 수정합니다.

```
J1셀 : =ROWS(표1[#모두])
```

Plus⁺ 수식 이해하기

엑셀 표로 등록하면, 엑셀 표의 구조적 참조라고 불리는 구문을 이용해 표의 데이터 범위를 참조할 수 있는데, 머리글 범위를 포함한 표의 전체 범위를 참조하려면 표 이름 뒤에 **[#모두]**라는 구문을 삽입하면 됩니다. 그러므로 이번 수식에서 사용된 **표1[#모두]**는 A1:G10 범위를 의미합니다.

LINK 구조적 참조 구문에 대한 좀 더 자세한 설명은 'No. 25 구조적 참조 이해하기'(90쪽)를 참고합니다.

06 J1:J2 범위에 계산된 행 수와 열 수로 표 범위의 주소를 반환하기 위해 J3셀에 다음 수식을 입력합니다.

```
J3셀 : ="A1:" & ADDRESS(J1, J2, 4)
```

LINK ADDRESS 함수에 대한 설명은 'No. 19 이름 상자를 이용해 표 범위를 이름으로 정의하기'의 **04** 과정(70쪽)을 참고합니다.

07 표에 새 데이터를 추가하면 참조 범위가 어떻게 달라지는지 확인합니다. 다음 화면과 같이 A11:C11 범위에 데이터를 입력하면 J1셀과 J3셀의 계산 결과가 달라집니다.

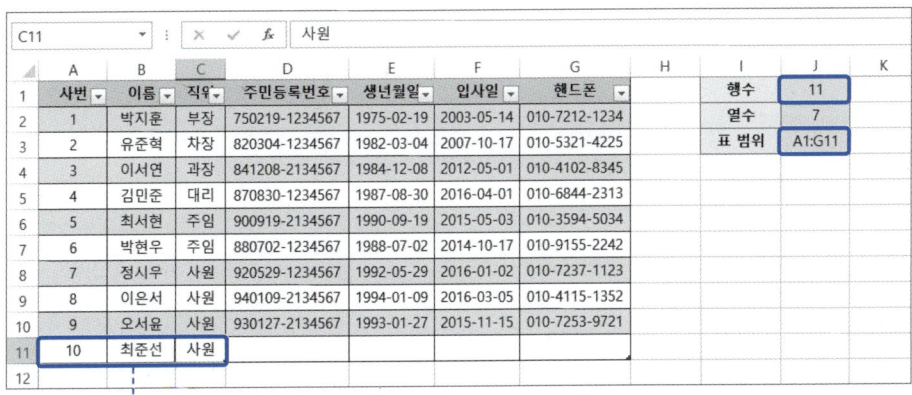

엑셀 표는 표 하단에 데이터를 입력하면 표에 데이터가 입력된다고 판단해 표 범위를 스스로 확장합니다. 그러므로 A열뿐만 아니라 A11:G11 범위의 아무 셀에나 데이터를 추가하면 표의 데이터 범위가 자동으로 변합니다.

Plus⁺ 엑셀 표로 등록한 후에 데이터를 추가해도 표가 자동으로 확장되지 않는 경우

사용자의 엑셀 옵션 설정에 따라 **07** 과정을 진행해도 참조 범위가 확장되지 않는 경우가 있습니다. 이런 경우에는 다음 방법을 참고해 옵션을 변경해야 합니다.

❶ 리본 메뉴의 [파일]-[옵션]을 클릭합니다.

❷ 'Excel 옵션' 대화상자가 표시되면, [언어 교정] 범주를 선택하고 〈자동 고침 옵션〉 버튼을 클릭합니다.

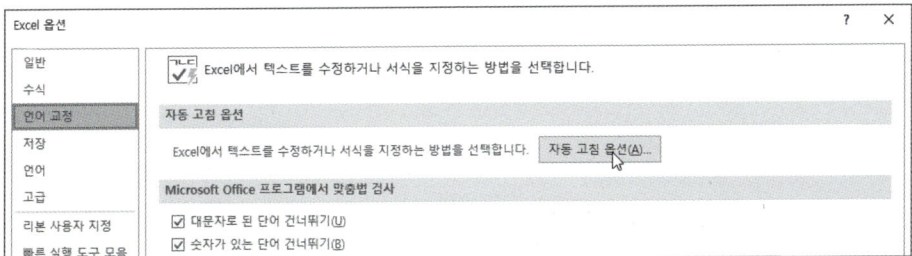

❸ '자동 고침' 대화상자가 표시되면 '입력할 때 자동 서식' 탭을 선택하고 [표에 새 행 및 열 포함] 확인란에 체크한 후 〈확인〉 버튼을 클릭합니다.

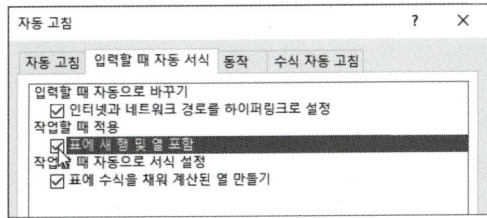

❹ 'Excel 옵션' 대화상자도 〈확인〉 버튼을 클릭해 닫은 다음 11행에 추가된 데이터를 삭제하고 다시 **07** 과정을 진행합니다.

08 표에 새 열을 추가할 때 참조 범위가 어떻게 달라지는지도 확인합니다. H열을 선택하고 [홈] 탭-[셀] 그룹-[삽입] 명령(📋)을 클릭해 빈 열을 추가한 후 H1셀에 머리글을 '성별'이라고 입력하면 K2:K3 범위의 계산 결과도 달라집니다.

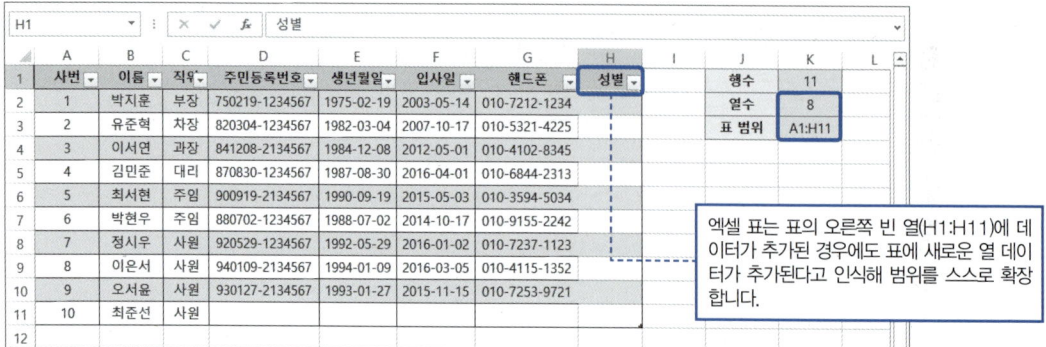

엑셀 표는 표의 오른쪽 빈 열(H1:H11)에 데이터가 추가된 경우에도 표에 새로운 열 데이터가 추가된다고 인식해 범위를 스스로 확장합니다.

09 이번에는 표의 중간에 빈 행을 삽입해 보겠습니다. 5행을 선택하고 [홈] 탭-[셀] 그룹-[삽입] 명령(📋)을 클릭해 빈 행을 추가한 후 K1셀과 K3셀을 보면, 참조 범위가 빈 행을 포함하는 것을 확인할 수 있습니다.

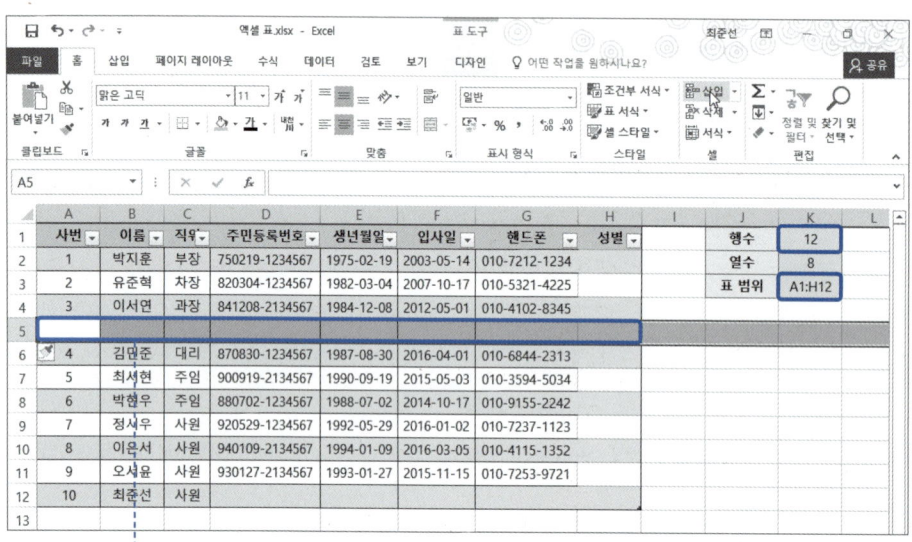

표 중간에 빈 행/열이 삽입된 경우에도 표 범위는 이름 정의와 달리 자동으로 확장됩니다. 엑셀 표는 표로 등록된 범위가 별개의 영역으로 인식되고 엑셀에서 자체적으로 관리되므로, 이름 정의보다 수월하게 데이터 범위를 동적으로 관리할 수 있습니다.

엑셀 표와 일반 표 구분하기 022

엑셀 표로 등록하면 일반 표와 구분할 수 있는 몇 가지 특징이 나타납니다. 이런 특징을 통해 엑셀 표와 일반 표를 구분할 수 있습니다. 눈으로만 엑셀 표와 일반 표를 구분하는 것은 쉽지 않기 때문에, 엑셀 표를 구분할 수 있는 방법에 대해 정확하게 이해하고 있어야 합니다.

예제 파일 PART 01 \ CHAPTER 03 \ 엑셀 표.xlsx

첫째, 엑셀 표에는 고유한 표 스타일이 적용됩니다.

No. 21의 **03** 과정(77쪽)에서 확인할 수 있듯이, 엑셀 표로 등록하면 표 스타일이 적용됩니다. 참고로 표 스타일이 적용되어 있다고 하여 모두 엑셀 표인 것은 아닙니다. 표 등록이 해제되어도 표 스타일은 그대로 남기 때문입니다. 이 부분은 No. 23(83쪽)에서 확인할 수 있습니다. 표 스타일을 마음에 들게 수정하는 방법은 No. 24(85쪽)를 참고합니다.

둘째, 표 내부의 셀을 선택하면 [표 도구]-[디자인] 탭이 표시됩니다.

No. 21의 **03** 과정(77쪽)에서 참고할 수 있듯이, 엑셀 표로 등록하면 표 내부의 셀을 선택할 때 리본 메뉴에 [표 도구] 확장 탭이 나타납니다. [디자인] 탭에는 엑셀 표에서 사용할 수 있는 여러 명령이 제공됩니다.

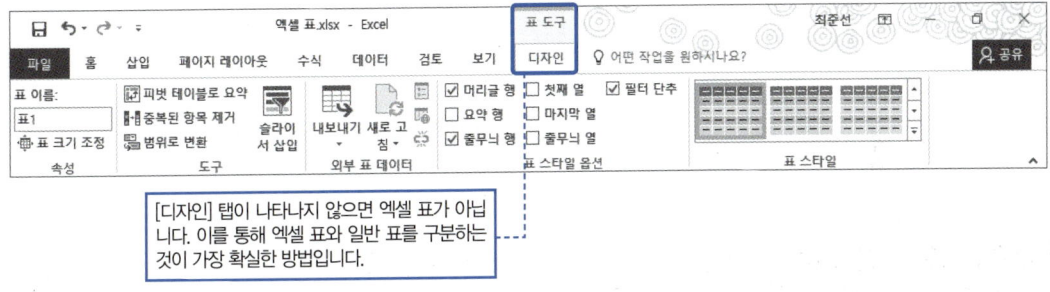

셋째, 자동 필터가 적용됩니다.

엑셀 표로 등록되면 표에 자동 필터가 적용되고, 첫 번째 행의 아래 화살표 단추를 클릭하면 다음과 같이 필터 목록이 표시됩니다. 사용 방법은 [데이터] 탭-[정렬 및 필터] 그룹-[필터] 명령(▼)을 클릭했을 때와 동일합니다.

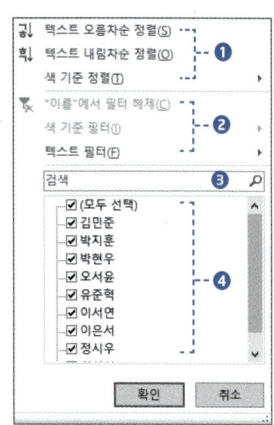

① **정렬 메뉴**
열 데이터를 오름차순/내림차순으로 정렬하거나 열에 적용된 색상(배경색, 글꼴색)을 기준으로 정렬합니다.

② **필터 메뉴**
열 데이터에 적용된 필터를 해제하거나 열에 적용된 색상을 기준으로 필터링을 합니다. 열 데이터 형식에 맞는 필터 조건을 표시합니다.

③ **검색란**
필터 항목 리스트에서 선택하지 않고 필터링할 항목을 키워드로 검색할 수 있습니다.

④ **필터 항목 리스트**
열의 항목을 1만 개까지 표시하며, 화면에 표시할 항목을 체크합니다.

자동 필터를 사용해 원하는 데이터를 화면에 표시하는 방법은 No. 27-29(96-108쪽)에서 자세하게 설명합니다.

넷째, 표 오른쪽 하단에 크기 조정 핸들이 표시됩니다.

엑셀 표로 등록되면, 표의 오른쪽 하단에 표 범위를 조정할 수 있도록 크기 조정 핸들이 표시됩니다.

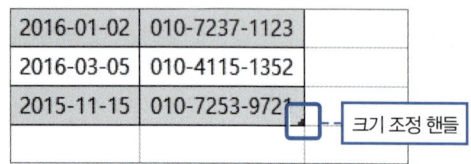

이 핸들을 드래그하면 등록된 엑셀 표 범위를 사용자가 조정할 수 있습니다.

엑셀 표 등록 해제하기

023

엑셀 표는 언제든 등록을 해제할 수 있습니다. 등록을 해제하면 표를 등록하고 사용했던 설정이 대부분 취소되므로 등록한 표는 가급적 해제하지 않는 것이 좋지만, 필요하다면 등록을 해제하고 다시 사용자가 관리할 수 있습니다. 엑셀 표로 등록된 표를 등록 해제해 보고, 엑셀 표가 일반 표와 어떻게 다른지 알아보겠습니다.

예제 파일 PART 01 \ CHAPTER 03 \ 엑셀 표-해제.xlsx

엑셀 표로 등록한 표를 등록 해제하여 다시 일반 표로 만들어 보겠습니다. 엑셀 표 내부의 셀을 하나 선택하고 [디자인] 탭-[도구] 그룹-[범위로 변환] 명령(圖)을 클릭합니다.

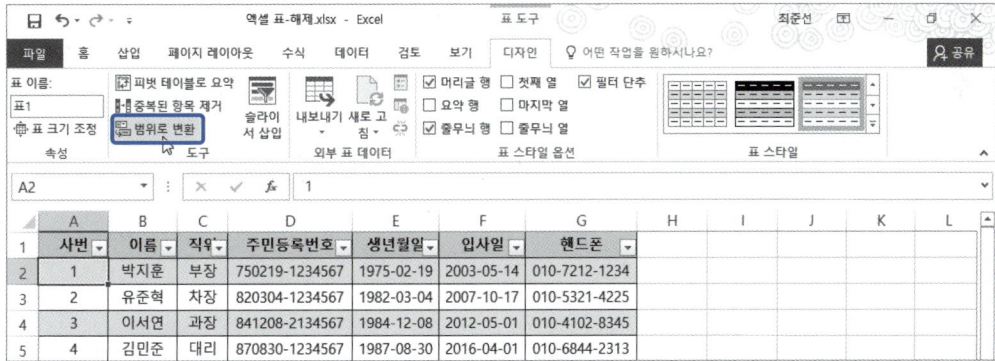

표 등록을 해제할 것인지 묻는 메시지 창이 표시됩니다. 〈예〉 버튼을 클릭하면 등록이 해제됩니다.

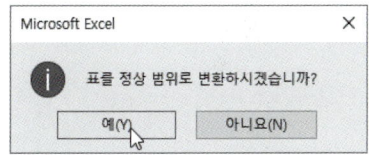

등록이 해제된 표는 No. 22(81쪽)에서 설명한 엑셀 표의 특징이 모두 제거되지만, 엑셀 표로 등록했을 때 적용된 표 스타일은 그대로 남습니다.

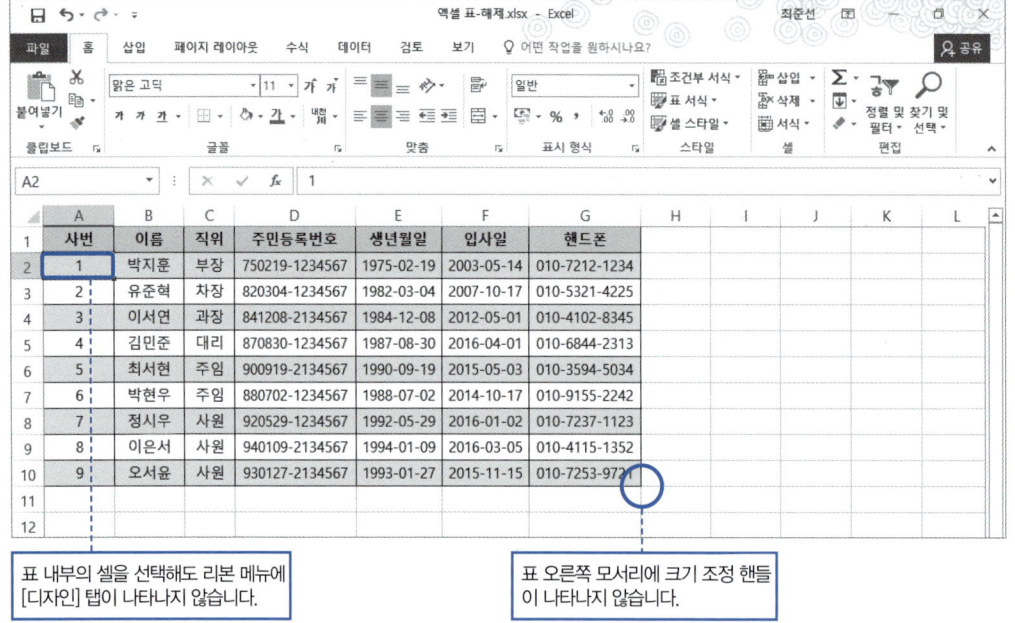

이런 특징적인 부분이 있는데도 표 스타일 때문에 착각할 수 있다고 생각한다면, 표 스타일을 지우는 것도 좋은 방법입니다. 표 스타일이 적용된 A2:G10 범위를 선택하고 [홈] 탭–[글꼴] 그룹–[채우기 색] 명령 내 [채우기 없음] 메뉴를 선택하면 됩니다.

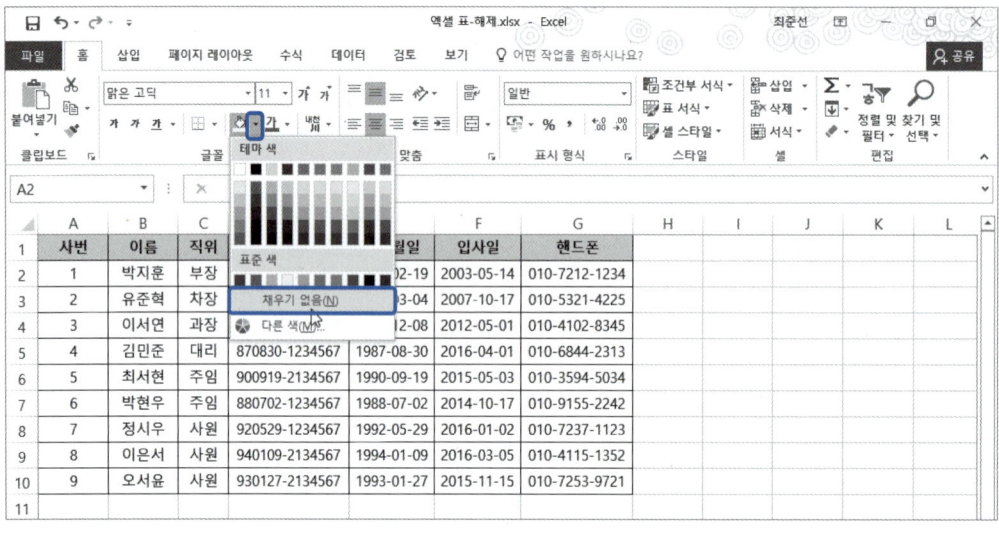

024 엑셀 표의 스타일을 원하는 대로 설정하기

엑셀 표로 등록하면 사용자가 지정해 놓은 표 서식 위로 엑셀 표의 스타일이 덧씌워집니다. 두 서식이 혼합되니 표가 산만해 보인다고 생각할 수도 있습니다. 하지만 엑셀에는 표 스타일을 변경할 수 있는 몇 가지 방법이 제공되므로, 취향에 맞게 셀 스타일을 적용하면 됩니다.

예제 파일 PART 01 \ CHAPTER 03 \ 표 스타일.xlsx

엑셀 표 스타일 제거

엑셀 표로 등록하면 적용되는 표 스타일을 제거해, 원래 서식이 변경되지 않도록 할 수 있습니다. 다만 이 방법을 적용하면 열 방향으로 확장된 표에 스타일이 제대로 반영되지 않는 단점이 있습니다. 다음 과정을 통해 확인해 보겠습니다.

01 예제 파일을 열어 보면 머리글에는 회색 배경색이, 전체 표에는 외곽 실선 테두리 효과가 적용되어 있습니다.

02 [삽입] 탭-[표] 그룹-[표] 명령(📊)을 클릭해 엑셀 표로 등록하면 다음과 같은 표 스타일이 적용됩니다. 원래 적용되어 있던 머리글 범위의 회색 배경색과 전체 실선 테두리는 그대로 유지됩니다.

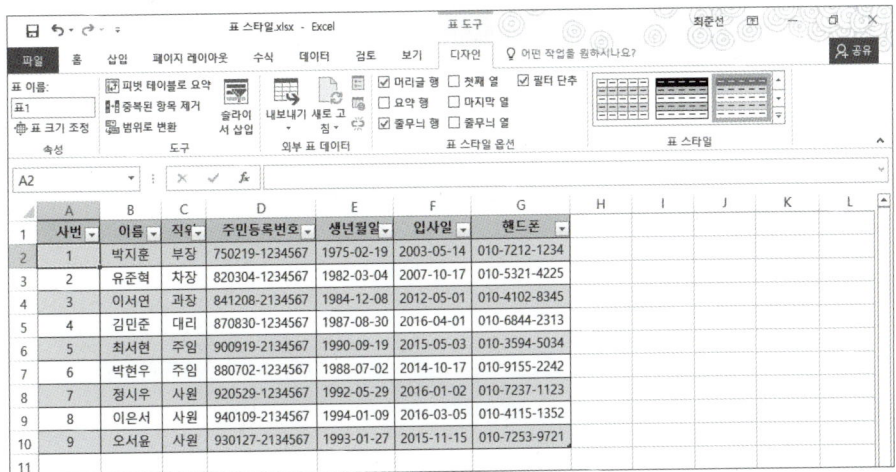

03 엑셀 표 스타일을 제거하겠습니다. [디자인] 탭–[표 스타일] 그룹–[표 스타일]의 [자세히] 단추()를 클릭해 표 스타일 갤러리를 표시하고 [지우기] 메뉴를 선택합니다.

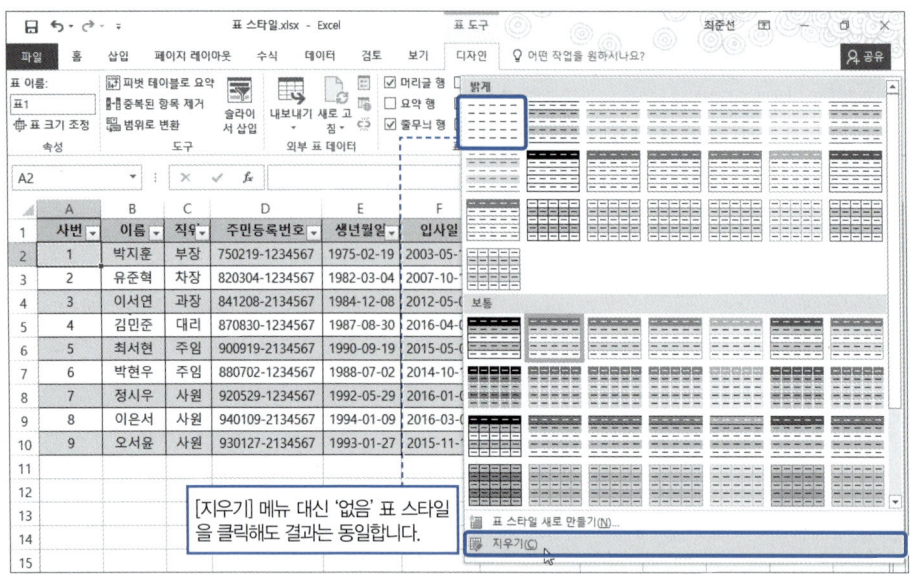

04 엑셀 표 스타일은 제거되고, 사용자가 적용했던 서식만 남습니다.

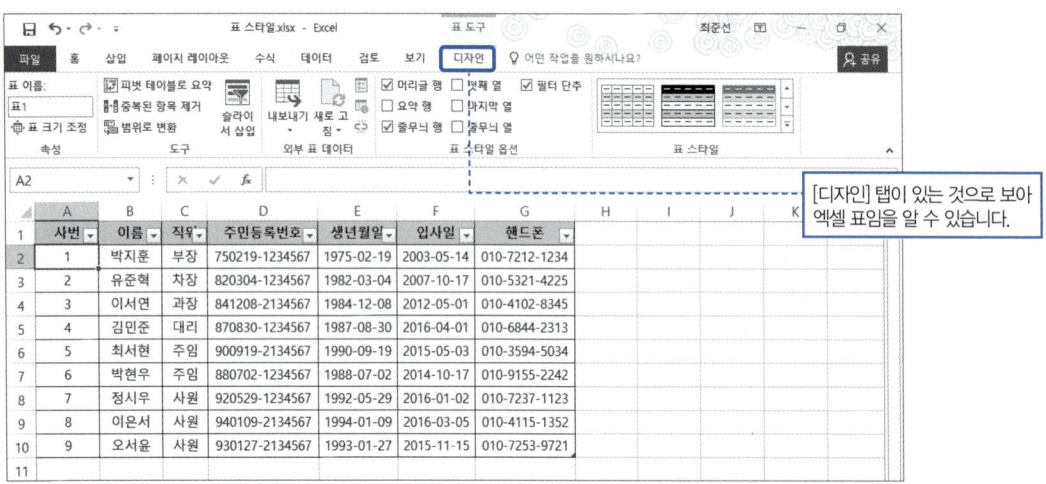

05 표 하단에 새로운 데이터를 추가하면 표 서식이 어떻게 변화하는지 확인하기 위해 A11셀에 새 사번인 '10'을 입력합니다. A11:G11 범위에 상위 행 서식이 그대로 적용됩니다.

06 표 오른쪽에 새로운 열을 추가하면 표 서식이 어떻게 변화하는지 확인하기 위해 H1셀에 새로운 머리글인 '성별'을 입력합니다. 외곽 테두리만 실선으로 표시되고, 내부에는 테두리 서식이 적용되지 않습니다.

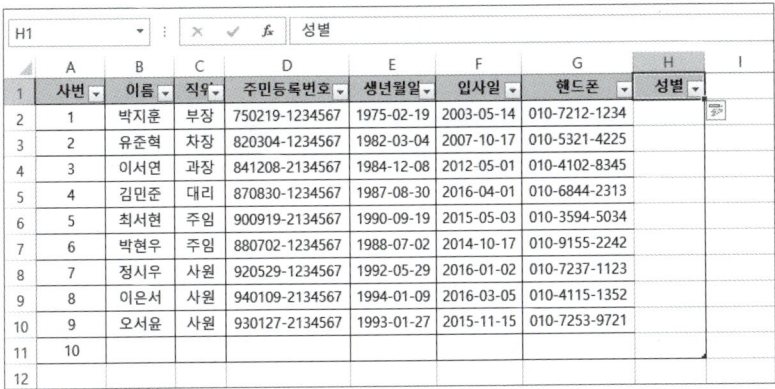

사용자 서식 제거

엑셀 표로 등록해 사용할 경우에는 사용자가 적용한 셀 서식을 제거하고 표 스타일만 사용하는 것이 여러모로 편리합니다. 엑셀 표라는 것을 시각적으로 바로 확인할 수 있고, 추가된 행과 열에도 표 스타일이 그대로 적용되므로 따로 서식을 변경할 필요가 없기 때문입니다.

01 단축키 Ctrl+Z를 여러 번 눌러 엑셀 표로 등록한 직후로 되돌리고, 사용자가 적용한 서식을 지우겠습니다. A1:G10 범위를 선택하고 [홈] 탭-[스타일] 그룹-[셀 스타일] 명령(📝)을 클릭한 후 '표준' 스타일을 선택합니다.

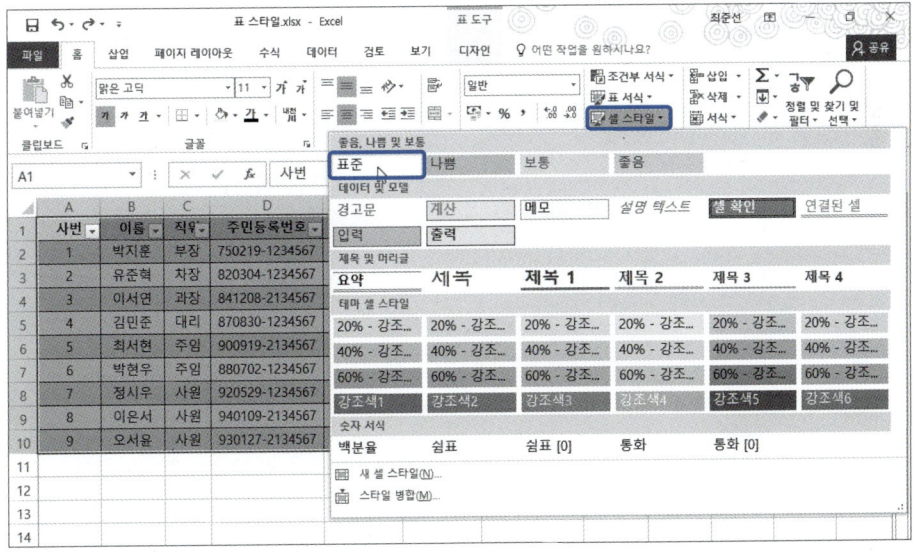

02 사용자가 지정한 모든 서식이 초기화되었으므로 E:F열의 날짜 형식은 다시 지정해야 합니다. E2:F10 범위를 선택하고 [홈] 탭-[표시 형식] 그룹에서 [표시 형식] 목록을 열고 [간단한 날짜]를 선택합니다.

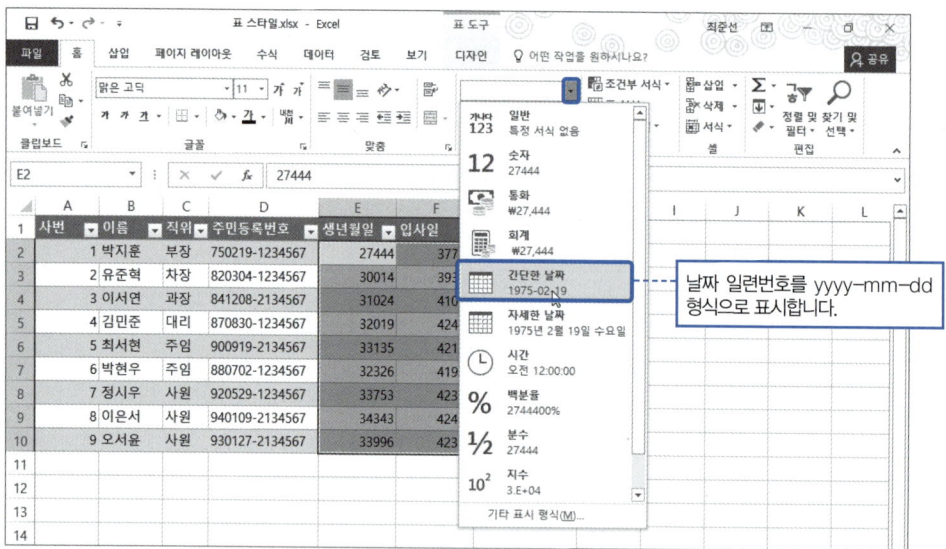

03 엑셀 표는 기본적으로 데이터 범위에 교차 서식이 적용되는데, 이런 점이 마음에 들지 않는다면 제거할 수 있습니다. [디자인] 탭-[표 스타일 옵션] 그룹에서 [줄무늬 행] 옵션의 체크를 해제하면 됩니다.

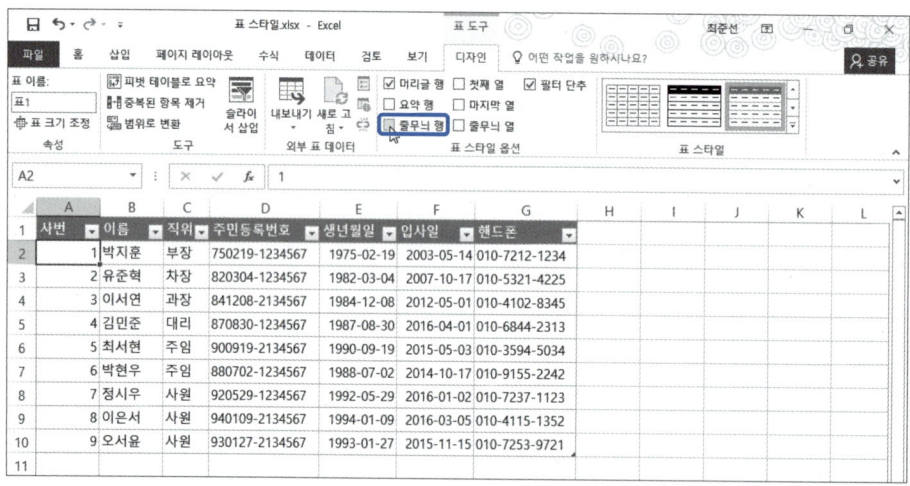

TIP [표 스타일 옵션] 그룹에서는 엑셀 표 스타일과 관련된 여러 옵션을 적용하거나 해제할 수 있으므로 한 번씩 클릭하면서 표 스타일 모양을 확인해 봅니다.

04 엑셀 표 스타일 역시 다른 모양으로 변경할 수 있습니다. [디자인] 탭-[표 스타일] 그룹에서 원하는 다른 서식을 선택하여 적용해 봅니다.

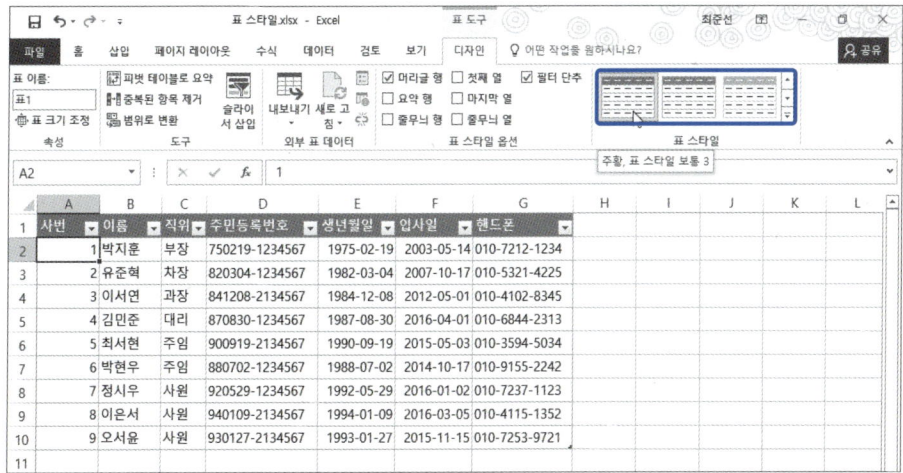

TIP 원하는 표 스타일이 없다면, [자세히] 단추를 클릭해 [표 스타일 새로 만들기] 메뉴를 선택하고 원하는 스타일을 직접 만들어 사용할 수 있습니다.

05 표 스타일이 적용된 표는 데이터를 추가로 입력했을 때 자동으로 스타일이 반영됩니다. A11셀과 H1셀에 새 데이터와 머리글을 입력해 봅니다. 사용자가 선택한 표 스타일이 그대로 추가된 행과 열에 적용되는 것을 확인할 수 있습니다.

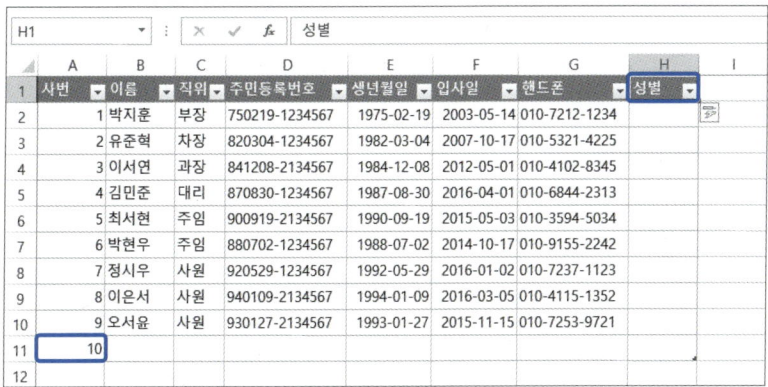

구조적 참조 이해하기 025

엑셀 표로 등록하면 표의 데이터 범위를 셀 주소를 사용하지 않고 참조할 수 있게 되는데, 이 방법을 '구조적 참조'라고 합니다. 구조적 참조 방식은 다양한 구문을 제공해 표에서 사용자가 필요한 범위를 좀 더 쉽게 참조할 수 있도록 해 줍니다. 또한 수식을 사용하는 열은 '계산된 열'이라고 하며, 한 번 입력한 수식은 엑셀 표에 의해 계속 관리되므로 수식을 변경하기 전까지는 수식을 추가로 복사하지 않아도 됩니다.

예제 파일 PART 01 \ CHAPTER 03 \ 구조적 참조.xlsx

엑셀 표의 구조적 참조 구문을 사용하려면 먼저 표의 이름을 확인하거나 수정해야 합니다. 예제 파일을 열고 [디자인] 탭-[속성] 그룹-[표 이름:]을 보면 엑셀 표 이름을 확인할 수 있습니다. 이 이름은 사용자가 변경할 수 있습니다.

LINK 표 이름을 수정하는 데 적용되는 규칙은 이름 정의를 할 때와 동일합니다. 자세한 내용은 'No. 19 이름 상자를 이용해 표 범위를 이름으로 정의하기'(68쪽)를 참고합니다.

엑셀 표는 하단에 데이터를 집계하는 행을 삽입할 수 있습니다. [디자인] 탭-[표 스타일 옵션] 그룹에서 [요약 행] 옵션에 체크하면 12행에 요약 행이 삽입됩니다. 요약 행의 각 셀을 선택하면 아래 화살표 단추가 표시되는데, 이를 이용해 집계 함수 중 하나를 선택할 수 있습니다.

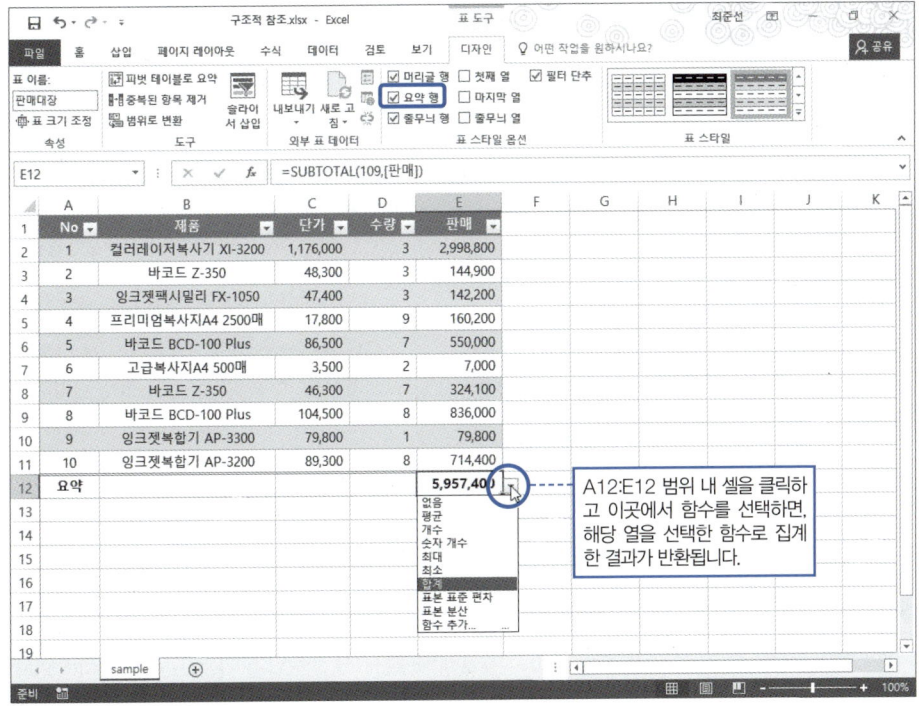

다른 표에서 엑셀 표 범위를 참조

다른 표에서 엑셀 표로 등록된 범위를 참조할 경우에는 다음의 구조적 참조 구문을 사용할 수 있습니다.

구조적 참조	설명	사용 예	참조 범위
표	표의 데이터 범위만 참조합니다.	=판매대장	A2:E11
표[#모두]	표의 전체 범위를 참조합니다.	=판매대장[#모두]	A1:E12
표[#머리글]	표의 머리글 범위만 참조합니다.	=판매대장[#머리글]	A1:E1
표[#데이터]	표의 데이터 범위만 참조합니다.	=판매대장[#데이터]	A2:E11
표[#요약]	표의 요약 행 범위만 참조합니다.	=판매대장[#요약]	A12:E12
표[머리글]	표의 해당 머리글을 사용하는 열의 데이터 범위를 참조합니다.	=판매대장[판매]	E2:E11
표[[머리글1]:[머리글2]]	표의 머리글1을 사용하는 열 데이터 범위부터 머리글2를 사용하는 열 데이터 범위까지 참조합니다.	=판매대장[[제품]:[판매]]	B2:E11

TIP 참조 범위는 예제 파일의 엑셀 표 범위를 의미합니다.

위에서 설명한 구조적 참조 구문은 모두 혼합해 사용할 수 있으며, 구체적인 사례는 다음과 같습니다.

사용 예	설명	참조 범위
=판매대장[[#머리글], [제품]:[판매]]	판매대장 표의 머리글 범위 중 '제품' 열부터 '판매' 열의 범위입니다.	B1:E1
=판매대장[[#요약], [판매]]	판매대장 표의 요약 행 중에서 '판매' 열의 셀입니다.	E12

엑셀 표 내부에서 다른 열을 참조

엑셀 표 내부에서 다른 열을 참조할 경우에는 다음과 같은 구문을 사용할 수 있습니다.

구조적 참조	설명	사용 예	참조 범위
[머리글]	해당 머리글을 사용하는 열의 데이터 범위를 참조합니다.	=[판매]	E2:E11
[@머리글]	해당 머리글을 사용하는 열의 데이터 범위에서 같은 행에 있는 셀 하나를 참조합니다.	=[@판매]	E2 (2행에 위치한 셀의 경우)

TIP 참조 범위는 예제 파일의 엑셀 표 범위를 의미합니다.

표 내부에서 다른 열을 참조할 때 사용하는 @ 지정자는 엑셀 2010 버전부터 제공된 것으로, 2007 버전에서는 **[#이 행]** 구문을 사용합니다.

엑셀 2007 버전	엑셀 2010 이상 버전
=판매대장[[#이 행], [판매]]	=[@판매]

참고로 엑셀 2007 버전에서 사용할 수 있는 **[#이 행]** 구문은 2010 이상 버전에서는 사용할 수 없으며, 2010 버전에서 **[@판매]**를 사용해 저장된 파일을 2007 버전에서 열어 사용하면 **[#이 행]** 구문을 사용하는 문법으로 자동 변경됩니다.

2007 버전을 사용할 경우 위의 구문이 불편하다면 **=E2**와 같은 기존 수식을 이용해도 상관 없습니다.

마지막으로 구조적 참조 구문은 같은 파일 내에 등록된 엑셀 표를 대상으로만 사용할 수 있으며, 다른 파일에서는 사용할 수 없습니다.

계산된 열 이해하기 026

엑셀 표에서는 수식이 사용된 열을 '계산된 열'이라고 합니다. 계산된 열은 첫 번째 셀에만 수식을 입력하면 전체 열에 복사되며, 엑셀 표에 새 데이터를 추가할 때도 계산된 열의 수식이 자동으로 복사됩니다. 그러므로 처음 한 번만 수식을 입력하면 나중에 수정할 때까지 쓰지 않아도 되어 편리하게 표를 관리할 수 있습니다.

예제 파일 PART 01 \ CHAPTER 03 \ 계산된 열.xlsx

01 예제 파일을 열고 엑셀 표에 수식을 사용할 열을 하나 추가합니다. 추가된 F1셀에 '할인가'를 입력합니다.

TIP '단가(C열)*수량(D열)'은 받아야 할 금액이고 판매(E열)는 받은 돈이므로, 두 값을 비교해 할인 금액을 계산할 것입니다.

02 구조적 참조 구문을 사용해 수식을 입력해 보겠습니다. 다음과 같이 입력하면 다른 열의 머리글을 선택할 수 있습니다. 목록에서 '단가' 열을 선택하고 Tab 키를 눌러 입력합니다.

F2셀 : =([

TIP 엑셀 표에서 대괄호([)를 입력하면 참조할 열 머리글 중 하나를 골라 입력할 수 있습니다. 열 머리글에 오타가 있으면 에러가 발생하므로 되도록이면 목록에서 머리글을 선택합니다.

03 F2셀의 수식을 다음과 같이 완성하고 Enter 키를 눌러 입력하면 수식이 전체 열에 적용됩니다.

> F2셀 : =([단가] * [수량]) - [판매]

04 F2셀을 더블클릭하거나 F2 키를 눌러 편집 모드로 전환하면 다음 화면과 같이 구조적 참조 구문으로 참조된 범위가 시각적으로 표시됩니다.

Plus+ 수식 이해하기

구조적 참조 구문은 이름을 정의하지 않고 열 머리글만으로도 데이터 범위를 참조할 수 있어 편리합니다. 이번 수식은 다음과 동일합니다.

구조적 참조	[단가]	*	[수량]	−	[판매]
데이터 범위	C2:C11		D2:D11		E2:E11

그렇다면 **(C2:C11)*(D2:D11)−(E2:E11)**과 같은 수식이라는 것인데, 수식에 조금만 익숙한 사용자라면 이런 식의 수식보다는 **C2*D2−E2**와 같은 수식이 더 익숙할 것입니다.

원래 **C2:C11**과 같이 범위를 참조해 계산하는 것은 불가능한데, 수식을 입력한 셀과 같은 행/열에 존재하는 셀이 있다면 엑셀이 자동으로 해당 범위 내 셀을 하나 참조할 수 있습니다. 즉, C2:C11 범위에서 F2셀과 같은 행에 있는 C2셀만 계산된다는 의미입니다. 이런 계산 방법을 엑셀에서 지원하긴 하지만, 효율적인 방식은 아닙니다. 이런 구조적 참조의 단점은 @ 기호를 머리글 앞에 입력하는 방법으로 해결할 수 있습니다.

LINK @ 기호를 사용하는 방법에 대한 자세한 설명은 'No. 25 구조적 참조 이해하기'(90쪽)를 참고합니다.

05 구조적 참조 구문의 열 머리글 앞에 @ 기호를 추가해 다음과 같이 수정합니다.

> F2셀 : =([@단가]*[@수량])-[@판매]

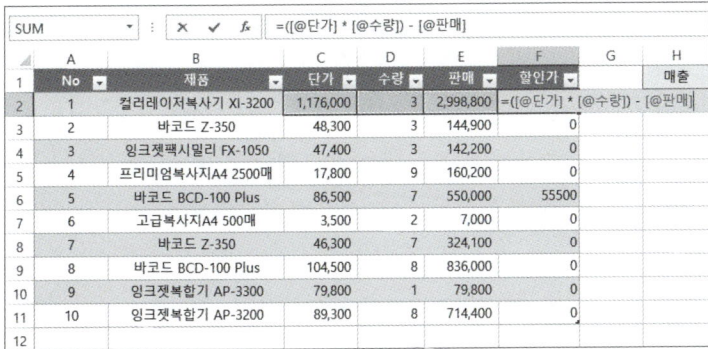

06 다른 표에서 엑셀 표 범위를 참조하려면 표 이름을 먼저 입력해야 합니다. I1셀에 엑셀 표 '판매' 열의 값을 모두 더해 매출을 계산하겠습니다. I1셀에 다음 수식을 입력합니다.

> I1셀 : =SUM(판매대장[판매])

07 A12:E12 범위에 새 데이터를 입력하면, F12셀에는 할인가가 자동으로 계산되고 I1셀의 매출은 추가된 데이터를 포함해 집계됩니다.

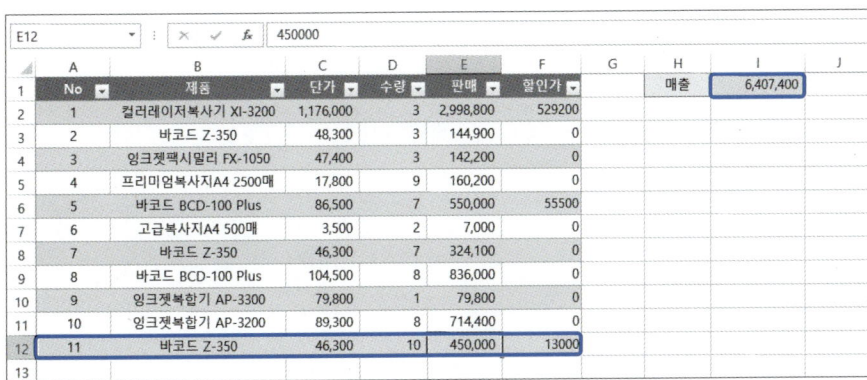

텍스트, 날짜 값을 갖는 열에 필터 조건 지정하기

027

엑셀 표에 대량의 데이터가 있을 때 원하는 조건에 맞는 데이터만 확인하려면 엑셀 표에 적용된 자동 필터 기능을 이용하면 됩니다. 자동 필터에는 검색란이나 열별로 데이터 형식에 맞는 다양한 필터 조건이 제공되므로 조건에 맞는 데이터를 편리하고 빠르게 확인할 수 있습니다. 몇 가지 예제를 통해 텍스트 값과 날짜 값이 입력된 열에 자동 필터를 적용하면서 원하는 데이터를 빠르게 확인하는 방법에 대해 알아보겠습니다.

예제 파일 PART 01 \ CHAPTER 03 \ 자동 필터-텍스트, 날짜.xlsx

01 예제 파일에는 직원명부 표가 입력되어 있습니다. B:D열과 H:I열에는 텍스트 값이 입력되어 있고, E열과 G열에는 날짜 값이 입력되어 있습니다. 다양한 필터 조건을 이용해 원하는 데이터만 표시해 보겠습니다.

TIP 일반 표에 자동 필터를 사용하려면 [데이터] 탭-[정렬 및 필터] 그룹-[필터] 명령을 클릭합니다.

02 직원명부 표에서 박씨 성을 갖는 데이터만 표시하겠습니다. '이름' 열의 머리글 셀인 B1셀의 아래 화살표 단추를 클릭하고 필터 목록의 검색란에 '박'을 입력한 후 〈확인〉 버튼을 클릭하거나 Enter 키를 누릅니다.

TIP 검색란을 이용하지 않을 경우에는 '(모두 선택)' 항목의 체크를 해제하고 원하는 이름만 체크합니다.

03 필터 조건이 설정되면 해당 조건에 맞는 데이터만 화면에 표시됩니다. [데이터] 탭을 클릭해 [정렬 및 필터] 그룹의 [지우기] 명령이 활성화된 것을 확인합니다.

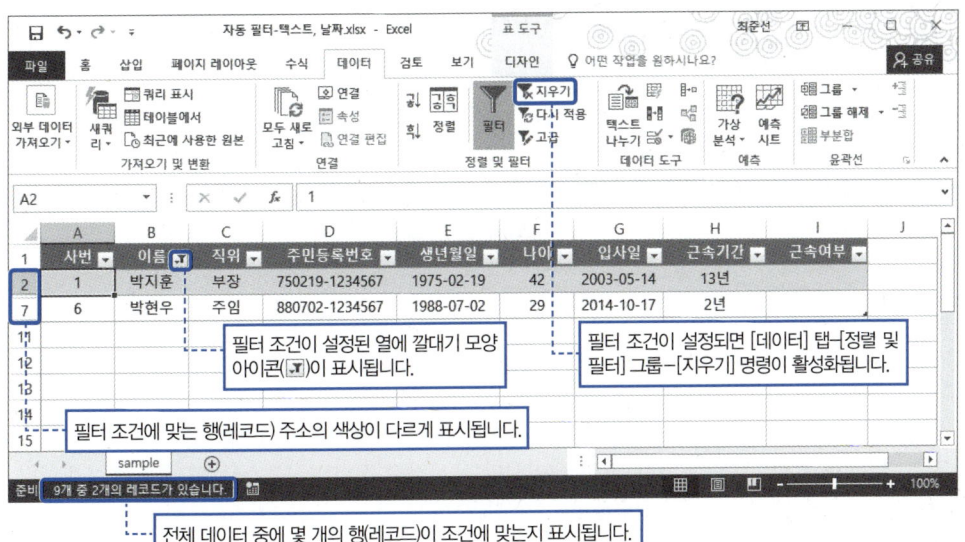

04 전체 데이터를 다시 표시하기 위해 [데이터] 탭-[정렬 및 필터] 그룹-[지우기] 명령(　)을 클릭합니다. 또는 B1셀의 아래 화살표 단추를 클릭하고 필터 목록에서 ['이름'에서 필터 해제] 메뉴를 선택해도 됩니다.

05 직원명부 표에서 '과장', '차장', '부장' 데이터만 추출하겠습니다. C1셀의 아래 화살표 단추를 클릭하고 필터 목록의 검색란에 '장'을 입력한 후 〈확인〉 버튼을 클릭합니다.

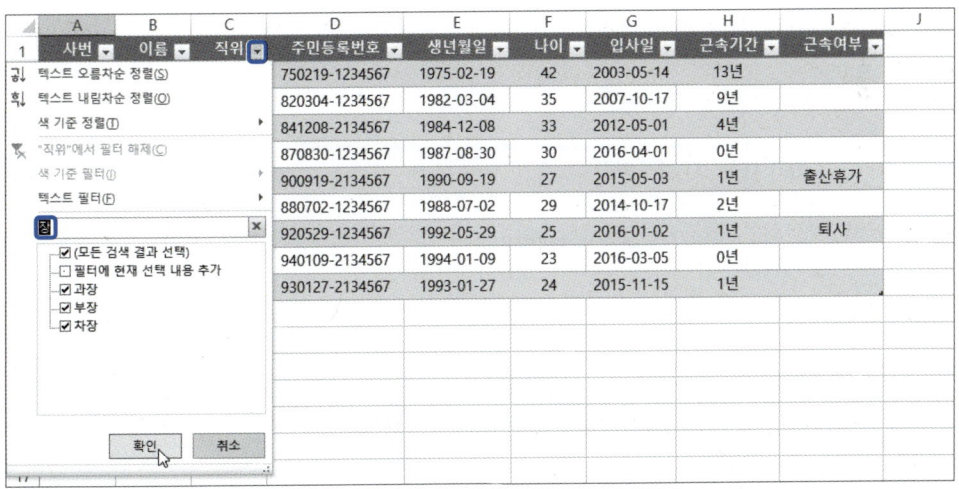

06 필터 조건이 설정되면 '과장', '차장', '부장' 데이터만 표시됩니다.

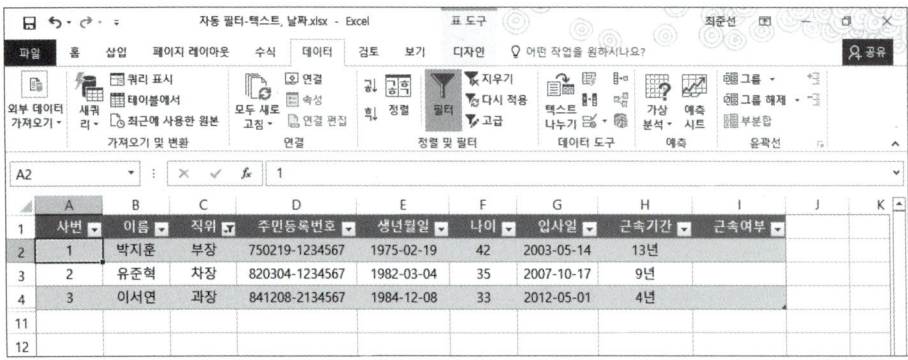

TIP 결과를 확인한 후 [데이터] 탭-[정렬 및 필터] 그룹-[지우기] 명령을 클릭해 전체 데이터를 표시합니다.

07 반대로 '과장', '차장', '부장'을 제외한 직원 데이터만 표시하고 싶다면, [텍스트 필터]를 이용합니다. C1셀의 아래 화살표 단추를 클릭하고 필터 목록에서 [텍스트 필터]-[포함하지 않음] 메뉴를 선택합니다.

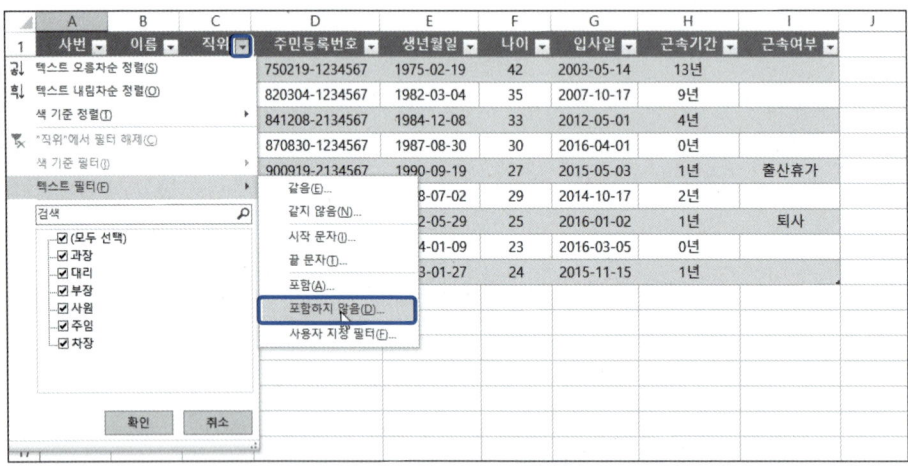

Plus⁺ '사용자 지정 자동 필터' 대화상자 설정 방법

07 과정을 거치면 다음 화면과 같은 '사용자 지정 자동 필터' 대화상자가 표시됩니다. 다음 화면을 참고해 원하는 방식으로 조건을 설정한 다음 〈확인〉 버튼을 클릭합니다.

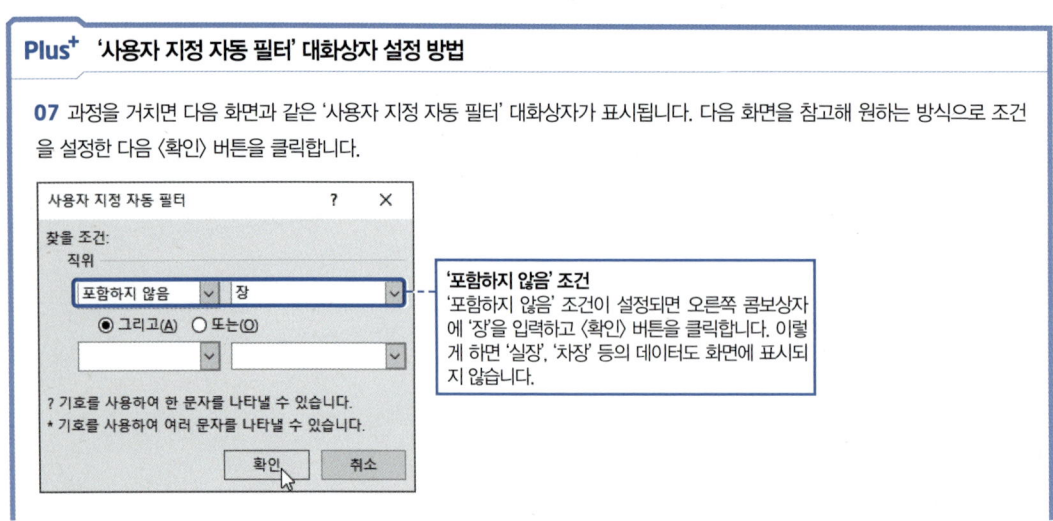

'포함하지 않음' 조건
'포함하지 않음' 조건이 설정되면 오른쪽 콤보상자에 '장'을 입력하고 〈확인〉 버튼을 클릭합니다. 이렇게 하면 '실장', '차장' 등의 데이터도 화면에 표시되지 않습니다.

참고로 '사용자 지정 자동 필터' 대화상자의 경우 '그리고(AND)'와 '또는(OR)' 조건을 사용해 최대 두 개까지 조건을 설정할 수 있습니다. 예를 들어 '사원'과 '주임' 데이터만 표시하려면 다음과 같이 설정합니다.

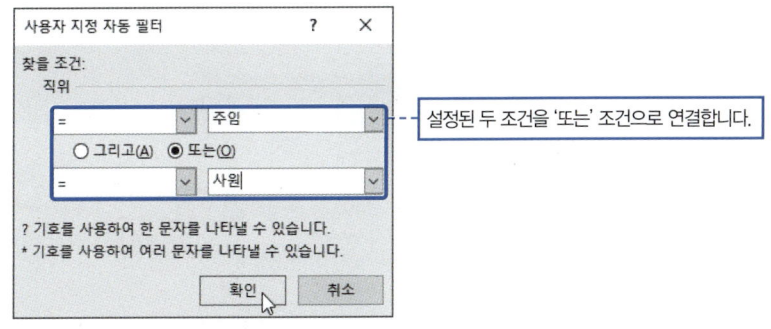

사원과 주임을 제외한 나머지 직원 데이터만 확인하려면 위 대화상자를 다음과 같이 설정합니다.

조건	항목
〈〉	주임
그리고(A)	
〈〉	사원

그 밖에도 다양한 조합이 가능하므로, 자신의 데이터에 맞게 여러 경우를 연습해 봅니다.

08 필터 조건이 설정되면 다음 화면과 같이 '대리', '주임', '사원' 데이터가 표시됩니다.

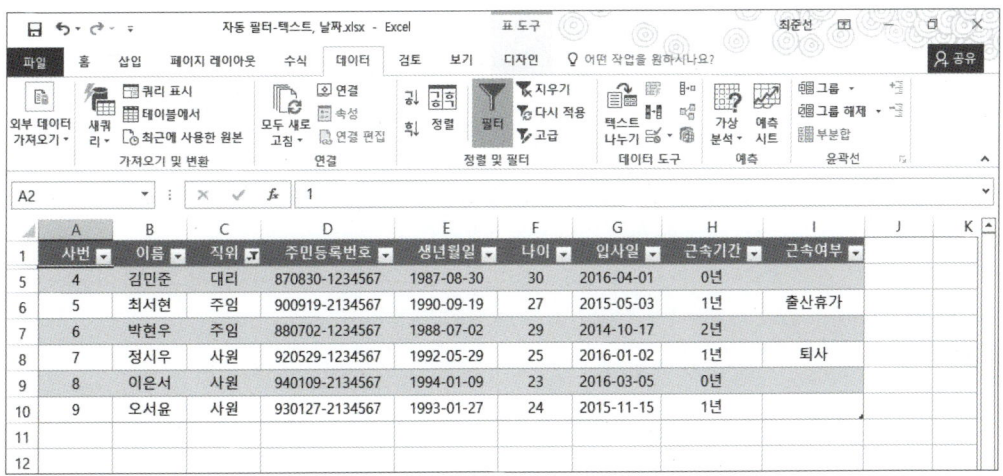

TIP 결과를 확인한 후 [데이터] 탭-[정렬 및 필터] 그룹-[지우기] 명령을 클릭해 전체 데이터를 표시합니다.

09 이번에는 남자 직원 데이터만 표시해 보겠습니다. 성별 데이터는 따로 구분되어 있지 않지만, 주민등록번호가 입력되어 있으므로 뒤 첫 번째 숫자로 성별을 알 수 있습니다. D1셀의 아래 화살표 단추를 클릭하고 검색란에 '-1'을 입력한 후 〈확인〉 버튼을 클릭합니다.

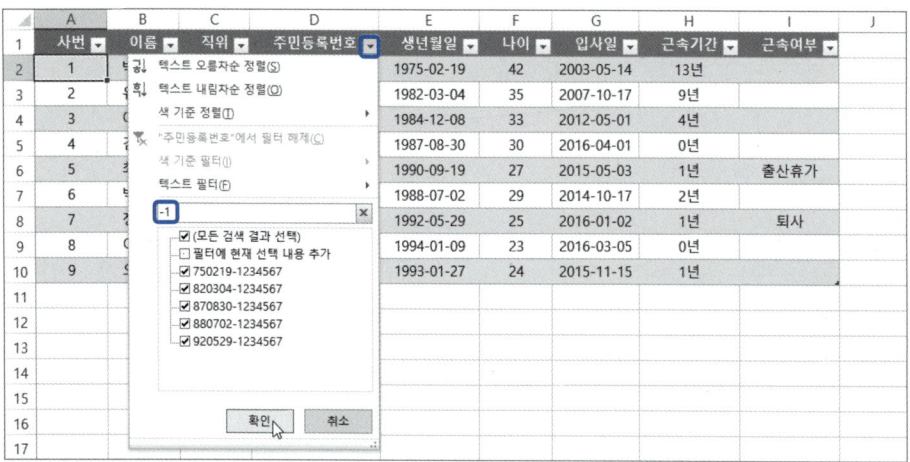

TIP 주민등록번호는 yymmdd-xxxxxxx 형식으로 입력되므로 하이픈 뒤의 숫자가 1이면 남자입니다.

TIP 2000년 이후 출생자를 포함하려면 [텍스트 필터]-[사용자 지정 필터] 메뉴를 선택하고 -1 또는 -3이 포함되도록 조건을 설정하면 됩니다.

10 필터 조건이 설정되면 다음 화면과 같이 남자 직원 데이터만 표시됩니다.

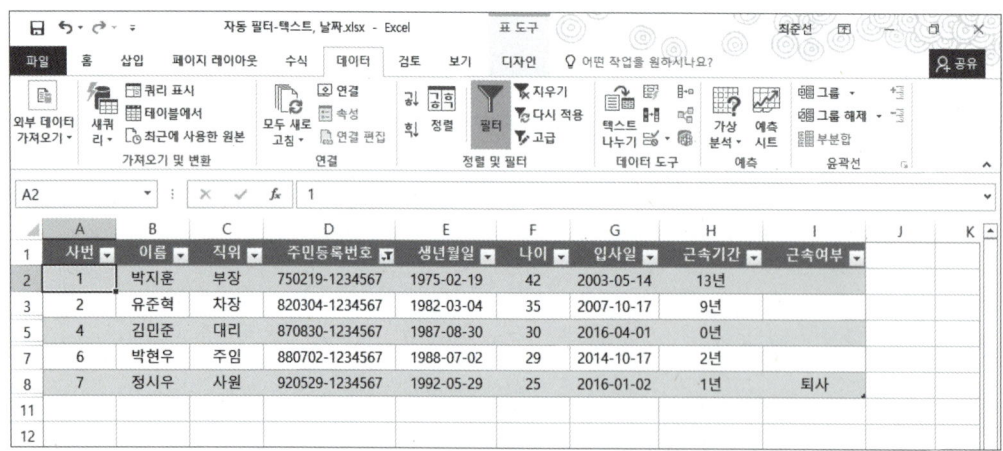

TIP 결과를 확인한 후 [데이터] 탭-[정렬 및 필터] 그룹-[지우기] 명령을 클릭해 전체 데이터를 표시합니다.

11 이번 달(예 : 1월)에 입사한 직원 데이터만 표시해 보겠습니다. G1셀의 아래 화살표 단추를 클릭하고 필터 목록의 검색란에 '1월'을 입력한 후, 표시된 목록에서 '11월' 항목의 체크를 해제하고 〈확인〉 버튼을 클릭합니다.

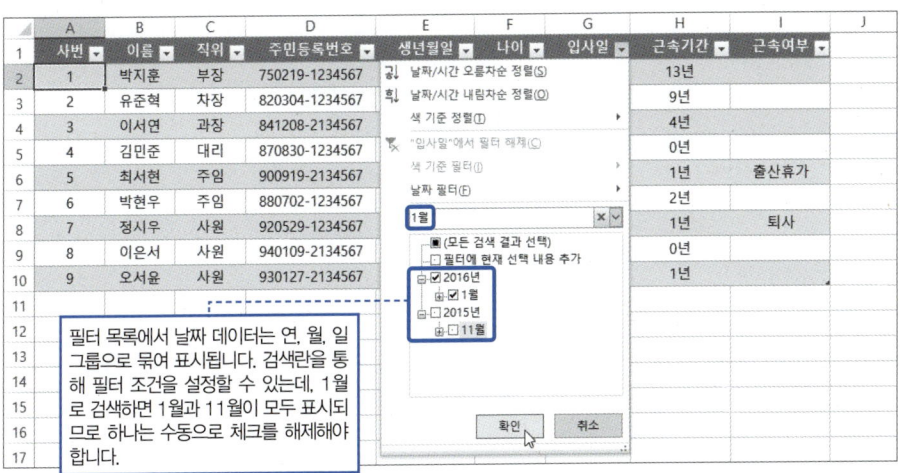

필터 목록에서 날짜 데이터는 연, 월, 일 그룹으로 묶여 표시됩니다. 검색란을 통해 필터 조건을 설정할 수 있는데, 1월로 검색하면 1월과 11월이 모두 표시되므로 하나는 수동으로 체크를 해제해야 합니다.

Plus⁺ 날짜 필터 조건 이해하기

날짜 데이터가 입력된 열의 필터 목록에는 [날짜 필터] 조건을 사용할 수 있습니다. [날짜 필터] 메뉴를 선택하면 화면과 같은 다양한 날짜 조건을 선택, 적용할 수 있습니다.

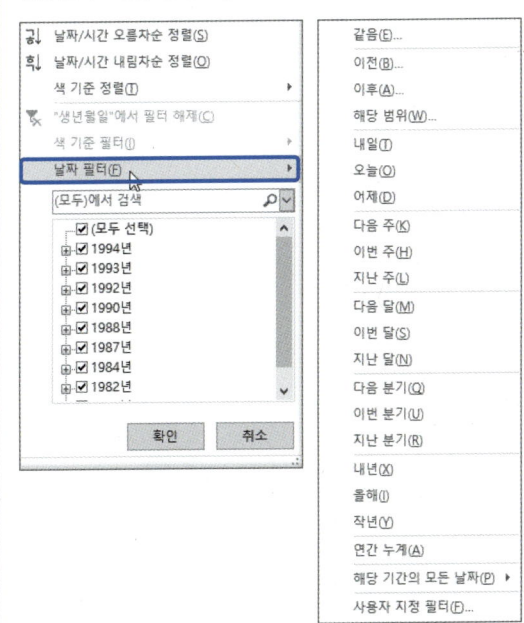

[날짜 필터]의 하위 메뉴에는 우리가 일반적으로 대화하는 방식의 조건들이 빼곡히 제공됩니다. 데이터가 많은 파일의 날짜 데이터가 있는 열에서 이 필터 조건을 하나씩 선택해 결과를 확인해 볼 것을 추천합니다.

12 필터 조건이 설정되면 다음 화면과 같이 1월에 입사한 직원 데이터만 표시됩니다.

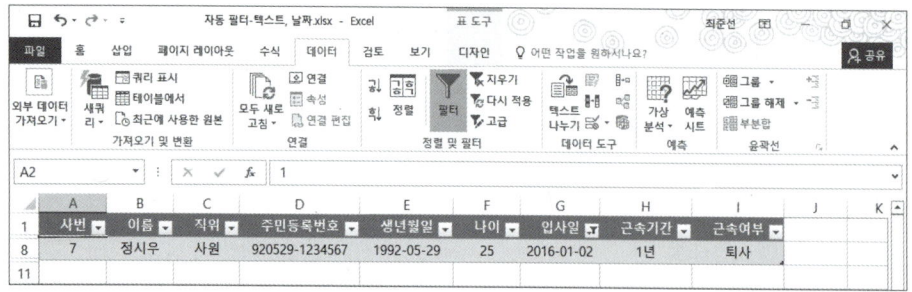

TIP 결과를 확인한 후 [데이터] 탭–[정렬 및 필터] 그룹–[지우기] 명령을 클릭해 전체 데이터를 표시합니다.

13 현재 근속 중인 직원 데이터만 표시해 보겠습니다. I열이 빈 셀이면 근속 중이라는 의미이므로, I1셀의 아래 화살표 단추를 클릭하고 검색란에 '필드'를 입력한 후 〈확인〉 버튼을 클릭합니다.

TIP 필드 목록 중에서 '필드 값 없음'은 열에 값이 없다는 의미이므로, 빈 셀입니다.

14 필터 조건이 설정되면 다음 화면과 같이 '근속여부' 열(I열)이 비어 있는 데이터만 표시됩니다.

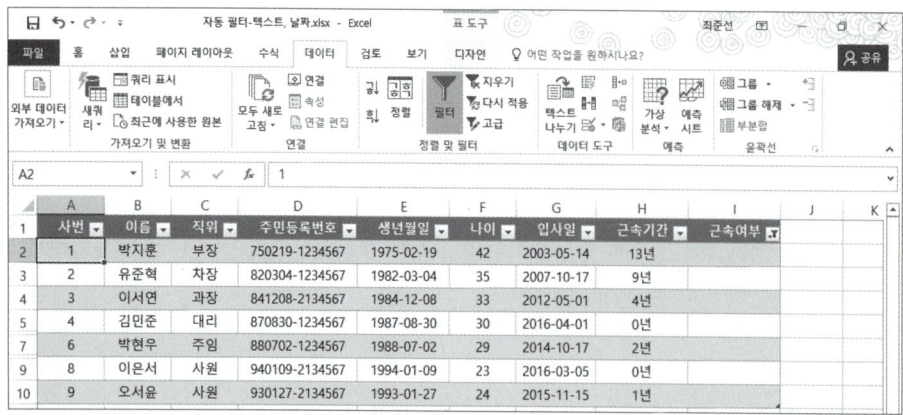

TIP 결과를 확인한 후 [데이터] 탭–[정렬 및 필터] 그룹–[지우기] 명령을 클릭해 전체 데이터를 표시합니다.

028 숫자 값이 입력된 열에 필터 조건 지정하기

숫자 값이 입력된 열에 자동 필터를 설정해 조건을 적용하면 숫자 필터 조건을 사용할 수 있습니다. 숫자 필터 조건은 텍스트 필터 조건이나 날짜 필터 조건에 비해 좀 더 실용적인 필터 조건을 제공하므로, 자동 필터를 제대로 사용하려면 반드시 이해해 두어야 합니다. 숫자 필터 조건을 이용해 원하는 데이터를 추출하는 방법에 대해 알아보겠습니다.

예제 파일 PART 01 \ CHAPTER 03 \ 자동 필터-숫자.xlsx

01 예제 파일을 열어 다음 표를 확인합니다. 숫자 데이터는 A열과 F열에 입력되어 있으며, 날짜와 시간 역시 숫자 데이터이므로 E열과 G열에도 숫자 조건을 설정할 수 있습니다.

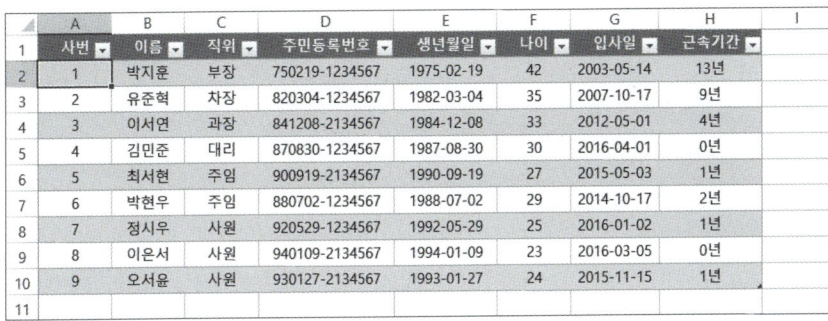

02 '사번' 열인 A열에서 마지막 사번 번호를 갖는 직원 데이터만 표시해 보겠습니다. A1셀의 아래 화살표 단추를 클릭하고, 필터 목록에서 [숫자 필터]-[상위 10] 메뉴를 선택합니다.

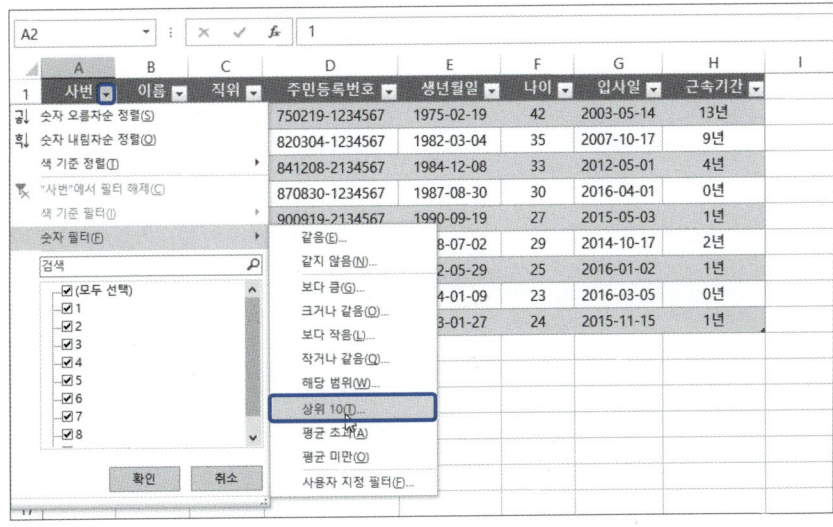

Plus⁺ '상위 10' 조건을 설정하는 방법

'상위 10' 필터 조건을 선택하면 화면과 같은 대화상자가 열립니다. 최댓값을 갖는 데이터만 화면에 표시하려면 가운데 입력란의 값을 '1'로 변경하고 〈확인〉 버튼을 클릭합니다.

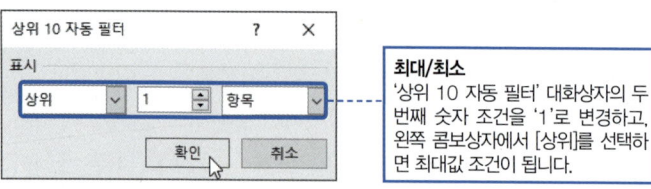

최대/최소
'상위 10 자동 필터' 대화상자의 두 번째 숫자 조건을 '1'로 변경하고, 왼쪽 콤보상자에서 [상위]를 선택하면 최댓값 조건이 됩니다.

'상위 10' 조건은 매우 활용도가 높은 필터 조건이므로 대화상자 설정 방법을 잘 이해하고 있어야 합니다. 다음은 '상위 10 자동 필터' 대화상자를 설정하는 몇 가지 방법에 대한 설명입니다.

첫 번째 콤보상자 컨트롤에서는 [상위]와 [하위] 항목 중 하나를 선택할 수 있습니다. [상위]는 데이터를 내림차순으로 정렬했을 때 상단에 표시될 데이터를 순서대로 추출하고 싶을 때 사용하고, [하위]는 반대로 오름차순으로 정렬된 데이터를 기준으로 동작합니다.

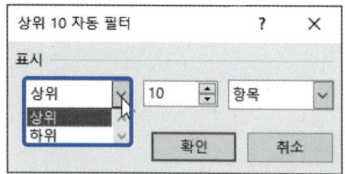

오른쪽 끝의 콤보상자 컨트롤에서는 [항목]과 [%] 중에서 선택할 수 있습니다. [항목]은 n개의 데이터를 추출할 때 사용하고, [%]는 n%의 데이터를 추출할 때 사용합니다.

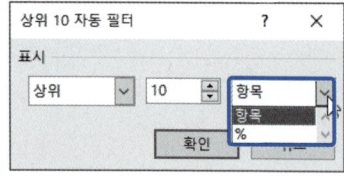

참고로 [%]는 전체 숫자를 전체 대비 비율 누계로 표시했을 때, 해당 백분율에 포함된 데이터만 표시합니다.

03 필터 조건이 설정되면, 사번이 '9'인 직원의 데이터가 화면에 표시됩니다.

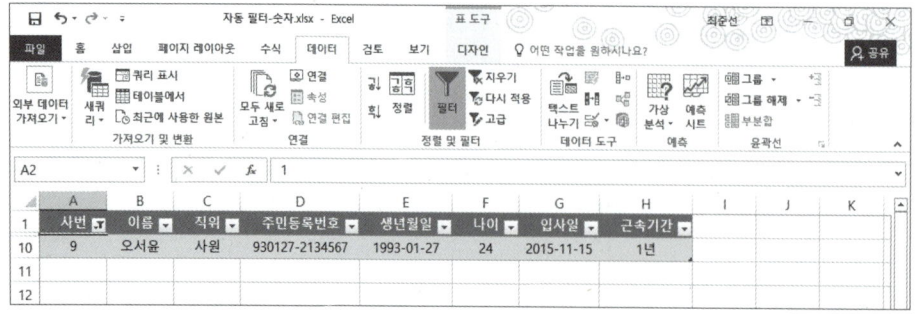

TIP 결과를 확인한 후 [데이터] 탭-[정렬 및 필터] 그룹-[지우기] 명령을 클릭해 전체 데이터를 표시합니다.

04 평균 나이를 초과하는 직원 데이터만 추출해 보겠습니다. F1셀의 아래 화살표 단추를 클릭하고 필터 목록에서 [숫자 필터]-[평균 초과] 메뉴를 클릭합니다.

TIP [평균 초과] 메뉴는 열 데이터의 평균을 초과하는 데이터만, [평균 미만] 메뉴는 평균에 미달된 데이터만 표시합니다. 두 조건 모두 평균은 포함하지 않습니다.

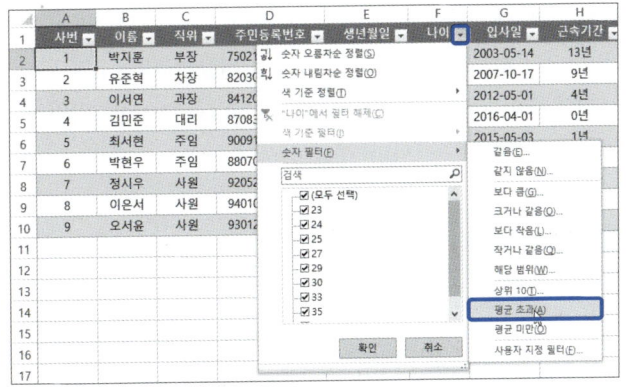

05 필터 조건이 설정되면 다음 화면과 같이 평균 나이를 초과하는 직원의 데이터만 표시됩니다.

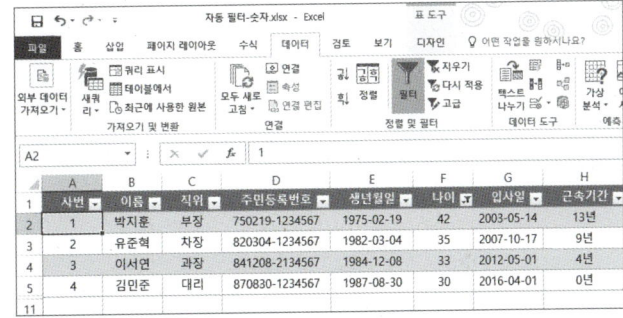

06 기존 조건에 새 조건을 추가할 수도 있습니다. 평균 나이를 초과하면서 근속기간이 아직 1년이 되지 않은 직원 데이터를 표시해 보겠습니다. H1셀의 아래 화살표 단추를 클릭하고 검색란에 '0'을 입력한 후 〈확인〉 버튼을 클릭합니다.

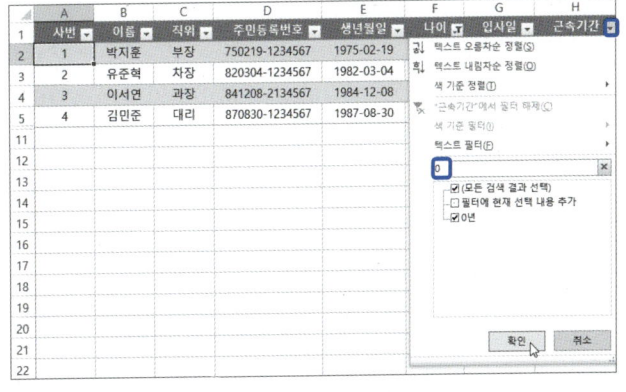

07 필터 조건이 설정되면 다음 화면과 같이 평균 나이를 초과하면서 근속기간이 1년이 되지 않은 직원 데이터만 표시됩니다.

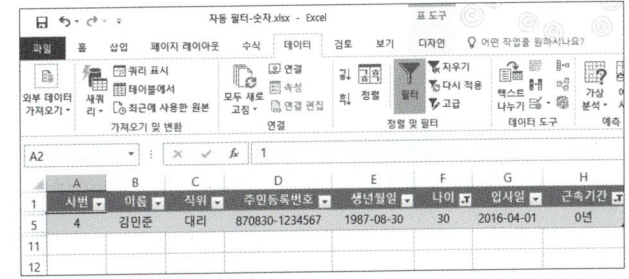

TIP 결과를 확인한 후 [데이터] 탭-[정렬 및 필터] 그룹-[지우기] 명령을 클릭해 전체 데이터를 표시합니다.

08 이번에는 입사일 기준으로 최근에 입사한 세 명의 데이터를 추출해 보겠습니다. [날짜 필터]에는 그런 조건이 없으므로, '상위 10' 조건을 사용하려면 [숫자 필터] 조건을 이용해야 합니다. 우선 '입사일' 열인 G열의 데이터 형식을 숫자로 변경합니다. G2:G10 범위를 선택하고 [홈] 탭-[표시 형식] 그룹-[표시 형식]에서 [숫자] 또는 [일반] 형식을 선택합니다.

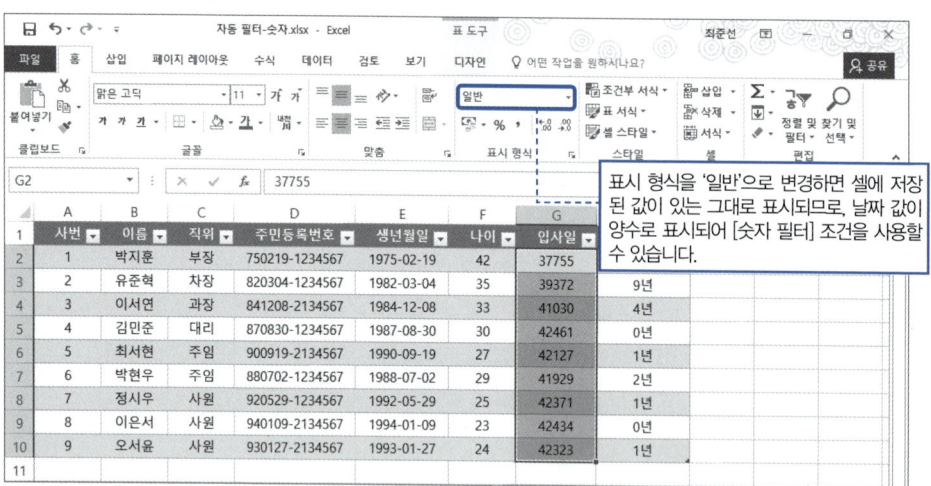

09 G1셀의 아래 화살표 단추를 클릭하고 필터 목록에서 [숫자 필터]-[상위 10] 메뉴를 선택한 후, 두 번째 텍스트 상자의 값을 '3'으로 변경하고 〈확인〉 버튼을 클릭합니다.

10 필터 조건을 설정하면 다음 화면과 같이 최근에 입사한 직원 데이터가 표시됩니다. G5:G9 범위를 선택하고 [홈] 탭-[표시 형식] 그룹에서 [간단한 날짜] 형식을 선택합니다.

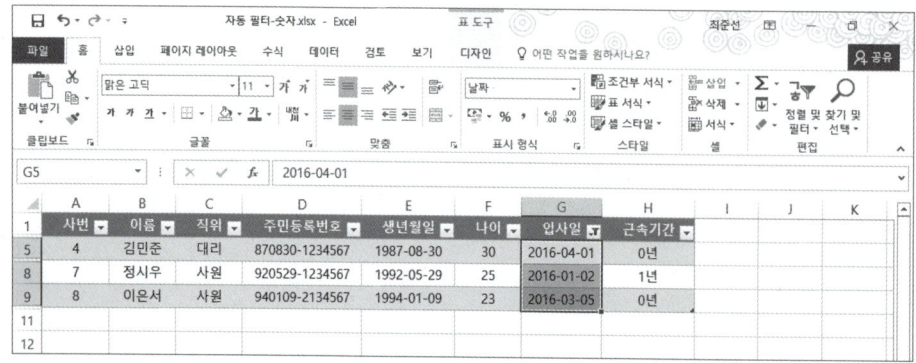

TIP 결과를 확인한 후 [데이터] 탭-[정렬 및 필터] 그룹-[지우기] 명령을 클릭해 전체 데이터를 표시하고 G2:G10 범위를 선택하여 [날짜] 형식으로 변경합니다

029 열에 적용된 색상을 필터 조건으로 지정하기

자동 필터에서는 사용자가 표에 적용한 배경색이나 글꼴색을 조건으로 설정할 수 있습니다. 단, 조건부 서식의 색상이나 엑셀 표의 스타일 등은 따로 인식하지 못합니다. 색상을 필터 조건으로 사용하는 기능은 언뜻 생각하면 좋아 보일 수 있지만, 제한적으로 사용하는 것이 좋습니다. 표에 색상을 적용하는 이유는 다른 데이터와 구분하기 위해서인데, 보기에는 좋지만 데이터를 집계할 방법이 없어 작업 편리성은 떨어집니다.

예제 파일 PART 01 \ CHAPTER 03 \ 자동 필터-색상.xlsx

01 예제 파일에는 다음과 같은 표가 입력되어 있습니다. 배경색으로 구분되어 있는 3, 7, 10행의 직원은 중국 출장자를 의미하며, 글꼴색으로 구분되어 있는 8행의 직원은 부산 출장자를 의미합니다.

	A	B	C	D	E	F	G	H	I
1	사번	이름	직위	주민등록번호	생년월일	나이	입사일	근속기간	
2	1	박지훈	부장	750219-1234567	1975-02-19	42	2003-05-14	13년	
3	2	유준혁	차장	820304-1234567	1982-03-04	35	2007-10-17	9년	
4	3	이서연	과장	841208-2134567	1984-12-08	33	2012-05-01	4년	
5	4	김민준	대리	870830-1234567	1987-08-30	30	2016-04-01	0년	
6	5	최서현	주임	900919-2134567	1990-09-19	27	2015-05-03	1년	
7	6	박현우	주임	880702-1234567	1988-07-02	29	2014-10-17	2년	
8	7	정시우	사원	920529-1234567	1992-05-29	25	2016-01-02	1년	
9	8	이은서	사원	940109-2134567	1994-01-09	23	2016-03-05	0년	
10	9	오서윤	사원	930127-2134567	1993-01-27	24	2015-11-15	1년	
11									

02 중국 출장 대상자만 화면에 표시해 보겠습니다. 행 단위로 색상이 적용되어 있으므로, 아무 열에나 색상 조건을 설정할 수 있습니다. H1셀의 아래 화살표 단추를 클릭하고 필터 목록의 [색 기준 필터]를 선택한 후 [셀 색 기준 필터] 아래에 있는 배경색을 선택합니다.

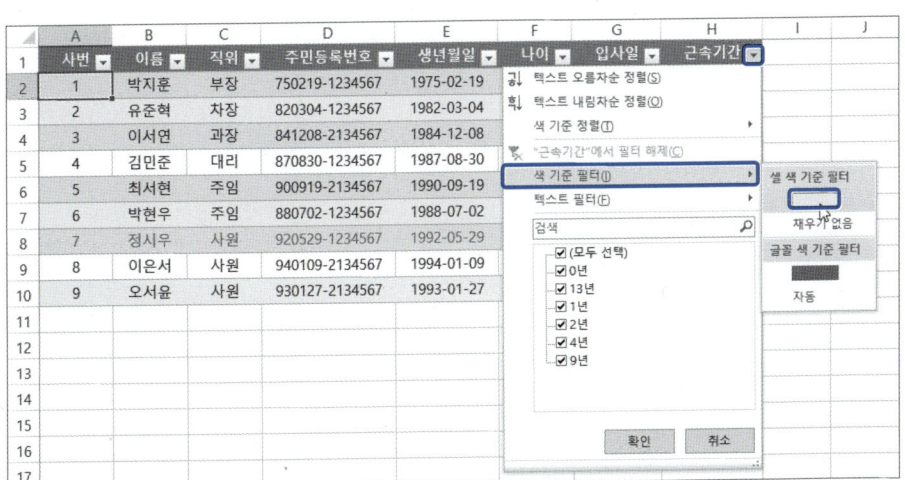

03 필터 조건이 설정되면 다음 화면과 같이 중국 출장자 명단만 표시됩니다.

사번	이름	직위	주민등록번호	생년월일	나이	입사일	근속기간
2	유준혁	차장	820304-1234567	1982-03-04	35	2007-10-17	9년
6	박현우	주임	880702-1234567	1988-07-02	29	2014-10-17	2년
9	오서윤	사원	930127-2134567	1993-01-27	24	2015-11-15	1년

TIP 결과를 확인한 후 [데이터] 탭-[정렬 및 필터] 그룹-[지우기] 명령을 클릭해 전체 데이터를 표시합니다.

04 이번에는 부산 출장자만 화면에 표시해 보겠습니다. H1셀의 아래 화살표 단추를 클릭하고 [색 기준 필터]를 선택한 후 [글꼴 색 기준 필터] 하단의 색상을 선택합니다. 그러면 화면과 같은 결과가 얻어집니다.

사번	이름	직위	주민등록번호	생년월일	나이	입사일	근속기간
7	정시우	사원	920529-1234567	1992-05-29	25	2016-01-02	1년

TIP 결과를 확인한 후 [데이터] 탭-[정렬 및 필터] 그룹-[지우기] 명령을 클릭해 전체 데이터를 표시합니다.

05 색상을 적용하는 방법으로는 데이터를 집계하기가 쉽지 않습니다. 다음과 같이 새로운 열인 색상 대신 '출장' 열을 추가하는 방법이 더 효율적입니다. I열의 각 셀에 다음 값을 입력합니다.

I1셀	I3셀	I7셀	I8셀	I9셀
출장	중국	중국	부산	중국

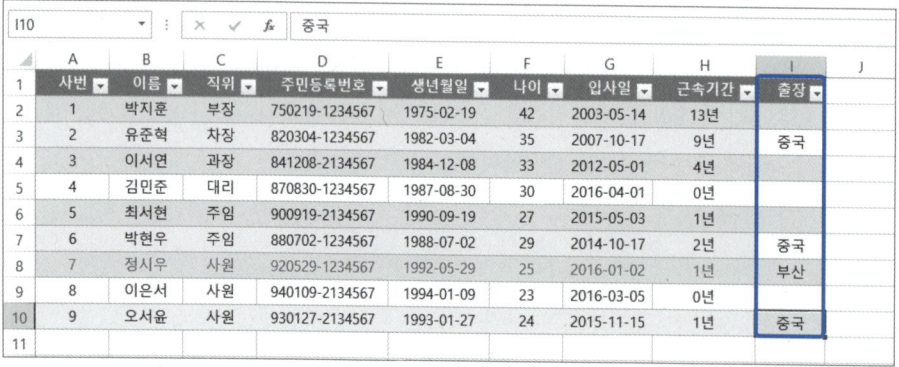

Plus⁺ 색상을 이용하는 것보다 값을 입력하는 것이 좋은 이유

엑셀로 데이터를 집계하고자 하면 COUNTIF, SUMIF, AVERAGEIF 등의 함수나 자동 합계, 부분합, 피벗 테이블과 같은 기능을 사용할 수 있습니다. 그런데 이중에서 색상을 조건으로 설정할 수 있는 기능은 없습니다. 엑셀에서는 자동 필터나 정렬 등의 몇몇 기능을 제외하고는 거의 모든 기능에서 색상을 조건으로 설정할 수 없습니다.
그러므로 작업의 편리성을 위해서는 이 예제와 같은 방법으로 데이터를 입력하는 것이 훨씬 유리합니다.

슬라이서를 이용해 필터 조건 지정하기

030

엑셀 2013 버전부터는 슬라이서 기능을 이용해 엑셀 표에서 데이터를 추출할 수 있습니다. 슬라이서는 슬라이서 창을 이용해 필터 조건을 시각화하는 기능으로, 표에 어떤 필터 조건이 걸려있는지 확인해야 하는 경우에는 자동 필터보다 유용할 수 있습니다. 다만 자동 필터에 비해 기능이 단촐하므로 간단한 항목을 선택하는 용도 정도로만 사용하는 것이 좋습니다.

예제 파일 PART 01 \ CHAPTER 03 \ 슬라이서.xlsx

01 예제 파일을 열고, 슬라이서 기능을 이용해 '직위' 열인 C열와 '근속기간' 열인 H열에 필터 조건을 설정해 보겠습니다. 표 내부의 셀이 선택된 상태에서 [디자인] 탭-[도구] 그룹-[슬라이서 삽입] 명령(圖)을 클릭합니다.

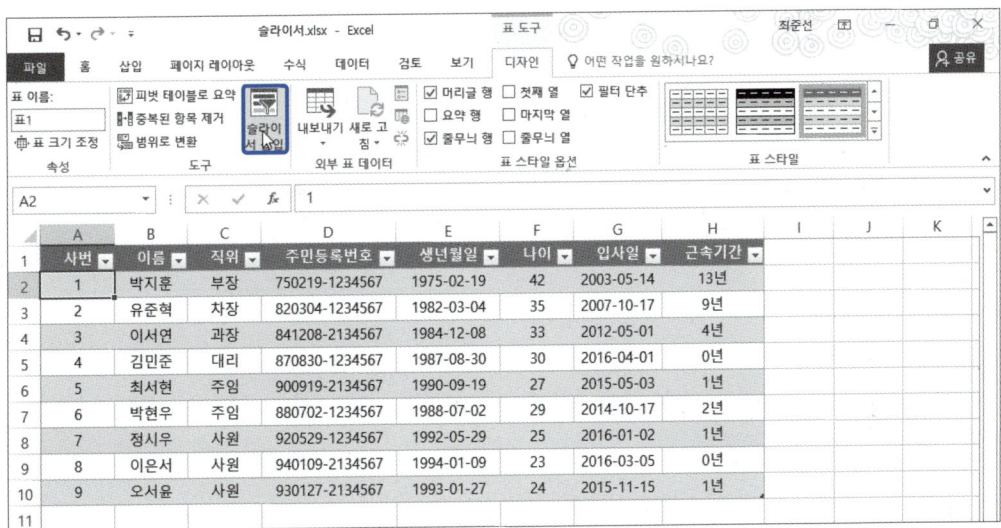

02 '슬라이서 삽입' 대화상자가 표시되면 필터 조건을 설정할 열을 선택합니다. '직위'와 '근속기간'에 체크하고 〈확인〉 버튼을 클릭하면, 오른쪽 화면과 같이 해당 열의 고유 항목이 표시된 슬라이서 창이 나타납니다.

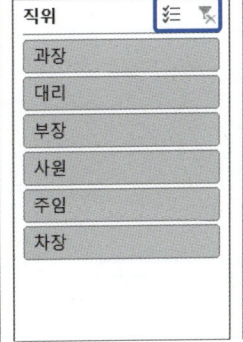

Plus⁺ '슬라이서 삽입' 창 이해하기

슬라이서 창이 삽입되면, 오른쪽 상단에서 두 개의 명령 단추를 확인할 수 있습니다. 두 단추의 사용 방법은 다음과 같습니다.

명령 단추	이름	설명
≣	다중 선택	슬라이서 창에서 여러 항목을 동시에 선택 해제하고 싶다면 이 단추를 클릭한 다음 해제할 항목을 마우스로 클릭합니다.
▼	필터 지우기	슬라이서 창에서 설정된 필터 조건을 모두 해제합니다.

슬라이서 창에서 필터를 설정하려면, 창 내의 항목을 하나씩 선택하거나 Ctrl 키 또는 Shift 키를 누른 상태로 원하는 항목 여러 개를 선택합니다. 해당 항목을 조건으로 필터 조건이 설정됩니다.

03 다음 화면과 같이 '직위'와 '근속기간' 슬라이서 창이 표시됩니다. '직위' 슬라이서 창에서 '주임' 항목을 선택하면 엑셀 표에서 '주임' 데이터만 화면에 표시됩니다.

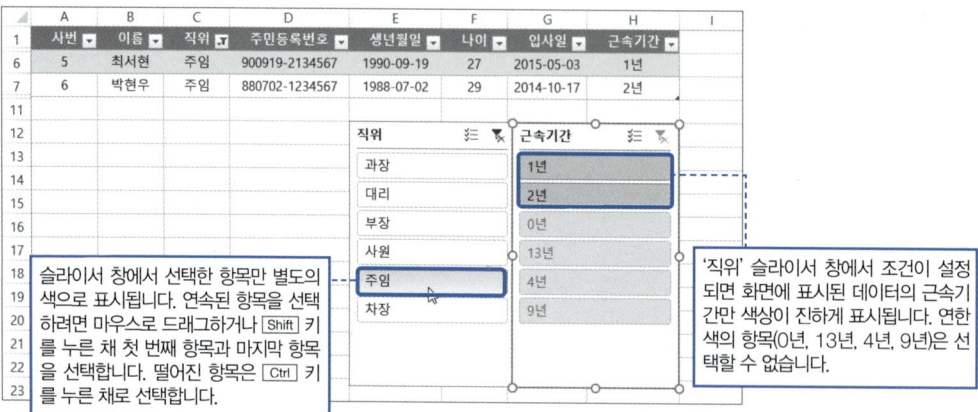

04 '부장', '차장', '과장'을 제외한 직원 데이터만 표시하겠습니다. 먼저 '직위' 슬라이서 창에서 '지우기' 단추를 클릭해 전체 항목을 선택할 수 있도록 합니다. '직위' 슬라이서 창에서 '다중 선택' 단추를 클릭하고, 제외할 직위(과장, 부장, 차장)를 순서대로 클릭합니다.

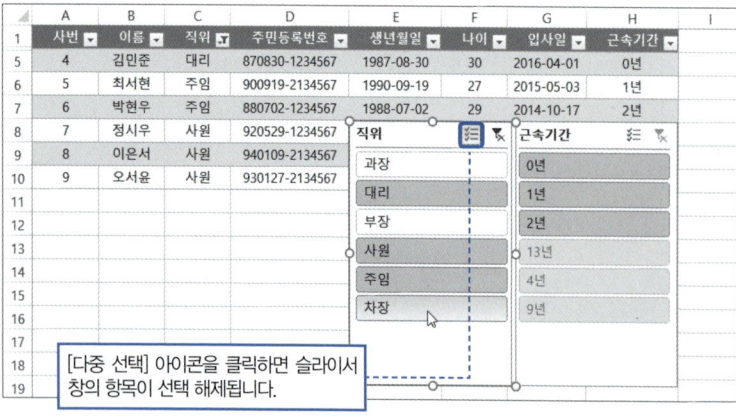

05 화면에 추출된 직원 데이터 중에서 가장 근속기간이 긴 데이터를 표시하겠습니다. '근속기간' 슬라이서 창에서 선택할 수 있는 가장 긴 기간인 '2년' 항목을 선택합니다.

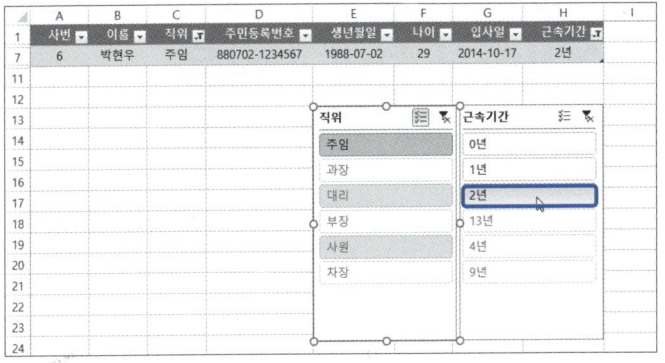

06 더 이상 사용하지 않을 슬라이서 창은 삭제할 수 있습니다. '근속기간' 슬라이서 창을 삭제해 보겠습니다. 슬라이서 창 하단의 빈 영역에서 마우스 오른쪽 버튼을 클릭하고 단축 메뉴에서 ["근속기간" 제거] 메뉴를 선택합니다.

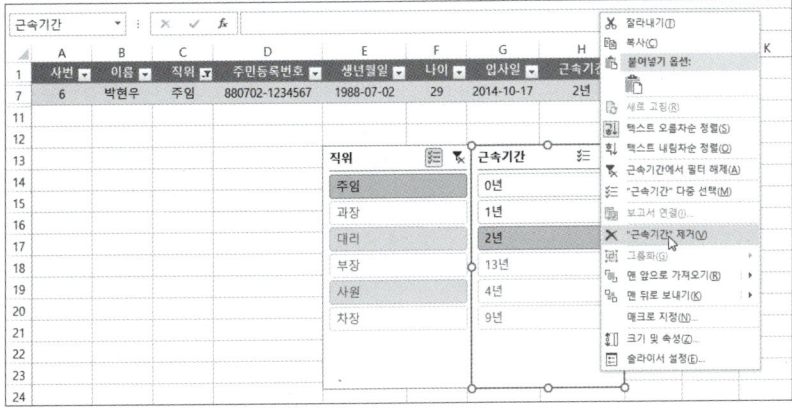

07 슬라이서 창이 삭제되어도, 해당 슬라이서 창에서 설정한 필터 조건은 해제되지 않습니다. 전체 데이터를 다시 표시하려면 [데이터] 탭–[정렬 및 필터] 그룹–[지우기] 명령(🍾)을 클릭합니다.

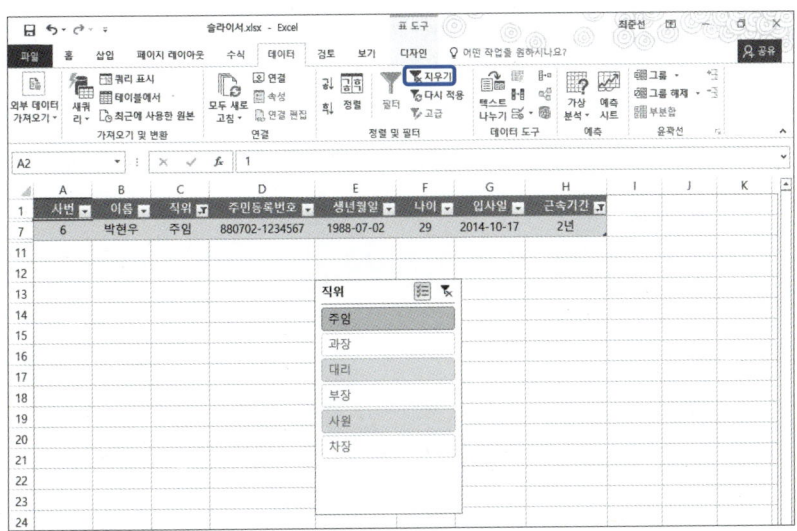

슬라이서 창의 항목을 원하는 순서로 정렬하기 031

슬라이서 창의 항목은 기본적으로 오름차순으로 표시되며, 내림차순으로 표시할 수도 있습니다. 또한 사용자가 원하는 순서로 정렬할 수도 있는데, 그렇게 하려면 '사용자 지정 목록'에 해당 항목을 순서대로 등록해 놓아야 합니다. 슬라이서 창을 정렬하는 방법에 대해 알아보겠습니다.

예제 파일 PART 01 \ CHAPTER 03 \ 슬라이서-정렬.xlsx

01 예제 파일을 열면 화면과 같은 표와 '직위' 슬라이서 창을 확인할 수 있습니다. '직위' 슬라이서 창에는 항목이 가나다 순(오름차순)으로 표시되는데, 이를 원하는 순서로 변경해 보겠습니다.

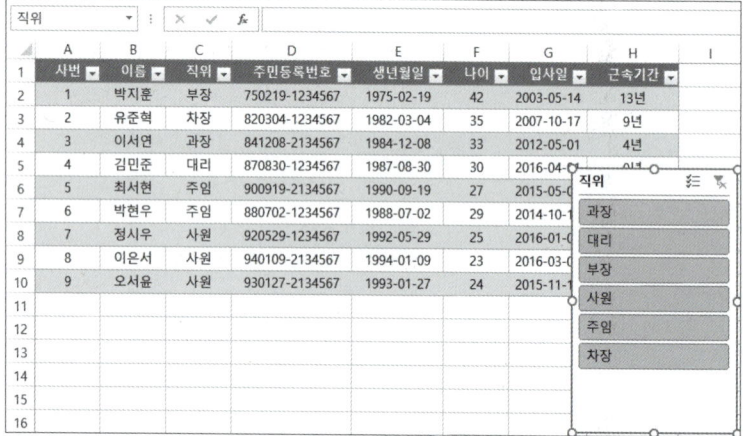

02 리본 메뉴의 [파일]-[옵션]을 선택해 'Excel 옵션' 대화상자가 열리면 [고급] 범주의 [일반] 항목에서 〈사용자 지정 목록 편집〉 버튼을 클릭합니다.

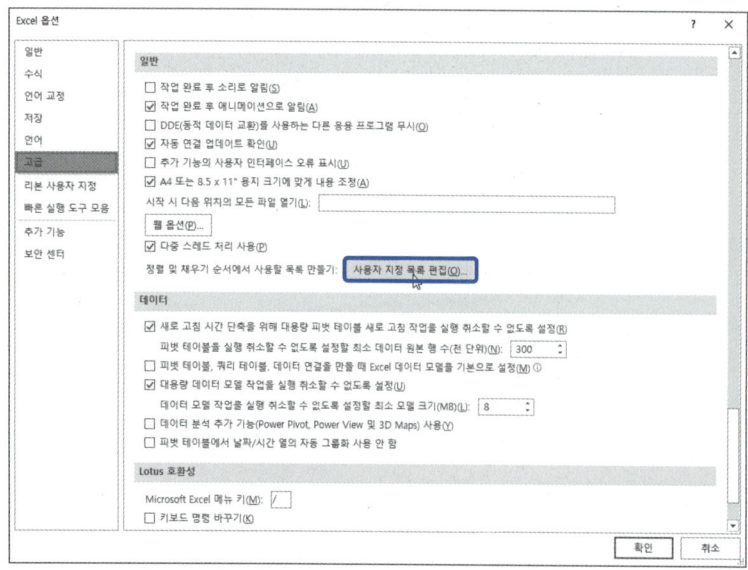

112 / PART 01 | 엑셀 데이터 관리 방법

03 '사용자 지정 목록' 대화상자가 표시되면 '목록 항목'에 원하는 정렬 순서대로 직위를 하나씩 Enter 키로 구분하면서 입력하고 〈추가〉 버튼을 클릭합니다.

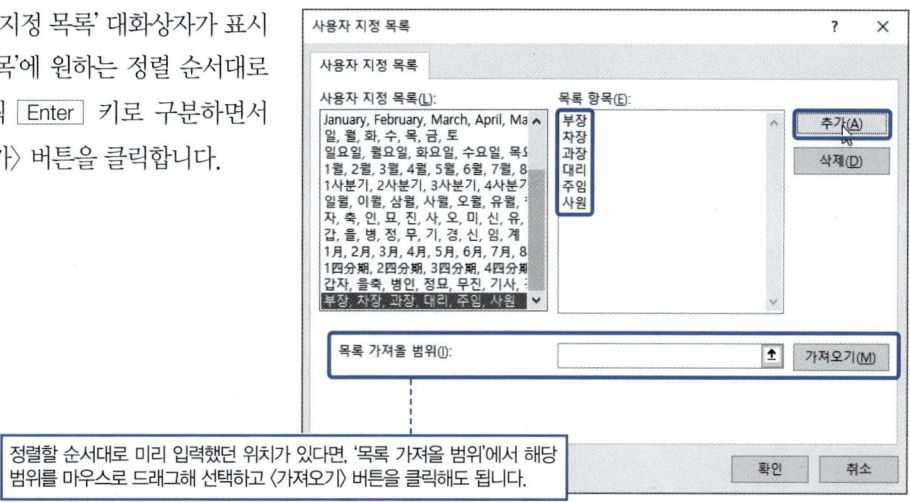

정렬할 순서대로 미리 입력했던 위치가 있다면, '목록 가져올 범위'에서 해당 범위를 마우스로 드래그해 선택하고 〈가져오기〉 버튼을 클릭해도 됩니다.

04 '사용자 지정 목록' 대화상자는 〈확인〉 버튼을 클릭해 닫고, 'Excel 옵션' 대화상자도 〈확인〉 버튼을 클릭해 닫습니다.

05 '직위' 슬라이서 창의 빈 영역에서 마우스 오른쪽 버튼을 클릭해 [텍스트 내림차순 정렬] 메뉴를 선택하고, 같은 방법으로 [텍스트 오름차순 정렬] 메뉴를 선택합니다. 이 과정을 거치면 '직위' 슬라이서 창의 정렬 순서가 '사용자 지정 목록'에 등록된 순서로 변경됩니다.

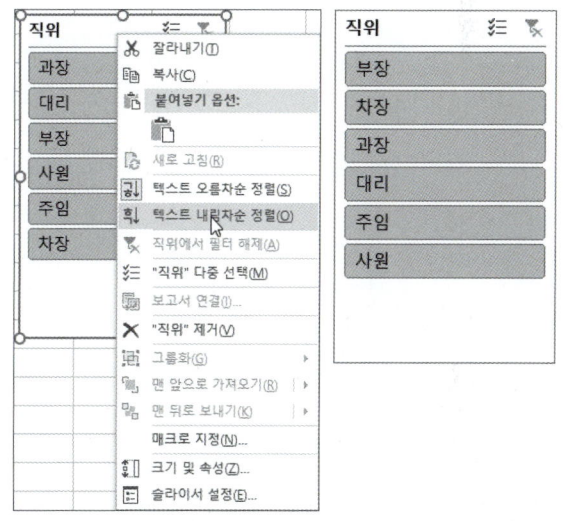

06 만약 '직위' 슬라이서 창의 순서가 변경되지 않는다면, 슬라이서 창의 빈 영역에서 마우스 오른쪽 버튼을 클릭해 [슬라이서 설정] 메뉴를 선택합니다. '슬라이서 설정' 대화상자가 표시되면 '항목 정렬 및 필터링' 항목에서 [정렬할 때 사용자 지정 목록 사용] 확인란에 체크하고 〈확인〉 버튼을 클릭합니다.

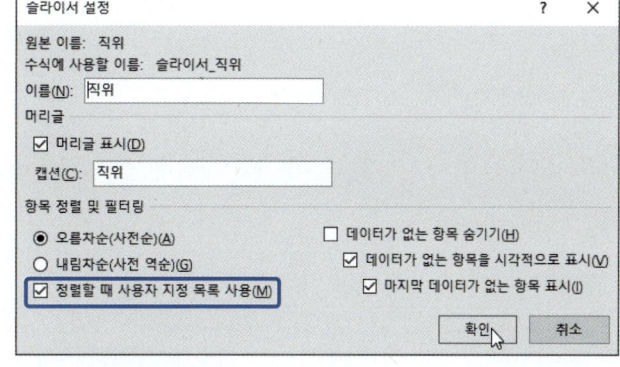

PART 02

엑셀 피벗&파워 쿼리 바이블

피벗 테이블 보고서

엑셀에서 가장 강력한 기능을 하나만 선택하라면 주저 없이 피벗 테이블 보고서를 들 수 있습니다.
피벗 테이블 보고서는 다양한 의미를 파악할 수 있도록 데이터를 요약, 분석하도록 해 주는 기능입니다.
또한 피벗 차트 기술을 이용해 숫자를 그래프로 표현할 수 있으므로
분석된 데이터의 의미를 빠르게 파악할 수 있습니다.

PART 02에서는 PART 01에서 설명한 각종 데이터 관리 방법을 기반으로,
피벗 테이블 보고서를 이용해 분석 작업을 할 수 있는 다양한 기법을 소개합니다.

CHAPTER
04

피벗 테이블 보고서 생성

피벗 테이블 보고서는 다양한 방법으로 생성할 수 있습니다.
데이터가 많지 않고 반응이 빠른 파일이라면 다른 워크시트에 만들 수 있고,
데이터가 많고 파일 반응이 느리다면 외부 파일에 만드는 것이 좋습니다.
또한 같은 파일이라도 분석할 데이터가 하나의 표가 아니라 여러 표에 흩어져 있다면
이를 연결해 하나의 피벗 테이블 보고서에서 분석할 수 있습니다.
여기서는 이런 다양한 보고서 생성 방법에 대해 알아보겠습니다.

피벗 테이블 보고서에서 사용하는 용어 이해하기

032

피벗 테이블 보고서에서 사용하는 용어는 엑셀의 다른 기능에서 사용하는 용어와는 차이가 있습니다. 피벗 테이블 보고서를 이해하기 위해 반드시 알아야 하는 용어를 정리했으니, 다른 내용을 학습하기 전에 먼저 읽어 볼 것을 권합니다.

예제 파일 없음

데이터베이스(Database), 데이터 모델(Data Model)

데이터베이스는 컴퓨터에서 데이터를 기록, 관리하기 위해 사용하는 개념으로, 다양한 데이터를 여러 테이블에 분산해 기록하고 관리합니다. 오피스에는 데이터베이스 관리 프로그램으로 액세스(Access)가 있습니다. 엑셀에서는 데이터 관리 기능이 따로 제공되지 않았었는데, 2013 버전부터 관계로 연결된 데이터 집합을 따로 관리할 수 있는 기능이 추가되었고, 이렇게 관리된 데이터베이스를 '데이터 모델'이라고 합니다.

테이블(Table), 엑셀 표

사용자가 만들 수 있는 표 중에서 데이터를 기록하기 위해 만드는 표를 '테이블'이라고 합니다. 테이블은 첫 번째 행에 각 열의 제목을 입력하고, 두 번째 행부터 데이터를 입력하는 구조의 표를 의미하며, 이 표를 엑셀에서 등록하면 '엑셀 표'라고 합니다.

관계(Relation)

데이터를 관리하다 보면, 성격이 다른 여러 데이터를 다양한 표에 나눠 기록하게 됩니다. 그렇기 때문에 엑셀에서는 VLOOKUP 함수를 사용해 필요한 데이터를 참조해 오는 작업을 자주 할 수밖에 없습니다. 하지만 데이터베이스에서는 참조 대신 테이블을 연결해 여러 표를 하나의 표처럼 사용할 수 있습니다. 이런 기술을 '관계'라고 하며, 엑셀에서는 2013 버전부터 피벗 테이블에서 사용할 표를 관계로 연결할 수 있습니다.

필드(Field), 레코드(Record)

테이블에서 하나의 열 데이터 범위를 '필드'라고 하고, 하나의 행 데이터 범위는 '레코드'라고 합니다.

항목(Item)

필드에 입력된 데이터 중에서 고유한 값 하나를 '항목'이라고 합니다. 예를 들어 필드에 '가, 다, 나, 가, 다'라는 값이 입력되어 있다면 '가', '나', '다'가 항목입니다.

033 피벗 테이블 보고서 만드는 과정 이해하기

대개의 엑셀 기능이 명령을 실행하고 대화상자를 설정하는 2단계 작업으로 이루어지는 것과 달리 피벗 테이블 보고서는 3단계 구성 과정을 거칩니다. 그로 인해 다른 기능과는 사용하는 방법이 다르므로 기본적인 방법부터 제대로 이해하고 사용할 수 있어야 합니다. 피벗 테이블 보고서를 만드는 1, 2단계 과정에 대해 자세하게 알아보겠습니다.

\ 예제 파일 PART 02 \ CHAPTER 04 \ 피벗 테이블.xlsx

01 피벗 테이블 보고서를 만들려면 먼저 표를 테이블 구조로 준비해야 합니다. 또한 지속적으로 데이터를 추가할 것이라면 엑셀 표로 등록해야 합니다. 예제 파일을 열면 다음 화면과 같은 표를 확인할 수 있습니다.

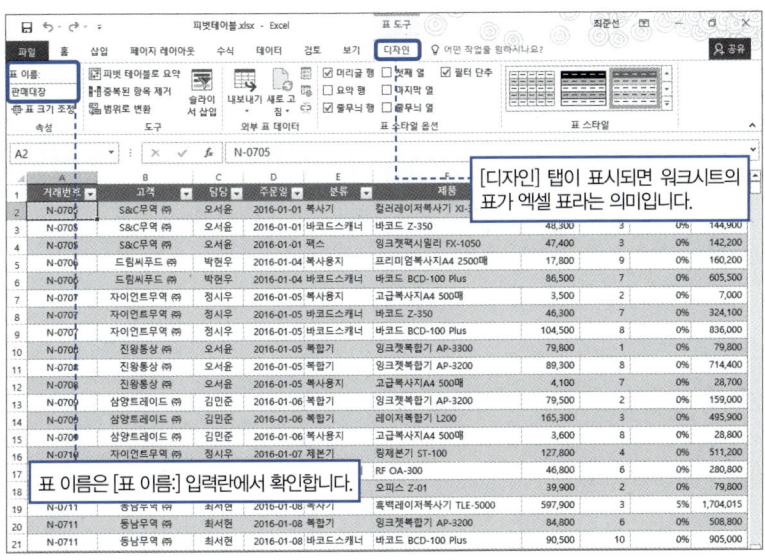

TIP 엑셀 표로 등록하는 방법은 'No. 21 일반 표를 엑셀 표로 등록하기'(76쪽)를 참고합니다.

02 이렇게 준비된 테이블 구조의 표를 집계하거나 분석할 필요가 있다면 [삽입] 탭-[표] 그룹-[피벗 테이블] 명령(📊)을 클릭합니다.

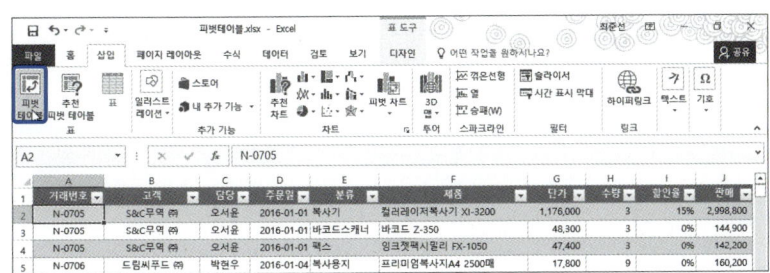

03 '피벗 테이블 만들기' 대화상자가 표시됩니다. 대화상자를 설정하는 방법은 화면 설명과 같습니다.

- 원본 데이터를 선택합니다.
- 피벗 테이블 보고서를 생성할 위치를 선택합니다.
- 여러 표를 연결해 보고서를 생성할 것인지 여부를 선택합니다.

Plus⁺ '피벗 테이블 만들기' 대화상자 상세 설정 방법

'피벗 테이블 만들기' 대화상자는 설정 옵션을 세 개의 그룹으로 구분해 제공합니다.

● '분석할 데이터를 선택하십시오' 그룹

- 표 또는 범위 선택
  현재 파일 내의 데이터를 이용해 피벗 테이블 보고서를 만들려고 할 때 선택합니다. 이 경우 '표/범위' 입력란에 참조할 데이터 범위를 설정해야 합니다.

- 외부 데이터 원본 사용
  다른 엑셀 파일이나 외부 데이터(데이터베이스, 텍스트 파일), 또는 쿼리에 연결해 피벗 테이블 보고서를 만들려고 할 때 선택합니다.

- 이 통합 문서의 데이터 모델 사용
  이 파일의 데이터 모델에 등록된 표를 이용해 피벗 테이블 보고서를 만들려고 할 때 선택합니다.

● '피벗 테이블 보고서를 넣을 위치를 선택하십시오' 그룹

- 새 워크시트
  새 시트를 추가하고, 추가된 시트에 피벗 테이블 보고서를 만듭니다.

- 기존 워크시트
  '위치' 입력란에 참조된 위치에 피벗 테이블 보고서를 만듭니다.

● '여러 테이블을 분석할 것인지 선택' 그룹

원본 데이터 표를 '데이터 모델'에 추가할지 여부를 설정하며, '데이터 모델에 이 데이터 추가' 확인란에 체크하면 원본 표를 데이터 모델에 추가하고 여러 표를 연결해 피벗 테이블 보고서를 만들 수 있습니다.

LINK 이 옵션을 사용하는 자세한 방법은 'No. 57 필드 부분합에 항상 전체 항목의 집계 값 표시하기'(202쪽)를 참고합니다.

04 '피벗 테이블 만들기' 대화상자에서 기본값을 그대로 두고 〈확인〉 버튼을 클릭하면 다음 화면과 같이 피벗 테이블 보고서가 생성되면서 원하는 피벗 테이블 보고서를 구성할 수 있도록 준비됩니다.

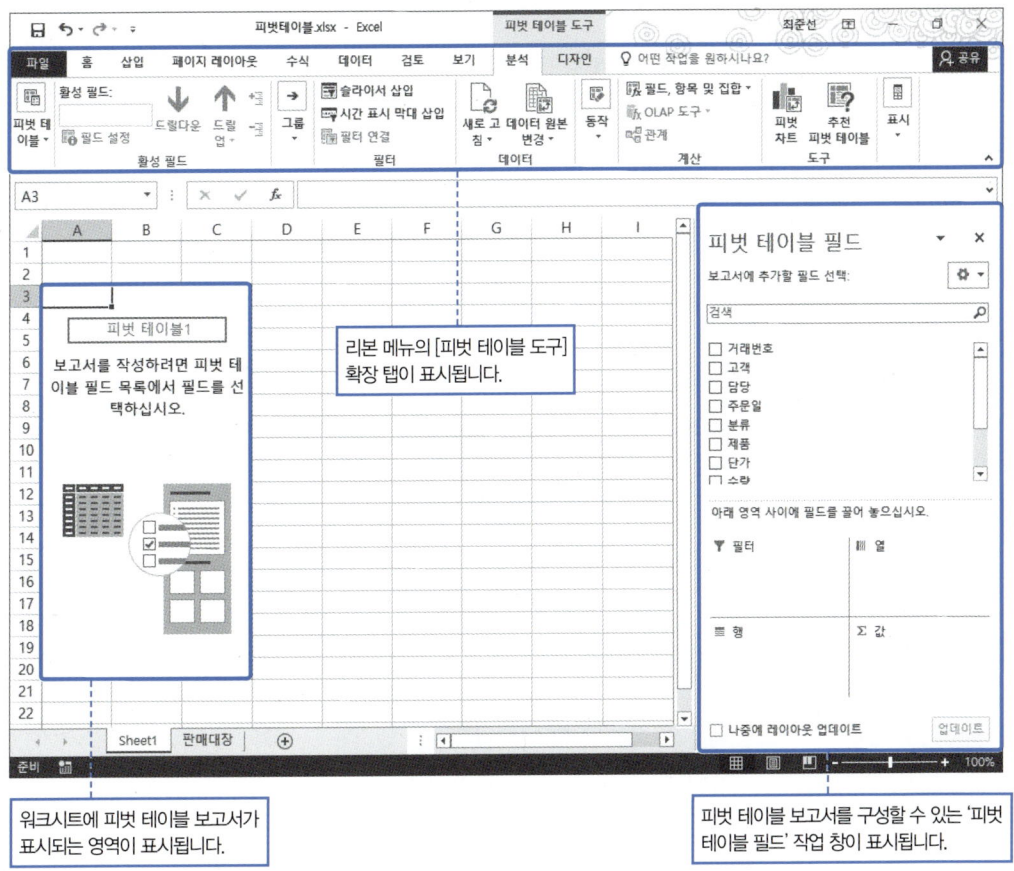

05 워크시트에는 피벗 테이블 보고서 영역과 '피벗 테이블 필드' 작업 창이 표시됩니다. 오른쪽의 '피벗 테이블 필드' 작업 창에서 목록에 있는 필드를 필터 영역, 열 영역, 행 영역, 값 영역에 추가하면 원하는 피벗 테이블 보고서가 구성됩니다.

LINK 보고서 구성 방법은 'No. 34 피벗 테이블 보고서에 필드를 추가하는 방법'(121쪽)을 참고합니다.

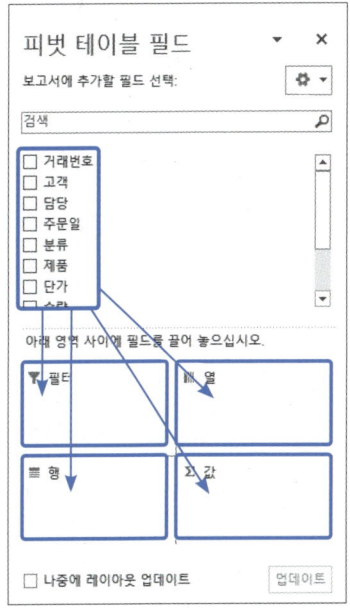

Plus⁺ 보고서 영역의 이해

필드를 각 영역(필터, 열, 행, 값)에 추가하면 다음과 같은 크로스-탭 형식의 보고서가 피벗 테이블 보고서 영역에 표시됩니다.

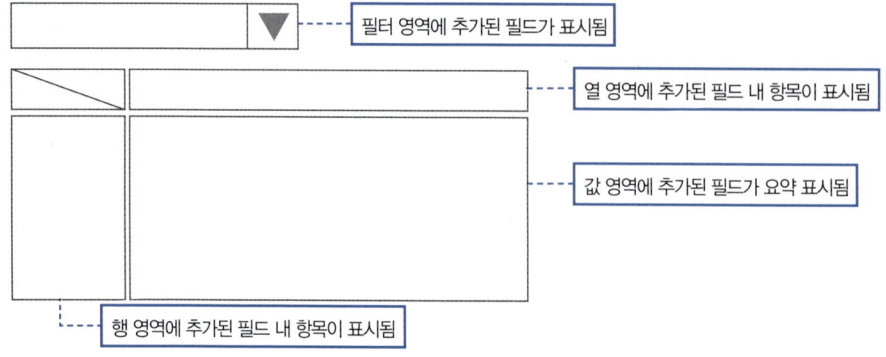

LINK 피벗 테이블 보고서는 위와 같은 표 다이어그램에 직접 필드를 삽입해 보고서를 구성하는 방법도 지원합니다. 이 방법은 'No. 74 클래식 피벗 테이블 레이아웃 사용하기'(250쪽)에서 설명합니다.

Plus⁺ 피벗 테이블 보고서 영역 용어 이해하기

피벗 테이블 보고서를 구성하려면 작업 창에 있는 네 영역(필터, 행, 열, 값)의 역할을 잘 이해해야 합니다. 영역별 이름은 버전별로 조금씩 다른데, 각 버전에서 부르는 이름은 다음과 같습니다.

2016-2013 버전	2010-2007 버전	2003 버전
필터	보고서 필터	페이지 필드
행	행 레이블	행 필드
열	열 레이블	열 필드
값	값	데이터 필드

피벗 테이블 보고서에 필드를 추가하는 방법 034

피벗 테이블 보고서 영역에 필드를 추가하는 방법에는 두 가지가 있습니다. 첫 번째는 '피벗 테이블 필드' 작업 창의 필드 확인란에 체크하는 방법이고, 두 번째는 필드를 원하는 영역에 드래그&드롭하여 추가하는 방법입니다. 첫 번째 방법은 피벗 테이블 보고서로 무엇을 만들 것인지 결정하지 못한 경우에 유용하며, 두 번째 방법은 보고서를 어떻게 구성할 것인지 결정한 경우에 편리합니다.

예제 파일 PART 02 \ CHAPTER 04 \ 피벗 테이블-필드 추가.xlsx

필드 확인란 체크

예제 파일을 열고, '피벗 테이블 필드' 작업 창에서 다음 피벗 확인란에 체크합니다.

> 담당, 수량, 판매

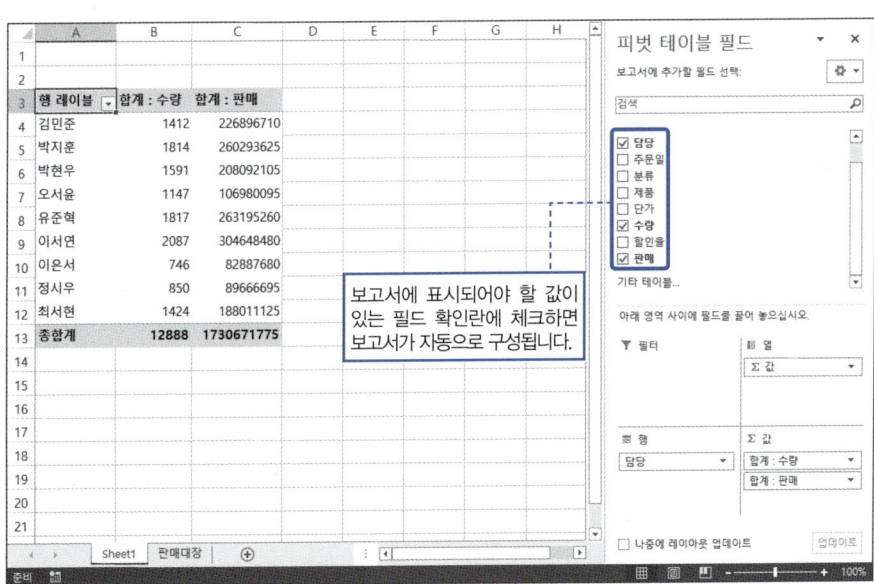

체크된 필드는 다음과 같은 규칙으로 아래 영역에 추가됩니다.

필드 데이터 형식	추가 위치
숫자	값
날짜/시간, 텍스트, 논리 값	행

참고로 원본 표의 열 데이터가 모두 숫자인 경우만 숫자 필드이며, 빈 셀이 포함되거나 다른 데이터 형식이 함께 있으면 안 됩니다. 숫자 필드는 값 영역에 삽입되면 SUM 함수를 사용해 집계한 합계 결과가 표시됩니다.

값 영역에 삽입된 필드의 요약 방법을 변경하려면 값 영역의 머리글이 표시되는 셀(여기서는 B3셀)을 마우스 오른쪽 버튼으로 클릭하고 [값 요약 기준]의 하위 메뉴에서 원하는 집계 방법을 선택하면 됩니다.

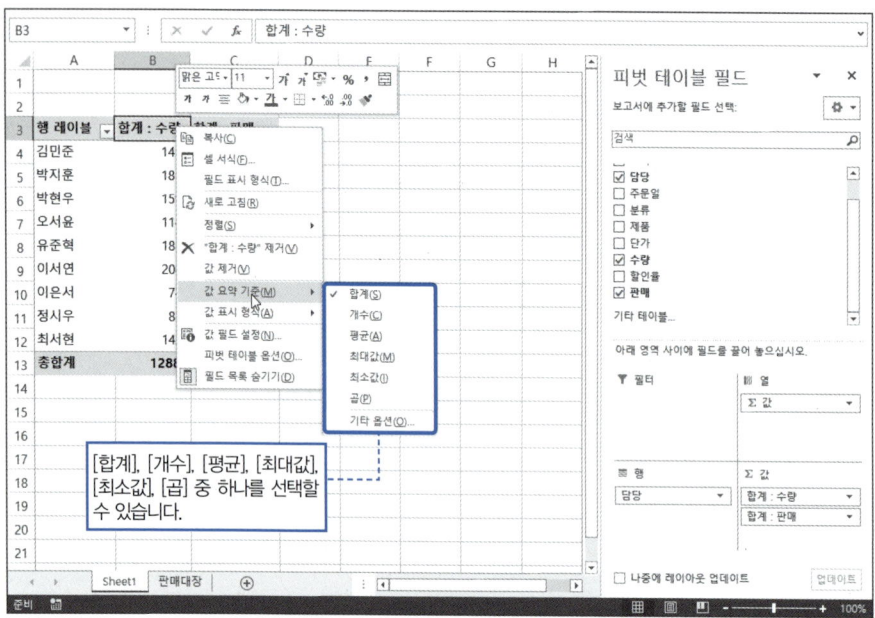

[값 요약 기준]-[기타 옵션] 메뉴를 선택하면, 단축 메뉴에 표시된 집계 방법 이외에도 [숫자 개수], [표준 편차], [분산] 등의 추가 집계 방법을 사용할 수 있습니다.

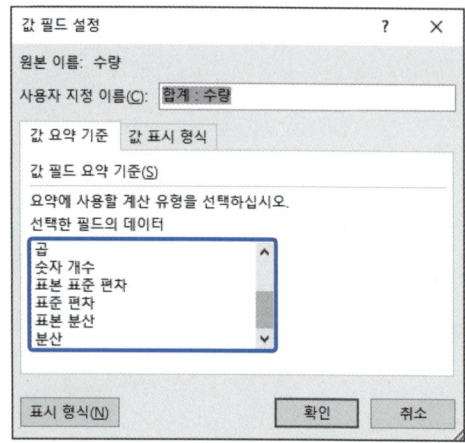

삽입된 행/열/값 영역에는 체크된 필드 이름이 표시되는데, 이를 '필드 버튼'이라고 합니다. 필드 버튼을 드래그해 다른 영역으로 옮겨 놓을 수 있습니다.

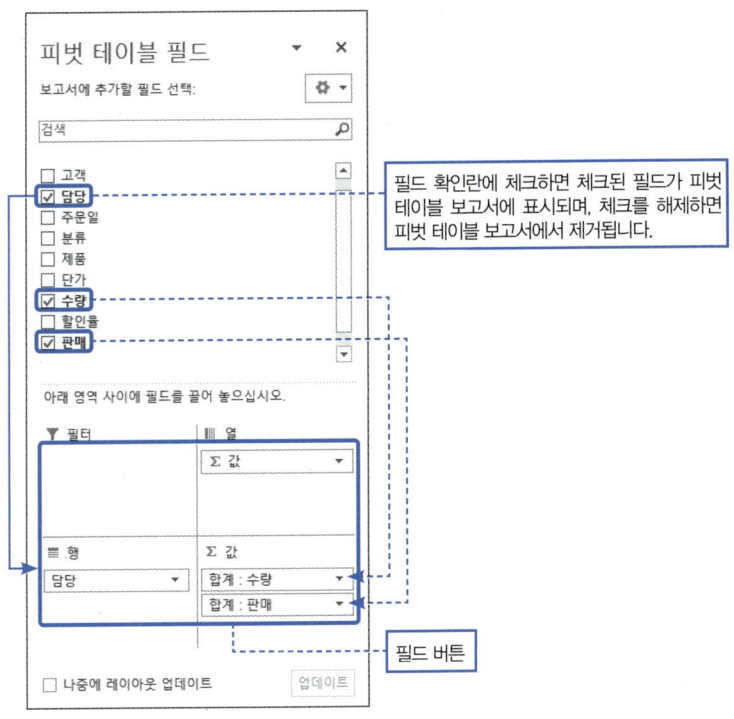

또한 열 영역에는 '값' 버튼이 표시되는데, '값' 버튼은 값 영역에 두 개 이상의 필드가 삽입될 경우에 표시되며, 값 영역 집계 값의 머리글을 표시할 영역을 의미합니다. 즉, '값' 버튼을 행 영역으로 드래그해 위치를 옮기면 다음과 같이 피벗 테이블 보고서의 레이아웃에서 B3:C3 범위에 나타나는 머리글이 A열에 표시됩니다.

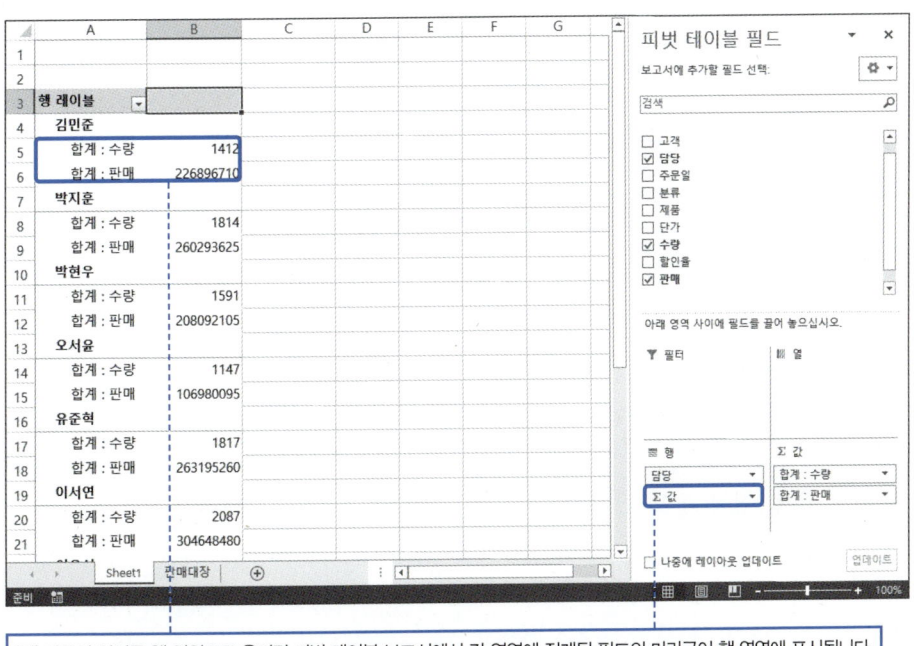

'값' 버튼의 위치를 행 영역으로 옮기면 피벗 테이블 보고서에서 값 영역에 집계된 필드의 머리글이 행 영역에 표시됩니다. 이것으로 '값' 버튼이 값 영역의 머리글 표시 위치를 결정한다는 것을 이해할 수 있습니다.

필드 드래그&드롭

경험이 많은 사용자라면 필드 확인란에 체크하는 것보다는 직접 필드를 원하는 영역으로 드래그&드롭하는 방법이 더 편리합니다. 이 방법은 원하는 보고서를 바로 구성할 수 있다는 장점이 있습니다.

필드 목록에서 원하는 필드를 아래 영역으로 드래그&드롭하면 다음 화면과 같이 해당 필드가 어떤 영역에 삽입되는지 마우스 포인터 아이콘의 모양을 통해 알 수 있습니다.

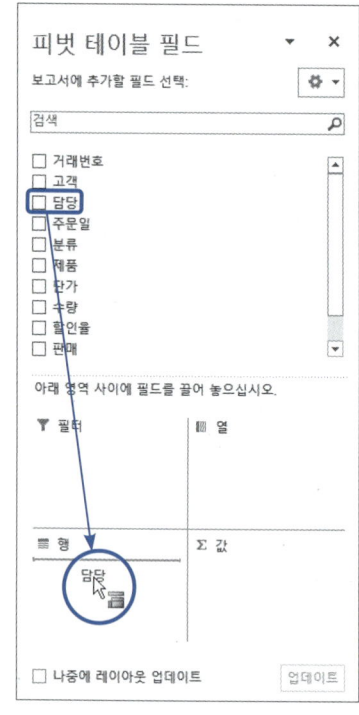

필터/열/행/값 영역에 드래그할 때 마우스 포인터의 모양을 보면 어떤 영역에 필드가 삽입되는지 좀 더 쉽게 구분할 수 있습니다.

영역	포인터	설명
필터		필드를 필터 영역에 삽입합니다.
열		필드를 열 영역에 삽입합니다.
행		필드를 행 영역에 삽입합니다.
값		필드를 값 영역에 삽입합니다.

마우스 포인터는 크로스-탭 구조의 표 아이콘에 삽입될 영역을 강조해 표시하므로 쉽게 자신의 필드 삽입 위치를 구분할 수 있습니다.

이런 드래그&드롭 방법은 필드 확인란을 체크하는 방법과 비교해 추가적인 장점이 있습니다. 보통 필드 목록 내 필드는 필터/열/행 영역에는 한 번만 삽입할 수 있고 다른 영역에는 동일한 필드를 삽입할 수 없습니다. 하지만 값 영역에는 동일한 필드를 여러 번 삽입해 보고서를 집계할 수 있습니다. 다음 화면은 '수량' 필드를 값 영역으로 두 번 드래그한 결과 화면입니다.

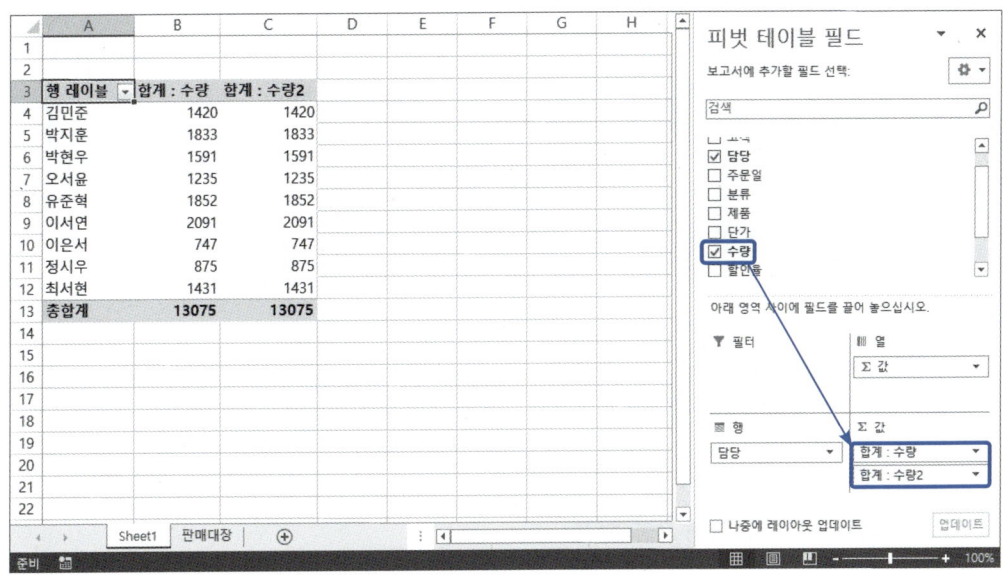

LINK 이런 방법은 [값 표시 형식] 기능을 이용할 때 유용합니다. 'No. 101 값 표시 형식 이해하기'(334쪽)에서 자세하게 설명합니다.

값 영역에 필드를 삽입할 때 숫자 필드는 SUM 함수로 집계된 결과를 반환하며, 숫자 이외의 필드는 COUNTA 함수로 집계된 결과를 반환합니다. 다음은 '제품' 필드(텍스트)를 값 영역으로 드래그한 결과 화면입니다.

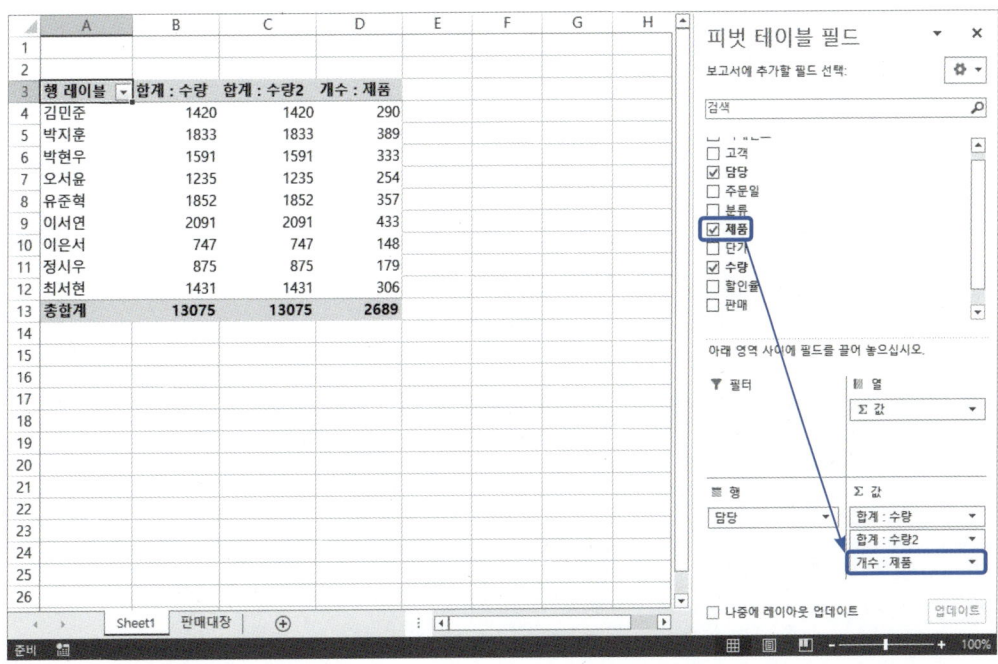

참고로 숫자 필드인 것 같아도 값 영역으로 드래그했을 때 개수로 집계되면 필드 내 모든 항목이 숫자가 아닌 것입니다. 빈 셀이 포함된 경우에도 숫자 필드로 인식되지 않으니 특히 주의해야 합니다.

개수로 집계된 결과를 합계로 다시 변경하려면 No. 59(208쪽)에 설명된 값 영역 내 필드의 집계 함수를 변경하는 작업을 따로 진행해야 합니다.

간단한 피벗 테이블 보고서 생성하기

피벗 테이블 보고서를 만들려면 먼저 원본이 될 데이터에 대해 이해하고 있어야 하며, 어떤 보고서를 만들지 미리 설계한 후에 생성하는 것이 좋습니다. 여기서는 그동안 설명한 내용을 기준으로 원하는 피벗 테이블 보고서를 생성하는 방법에 대해 알아보겠습니다.

예제 파일 PART 02 \ CHAPTER 04 \ 피벗 테이블.xlsx

생성할 피벗 테이블 보고서 레이아웃 설계

영업사원의 월별 실적을 집계하고자 한다면 보고서를 다음과 같이 구성하는 것을 고려할 수 있습니다.

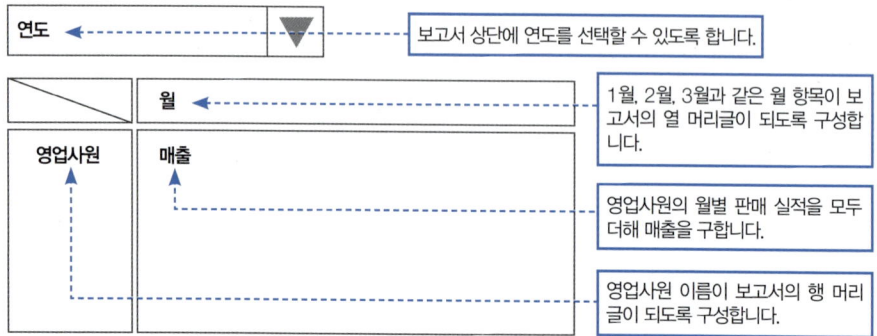

피벗 테이블 보고서 생성

01 예제 파일의 '판매대장' 시트에는 B2B 비즈니스를 하는 회사의 거래 내역을 정리해 놓은 '판매대장' 표가 있습니다. 먼저 피벗으로 요약하려는 보고서에 사용할 필드를 정확하게 확인합니다.

| TIP | 필터 영역과 열 영역에 표시할 예정인 '연도'와 '월'은 D열의 '주문일' 필드를 이용합니다.
| TIP | 행 영역에 표시할 예정인 영업사원 이름은 C열의 '담당' 필드를 이용합니다.
| TIP | 값 영역에 요약할 매출은 J열의 '판매' 필드의 숫자를 SUM 함수로 합계를 구합니다.

02 피벗 테이블 보고서를 구성해 보겠습니다. 표 내부의 셀이 선택된 상태에서 [삽입] 탭-[표] 그룹-[피벗 테이블] 명령(🔲)을 클릭합니다. '피벗 테이블 보고서 만들기' 대화상자가 표시되면, 기본값을 모두 확인하고 〈확인〉 버튼을 클릭합니다.

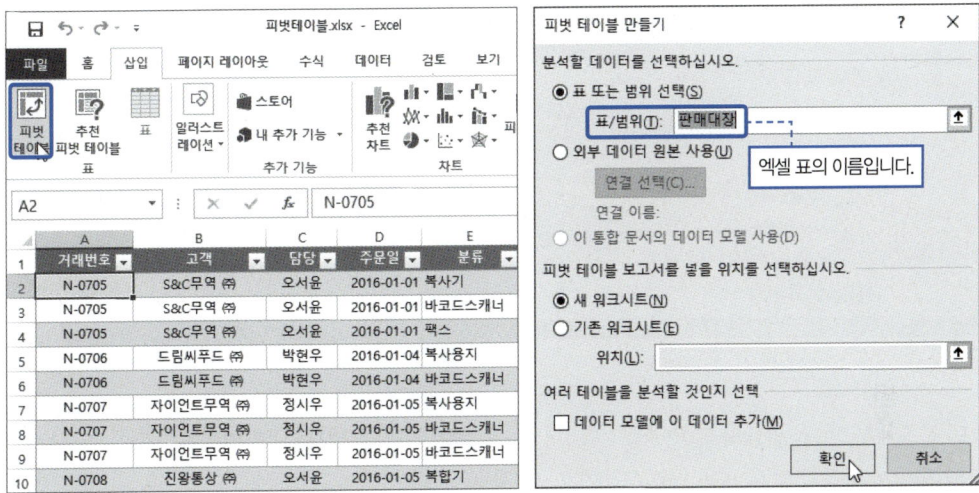

03 피벗 테이블 보고서에서 먼저 '주문일' 필드 확인란을 체크해 행 영역에 삽입합니다. 그러면 행 영역에 '연', '분기', '주문일' 필드가 표시됩니다.

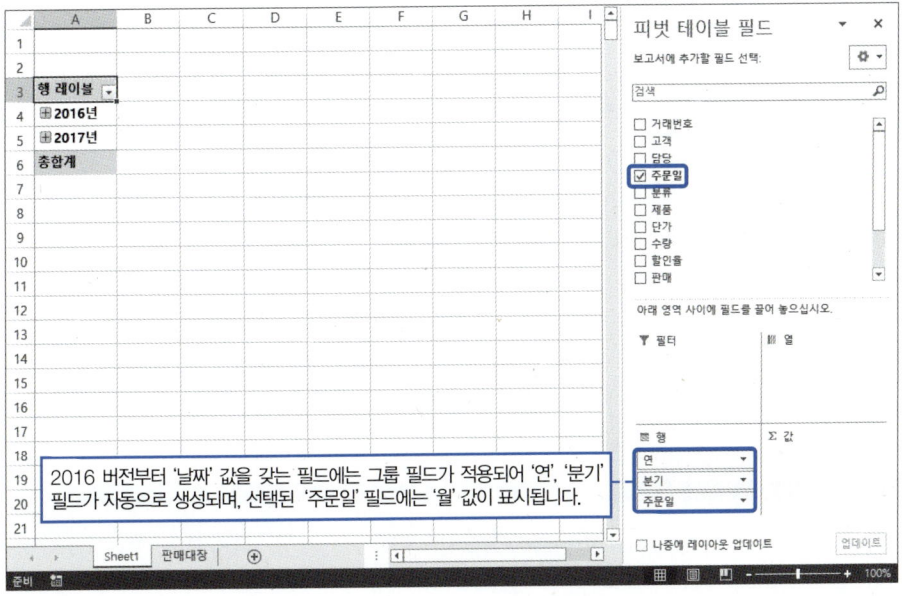

| LINK | 그룹 필드에 대한 자세한 설명은 No. 90-100(293-333쪽)을 참고합니다.

04 생성된 '분기' 필드는 필요하지 않으므로 '분기' 필드 확인란의 체크를 해제하고 '연' 필드는 필터 영역으로, '주문일' 필드는 열 영역으로 드래그해 위치를 옮깁니다.

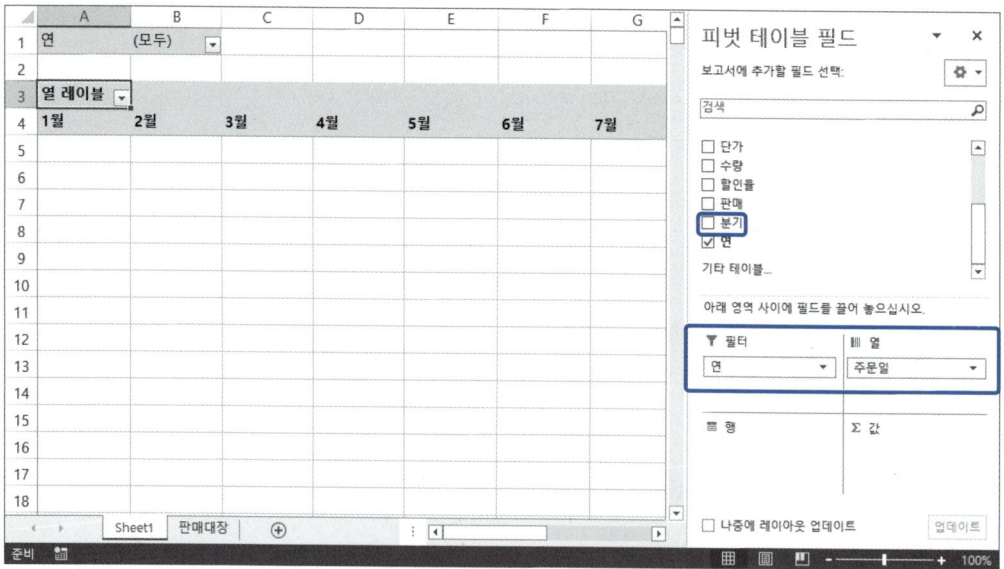

05 필드 목록에서 '담당' 필드와 '판매' 필드 확인란에 체크하면 '담당' 필드는 행 영역에, '판매' 필드는 값 영역에 삽입되면서 다음과 같은 피벗 테이블 보고서가 완성됩니다.

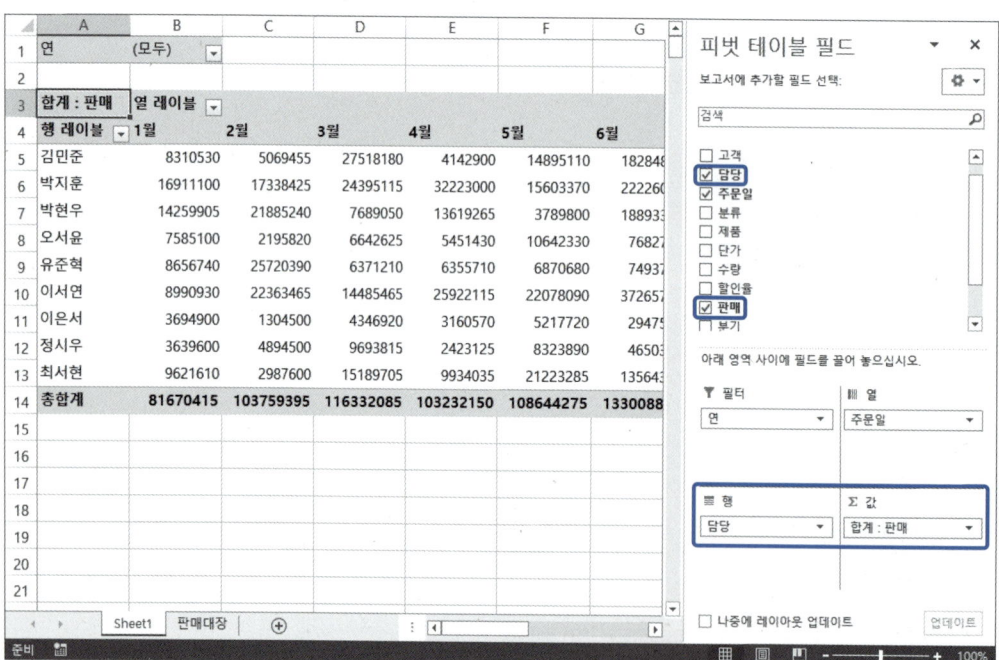

06 보고서의 전체 구조를 보기 위해 '피벗 테이블 필드' 작업 창의 오른쪽 상단에 있는 '창 닫기' 단추를 클릭해 작업 창을 닫고, 필터 영역의 '연' 필드 항목에서 '2017년'을 선택합니다.

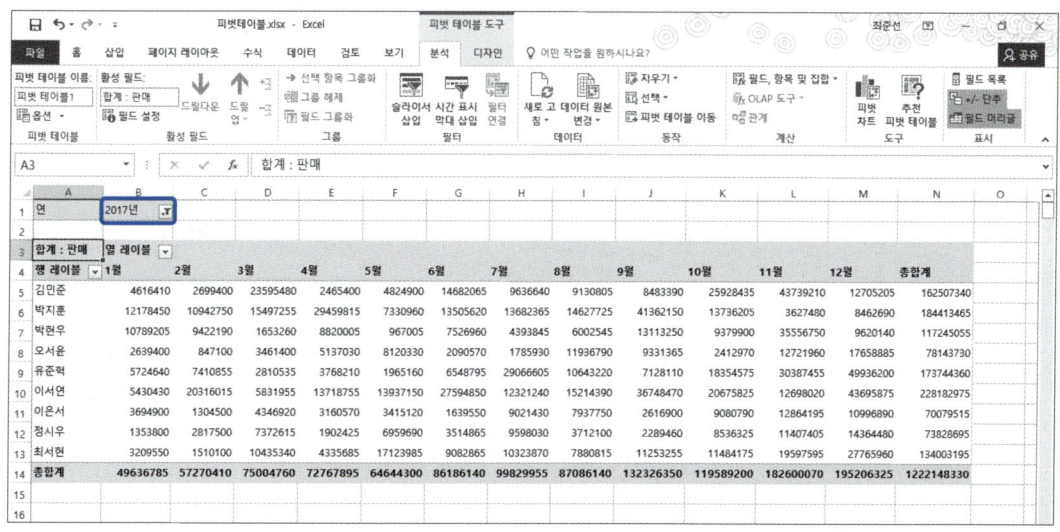

TIP '피벗 테이블 필드' 작업 창을 다시 표시하려면 [분석] 탭-[표시] 그룹-[필드 목록] 명령을 클릭합니다.

07 값 영역의 집계된 숫자 값에 천 단위 구분 기호를 표시하겠습니다. 피벗 테이블은 셀이 아니라 필드 단위로 데이터를 관리하므로, 이 경우 '판매' 필드의 설정을 변경해야 합니다. '합계 : 판매' 필드 내 셀(여기서는 A3셀)을 하나 선택한 후 [분석] 탭-[활성 필드] 그룹-[필드 설정] 명령(🛈)을 클릭합니다.

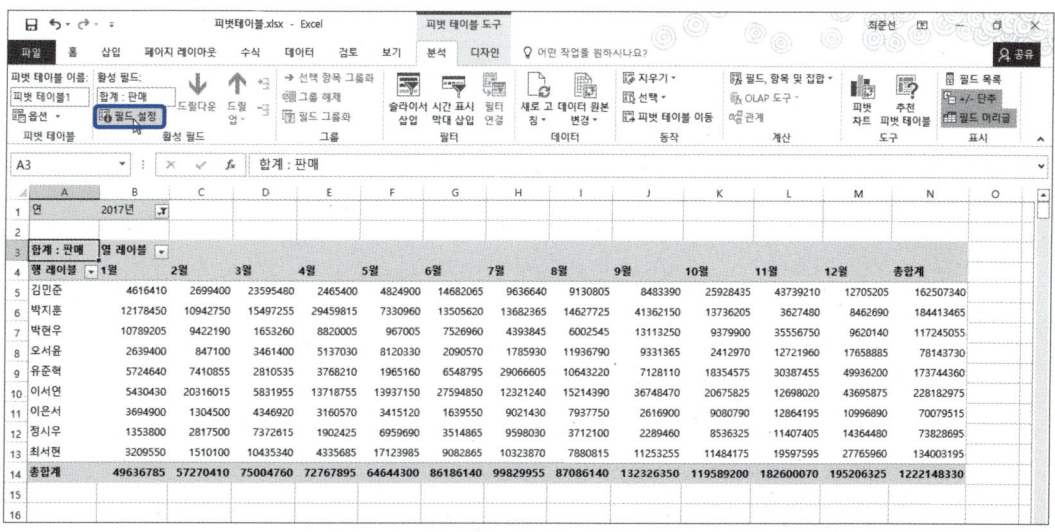

TIP A3셀 또는 B5:M13 범위 내 셀을 하나 선택하고 마우스 오른쪽 버튼을 클릭하여 [값 필드 설정] 메뉴를 선택해도 됩니다.

08 '값 필드 설정' 대화상자가 열리면 〈표시 형식〉 버튼을 클릭합니다. '셀 서식' 대화상자의 '범주' 리스트에서 [숫자]를 선택하고 [1000 단위 구분 기호(,) 사용] 확인란에 체크한 후 〈확인〉 버튼을 클릭합니다.

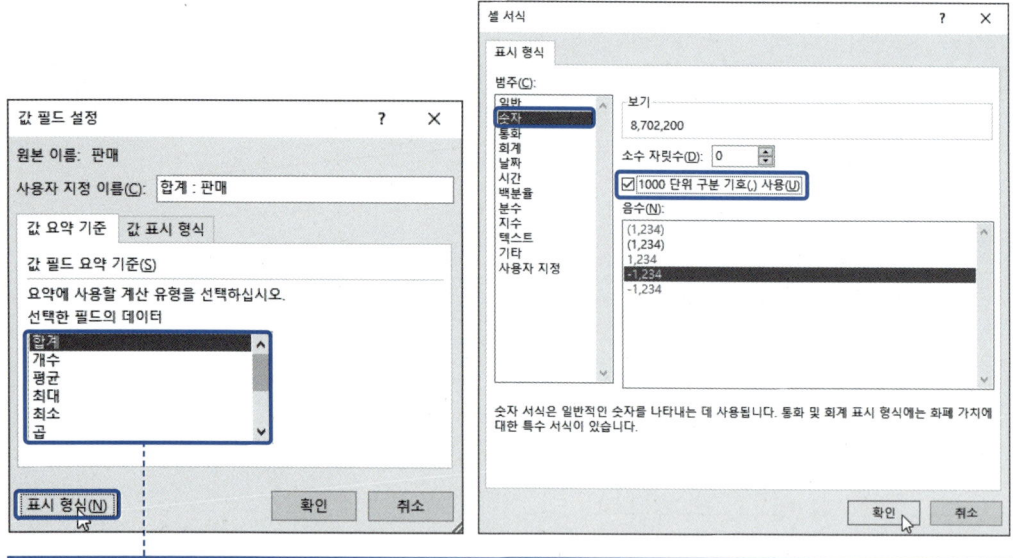

값 영역의 필드는 숫자 값 필드인 경우 기본적으로 합계가 구해지는데, 이곳의 함수를 선택해 데이터를 다른 방법으로 집계할 수 있습니다. 기본적으로 많이 사용하는 집계 함수는 다음과 같습니다.
– 합계, 개수, 평균, 최대, 최소, 표준 편차, 분산

09 값 영역 '판매' 필드의 집계 값에 천 단위 구분 기호가 모두 추가됩니다.

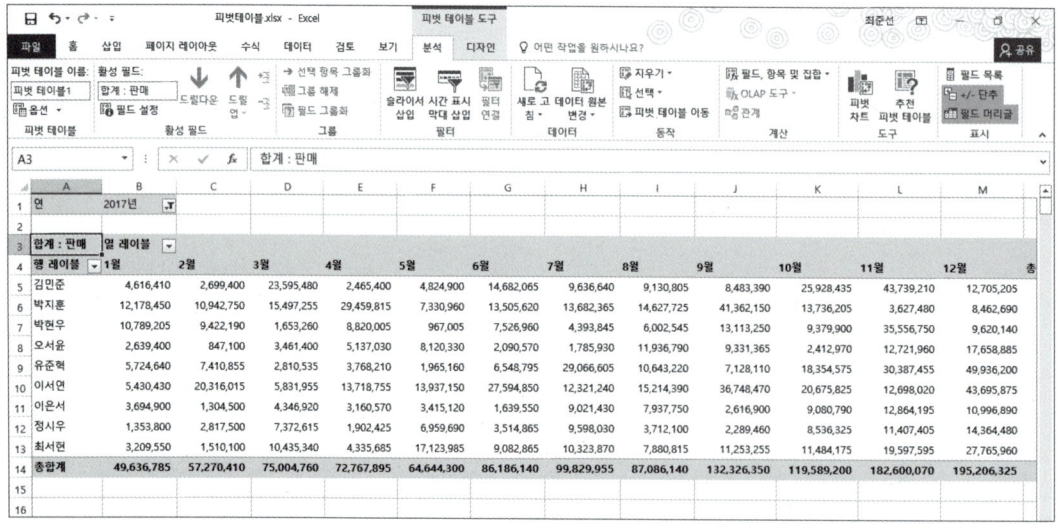

외부 데이터 이해하기   036

피벗 테이블 보고서를 만들려고 하는데 데이터가 많다면, 같은 파일에 생성하는 것보다는 빈 파일을 만들어 생성하는 것이 편리합니다. 이렇게 데이터 보관용 파일과 데이터 분석용 파일을 따로 관리하면 파일의 반응 속도와 사이즈 개선에 탁월한 효과가 있습니다. 대량의 데이터를 분석해야 하는 사용자라면 이번 방법을 이용해 보고서를 생성할 것을 권합니다.

예제 파일 PART 02 \ CHAPTER 04 \ 외부 데이터.xlsx

외부 데이터란?

외부 데이터란 피벗 테이블 보고서를 생성할 파일에 존재하지 않는 데이터를 의미합니다. 예를 들면 다른 엑셀 파일이 될 수도 있고, 액세스 데이터베이스 파일도 대상이 될 수 있습니다.

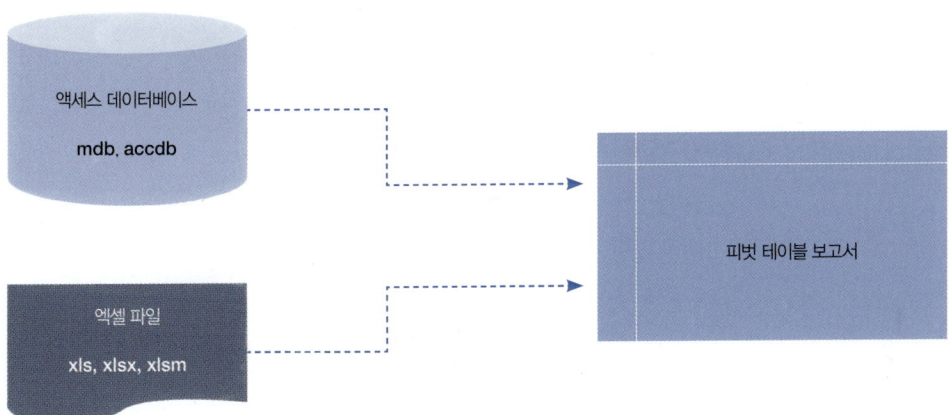

굳이 외부 데이터를 이용해 피벗 테이블 보고서를 만들 필요가 있는지 의구심을 갖는 분도 있겠지만, 데이터가 많은 경우에 한 파일에서 데이터도 보관하고 피벗 테이블 보고서도 만들면 파일이 너무 무거워져 피벗 테이블로 데이터를 요약하거나 분석하는 작업 등에 시간이 오래 걸립니다. 그러므로 데이터가 많다면 데이터 보관용 파일과 분석용 파일을 나눠 작업하는 것이 좋습니다.

어느 정도가 대량의 데이터인지 구분하는 기준은 사용자의 환경에 따라 차이가 있는데, 파일의 반응이 느리다면 데이터가 많다고 판단하면 될 것입니다.

외부 데이터 사용 단계

외부 데이터를 이용해 피벗 테이블 보고서를 구성하는 과정은 다음 두 가지 단계로 이루어집니다.

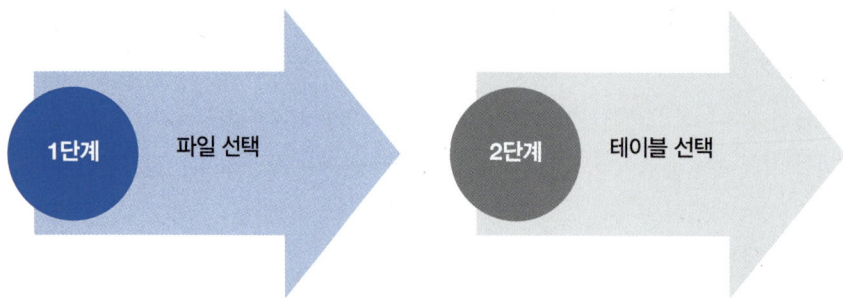

여기서 파일이란 액세스나 엑셀 파일을 의미합니다. 파일을 선택하고 2단계에서 원본 데이터가 있는 테이블을 선택하면 됩니다. 선택할 수 있는 테이블의 종류는 다음과 같습니다.

프로그램	선택 테이블	비고
액세스	테이블, 쿼리	
엑셀	워크시트, 이름 정의된 범위	엑셀 표는 선택할 수 없으며, 이름의 경우도 수식으로 정의한 경우에는 인식되지 않습니다.

외부 데이터가 엑셀 파일이라면 선택할 워크시트 내 표 데이터가 A1셀부터 순서대로 입력되어 있어야 합니다. 이 경우 테이블의 이름으로는 워크시트 탭 이름이 사용됩니다. 예제 파일의 '판매대장1' 시트에는 다음과 같은 데이터가 입력되어 있는데, 이 표는 외부 데이터로 가져와 사용할 수 있는 테이블의 가장 좋은 예입니다.

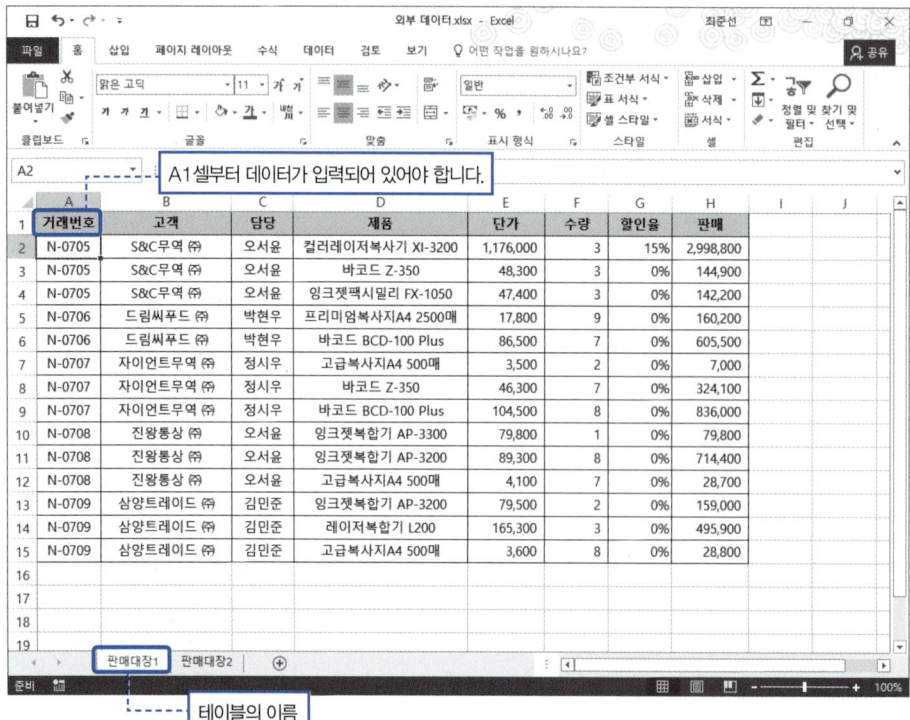

만약 예제 파일의 '판매대장2' 시트에 있는 다음 표와 같이 표 위에 별도의 제목 등이 있으면 외부 데이터를 이용해 피벗 테이블 보고서를 생성하기 어렵습니다.

거래번호	고객	담당	제품	단가	수량	할인율	판매
N-0705	S&C무역 ㈜	오서윤	컬러레이저복사기 XI-3200	1,176,000	3	15%	2,998,800
N-0705	S&C무역 ㈜	오서윤	바코드 Z-350	48,300	3	0%	144,900
N-0705	S&C무역 ㈜	오서윤	잉크젯팩시밀리 FX-1050	47,400	3	0%	142,200
N-0706	드림씨푸드 ㈜	박현우	프리미엄복사지A4 2500매	17,800	9	0%	160,200
N-0706	드림씨푸드 ㈜	박현우	바코드 BCD-100 Plus	86,500	7	0%	605,500
N-0707	자이언트무역 ㈜	정시우	고급복사지A4 500매	3,500	2	0%	7,000
N-0707	자이언트무역 ㈜	정시우	바코드 Z-350	46,300	7	0%	324,100
N-0707	자이언트무역 ㈜	정시우	바코드 BCD-100 Plus	104,500	8	0%	836,000
N-0708	진왕통상 ㈜	오서윤	잉크젯복합기 AP-3300	79,800	1	0%	79,800
N-0708	진왕통상 ㈜	오서윤	잉크젯복합기 AP-3200	89,300	8	0%	714,400
N-0708	진왕통상 ㈜	오서윤	고급복사지A4 500매	4,100	7	0%	28,700
N-0709	삼양트레이드	김민준	잉크젯복합기 AP-3200	79,500	2	0%	159,000
N-0709	삼양트레이드	김민준	레이저복합기 L200	165,300	3	0%	495,900
N-0709	삼양트레이드	김민준	고급복사지A4 500매	3,600	8	0%	28,800

병합 기능을 이용해 제목을 입력해 놓으면 표 범위를 정확하게 인식할 수 없습니다.

그러므로 위와 같은 경우라면, 표 범위인 B5:I19 범위에 이름을 정의해야 외부 데이터를 이용한 피벗 테이블 보고서를 만들 수 있습니다.

액세스 데이터베이스를 이용해 피벗 테이블 보고서 만들기

037

액세스 프로그램을 사용해 데이터를 보관하고 있다면, 가장 이상적인 형태로 분석 작업을 할 수 있습니다. 물론 액세스를 어느 정도 다룰 수 있어야 하는데, 쿼리 정도만 다룰 수 있어도 피벗 테이블 보고서의 활용 능력이 상당히 높아집니다. 액세스 데이터베이스 내의 테이블이나 쿼리를 선택해 피벗 테이블 보고서를 생성하는 방법에 대해 알아보겠습니다.

예제 파일 PART 02 \ CHAPTER 04 \ dbSales.accdb

01 먼저 데이터를 확인하겠습니다. 예제로 제공되는 액세스 파일인 'dbSales.accdb' 파일을 열고, 왼쪽 작업 창에서 '판매대장' 테이블을 더블클릭해 엽니다.

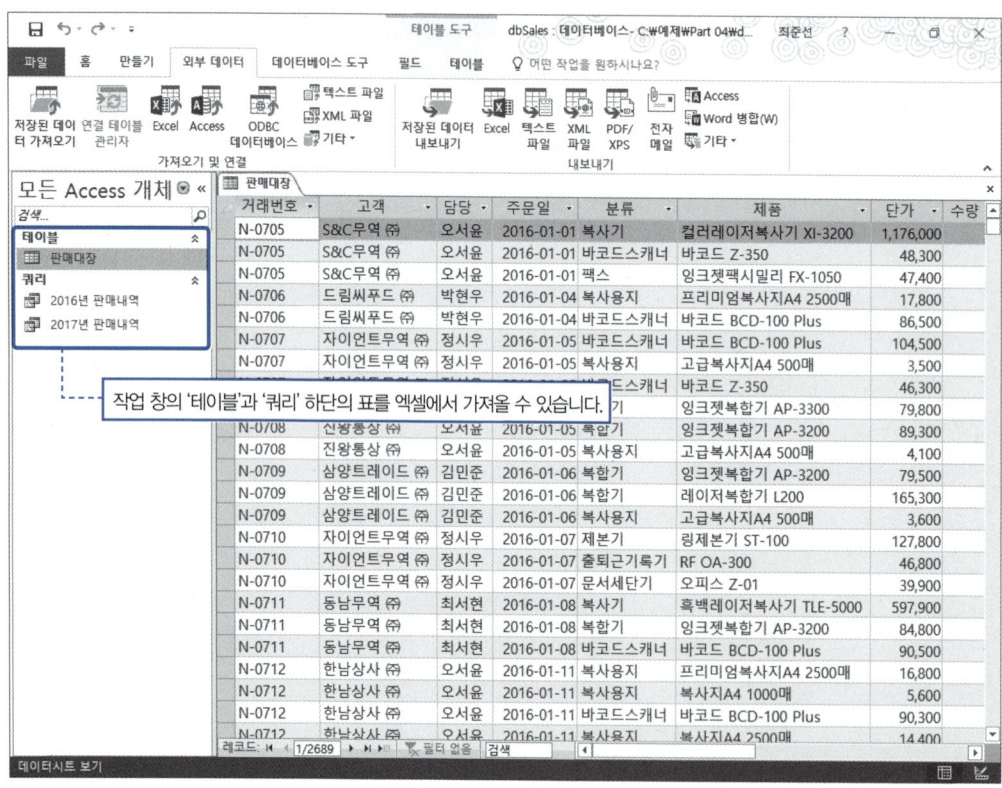

02 엑셀을 실행하고 빈 엑셀 파일을 하나 생성합니다. 피벗 테이블 보고서를 생성하기 위해 [삽입] 탭-[표] 그룹-[피벗 테이블] 명령(📊)을 클릭합니다.

03 '피벗 테이블 만들기' 대화상자에서 [외부 데이터 원본 사용] 옵션을 선택하고 〈연결 선택〉 버튼을 클릭합니다. '기존 연결' 대화상자가 열리면 〈더 찾아보기〉 버튼을 클릭합니다.

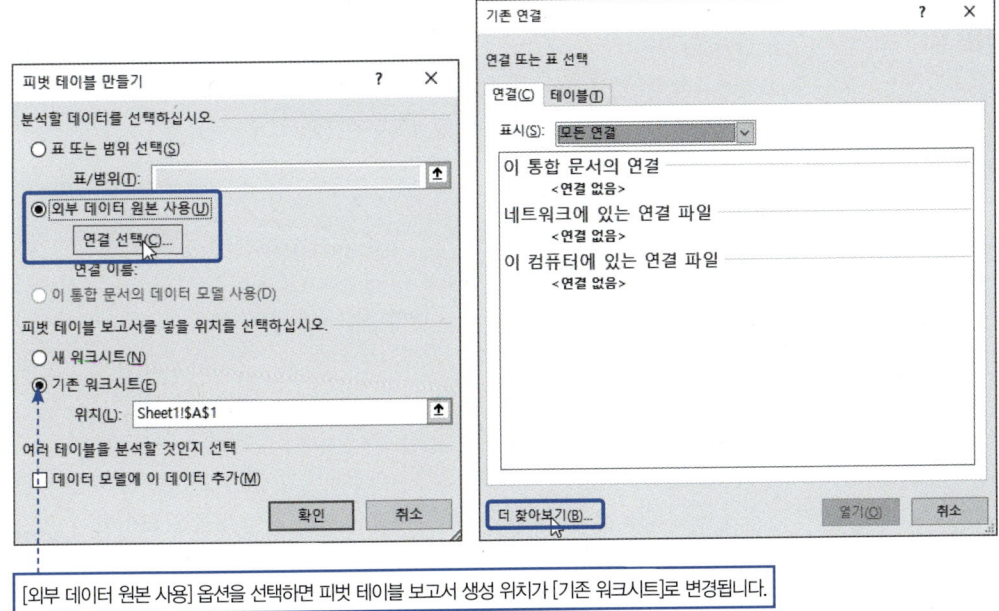

[외부 데이터 원본 사용] 옵션을 선택하면 피벗 테이블 보고서 생성 위치가 [기존 워크시트]로 변경됩니다.

04 '데이터 원본 선택' 대화상자가 열리면 예제 폴더에서 'dbSales.accdb' 파일을 선택하고 〈열기〉 버튼을 클릭합니다. '테이블 선택' 대화상자에서 '판매대장' 테이블을 선택하고 〈확인〉 버튼을 클릭합니다.

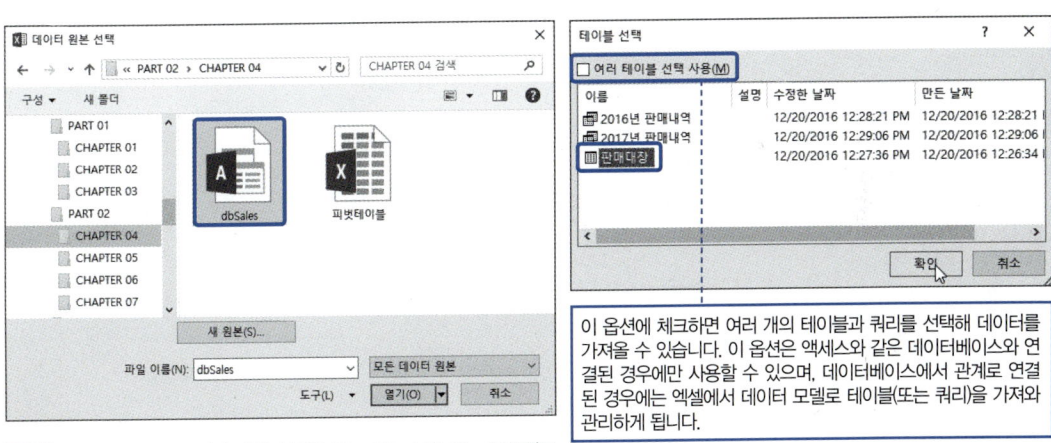

이 옵션에 체크하면 여러 개의 테이블과 쿼리를 선택해 데이터를 가져올 수 있습니다. 이 옵션은 액세스와 같은 데이터베이스와 연결된 경우에만 사용할 수 있으며, 데이터베이스에서 관계로 연결된 경우에는 엑셀에서 데이터 모델로 테이블(또는 쿼리)을 가져와 관리하게 됩니다.

LINK 관계와 데이터 모델에 대한 설명은 No. 39-44(139-162쪽)를 참고합니다.

05 '피벗 테이블 만들기' 대화상자가 다시 열리면, 〈연결 선택〉 버튼 아래에 연결 이름이 표시된 것을 확인합니다. 이 이름은 대부분 액세스 데이터베이스 파일의 이름과 동일합니다. 〈확인〉 버튼을 클릭합니다.

> 연결 이름은 '문서' 폴더의 '내 데이터 원본' 하위 폴더에 파일로 저장됩니다.

06 이제 연결된 데이터로 피벗 테이블 보고서를 구성할 수 있습니다. 이 파일에는 데이터가 존재하지 않지만, '피벗 테이블 필드' 작업 창에서 액세스 파일의 '판매대장' 테이블에 있는 필드 이름을 확인할 수 있습니다.

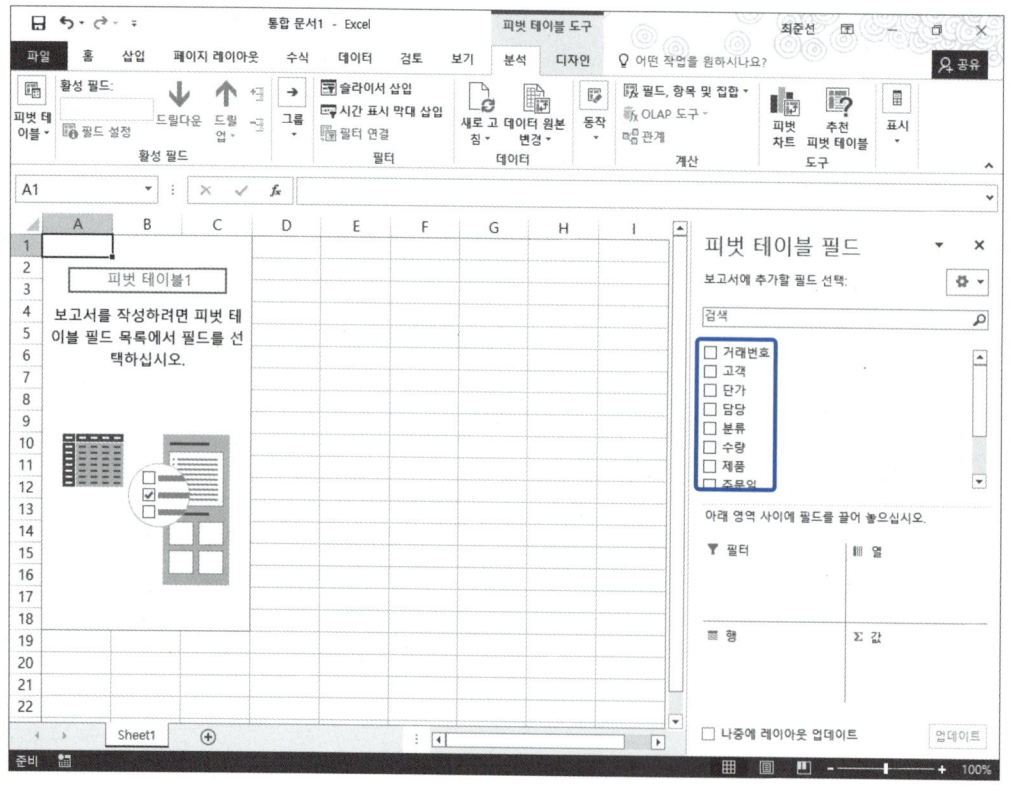

'No. 35 간단한 피벗 테이블 보고서 생성하기'(126쪽)를 참고해 피벗 테이블 보고서를 구성해 봅니다.

038

다른 엑셀 파일을 이용해 피벗 테이블 보고서 만들기

액세스와 같은 데이터베이스를 이용하지 못할 경우, 엑셀 파일의 데이터가 많다면 데이터 저장 파일과 분석 파일을 분리하는 방법도 효과적입니다. 외부 엑셀 파일의 데이터를 이용해 피벗 테이블 보고서를 만드는 방법에 대해 알아보겠습니다.

예제 파일 PART 02 \ CHAPTER 04 \ 피벗 테이블.xlsx

01 예제 파일을 열어 워크시트 탭의 이름을 확인하고 닫습니다.

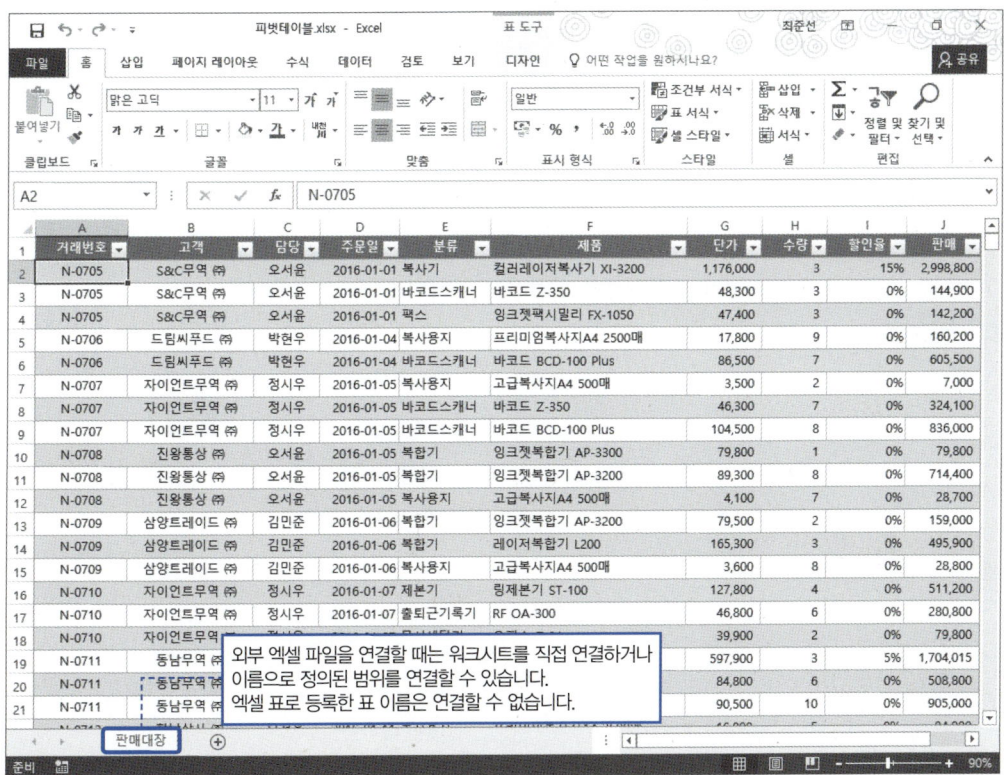

외부 엑셀 파일을 연결할 때는 워크시트를 직접 연결하거나 이름으로 정의된 범위를 연결할 수 있습니다.
엑셀 표로 등록한 표 이름은 연결할 수 없습니다.

TIP 엑셀 파일을 외부 데이터로 연결하려면 반드시 데이터 파일을 닫아야 합니다.

02 엑셀 프로그램을 실행하고 빈 엑셀 파일을 하나 만든 후 [삽입] 탭-[표] 그룹-[피벗 테이블] 명령(📋)을 클릭합니다.

CHAPTER 04 | 피벗 테이블 보고서 생성 / **137**

03 '피벗 테이블 만들기' 대화상자에서 [외부 데이터 원본 사용] 옵션을 선택하고 〈연결 선택〉 버튼을 클릭합니다. '기존 연결' 대화상자가 열리면 〈더 찾아보기〉 버튼을 클릭합니다.

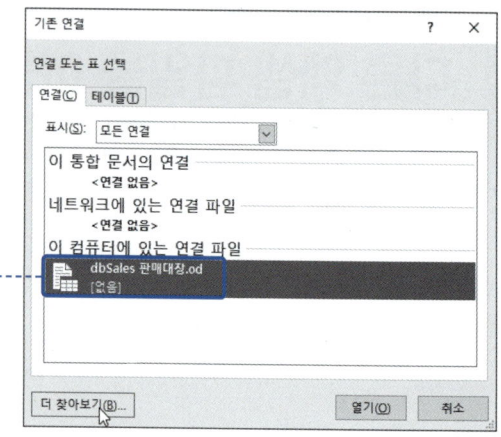

> 기존에 연결된 외부 데이터가 있으면 이 목록에 표시됩니다. 파일을 선택하고 〈열기〉 버튼을 클릭하면 파일과 테이블을 다시 선택할 필요가 없습니다.
> 이 목록의 연결을 삭제하려면 윈도우 탐색기에서 '문서' 폴더의 '내 데이터 원본' 하위 폴더의 파일을 삭제하면 됩니다.

04 '데이터 원본 선택' 대화상자가 열리면 예제 폴더에서 '피벗테이블.xlsx' 파일을 선택하고 〈열기〉 버튼을 클릭합니다. '테이블 선택' 대화상자에서 '판매대장$'을 선택하고 〈확인〉 버튼을 클릭합니다.

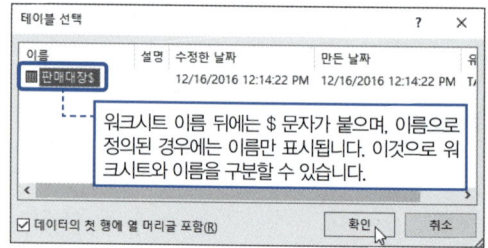

> 워크시트 이름 뒤에는 $ 문자가 붙으며, 이름으로 정의된 경우에는 이름만 표시됩니다. 이것으로 워크시트와 이름을 구분할 수 있습니다.

05 '피벗 테이블 만들기' 대화상자에서 〈확인〉 버튼을 클릭하면 액세스에 연결했을 때와 동일한 화면을 확인할 수 있습니다.

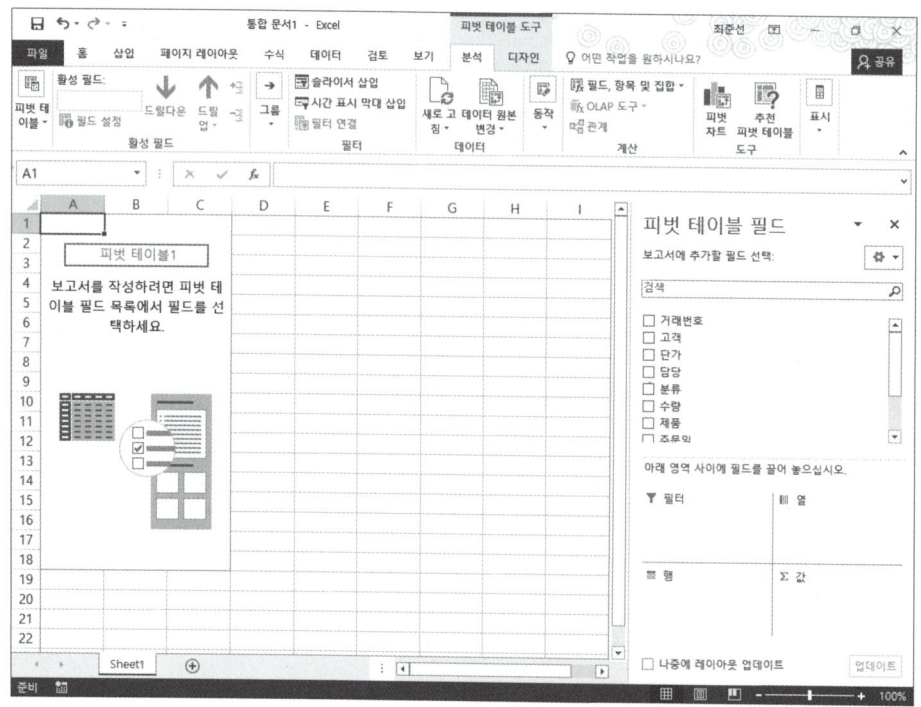

'No. 35 간단한 피벗 테이블 보고서 생성하기'(126쪽)를 참고해 피벗 테이블 보고서를 구성해 봅니다.

관계 이해하기 039

엑셀 2013 버전부터는 사용자의 표를 관계로 연결해 피벗 테이블 보고서를 만들 수 있습니다. 이렇게 여러 개의 표를 연결해 작업하는 방법은 피벗 테이블 보고서에 필요한 데이터가 여러 표에 나누어져 있을 경우에 유용합니다. 엑셀 2010 버전까지는 하나의 표로만 피벗 테이블 보고서를 구성할 수 있으므로 이번에 설명하는 방법은 2013 이상 버전에만 적용됩니다.

예제 파일 없음

관계(Relationship) 이해

'관계'는 표를 수평적으로 연결하는 기술입니다. 즉, 다음과 같은 두 개의 표가 있을 경우, 두 표에 모두 존재하는 값인 '사번'을 이용해 표를 연결하여 논리적으로 하나의 표로 구성하는 것을 의미합니다.

사번	이름	직위
1	A	부장
2	B	과장
3	C	과장
4	D	대리

사번	부서
1	가
2	가
3	나
4	나

→

사번	부서	이름	직위
1	가	A	부장
2	가	B	과장
3	나	C	과장
4	나	D	대리

연결

이 표가 실제로 생성되는 것은 아니지만, 관계로 표를 연결하면 이런 표를 사용하는 것처럼 작업할 수 있습니다.

이렇게 표와 표를 연결할 때 사용하는 열(사번 열)을 '키 열'이라고 하며, 열의 항목(고유한 값)을 '키 값'이라고 합니다.

관계의 종류

관계를 이용해 표를 연결하는 것은 크게 다음과 같이 구분할 수 있습니다.

관계	설명
1 : 1	연결할 표의 키 열에 값이 하나씩 있는 경우입니다. 즉, 키 열에 중복된 값이 없고 고유한 값만 존재하는 경우입니다.
1 : 다	연결할 표에서 하나의 표에는 키 열에 고유한 값만 존재하고, 다른 표에는 키 열에 중복된 값이 존재하는 경우입니다. 즉 '1 : 다 관계'란 키 값 하나가 다른 표에서는 여러 개 사용되고 있다는 의미입니다.

1 : 1 관계는 앞쪽에서 설명한 표를 생각하면 됩니다. 1 : 다 관계는 다음과 같은 표를 연결할 경우를 의미하며, 많은 경우 이와 같은 구조로 표가 연결됩니다.

사번	이름	직위
1	A	부장
2	B	과장
3	C	과장
4	D	대리

사번	부서
1	가
1	나
2	나
3	다
3	가
4	라

사번	부서	이름	직위
1	가	A	부장
1	나	A	부장
2	나	B	과장
3	다	C	과장
3	가	C	과장
4	라	D	대리

연결

1 : 다 관계에서는 행이 더 많은 표에 맞춰 구성된 표에 데이터를 연결해 사용할 수 있습니다.

키가 불일치할 경우

1 : 1 관계이든, 1 : 다 관계이든 키 값이 서로 맞는 것이 없는 경우에 대해 알아보겠습니다. 어떤 표를 기준으로 표를 연결했는지에 따라 다르지만, 기준이 되는 표의 값은 모두 표시되며, 관련 표는 데이터를 사용할 수 없습니다.

다음 표의 경우 왼쪽 표를 기준으로 오른쪽 표를 연결한다고 생각하고 살펴보면 됩니다.

사번	이름	직위
1	A	부장
2	B	과장
4	C	과장
5	D	대리

사번	부서
1	가
2	가
3	나
4	나

사번	부서	이름	직위
1	가	A	부장
2	가	B	과장
4	나	C	과장
5		D	대리

연결

왼쪽 표를 기준으로 연결한 경우, 왼쪽 표의 5번 사번은 오른쪽 표에는 없지만 부서만 빈 셀인 것처럼 사용할 수 있습니다. 하지만 오른쪽 표에만 있는 3번 사번은 연결된 표에서는 사용할 수 없습니다.

엑셀에서의 관계는 이렇게 키 열에 같은 값만 있어야 사용할 수 있으므로 활용 폭이 좁습니다. 이런 단점은 PART 03에서 배울 파워 쿼리를 이용해 보완할 수 있으니, 지금은 관계가 표를 연결하는 원리만 이해하면 됩니다.

1:1 관계 설정하기 040

두 표를 서로 연결할 때의 관계에는 1:1 관계와 1:다 관계가 있습니다. 둘을 구분하는 기준은 연결할 표에 키 값의 중복이 있는지 여부입니다. 1:1 관계는 연결할 두 개의 표에 모두 키 값이 하나씩만 있는 (중복이 없는) 경우를 의미합니다. 1:1 관계로 연결할 수 있는 표를 확인하고, 이를 관계로 연결하는 방법에 대해 알아보겠습니다.

예제 파일 PART 02 \ CHAPTER 04 \ 1대1 관계.xlsx

01 예제 파일을 열어 표를 확인합니다. 왼쪽 표는 직원의 급여 정보가 정리되어 있는 '급여대장' 표이고, 오른쪽 표는 직원 정보가 정리된 '직원명부' 표입니다.

TIP 엑셀 표 이름은 표 내부의 셀을 선택하고 [디자인] 탭-[표 속성] 그룹에서 [표 이름:]을 보면 알 수 있습니다.

Plus⁺ 표를 관계로 연결하려고 할 때 주의해야 할 내용

표를 관계로 연결하려면 먼저 표가 엑셀 표로 등록되어 있어야 합니다. 엑셀 표로 등록할 수 없는 표에는 관계를 설정할 수 없습니다. 예제의 표는 편의를 위해 미리 엑셀 표로 등록해 두었습니다.

'급여대장' 표에는 부서와 직위 정보가 없으며, 부서와 직위 정보는 '직원명부' 표에 있습니다.

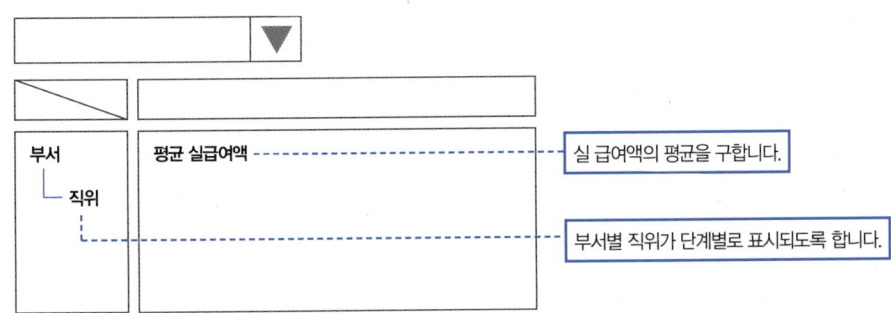

- 실 급여액의 평균을 구합니다.
- 부서별 직위가 단계별로 표시되도록 합니다.

LINK 이 보고서는 'No. 43 관계로 연결된 표를 피벗 테이블 보고서로 분석하기'(152쪽)에서 만듭니다.

02 두 표를 연결하기 전에 먼저 키 열이 어떻게 존재하는지 확인하겠습니다. 두 표에 모두 있는 열은 A열과 H열의 '이름' 열입니다. '이름' 열을 키 열로 사용할 수 있는지 여부를 판단하기 위해 중복 값이 있는지 확인합니다. 먼저 A5:A24 범위를 선택하고 [홈] 탭-[스타일] 그룹-[조건부 서식] 명령(📋)을 클릭한 후 [셀 강조 규칙]-[중복 값] 메뉴를 선택합니다.

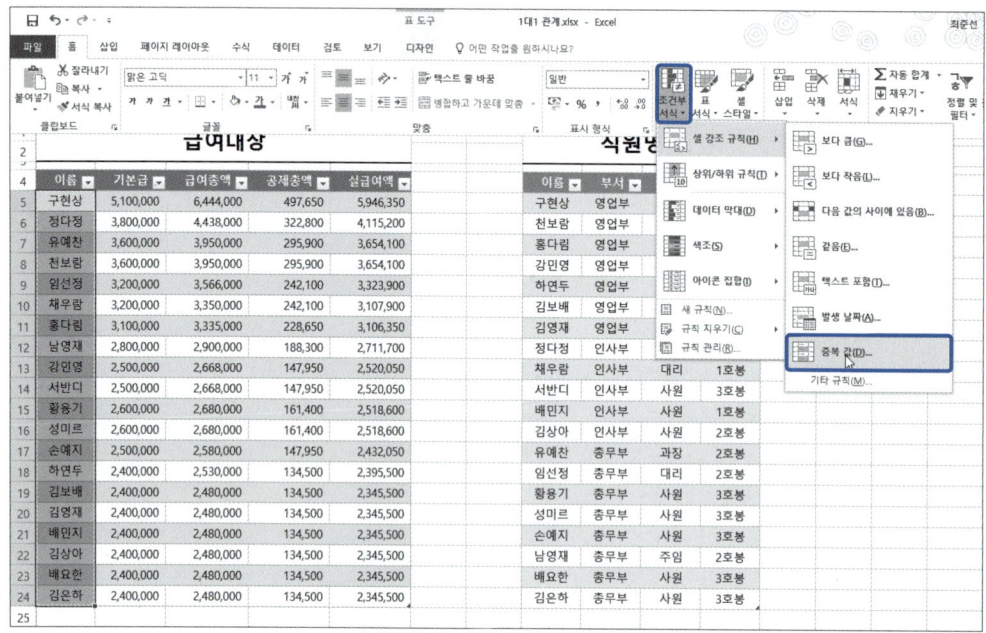

TIP 두 표의 '이름' 열 중 하나에는 반드시 중복된 값이 없어야 합니다.

TIP [조건부 서식]의 [중복 값] 메뉴는 중복을 확인할 수 있는 가장 쉬운 기능입니다.

03 '중복 값' 대화상자가 표시되면 선택 범위인 A5:A24 범위 내에 셀 색상이 변경된 것이 있는지 확인합니다. 색상이 변경된 셀이 있으면 중복된 값이 존재하는 것이며, 변경된 셀이 없으면 중복된 값이 존재하지 않는 것입니다. 〈취소〉 버튼을 클릭합니다.

04 H5:H24 범위를 선택하고 **02-03** 과정과 같은 방법으로 중복 값이 존재하는지 여부를 확인합니다. 확인 결과 A5:A24 범위와 H5:H24 범위에는 모두 중복 값이 존재하지 않으므로 '이름' 열은 키 열로 사용할 수 있는 것을 알 수 있습니다.

05 키 열은 확인했으니 이번에는 키 값이 1:1로 매칭되는지 확인하겠습니다. L4셀에 머리글로 '점검'을 입력하고, L5셀에 다음과 같은 수식을 입력합니다.

```
L4셀 : 점검
L5셀 : =COUNTIF(급여대장[이름], [@이름])
```

> **Plus⁺ 수식 이해하기**
>
> COUNTIF 함수는 범위 내에서 조건에 맞는 셀의 개수를 세는 함수입니다. COUNTIF 함수의 첫 번째 인수는 **급여대장[이름]** 이므로 '급여대장' 표의 '이름' 열(A5:A24)을 의미합니다. 두 번째 인수는 **[@이름]**이며 표 이름이 따로 입력되지 않았으므로 수식을 입력한 '직원명부' 표의 '이름' 열을 의미합니다. 또한 @ 기호를 사용했으므로, '이름' 열 중에서 같은 행에 있는 셀(H5)을 의미합니다.
> 즉, 이번 수식은 A5:A24 범위에서 H5셀의 값과 같은 셀이 몇 개 있는지 반환하라는 의미가 되며, 반환된 숫자에 대한 설명은 다음과 같습니다.
>
> | 반환 값 | 설명 |
> | --- | --- |
> | 0 | '직원명부' 표에는 존재하는데, '급여대장' 표에는 없다는 의미입니다. |
> | 1 | '직원명부' 표와 '급여대장' 표에 모두 존재하며, '급여대장' 표에는 하나만 존재합니다. 이러면 '직원명부' 표가 1, '급여대장' 표도 1의 관계로 연결됩니다. |
> | 2 이상 | '직원명부' 표와 '급여대장' 표에 모두 존재하며, '급여대장' 표에 중복 사용됩니다. 이러면 '직원명부' 표가 1, '급여대장' 표는 다의 관계로 연결됩니다. |
>
> 그러므로 L5:L24 범위 내에는 최소한 1 이상의 값이 존재해야 다른 표와 매칭되는 것이고, 모두 1이면 1:1 관계로 매칭될 수 있다는 의미입니다.

06 '급여대장' 표에서도 COUNTIF 함수를 사용해 함수의 반환 값을 확인합니다. 이 작업은 반대쪽 표에 매칭되지 않는 값이 존재하는지 여부를 파악하기 위해 진행하는 것으로, 반환 값으로 0이 나오는지 확인합니다. 다음 셀에 머리글과 수식을 입력해 확인합니다.

```
F4셀 : 점검
F5셀 : =COUNTIF(직원명부[이름], [@이름])
```

07 이런 과정을 거쳐 1:1 관계가 확인되면 표를 연결합니다. **05-06** 과정에서 삽입한 F열과 L열은 더 이상 필요하지 않으므로, 열을 선택하고 [홈] 탭-[셀] 그룹-[삭제] 명령(圖)을 클릭해 삭제합니다. 그런 다음 [데이터] 탭-[데이터 도구] 그룹-[관계] 명령(圖)을 클릭합니다.

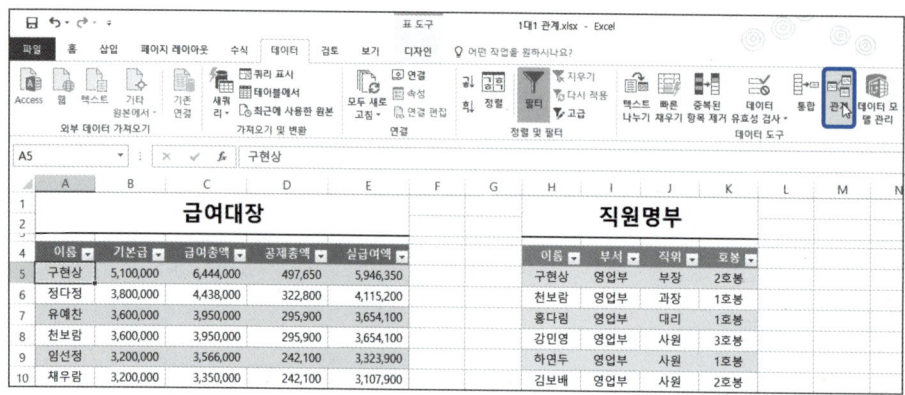

08 '관계 관리' 대화상자가 표시되면 새로운 관계를 설정하기 위해 〈새로 만들기〉 버튼을 클릭합니다.

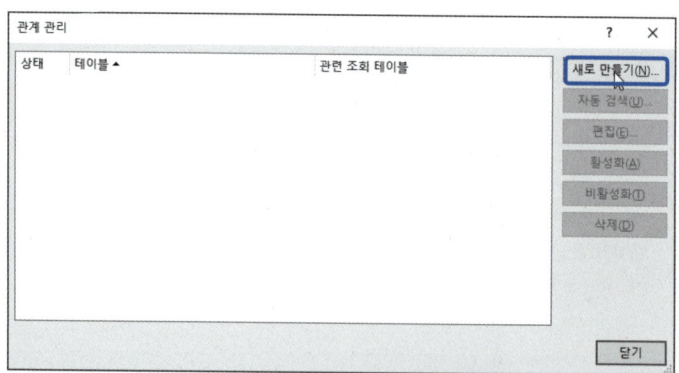

09 '관계 만들기' 대화상자가 표시되면 다음 화면을 참고해 '급여대장' 표와 '직원명부' 표를 연결하고 〈확인〉 버튼을 클릭합니다.

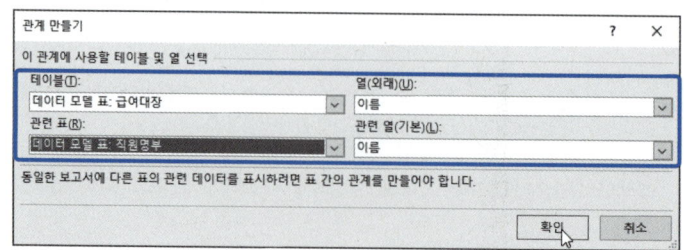

TIP 표의 관계를 설정할 때는 테이블과 관련 표를 정확하게 구분하는 것이 중요합니다. 이 부분이 혼동되면 'No. 42 관계와 VLOOKUP 함수의 차이'(148쪽)를 참고한 후 다시 작업합니다.

Plus⁺ '관계 만들기' 대화상자 설정 방법 이해하기

'관계 만들기' 대화상자를 보면 왼쪽에 테이블과 관련 표를 선택하는 콤보상자 컨트롤이 있습니다. 이 두 개의 콤보상자에서 연결할 표의 순서를 제대로 이해하고 설정해야 합니다.
먼저 '테이블' 콤보상자는 두 표를 연결할 때 기준이 되는 표를 설정하는 곳으로, 피벗 테이블로 집계하려고 했던 표를 선택합니다. 이번 예제의 경우는 '급여대장' 표를 선택하면 됩니다. 그리고 '관련 표'에서는 기본 표에서 필요로 하는 추가 데이터가 있는 표를 선택합니다. 여기서는 '직원명부' 표를 선택합니다. 이렇게 표를 모두 선택하고 '열'과 '관련 열'은 두 표에서 연결할 키 열(이름)을 선택합니다. 참고로 키 열의 이름은 달라도 상관 없습니다.

10 '관계 관리' 대화상자에서 다음과 같이 연결된 표의 관계를 확인할 수 있습니다. 〈닫기〉 버튼을 클릭해 대화상자를 닫습니다.

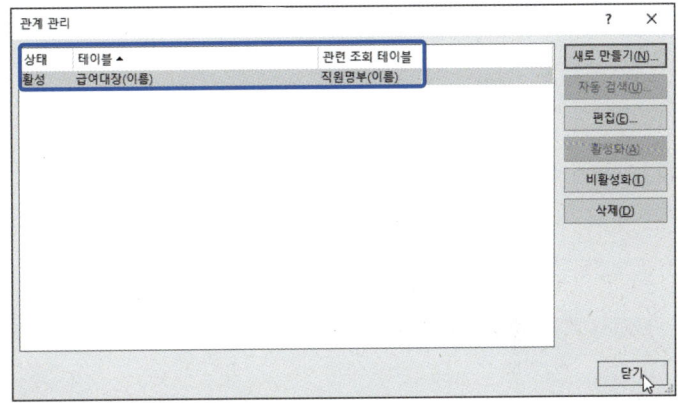

Plus⁺ '관계 관리' 대화상자의 버튼

'관계 관리' 대화상자에 제공되는 여러 버튼의 역할은 다음과 같습니다.

버튼	설명
새로 만들기	새로운 관계로 표를 연결합니다. 참고로 기존에 연결된 표는 다른 관계를 이용해 연결할 수 없습니다. 기존에 연결된 표의 관계를 변경하려면 〈편집〉 버튼을 클릭합니다.
자동 검색	표와 표의 관계를 자동으로 검색하고 연결할 수 있도록 해 줍니다. 이 동작에 대해 정확히 이해하려면 No. 44(158쪽)를 참고합니다.
편집	왼쪽의 '관계' 목록에서 선택된 관계를 수정할 수 있습니다.
활성화	비활성화된 관계를 다시 활성화시킵니다.
비활성화	연결된 관계를 잠시 사용하지 않도록 비활성화합니다.
삭제	'관계' 목록에서 선택된 관계를 삭제합니다. 설정된 관계를 삭제하면 이를 이용해 집계한 모든 피벗 테이블 보고서의 결과가 잘못될 수 있으므로 이 명령은 주의해서 사용해야 합니다.

1:다 관계 설정하기

041

1:1 관계가 고유한 키 값을 갖고 연결되는 것과 달리 1:다 관계는 한쪽의 표는 고유한 키 값을 갖고, 다른 쪽 표는 중복된 키 값을 갖습니다. 그 외에는 1:1 관계와 1:다 관계가 동일한 방식으로 연결됩니다. 1:다 관계의 표를 관계로 연결할 때 기본 테이블은 항상 '다'쪽 테이블(중복 키 값을 갖는 표)이어야 한다는 점만 주의하면 됩니다. 1:다 관계의 테이블을 연결하는 방법에 대해 알아보겠습니다.

예제 파일 PART 02 \ CHAPTER 04 \ 1대다 관계.xlsx

01 예제 파일을 열면, 다음과 같은 두 개의 표를 확인할 수 있습니다. 왼쪽 표는 고객과의 거래 내역을 정리한 '판매대장' 표이고, 오른쪽 표는 거래한 제품 정보를 기록한 '제품대장' 표입니다.

TIP 엑셀 표 이름은 표 내부의 셀을 선택하고 [디자인] 탭-[표 속성] 그룹의 [표 이름:]에서 확인할 수 있습니다.

02 두 표에 모두 기록된 데이터는 C열과 J열의 '제품' 열로, 이 값은 '판매대장' 표에서는 중복 입력되어 있고, '제품대장' 표에서는 고유한 값만 입력되어 있습니다. 그러므로 1:다 관계로 연결할 수 있습니다.

> **Plus⁺ 관계로 연결 가능한지 확인하기**
>
> 두 표의 관계를 확인하는 방법은 No. 40의 **02-06** 과정(142-144쪽)을 참고합니다. '판매대장' 표의 '제품' 열(C열)에는 중복된 값이 존재해야 하고, '제품대장' 표의 '제품' 열(J열)에는 중복된 값이 존재하면 안 됩니다. 두 개의 표가 모두 중복되면 관계를 설정할 수 없습니다.
> 그리고, '판매대장' 표에서 COUNTIF 함수를 사용해 '제품대장' 표에서 동일한 제품 수를 세어 1이 나오고, '제품대장' 표에서 COUNTIF 함수를 사용해 '판매대장' 표의 제품 건수를 세어 1 이상의 값이 나오면 1:다 관계를 설정할 수 있다는 의미입니다.

03 '판매대장' 표를 피벗 테이블 보고서로 요약해 다음과 같은 피벗 테이블 보고서를 만들어 보겠습니다. 단 '분류' 데이터는 '판매대장' 표에는 없고 '제품대장' 표에만 존재합니다.

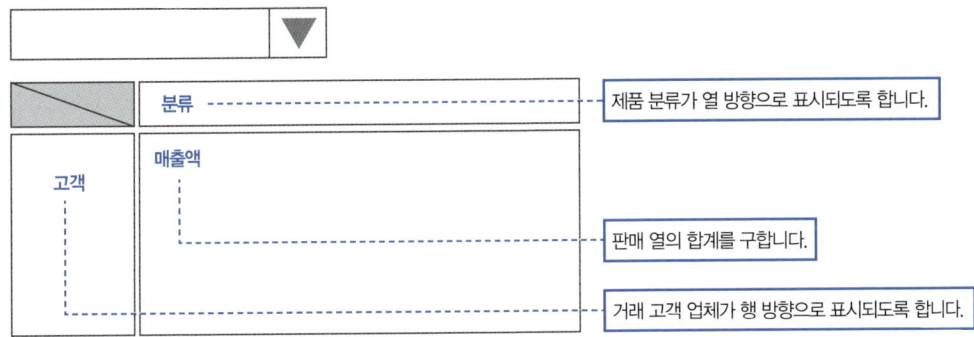

LINK 이 보고서는 'No. 43 관계로 연결된 표를 피벗 테이블 테이블로 분석하기'(152쪽)에서 만듭니다.

04 두 표의 관계를 설정하겠습니다. [데이터] 탭-[데이터 도구] 그룹-[관계] 명령(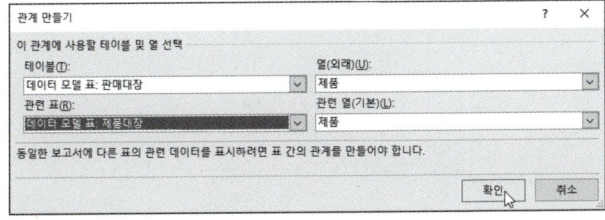)을 클릭하고 '관계 관리' 대화상자에서 〈새로 만들기〉 버튼을 클릭합니다. '관계 만들기' 대화상자가 표시되면 다음과 같이 설정하고 〈확인〉 버튼을 클릭합니다.

테이블	열(외래)	비고
판매대장	제품	피벗 테이블 보고서의 기본이 되는 표

관련 표	관련 열	비고
제품대장	제품	기본 표에 추가할 데이터를 갖고 있는 표

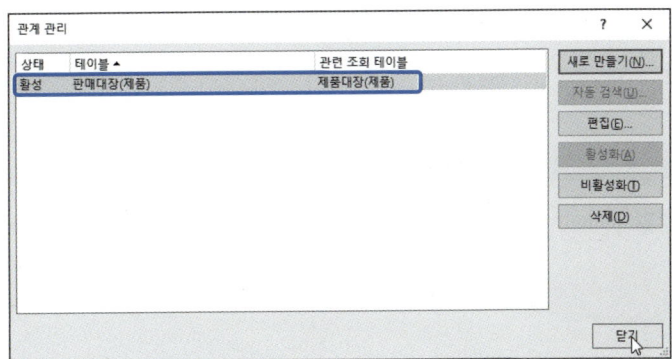

TIP 표의 관계를 설정할 때는 테이블과 관련 표를 정확하게 구분하는 것이 중요합니다. 이 부분이 혼동되면 'No. 42 관계와 VLOOKUP 함수의 차이'(148쪽)의 내용을 참고한 후 다시 작업합니다.

05 관계가 올바로 설정되면 '관계 관리' 목록에 다음과 같은 정보가 표시됩니다. 확인 후 〈닫기〉 버튼을 클릭해 닫습니다.

관계와 VLOOKUP 함수의 차이   042

여러 표를 관계를 이용해 연결할 때 '테이블'과 '관련 표'를 설정하는 것이 어려울 수도 있고, 관계로 연결된 표를 어떻게 사용해야 하는지 감이 잘 오지 않을 수도 있습니다. 그렇다면 엑셀 사용자에게 친숙한 VLOOKUP 함수를 사용해 보는 것이 좋습니다. 이 함수를 사용해 다른 표에서 값을 참조해 보면 표의 연결 순서나 이후에 어떤 표로 작업할 수 있는지 등에 대해 체계적으로 이해할 수 있습니다. VLOOKUP 함수로 다른 표의 값을 참조해 오는 방법을 통해 관계에 대한 이해의 폭을 넓혀 보겠습니다.

예제 파일 PART 02 \ CHAPTER 04 \ 관계와 VLOOKUP.xlsx

 이 예제는 No. 40, 41(141-147쪽)과 연결되므로 해당 내용을 먼저 참고합니다.

01 예제 파일의 'sample1' 시트에는 1:1 관계로 연결할 수 있는 두 표가 입력되어 있습니다. 관계로 연결하지 않고 부서별 직위의 실급여액 평균을 집계하고자 한다면, 실급여액(E열)을 오른쪽 표로 참조하거나, 부서(I열), 직위(J열)의 값을 왼쪽 표로 참조한 후 피벗 테이블 보고서를 만들면 됩니다.

이름	기본급	급여총액	공제총액	실급여액			이름	부서	직위	호봉
		급여대장						직원명부		
구현상	5,100,000	6,444,000	497,650	5,946,350			구현상	영업부	부장	2호봉
정다정	3,800,000	4,438,000	322,800	4,115,200			천보람	영업부	과장	1호봉
유예찬	3,600,000	3,950,000	295,900	3,654,100			홍다림	영업부	대리	1호봉
천보람	3,600,000	3,950,000	295,900	3,654,100			강민영	영업부	사원	3호봉
임선정	3,200,000	3,566,000	242,100	3,323,900			하연두	영업부	사원	1호봉
채우람	3,200,000	3,350,000	242,100	3,107,900			김보배	영업부	사원	2호봉
홍다림	3,100,000	3,335,000	228,650	3,106,350			김영재	영업부	사원	3호봉
남영재	2,800,000	2,900,000	188,300	2,711,700			정다정	인사부	과장	2호봉
강민영	2,500,000	2,668,000	147,950	2,520,050			채우람	인사부	대리	1호봉
서반디	2,500,000	2,668,000	147,950	2,520,050			서반디	인사부	사원	3호봉
황용기	2,600,000	2,680,000	161,400	2,518,600			배민지	인사부	사원	1호봉
성미르	2,600,000	2,680,000	161,400	2,518,600			김상아	인사부	사원	2호봉
손예지	2,500,000	2,580,000	147,950	2,432,050			유예찬	총무부	과장	3호봉
하연두	2,400,000	2,530,000	134,500	2,395,500			임선정	총무부	대리	2호봉
김보배	2,400,000	2,480,000	134,500	2,345,500			황용기	총무부	사원	3호봉
김영재	2,400,000	2,480,000	134,500	2,345,500			성미르	총무부	사원	3호봉
배민지	2,400,000	2,480,000	134,500	2,345,500			손예지	총무부	사원	3호봉
김상아	2,400,000	2,480,000	134,500	2,345,500			남영재	총무부	주임	2호봉
배요한	2,400,000	2,480,000	134,500	2,345,500			배요한	총무부	사원	3호봉
김은하	2,400,000	2,480,000	134,500	2,345,500			김은하	총무부	사원	3호봉

TIP 표 이름은 왼쪽과 오른쪽 표 내부의 셀을 하나 선택하고 [디자인] 탭-[속성] 그룹의 [표 이름:]에서 확인합니다.

02 'sample1' 시트와 같은 경우는 어느 쪽 표로 값을 참조해 가도 상관 없지만, 보통 값 영역에 집계될 필드(여기서는 E열의 '실급여액' 필드)가 있는 표를 기준으로 다른 표의 값을 참조해 오는 것이 좋습니다. 왼쪽 표의 B열을 선택하고 [홈] 탭-[셀] 그룹-[삽입] 명령(📋)을 두 번 클릭해 열을 두 개 삽입합니다.

03 새로 추가된 열에 다음 머리글과 수식을 입력해 오른쪽 표의 부서(K열)와 직위(L열) 값을 참조합니다.

```
B4셀 : 부서
B5셀 : =VLOOKUP([@이름], 직원명부, 2, FALSE)
C4셀 : 직위
C5셀 : =VLOOKUP([@이름], 직원명부, 3, FALSE)
```

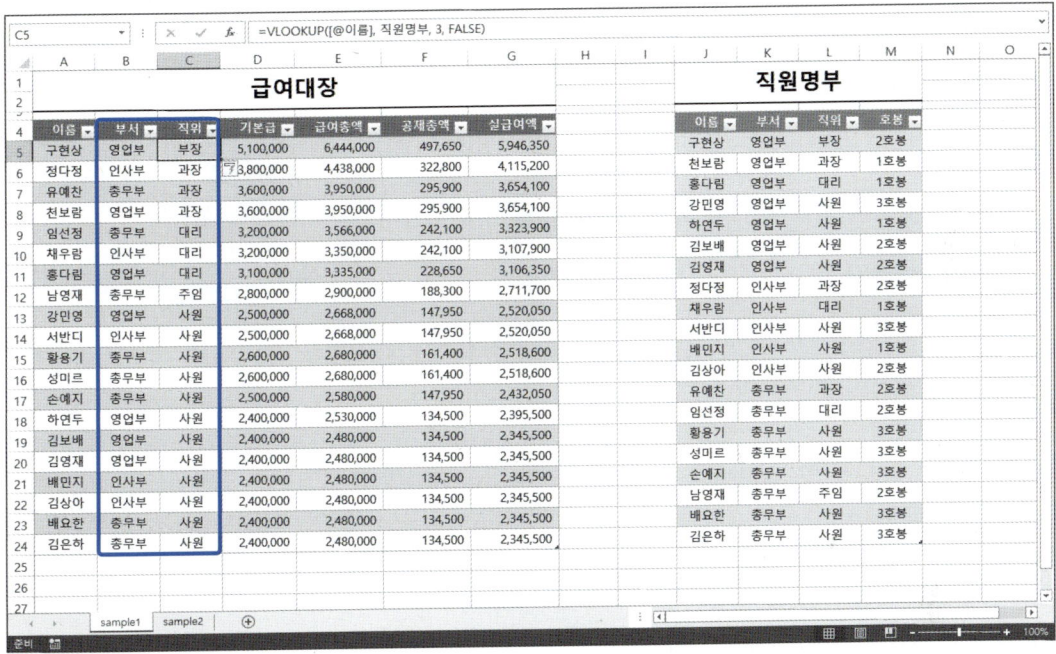

TIP 작업 결과를 확인했다면 B:C열을 선택하고 [홈] 탭-[셀] 그룹-[삭제] 명령을 클릭해 삭제합니다.

> **Plus⁺ 수식 이해하기**
>
> VLOOKUP 함수를 사용하면 피벗 테이블 보고서에서 분석하는 데 필요한 열(부서, 직위)의 값을 오른쪽 표에서 참조해 올 수 있습니다.
> 이 수식은 '직원명부' 표에서 두 번째 열('부서' 열)과 세 번째 열('직위' 열)의 값을 참조해 옵니다.

04 즉, 이 두 표로 1:1 관계를 설정할 때는 왼쪽 표를 '테이블'로, 오른쪽 표를 '관련 표'로 설정하면 된다는 것을 알 수 있습니다.

> **Plus⁺ VLOOKUP 함수를 사용하는 것과 관계를 이용해 피벗 테이블 보고서를 만드는 것의 차이**
>
> 여기까지 진행한 후 왼쪽 표로 필요한 피벗 테이블 보고서를 만들 수 있지만, 'No. 40 1:1 관계 설정하기'(141쪽)에서 설명한 것처럼 관계로 연결하면 이 작업 없이 동일한 결과를 얻을 수 있습니다. 그럼 두 방법에는 어떤 차이가 있고, 어떤 경우에 어떤 방법을 선택하는 것이 좋을까요?
>
> 데이터가 적을 경우에는 차이가 거의 없으므로 엑셀 사용자라면 익숙한 VLOOKUP 함수를 사용하는 방법에 더 끌릴 수 있습니다. 하지만, 데이터가 많은 경우에는 관계를 이용해 표를 연결해야 훨씬 빠르게 결과 보고서를 생성할 수 있습니다.
>
> 수식은 파일을 열 때나 참조한 셀 값이 고쳐질 때마다 재계산되어야 하므로 파일의 계산 속도를 떨어뜨립니다. 이번 예제만 하더라도 행 데이터 20개이므로 총 40개의 셀(B열과 C열)에 수식이 저장됩니다.
>
> 관계로 연결된 표는 수식이 아니라 연결된 정보만으로 동일한 작업을 처리하므로 더 빠르게 보고서 생성 작업이 이루어집니다.

05 'sample2' 시트를 열어 보면 1:다 관계로 연결할 수 있는 두 표가 입력되어 있습니다. 관계로 연결하지 않고 고객들의 분류별 매출을 집계하고자 한다면 I열의 '분류' 필드를 왼쪽 표로 참조한 후 피벗 테이블 보고서를 만들면 됩니다.

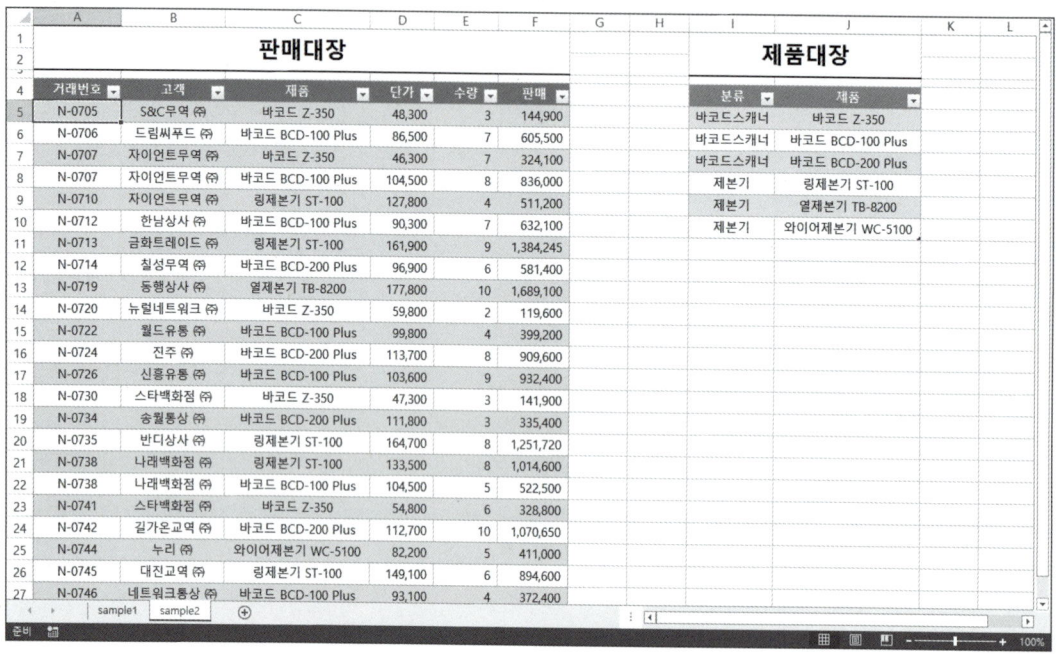

TIP 1:1 관계는 값을 어느 쪽 표로 참조해도 되지만, 1:다 관계는 다쪽 테이블로 1쪽 테이블의 값을 참조합니다.

06 왼쪽 표의 C열을 선택하고 [홈] 탭-[셀] 그룹-[삽입] 명령(🔲)을 클릭해 열을 추가한 후 오른쪽 표의 분류(I열) 값을 참조합니다. 추가된 열에 다음 머리글과 수식을 입력합니다.

```
C4셀 : 분류
C5셀 : =INDEX(제품대장[분류], MATCH([@제품], 제품대장[제품], 0))
```

거래번호	고객	분류	제품	단가	수량	판매		분류	제품
N-0705	S&C무역	바코드스캐너	바코드 Z-350	48,300	3	144,900		바코드스캐너	바코드 Z-350
N-0706	드림씨푸드	바코드스캐너	바코드 BCD-100 Plus	86,500	7	605,500		바코드스캐너	바코드 BCD-100 Plus
N-0707	자이언트무역	바코드스캐너	바코드 Z-350	46,300	7	324,100		바코드스캐너	바코드 BCD-200 Plus
N-0707	자이언트무역	바코드스캐너	바코드 BCD-100 Plus	104,500	8	836,000		제본기	링제본기 ST-100
N-0710	자이언트무역	제본기	링제본기 ST-100	127,800	4	511,200		제본기	열제본기 TB-8200
N-0712	한남상사	바코드스캐너	바코드 BCD-100 Plus	90,300	7	632,100		제본기	와이어제본기 WC-5100
N-0713	금화트레이드	제본기	링제본기 ST-100	161,900	9	1,384,245			
N-0714	칠성무역	바코드스캐너	바코드 BCD-200 Plus	96,900	6	581,400			
N-0719	동행상사	제본기	열제본기 TB-8200	177,800	10	1,689,100			
N-0720	뉴럴네트워크	바코드스캐너	바코드 Z-350	59,800	2	119,600			
N-0722	월드유통	바코드스캐너	바코드 BCD-100 Plus	99,800	4	399,200			
N-0724	진주	바코드스캐너	바코드 BCD-200 Plus	113,700	8	909,600			
N-0726	신흥유통	바코드스캐너	바코드 BCD-100 Plus	103,600	9	932,400			
N-0730	스타백화점	바코드스캐너	바코드 Z-350	47,300	3	141,900			
N-0734	송월통상	바코드스캐너	바코드 BCD-100 Plus	111,800	3	335,400			
N-0735	반디상사	제본기	링제본기 ST-100	164,700	8	1,251,720			
N-0738	나래백화점	제본기	링제본기 ST-100	133,500	8	1,014,600			
N-0738	나래백화점	바코드스캐너	바코드 BCD-100 Plus	104,500	5	522,500			
N-0741	스타백화점	바코드스캐너	바코드 Z-350	54,800	6	328,800			
N-0742	길가온교역	바코드스캐너	바코드 BCD-200 Plus	112,700	10	1,070,650			
N-0744	누리	제본기	와이어제본기 WC-5100	82,200	5	411,000			
N-0745	대진교역	제본기	링제본기 ST-100	149,100	6	894,600			
N-0746	네트워크통상	바코드스캐너	바코드 BCD-100 Plus	93,100	4	372,400			

Plus⁺ 수식 이해하기

이 수식에서는 다른 표의 값을 참조해 올 때 VLOOKUP 함수 대신 INDEX, MATCH 함수를 사용했습니다. INDEX, MATCH 함수를 사용한 이유는 오른쪽 표(제품대장)에서 찾을 값(제품)이 참조해 올 값(분류)의 오른쪽에 있기 때문입니다. VLOOKUP 함수는 왼쪽에 있는 값을 찾아서 오른쪽 열의 값을 참조해 오는 함수이므로, 여기서는 INDEX, MATCH 함수를 사용한 것입니다.

수식에서 INDEX 함수는 값을 참조해 오는 함수이고 첫 번째 인수는 '제품대장[분류]'이므로 '제품대장' 엑셀 표의 '분류' 열에서 값을 참조해 오겠다는 의미이고, 가져올 값은 MATCH 함수에서 반환된 위치의 값으로 한다는 의미입니다.

MATCH 함수는 값을 찾는 함수이고, 첫 번째 인수는 [@제품]이므로, 같은 표의 '제품' 열(D열)에서 같은 행에 위치한 셀(D5)을 의미하며, 이 값을 두 번째 인수인 '제품대장[제품]'에서 찾겠다는 의미입니다. 그러므로 이번 수식은 D5셀의 값을 K열에서 찾아 같은 행에 위치한 J열의 분류 값을 참조해 오게 됩니다.

043 관계로 연결된 표를 피벗 테이블 보고서로 분석하기

관계로 연결된 표는 언제든지 피벗 테이블 보고서로 분석할 수 있습니다. 관계로 연결된 표를 사용해 피벗 테이블 보고서를 만드는 방법은 엑셀 버전에 따라 약간의 차이가 있습니다. 현재 사용하는 엑셀 버전이 2013인지 2016인지 확인하고 그에 맞는 작업 방법을 익히도록 합니다.

예제 파일 PART 02 \ CHAPTER 04 \ 1대1 관계-피벗.xlsx, 1대다 관계-피벗.xlsx

01 '1대1 관계-피벗.xlsx' 파일을 열고, 부서의 직위별 실급여 평균을 구하는 피벗 테이블 보고서를 생성하겠습니다. [삽입] 탭-[표] 그룹-[피벗 테이블] 명령(📊)을 클릭합니다.

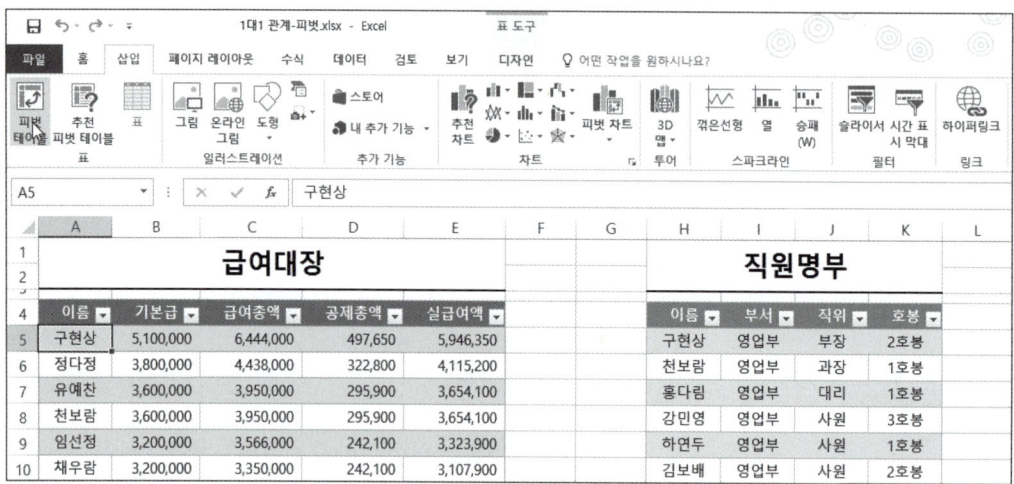

02 연결된 두 표의 관계와 피벗 테이블에서 사용할 필드는 다음과 같습니다. 관계로 연결하는 방법은 No. 40(141쪽)에서 자세하게 설명했습니다.

급여대장	
이름	KEY
기본급	
급여총액	
공제총액	
실급여액	사용

직원명부	
이름	KEY
부서	사용
직위	사용
호봉	

03 '피벗 테이블 만들기' 대화상자가 표시되면 [이 통합 문서의 데이터 모델 사용] 옵션을 선택하고 〈확인〉 버튼을 클릭합니다.

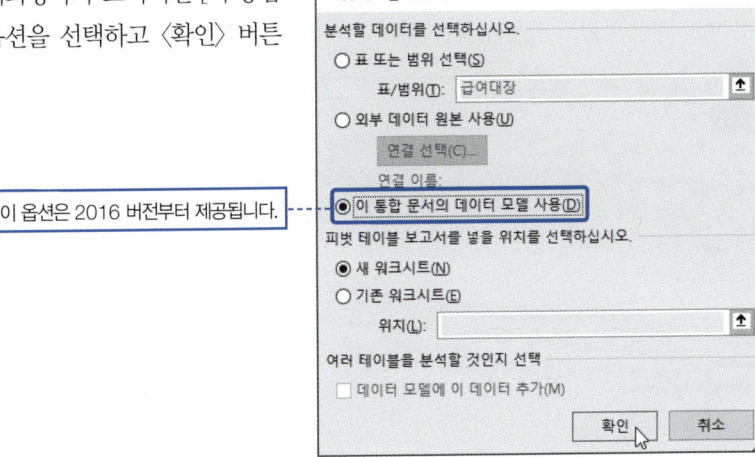

이 옵션은 2016 버전부터 제공됩니다.

Plus⁺ 엑셀 2013 버전에서 관계로 연결된 테이블 선택 방법

[이 통합 문서의 데이터 모델 사용] 옵션은 2016 버전부터 제공됩니다. 이 옵션이 표시되지 않는 2013 버전에서는 [외부 데이터 원본 사용] 옵션을 선택하고 〈연결 선택〉 버튼을 클릭한 후 '기존 연결' 대화상자의 '테이블' 탭에서 [통합 문서 데이터 모델의 테이블](2013 버전은 ThisDataModel로 표시)을 선택하고 〈열기〉 버튼을 클릭합니다.

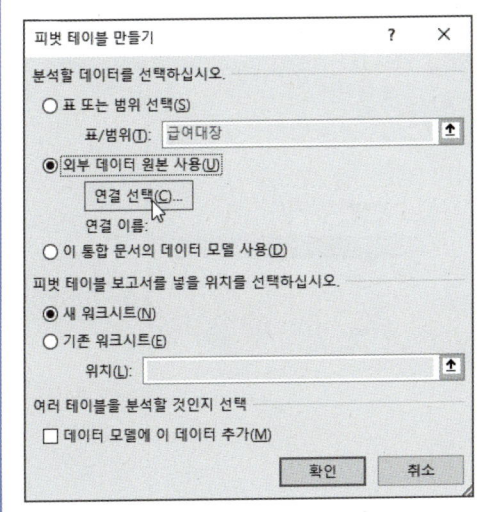 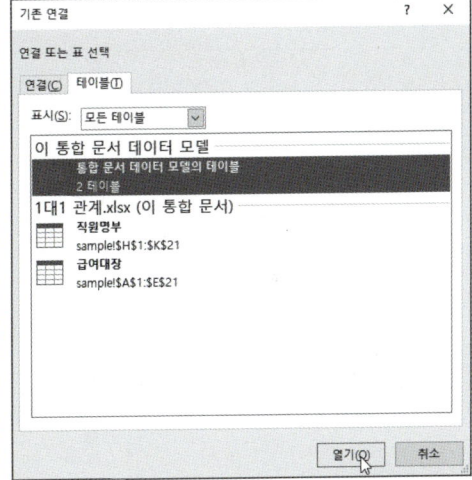

참고로 2016 버전의 [이 통합 문서의 데이터 모델 사용]은 '기존 연결' 대화상자의 '테이블'에서 데이터 모델을 선택하는 동작을 작업 단계를 줄이기 위해 기본 옵션으로 빼 놓은 것입니다.

04 피벗 테이블 보고서를 만들 수 있는 피벗 테이블 레이아웃과 '피벗 테이블 필드' 작업 창이 표시됩니다. 피벗 테이블 필드 작업 창에는 데이터 모델에 존재하는 표 이름이 표시됩니다.

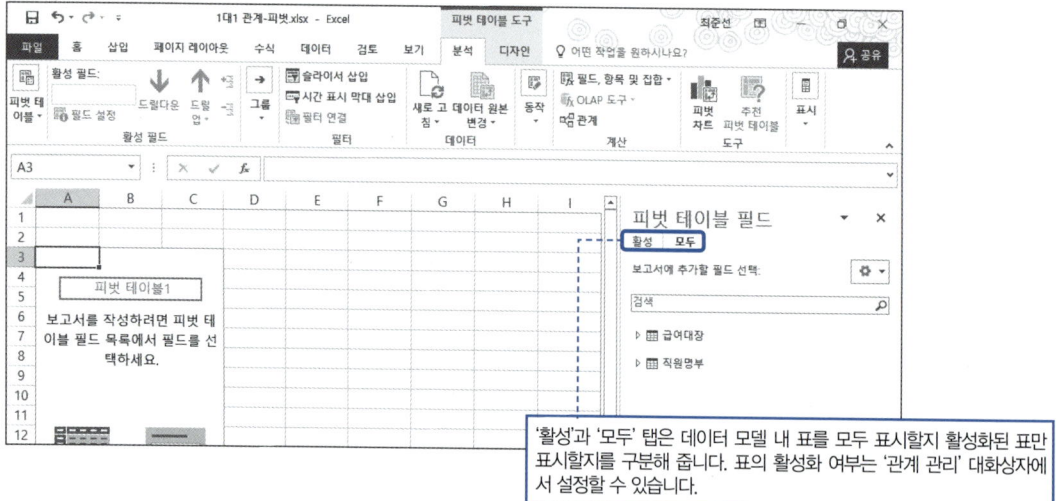

'활성'과 '모두' 탭은 데이터 모델 내 표를 모두 표시할지 활성화된 표만 표시할지를 구분해 줍니다. 표의 활성화 여부는 '관계 관리' 대화상자에서 설정할 수 있습니다.

05 '직원명부' 표에서 '부서'와 '직위' 필드 확인란에 체크하고, '급여대장' 표에서 '실급여액' 필드 확인란에 체크하면 화면과 같은 피벗 테이블 보고서가 표시됩니다.

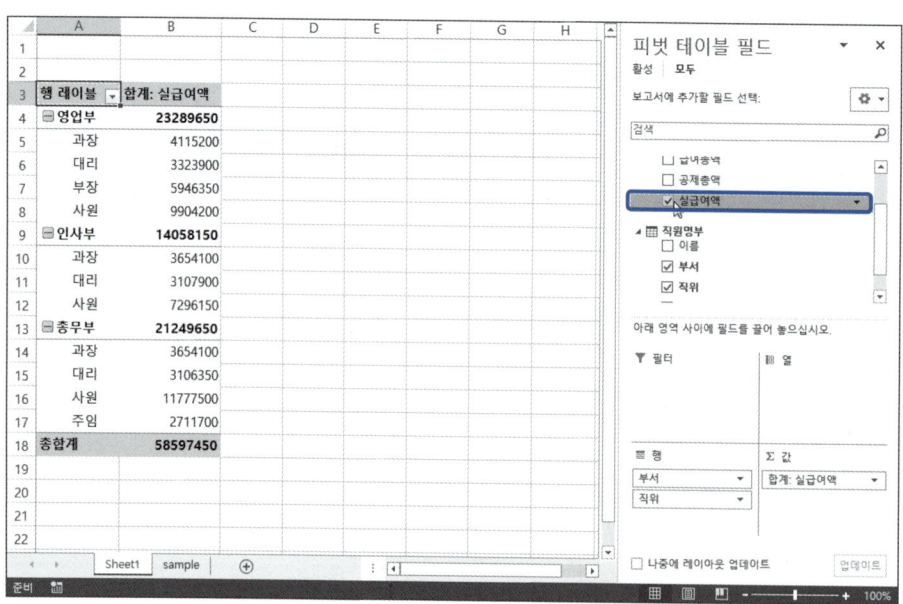

06 값 영역에 집계된 '실급여액' 필드의 집계 방법을 변경하기 위해 B3셀에서 마우스 오른쪽 버튼을 클릭하고 [값 요약 기준]-[평균] 메뉴를 선택합니다.

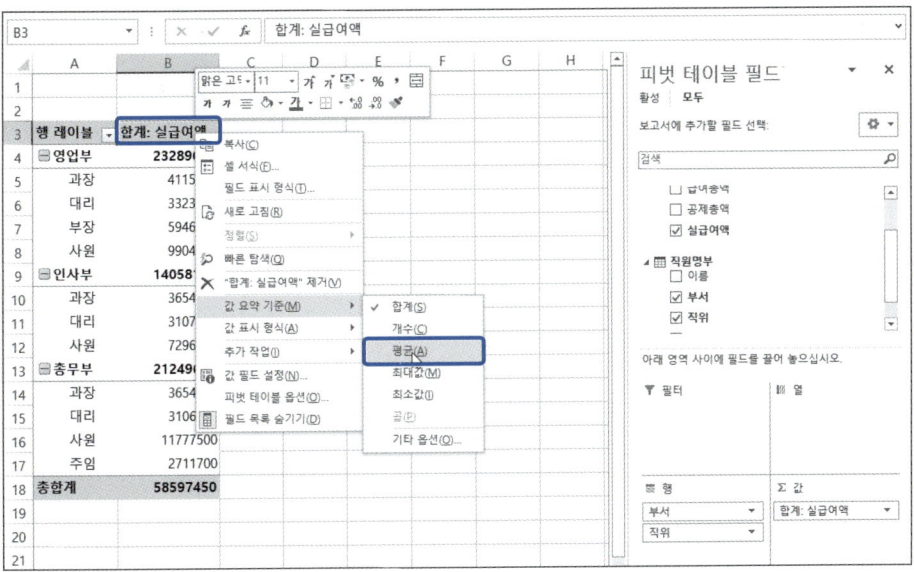

07 1:1 관계에서 서로 매칭되지 않는 항목이 있는 경우를 확인해 보겠습니다. 'sample' 시트로 이동하여 H5셀의 영업부 부장 이름을 자신의 이름으로 수정합니다.

> 영업부 부장의 이름을 변경하면 왼쪽 급여대장 표의 5행에 있는 구현상 부장과 매칭할 값이 직원명부 표에서 제거된 것입니다.
> No. 40의 **10** 과정(145쪽)에서 '급여대장' 표를 메인으로 하고 '직원명부' 표를 연결했으므로, '급여대장' 표에서 '직원명부' 표의 값을 참조해 오는 것과 같습니다. 그러므로 '직원명부' 표의 이름을 수정하면, 피벗 테이블에서 급여액의 집계 결과는 변경되지 않지만 누구인지 모를 데이터가 표시됩니다.

CHAPTER 04 | 피벗 테이블 보고서 생성 / **155**

08 피벗 테이블 보고서가 있는 'Sheet1' 시트로 이동해서 [분석] 탭-[데이터] 그룹-[새로 고침] 명령(🗔)을 클릭합니다. '영업부'의 '부장' 항목이 사라지고, 부서가 없는 '(비어 있음)' 항목이 17:18행에 표시되는 것을 확인할 수 있습니다.

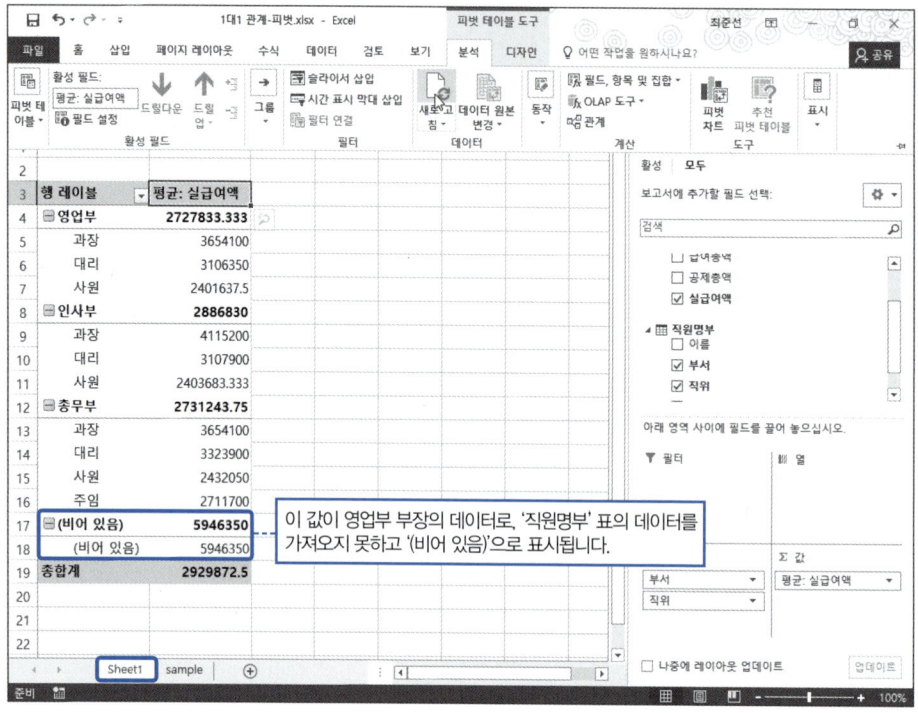

09 이번에는 '1대다 관계-피벗.xlsx' 파일을 열고, 고객의 분류별 매출을 집계하는 피벗테이블 보고서를 생성해 보겠습니다. [삽입] 탭-[표] 그룹-[피벗 테이블] 명령(🗔)을 클릭합니다.

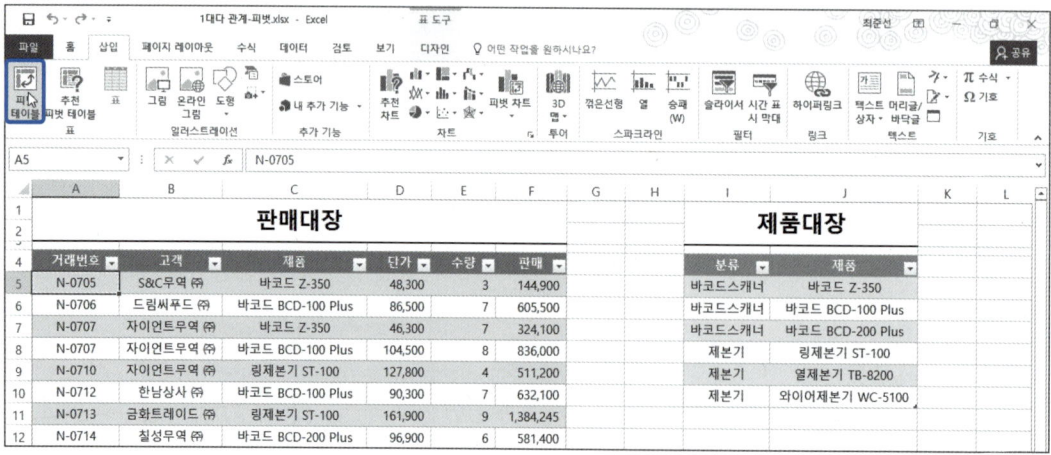

10 연결된 두 표의 관계와 피벗 테이블에서 사용할 필드는 다음과 같습니다. 관계로 연결하는 방법은 No. 41(146쪽)에서 자세하게 설명했습니다.

판매대장	
거래번호	
고객	사용
제품	KEY
단가	
수량	
판매	사용

직원명부	
분류	사용
제품	KEY

11 '피벗 테이블 만들기' 대화상자가 표시되면 [이 통합 문서의 데이터 모델 사용] 옵션을 선택하고 〈확인〉 버튼을 클릭합니다.

12 '피벗 테이블 필드' 작업 창에서 '제품대장' 표의 '분류' 필드는 열 영역에 드래그&드롭 방식으로 추가하고, '판매대장' 표의 '고객' 필드와 '판매' 필드는 필드 확인란에 체크합니다. 다음과 같은 피벗 테이블 보고서가 만들어집니다.

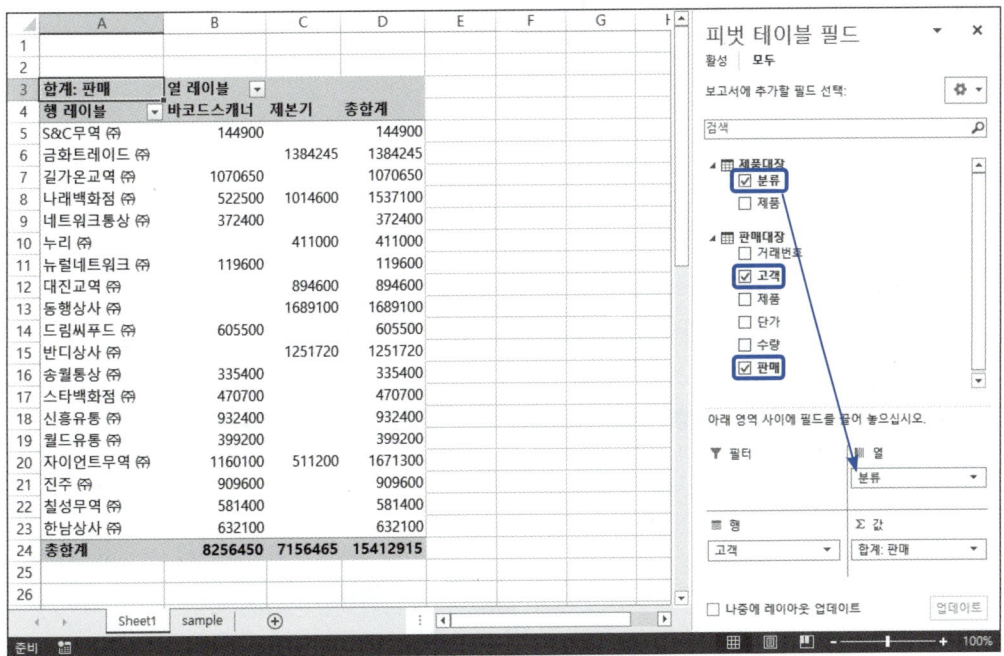

관계 자동 검색 기능 이해하기 044

관계로 연결된 표로 피벗 테이블 보고서를 만들어 사용하다가 관계가 삭제된 경우, 또는 관계가 설정되지 않은 표로 피벗 테이블 보고서를 만들면 관계를 자동으로 검색하는 기능이 동작합니다. 이 기능은 표 간의 관계를 자동 검색하며, 검색된 결과를 이용해 관계를 자동으로 설정하기도 합니다. 관계 자동 검색 기능에 대해 알아보겠습니다.

예제 파일 PART 02 \ CHAPTER 04 \ 관계-자동 검색.xlsx

01 예제 파일을 열면 다음 화면과 같이 두 개의 표가 있습니다. 이 두 표는 각각 엑셀 표로 등록되어 있고, 관계로 설정되어 있지는 않습니다. 이 표로 피벗 테이블 보고서를 만드는 과정에서 관계 자동 검색 기능이 어떻게 동작하는지 확인해 보겠습니다.

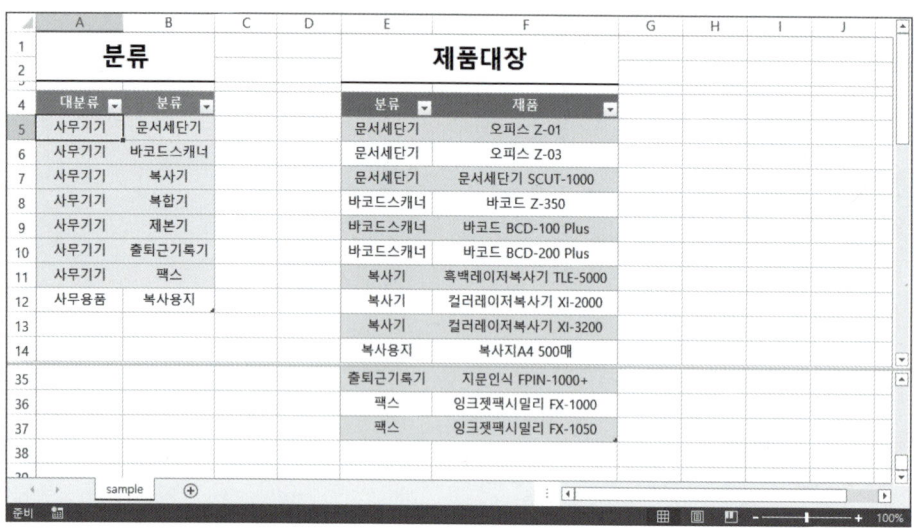

02 두 표는 다음과 같은 관계로 연결될 수 있는 표입니다.

분류 표	
대분류	
분류	KEY

제품대장 표	
분류	KEY
제품	

03 두 표가 관계로 연결되어 있는지 확인하겠습니다. [데이터] 탭-[데이터 도구] 그룹-[관계] 명령(⬚)을 클릭하여 '관계 관리' 대화상자를 열어 보면 아무 관계도 설정되어 있지 않습니다. 〈닫기〉 버튼을 클릭해 대화상자를 닫습니다.

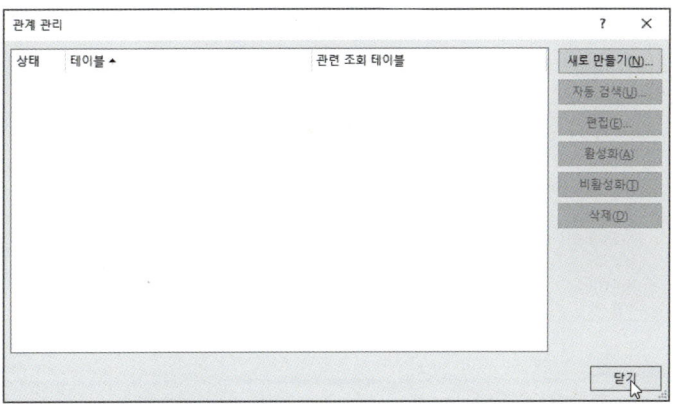

04 분류별 제품 수를 피벗 테이블 보고서로 집계하겠습니다. '제품대장' 표 내부의 셀을 하나 선택하고 [삽입] 탭-[표] 그룹-[피벗 테이블] 명령(⬚)을 클릭합니다.

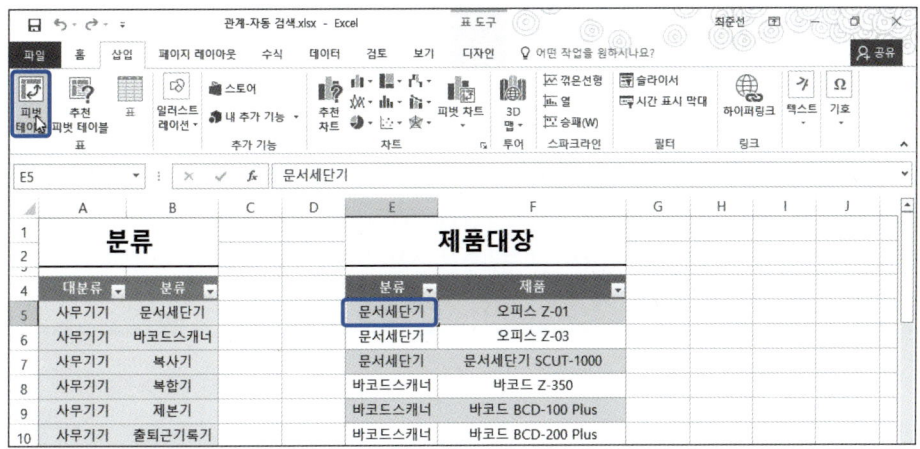

05 '피벗 테이블 만들기' 대화상자에서는 별다른 설정 없이 〈확인〉 버튼을 클릭하고, 새 워크시트 내의 피벗 테이블 보고서를 다음과 같이 구성합니다.

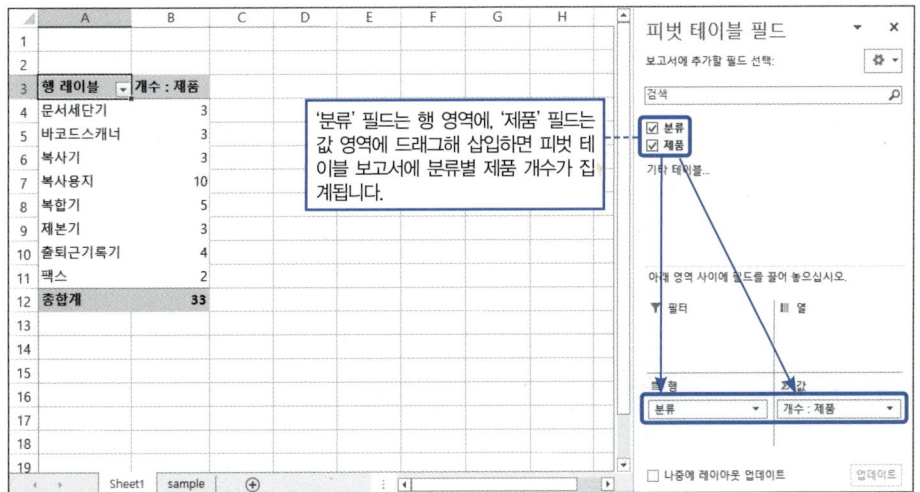

06 피벗 테이블 보고서에 '대분류'를 추가해 보겠습니다. '대분류' 값은 'sample' 시트의 '분류' 표에 입력되어 있으므로 '피벗 테이블 필드' 목록 내에서 [기타 테이블...] 명령을 클릭해 표를 추가합니다.

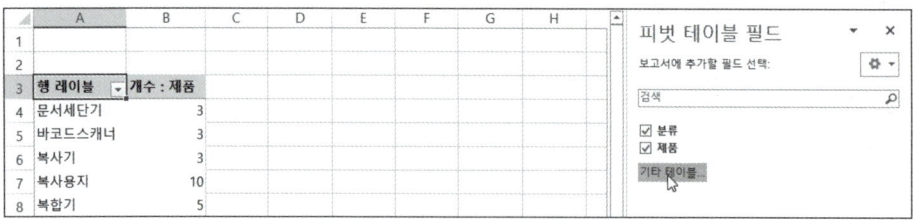

> **Plus⁺ '기타 테이블...' 명령**
>
> 피벗 테이블 필드 목록에 표시되는 '기타 테이블...' 명령은 파일 내 엑셀 표로 등록된 표를 데이터 모델에 등록한 후 해당 표를 피벗 테이블 보고서에서 추가로 사용할 수 있도록 해 줍니다. '기타 테이블...' 명령을 클릭하면 다음과 같은 안내 메시지가 표시됩니다. 데이터 모델을 사용하려면 〈예〉 버튼을 클릭해 동의합니다.
>
>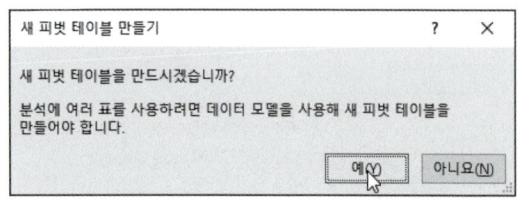
>
> 하나의 표를 대상으로 피벗 테이블 보고서를 만들 경우에는 해당 파일 내 데이터 모델을 사용하지 않고 전통적인 방법으로 피벗 테이블 보고서가 생성됩니다. 하지만 여러 개의 표를 사용해 피벗 테이블 보고서를 구성하려는 경우에는 파일 내 데이터 모델을 사용해야 합니다.

07 그러면 새 워크시트에 기존 피벗 테이블 보고서가 복사됩니다. 이때, '피벗 테이블 필드' 작업 창을 보면, 데이터 모델 내 모든 표(엑셀 표로 등록된 표)가 표시됩니다.

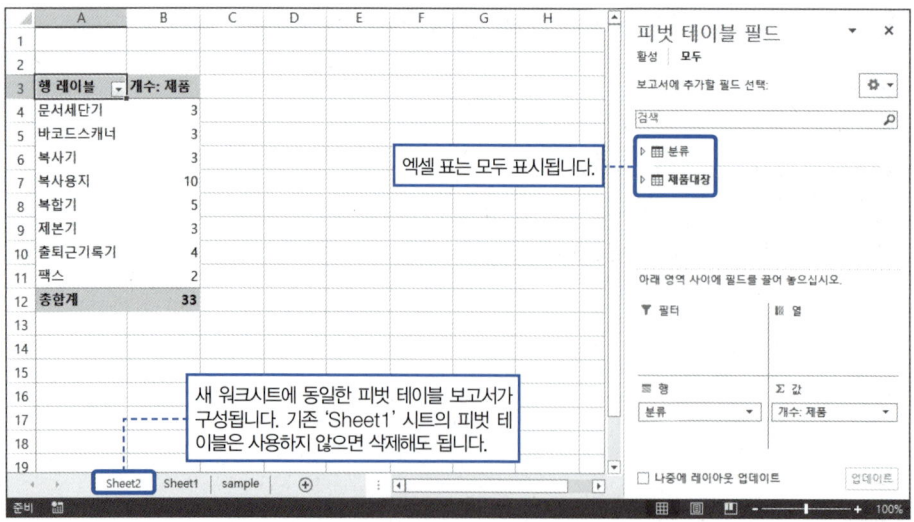

08 피벗 테이블 보고서에 '대분류' 항목을 추가하기 위해, '분류' 테이블을 확장하고 '대분류' 필드를 드래그해 행 영역의 '분류' 필드 상단에 드롭합니다.

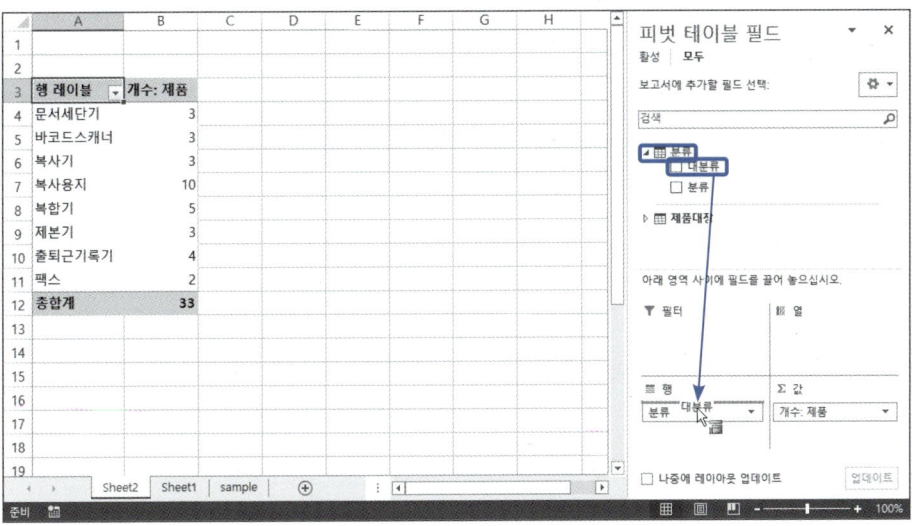

09 '분류'와 '제품대장' 표는 관계로 연결되지 않았으므로, 이렇게 관계로 연결되지 않은 표의 필드를 피벗 테이블 보고서에 추가하면 '피벗 테이블 필드' 작업 창 상단에 테이블 간의 관계가 필요하다는 메시지가 표시됩니다. 두 표의 관계를 자동으로 검색할 수 있는지 확인하기 위해 〈자동 검색〉 버튼을 클릭합니다.

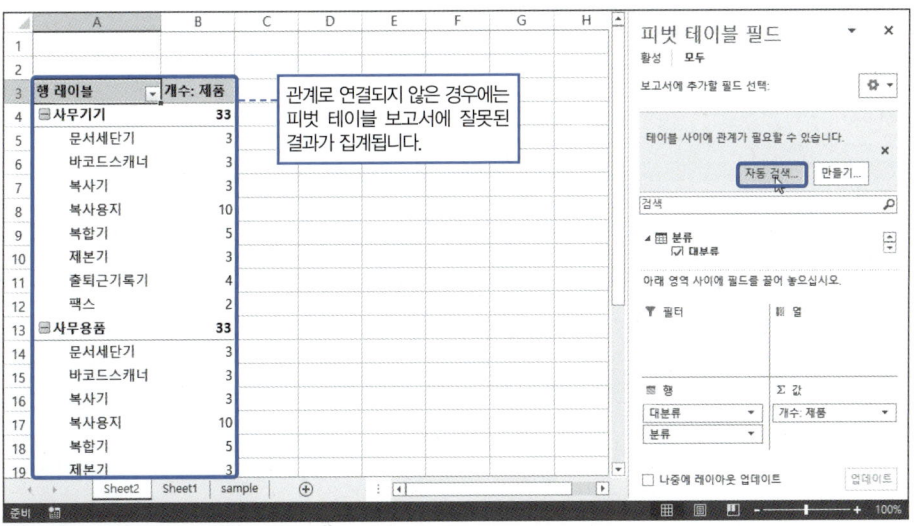

TIP 〈자동 검색〉 기능은 2016 버전부터 추가된 것으로 2013 버전에서는 〈만들기〉 버튼만 표시됩니다.

> **Plus⁺** 〈자동 검색〉 버튼과 〈만들기〉 버튼의 차이
>
> 〈자동 검색〉 버튼을 클릭하면 두 표에서 이름이 같은 필드 중 1:다(또는 1:1) 관계가 가능한지 찾아 자동으로 관계를 생성합니다. 이 표의 경우 '분류' 표의 '분류' 열과 '제품대장' 표의 '분류' 열이 각각 1:다 관계가 가능하고 두 표의 필드 이름이 동일하므로 〈자동 검색〉 버튼을 클릭해 관계를 생성할 수 있습니다.
>
> 만약 관계로 연결할 수 있는 키 필드가 존재해도 서로 다른 이름을 사용하고 있다면 〈자동 검색〉 버튼을 클릭해도 관계가 생성되지 않습니다. 이 경우에는 〈만들기〉 버튼을 클릭해 '관계 관리' 대화상자를 열고 'No. 40 1:1 관계 설정하기'(141쪽), 'No. 41 1:다 관계 설정하기'(146쪽)의 방법을 참고해 직접 관계를 생성해야 합니다.

10 '관계 자동 검색' 대화상자에서 관계를 검색해 설정하면, 피벗 테이블 보고서의 집계 결과가 제대로 구해지는 것을 확인할 수 있습니다. 관계가 어떻게 설정됐는지 확인하려면 〈관계 관리〉 버튼을 클릭합니다.

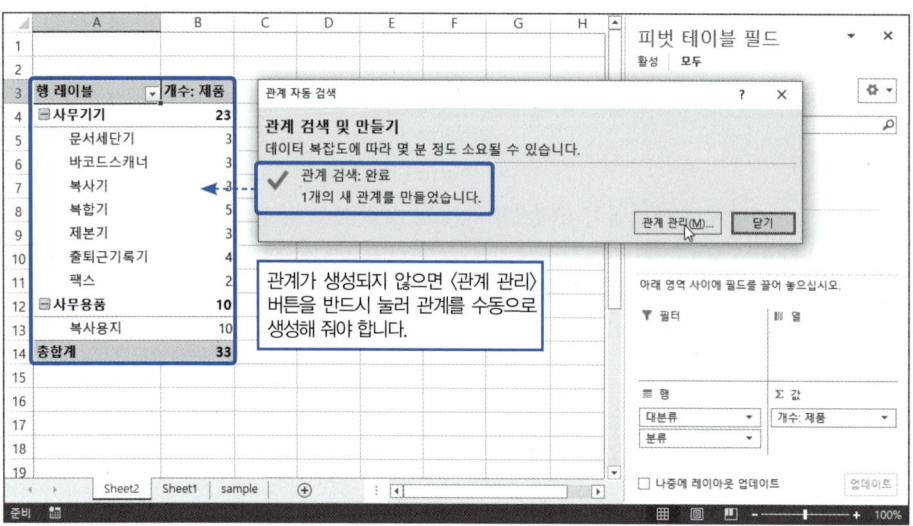

TIP 관계가 자동으로 검색된 경우 〈관계 관리〉 버튼을 클릭하지 않고 〈닫기〉를 클릭해도 상관 없습니다.

11 '관계 관리' 대화상자를 보면 '제품대장' 테이블이 기본 테이블로, '분류' 테이블이 관련 테이블로 관계가 설정된 것을 확인할 수 있습니다. 〈닫기〉 버튼을 클릭해 대화상자를 닫습니다.

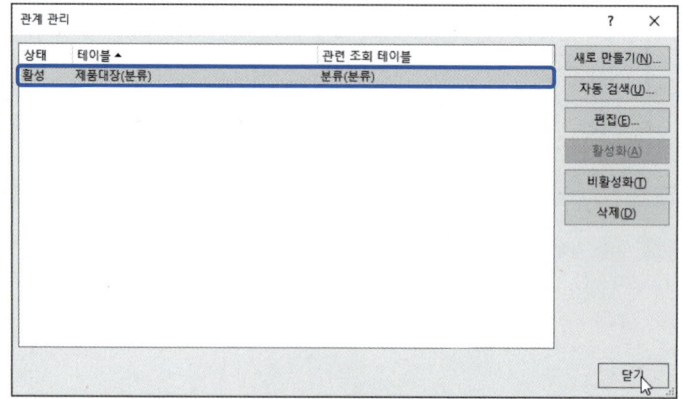

045 추천 피벗 테이블 보고서로 피벗 테이블 보고서 만들기

엑셀 2013 버전부터는 피벗 테이블 보고서에 능숙하지 않은 사용자도 쉽게 만들 수 있는 추천 피벗 테이블 보고서라는 기능이 추가되었습니다. 이 기능은 원본 테이블로 만들 수 있는 다양한 피벗 테이블 보고서 종류를 미리 보기로 제공하고, 그중에서 사용자가 선택하면 해당 보고서를 바로 구성해 줍니다. 매우 편리하고 직관적인 기능이지만, 아직은 단순한 형태의 보고서만 제공되고 있습니다. 현재 발전 중인 인공지능과 결합된다면 기대할 수 있는 부분이 매우 큰 기능이므로, 엑셀의 새 버전이 나올 때마다 반드시 확인하는 게 좋겠습니다.

예제 파일 PART 02 \ CHAPTER 04 \ 피벗 테이블.xlsx, 1대1 관계.xlsx

피벗 테이블 보고서로 만들고자 하는 표에서 [삽입] 탭-[표] 그룹-[추천 피벗 테이블] 명령(📊)을 클릭하면 다음과 같은 대화상자가 열립니다.

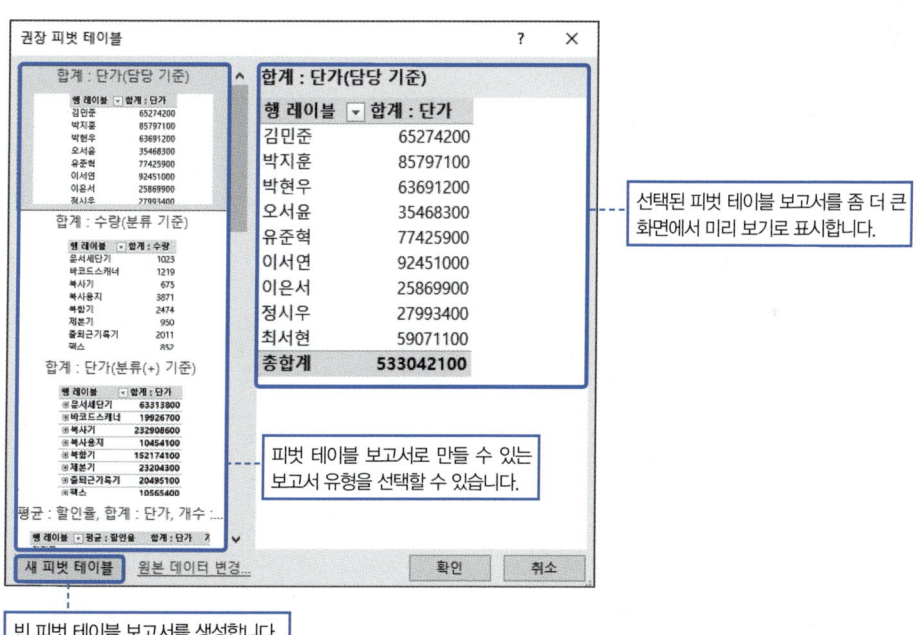

선택된 피벗 테이블 보고서를 좀 더 큰 화면에서 미리 보기로 표시합니다.

피벗 테이블 보고서로 만들 수 있는 보고서 유형을 선택할 수 있습니다.

빈 피벗 테이블 보고서를 생성합니다.

TIP 이 대화상자는 '피벗 테이블.xlsx' 파일로 작업한 결과입니다.

갖고 있는 원본 테이블이 피벗 테이블 보고서를 구성하기에 적합하지 않다면 [추천 피벗 테이블] 명령을 클릭했을 때 다음과 같은 대화상자가 표시됩니다.

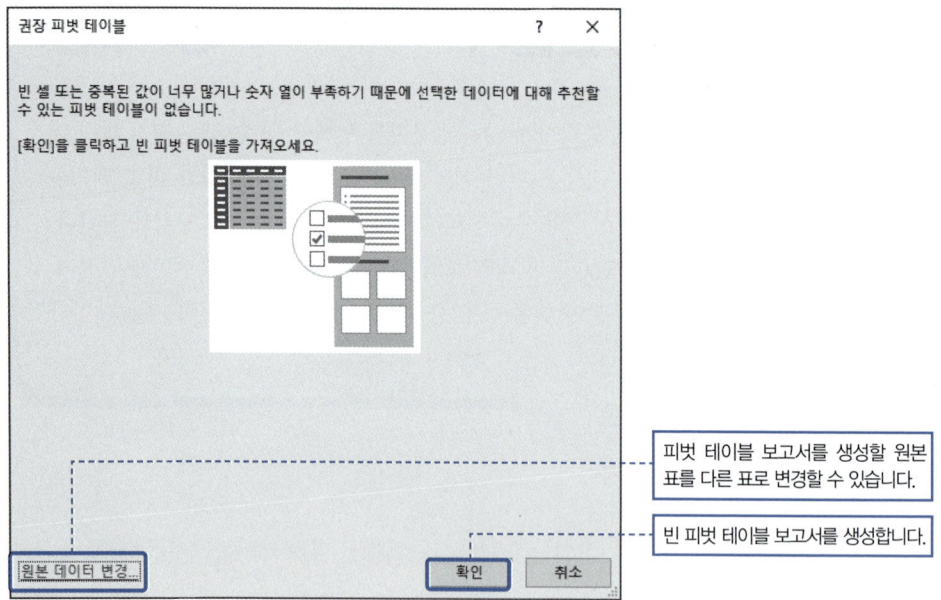

TIP '1대1 관계.xlsx' 파일의 '급여대장' 표로 작업한 결과입니다.

피벗 테이블 보고서는 최소한의 중복이 있는 열과 숫자 값이 있는 열이 있어야 구성할 수 있는데, 그렇지 않은 경우에 위와 같은 대화상자가 표시됩니다. 1대1 관계에서 '급여대장' 표는 중복된 데이터가 없는 경우입니다.

피벗 테이블 마법사를 이용해 피벗 테이블 보고서 만들기

046

피벗 테이블 보고서를 생성하는 방법은 엑셀 2003 버전과 2007 이후 버전이 조금 다릅니다. 2003 버전까지는 '피벗 테이블 마법사' 기능을 이용해 피벗 테이블 보고서를 구성했는데, 이 마법사 기능이 2007 이후 버전부터 쓰이는 '피벗 테이블 만들기' 기능과 다른 점은 엑셀의 '통합' 기능과 같이 여러 표를 하나의 피벗 테이블 보고서로 취합해 주는 기능이 있다는 점입니다. 이것은 '관계'와는 다른 방식이므로, 이런 방법이 필요한 분들은 '피벗 테이블 마법사' 기능을 이용해 피벗 테이블 보고서를 생성할 수 있습니다.

예제 파일 PART 02 \ CHAPTER 04 \ 피벗마법사.xlsx

피벗 테이블 마법사 명령 등록

피벗 테이블 마법사는 리본 메뉴에서는 제공되지 않으므로, 별도의 등록 작업을 거쳐야 사용할 수 있습니다. 빠른 실행 도구 모음에 [피벗 테이블 마법사] 명령을 등록해 보겠습니다.

01 리본 메뉴의 [파일]-[옵션]을 클릭해 'Excel 옵션' 대화상자를 열고, '빠른 실행 도구 모음' 범주의 '명령 선택' 콤보상자에서 [리본 메뉴에 없는 명령] 항목을 선택합니다. 하위 리스트를 스크롤해 [피벗 테이블/피벗 차트 마법사] 명령을 선택하고 〈추가〉 버튼을 클릭해 빠른 실행 도구 모음에 등록한 후 〈확인〉 버튼을 클릭합니다.

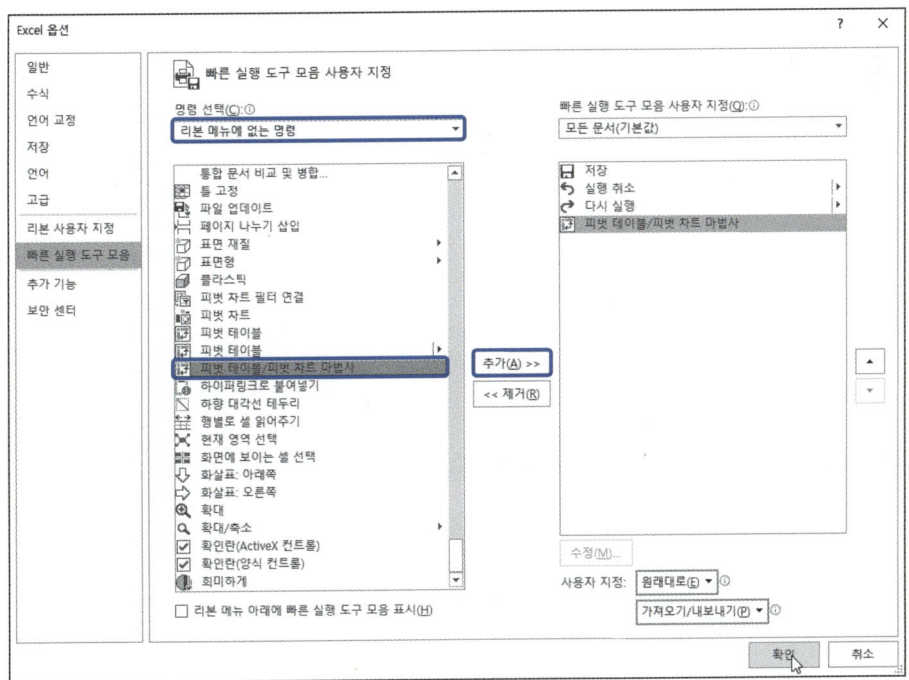

02 빠른 실행 도구 모음을 확인하면 다음과 같이 [피벗 테이블 마법사] 명령이 표시됩니다.

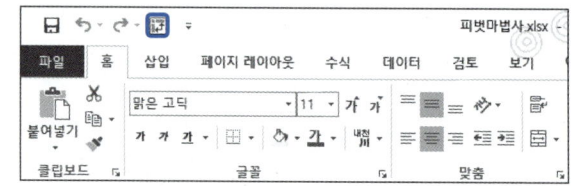

피벗 테이블 마법사를 이용한 피벗 테이블 보고서 생성

몇 개의 표로 분리된 집계표가 있을 때 이를 하나로 취합하려면 피벗 테이블 마법사 기능을 이용하는 것이 좋습니다.

01 예제 파일의 '전년' 시트에는 제품 분류의 지역별 매출이 집계되어 있습니다.

분류	서울	광역시	경기	경상	전라	강원	충청
복사기	75,900,910	73,974,380	32,874,325	12,109,425	4,045,350	2,774,400	
복합기	46,712,555	29,993,660	20,779,810	3,208,020	5,180,080	1,585,055	1,147,400
문서세단기	34,178,570	9,482,745	9,435,700	2,561,010	1,237,000	199,500	173,800
제본기	22,712,965	15,782,860	10,081,880	662,400	483,000	552,600	1,341,000
바코드스캐너	17,831,785	12,191,190	8,313,985	720,195	1,078,800	1,933,400	2,524,300
출퇴근기록기	15,599,485	11,081,020	7,303,900	437,915	336,100	731,500	462,900
복사용지	10,078,595	7,009,060	4,907,285	200,340	509,000	774,200	355,000
팩스	3,528,525	4,623,295	2,513,795	747,800	988,800	93,900	
지역합계	226,543,390	164,138,210	96,210,680	20,647,105	13,858,130	8,644,555	6,004,400

TIP H2, H9셀은 빈 셀입니다.

02 '금년' 시트를 열어 동일한 형식의 지역별 매출 집계표를 확인합니다.

분류	서울	광역시	경기	경상	전라	강원	충청
복합기	192,241,205	113,612,315	69,101,610	12,410,175	5,501,520	7,236,015	5,819,370
복사기	182,558,085	124,444,225	63,600,845	13,286,230	15,505,020	4,456,740	
문서세단기	65,091,060	39,793,325	29,146,555	6,040,075	37,145	1,797,970	1,216,380
출퇴근기록기	38,239,795	17,857,855	11,398,995	768,580	497,990	53,900	1,774,860
제본기	28,954,110	23,367,325	9,976,935	2,930,700			
바코드스캐너	26,451,455	15,166,080	10,032,660	1,826,565	98,700	1,176,365	1,901,055
팩스	22,095,585	12,271,245	5,342,195	2,669,800		1,516,930	220,590
복사용지	16,040,240	8,176,665	4,471,640	1,735,320	314,700	1,244,535	679,095
지역합계	571,671,535	354,689,035	203,071,435	41,667,445	21,955,075	17,482,455	11,611,350

TIP F6, F8, G6, H3, H6셀은 빈 셀입니다.

03 피벗 테이블을 이용해 두 시트의 집계표를 다음과 같은 보고서로 만들어 보겠습니다.

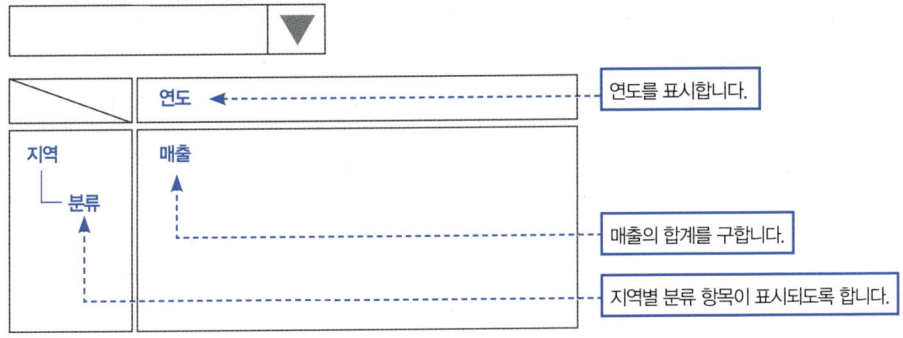

04 빠른 실행 도구 모음에서 [피벗 테이블/피벗 차트 마법사] 명령을 클릭합니다. 마법사 대화상자의 1단계 화면에서 [다중 통합 범위]를 선택하고 〈다음〉 버튼을 클릭합니다.

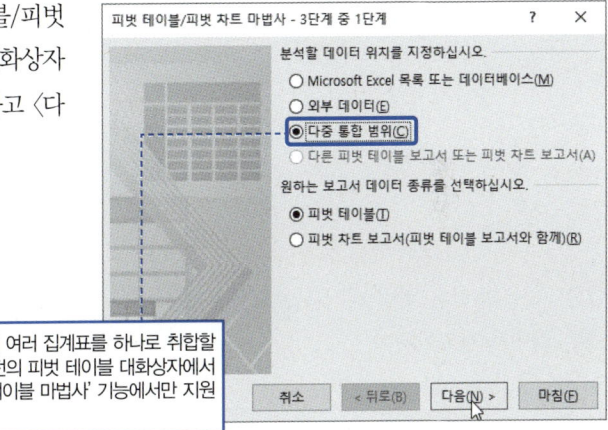

> 엑셀의 통합 명령과 유사하게 여러 집계표를 하나로 취합할 수 있습니다. 2007 이상 버전의 피벗 테이블 대화상자에서는 선택할 수 없으며, '피벗 테이블 마법사' 기능에서만 지원됩니다.

05 마법사 2A 단계에서는 [하나의 페이지 필드 만들기] 옵션이 선택된 상태에서 〈다음〉 버튼을 클릭합니다.

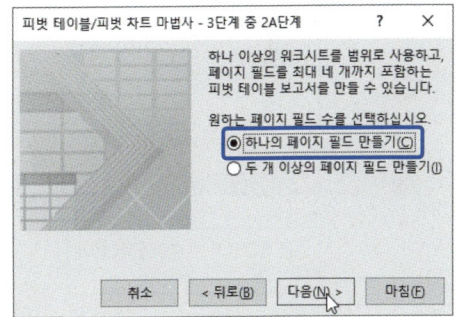

Plus⁺ 페이지 필드

'페이지 필드'란 페이지(Page) 영역에 삽입될 필드를 의미하는 표현이며, 페이지 영역은 2003 버전까지 필터 영역을 지칭하던 용어입니다. 즉, 이 옵션은 필터 영역에 몇 개의 필드를 삽입할지 결정하는 옵션인데, 필터 영역에 삽입될 필드는 여러 시트에 나뉘어져 있는 표를 선택하는 항목 값이 저장됩니다. 보통 하나면 충분하므로 옵션을 변경하지 않고 넘어가도 됩니다.

06 마법사 2B단계 화면에서는 피벗 테이블 보고서로 요약할 집계표 범위를 선택합니다. '범위' 참조란에서 '전년' 시트와 '금년' 시트의 A1:H9 범위를 각각 선택하고 〈추가〉 버튼을 클릭합니다. '모든 범위' 리스트에 다음과 같이 설정되면 〈다음〉 버튼을 클릭합니다.

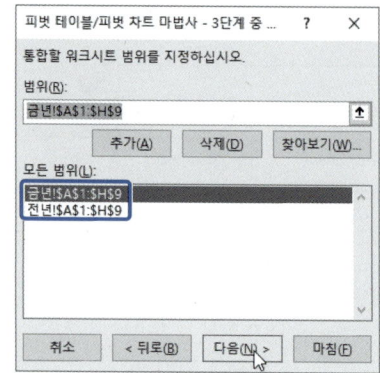

07 마법사 3단계 화면에서는 '새 워크시트'가 선택된 상태에서 〈마침〉 버튼을 클릭합니다.

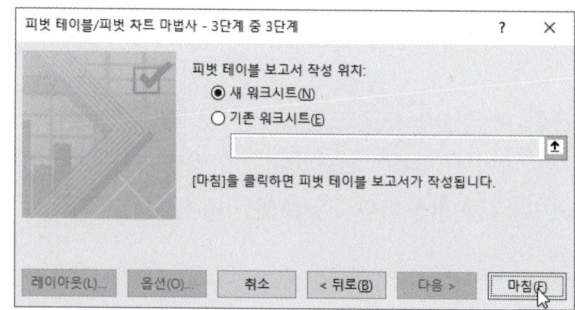

08 다음과 같은 피벗 테이블 보고서가 표시됩니다. 피벗 테이블과 다른 점이 몇 가지 있는데, 자세한 설명은 화면을 참고합니다.

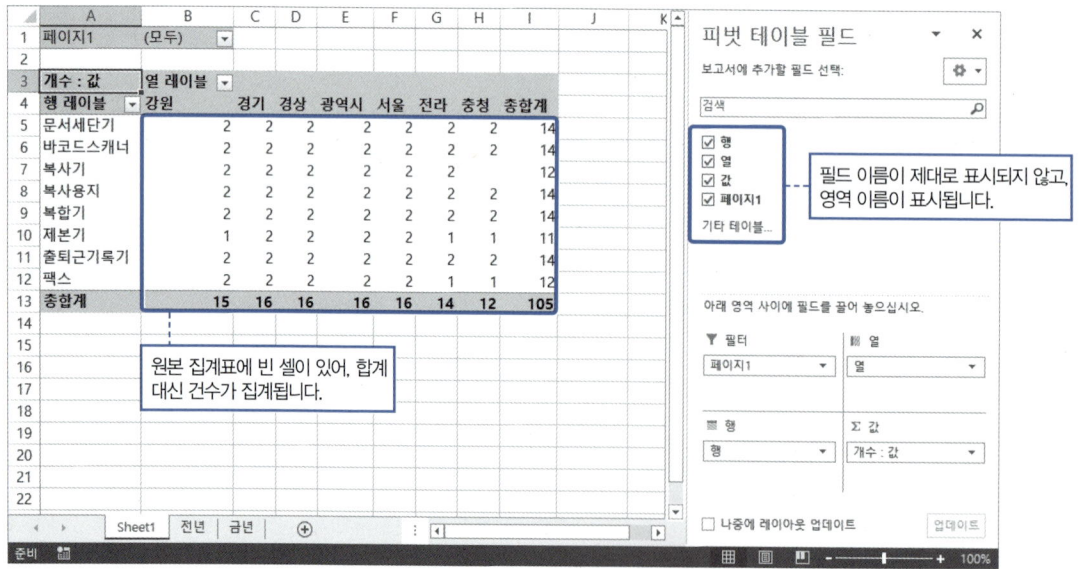

09 문제를 하나씩 해결하겠습니다. 먼저, 값 영역 내 필드의 요약 함수를 '개수'에서 '합계'로 변경합니다. A3셀에서 마우스 오른쪽 버튼을 클릭하고 [값 요약 기준]-[합계] 메뉴를 선택합니다.

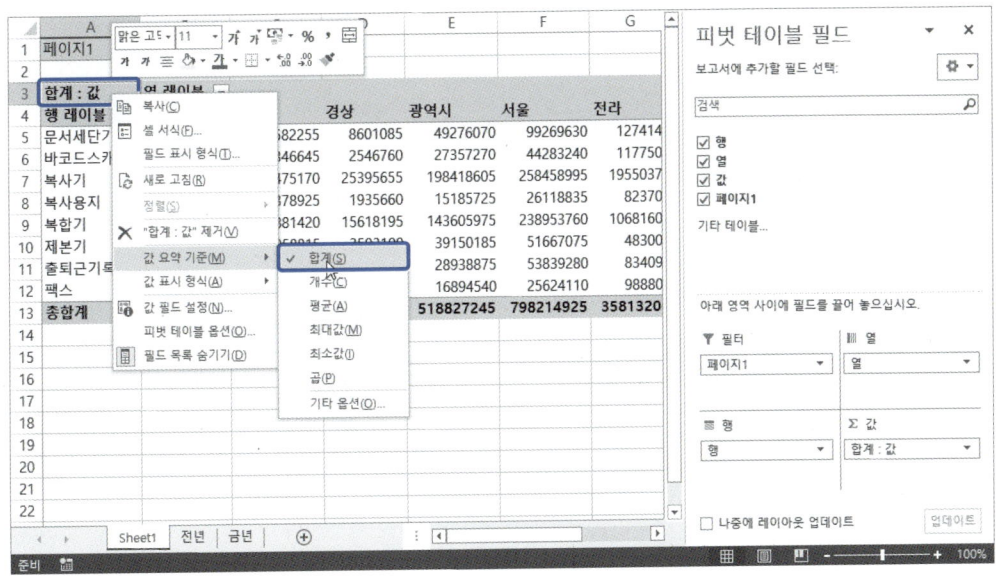

10 필드의 위치를 옮기겠습니다. '열' 필드를 행 영역 내 '행' 필드 위로 옮긴 후, '페이지1' 필드를 열 영역으로 드래그&드롭하여 조정합니다.

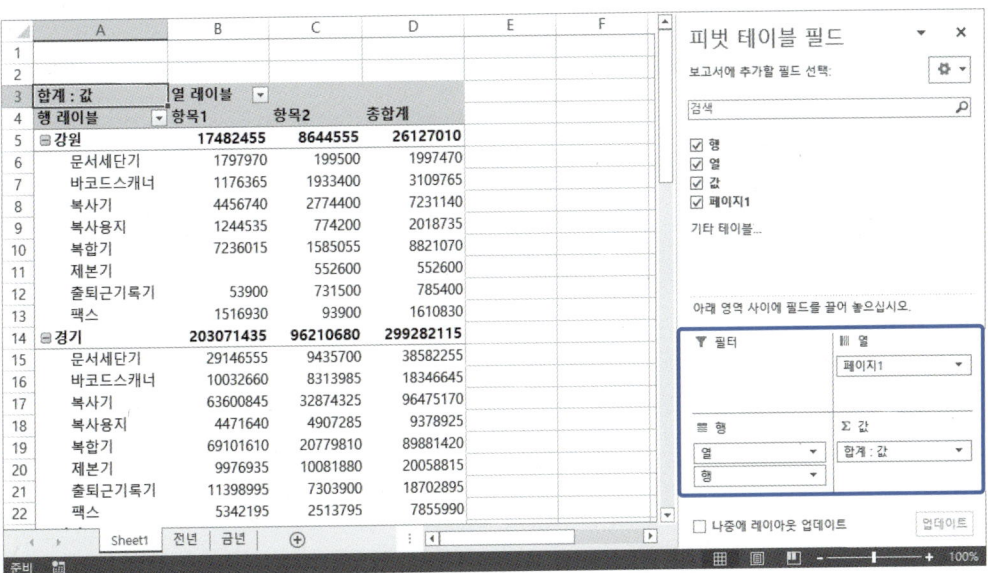

11 열 영역에 삽입한 '페이지1' 필드의 항목을 보면 '항목1', '항목2'와 같이 표시되어 있습니다. **06** 과정에서 추가한 표의 순서대로 '항목1'과 '항목2'가 되므로, '항목1'은 '금년'이고 '항목2'는 '전년'입니다. 항목 이름을 이해할 수 있도록 B4:C4 범위 내 값을 직접 고칩니다.

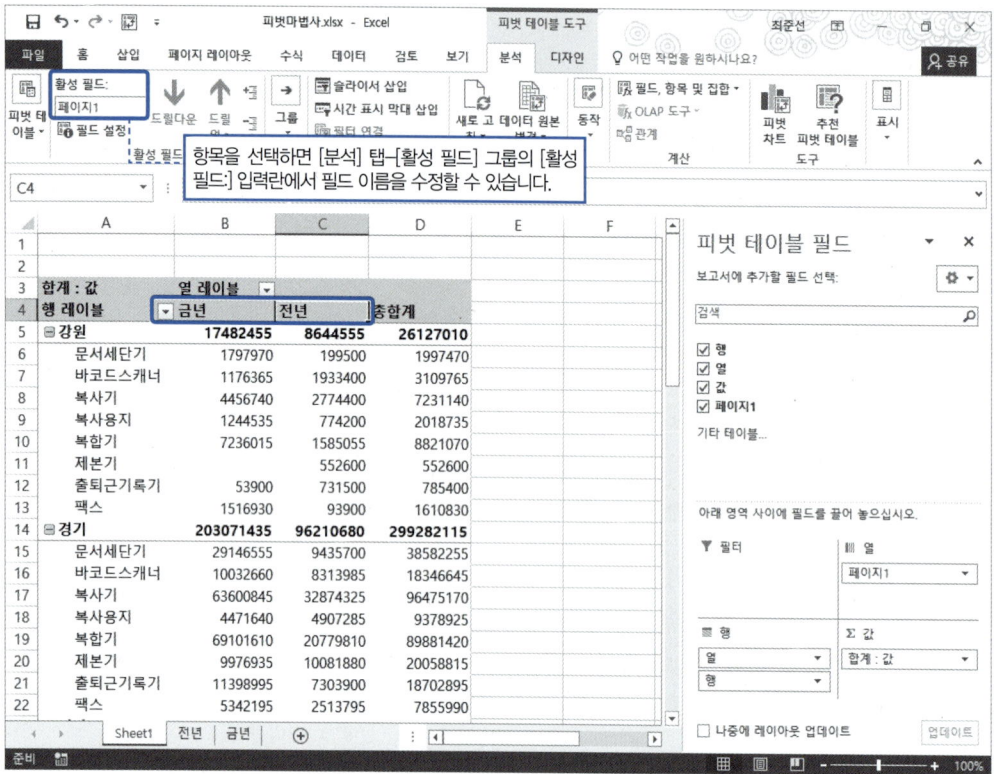

TIP 피벗 테이블 보고서 내 필드 이름을 수정하는 방법은 'No. 49 피벗 테이블 보고서에 표시된 필드 이름 수정하기'(179쪽)를 참고합니다.

CHAPTER
05

피벗 테이블 보고서 스킬

앞 장에서는 피벗 테이블 보고서를 생성하는 다양한 방법에 대해 알아보았습니다.
여기서는 피벗 테이블 보고서를 구성하는 다양한 기술적 방법에 대해 알아보겠습니다.
피벗 테이블 보고서에는 다양한 기능이 제공되며, 이를 잘 이용할수록 원하는 보고서를
더 빠르고 간편하게 얻을 수 있습니다.

피벗 테이블 보고서 빠르게 초기화하는 방법 047

피벗 테이블 보고서는 정해진 형태가 없고, 필드를 원하는 영역에 삽입할 때마다 그에 맞는 크로스-탭 형식의 보고서가 만들어집니다. 그러므로 보고서가 원하는 형식이 아닐 경우에 원하는 형식으로 다시 구성하려면 기존 필드의 위치를 다른 영역으로 옮기거나 보고서 내 필드를 삭제하는 등의 작업을 해야 하는데, 때에 따라서는 처음부터 다시 구성하는 것이 더 효율적일 수도 있습니다. 피벗 테이블 보고서를 생성했을 때의 화면으로 빠르게 초기화하는 방법을 알아보겠습니다.

예제 파일 PART 02 \ CHAPTER 05 \ 초기화.xlsx

예제 파일의 '피벗' 시트에는 다음과 같은 피벗 테이블 보고서가 있습니다. 다른 피벗 테이블 보고서를 작성하기 위해 이 보고서를 초기화하려면, 현재 삽입된 필드의 확인란을 체크 해제하는 방법이 가장 일반적입니다.

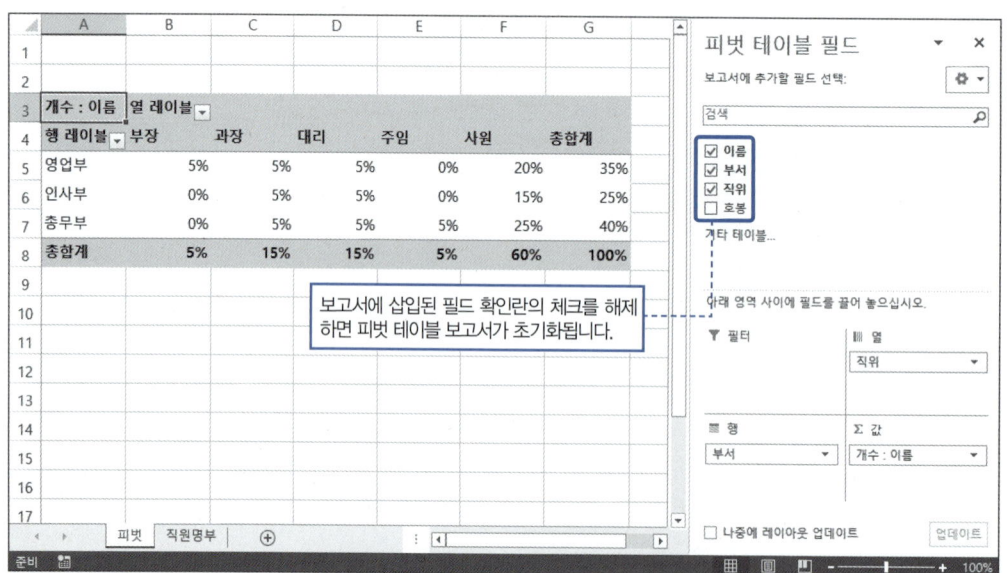

LINK 값 영역에 집계된 비율은 피벗 테이블의 값 표시 형식을 이용한 것입니다. 'No. 101 값 표시 형식 이해하기'(334쪽)를 참고합니다.

좀 더 빠르게 피벗 테이블 보고서를 초기화하려면 피벗 테이블 보고서가 선택된 상태에서 [분석] 탭-[동작] 그룹-[지우기] 명령(🗑)을 클릭하고 [모두 지우기] 메뉴를 선택합니다.

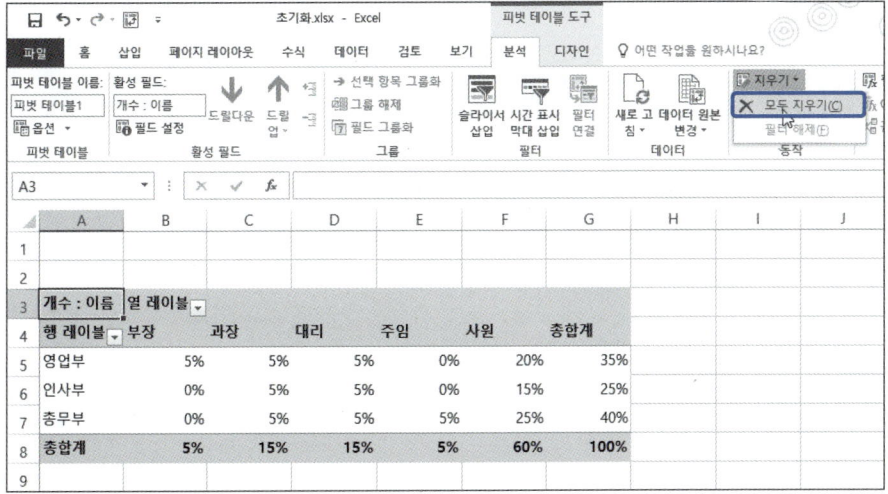

LINK 피벗을 자주 사용한다면 [모두 지우기] 명령을 빠른 실행 도구 모음에 등록하고 사용하는 것이 편리합니다. 빠른 실행 도구 모음에 명령을 등록하는 방법은 'No. 46 피벗 테이블 마법사를 이용해 피벗 테이블 보고서 만들기'(165쪽)를 참고합니다.

다음 화면은 피벗 테이블 보고서에 삽입된 필드가 모두 삭제된 모습입니다. 복잡하게 구성된 피벗 테이블 보고서는 이런 방법으로 초기화하면 편리합니다.

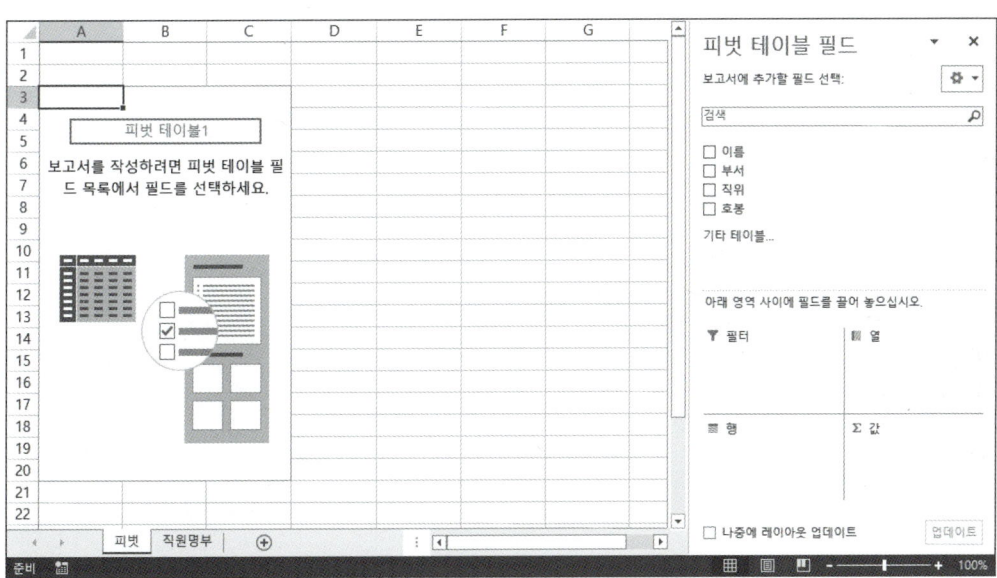

TIP 이전 보고서로 다시 전환하려면 Ctrl + Z 키를 눌러 실행 취소를 합니다.

피벗 테이블 보고서 자동 갱신하기　048

피벗 테이블 보고서는 생성된 후 원본 테이블과의 연결이 끊어집니다. 그렇기 때문에 원본 데이터를 수정한 경우에는 피벗 테이블 보고서에서 반드시 [새로 고침] 명령을 클릭해야 수정된 내용이 반영됩니다. 피벗 테이블 보고서가 대용량 데이터를 분석해야 하는 기능이므로 이해할 수는 있지만 불편한 것은 사실입니다. 피벗 테이블 보고서를 자동으로 갱신하도록 해 보겠습니다.

예제 파일 PART 02 \ CHAPTER 05 \ 새로 고침.xlsx, 새로 고침 (코드).txt

새로 고침 이해하기

수식은 자신이 참조한 셀 값이 변경되면 자동으로 다시 연산을 하지만, 피벗 테이블 보고서는 참조한 셀 값이 변경되어도 자동으로 수정되지 않습니다. 이것은 대량의 데이터를 처리해야 하는 피벗 테이블의 단점이기도 합니다. 그러므로 원본 표의 데이터를 수정하면 피벗 테이블 보고서도 반드시 새로 고쳐야 합니다.

01 예제 파일의 '피벗' 시트를 열어 각 부서의 호봉별 직원 수를 집계한 피벗 테이블 보고서를 확인합니다. 원본 표를 수정한 후, 피벗 테이블 보고서가 변경된 내용을 제대로 집계해 표시하는지 확인해 보겠습니다.

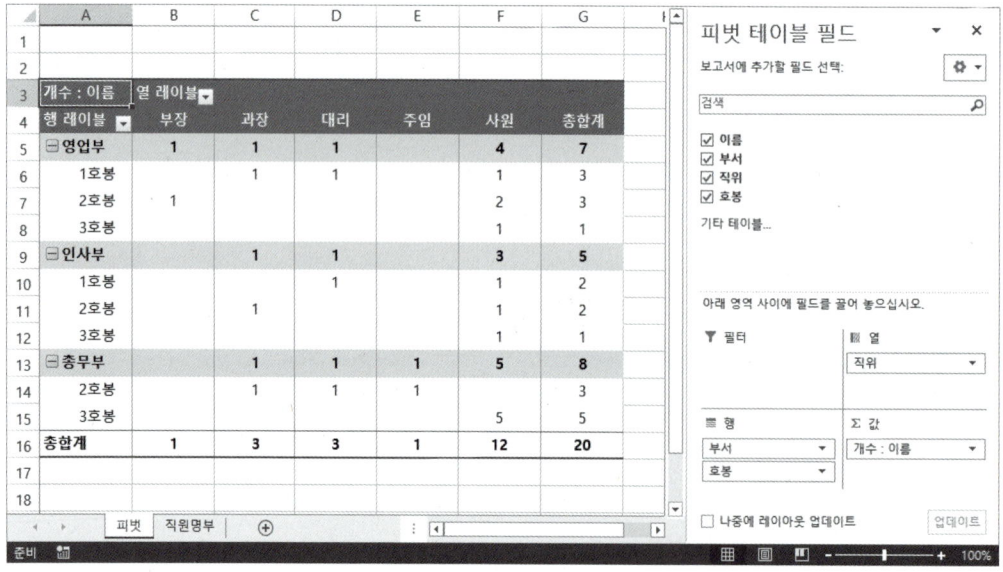

'No. 47 피벗 테이블 보고서 빠르게 초기화하는 방법'(172쪽)을 참고해 피벗 테이블 보고서를 초기화하고 동일한 피벗 테이블 보고서를 생성해 봅니다.

TIP 피벗 테이블 보고서를 보면 영업부는 사원이 네 명이고, 주임은 한 명도 없다는 사실을 알 수 있습니다.

02 '직원명부' 시트로 이동하여 영업부 '강민영' 직원의 직위와 호봉을 '주임', '1호봉'으로 수정합니다.

셀	이전 값	수정 값
C5	사원	주임
D5	3호봉	1호봉

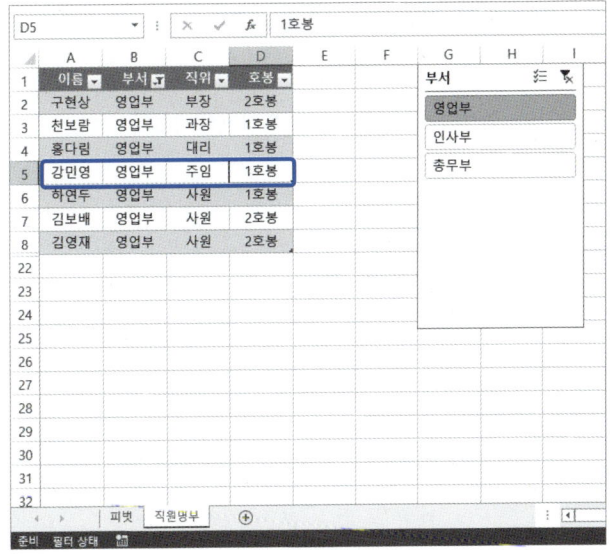

03 '피벗' 시트로 다시 이동해 보면, 피벗 테이블 보고서가 **01** 화면과 동일하고 **02** 과정에서 수정한 데이터가 전혀 반영되지 않은 것을 확인할 수 있습니다.

04 피벗 테이블 보고서가 수정된 데이터를 반영하도록 보고서를 새로 고쳐 보겠습니다. 피벗 테이블 보고서가 선택된 상태에서 [분석] 탭-[데이터] 그룹-[새로 고침] 명령()을 클릭합니다. 보고서가 갱신되어 5행의 영업부 집계 현황에서 주임이 1명, 사원이 4명에서 3명으로 줄어든 결과가 표시됩니다.

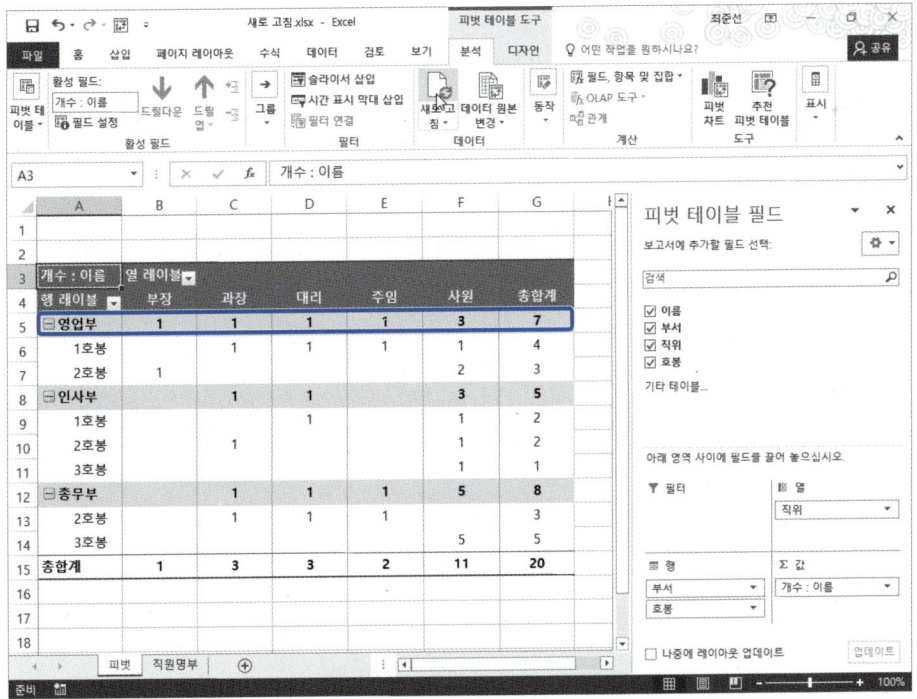

파일을 열 때 자동으로 새로 고침

피벗 테이블 보고서에는 설정을 변경할 수 있는 몇 가지 옵션이 있습니다. 그중 하나가 바로 피벗 테이블 보고서를 갱신하는 옵션으로, 파일을 열 때 모든 피벗 테이블 보고서가 자동으로 갱신되도록 할 수 있습니다.

01 피벗 테이블 보고서가 선택된 상태에서 [분석] 탭-[피벗 테이블] 그룹-[옵션] 명령(📋)을 클릭합니다. '피벗 테이블 옵션' 대화상자의 [데이터] 탭에서 [파일을 열 때 데이터 새로 고침] 옵션에 체크하고 〈확인〉 버튼을 클릭합니다.

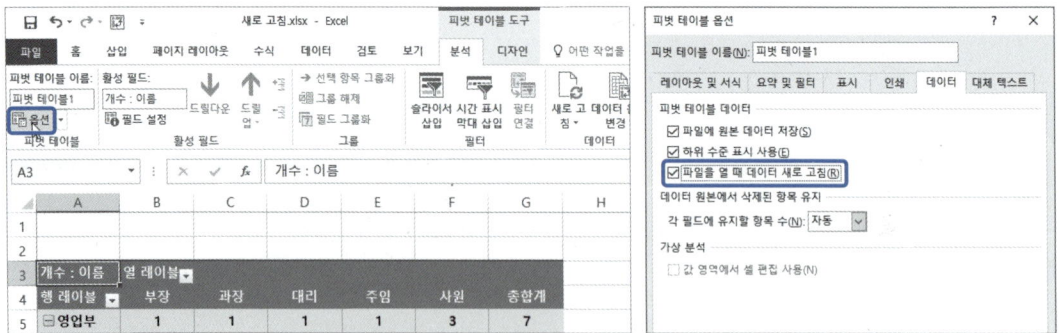

02 '직원명부' 시트로 이동하여 영업부 강민영 직원의 직위와 호봉을 원래대로 '사원', '3호봉'으로 수정한 후 '피벗' 시트로 이동하여 수정 내용이 적용되지 않은 것을 확인합니다. 파일을 저장하고 닫습니다.

03 파일을 다시 열면, '영업부'의 '주임'은 0명, '사원'은 4명으로 집계된 것을 확인할 수 있습니다.

매크로를 이용해 자동 고침

앞에서 설명한 방법이 불편하다면, 엑셀 매크로 기능을 이용해 자동으로 피벗 테이블 보고서가 새로 고쳐지도록 하는 것도 좋은 방법입니다. 매크로를 사용하기 위해 매크로 개발에 필요한 VBA를 반드시 이해해야 하는 것은 아닙니다. 여기에서 소개하는 매크로를 그대로 정확하게 입력하기만 하면 자동으로 피벗 테이블 보고서가 갱신되므로 편리합니다.

01 피벗 테이블 보고서가 삽입된 시트의 시트 탭을 마우스 오른쪽 버튼으로 클릭하고 [코드 보기] 메뉴를 선택합니다.

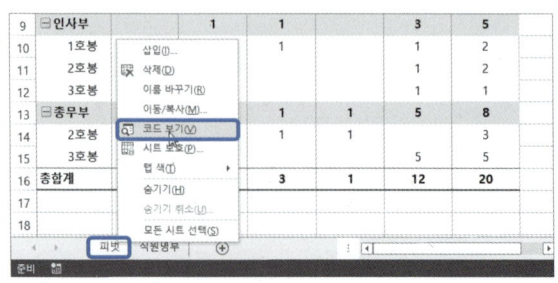

02 VB 편집기가 표시되면, 오른쪽 영역의 커서가 깜빡이고 있는 곳에 다음 코드를 입력합니다.

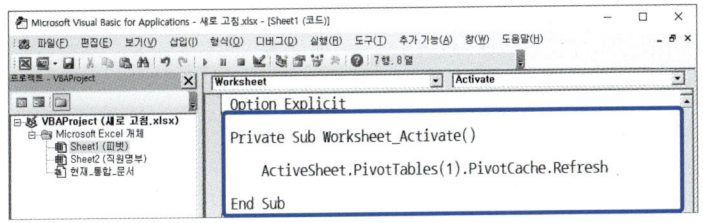

> **Plus+** 피벗 테이블 새로 고침 매크로
>
> 이번에 사용된 코드는 다음과 같습니다.
>
> ```
> Private Sub Worksheet_Activate()
>
>     ActiveSheet.PivotTables(1).PivotCache.Refresh
>
> End Sub
> ```
>
> 위 매크로는 시트에 피벗 테이블 보고서가 하나만 있는 경우 첫 번째로 생성된 피벗 테이블 보고서를 새로 고치는 역할을 합니다. 피벗 테이블 보고서가 여러 개 있다면 다음과 같이 수정합니다.
>
> ```
> Private Sub Worksheet_Activate()
>
>     Dim 피벗 As PivotTable
>
>     For Each 피벗 In ActiveSheet.PivotTables
>
>         피벗.PivotCache.Refresh
>
>     Next
>
> End Sub
> ```
>
> 만약 원본 테이블이 데이터 모델 내의 것이라면 코드를 다음과 같이 수정해야 합니다.
>
> ```
> Private Sub Worksheet_Activate()
>
>     ActiveSheet.PivotTables(1).RefreshTable
>
> End Sub
> ```
>
> 이렇게 사용자의 환경에 따라 사용해야 할 코드가 다른 점에 주의해야 합니다.
>
> **TIP** 여기에서 설명한 모든 코드는 예제로 제공되는 '새로 고침 (코드).txt' 파일에서 확인할 수 있습니다.

03 VB 편집기를 닫고, '직원명부' 시트에서 영업부 강민영 직원의 직위와 호봉을 '주임', '1호봉'으로 수정한 후 '피벗' 시트로 이동해 보면, 피벗 테이블 보고서가 자동으로 갱신된 것을 확인할 수 있습니다.

04 파일에 매크로를 사용한 경우, 2007 이상 버전에서는 파일 형식을 '매크로 사용 통합 문서'로 설정하고 저장해야 합니다. F12 키를 눌러 '다른 이름으로 저장' 대화상자를 호출한 후, '파일 형식'에서 [Excel 매크로 사용 통합 문서 (*.xlsm)]를 선택하고 〈저장〉 버튼을 클릭합니다.

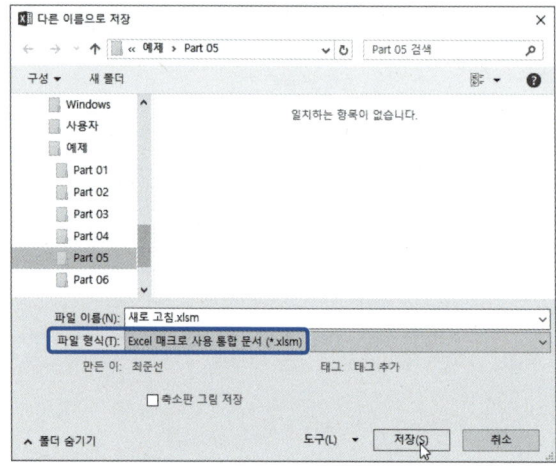

> **Plus⁺ 04 과정을 거치지 않고 파일을 저장할 때 주의할 점**
>
> 파일을 다른 이름으로 저장하지 않고 바로 저장하면 다음과 같은 메시지 창이 열립니다.
>
>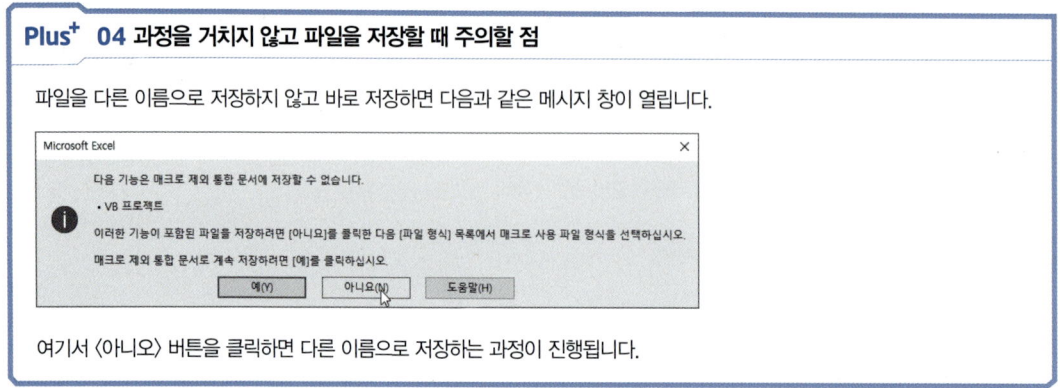
>
> 여기서 〈아니오〉 버튼을 클릭하면 다른 이름으로 저장하는 과정이 진행됩니다.

05 파일을 저장한 후 파일을 닫고 다시 열면 다음과 같은 '보안 경고' 메시지 줄이 표시됩니다. 〈콘텐츠 사용〉 버튼을 클릭해 파일 내 매크로를 사용할 수 있도록 허가합니다.

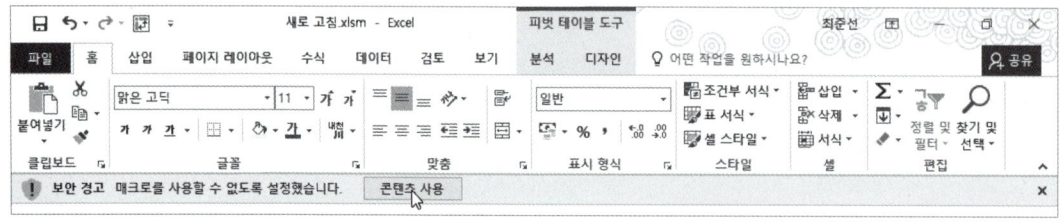

049 피벗 테이블 보고서에 표시된 필드 이름 수정하기

피벗 테이블 보고서에는 필드 이름을 포함한 영역 이름(행 레이블, 열 레이블)이 표시됩니다. 이들은 사용자가 원하는 이름으로 변경할 수 있으며, 영역 이름의 경우는 표시하지 않을 수도 있습니다. 필드 이름을 고칠 때는 한 가지 지켜야 할 규칙이 있는데, 바로 기존의 필드 이름과 동일한 이름으로는 변경할 수 없다는 점입니다. 행/열 영역 이름과 피벗 테이블 보고서에 표시되는 각종 이름을 수정하는 방법에 대해 알아보겠습니다.

예제 파일 PART 02 \ CHAPTER 05 \ 이름 변경.xlsx

값, 필터 영역 내 필드

값 영역과 필터 영역은 필드 이름이 바로 피벗 테이블 보고서 내에 표시되므로, 셀 값을 고치는 방법을 이용해 필드 이름을 수정할 수 있습니다. 예제 파일을 열고, 다음 위치의 값을 변경해 봅니다.

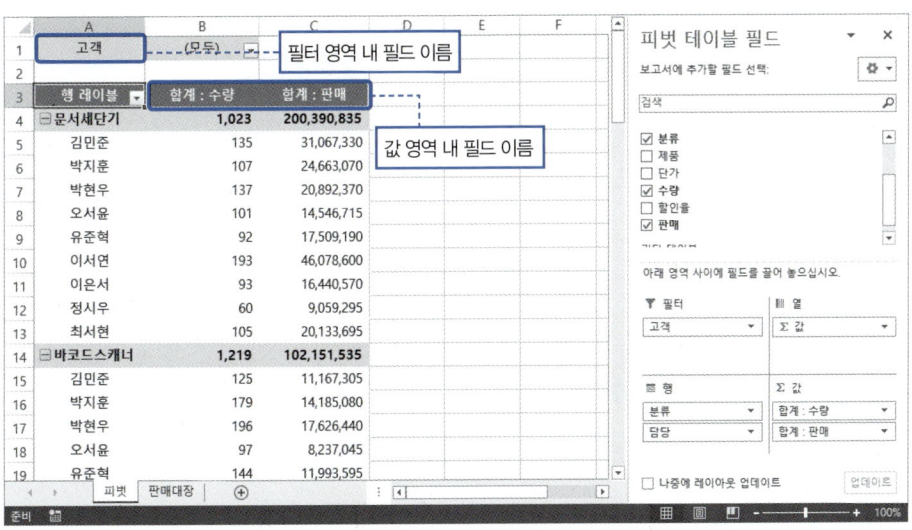

'No. 47 피벗 테이블 보고서 빠르게 초기화하는 방법'(172쪽)을 참고해 피벗 테이블 보고서를 초기화하고, 동일한 피벗 테이블 보고서를 생성해 봅니다.

A1셀과 B3:C3 범위의 이름을 다음과 같이 변경해 봅니다.

셀	값	구분
A1	거래고객	필터
B3	판매수량	값
C3	매출	값

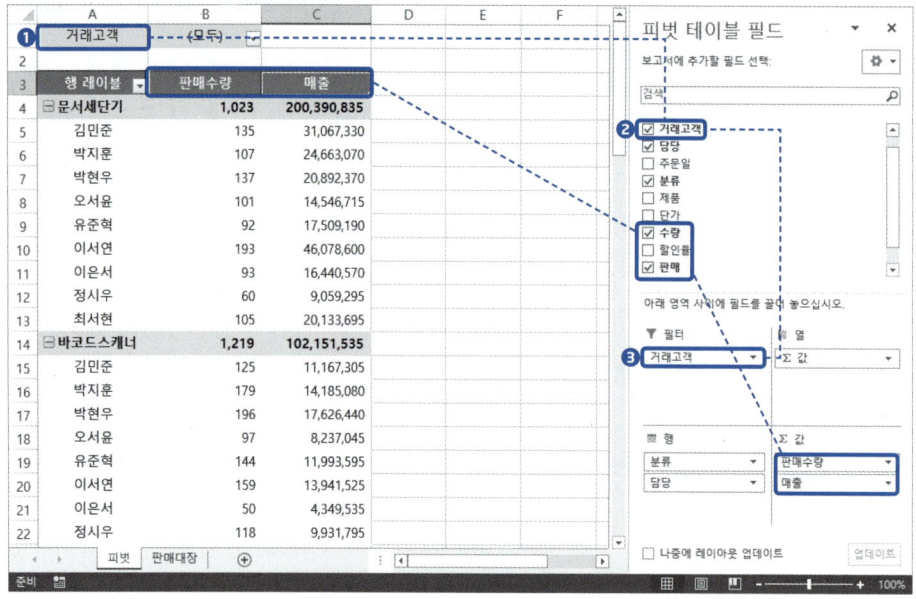

TIP 값 영역 내 필드 이름을 기존 필드 이름과 동일하게 수정하면 안 됩니다.

변경된 이름을 보면, 필터 영역과 값 영역의 이름이 서로 다른 규칙으로 관리된다는 것을 알 수 있습니다. A1셀의 필드 이름을 수정(❶)하면 필드 목록(❷)과 필터 영역 내 필드 이름(❸)이 동일하게 수정됩니다. 하지만 값 영역의 경우는 B3:C3 범위 내 필드 이름을 수정해도 필드 목록 내 이름은 변경되지 않으며 값 영역 내 필드 이름만 변경됩니다.

행 레이블, 열 레이블

피벗 테이블 보고서를 사용하면 보고서 내에 '행 레이블'과 '열 레이블'이라는 영역 이름이 표시됩니다. 이것이 마음에 들지 않는다면 이름을 변경하거나 표시되지 않도록 할 수 있습니다.

A3셀의 '행 레이블' 이름을 '분류'로 변경해 봅니다.

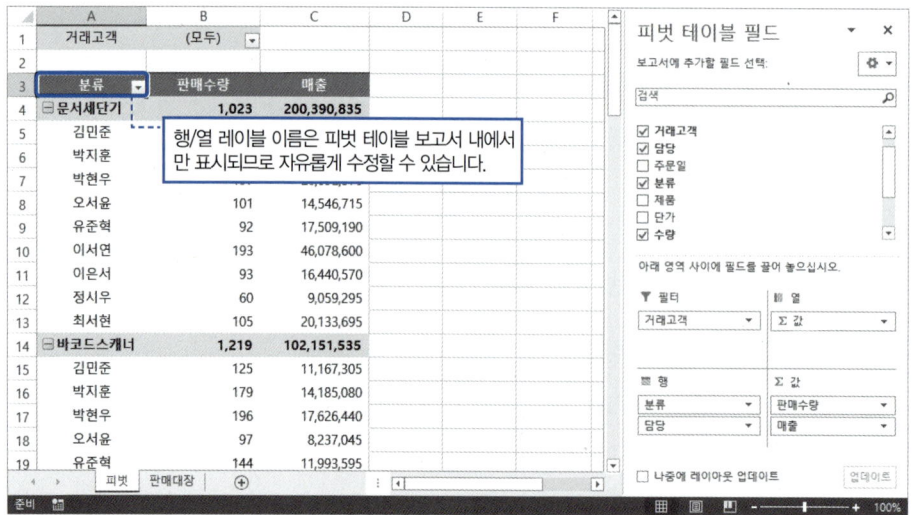

180 / PART 02 | 피벗 테이블 보고서

행/열 레이블 이름이 군더더기로 느껴진다면 표시되지 않도록 할 수 있습니다. [분석] 탭-[표시] 그룹-[필드 머리글] 명령(⊞)을 클릭하면 화면과 같이 '행 레이블' 이름이 더 이상 표시되지 않습니다.

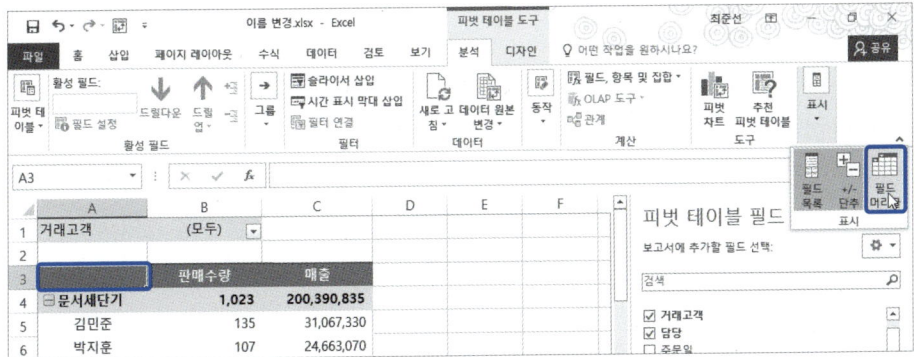

행, 열 영역 내 필드

행/열 영역에 삽입된 필드의 필드 이름은 피벗 테이블 보고서 내에 표시되지 않으므로 다른 이름으로 변경하려면 리본 메뉴를 이용해야 합니다. 화면과 같이 '분류' 필드의 항목을 하나(여기서는 A4셀) 선택하고 [분석] 탭-[활성 필드] 그룹의 [활성 필드:]를 보면 입력란에 필드 이름이 표시됩니다. 여기서 원하는 필드 이름으로 변경하면 됩니다.

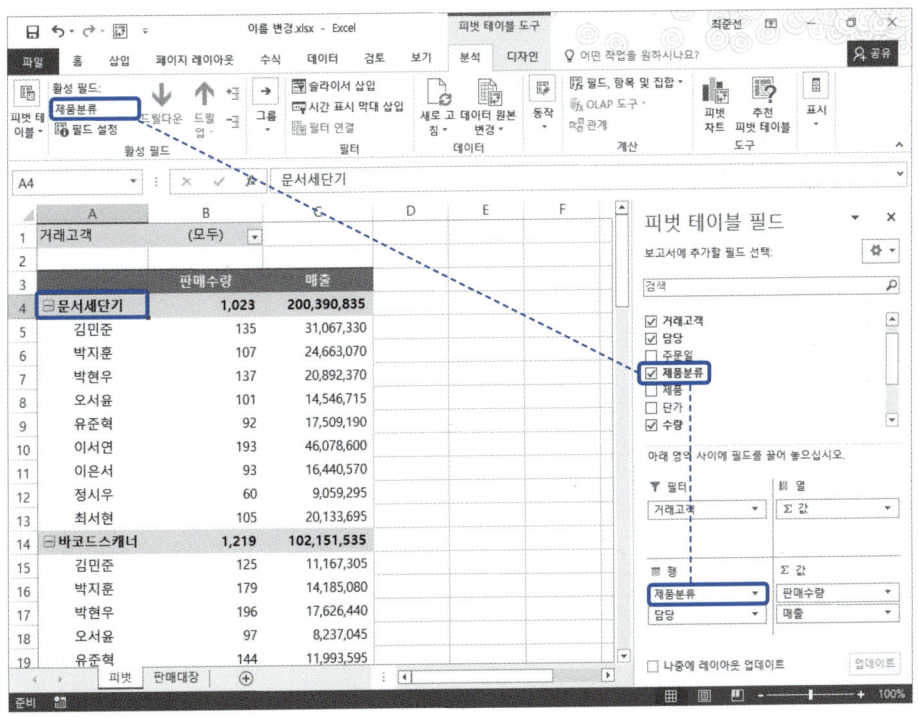

행/열 영역 내 필드 이름을 수정하면 필터 영역과 동일하게 모든 이름이 동일하게 변경됩니다. 이렇게 하면 원본 표에서 복잡하게 사용하던 이름도 간단하게 변경해 피벗 테이블 보고서에서 사용할 수 있습니다.

행/열 영역 내 필드를 중첩 사용하기

050

행/열 영역에 필드를 여러 개 삽입하면, 먼저 위치한 필드의 하위 수준으로 보고서가 분석됩니다. 그러므로 원하는 모양의 피벗 테이블 보고서를 구성하려면 행/열 영역에 필드를 삽입하는 순서나 삽입된 필드 순서를 조정하는 방법을 이해해야 합니다. 또 필드를 중첩하면 상위 필드의 부분합 행이 보고서 내에 표시되며, 부분합 행에서는 다양한 상위 필드의 요약 값을 표시할 수 있습니다. 행/열 영역에 필드를 중첩 사용하는 방법에 대해 알아보겠습니다.

예제 파일 PART 02 \ CHAPTER 05 \ 필드 중첩.xlsx

필드 중첩

행/열 영역에 필드를 여러 개 삽입하면, 먼저 삽입된 필드가 상위 필드가 되고 나중에 삽입된 필드가 하위 필드가 되어 보고서의 성격이 달라집니다.

01 예제 파일의 '피벗' 시트에는 담당자별 판매 실적이 집계된 피벗 테이블 보고서가 있습니다. 행 영역에 삽입된 '담당' 필드의 하위에 여러 필드를 삽입해 보면서, 피벗 테이블 보고서가 추가된 항목을 어떻게 표시하는지 확인하겠습니다.

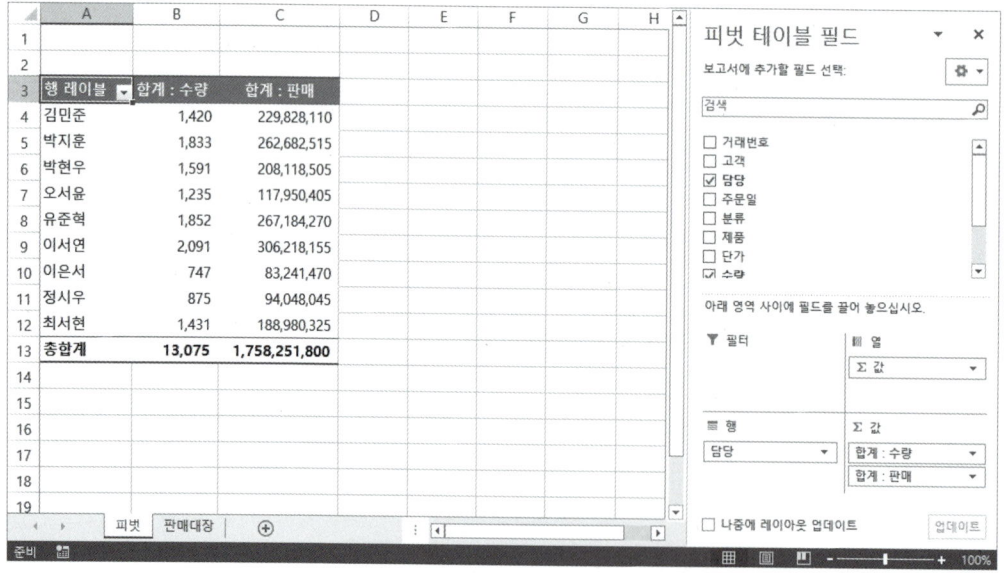

'No. 47 피벗 테이블 보고서 빠르게 초기화하는 방법'(172쪽)을 참고해 피벗 테이블 보고서를 초기화하고, 동일한 피벗 테이블 보고서를 생성해 봅니다.

02 필드를 순서대로 삽입하는 경우에는 필드 확인란을 체크하거나 드래그하는 방법을 사용하면 됩니다. '피벗 테이블 필드' 작업 창에서 '분류' 필드의 확인란에 체크하면 행 영역에 '분류' 필드가 '담당' 필드의 하위 필드로 삽입됩니다.

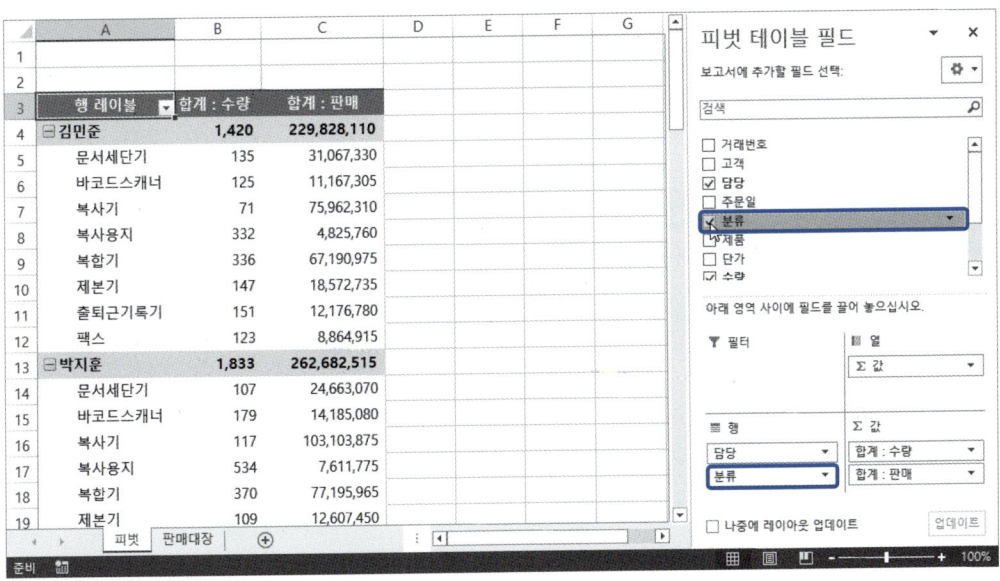

03 행 영역에 삽입된 '분류' 필드를 드래그해 '담당' 필드의 위로 이동시키면 다음과 같이 분류별 영업사원의 판매실적 보고서로 변경됩니다.

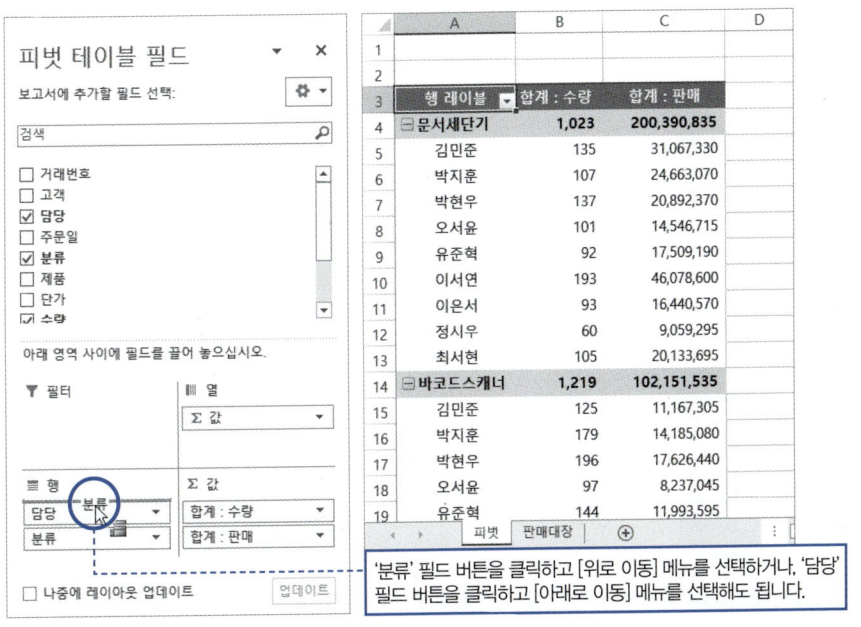

'분류' 필드 버튼을 클릭하고 [위로 이동] 메뉴를 선택하거나, '담당' 필드 버튼을 클릭하고 [아래로 이동] 메뉴를 선택해도 됩니다.

04 이처럼 필드의 위치를 바꾸면 성격이 다른 보고서를 얻을 수 있습니다. 피벗 테이블 레이아웃 영역에서 바로 필드를 추가할 수도 있습니다. 단축키 Ctrl + Z 를 여러 번 눌러 '분류' 필드를 삽입하기 이전으로 돌아갑니다.

05 '담당' 필드에 새로운 하위 필드를 추가하기 위해 필드 내 항목을 더블클릭해도 됩니다. 다음 화면과 같이 '담당' 필드 내 항목 중 하나인 A4셀을 더블클릭하면 '하위 수준 표시' 대화상자가 열립니다. 하위 필드로 삽입할 필드(여기서는 '분류')를 선택하고 〈확인〉 버튼을 클릭합니다.

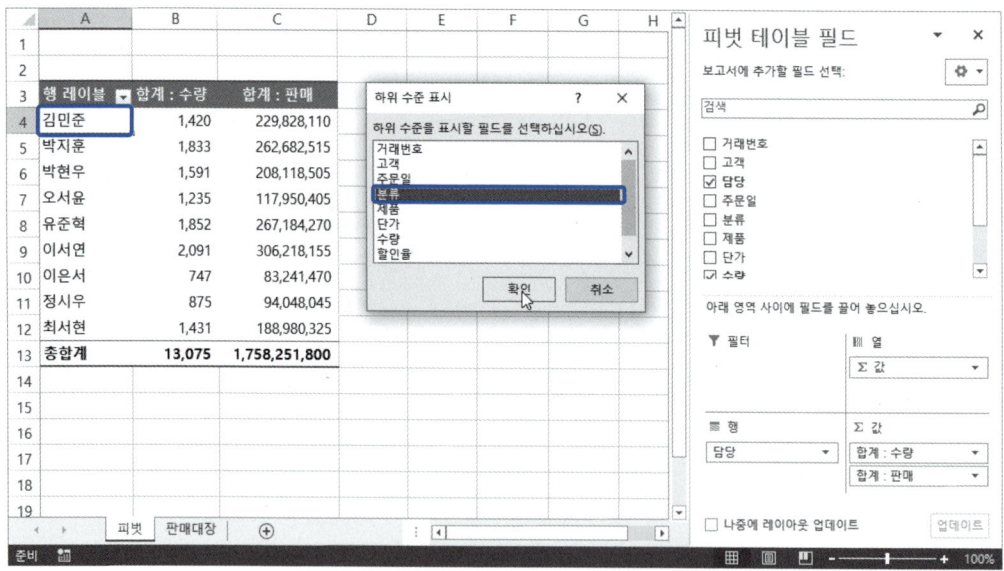

06 행 영역에 '분류' 필드가 하위 필드로 삽입됩니다. 앞에서 필드를 직접 추가했을 때와 다른 점은 **05** 과정에서 더블클릭한 항목인 '김민준'의 하위 항목만 모두 표시되고 다른 직원의 하위 항목은 축소 표시된다는 것입니다.

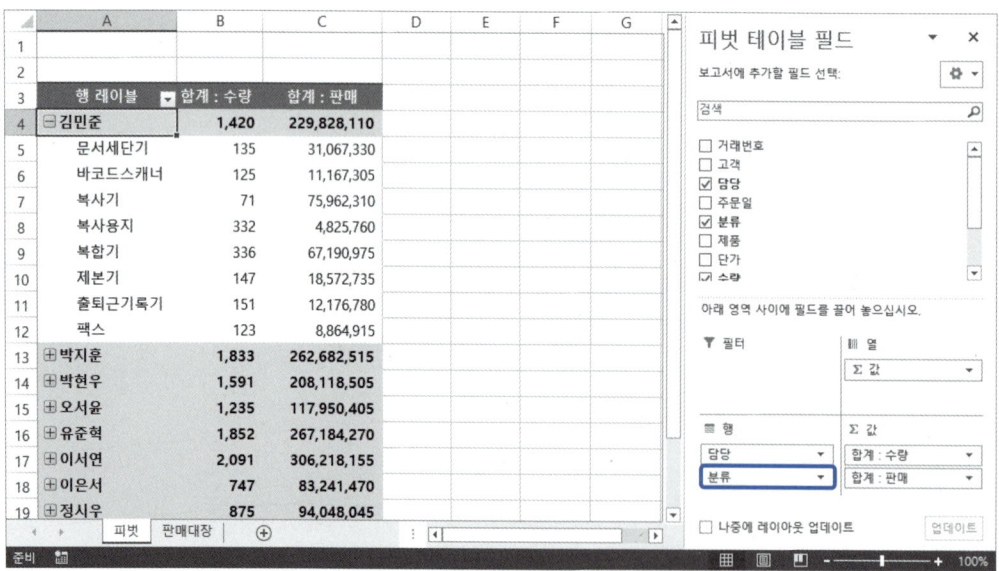

07 모든 항목을 표시하려면 '담당' 필드 내 항목(여기서는 A4셀)을 마우스 오른쪽 버튼으로 클릭하고 [확장/축소]–[전체 필드 확장] 메뉴를 선택합니다.

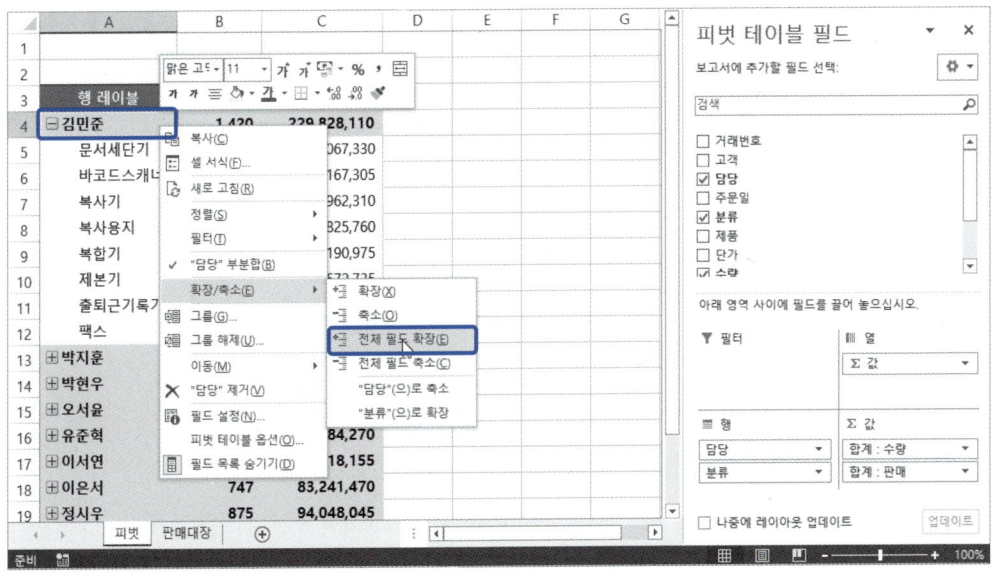

> **Plus⁺ 확장/축소 단추 지우는 방법**
>
> 확장/축소 단추는 필드를 중첩 사용할 때 상위 필드의 항목 왼쪽에 표시됩니다. 이렇게 단추가 표시되는 것이 마음에 들지 않는다면 [분석] 탭–[표시] 그룹–[+/– 단추] 명령을 클릭해 표시되지 않도록 할 수 있습니다. 다시 표시되도록 하려면 [+/– 단추] 명령을 한 번 더 클릭합니다.

필드 부분합 설정하기 051

행/열 영역에 필드를 중첩하면 상위 필드의 부분합 행이 표시됩니다. 부분합 행에는 기본적으로 하위 필드 항목의 합계가 계산되며, 필요하다면 이를 다른 집계 함수로 변경하거나 여러 개의 집계 함수를 사용해 동시에 여러 결과를 표시할 수 있습니다. 또 부분합 행이 불편하다면 표시되지 않도록 할 수도 있습니다. 상위 필드의 부분합 행을 설정하는 다양한 방법에 대해 알아보겠습니다.

예제 파일 PART 02 \ CHAPTER 05 \ 필드 부분합.xlsx

부분합 행 위치를 옮기거나 표시하지 않기

부분합 행의 위치는 기본적으로 상위 필드 항목의 오른쪽이며, 사용자가 원하는 위치로 변경할 수 있습니다.

01 예제 파일의 '피벗' 시트를 보면 영업사원의 제품 분류별 매출 실적을 피벗 테이블 보고서에서 확인할 수 있습니다. 영업사원의 실적이 하위 필드 상단(4행, 13행)에 표시됩니다.

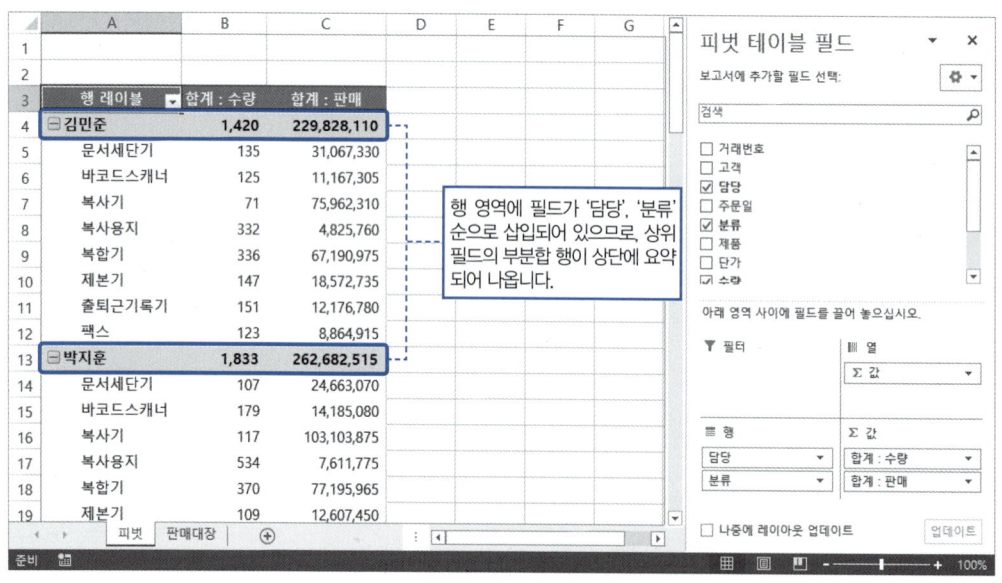

'No. 47 피벗 테이블 보고서 빠르게 초기화하는 방법'(172쪽)을 참고해 피벗 테이블 보고서를 초기화하고 동일한 피벗 테이블 보고서를 생성해 봅니다.

02 부분합 행을 표시하지 않거나 하단으로 위치를 옮기고 싶다면 옵션을 변경합니다. 피벗 테이블 보고서가 선택된 상태에서 [디자인] 탭-[레이아웃] 그룹-[부분합] 명령(▦)을 클릭합니다.

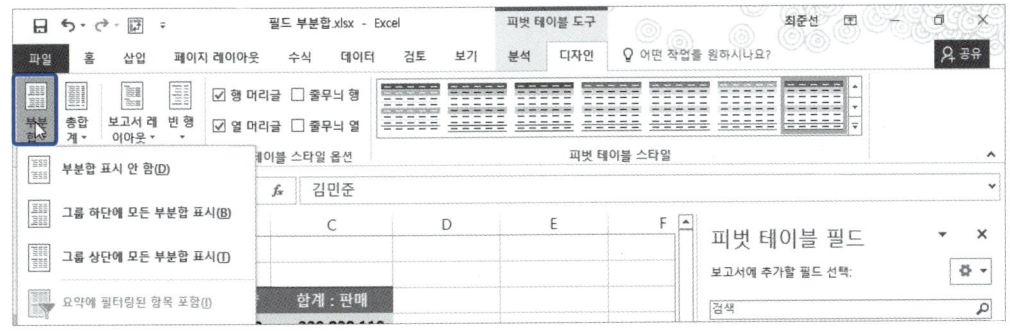

03 [부분합]의 하위 메뉴에서 [부분합 표시 안 함] 메뉴를 선택하면 왼쪽의 화면과 같이 표시되고, [그룹 하단에 모든 부분합 표시] 메뉴를 선택하면 오른쪽 화면과 같이 표시됩니다.

TIP 메뉴 선택 결과를 확인한 후, 단축키 [Ctrl]+[Z]를 누르거나 [디자인] 탭-[레이아웃] 그룹-[부분합] 명령을 클릭하고 [그룹 상단에 모든 부분합 표시]를 선택하여 원래대로 복원합니다.

부분합 집계 방법 변경

부분합은 기본적으로 합계가 구해지며, 집계 방법을 변경하거나 여러 개의 집계 결과를 동시에 표시할 수 있습니다.

01 피벗 테이블 보고서에서 상위 필드인 '담당' 필드 내 항목을 하나 선택(여기서는 A4셀)하고 마우스 오른쪽 버튼을 클릭해 [필드 설정] 메뉴를 선택합니다. '필드 설정' 대화상자가 열리면 [사용자 지정] 옵션을 선택하고 원하는 집계 함수를 선택한 후 〈확인〉 버튼을 클릭합니다.

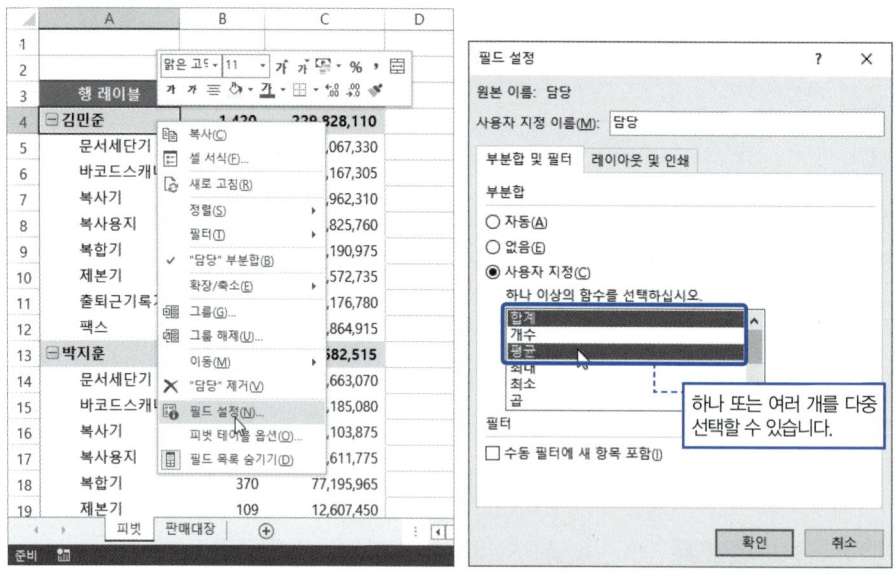

02 부분합 집계 방법을 여러 개 선택하면 자동으로 부분합 표시 위치가 하단으로 옮겨지며, 선택된 집계 결과가 부분합 행에 표시됩니다.

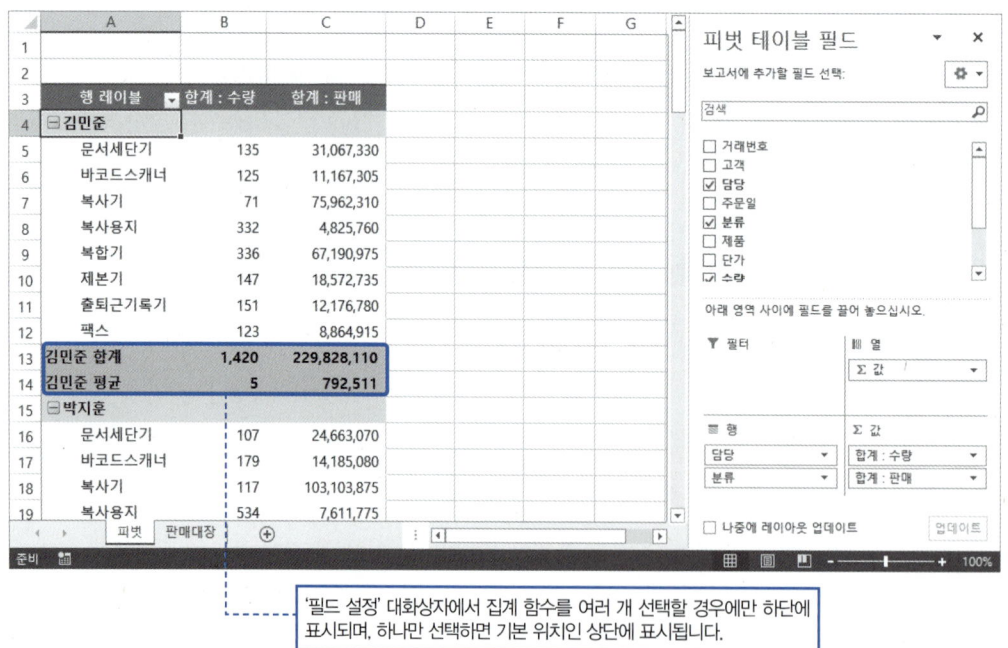

'필드 설정' 대화상자에서 집계 함수를 여러 개 선택할 경우에만 하단에 표시되며, 하나만 선택하면 기본 위치인 상단에 표시됩니다.

052 필드 내 항목이 모두 표시되도록 설정하기

피벗 테이블 보고서 내에는 원본 테이블에 기록된 모든 항목이 표시되는 것이 아니라 집계될 항목만 표시됩니다. 값 영역에 집계될 값이 없어도 항목을 전체 표시해야 하는 경우에는 설정을 변경해야 합니다. 필드 내 항목이 모두 표시되도록 설정을 변경하는 방법을 알아보겠습니다.

예제 파일 PART 02 \ CHAPTER 05 \ 모두 표시.xlsx

01 예제 파일의 '피벗' 시트에는 각 부서별 직위의 호봉별 인원수가 집계된 피벗 테이블 보고서가 있습니다. A열의 부서별 직위 항목을 보면, 부서별로 존재하는 직원의 직위만 표시되어 있는데, 이를 존재하지 않는 직위도 표시되도록 변경해 보겠습니다.

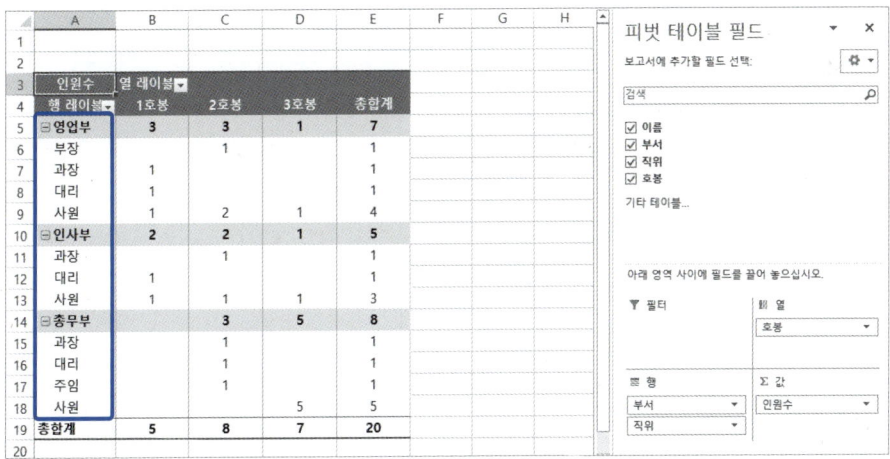

'No. 47 피벗 테이블 보고서 빠르게 초기화하는 방법'(172쪽)을 참고해 피벗 테이블 보고서를 초기화하고, 동일한 피벗 테이블 보고서를 생성해 봅니다.

TIP 값 영역의 '인원수'는 '이름' 필드를 값 영역에 삽입한 후 필드 이름을 수정한 것입니다.

02 항목이 모두 표시되어야 하는 '직위' 필드의 설정을 변경하겠습니다. '피벗 테이블 필드' 작업 창 행 영역의 '직위' 필드 버튼을 클릭하고 [필드 설정] 메뉴를 선택합니다.

03 '필드 설정' 대화상자가 열리면 '레이아웃 및 인쇄' 탭에서 [데이터가 없는 항목 표시] 확인란에 체크하고 〈확인〉 버튼을 클릭합니다.

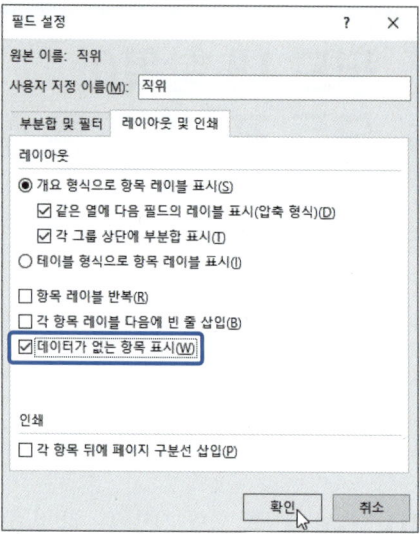

04 피벗 테이블 보고서에 모든 직위가 표시됩니다.

'(비어 있음)' 항목 제거하기

053

피벗 테이블 보고서 내에 '(비어 있음)' 항목이 표시되는 이유는 원본 표에 값이 없는 빈 셀이 존재하기 때문입니다. '(비어 있음)' 항목을 보고 싶지 않다면 원본 표의 빈 셀에 모두 값을 채워 넣는 것이 좋습니다. 하지만 데이터를 일일이 고치는 것이 불편하다면 항목 이름을 원하는 것으로 직접 수정해도 됩니다. '(비어 있음)' 항목을 처리하는 몇 가지 방법에 대해 알아보겠습니다.

예제 파일 PART 02 \ CHAPTER 05 \ 비어 있음.xlsx

01 예제 파일의 '피벗' 시트에는 직위의 호봉별 인원수를 집계한 피벗 테이블 보고서가 있습니다. '직위' 필드에 있는 '(비어 있음)' 항목이 제대로 표시되도록 해 보겠습니다.

'No. 47 피벗 테이블 보고서 빠르게 초기화하는 방법'(172쪽)을 참고해 피벗 테이블 보고서를 초기화하고, 동일한 피벗 테이블 보고서를 생성해 봅니다.

TIP 값 영역의 '인원수'는 '이름' 필드를 값 영역에 삽입한 후 필드 이름을 수정한 것입니다.

02 왼쪽 화면과 같이 기존 항목(A5:A9)과 다른 직위인 경우(예를 들면 '차장')에는 A10셀의 값을 직접 '차장'으로 변경하면 됩니다. 하지만 기존 항목과 동일한 경우(예를 들면 '과장')에는 A10셀의 값을 '과장'으로 수정하면, '과장' 항목의 값이 A10셀에 표시되고 '(비어 있음)' 항목은 위로 한 자리 올라가 표시됩니다.

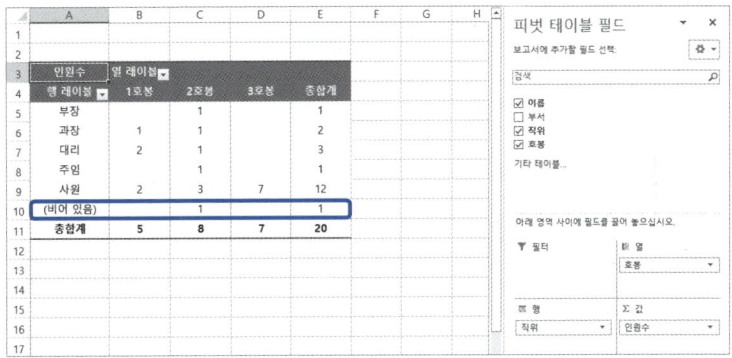

TIP 두 화면 모두 수정 결과를 확인한 후에는 단축키 Ctrl + Z 를 눌러 작업을 취소합니다.

> **Plus⁺ 수정 결과 이해하기**
>
> '(비어 있음)' 항목을 새로운 이름의 항목으로 수정할 수 있으면 직접 '(비어 있음)' 항목을 고쳐도 되지만, 기존 항목과 동일한 경우에는 값을 고친다고 하여 기존 항목과 통합되어 집계되지 않습니다.
> 참고로 오른쪽 화면의 결과를 통해, 필드 내 항목 이름을 셀에 직접 입력하면 입력된 위치로 항목 위치가 변경된다는 것을 알 수 있습니다.

03 기존 항목과 이름이 동일하다면 원본 표의 빈 셀에 값을 직접 입력해야 합니다. '직원명부' 시트로 이동하고 '직위' 슬라이스 창에서 '(비어 있음)' 항목을 선택해 화면에 표시되면 C14셀의 직위를 '과장'으로 변경합니다.

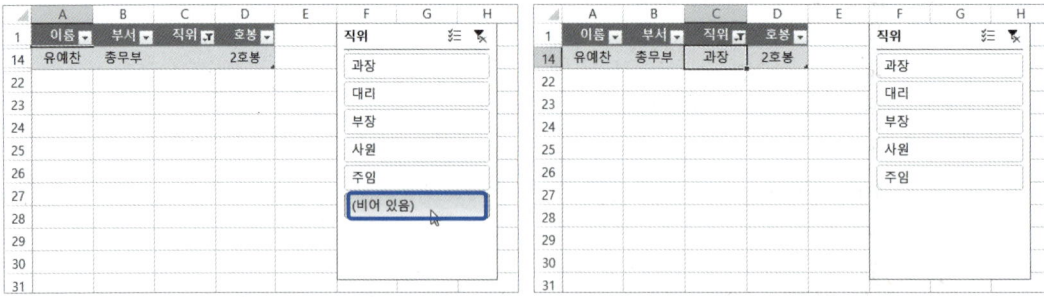

LINK 엑셀 표의 슬라이서 창을 이용하는 방법은 'No. 30 슬라이서를 이용해 필터 조건 지정하기'(109쪽)를 참고합니다.

04 다시 '피벗' 시트로 이동해 [분석] 탭-[데이터] 그룹-[새로 고침] 명령(🗐)을 클릭해 봅니다. 피벗 테이블 보고서 내의 '(비어 있음)' 항목은 제거되고, '(비어 있음)' 항목의 결과가 '과장' 데이터의 집계 값에 통합된 것을 확인할 수 있습니다.

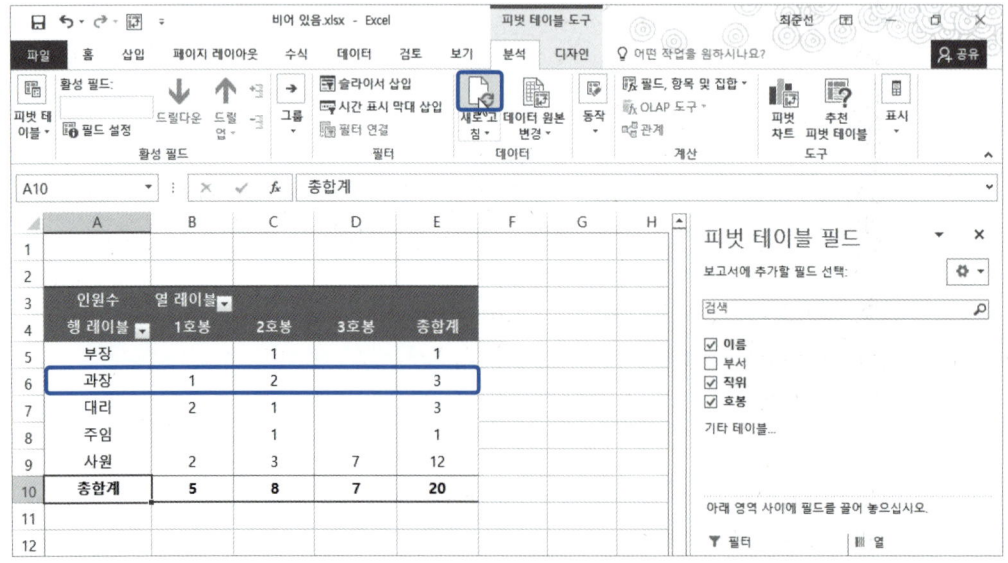

TIP 01 과정 화면과 비교해 보면, '과장' 2호봉 수(C6셀)가 1에서 2로 증가되었습니다.

054 원본 표에서 삭제된 항목 피벗에서 제거하기

피벗 테이블 보고서를 사용하다 보면, 원본 표에서 삭제한 항목이 계속 표시될 때가 있습니다. 이것은 피벗 테이블 보고서가 원본 표에서 바로 생성되는 것이 아니라 캐시 영역을 이용해 생성되며, 캐시 영역은 지워진 항목을 바로 제거하지 않고 보관해 놓도록 설정되어 있기 때문입니다. 삭제된 항목을 피벗 테이블에서 제거하는 몇 가지 방법을 알아보겠습니다.

예제 파일 PART 02 \ CHAPTER 05 \ 삭제 항목 제거 (코드).txt

원본 데이터 범위 재지정

원본 표에서 삭제된 항목이 계속 표시된다면 가장 처음 해 볼 수 있는 작업은 원본 데이터 범위를 다시 설정하는 것입니다. 원본 데이터 범위를 다시 설정하면 피벗 캐시 영역이 다시 생성되므로 삭제된 항목이 완전히 제거되는 효과를 얻을 수 있습니다.

피벗 테이블 보고서 내의 셀을 하나 선택하고 [분석] 탭-[데이터] 그룹-[데이터 원본 변경] 명령(📋)을 클릭합니다.

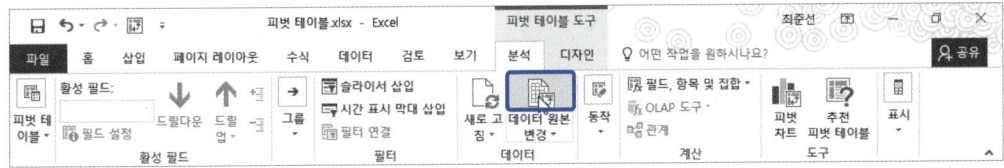

'피벗 테이블 데이터 원본 변경' 대화상자가 표시되면 [표 또는 범위 선택] 항목에서 원본 데이터 범위를 다시 지정하고 〈확인〉 버튼을 클릭합니다. 이 과정을 통해 피벗 캐시 영역에 저장된 데이터가 새로 생성되므로, 원본 표에서 삭제된 항목은 모두 제거됩니다.

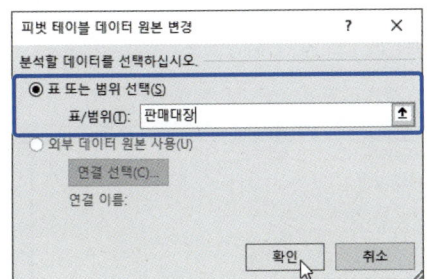

피벗 테이블 옵션 변경

앞의 방법으로 문제가 해결되지 않거나 같은 문제가 반복되지 않도록 하려면, 피벗 캐시에 삭제된 항목을 보관하지 않도록 피벗 테이블 옵션을 변경하는 방법이 있습니다. 피벗 테이블 보고서 내의 셀을 하나 선택하고 [분석] 탭-[피벗 테이블] 그룹-[옵션] 명령(📋)을 클릭합니다.

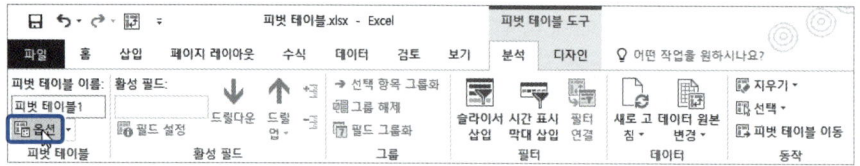

'피벗 테이블 옵션' 대화상자의 '데이터' 탭에서 '각 필드에 유지할 항목 수' 옵션을 [자동]에서 [없음]으로 변경하고 〈확인〉 버튼을 클릭합니다.

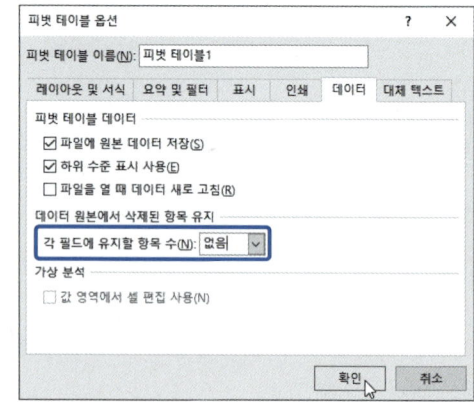

매크로 이용

만약 이전 방법으로 삭제된 항목이 계속 표시된다면, 매크로를 이용해 항목을 수동으로 삭제할 수 있습니다. 이번 방법 역시 피벗 테이블 보고서를 자동 갱신했던 매크로처럼 코드를 분석하거나 고칠 필요 없이 바로 사용할 수 있는 것이므로, 다음 방법을 참고해 적용합니다.

01 피벗 테이블 보고서가 생성된 시트의 시트 탭을 마우스 오른쪽 버튼으로 클릭하고 [코드 보기] 메뉴를 선택합니다.

02 VB 편집기가 열리면, [삽입]-[모듈] 메뉴를 선택합니다. 삽입된 '모듈1' 개체의 코드 창에 예제로 제공되는 '삭제 항목 제거 (코드).txt' 파일 내 VBA 코드를 복사하여 붙여넣습니다.

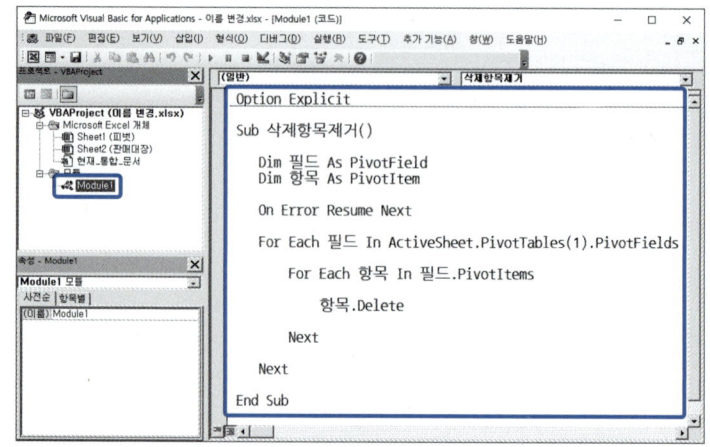

Plus+ 매크로 이해하기

이 매크로는 현재 시트에 피벗 테이블 보고서가 하나 있다고 가정하고 동작합니다. 만약 피벗 테이블 보고서가 여러 개 존재하고 모든 피벗 테이블 보고서의 항목을 수정하고 싶다면 매크로를 다음과 같이 수정합니다.

```vb
Sub 삭제항목제거()

    Dim 피벗 As PivotTable
    Dim 필드 As PivotField
    Dim 항목 As PivotItem

    On Error Resume Next

    For Each 피벗 In ActiveSheet.PivotTables

        For Each 필드 In 피벗.PivotFields

            For Each 항목 In 필드.PivotItems

                항목.Delete

            Next

        Next

    Next

End Sub
```

위 코드에서 색이 다른 부분이 수정된 부분으로, 피벗 테이블 보고서 개수와 무관하게 전체 피벗 테이블 보고서의 삭제된 항목을 제거해 줍니다.

03 VB 편집기에서 F5 키를 누르거나, 표준 도구 모음의 [매크로 실행] 단추(▶)를 클릭해 매크로를 실행합니다.

04 이 매크로는 한 번만 실행하면 되므로 굳이 저장할 필요는 없습니다. 빠른 실행 도구 모음의 [저장] 명령을 클릭하고 메시지 창에서 〈예〉 버튼을 클릭해 파일을 저장합니다. 그러면 **02** 과정에서 추가된 매크로가 자동으로 삭제됩니다.

피벗 테이블 보고서의 필터 이해하기

피벗 테이블 보고서는 기본적으로 집계된 모든 항목을 표시합니다. 테이블에서 필요한 데이터를 확인할 수 있도록 필터 기능이 제공되는 것처럼 피벗 테이블 보고서에도 자동 필터가 내장되어 있어 집계된 항목 중 원하는 항목만 표시할 수 있습니다. 피벗 테이블 보고서에 영역별 필터를 적용하는 방법에 대해 알아보겠습니다.

예제 파일 없음

필터 영역

필터 영역에 삽입된 필드에는 자동 필터 기능 중 일부만 사용할 수 있습니다. 예를 들어 필터 영역에 삽입된 필드의 아래 화살표 단추를 클릭하면 다음과 같은 필터 목록을 확인할 수 있습니다.

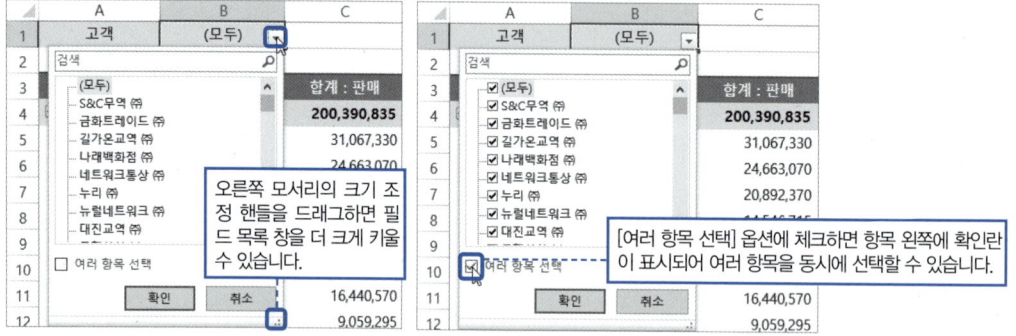

행/열 영역

행/열 영역에 삽입된 필드의 경우는 '행 레이블' 영역이나 '열 레이블' 영역 위치에 아래 화살표 단추가 나타나며, 클릭하면 다음과 같은 필터 목록을 확인할 수 있습니다.

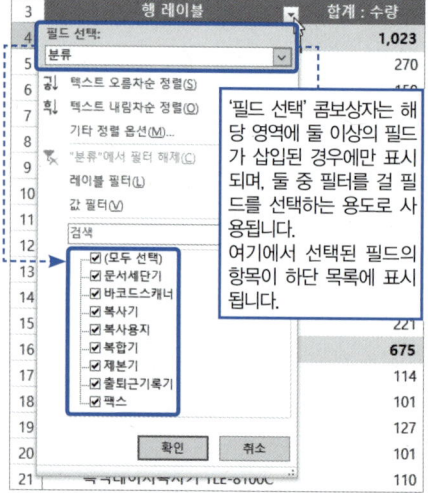

행/열 영역에 표시되는 필터 목록은 필터 영역에 비해 좀 더 상세하며, 일반 표에서 사용하는 자동 필터의 목록과 상당히 유사한 화면을 표시해 줍니다. 다른 점은 상단에 있는 [필드 선택] 콤보상자와 중간에 있는 [레이블 필터]와 [값 필터] 메뉴입니다. (일반 표에서는 [레이블 필터]와 [값 필터] 대신 해당 열의 데이터 형식에 맞는 [숫자 필터], [텍스트 필터], [날짜 필터]와 같은 조건이 표시되었습니다.)
[레이블 필터]와 [값 필터] 메뉴를 선택했을 때 표시되는 하위 메뉴는 다음 표를 참고합니다.

[레이블 필터] 메뉴의 하위 메뉴		[값 필터] 메뉴의 하위 메뉴	
필터 해제(C) 같음(E)... 같지 않음(N)... 시작 문자(I)... 제외할 시작 문자(T)... 끝 문자(T)... 제외할 끝 문자(H)... 포함(A)... 포함하지 않음(D)... 보다 큼(G)... 크거나 같음(O)... 보다 작음(L)... 작거나 같음(Q)... 해당 범위(W)... 제외 범위(B)...	[레이블 필터]의 하위 필터 조건은 일반 표의 [텍스트 필터] 조건에 가깝습니다. [레이블 필터]의 '레이블'은 행이나 열의 머리글을 의미하는데 이 값은 보통 텍스트 값이기 때문입니다. 참고로 자동 필터의 [텍스트 필터] 조건에 대한 설명은 No. 27(96쪽)을 참고합니다.	필터 해제(C) 같음(E)... 같지 않음(N)... 보다 큼(G)... 크거나 같음(O)... 보다 작음(L)... 작거나 같음(Q)... 해당 범위(W)... 제외 범위(B)... 상위 10(T)...	[값 필터]의 하위 필터 조건은 일반 표의 [숫자 필터] 조건에 가깝습니다. [값 필터]는 값 영역에 집계된 숫자 값을 조건으로 필터를 걸 수 있습니다. 참고로 [숫자 필터] 조건에 대한 설명은 No. 28(103쪽)을 참고합니다.

만약 항목 하나를 특정해 필터링하거나 해당 항목을 제외한 나머지를 모두 필터링하려면 필터 목록을 이용하는 것보다 단축 메뉴를 이용하는 것이 더 편리합니다. 다음 화면과 같이 필터 대상이 되는 항목을 마우스 오른쪽 버튼으로 클릭하고 [필터] 메뉴를 선택하면 하위 메뉴에서 [선택한 항목만 유지] 또는 [선택한 항목 숨기기] 메뉴를 선택할 수 있습니다.

값 영역

값 영역의 필드에는 별도의 필터를 설정할 수 없습니다. 피벗 테이블 보고서에서 값 영역에 삽입한 필드는 행 영역과 열 영역의 항목에 종속되는 구조여서, 행/열 영역에서 필터를 걸면 값 영역의 집계 값도 그에 맞는 값만 표시하기 때문입니다. 그러므로 값 영역에 집계된 필드의 값을 조건으로 사용하려면 행/열 영역의 필터 조건 중 [값 필터] 조건을 이용해 작업합니다.

조건에 맞는 상위 n개의 항목만 표시하기

056

피벗 테이블 보고서를 이용하면서 가장 많이 사용하는 필터 조건을 하나만 꼽으라면 바로 조건에 맞는 상위(또는 하위) n개의 항목만 표시하는 것입니다. 전체 항목 대신 상위 n개의 항목만 표시하려면 행/열 영역에 삽입된 필드의 [값 필터] 조건 중 [상위 10] 조건을 사용합니다. 이 조건은 No. 28(103쪽)에서 설명한 내용과 기본적인 사용 방법은 동일합니다. 여기서는 피벗 테이블에서 사용할 때 약간 차이가 나는 부분을 중심으로 알아보겠습니다.

예제 파일 PART 02 \ CHAPTER 05 \ 상위 10.xlsx

01 예제 파일의 '피벗' 시트에는 분류별 제품의 판매내역이 집계된 피벗 테이블 보고서가 있습니다. 각 분류 내 제품 중에서 가장 많이 판매된 상위 세 제품만 표시해 보겠습니다.

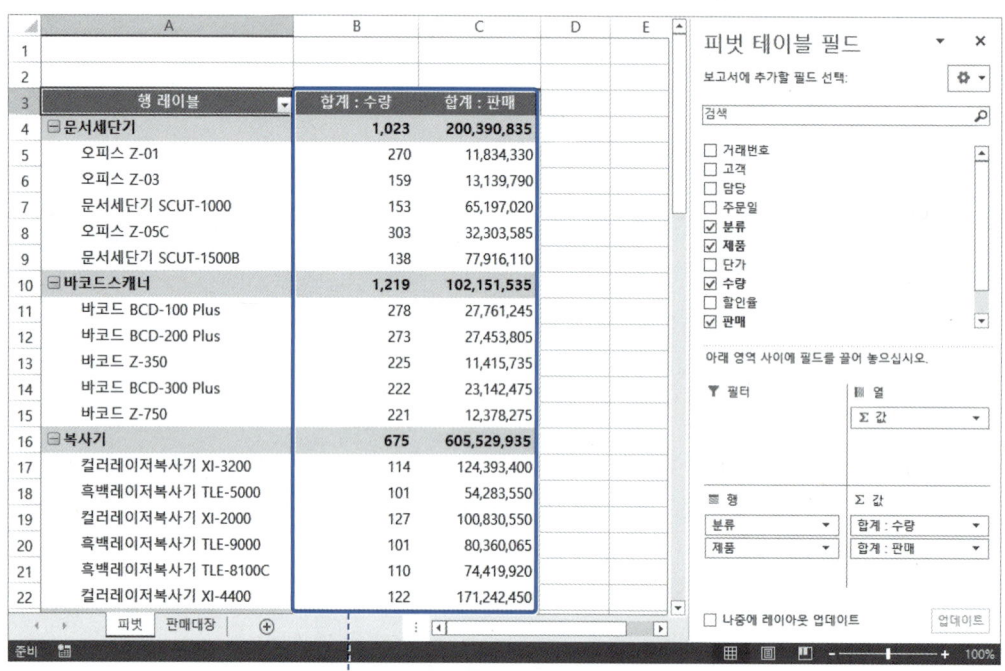

값 영역에 집계된 '합계 : 수량'은 제품이 판매된 수량의 합계이고, '합계 : 판매'는 판매 금액의 합계 값입니다. 이번 예제에서는 판매 수량에 기준을 두고 작업하겠습니다.

02 값 영역에 직접 필터 조건을 설정할 수 없으므로, 행 영역 머리글 셀(A3)의 아래 화살표 단추를 클릭하고 [필드 선택:] 콤보상자에서 '제품' 필드를 선택한 다음 [값 필터]-[상위 10...] 메뉴를 선택합니다.

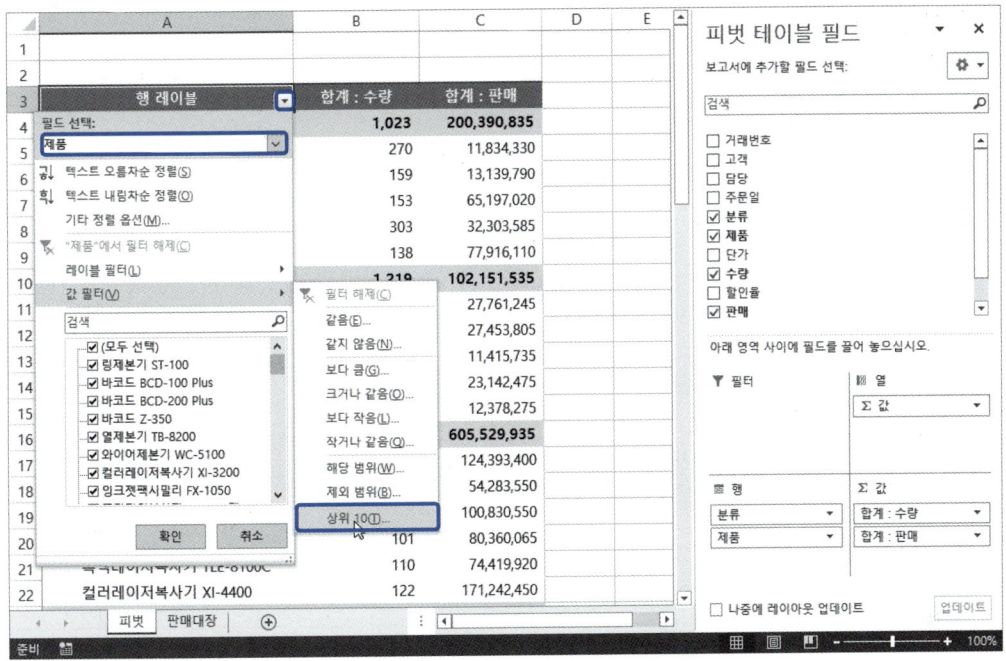

03 '상위 10 필터(제품)' 대화상자가 표시되면, 두 번째 컨트롤의 값을 10에서 '3'으로 변경하고 〈확인〉 버튼을 클릭합니다.

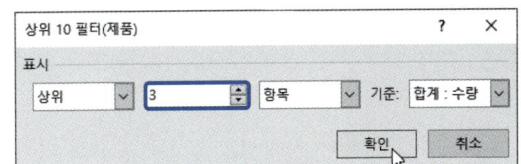

> **Plus⁺ '상위 10 필터' 대화상자의 [기준:] 조건 이해하기**
>
> [기준:]은 피벗 테이블 보고서에서 '상위 10' 필터 조건을 사용할 때 나타나는 조건으로, 값 영역에 집계된 필드 중 어떤 필드의 집계 값을 기준으로 상위/하위를 판단할지 결정하는 역할을 합니다. 행/열 영역 내 필드는 대개 숫자가 아니므로, 상위(큰 값)인지 하위(작은 값)인지 알 수가 없습니다.
>
>
>
> 이런 부분을 [기준:] 옵션을 이용해 값 영역 내 필드를 선택하는 방법으로 해결합니다. 이번 예제에서는 제품이 판매된 수량에 기준을 두고 많이 판매된 제품을 필터링한다고 했으니 [기준:]을 변경할 필요가 없지만, 매출 순으로 판매된 제품을 필터링하려면 [기준:]을 '합계 : 판매'로 변경해야 합니다.

04 각 분류별 제품 중에서 가장 많이 판매된 제품만 피벗 테이블에 표시됩니다.

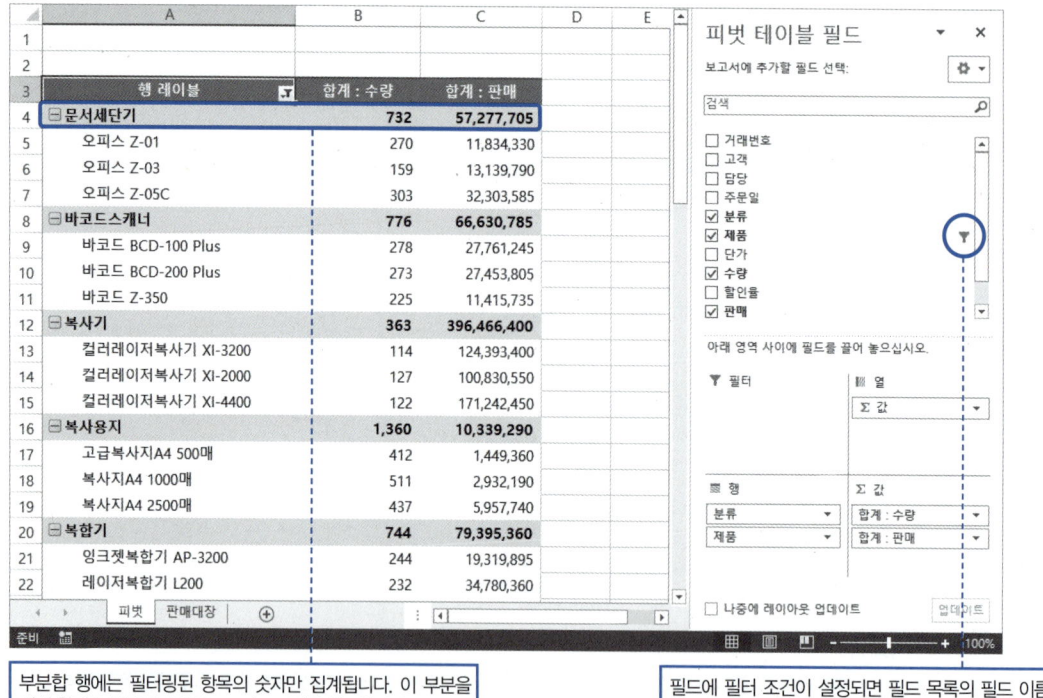

부분합 행에는 필터링된 항목의 숫자만 집계됩니다. 이 부분을 전체 합계로 변경하려면 No. 57(202쪽)을 참고합니다.

필드에 필터 조건이 설정되면 필드 목록의 필드 이름 오른쪽에 깔대기 모양 아이콘이 표시됩니다.

05 피벗 테이블 보고서의 '상위 10 필터' 조건에는 표에 없는 한 가지 조건이 추가로 제공됩니다. 그 조건을 확인하기 위해 **02** 과정을 참고해 다시 '상위 10 필터(제품)' 대화상자를 호출합니다. 세 번째 컨트롤의 값을 '항목'에서 '합계'로 변경하고 두 번째 컨트롤의 값을 '500'으로 변경한 후 〈확인〉 버튼을 클릭합니다.

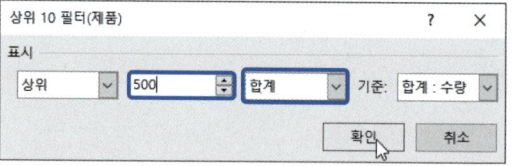

> **Plus⁺ 상위 10 필터 조건 중 '합계' 이해하기**
>
> 테이블에서는 '상위 10' 필터의 세 번째 컨트롤에서 선택할 수 있는 값이 '항목'과 '%' 밖에 없지만, 피벗 테이블 보고서에는 '합계' 조건이 추가됩니다.
> '합계' 조건은 상위(또는 하위) 조건으로 필터링된 데이터의 [기준:] 필드 내 합계 값이 얼마가 되어야 하는지에 대한 기준을 설정해 필터를 설정할 수 있습니다. 이번과 같이 두 번째 컨트롤의 값을 '500'으로 설정하면 [기준:] 필드(합계 : 수량)의 값이 500 이상이 되는 첫 번째 항목까지 필터링하게 됩니다.

06 이렇게 설정하면 화면과 같이 각 분류별 제품의 판매수량을 더했을 때 500 이상이 되는 첫 번째 제품까지 모두 필터링하게 되어, 하단에 표시되는 제품의 개수가 모두 일치하지 않게 됩니다.

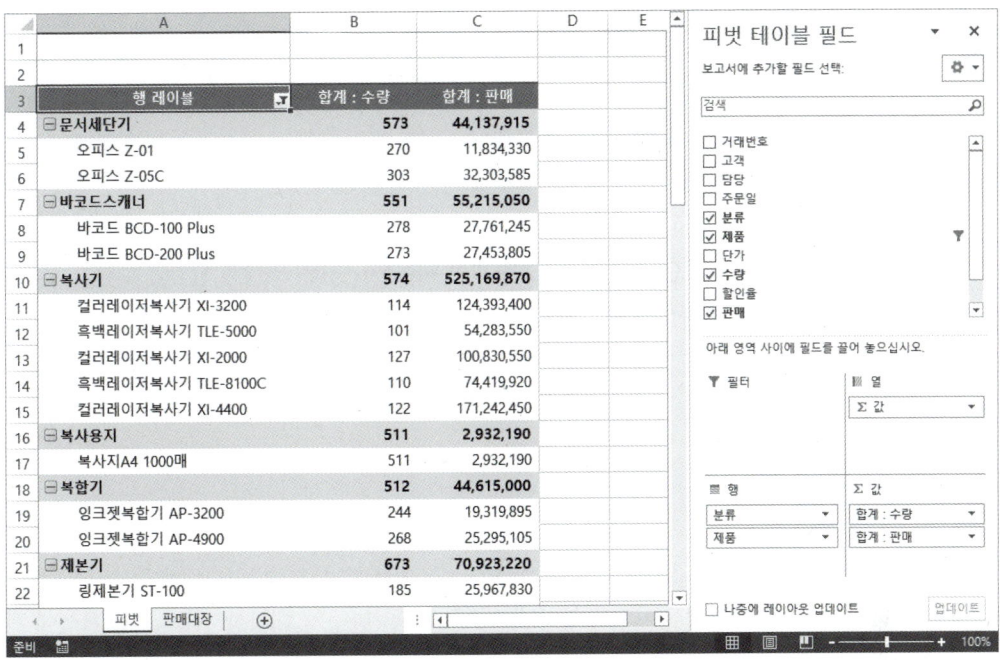

07 '제품' 필터는 필터링된 경우 필터 조건이 해제될 때까지 전체 제품을 표시하지 않습니다. 그러므로 전체 제품 항목을 모두 표시하려면 필터 조건을 해제해야 합니다. [데이터] 탭-[정렬 및 필터] 그룹-[지우기] 명령( )을 클릭합니다.

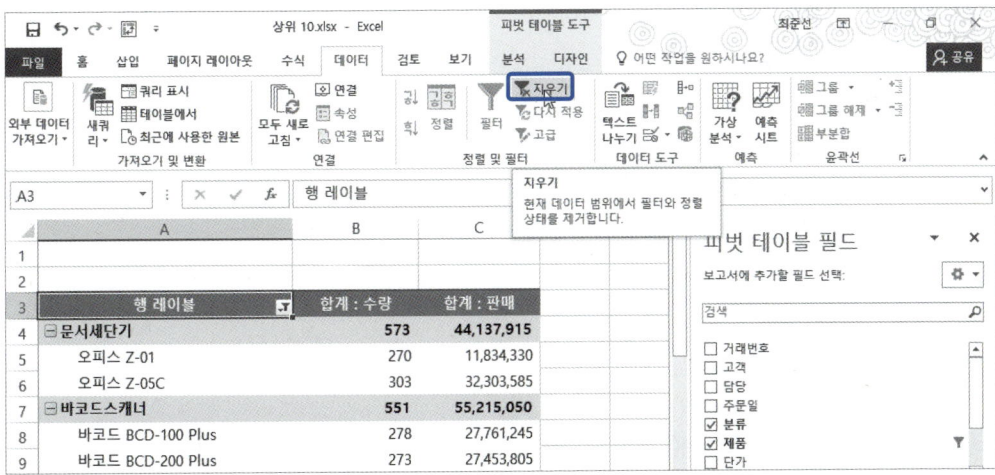

057 필드 부분합에 항상 전체 항목의 집계 값 표시하기

피벗 테이블 보고서에서 전체 항목을 표시하지 않고 특정 조건으로 필터를 걸면 상위 필드의 부분합 역시 필터링된 데이터를 기준으로 집계됩니다. 이것은 언뜻 보면 당연한 것이지만, 상황에 따라서는 상위 필드의 부분합에는 필터 조건과 무관하게 전체 데이터의 요약 값을 표시하고 싶을 수 있습니다. 이런 점이 불편했다면, 원본 표를 데이터 모델에 등록한 다음 피벗 테이블 옵션을 조정해 필터와 무관한 전체 데이터의 요약 값을 확인할 수 있습니다.

예제 파일 PART 02 \ CHAPTER 05 \ 필드 부분합–필터 무시.xlsx

표를 데이터 모델로 등록

관계로 표를 연결하는 경우는 자동으로 데이터 모델에 표가 등록됩니다. 하지만, 관계로 연결되지 않은 표는 데이터 모델에 따로 등록하는 절차를 거쳐야 합니다. '피벗 테이블 만들기' 대화상자에서 다음 옵션에 체크하면 됩니다.

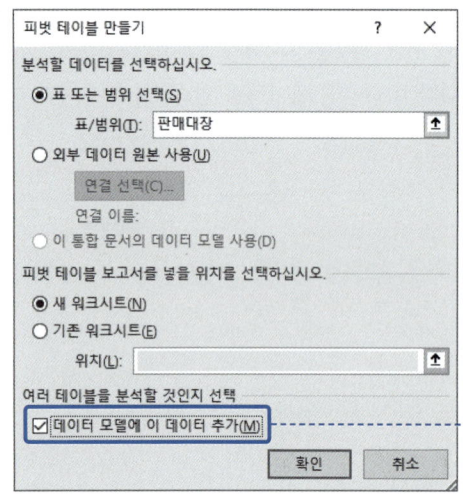

이 옵션에 체크하면 표가 데이터 모델에 등록되어 '고유 개수' 함수를 사용할 수 있습니다.

피벗 테이블 보고서의 데이터 원본을 데이터 모델로 등록

이미 만들어진 피벗 테이블 보고서를 사용하고 있다면, 데이터 원본의 표를 '데이터 모델'에 추가할 수 있어야 합니다. 그러기 위해서는 '피벗 테이블 필드' 작업 창에서 [기타 테이블…]을 클릭하면 되는데, 이 방법을 사용하려면 반드시 데이터 원본의 표가 엑셀 표로 등록되어 있어야 합니다.

만약 원본 표가 엑셀 표로 등록되어 있지 않다면 먼저 등록한 후 다음 화면을 참고해 [기타 테이블…]을 클릭합니다.

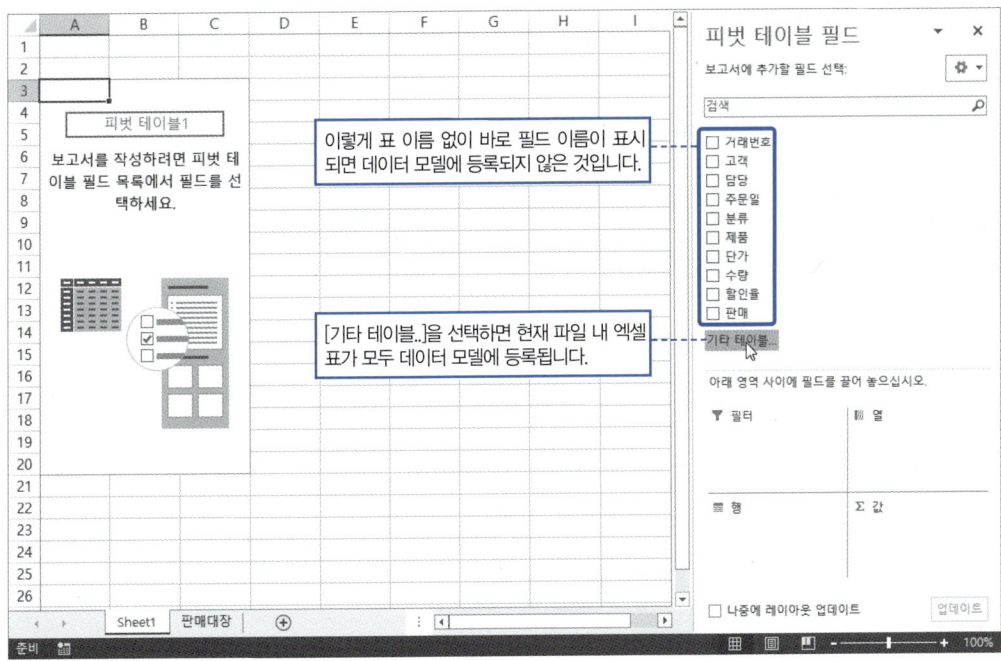

LINK [기타 테이블...]을 클릭했을 때의 진행 과정은 'No. 44 관계 자동 검색 기능 이해하기'의 **06-07** 과정(160쪽)을 참고합니다.

부분합에 필터 무시한 총합 표시하기

피벗 테이블 보고서에서 필터를 사용해도 부분합 행이 전체 데이터의 집계 값을 반환하도록 합니다.

01 예제 파일의 '피벗' 시트에는 영업사원의 제품 분류별 실적이 집계된 피벗 테이블 보고서가 있습니다. '피벗 테이블 필드' 작업 창의 필드 이름 상단에 표 이름이 표시되는 것으로 보아, 데이터 모델에 등록된 표로 생성한 피벗 테이블 보고서라는 것을 알 수 있습니다.

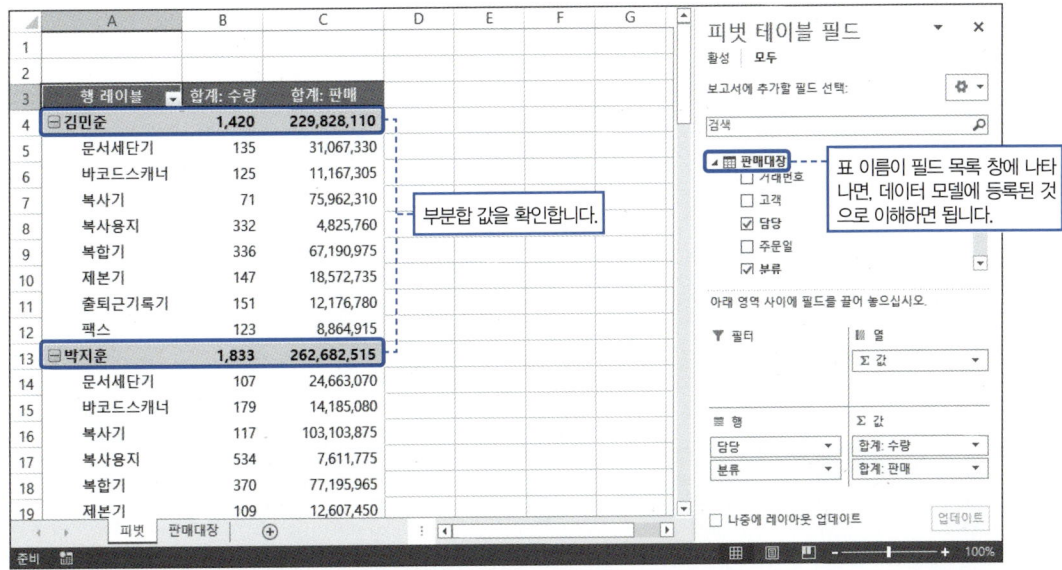

CHAPTER 05 | 피벗 테이블 보고서 스킬 / **203**

02 No. 56(198쪽)의 내용을 참고해 영업사원이 가장 많이 판매하는 상위 분류 세 가지를 추출하고 영업사원의 부분합 행을 보면 필터링된 조건에 맞는 합계 값만 표시됩니다. 이전과 같이 전체 합계가 나오도록 변경합니다.

03 피벗 테이블 보고서 내부의 셀을 마우스 오른쪽 버튼으로 클릭하고 [피벗 테이블 옵션] 메뉴를 선택합니다. '피벗 테이블 옵션' 대화상자의 '요약 및 필터' 탭에서 [요약에 필터링된 항목 포함] 확인란에 체크하고 [별표(*)로 총합계 표시] 확인란의 체크는 해제한 후 〈확인〉 버튼을 클릭합니다.

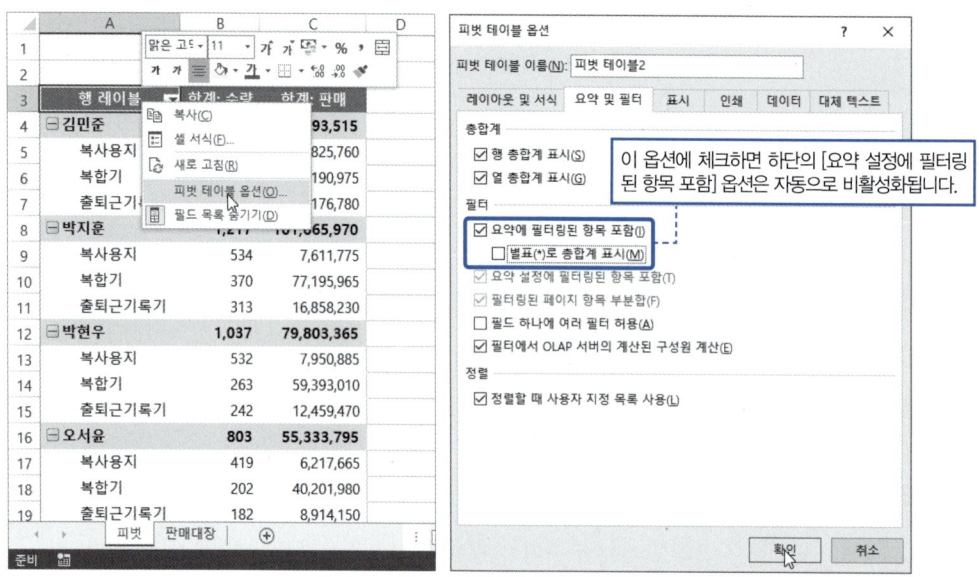

04 다음과 같이 '담당' 필드의 부분합이 이전과 같이 전체 데이터의 요약 값으로 표시됩니다. 왼쪽은 **03** 과정의 설정을 그대로 적용했을 때의 모습이고, 오른쪽은 **03** 과정의 '피벗 테이블 옵션' 대화상자의 설정 중에서 [별표(*)로 총합계 표시] 확인란에 체크한 상태의 결과 화면입니다.

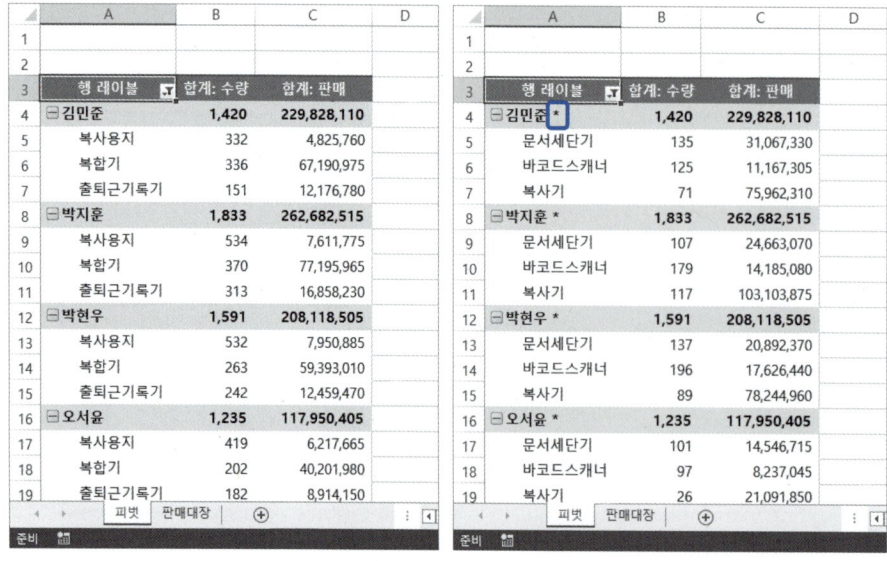

058 필드 항목을 원하는 순서로 정렬하기

피벗 테이블 보고서도 일반 테이블 형식의 표와 같이 오름차순이나 내림차순으로 정렬할 수 있습니다. 방법 역시 동일하지만, 값 영역 내의 집계된 숫자를 정렬할 경우에는 해당 숫자가 아니라 해당 숫자가 속한 행 영역 내 필드를 정렬한다고 생각해야 합니다. 정렬 순서를 원하는 방식으로 변경할 수도 있습니다. 피벗 테이블 보고서를 정렬하는 방법에 대해 알아보겠습니다.

예제 파일 PART 02 \ CHAPTER 05 \ 정렬.xlsx

01 예제 파일의 '피벗' 시트에는 다음과 같은 피벗 테이블 보고서가 있습니다. A5:A9 범위를 보면, 항목이 정렬되지 않고 원본 표의 순서대로 표시되어 있습니다.

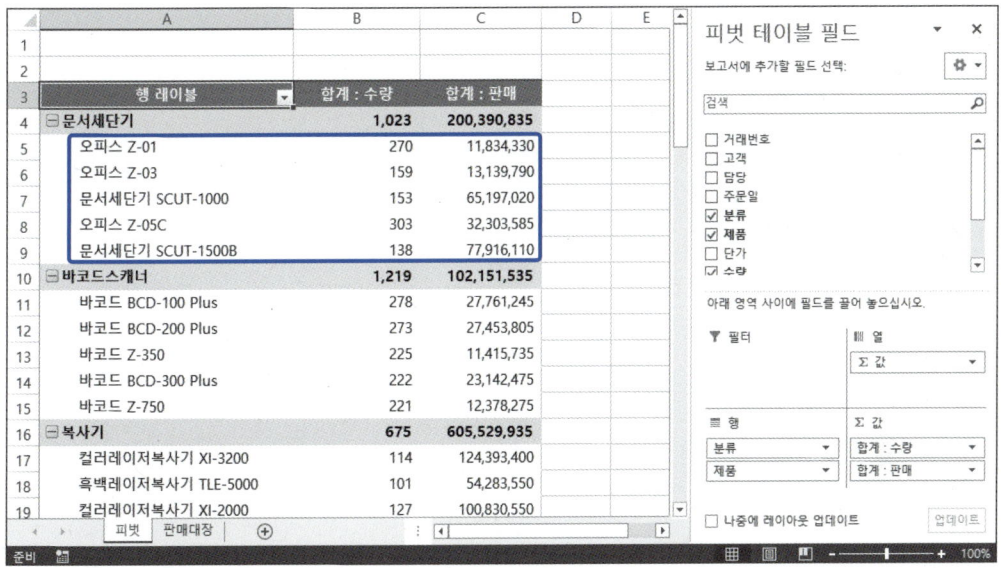

02 피벗 테이블 보고서는 행/열 영역에 삽입된 필드를 정렬할 수 있습니다. 제품을 오름차순으로 정렬하기 위해 제품 필드 내 항목이 처음 표시되는 A5셀을 선택하고 [데이터] 탭-[정렬 및 필터] 그룹-[오름차순 정렬] 명령(┇↓)을 클릭합니다.

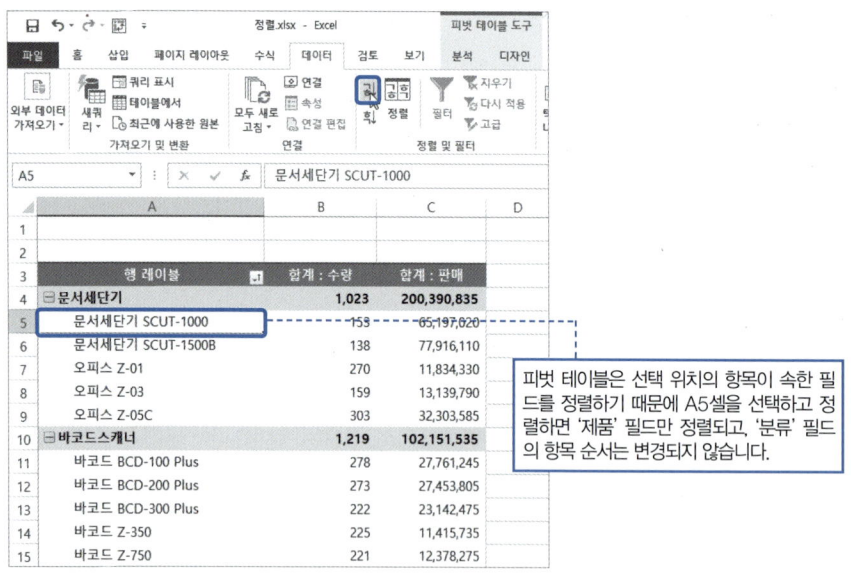

피벗 테이블은 선택 위치의 항목이 속한 필드를 정렬하기 때문에 A5셀을 선택하고 정렬하면 '제품' 필드만 정렬되고, '분류' 필드의 항목 순서는 변경되지 않습니다.

03 값 영역 내 집계된 숫자 값을 기준으로 정렬하려면, 값 영역의 필드가 정렬되는 것이 아니라 값 영역 내 집계 값이 속한 행 영역 내 필드가 정렬된다고 생각하는 것이 쉽습니다. 즉, 제품별 판매실적 보고서를 매출 순으로 정렬하기 위해 C4셀을 선택하고 [데이터] 탭-[정렬 및 필터] 그룹-[내림차순 정렬] 명령(┇↓)을 클릭하면 다음과 같은 결과가 얻어집니다.

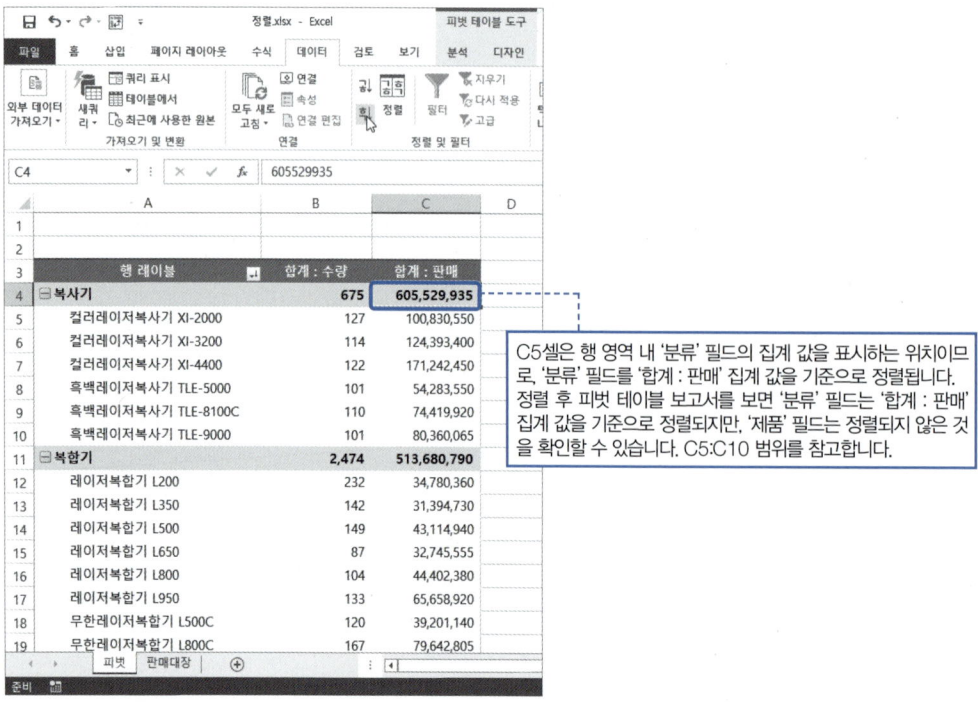

C5셀은 행 영역 내 '분류' 필드의 집계 값을 표시하는 위치이므로, '분류' 필드를 '합계 : 판매' 집계 값을 기준으로 정렬됩니다. 정렬 후 피벗 테이블 보고서를 보면 '분류' 필드는 '합계 : 판매' 집계 값을 기준으로 정렬되지만, '제품' 필드는 정렬되지 않은 것을 확인할 수 있습니다. C5:C10 범위를 참고합니다.

04 '제품' 필드도 '합계 : 판매' 값을 기준으로 내림차순으로 정렬하려면 C5셀을 선택하고 [내림차순 정렬] 명령(힣)을 다시 클릭해야 합니다.

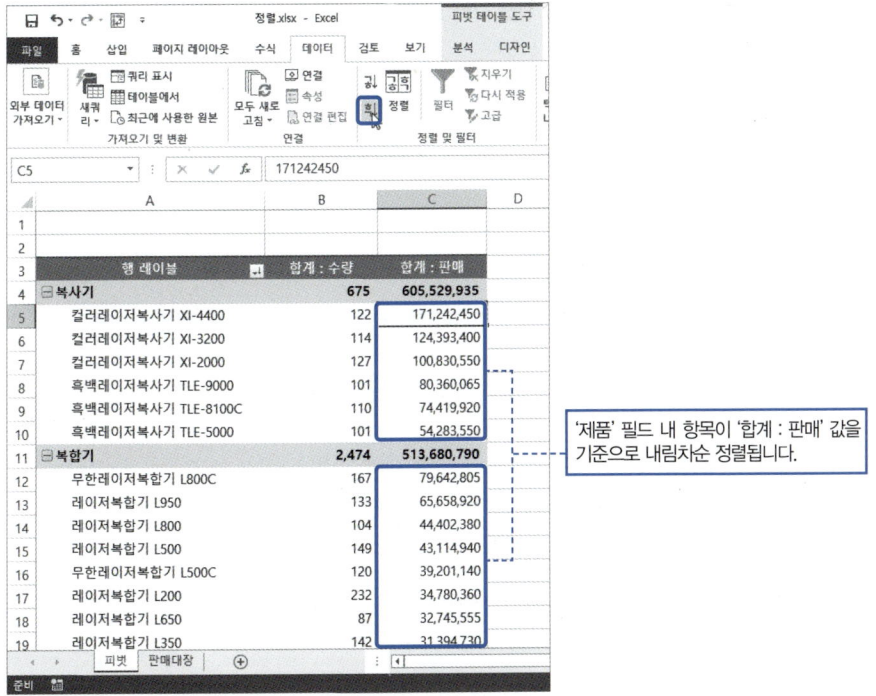

'제품' 필드 내 항목이 '합계 : 판매' 값을 기준으로 내림차순 정렬됩니다.

Plus⁺ 사용자 지정 목록을 사용한 정렬 방법

'No. 31 슬라이서 창의 항목을 원하는 순서로 정렬하기'(112쪽)에서 사용자 지정 목록을 사용한 슬라이서 창 정렬 방법에 대해 설명한 적이 있는데, 이 방법은 피벗 테이블 보고서 내의 필드에도 동일하게 적용될 수 있습니다. 즉, 제품명을 오름차순, 내림차순 이외에도 원하는 순서로 정렬할 수 있다는 의미입니다.

피벗 테이블 보고서는 '사용자 지정 목록'에 등록된 텍스트 값이 있으면 오름차순/내림차순 정렬을 할 때 '사용자 지정 목록'에 등록된 순서로 정렬하는 것이 기본값입니다. 만약 제대로 되지 않는다면 [분석] 탭-[피벗 테이블] 그룹-[옵션] 명령을 클릭한 다음 '요약 및 필터' 탭을 선택하고 '정렬' 그룹 내 옵션이 체크되어 있는지 확인합니다.

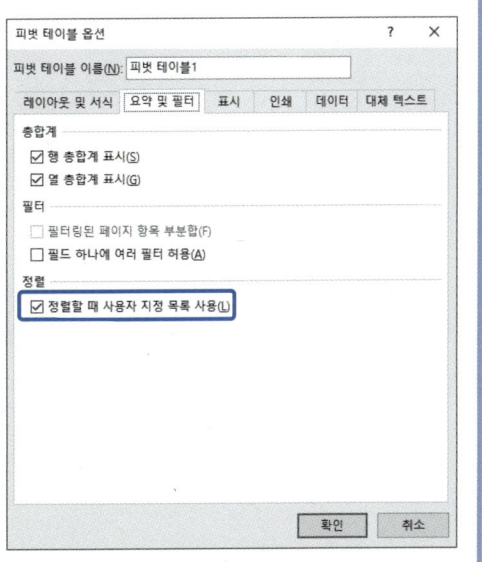

값 영역 필드의 집계 방법 이해하기

값 영역에 삽입된 필드는 숫자 필드의 경우는 '합계'로, 나머지 데이터 필드의 경우는 '개수'로 집계되며, 다른 함수를 사용해 집계할 수도 있습니다. 다른 영역과는 달리 동일한 필드를 여러 번 삽입하는 것이 가능하며, 삽입된 필드는 서로 다른 함수로 집계할 수 있습니다. 값 영역에 삽입된 필드의 집계 방법을 설정하는 방법에 대해 알아보겠습니다.

예제 파일 PART 02 \ CHAPTER 05 \ 값 요약 기준.xlsx

01 예제 파일을 열면 왼쪽에 근태기록을 기록한 표가 있고 오른쪽에 피벗 테이블 보고서를 구성할 수 있는 준비가 되어 있습니다. 왼쪽의 표를 이용해 직원별 출퇴근 시간을 피벗 테이블 보고서로 집계해 보겠습니다.

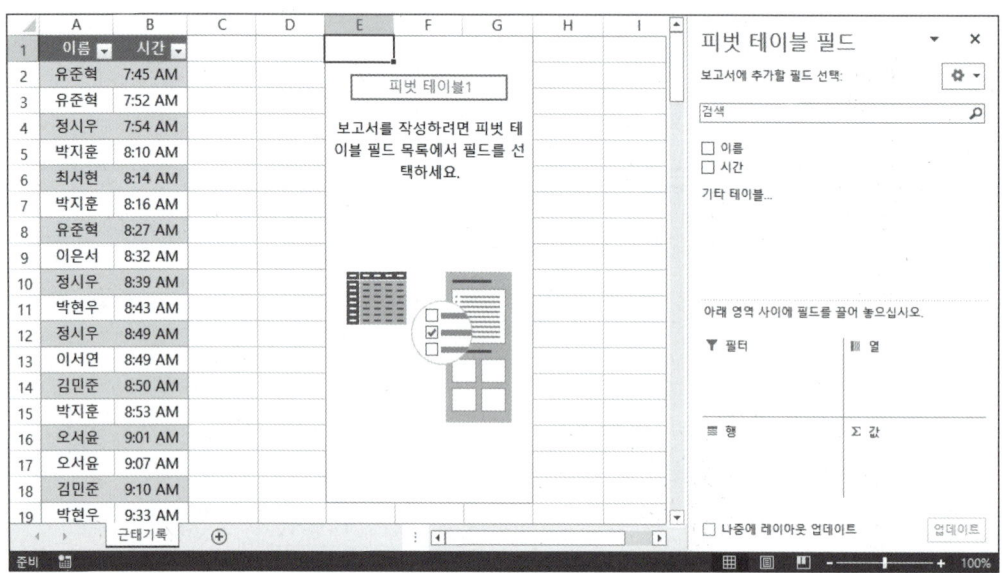

TIP 출근시간은 직원의 출입시간 중 첫 번째 시간 값이며, 퇴근시간은 마지막 시간 값입니다.

02 피벗 테이블 보고서로 근태기록 표를 요약하기 위해, '이름' 필드는 행 영역에 드래그하고 '시간' 필드는 값 영역에 두 번 드래그해 삽입합니다.

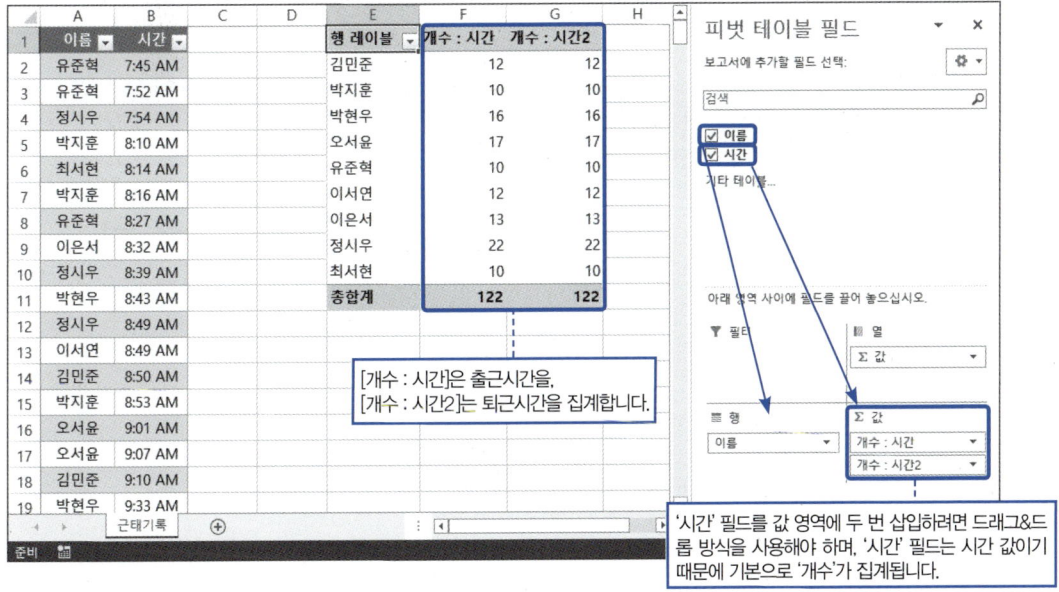

03 '개수 : 시간' 필드의 집계 방법을 '개수'에서 '최소값'으로 변경합니다. F1셀을 마우스 오른쪽 버튼으로 클릭하고 [값 요약 기준]-[최소값] 메뉴를 선택합니다.

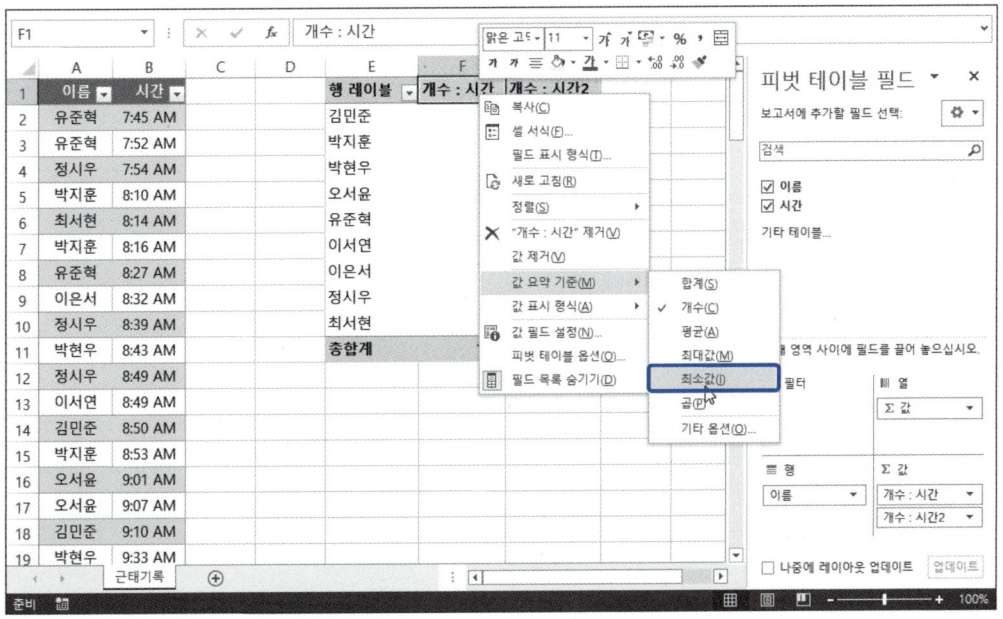

TIP '값 요약 기준'에서 사용할 수 있는 전체 함수는 'No. 34 피벗 테이블 보고서에 필드를 추가하는 방법'(121쪽)을 참고합니다.

04 소수값으로 표시된 최소값을 시간 형식으로 변경하겠습니다. F1셀을 다시 마우스 오른쪽 버튼으로 클릭하고 [필드 표시 형식] 메뉴를 선택합니다. '셀 서식' 대화상자의 '범주' 리스트에서 [시간]을 선택하고 '형식' 리스트에서 원하는 표시 형식(여기서는 [1:30 PM])을 선택한 후 〈확인〉 버튼을 클릭합니다.

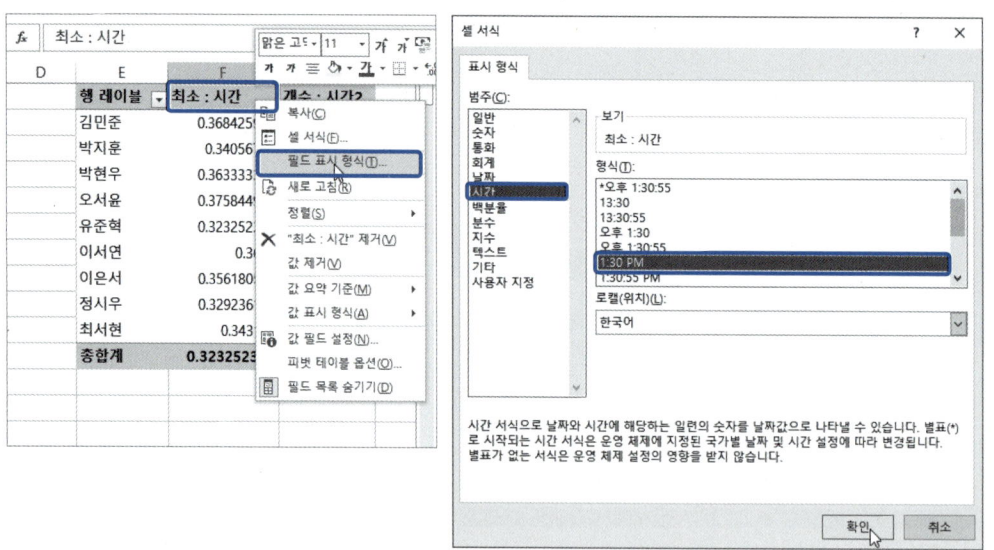

05 [개수 : 시간] 필드의 값이 제대로 표시되면 [개수 : 시간2]도 **03-04** 과정을 참고해 변경합니다. 단, [값 요약 기준]-[최대값]을 선택합니다.

06 마지막으로 F1셀과 G1셀의 머리글을 '출근시간'과 '퇴근시간'으로 변경하면 화면과 같은 피벗 테이블 보고서가 완성됩니다.

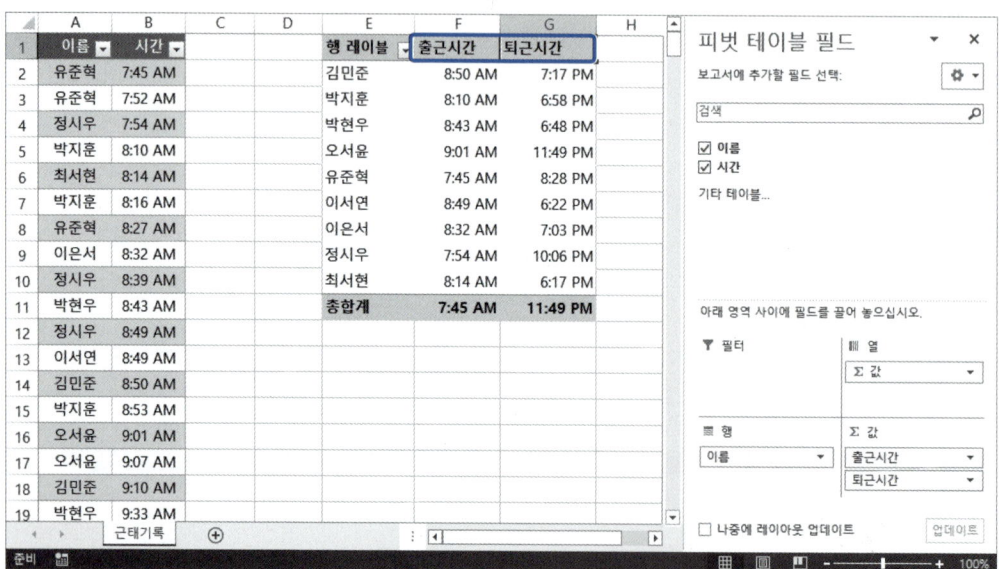

값 영역에서 고유 항목의 건수 세기

값 영역에 삽입된 필드의 집계 방법은 합계, 개수, 평균, 최대, 최소 등 다양하지만, 가장 많이 사용하는 집계 방법은 개수 또는 합계일 겁니다. 피벗 테이블 보고서에서 '개수'를 집계하는 방법에는 아쉬운 점이 있습니다. 중복된 값이 있는 경우, 즉 고유한 항목은 세어 주지 않는다는 점입니다. 하지만 엑셀 2013 버전부터 제공되는 '데이터 모델'에 등록된 표로 피벗 테이블 보고서를 만들면 '고유 개수' 집계 함수를 사용할 수 있습니다.

예제 파일 PART 02 \ CHAPTER 05 \ 고유 개수.xlsx

LINK 원본 표를 데이터 모델로 등록하는 방법이나 이미 생성된 피벗 테이블 보고서의 원본 데이터 범위를 데이터 모델에 등록하는 방법은 'No. 57 필드 부분합에 항상 전체 항목의 집계 값 표시하기'(202쪽)를 참고합니다.

01 예제 파일의 '피벗' 시트에는 데이터 모델로 등록한 표로 집계된 피벗 테이블 보고서가 있습니다. 값 영역에 '거래번호' 필드가 두 번 집계되어 있습니다.

02 '판매대장' 시트를 열고 A열의 '거래번호'를 보면 몇 개씩 중복된 데이터가 입력되어 있는 것을 확인할 수 있습니다. 이것은 하나의 거래번호로 여러 개의 제품을 구입한 경우라고 이해하면 됩니다.

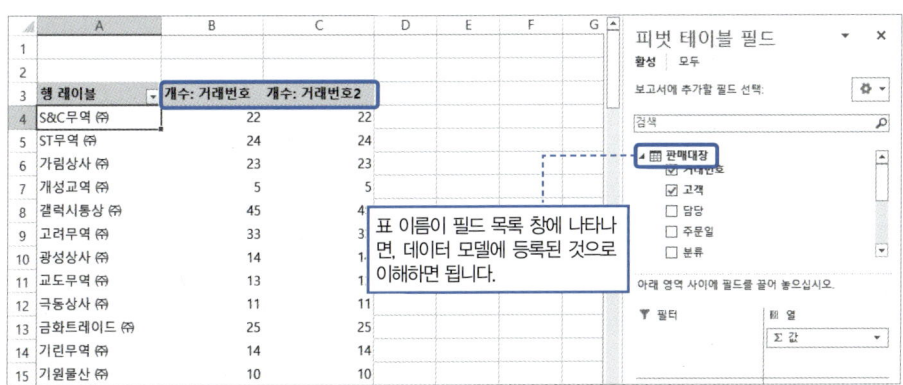

03 다시 '피벗' 시트로 이동해 '개수 : 거래번호2' 필드의 집계를 '고유 개수'로 변경하겠습니다. C3셀을 마우스 오른쪽 버튼으로 클릭하고 [값 요약 기준]-[기타 옵션] 메뉴를 선택합니다. '값 필드 설정' 대화상자가 표시되면 '값 필드 요약 기준' 리스트에서 [고유 개수]를 선택하고 〈확인〉 버튼을 클릭합니다.

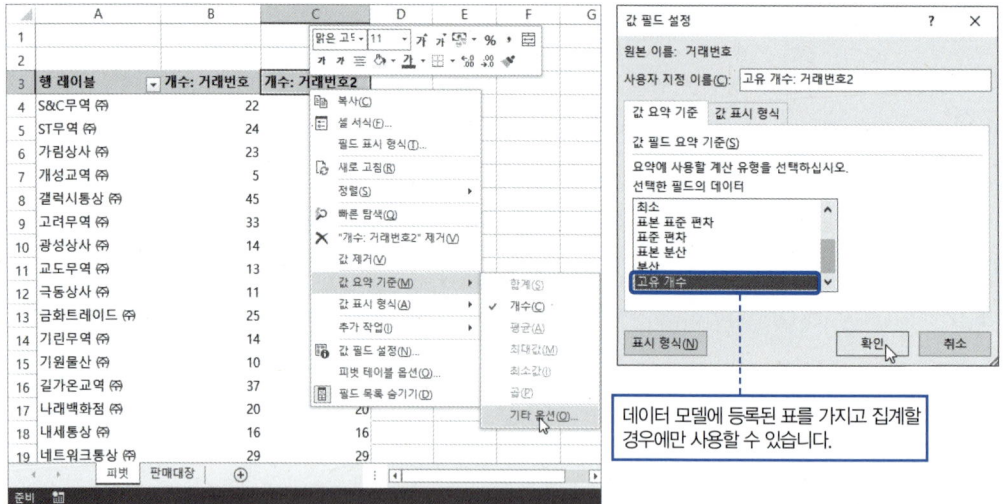

데이터 모델에 등록된 표를 가지고 집계할 경우에만 사용할 수 있습니다.

04 '고유 개수: 거래번호2'로 이름이 변경되고, B열의 '개수: 거래번호'에 비해 작은 값이 집계됩니다. 이 값이 바로 중복이 배제된 건수를 집계한 결과로, 고객과의 정확한 거래 횟수입니다.

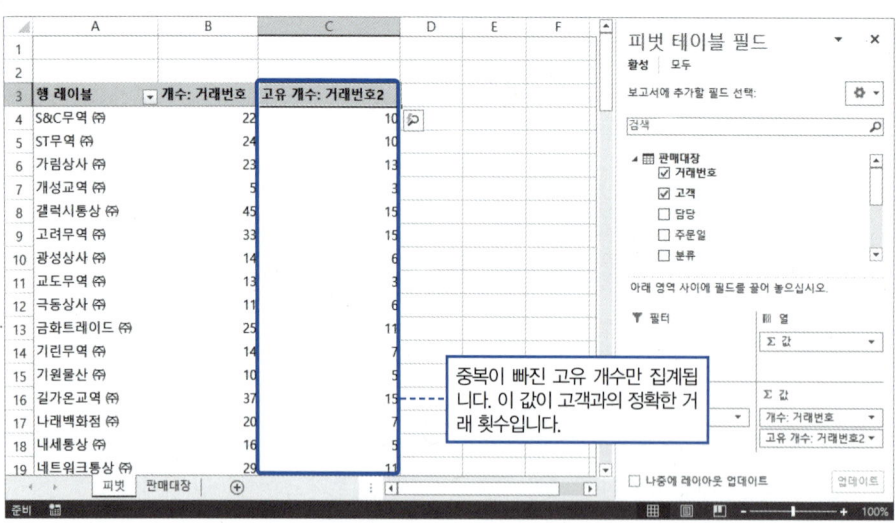

중복이 빠진 고유 개수만 집계됩니다. 이 값이 고객과의 정확한 거래 횟수입니다.

061 값 영역의 값을 기준으로 고객 등급 표시하기

피벗 테이블 보고서의 값 영역에는 항상 숫자 값만 표시할 수 있으며 텍스트 값은 표시할 수 없습니다. 하지만, 간단한 조건이라면 셀 서식의 사용자 지정 숫자 서식을 이용해 숫자 값을 텍스트 값으로 표시할 수 있습니다. 집계된 숫자 값을 기준으로 고객 등급을 표시하는 방법에 대해 알아보겠습니다.

예제 파일 PART 02\CHAPTER 05\고객 등급.xlsx

01 예제 파일의 '피벗' 시트에는 고객별 매출이 집계된 피벗 테이블 보고서가 있습니다. 값 영역에 '판매' 필드가 두 번 삽입되어 있는데, '합계 : 판매2' 필드를 기준으로 고객 등급을 A, B, C로 구분해 보겠습니다.

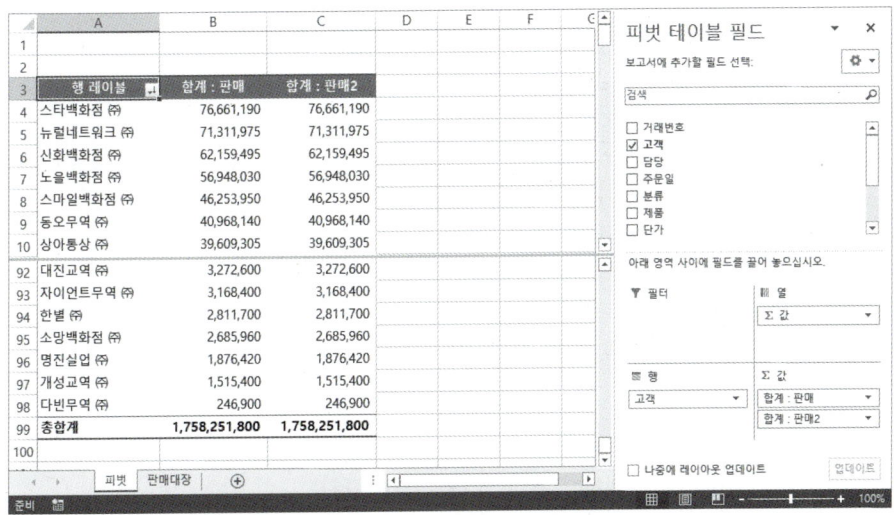

매출	등급
5천만 원 이상	A
2천만 원 이상, 5천만 원 미만	B
2천만 원 미만	C

02 표시 형식을 사용해 '합계 : 판매2' 필드의 표시 값을 변경하겠습니다. C3셀을 마우스 오른쪽 버튼으로 클릭하고 [필드 표시 형식] 메뉴를 선택합니다. '셀 서식' 대화상자의 '범주' 리스트에서 [사용자 지정]을 선택하고 '형식'란에 다음 서식 코드를 입력한 후 〈확인〉 버튼을 클릭합니다.

[>=50000000]"A";[>=20000000]"B";"C"

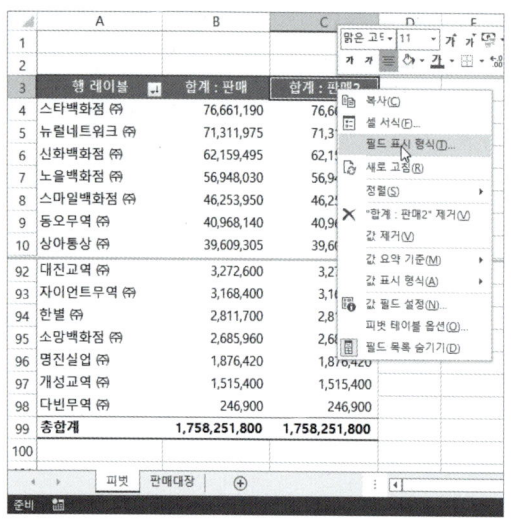
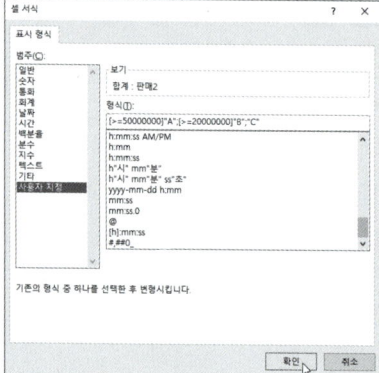

Plus⁺ 사용자 지정 숫자 서식

'셀 서식' 대화상자의 표시 형식을 [사용자 지정]으로 변경하면, 다음 문법을 사용해 원하는 조건을 설정할 수 있습니다.

[조건1]서식코드1 ; [조건2]서식코드2 ; 서식코드3

위 문법에서 [조건1], [조건2]는 대괄호 안에 비교 연산자와 값을 이용해 구성할 수 있습니다. 이번에 사용한 것처럼 [>=50000000]과 같이 입력하면 5천만 원 이상인 값을 대상으로 한다는 의미입니다. 서식코드1, 서식코드2는 각각 조건1과 조건2를 만족하는 경우에 사용할 서식 코드를 의미하며, 서식코드3은 조건1과 조건2를 모두 만족하지 않는 경우에 사용합니다.

그러므로 [>=50000000]"A"는 5천만 원 이상일 때 셀에 'A' 문자를 표시하라는 의미이며, [>=20000000]"B"는 첫 번째 조건 (5천만 원 이상)에 해당하지 않는(5천만 원 미만) 값 중에서 2천만 원 이상일 때 'B' 문자를 표시하라는 의미입니다. 마지막 **"C"** 는 두 조건을 모두 만족하지 않으면(2천만 원 미만) 'C' 문자를 표시하라는 의미입니다.

---

03 다음 화면과 같이 '합계 : 판매2' 필드의 값이 A, B, C 등급으로 표시됩니다.

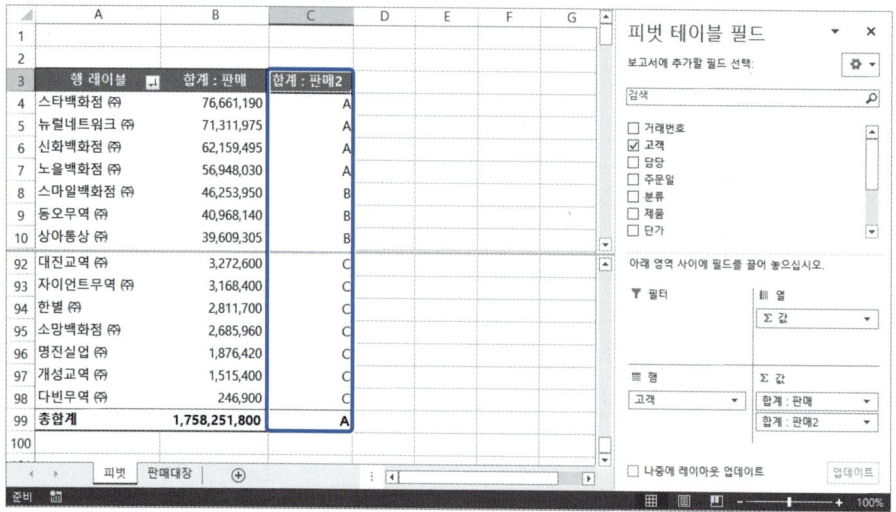

062 값 영역의 오류 값을 원하는 값으로 변경하기

값 영역에 집계된 값 중에서 #DIV/0! 등의 수식 오류가 표시되는 경우가 있습니다. 이런 현상은 원본 테이블에 해당 오류가 발생한 셀이 있거나, CHAPTER 06에서 설명할 계산 필드와 같은 기능을 사용하면서 수식에 문제가 생긴 경우에 발생합니다. 전자는 원본 테이블에서 해당 오류가 발생한 부분을 고치는 것이 좋고, 후자는 수식을 고치면 됩니다. 또 피벗 테이블 옵션을 변경하면 수식 오류를 다른 값으로 대체할 수도 있습니다. 여기서는 값 영역 내 오류 값을 사용자가 원하는 값으로 변경하는 방법에 대해 알아보겠습니다.

예제 파일 PART 02 \ CHAPTER 05 \ 수식 오류.xlsx

피벗 테이블 옵션 사용

값 영역에 집계된 값 중에서 수식 오류 값이 존재하는 경우, 이를 표시하지 않거나 0으로 변환하는 가장 쉬운 방법은 피벗 테이블 옵션을 변경하는 것입니다.

01 예제 파일의 '피벗' 시트에는 영업사원의 연간 판매실적 보고서가 있습니다. C9셀에는 #DIV/0! 오류가 발생했고, C9셀의 오류 때문에 C15셀의 총합계도 같은 오류가 표시되어 있습니다. 이 오류를 0으로 변경해 보겠습니다.

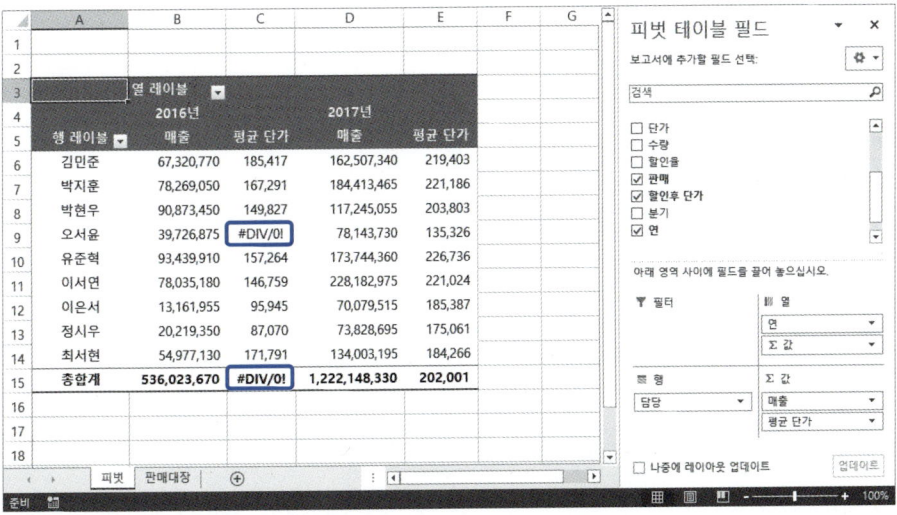

'No. 47 피벗 테이블 보고서 빠르게 초기화하는 방법'(172쪽)을 참고해 피벗 테이블 보고서를 초기화하고, 동일한 피벗 테이블 보고서를 생성해 봅니다.

TIP 값 영역의 '매출'은 '판매' 필드를, '평균 단가'는 '할인후 단가' 필드를 각각 값 영역에 삽입하고 필드 이름을 수정한 것입니다.

02 수식 오류를 다른 값으로 대체하기 위해, A3셀을 마우스 오른쪽 버튼으로 클릭하고 [피벗 테이블 옵션] 메뉴를 선택합니다. '피벗 테이블 옵션' 대화상자가 표시되면 '서식' 그룹에서 [오류 값 표시] 옵션에 체크하고 오른쪽 입력란에 '0'을 입력한 후 〈확인〉 버튼을 클릭합니다.

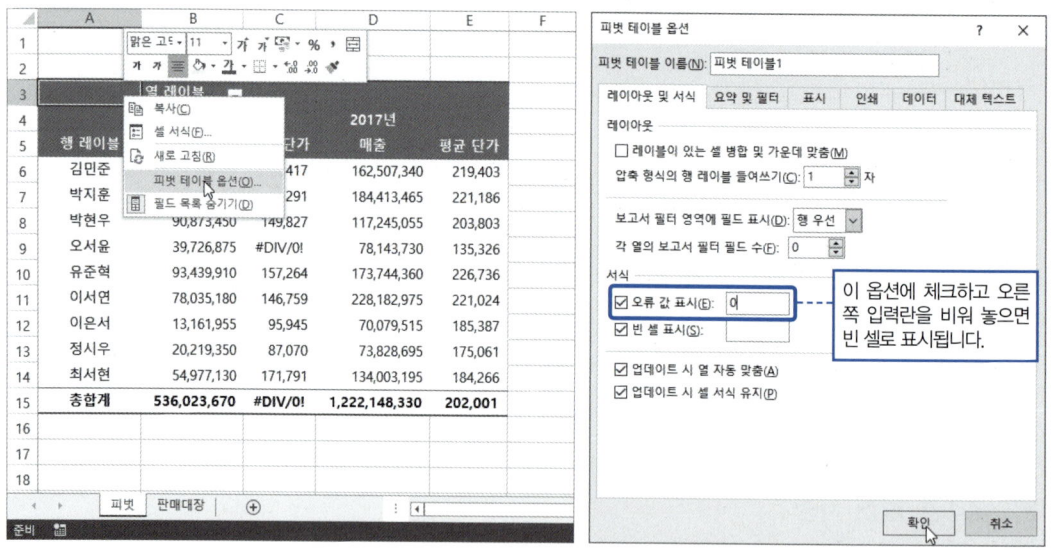

03 피벗 테이블 보고서의 C9셀과 C15셀에 나타났던 #DIV/0! 오류가 0으로 변경됩니다.

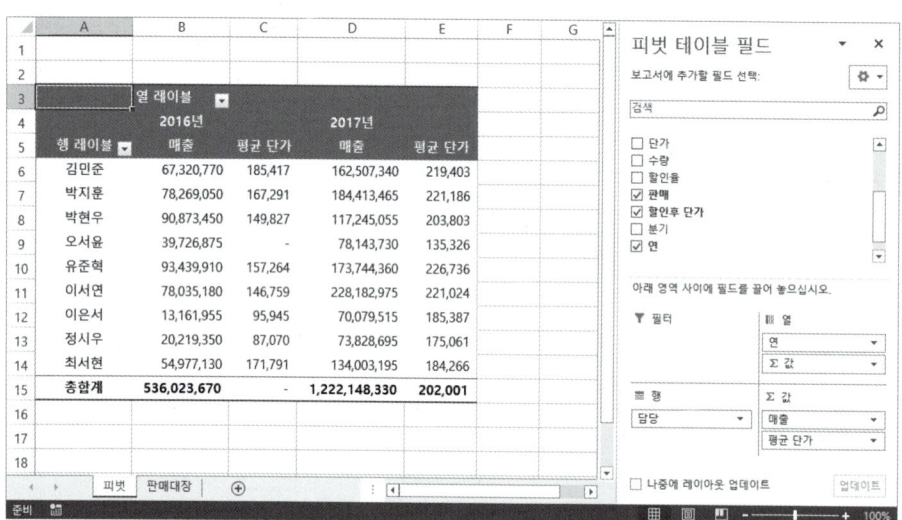

> **Plus⁺ 왜 C15셀에 합계가 구해지지 않고, 0으로 표시될까?**
>
> 피벗 테이블 옵션을 이용해 수식 오류를 별도의 다른 값으로 대체하면, 해당 셀 값이 그렇게 바뀌는 것이 아니라 표시되는 부분만 피벗 테이블 옵션에 의해 바뀌어 보이는 것입니다. 즉, 값 영역의 집계 값은 그대로 #DIV/0! 오류 값인 상태입니다. 그러므로 C15셀의 총합계 값은 계산되지 못하고 0으로 표시됩니다.

원본 데이터 수정

피벗 테이블 보고서에 오류 값이 표시되는 것은 원본 표에 해당 오류 값을 갖는 셀이 존재한다는 의미입니다. 이를 찾아 문제를 해결하면 피벗 테이블 보고서 내의 오류 값도 표시되지 않도록 할 수 있습니다.

01 '판매대장' 시트로 이동하여 '할인후 단가' 열인 K열의 아래 화살표 단추를 클릭한 후, 검색란에 '#' 기호를 입력하고 Enter 키를 누릅니다. 해당 열에서 수식 오류가 발생한 셀만 필터링됩니다.

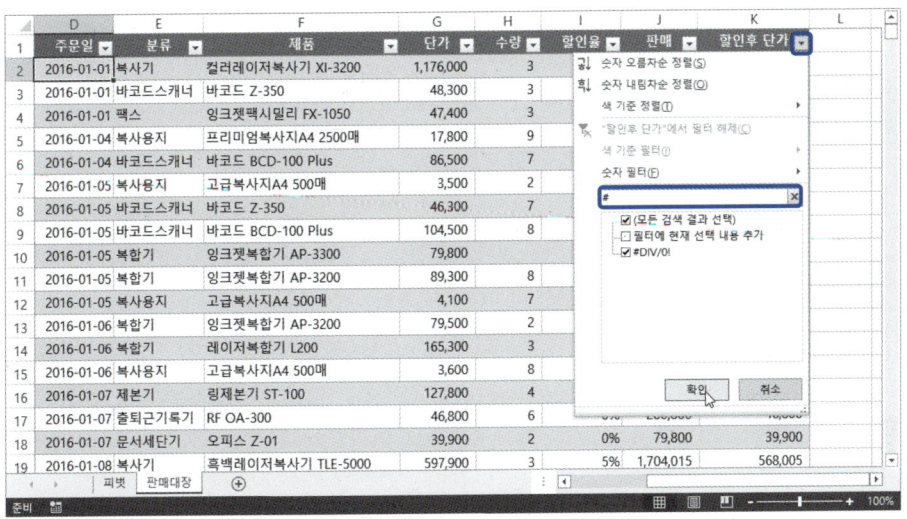

02 수식 오류가 발생한 K10셀을 선택하고 수식을 보면 판매 열(J열)의 값을 수량 열(H열)의 값으로 나눠 계산한 것을 확인할 수 있습니다. 수식 오류가 발생하는 이유는 H10셀의 값이 지워졌기 때문입니다.

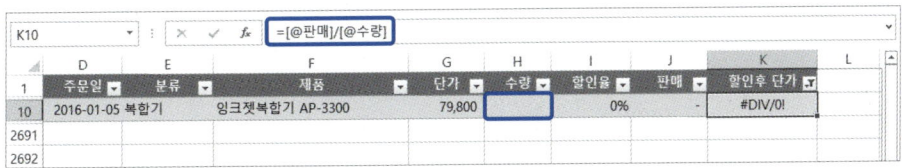

03 해당 고객과의 거래 내역을 확인해 해당 제품을 1건 판매한 내역을 확인했다고 가정하고, H10셀의 값을 '1'로 고치면 K10셀의 수식 오류가 사라지고 정상적인 계산 결과 값이 표시됩니다.

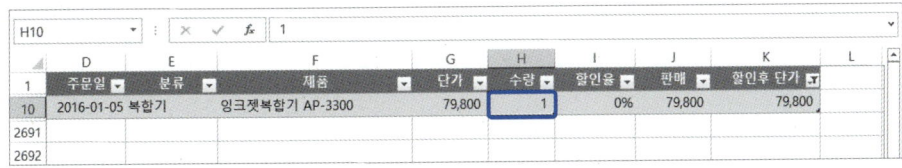

04 이제 다시 '피벗' 시트로 이동하여 [분석] 탭-[데이터] 그룹-[새로 고침] 명령()을 클릭하면 C9셀과 C15셀에 표시됐던 수식 오류 값이 사라지고 정확한 계산 값이 표시됩니다.

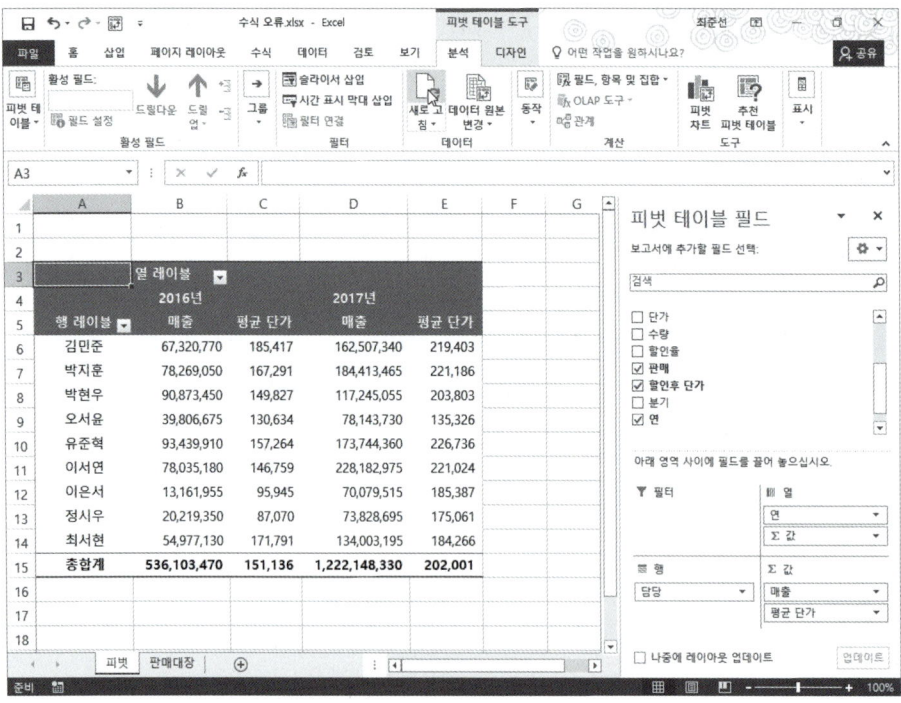

불필요한 총합계 행/열 제거하기 063

피벗 테이블 보고서의 행/열 영역에 필드를 삽입하면, 총합계 행/열이 표시됩니다. 총합계 행/열이 필요할 수도 있지만, 필요 없는 경우도 있습니다. 총합계 행/열이 필요하지 않다면 리본 메뉴의 [디자인] 탭에서 [총합계] 명령 내 메뉴를 이용해 제거할 수 있습니다.

예제 파일 PART 02 \ CHAPTER 05 \ 총합계.xlsx

피벗 테이블 보고서 내의 셀을 선택한 다음 [디자인] 탭-[레이아웃] 그룹-[총합계] 명령(▦)을 클릭하면 다음과 같은 네 개의 옵션을 하위 메뉴에서 선택할 수 있습니다.

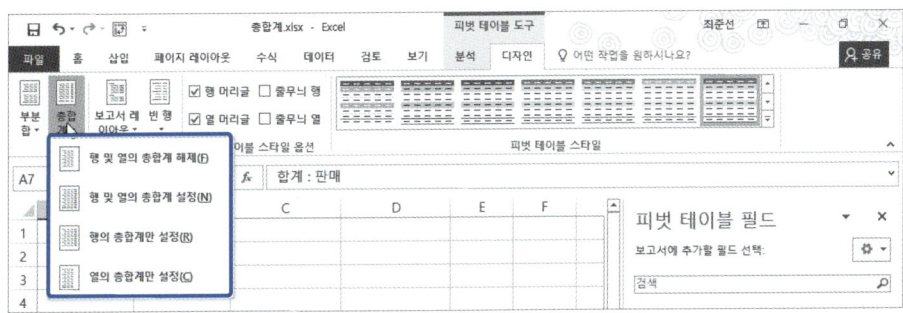

[행 및 열의 총합계 해제] 메뉴를 선택하면 총합계 행과 열이 모두 제거됩니다.

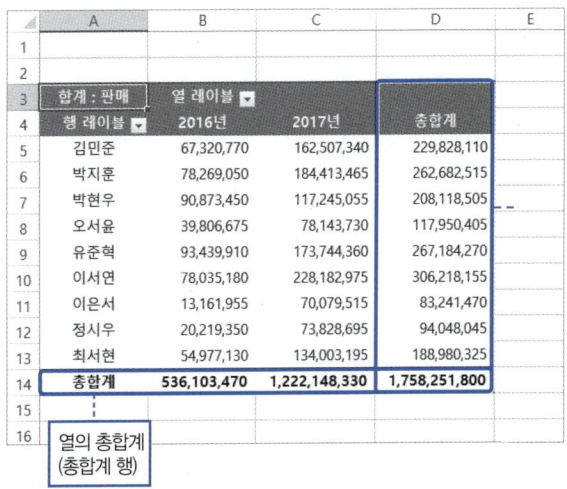

[행 및 열의 총합계 설정] 메뉴를 선택하면 총합계 행과 열이 모두 표시되며, [행의 총합계만 설정] 메뉴나 [열의 총합계만 설정] 메뉴를 선택하면 총합계 행이나 총합계 열만 표시됩니다. 또 총합계 행/열은 항상 피벗 테이블 보고서의 맨 하단과 오른쪽 끝 열에만 표시되는데, 그 위치를 옮기고 싶다면 피벗 테이블 보고서에서 제공하는 '계산 항목' 기능을 사용할 수 있어야 합니다.

LINK '계산 항목' 기능을 사용하는 방법은 No. 81-84(271-281쪽)에서 확인할 수 있습니다.

064 피벗 테이블 보고서의 원본 데이터 확인하기

피벗 테이블 보고서에서는 값 영역 내 집계 값을 더블클릭하면 해당 집계 값의 원본 데이터만 별도의 시트에 따로 표시됩니다. 이렇게 표시된 데이터는 원본 표에서 피벗의 조건을 사용해 필터를 거는 것과 동일하기 때문에 원본 데이터를 확인하고 싶은 경우에 유용한 기능입니다. 그런데 이것은 원본 데이터를 누구나 확인할 수 있다는 의미이기도 하므로 필요에 따라 동작을 제한할 수 있어야 합니다. 피벗 테이블 보고서의 원본 데이터를 확인하는 방법과 확인하지 못하도록 설정하는 방법에 대해 알아보겠습니다.

예제 파일 PART 02 \ CHAPTER 05 \ 원본 데이터.xlsx

원본 데이터 확인

피벗 테이블 보고서를 구성한 후 해당 결과 값이 어떻게 나왔는지 확인하려면 값 영역 내 집계 값을 더블클릭하면 됩니다. 그렇게 하면 해당 집계 값의 원본 데이터만 별도의 시트로 생성됩니다.

01 예제 파일의 '피벗' 시트에는 다음과 같은 피벗 테이블 보고서가 집계되어 있습니다. 값 영역에서 '스타백화점 ㈜' 2017년 매출 총액을 표시하는 C5셀에 집계된 값의 원본 데이터를 확인해 보겠습니다.

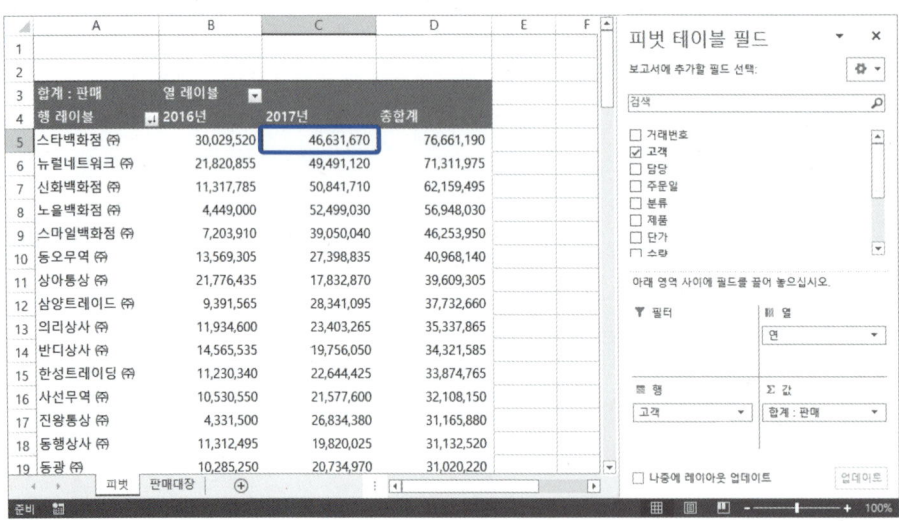

02 C5셀을 더블클릭하면 새 시트에 '스타백화점 ㈜'와 2017년에 거래한 원본 데이터가 표시됩니다. J열을 선택하고 상태 표시줄을 보면 '자동 요약' 중 '합계' 값이 피벗 테이블 보고서의 C5셀 값과 동일한 것을 알 수 있습니다.

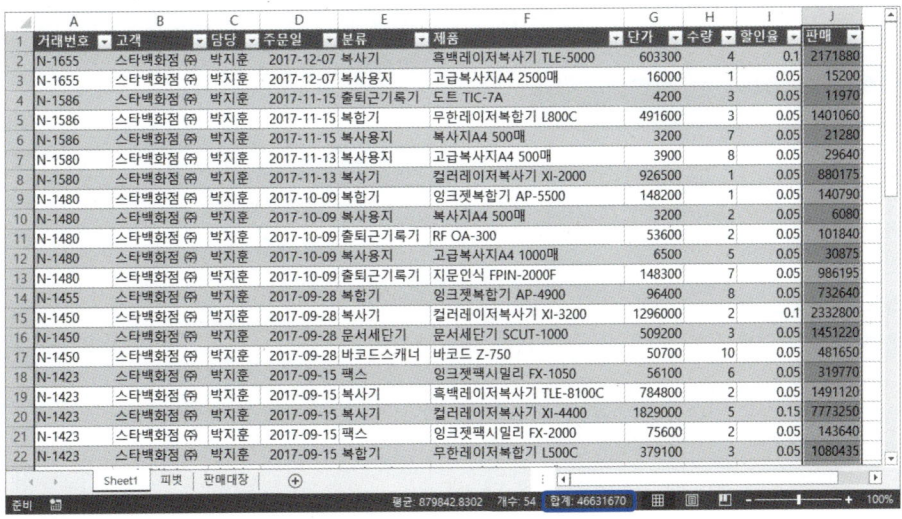

피벗 테이블 원본 데이터 삭제

피벗 테이블 보고서는 원본 데이터를 삭제해도 보고서를 구성하는 데 아무런 문제가 없습니다. 이는 피벗 테이블 보고서가 바로 원본 데이터에서 생성되지 않고, 별도의 캐시를 생성한 후 해당 캐시에서 데이터를 읽어 들이기 때문입니다.

01 원본 데이터가 있는 '판매대장' 시트의 시트 탭을 마우스 오른쪽 버튼으로 클릭하고 [삭제] 메뉴를 선택합니다. 메시지 창이 표시되면 〈확인〉 버튼을 눌러 시트를 삭제합니다.

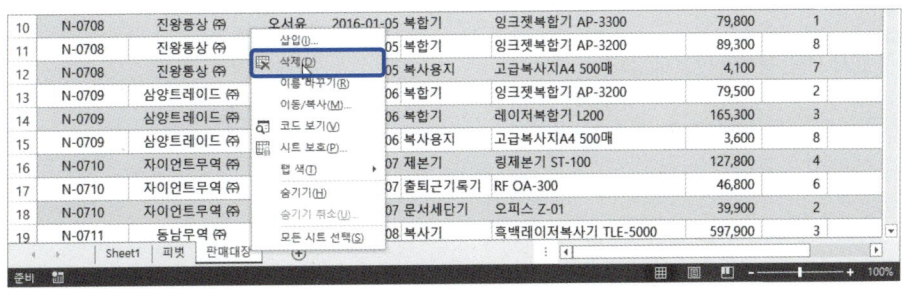

02 '피벗' 시트의 값 영역에 있는 집계 값 중 하나를 더블클릭하면 이전과 동일하게 원본 데이터가 'Sheet2'에 표시됩니다.

03 원본 데이터를 보호하기 위해 피벗 테이블 보고서의 옵션을 변경해 보겠습니다. 피벗 테이블 보고서 내의 셀을 마우스 오른쪽 버튼으로 클릭하고 [피벗 테이블 옵션] 메뉴를 선택합니다. '피벗 테이블 옵션' 대화상자의 '데이터' 탭에서 [하위 수준 표시 사용] 옵션을 체크 해제한 후 〈확인〉 버튼을 클릭합니다.

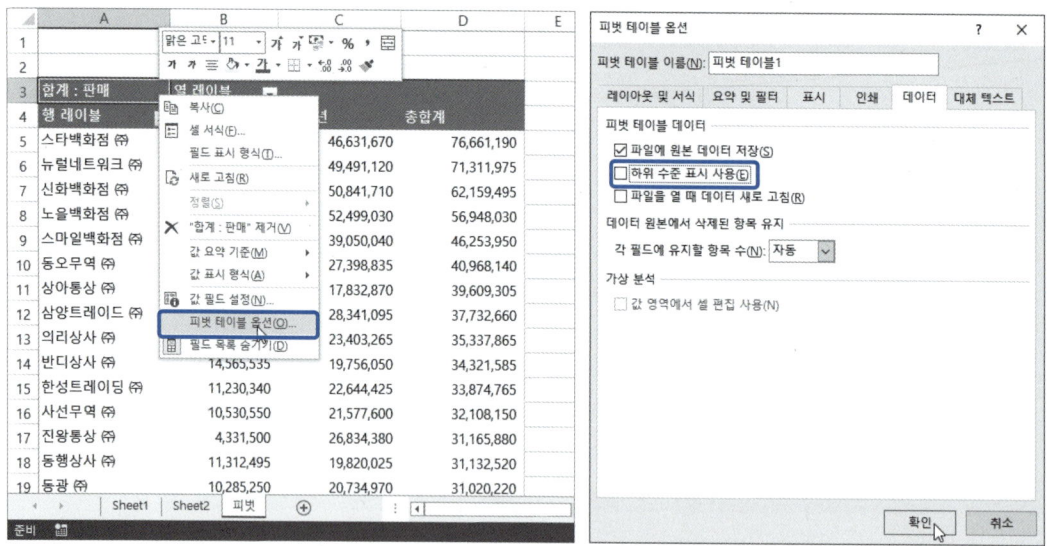

04 다시 피벗 테이블 보고서의 값 영역 내 집계 값을 더블클릭하면 다음과 같은 메시지 창이 나타납니다.

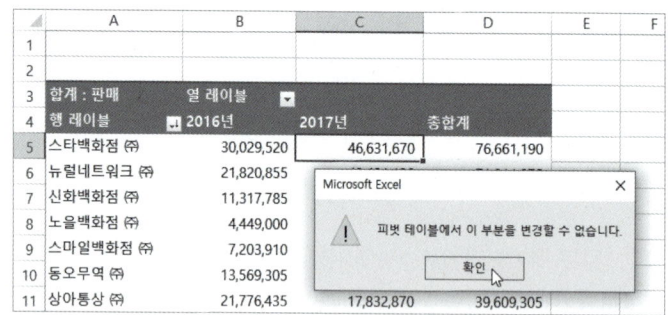

Plus⁺ [하위 수준 표시 사용] 옵션의 단점 해결하기

[하위 수준 표시 사용] 옵션은 원본 데이터를 확인할 수 없도록 하는 편리한 방법이지만, 사용자가 이 옵션을 다시 활성화하면 원본 데이터가 다시 별도의 시트에 표시됩니다. 그러므로 원본 데이터를 보호하고자 한다면 이 방법보다는 '피벗 테이블 옵션' 대화상자의 '데이터' 탭에서 [파일에 원본 데이터 저장] 확인란의 체크를 해제하는 방법이 더 나을 수 있습니다.

해당 옵션의 체크를 해제했으면, 반드시 파일을 저장한 후 다시 닫고 열어야 합니다. 그 후에 값 영역 내 집계 값을 더블클릭하면 다음과 같은 메시지 창이 표시되며, 메시지 내용대로 [새로 고침] 명령을 클릭해도 원본 데이터 시트가 삭제된 상태에서는 데이터가 표시되지 않습니다.

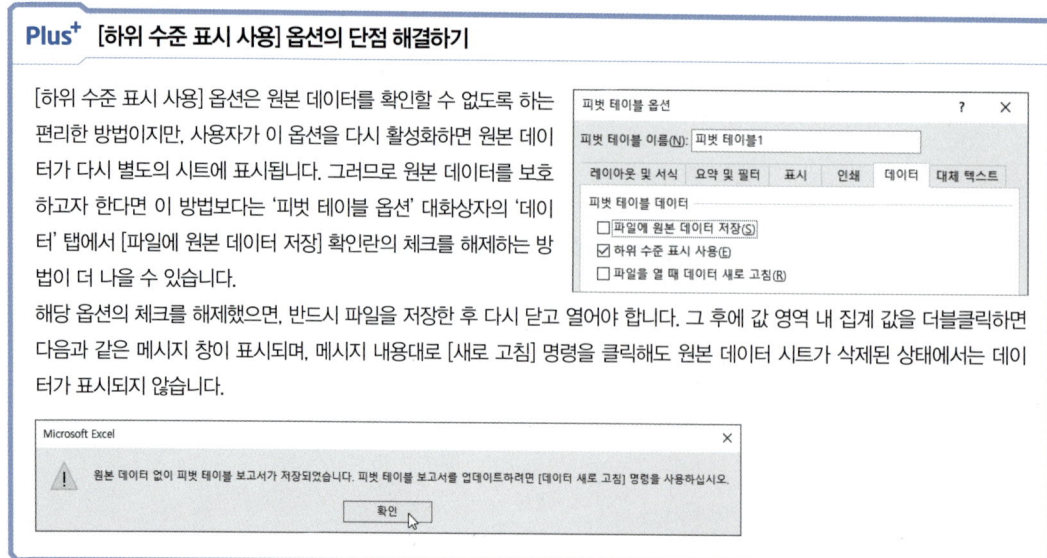

필터 영역 내 필드 표시 방법 이해하기

필터 영역에 필드를 여러 개 삽입하면 행 방향으로 순서대로 배치됩니다. 처음에는 이런 방식이 불편하지 않지만, 필드가 너무 많은 경우에는 피벗 테이블 보고서가 하단으로 치우쳐 표시되므로 불편합니다. 다행인 점은 피벗 테이블의 경우 필터 영역 내 필드를 워드 문서의 '단'처럼 여러 구역으로 구분해 표시할 수 있다는 것입니다.

예제 파일 PART 02 \ CHAPTER 05 \ 필터 영역 필드.xlsx

예제 파일에는 왼쪽 화면과 같이 필터 영역에 필드가 네 개 삽입되어 있습니다. 필터 영역 내 필드의 표시 방법을 변경하려면 A6셀을 마우스 오른쪽 버튼으로 클릭하고 [피벗 테이블 옵션] 메뉴를 선택합니다. '피벗 테이블 옵션' 대화상자의 '레이아웃 및 서식' 탭에서 '보고서 필터 영역에 필드 표시'와 '각 열의 보고서 필터 필드 수' 옵션을 확인할 수 있습니다.

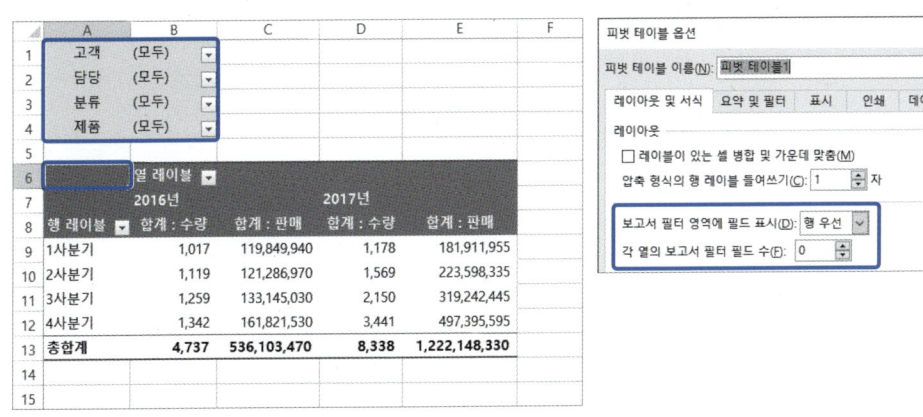

'피벗 테이블 옵션' 대화상자의 '보고서 필터 영역에 필드 표시'와 '각 열의 보고서 필터 필드 수'는 필터 영역의 필드를 어떻게 표시할지를 결정하는 옵션입니다. '보고서 필터 영역에 필드 표시' 옵션은 필드의 기본 표시 순서를 결정하며, '각 열의 보고서 필터 필드 수'는 열 방향의 필드 표시 개수를 의미합니다.

즉, 기본값인 [행 우선]과 [0]은 행 방향으로만 필터 영역 내 필드를 표시한다는 의미이며, 이때 필터 영역에 필드가 표시되는 순서는 다음과 같습니다.

| 고객 |
| 담당 |
| 분류 |
| 제품 |

'각 열의 보고서 필터 필드 수' 옵션을 [1]로 변경하면 필터 영역 내 열마다 하나씩 필드를 표시한다는 의미가 되므로 1×4 행렬과 같이 필터 영역 내 필드가 표시됩니다.

만약 '각 열의 보고서 필터 필드 수'를 [2]로 변경하면 열마다 두 개의 필드를 행 방향(아래쪽)을 우선해 표시하겠다는 의미가 되므로, 필드가 다음과 같이 표시됩니다.

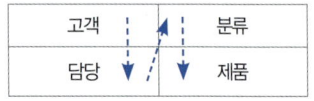

만약 '보고서 필터 영역에 필드 표시' 옵션을 [열 우선]으로 변경하면 '각 열의 보고서 필터 필드 수' 옵션이 '각 행의 보고서 필터 필드 수'로 이름이 변경됩니다.

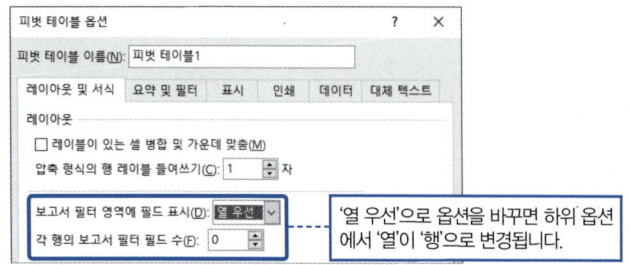

[열 우선]에 '각 행의 보고서 필터 필드 수'가 [0]이면 열 방향으로만 필드를 표시하게 되므로 다음과 같이 필드가 표시됩니다.

만약 [열 우선]에 '각 행의 보고서 필터 필드 수'가 [1]이면, 필터 영역 내 행마다 하나씩 필드만 표시한다는 의미가 되므로 4×1 행렬과 같이 필드가 표시됩니다.

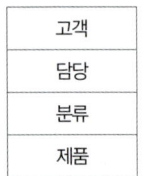

[열 우선]에 '각 행의 보고서 필터 필드 수'가 [2]면, 행마다 두 개의 필드를 열 방향(오른쪽)을 우선해 표시하겠다는 의미가 되므로, 필드가 다음과 같이 표시됩니다.

이런 방법을 이용해 필터 영역 내 필드를 원하는 순서로 표시할 수 있습니다.

필터 영역을 슬라이서로 대체하기

필터 영역 내에 필드를 삽입해 피벗 테이블 보고서에 집계될 데이터를 제한할 수 있습니다. 다만 이 방법에는 한 가지 치명적인 단점이 있는데, 필터 조건을 둘 이상으로 설정할 경우에는 필터를 건 조건을 시각적으로 확인할 수 없다는 점입니다. 이런 문제를 개선하기 위해 엑셀에서는 2010 버전부터 슬라이서 기능을 지원합니다. 그러므로 슬라이서는 필터 영역을 대체하면서 필터 조건을 시각적으로 확인할 수 있습니다. 2010 이상 버전 사용자라면 슬라이서를 적극적으로 활용할 수 있어야 합니다.

예제 파일 PART 02 \ CHAPTER 05 \ 슬라이서.xlsx

슬라이서 창 사용

슬라이서 창을 사용하는 방법은 기존 엑셀 표에서와 같습니다. 슬라이서를 사용해 보지 않았다면 No. 30-31(109-113쪽)을 먼저 참고하기 바랍니다.

01 예제 파일의 '피벗' 시트를 열면 왼쪽 화면과 같은 피벗 테이블 보고서를 확인할 수 있습니다. 필터 영역 내 '담당' 필드의 항목을 여러 개 선택하면, 필터 영역은 항목을 하나씩 표시할 수 없으므로 '(다중 항목)'으로 표시됩니다. 아래 화살표 단추를 클릭하면, 목록 내에서 선택한 항목을 오른쪽 화면처럼 확인할 수는 있지만, 불편한 것은 사실입니다.

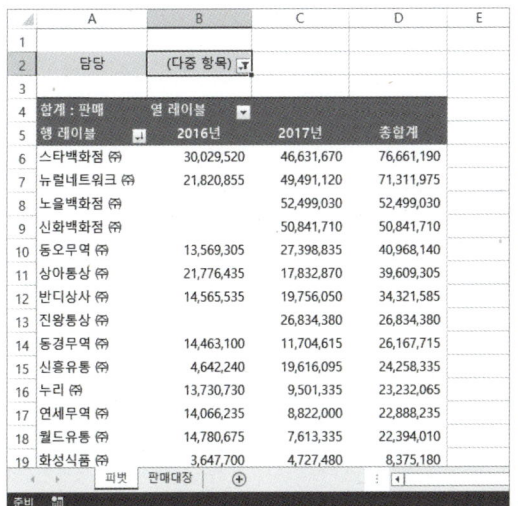 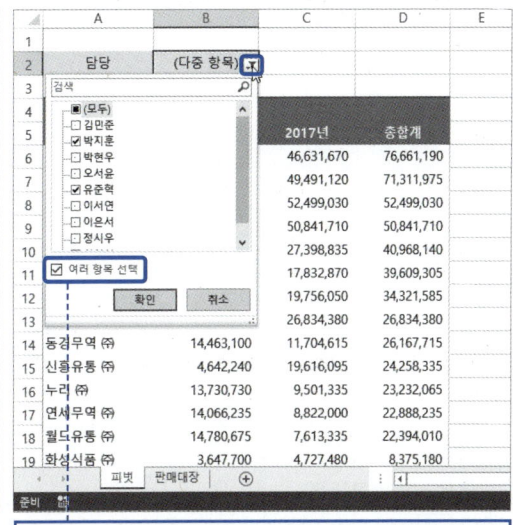

필터 영역 내 필터 목록에 있는 '여러 항목 선택' 확인란에 체크하면 항목을 여러 개 선택할 수 있으며, 둘 이상의 항목이 선택되면 '(다중 항목)'으로 표시됩니다.

02 필터 영역 내 '담당' 필드를 슬라이서 창으로 대체하겠습니다. [분석] 탭-[필터] 그룹-[슬라이서 삽입] 명령(📊)을 클릭해 '슬라이서 삽입' 대화상자가 열리면 필터 영역 내 동일 필드의 확인란에 체크하고 〈확인〉 버튼을 클릭합니다.

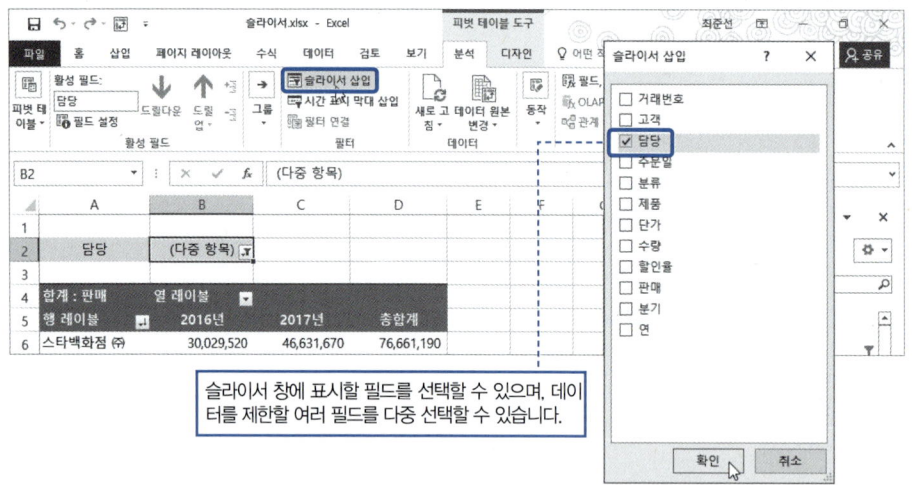

03 다음 화면과 같이 '담당' 필드의 슬라이서 창이 표시되며, 리본 메뉴에는 슬라이서 창에서 적용할 수 있는 명령을 모아둔 [옵션] 탭이 표시됩니다.

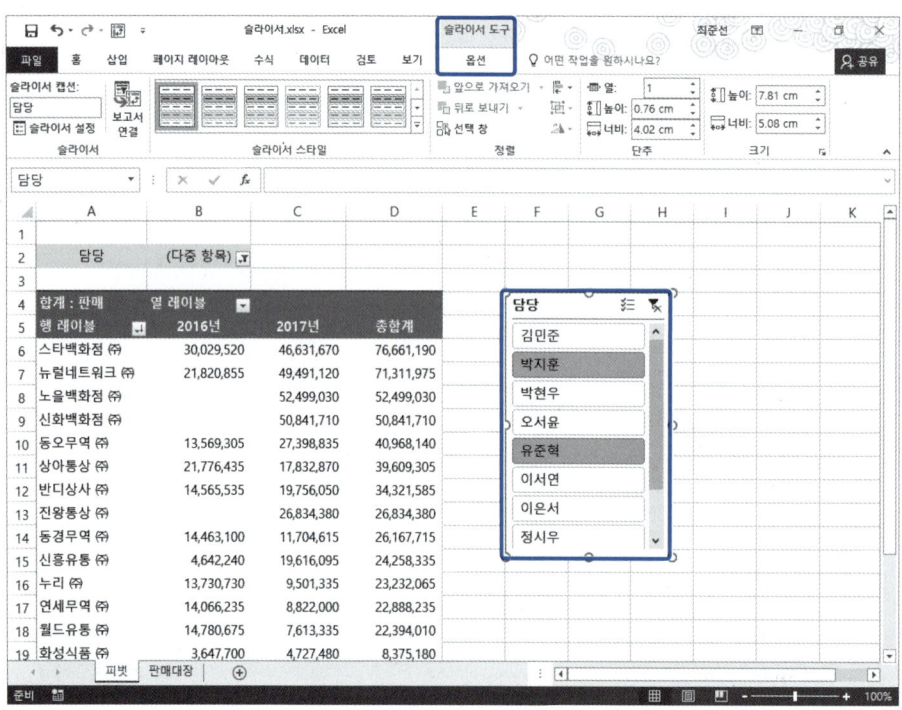

슬라이서 창의 서식 변경

슬라이서 창에 적용된 서식이 마음에 들지 않는다면 원하는 슬라이서 창을 선택하여 적용할 수 있습니다. 슬라이서 창의 기본 서식은 피벗과 일치하지만, 피벗 테이블 보고서에 별도의 스타일을 적용했다면 통일성을 위해 슬라이서 창에도 동일한 스타일을 적용하는 것이 좋습니다. 슬라이서 창이 선택된 상태에서 [옵션] 탭-[슬라이서 스타일] 그룹의 [슬라이서 스타일] 갤러리에서 원하는 스타일을 선택합니다.

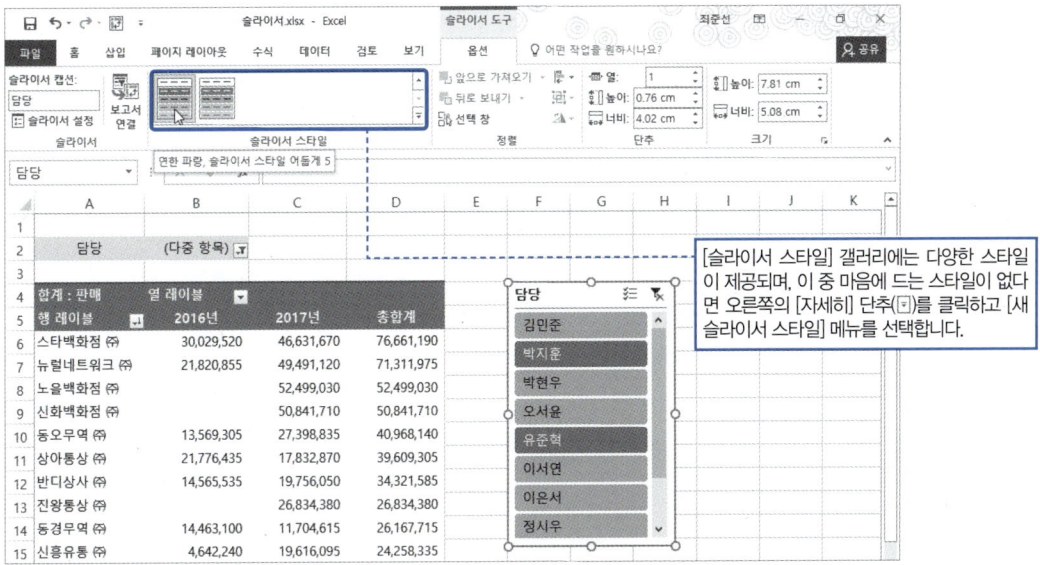

[슬라이서 스타일] 갤러리에는 다양한 스타일이 제공되며, 이 중 마음에 드는 스타일이 없다면 오른쪽의 [자세히] 단추(▼)를 클릭하고 [새 슬라이서 스타일] 메뉴를 선택합니다.

슬라이서 창을 여러 단으로 표시

필드 내 항목이 많다면 슬라이서 창을 단으로 나눠 여러 열에 항목을 표시할 수 있습니다. 이 경우, 슬라이서 창의 크기를 해당 항목이 가장 많이 표시될 수 있도록 조정하는 것이 좋습니다.

슬라이서 창의 단을 3단으로 변경하기 위해 [옵션] 탭-[단추] 그룹에서 [열] 옵션을 [3]으로 변경하고, 높이와 너비 값을 표시된 항목에 맞춰 조정합니다.

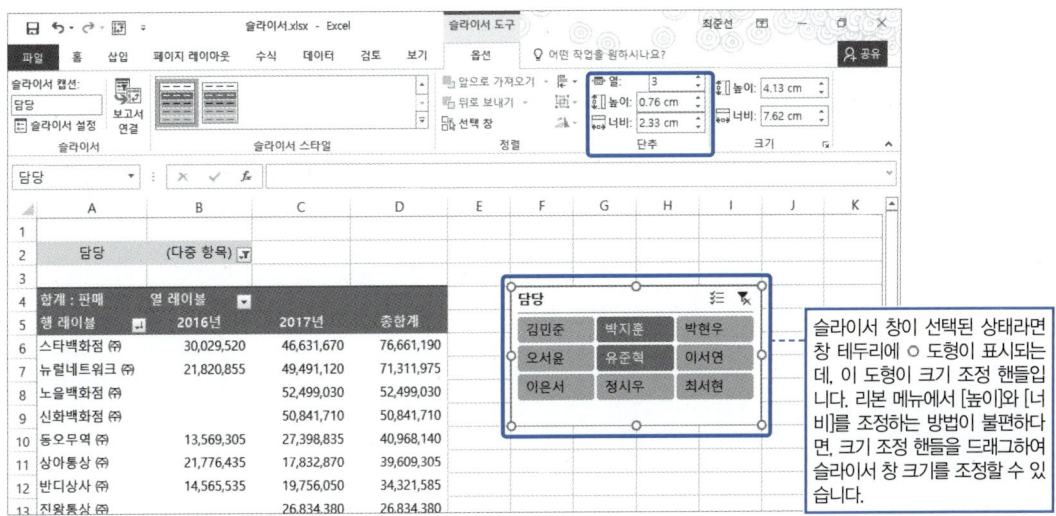

슬라이서 창이 선택된 상태라면 창 테두리에 ○ 도형이 표시되는데, 이 도형이 크기 조정 핸들입니다. 리본 메뉴에서 [높이]와 [너비]를 조정하는 방법이 불편하다면, 크기 조정 핸들을 드래그하여 슬라이서 창 크기를 조정할 수 있습니다.

067

여러 피벗 테이블 보고서에서 슬라이서 창 공유하기

피벗 테이블 보고서를 많이 사용하는 경우, 보고서마다 동일한 필터를 설정해야 하는 경우가 있는데, 이런 작업이 필요하다면 슬라이서 기능을 이용하는 것이 좋습니다. 슬라이서는 여러 피벗 테이블 보고서에서 공유할 수 있기 때문에 슬라이서 창에서 필터 조건을 설정하는 방법으로 여러 피벗 테이블 보고서를 동시에 제어하는 것이 가능합니다. 피벗 테이블 보고서 간에 슬라이서 창을 공유하거나 공유를 해제하는 방법에 대해 알아보겠습니다.

예제 파일 PART 02 \ CHAPTER 05 \ 공유 슬라이스.xlsx

01 예제 파일의 '피벗' 시트에는 두 개의 피벗 테이블 보고서와 '담당' 필드의 슬라이서 창이 있습니다. 이 슬라이서 창은 왼쪽 피벗 테이블 보고서에서 만든 것으로, 슬라이서 창 내의 항목을 선택하면 왼쪽 피벗 테이블 보고서만 영향을 받게 됩니다. 두 피벗 테이블 보고서를 모두 필터링할 수 있도록 설정해 보겠습니다.

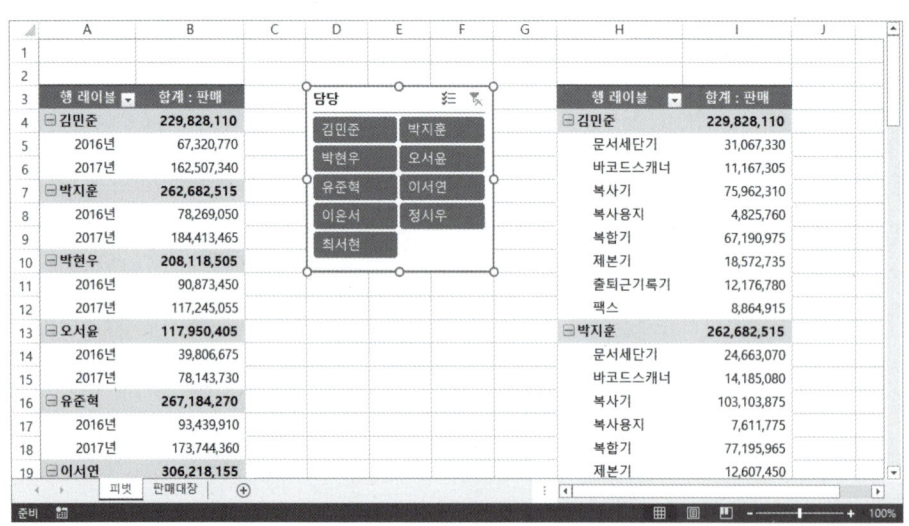

02 먼저 '담당' 슬라이서 창에서 '박지훈' 항목을 선택해 보면 왼쪽 피벗 테이블 보고서는 해당 직원의 연도별 매출 실적을 반환하지만, 오른쪽 피벗 테이블 보고서는 전체 직원의 판매실적을 그대로 표시하는 것을 확인할 수 있습니다.

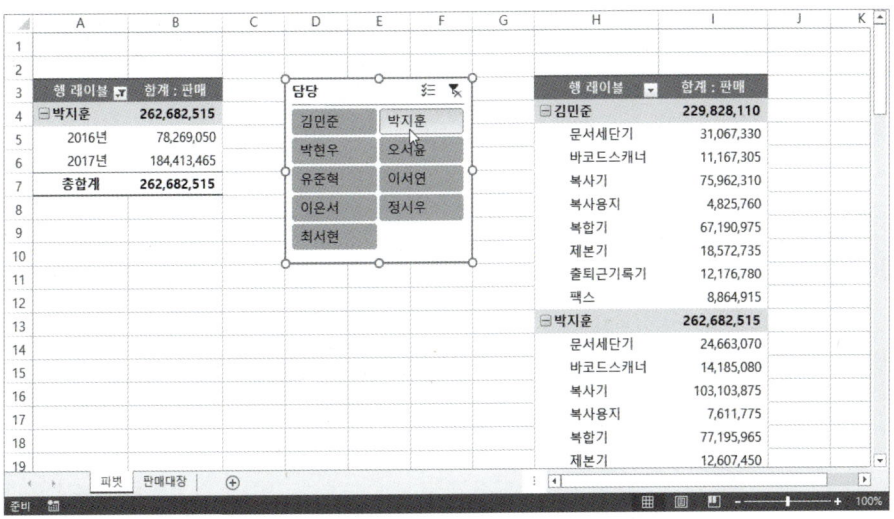

03 슬라이서 창이 선택된 상태에서 [옵션] 탭-[슬라이서] 그룹-[보고서 연결] 명령(🔗)을 클릭합니다. '보고서 연결(담당)' 대화상자가 열리면, 체크가 해제된 '피벗 테이블2' 보고서의 확인란에 체크하고 〈확인〉 버튼을 클릭합니다.

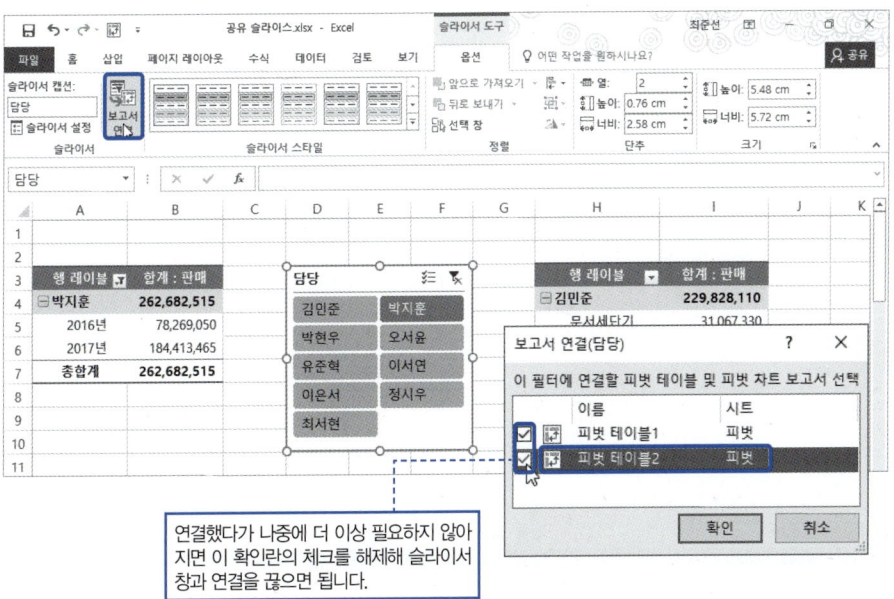

연결했다가 나중에 더 이상 필요하지 않아지면 이 확인란의 체크를 해제해 슬라이서 창과 연결을 끊으면 됩니다.

Plus⁺ 피벗 테이블 보고서의 이름

피벗 테이블 보고서에는 생성된 순서로 '피벗 테이블1', '피벗 테이블2', …와 같은 이름이 부여됩니다. 피벗 테이블 보고서가 많은 경우에는 이 이름만으로 슬라이서 창을 공유할 피벗 테이블 보고서를 선택하기가 쉽지 않습니다. 피벗 테이블 보고서의 이름을 확인하려면 해당 피벗 테이블 보고서 내의 아무 셀이나 선택한 상태에서 [분석] 탭-[피벗 테이블] 그룹의 [피벗 테이블 이름:] 입력란을 보면 됩니다.

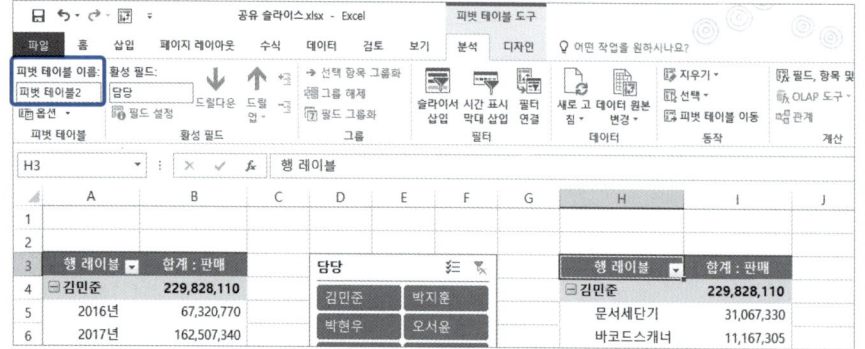

이곳에서 피벗 테이블 보고서의 이름을 수정해 놓으면, 보고서 연결을 할 때 피벗 테이블 보고서를 좀 더 쉽게 선택할 수 있습니다.

04 슬라이서 창에 오른쪽 피벗 테이블 보고서가 연결되면 **02** 과정에서 설정한 필터 조건이 바로 적용됩니다. 이제, 슬라이서 창의 필터 조건을 변경하면 두 피벗 테이블 보고서가 같은 필터 조건으로 연동됩니다.

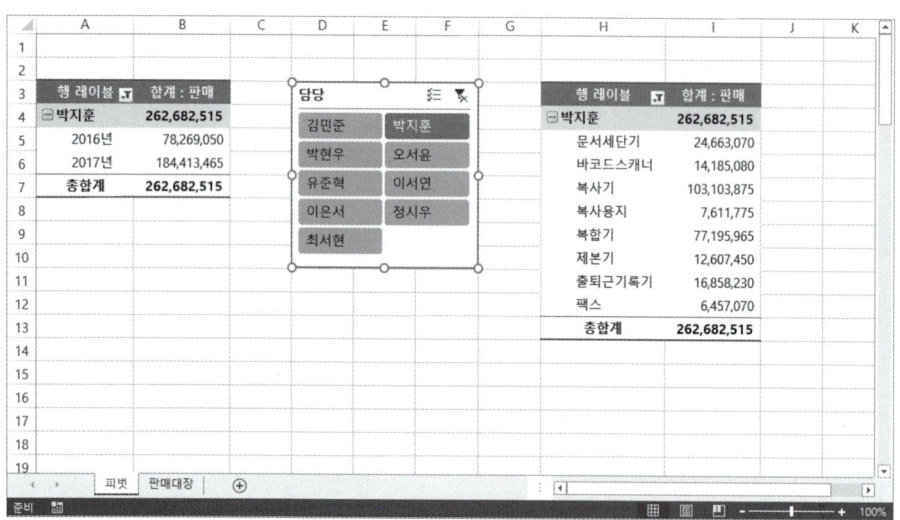

시간 표시 막대 활용 방법 이해하기

068

엑셀 2013 버전부터는 피벗 테이블 보고서에 슬라이서와 유사하지만 날짜/시간 데이터에 특화된 시간 표시 막대 기능이 제공됩니다. 날짜/시간 데이터를 갖는 필드에 적용할 수 있는 슬라이서라고 생각하면 됩니다. 기존 슬라이서와 다른 점은 날짜/시간의 경우 자동으로 그룹화된 날짜 단위를 사용할 수 있다는 점입니다. 시간 표시 막대를 이용하는 방법에 대해 알아보겠습니다.

예제 파일 PART 02 \ CHAPTER 05 \ 시간 표시 막대.xlsx

01 예제 파일을 열면 필터 영역에 '주문일' 필드가 삽입된 피벗 테이블 보고서가 있습니다. '주문일' 필드의 아래 화살표 단추를 클릭하면 날짜를 하나씩 선택할 수 있는데, 이런 방법은 매우 불편하므로 날짜 필터 조건을 손쉽게 설정할 수 있도록 시간 표시 막대를 이용해 보겠습니다.

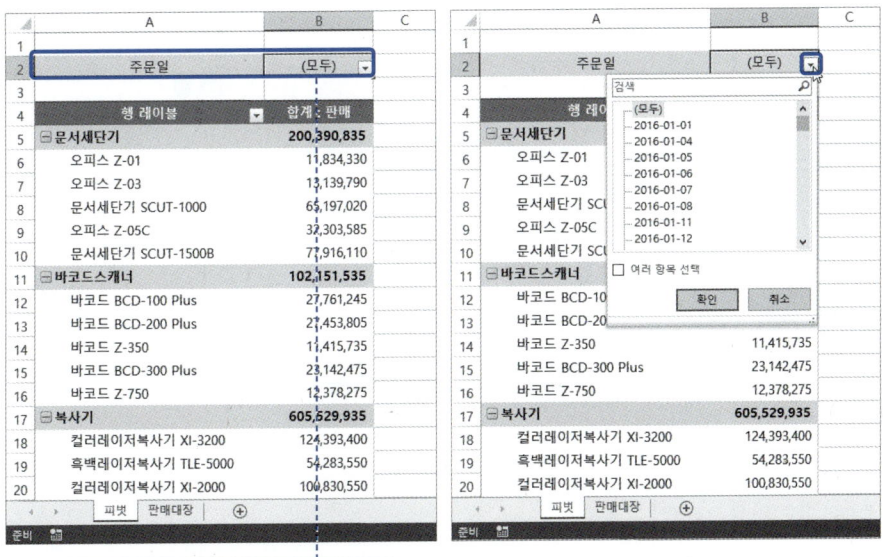

날짜 값을 갖는 필드를 필터 영역에 삽입하면 행/열 영역과는 다르게 그룹으로 묶이지 않습니다.

02 피벗 테이블 보고서가 선택된 상태에서 [분석] 탭-[필터] 그룹-[시간 표시 막대 삽입] 명령(📊)을 클릭합니다. '시간 표시 막대 삽입' 창이 열리면 '주문일' 필드 확인란에 체크하고 〈확인〉 버튼을 클릭합니다.

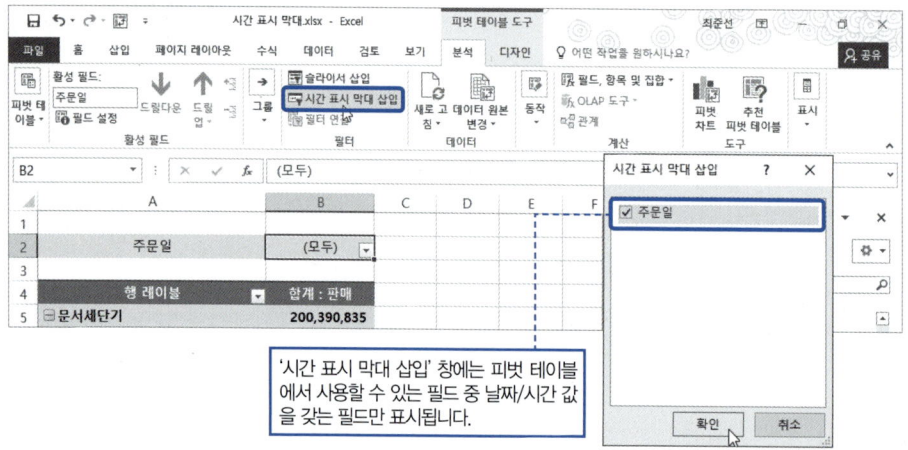

'시간 표시 막대 삽입' 창에는 피벗 테이블에서 사용할 수 있는 필드 중 날짜/시간 값을 갖는 필드만 표시됩니다.

03 '주문일' 시간 표시 막대 창이 표시되면, 리본 메뉴에도 역시 '시간 표시 막대'에서 사용 가능한 명령을 모아 놓은 [옵션] 탭이 표시됩니다.

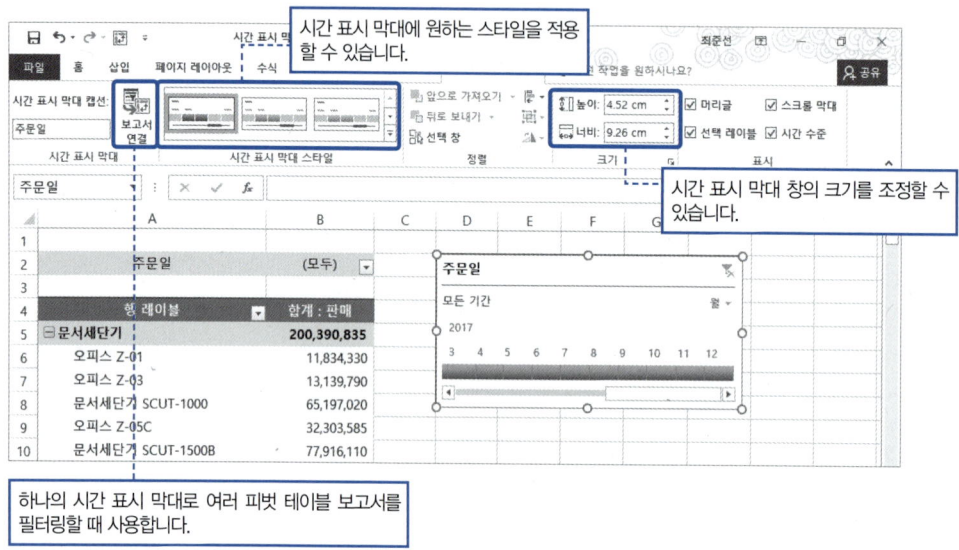

시간 표시 막대에 원하는 스타일을 적용할 수 있습니다.

시간 표시 막대 창의 크기를 조정할 수 있습니다.

하나의 시간 표시 막대로 여러 피벗 테이블 보고서를 필터링할 때 사용합니다.

04 시간 표시 막대는 기본적으로 슬라이서와 사용 방법이 동일합니다. 차이가 나는 부분은 오른쪽에 있는 날짜 단위 부분인데, '월'을 선택하면 하위 목록에서 여러 날짜 단위를 선택할 수 있습니다.

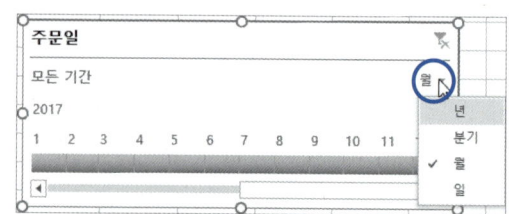

05 '년'이나 '분기' 등의 날짜 단위를 변경하면 그에 맞는 날짜 단위만 표시됩니다.

06 날짜 단위를 '월'로 변경하고 2017년 9월부터 12월까지의 항목을 드래그해 선택하면 피벗 테이블 보고서에도 그에 맞는 결과만 표시됩니다.

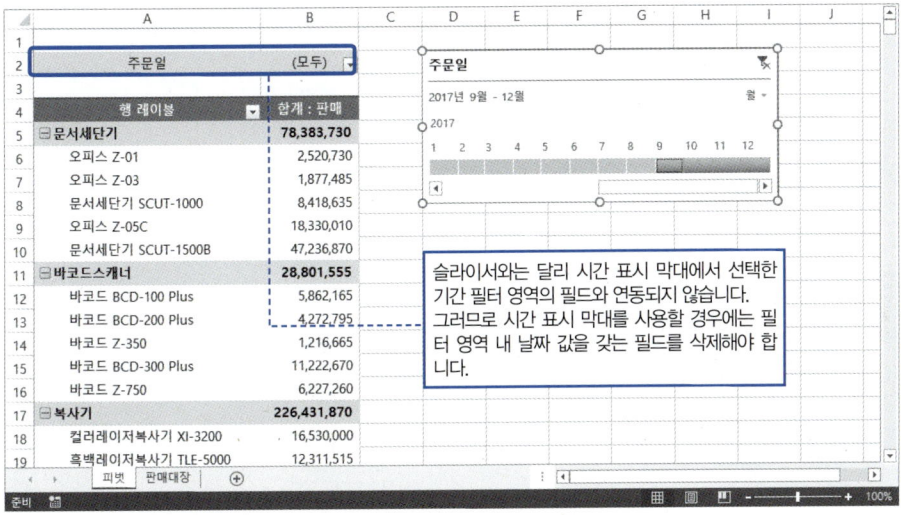

> 슬라이서와는 달리 시간 표시 막대에서 선택한 기간 필터 영역의 필드와 연동되지 않습니다. 그러므로 시간 표시 막대를 사용할 경우에는 필터 영역 내 날짜 값을 갖는 필드를 삭제해야 합니다.

069 피벗 테이블 보고서에 피벗 테이블 스타일 적용하기

피벗 테이블 보고서는 집계와 분석에는 최적화된 기능이지만, 시각적으로 보기 좋은 보고서라고 하기에는 무리가 있습니다. 그래서 피벗 테이블 보고서에는 다양한 보고서 스타일이 제공됩니다. 기본으로 제공되는 보고서 스타일은 선택과 동시에 적용되며, 사용자가 별도의 고민 없이 보고서 스타일을 빠르게 변경할 수 있다는 장점이 있습니다. 피벗 테이블 보고서 스타일을 이용해 보고서를 깔끔하게 표시하는 방법에 대해 알아보겠습니다.

예제 파일 PART 02 \ CHAPTER 05 \ 피벗 스타일.xlsx

기본 피벗 테이블 스타일 적용

보고서를 어떻게 꾸며야 좋을지 모르겠다면, 피벗 테이블 스타일 중 하나를 선택하는 방법이 편리합니다.

01 예제 파일의 '피벗' 시트에는 화면과 같은 피벗 테이블 보고서가 있습니다. 이 피벗 테이블 보고서에 별도의 스타일을 적용해 깔끔하게 구성해 보겠습니다.

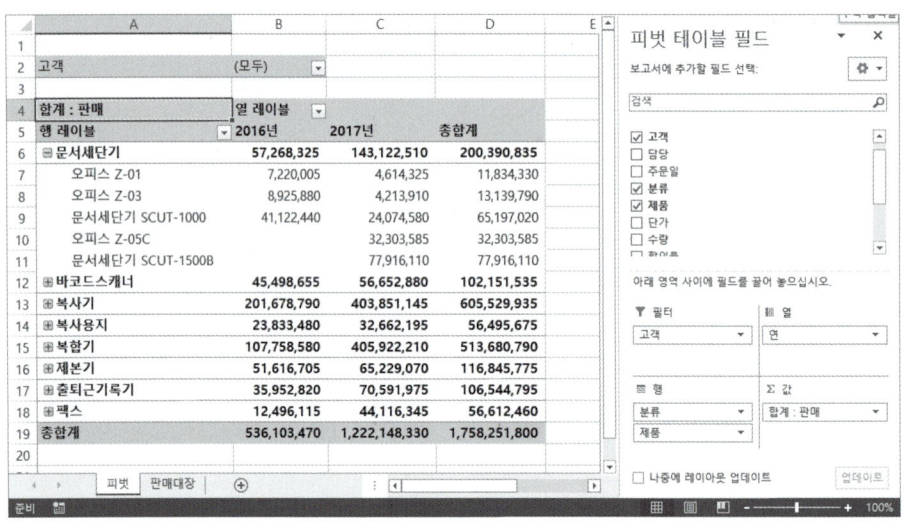

02 피벗 테이블 보고서가 선택된 상태에서 [디자인] 탭-[피벗 테이블 스타일] 그룹에서 [자세히] 단추(┐)를 클릭해 갤러리를 표시합니다. 그중 마음에 드는 스타일을 하나 선택해 적용합니다. 화면에서는 '보통' 그룹 내 [연한 파랑, 피벗 스타일 보통 13]을 선택했습니다.

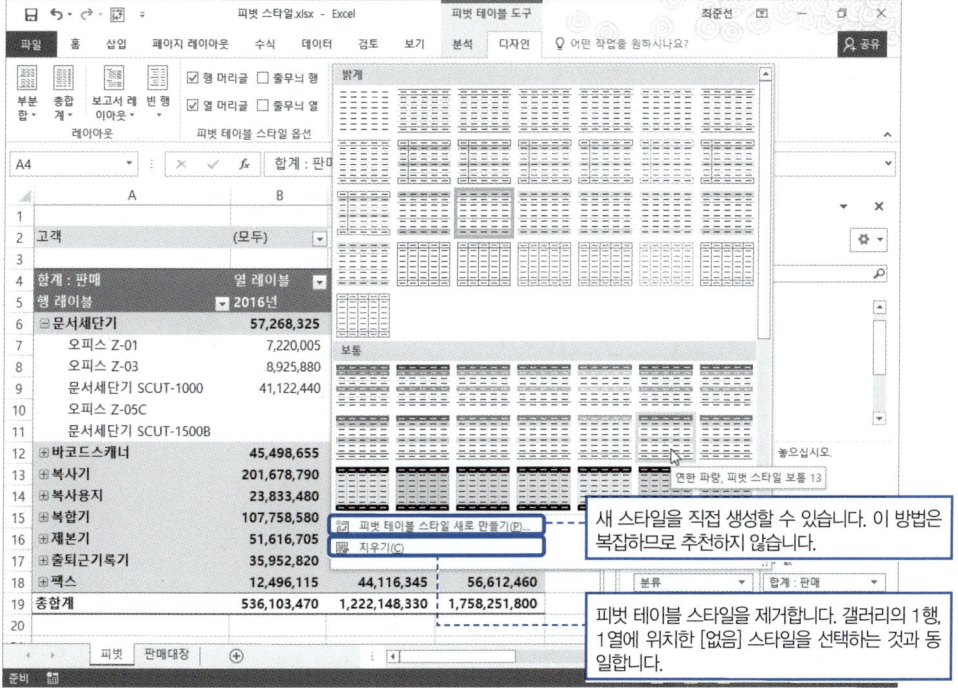

03 추가 효과를 적용하기 위해 [디자인] 탭-[피벗 테이블 스타일 옵션] 그룹에서 [줄무늬 행]과 [줄무늬 열] 확인란에 체크합니다.

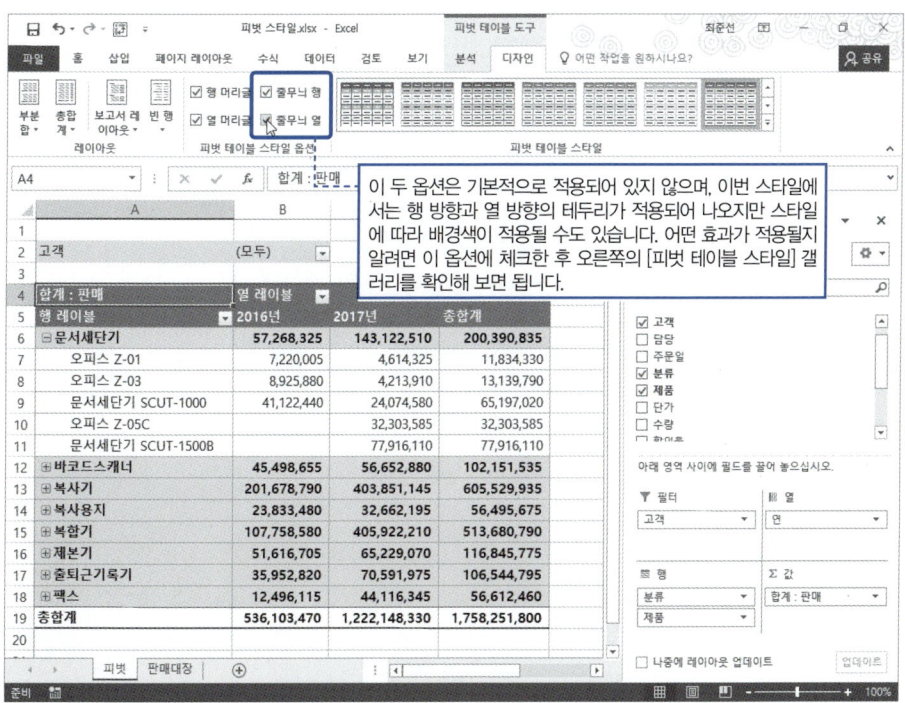

TIP 적용한 옵션 중 마음에 드는 것만 체크합니다. 왼쪽의 [행 머리글]과 [열 머리글]의 체크도 해제해 어떻게 피벗 테이블 보고서가 표시되는지 확인해 봅니다.

스타일 수정

기본 스타일은 피벗 테이블 보고서를 조금 더 낫게 표시할 수 있지만, 모든 사람의 마음에 든다고 할 수는 없습니다. 기본 스타일을 좀 더 수정해 각자의 취향에 맞도록 피벗 테이블 보고서를 구성할 수 있습니다.

01 적용한 피벗 테이블 스타일을 원하는 부분만 수정해 적용합니다. [디자인] 탭의 [피벗 테이블 스타일] 갤러리에서 수정할 스타일을 마우스 오른쪽 버튼으로 클릭하고 [중복] 메뉴를 선택합니다.

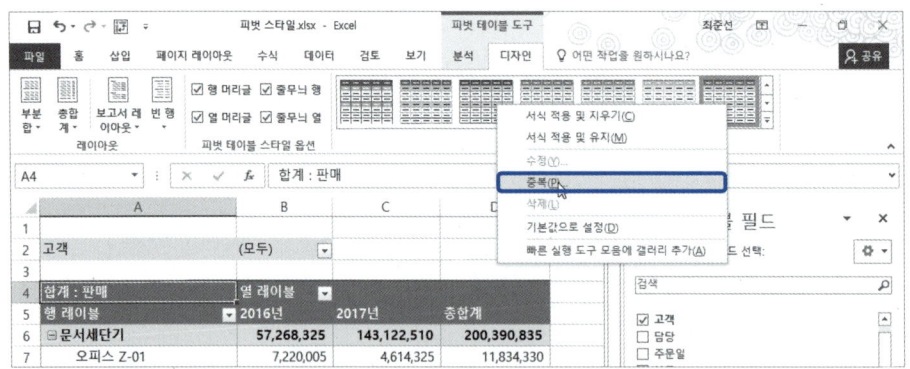

TIP 단축 메뉴 중에서 [수정] 메뉴는 사용자가 설정한 스타일을 수정할 때 사용되며, 내장된 피벗 테이블 스타일에서는 사용할 수가 없습니다.

02 '피벗 테이블 스타일 수정' 대화상자에서는 다음과 같은 부분을 수정할 수 있습니다.

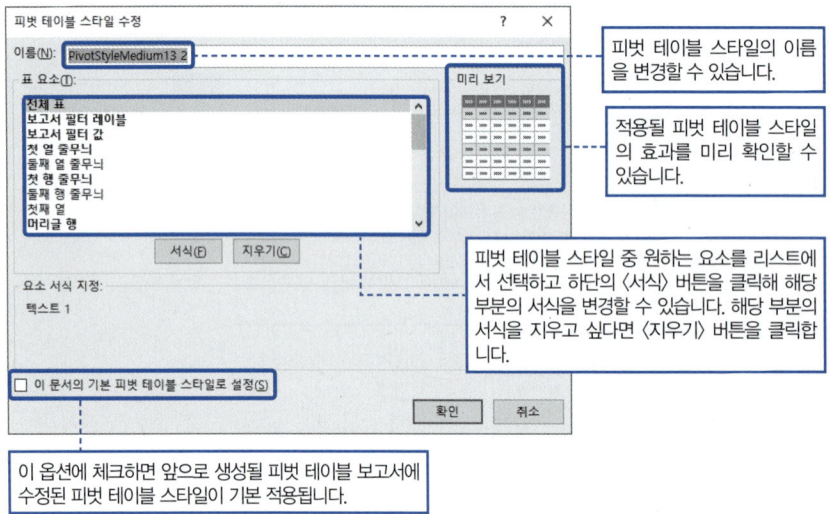

03 피벗 테이블 보고서의 필터 영역 내 필드 이름이 표시되는 부분의 서식을 수정합니다. '이름' 입력란에 '내 스타일 1'을 입력해 이름을 변경하고 '표 요소' 리스트에서 [보고서 필터 레이블]을 선택한 후 〈서식〉 버튼을 클릭합니다. '셀 서식' 대화상자가 열리면 '채우기' 탭에서 원하는 배경색을 선택하고 〈확인〉 버튼을 클릭합니다.

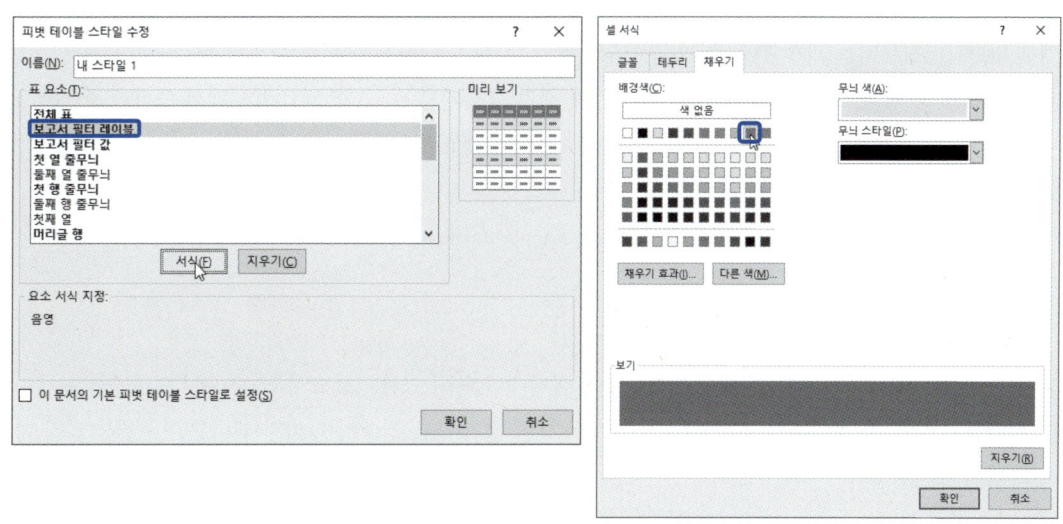

04 '피벗 테이블 스타일 수정' 대화상자에서 〈확인〉 버튼을 클릭해 스타일을 새로 생성합니다. [디자인] 탭의 [피벗 테이블 스타일] 갤러리를 전체 표시해 보면 '사용자 지정' 그룹 내 새로 생성된 스타일을 확인할 수 있습니다. 이를 선택하면 A2셀의 필터 영역 내 필드 머리글에 **03** 과정에서 적용한 색상이 적용됩니다.

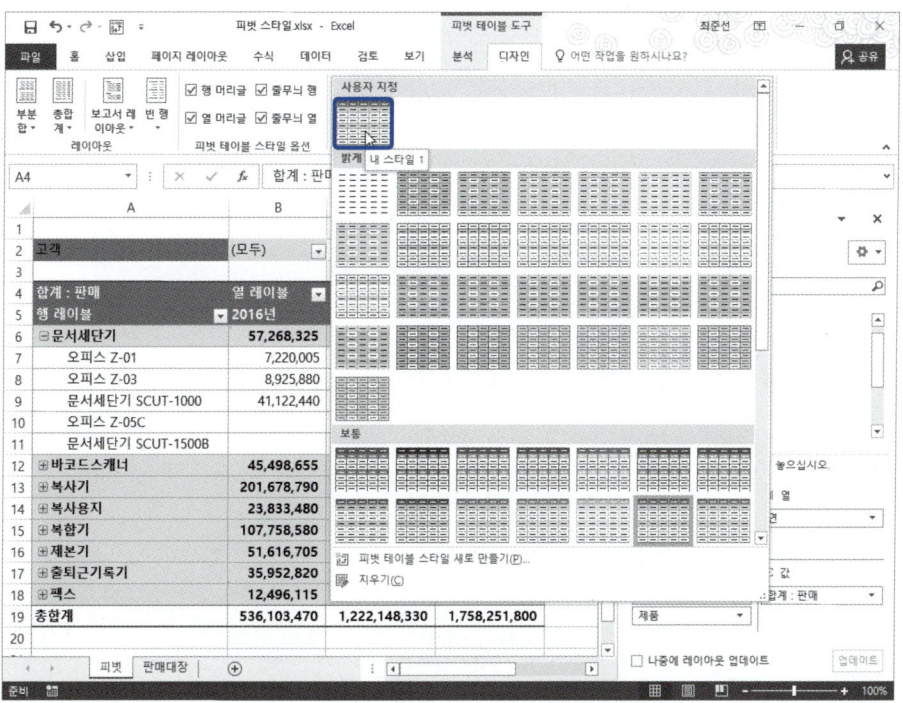

보고서 레이아웃 변경하기

070

엑셀 2007 버전부터는 피벗 테이블 보고서에서 필드 내 항목을 표시하는 방법이 달라졌습니다. 쉽게 설명하자면, 행 영역 내 필드는 더 이상 여러 열에 걸쳐 표시되지 않고 하나의 열(A)에서 트리 구조(정확하게는 압축 형식)로 항목이 표시됩니다. 이런 기본 레이아웃 외에도 개요와 테이블 방식의 레이아웃을 사용해 피벗 테이블 보고서를 표시할 수 있습니다.

예제 파일 PART 02 \ CHAPTER 05 \ 레이아웃.xlsx

피벗 테이블 보고서가 선택된 상태에서 [디자인] 탭-[레이아웃] 그룹-[보고서 레이아웃] 명령(📋)을 클릭하면 다음과 같은 하위 메뉴가 표시됩니다. 여기서 상위 세 명령을 선택하면 피벗 테이블 보고서는 각각 다음과 같이 표시됩니다.

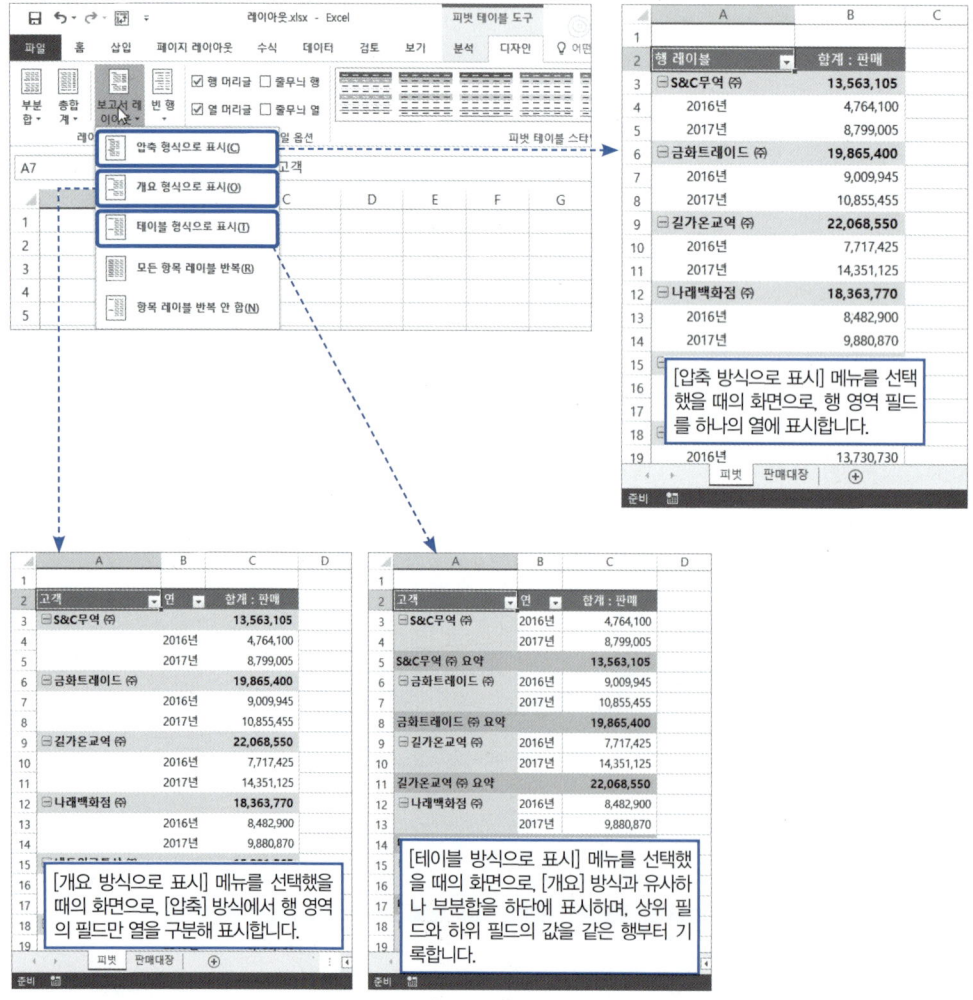

238 / PART 02 | 피벗 테이블 보고서

[보고서 레이아웃] 명령의 하위에는 상위 필드의 레이블(항목)을 반복해 표시할지 여부를 결정하는 두 개의 메뉴가 추가로 제공됩니다. 두 메뉴는 모두 [개요]와 [테이블] 방식의 레이아웃에서만 사용할 수 있으며, [테이블] 레이아웃에 [모든 항목 레이블 반복] 메뉴를 선택하면 다음과 같은 보고서가 만들어집니다.

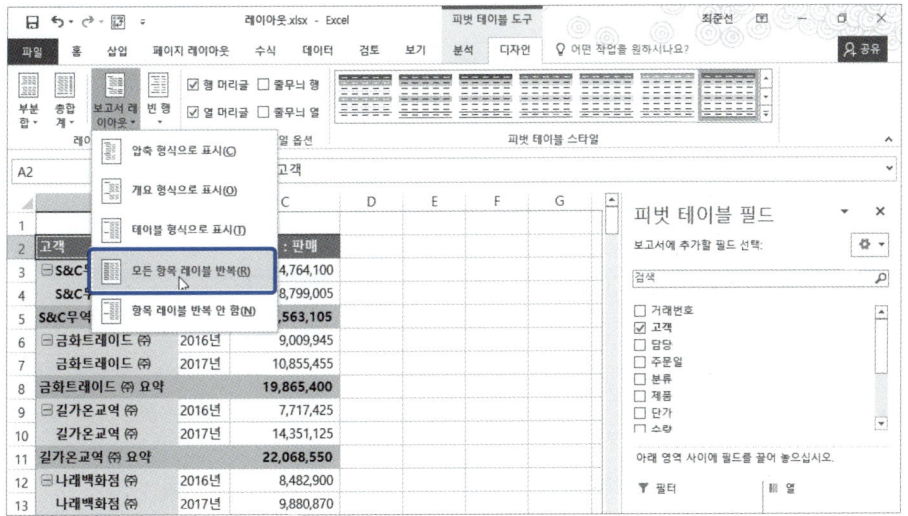

레이블을 반복해서 표시할 경우 피벗 테이블 보고서가 너무 촘촘하게 표시되는 것 같으면, 상위 필드의 항목마다 빈 행을 추가할 수 있습니다. [디자인] 탭-[레이아웃] 그룹-[빈 행] 명령 내 [각 항목 다음에 빈 줄 삽입] 메뉴를 선택합니다.

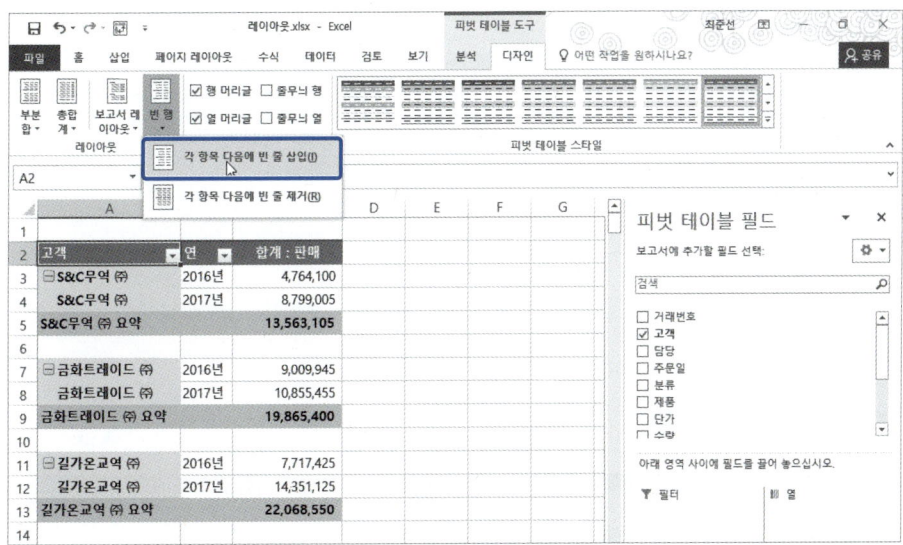

기타 피벗 테이블 보고서 서식 설정 이해하기

071

피벗 테이블 보고서에는 기본 테이블 서식을 유지하거나 약간 변형할 수 있는 다양한 옵션이 제공됩니다. 이런 옵션을 이용하면 미비하나마 피벗 테이블 보고서를 구성할 때 아쉬울 수 있는 부분 몇 가지를 해결할 수 있습니다. 피벗 테이블 보고서의 옵션을 변경해 보고서 구성을 변경하는 방법에 대해 알아보겠습니다.

예제 파일 PART 02 \ CHAPTER 05 \ 피벗 서식.xlsx

피벗 테이블 행/열 영역 머리글

피벗 테이블 보고서에는 기본적으로 '행 레이블'과 '열 레이블'과 같은 영역 머리글이 표시됩니다. 이 머리글이 보기 좋지 않다면 표시하지 않거나 좀 더 이해하기 쉽게 변경할 수 있습니다.

01 예제 파일의 '피벗' 시트에는 다음과 같은 피벗 테이블 보고서가 있습니다. A3:J5 범위에는 각종 머리글(레이블)이 표시되고 있는데, 이를 가운데 맞춤 방식으로 정렬해 보겠습니다.

TIP 피벗 테이블 필드 작업 창을 표시하려면 [분석] 탭-[표시] 그룹-[필드 목록] 명령을 클릭합니다.

02 피벗 테이블 보고서 내에서 마우스 오른쪽 버튼을 클릭하고 [피벗 테이블 옵션] 메뉴를 클릭합니다. '피벗 테이블 옵션' 대화상자의 '레이아웃 및 서식' 탭에서 [레이블이 있는 셀 병합 및 가운데 맞춤] 옵션에 체크하고 〈확인〉 버튼을 클릭합니다.

03 A3:J5 범위 내 머리글이 모두 가운데에 맞춰 표시됩니다. 열 영역에 삽입된 '연도' 상위 필드의 값은 1~4사분기 사이에 마치 병합된 것처럼 표시됩니다.

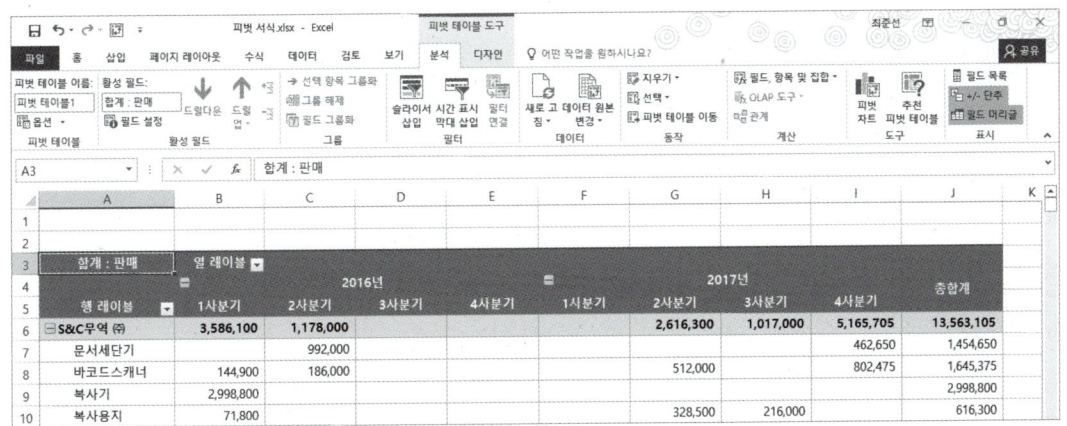

04 A3:J5 범위 내에 표시되는 '열 레이블', '행 레이블' 표시를 없애고, 확장, 축소 단추를 숨겨 보겠습니다. [분석] 탭-[표시] 그룹에서 [+/- 단추] 명령(🗔)과 [필드 머리글] 명령(🗔)을 클릭해 표시 옵션을 해제합니다.

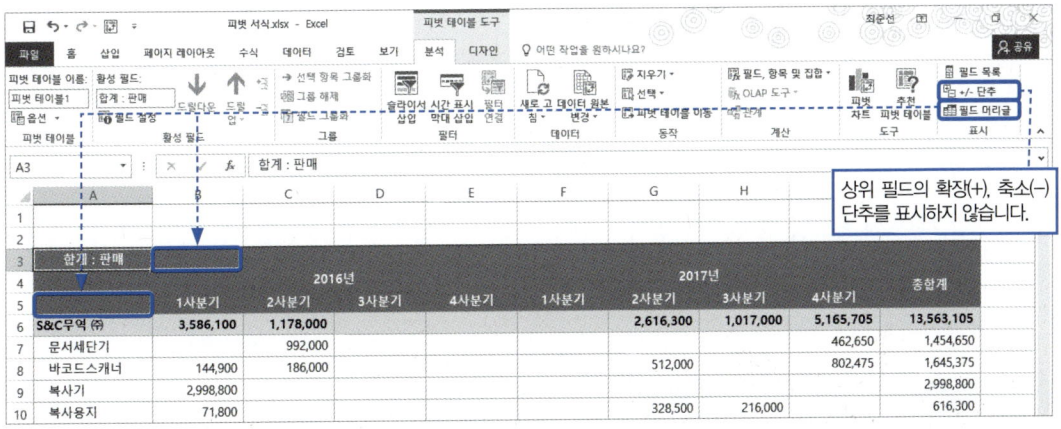

05 확장/축소 단추를 표시하지 않으면 행 영역 내 '분류' 필드의 항목 들여쓰기 부분이 좁혀집니다. 이 부분을 좀 더 안으로 들여 쓰고 싶다면 옵션을 변경합니다. 피벗 테이블 보고서 내에서 마우스 오른쪽 버튼을 클릭하고 [피벗 테이블 옵션] 메뉴를 선택한 후, '피벗 테이블 옵션' 대화상자의 '레이아웃 및 서식' 탭에서 '압축 형식의 행 레이블 들여쓰기' 옵션 값을 [1]에서 [3]으로 변경합니다.

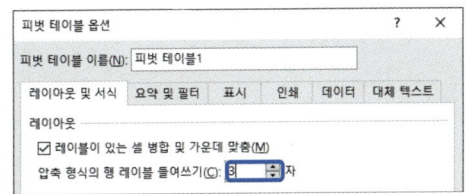

06 A열의 '고객' 필드 하위의 '분류' 필드의 항목이 좀 더 들여써진 효과를 얻게 됩니다.

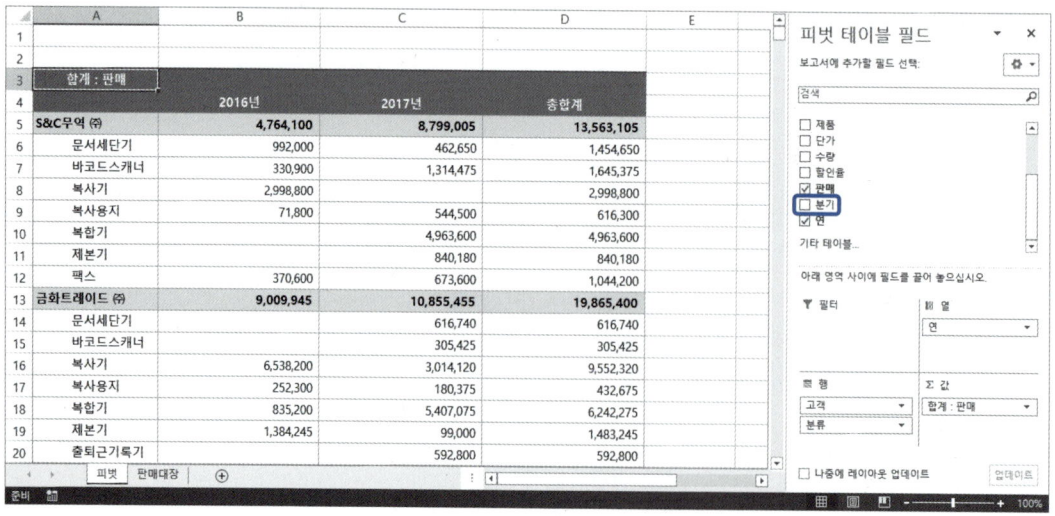

사용자 지정 셀 서식 유지

구성한 피벗 테이블 보고서의 열 너비나 셀 서식을 사용자가 원하는 대로 변경할 수 있습니다. 다만, 피벗 테이블 보고서를 새로 고치면 열 너비나 셀 서식이 유지되지 않는 경우가 있는데 그런 경우라면 피벗 테이블 옵션을 수정할 수 있어야 합니다.

01 [분석] 탭-[표시] 그룹-[필드 목록] 명령(▣)을 클릭해 '피벗 테이블 필드' 작업 창을 표시하고 열 영역 내 '분기' 필드의 체크를 해제해 열 영역에 '연' 필드만 표시합니다. B:D열 범위를 선택하고 열 너비를 화면과 같이 넓게 조정합니다.

TIP 열 너비를 조정하려면 열 주소의 구분선을 오른쪽 방향으로 드래그하면 됩니다.

02 [분석] 탭-[데이터] 그룹-[새로 고침] 명령()을 클릭하면 변경해 놓은 열 너비가 각 열의 데이터에 맞게 맞춰집니다.

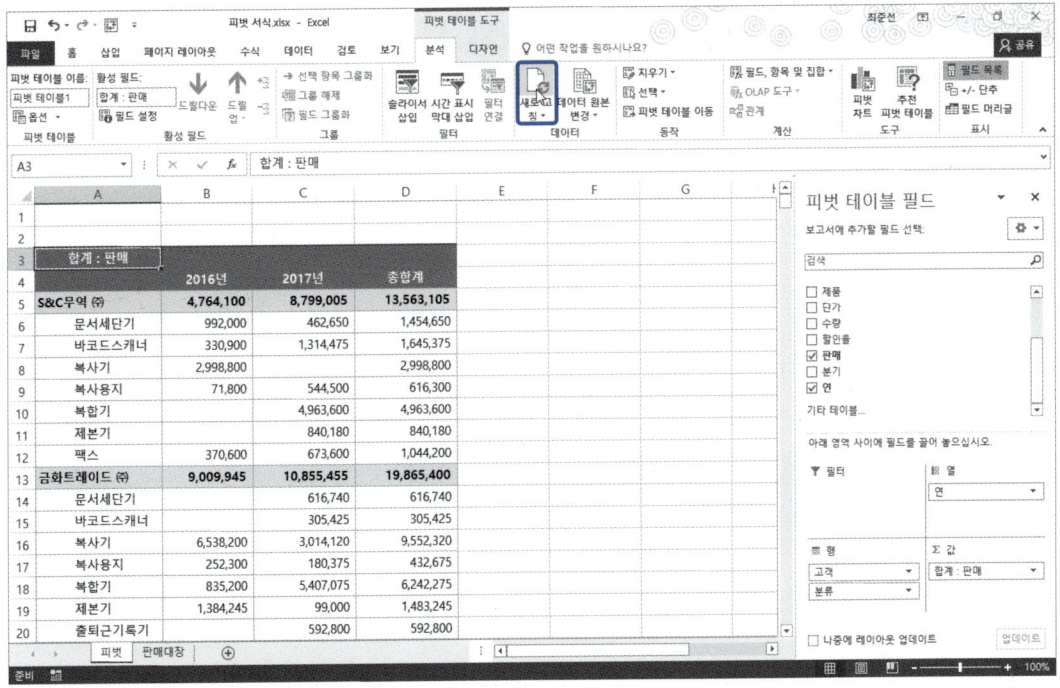

03 사용자가 변경한 설정이 유지되도록 하려면 피벗 테이블 보고서 내에서 마우스 오른쪽 버튼을 클릭하고 [피벗 테이블 옵션] 메뉴를 선택합니다. '피벗 테이블 옵션' 대화상자의 '레이아웃 및 서식' 탭에서 다음 두 옵션을 원하는 방식으로 수정합니다.

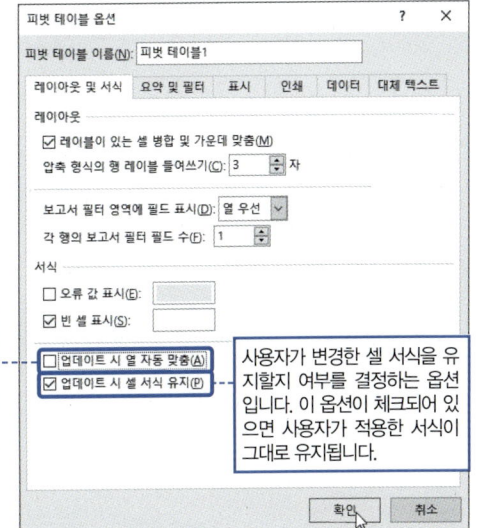

> 사용자가 변경한 열 너비를 유지하지 않고 항상 피벗 테이블 보고서 내의 데이터에 맞춰 열 너비를 자동 조정할지 여부를 결정하는 옵션입니다. 이번 예제와 같이 사용자가 열 너비를 변경하고 이를 유지하고 싶은 경우라면 이 옵션의 체크는 해제해야 합니다.

> 사용자가 변경한 셀 서식을 유지할지 여부를 결정하는 옵션입니다. 이 옵션이 체크되어 있으면 사용자가 적용한 서식이 그대로 유지됩니다.

04 옵션을 위 화면과 같이 변경한 다음 **02-03** 과정을 다시 진행해 보면, 열 너비가 변경되지 않습니다.

GETPIVOTDATA 함수로 피벗 테이블 보고서 참조하기

072

피벗 테이블 보고서의 값 영역 내 집계 값을 참조하면, GETPIVOTDATA 함수가 사용된 수식이 반환됩니다. 그러므로 피벗 테이블 보고서 내의 집계 값을 다른 표로 참조해야 하는 경우에는 GETPIVOTDATA 함수에 대해 잘 이해하고 있어야 합니다. GETPIVOTDATA 함수를 사용하는 방법에 대해 알아보겠습니다.

예제 파일 PART 02 \ CHAPTER 05 \ GetPivotData 함수.xlsx

GETPIVOTDATA 함수
피벗 테이블 보고서 내의 집계 값을 참조할 때 사용하는 함수입니다.

GETPIVOTDATA(data_field, pivot_table, [field1], [item1], [field2], [item2],…)

- **data_field** : 값 영역에서 참조해 올 값을 갖는 필드 이름입니다.
- **pivot_table** : 피벗 테이블 보고서 내의 임의의 셀 주소로, 피벗 테이블 보고서 영역을 확인하는 용도로 사용됩니다.
- **field** : 참조해 올 값의 행/열 영역 내 필드 이름입니다.
- **item** : 참조해 올 집계 값이 속한 행/열 영역 내 필드 항목 이름입니다.

01 예제 파일의 '피벗' 시트에는 왼쪽의 피벗 테이블 보고서와 오른쪽의 집계 표가 있습니다. 왼쪽 표의 집계 값을 오른쪽 표에 참조해 보겠습니다.

행 레이블	합계 : 판매		영업사원	직위	목표	매출	달성율
김민준	229,828,110		박지훈	부장	200,000,000		0%
박지훈	262,682,515		유준혁	차장	250,000,000		0%
박현우	208,118,505		이서연	과장	200,000,000		0%
오서윤	117,950,405		김민준	대리	150,000,000		0%
유준혁	267,184,270		최서현	주임	120,000,000		0%
이서연	306,218,155		박현우	주임	120,000,000		0%
이은서	83,241,470		정시우	사원	100,000,000		0%
정시우	94,048,045		이은서	사원	100,000,000		0%
최서현	188,980,325		오서윤	사원	100,000,000		0%
총합계	1,758,251,800						

TIP 왼쪽 표는 피벗 테이블 보고서로 집계한 표이고, 오른쪽 표는 엑셀 표로 등록된 표입니다.

02 G4셀에 등호(=)를 입력하고, 피벗 테이블 보고서 내 '박지훈' 부장의 매출을 참조하기 위해 B5셀을 마우스로 클릭한 후 Enter 키를 눌러 수식을 완성하면 다음과 같은 결과가 얻어집니다.

	A	B	C	D	E	F	G	H	I
G4				=GETPIVOTDATA("판매",$A$3,"담당","박지훈")					
1									
2									
3	행 레이블	합계 : 판매		영업사원	직위	목표	매출	달성율	
4	김민준	229,828,110		박지훈	부장	200,000,000	262,682,515	131%	
5	박지훈	262,682,515		유준혁	차장	250,000,000	262,682,515	105%	
6	박현우	208,118,505		이서연	과장	200,000,000	262,682,515	131%	
7	오서윤	117,950,405		김민준	대리	150,000,000	262,682,515	175%	
8	유준혁	267,184,270		최서현	주임	120,000,000	262,682,515	219%	
9	이서연	306,218,155		박현우	주임	120,000,000	262,682,515	219%	
10	이은서	83,241,470		정시우	사원	100,000,000	262,682,515	263%	
11	정시우	94,048,045		이은서	사원	100,000,000	262,682,515	263%	
12	최서현	188,980,325		오서윤	사원	100,000,000	262,682,515	263%	
13	총합계	1,758,251,800							
14									
15									

> **Plus⁺ 수식 이해하기**
>
> 피벗 테이블 보고서 내의 값 영역을 참조하는 경우에는 GETPIVOTDATA 함수가 사용된 수식이 반환되는데, 해당 수식은 다음과 같습니다.
>
> **=GETPIVOTDATA("판매", $A$3, "담당", "박지훈")**
>
> 즉, A3셀에 위치한 피벗 테이블 보고서 내의 값 영역에 집계된 '판매' 필드의 값을 참조하는데, '담당' 필드의 항목이 '박지훈'의 값이어야 한다는 의미입니다. 이 수식이 그대로 복사되면, '박지훈'이란 이름이 고정적으로 사용되므로 모두 동일한 매출만 반환됩니다.

03 GETPIVOTDATA 함수의 네 번째 인수의 값을 D열에서 읽어 들이도록 수식을 수정합니다.

=GETPIVOTDATA("판매", $A$3, "담당", [@영업사원])

	A	B	C	D	E	F	G	H	I
G4				=GETPIVOTDATA("판매",$A$3,"담당",[@영업사원])					
1									
2									
3	행 레이블	합계 : 판매		영업사원	직위	목표	매출	달성율	
4	김민준	229,828,110		박지훈	부장	200,000,000	262,682,515	131%	
5	박지훈	262,682,515		유준혁	차장	250,000,000	267,184,270	107%	
6	박현우	208,118,505		이서연	과장	200,000,000	306,218,155	153%	
7	오서윤	117,950,405		김민준	대리	150,000,000	229,828,110	153%	
8	유준혁	267,184,270		최서현	주임	120,000,000	188,980,325	157%	
9	이서연	306,218,155		박현우	주임	120,000,000	208,118,505	173%	
10	이은서	83,241,470		정시우	사원	100,000,000	94,048,045	94%	
11	정시우	94,048,045		이은서	사원	100,000,000	83,241,470	83%	
12	최서현	188,980,325		오서윤	사원	100,000,000	117,950,405	118%	
13	총합계	1,758,251,800							
14									
15									

Plus⁺ 값 영역 내 셀을 참조했는데, GETPIVOTDATA 함수를 사용한 수식이 나오지 않는 경우

피벗 테이블의 값 영역을 참조했을 때 그냥 **=B5**와 같은 수식이 반환되면 옵션이 해제된 것입니다. 피벗 테이블 보고서 내의 셀을 하나 선택하고 [분석] 탭-[피벗 테이블] 그룹-[옵션] 명령 내 하위 메뉴에서 [GetPivotData 생성] 옵션이 체크되어 있는지 확인하고, 체크되어 있지 않다면 메뉴를 선택해 해당 옵션에 체크합니다.

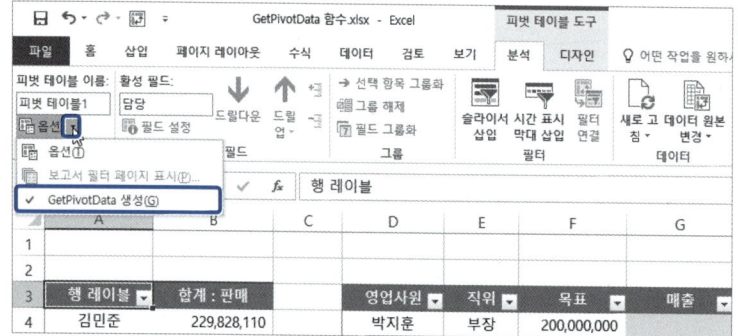

위 메뉴의 체크가 해제되면 피벗 테이블의 값 영역 내 셀을 참조해도 GETPIVOTDATA 함수가 사용되지 않습니다. 그러므로 GETPIVOTDATA 함수가 필요하지 않다면 이 메뉴를 선택해 체크 해제하면 됩니다.

'피벗 테이블 필드' 작업 창 변경하기 073

피벗 테이블 보고서를 사용하면서 가장 쓰임이 많은 곳은 '피벗 테이블 필드' 작업 창일 것입니다. 이 창에는 다양한 기능이 숨겨져 있는데, 이를 잘 이해할수록 피벗 테이블 보고서를 구성하는 작업이 수월해집니다. '피벗 테이블 필드' 작업 창을 이용할 때 알아야 할 몇 가지 사항을 정리해 보겠습니다.

예제 파일 PART 02 \ CHAPTER 05 \ 필드 작업 창.xlsx

기본 구성

'피벗 테이블 필드' 작업 창은 다음과 같이 구성되어 있습니다. 각 부분에 대한 간략한 설명은 하단을 참고합니다.

- 검색란에 필드 이름을 입력해 목록에서 추출할 수 있습니다.
- 도구 단추를 클릭하면 하위 메뉴가 표시됩니다.
  - 필드 구역과 영역 구역을 위아래로 표시
  - 필드 구역과 영역 구역을 옆으로 표시
  - 필드 구역만 표시
  - 영역 구역만 표시(2 x 2)
  - 영역 구역만 표시(1 x 4)
  - 모두 확장
  - 모두 축소
  - 텍스트 오름차순 정렬
  - ✓ 데이터 원본 순서로 정렬
  - 관련 테이블 그룹화
- 필드 목록은 원본 표의 열 순서와 동일하지만, [텍스트 오름차순 정렬] 메뉴를 선택하면 가나다 순으로 표시됩니다.
- 이 구분선을 위/아래로 드래그하면 필드 목록과 영역 목록의 크기를 조정할 수 있습니다.
- 이 옵션에 체크하면 영역에 삽입된 필드를 피벗 테이블 보고서에 바로 표시하지 않고, 〈업데이트〉 버튼을 클릭했을 때 보고서가 구성되도록 할 수 있습니다.

'피벗 테이블 필드' 작업 창 레이아웃 변경

'피벗 테이블 필드' 작업 창은 편리한 구조이지만, 모든 사용자의 환경에 최적화된 형태는 아닙니다. '피벗 테이블 필드' 작업 창의 도구 단추를 클릭하고 다음 메뉴를 선택하면 작업 창의 구성이 변경됩니다.

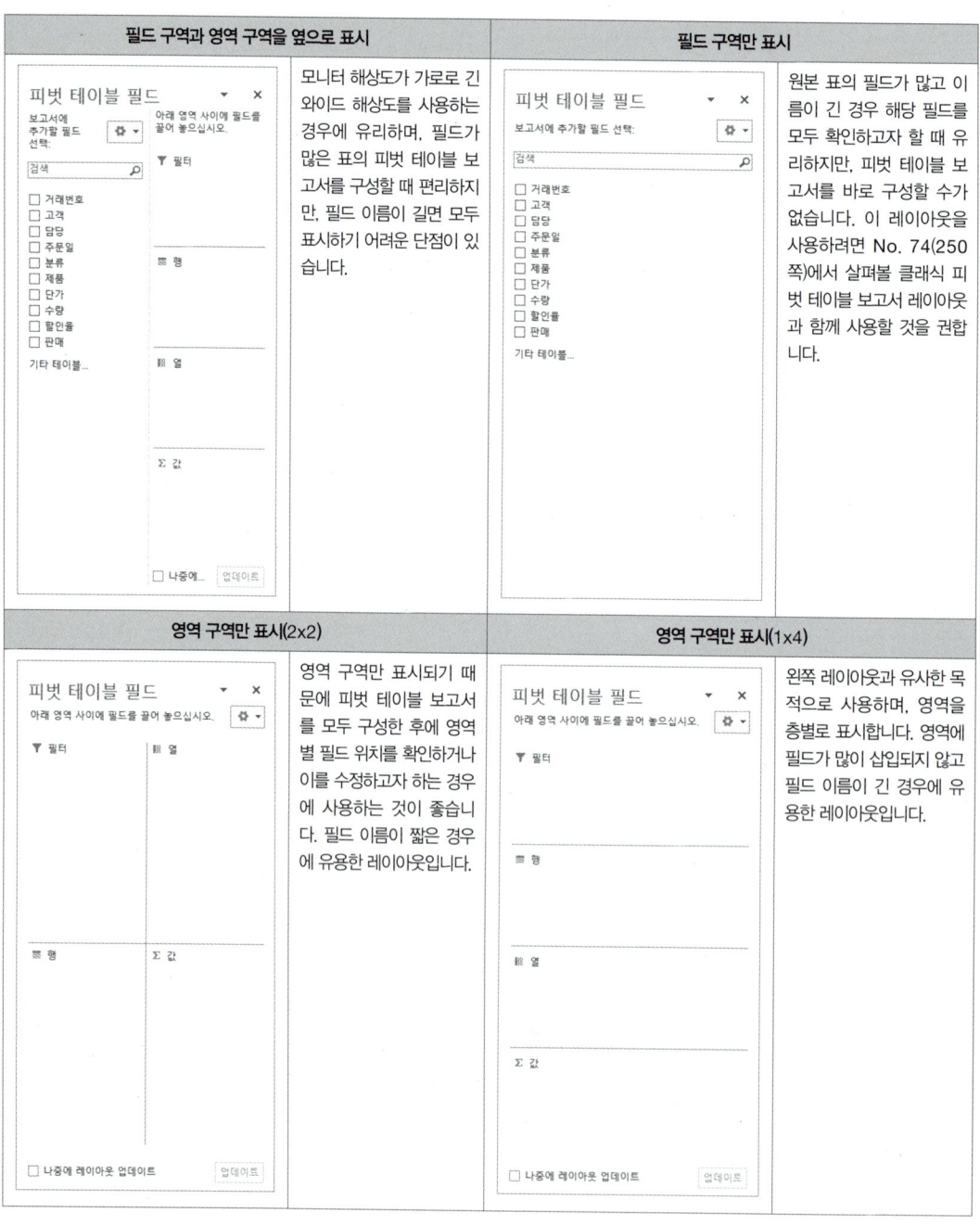

피벗 테이블 보고서 구성을 여러 번 변경하고 한 번에 업데이트

'피벗 테이블 필드' 작업 창에서 영역별 필드 구성을 변경하면 피벗 테이블 보고서가 즉각적으로 반응하기 때문에 편리하기도 하지만, 대량의 데이터를 다룰 경우에는 이 때문에 보고서 작성이 느려집니다. 그런 경우에는 필드 구성을 원하는 방식으로 변경한 후 한 번에 적용하는 방법을 사용할 수 있습니다.

01 예제 파일을 열고, '피벗 테이블 필드' 작업 창 하단에서 [나중에 레이아웃 업데이트] 옵션에 체크한 후, 필드 목록에서 필드를 다음 영역에 삽입합니다.

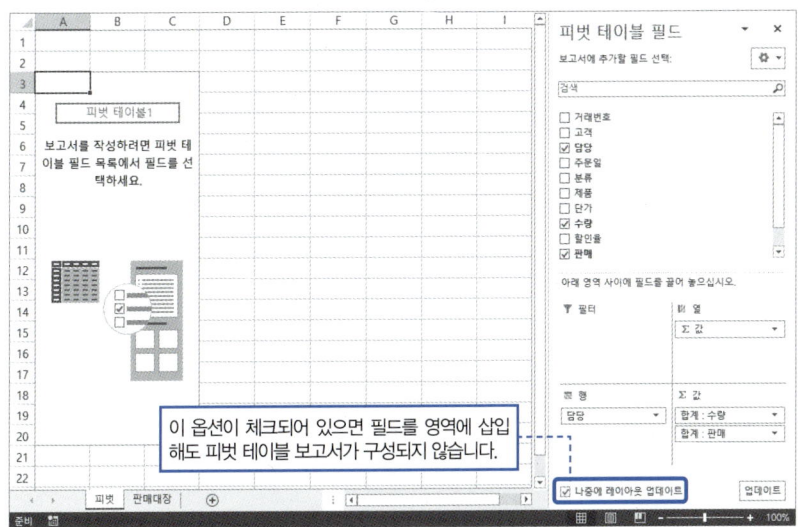

영역	필드
행	담당
값	수량 판매

02 피벗 테이블 보고서가 완성되도록 하기 위해 '피벗 테이블 필드' 작업 창 하단의 〈업데이트〉 버튼을 클릭하면 피벗 테이블 보고서가 구성됩니다.

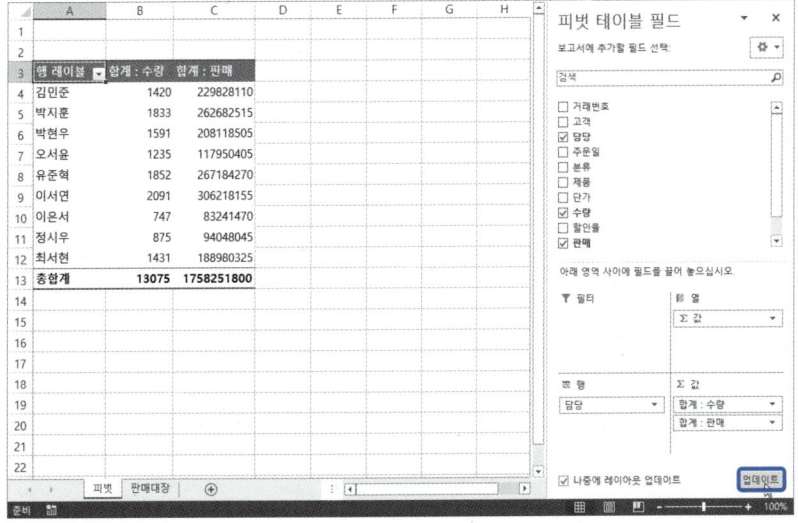

클래식 피벗 테이블 레이아웃 사용하기

074

피벗 테이블 보고서는 엑셀 2007 버전을 기점으로 보고서를 구성하는 방법이 크게 바뀌었는데, 2003 이하 버전에서 사용하던 레이아웃을 '클래식 피벗 테이블 레이아웃'이라고 합니다. 클래식 피벗 테이블 레이아웃을 사용하면 기본적으로 테이블 형식으로 보고서가 표시되며, '피벗 테이블 필드' 작업 창에서 피벗을 구성하지 않고 바로 보고서 영역으로 필드를 드래그해 보고서를 구성할 수 있습니다.

\ 예제 파일 PART 02 \ CHAPTER 05 \ 클래식 피벗 테이블.xlsx

01 예제 파일을 열면 엑셀 2007 이상 버전에서 피벗 테이블 보고서를 구성할 때 사용하는 화면을 확인할 수 있습니다. 이 화면을 클래식 피벗 테이블 레이아웃을 사용하도록 변경해 보겠습니다.

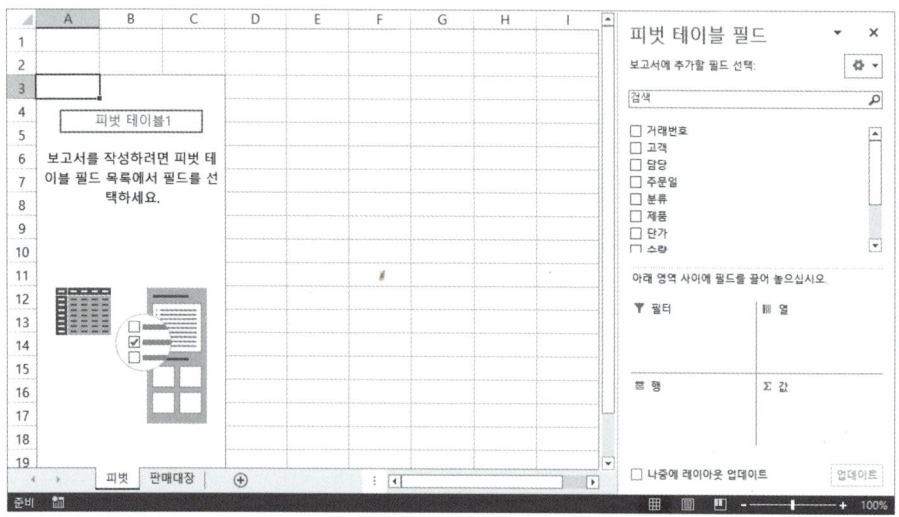

02 피벗 테이블 보고서 내의 셀이 선택된 상태에서 마우스 오른쪽 버튼을 클릭하고 [피벗 테이블 옵션] 메뉴를 선택합니다. '피벗 테이블 옵션' 대화상자의 '표시' 탭에서 [클래식 피벗 테이블 레이아웃 표시(눈금에서 필드 끌기 사용)] 옵션에 체크하고 〈확인〉 버튼을 클릭합니다.

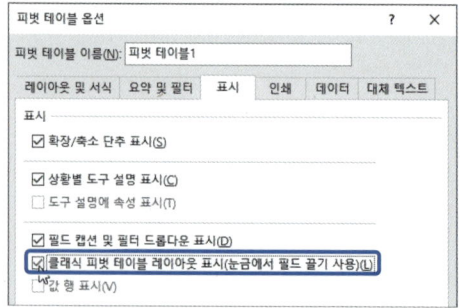

03 피벗 테이블 보고서를 구성하는 화면이 다음과 같이 변경됩니다.

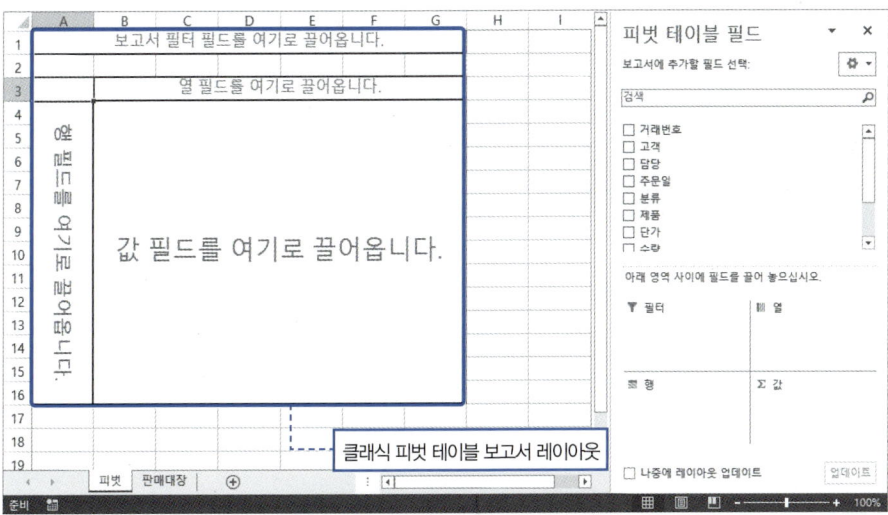

04 클래식 피벗 테이블 레이아웃에 맞게 '피벗 테이블 필드' 작업 창도 변경합니다. '피벗 테이블 필드' 작업 창의 〈도구〉 단추를 클릭한 후 [필드 구역만 표시] 메뉴를 선택합니다.

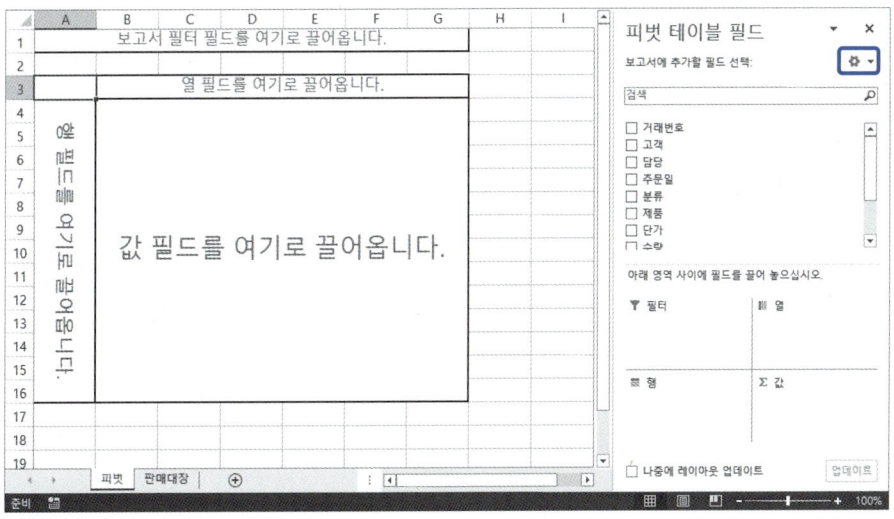

LINK '피벗 테이블 필드' 작업 창의 구성을 변경하는 방법은 'No. 73 '피벗 테이블 필드' 작업 창 변경하기'(247쪽)를 참고합니다.

05 피벗 테이블 보고서를 구성할 때 이전에 사용했던 방법과 달리 보고서 영역으로 드래그하는 방법을 사용합니다. '피벗 테이블 필드' 작업 창에서 '고객' 필드를 드래그해 행 영역에 드롭합니다.

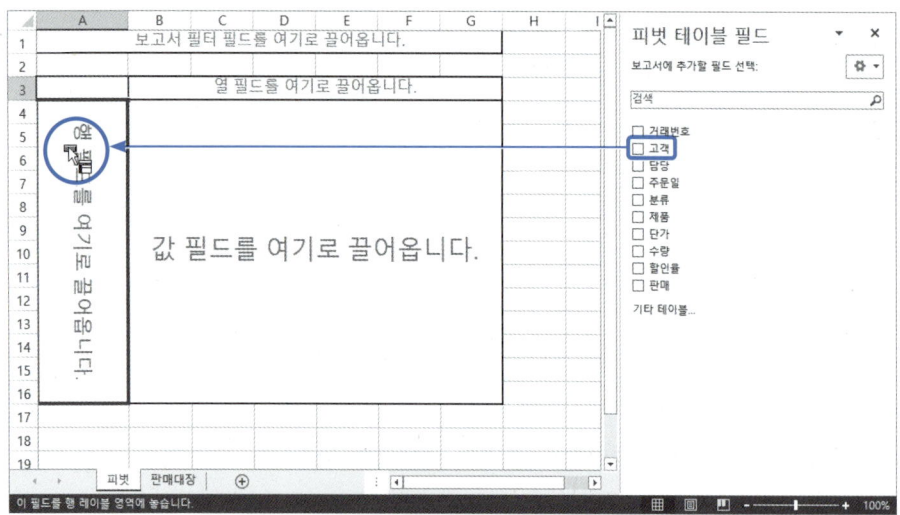

06 '고객' 필드가 행 영역에 삽입됩니다. 클래식 피벗 테이블 레이아웃에서는 이런 방법으로 피벗 테이블 보고서를 구성할 수 있습니다. 엑셀 2003 이하 버전에서 사용하던 방법이지만, 이렇게 하는 것이 더 직관적이라고 느껴질 수도 있으므로 자신에게 더 편리한 방법을 선택해 사용하면 됩니다.

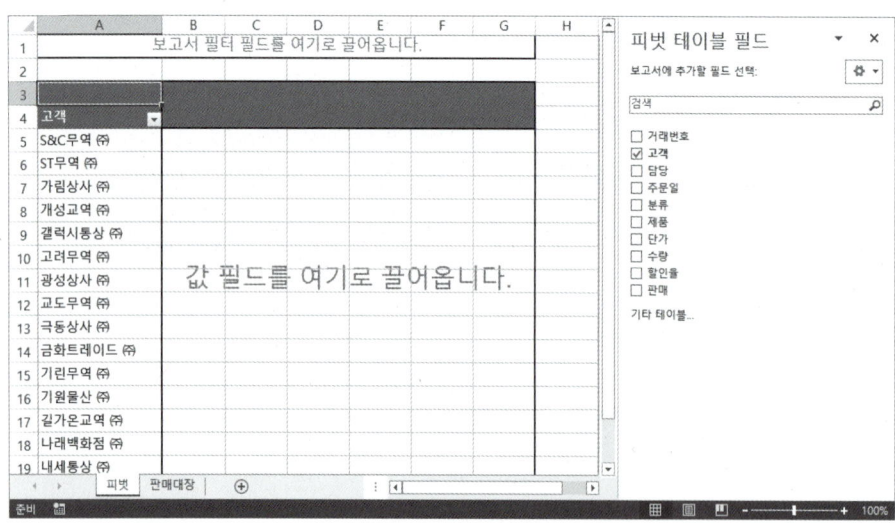

CHAPTER 06

피벗 테이블 보고서 고급 기술

피벗 테이블 보고서를 더욱 잘 활용하려면 이번에 소개하는 다음 기술들을 잘 이해해야 합니다.

- 계산 필드, 계산 항목
- 그룹 필드
- 값 표시 형식

이런 기술을 이용하면 현재 표에 없는 필드를 새로 생성하거나
값 영역에 집계된 숫자 값을 더 이해하기 쉬운 형태로 변경할 수 있습니다.
엑셀 2013 이후 버전에서는 데이터 모델을 사용할 수 있는데,
데이터 모델 내 데이터를 사용하는 경우에는
계산 필드, 계산 항목, 그룹 필드 등의 기술은 사용할 수 없으니
대체할 방법을 잘 알고 있어야 합니다.
여기서는 피벗 테이블 보고서를 더욱 효과적으로 사용할 수 있도록 지원하는
세 가지 기술을 활용하는 방법에 대해 소개합니다.

계산 필드의 제한 사항 이해하기 075

계산 필드는 수식을 사용해 별도로 생성한 필드를 의미합니다. 피벗 테이블 보고서를 만들다 보면 원본 표에 없는 필드가 필요한 경우가 있는데, 그때마다 원본 표에 새 열을 추가하고 이를 계산하여 피벗 테이블에 반영하려면 꽤 번거롭습니다. 이런 경우 계산 필드를 이용하면 편리합니다. 계산 필드를 사용할 때 주의해야 할 사항들을 먼저 알아보겠습니다.

예제 파일 없음

계산 필드의 제한 사항

계산 필드를 만들려면 다음과 같은 사항에 유의해야 합니다.

첫째, 계산 필드의 수식에는 원본 데이터의 열 머리글(필드)과 숫자만 사용할 수 있습니다.
예를 들면 다음과 같은 경우만 가능합니다.

```
=판매 * 0.1
```

만약 수식에 다른 이름을 사용하면 다음과 같은 경고 메시지 창이 표시됩니다. 참고로 위 메시지 창의 '항목'이라는 표현은 필드를 의미합니다.

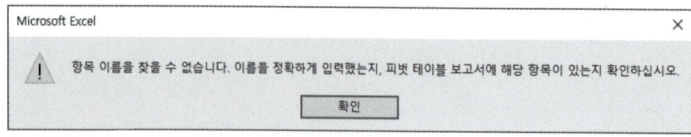

둘째, 셀 또는 범위를 참조하거나, 정의된 이름을 사용할 수 없습니다.
만약 수식에 A1과 같은 셀 주소를 사용하면 다음과 같은 경고 메시지 창이 표시됩니다.

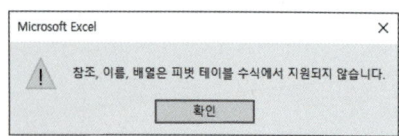

셋째, 피벗 테이블의 부분합, 총합계 행/열은 계산식에서 사용할 수 없습니다.
넷째, 계산 필드의 총합계 행/열은 계산 필드로 계산된 값의 합계로 구해지지 않고, 계산 필드의 계산식으로 구해집니다.

LINK 이 부분은 'No. 77 함수를 사용해 만드는 계산 필드'(258쪽)에서 자세하게 확인할 수 있습니다.

다섯째, 기존 필드 이름과 동일한 이름은 계산 필드의 이름으로 사용할 수 없습니다.

만약 동일한 이름을 사용하면 '계산 필드 삽입' 대화상자의 〈추가〉 버튼이 비활성화되어 클릭할 수 없게 됩니다.

여섯째, 데이터 모델에 등록된 표로 만든 피벗 테이블 보고서에서는 계산 필드를 사용하지 못합니다.

데이터 모델에 등록된 표의 경우는 '파워 피벗' 추가 기능을 이용해야 합니다. 현재 피벗 테이블이 데이터 모델 내 데이터로 만드는지 여부를 알려면 '피벗 테이블 필드' 작업 창에 표 이름이 표시되는지 확인하면 됩니다. 이름이 있으면 데이터 모델 내 데이터로 만든 피벗 테이블 보고서입니다.

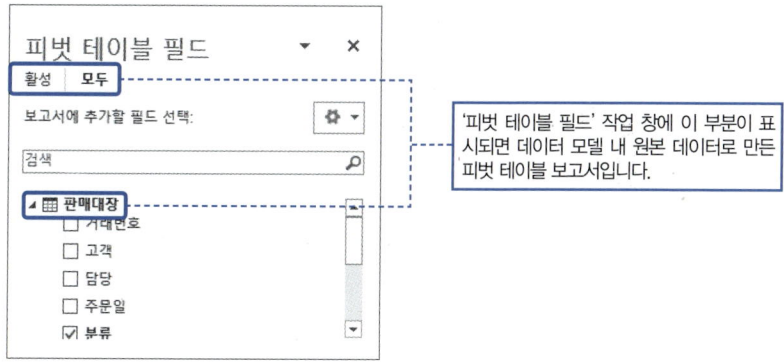

계산 필드의 계산 방식 이해

계산 필드는 계산식을 필드 내 각 셀에 적용하지 않고, 해당 필드 내 숫자를 더한 값에 적용합니다. 예를 들어 '판매' 필드에 10%를 곱하는 다음 수식을 사용하는 계산 필드를 생성한다고 가정해 보겠습니다.

```
=판매 * 0.1
```

위 수식은 '판매' 필드 내 각 셀 값에 10%를 곱한 결과 값을 표시하지 않고, '판매' 필드의 합계, 즉 값 영역에 집계된 '[합계 : 판매]' 필드의 값에 10%를 곱하는 연산을 한 결과를 반환합니다.

LINK 이 부분은 'No. 79 계산 필드로 만들 수 없는 필드 이해하기'(266쪽)에서 자세하게 확인할 수 있습니다.

076 계산 필드를 이용해 부가세 계산하기

계산 필드를 이용하려면 두 가지 조건을 만족해야 합니다. 먼저 원본 표에 해당 열(필드)이 존재하지 않아야 하며, 사용자가 해당 열의 수식에 대해 잘 알고 있어야 합니다. 이런 경우에는 원본 표에 열을 추가하지 않아도 계산 필드를 이용해 피벗 테이블 보고서에 원하는 필드를 생성할 수 있습니다. 간단한 계산 필드를 생성하는 방법에 대해 알아보겠습니다.

\ 예제 파일 PART 02 \ CHAPTER 06 \ 계산 필드.xlsx

01 예제 파일의 '피벗' 시트에는 다음과 같이 고객별 매출이 집계된 피벗 테이블 보고서가 있습니다. 부가세 별도일 경우의 부가세 금액을 피벗 테이블 보고서에 추가 집계해 보겠습니다.

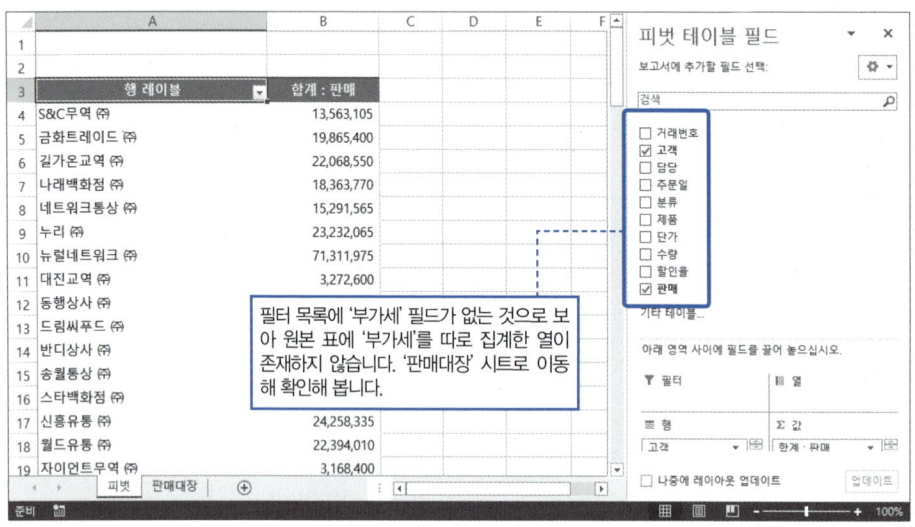

02 계산 필드를 새로 삽입하겠습니다. 피벗 테이블 보고서 내의 셀(여기서는 A3셀)이 선택된 상태에서 [분석] 탭-[계산] 그룹-[필드, 항목 및 집합] 명령 내 [계산 필드] 메뉴를 선택합니다.

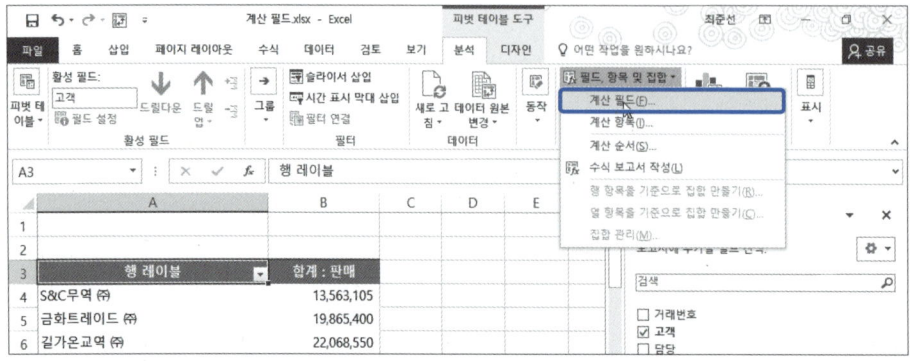

03 '계산 필드 삽입' 대화상자가 표시되면 다음 설명을 참고해 사용 방법을 확인합니다.

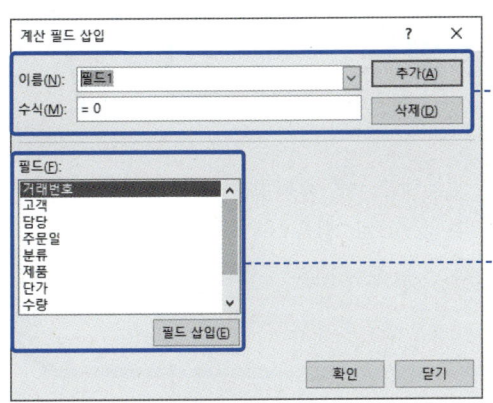

'이름' 입력란에는 계산 필드의 이름을 입력합니다. 이때 기존 필드 이름과 동일한 이름을 입력하면 안 됩니다.
'수식' 입력란에는 계산 필드의 수식을 입력합니다. 그런 다음 〈추가〉 버튼을 클릭하면 그룹 필드가 생성됩니다.
〈삭제〉 버튼을 클릭하면 생성된 계산 필드가 지워집니다.

'필드' 목록은 상단의 '수식' 입력란에 수식을 작성하면서 필드 이름을 확인하거나 자동으로 삽입하는 데 사용합니다. '필드' 목록 내 필드 이름을 더블클릭하거나, 필드 이름을 선택하고 하단의 〈필드 삽입〉 버튼을 클릭하면 '수식' 입력란에 자동으로 해당 필드 이름이 입력됩니다.
참고로 필드 이름에 숫자나 공백이 포함되어 있으면 '수식' 입력란에 입력될 때 작은따옴표(' ')로 묶여 표시됩니다.

04 '이름'과 '수식' 입력란에 각각 다음과 같이 입력하고 〈추가〉 버튼을 클릭합니다.

이름 : 부가세
수식 : =판매 * 0.1

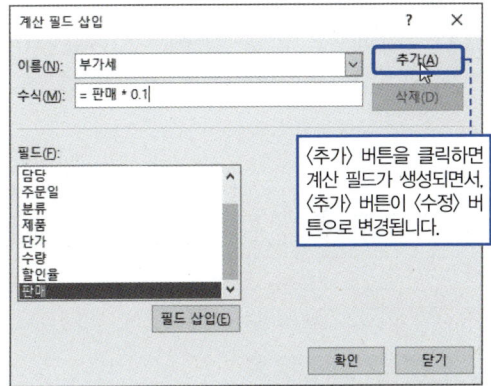

〈추가〉 버튼을 클릭하면 계산 필드가 생성되면서, 〈추가〉 버튼이 〈수정〉 버튼으로 변경됩니다.

Plus⁺ 수식 이해하기

01 과정에서 부가세는 별도라고 했으므로, 판매 필드 합계 금액의 10%를 구하면 됩니다. 수식을 입력할 때 10%를 0.1이라고 입력한 이유는 10%가 값이 아니라 0.10을 서식으로 표시한 것이기 때문입니다. 셀에서 수식을 작성할 때는 10%와 같이 입력해도 되지만, '계산 필드 삽입'과 같은 대화상자에서 10%와 같이 입력하면 인식하지 못하는 경우가 많습니다. 그러므로 대화상자에서는 항상 정확한 값을 입력해 수식을 구성하는 것이 좋습니다.

---

05 '피벗 테이블 필드' 작업 창의 필드 목록에 '부가세' 필드가 추가되고, 자동으로 값 영역에 추가된 것을 확인할 수 있습니다.

TIP '판매대장' 시트로 이동해 '부가세' 열이 생성됐는지 확인합니다. '부가세' 필드는 피벗 테이블 보고서에서 계산해 얻은 필드로 원본 표에는 추가되지 않습니다.

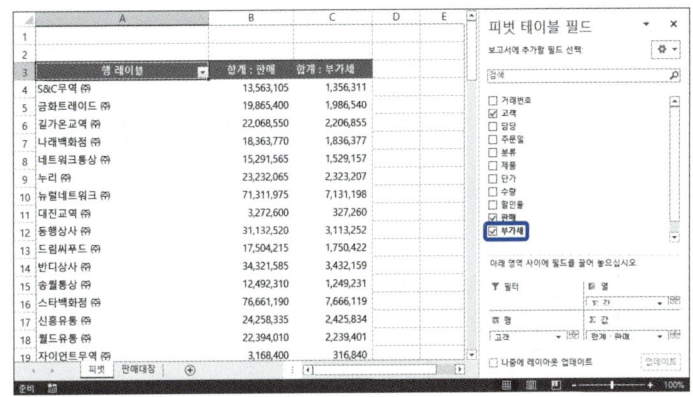

함수를 사용해 만드는 계산 필드 077

계산 필드를 만들 때 함수를 사용할 수 있습니다. 단, 계산 필드에는 원본 표의 머리글(필드 이름)이나 숫자만 사용할 수 있고 셀 참조 또는 정의된 이름은 사용할 수 없으므로, 셀을 참조해야 하는 함수(예를 들어 VLOOKUP 함수)는 사용할 수 없습니다. 계산 필드를 만들 때 함수를 사용하는 방법과 함수를 사용하면서 주의해야 할 부분에 대해 알아보겠습니다.

\ 예제 파일 PART 02 \ CHAPTER 06 \ 계산 필드-함수.xlsx

01 예제 파일의 '피벗' 시트에는 2017년 분류별 매출이 집계되어 있습니다. 피벗 테이블 보고서에 다음 두 개의 필드를 계산 필드로 생성하면서, 함수를 어떻게 활용할 수 있는지 확인해 보겠습니다.

계산 필드	설명
부가세	분류가 '복합기'인 경우는 부가세 포함으로, 나머지 항목은 부가세 별도로 계산합니다.
내년목표	A14:B17 범위에 정리된 표에 맞춰 목표를 계산합니다.

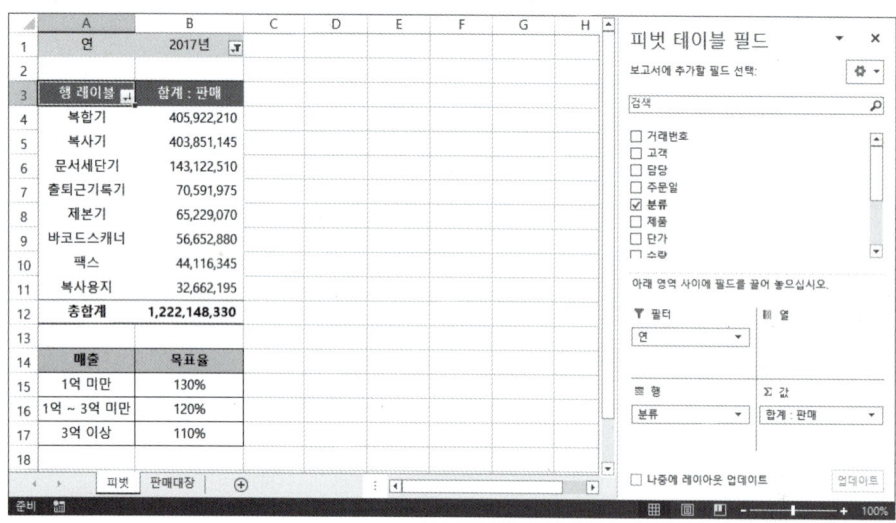

02 먼저 '부가세' 계산 필드를 생성하겠습니다. [분석] 탭-[계산] 그룹-[필드, 항목 및 집합] 명령 내 [계산 필드] 메뉴를 선택합니다. '계산 필드 삽입' 대화상자가 열리면 다음과 같이 구성하고 〈추가〉 버튼을 클릭합니다.

> 이름 : 부가세
> 수식 : =IF(분류="복합기", 판매/11, 판매*0.1)

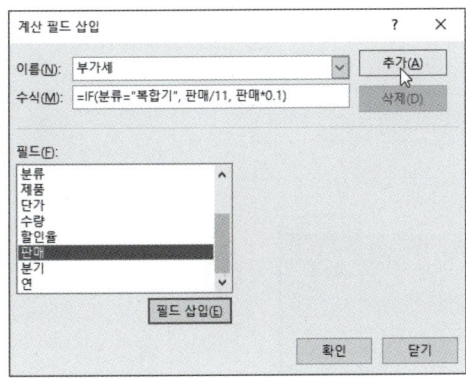

Plus⁺ 수식 이해하기

'분류' 필드의 값이 '복합기'인 경우와 아닌 경우를 구별해 부가세를 계산하는 수식으로, '복합기'인 경우에는 부가세 포함(판매/110%) 방식으로 계산하고, 아닌 경우에는 부가세 별도(판매*10%) 방식으로 계산합니다.

03 '계산 필드 삽입' 대화상자에서 〈확인〉 버튼을 클릭하면 '부가세' 필드가 생성되면서 값 영역에 바로 삽입됩니다. 계산이 제대로 된 것 같지만, C4셀의 '복합기' 부가세를 보면 부가세 포함 방식이 아니라 부가세 별도 방식으로 계산된 것을 확인할 수 있습니다.

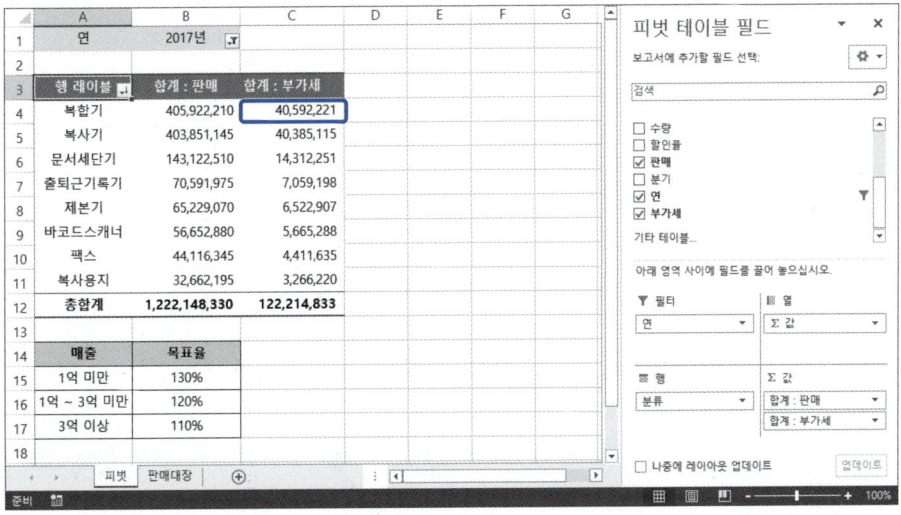

Plus⁺ 계산 필드 결과 검증하기

계산 필드의 수식을 검증해 보겠습니다. '복합기' 분류의 계산식만 달랐으므로 '복합기' 분류의 부가세 계산 결과를 확인합니다. A4셀의 값이 '복합기'이므로 C4셀의 값은 부가세 포함 방식으로 계산하여 **=405,922,210/110%**, 즉 36,902,019(소수점 위치에서 반올림)여야 합니다. 그런데 C4셀을 보면 부가세 별도 방식으로 계산되어 [합계 : 판매] 필드 금액의 10%인 40,592,221로 계산되어 있습니다. 계산 필드는 필드나 숫자만 이용해 계산할 수 있고, 필드의 경우도 값 영역 내의 필드만 참조할 수 있기 때문에 '분류' 필드를 이용한 계산식이 제대로 반영되지 않은 것입니다.

그러므로 '분류' 필드 내 항목을 조건으로 부가세 필드를 생성해야 하는 경우에는 계산 필드만으로는 생성하지 못하고, '판매대장' 시트의 오른쪽 빈 열에 필드를 추가하여 다음과 같은 수식으로 계산해야 합니다.

```
K1셀 : 부가세
K2셀 : =IF([@분류]="복합기", [@판매]/11, [@판매]*10%)
```

[표 이미지: 판매대장 시트에 K열 '부가세' 필드 추가된 모습]

이렇게 원본 표에 동일한 이름(부가세)의 필드를 생성하고, '피벗' 시트의 피벗 테이블 보고서를 새로 고치면 '부가세' 계산 필드의 이름이 '부가세2'로 변경됩니다.

[분석] 탭-[데이터] 그룹-[새로 고침] 명령을 클릭해 피벗 테이블 보고서를 새로 고치면, 기존 '부가세' 계산 필드가 보고서에서 생략되면서 '부가세2' 필드로 이름이 변경됩니다. '피벗 테이블 필드' 작업 창의 필드 목록에서 '부가세2'와 '부가세' 필드에 모두 체크하면 다음과 같은 피벗 테이블 보고서가 표시됩니다.

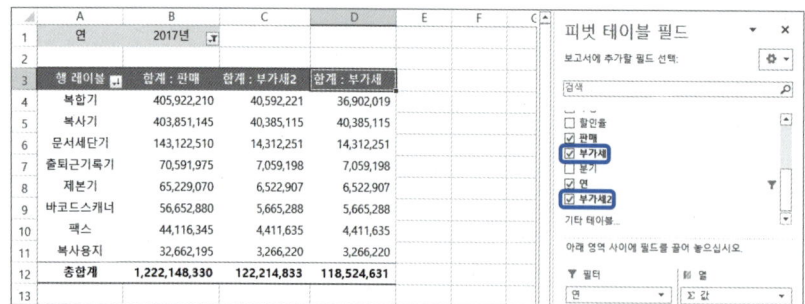

TIP '부가세2' 필드가 계산 필드이며, 부가세 필드가 원본 표에 추가된 계산 열입니다. C4:D4 범위를 확인하면 '부가세' 필드의 값이 정확하게 부가세 포함으로 계산된 것을 확인할 수 있습니다.

이처럼 행 영역 내의 필드를 조건으로 사용하는 계산 필드를 생성하려면 원본 표의 수식을 이용해 계산해야 정확한 결과를 얻을 수 있습니다. 확인이 끝났다면 '피벗 테이블 필드' 작업 창 목록에서 '부가세'와 '부가세2' 필드 확인란의 체크를 해제해 피벗 테이블 보고서에서 제거합니다.

04 이번에는 '내년목표' 필드를 계산 필드로 생성해 보겠습니다. [분석] 탭-[계산] 그룹-[필드, 항목 및 집합] 명령 내 [계산 필드] 메뉴를 선택합니다. '계산 필드 삽입' 대화상자가 열리면 다음과 같이 입력하고 〈추가〉 버튼을 클릭합니다.

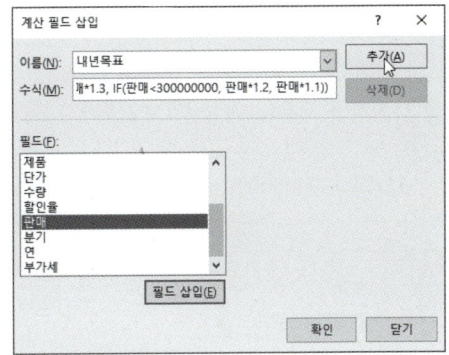

이름 : 내년목표
수식 : =IF(판매<100000000, 판매*1.3, IF(판매<300000000, 판매*1.2, 판매*1.1))

Plus⁺ 수식 이해하기

피벗 테이블 보고서의 아래쪽에 만들어둔 표를 보면 금액(합계 : 판매)이 1억 미만인 경우와 1억 이상 3억 미만인 경우, 3억 이상인 경우로 구분한 후 목표율을 차등 적용하고 있습니다. 이런 조건을 계산에 반영하려면 IF 함수를 중첩해 사용할 수밖에 없습니다. 이번 수식을 좀 더 이해하기 쉽게 정리하면 다음과 같습니다.

=IF(판매<100000000,	[합계 : 판매] 필드의 값이 1억 미만이면
판매*1.3,	[합계 : 판매] 필드의 값에 130%를 곱하고
IF(판매<300000000,	아니면 3억 미만인지 확인하고
판매*1.2,	3억 미만이면 120%를 곱하고
판매*1.1))	3억 이상이면 110%를 곱합니다.

위 수식은 작은 값부터 처리하는 방식이며, 큰 값부터 처리하도록 다음과 같이 변경할 수 있습니다.

=IF(판매>=300000000, 판매*1.1, IF(판매>=100000000, 판매*1.2, 판매*1.3))

이번 수식은 판단의 조건이 되는 수식이 값 영역 내 필드('합계 : 판매' 필드)를 대상으로 하므로 IF 함수가 정확하게 동작할 것으로 예상할 수 있습니다.

---

05 '계산 필드 삽입' 대화상자에서 〈확인〉 버튼을 클릭하면 '내년목표' 필드가 생성되면서 값 영역에 바로 삽입됩니다.

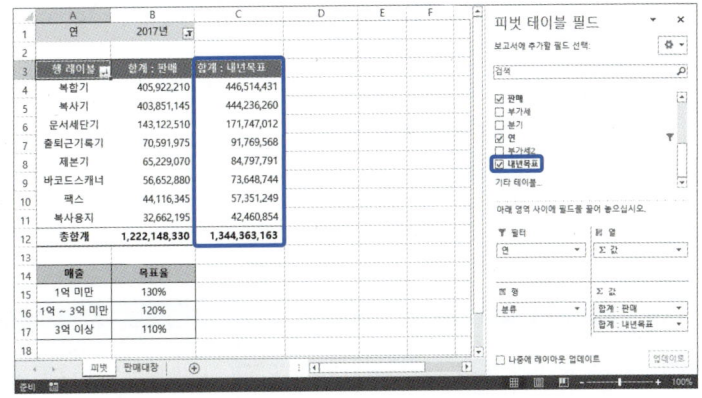

06 생성된 '내년목표' 계산 필드가 모든 조건에 맞게 계산됐는지 확인해 보겠습니다. D열을 선택하고 [홈] 탭-[셀] 그룹-[삽입] 명령(🖽)을 클릭해 빈 열을 하나 추가합니다. D4셀에 다음과 같이 동일한 수식을 작성하고 채우기 핸들을 D12셀까지 드래그해 복사합니다.

```
=IF(B4<100000000, B4*130%, IF(B4<300000000, B4*120%, B4*110%))
```

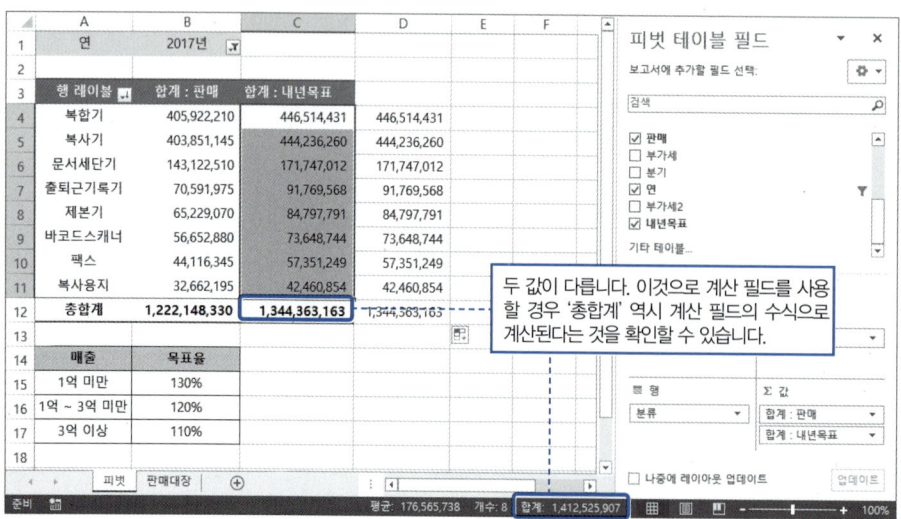

07 수식으로 계산한 D열의 결과와 계산 필드인 C열의 결과가 동일한 것을 확인할 수 있습니다. 그런데 C12셀의 총합계는 다른 셀과 같은 방식으로 계산되면 안 되고, C4:C11 범위 내 셀 값을 모두 더한 결과여야 합니다. C4:C11 범위를 선택하고, 수식 입력줄의 자동 요약 값 중 '합계'를 보면 C12셀의 결과와 다른 것을 알 수 있습니다.

TIP 총합계의 결과를 계산된 값의 합계로 구할 수 있는 방법은 없으며, 이런 문제는 원본 표에 수식 열을 삽입하는 것으로도 해결할 수 없습니다.

078 값 영역의 금액 단위 조정하기

값 영역에 집계된 금액이 한눈에 들어오지 않으면 금액 단위를 조정하는 것이 좋습니다. '원'에서 '천'이나 '백만'과 같이 세 자리 단위로 조정하려면 '표시 형식'을 사용하는 것이 쉽고, 우리나라에서 사용하는 '만', '억'과 같은 네 자리 단위 또는 더 자유로운 단위로 조정하고 싶다면 계산 필드를 사용하는 것이 좋습니다. 피벗 테이블 보고서의 금액 단위를 조정하는 방법에 대해 알아보겠습니다.

예제 파일 PART 02 \ CHAPTER 06 \ 계산 필드-단위.xlsx

천, 백만 단위 조정

피벗 테이블 보고서의 단위를 가장 쉽게 조정하는 방법은 '표시 형식'을 이용하는 것입니다. 다만 이 방법은 끝자리가 항상 반올림된다는 점과 세 자리(천, 백만) 단위로만 조정된다는 단점이 있습니다.

01 예제 파일의 '피벗' 시트에는 다음 화면과 같은 피벗 테이블 보고서가 있습니다. '매출 (단위 : 천)' 필드의 금액 단위를 '원'에서 '천'으로 변경해 보겠습니다.

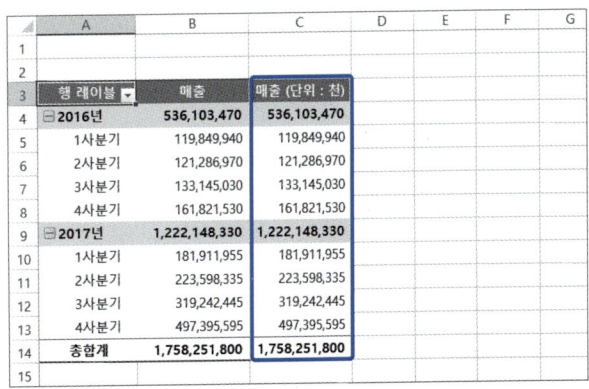

02 표시 형식을 이용하기 위해 '매출 (단위 : 천)' 필드의 머리글인 C3셀을 마우스 오른쪽 버튼으로 클릭하고 [필드 표시 형식] 메뉴를 선택합니다. '셀 서식' 대화상자가 열리면 '범주' 리스트에서 [사용자 지정]을 선택하고 '형식'란에 **#,###,** 를 입력한 후 〈확인〉 버튼을 클릭합니다.

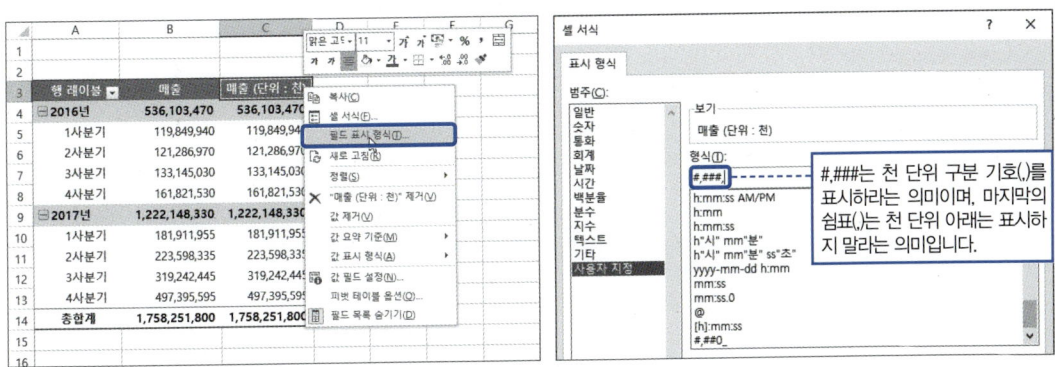

CHAPTER 06 | 피벗 테이블 보고서 고급 기술 / **263**

03 다음 화면과 같이 '매출 (단위 : 천)' 필드 표시 값의 금액 단위가 조정됩니다.

	A	B	C
3	행 레이블	매출	매출 (단위 : 천)
4	⊟2016년	536,103,470	536,103
5	1사분기	119,849,940	119,850
6	2사분기	121,286,970	121,287
7	3사분기	133,145,030	133,145
8	4사분기	161,821,530	161,822
9	⊟2017년	1,222,148,330	1,222,148
10	1사분기	181,911,955	181,912
11	2사분기	223,598,335	223,598
12	3사분기	319,242,445	319,242
13	4사분기	497,395,595	497,396
14	총합계	1,758,251,800	1,758,252

천 단위로 단위가 변경되며, 반올림된 금액이 표시됩니다. 예를 들어 C5셀의 119,850은 B5셀의 119,849,940 값에서 940이 표시되지 않은 것인데, 표시되지 않은 940의 첫 번째 자리 숫자가 9로 5 이상이어서 119,850으로 표시되었습니다.

만, 억 단위 조정

금액 단위를 원하는 대로 조정하려면 계산 필드를 이용하는 것이 가장 좋습니다. 계산 필드를 이용하면 ROUND, ROUNDUP, ROUNDDOWN 등의 반올림, 올림, 내림 함수를 사용해 원하는 방식으로 직접 금액을 표시할 수 있다는 장점이 있습니다.

01 [분석] 탭-[계산] 그룹-[필드, 항목 및 집합] 명령 내 [계산 필드] 메뉴를 선택합니다. '계산 필드 삽입' 대화상자가 열리면 다음과 같이 입력하고 〈추가〉 버튼을 클릭해 계산 필드를 생성합니다.

```
이름 : 매출 (단위 : 만)
수식 : =ROUNDDOWN(판매/10000, 0)
```

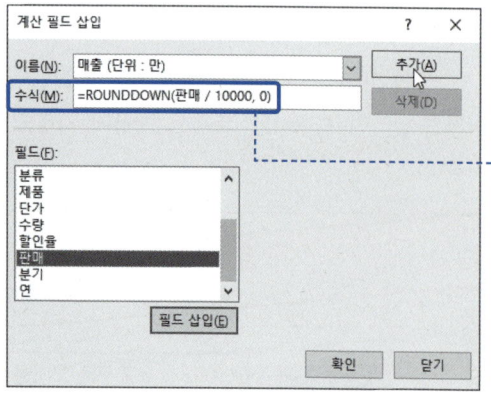

수식 내에서 숫자 10000은 변경할 단위를 의미합니다. 천 단위로 변경하려면 1000으로, 억 단위로 변경하려면 100000000으로 변경하면 됩니다.

Plus⁺ 수식 이해하기

이번 수식은 ROUNDDOWN 함수를 사용해 [합계 : 판매] 필드의 값을 10000으로 나누고, 소수점 위치에서 절사한(소수점 아래 값을 버린) 결과를 반환합니다.
ROUND 계열 함수에 대한 설명은 다음과 같습니다.

함수 설명

ROUND(number, num_digits)

ROUND 함수는 숫자를 지정한 자릿수로 반올림한 값을 반환합니다.

- **number** : 반올림할 숫자 값입니다.
- **num_digits** : 소수점 위치에서 반올림할 자릿수를 가리키는 숫자 값으로, 0이면 소수점 위치를, 음수면 소수점 위치에서 왼쪽 자릿수까지의 떨어진 위치를 의미하고, 양수면 오른쪽 자릿수까지의 떨어진 위치를 의미합니다. 자세한 사항은 다음 표를 참고합니다.

num_digits	설명	버려질 값 부분
0	소수점 위치	123456.789
1	소수점 첫째 자리	123456.789
2	소수점 둘째 자리	123456.789
-1	원 단위	123456.789
-2	십 단위	123456.789

ROUNDDOWN(number, num_digits)

ROUNDDOWN 함수는 숫자를 지정한 자릿수로 내림(절사)한 값을 반환합니다. 사용 방법은 ROUND 함수와 같습니다.

ROUNDUP(number, num_digits)

ROUNDUP 함수는 숫자를 지정한 자릿수로 올림한 값을 반환합니다. 사용 방법은 ROUND 함수와 동일합니다.

02 '계산 필드 삽입' 대화상자의 〈확인〉 버튼을 클릭해 대화상자를 닫으면 생성된 계산 필드가 값 영역에 자동으로 삽입됩니다.

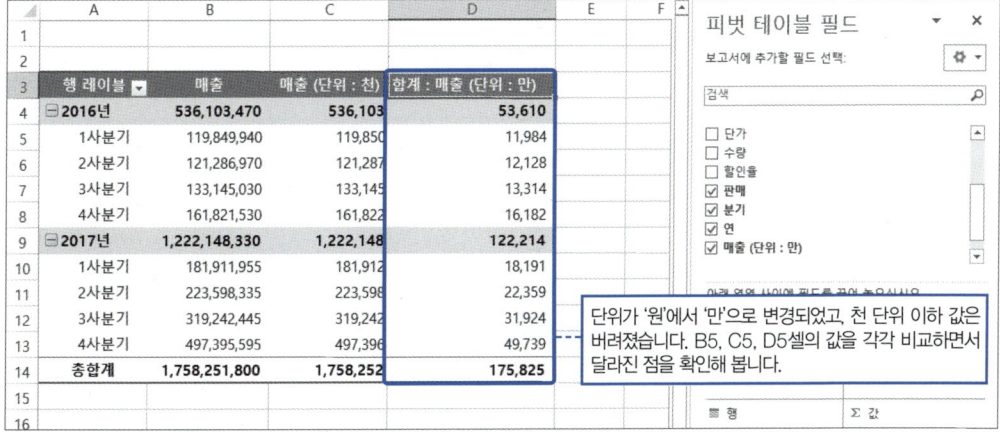

단위가 '원'에서 '만'으로 변경되었고, 천 단위 이하 값은 버려졌습니다. B5, C5, D5셀의 값을 각각 비교하면서 달라진 점을 확인해 봅니다.

계산 필드로 만들 수 없는 필드 이해하기

079

계산 필드를 생성하면 원본 표에 수식을 사용하는 열을 생성하지 않아도 됩니다. 언뜻 생각하기에는 계산 필드를 사용하는 것과 원본 표에 수식을 사용한 열을 생성하는 것이 비슷한 것 같지만, 계산 필드를 생성하는 것이 수식을 적게 사용하므로 더 효율적입니다. 원본 표의 수식을 사용하는 열을 계산 필드로 생성하는 것이 가능한지 구분하는 방법에 대해 알아보겠습니다.

예제 파일 PART 02 \ CHAPTER 06 \ 계산 필드-불가.xlsx

01 예제 파일의 '판매대장' 시트를 엽니다. '판매' 열인 J열은 수식 입력줄에서 확인할 수 있듯이 수식을 이용해 계산된 열입니다. '판매' 열을 계산 필드로 생성할 수 있는지 확인해 보겠습니다.

J열 : =[@단가]*[@수량]*(1-[@할인율])

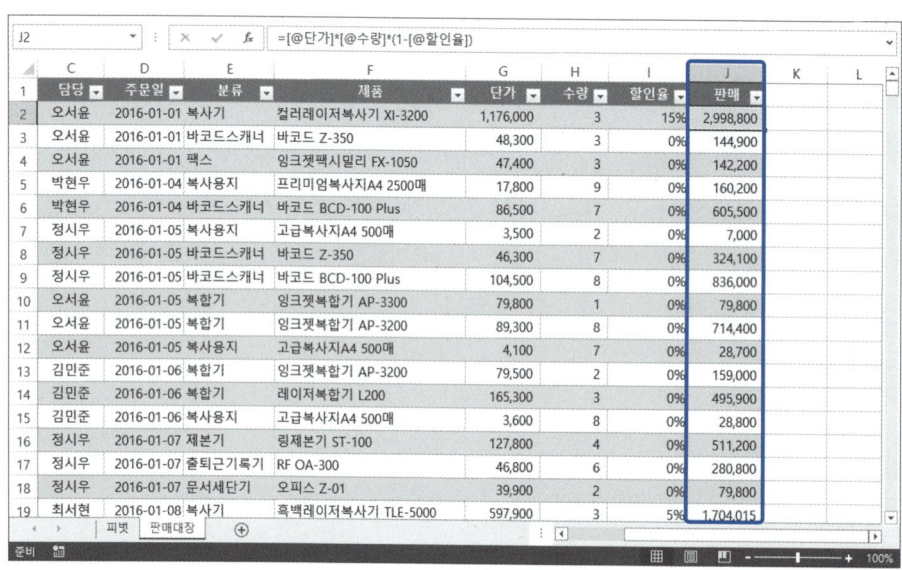

Plus+ 수식 이해하기

이 수식은 엑셀 표의 구조적 참조를 이용한 것으로, 구조적 참조를 셀 주소로 대체해 구성하면 다음과 같습니다.

=G2*H2*(1-I2)

즉, 단가와 수량을 곱한 값에, 1(100%)에서 할인율을 뺀 값을 곱해 계산합니다.

LINK 구조적 참조에 대한 설명은 'No. 25 구조적 참조 이해하기'(90쪽)를 참고합니다.

02 '피벗' 시트로 이동해 보면 영업 담당자별 매출이 집계된 피벗 테이블 보고서를 확인할 수 있습니다.

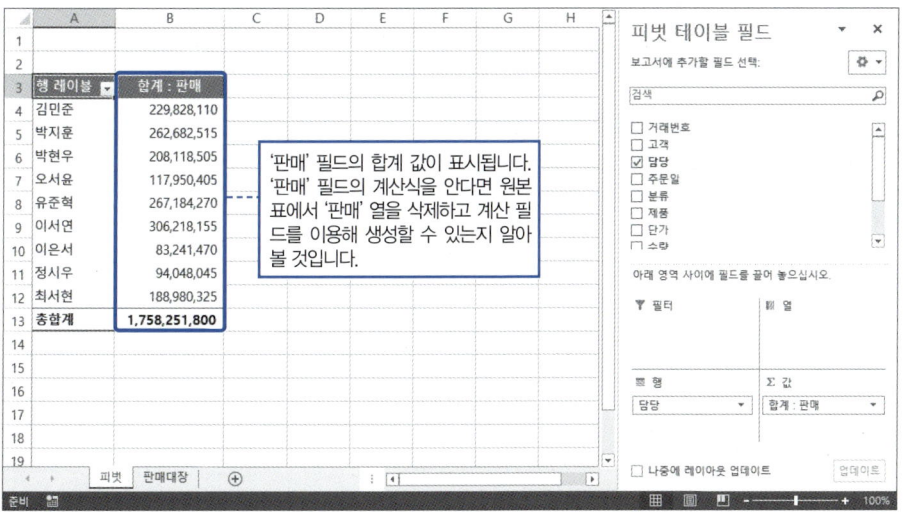

03 '판매' 필드를 계산 필드로 생성해 보겠습니다. [분석] 탭-[계산] 그룹-[필드, 항목 및 집합] 명령 내 [계산 필드] 메뉴를 선택합니다. '계산 필드 삽입' 대화상자가 열리면 다음과 같이 입력하고 〈추가〉 버튼을 클릭해 계산 필드를 생성합니다.

이름 : 매출
수식 : =단가*수량*(1-할인율)

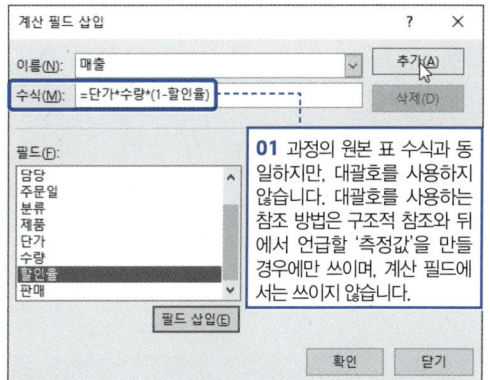

04 '계산 필드 삽입' 대화상자에서 〈확인〉 버튼을 클릭하면 계산 필드가 값 영역에 자동으로 삽입됩니다.

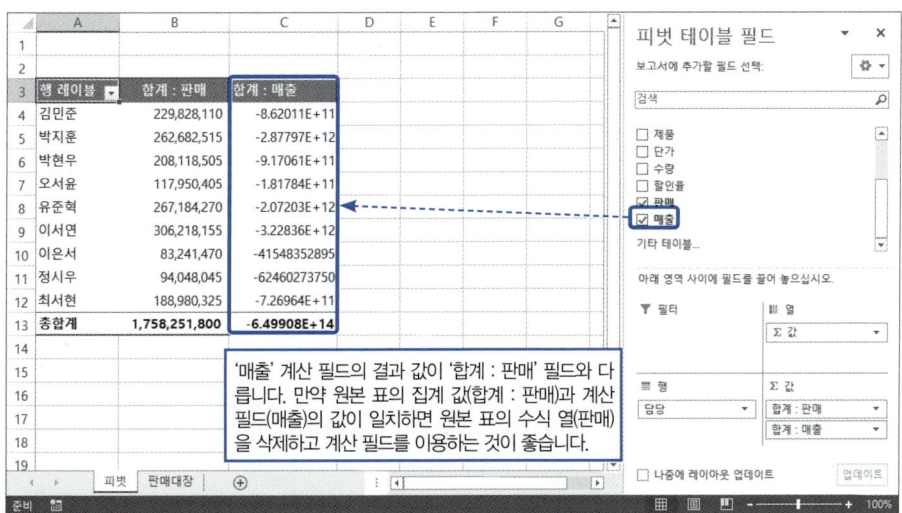

05 '매출' 계산 필드의 결과가 잘못 계산된 이유를 확인해 보겠습니다. '피벗 테이블 필드' 작업 창 목록에서 계산에 사용된 필드(단가, 수량, 할인율)의 확인란을 체크해 피벗 테이블 보고서에 삽입합니다.

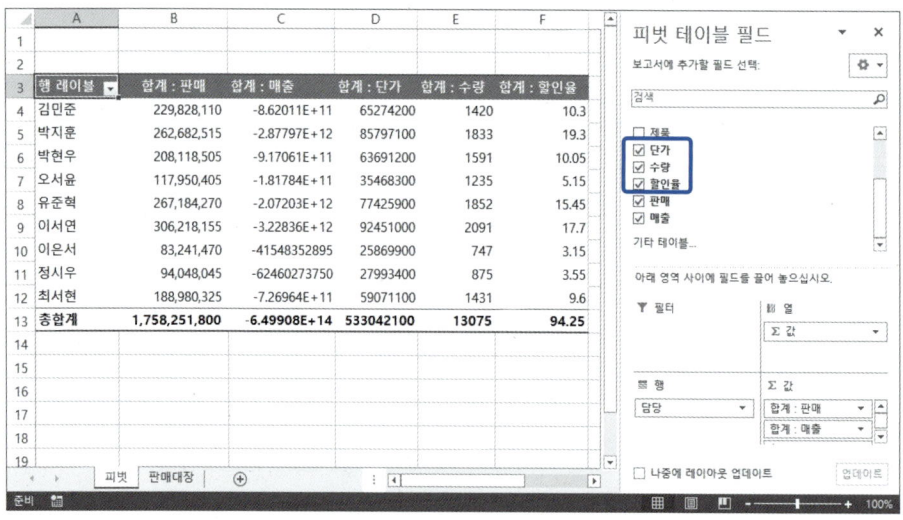

06 피벗 테이블 보고서 오른쪽 빈 열에 계산 필드에서 사용한 계산식을 이용해 결과를 확인해 봅니다. I4셀에 다음 수식을 입력하고 채우기 핸들을 I13셀까지 드래그해 복사합니다.

I4셀 : =D4*E4*(1-F4)

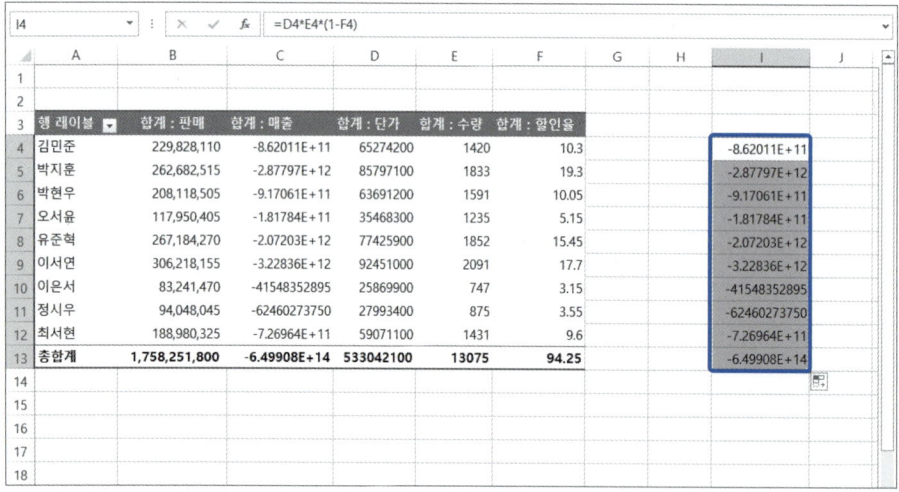

> **Plus⁺ 수식 이해하기**
>
> 이번 수식은 =단가*수량*(1-할인율)입니다. 정확하게는 =[합계 : 단가]*[합계 : 수량]*(1-[합계 : 할인율])입니다. 이 수식의 결과(I열)가 정확하게 '매출' 계산 필드의 값(C열)과 동일합니다. 이를 통해 계산 필드는 계산에서 사용하는 필드의 합계 값으로 계산한다는 것을 확인할 수 있습니다. 그러므로 계산 필드로 대체할 수 있는지 여부를 알려면, 계산에서 사용하는 필드의 합계 값에 동일한 계산식을 적용해 결과가 올바로 구해지는지 확인하면 됩니다.

계산 필드 수정, 삭제하기

080

생성된 계산 필드가 더 이상 필요하지 않거나 수식을 변경해야 할 경우에는 계산 필드를 확인하고 수정 또는 삭제하는 등의 작업을 해야 합니다. 계산 필드는 '이름 관리자'와 같은 관리 대화상자를 따로 제공하지 않지만 계산 필드 생성에 사용하는 '계산 필드 삽입' 대화상자가 '이름 관리자'와 같은 역할을 합니다. '계산 필드 삽입' 대화상자를 이용해 생성된 계산 필드를 확인하고 이를 수정하거나 삭제하는 방법에 대해 알아보겠습니다.

예제 파일 PART 02 \ CHAPTER 06 \ 계산 필드-관리.xlsx

01 예제 파일의 '피벗' 시트에는 다음과 같은 피벗 테이블 보고서가 있습니다. 값 영역의 '부가세' 필드와 '목표' 필드가 계산 필드라는 것을 확인한 후, '부가세' 필드는 소수점 이하 값이 절사되도록 수식을 수정하고, '목표' 필드는 삭제해 보겠습니다.

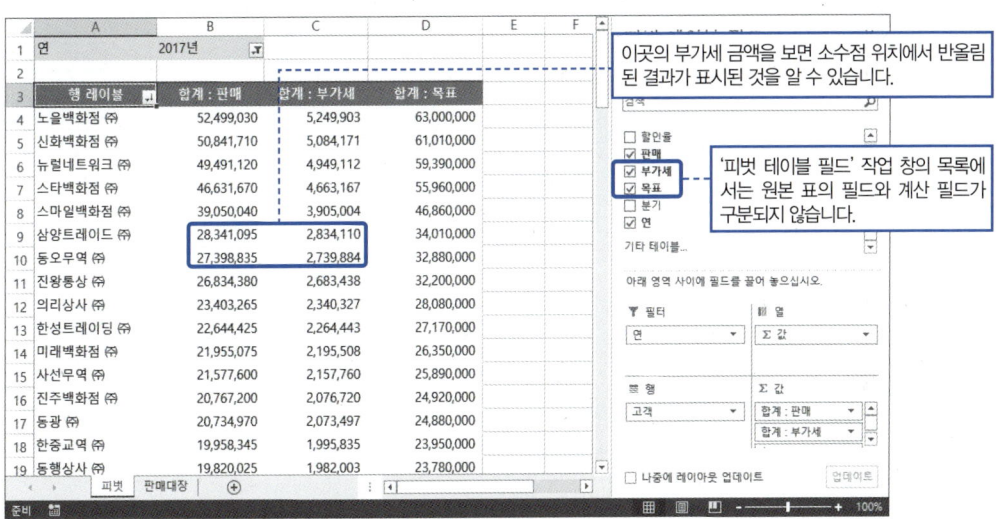

02 [분석] 탭-[계산] 그룹-[필드, 항목 및 집합] 명령 내 [계산 필드] 메뉴를 선택합니다. '계산 필드 삽입' 대화상자에서 '이름' 상자의 아래 화살표 단추를 클릭하면 현재 피벗 테이블 보고서의 모든 계산 필드를 확인할 수 있습니다.

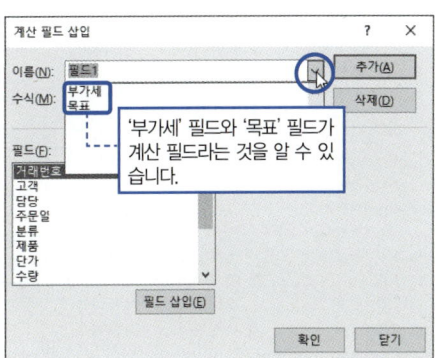

03 '이름' 상자에서 '부가세' 필드를 선택하고 수식을 다음과 같이 수정한 후 〈수정〉 버튼을 클릭합니다.

> 수식 : =ROUNDDOWN(판매*0.1, 0)

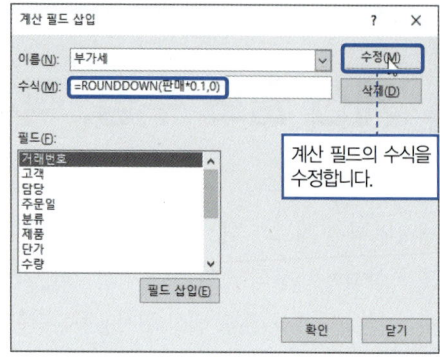

계산 필드의 수식을 수정합니다.

> **Plus⁺ 수식 이해하기**
>
> ROUNDDOWN 함수는 지정된 위치에서 내림 처리한 값을 반환하는 함수입니다. 그러므로 수정한 수식은 '판매' 필드의 값에 0.1(10%)을 곱한 값을 소수점 위치에서 내림 처리한 결과를 반환합니다. 이렇게 하면 소수점 이하 값이 버려져 이전과 같이 반올림된 결과가 표시되지 않습니다.

04 '이름' 상자에서 '목표' 필드를 선택하고 〈삭제〉 버튼을 클릭한 후 〈확인〉 버튼을 클릭합니다.

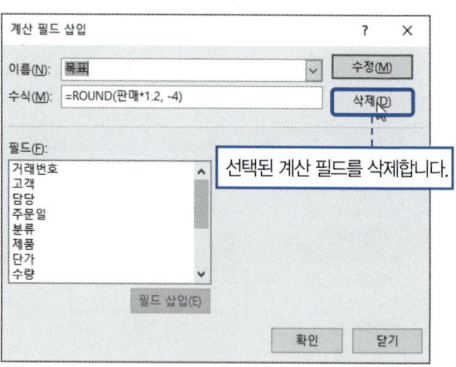

선택된 계산 필드를 삭제합니다.

05 '부가세' 필드는 소수점 위치에서 절사한 결과가 표시되고, '목표' 필드는 제거되었습니다.

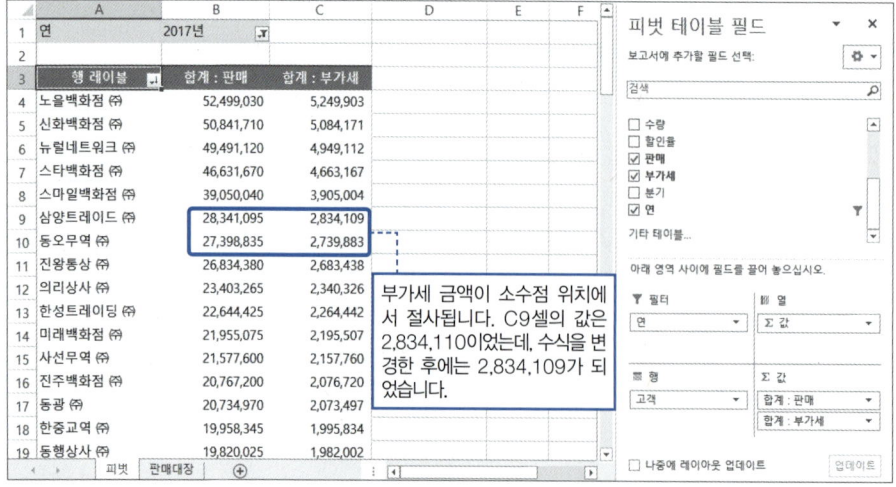

부가세 금액이 소수점 위치에서 절사됩니다. C9셀의 값은 2,834,110이었는데, 수식을 변경한 후에는 2,834,109가 되었습니다.

계산 항목의 제한 사항 이해하기 081

계산 필드가 필드와 숫자를 이용해 새로운 필드(계산 결과 값을 갖는 열)를 생성해 피벗 테이블 보고서에 표시하는 것이었다면, 계산 항목은 필드 내 항목과 숫자를 이용해 새로운 항목을 생성하는 것입니다. 계산 항목을 생성할 때 지켜야 하는 제한 사항에 대해 알아보겠습니다.

예제 파일 없음

계산 필드와 계산 항목을 제대로 구별하려면 테이블 형식의 표에서 필드(열)와 항목(열에 입력된 값)을 구분할 수 있어야 합니다. '필드'와 '항목'은 테이블 형식의 표에서 사용하는 용어입니다.

	A	B	C	D	E	F	G	H	I	J	K
1	거래번호	고객	담당	주문일	분류	제품	단가	수량	할인율	판매	
2	N-0705	S&C무역 ㈜	오서윤	2016-01-01	복사기	컬러레이저복사기 XI-3200	1,176,000	3	15%	2,998,800	
3	N-0705	S&C무역 ㈜	오서윤	2016-01-01	바코드스캐너	바코드 Z-350	48,300	3	0%	144,900	
4	N-0705	S&C무역 ㈜	오서윤	2016-01-01	팩스	잉크젯팩시밀리 FX-1050	47,400	3	0%	142,200	
5	N-0706	드림씨푸드 ㈜	박현우	2016-01-04	복사용지	프리미엄복사지A4 2500매	17,800	9	0%	160,200	
6	N-0706	드림씨푸드 ㈜	박현우	2016-01-04	바코드스캐너	바코드 BCD-100 Plus	86,500	7	0%	605,500	
7	N-0707	자이언트무역 ㈜	정시우	2016-01-05	복사용지	고급복사지A4 500매	3,500	2	0%	7,000	
8	N-0707	자이언트무역 ㈜	정시우	2016-01-05	바코드스캐너	바코드 Z-350	46,300	7	0%	324,100	
9	N-0707	자이언트무역 ㈜	정시우	2016-01-05	바코드스캐너	바코드 BCD-100 Plus	104,500	8	0%	836,000	
10	N-0708	진왕통상 ㈜	오서윤	2016-01-05	복합기	잉크젯복합기 AP-3300	79,800	1	0%	79,800	

'담당' 필드이며, '담당' 필드 내에 '오서윤', '박현우', '정시우'와 같은 항목이 존재합니다. 계산 항목은 필드가 아니라 필드 내 항목을 이용해 계산합니다.

계산 항목을 만들려면 다음 사항을 지켜야 합니다.

첫째, 계산 항목은 계산 항목이 추가되는 필드 내 항목과 숫자 등을 이용해 생성해야 하며, 다른 필드 내 항목은 계산에 사용할 수 없습니다. 다른 항목을 수식에 삽입하면 다음과 같은 경고 메시지 창이 표시됩니다.

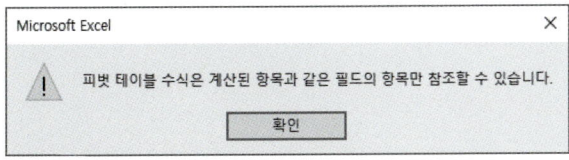

둘째, 계산 필드와 계산 항목이 함께 생성된 경우에는 계산 필드가 먼저 계산됩니다.

LINK 'No. 85 계산 필드와 계산 항목의 계산 우선순위 이해하기'(282쪽)에서 자세하게 확인할 수 있습니다.

셋째, 그룹 필드가 생성된 경우에는 계산 항목을 생성할 수 없습니다. 그룹 필드가 생성된 피벗 테이블 보고서에서 계산 항목을 생성하려고 하면 다음과 같은 경고 메시지 창이 표시됩니다.

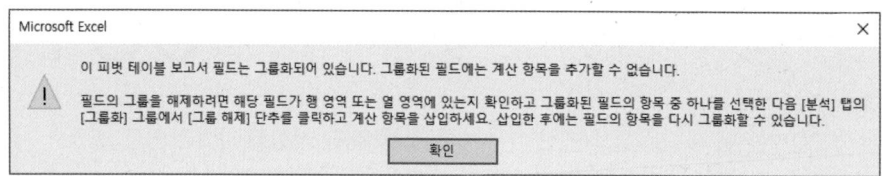

그룹 필드를 생성하는 방법은 두 가지인데, 계산 항목은 '그룹화' 대화상자를 이용해 묶은 그룹 필드와는 함께 사용할 수 없습니다. 위 메시지 창에서는 그룹 필드를 해제한 후 계산 항목을 생성하고 다시 그룹 필드를 생성할 수 있다고 하지만, '그룹화' 대화상자를 이용하는 방법의 그룹 필드는 생성할 수 없습니다.

LINK 그룹 필드에 대한 내용은 No. 90-100(293-333쪽)에서 확인할 수 있습니다.

넷째, 계산 항목을 생성한 필드는 행/열 영역에만 삽입할 수 있으며, 필터 영역에는 삽입할 수 없습니다. 필터 영역에 삽입하면 다음과 같은 경고 메시지 창이 표시됩니다.

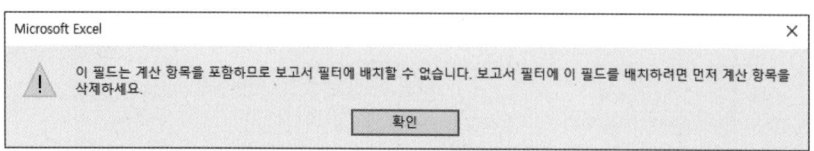

다섯째, 부분합 행이나 값 영역에서 평균, 표준편차, 분산 등을 사용한 경우에는 계산 항목을 삽입할 수 없으며, 계산 항목을 삽입하면 집계 함수 중 평균, 표준편차, 분산 등을 사용할 수 없습니다. 그런 경우에는 다음과 같은 경고 메시지 창이 표시됩니다.

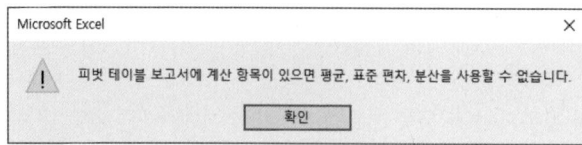

계산 항목 생성하기

082

계산 항목을 사용하는 방법은 계산 필드와 거의 유사합니다. 계산 항목은 필드를 새로 만드는 것이 아니라 필드 내에 새로운 항목을 만드는 것이므로, 계산 필드와의 차이를 정확하게 구분할 수 있어야 합니다. 또한 피벗 테이블 보고서 내의 선택 위치에 따라 리본 메뉴에서 [계산 항목] 메뉴가 비활성화될 수 있으므로 계산 항목을 생성할 때 선택 위치에 주의해야 합니다. 계산 항목을 생성하는 방법에 대해 알아보겠습니다.

예제 파일 PART 02 \ CHAPTER 06 \ 계산 항목.xlsx

01 예제 파일의 '입출고' 시트에는 왼쪽 화면과 같은 입출고 내역 표가 있습니다. 이 표를 이용해 재고를 집계하는 피벗 테이블 보고서를 만들어 보겠습니다. 먼저 '구분' 열인 C열에 어떤 항목들이 있는지 알기 위해, C1셀의 아래 화살표 단추를 클릭해 필터 목록을 확인합니다.

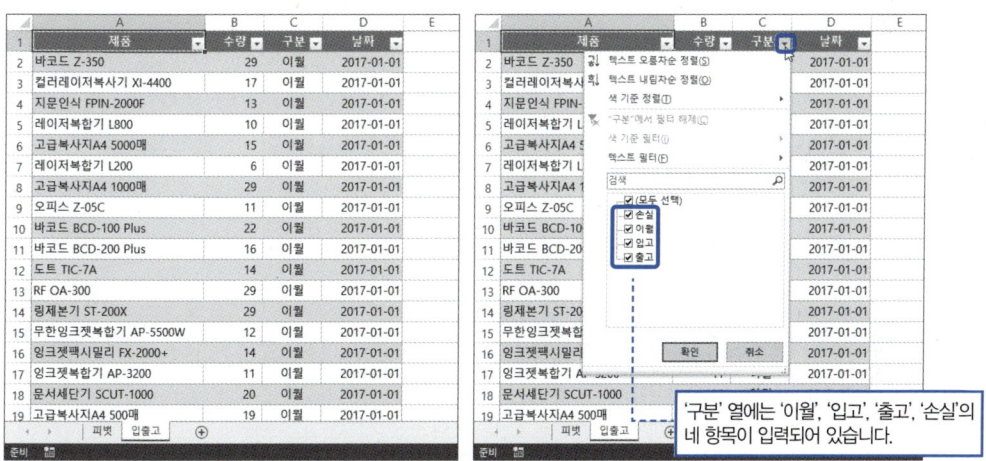

'구분' 열에는 '이월', '입고', '출고', '손실'의 네 항목이 입력되어 있습니다.

02 재고를 계산하려면 다음과 같은 피벗 테이블 보고서를 구성할 수 있어야 합니다.

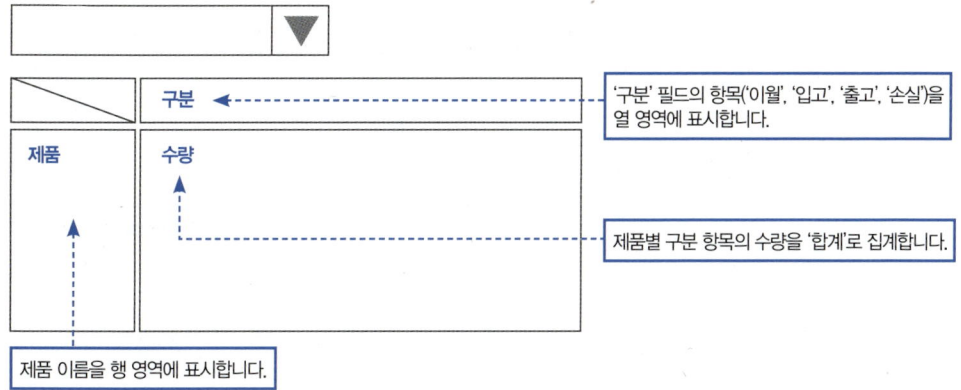

'구분' 필드의 항목('이월', '입고', '출고', '손실')을 열 영역에 표시합니다.

제품별 구분 항목의 수량을 '합계'로 집계합니다.

제품 이름을 행 영역에 표시합니다.

CHAPTER 06 | 피벗 테이블 보고서 고급 기술 / **273**

03 '피벗' 시트를 보면 완성된 피벗 테이블 보고서를 확인할 수 있습니다.

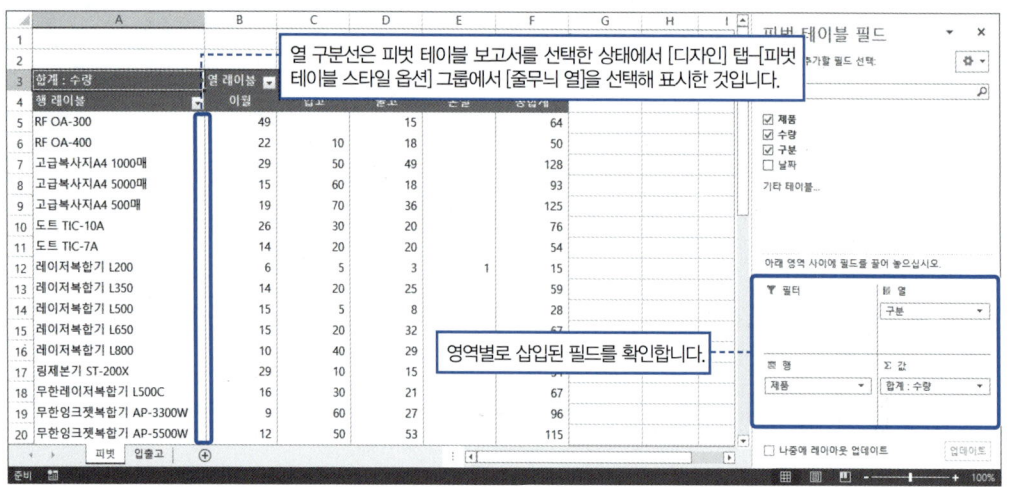

'No. 47 피벗 테이블 보고서 빠르게 초기화하는 방법'(172쪽)을 참고해 피벗 테이블 보고서를 초기화하고 동일한 피벗 테이블 보고서를 생성해 봅니다.

04 '구분' 필드 내 항목을 계산해 재고를 구하겠습니다. 항목을 계산해야 하므로 계산 항목을 생성합니다. B4셀을 선택한 후 [분석] 탭-[계산] 그룹-[필드, 항목 및 집합] 명령 내 [계산 항목] 메뉴를 선택합니다.

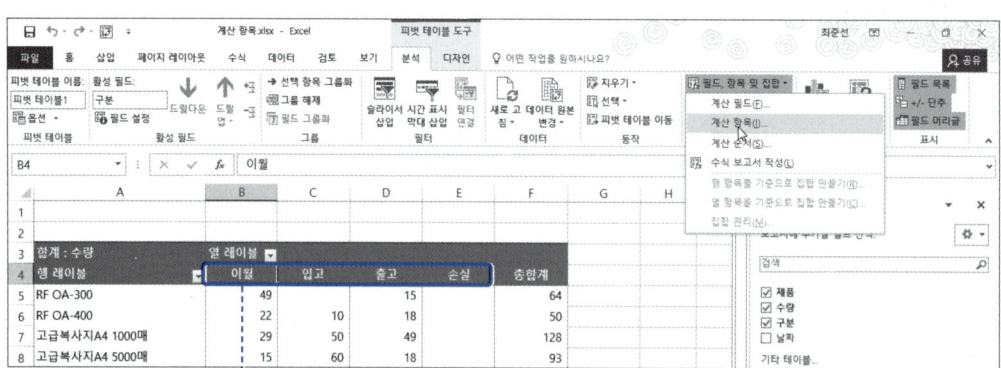

'재고'는 '이월', '입고', '출고', '손실' 등의 항목을 이용해 계산해야 하므로 계산 항목으로 생성해야 합니다. 또한 리본 메뉴의 [계산 항목] 메뉴를 사용하려면 반드시 계산 항목이 추가되어야 할 '구분' 필드 내 항목을 하나 선택하고 있어야 합니다. 이 화면에서는 B4셀을 선택하고 있는데, B4:E4 범위 내 아무 셀이나 선택해도 됩니다.

05 '"구분"에 계산 항목 삽입' 대화상자가 열리면 다음과 같이 설정하고 〈추가〉 버튼을 클릭해 계산 항목을 생성합니다.

이름 : 재고
수식 : =이월+입고-출고-손실

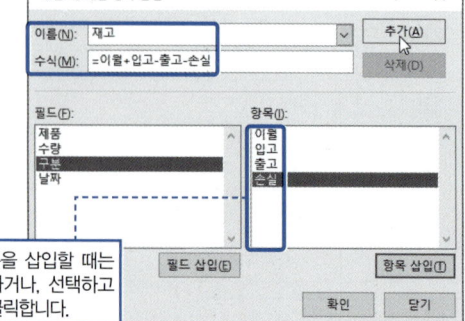

'수식' 입력란에 항목을 삽입할 때는 이곳에서 더블클릭하거나, 선택하고 〈항목 삽입〉 버튼을 클릭합니다.

06 〈확인〉 버튼을 클릭해 대화상자를 닫으면 F열에 '재고' 항목이 표시됩니다. '피벗 테이블 필드' 작업 창을 보면 필드 목록에 '재고'는 표시되지 않으며, 열 영역에는 '구분' 필드만 표시되어 있습니다.

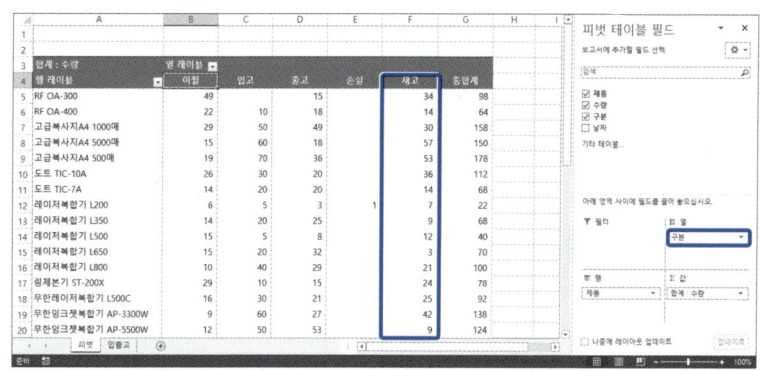

07 G열의 '총합계' 열은 '재고'를 포함한 모든 항목의 합계이므로, 올바른 값이 아니어서 제거하겠습니다. '총합계' 열의 머리글 셀인 G4셀을 선택하고 마우스 오른쪽 버튼을 클릭하여 [합계 제거] 메뉴를 선택합니다.

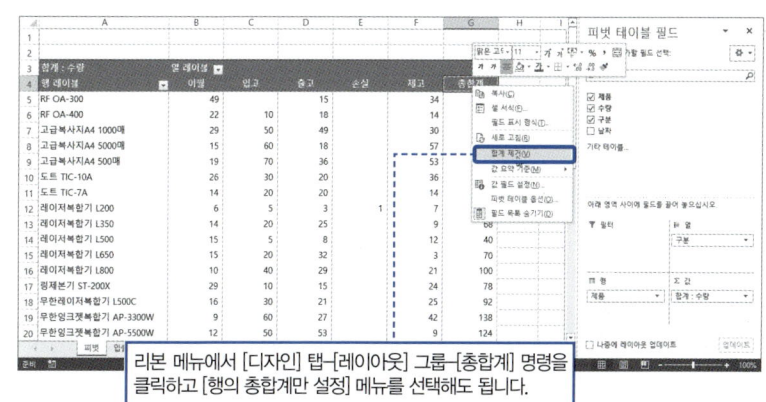

리본 메뉴에서 [디자인] 탭-[레이아웃] 그룹-[총합계] 명령을 클릭하고 [행의 총합계만 설정] 메뉴를 선택해도 됩니다.

08 '총합계' 열이 제거되면 입출고 현황을 집계하고 '재고'가 계산된 피벗 테이블 보고서가 완성됩니다.

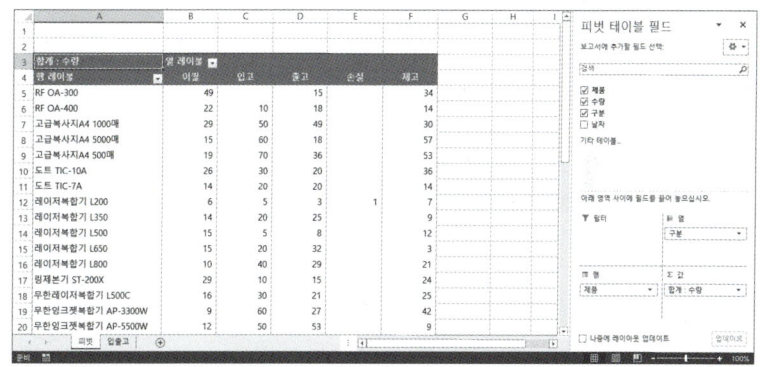

Plus+ '구분' 필드에 새로운 항목이 추가될 경우

'구분' 필드에 새로운 항목이 추가되고 '재고' 계산 항목의 수식을 변경해야 한다면 '재고' 계산 항목의 계산식을 수정해야 합니다. 계산 항목의 수식을 수정하는 방법은 계산 필드와 동일하므로 'No. 80 계산 필드 수정, 삭제하기'(269쪽)를 참고합니다. 주의할 점은 04 과정에서 설명했듯이 [계산 항목] 메뉴를 활성화시키려면 해당 계산 항목이 삽입된 필드 내 항목을 선택한 상태여야 한다는 것입니다.

총합계 행/열을 계산 항목으로 대체하기

083

피벗 테이블 보고서의 총합계 행/열의 위치는 고정되어 있고, 표시 위치를 변경하는 기능은 제공되지 않습니다. 총합계 행/열의 위치를 상단이나 왼쪽 첫 번째로 변경하고 싶다면 계산 항목을 이용해 총합계를 구한 후 계산 항목의 위치를 옮기는 방법을 이용해야 합니다. 계산 항목을 이용해 총합계 행/열의 위치를 변경하는 방법에 대해 알아보겠습니다.

예제 파일 PART 02 \ CHAPTER 06 \ 계산 항목-총합계.xlsx

01 예제 파일의 '피벗' 시트에는 피벗으로 요약된 영업사원의 분류별 매출 집계표가 있습니다. 행 영역과 열 영역에 모두 필드가 삽입되어 있으므로, 14행과 J열에 총합계가 표시되어 있습니다. 14행의 총합계를 5행으로 옮겨 보겠습니다.

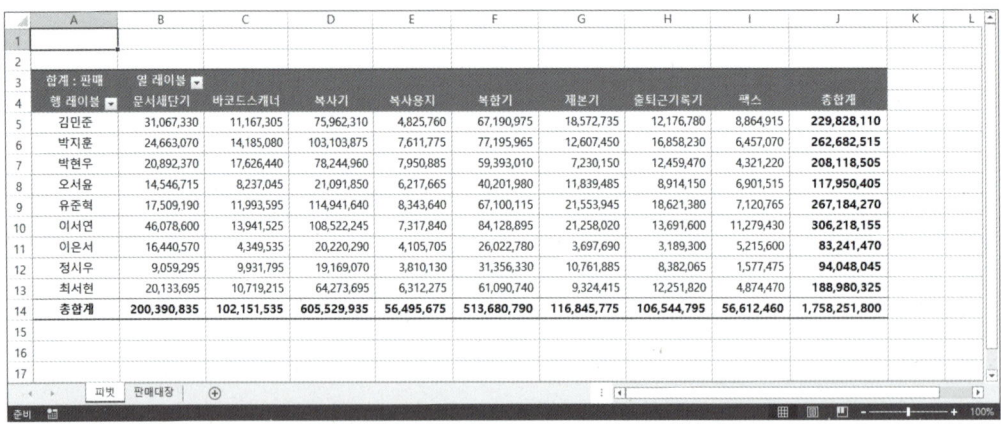

02 계산 항목을 이용해 총합계를 생성하겠습니다. '담당' 필드의 항목을 모두 더해야 하므로, A5셀을 선택한 후 [분석] 탭-[계산] 그룹-[필드, 항목 및 집합] 명령 내 [계산 항목] 메뉴를 선택합니다.

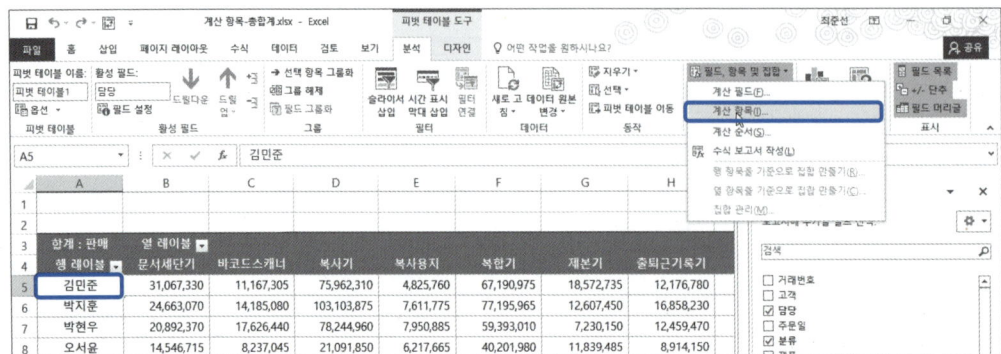

03 대화상자가 열리면 다음과 같이 설정하고 〈추가〉 버튼을 클릭해 '총합계' 계산 항목을 생성합니다.

> 이름 : 총합계
> 수식 : =SUM(김민준,박지훈,박현우,오서윤,유준혁,이서연,이은서,정시우,최서현)

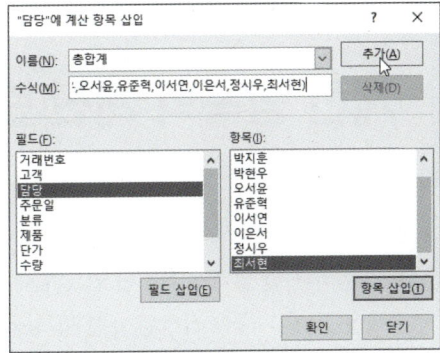

Plus⁺ 수식 이해하기

이 수식은 더할 항목이 많아 SUM 함수를 사용한 것으로, 다음과 같이 덧셈 연산자를 이용해 모두 더해도 됩니다.

> =김민준+박지훈+박현우+오서윤+유준혁+이서연+이은서+정시우+최서현

여기에서도 확인할 수 있듯이, 항목이 많아질수록 수식에 입력해야 할 값도 많아집니다. 이것을 좀 더 쉽게 처리할 수 있는 방법은 제공되지 않으므로, 주의해서 항목 이름을 입력합니다.

04 〈확인〉 버튼을 클릭해 대화상자를 닫으면, A14셀에 '총합계' 계산 항목이 생성됩니다. A14셀을 선택하고 셀 테두리에 마우스 포인터를 위치시킨 상태로 드래그해 A5셀에서 드롭합니다.

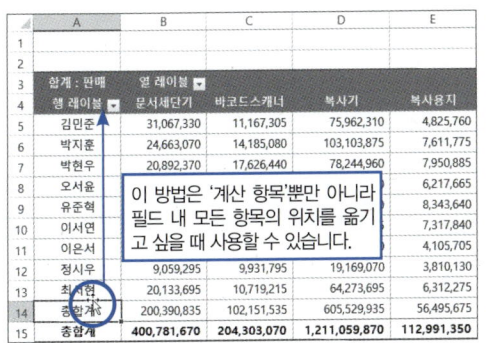

이 방법은 '계산 항목'뿐만 아니라 필드 내 모든 항목의 위치를 옮기고 싶을 때 사용할 수 있습니다.

05 '총합계' 행을 삭제하고 5행에 적절한 서식을 지정하면 다음 화면과 같은 결과를 얻을 수 있습니다.

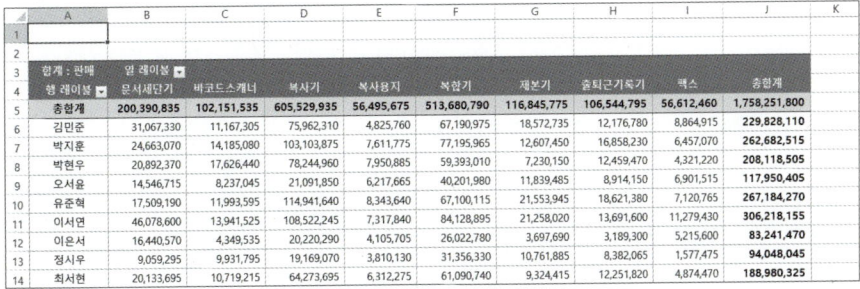

TIP 동일한 방법으로 J열의 '총합계' 열도 B열 위치로 옮길 수 있습니다.

계산 항목의 계산 순서 변경하기 084

계산 항목을 여러 개 생성해 사용하면, 둘 이상의 수식이 중복 적용되는 부분이 생길 수 있습니다. 예를 들어 행 영역과 열 영역에 삽입된 필드에 각각 계산 항목이 존재하면 두 항목이 교차하는 부분은 두 가지 수식 중 항상 나중에 삽입된 계산 항목의 계산식을 적용 받습니다. 만약 계산된 결과가 원하는 값이 아니라면, 계산 항목의 계산 순서를 변경할 수 있습니다. 계산 항목의 계산 순서를 변경해 원하는 결과가 표시되도록 하는 방법에 대해 알아보겠습니다.

예제 파일 PART 02 \ CHAPTER 06 \ 계산 항목–순서.xlsx

01 예제 파일의 '피벗' 시트에는 다음과 같은 피벗 테이블 보고서가 있습니다. B열의 '총합계'와 14:15행의 '매출비율 (남)', '매출비율 (여)'는 모두 계산 항목으로 구한 것입니다. 다른 부분에는 이상이 없는데, B14:B15 범위의 비율이 정확하게 계산되지 않았습니다. 이 문제를 해결해 보겠습니다.

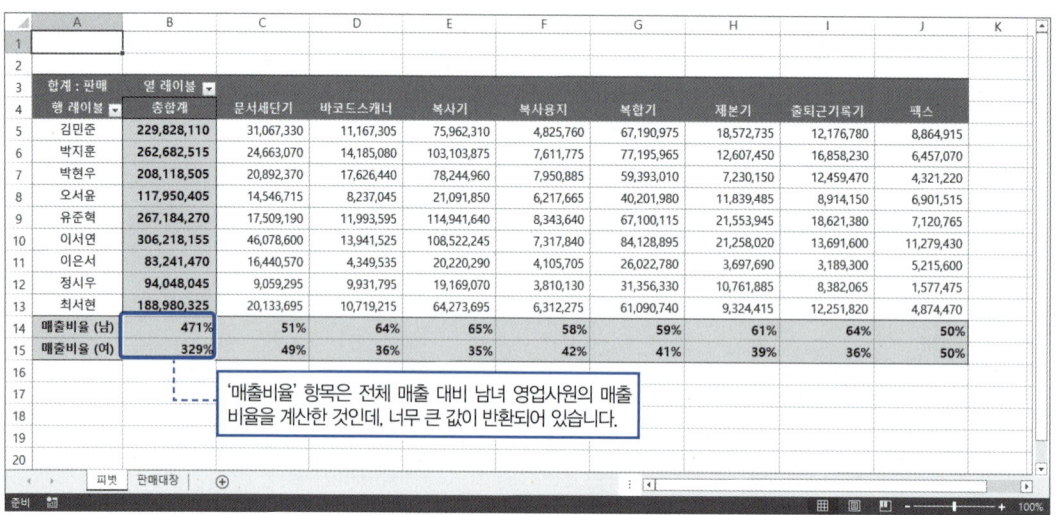

02 '총합계' 계산 항목의 수식을 확인하겠습니다. '총합계' 계산 항목의 범위 내 셀인 B5셀을 선택하면 수식 입력줄에서 다음 수식을 확인할 수 있습니다.

> B5셀 : =SUM(문서세단기,바코드스캐너,복사기,복사용지,복합기,제본기,출퇴근기록기,팩스)

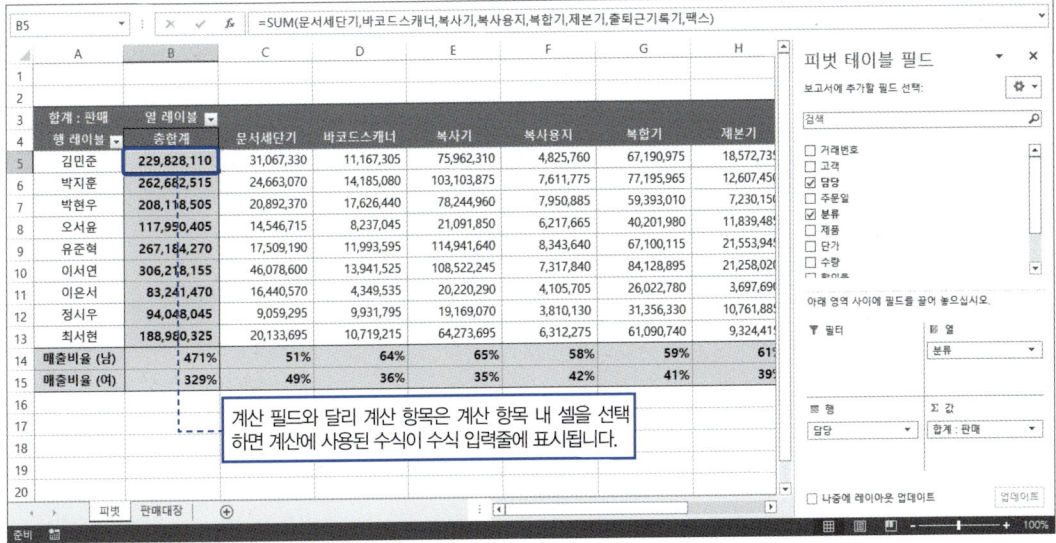

03 '매출비율' 계산 항목의 수식을 확인하겠습니다. C14셀을 선택하면 '매출비율 (남)' 계산 항목의 수식을 확인할 수 있습니다.

> B14셀 : =SUM(김민준,박지훈,박현우,유준혁,정시우)/SUM(김민준,박지훈,박현우,오서윤,유준혁,이서연,이은서,정시우,최서현)

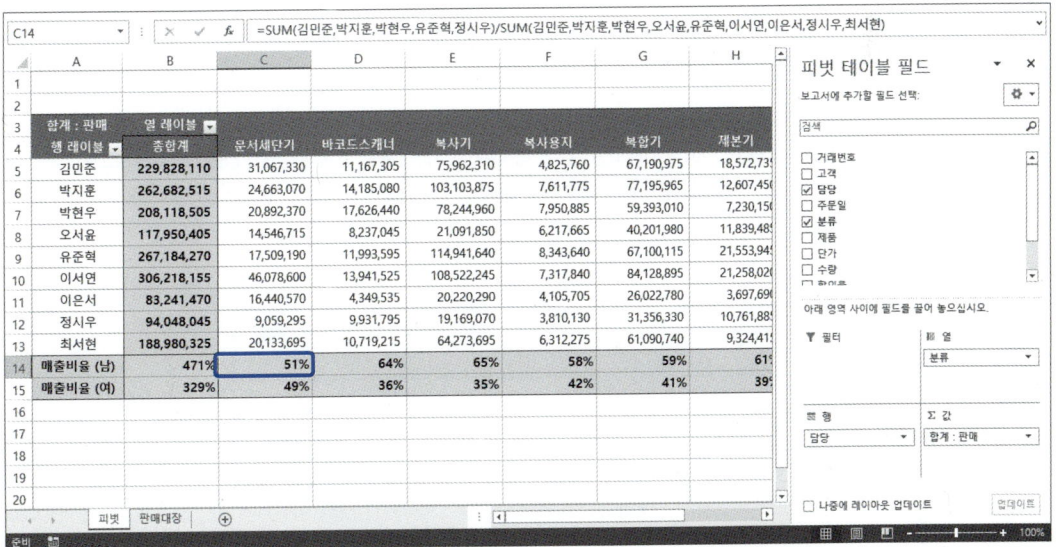

CHAPTER 06 | 피벗 테이블 보고서 고급 기술 / **279**

04 B14셀은 '총합계'와 '매출비율 (남)' 계산 항목이 교차되는 곳인데, 선택해 보면 수식 입력줄에서 '총합계' 계산 항목의 수식이 적용된 것을 확인할 수 있습니다.

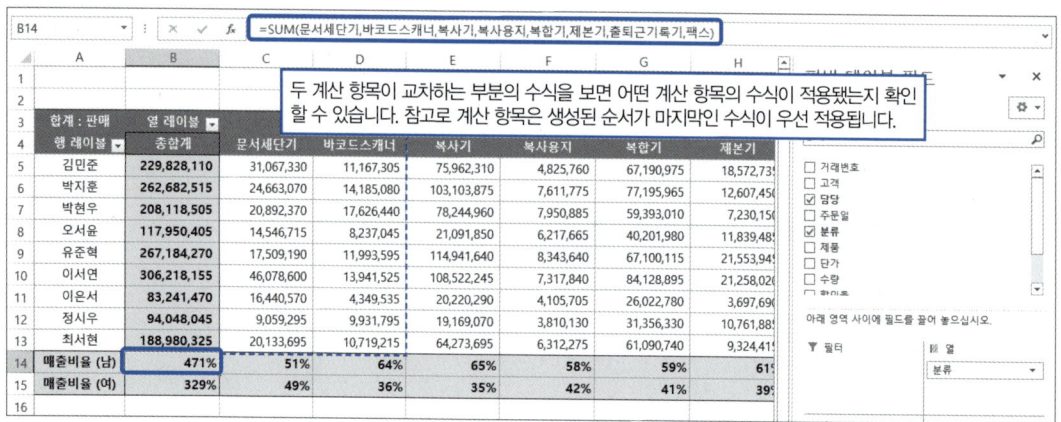

두 계산 항목이 교차하는 부분의 수식을 보면 어떤 계산 항목의 수식이 적용됐는지 확인할 수 있습니다. 참고로 계산 항목은 생성된 순서가 마지막인 수식이 우선 적용됩니다.

05 B14:B15 범위 내 계산 항목에 '매출비율'의 수식이 적용되도록 계산 순서를 변경하겠습니다. [분석] 탭–[계산] 그룹–[필드, 항목 및 집합] 명령 내 [계산 순서] 메뉴를 선택합니다.

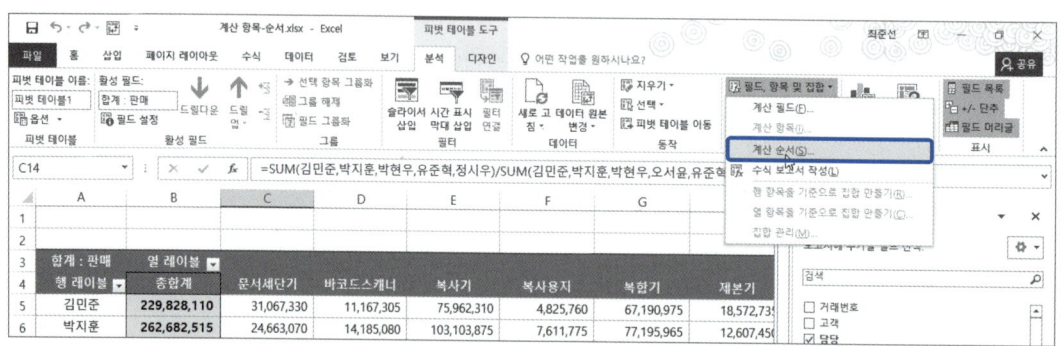

Plus⁺ 모든 계산 필드와 계산 항목의 수식 확인

계산 항목의 수식은 셀을 선택해 확인할 수 있지만, 일일이 선택해 확인해야 한다는 점이 불편합니다. 피벗 테이블에 적용된 모든 계산 필드와 계산 항목의 수식을 한 번에 확인하려면 [분석] 탭–[계산] 그룹–[필드, 항목 및 집합] 명령 내 [수식 보고서 작성] 메뉴를 선택합니다. 그러면 새 시트가 하나 생성되면서 모든 계산 필드와 계산 항목이 표시되고 계산 순서도 표시됩니다.

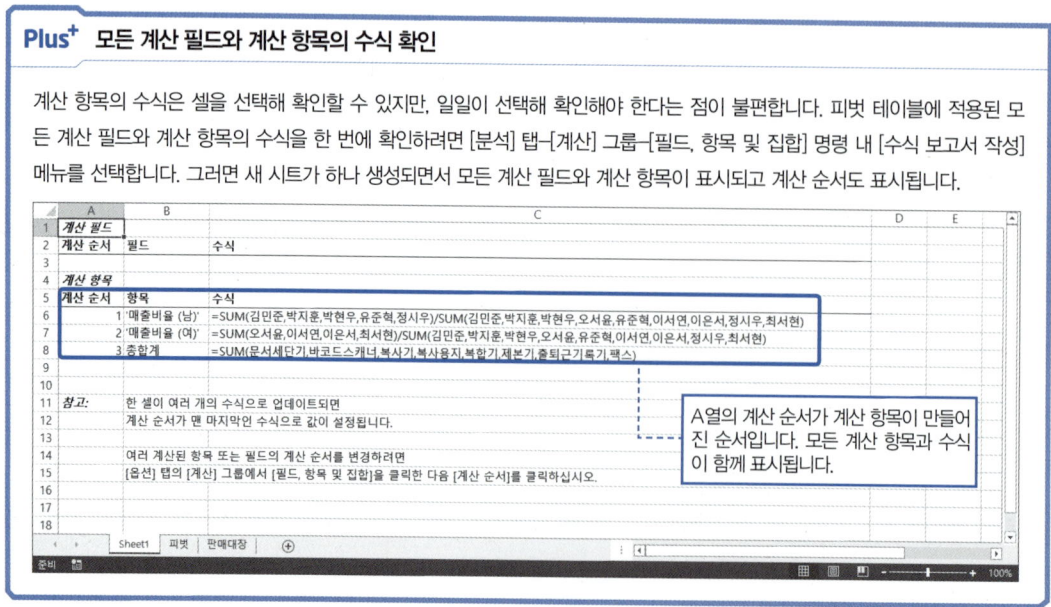

A열의 계산 순서가 계산 항목이 만들어진 순서입니다. 모든 계산 항목과 수식이 함께 표시됩니다.

06 '계산한 항목 계산 순서' 대화상자가 표시되면 '총합계' 계산 항목을 선택하고 〈위로 이동〉 버튼을 두 번 클릭해 목록의 최상단에 위치하도록 변경한 후 〈닫기〉 버튼을 클릭합니다.

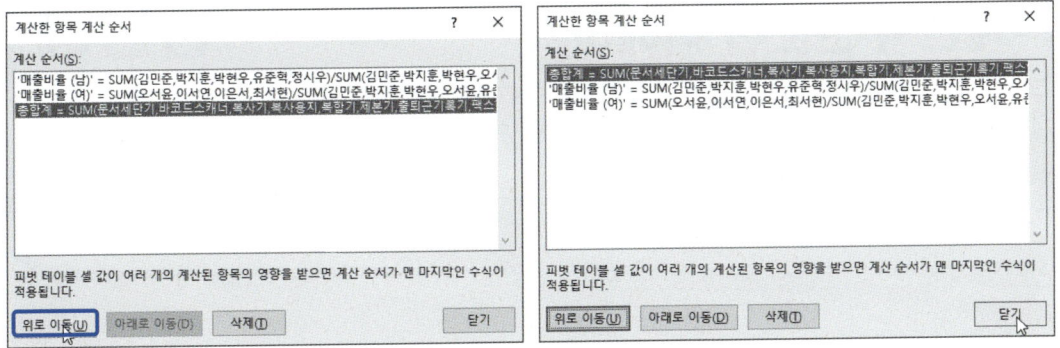

07 이제 B14:B15 범위 내 셀의 결과가 제대로 표시됩니다. B14셀을 선택하고 수식 입력줄을 보면 '매출비율 (남)' 계산 항목의 수식을 확인할 수 있습니다.

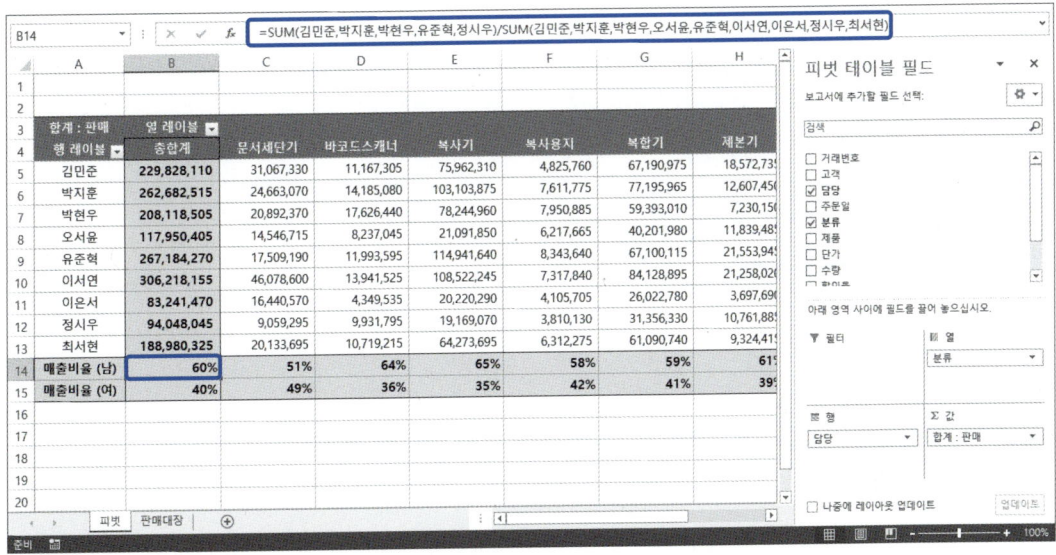

계산 필드와 계산 항목의
계산 우선순위 이해하기

085

계산 필드와 계산 항목이 함께 피벗 테이블 보고서에 생성되면, 무조건 계산 필드의 수식이 우선 적용됩니다. 그렇기 때문에 계산 항목의 결과가 맞지 않는 문제가 생길 수 있어 주의가 필요합니다. 계산 필드와 계산 항목을 함께 사용하는 경우 어떤 문제가 있는지 확인해 보겠습니다.

예제 파일 PART 02 \ CHAPTER 06 \ 계산 항목과 계산 필드.xlsx

01 예제 파일의 '피벗' 시트에는 영업사원별 매출과 성과급이 계산된 피벗 테이블 보고서가 있습니다.

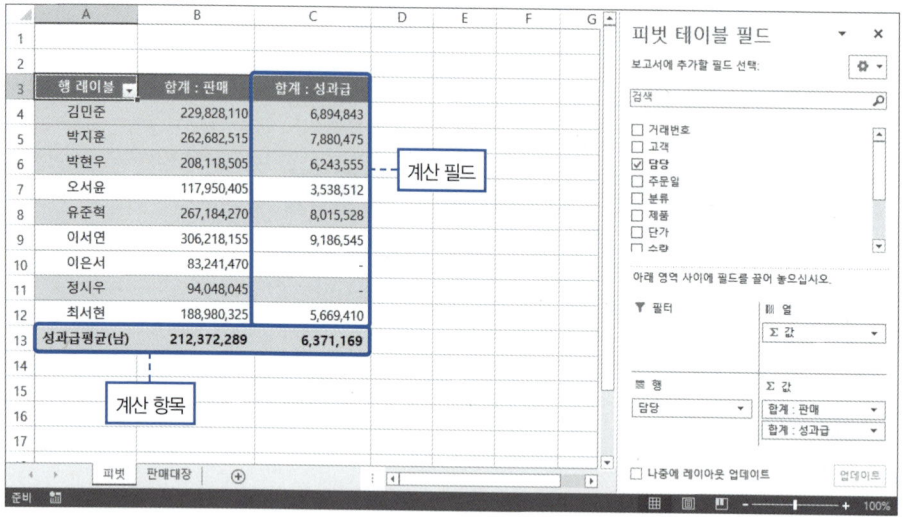

02 피벗 테이블 보고서에서 계산식으로 생성한 필드와 항목을 확인하기 위해, 피벗 테이블 보고서가 선택된 상태에서 [분석] 탭-[계산] 그룹-[필드, 항목 및 집합] 명령 내 [수식 보고서 작성] 메뉴를 선택합니다.

03 다음 화면과 같은 시트가 만들어집니다. '성과급' 필드가 계산 필드로 생성된 것을 알 수 있고, 어떤 계산식이 사용됐는지도 확인할 수 있습니다.

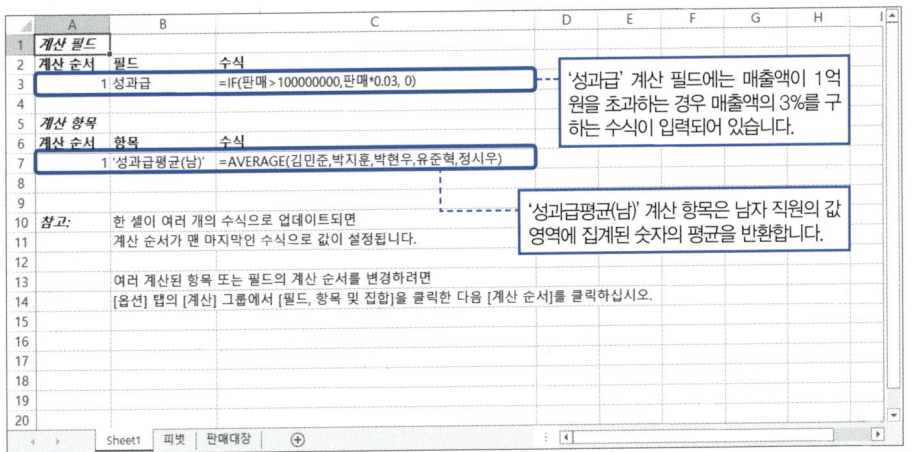

'성과급' 계산 필드에는 매출액이 1억 원을 초과하는 경우 매출액의 3%를 구하는 수식이 입력되어 있습니다.

'성과급평균(남)' 계산 항목은 남자 직원의 값 영역에 집계된 숫자의 평균을 반환합니다.

04 C13셀의 성과급 평균이 제대로 구해졌는지 확인하기 위해 남자 직원의 성과급 범위를 선택합니다. C4:C6 범위를 선택하고 Ctrl 키를 누른 상태에서 C8, C11셀을 선택한 후 상태 표시줄에서 평균 값이 C13셀의 값과 일치하는지 확인합니다.

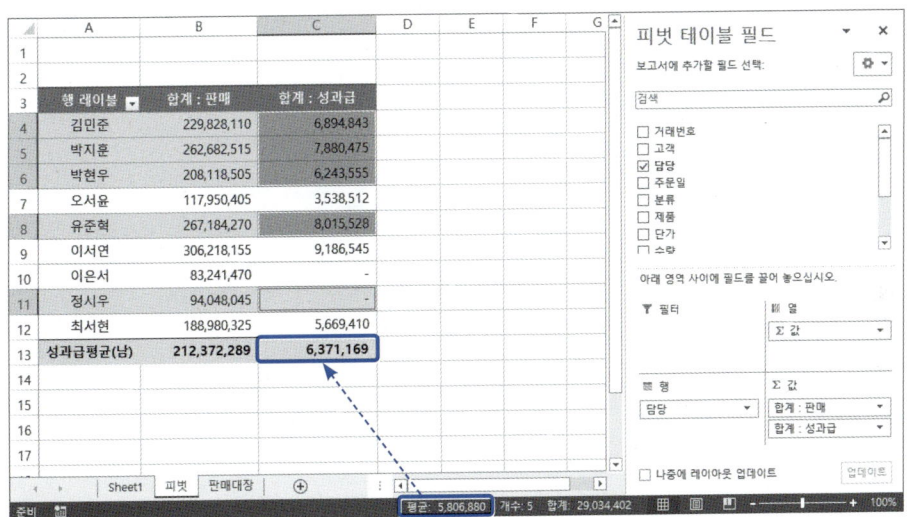

> **Plus⁺ 수식 이해하기**
>
> 선택한 범위 내 평균 값은 5,806,880(상태 표시줄의 자동 요약 기능으로 확인)이지만, C13셀에 표시된 결과는 6,371,169입니다. 이 값은 '성과급평균(남)' 계산 항목의 수식이 적용된 것이 아니고 '성과급' 계산 필드의 계산 결과 값(212,372,289 * 3%)입니다.
> 이렇게 계산 필드와 계산 항목이 교차하는 경우에는 계산 필드의 계산식이 우선 적용되므로, 계산 항목의 결과를 원했던 경우라면 잘못된 결과를 얻게 됩니다. 이번과 같이 계산 필드와 계산 항목이 교차하는 경우에는 계산 항목끼리 교차할 때와는 달리 계산 순서를 변경해 원하는 것이 먼저 계산되도록 할 수 없습니다. 그러므로 피벗 테이블 보고서를 만들 때 이런 상황이 만들어지지 않도록 주의해야 합니다.

파워 피벗 추가 기능 활성화하기 086

데이터 모델을 사용하는 피벗 테이블 보고서에서는 계산 필드와 계산 항목을 사용할 수 없습니다. 그렇기 때문에 데이터 모델을 이용하는 경우에는 '파워 피벗' 추가 기능을 활성화하고 파워 피벗의 '측정값' 기능을 이용할 수 있어야 합니다. '측정값'은 계산 필드처럼 수식을 통해 계산된 필드를 생성하는 기능입니다. '파워 피벗' 추가 기능을 활성화하는 방법에 대해 알아보겠습니다.

예제 파일 PART 02 \ CHAPTER 06 \ 파워 피벗.xlsx

계산 필드(항목) 명령 비활성화

계산 필드나 계산 항목을 만들려고 할 때 해당 메뉴가 비활성화되는 경우가 있는데, 그렇다면 데이터 모델을 이용해 만든 보고서일 가능성이 높습니다.

01 예제 파일의 '피벗' 시트에는 데이터 모델 내 데이터로 집계한 피벗 테이블 보고서가 있습니다. 이 보고서에 계산 필드와 계산 항목을 만들 수 있는지 확인해 보겠습니다.

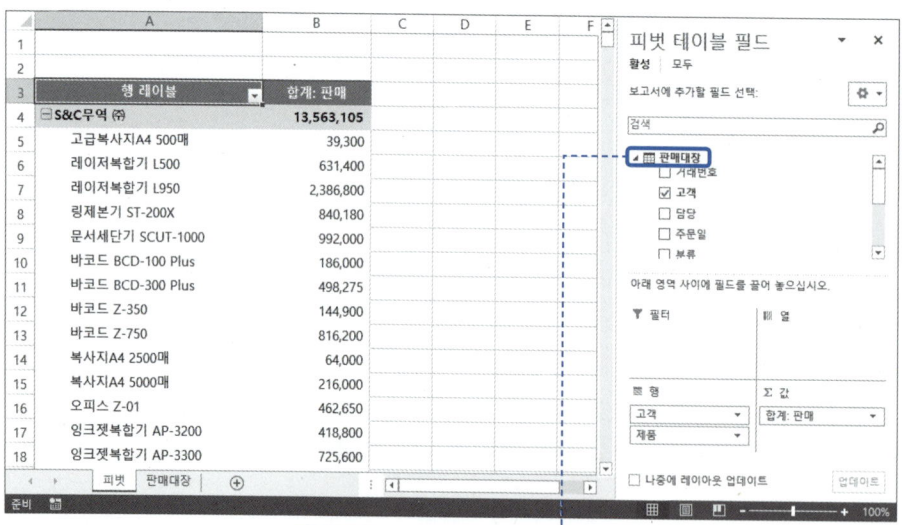

필드 목록에 표 이름이 표시되면 데이터 모델 내의 데이터를 원본으로 만들어진 피벗 테이블 보고서라는 의미입니다.

02 피벗 테이블 보고서 내의 셀을 선택하고 [분석] 탭-[계산] 그룹-[필드, 항목 및 집합] 명령(📊)을 클릭해 보면 [계산 필드], [계산 항목] 메뉴가 모두 비활성화되어 있는 것을 확인할 수 있습니다.

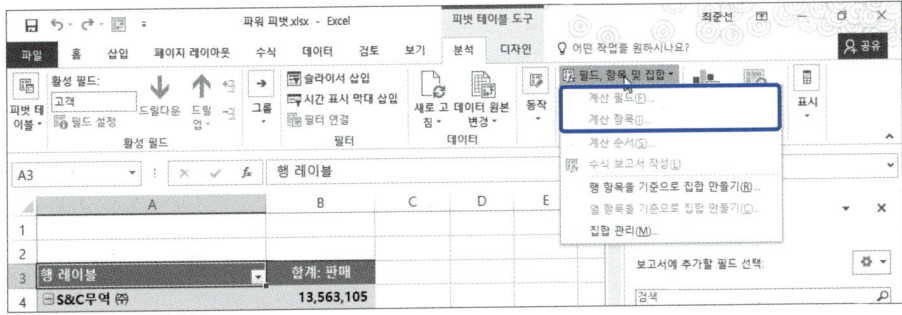

'파워 피벗' 추가 기능

'파워 피벗' 추가 기능은 엑셀 2010 버전부터 사용할 수 있지만, 2010 버전에서는 데이터 모델을 사용하지 않으므로 여기서 설명하는 파워 피벗의 내용은 적용되지 않습니다. 이번 내용은 2013 이후 버전에서 '파워 피벗' 추가 기능을 사용하는 독자를 대상으로 합니다. 2013 버전은 상관이 없지만, 2016 버전에서는 Office 2016 Professional Plus 버전과 Office 365 ProPlus 버전에서만 '파워 피벗' 추가 기능을 사용할 수 있습니다. 해당 버전을 사용하고 있다면 다음 과정을 참고해 '파워 피벗' 추가 기능을 활성화시킵니다.

01 리본 메뉴의 [파일]-[옵션]을 클릭해 'Excel 옵션' 대화상자가 열리면 [추가 기능] 범주를 선택하고 '관리:' 콤보상자에서 [COM 추가 기능]을 선택한 후 〈이동〉 버튼을 클릭합니다.

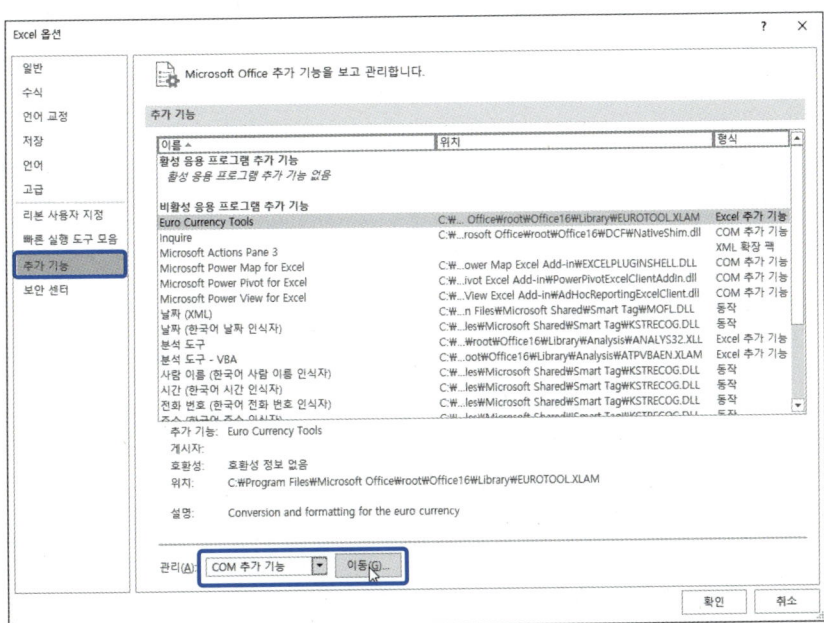

Plus⁺ COM 추가 기능 빠르게 실행하기

리본 메뉴에 [개발 도구] 탭이 표시되어 있다면 [개발 도구] 탭-[추가 기능] 그룹-[COM 추가 기능] 명령을 클릭하는 것이 빠릅니다. 이 방법은 2010 이상 버전에서만 사용할 수 있습니다.

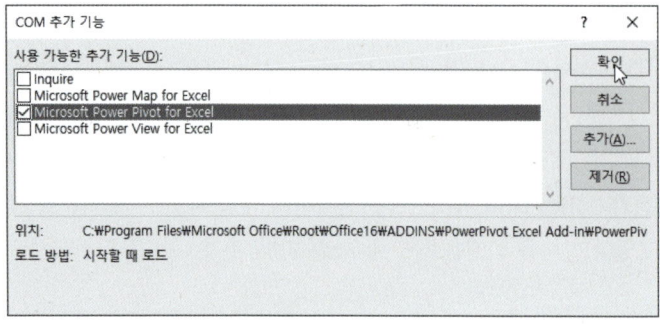

02 'COM 추가 기능' 대화상자가 표시되면 'Microsoft Power Pivot for Excel' 추가 기능을 선택하고 〈확인〉 버튼을 클릭합니다.

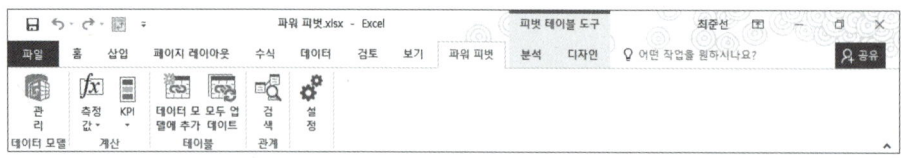

03 리본 메뉴에 다음 화면과 같이 [파워 피벗] 탭이 표시됩니다.

Plus⁺ '파워 피벗'이란?

'파워 피벗' 추가 기능은 엑셀 사용자에게 친숙한 피벗 테이블 보고서를 이용하는 추가 기능으로, 대량의 데이터를 더 빠른 속도로 분석할 수 있으며, 피벗 테이블 보고서만으로는 어려운 분석 작업을 해결하기 위해 추가 분석 언어인 DAX(Data Analysis Expressions)를 제공합니다.

'파워 피벗' 기능에 대한 설명은 이 책의 범주를 넘어서지만, 데이터 모델을 사용하는 피벗 테이블 보고서에서는 '파워 피벗'의 '측정값' 기능 중 일부를 사용할 수 있으므로 이것을 이용해 계산 필드를 대체할 수 있습니다.

참고로 '계산 항목'은 '측정값' 기능을 모두 사용할 수 있는 경우에만 생성할 수 있기 때문에 데이터 모델을 사용하는 피벗 테이블 보고서에서 계산 항목을 대체하는 방법은 없다고 이해하면 됩니다.

측정값을 이용해 계산 필드 생성하기

'파워 피벗' 추가 기능에는 피벗 테이블 보고서의 계산 필드와 유사한 역할을 하는 '측정값' 기능이 있습니다. 측정값 기능을 제대로 활용하려면 파워 피벗을 이용할 수 있어야 하지만, 데이터 모델을 사용하는 피벗 테이블 보고서에서도 측정값 기능 중 일부를 사용할 수 있습니다. 여기서는 데이터 모델을 사용하는 피벗 테이블 보고서에서 측정값을 이용해 계산 필드를 대체하는 방법에 대해 알아보겠습니다.

예제 파일 PART 02 \ CHAPTER 06 \ 측정값.xlsx

01 예제 파일의 '피벗' 시트를 열고, 측정값을 이용해 부가세를 계산하는 계산 필드를 생성해 보겠습니다. [파워 피벗] 탭-[계산] 그룹-[측정값] 명령 내 [새 측정값] 메뉴를 선택합니다.

LINK [파워 피벗] 탭을 표시하는 방법은 'No. 86 파워 피벗 추가 기능 활성화하기'(284쪽)를 참고합니다.

TIP '부가세' 필드는 부가세 별도 방법으로 계산된 '판매' 열의 합계 값에 10%을 곱해 계산합니다.

02 '측정값' 대화상자가 표시되면 '측정값 이름'에 '부가세'를 입력합니다. '수식' 입력란의 등호(=) 오른쪽에 대괄호 시작([) 문자를 입력하면 해당 수식에서 사용할 수 있는 필드 이름이 목록에 표시됩니다. 목록에서 [합계: 판매] 필드를 선택합니다.

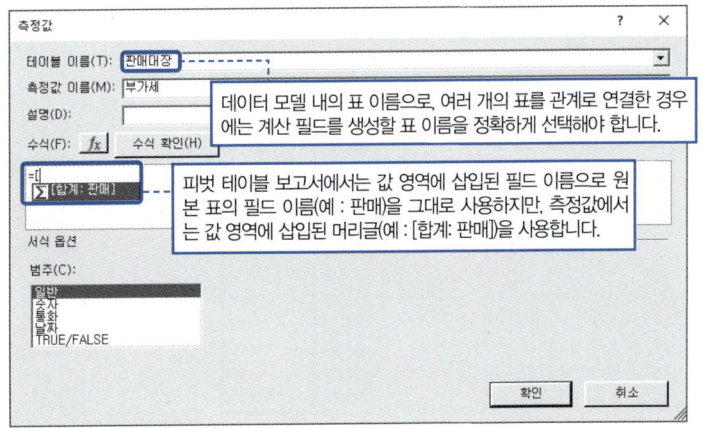

03 수식을 다음과 같이 완성하고 〈수식 확인〉 버튼을 클릭해 '수식에 오류가 없습니다.'라는 메시지를 확인합니다.

=[합계: 판매] * 0.1

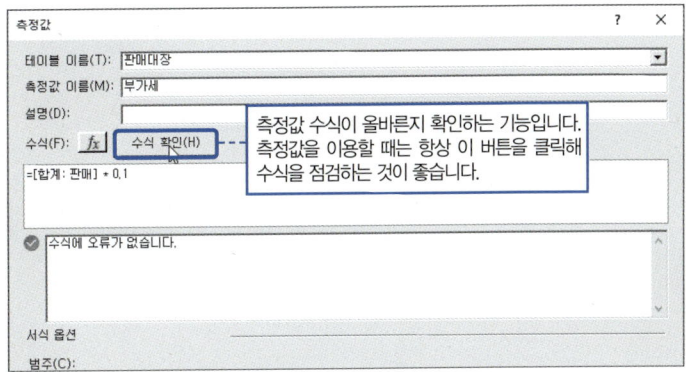

04 피벗 테이블 보고서에 표시될 값의 표시 형식을 지정합니다. '범주' 리스트에서 [숫자]를 선택하고 '소수 자릿수'를 0으로 변경한 후 '1000 단위 구분 기호(,) 사용' 확인란에 체크하고 〈확인〉 버튼을 클릭합니다.

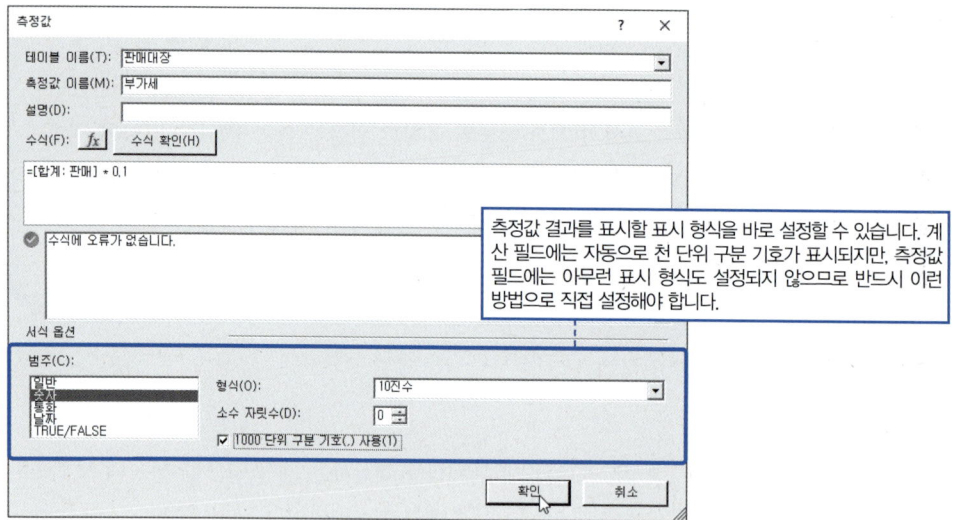

측정값 결과를 표시할 표시 형식을 바로 설정할 수 있습니다. 계산 필드에는 자동으로 천 단위 구분 기호가 표시되지만, 측정값 필드에는 아무런 표시 형식도 설정되지 않으므로 반드시 이런 방법으로 직접 설정해야 합니다.

05 다음 화면과 같이 피벗 테이블 보고서의 값 영역에 '부가세' 필드가 표시됩니다.

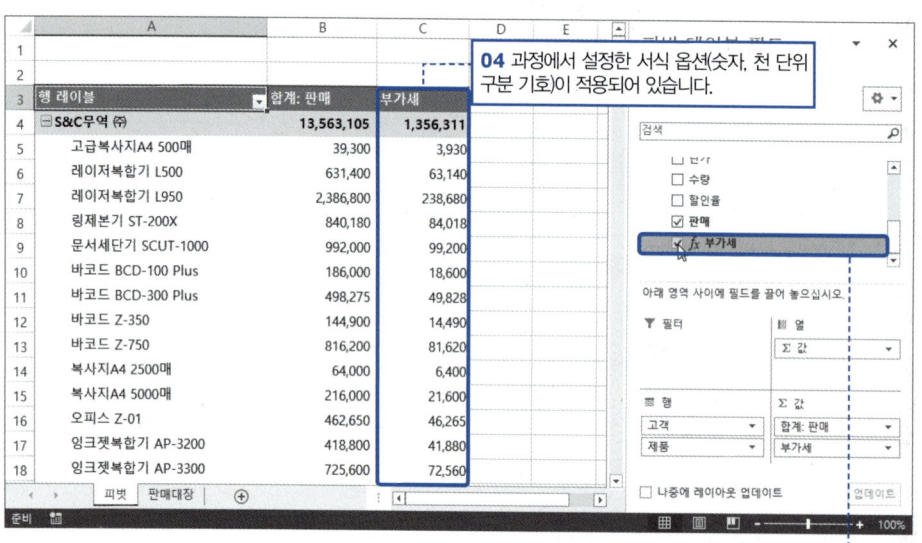

04 과정에서 설정한 서식 옵션(숫자, 천 단위 구분 기호)이 적용되어 있습니다.

'부가세' 필드가 피벗 테이블 보고서에 자동으로 나타나지 않으면 필드 목록에서 '부가세' 필드의 확인란에 체크합니다. 측정값으로 생성된 필드는 필드 이름 왼쪽에 fx 표시가 나타납니다.

DAX 함수를 사용한 측정값 필드 생성하기

088

파워 피벗의 측정값 기능에서도 함수를 사용할 수 있는데, 워크시트의 함수가 아니라 DAX라는 새로운 수식 언어를 사용합니다. DAX 함수는 워크시트 함수와 유사하지만 좀 더 복잡하고 유연한 계산 작업이 가능합니다. DAX 함수를 사용하는 측정값을 생성해 계산 필드를 대체하는 방법에 대해 알아보겠습니다.

예제 파일 PART 02 \ CHAPTER 06 \ 측정값-DAX.xlsx

01 예제 파일의 '피벗' 시트를 열고, 측정값을 이용해 영업사원의 보너스를 계산하는 계산 필드를 생성해 보겠습니다. 피벗 테이블 보고서는 데이터 모델을 원본으로 사용하고 있으므로, [파워 피벗] 탭-[계산] 그룹-[측정값] 명령 내 [새 측정값] 메뉴를 선택합니다.

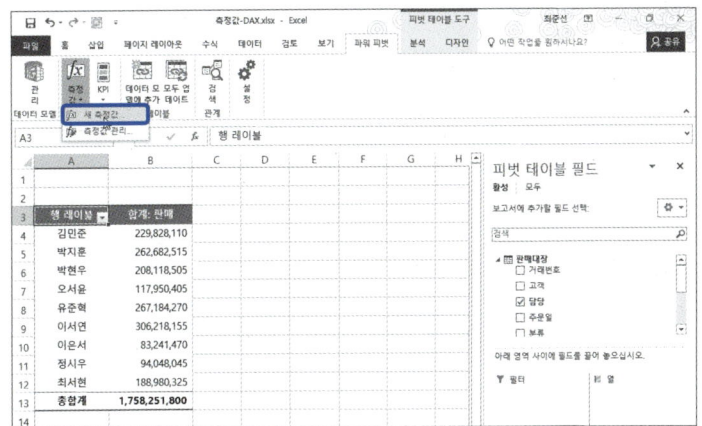

LINK [파워 피벗] 탭을 표시하는 방법은 'No. 86 파워 피벗 추가 기능 활성화하기'(284쪽)를 참고합니다.

TIP 보너스 계산식은 매출이 1억 원 이상일 때 3%를 지급하도록 작성하고, 보너스 금액은 만 단위에서 절사합니다.

02 '측정값' 대화상자가 표시되면 '측정값 이름'난에 '보너스'를 입력하고 '수식'에 다음 수식을 입력한 후 〈수식 확인〉 버튼을 클릭해 오류가 없는지 확인합니다.

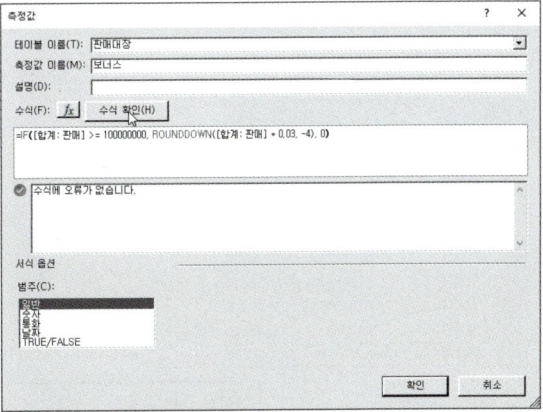

```
=IF([합계: 판매] >= 100000000, ROUNDDOWN([합계: 판매]*0.03, -4), 0)
```

Plus⁺ 수식 이해하기

이번 수식에서 사용한 IF 함수와 ROUNDDOWN 함수는 셀에서 사용하는 워크시트 함수와 유사하지만 DAX 언어에서 제공하는 함수입니다. 사용 방법은 워크시트 함수와 동일합니다.

이번 수식은 앞에서 만들었던 계산 필드와 유사하며, 다음과 같은 순서로 계산됩니다.

```
=IF([합계: 판매] >= 100000000,
    매출이 1억 이상인지 판단합니다.
        ROUNDDOWN([합계: 판매]*0.03, -4),
        1억 이상일 때 매출액의 3%을 계산하고 ROUNDDOWN 함수로 만 단위에서 절사합니다.
        0)
        1억 미만이면 0을 반환합니다.
```

03 '보너스' 측정값 필드의 표시 형식을 설정합니다. '범주' 리스트에서 [숫자]를 선택하고 '소수 자릿수' 옵션은 [0]으로 변경한 후 '1000 단위 구분 기호(,) 사용' 확인란에 체크하고 〈확인〉 버튼을 클릭합니다.

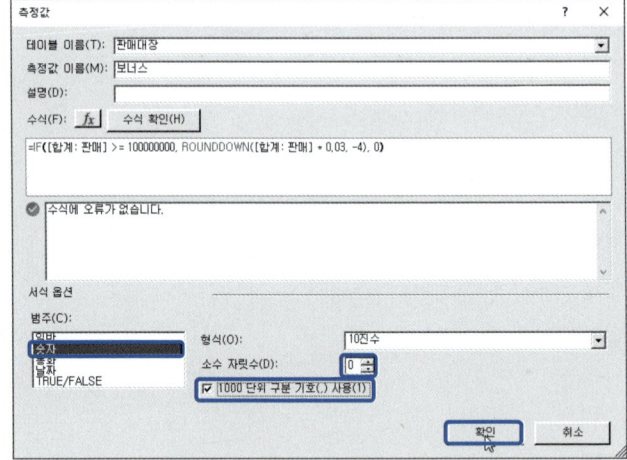

04 다음 화면과 같이 값 영역에 '보너스' 필드가 삽입됩니다. 앞에서 설정한 대로 천 단위 구분 기호가 표시됩니다.

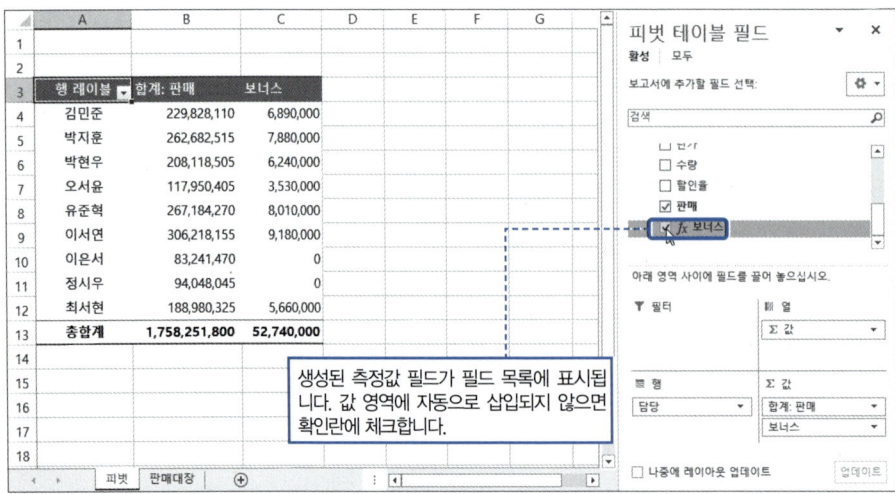

생성된 측정값 필드가 필드 목록에 표시됩니다. 값 영역에 자동으로 삽입되지 않으면 확인란에 체크합니다.

측정값 관리 방법 이해하기 089

측정값은 계산된 필드로, 파워 피벗의 가장 강력한 기능입니다. 측정값은 상황에 따라 수식을 수정할 필요가 있고, 더 이상 사용하지 않는 측정값은 삭제하는 것이 피벗 테이블 보고서를 보다 효율적으로 관리하는 데 도움이 됩니다. 그러므로 파워 피벗을 사용하려면 측정값의 관리 방법을 잘 이해하고 있어야 합니다. 측정값을 관리하는 여러 방법에 대해 알아보겠습니다.

예제 파일 PART 02 \ CHAPTER 06 \ 측정값-관리.xlsx

01 예제 파일의 '피벗' 시트에는 다음과 같이 두 개의 측정값 필드가 있습니다. 측정값 필드의 계산식을 수정하거나 더 이상 사용하지 않는 측정값 필드는 삭제해 보겠습니다.

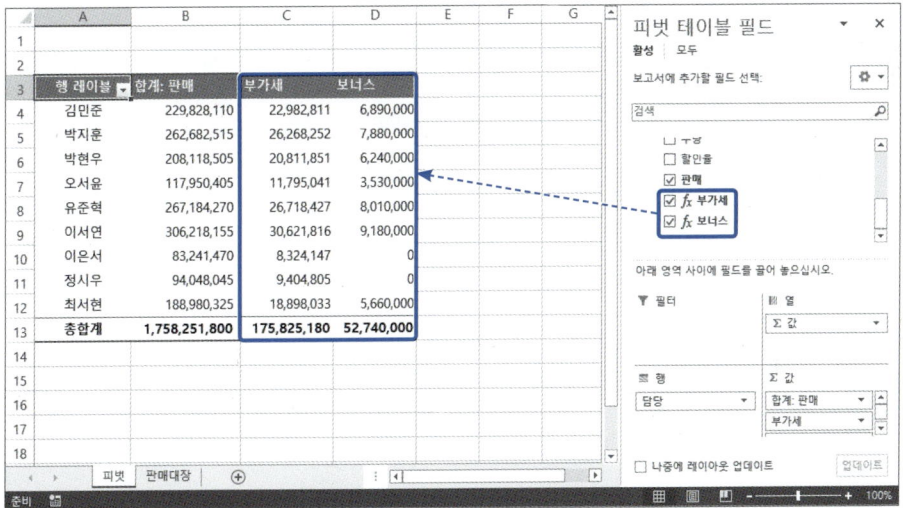

02 [파워 피벗] 탭-[계산] 그룹-[측정값] 명령 내 [측정값 관리] 메뉴를 선택합니다.

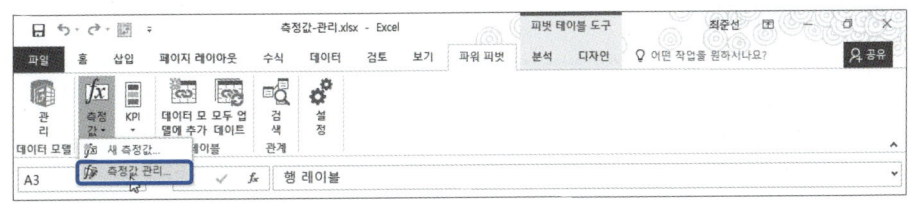

03 '측정값 관리' 대화상자가 표시되면 '측정값' 리스트에서 수정 또는 삭제할 필드를 선택하고 화면의 설명을 참고해 작업합니다.

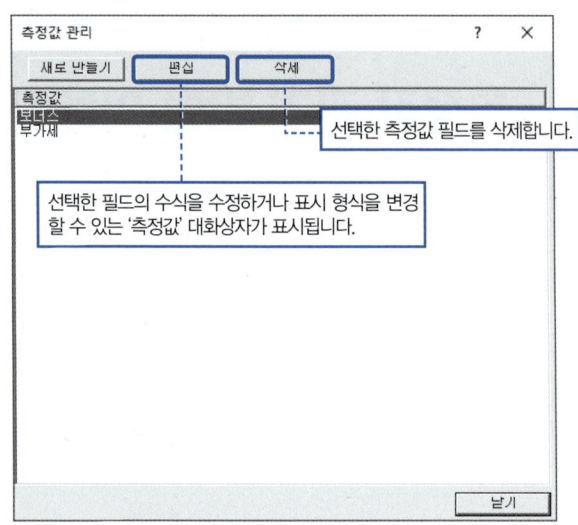

Plus⁺ '피벗 테이블 필드' 작업 창에서 관리하는 방법

리본 메뉴를 이용하지 않고, 바로 '피벗 테이블 필드' 작업 창에서 측정값 필드를 관리할 수 있습니다.

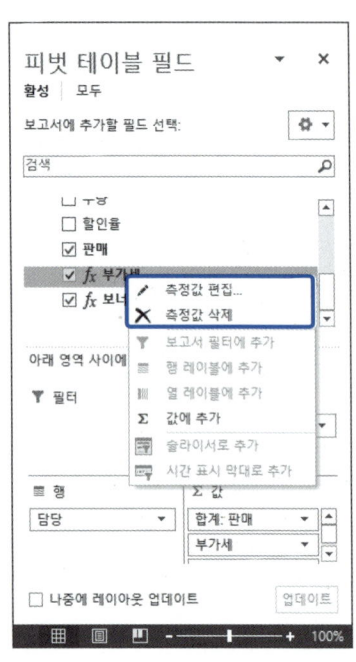

'피벗 테이블 필드' 작업 창의 필드 목록에서 측정값 필드를 마우스 오른쪽 버튼으로 클릭하면 단축 메뉴 상단에 [측정값 편집], [측정값 삭제] 메뉴가 제공됩니다. 이 메뉴를 이용하면 빠르게 측정값 필드를 관리할 수 있습니다.

그룹 필드 이해하기

그룹 필드는 계산 필드와 달리 수식을 사용해 원하는 대로 만든 필드가 아니라 기존 항목을 그룹으로 묶어 만든 필드로, 두 가지 방법으로 만들 수 있습니다. 그룹 필드가 무엇이고 어떤 방법으로 만들 수 있는지 확인하고, 그룹 필드를 사용할 때 주의해야 할 사항도 알아보겠습니다.

예제 파일 없음

그룹 필드의 제한 사항

그룹 필드를 피벗 테이블 보고서에서 사용하려고 할 때는 몇 가지 주의할 사항이 있습니다.

첫째, 그룹 필드는 계산 항목과 함께 사용하지 못합니다.
정확하게 표현하면, 계산 항목을 사용하는 피벗 테이블에서는 '그룹화' 대화상자를 사용하는 그룹 필드를 생성할 수 없습니다.

둘째, 그룹 필드는 한 필드에 한 번만 생성할 수 있습니다. 이미 그룹 필드를 생성한 필드에는 다시 그룹 필드를 설정할 수 없습니다.

셋째, 데이터 모델을 사용하는 피벗 테이블 보고서에서는 그룹 필드를 사용할 수 없습니다. 단, 예외적으로 날짜/시간 필드는 2016 버전부터 자동으로 날짜/시간 단위에 맞는 그룹 필드가 생성되므로, 데이터 모델 내에서도 해당 기능이 동작해 '그룹화' 대화상자 내 단위에서 선택할 수 있는 모든 그룹 필드를 생성할 수 있습니다. 숫자, 텍스트 값을 갖는 필드에서는 '그룹화' 대화상자를 비롯해 수동으로 항목을 묶는 모든 방법이 지원되지 않습니다. 이 경우 '관계'를 이용하거나 원본 표에 수식을 입력해 그룹 필드를 대체합니다.

LINK 여기에 대해서는 No. 98-100(322-333쪽)에서 자세하게 설명합니다.

그룹 필드의 종류

그룹 필드는 다음 두 가지 방법으로 만들 수 있습니다.

첫째, '그룹화' 대화상자를 이용해 그룹 필드를 생성할 수 있습니다.
반드시 필드의 데이터 형식이 '날짜/시간'이나 '숫자'여야 하며, 필드 내 항목을 하나만 선택한 상태에서 [분석] 탭-[그룹] 그룹-[필드 그룹화] 명령(圖)을 클릭합니다.

둘째, 항목을 수동으로 선택해 그룹 필드를 생성할 수 있습니다.
이 경우에는 데이터 형식의 제약이 없으며, 묶으려는 항목을 마우스로 드래그해 선택한 후 [분석] 탭-[그룹] 그룹-[선택 항목 그룹화] 명령(→)을 클릭합니다.

091 날짜/시간 값이 입력된 필드의 그룹 필드 만들기

날짜/시간 값이 입력된 필드를 피벗 테이블 보고서의 행/열 영역에 삽입하면 자동으로 '연', '분기' 필드가 생성되며, 원본 필드에는 월 값으로 묶인 결과가 표시됩니다. 이것은 2016 버전부터 날짜/시간 값을 자동으로 그룹 필드로 묶어 표시하도록 설정이 변경되었기 때문입니다. 날짜/시간 값이 입력된 필드를 그룹 필드로 사용하는 방법에 대해 알아보겠습니다.

예제 파일 PART 02 \ CHAPTER 06 \ 그룹 필드-날짜,시간.xlsx

날짜 필드를 그룹 필드로 생성

날짜 필드는 '그룹화' 대화상자를 이용해 '연', '분기', '월', '일' 등의 필드로 생성할 수 있습니다. 그룹 필드를 이용하면 원본 표에 별도의 필드를 추가하지 않아도 피벗 테이블에서 바로 사용할 수 있습니다.

01 예제 파일의 '판매대장' 시트를 보면 D열에는 날짜가 입력된 '주문일' 필드가, E열에는 날짜+시간이 입력된 '주문일(시간)' 필드가 있습니다. 이렇게 날짜, 날짜+시간 값이 입력된 필드를 그룹 필드를 이용해 '연', '분기', '월', '시' 등의 필드로 생성해 보겠습니다.

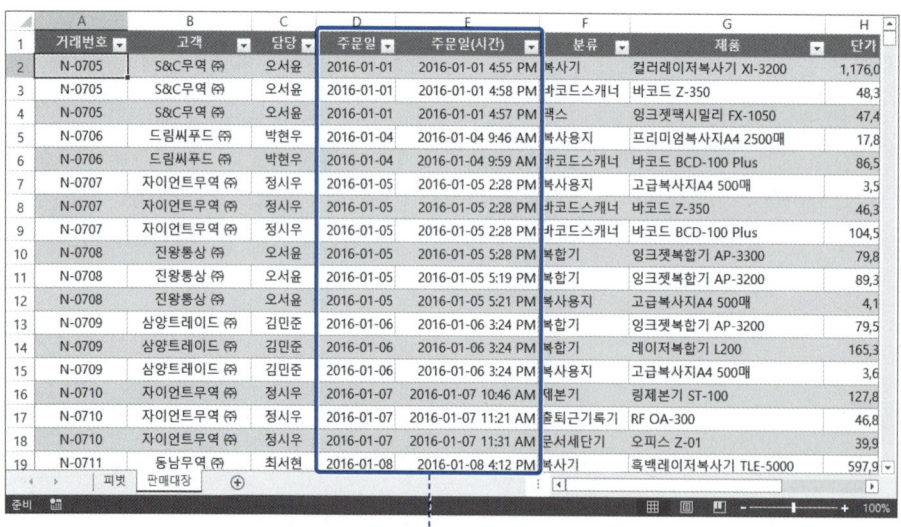

원본 표의 '주문일' 필드에는 2016-01-01부터 2017-12-31까지의 날짜 데이터가 입력되어 있습니다. '주문일(시간)' 필드는 거기에 시간이 포함된 부분만 다릅니다.

02 '피벗' 시트로 이동하여 '피벗 테이블 필드' 작업 창의 필드 목록에서 '주문일' 필드에 체크하면 행 영역에 해당 필드가 삽입되면서 자동으로 '연', '분기' 등의 필드가 생성됩니다.

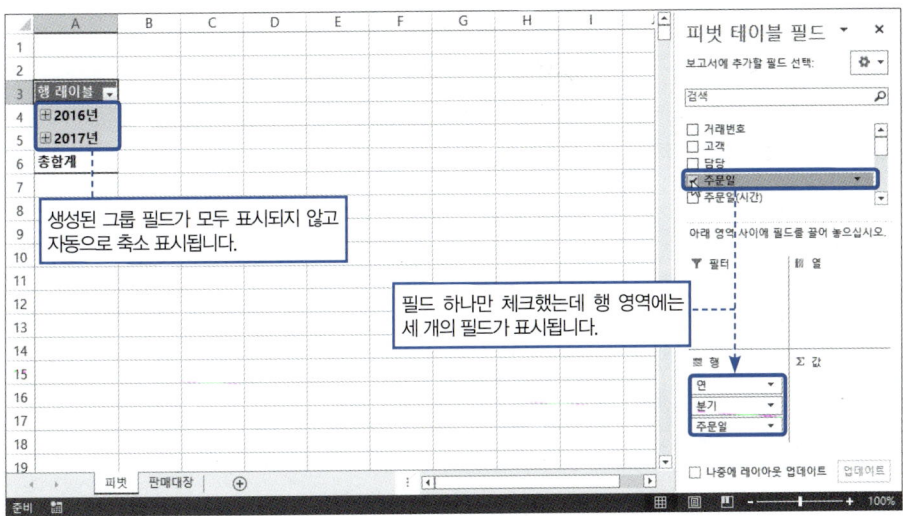

TIP 날짜 값이 입력된 필드를 필터 영역에 삽입하면 그룹 필드가 생성되지 않고 원본 값만 선택할 수 있습니다.

> **Plus⁺ 날짜 필드 자동 그룹화 설정 취소하기**
>
> 2016 버전부터는 날짜 값이 입력된 필드를 행/열 영역에 삽입하면 자동으로 그룹 필드가 생성되는데, 이런 부분이 불편하다면 다음 옵션을 변경합니다.
>
> ❶ 리본 메뉴의 [파일]-[옵션]을 클릭해 'Excel 옵션' 대화상자를 호출합니다.
>
> ❷ [고급] 범주의 '데이터' 항목에서 [피벗 테이블에서 날짜/시간 열의 자동 그룹화 사용 안 함] 옵션에 체크하고 〈확인〉 버튼을 클릭합니다. 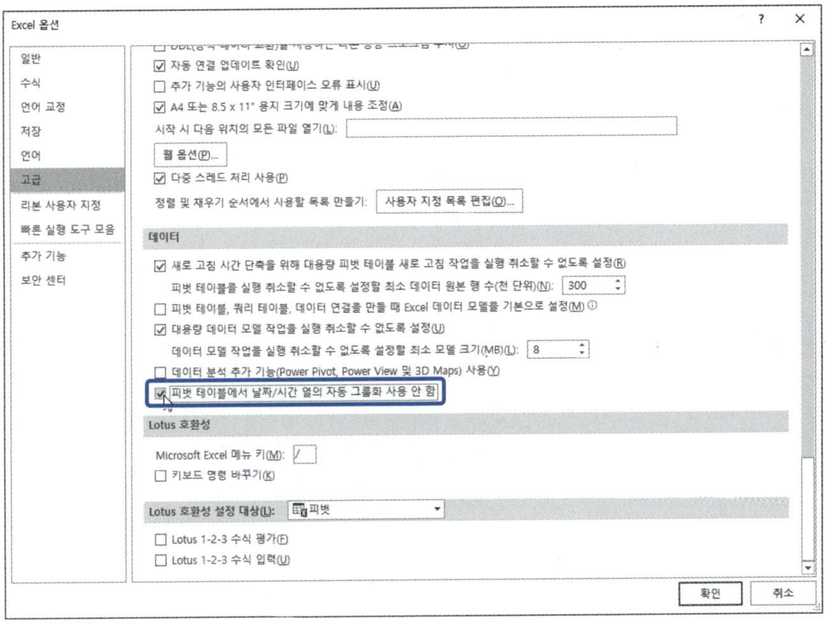
>
> 이렇게 하면 2013 버전과 동일하게 필드 내 항목이 그대로 표시되며, 그룹 필드가 자동으로 생성되지 않습니다.

CHAPTER 06 | 피벗 테이블 보고서 고급 기술 / **295**

03 전체 그룹 필드를 확인하기 위해, A4셀을 클릭해 그룹 필드 내 항목을 하나 선택하고 [분석] 탭-[활성 필드] 그룹-[필드 확장] 명령(☲)을 클릭합니다. 그러면 피벗 테이블 보고서 내에서 '연', '분기', '월' 순으로 값을 확인할 수 있습니다.

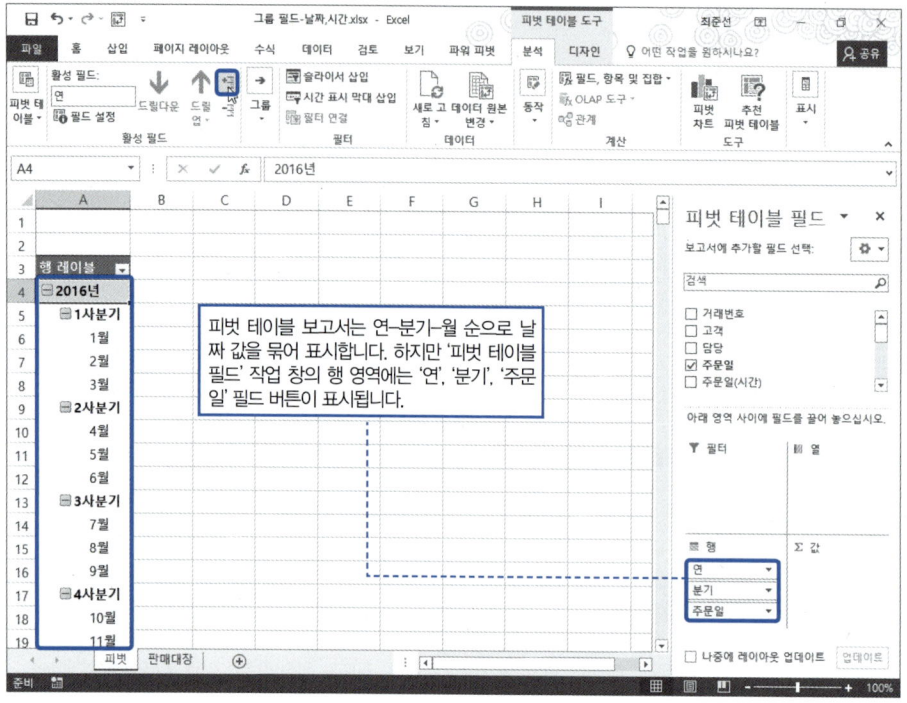

피벗 테이블 보고서는 연-분기-월 순으로 날짜 값을 묶어 표시합니다. 하지만 '피벗 테이블 필드' 작업 창의 행 영역에는 '연', '분기', '주문일' 필드 버튼이 표시됩니다.

04 '주문일' 필드에 '월'이 표시되는 문제를 해결하기 위해 그룹 필드를 다시 설정하겠습니다. [분석] 탭-[그룹] 그룹-[필드 그룹화] 명령(▥)을 클릭합니다. '그룹화' 대화상자가 열리면 '단위' 목록에서 [일]을 선택하고 〈확인〉 버튼을 클릭합니다.

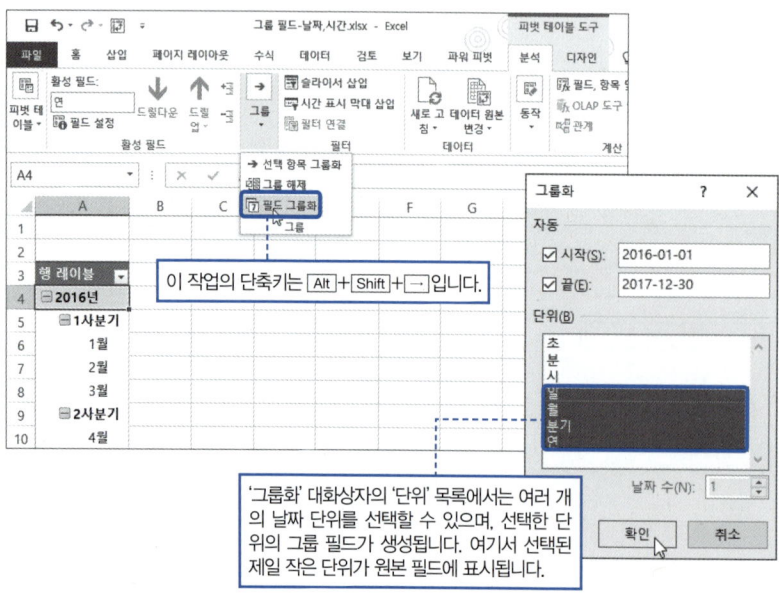

이 작업의 단축키는 Alt + Shift + → 입니다.

'그룹화' 대화상자의 '단위' 목록에서는 여러 개의 날짜 단위를 선택할 수 있으며, 선택한 단위의 그룹 필드가 생성됩니다. 여기서 선택된 제일 작은 단위가 원본 필드에 표시됩니다.

05 '피벗 테이블 필드' 작업 창에서 '주문일' 필드 확인란의 체크를 해제합니다. **03** 과정의 피벗 테이블 보고서와 동일하지만, 행 영역에 '주문일' 필드가 아니라 '월' 필드가 있는 것을 확인할 수 있습니다.

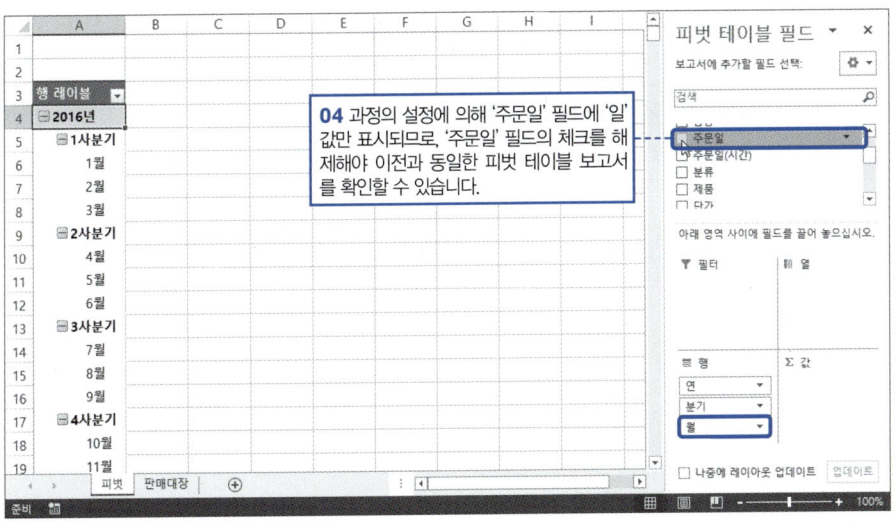

04 과정의 설정에 의해 '주문일' 필드에 '일' 값만 표시되므로, '주문일' 필드의 체크를 해제해야 이전과 동일한 피벗 테이블 보고서를 확인할 수 있습니다.

Plus⁺ 그룹 필드의 해제

그룹 필드는 설정되면 해제되기 전까지 계속해서 묶여진 값을 그대로 표시합니다. 하지만 더 이상 필요하지 않다면 그룹 필드를 해제할 수 있습니다. 그룹 필드로 묶인 필드 내 항목을 하나 선택하고 [분석] 탭-[그룹] 그룹-[그룹 해제] 명령을 클릭하면 됩니다.

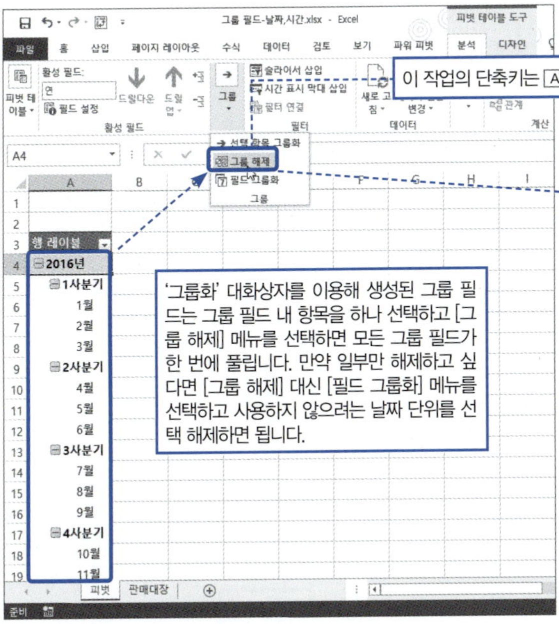

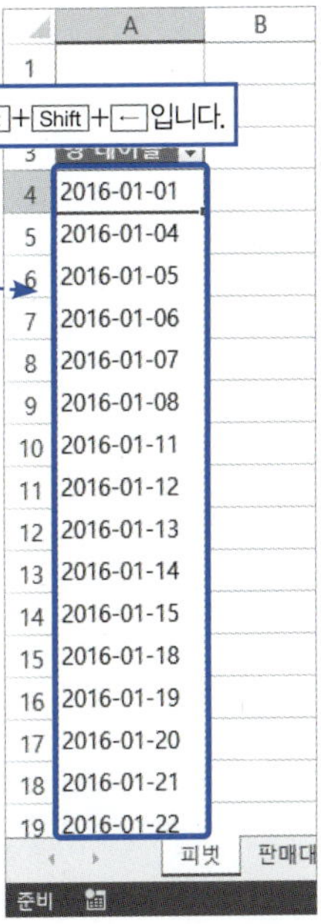

이 작업의 단축키는 Alt + Shift + - 입니다.

'그룹화' 대화상자를 이용해 생성된 그룹 필드는 그룹 필드 내 항목을 하나 선택하고 [그룹 해제] 메뉴를 선택하면 모든 그룹 필드가 한 번에 풀립니다. 만약 일부만 해제하고 싶다면 [그룹 해제] 대신 [필드 그룹화] 메뉴를 선택하고 사용하지 않으려는 날짜 단위를 선택 해제하면 됩니다.

시간 필드를 그룹 필드로 생성

시간 값만 사용하는 필드나 날짜와 시간이 함께 기록된 필드에서는 시간 값을 시, 분, 초 그룹으로 묶은 필드를 생성할 수 있습니다. 시간 값이 입력된 필드를 그룹 필드로 생성해 보겠습니다.

01 이전 피벗 테이블 보고서에 삽입된 필드를 모두 제거하기 위해 [분석] 탭-[동작] 그룹-[지우기] 명령 내 [모두 지우기] 메뉴를 선택합니다. 그런 다음 '피벗 테이블 필드' 작업 창에서 '주문일(시간)' 필드의 확인란에 체크합니다.

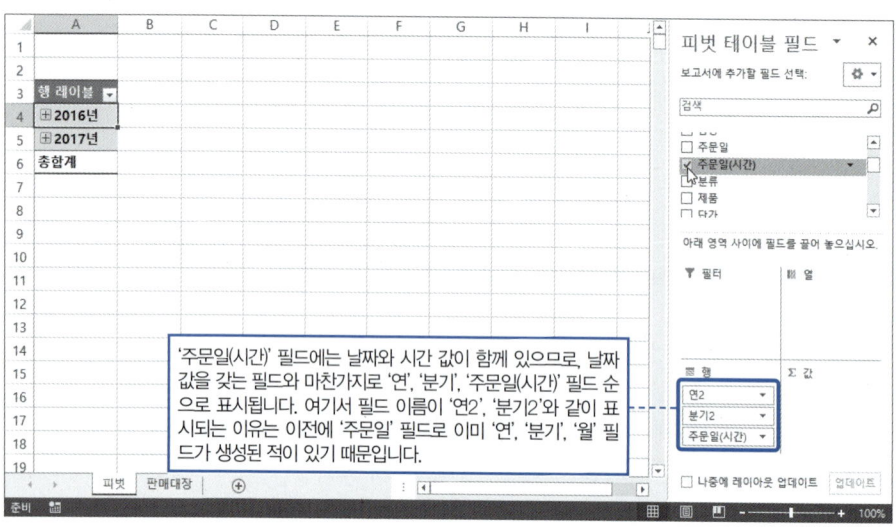

> '주문일(시간)' 필드에는 날짜와 시간 값이 함께 있으므로, 날짜 값을 갖는 필드와 마찬가지로 '연', '분기', '주문일(시간)' 필드 순으로 표시됩니다. 여기서 필드 이름이 '연2', '분기2'와 같이 표시되는 이유는 이전에 '주문일' 필드로 이미 '연', '분기', '월' 필드가 생성된 적이 있기 때문입니다.

Plus⁺ 시간 값만 입력된 필드를 삽입했을 때 생성되는 그룹 필드

시간 값만 입력된 필드를 삽입했다면, 시-분(원본 필드에 표시) 그룹 필드가 생성되어 다음과 같은 피벗 테이블 보고서가 만들어집니다.

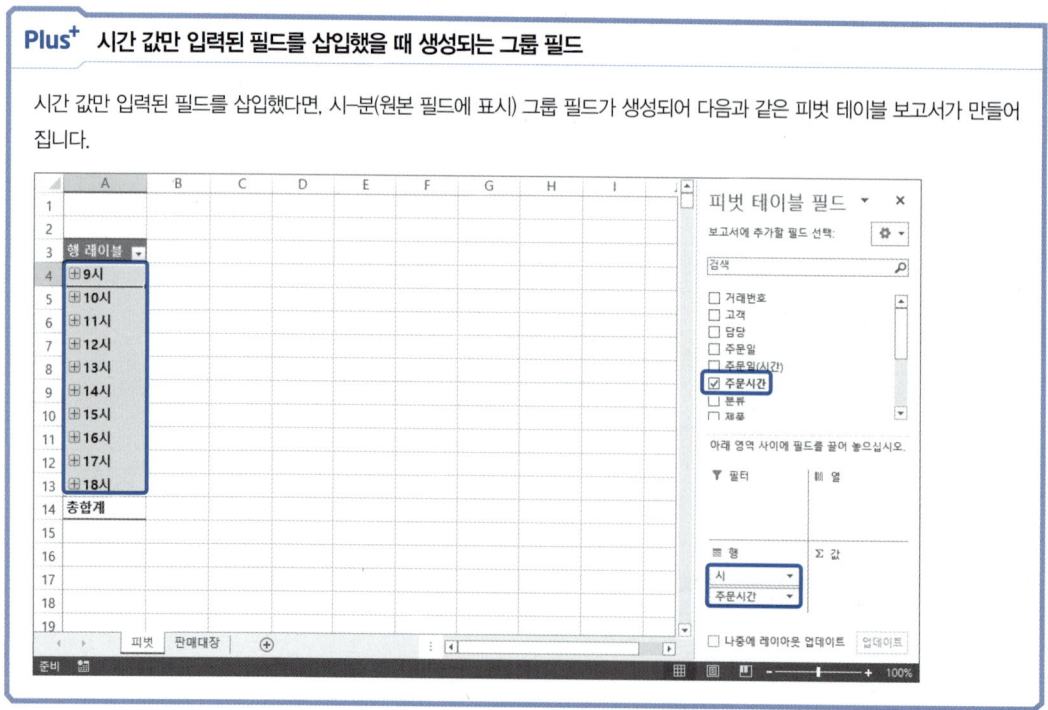

02 날짜와 시간 값이 함께 입력된 경우는 시간 관련 필드가 자동으로 생성되지 않으므로 별도로 생성해야 합니다. 그룹화된 필드 내 셀(A4)을 선택한 후 [분석] 탭-[그룹] 그룹-[필드 그룹화] 명령(▦)을 클릭합니다. '그룹화' 대화상자가 표시되면 '단위' 목록에서 [시]를 선택하고 〈확인〉 버튼을 클릭합니다.

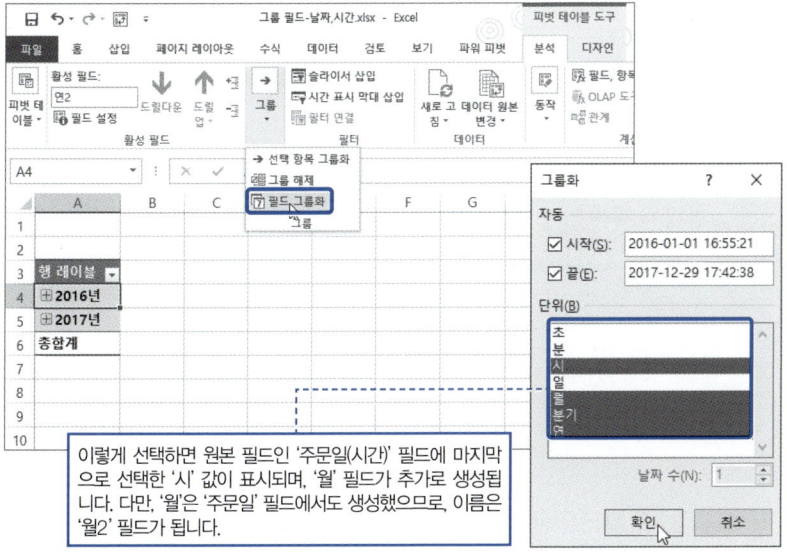

이렇게 선택하면 원본 필드인 '주문일(시간)' 필드에 마지막으로 선택한 '시' 값이 표시되며, '월' 필드가 추가로 생성됩니다. 다만, '월'은 '주문일' 필드에서도 생성했으므로, 이름은 '월2' 필드가 됩니다.

03 피벗 테이블 보고서 내의 필드가 자동으로 확장되어 '시' 그룹 필드 값을 확인할 수 있습니다.

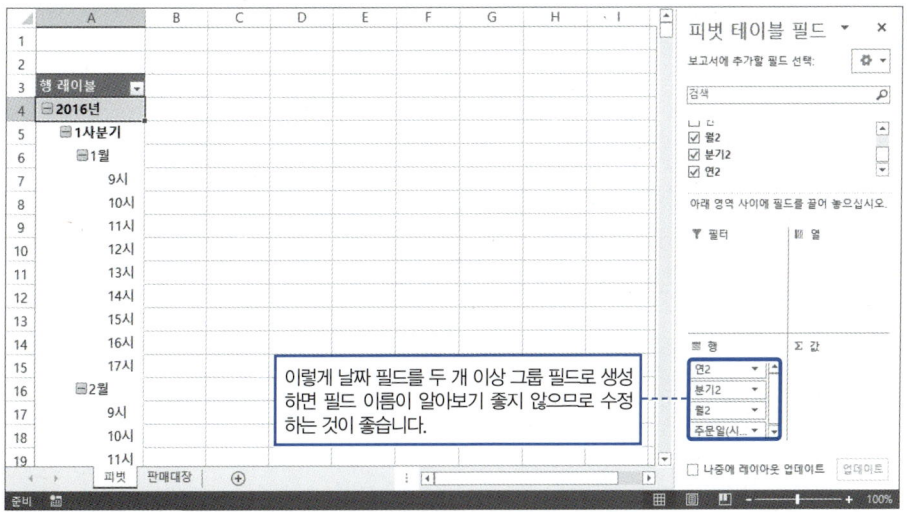

이렇게 날짜 필드를 두 개 이상 그룹 필드로 생성하면 필드 이름이 알아보기 좋지 않으므로 수정하는 것이 좋습니다.

LINK 필드 이름을 수정하는 방법은 'No. 49 피벗 테이블 보고서에 표시된 필드 이름 수정하기'(179쪽)를 참고합니다.

'주' 그룹 필드 만들기

092

날짜 필드를 그룹 필드로 생성하면 지정된 단위(연, 분기, 월, 일)만 선택해 사용할 수 있습니다. 그런데 날짜를 시 계열로 분석하면서 '주' 단위로 분석이 필요한 경우가 많은데, '주' 단위는 제공되지 않으므로 직접 선택할 수 없습니다. 이때는 약간의 작업이 필요하지만 그룹 필드에서 '주' 필드를 생성하면 됩니다. '주' 단위 그룹 필드를 생성하는 방법에 대해 알아보겠습니다.

예제 파일 PART 02 \ CHAPTER 06 \ 그룹 필드-주.xlsx

'그룹화' 대화상자 이용

'그룹화' 대화상자의 '단위' 목록에는 '주' 단위가 제공되지 않지만, '일' 단위를 이용해 '주' 그룹 필드를 표시할 수 있습니다. 단, '일' 필드를 이용해 '주' 필드를 표시하면 다른 날짜 단위의 필드는 그룹 필드로 생성할 수 없습니다.

01 예제 파일의 '피벗' 시트를 열어 '주문일' 필드가 행 영역에 삽입되어 있는 것을 확인하고, '주' 필드를 그룹 필드로 생성해 보겠습니다. 그룹 필드 내 항목(여기서는 A4셀)을 하나 선택하고 [분석] 탭-[그룹] 그룹-[필드 그룹화] 명령(🔲)을 클릭합니다.

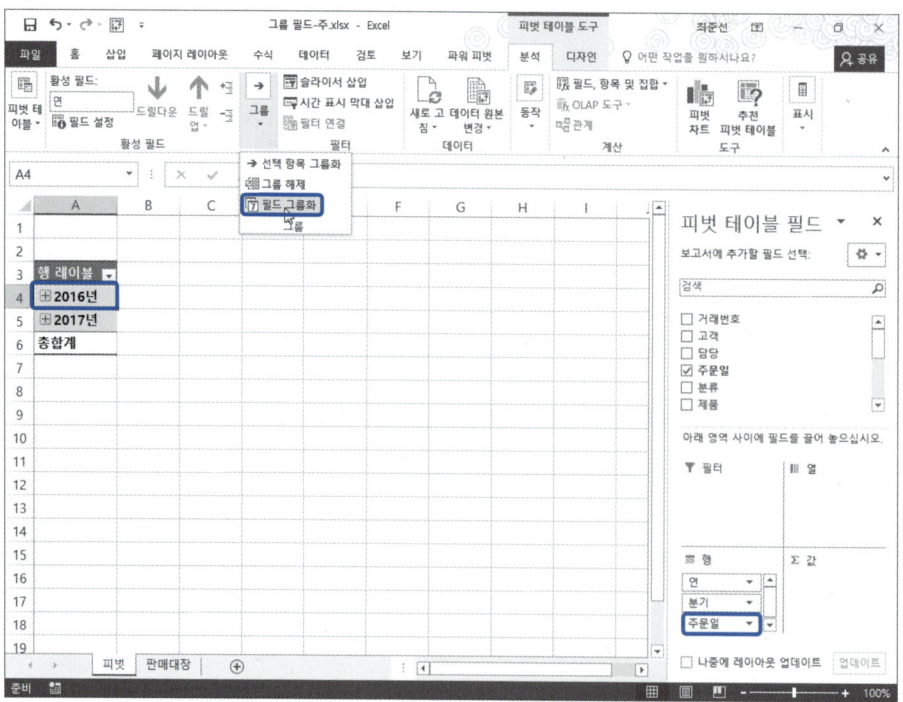

02 '그룹화' 대화상자가 표시되면, '단위' 목록에서 다른 날짜 단위의 선택은 모두 해제하고 [일]만 선택합니다. '날짜 수' 값은 [7]로, '시작' 값은 [2015-12-27]로 변경한 후 〈확인〉 버튼을 클릭합니다.

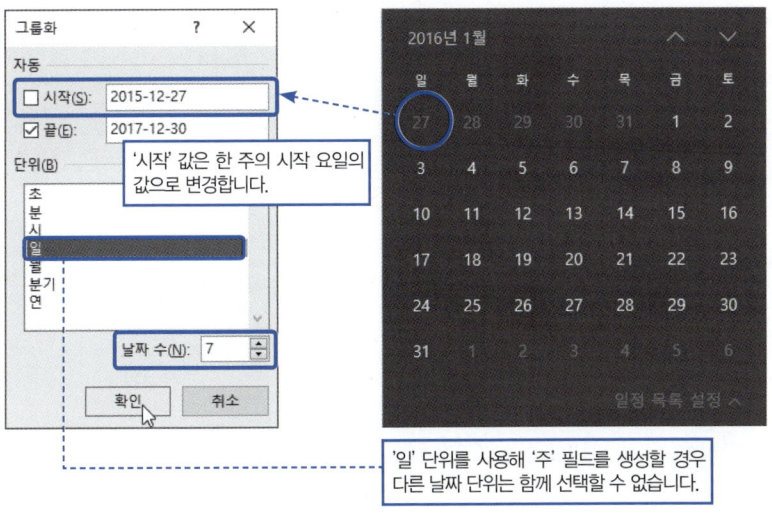

'시작' 값은 한 주의 시작 요일의 값으로 변경합니다.

'일' 단위를 사용해 '주' 필드를 생성할 경우 다른 날짜 단위는 함께 선택할 수 없습니다.

03 그러면 다음 화면과 같이 '주문일' 필드의 값이 2015-12-27일부터 7일씩 묶여 표시됩니다.

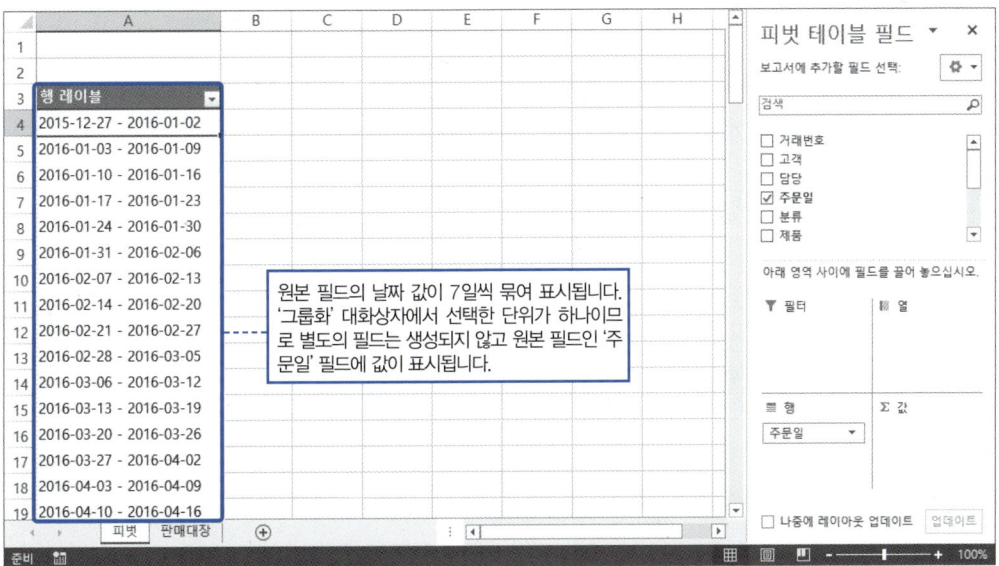

원본 필드의 날짜 값이 7일씩 묶여 표시됩니다. '그룹화' 대화상자에서 선택한 단위가 하나이므로 별도의 필드는 생성되지 않고 원본 필드인 '주문일' 필드에 값이 표시됩니다.

원본 표에 계산된 열 사용

그룹 필드를 이용하면 '주' 필드를 피벗 테이블 보고서에 표시할 수 있지만, 연도, 분기, 월 등의 다른 그룹 필드와 함께 사용할 수 없어 불편합니다. 이런 문제를 해결하려면 원본 표에 수식을 사용하는 열을 추가해 그룹 필드를 대체하면 됩니다:

01 예제 파일의 '판매대장' 시트를 열고 D열을 선택한 후, [홈] 탭-[셀] 그룹-[삽입] 명령(🔲)을 네 번 클릭해 연도, 분기, 월, 주를 계산할 빈 열 네 개를 삽입합니다.

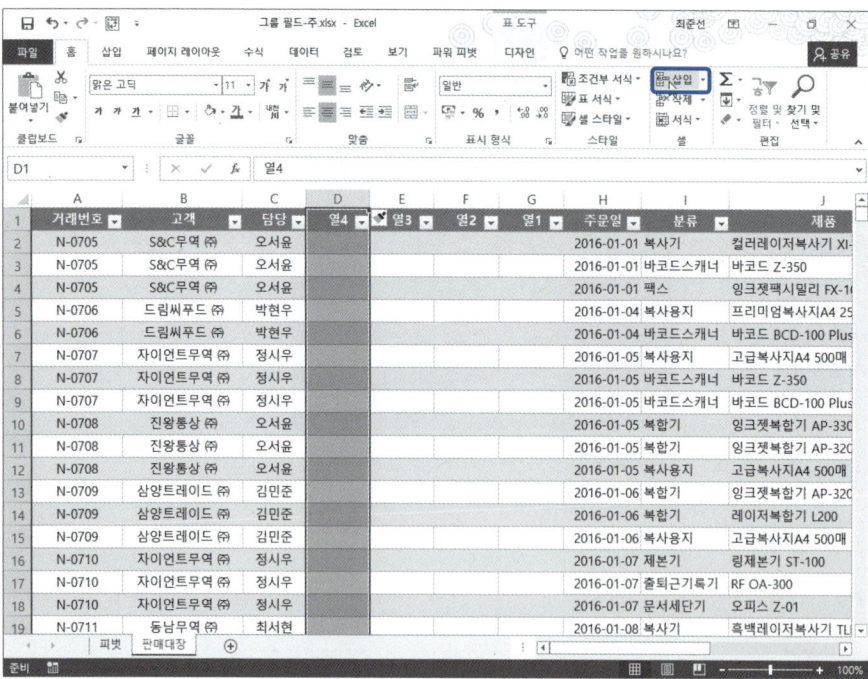

02 다음 표를 참고하여 삽입한 네 열에 머리글과 수식을 입력해 계산 열을 완성합니다.

머리글			계산식
D1셀	연도	D2셀	=YEAR([@주문일]) & "년"
E1셀	분기	E2셀	=ROUNDUP(MONTH([@주문일])/3, 0) & "분기"
F1셀	월	F2셀	=TEXT([@주문일], "MM월")
G1셀	주	G2셀	=TEXT(WEEKNUM([@주문일]), "00주")

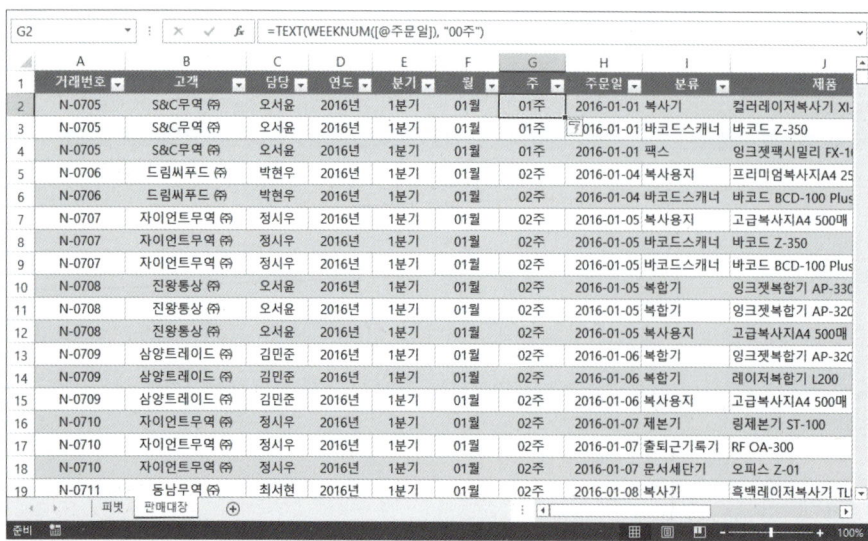

Plus+ 수식 이해하기

이번에 사용된 수식에 대한 설명은 다음 표를 참고합니다.

위치	수식 설명
D열	YEAR 함수를 사용해 [@주문일] 구문에서 참조되는 H2셀의 값에서 연도 값만 반환받은 후 & 연산자를 이용해 날짜 단위인 "년" 문자를 연결한 것입니다.
E열	MONTH 함수로 H2셀의 날짜 값에서 월 값만 반환받은 후, 분기는 3개월씩 묶은 단위이므로 3으로 나눕니다. 이렇게 하면 1월은 0.333, 2월은 0.666, 3월은 0.999가 반환되는데, 이 값을 ROUNDUP 함수를 사용해 소수점 위치에서 올림 처리하면 1월, 2월, 3월이 모두 1이 됩니다. 이 값에 "분기"라는 문자열을 붙이면 1분기, 2분기, 3분기, …와 같은 분기 값을 반환받을 수 있습니다.
F열	TEXT 함수를 사용해 H2셀의 날짜 값에 월을 의미하는 서식 코드인 M을 사용해 월을 두 자리 숫자로 변환한 후 날짜 단위인 "월"이 함께 표시되도록 한 것입니다. 이번 수식은 MONTH 함수를 사용해 다음과 같이 변경할 수도 있습니다. `=MONTH([@주문일]) & "월"` 다만 수식을 변경하면 1월, 2월, 3월, …과 같은 값이 반환되며, 이 값은 텍스트 형식이기 때문에 피벗 테이블 보고서를 정렬할 때 1월, 10월, 11월, 12월, 2월, 3월, …과 같은 결과를 얻을 수 있습니다. 그러므로 TEXT 함수를 사용해 두 자리 숫자를 갖도록 작업하는 것이 더 좋은 선택입니다.
G열	먼저 WEEKNUM 함수를 사용해 H2셀의 날짜 값에 해당하는 주 일련번호(1 ~ 54)를 반환받습니다. 뒤에 "주" 단위를 표시하기 위해, TEXT 함수를 사용해 두 자리 숫자(01, 02, 03, …)로 변환한 결과가 반환되도록 한 것입니다. 월의 주차를 반환받고 싶다면 No. 93(305쪽)의 수식을 참고합니다.

이번 수식에서 사용한 함수에 대한 설명은 다음을 참고합니다.

함수 설명

YEAR(serial_number)

YEAR 함수는 날짜 값에서 연도 값을 반환합니다.

- **serial_number** : 연도 값을 반환할 날짜 값

MONTH(serial_number)

MONTH 함수는 날짜 값에서 월 값을 반환합니다.

- **serial_number** : 월 값을 계산할 날짜 값

TEXT(value, format_text)

TEXT 함수는 값을 지정된 서식 코드로 변환한 값을 반환합니다.

- **value** : 변환할 값 또는 값이 입력된 셀
- **format_text** : 변환할 값의 형식을 지정하는 서식 코드로, #,###나 yyyy-mm-dd와 같은 형식을 사용합니다.

WEEKNUM(serial_number, [return_type])

WEEKNUM 함수는 날짜 값의 주 일련번호를 반환합니다.

- **serial_number** : 주 일련번호를 계산할 날짜 값
- **return_type** : 주의 시작 요일을 결정하는 옵션으로, 생략하면 1 즉 일요일을 주의 시작 요일로 계산합니다. 이 값을 2로 설정하면 월요일부터 주를 시작하는 것으로 계산합니다.

03 '피벗' 시트를 열고 [분석] 탭-[데이터] 그룹-[새로 고침] 명령(🗔)을 클릭해 **02** 과정에서 생성한 필드를 사용할 수 있도록 합니다. 그런 다음 '피벗 테이블 필드' 작업 창에서 '주문일' 필드 확인란의 체크를 해제하고, '연도', '분기', '월', '주' 필드 확인란에 체크합니다.

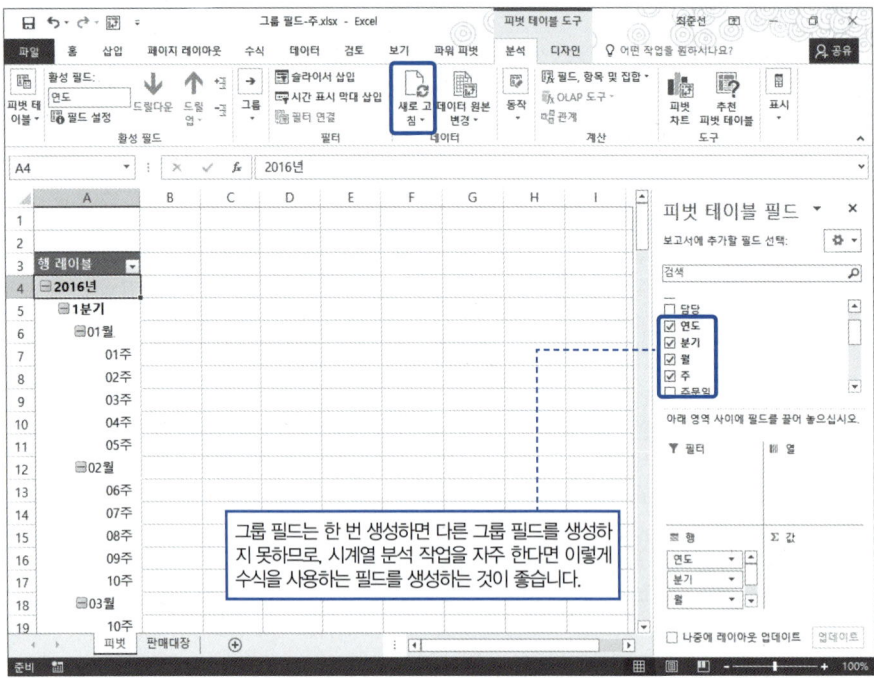

그룹 필드는 한 번 생성하면 다른 그룹 필드를 생성하지 못하므로, 시계열 분석 작업을 자주 한다면 이렇게 수식을 사용하는 필드를 생성하는 것이 좋습니다.

'반기', '주', '요일' 필드 만들기

093

날짜 필드를 그룹 필드로 생성할 때 '반기', '주', '요일' 등의 날짜 단위는 지원되지 않습니다. 그러므로 이런 날짜 단위가 필요하면 원본 표에 해당 값을 계산하는 열을 생성해야 합니다. 이런 필드를 계산 필드로 생성하려고 할 수도 있지만, 아쉽게도 계산 필드는 값 영역 내 필드만 대상으로 하므로 이런 날짜 단위 필드는 계산으로 얻을 수 없습니다. 자주 사용하는 '반기', '주', '요일' 필드를 생성하는 방법에 대해 알아보겠습니다.

예제 파일 PART 02 \ CHAPTER 06 \ 그룹 필드-반기,요일.xlsx

01 예제 파일의 '판매대장' 시트에서 D:F열의 '반기', '주', '요일' 열을 수식을 사용해 계산합니다. 다음 표를 참고합니다.

	계산식
D2셀	=IF(MONTH([@주문일])<7, "상반기", "하반기")
E2셀	=INT((DAY([@주문일])−WEEKDAY([@주문일])−1)/7)+2 & "주"
F2셀	=TEXT([@주문일], "AAA")

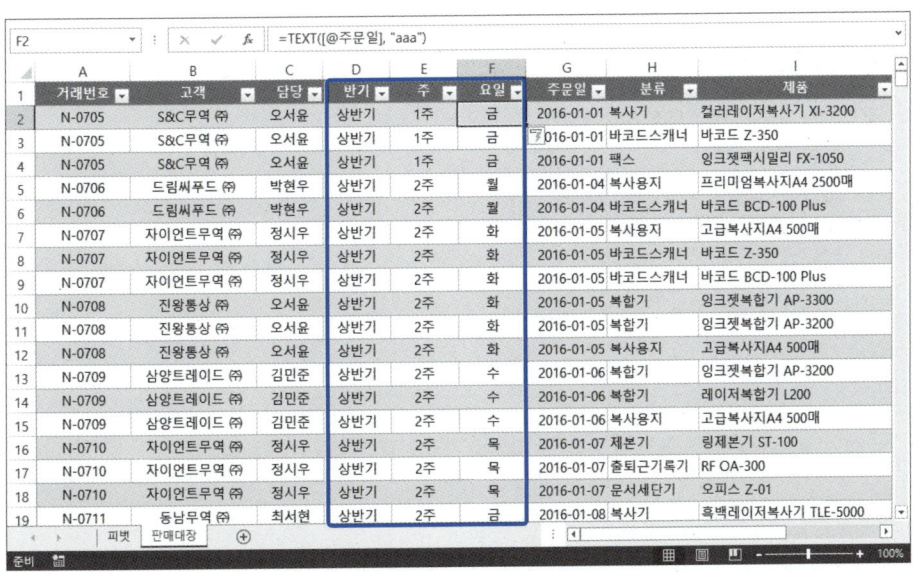

Plus⁺ 수식 이해하기

이번에 사용된 수식에 대한 설명은 다음 표를 참고합니다.

위치	수식 설명
D열	상반기는 1월~6월, 하반기는 7월~12월을 의미합니다. 그러므로 MONTH 함수를 사용해 [@주문일] 구문에서 참조되는 G2셀의 날짜 값에서 월 값을 반환받은 후 IF 함수를 사용해 월 값이 7보다 작으면 '상반기', 아니면(7 이상이면) '하반기'가 반환되도록 구성한 수식입니다.

E열	월의 주차를 계산하는 수식으로, No. 92(300쪽)에서 계산한 주 일련번호와는 다른 수식입니다. 다소 이해하기 어렵기 때문에 상세한 예를 통해 설명하겠습니다.
	
	먼저 DAY 함수를 사용해 G2셀의 주문일에서 '일' 값을 반환받은 후 WEEKDAY 함수로 계산한 주 일련번호를 뺍니다. 이렇게 하면 1~31 사이의 값이 주별로 동일한 값을 반환받게 됩니다. 다음 결과를 확인합니다.
	  2017-1-1 (일) → 1 - 1 = 0
	  2017-1-2 (월) → 2 - 2 = 0
	  2017-1-3 (화) → 3 - 3 = 0
	  …
	  2017-1-7 (토) → 7 - 7 = 0
	  2017-1-8 (일) → 8 - 1 = 7
	  2017-1-9 (월) → 9 - 2 = 7
	
	월의 시작일(1일)이 항상 일요일부터 시작하는 것은 아니므로, 이 계산 작업에서 첫 번째 주는 0부터 -6까지의 값이 반환됩니다. 이 값을 계산하기 쉽게 -1부터 -7로 변환하기 위해 1을 추가로 빼면 다음과 같은 결과가 반환됩니다.
	  2017-1-1 (일) → 1 - 1 - 1 = -1
	  2017-1-2 (월) → 2 - 2 - 1 = -1
	  2017-1-3 (화) → 3 - 3 - 1 = -1
	  …
	  2017-1-7 (토) → 7 - 7 - 1 = -1
	  2017-1-8 (일) → 8 - 1 - 1 = 6
	  2017-1-9 (월) → 9 - 2 - 1 = 6
	
	이렇게 반환된 동일한 일곱 개의 숫자를 순서대로 1, 2, 3, …과 같이 변환하기 위해 7로 나눈 후 INT 함수를 사용해 정수 부분만 반환하도록 합니다.
	  2017-1-1 (일) → 1 - 1 - 1 = INT(-1 / 7) = -1
	  2017-1-2 (월) → 2 - 2 - 1 = INT(-1 / 7) = -1
	  2017-1-3 (화) → 3 - 3 - 1 = INT(-1 / 7) = -1
	  …
	  2017-1-7 (토) → 7 - 7 - 1 = INT(-1 / 7) = -1
	  2017-1-8 (일) → 8 - 1 - 1 = INT(6 / 7) = 0
	  2017-1-9 (월) → 9 - 2 - 1 = INT(6 / 7) = 0
	
	이 값에 2를 더하면, 1, 2, 3, … 과 같은 월의 주차 번호가 반환됩니다.

F열	G2셀의 날짜 값을 TEXT 함수를 사용해 요일로 변환하는 "AAA" 서식 코드를 사용해 요일 값을 반환합니다. 만약 영어 요일이 필요하면 "AAA" 대신 "DDD"나 "DDDD"와 같은 서식 코드로 대체하면 됩니다.

이번 수식에서 사용한 함수에 대한 설명은 다음을 참고합니다.

함수 설명

DAY(serial_number)

DAY 함수는 날짜 값에서 일 값을 반환합니다.

- serial_number : 일 값을 계산할 날짜 값

INT(number)

INT 함수는 실수 값에서 정수 부분에 해당하는 숫자를 반환합니다. 참고로 number 인수의 값이 음수인 경우에는 0에서 먼 쪽의 정수가 반환됩니다. 예를 들어 -0.1은 -1이 반환됩니다.

- **number** : 정수 값을 반환할 실수 값

WEEKDAY(serial_number, [return_type])

WEEKDAY 함수는 날짜 값의 요일 일련번호를 반환합니다.

- **serial_number** : 요일 일련번호를 계산할 날짜 값
- **return_type** : 요일의 일련번호를 반환할 방법을 선택하는 옵션으로, 자주 사용하는 옵션 값은 다음 표와 같습니다.

return_type	반환 값
1 또는 생략	1(일요일) ~ 7(토요일)
2	1(월요일) ~ 7(일요일)
3	0(월요일) ~ 7(일요일)

02 생성 필드를 피벗 테이블 보고서에서 사용하겠습니다. '피벗' 시트를 열고 '피벗 테이블 필드' 작업 창에서 '주문일' 필드의 확인란을 체크해 '연', '분기', '월'(주문일 필드에 표시) 값을 표시한 후 수식으로 생성한 '반기', '주', '요일' 필드를 다음 화면을 참고해 삽입합니다. 화면과 같은 피벗 테이블 보고서를 확인할 수 있습니다.

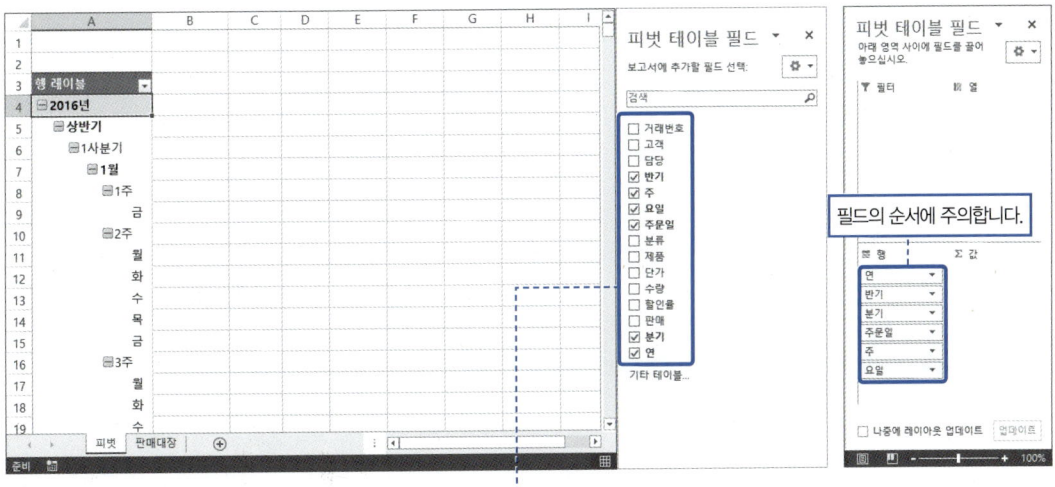

필드 목록이 길어 '피벗 테이블 필드' 작업 창의 레이아웃을 '필드 구역만 표시'되도록 한 것입니다. 설정 방법은 No. 73(247쪽)을 참고합니다. 참고로 이 화면은 설명을 위해 배치한 것으로, 이렇게 '피벗 테이블 필드' 작업 창을 두 개로 표시할 수는 없습니다.

숫자 그룹 필드 만들기

094

'그룹화' 대화상자를 이용해 숫자 필드를 그룹 필드로 생성하면 일정 간격으로 숫자 값을 묶어 표시할 수 있습니다. 예를 들면 연령대, 가격대와 같이 일정한 간격으로 숫자를 묶어 표시해야 할 경우 '그룹화' 대화상자를 이용하면 간단하게 관련 작업을 해결할 수 있습니다. 숫자 필드를 그룹 필드로 묶어 표시하는 방법에 대해 알아보겠습니다.

예제 파일 PART 02 \ CHAPTER 06 \ 그룹 필드-숫자.xlsx

01 예제 파일의 '피벗' 시트에는 다음과 같은 피벗 테이블 보고서가 있습니다. 고객들의 주문 수량이 단가에 따라 어떻게 변화하는지 분석하기 위해 만든 보고서인데, 현재와 같은 상태에서는 유의미한 정보를 얻을 수 없습니다. 행 영역의 '단가' 필드는 25만 원씩, 열 영역의 '수량' 필드는 다섯 개씩 묶은 그룹 필드를 생성해 보겠습니다.

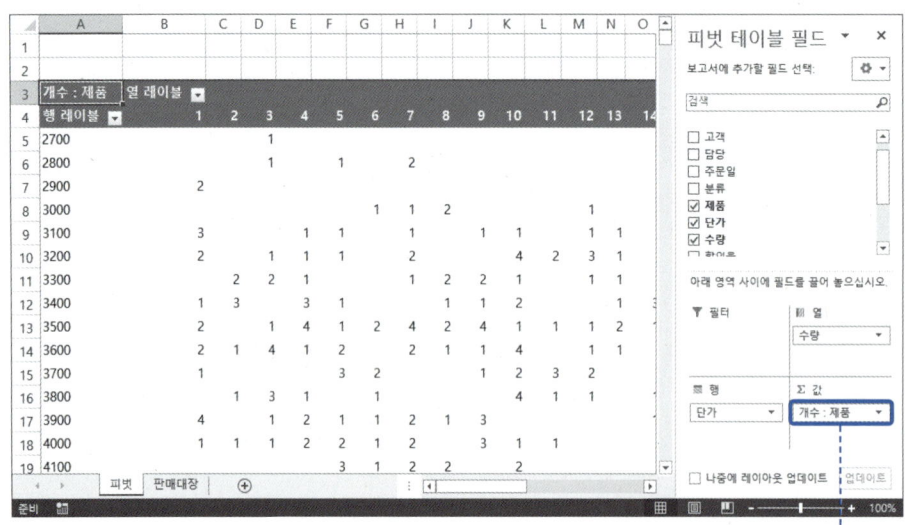

값 영역에 '제품' 필드를 삽입한 것은 거래 건수를 세기 위해서인데, 이렇게 삽입하면 레코드(행) 수를 세기 때문에 '제품' 필드 말고 다른 필드(예 : '거래번호')를 삽입해도 문제가 없습니다.

02 먼저 행 영역의 '단가' 필드를 그룹 필드로 묶겠습니다. 항목을 하나(여기서는 A5셀) 선택하고 [분석] 탭-[그룹] 그룹-[필드 그룹화] 명령(圖)을 클릭합니다. '그룹화' 대화상자가 표시되면 '시작'은 [0]으로, '단위'는 [250000]으로 변경하고 〈확인〉 버튼을 클릭합니다.

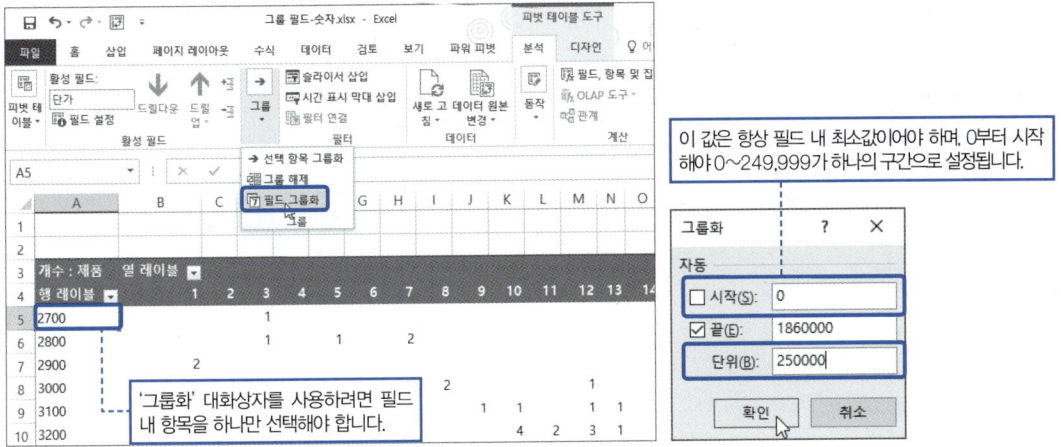

03 열 영역의 '수량' 필드도 다섯 개씩 묶은 그룹 필드로 생성합니다. '수량' 필드 내 항목(여기서는 B4 셀)을 선택하고 [분석] 탭-[그룹] 그룹-[필드 그룹화] 명령(圖)을 클릭합니다. '그룹화' 대화상자가 표시되면 '단위'의 값을 [5]로 변경하고 〈확인〉 버튼을 클릭합니다.

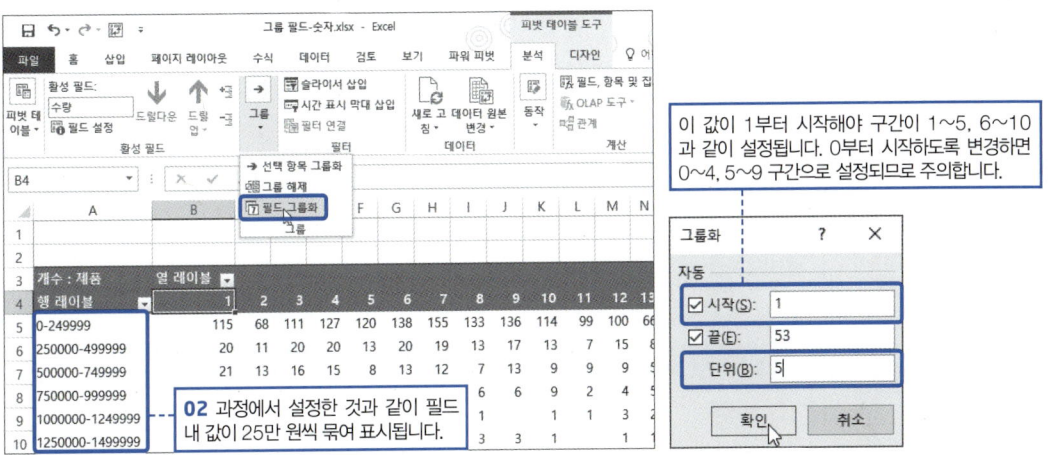

04 그러면 다음과 같은 피벗 테이블 보고서가 만들어집니다.

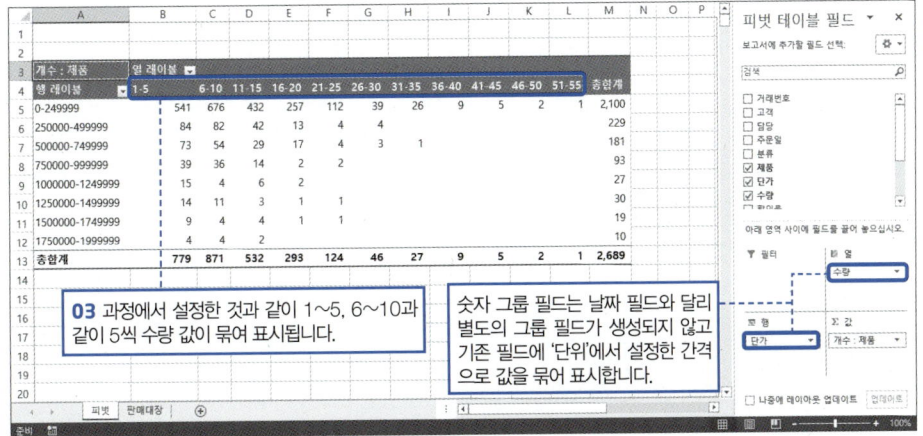

CHAPTER 06 | 피벗 테이블 보고서 고급 기술 / **309**

05 '단가' 필드의 값을 좀 더 보기 좋게 표시하기 위해, 화면을 참고해 A5:A12 범위 내 셀 값을 수정합니다.

	A	B	C	D	E	F	G	H	I	J	K	L	M
3	개수 : 제품	열 레이블											
4	행 레이블	1-5	6-10	11-15	16-20	21-25	26-30	31-35	36-40	41-45	46-50	51-55	총합계
5	25만원 미만	541	676	432	257	112	39	26	9	5	2	1	2,100
6	25만원 ~	84	82	42	13	4	4						229
7	50만원 ~	73	54	29	17	4	3	1					181
8	75만원 ~	39	36	14	2	2							93
9	100만원 ~	15	4	6	2								27
10	125만원 ~	14	11	3	1	1							30
11	150만원 ~	9	4	4	1	1							19
12	175만원 이상	4	4	2									10
13	총합계	779	871	532	293	124	46	27	9	5	2	1	2,689

그룹 필드로 묶인 항목을 이해하기 쉽게 수정할 수 있습니다. 다만 기존 항목과 동일한 값은 허용되지 않으며, 그룹 필드를 해제하기 전까지는 수정된 항목이 그대로 표시됩니다.

Plus⁺ 숫자 그룹 필드의 해제

기본적으로 '그룹화' 대화상자를 이용해 생성된 그룹 필드는 필드 내 항목을 하나 선택하고 [분석] 탭-[그룹] 그룹-[그룹 해제] 명령을 클릭하면 해제됩니다.

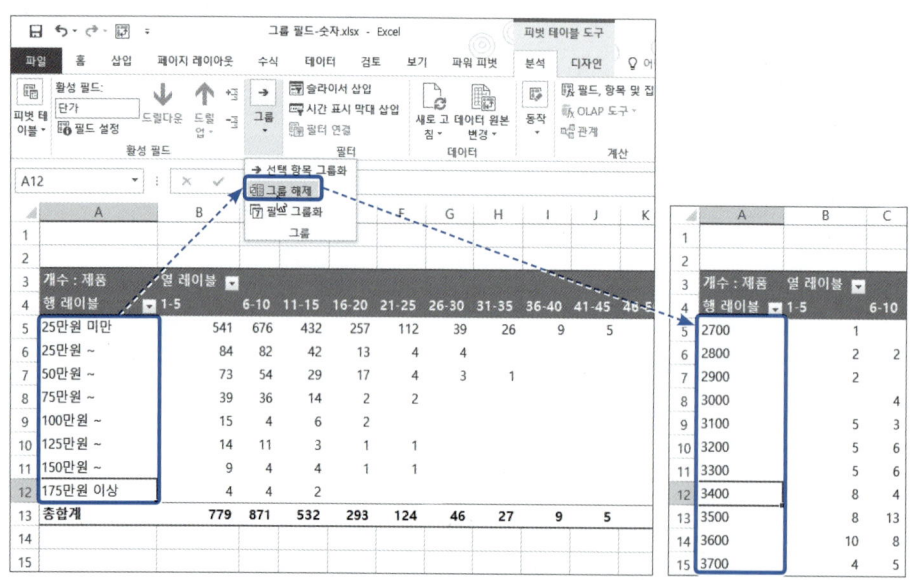

생성된 그룹 필드는 한 번에 하나씩만 해제할 수 있기 때문에, 행 영역 내 그룹 필드가 해제되어도 열 영역 내 그룹 필드는 그대로 유지됩니다. 전체 그룹 필드를 한 번에 모두 해제하는 명령은 따로 제공되지 않습니다.

또한 이렇게 해제된 그룹 필드(단가)와 동일한 기준의 그룹 필드를 다시 생성해도 이전에 변경한 머리글(A5:A12)이 복원되지는 않으므로, 필요한 경우 머리글도 다시 수정해야 합니다.

095 원하는 항목만 선택해 그룹 필드 만들기

그룹 필드는 기존 필드의 항목 중에서 원하는 항목만 선택해 생성할 수도 있습니다. 이 방법이 '그룹화' 대화상자보다 더 효율적이고 더 자주 사용하는 방법이므로 피벗 테이블 보고서에서 원하는 정보를 뽑아내고자 하는 사용자라면 반드시 잘 이해해야 합니다. 수동으로 항목을 선택해 그룹 필드를 생성하는 방법에 대해 알아보겠습니다.

예제 파일 PART 02 \ CHAPTER 06 \ 그룹 필드-텍스트.xlsx

01 예제 파일의 '피벗' 시트에는 영업사원의 2017년 분기별 실적이 집계된 피벗 테이블 보고서가 있습니다. 이 보고서에서 영업사원을 성별로 묶어 분석하는 작업을 해 보겠습니다.

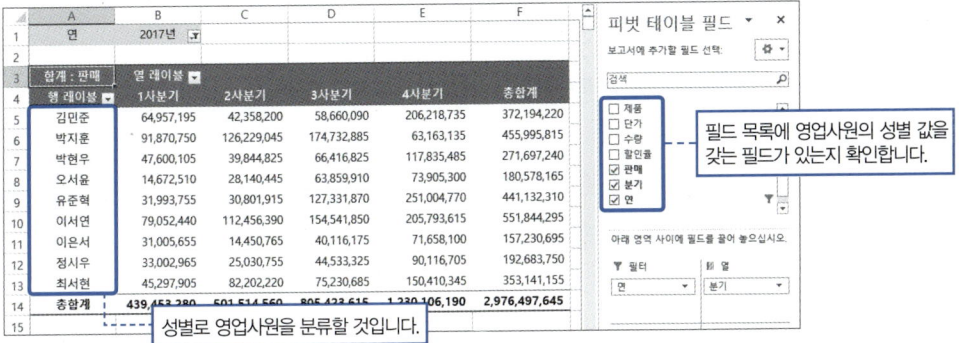

02 행 영역의 '담당' 필드 내 항목 중에서 남자 직원을 선택해 그룹으로 묶겠습니다. A5:A7 범위를 선택하고 Ctrl 키를 누른 상태에서 A9, A12셀을 순서대로 선택한 후 [분석] 탭-[그룹] 그룹-[선택 항목 그룹화] 명령(→)을 클릭합니다.

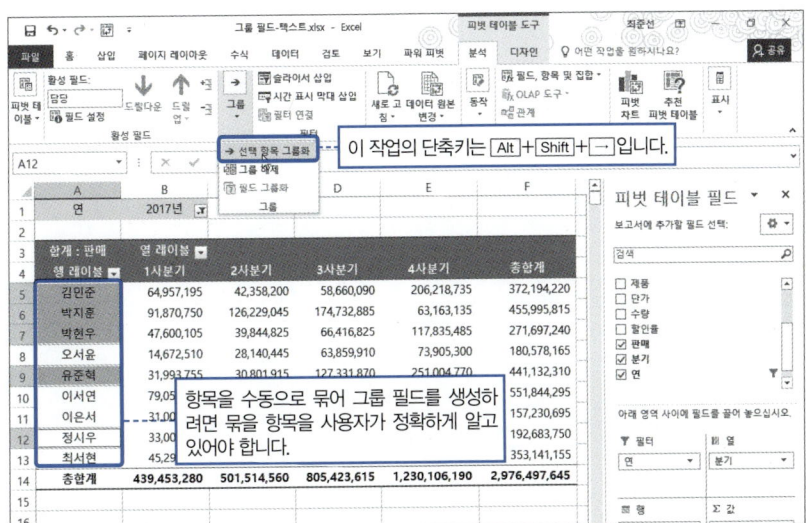

03 이번에는 여자 직원을 그룹으로 묶겠습니다. A12:A18 범위를 선택하고 [분석] 탭–[그룹] 그룹–[선택 항목 그룹화] 명령(→)을 클릭합니다.

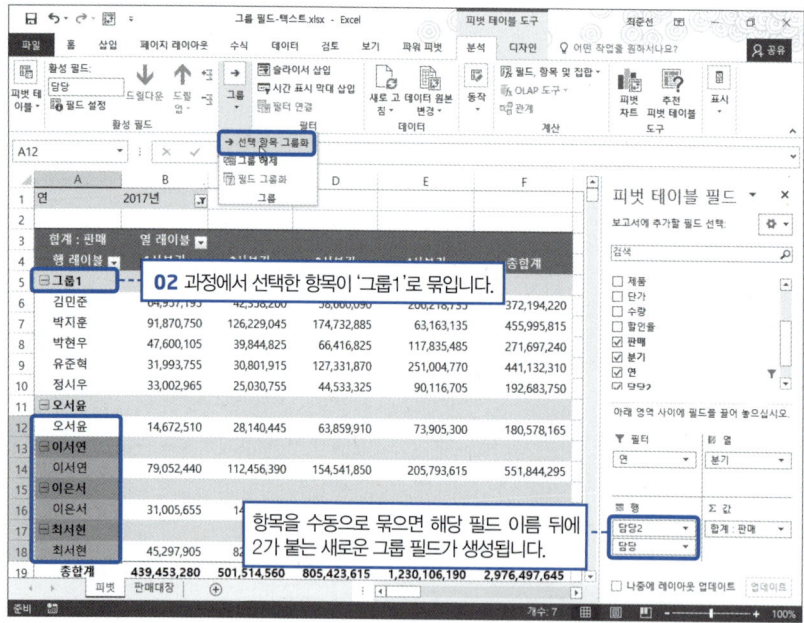

04 생성된 '담당2' 그룹 필드의 항목은 '그룹1', '그룹2'입니다. 이를 각각 '남', '여'로 변경합니다.

위치	기존 값	수정 값
A5셀	그룹1	남
A11셀	그룹2	여

05 그룹 필드의 부분합은 자동으로 표시되지 않으므로 별도의 표시 작업을 해야 합니다. [디자인] 탭–[레이아웃] 그룹–[부분합] 명령 내 [그룹 상단에 모든 부분합 표시] 메뉴를 선택합니다.

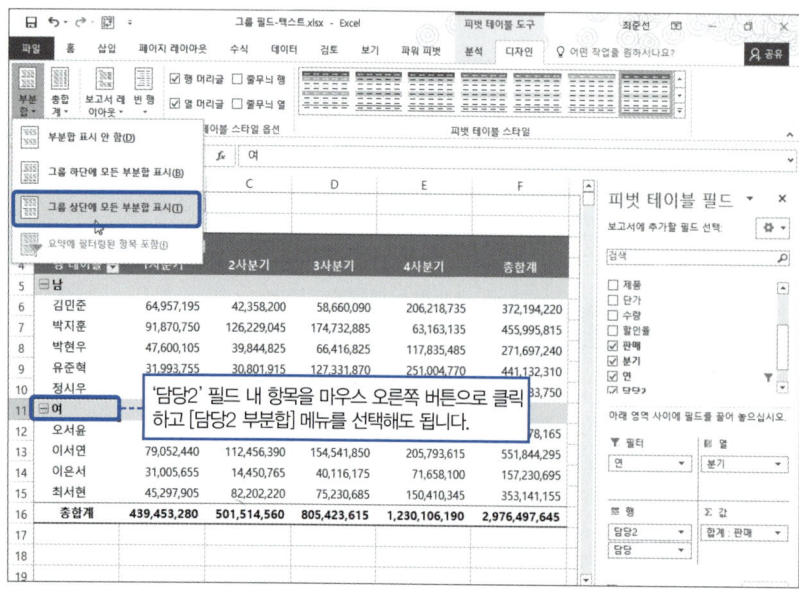

312 / PART 02 | 피벗 테이블 보고서

> **Plus+ 수동으로 묶은 그룹 필드에 새로운 직원이 추가될 경우**
>
> 수동으로 항목을 묶어 생성한 그룹 필드는 새로운 항목(여기서는 직원)이 추가되면 해당 항목 하나만 별도로 표시합니다. 그러므로 그룹 필드로 묶은 후에 새로운 항목이 추가되면 기존 조건에 맞게 항목을 다시 묶어 그룹 필드를 생성해야 합니다.

06 그룹 필드의 이름을 변경하겠습니다. '담당2' 필드 내 항목(여기서는 A11셀)을 선택한 상태에서 [분석] 탭-[활성 필드] 그룹의 [활성 필드:] 입력란에 '성별'을 입력합니다.

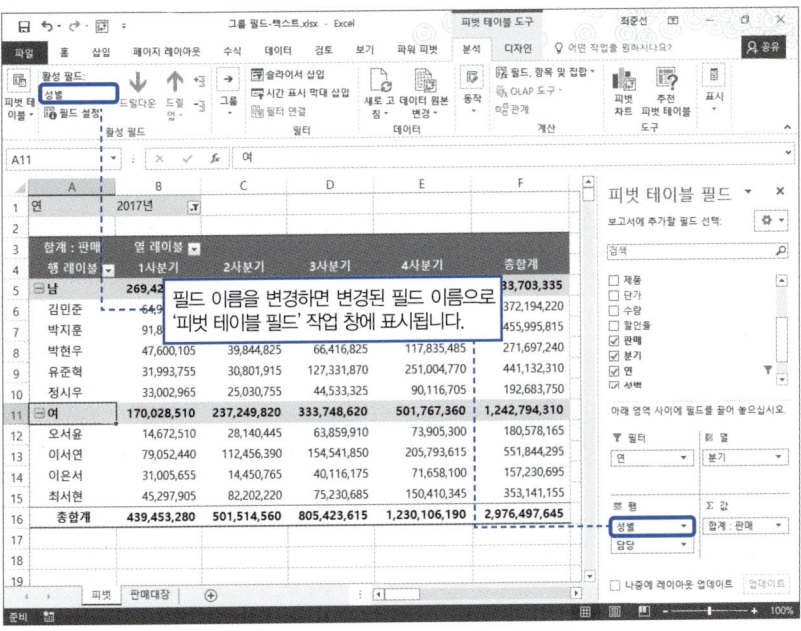

> **Plus+ 수동으로 묶은 그룹 필드의 해제**
>
> 이번과 같이 수동으로 항목을 묶어 그룹 필드를 생성한 경우에는 그룹 필드 내 항목을 하나만 선택한 상태에서 그룹을 해제하면 해당 항목의 그룹만 풀리고 그룹 필드 자체는 해제되지 않습니다. 그러므로 그룹 필드를 해제하려면 그룹 필드 내 항목을 모두 선택하고 [그룹 해제] 명령을 실행해야 합니다.

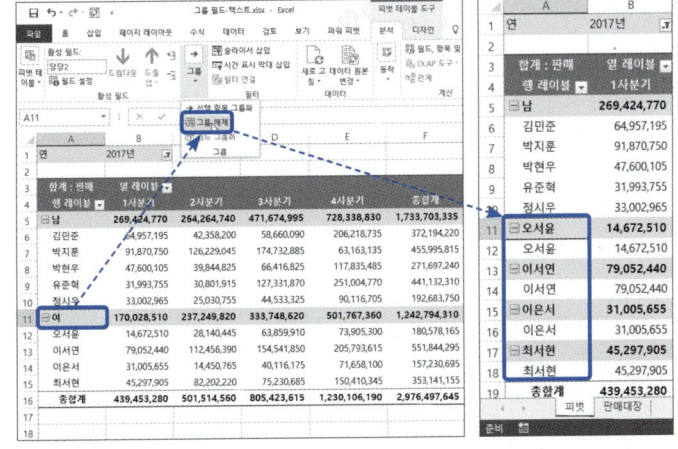

특정 날짜 기간을 비교 분석하기 096

날짜 필드를 연-분기-월 단위 외에 내가 설정한 기간끼리 비교 분석하려면, '그룹화' 대화상자를 이용하지 않고 수동으로 원하는 날짜를 묶으면 됩니다. 이렇게 하면 좀 더 자유롭게 날짜 필드를 분석할 수 있습니다. 날짜 필드를 지정한 기간으로 묶은 그룹 필드를 생성하고 사용하는 방법에 대해 알아보겠습니다.

예제 파일 PART 02 \ CHAPTER 06 \ 그룹 필드-날짜 비교.xlsx

01 예제 파일의 '피벗' 시트에는 연-월별로 영업사원의 매출 실적이 집계된 피벗 테이블 보고서가 있습니다. 이 보고서를 2016년 9월~12월과 2017년 1월~4월의 기간을 서로 비교하는 보고서로 변경해 보겠습니다.

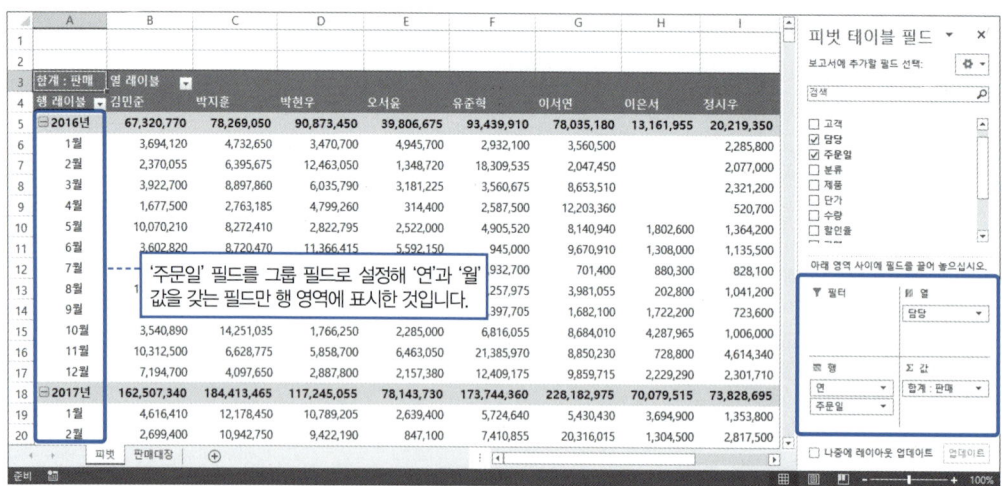

'주문일' 필드를 그룹 필드로 설정해 '연'과 '월' 값을 갖는 필드만 행 영역에 표시한 것입니다.

02 먼저 행 영역의 월 값이 표시된 '주문일' 필드의 항목을 다시 묶을 수 있는지 확인하겠습니다. A14:A17 범위를 선택해 2016년 9월~12월 항목을 선택하고 [분석] 탭-[그룹] 그룹-[선택 항목 그룹화] 명령(→)을 클릭합니다. 그러면 해당 항목이 묶이지 않고 '그룹화' 대화상자가 표시됩니다.

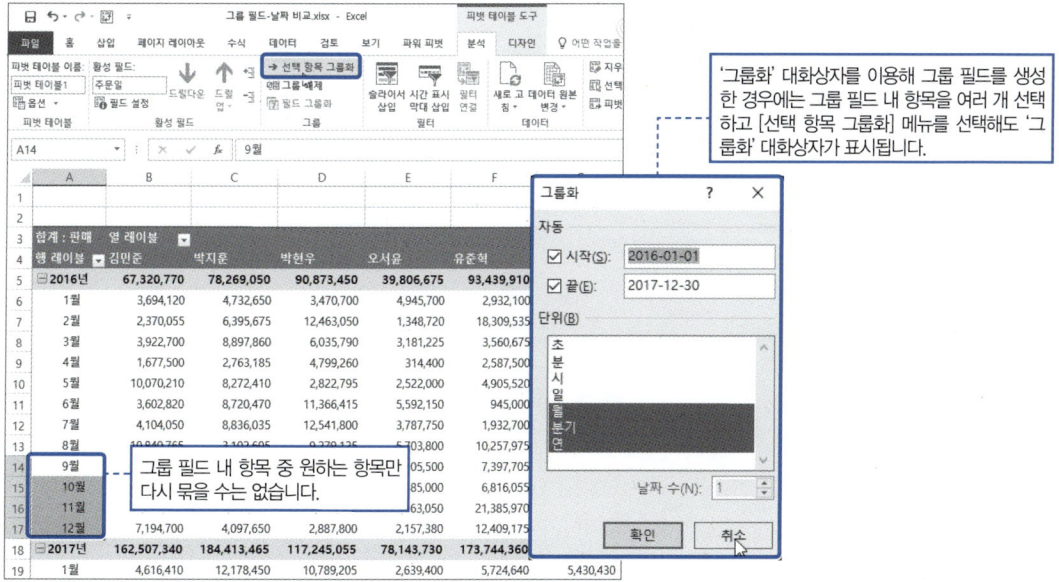

03 그룹 필드로 이미 묶은 필드는 다시 묶을 수 없으므로 그룹을 해제하고 다시 진행해야 합니다. 그룹 필드 내 항목을 하나만 선택하고 [분석] 탭-[그룹] 그룹-[그룹 해제] 명령(畺)을 클릭해 그룹 필드를 해제합니다.

04 그룹이 해제되면 '주문일' 필드에서 A179:A265 범위를 선택해 2016년 9월~12월 항목을 선택하고 [분석] 탭-[그룹] 그룹-[선택 항목 그룹화] 명령(→)을 클릭합니다.

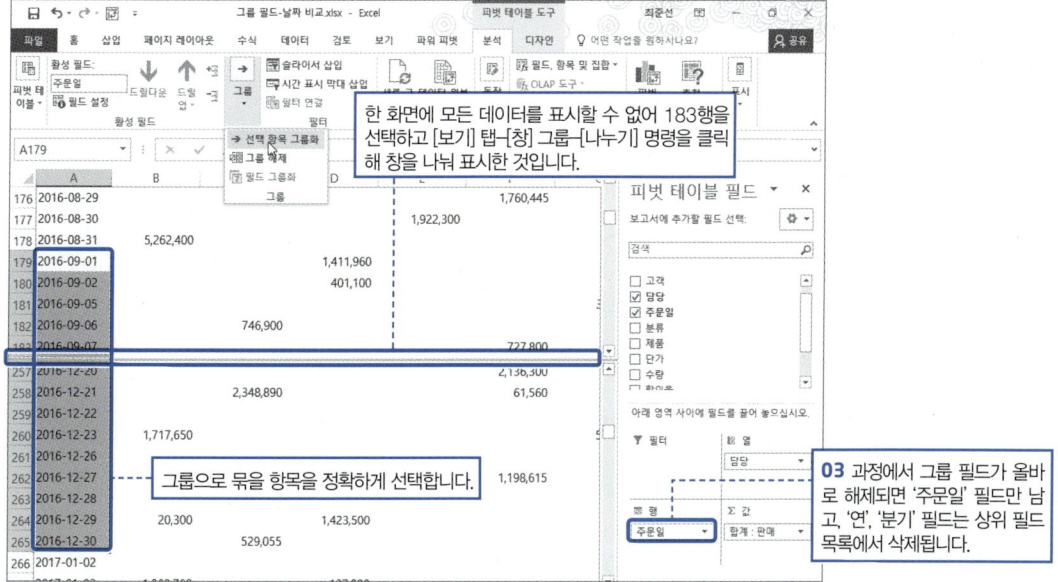

05 그러면 '피벗 테이블 필드' 작업 창에서 확인할 수 있듯이 '주문일2' 필드가 새로 생성됩니다. 이제 A442:A610 범위를 선택해 2017년 1월~4월 항목을 선택하고, [분석] 탭-[그룹] 그룹-[선택 항목 그룹화] 명령(→)을 클릭합니다.

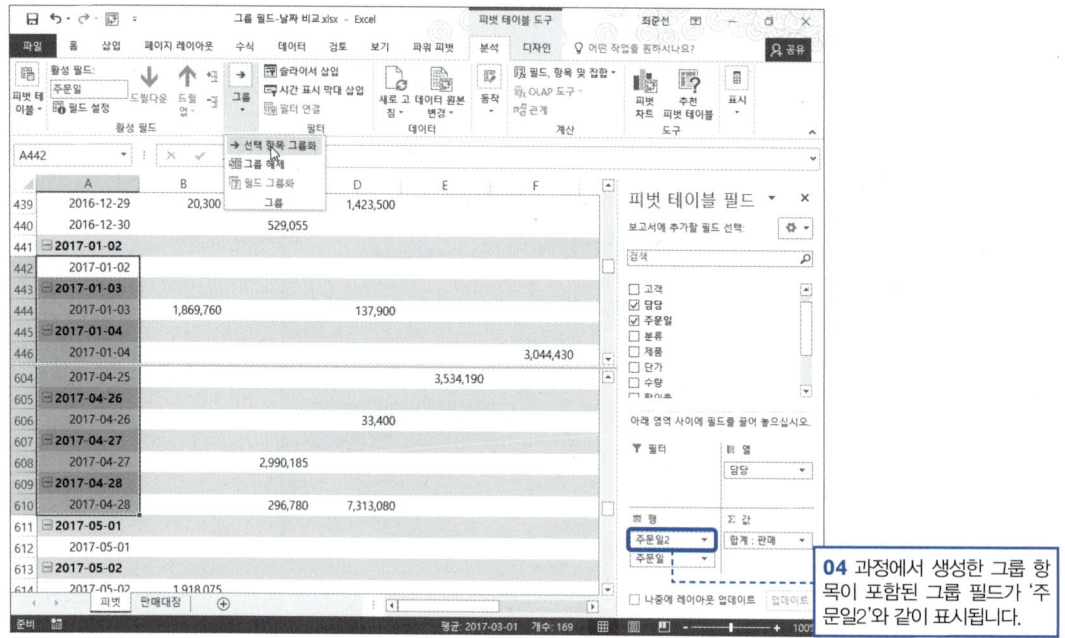

04 과정에서 생성한 그룹 항목이 포함된 그룹 필드가 '주문일2'와 같이 표시됩니다.

06 그룹으로 묶은 항목만 화면에 표시하겠습니다. A4셀 '행 레이블'의 아래 화살표 단추를 클릭하고 '필드 선택' 콤보상자에서 '주문일2' 필드를 선택한 후 '검색'란에 '그룹'이라고 입력하면 그룹으로 묶인 항목이 표시됩니다. 〈확인〉 버튼을 클릭해 해당 항목만 화면에 표시되도록 합니다.

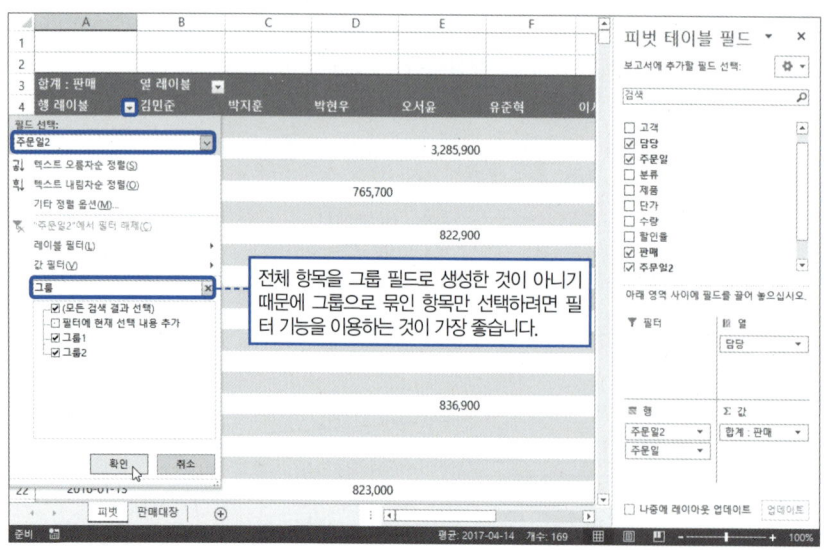

전체 항목을 그룹 필드로 생성한 것이 아니기 때문에 그룹으로 묶인 항목만 선택하려면 필터 기능을 이용하는 것이 가장 좋습니다.

07 주문일 필드의 항목이 너무 많이 표시되므로 필드를 축소 표시하겠습니다. A5셀을 클릭해 '주문일2' 필드를 선택하고 [분석] 탭-[활성 필드] 그룹-[필드 축소] 명령(■)을 클릭합니다.

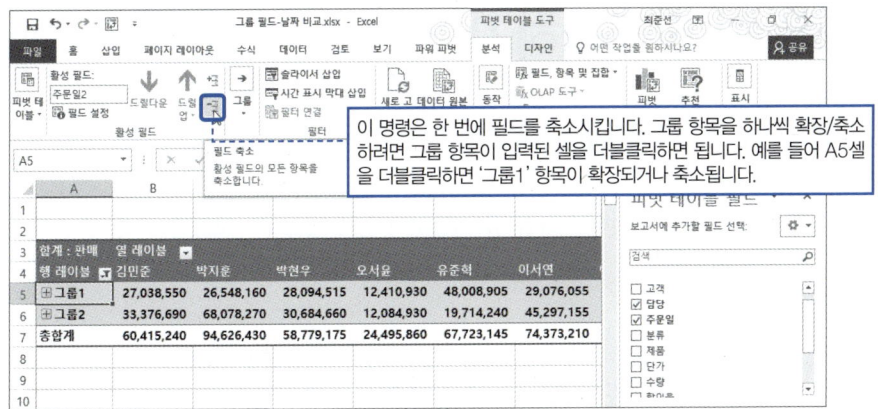

08 표시된 '주문일2' 필드 항목의 이름을 이해하기 쉽게 변경합니다. A5셀의 '그룹1'은 '2016년 (9월-12월)'로, A6셀의 '그룹2'는 '2017년 (1월-4월)'로 수정합니다.

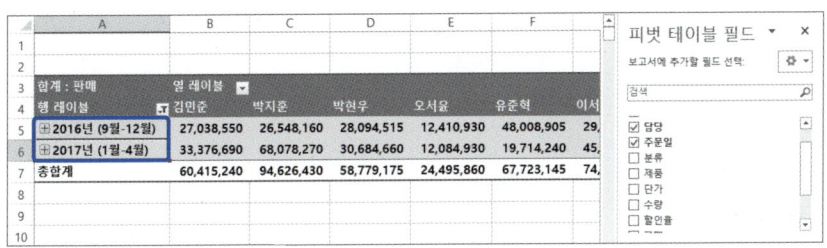

09 보고서가 한눈에 들어오도록 필드 위치를 조정하겠습니다. '피벗 테이블 필드' 작업 창에서 행 영역에 있는 '주문일2' 필드는 열 영역으로 옮기고, 열 영역에 있던 '담당' 필드는 행 영역으로 옮깁니다. 행 영역의 '주문일' 필드는 체크를 해제해 보고서에서 제거합니다. 작업을 마치면 다음과 같은 피벗 테이블 보고서가 만들어집니다.

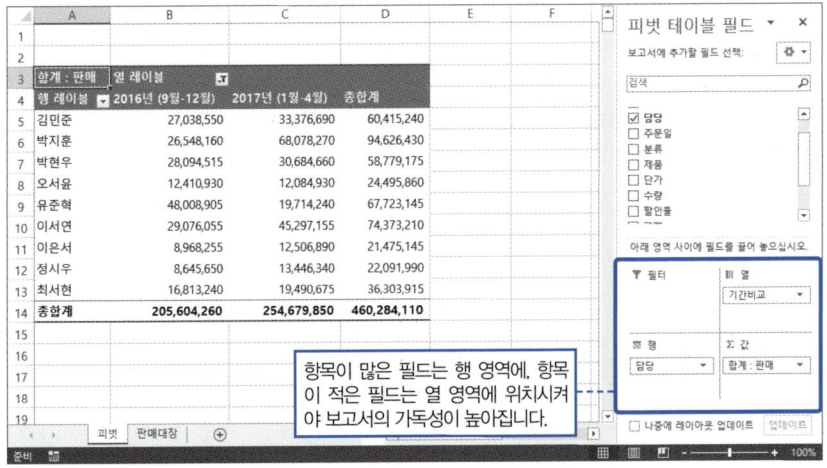

임의의 숫자 구간을 그룹 필드로 묶어 분석하기 097

숫자 값 역시 '그룹화' 대화상자를 이용해 일정 간격으로 묶을 수만 있는 게 아니라 수동으로 항목을 묶어 분석할 수도 있습니다. 직접 항목을 선택해 묶으면 더 다양한 구간으로 분석할 수 있으므로 활용 범위가 넓습니다. 임의의 숫자 구간을 묶어 분석하는 그룹 필드 생성 방법에 대해 알아보겠습니다.

예제 파일 PART 02 \ CHAPTER 06 \ 그룹 필드-구간.xlsx

01 예제 파일의 '피벗' 시트에는 제품 단가별로 2개 연도의 매출이 집계된 피벗 테이블 보고서가 있습니다. 그런데 이렇게 만든 보고서는 별다른 활용 가치가 없어 보입니다. 다음 표의 기준에 맞게 '단가' 필드를 그룹 필드로 변경해 보겠습니다.

단가	표현	설명
50만 원 미만	저가	50만 원 간격으로 묶는 그룹 필드를 생각할 수 있겠지만, 예제를 보면 단가의 최고가는 186만 원(A1063셀 참고)이므로 '그룹화' 대화상자를 사용하면 네 개의 항목으로 묶여 표시됩니다.
50만 원 이상 100만 원 미만	중가	
100만 원 이상	고가	

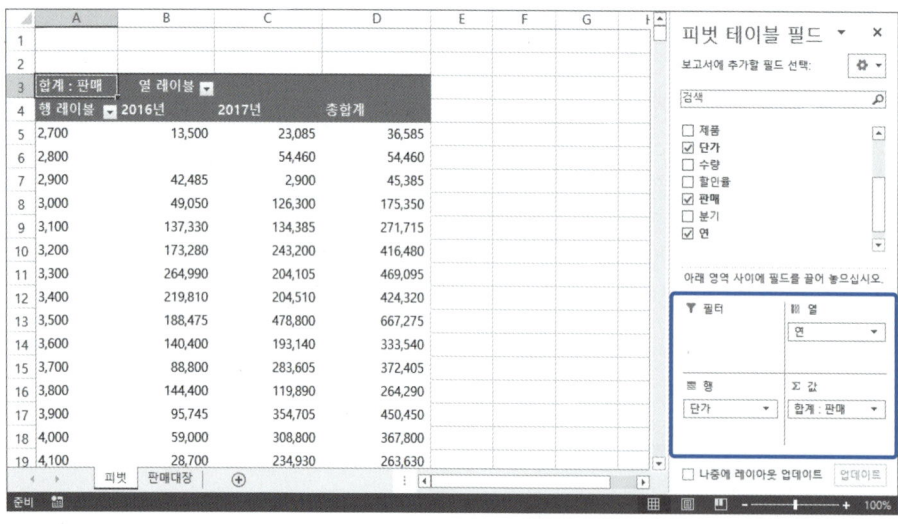

318 / PART 02 | 피벗 테이블 보고서

02 먼저 50만 원 미만 항목 범위를 선택해 그룹 필드로 생성하겠습니다. A5:A875 범위를 선택하고 [분석] 탭-[그룹] 그룹-[선택 항목 그룹화] 명령(→)을 클릭합니다.

TIP 그룹 항목은 선택된 항목만 묶여 생성되므로, 새로운 단가가 추가되면 그룹 항목을 다시 설정해야 합니다. 이런 방법의 문제는 계산된 열을 사용해 해결할 수 있으며, 정확한 방법은 No. 99(328쪽)를 참고합니다.

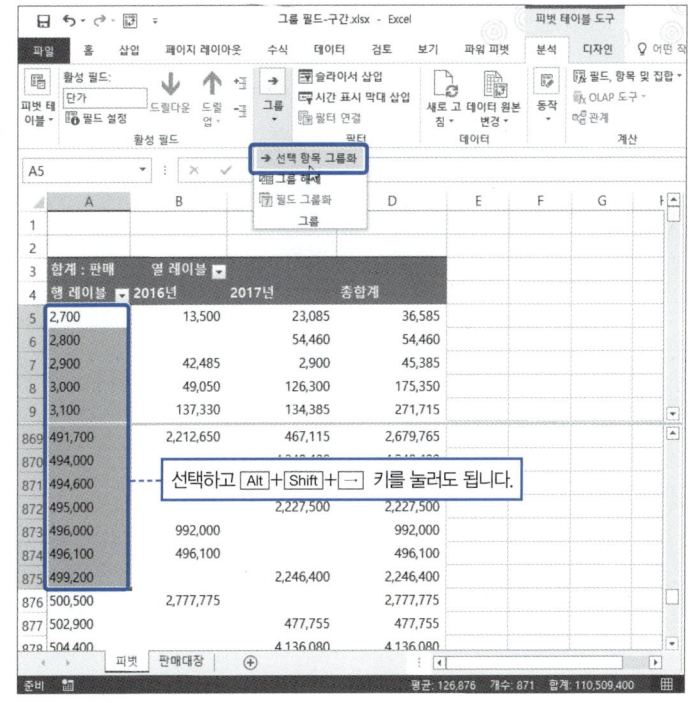

03 50만 원 이상 100만 원 미만의 항목을 그룹 필드로 생성하기 위해, A878:A1156 범위를 선택하고 [분석] 탭-[그룹] 그룹-[선택 항목 그룹화] 명령(→)을 클릭합니다.

04 마지막으로 100만 원 이상의 항목을 그룹 필드로 생성하기 위해, A1019:A1113 범위를 선택하고 [분석] 탭-[그룹] 그룹-[선택 항목 그룹화] 명령(→)을 클릭합니다.

05 그룹으로 묶은 필드 내 항목만 확인하기 위해, '단가2' 필드 내 항목(그룹1, 그룹2, 그룹3) 중 하나를 선택하고 [분석] 탭-[활성 필드] 그룹-[필드 축소] 명령(-)을 클릭합니다.

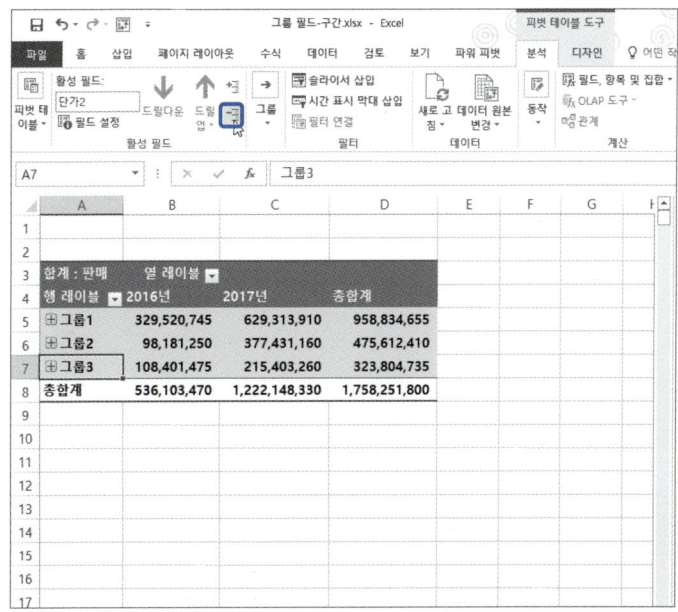

06 이해를 돕기 위해, A5:A7 범위 내 셀 값을 순서대로 '저가', '중가', '고가'로 변경합니다.

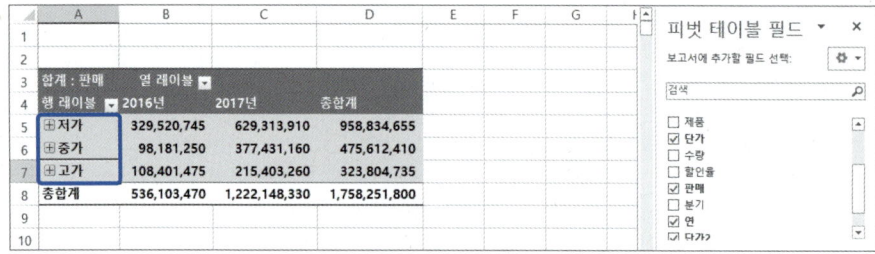

07 피벗 테이블에서 '저가'의 매출이 가장 크므로 다음과 같은 기준을 적용해 좀 더 세분화해서 분석해 보겠습니다. 먼저 '저가' 항목의 그룹을 해제합니다. A5셀을 선택하고 [분석] 탭-[그룹] 그룹-[그룹 해제] 명령(圈)을 클릭합니다.

단가	표현	설명
10만 원 미만	초저가	50만 원 미만 구간을 두 개의 그룹 항목으로 분할해 데이터를 확인합니다.
10만 원 이상 50만 원 미만	저가	

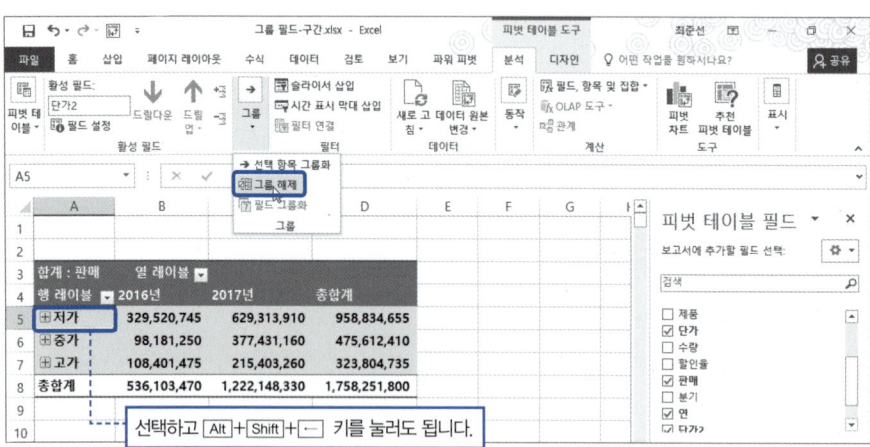

08 그룹이 해제된 '저가' 항목의 금액 중 10만 원 미만 항목만 그룹 필드로 생성하기 위해 A5:A964 범위를 선택하고 [분석] 탭-[그룹] 그룹-[선택 항목 그룹화] 명령(→)을 클릭합니다.

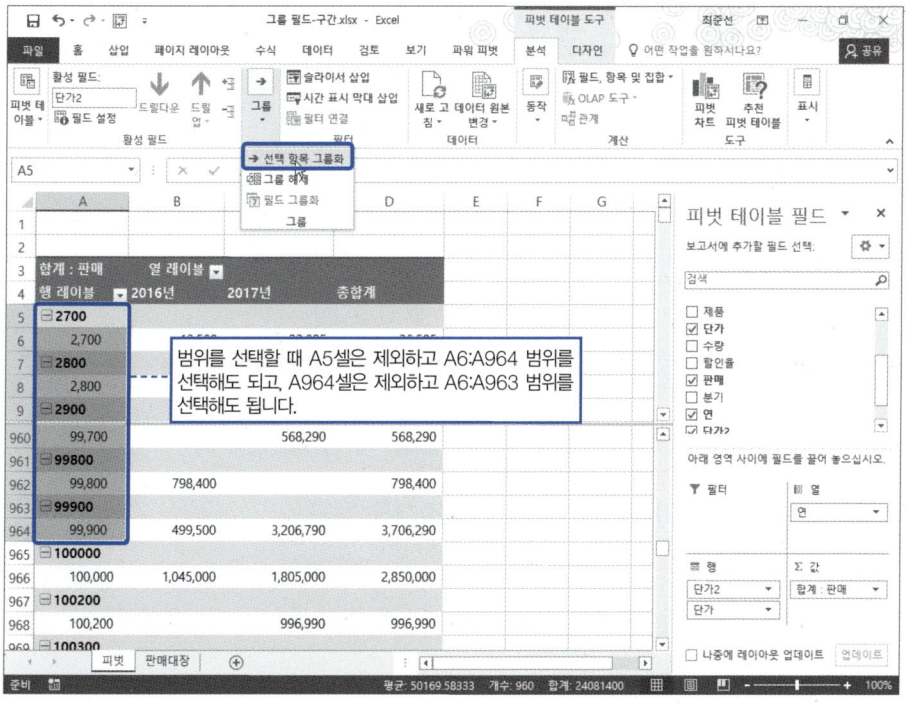

09 10만 원 이상 50만 원 미만 항목을 그룹으로 생성하기 위해 A487:A1267 범위를 선택하고 [분석] 탭-[그룹] 그룹-[선택 항목 그룹화] 명령(→)을 클릭합니다.

10 05-06 과정을 참고해 필드 항목을 축소하고 그룹으로 묶인 항목 이름을 각각 '초저가'와 '저가'로 변경합니다.

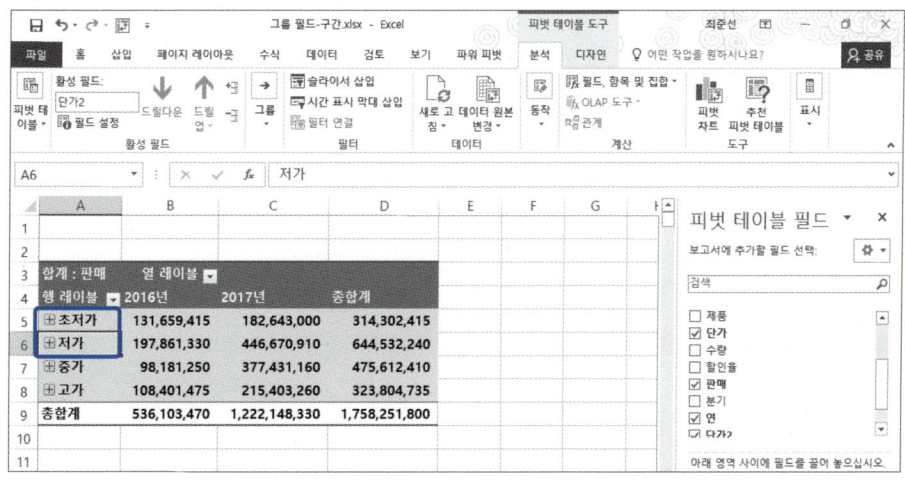

098 데이터 모델을 사용하는 피벗 테이블 보고서에서 날짜 그룹 필드 생성하기

데이터 모델을 사용하는 피벗 테이블 보고서에서는 그룹 필드를 사용하지 못합니다. 하지만 엑셀 2016 버전부터는 날짜 필드를 자동으로 그룹화하는 기능이 추가되었으므로, 데이터 모델을 사용하는 피벗 테이블 보고서에서도 날짜 필드는 '그룹화' 대화상자를 이용해 그룹 필드로 생성할 수 있습니다. 이 기능에는 장점도 있지만 단점도 있습니다. 그렇기 때문에 관계를 이용해 날짜 그룹 필드를 대체하는 방법을 알고 있다면 좀 더 효과적으로 피벗 테이블 보고서를 사용할 수 있습니다.

예제 파일 PART 02 \ CHAPTER 06 \ 데이터 모델-날짜 그룹.xlsx

데이터 모델을 사용하는 피벗 테이블 보고서에서 날짜 그룹 필드

데이터 모델을 사용하는 피벗 테이블 보고서에서 날짜 그룹 필드는 일반 피벗 테이블 보고서와 달리 필드 이름을 '연', '분기', '월' 등으로 사용하지 않고 원본 필드 이름 뒤 괄호 안에 표시합니다. 또한 '그룹화' 대화상자를 이용한 그룹 필드 생성 이외의 방법은 지원되지 않습니다.

01 예제 파일의 '피벗' 시트에는 '피벗 테이블 필드' 작업 창에서 확인할 수 있듯이 데이터 모델 내 데이터를 원본으로 만든 피벗 테이블 보고서가 있습니다. 날짜 필드(주문일)를 피벗 테이블 보고서 내에서 그룹 필드로 생성해 보겠습니다.

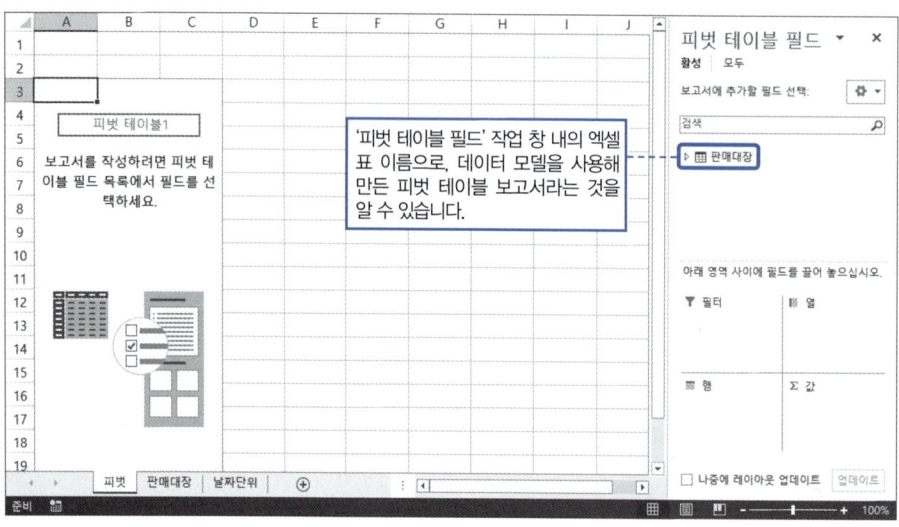

02 '피벗 테이블 필드' 작업 창 내의 '판매대장' 표를 확장하고 '주문일' 필드에 체크하면 '주문일' 필드가 열 영역에 삽입되면서 자동으로 '주문일(연도)', '주문일(분기)', '주문일(월)' 그룹 필드가 생성됩니다.

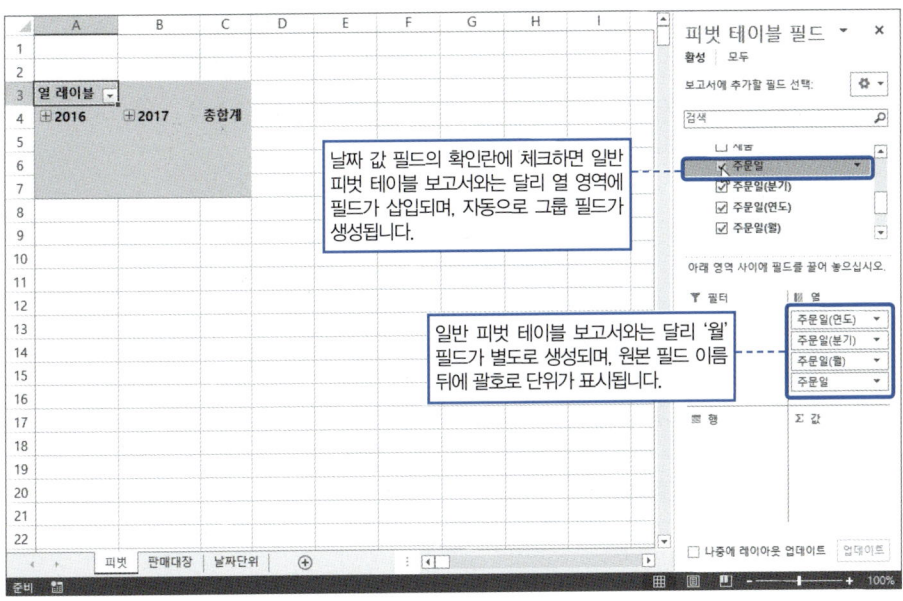

03 그룹 필드 내 항목을 확인하기 위해, 열 영역에 있는 필드를 드래그해 행 영역으로 옮깁니다. 다음 화면과 같이 필드 내 항목을 확인할 수 있습니다.

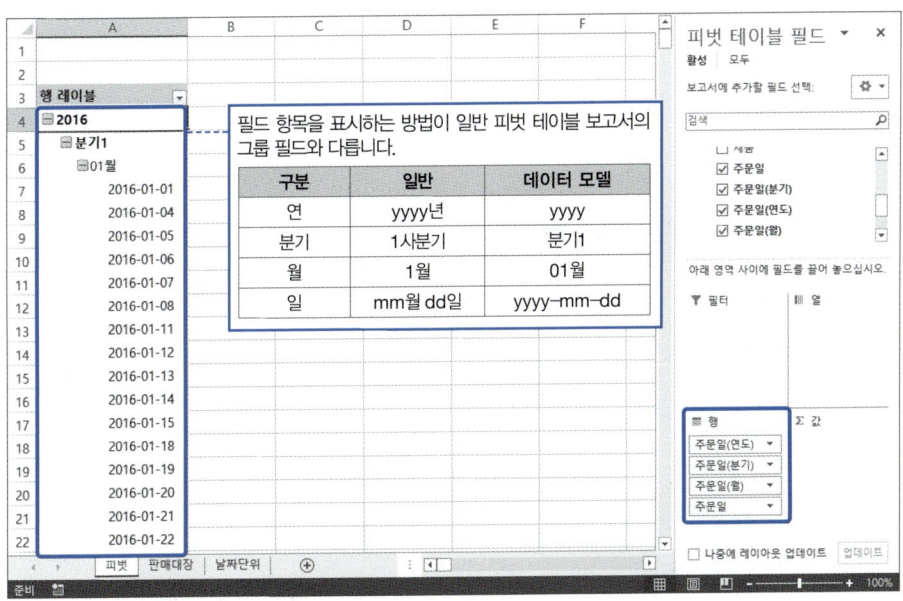

04 그룹으로 묶인 필드를 해제하고 수동으로 몇 개의 날짜 항목을 묶어 보겠습니다. 날짜 항목 하나(여기서는 A4셀)를 선택한 상태에서 [분석] 탭-[그룹] 그룹-[그룹 해제] 명령(圖)을 클릭해 그룹 필드를 모두 제거합니다.

05 수동으로 몇 개의 날짜 항목을 묶기 위해, A4:A10 범위를 선택하고 [분석] 탭-[그룹] 그룹-[선택 항목 그룹화] 명령(→)을 클릭하면 다음 화면과 같은 경고 메시지 창이 표시됩니다.

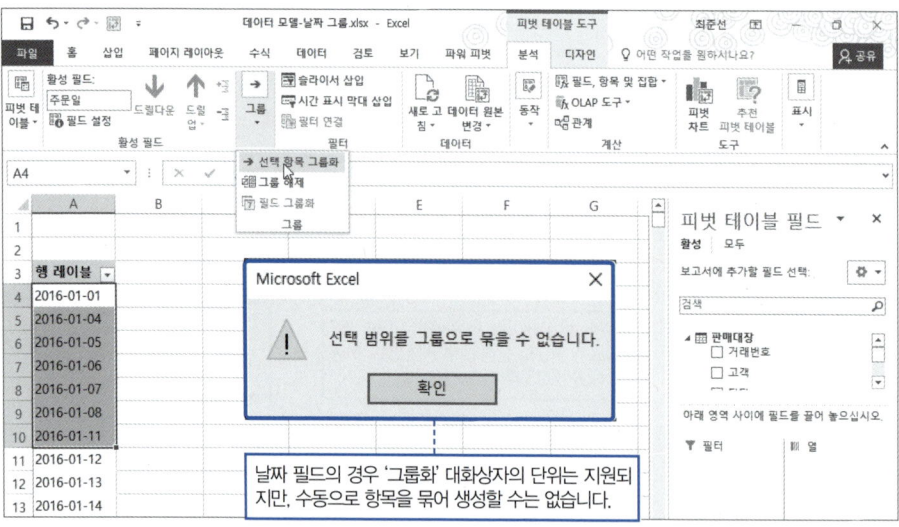

관계를 이용한 날짜 그룹 필드

시계열 분석을 자주 한다면, 날짜 값에 여러 그룹 값을 계산한 표를 하나 만들어놓고 이 표를 다른 표의 날짜 값과 관계로 연결해 피벗 테이블 보고서를 만드는 것이 편리합니다.

01 '판매대장' 시트에는 고객과의 거래 내역이 담긴 데이터가 입력되어 있습니다. D열에 '주문일'이 날짜 값으로 입력되어 있는데, 2016년 1월 1일부터 2017년 12월 31일까지 거래가 있는 날의 데이터가 모두 입력되어 있습니다.

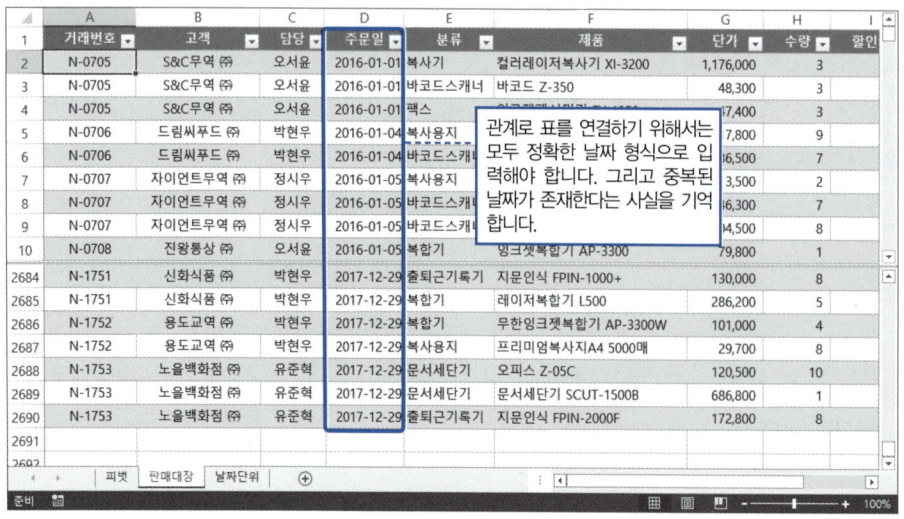

TIP 엑셀 표의 이름은 [디자인] 탭-[속성] 그룹의 [표 이름:]에서 확인할 수 있으며, 시트 탭 이름과 동일합니다.

02 날짜 값 필드의 그룹 필드로 사용할 표를 확인합니다. '날짜단위' 시트를 열면, A열에는 2016년 1월 1일부터 2017년 12월 31일까지 모든 날짜가 입력되어 있으며, B:H열에는 연도, 반기, 분기, 월, 주(주 일련번호), 주차(월의 주차), 요일 값이 수식으로 계산되어 있습니다.

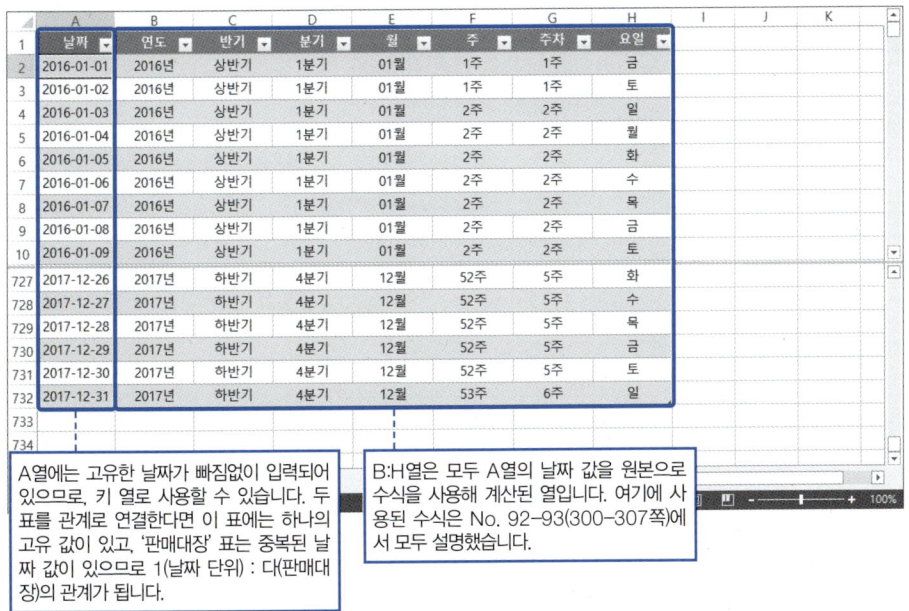

A열에는 고유한 날짜가 빠짐없이 입력되어 있으므로, 키 열로 사용할 수 있습니다. 두 표를 관계로 연결한다면 이 표에는 하나의 고유 값이 있고, '판매대장' 표는 중복된 날짜 값이 있으므로 1(날짜 단위) : 다(판매대장)의 관계가 됩니다.

B:H열은 모두 A열의 날짜 값을 원본으로 수식을 사용해 계산된 열입니다. 여기에 사용된 수식은 No. 92-93(300-307쪽)에서 모두 설명했습니다.

03 두 표를 연결해 피벗 테이블 보고서에서 활용해 보겠습니다. [데이터] 탭-[데이터 도구] 그룹-[관계] 명령(📎)을 클릭합니다.

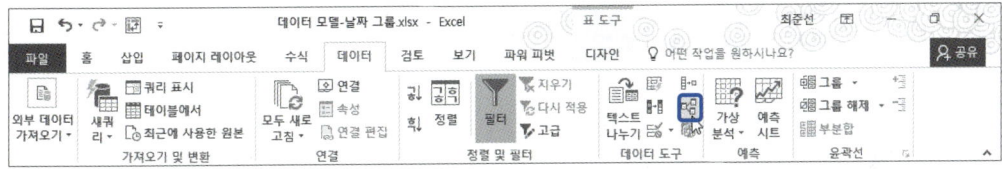

TIP 피벗 테이블 보고서가 선택된 상태라면 [분석] 탭-[계산] 그룹-[관계] 명령을 클릭해도 됩니다.

04 '관계 관리' 대화상자가 열리면 〈새로 만들기〉 버튼을 클릭합니다. '관계 만들기' 대화상자가 열리면 다음 표를 참고해 두 표를 연결하고 〈확인〉 버튼을 클릭합니다.

테이블	열(외래)
판매대장	주문일
관련 표	관련 열(기본)
날짜단위	날짜

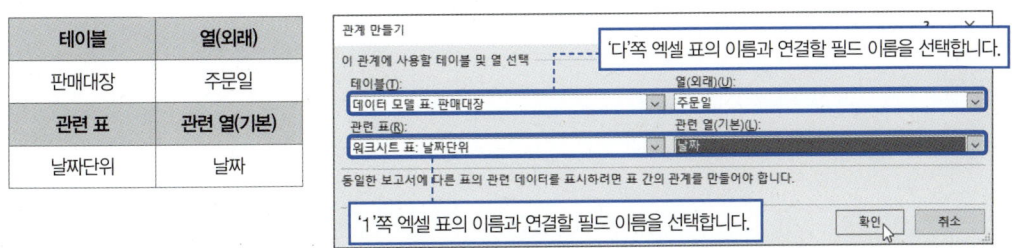

'다'쪽 엑셀 표의 이름과 연결할 필드 이름을 선택합니다.

'1'쪽 엑셀 표의 이름과 연결할 필드 이름을 선택합니다.

LINK 관계로 표를 연결하는 방법은 'No. 40 1:1 관계 설정하기'(141쪽), 'No. 41 1:다 관계 설정하기'(146쪽)를 참고합니다.

05 '관계 관리' 대화상자에 생성된 관계가 목록으로 표시됩니다. 생성된 관계를 확인하고 〈닫기〉 버튼을 클릭합니다.

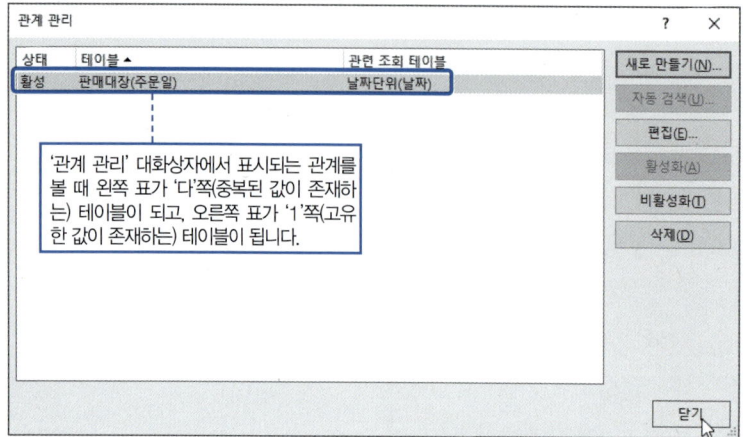

06 '피벗' 시트를 열고, '피벗 테이블 필드' 작업 창 상단에서 [모두]를 선택하면 관계로 연결된 두 표를 확인할 수 있습니다.

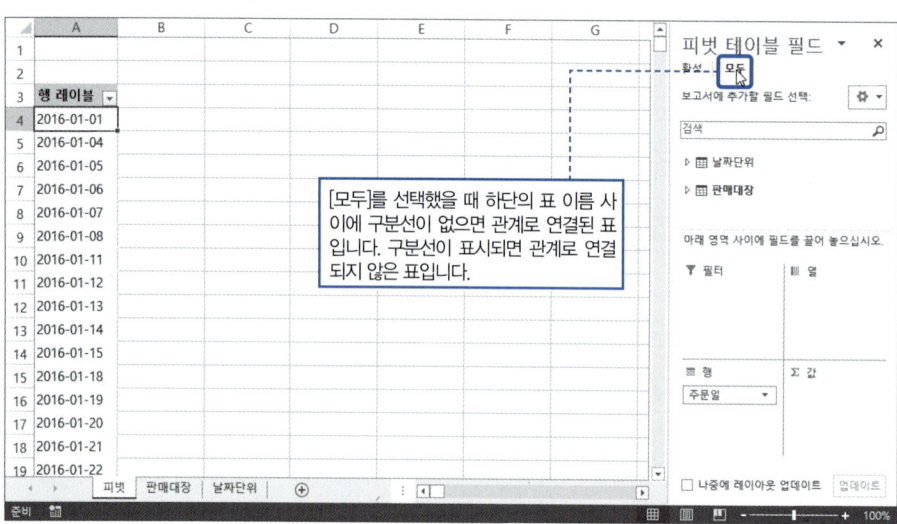

07 '피벗 테이블 필드' 작업 창에서 행 영역에 삽입된 '주문일' 필드를 제거하고, '날짜단위' 표의 '연도'는 열 영역에, '반기'와 '월'은 행 영역에 각각 삽입합니다.

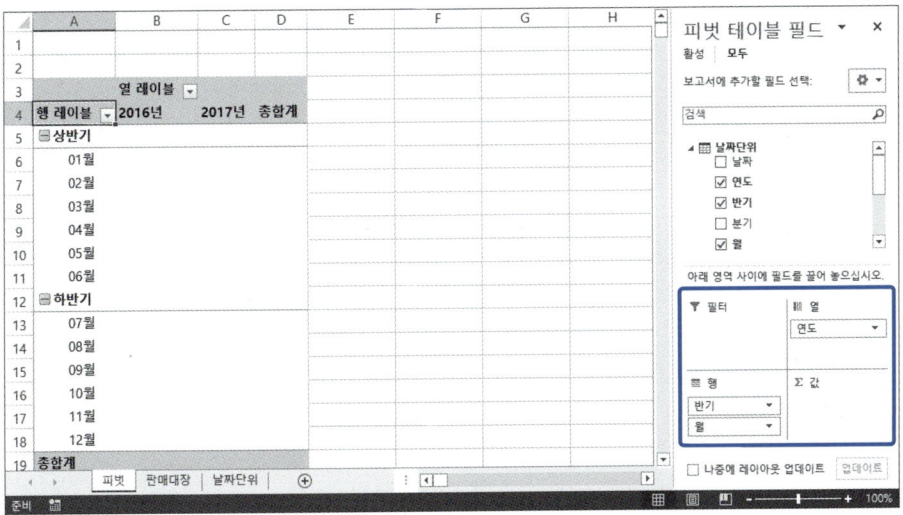

08 '판매대장' 표의 '판매' 필드를 값 영역에 삽입하면 다음과 같은 피벗 테이블 보고서가 만들어집니다.

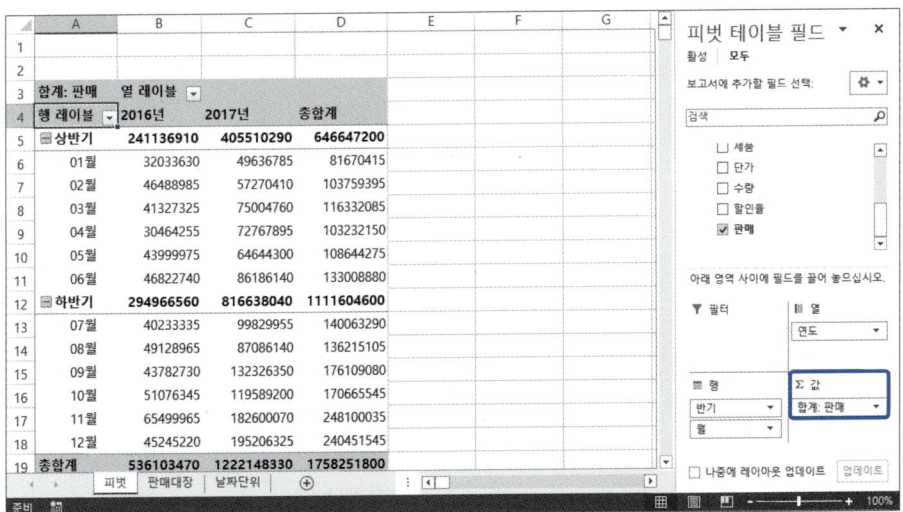

데이터 모델을 사용하는 피벗 테이블 보고서에서 숫자 그룹 필드 생성하기 099

숫자 값이 입력된 필드는 No. 98(322쪽)에서 알아본 관계로 연결하는 방법보다 수식을 사용해 원본 표에 계산된 열을 추가하는 것이 더 쉽고 간편합니다. 물론 계산 필드를 사용하면 그런 작업 없이 피벗 테이블 보고서에서 자체적으로 문제를 해결할 수 있지만, 수정하려면 또 일일이 고쳐야 합니다. 그에 비해 수식을 사용하면 좀 더 간편하게 수정 작업을 할 수 있습니다. 데이터 모델을 사용하는 피벗 테이블 보고서에서 숫자 필드를 그룹 필드로 생성하는 방법에 대해 알아보겠습니다.

예제 파일 PART 02 \ CHAPTER 06 \ 데이터 모델-숫자 그룹.xlsx

01 예제 파일의 '피벗' 시트에는 '단가' 필드가 행 영역에 삽입된 피벗 테이블 보고서가 있는데, 이 피벗 테이블 보고서는 데이터 모델 내 데이터를 원본 데이터로 사용하고 있습니다. 숫자 그룹 필드를 생성할 수 있는지 확인하기 위해 항목을 하나(여기서는 A4셀) 선택하고 [분석] 탭-[그룹] 그룹-[필드 그룹화] 메뉴를 선택해 봅니다. 화면과 같은 경고 메시지 창이 표시됩니다.

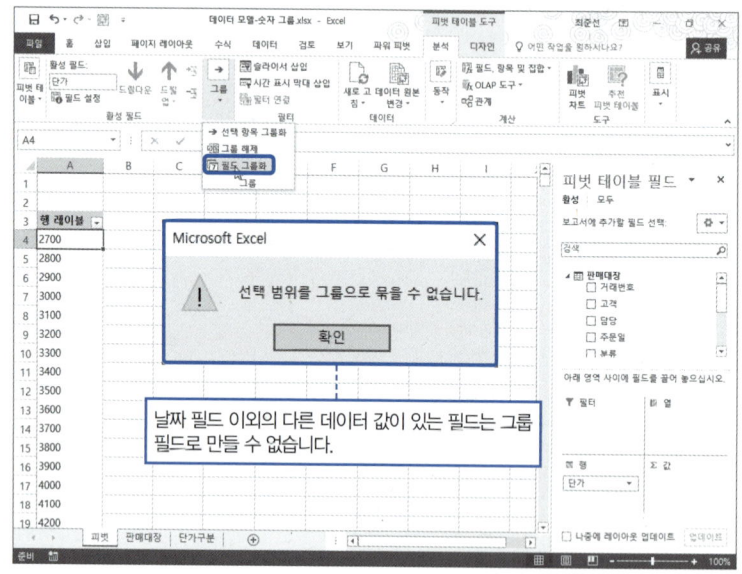

02 데이터 모델 내 데이터를 원본으로 생성한 피벗 테이블 보고서에서 숫자 필드를 그룹 필드로 생성하려면 별도의 표를 만들어 작업하는 것이 편리합니다. '단가구분' 시트를 열면 다음 화면과 같이 단가를 그룹화할 조건 표를 확인할 수 있습니다.

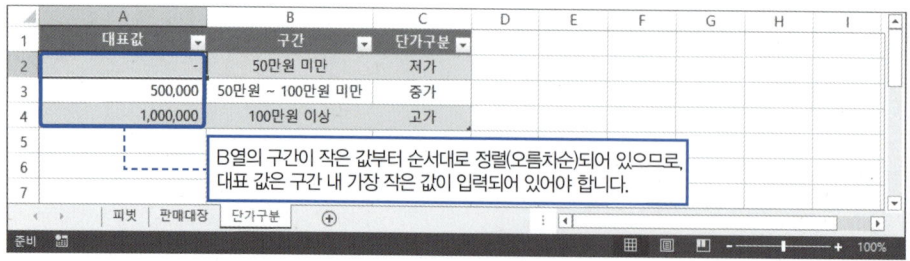

03 '단가구분' 시트에 정리해 놓은 값을, 피벗 테이블 보고서의 원본 데이터가 있는 '판매대장' 시트의 표에 참조해 넣습니다. '판매대장' 시트를 열고 G열에 빈 열을 삽입한 후, 다음과 같은 계산 열을 추가합니다.

머리글		수식	
G1셀	단가구분	G2셀	=VLOOKUP([@단가], 단가구분, 3, TRUE)

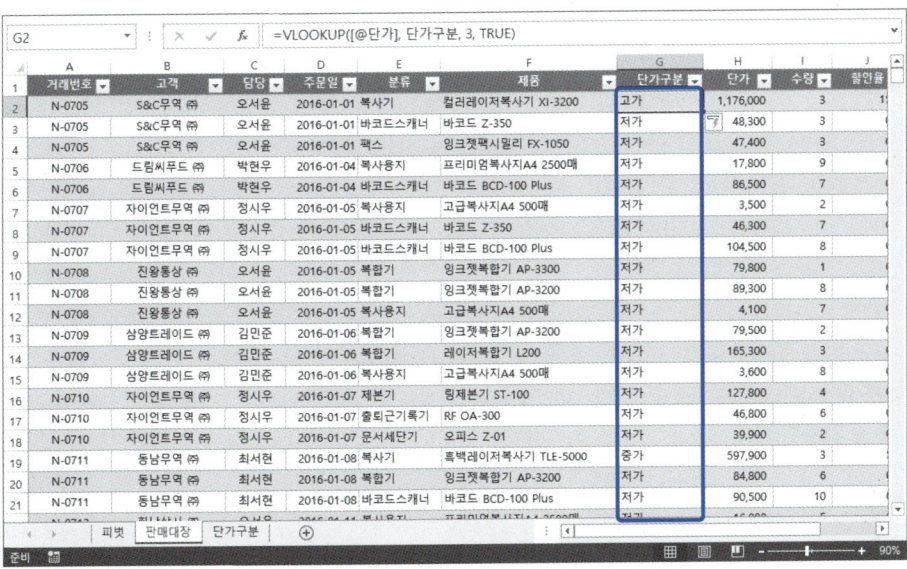

> **Plus⁺ 수식 이해하기**
>
> 이번 수식은 [@단가] 구문으로 참조되는 H2셀의 값을 '단가구분' 표의 왼쪽 첫 번째 열에서 찾아 같은 행에 위치한 세 번째 열의 값을 참조해 오라는 의미입니다. 주의할 점은 VLOOKUP 함수의 네 번째 인수 값이 TRUE라는 것으로, 오름차순으로 정렬된 구간에 속한 값을 찾는다는 점입니다.
>
> 참고로 VLOOKUP 함수를 이용하려면 반드시 '단가구분' 표의 왼쪽 첫 번째 열의 값이 오름차순으로 정렬되어 있어야 하며, 다음과 같은 INDEX, MATCH 함수 조합으로 수식을 변경할 수 있습니다.
>
> ```
> =INDEX(단가구분[단가구분], MATCH([@단가], 단가구분[대표값], 1))
>
> or
>
> =INDEX(단가구분!$C$2:$C$4, MATCH(H2, 단가구분!$A$2:$A$4, 1))
> ```
>
> 이런 대체 수식을 이해하고 있어야 하는 이유는, 만약 '단가구분' 시트의 표가 내림차순으로 정렬되어 있으면 VLOOKUP 함수를 사용하지 못하므로 수식을 INDEX, MATCH 함수 조합으로 변경해야 하기 때문입니다.
>
> 내림차순으로 정렬된 경우에는 두 가지 값이 모두 변경되어야 합니다. 첫 번째로는 '단가구분' 시트의 A2:A4 범위 내 값이 구간의 가장 큰 값으로 변경되어야 합니다. 정확하게는 다음과 같은 표가 되어야 합니다.

대표값	구간	단가구분
10,000,000	100만 원 이상	고가
990,000	50만 원 이상 100만 원 미만	중가
499,000	50만 원 미만	저가

두 번째로는 수식이 다음과 같이 변경되어야 합니다.

```
=INDEX(단가구분[단가구분], MATCH([@단가], 단가구분[대표값], -1))

or

=INDEX(단가구분!$C$2:$C$4, MATCH(H2, 단가구분!$A$2:$A$4, -1))
```

만약 '단가구분' 시트의 표가 존재하지 않는다면, IF 함수를 중첩해 다음과 같은 수식을 사용할 수 있습니다.

```
=IF([@단가]<500000, "저가", IF([@단가]<1000000, "중가", "고가"))

or

=If([@단가]>=1000000, "고가", IF([@단가]>=500000, "중가", "저가"))
```

이렇게 다양한 방법으로 계산 열을 생성할 수 있으면 그룹 필드를 사용하지 못해도 얼마든지 원하는 열을 추가할 수 있습니다. 또한 이 방법을 사용하면 수동으로 그룹 항목을 생성하는 방법의 단점인 새로운 항목이 추가될 때마다 그룹 필드를 재설정해야 하는 문제도 해결할 수 있습니다.

04 이제 '피벗' 시트를 연 후 피벗 테이블 보고서 내의 셀을 선택하고 [분석] 탭-[데이터] 그룹-[새로 고침] 명령(📄)을 클릭해 피벗 테이블 보고서를 새로 고칩니다. 새로 추가된 '단가구분' 필드를 행 영역의 상위 필드로 삽입하고, '판매' 필드를 값 영역에 삽입합니다. '단가구분' 필드 내 항목을 하나 선택하고 [분석] 탭-[활성 필드] 그룹-[필드 축소] 명령(➖)을 클릭하면 다음 화면과 같은 피벗 테이블 보고서가 만들어집니다.

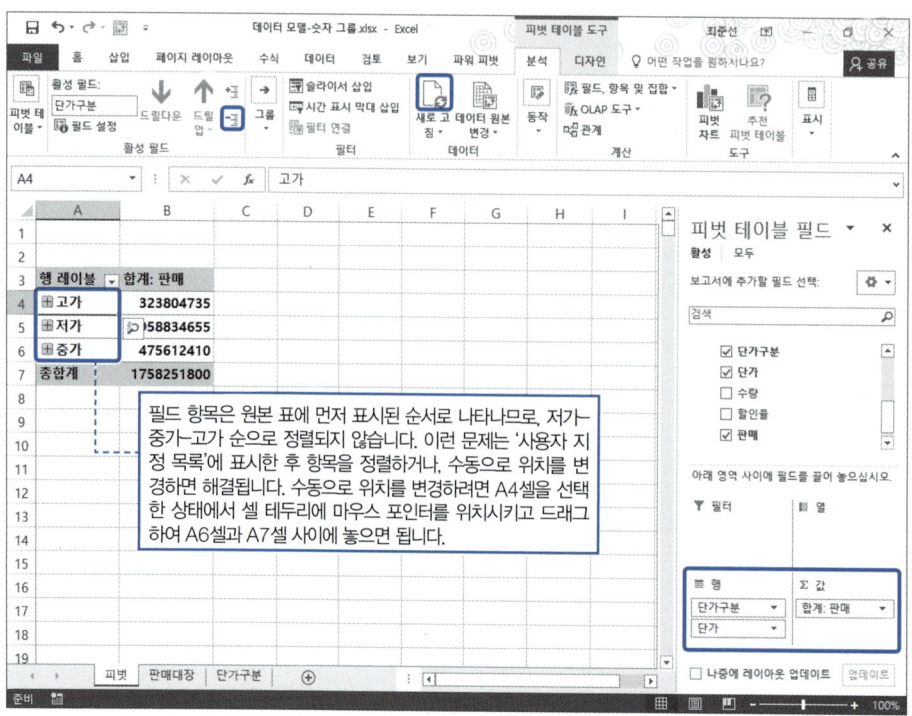

05 단가를 구분하는 기준을 변경해 보겠습니다. '단가구분' 시트로 이동하여 3행을 선택하고 행을 하나 삽입한 후 다음 표를 참고해 각 셀의 값을 수정합니다.

B2셀	C2셀	A3셀	B3셀	C3셀
10만 원 미만	초저가	100,000	10만 원 ~ 50만 원 미만	저가

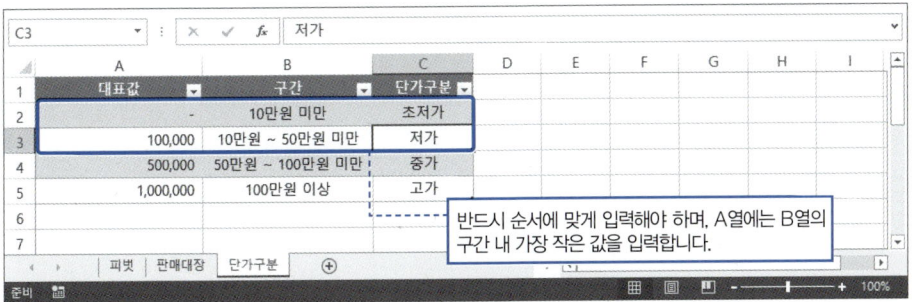

반드시 순서에 맞게 입력해야 하며, A열에는 B열의 구간 내 가장 작은 값을 입력합니다.

06 '피벗' 시트를 열고 피벗 테이블 보고서가 선택된 상태에서 [분석] 탭-[데이터] 그룹-[새로 고침] 명령(🗔)을 클릭하면 '단가구분' 시트의 표에서 추가한 '초저가'가 반영된 매출 실적을 확인할 수 있습니다.

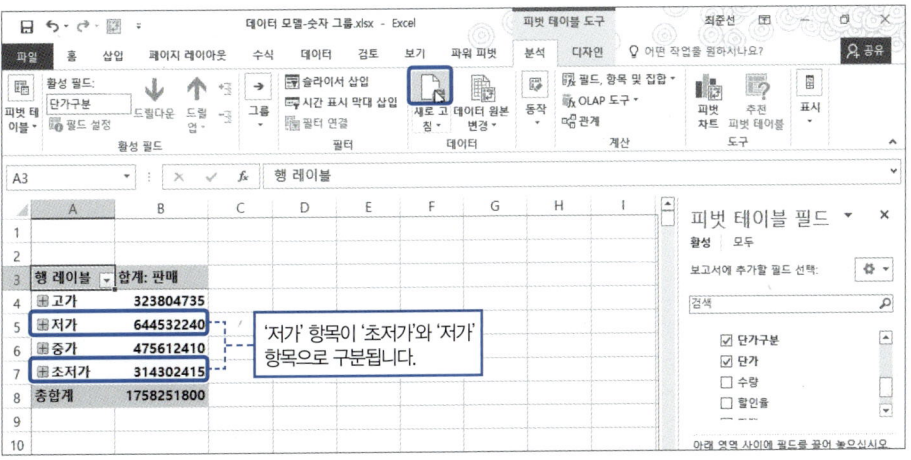

'저가' 항목이 '초저가'와 '저가' 항목으로 구분됩니다.

100 데이터 모델을 사용하는 피벗 테이블 보고서에서 텍스트 그룹 필드 생성하기

데이터 모델을 사용하는 피벗 테이블 보고서에서 텍스트 값이 입력된 필드를 그룹 필드로 생성하려면 날짜 필드와 마찬가지로 관계를 이용하는 것이 좋습니다. 관계 자체가 두 개의 표를 연결해 다른 필드의 값을 가져다 사용하는 것이므로, 다른 표에 있는 상위 레벨의 필드를 가져다 사용하면 굳이 그룹 필드를 생성할 필요가 없습니다. 텍스트 필드를 관계로 연결해 그룹 필드를 대체하는 방법에 대해 알아보겠습니다.

\ 예제 파일 PART 02 \ CHAPTER 06 \ 데이터 모델-텍스트 그룹.xlsx

01 예제 파일의 '피벗' 시트에는 영업사원의 연도별 매출 실적 보고서가 있습니다. 이 보고서에서 영업사원을 성별로 그룹화해서 분석하는 작업을 해 보겠습니다.

02 '판매대장' 시트와 '직원' 시트의 데이터를 확인합니다.

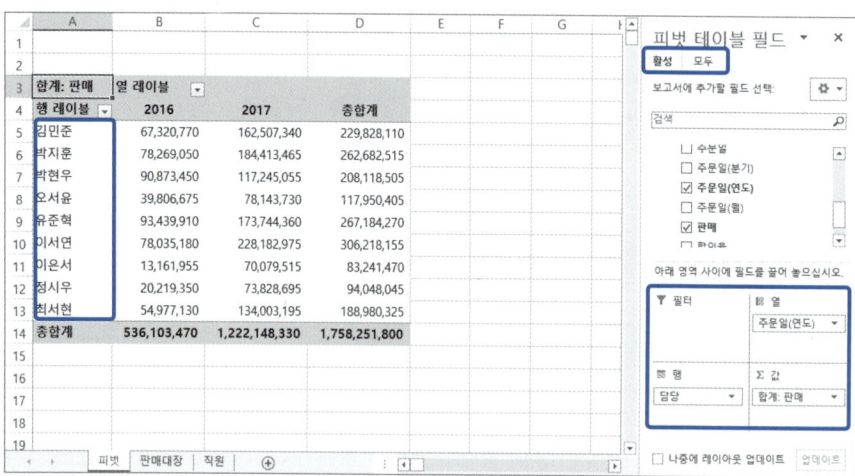

03 두 시트의 표를 관계로 연결해 피벗 테이블 보고서에서 사용하겠습니다. [데이터] 탭–[데이터 도구] 그룹–[관계] 명령(📊)을 클릭하여 '관계 관리' 대화상자가 열리면 〈새로 만들기〉 버튼을 클릭합니다.

04 '관계 만들기' 대화상자가 열리면 다음 표를 참고해 설정하고 〈확인〉 버튼을 클릭합니다.

테이블	열(외래)
판매대장	담당
관련 표	**관련 열(기본)**
직원	이름

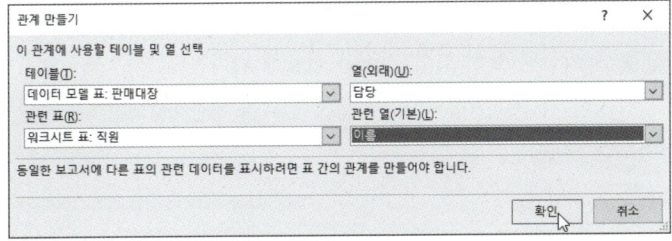

05 〈닫기〉 버튼을 클릭해 '관계 관리' 대화상자를 닫고 '피벗' 시트를 엽니다. '피벗 테이블 필드' 작업 창에서 [모두]를 클릭하면 관계로 연결된 '직원' 테이블을 확인할 수 있습니다.

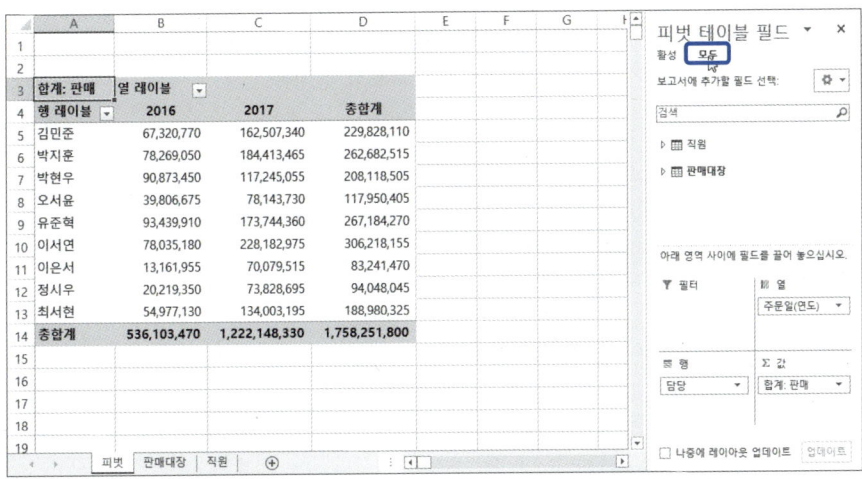

06 '피벗 테이블 필드' 작업 창에서 '직원' 테이블을 확장하고 '성별' 필드를 행 영역 내 '담당' 필드의 상위 필드로 삽입하면 다음 화면과 같은 피벗 테이블 보고서가 만들어집니다.

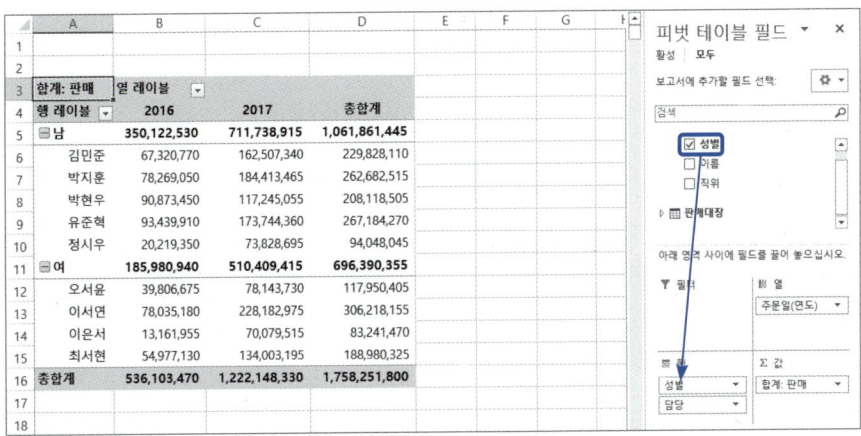

값 표시 형식 이해하기 101

피벗 테이블 보고서에서 지원하는 값 표시 형식은 값 영역에 적용 가능한 '표시 형식'이라는 의미입니다. 셀 값을 셀 서식의 '표시 형식' 기능을 이용해 원하는 값으로 포장할 수 있는 것처럼, 피벗 테이블 보고서에도 유사한 기능이 있습니다. 값 표시 형식을 사용하는 방법과 엑셀 버전별로 차이가 나는 부분에 대해 알아보겠습니다.

예제 파일 PART 02 \ CHAPTER 06 \ 값 표시 형식.xlsx

값 표시 형식의 특징

값 표시 형식에는 다음과 같은 몇 가지 특징이 있습니다.

첫째, 값 영역에는 동일한 필드를 여러 번 삽입할 수 있으므로, 값 표시 형식을 이용해 매출과 매출 비율, 누계, 순위 등을 함께 표시할 수 있습니다.

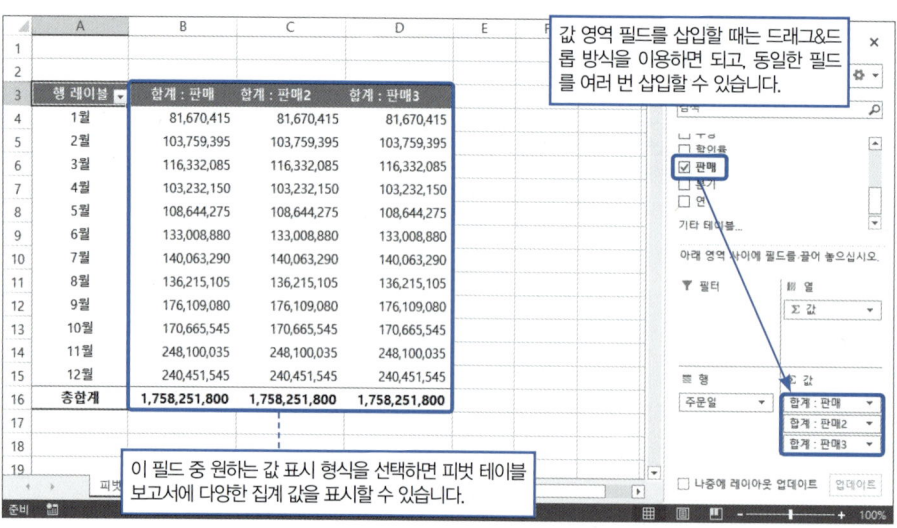

둘째, 계산 필드나 그룹 필드와는 달리 데이터 모델을 사용하는 피벗 테이블 보고서에서도 자유롭게 사용할 수 있습니다.

셋째, 엑셀 2010 버전에서만 [옵션] 탭-[계산] 그룹-[값 표시 형식] 명령을 사용하며, 다른 버전에서는 [분석] 탭-[활성 필드] 그룹-[필드 설정] 명령(🔳)을 클릭한 후 [값 표시 형식] 탭을 선택하여 작업할 수 있습니다.

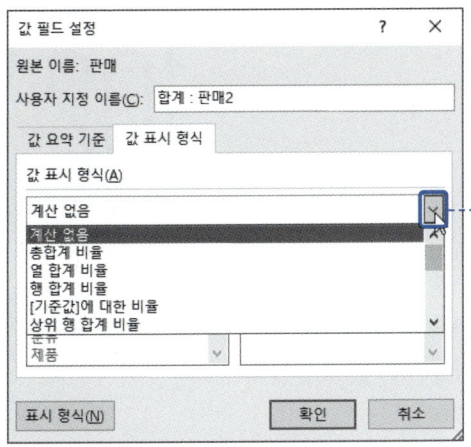

이런 방법은 단계가 복잡하고 여러 번 클릭을 해야 하므로 보통은 표시 형식을 변경할 필드 머리글을 마우스 오른쪽 버튼으로 클릭한 후 [값 표시 형식]의 하위 메뉴에서 선택하는 작업을 더 선호합니다.

값 표시 형식의 버전별 차이

값 표시 형식은 2010 버전부터 추가로 지원되는 항목이 꽤 많고 용어의 변화도 있으므로, 자신이 사용하고 있는 엑셀 버전에 맞게 이해하고 있어야 합니다.

값 표시 형식	2007 이하 버전	설명	참고 단원
총합계 비율	동일	총합계의 합계 값 대비 비율을 표시합니다.	No. 102
열 합계 비율	행 방향 비율	열 하단의 합계 대비 비율을 표시합니다.	
행 합계 비율	열 방향 비율	행 오른쪽의 합계 대비 비율을 표시합니다.	
[기준값]에 대한 비율	동일	선택한 항목에 대한 비율을 표시합니다.	No. 105
상위 행 합계 비율	미지원	행 영역의 상위 레벨 필드의 항목 대비 비율을 표시합니다.	No. 103
상위 열 합계 비율		열 영역의 상위 레벨 필드의 항목 대비 비율을 표시합니다.	
상위 합계 비율		선택한 기준 필드의 항목 대비 비율을 표시합니다.	
[기준값]과의 차이	동일	선택한 항목과의 차이(뺄셈)를 표시합니다.	No. 105
[기준값]에 대한 비율의 차이		선택한 항목에 대한 비율의 차이를 표시합니다.	
누계	미지원	기준 필드의 값 영역 내 숫자를 누적해 표시합니다.	No. 104
누계 비율		누계와 동일하지만 비율로 표시합니다.	
오름차순 순위 지정	미지원	작은 값부터 순위를 표시합니다.	No. 106
내림차순 순위 지정		큰 값부터 순위를 표시합니다.	
인덱스	동일	집계 값의 상대적 가중 비율을 표시합니다.	No. 107

전체 대비 비율 표시하기

102

피벗 테이블 보고서와 같은 집계 보고서를 만들면 반드시 해야 하는 작업 중의 하나가 전체 대비 비율을 표시하는 일입니다. 전체 대비 비율은 집계된 숫자의 의미를 이해하는 데 도움이 되기 때문에 거의 모든 보고서에 필수적으로 쓰입니다. 비율은 계산 필드로도 계산할 수 있을 것 같지만, 총합계 행/열의 값을 계산에 사용할 수 없으므로 계산 필드로는 표시할 수 없습니다. 값 표시 형식을 이용해 여러 가지 비율을 표시하는 방법에 대해 알아보겠습니다.

예제 파일 PART 02 \ CHAPTER 06 \ 값 표시 형식-비율.xlsx

01 예제 파일의 '피벗' 시트에는 2개 연도의 분기별 매출 실적이 집계된 보고서가 있습니다. 값 영역에는 '판매' 필드가 두 번 삽입되어 있는데, 이중 '합계 : 판매2' 필드의 값을 비율로 표시해 보겠습니다.

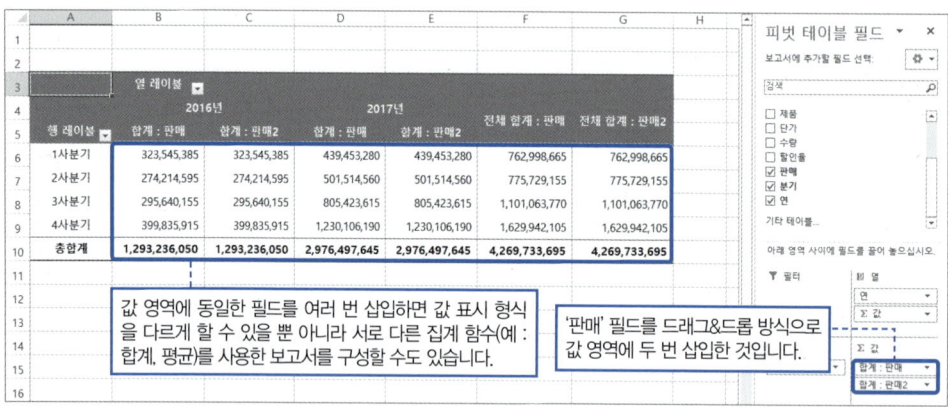

02 '합계 : 판매2' 필드의 머리글 셀인 C5셀을 마우스 오른쪽 버튼으로 클릭하여 [값 표시 형식]-[총합계 비율] 메뉴를 선택합니다.

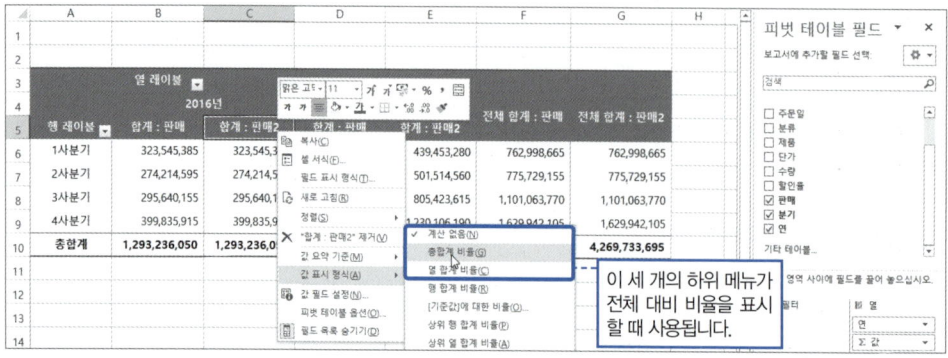

TIP 다시 원래 집계 값을 표시하도록 하려면 [값 표시 형식]-[계산 없음] 메뉴를 선택하면 됩니다.

03 G10셀의 총합계 값을 100%로 하고 나머지 매출은 총합계 대비 비율로 계산한 피벗 테이블 보고서가 구성됩니다.

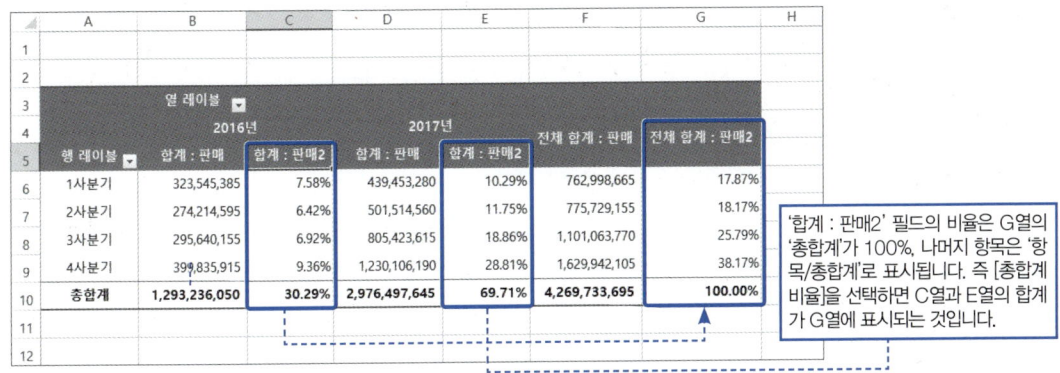

04 02 과정에서 [값 표시 형식]-[열 합계 비율] 메뉴를 선택하면, '합계 : 판매2' 필드의 값이 다음 화면과 같이 연도별 매출 비율로 표시됩니다.

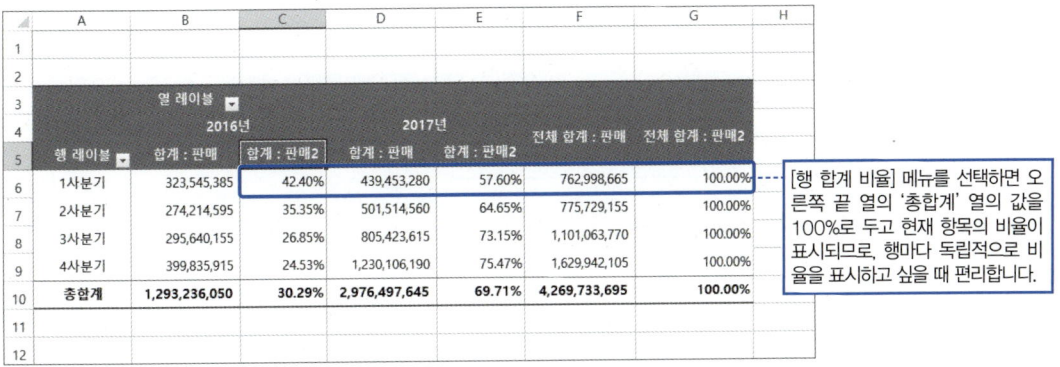

TIP 2007 이하 버전에서는 '열 합계 비율' 대신 '행 방향 비율'이라는 용어를 사용합니다.

05 02 과정에서 [값 표시 형식]-[행 합계 비율]을 선택하면 다음 화면과 같이 '합계 : 판매2' 필드의 값이 분기별 매출 비율로 표시됩니다.

TIP 2007 이하 버전에서는 '행 합계 비율' 대신 '열 방향 비율'이라는 용어를 사용합니다.

상위 필드의 값 대비 비율 표시하기 103

행/열 영역에 필드가 하나만 있는 경우에는 No. 102(336쪽)에서 설명한 비율 표시 방식만으로도 별 다른 문제가 없지만, 필드가 여러 개여서 상위-하위 필드가 존재하는 경우에는 추가로 다른 방법이 필요할 수 있습니다. 예를 들어 상위 필드의 값을 기준으로 하위 필드의 항목을 비율로 표시하려는 경우라면 '값 표시 형식'의 '상위 합계 비율'을 사용합니다. 단, 이 표시 형식은 2010 이상 버전에서만 사용할 수 있습니다. 상위 필드의 값 대비 비율을 표시하는 방법에 대해 알아보겠습니다.

예제 파일 PART 02 \ CHAPTER 06 \ 값 표시 형식-상위 비율.xlsx

01 예제 파일의 '피벗' 시트에는 부서별 2개 연도의 분기별 매출 실적이 집계된 보고서가 있습니다. 값 영역에는 '판매' 필드가 두 번 삽입되어 있으며, '합계 : 판매2' 필드에는 총합계 비율이 표시되어 있습니다. '합계 : 판매2' 필드에 상위 필드 합계를 기준으로 비율이 표시되도록 해 보겠습니다.

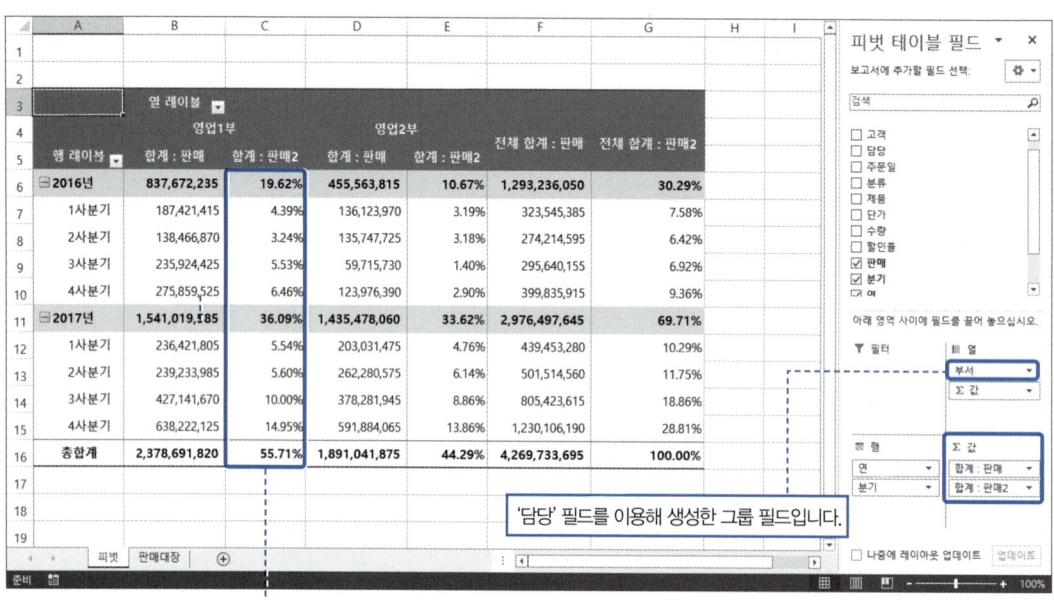

이처럼 전체 대비 비율 말고, 상위 필드와 연동해 비율을 표시하고자 한다면 상위 필드 비율을 사용해야 합니다.

02 '합계 : 판매2' 필드의 값 표시 형식을 변경하겠습니다. '합계 : 판매2' 필드의 머리글 셀인 C5셀을 마우스 오른쪽 버튼으로 클릭하여 [값 표시 형식]-[상위 행 합계 비율] 메뉴를 선택합니다.

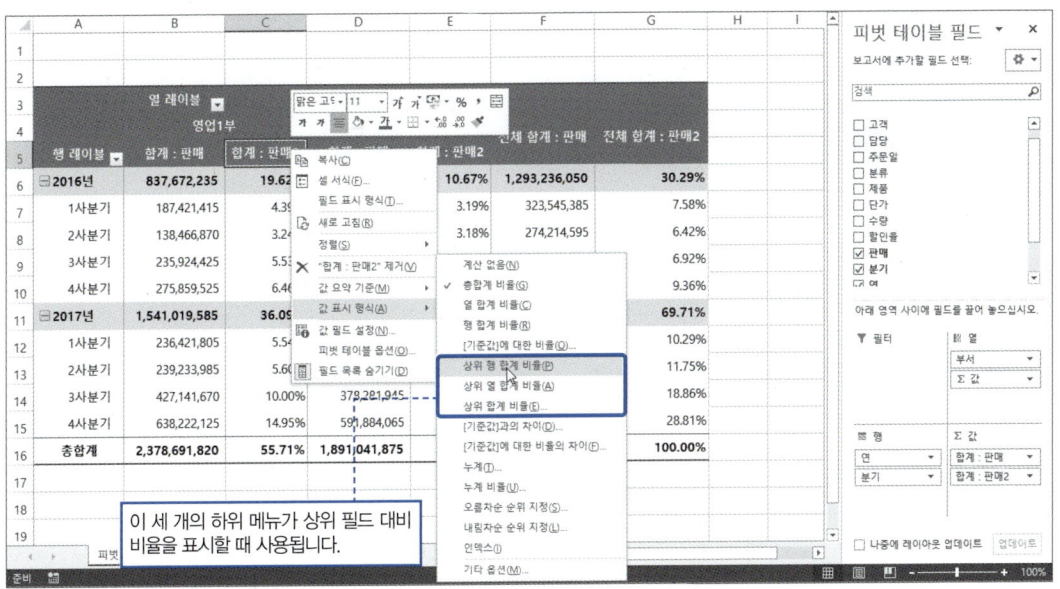

03 '합계 : 판매2' 필드의 표시 값이 변경됩니다. '열 합계 비율'과 유사해 보이지만, 상위 필드의 값을 100%으로 설정하고 하위 필드 값의 비율을 표시하고 있다는 것을 확인할 수 있습니다.

CHAPTER 06 | 피벗 테이블 보고서 고급 기술 / **339**

04 02 과정에서 [값 표시 형식]-[상위 열 합계 비율] 메뉴를 선택하면, '합계 : 판매2' 필드의 열 영역에 삽입된 '부서' 필드를 기준으로 비율이 표시됩니다.

	A	B	C	D	E	F	G
3		열 레이블					
4		영업1부		영업2부		전체 합계 : 판매	전체 합계 : 판매2
5	행 레이블	합계 : 판매	합계 : 판매2	합계 : 판매	합계 : 판매2		
6	⊟2016년	837,672,235	64.77%	455,563,815	35.23%	1,293,236,050	100.00%
7	1사분기	187,421,415	57.93%	136,123,970	42.07%	323,545,385	100.00%
8	2사분기	138,466,870	50.50%	135,747,725	49.50%	274,214,595	100.00%
9	3사분기	235,924,425	79.80%	59,715,730	20.20%	295,640,155	100.00%
10	4사분기	275,859,525	68.99%	123,976,390	31.01%	399,835,915	100.00%
11	⊟2017년	1,541,019,585	51.77%	1,435,478,060	48.23%	2,976,497,645	100.00%
12	1사분기	236,421,805	53.80%	203,031,475	46.20%	439,453,280	100.00%
13	2사분기	239,233,985	47.70%	262,280,575	52.30%	501,514,560	100.00%
14	3사분기	427,141,670	53.03%	378,281,945	46.97%	805,423,615	100.00%
15	4사분기	638,222,125	51.88%	591,884,065	48.12%	1,230,106,190	100.00%
16	총합계	2,378,691,820	55.71%	1,891,041,875	44.29%	4,269,733,695	100.00%

열 영역에는 '부서' 필드만 있으므로, 상위 열 필드는 존재하지 않습니다. 그러므로 모든 매출을 G열의 '총합계' 열의 값 대비 비율로 계산해 표시합니다. 이 결과는 [행 합계 비율] 메뉴를 선택한 것과 정확하게 일치합니다.

05 02 과정에서 [값 표시 형식]-[상위 합계 비율] 메뉴를 선택하면 '값 표시 형식 (합계 : 판매2)' 필드 대화상자가 표시되어 어떤 필드를 기준으로 할지 선택하게 됩니다. 행 영역 필드의 상위 필드인 '연' 필드를 선택하면 03 과정의 결과와 유사하지만, '연' 필드의 부분합 부분이 모두 100%로 표시됩니다.

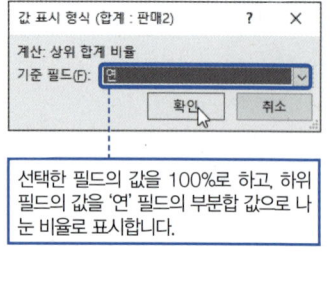

선택한 필드의 값을 100%로 하고, 하위 필드의 값을 '연' 필드의 부분합 값으로 나눈 비율로 표시합니다.

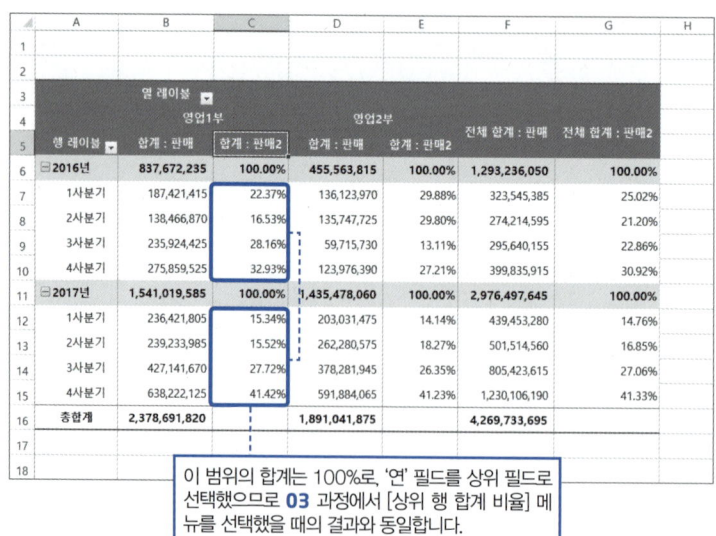

이 범위의 합계는 100%로, '연' 필드를 상위 필드로 선택했으므로 03 과정에서 [상위 행 합계 비율] 메뉴를 선택했을 때의 결과와 동일합니다.

누계, 누계 비율 표시하기

104

'값 표시 형식'을 이용하면 집계 값을 누계 또는 누계 비율로 표시할 수 있습니다. 누계는 집계 값을 하나씩 누적해 표시하는 것이며, 누계 비율은 누계 값을 비율로 표시하는 것입니다. 누계 비율은 보통 통계적으로 값을 분류하고자 할 때 많이 사용되는 항목이니 잘 이해해 두는 것이 좋습니다. '값 표시 형식'을 이용해 누계와 누계 비율을 표시하는 방법에 대해 알아보겠습니다.

예제 파일 PART 02 \ CHAPTER 06 \ 값 표시 형식-누계.xlsx

01 예제 파일의 '피벗' 시트에는 거래 고객사별 매출이 집계된 보고서가 있습니다. 값 영역에 집계된 '합계 : 판매2' 필드의 값을 누계 비율로 표시하고, 다음 기준에 맞게 고객 등급을 분류해 보겠습니다.

등급	기준
A	매출 상위 20% 이내
B	매출 20% 초과 80% 이내
C	매출 80% 초과

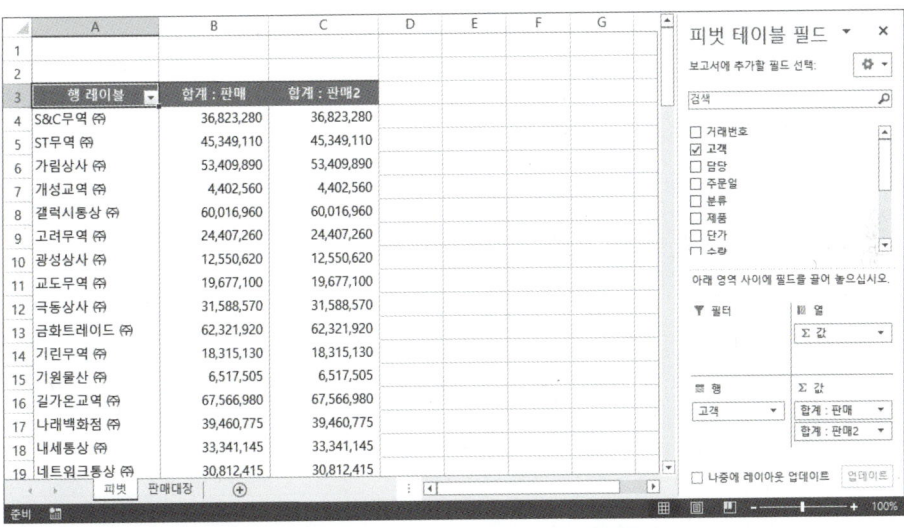

02 '값 표시 형식'을 이용해 누계를 표시하기 전에 먼저 매출을 보기 좋게 내림차순으로 정렬합니다. B4 셀을 선택하고 [데이터] 탭-[정렬 및 필터] 그룹-[내림차순 정렬] 명령(힣)을 클릭합니다.

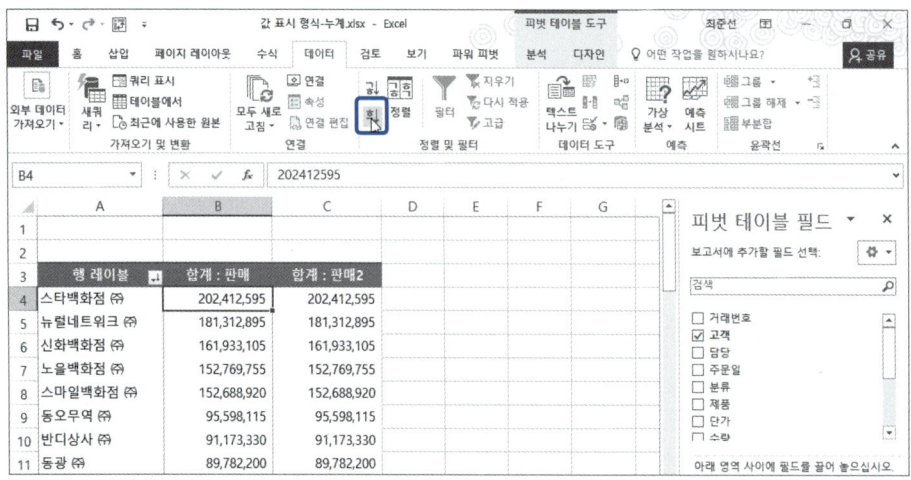

03 '합계 : 판매2' 필드에 누계를 표시합니다. '합계 : 판매2' 필드의 머리글 셀인 C3셀을 마우스 오른쪽 버튼으로 클릭하여 [값 표시 형식]-[누계] 메뉴를 선택합니다. 그러면 '값 표시 형식 (합계 : 판매2)' 대화상자가 표시되는데, '기준 필드'를 값이 누적될 기준인 [고객]으로 선택하고 〈확인〉 버튼을 클릭합니다.

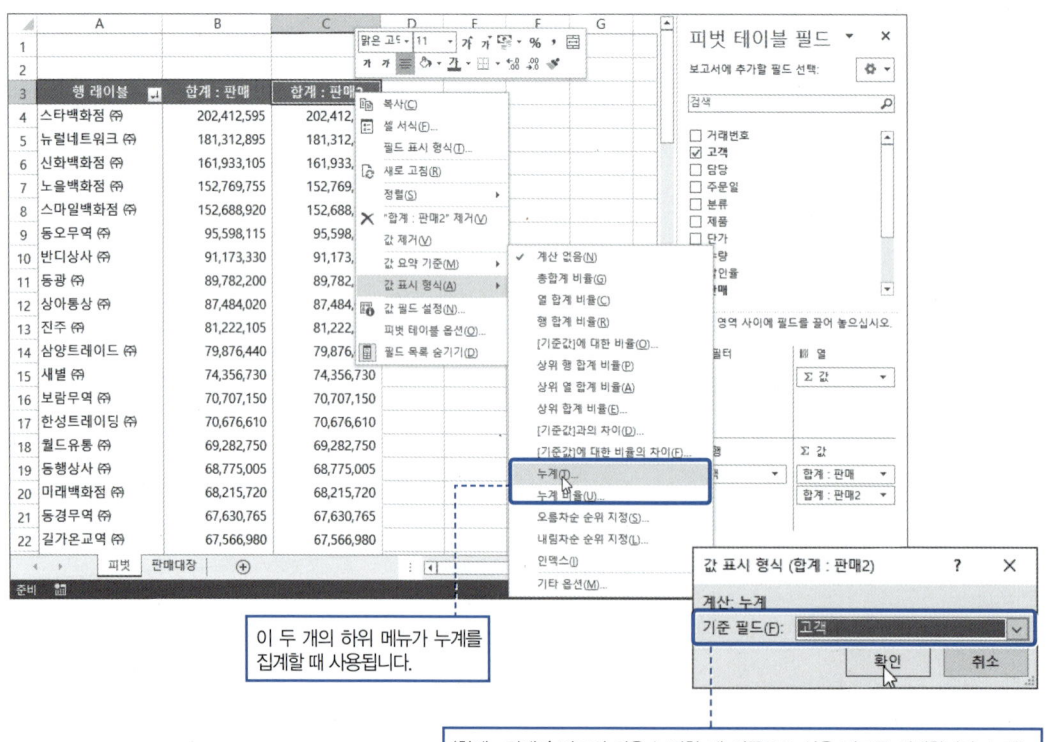

이 두 개의 하위 메뉴가 누계를 집계할 때 사용됩니다.

'합계 : 판매2' 필드의 값을 누적할 때 기준으로 삼을 필드를 선택합니다. 누계는 여기서 선택된 필드 내 값만 누적 계산해 표시합니다. 참고로 선택한 필드가 피벗 테이블 보고서에서 제거되면 '합계 : 판매2' 필드에는 #N/A 오류가 발생합니다.

04 '합계 : 판매2' 필드의 값이 누적되어 표시됩니다. '합계 : 판매2' 필드의 마지막 항목(C98셀)의 값이 '합계 : 판매' 필드의 '총합계' 값(B99셀)과 동일해야 합니다.

두 값이 동일하면 누계가 제대로 집계된 것입니다.

05 **03** 과정에서 [값 표시 형식]-[누계 비율] 메뉴를 선택하면 '합계 : 판매2' 필드의 결과가 다음과 같이 변경됩니다.

누계 비율은 누계 값을 총액 대비 비율로 표시합니다.

06 '합계 : 판매2' 필드의 누계 비율 값을 기준으로 고객 등급을 분류하기 위해 '셀 서식'을 사용하겠습니다. C4:C98 범위가 선택된 상태에서 마우스 오른쪽 버튼을 클릭하여 [셀 서식] 메뉴를 선택합니다. '셀 서식' 대화상자의 '범주' 리스트에서 [사용자 지정]을 선택하고 '형식'란에 다음 서식 코드를 입력합니다.

[<=0.20]"A";[<=0.80]"B";"C"

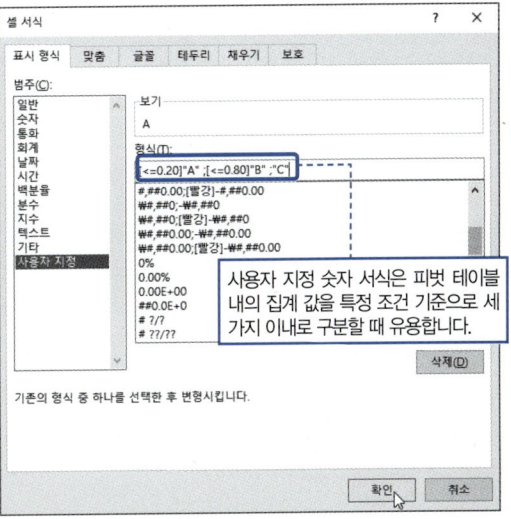

사용자 지정 숫자 서식은 피벗 테이블 내의 집계 값을 특정 조건 기준으로 세 가지 이내로 구분할 때 유용합니다.

Plus⁺ 사용자 지정 숫자 서식 이해하기

'셀 서식' 대화상자에 설정한 서식은 다음과 같은 구문을 사용한 것입니다.

> [조건1] 서식1 ; [조건2] 서식2 ; 서식3

즉, [조건1]을 만족하는 셀 값은 '서식1'의 서식 코드에 의해 값이 표시되고, [조건2]를 만족하는 셀 값은 '서식2'의 서식 코드에 의해 값이 표시되며, 나머지 값은 모두 '서식3'의 서식 코드에 의해 값이 표시됩니다. 위 구문은 조건을 최대 두 개까지만 설정할 수 있고, 조건은 반드시 '비교연산자'와 '값'을 가지고 설정할 수 있으며 대괄호([ ]) 안에 입력해야 합니다.

그러므로 이번에 사용한 사용자 지정 숫자 서식은 0.20(20%) 이내이면 "A" 문자열을, 0.80(80%) 이내이면(20% 이내 조건은 앞에서 처리됐으므로 이 조건은 20%를 초과하면서 80% 이내에 해당하는 값에 적용됩니다.) "B" 문자열을, 나머지 값(80% 초과)은 "C" 문자열을 표시합니다.

07 다음과 같이 '합계 : 판매2' 필드(C4:C98 범위) 내 값이 A, B, C등급으로 구분되어 표시됩니다.

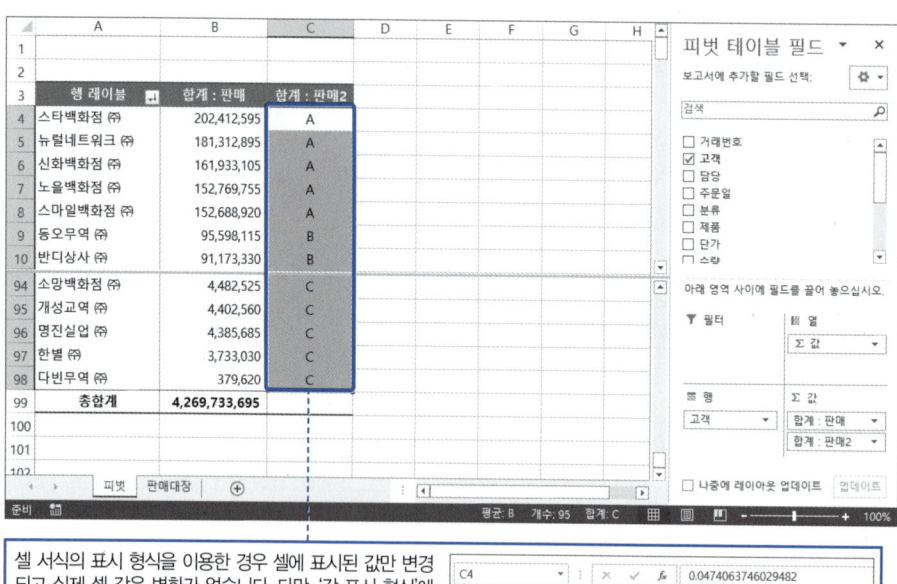

셀 서식의 표시 형식을 이용한 경우 셀에 표시된 값만 변경되고 실제 셀 값은 변화가 없습니다. 다만, '값 표시 형식'에 의해 변경된 값은 셀에 저장된 값 자체가 바뀌어 표시됩니다. 이런 차이를 확인하려면 피벗 테이블 보고서 내의 셀을 선택하고 수식 입력줄의 값을 확인해 보면 됩니다.

증감률 표시하기

105

집계 작업에서 비율을 계산할 때 가장 많이 사용되는 방법 중 하나가 증감률입니다. 값 표시 형식에도 증감률을 표시하는 방법이 있는데, 다소 복잡해 보이는 '[기준값]에 대한 비율의 차이'라는 용어로 제공됩니다. '[기준값]'을 이용한 값 표시 형식 몇 가지를 적용해 피벗 테이블 보고서에 증감 값이나 증감률을 표시하는 방법에 대해 알아보겠습니다.

예제 파일 PART 02 \ CHAPTER 06 \ 값 표시 형식-증감률.xlsx

01 예제 파일의 '피벗' 시트에는 2017년 월별 매출 실적이 집계된 보고서가 있습니다. 연도는 슬라이서 창을 이용해 선택하도록 설정해 두었습니다. 값 영역 내 '합계 : 판매2' 필드의 표시 형식을 변경해 증감률을 표시해 보겠습니다.

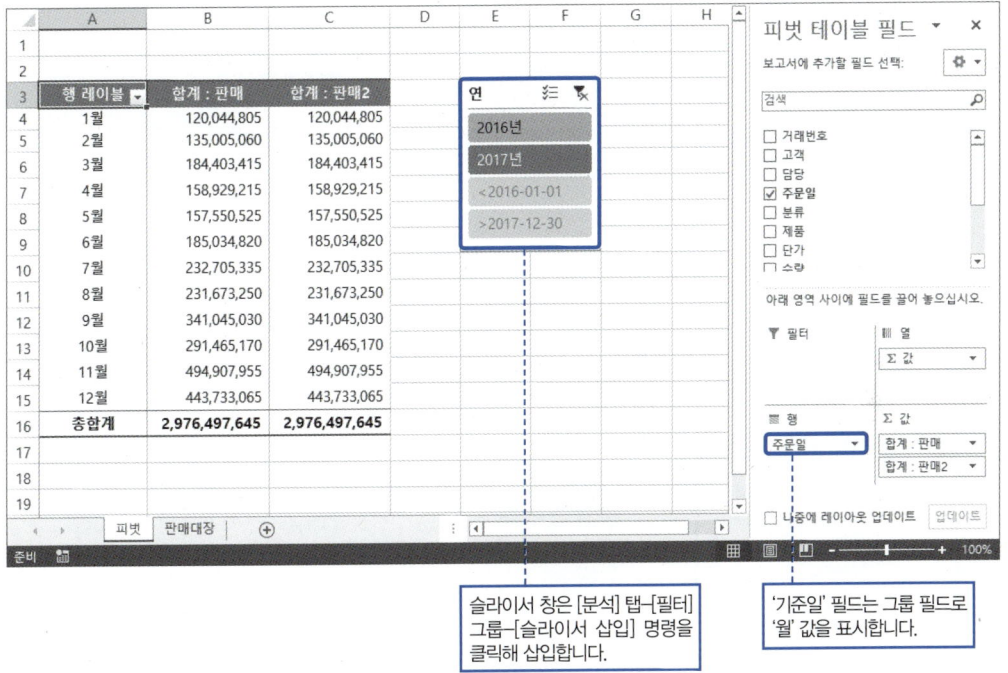

슬라이서 창은 [분석] 탭-[필터] 그룹-[슬라이서 삽입] 명령을 클릭해 삽입합니다.

'기준일' 필드는 그룹 필드로 '월' 값을 표시합니다.

02 먼저 전월 매출과의 차이를 표시하겠습니다. '합계 : 판매2' 필드의 머리글이 입력된 C3셀을 마우스 오른쪽 버튼으로 클릭하여 [값 표시 형식]-[[기준값]과의 차이] 메뉴를 선택합니다. '[기준값]과의 차이'를 선택하는 대화상자가 열리면, '기준 필드'는 월 값이 표시된 '주문일' 필드로 선택하고 '기준 항목'은 '(이전)'으로 선택합니다.

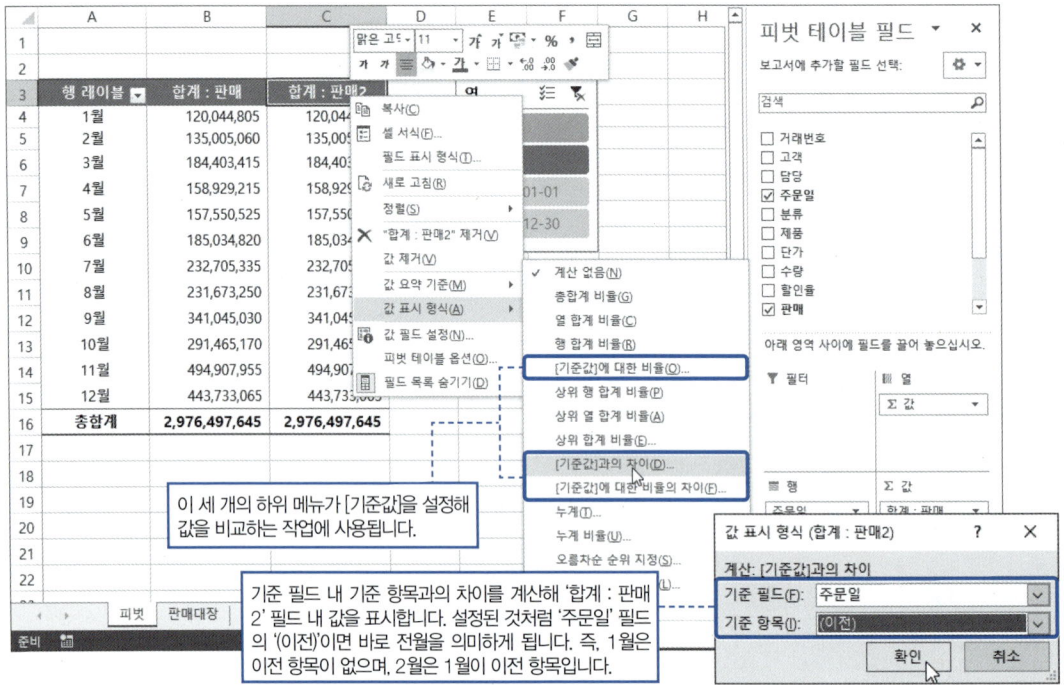

03 그러면 '합계 : 판매2' 필드에 전월 실적과의 차이가 구해집니다. 정확하게는 각 항목에서 전월 항목 값을 뺀 결과가 표시됩니다.

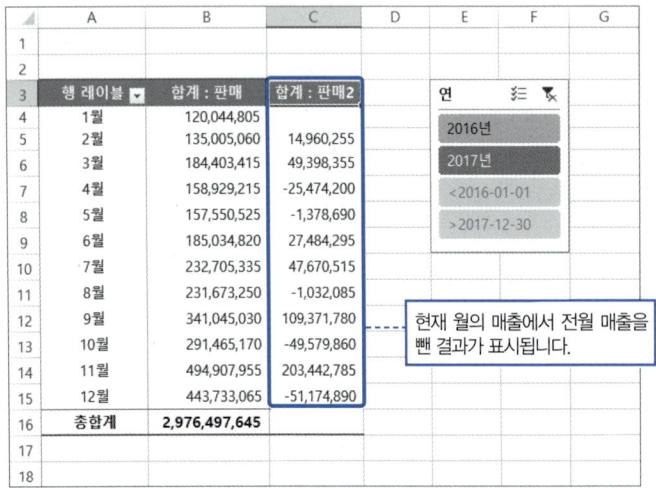

04 02 과정에서 [값 표시 형식]-[[기준값]에 대한 비율] 메뉴를 선택하고 '기준 필드'와 '기준 항목'은 동일하게 설정하면 모든 항목을 전월 항목으로 나눈 결과가 표시됩니다.

행 레이블	합계 : 판매	합계 : 판매2
1월	120,044,805	100.00%
2월	135,005,060	112.46%
3월	184,403,415	136.59%
4월	158,929,215	86.19%
5월	157,550,525	99.13%
6월	185,034,820	117.44%
7월	232,705,335	125.76%
8월	231,673,250	99.56%
9월	341,045,030	147.21%
10월	291,465,170	85.46%
11월	494,907,955	169.80%
12월	443,733,065	89.66%
총합계	2,976,497,645	

→ 현재 월의 매출을 전월 매출로 나눈 비율이 표시됩니다.

05 02 과정에서 [값 표시 형식]-[[기준값]에 대한 비율의 차이] 메뉴를 선택하고 '기준 필드'와 '기준 항목'은 동일하게 설정하면 모든 항목의 비율에서 전월 항목의 비율을 뺀 값(증감률)이 표시됩니다.

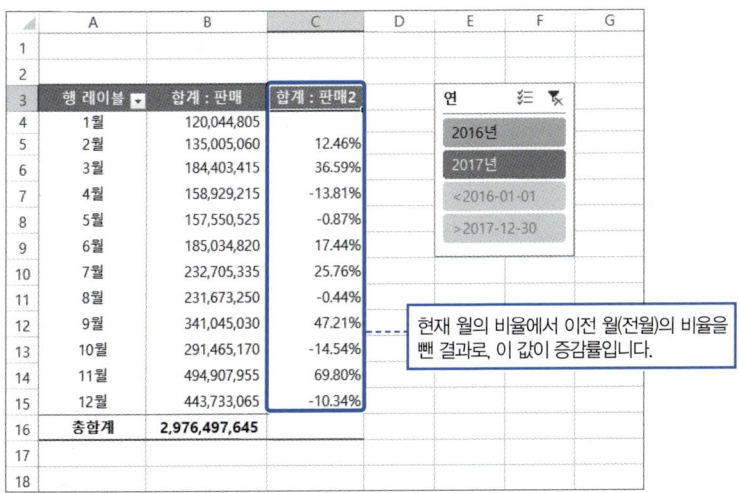

행 레이블	합계 : 판매	합계 : 판매2
1월	120,044,805	
2월	135,005,060	12.46%
3월	184,403,415	36.59%
4월	158,929,215	-13.81%
5월	157,550,525	-0.87%
6월	185,034,820	17.44%
7월	232,705,335	25.76%
8월	231,673,250	-0.44%
9월	341,045,030	47.21%
10월	291,465,170	-14.54%
11월	494,907,955	69.80%
12월	443,733,065	-10.34%
총합계	2,976,497,645	

→ 현재 월의 비율에서 이전 월(전월)의 비율을 뺀 결과로, 이 값이 증감률입니다.

Plus⁺ 그룹 필드를 슬라이서 창에 표시할 때 불필요한 항목 삭제하기

날짜 그룹 필드를 슬라이서 창에 표시하면 '<2016-01-01'이나 '<2017-12-30' 등의 불필요한 항목이 표시되어 보기에 좋지 않습니다. 슬라이서 창에 불필요한 항목을 표시하지 않으려면 다음 과정을 참고합니다.

❶ 슬라이서 창을 선택하고 [옵션] 탭-[슬라이서] 그룹-[슬라이서 설정] 명령을 클릭합니다.

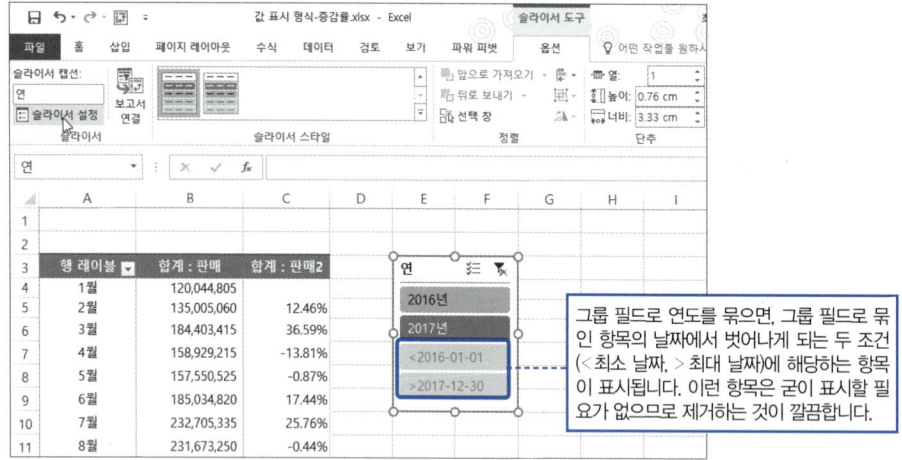

그룹 필드로 연도를 묶으면, 그룹 필드로 묶인 항목의 날짜에서 벗어나게 되는 두 조건(<최소 날짜, >최대 날짜)에 해당하는 항목이 표시됩니다. 이런 항목은 굳이 표시할 필요가 없으므로 제거하는 것이 깔끔합니다.

❷ '슬라이서 설정' 대화상자가 열리면 [데이터가 없는 항목 숨기기] 옵션에 체크하고 〈확인〉 버튼을 클릭합니다.

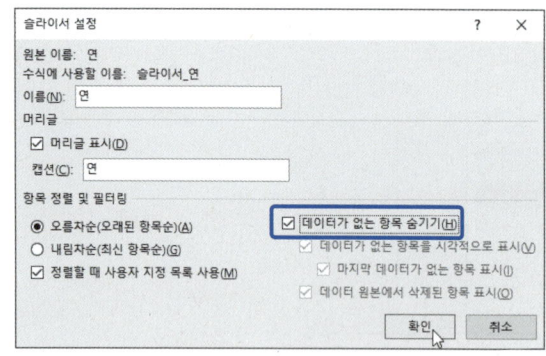

❸ 슬라이서 창에 그룹으로 묶인 항목만 깔끔하게 표시됩니다.

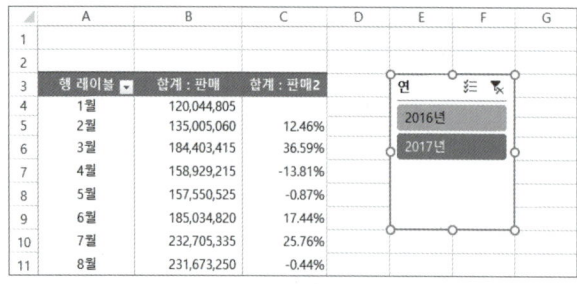

순위 표시하기 106

값 표시 형식을 이용하면 값 영역에 집계된 숫자로 순위를 표시할 수 있습니다. 순위에는 오름차순 순위와 내림차순 순위가 있는데, 큰 값이 먼저 나오는 것이 내림차순이므로 일반적인 순위를 구할 때는 내림차순으로 구하면 됩니다. 순위를 구할 때도 기준 필드를 설정해야 하는데, 피벗 테이블 보고서에서 순위를 구할 대상 항목이 입력된 필드를 정확하게 선택하면 됩니다.

예제 파일 PART 02 \ CHAPTER 06 \ 값 표시 형식-순위.xlsx

01 예제 파일의 '피벗' 시트에는 영업사원의 연도별 매출이 집계된 보고서가 있습니다. 값 영역의 '합계 : 판매2' 필드를 이용해 영업 사원의 매출 순위를 구해 보겠습니다.

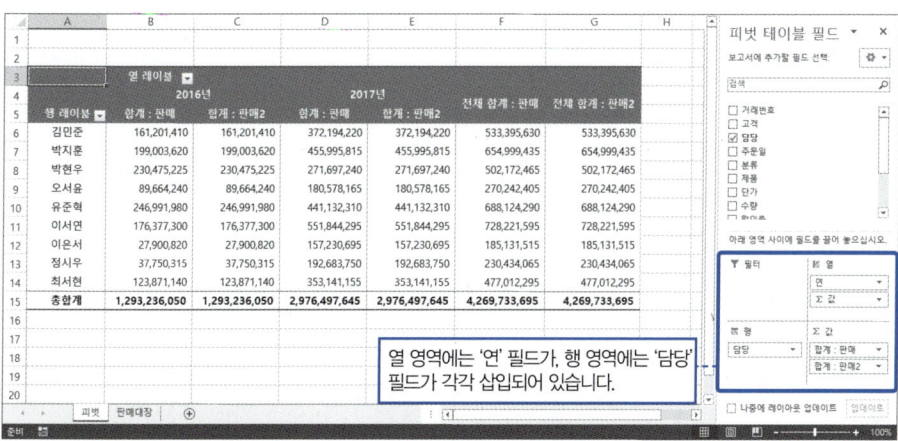

열 영역에는 '연' 필드가, 행 영역에는 '담당' 필드가 각각 삽입되어 있습니다.

02 '합계 : 판매2' 필드의 머리글이 입력된 C5셀을 마우스 오른쪽 버튼으로 클릭하여 [값 표시 형식]-[내림차순 순위 지정] 메뉴를 선택합니다. 대화상자가 열리면 '기준 필드'를 행 영역에 있는 '담당' 필드로 선택하고 〈확인〉 버튼을 클릭합니다.

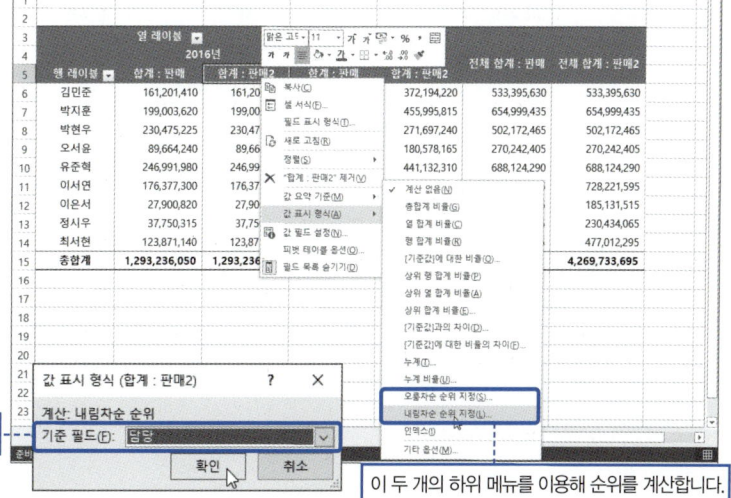

선택한 필드를 대상으로 순위를 계산합니다.

이 두 개의 하위 메뉴를 이용해 순위를 계산합니다.

CHAPTER 06 | 피벗 테이블 보고서 고급 기술 / **349**

03 '합계 : 판매2' 필드의 값이 다음과 같이 담당자 순위로 표시됩니다.

	A	B	C	D	E	F	G
3		열 레이블					
4		2016년		2017년		전체 합계 : 판매	전체 합계 : 판매2
5	행 레이블	합계 : 판매	합계 : 판매2	합계 : 판매	합계 : 판매2		
6	김민준	161,201,410	5	372,194,220	4	533,395,630	4
7	박지훈	199,003,620	3	455,995,815	2	654,999,435	3
8	박현우	230,475,225	2	271,697,240	6	502,172,465	5
9	오서윤	89,664,240	7	180,578,165	8	270,242,405	7
10	유준혁	246,991,980	1	441,132,310	3	688,124,290	2
11	이서연	176,377,300	4	551,844,295	1	728,221,595	1
12	이은서	27,900,820	9	157,230,695	9	185,131,515	9
13	정시우	37,750,315	8	192,683,750	7	230,434,065	8
14	최서현	123,871,140	6	353,141,155	5	477,012,295	6
15	총합계	1,293,236,050		2,976,497,645		4,269,733,695	

'합계 : 판매2' 필드가 속한 2016년, 2017년, 전체 합계의 담당자 순위가 각각 내림차순으로 표시됩니다.

04 02 과정에서 [값 표시 형식]-[오름차순 순위 지정] 메뉴를 선택하고 기준 필드를 동일하게 설정하면 다음과 같이 작은 값이 우선되는 순위가 표시됩니다.

	A	B	C	D	E	F	G
3		열 레이블					
4		2016년		2017년		전체 합계 : 판매	전체 합계 : 판매2
5	행 레이블	합계 : 판매	합계 : 판매2	합계 : 판매	합계 : 판매2		
6	김민준	161,201,410	5	372,194,220	6	533,395,630	6
7	박지훈	199,003,620	7	455,995,815	8	654,999,435	7
8	박현우	230,475,225	8	271,697,240	4	502,172,465	5
9	오서윤	89,664,240	3	180,578,165	2	270,242,405	3
10	유준혁	246,991,980	9	441,132,310	7	688,124,290	8
11	이서연	176,377,300	6	551,844,295	9	728,221,595	9
12	이은서	27,900,820	1	157,230,695	1	185,131,515	1
13	정시우	37,750,315	2	192,683,750	3	230,434,065	2
14	최서현	123,871,140	4	353,141,155	5	477,012,295	4
15	총합계	1,293,236,050		2,976,497,645		4,269,733,695	

'합계 : 판매2' 필드가 속한 2016년, 2017년, 전체 합계의 담당자 순위가 각각 오름차순으로 표시됩니다.

107 인덱스를 이용해 상대적 중요도 확인하기

피벗 테이블 보고서에는 다양한 숫자 값이 표시되므로, 이를 제대로 이해하는 것이 쉽지만은 않습니다. 만약 단순히 숫자 값의 크기가 아니라 해당 숫자가 상대적으로 얼마나 중요한지 알아보고 싶다면 '값 표시 형식'에서 제공하는 '인덱스'를 활용하는 것이 좋습니다. '인덱스'는 숫자 값의 가중치를 적용해 계산된 값을 반환하는데, 이 값을 통해 값 영역에 집계된 숫자의 상대적 중요도를 확인할 수 있습니다.

예제 파일 PART 02 \ CHAPTER 06 \ 값 표시 형식-인덱스.xlsx

01 예제 파일의 '피벗' 시트에는 제품 분류별로 2년간의 매출 실적이 내림차순으로 정렬된 보고서가 있습니다. 이 보고서를 분석해 각 연도별로 어떤 제품 분류가 가장 중요한 역할을 했는지 확인해 보겠습니다.

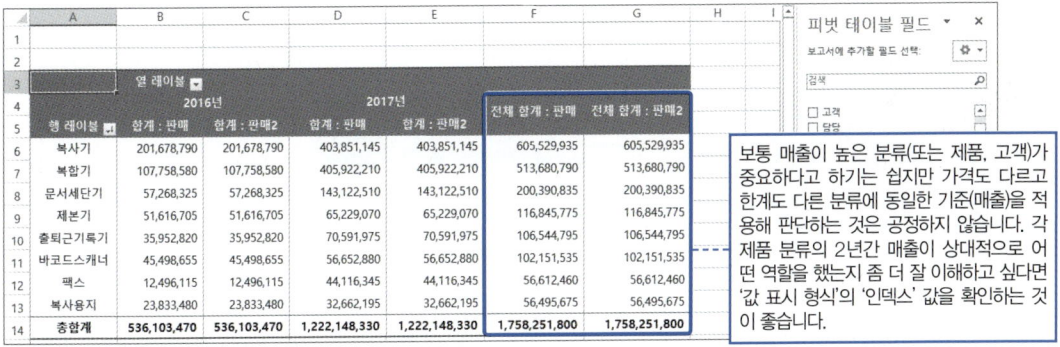

보통 매출이 높은 분류(또는 제품, 고객)가 중요하다고 하기는 쉽지만 가격도 다르고 한계도 다른 분류에 동일한 기준(매출)을 적용해 판단하는 것은 공정하지 않습니다. 각 제품 분류의 2년간 매출이 상대적으로 어떤 역할을 했는지 좀 더 잘 이해하고 싶다면 '값 표시 형식'의 '인덱스' 값을 확인하는 것이 좋습니다.

02 '합계 : 판매2' 필드의 머리글이 입력된 C5셀을 마우스 오른쪽 버튼으로 클릭하여 [값 표시 형식]-[인덱스] 메뉴를 선택합니다.

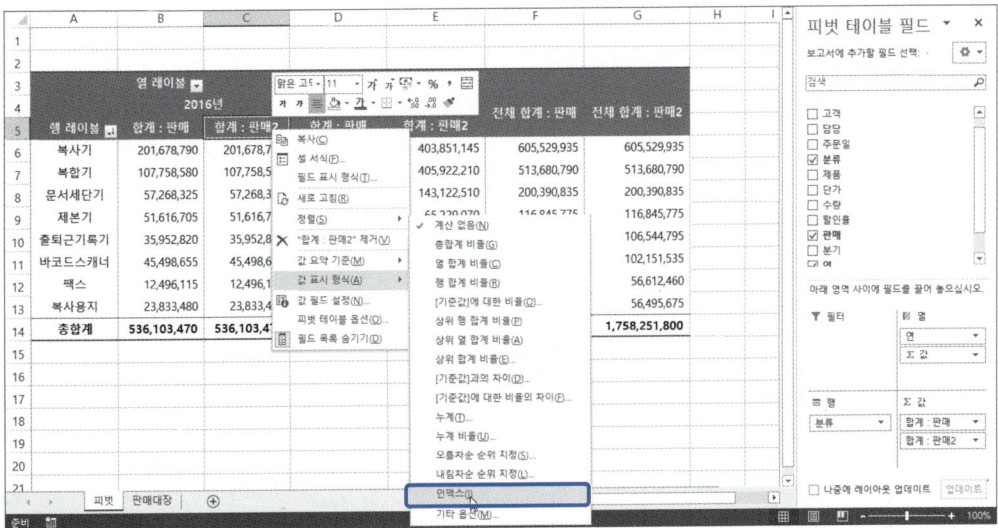

03 '합계 : 판매2' 필드의 값이 인덱스 값으로 변경됩니다.

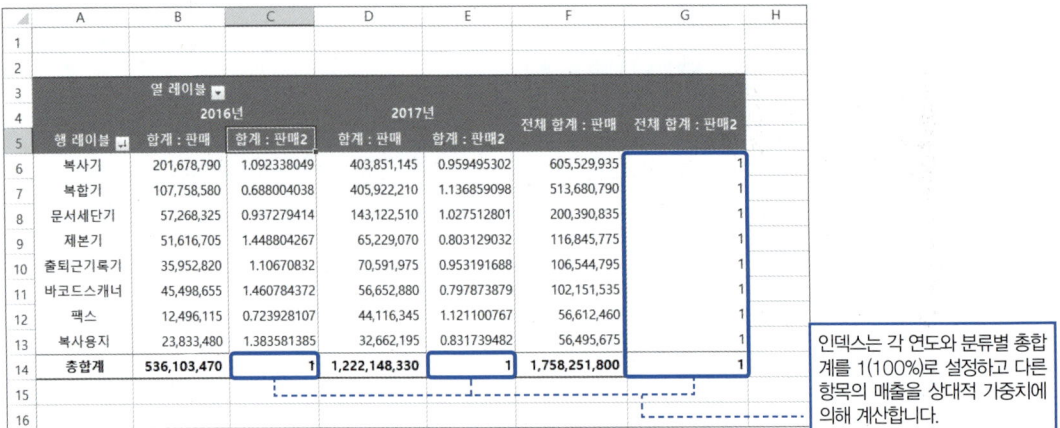

인덱스는 각 연도와 분류별 총합계를 1(100%)로 설정하고 다른 항목의 매출을 상대적 가중치에 의해 계산합니다.

04 인덱스 값을 좀 더 쉽게 보기 위해, 소수점 둘째 자리까지만 값을 표시하겠습니다. '합계 : 판매2' 필드의 머리글이 입력된 C5셀을 마우스 오른쪽 버튼으로 클릭하여 [필드 표시 형식] 메뉴를 선택합니다.

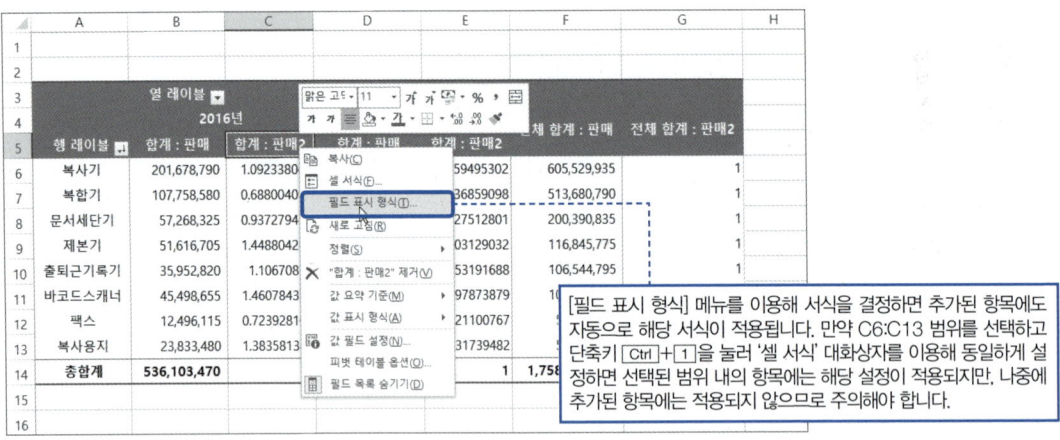

[필드 표시 형식] 메뉴를 이용해 서식을 결정하면 추가된 항목에도 자동으로 해당 서식이 적용됩니다. 만약 C6:C13 범위를 선택하고 단축키 Ctrl + 1 을 눌러 '셀 서식' 대화상자를 이용해 동일하게 설정하면 선택된 범위 내의 항목에는 해당 설정이 적용되지만, 나중에 추가된 항목에는 적용되지 않으므로 주의해야 합니다.

05 '셀 서식' 대화상자가 열리면 '범주' 목록에서 [숫자]를 선택하고 '소수 자릿수' 옵션을 [2]로 변경한 후 〈확인〉 버튼을 클릭합니다.

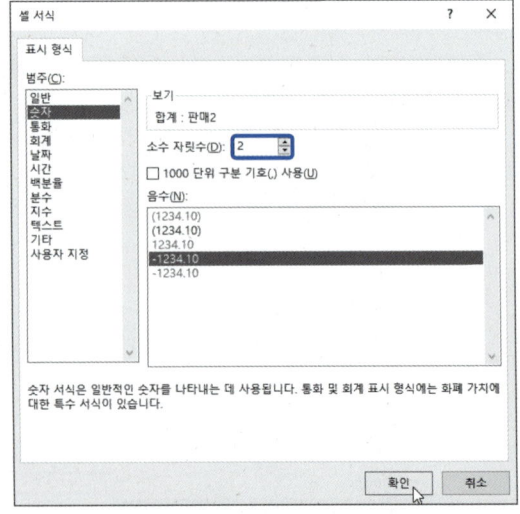

06 '합계 : 판매2' 필드에 표시된 인덱스 값 중 1을 초과하는 큰 값을 몇 개 표시하면 다음과 같습니다.

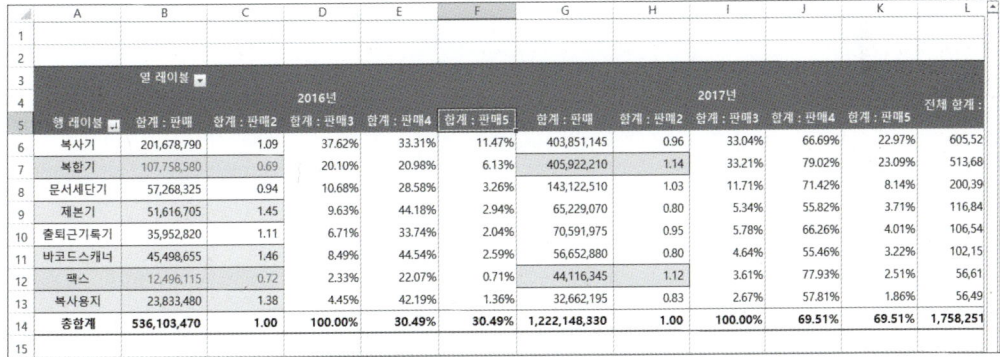

2017년의 분류별 매출에서 인덱스 값이 1보다 큰 값 중 상위 두 개만 추려 보면 '복합기'와 '팩스'입니다.

2016년의 분류별 매출에서 인덱스 값이 1보다 큰 값 중 상위 세 개만 추려 보면 '제본기', '바코드스캐너', '복사용지'입니다.

TIP 화면에 적용된 서식은 이해를 돕기 위해 필자가 따로 설정한 것입니다.

Plus⁺ 결과 이해하기

2016년에 인덱스 값이 1보다 큰 분류는 다음과 같습니다.

제본기, 바코드스캐너, 복사용지

이 세 개의 분류는 매출만 보면 2016년의 다른 분류별 매출보다 상대적으로 낮습니다. 그런데 왜 이 분류가 선택되었을까요? 이 결과를 이해하려면 2016년과 2017년의 매출을 함께 이해해야 합니다.

이해를 돕기 위해, 'No. 102 전체 대비 비율 표시하기'(336쪽)에서 설명한 비율 계산 값을 함께 보겠습니다. 피벗 테이블 보고서에 '판매' 필드를 값 영역에 세 번 더 추가하고 순서대로 '열 합계 비율', '행 합계 비율', '총합계 비율'을 표시하면 다음과 같은 피벗 테이블 보고서가 만들어집니다.

2016년의 '제본기' 매출은 5천만 원 정도(B9셀)로 해당 연도 전체 매출의 9.63%(D9셀)이므로 그렇게 높다고 할 수 없습니다. 하지만 '제본기'의 2016년과 2017년의 매출을 보면, 2016년 매출이 44.18%(E9셀)로 같은 연도 내 '행 합계 비율'(E6:E13 범위)에서는 월등히 높은 수치라는 것을 확인할 수 있습니다.

이것은 2016년 매출은 그렇게 높지 않았지만, 2017년과 비교하면 2016년에 매우 선방했다는 의미로 분석할 수 있습니다. 즉 2016년 매출은 낮아도 2017년 대비 실적이 좋기 때문에 인덱스 값이 높게 계산된 것입니다.

인덱스 계산 방법을 좀 더 잘 이해한다면 이 설명도 더 잘 이해할 수 있을 겁니다. 인덱스 계산 방법은 다음 쪽의 '인덱스 계산 값 이해하기'를 참고합니다.

Plus⁺ 인덱스 계산 값 이해하기

마이크로소프트사의 도움말에서 제공하는 인덱스 계산 값은 다음과 같은 수식을 사용합니다.

> 인덱스 = (셀 값 * 총계) / (행 합계 * 열 합계)

이 계산식으로 이번 피벗 테이블 보고서에 반환된 인덱스 값을 계산해 보겠습니다. '복합기'의 2017년 인덱스 값은 1.14인데 다음과 같이 계산하면 동일한 계산 결과 값을 얻을 수 있습니다.

> (405,922,210 * 1,758,251,800) / (1,222,148,330 * 513,680,790) = 1.14

위 수식을 피벗 테이블 보고서 내의 셀 주소로 변경하면 다음과 같습니다.

> =(G7*L14) / (G14*L7)

TIP 이 셀 주소는 앞쪽의 '결과 이해하기'에 있는 변경된 피벗 테이블 보고서 내의 셀 주소입니다.

빈 셀에 위 계산식을 입력하면 1.1368590098이라는 숫자가 반환될 것이고, 이를 소수점 두 자리까지 표시하면 1.14라는 결과가 얻어집니다.

어떻게 계산되는 것인지는 알 수 있지만, 완벽하게 이해하기는 쉽지 않을 것입니다. 인덱스 계산식을 좀 더 이해하기 쉽게 변경해 보면, 앞쪽의 '결과 이해하기'에 추가된 총합계 비율, 열 합계 비율, 행 합계 비율을 이용해 계산하는 것이 좋습니다.

> 인덱스 = (열 합계 비율 * 행 합계 비율) / (총합계 비율)

'복합기'의 2017년 인덱스 값을 위 계산식으로 구해 보면 다음과 같은 계산식이 됩니다.

> =(33.21% * 79.02%) / 23.09%

피벗 테이블 보고서의 값을 그대로 사용한 계산식은 다음과 같습니다.

> =(I7*J7) / K7

즉, 열 합계 비율과 행 합계 비율을 곱하고, 총합계 비율로 나눈 값이 바로 인덱스 값입니다.

CHAPTER 07

시각화

피벗 테이블 보고서는 필연적으로 많은 숫자를 요약해 표시하므로,
그 의미를 사용자가 한눈에 파악하기는 쉽지 않습니다.
그렇기 때문에 집계된 보고서의 숫자를 시각적으로 표현할 수 있도록
조건부 서식이나 피벗 차트 등을 함께 사용하는 것이 좋습니다.
조건부 서식을 이용하면 보고서 내의 숫자를 '데이터 막대', '색조', '아이콘 집합' 등의 시각화 기술로 표현할 수 있습니다.
피벗 차트는 일반 차트와 기능적으로는 동일하지만,
피벗 테이블 보고서와 연동하기 때문에 피벗 테이블 보고서가 수정되면 즉각적으로 피벗 차트의 구성도 달라져
피벗 테이블 보고서의 의미를 좀 더 분명하게 파악할 수 있도록 도와줍니다.
여기서는 피벗 테이블 보고서의 숫자를 보다 잘 이해할 수 있게 해 주는 시각화 기술에 대해 설명합니다.

조건부 서식의 사용 방법 이해하기 108

조건부 서식은 설정한 조건에 맞는 셀에만 서식을 적용하는 기능으로, 피벗 테이블에서도 유용하게 쓰입니다. 피벗 테이블 보고서에서는 필드 단위로 데이터가 관리되므로, 일반 표와는 조건부 서식을 적용하는 방법이 약간 다릅니다. 피벗 테이블 보고서에서 조건부 서식을 적용하는 방법에 대해 알아보겠습니다.

예제 파일 PART 02 \ CHAPTER 07 \ 조건부 서식.xlsx

조건부 서식 설정

일반 표의 경우 선택한 셀/범위에만 조건부 서식을 적용할 수 있지만, 피벗 테이블 보고서에서는 필드 전체에 원하는 서식 효과를 적용할 수 있습니다.

01 예제 파일의 '피벗' 시트에는 영업사원의 연도별 매출 실적 보고서가 있습니다. 값 영역 내 '합계 : 판매' 필드의 값 중 평균 이상의 매출에 원하는 서식이 표시되도록 설정해 보겠습니다.

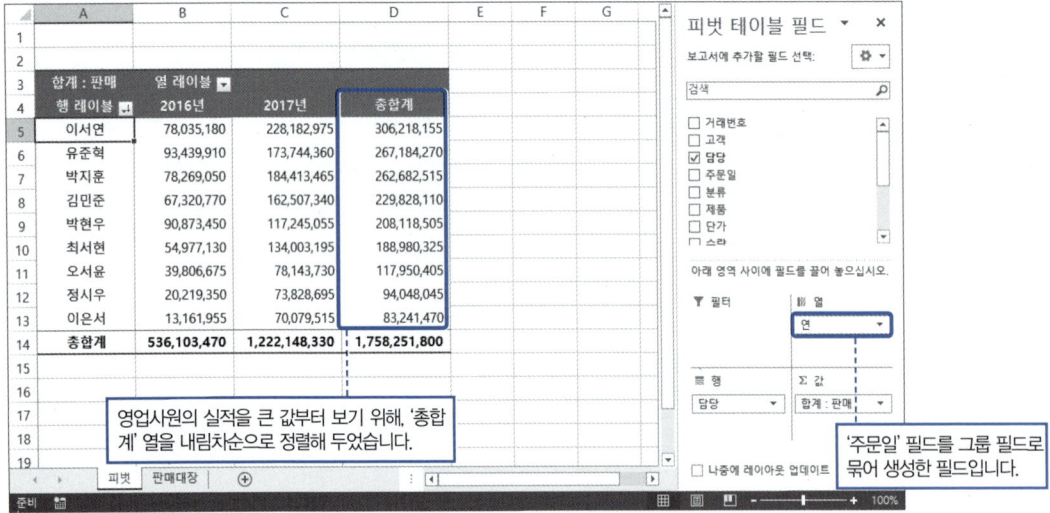

02 먼저 일반 표와 같이 범위를 선택하고 조건부 서식을 설정해 보겠습니다. B5:B13 범위를 선택하고 [홈] 탭-[스타일] 그룹-[조건부 서식] 명령 내 [상위/하위 규칙]-[평균 초과] 메뉴를 선택합니다.

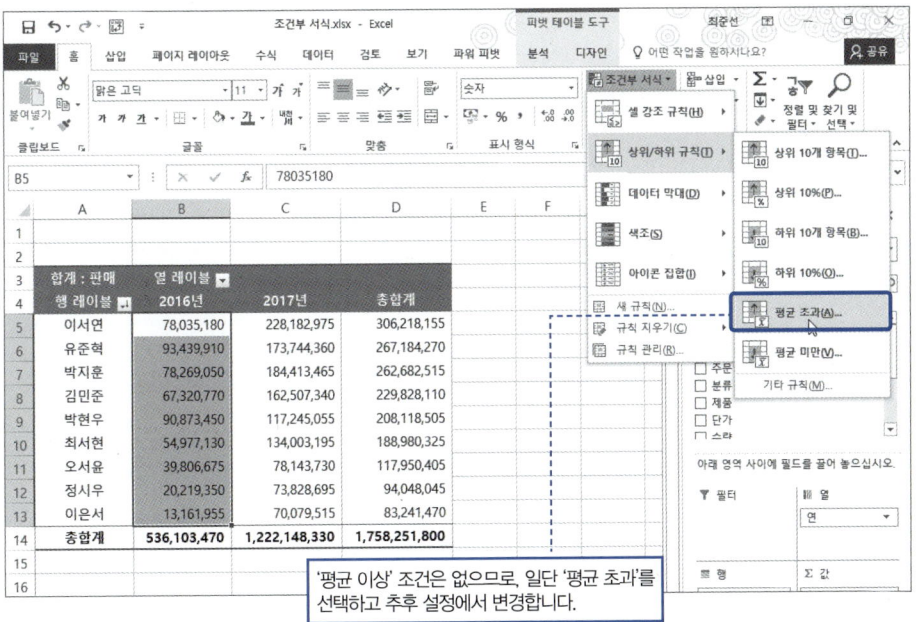

'평균 이상' 조건은 없으므로, 일단 '평균 초과'를 선택하고 추후 설정에서 변경합니다.

03 '평균 초과' 대화상자가 열리면 적용할 서식 중 하나를 선택할 수 있습니다. 기본 서식인 [진한 빨강 텍스트가 있는 연한 빨강 채우기]가 선택된 상태에서 〈확인〉 버튼을 클릭합니다. 오른쪽 화면과 같이 선택된 범위의 숫자 값 중 평균을 초과하는 값에만 배경색과 글자색이 적용됩니다.

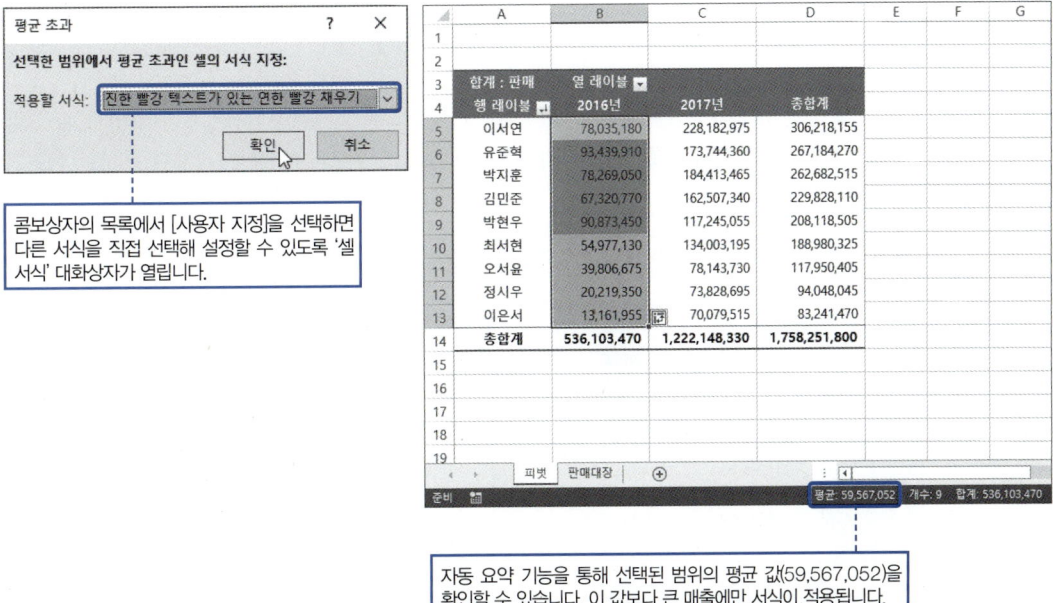

콤보상자의 목록에서 [사용자 지정]을 선택하면 다른 서식을 직접 선택해 설정할 수 있도록 '셀 서식' 대화상자가 열립니다.

자동 요약 기능을 통해 선택된 범위의 평균 값(59,567,052)을 확인할 수 있습니다. 이 값보다 큰 매출에만 서식이 적용됩니다.

04 피벗 테이블 보고서에 조건부 서식을 적용하면 선택된 범위의 오른쪽 하단에 [서식 규칙 적용] 단추(📋)가 표시됩니다. 이 단추를 클릭하면 화면과 같이 세 개의 하위 옵션 중에서 [선택한 셀]이 선택되어 있는 것을 확인할 수 있습니다.

Plus⁺ '서식 규칙 적용' 옵션 이해하기

'서식 규칙 적용'은 용어 그대로 피벗 테이블 보고서에 조건부 서식을 어떻게 적용할 것인지 선택하는 옵션으로, 다음 세 가지 옵션이 있습니다.

옵션	설명
선택한 셀	일반 표와 동일하게 선택된 범위에만 서식이 적용됩니다.
"합계 : 판매" 값을 표시하는 모든 셀	'합계 : 판매' 필드 내 모든 값을 의미하며, 현재 피벗 테이블 보고서에서는 B5:D14 범위입니다.
"담당" 및 "연"에 대해 "합계 : 판매" 값을 표시하는 모든 셀	'합계 : 판매' 필드의 값 중 '총합계' 행과 열을 제외한 범위를 의미하며, 현재 피벗 테이블 보고서에서는 B5:C13 범위입니다.

[선택한 셀] 이외의 옵션을 선택했을 때의 화면은 **05** 과정에서 확인할 수 있습니다.

---

05 '서식 규칙 적용' 옵션 중에서 ["합계 : 판매" 값을 표시하는 모든 셀]을 선택하면 왼쪽 화면과 같은 결과를 얻을 수 있고, ["담당" 및 "연"에 대해 "합계 : 판매" 값을 표시하는 모든 셀]을 선택하면 오른쪽 화면과 같은 결과를 얻을 수 있습니다.

["합계 : 판매" 값을 표시하는 모든 셀] 옵션을 선택하면, '합계 : 판매' 필드의 전체 범위에서 평균을 구하고, 평균을 초과하는 값에 서식이 적용됩니다. 총합계 행과 열의 숫자가 크기 때문에 서식도 주로 그곳에 표시됩니다.

["담당" 및 "연"에 대해 "합계 : 판매" 값을 표시하는 모든 셀] 옵션을 선택하면, 총합계 행과 열 범위를 제외한 '합계 : 판매' 필드의 범위에서 평균을 구하고, 평균을 초과하는 값에 서식이 적용됩니다. 2017년 매출이 더 높으므로 평균을 초과하는 모든 서식이 2017년에 몰려 표시됩니다.

> **Plus⁺ 조건부 서식이 적용된 피벗 테이블 보고서의 구성을 변경한 경우**
>
> 조건부 서식을 적용한 후에 피벗 테이블 보고서의 구성을 변경하면 피벗 테이블 보고서에 적용된 조건부 서식이 해제됩니다. 다만 모든 경우에 그런 것이 아니라 특정한 동작을 할 경우에만 그런 현상이 나타납니다. 조건부 서식을 해제하여 초기화하는 동작은 다음과 같습니다.
>
> **첫째, 행/열 영역에 삽입된 필드를 삭제하는 동작**
> 피벗 테이블 보고서의 값 영역 내 필드는 행 영역과 열 영역 내 필드에 종속되므로, 연관된 필드가 보고서에서 삭제되면 조건부 서식이 제거됩니다.
>
> **둘째, 값 영역에 조건부 서식을 적용한 필드를 삭제하는 동작**
> 조건부 서식을 적용한 필드를 삭제하고 다시 값 영역에 삽입할 경우 조건부 서식이 필드에 계속 적용되는 것이 아니므로, 필드를 보고서에서 삭제하면 조건부 서식을 다시 설정해야 합니다.
>
> 다음 동작을 할 경우에는 조건부 서식이 유지됩니다.
>
> **첫째, 필터 영역에 삽입된 필드를 삭제하는 동작**
> **둘째, 피벗 테이블 영역 내 필드를 다른 영역으로 옮기는 동작**
> **셋째, 피벗 테이블 영역 내 새로운 필드를 추가하는 동작**
> 이것으로 조건부 서식이 적용된 값 영역의 필드가 종속된 행/열 영역의 필드를 제거하거나, 직접적으로 조건부 서식이 적용된 값 영역의 필드를 제거하면 조건부 서식이 해제될 수 있다는 것을 알 수 있습니다.

설정된 조건부 서식 수정

피벗 테이블 보고서 내에서 조건부 서식은 설정보다 수정이 더 중요합니다. 수정하는 과정에서 조건부 서식을 제어할 수 있는 상세 옵션을 적용할 수 있기 때문입니다.

01 피벗 테이블 보고서에 적용된 조건부 서식의 설정을 각 연도별로 평균 이상의 매출에 서식이 표시되도록 변경하겠습니다. 피벗 테이블 보고서 내부의 셀이 선택된 상태에서 [홈] 탭-[스타일] 그룹-[조건부 서식] 명령 내 [규칙 관리] 메뉴를 선택합니다.

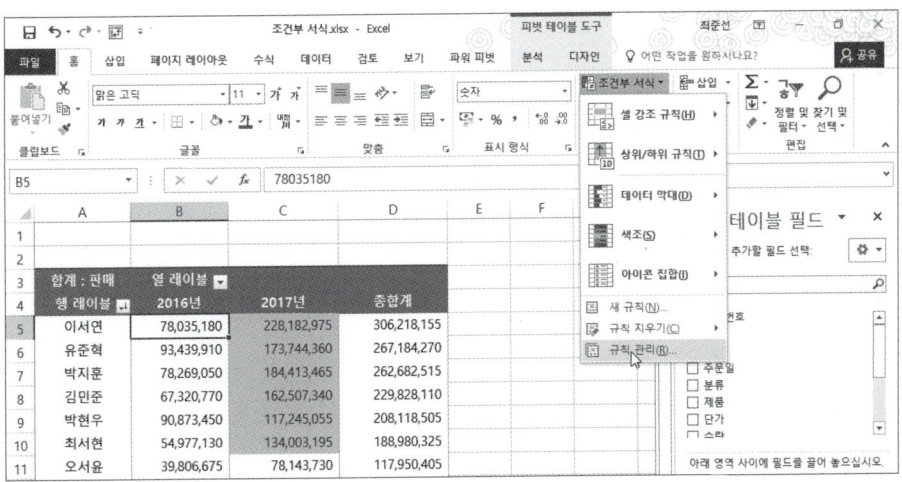

TIP 358쪽의 **05** 과정 화면에서 이어지는 화면입니다.

02 '조건부 서식 규칙 관리자' 대화상자가 열리면 수정할 조건부 서식 규칙을 선택하고 〈규칙 편집〉 버튼을 클릭합니다.

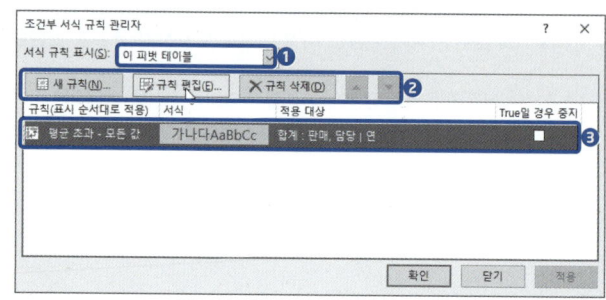

Plus⁺ '조건부 서식 규칙 관리자' 대화상자 설정 이해하기

'조건부 서식 규칙 관리자' 대화상자는 현재 파일에 적용된 모든 조건부 서식을 관리할 수 있는 대화상자로, 다음 3단계를 거치며 조건부 서식의 규칙을 생성, 변경, 삭제할 수 있습니다. (번호는 **02** 과정의 화면에 표시되어 있습니다.)

❶ **서식 규칙 표시 : 01** 과정에서 피벗 테이블 보고서 내부의 셀을 선택했다면 기본적으로 [이 피벗 테이블] 항목이 선택됩니다. 만약 다른 항목이 선택되어 있다면 피벗 테이블 보고서 내부의 셀이 선택되어 있지 않은 것입니다. 그런 경우 콤보상자 컨트롤 목록에서 [이 피벗 테이블] 항목을 선택해야 피벗 테이블 보고서 내에 설정된 모든 규칙을 확인할 수 있습니다.

❷ 대화상자에서 사용할 수 있는 명령 단추는 다음과 같은 역할을 합니다.

단추	설명
새 규칙	피벗 테이블에 적용할 새로운 규칙을 생성합니다.
규칙 편집	선택된 규칙을 수정합니다.
규칙 삭제	선택된 규칙을 삭제합니다.
위	목록에 여러 규칙이 있을 때 선택한 규칙이 우선 적용되도록 순서를 위로 올립니다.
아래	목록에 여러 규칙이 있을 때 선택한 규칙이 나중에 적용되도록 순서를 아래로 내립니다.

❸ 이미 적용 중인 조건부 서식의 규칙이 목록에 표시됩니다.

03 '서식 규칙 편집' 대화상자가 열립니다. 화면의 설명을 참고해 대화상자를 설정하는 방법에 대해 이해하고 다음 작업을 진행합니다.

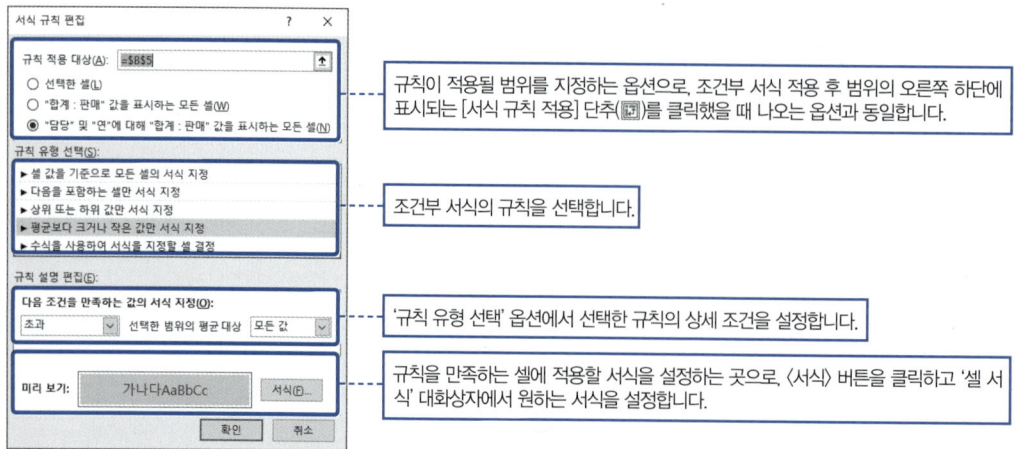

04 '서식 규칙 편집' 대화상자에서 '규칙 설명 편집' 그룹 내 첫 번째 콤보상자의 항목을 [이상]으로 변경하고 '선택한 범위의 평균 대상' 콤보상자의 항목을 [각 행 그룹]으로 변경한 후 〈확인〉 버튼을 클릭합니다. 그러면 '연' 필드의 항목별(연도별) 범위가 따로 적용되어 오른쪽 화면과 같이 각 연도별 매출이 평균 이상인 경우에 서식이 표시됩니다.

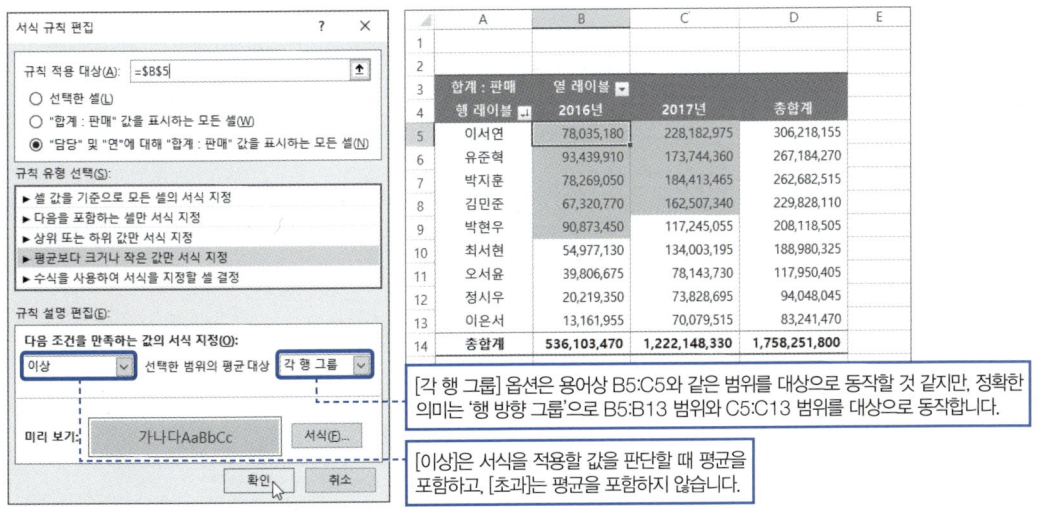

설정된 조건부 서식 해제

조건부 서식 설정 후에는 셀/범위에 어떤 조건부 서식이 적용되어 있는지 확인하는 일이 쉽지 않습니다. 그렇기 때문에 사용자가 인지하지 못한 상태에서 동일한 범위에 여러 조건부 서식을 중복 적용할 수 있어 설정한 서식이 제대로 표시되지 못하는 문제가 종종 발생합니다. 이런 경우 설정된 규칙을 일일이 분석하는 것보다 기존 조건부 서식을 모두 삭제하고 다시 원하는 조건만 설정하는 것이 더 편리합니다.

피벗 테이블 보고서에 설정된 모든 조건부 서식을 초기화하려면, 피벗 테이블 보고서 내의 셀을 선택한 후 [홈] 탭-[스타일] 그룹-[조건부 서식] 명령 내 [규칙 지우기]-[이 피벗 테이블에서 규칙 지우기] 메뉴를 선택합니다.

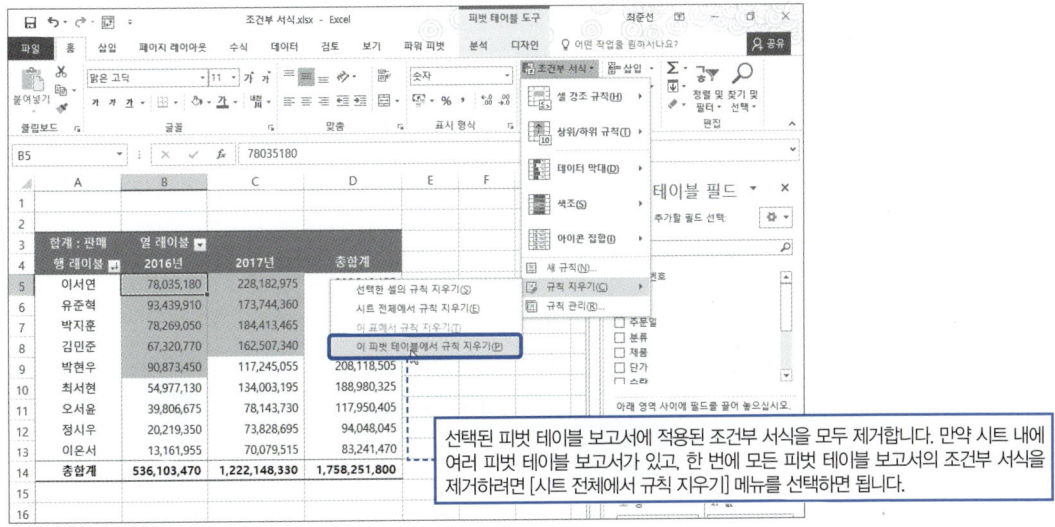

상위 n%에 해당하는 데이터 표시하기 109

피벗 테이블로 집계한 데이터 중에서 상위 n%에 해당하는 데이터를 표시하고 싶다면 조건부 서식을 이용할 수 있습니다. 조건부 서식에서 상위 n%를 구한 결과는 범위 내 값의 순위를 0~1을 제외한 백분율로 반환하는 PERCENTRANK.EXC 함수의 결과와 동일합니다. 피벗 테이블 보고서에서 상위 n% 데이터를 표시하는 방법에 대해 알아보겠습니다.

예제 파일 PART 02 \ CHAPTER 07 \ 조건부 서식-상위.xlsx

01 예제 파일의 '피벗' 시트에는 제품별 매출이 집계된 피벗 테이블 보고서가 있고, D열의 '총합계' 값이 내림차순으로 정렬되어 있습니다. 판매 제품 중 상위 10% 매출에 해당하는 제품을 조건부 서식으로 표시해 보겠습니다.

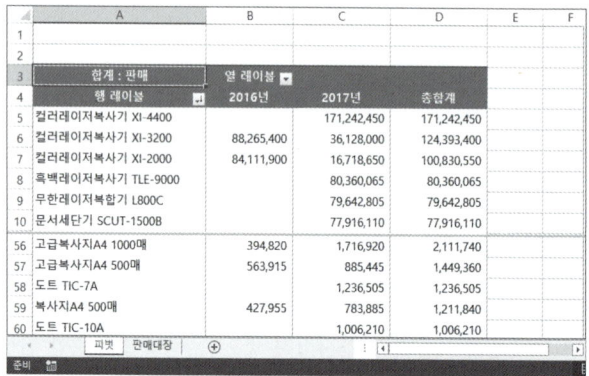

02 조건부 서식을 적용할 D5:D61 범위를 선택한 후 [홈] 탭-[스타일] 그룹-[조건부 서식] 명령 내 [상위/하위 규칙]-[상위 10%] 메뉴를 선택합니다.

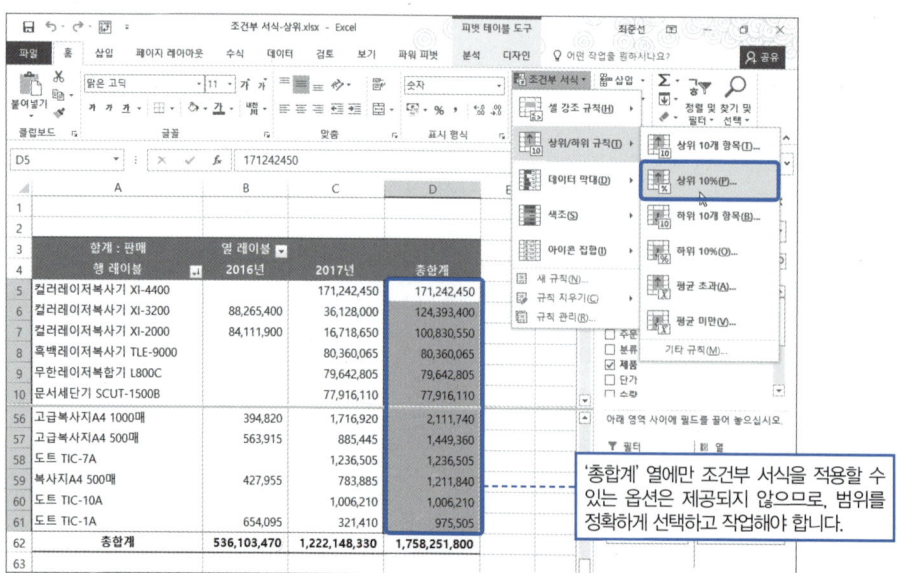

'총합계' 열에만 조건부 서식을 적용할 수 있는 옵션은 제공되지 않으므로, 범위를 정확하게 선택하고 작업해야 합니다.

03 '상위 10%' 대화상자에서 기본 설정을 유지한 채로 〈확인〉 버튼을 클릭하면 상위 10%에 해당하는 매출에 기본 서식이 적용됩니다.

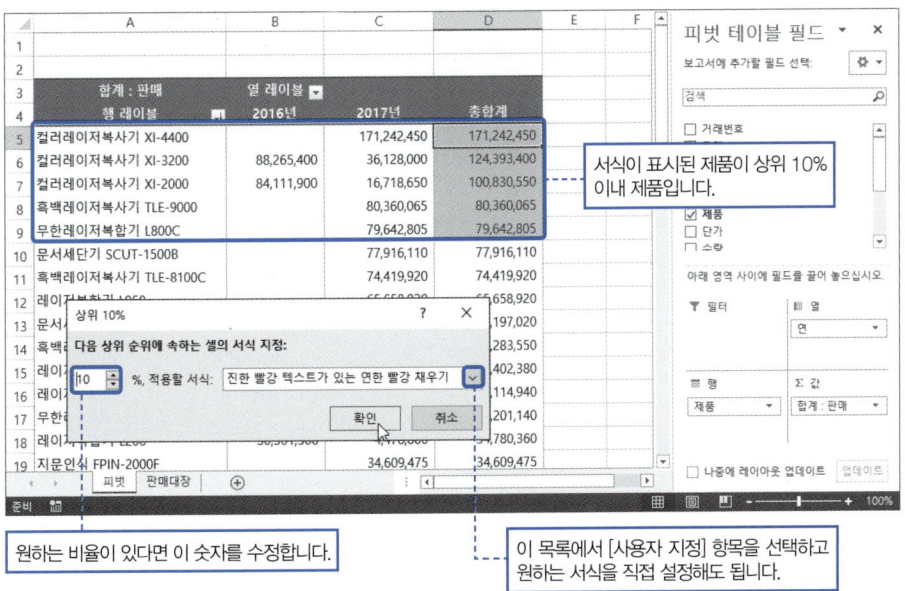

서식이 표시된 제품이 상위 10% 이내 제품입니다.

원하는 비율이 있다면 이 숫자를 수정합니다.

이 목록에서 [사용자 지정] 항목을 선택하고 원하는 서식을 직접 설정해도 됩니다.

04 어떤 방식으로 상위 10%가 구해지는지 확인하겠습니다. F5셀에 다음 수식을 입력하고 F61셀까지 복사합니다.

```
=1-PERCENTRANK.EXC($D$5:$D$61, D5)
```

PERCENTRANK.EXC 함수의 결과와 조건부 서식의 상위 10% 이내 서식이 적용된 부분이 정확하게 일치합니다.

> **Plus⁺ 수식 이해하기**
>
> '조건부 서식'의 상위 n%를 계산하는 방식을 이해하기 위한 수식으로, PERCENTRANK.EXC 함수에서 반환된 값을 1(100%)에서 뺀 결과를 표시합니다. PERCENTRANK.EXC 함수는 백분율 순위를 반환하며, 2010 버전부터 제공됩니다. PERCENTRANK.EXC 함수에서 반환하는 백분율 순위는 0% < x < 100%와 같이 0%와 100%를 제외하고 순위가 높을수록 100%에 가깝고, 순위가 낮을수록 0%에 가까운 백분율 순위를 반환합니다.
>
> 1(100%)에서 PERCENTRANK.EXC 함수의 결과를 빼는 이유는 PERCENTRANK.EXC 함수는 순위가 높을수록 100%에 가까운 값을 반환하기 때문입니다. 이를 상위 n%와 같은 방식으로 이해하려면 큰 숫자는 작게, 작은 숫자는 크게 반환되도록 해야 하므로 백분율의 가장 큰 값인 1(100%)에서 PERCENTRANK.EXC 함수의 반환 값을 빼는 것입니다. 아래 계산식을 참고하면 이해가 될 것입니다.
>
> 1−99% = 1%
>
> 1−95% = 5%
>
> ...
>
> 1−5% = 95%
>
> 1−1% = 99%
>
> PERCENTRANK.EXC 함수에 대한 자세한 설명은 다음과 같습니다.
>
> > **함수 설명**
> >
> > **PERCENTRANK.EXC(array, x, [significance])**
> >
> > PERCENTRANK.EXC 함수는 데이터 범위 내 x 값의 백분율 순위를 반환합니다.
> >
> > - **array** : 전체 데이터 범위
> > - **x** : 순위를 확인할 숫자 값입니다.
> > - **significance** : 반환할 백분율 순위의 유효 자릿수를 의미하며, 생략하면 세 자리까지 반환합니다.
>
> PERCENTRANK.EXC 함수와 유사한 함수로 PERCENTRANK.INC 함수가 있는데, 이 함수는 2007 이하 버전에서 사용할 수 있는 PERCENTRANK 함수와 동일하게 0%와 100%를 포함한 백분율 순위를 반환합니다.
>
> 예를 들어 PERCENTRANK.INC 함수나 PERCENTRANK 함수로 F열의 순위 구하는 수식을 수정하면 F10셀의 값이 10.40%에서 9.00%로 변경됩니다. 그러므로 조건부 서식에서 상위 n%를 계산하는 방법은 0%와 100%를 제외한 백분율 순위를 반환하는 PERCENTRANK.EXC 함수의 결과와 동일하다는 것을 이해할 수 있습니다.

110 데이터 막대를 이용해 숫자 값 크기 표시하기

조건부 서식의 데이터 막대 서식은 조건부 서식만의 고유 기능으로, 숫자 값을 가로 막대 그래프로 표시합니다. 피벗 테이블과 같이 집계된 숫자가 많은 경우에 데이터 막대를 적절하게 사용하면 보고서의 집계 결과를 좀 더 빠르게 이해할 수 있습니다. 피벗 테이블 보고서에 데이터 막대 서식을 적용하는 방법에 대해 알아보겠습니다.

예제 파일 PART 02 \ CHAPTER 07 \ 데이터 막대.xlsx

01 예제 파일의 '피벗' 시트에는 영업사원별 매출 실적을 집계한 보고서가 있습니다. 각 연도별 매출을 막대 그래프로 표시해 보겠습니다.

TIP 열 영역 내 '연' 필드는 '주문일' 필드로 생성된 그룹 필드입니다.

02 2016년 매출 범위(B5:B13)를 선택한 후 [홈] 탭-[스타일] 그룹-[조건부 서식] 명령 내 [데이터 막대]의 하위 메뉴에서 원하는 서식을 선택합니다. 2016년 매출 값에 따른 데이터 막대가 화면에 표시됩니다.

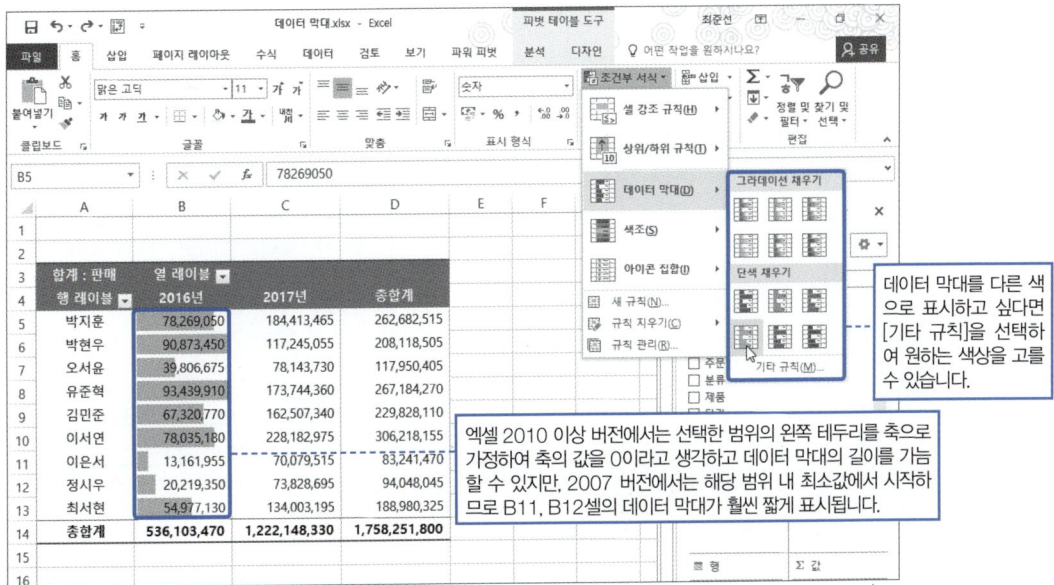

03 조건부 서식이 적용된 범위 오른쪽 하단의 [서식 규칙 적용] 단추(🔲)를 클릭하여 ["담당" 및 "연"에 대해 "합계 : 판매" 값을 표시하는 모든 셀] 옵션을 선택하면, 2016년에 적용한 조건부 서식이 2017년에도 그대로 적용됩니다.

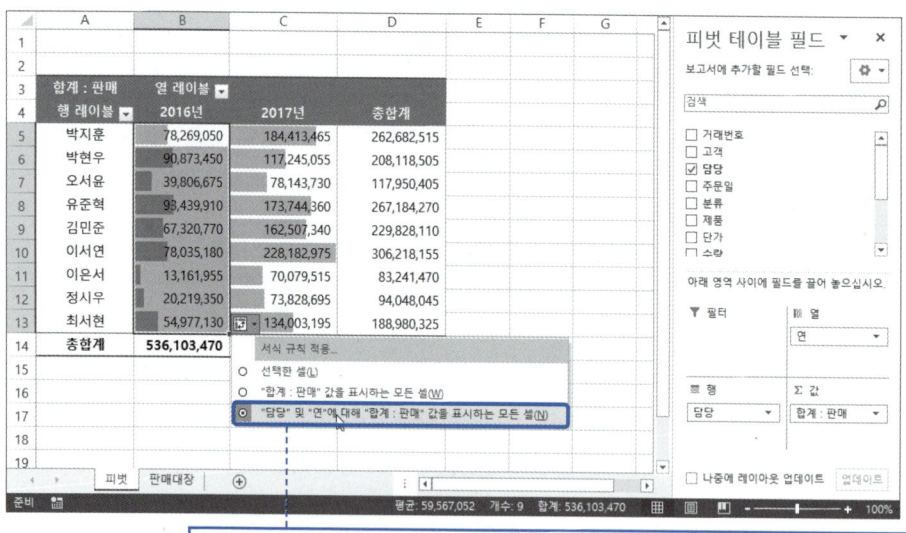

이 옵션을 선택하면 총합계 행(14행)과 열(D열)을 제외한 '합계 : 판매' 필드 범위에 조건부 서식이 동일한 규칙으로 적용됩니다. 그러므로 상대적으로 값이 작은 2016년 데이터 막대가 짧아집니다. 이렇게 설정하면, 행 영역의 '담당' 필드 또는 열 영역의 '연' 필드에 항목이 추가될 경우 추가된 항목의 집계 값에 자동으로 조건부 서식이 적용됩니다.

04 이번에는 각 연도별로 조건부 서식의 데이터 막대를 각각 표시해 보기 위해 단축키 Ctrl+Z를 눌러 앞의 설정을 실행 취소합니다. 2016년 매출 범위(B5:B13)를 선택하고 [홈] 탭-[클립보드] 그룹-[서식 복사] 명령(🖌)을 클릭한 후 2017년 매출 범위(C5:C13)를 드래그합니다.

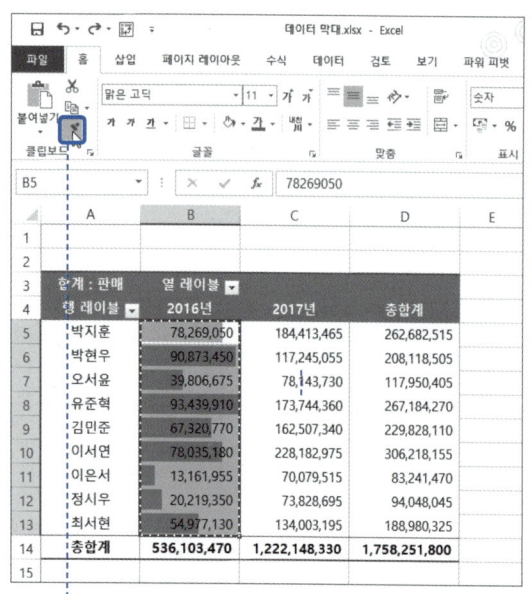

[서식 복사] 명령은 [선택하여 붙여넣기] 명령의 옵션 중 [서식만] 옵션을 따로 제공하는 것으로, 조건부 서식은 셀에 적용되는 서식 기능이므로 이 명령을 사용하면 쉽게 다른 범위에 동일한 조건부 서식을 적용할 수 있습니다.

[서식 복사] 명령을 사용하면 각각의 데이터 범위에 따로 조건부 서식이 적용됩니다. 그러므로 **03** 과정의 화면과 달리 데이터 막대가 각 열의 숫자에 맞게 표시됩니다. 이 방법으로 설정한 조건부 서식은 선택된 범위에만 적용되므로, 행 영역의 '담당' 필드 또는 열 영역의 '연' 필드에 항목이 추가돼도 해당 항목의 집계 값에는 적용되지 않습니다.

데이터 막대만 표시하기

111

조건부 서식의 데이터 막대 서식을 사용하면 값 영역의 숫자를 직관적으로 이해할 수 있지만, 셀에 숫자와 막대 그래프가 함께 표시되므로 데이터 막대의 색상을 잘 선택해야 합니다. 보고서를 깔끔하게 구성하려면 값 영역 내 집계 값과 막대 그래프를 서로 다른 열에 표시하는 것도 좋은 방법입니다. 데이터 막대 서식을 별도의 열에 표시하는 방법에 대해 알아보겠습니다.

예제 파일 PART 02 \ CHAPTER 07 \ 데이터 막대-막대만.xlsx

01 예제 파일의 '피벗' 시트에는 영업사원의 매출이 집계된 피벗 테이블 보고서가 있고, 값 영역에 '판매' 필드가 두 번 삽입되어 있습니다. '합계 : 판매2' 필드에 데이터 막대 서식만 표시해 보겠습니다.

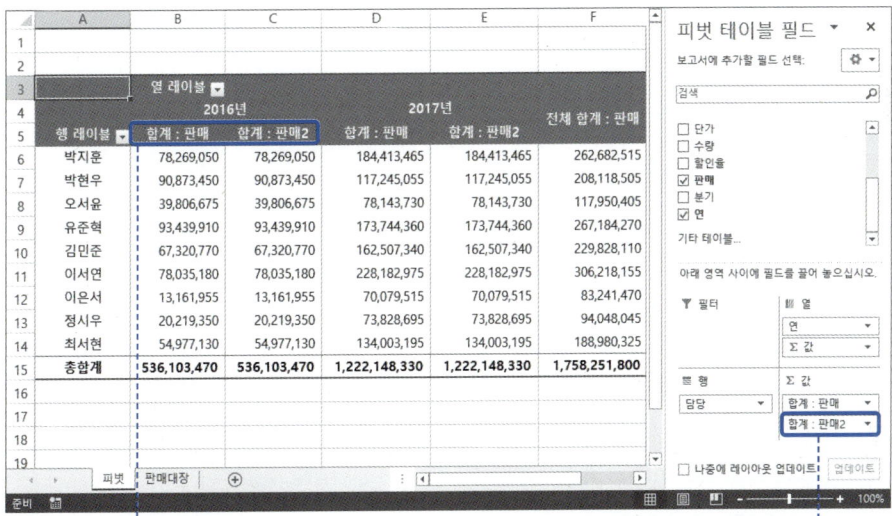

'합계 : 판매'는 '매출'로, '합계 : 판매2' 필드는 '그래프'로 표시하면 좀 더 직관적인 보고서를 구성할 수 있습니다.

이런 작업을 위해서는 동일한 필드를 값 영역에 두 번 삽입하여, 하나는 숫자를 표시하고 하나는 데이터 막대를 표시하도록 해야 합니다. 동일한 필드를 두 번 삽입하려면 필드 목록에서 '판매' 필드를 드래그해 값 영역에 드롭하면 됩니다.

02 먼저 '합계 : 판매2' 필드의 집계 값에 데이터 막대 서식을 적용하겠습니다. '합계 : 판매2' 필드 내 셀(여기서는 C6셀)을 선택한 후 [홈] 탭-[스타일] 그룹-[조건부 서식] 명령 내 [데이터 막대]-[기타 규칙] 메뉴를 선택합니다.

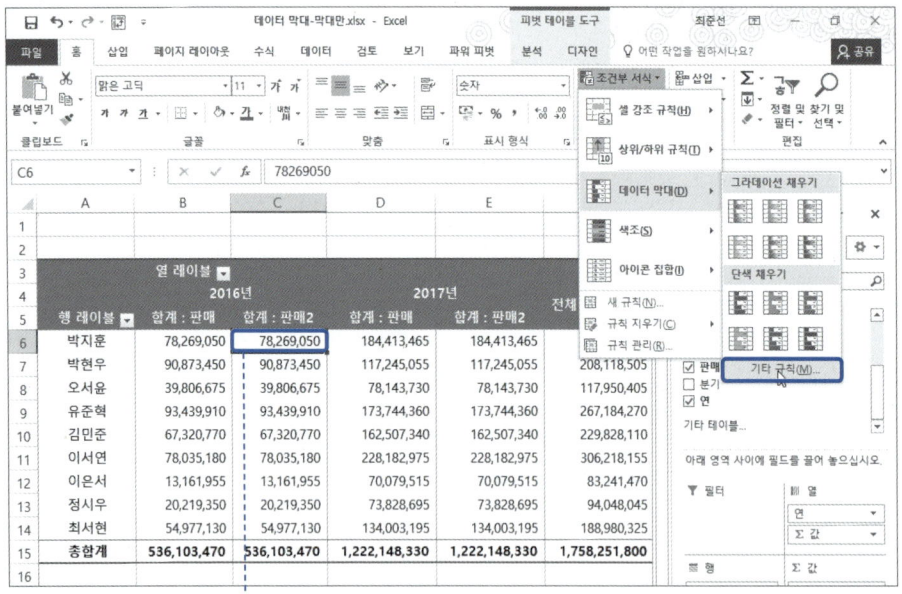

셀을 하나만 선택하고 조건부 서식을 적용하는 이유는 조건부 서식의 옵션에서 '합계 : 판매2' 필드 전체에 동일한 조건부 서식을 적용하기 위해서입니다.

03 '새 서식 규칙' 대화상자가 열리면 다음과 같이 설정하고 〈확인〉 버튼을 클릭합니다.

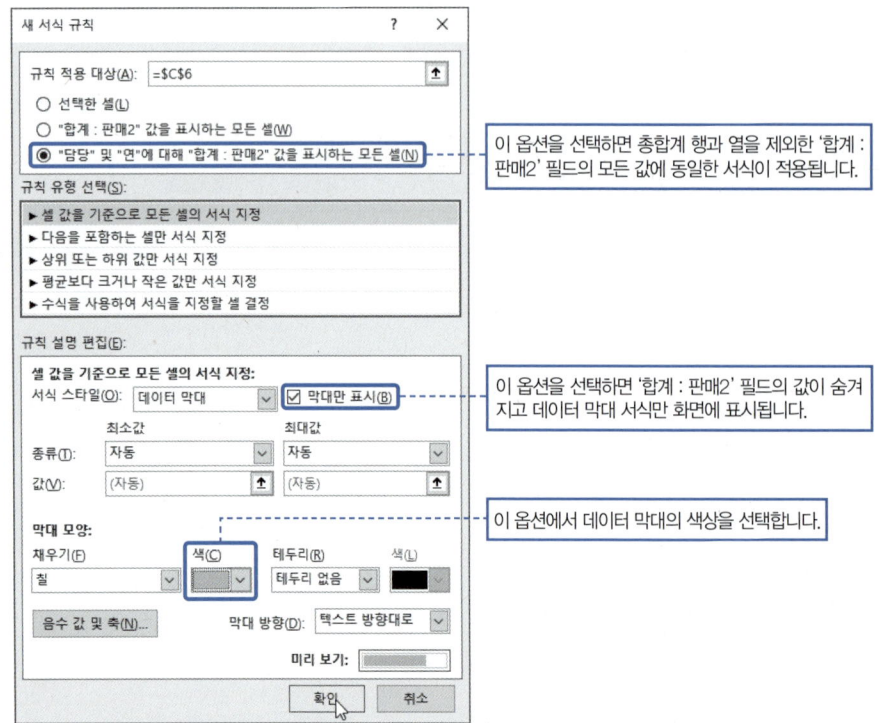

이 옵션을 선택하면 총합계 행과 열을 제외한 '합계 : 판매2' 필드의 모든 값에 동일한 서식이 적용됩니다.

이 옵션을 선택하면 '합계 : 판매2' 필드의 값이 숨겨지고 데이터 막대 서식만 화면에 표시됩니다.

이 옵션에서 데이터 막대의 색상을 선택합니다.

04 '합계 : 판매2' 필드에 데이터 막대가 표시되고, 숫자는 '총합계' 행과 열 외에는 표시되지 않습니다.

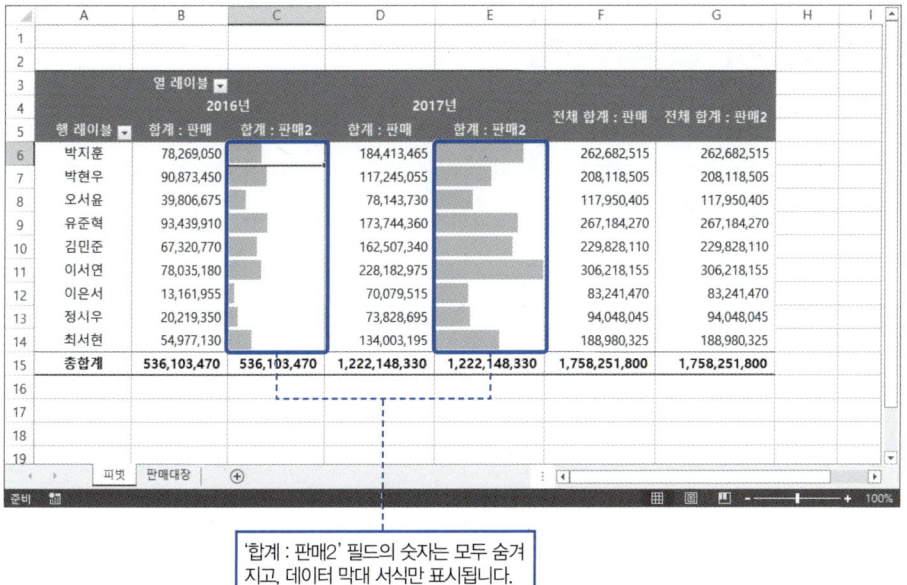

'합계 : 판매2' 필드의 숫자는 모두 숨겨지고, 데이터 막대 서식만 표시됩니다.

05 막대 그래프 크기를 연도별 값에 맞춰 표시되도록 하기 위해 '합계 : 판매2' 필드에 '값 표시 형식'을 적용합니다. No. 102(336쪽)를 참고해 '합계 : 판매2' 필드의 '값 표시 형식'을 '열 합계 비율'로 변경하면 다음과 같은 결과가 얻어집니다.

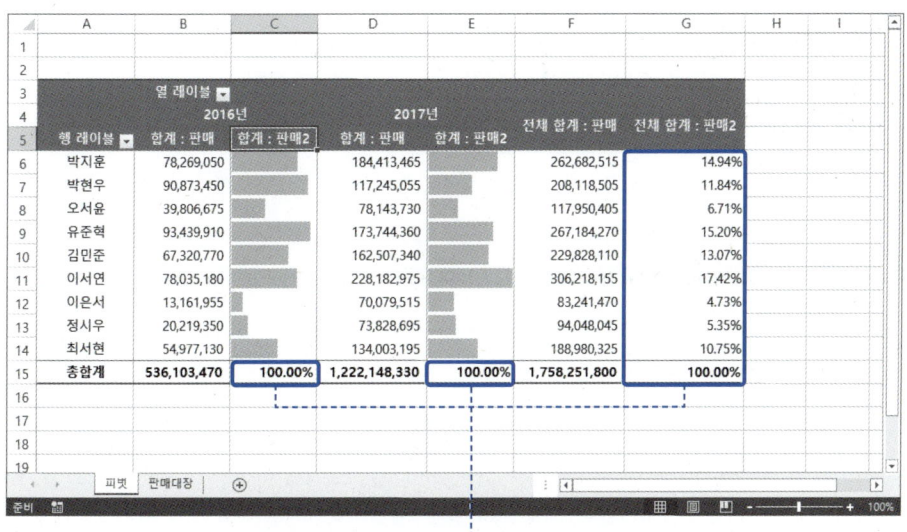

값 표시 형식을 이용해 '열 합계 비율'로 변경하면 모든 값이 백분율 값으로 변경됩니다. C5셀이 선택된 상태에서 마우스 오른쪽 버튼을 클릭하여 [값 표시 형식]-[열 합계 비율] 메뉴를 선택하면 됩니다.

색조를 이용해 강조하기

112

조건부 서식에는 색조 서식이 지원됩니다. 색조는 두세 가지 색을 사용해 숫자 값의 분포와 변화를 한눈에 파악할 수 있도록 돕는 시각적 효과로, 피벗 테이블 보고서와 같이 복잡한 숫자가 표시될 수 있는 보고서에 적용하면 좋습니다. 피벗 테이블 보고서에 색조 서식을 적용하는 방법에 대해 알아보겠습니다.

예제 파일 PART 02 \ CHAPTER 07 \ 색조.xlsx

01 예제 파일의 '피벗' 시트에는 영업사원의 2017년 분기별 매출이 집계되어 있습니다. 숫자가 너무 많아 매출이 한눈에 들어오지 않고, 데이터 막대로 표시하기에도 복잡한 구조입니다. 색조 서식을 이용해 매출 분포를 한눈에 파악할 수 있도록 해 보겠습니다.

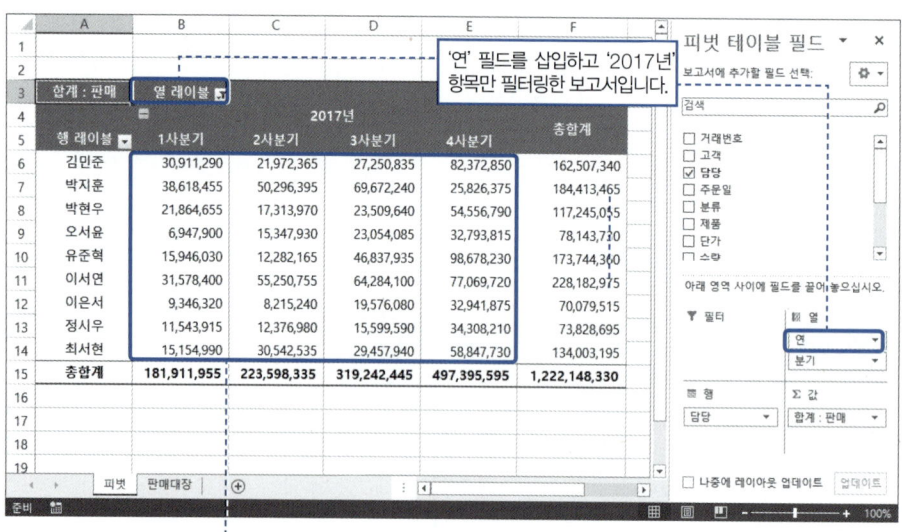

02 분기별 매출 실적이 입력되어 있는 B6:E14 범위를 선택한 후 [홈] 탭–[스타일] 그룹–[조건부 서식] 명령 내 [색조] 메뉴의 하위 메뉴에서 원하는 색조 서식(여기서는 '녹색–흰색 색조')을 선택합니다. 그러면 지정된 서식 효과가 표시되는데, 여기서 선택한 색조의 경우 색상이 짙을수록 숫자가 큰(매출이 높은) 값을 나타냅니다.

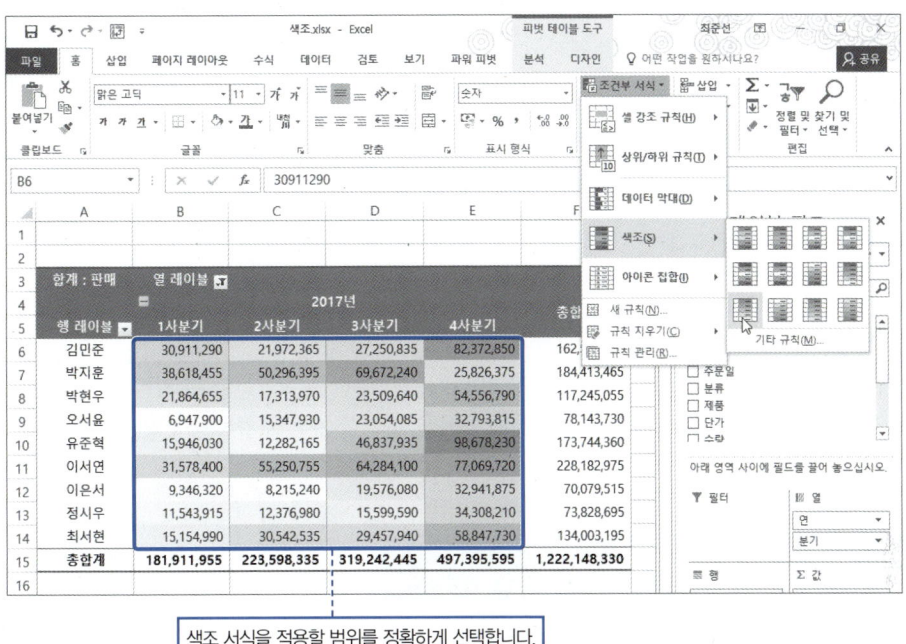

색조 서식을 적용할 범위를 정확하게 선택합니다.

03 나중에 추가될 항목에도 해당 서식이 그대로 적용되도록 하려면, 조건부 서식이 적용된 범위 오른쪽 하단의 [서식 규칙 적용] 단추(▦)를 클릭하고 ["담당" 및 "연"에 대해 "합계 : 판매" 값을 표시하는 모든 셀] 옵션을 선택합니다.

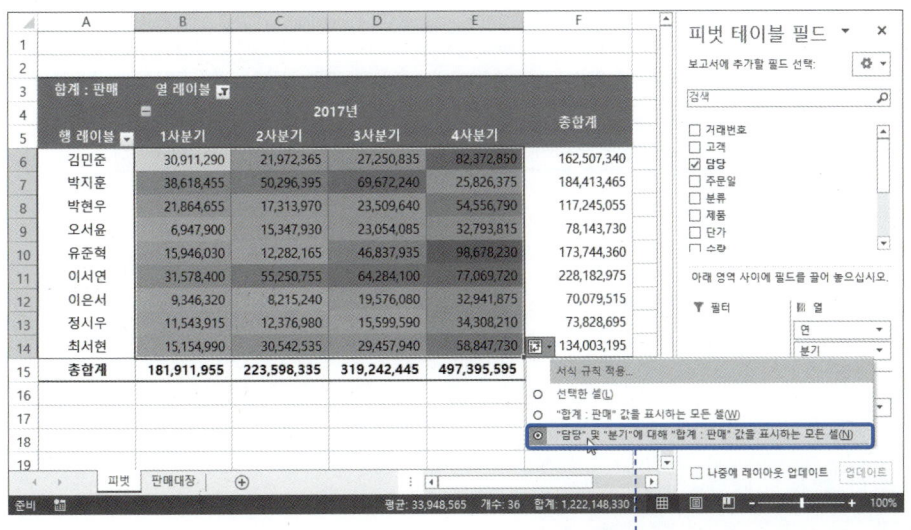

처음부터 이 옵션을 염두에 두었다면, **02** 과정에서 값 영역 내 셀을 하나만 선택하고 '색조' 효과를 적용한 후에 옵션을 변경해도 동일한 결과를 얻을 수 있습니다.

아이콘 집합을 이용해 증감 표시하기 113

조건부 서식에는 숫자 값의 크기를 아이콘으로 표시해 주는 아이콘 집합 서식이 있습니다. 아이콘 집합은 3~5개의 아이콘을 사용해 숫자를 구분하는데, 전체 데이터 범위 내 숫자를 아이콘 개수에 맞는 비율로 나눠 표시하므로 반드시 목적에 맞게 적용하고 수정할 수 있어야 합니다. 보고서에 가장 일반적으로 쓰이는 증감 표시 아이콘 집합을 사용하는 방법에 대해 알아보겠습니다.

예제 파일 PART 02 \ CHAPTER 07 \ 아이콘 집합.xlsx

01 예제 파일의 '피벗' 시트에는 2016년과 2017년의 월별 매출과 증감률을 확인할 수 있는 피벗 테이블 보고서가 있습니다. '증감률' 필드에 아이콘 집합을 적용해 증감률 필드의 값을 시각화해 보겠습니다.

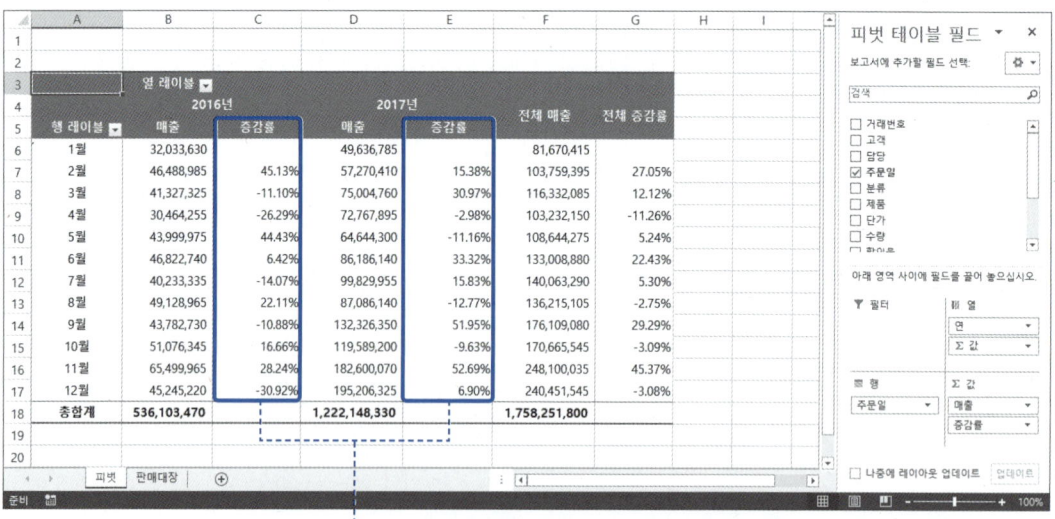

'증감률' 필드는 '판매' 필드를 값 영역에 삽입한 후 [값 표시 형식]의 [[기준값]에 대한 비율의 차이]를 이용해 표시해 놓은 것으로, 수치는 맞지만 증가/감소 현황을 한눈에 파악하긴 어렵습니다.

02 '증감률' 필드 내 셀(여기서는 C6셀)을 하나 선택한 후 [홈] 탭-[스타일] 그룹-[조건부 서식] 명령 내 [아이콘 집합]-[기타 규칙] 메뉴를 선택합니다.

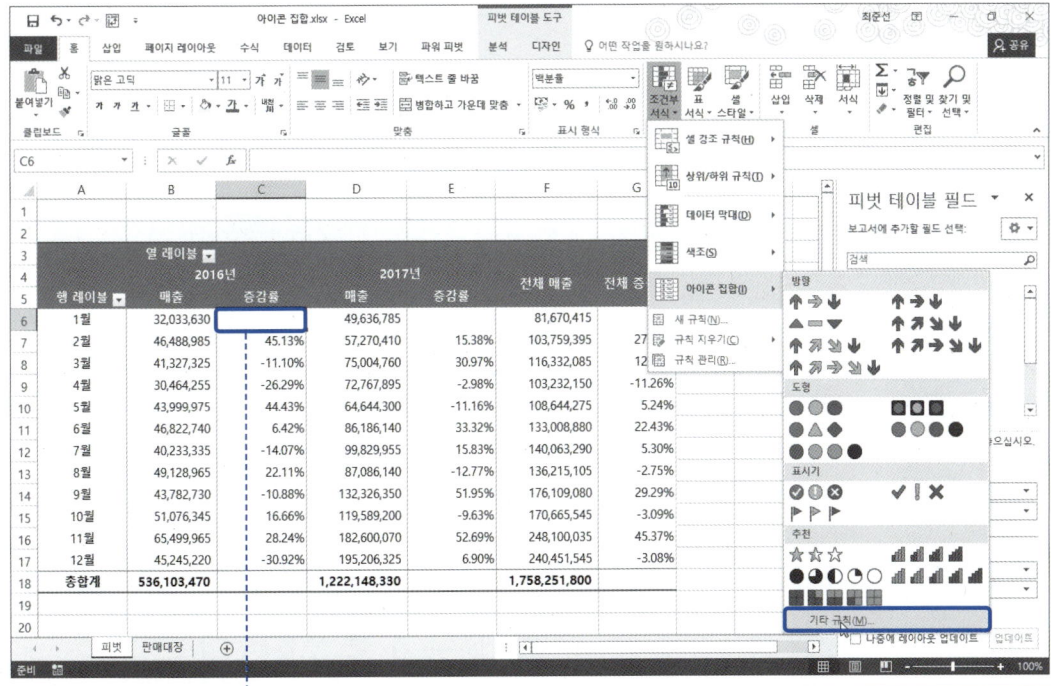

> 셀을 하나만 선택하고 작업하는 이유는 '아이콘 집합'이 보통 정확한 아이콘의 표시 위치를 설정하기 위해 [기타 규칙]에서 작업하는 경우가 많고, [기타 규칙] 메뉴를 이용하면 조건부 서식의 적용 범위를 옵션으로 지정할 수 있기 때문입니다. 만약, 선택 범위에서만 비율로 '아이콘 집합'이 표시되길 원한다면 작업 대상 범위(C6:C17)를 정확하게 선택하고 작업해야 합니다.

03 '새 서식 규칙' 대화상자가 열리면 ["주문일" 및 "연"에 대해 "증감률" 값을 표시하는 모든 셀] 옵션을 선택하고 '아이콘 스타일'에서 [삼각형 3개] 집합을 선택합니다. '종류' 콤보상자의 값을 모두 [숫자]로 변경하고 '값'의 첫 번째 콤보상자에서 비교연산자를 [>=]에서 [>]로 변경한 후 〈확인〉 버튼을 클릭합니다.

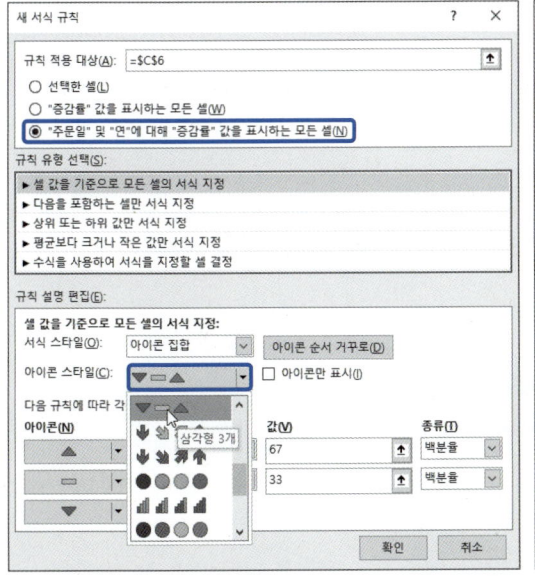 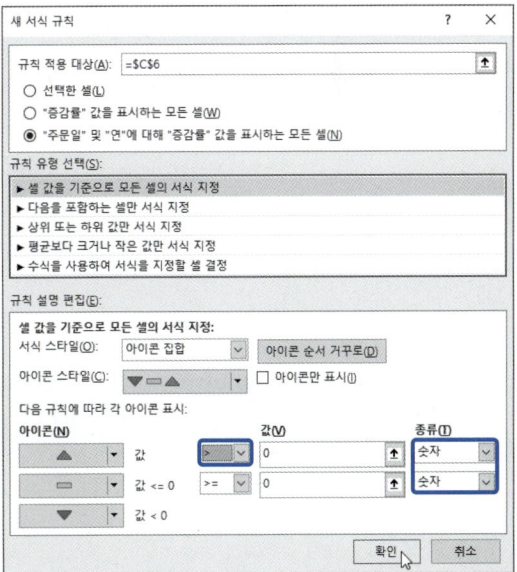

Plus⁺ 아이콘 표시 규칙 이해하기

조건부 서식의 아이콘 집합은 집합 내 아이콘 개수로 100을 나눈 백분율 값을 이용해 각 아이콘을 표시합니다. 예를 들어 이번에 선택한 [삼각형 3개] 아이콘 집합은 아이콘이 세 개이므로 범위 내 최소 ~ 최대 구간을 백분율로 33.3%씩 나눠 아이콘을 표시합니다.

세 번째 아이콘	두 번째 아이콘	첫 번째 아이콘
최소 ~ 33.3%	33.3% ~ 66.6%	66.6% ~ 최대

그러므로 증감률을 표시하는 방식처럼 양수/0/음수로 나누려면, 아이콘 표시 규칙을 모두 '숫자'로 변경한 후 0보다 큰(> 0) 조건으로 양수를, 0보다 크거나 같은(>= 0) 조건으로 0을(앞 조건에서 0보다 큰 숫자가 모두 빠졌으므로 여기서는 '큰' 조건은 빠지고 '같은' 조건만 남습니다.), 그 밖의 조건으로 0보다 작은, 즉 음수를 표시합니다.

04 '증감률' 필드에 위아래 화살표 아이콘이 나타납니다.

양수/음수에 맞게 정확하게 아이콘이 표시되는지 확인합니다. 이렇게 설정하지 않고 그냥 아이콘 집합을 선택하면 어떻게 되는지 궁금하다면, [홈] 탭-[스타일] 그룹-[조건부 서식] 명령 내 [규칙 지우기]-[이 피벗 테이블에서 규칙 지우기] 메뉴를 선택한 후 **02** 과정을 다시 진행하면서 [기타 규칙]이 아니라 [삼각형 3개]를 바로 선택해 봅니다.

05 이번에는 총 합계 열의 '전체 증감률'에 데이터 막대를 이용해 증감을 표시해 보겠습니다. G6:G17 범위를 선택하고 [홈] 탭-[스타일] 그룹-[조건부 서식] 명령 내 [데이터 막대]-[기타 규칙] 메뉴를 선택합니다.

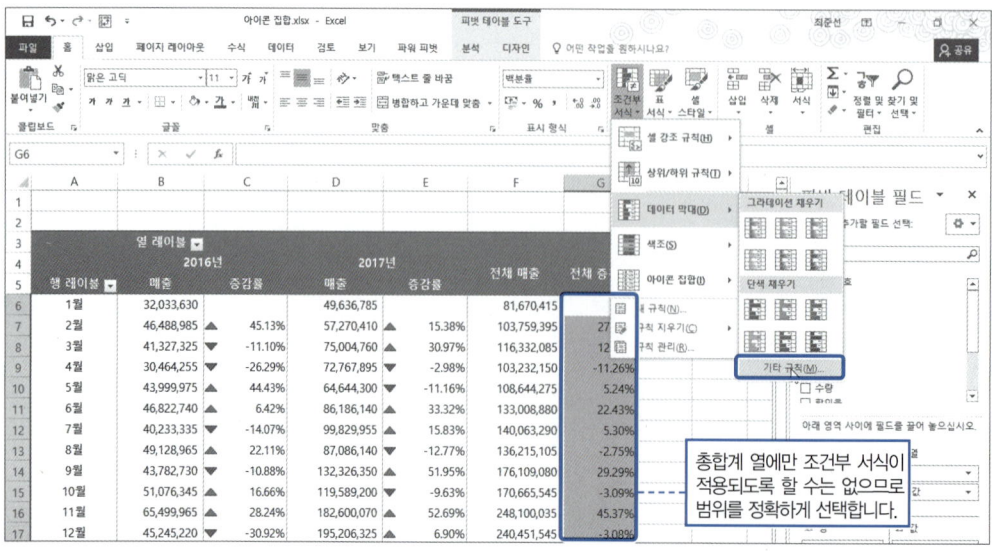

총합계 열에만 조건부 서식이 적용되도록 할 수는 없으므로 범위를 정확하게 선택합니다.

06 '새 서식 규칙' 대화상자가 열리면 〈음수 값 및 축〉 버튼을 클릭합니다. '음수 값 및 축 설정' 대화상자에서 '축 설정' 그룹의 [셀 중간점] 옵션을 선택하고 〈확인〉 버튼을 클릭합니다. '새 서식 규칙' 대화상자도 〈확인〉 버튼을 클릭해 닫습니다.

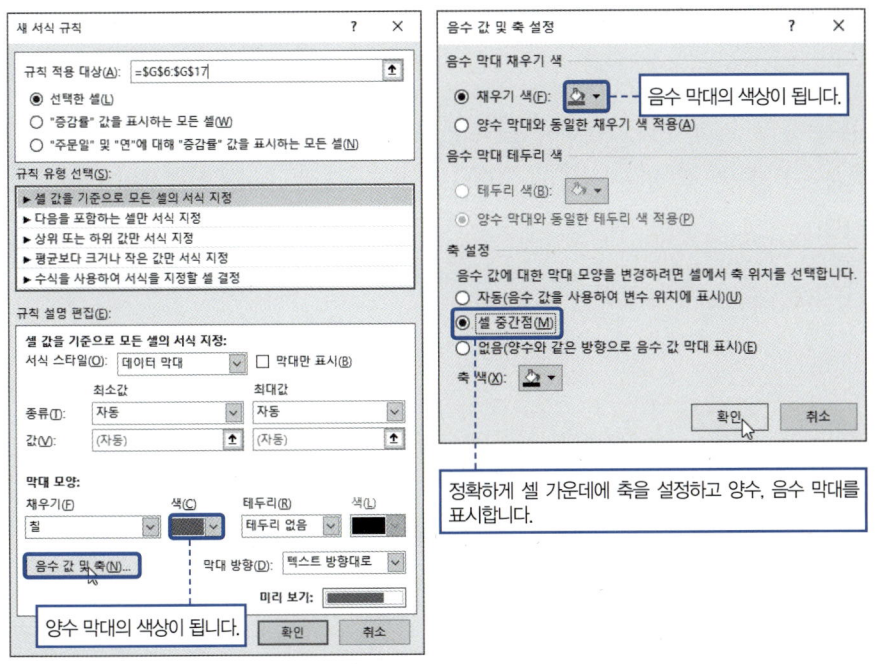

🖐 다른 옵션으로 변경하면 데이터 막대가 어떻게 표시되는지 확인해 봅니다.

07 '전체 증감률'의 셀 가운데에 축이 표시되고, 양수와 음수를 구분하는 막대 그래프가 다음 화면과 같이 표시됩니다.

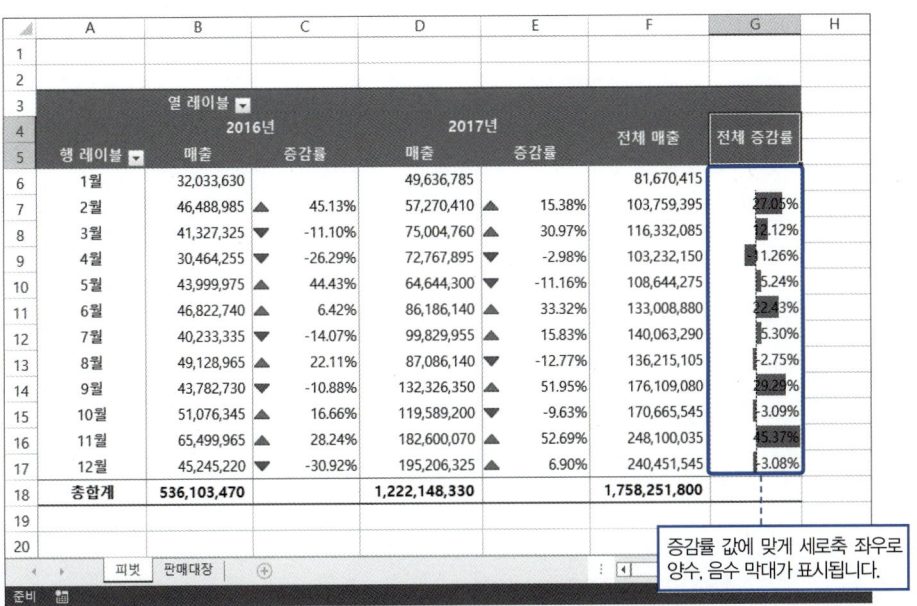

아이콘 집합을 이용해 상위 n개 데이터 체크하기

114

피벗 테이블 보고서에서 특정 조건에 맞는 데이터에만 체크 표시를 하고 싶다면 조건부 서식의 '아이콘 집합' 중에서 체크 아이콘이 표시되도록 하는 방법이 좋습니다. 다만 이 방법을 사용하려면 체크 표시를 할 값의 조건을 수식으로 설정할 수 있어야 합니다. 상위 n개 항목에 체크 아이콘을 표시하는 방법에 대해 알아보겠습니다.

예제 파일 PART 02 \ CHAPTER 07 \ 아이콘 집합-체크.xlsx

01 예제 파일의 '피벗' 시트에는 영업사원의 2017년 분기별 실적이 집계되어 있습니다. E1:F1 범위에는 피벗 테이블 보고서에서 확인해야 할 조건이 입력되어 있습니다. F1셀의 값을 참고해 상위 n번째 실적까지 체크 아이콘이 표시되도록 해 보겠습니다.

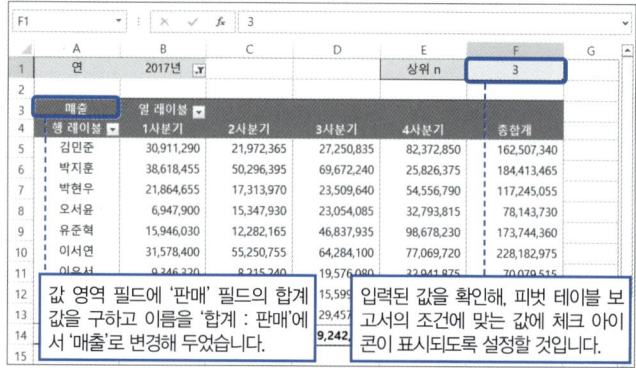

02 값 영역에 집계된 '매출' 필드 내 셀(여기서는 B5셀)을 선택한 후, [홈] 탭-[스타일] 그룹-[조건부 서식] 명령 내 [아이콘 집합]-[기타 규칙] 메뉴를 선택합니다.

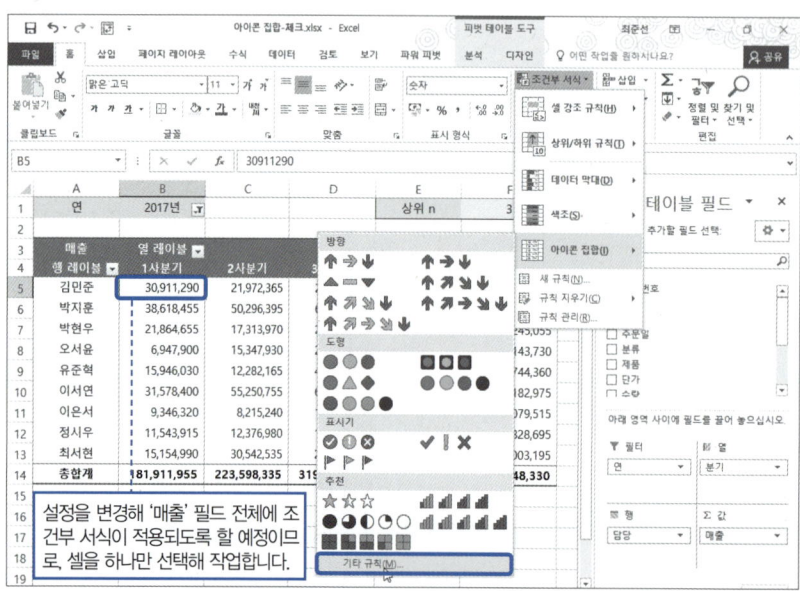

03 '새 서식 규칙' 대화상자가 열리면 '규칙 적용 대상' 옵션을 ["담당" 및 "분기"에 대해 "매출" 값을 표시하는 모든 셀]로 변경하고, '아이콘 스타일'에서 [3가지 기호(원 없음)] 아이콘 집합을 선택합니다. '아이콘' 그룹에서 하위 두 개의 아이콘을 콤보상자 목록에서 [셀 아이콘 없음]으로 설정하고, 첫 번째 아이콘은 '종류'를 '수식'으로 변경한 후 '값' 조건에 =LARGE($B$5:$E$13, $F$1) 수식을 입력하고 〈확인〉 버튼을 클릭합니다.

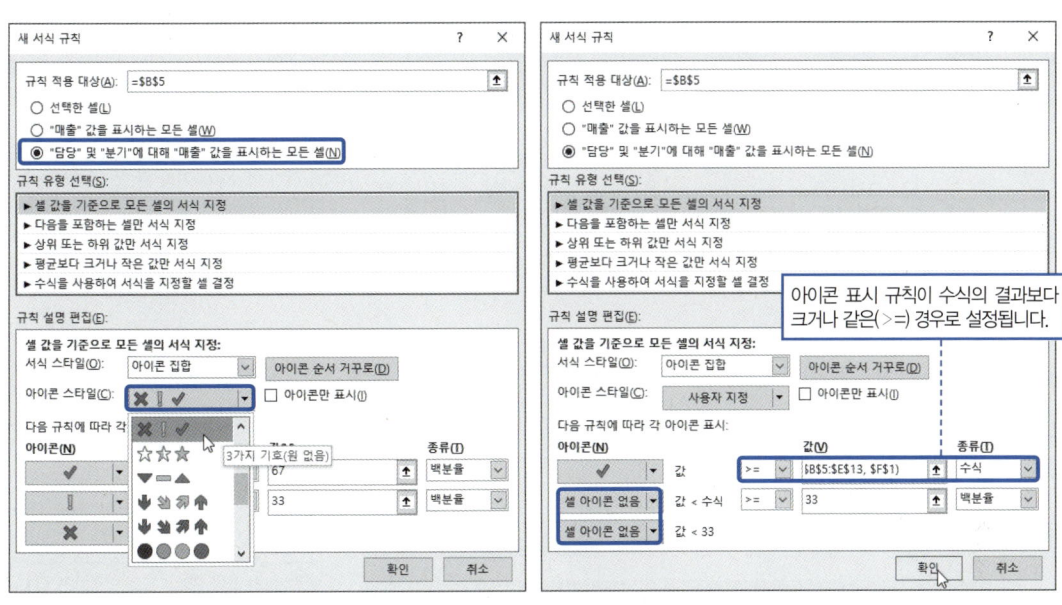

Plus⁺ 수식 이해하기

LARGE 함수는 데이터 범위 내에서 n번째 큰 값을 반환합니다. LARGE 함수와 반대로 n번째 작은 값을 반환하는 함수는 SMALL 함수입니다. 두 함수에 대한 상세 설명은 다음과 같습니다.

함수 설명

LARGE(array, k)

LARGE 함수는 데이터 범위 내에서 k번째 큰 값을 반환합니다. 중복 값이 존재해도 순서대로 값을 반환합니다.

- **array** : 큰 값을 확인할 데이터 범위입니다.
- **k** : 내림차순 순위 값입니다.

SMALL(array, k)

SMALL 함수는 데이터 범위 내에서 k번째 작은 값을 반환합니다. LARGE 함수와 인수 구성은 동일합니다.

이번 수식은 B5:E13 범위에서 F1셀에 입력된 숫자 값에 해당하는 큰 값을 반환합니다. 아이콘 표시 규칙이 '>='이므로 수식의 반환 값보다 크거나 같은 값에 체크 아이콘이 나타납니다. 즉, 상위 n번째 값까지 체크 아이콘이 표시되는 것입니다.

04 피벗 테이블 보고서 내의 조건에 맞는(상위 세 개) 실적에 체크 아이콘이 표시됩니다.

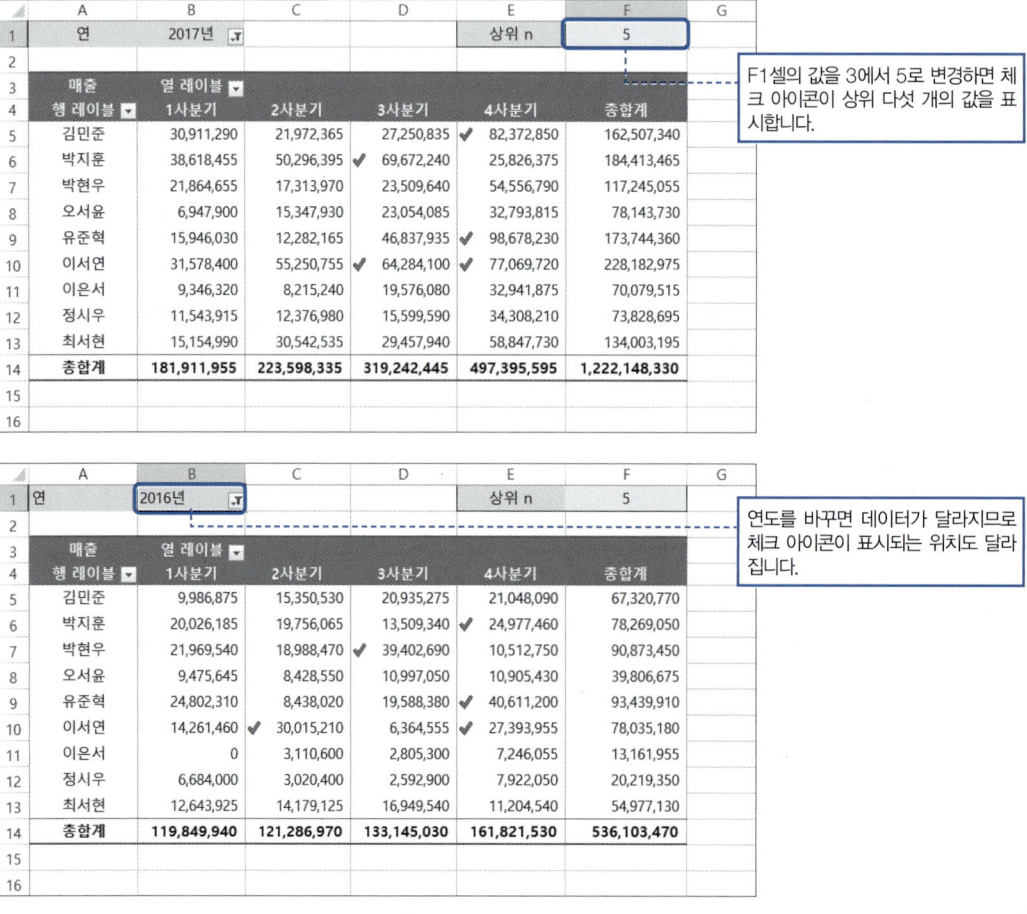

전체 범위에서 가장 큰 값 세 개에만 체크 아이콘이 표시됩니다.

05 조건부 서식이 제대로 동작하는지 확인하기 위해, F1셀의 숫자를 '3'에서 '5'로 변경하거나, 필터 영역 내 '연' 필드의 값을 '2017년'에서 '2016년'으로 변경해 봅니다. 체크 아이콘이 표시되는 셀 위치가 다음 화면과 같이 변경됩니다.

F1셀의 값을 3에서 5로 변경하면 체크 아이콘이 상위 다섯 개의 값을 표시합니다.

연도를 바꾸면 데이터가 달라지므로 체크 아이콘이 표시되는 위치도 달라집니다.

115 수식 조건을 사용해 원하는 위치에 서식 적용하기

조건부 서식에는 사용자가 원하는 조건을 수식으로 설정할 수 있는 기능이 제공됩니다. 수식 조건은 논리 값(TRUE, FALSE)이 반환되도록 구성하면 되는데, 이 방법을 사용하려면 수식 작성에 대해 충분히 이해하고 있어야 합니다. 수식 조건을 사용해 피벗 테이블에 원하는 서식을 적용하는 방법에 대해 알아보겠습니다.

예제 파일 PART 02 \ CHAPTER 07 \ 수식 조건.xlsx

01 예제 파일의 '피벗' 시트에는 영업사원의 월별 실적을 정리한 피벗 테이블 보고서가 있습니다. 보고서가 크고 한눈에 들어오는 구조가 아니므로, 열별(열 영역 내 '월' 필드)로 하나씩 교차하면서 월 데이터 범위에 서식을 적용해 가독성을 높여 보겠습니다.

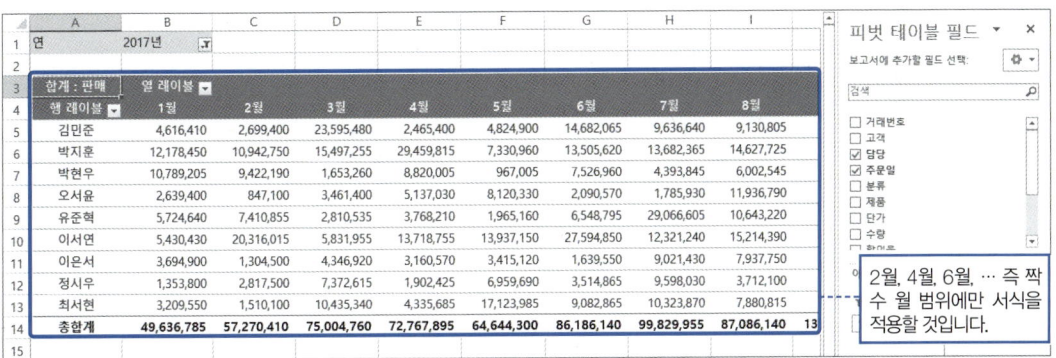

02 열을 구분해 서식을 적용하는 방법은 따로 제공되지 않으므로, 조건부 서식의 수식 조건을 사용해 처리하겠습니다. '합계 : 판매' 필드 내 셀(여기서는 B5셀)을 선택한 후 [홈] 탭-[스타일] 그룹-[조건부 서식] 명령 내 [새 규칙] 메뉴를 선택합니다.

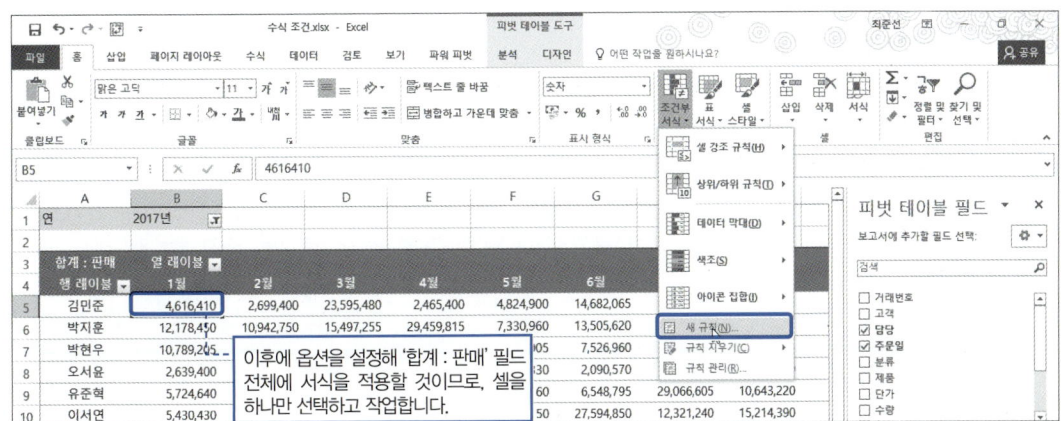

03 '새 서식 규칙' 대화상자가 열리면, '규칙 적용 대상' 옵션에서 ["합계 : 판매" 값을 표시하는 모든 셀]을 선택하고, '규칙 유형 선택' 목록에서 [수식을 사용하여 서식을 지정할 셀 결정]을 선택합니다. 그런 다음, 수식을 다음과 같이 입력하고 〈서식〉 버튼을 클릭해 원하는 서식을 설정합니다.

```
=MOD(COLUMN(), 2)=1
```

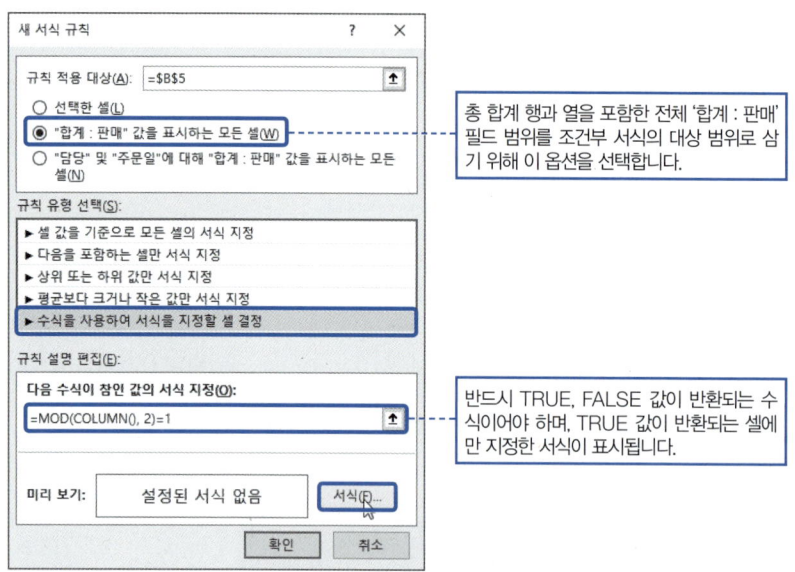

Plus⁺ 수식 이해하기

이 수식에는 MOD 함수와 COLUMN 함수가 사용되었습니다. MOD 함수는 나눗셈의 나머지 값을 반환하는 함수이고, COLUMN 함수는 현재 위치의 열 번호를 반환하는 함수입니다. 상세 설명은 다음과 같습니다.

함수 설명

MOD(number, divisor)

MOD 함수는 숫자(number)를 제수(divisor)로 나누고(number/divisor) 남은 나머지 값을 반환합니다.
- **number** : 나머지를 구할 숫자로, 분수로 표기하면 분자가 됩니다.
- **divisor** : number를 나눌 제수로, 분수로 표기하면 분모가 됩니다.

COLUMN(reference)

참조한 셀의 열 번호를 반환합니다.
- **reference** : 열 번호를 확인한 셀입니다. reference 인수를 생략하면 수식이 입력된 셀의 열 번호가 반환됩니다.

이번 수식은 COLUMN 부분만 정확하게 이해하면 어렵지 않게 전체 수식을 이해할 수 있습니다. COLUMN 함수는 조건부 서식이 적용될 피벗 테이블의 값 영역 내 셀의 열 번호를 반환하며, MOD 함수를 이용해 2로 나눈 나머지 값을 구해 해당 값이 1인지 확인하는 수식이 됩니다. 2로 나눈 값이 1이면 홀수라는 의미이므로, 이번 조건부 서식의 규칙은 홀수 열을 대상으로 서식을 지정하라는 의미가 됩니다.

04 '셀 서식' 대화상자의 '테두리' 탭에서 셀의 좌우 테두리에 실선을 적용하고, '채우기' 탭에서는 배경색을 고른 후 〈확인〉 버튼을 클릭합니다.

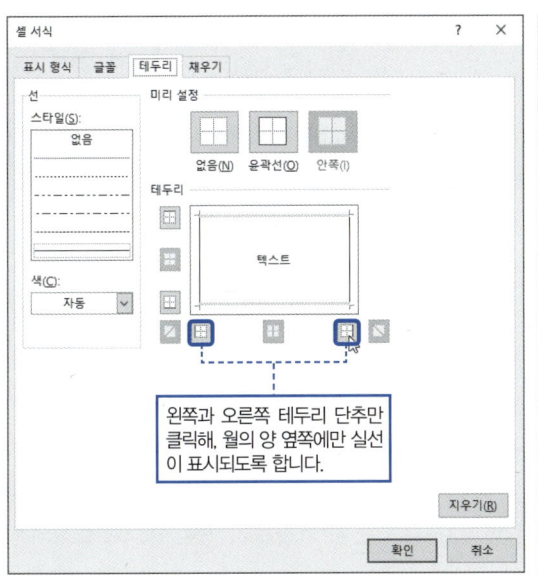 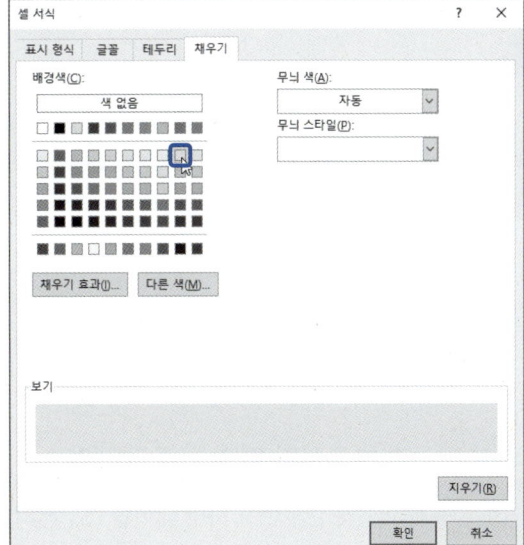

왼쪽과 오른쪽 테두리 단추만 클릭해, 월의 양 옆쪽에만 실선이 표시되도록 합니다.

설명된 내용 외에 원하는 서식이 있다면 직접 적용해 봅니다.

04 '새 서식 규칙' 대화상자에서 〈확인〉 버튼을 클릭하면 지정된 서식이 다음과 같이 적용됩니다.

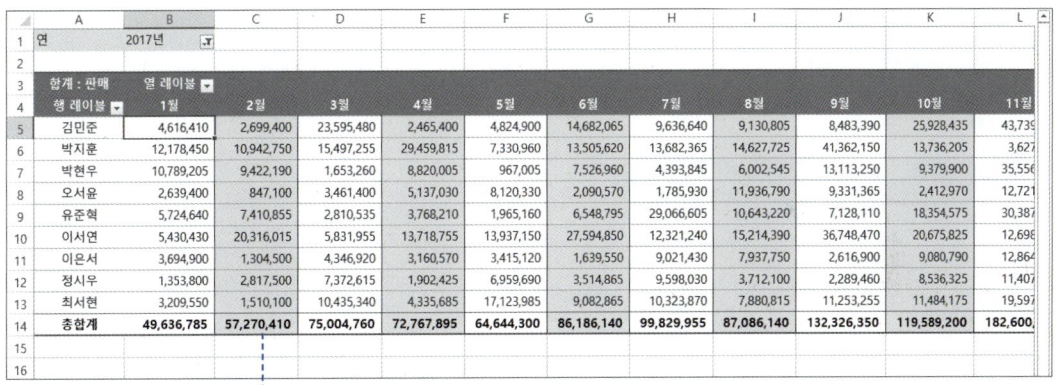

조건부 서식에서 설정한 서식은 홀수 열(C, E, G, I, K, …)에만 적용됩니다. 1월, 3월, 5월, … 에 서식을 나타내고 싶다면 짝수 열에 서식을 적용해야 하므로 앞에서 설정한 조건부 서식의 규칙을 =Mod(Column( ), 2)=0으로 변경하면 됩니다.

피벗 차트의 제한 사항 이해하기

116

피벗 테이블 보고서는 피벗 차트를 사용해 그래프로 바로 표현할 수 있습니다. 피벗 차트 사용 방법은 일반 차트와 큰 틀에서는 동일합니다. 하지만 피벗 차트는 피벗 테이블 보고서와 연동되므로 일반 차트와는 다른 몇 가지 제약 사항이 있습니다. 피벗 차트를 사용하기 위해 반드시 이해하고 있어야 하는 사항에 대해 알아보겠습니다.

예제 파일 PART 02 \ CHAPTER 07 \ 피벗 차트.xlsx

피벗 테이블 보고서와 피벗 차트의 관계

피벗 차트를 이용하려면 먼저 피벗 테이블 보고서의 각 영역 내 필드가 피벗 차트의 어떤 요소로 표시되는지 잘 이해하고 있어야 합니다. 다음 표를 참고합니다.

피벗 테이블	피벗 차트	설명
행	항목	행 영역 내 필드는 차트의 X축 항목으로 표시됩니다.
열	계열	열 영역 내 필드는 차트의 데이터 계열로 표시됩니다.

예제 파일의 '피벗' 시트를 보면 화면과 같은 피벗 테이블 보고서를 확인할 수 있습니다.

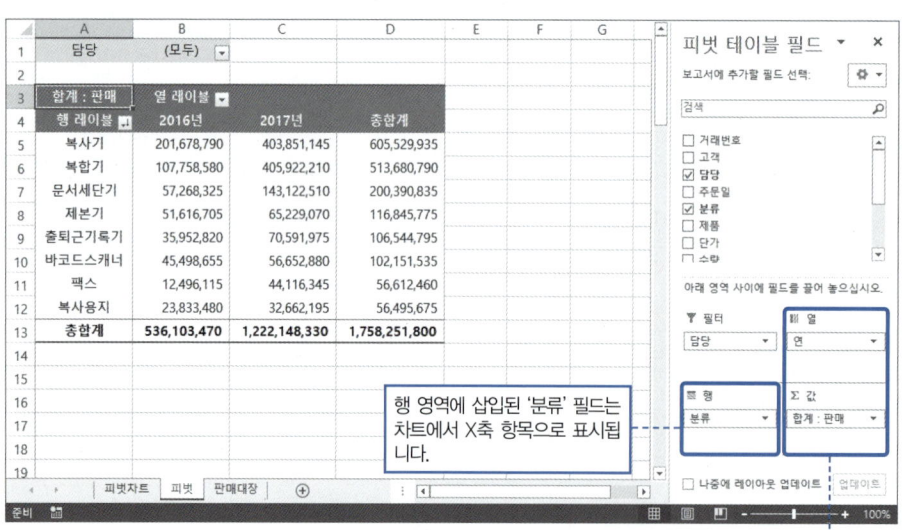

행 영역에 삽입된 '분류' 필드는 차트에서 X축 항목으로 표시됩니다.

열 영역에 삽입된 '연' 필드의 집계 값이 차트에서는 데이터 계열로 표시됩니다. 만약 열 영역에 별도의 필드가 삽입되지 않았다면 값 영역에 집계된 필드가 계열이 됩니다.

피벗 테이블 보고서와 연동된 피벗 차트는 '피벗차트' 시트에서 확인할 수 있습니다.

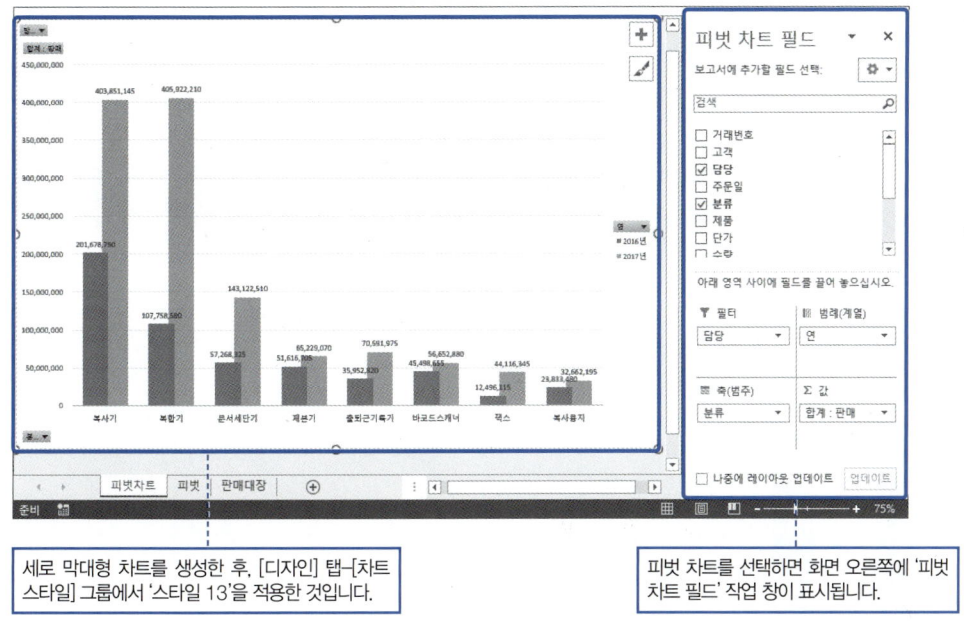

세로 막대형 차트를 생성한 후, [디자인] 탭–[차트 스타일] 그룹에서 '스타일 13'을 적용한 것입니다.

피벗 차트를 선택하면 화면 오른쪽에 '피벗 차트 필드' 작업 창이 표시됩니다.

피벗 차트의 제한 사항

피벗 차트는 일반 차트와 비교해 다음과 같은 부분이 다릅니다.

첫째, 엑셀의 차트 종류 중에서 분산형, 거품형, 주식형 차트를 사용할 수 없으며, 2016 버전부터 제공되는 트리맵, 선버스트, 히스토그램, 파레토, 상자 수염 그림, 폭포, 깔때기형 차트도 선택할 수 없습니다.

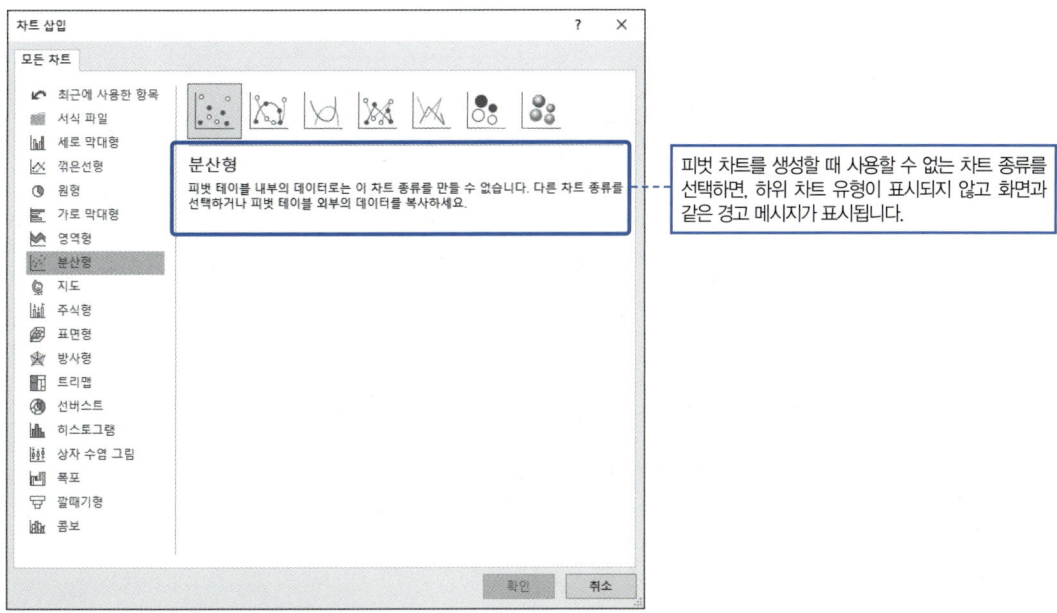

피벗 차트를 생성할 때 사용할 수 없는 차트 종류를 선택하면, 하위 차트 유형이 표시되지 않고 화면과 같은 경고 메시지가 표시됩니다.

둘째, 피벗 차트는 피벗 테이블 보고서와 연동되므로, 피벗 테이블 보고서 이외의 데이터 범위를 차트 계열이나 항목으로 추가할 수 없습니다. 또한 피벗 테이블 보고서 내의 일부 범위만 선택해 피벗 차트를 생성할 수 없습니다. 피벗 테이블 보고서의 일부 데이터 범위만 피벗 차트에 표시하고 싶다면 보고서의 필터 기능을 이용해 표시할 데이터를 제한해야 합니다.

셋째, 엑셀 2007 버전부터는 피벗 차트에서 필드의 위치를 직접 드래그&드롭 방식으로 옮길 수 없습니다. 피벗 차트의 필드 위치를 변경하는 작업은 피벗 테이블 보고서 또는 피벗 차트를 선택하고 '피벗 차트 필드' 작업 창에서 해야 합니다.

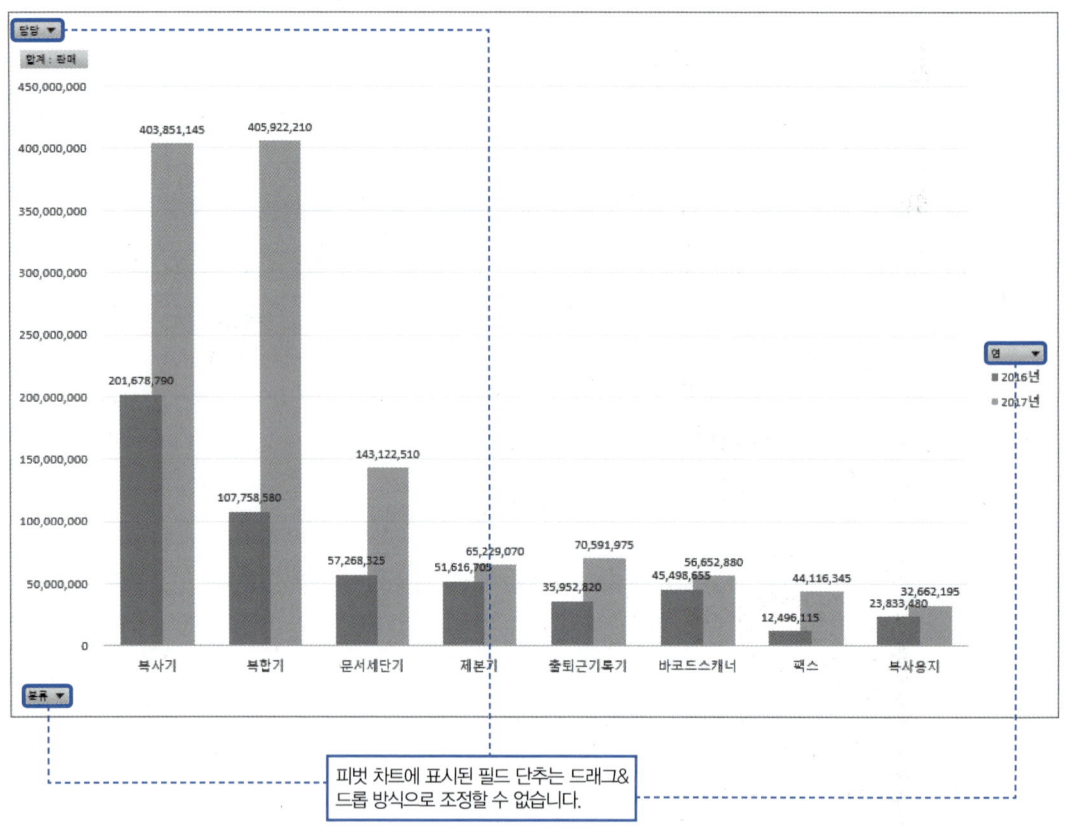

피벗 차트에 표시된 필드 단추는 드래그&드롭 방식으로 조정할 수 없습니다.

117 피벗 차트 생성하기

피벗 차트를 생성하는 방법은 일반 차트와 동일하지만, 모든 차트 종류를 선택할 수는 없습니다. 정확하게는 분산형, 거품형, 주식형과 같은 차트를 생성하지 못하며, 2016 버전에서 새로 추가된 차트도 선택할 수 없습니다. 이런 점만 제외하면 일반 차트와 거의 동일합니다. 적절한 피벗 차트를 선택하는 방법과 피벗 테이블 보고서를 기반으로 피벗 차트를 생성하는 방법에 대해 알아보겠습니다.

예제 파일 PART 02 \ CHAPTER 07 \ 피벗 차트-생성.xlsx

올바른 차트 선택 방법

차트는 요약된 숫자를 그래프로 표현한 것이므로, 무엇을 보여주고 싶은지에 따라 설명에 어울리는 차트를 선택할 수 있습니다. 차트를 선택할 때는 목적에 따라 다음과 같은 종류를 선택하는 것이 유리합니다.

차트 종류 \ 설명	비교	추세, 흐름	비율
세로 막대형	O (계열이 많은)	O (항목이 적은)	
가로 막대형	O (계열이 두 개)		
꺾은선형		O (항목이 많은)	
원형			O (계열은 하나만)

차트 단축키인 F11 키를 눌렀을 때 생성되는 기본 차트이면서, 가장 많은 선택을 받는 차트는 세로 막대형 차트입니다. 세로 막대형 차트는 계열 간 비교를 하거나, 항목이 적은 계열의 추세를 표시하기에 적합합니다. 다만 계열 두 개의 항목을 비교하는 등의 특수한 상황이라면 가로 막대형 차트나 방사형 차트를 선택하는 것이 좋습니다.

꺾은선형 차트는 항목이 많은 계열의 추이를 표시하는 데 적합합니다. 꺾은선형 차트의 단점은 분산형 차트나 영역형 차트를 통해 보완할 수 있습니다. 원형 차트는 계열 하나의 항목 간 비율을 표시하는 데 적합한데, 계열이 두 개 이상이라면 도넛형 차트를 사용하면 됩니다.

피벗 차트 생성

피벗 차트는 피벗 테이블과 연동되므로, 피벗 테이블 보고서가 잘못 구성되면 피벗 차트에서 원하는 모양의 그래프를 얻을 수 없습니다. 또한 피벗 테이블 보고서의 표 구성을 변경하지 않고 피벗 차트에서만 원하는 형태의 차트를 얻을 수는 없으므로, 항상 피벗 테이블 보고서를 구성하는 데 주의를 기울여야 합니다.

01 예제 파일의 '피벗' 시트에는 영업사원별 매출 실적이 집계된 보고서가 있습니다. 이 보고서를 기반으로 피벗 차트를 생성하고 몇 가지 설정을 변경해 보겠습니다. 피벗 테이블 보고서 내의 셀을 선택하고 [삽입] 탭-[차트] 그룹에서 원하는 차트를 선택하면 피벗 차트가 생성됩니다.

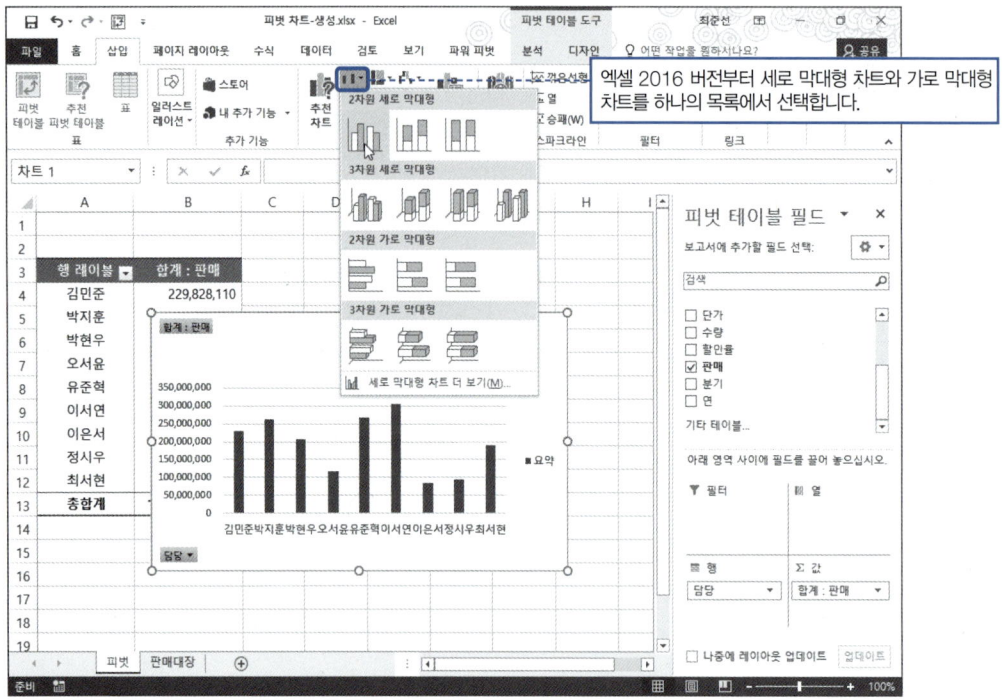

TIP 피벗 테이블 보고서에서 F11 키를 누르면 '차트' 시트에 피벗 차트가 생성됩니다.

02 피벗 차트 생성 후 '피벗 차트 필드' 작업 창에서 '연' 필드를 범례(계열) 영역에 삽입하면 피벗 차트에 '연' 계열이 추가됩니다.

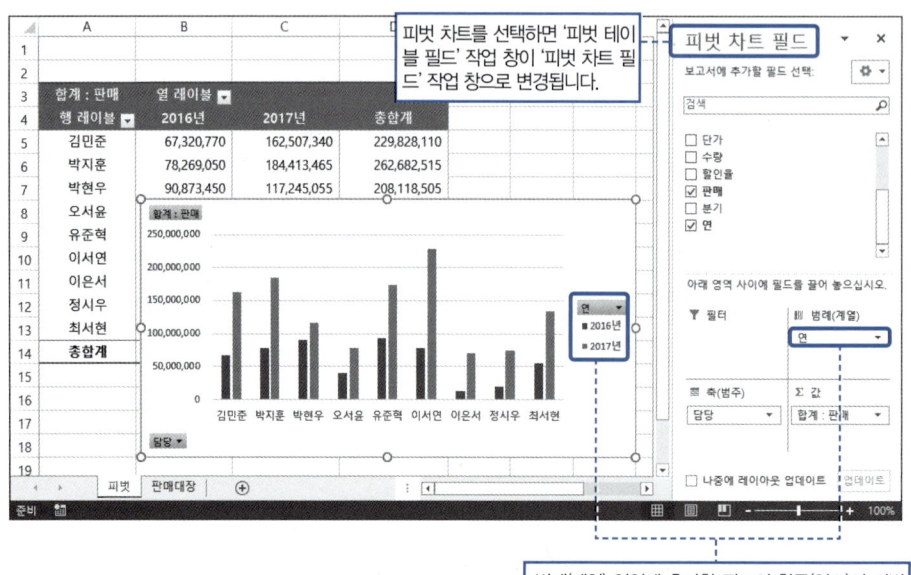

03 피벗 차트를 선택하면 일반 차트와 동일하게 차트 오른쪽 상단에 [차트 요소] 단추(➕)가 표시됩니다. 차트 제목을 추가하기 위해 [차트 요소] 단추를 클릭하고 [차트 제목]에 체크하면 피벗 차트에 차트 제목을 입력할 수 있는 도형이 삽입됩니다.

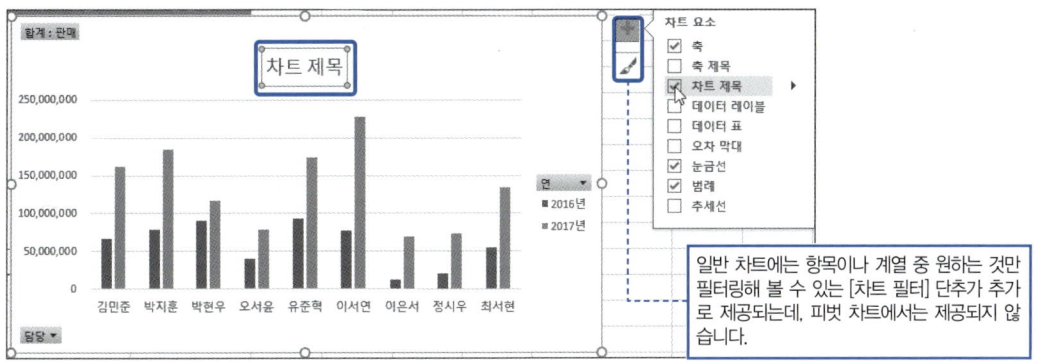

일반 차트에는 항목이나 계열 중 원하는 것만 필터링해 볼 수 있는 [차트 필터] 단추가 추가로 제공되는데, 피벗 차트에서는 제공되지 않습니다.

04 [디자인] 탭-[데이터] 그룹-[행/열 전환] 명령(🔁)을 클릭하면 피벗 테이블 보고서의 행/열 영역 필드 위치가 서로 바뀌고, 피벗 차트 역시 '계열'과 '항목'이 서로 다르게 구성됩니다.

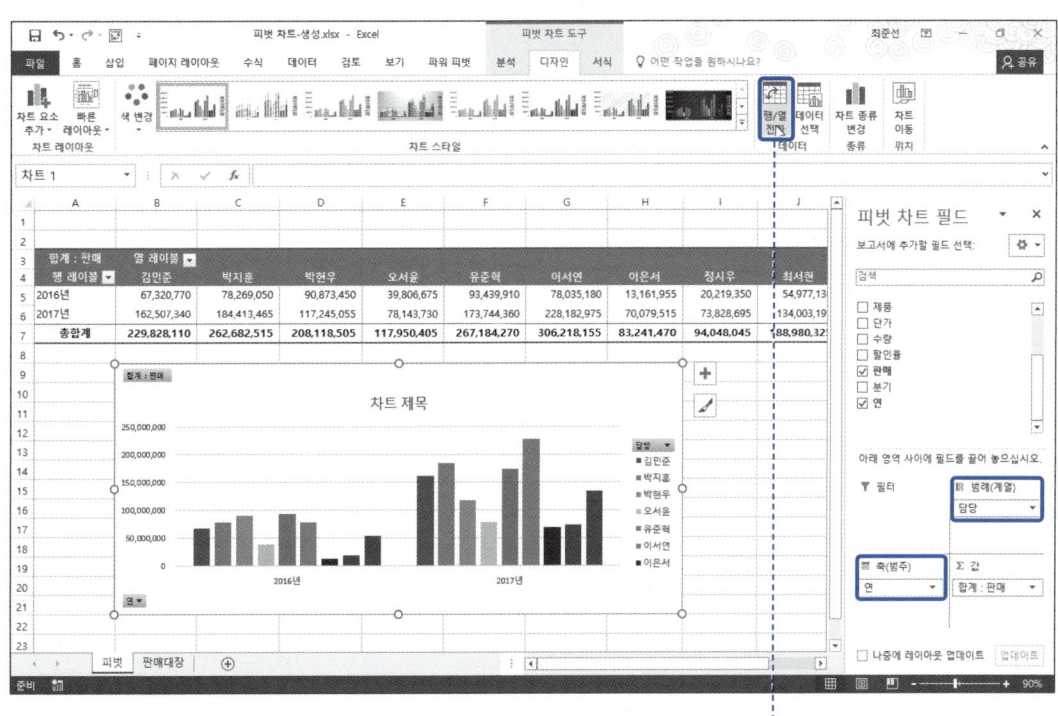

[행/열 전환] 명령은 일반 차트에서는 표의 구성 변경 없이 계열과 항목을 서로 바꾸지만, 피벗 차트에서는 '피벗 차트 필드' 작업 창의 범례(계열) 영역과 축(범주) 영역의 필드 자리를 서로 바꿉니다. 이런 피벗 차트의 변화는 피벗 테이블 보고서에 바로 반영되고, 피벗 테이블 보고서 역시 변경된 구성에 맞춰 표시됩니다.

> **Plus⁺ 리본 메뉴의 [피벗 차트 도구] 탭**
>
> 피벗 차트를 선택했을 때 리본 메뉴에는 [피벗 차트 도구] 그룹의 [분석], [디자인], [서식] 탭이 제공됩니다. [분석] 탭은 피벗 테이블 보고서의 [분석] 탭과 역할이 동일하며, [디자인] 탭과 [서식] 탭은 일반 차트에서 제공되는 탭과 동일합니다.

05 피벗 차트의 종류를 누적 막대형 그래프로 변경하겠습니다. 피벗 차트가 선택된 상태에서 [삽입] 탭-[차트] 그룹-[세로 또는 가로 막대형 차트 삽입] 명령을 클릭하고 '2차원 세로 막대형' 그룹의 [누적 세로 막대형]을 선택하면 피벗 차트가 다음 화면과 같이 변경됩니다.

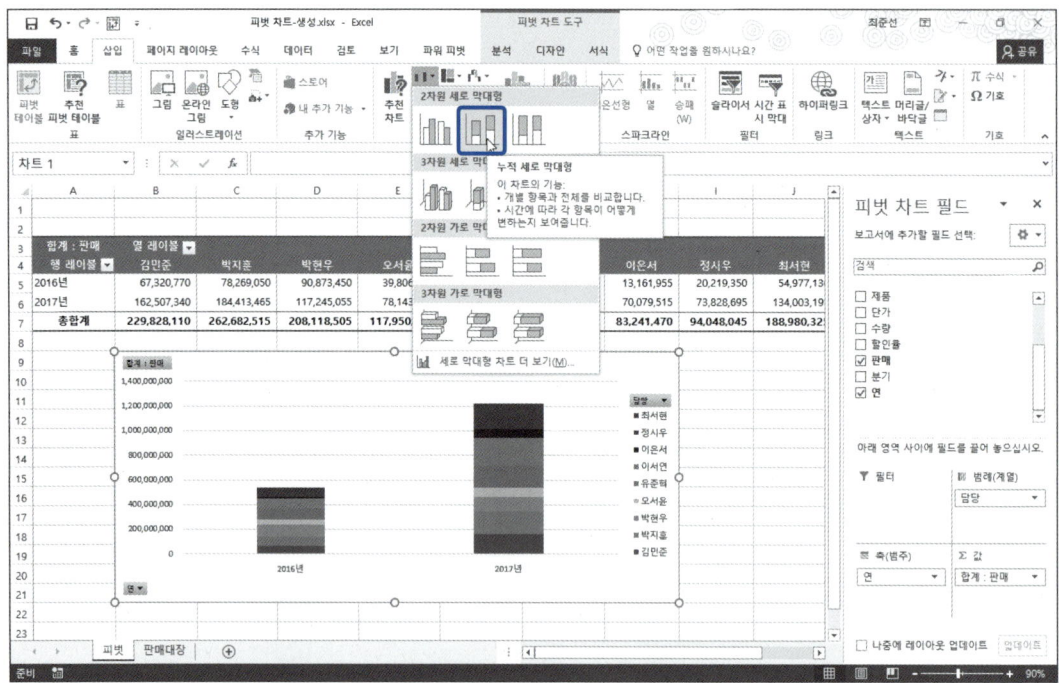

이 차트 외에도 다양한 차트 종류를 선택해 피벗 차트를 변경해 봅니다.

피벗 차트의 레이블 단위 조정하기 118

피벗 테이블 보고서는 대량의 데이터를 분석하는 데 주로 사용되므로, 값 영역에 집계된 숫자의 단위가 아주 클 수 있습니다. 이런 보고서로 피벗 차트를 만들면 데이터 레이블에 표시되는 숫자가 한눈에 들어 오지 않아 가독성이 떨어집니다. 이런 경우에는 데이터 레이블의 단위를 '원'에서 '천', '만', '백만', '억' 등 으로 변경하는 것이 좋습니다. 피벗 차트의 레이블 숫자 단위를 조정하는 방법에 대해 알아보겠습니다.

예제 파일 PART 02 \ CHAPTER 07 \ 피벗 차트-숫자 단위.xlsx

01 예제 파일의 '피벗' 시트에는 영업사원의 실적이 집계된 피벗 테이블 보고서와 피벗 차트가 있습니다. 그런데 피벗 차트의 데이터 레이블에 표시된 숫자들이 커서 한눈에 들어오지 않습니다. 축과 데이터 레이블의 금액 단위를 '만'으로 변경해 보겠습니다.

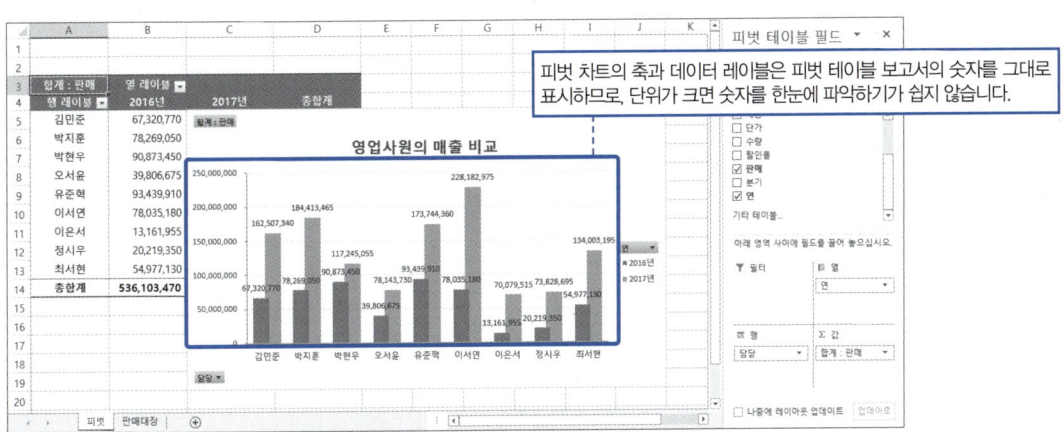

02 차트의 Y축 레이블을 더블클릭하면 '피벗 차트 필드' 작업 창 오른쪽에 '축 서식' 작업 창이 표시됩니다. '축 옵션' 그룹 내 '표시 단위' 옵션 값을 [10000]으로 변경합니다.

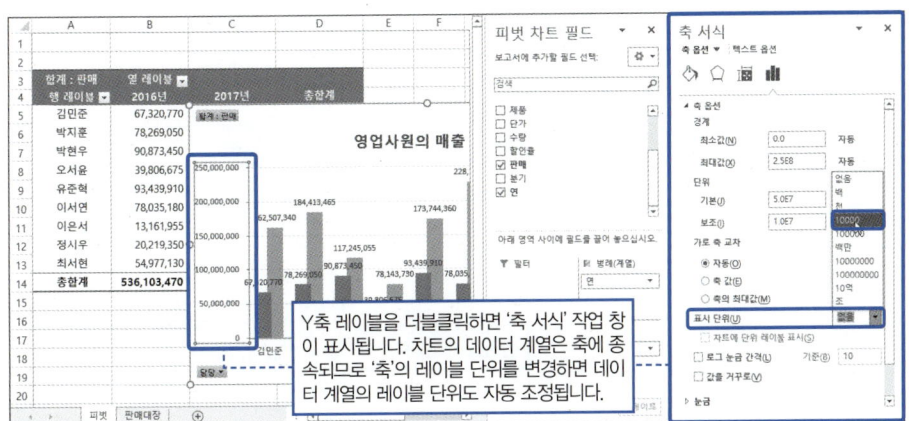

03 축 단위 레이블이 표시되고, 축의 레이블 단위와 데이터 계열의 레이블 단위가 함께 변경됩니다.

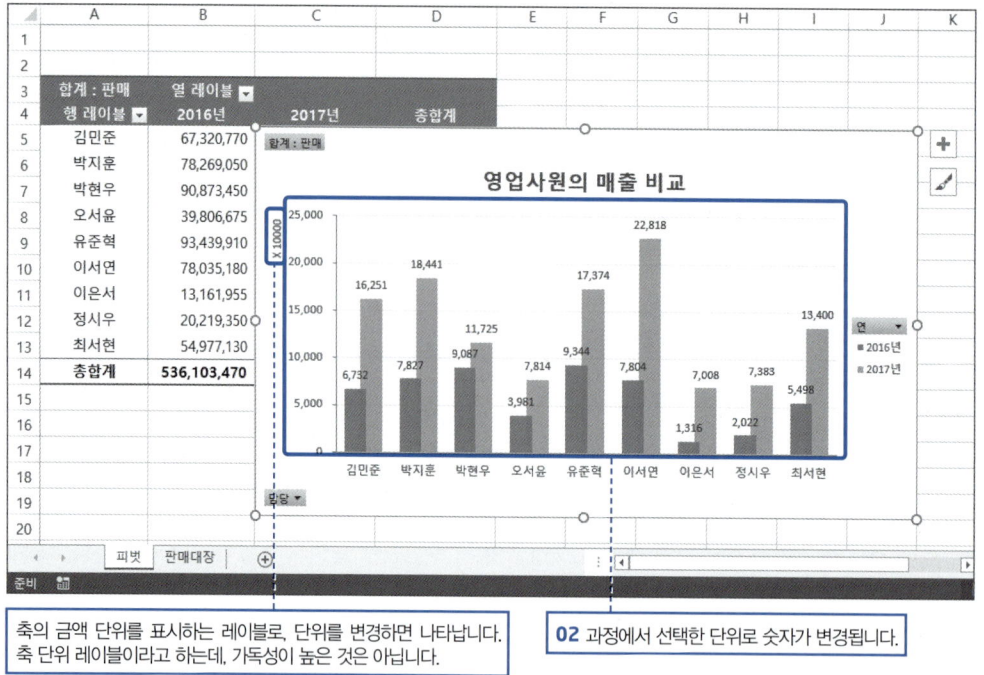

축의 금액 단위를 표시하는 레이블로, 단위를 변경하면 나타납니다. 축 단위 레이블이라고 하는데, 가독성이 높은 것은 아닙니다.

02 과정에서 선택한 단위로 숫자가 변경됩니다.

04 '축 단위 레이블'은 보기에 편하지 않으므로 선택하고 Delete 키를 눌러 삭제합니다. 차트 제목의 끝에서 Enter 키를 누르고 다음 줄에 '(단위 : 만원)'을 입력합니다. 추가로 입력한 텍스트만 선택하고 [홈] 탭-[글꼴] 그룹에서 [글꼴 크기 작게], [글꼴색], [굵게] 명령을 각각 클릭해 다음과 같이 조정합니다.

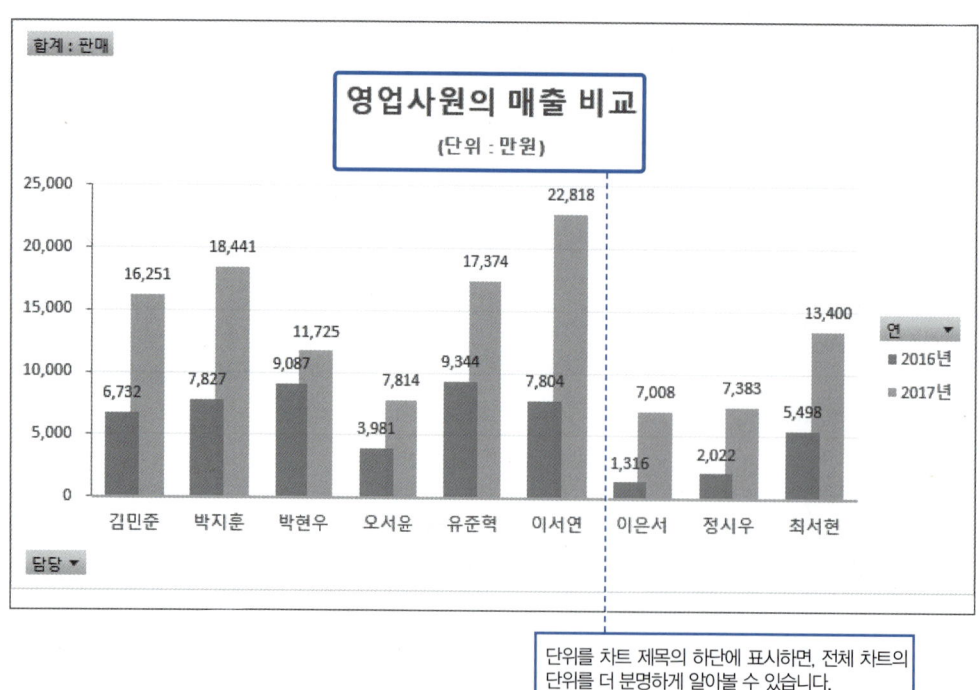

단위를 차트 제목의 하단에 표시하면, 전체 차트의 단위를 더 분명하게 알아볼 수 있습니다.

119 물결 차트 표시하기

세로 막대형 차트에서 데이터 계열 내 특정 항목 하나의 너무 값이 크면 다른 항목의 그래프가 너무 작게 표시되어 항목 간 구분이 잘 되지 않는 경우가 있습니다. 이런 경우 큰 항목의 그래프만 잘라 표시하는 방법이 있는데, 이런 차트를 '물결 차트'라고 합니다. 엑셀에서는 로그 눈금을 이용해 물결 차트를 표현할 수 있습니다. 피벗 차트를 물결 차트로 변환하는 방법에 대해 알아보겠습니다.

예제 파일 PART 02 \ CHAPTER 07 \ 피벗 차트-물결.xlsx

01 예제 파일의 '피벗' 시트에는 영업사원 실적이 정리된 피벗 테이블 보고서와 피벗 차트가 있습니다. 그런데 피벗 차트에 표시된 '합계' 값이 너무 커서 영업사원들의 실적을 제대로 식별하기 힘듭니다. 물결 차트를 사용해 차트를 보기 좋게 구성해 보겠습니다.

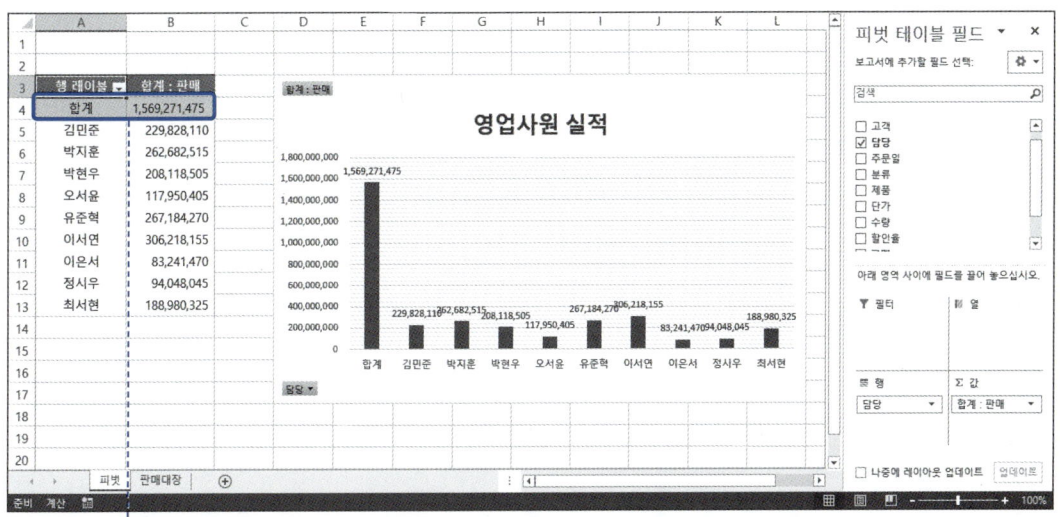

'합계' 항목은 피벗 테이블 보고서의 계산 항목을 이용해 만든 것으로, 생성된 계산 항목은 [분석] 탭-[계산] 그룹-[필드 항목 및 집합] 명령 내 [계산 항목] 메뉴를 선택해 확인할 수 있습니다.

LINK 계산 항목을 사용하는 방법은 'No. 82 계산 항목 생성하기'(273쪽)를 참고합니다.

02 물결 차트를 사용하려면 Y축 눈금을 로그 눈금으로 표시해야 합니다. Y축 레이블을 더블클릭하고 '축 서식' 작업 창에서 '축 옵션' 그룹 내의 [로그 눈금 간격] 확인란에 체크합니다.

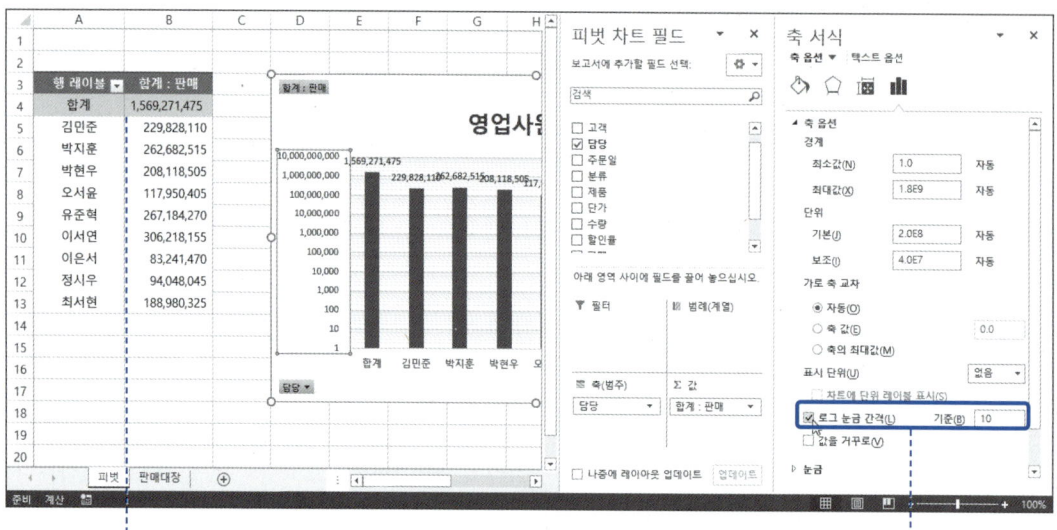

로그 눈금은 Y축 눈금을 1, 10, 100, 1000, …과 같은 10의 제곱승으로 표시하는 옵션입니다. 이렇게 하면 Y축의 눈금과 눈금 사이 거리가 멀어져 막대 그래프의 간격이 좁아집니다. 참고로 값 영역 내에 음수 값이 있으면 로그 눈금을 사용할 수 없습니다.

03 변경된 차트에서 모든 막대 그래프가 통과한 마지막 눈금선을 찾아, Y축의 최소값으로 설정하겠습니다. Y축 눈금을 보면 모든 막대 그래프가 10,000,000까지 통과한 것을 확인할 수 있습니다. '축 서식' 작업 창의 '축 옵션' 그룹 내의 '최소값'에 '10,000,000'이나 '1.0E7'을 입력합니다.

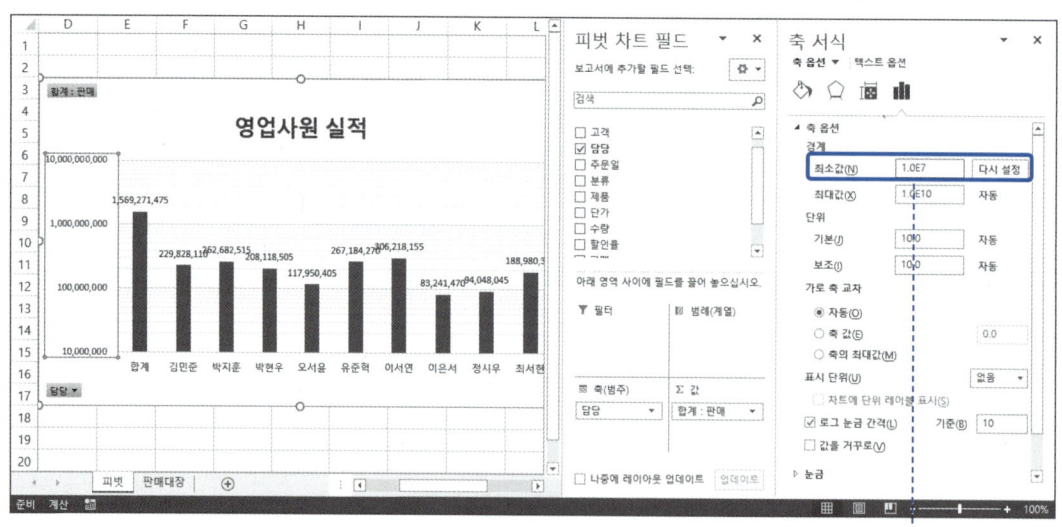

1.0E7은 숫자의 지수 표기 방식으로, 정확하게는 1.0×10^7을 의미합니다. 1000, 10000, 100000 등 10의 제곱승을 편리하게 입력하고 싶을 때 사용합니다.

04 변경된 차트에서 '합계' 항목과 다른 막대 그래프와의 차이가 크지 않다고 생각되면, 로그 눈금의 기준 값을 변경합니다. '축 서식' 작업 창의 '축 옵션' 그룹 내 [로그 눈금 간격] 옵션의 '기준' 값을 '10'에서 '2'로 변경합니다.

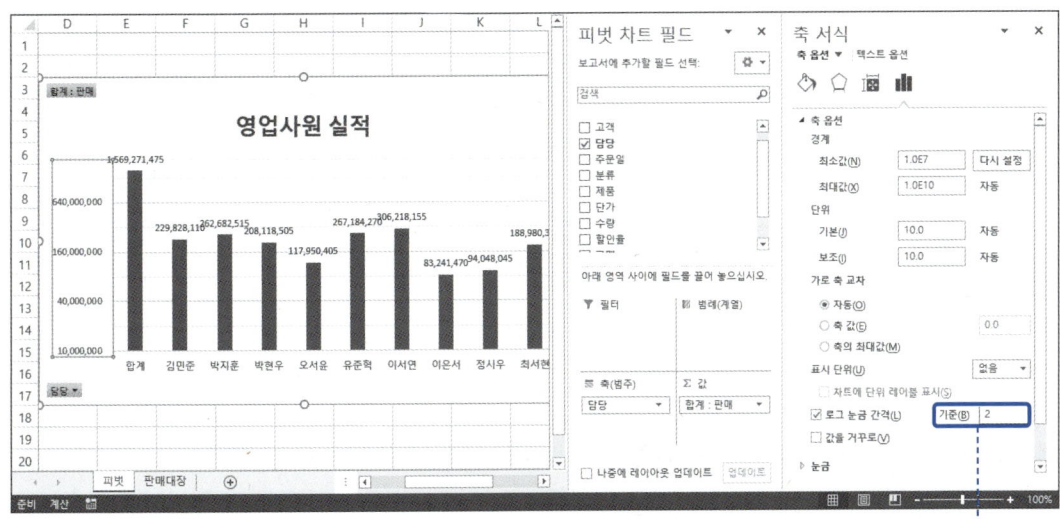

로그 눈금을 2의 제곱승으로 표시합니다. 그러면 10의 제곱승으로 표시할 때보다 눈금과 눈금 간격이 좁아져 막대 그래프의 차이가 더 크게 느껴지도록 할 수 있습니다.

05 변경된 로그 눈금 기준 값에 따라 Y축의 최소값을 다시 조정합니다. 모든 막대 그래프가 통과한 눈금선이 40,000,000이므로, '축 서식' 작업 창의 '축 옵션' 그룹 내 '최소값'을 '40,000,000'이나 '4.0E7'로 변경합니다.

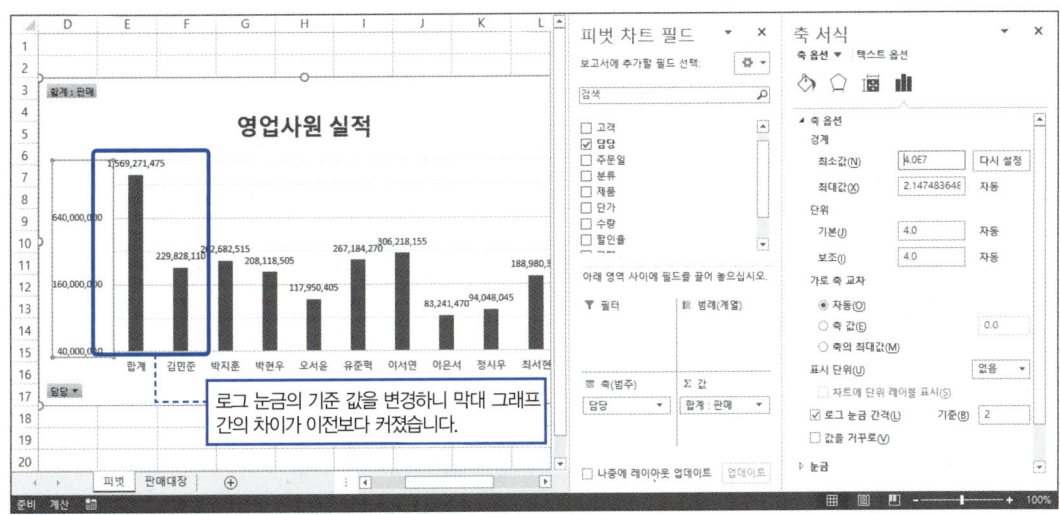

06 로그 눈금을 사용하는 Y축의 축 레이블은 막대 그래프의 값을 유추하기 쉽지 않으므로 표시하지 않겠습니다. '축 서식' 작업 창의 '레이블' 그룹 내 '레이블 위치' 콤보상자의 값을 [없음]으로 변경합니다.

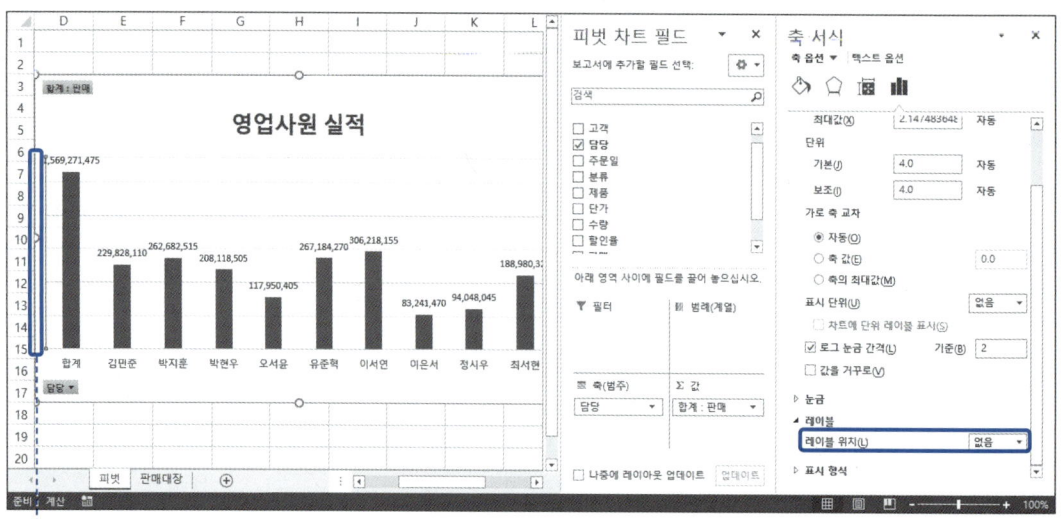

이렇게 Y축 레이블을 표시하지 않은 경우에는 반드시 데이터 계열의 레이블(데이터 레이블)이 표시되어 있어야 막대 그래프의 숫자를 이해할 수 있습니다. 데이터 레이블이 표시되지 않았다면 차트를 선택하고 [차트 요소] 단추를 클릭한 다음 [데이터 레이블] 옵션에 체크하면 됩니다.

07 마지막으로 '합계' 항목의 그래프가 잘려서 표시된 것처럼 도형을 이용해 표현해 보겠습니다. [서식] 탭-[도형 삽입] 그룹-[도형] 명령의 자세히 단추(▼)를 클릭하고 '별 및 현수막' 그룹의 [이중 물결] 도형을 선택합니다.

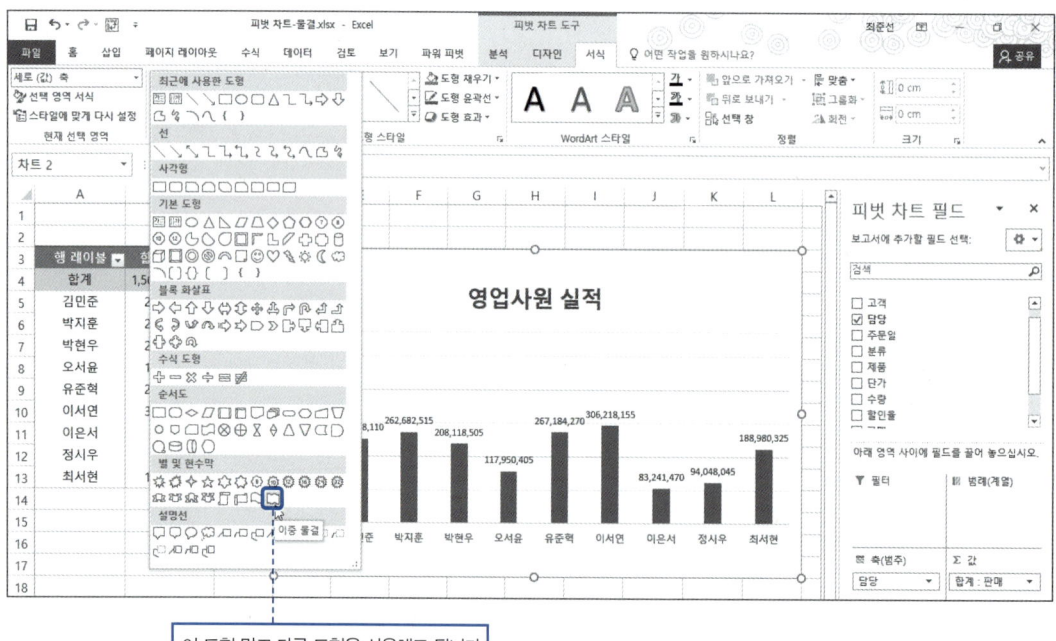

이 도형 말고 다른 도형을 사용해도 됩니다.

08 선택한 도형을 '합계' 항목 그래프의 상단에 삽입하고 '서식' 탭을 이용해 적절한 서식을 적용하면 다음과 같은 차트가 완성됩니다.

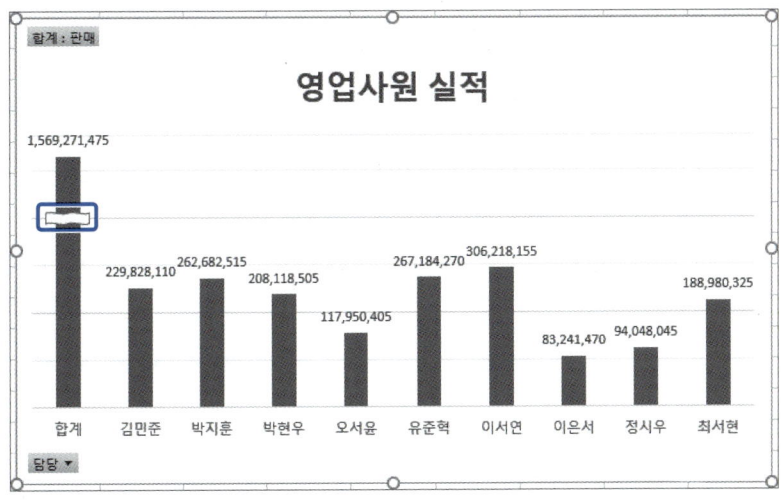

> **Plus⁺ 차트 서식 파일**
>
> 이렇게 하면 깔끔한 물결 차트를 만들 수 있지만, 로그 눈금을 사용해야 하기 때문에 여러 번 옵션을 변경하는 작업이 필수여서 손이 많이 갑니다. 이런 점이 불편하다면 차트 서식 파일로 만들어 재사용하면 좋습니다. 서식 파일로 만들어 사용하는 방법은 다음과 같습니다.
>
> 완성된 차트를 선택하고 마우스 오른쪽 버튼을 클릭하여 [서식 파일로 저장] 메뉴를 선택해 파일로 저장합니다.
>
> 이제 추후에 이런 차트를 만들어야 할 때, [삽입] 탭-[차트] 그룹-[추천 차트] 명령을 클릭한 후 '차트 삽입' 대화상자에서 [서식 파일]을 선택하고 저장된 차트 서식 파일을 선택해 작업하면 됩니다.
>
>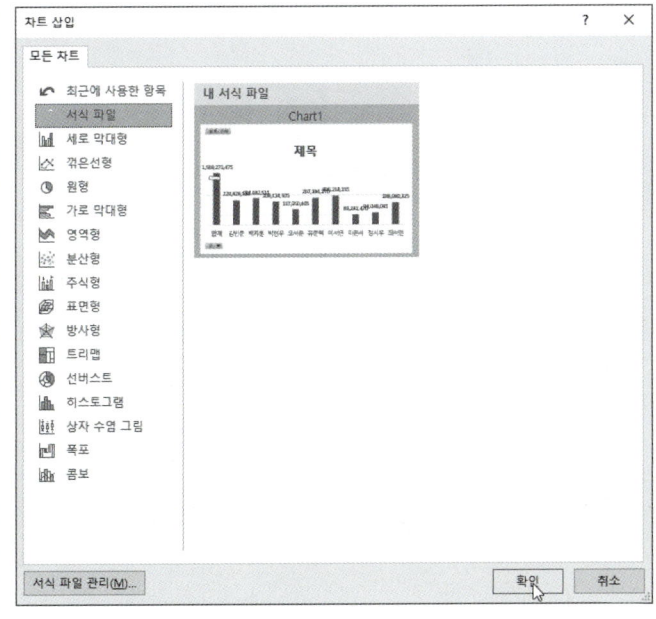

계열 간 단위 차이가 큰 경우 콤보 차트로 구성하기

120

피벗 차트에 두 개 이상의 계열이 표시될 때, 계열 간의 숫자 단위 차이가 큰 경우가 있습니다. 이런 경우에 단위가 작은 계열이 차트에 제대로 표시되지 못하는 문제가 발생하는데, 이런 문제는 표시되지 않는 계열을 보조 축에 표시하면 해결됩니다. 이런 차트를 엑셀 2010 버전까지는 '이중 축 차트'라고 했고, 2013 버전부터는 '콤보형 차트'라고 합니다. 계열 간의 단위 차이가 큰 피벗 차트를 콤보 차트로 구성하는 방법에 대해 알아보겠습니다.

예제 파일 PART 02 \ CHAPTER 07 \ 피벗 차트-콤보.xlsx

01 예제 파일의 '피벗' 시트에는 분류별 판매 실적이 집계된 피벗 테이블 보고서와 피벗 차트가 있습니다. 값 영역 내 필드는 피벗 차트의 데이터 계열로 표시되는데, '합계 : 수량'과 '합계 : 판매' 필드의 단위 차이가 커서 피벗 차트에서는 '합계 : 판매' 필드만 식별할 수 있습니다. 콤보형 차트를 사용해 이 문제를 해결해 보겠습니다.

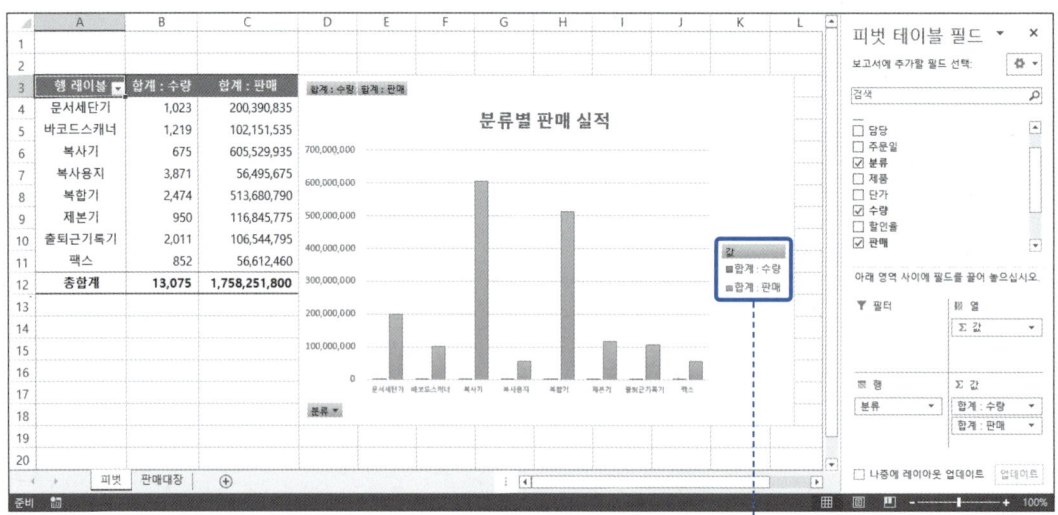

'합계 : 판매' 계열의 막대 그래프는 제대로 표시되지만, '합계 : 수량' 계열의 막대 그래프는 제대로 표시되지 못하고 있습니다. 엑셀의 차트는 하단에 X축(가로축), 왼쪽에 Y축(세로축)을 사용하는데 이를 기본 축이라고 하며, 반대 쪽에 보조 축을 사용할 수 있습니다. 즉, 상단에 X축의 보조 축을, 오른쪽에는 Y축의 보조 축을 사용할 수 있습니다. 또한 데이터 계열은 축에 종속되므로 보조 축에 표시되도록 하면 서로 기준이 다른 축을 사용할 수 있습니다.

02 피벗 차트를 콤보형 차트로 변경하겠습니다. 피벗 차트를 선택하고 [삽입] 탭-[차트] 그룹-[콤보 차트 삽입] 명령 내 [사용자 지정 콤보 차트 만들기] 메뉴를 선택합니다.

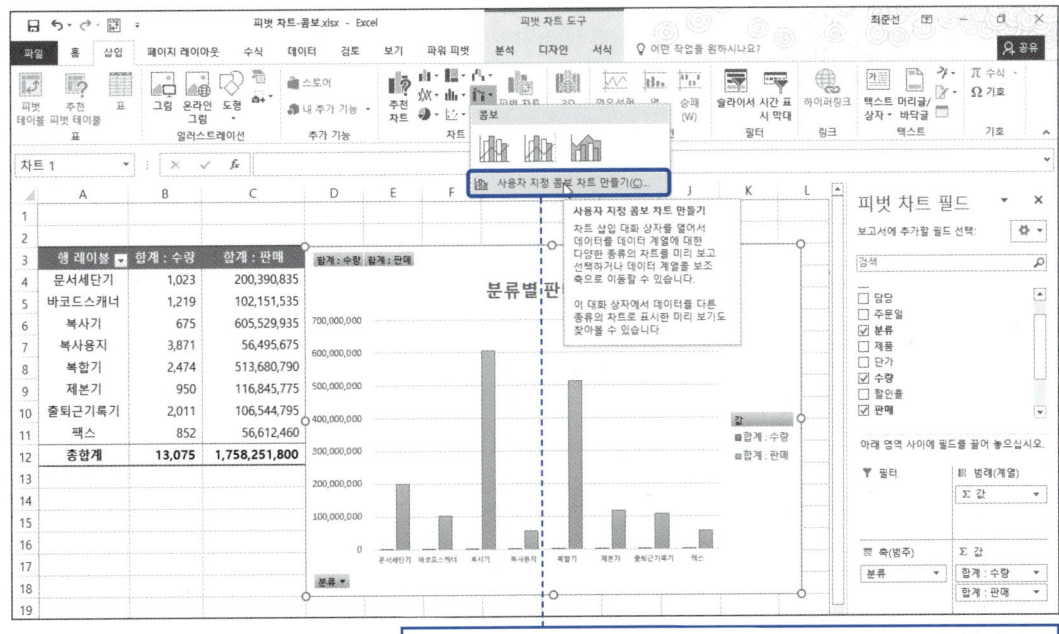

'콤보 차트'는 엑셀 2013 버전부터 추가된 기능으로, 2010 이하 버전에서는 '합계 : 수량' 계열을 선택하고 '계열 서식' 대화상자에서 '보조 축'을 선택하는 방법을 사용해야 합니다.

03 '차트 종류 변경' 대화상자가 열리면 '합계 : 수량' 계열의 '차트 종류'를 [표식이 있는 꺾은선형]으로 선택하고 '보조 축' 옵션에 체크합니다. '합계 : 판매' 계열의 '차트 종류'는 [묶은 세로 막대형]으로 선택하고 〈확인〉 버튼을 클릭합니다.

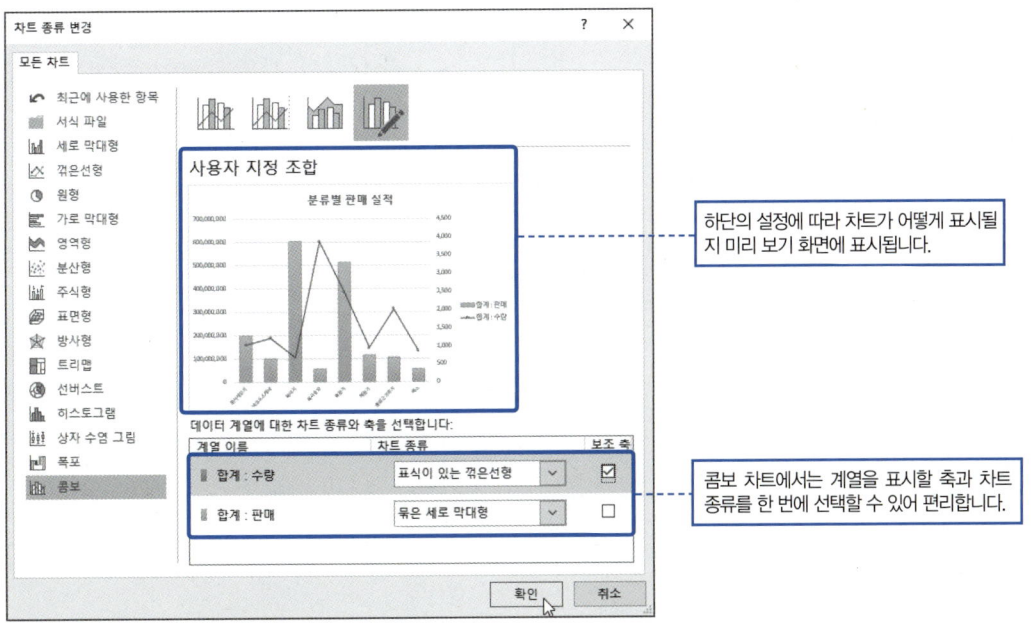

하단의 설정에 따라 차트가 어떻게 표시될지 미리 보기 화면에 표시됩니다.

콤보 차트에서는 계열을 표시할 축과 차트 종류를 한 번에 선택할 수 있어 편리합니다.

Plus⁺ 혼합형 차트

하나의 차트에 두 종류의 차트를 섞어 구성한 차트를 '혼합형 차트'라고 합니다. 보조 축을 사용하는 차트는 '이중 축 차트'라고 하는데, 이 둘을 모두 사용한 차트는 '이중 축 혼합형 차트(콤보 차트)'라고 합니다. 여기서 보조 축이 표시되는 차트를 꺾은선형 차트로 변경하는 이유는 보조 축의 차트로 동일한 세로 막대형 차트를 사용하면 다음 그림과 같이 두 막대 그래프가 겹쳐서 표시되기 때문입니다.

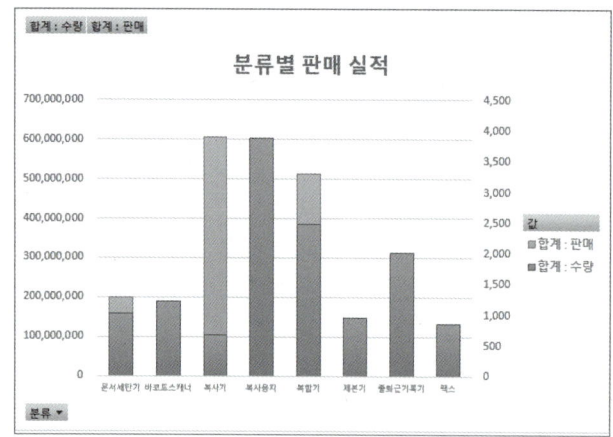

그렇기 때문에 보조 축에 표시할 '합계 : 수량' 계열의 차트 종류를 꺾은선형으로 변경해 가독성을 높인 것입니다. 참고로 혼합형 차트를 구성할 경우 표면형, 주식형, 그리고 3차원 차트와 2016 버전부터 제공되는 차트는 선택할 수 없습니다.

04 '합계 : 수량' 계열이 보조 축에 꺾은선형 차트로 표시됩니다.

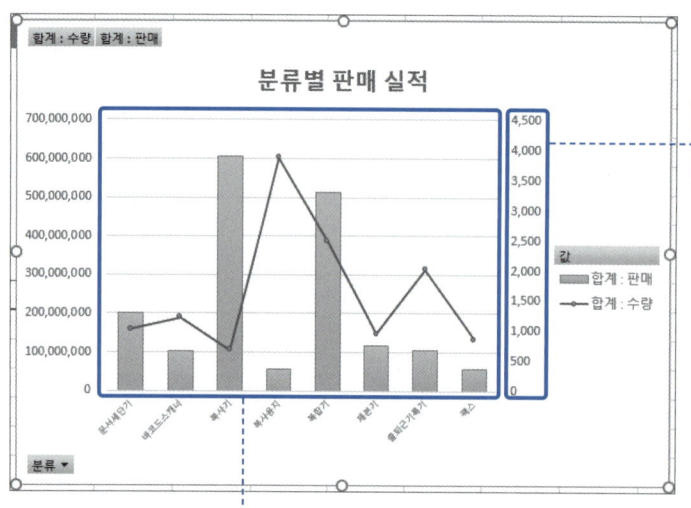

보조 축을 표시하면 숫자 값의 기준이 보조 축에 속한 '합계 : 수량' 계열에 의해 구성됩니다.

콤보 차트를 구성하면 '합계 : 판매' 계열과 '합계 : 수량' 계열을 비교하면서 의미를 파악할 수 있습니다. 예를 들어 복사기는 적게 팔리지만 매출이 높고, 복사용지는 많이 팔리지만 매출이 적은 것을 한눈에 파악할 수 있습니다.

누적 막대형 그래프에 비율 표시하기 121

세로 막대형 차트를 사용할 때 계열이 많다면, 누적형 차트를 사용하면 좋습니다. 누적형 차트는 여러 계열을 하나의 막대 그래프에 누적해 표시하므로, 차트를 보다 깔끔하게 구성할 수 있다는 장점이 있습니다. 누적 막대형 차트의 단점을 하나 꼽으라면 데이터 레이블에 원형 차트처럼 비율을 표시할 수 없다는 점입니다. 누적형 차트에 비율을 표시하는 방법에 대해 알아보겠습니다.

예제 파일 PART 02 \ CHAPTER 07 \ 피벗 차트-비율.xlsx

01 예제 파일의 '피벗' 시트에는 분류별 매출 실적이 집계된 피벗 테이블 보고서와 누적형 차트를 사용한 피벗 차트가 있습니다. 피벗 차트의 데이터 레이블에 숫자 값 대신 백분율을 표시해 보겠습니다.

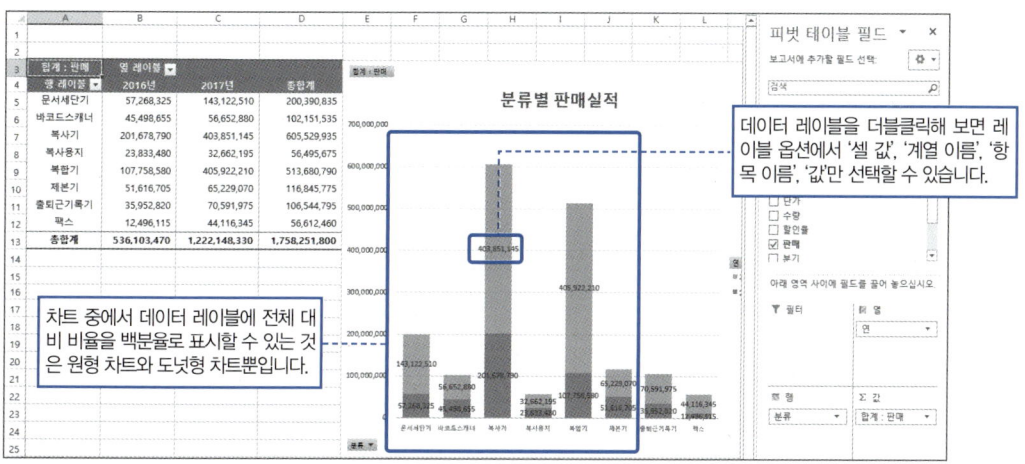

02 누적 세로 막대형 차트의 데이터 레이블은 '백분율' 옵션을 제공하지 않으므로, '셀 값' 옵션을 사용해 비율을 표시하겠습니다. '셀 값' 옵션을 사용하려면 먼저 차트에 표시할 비율을 계산해야 하므로, 피벗 테이블 보고서의 복사본을 만들어 비율을 계산합니다. A3:D13 범위를 선택하고 단축키 Ctrl + C 를 눌러 복사한 후, A15셀을 선택하고 단축키 Ctrl + V 를 눌러 붙여넣습니다.

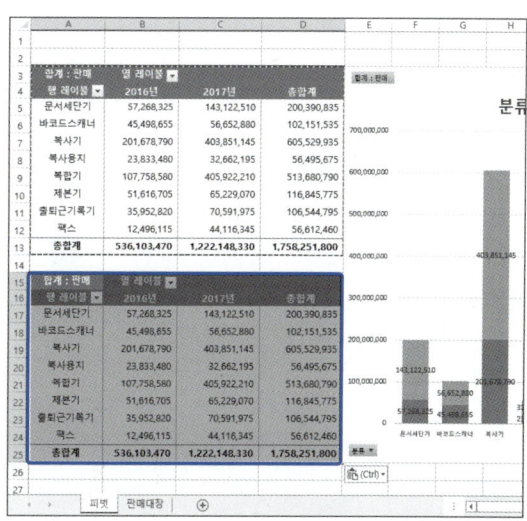

03 복사된 피벗 테이블의 '합계 : 판매' 필드의 값을 값 표시 형식을 사용해 '비율'로 변경하겠습니다. '합계 : 판매' 필드 내 셀(여기서는 B17셀)을 선택하고 마우스 오른쪽 버튼을 클릭하여 [값 표시 형식]-[열 합계 비율] 메뉴를 선택합니다.

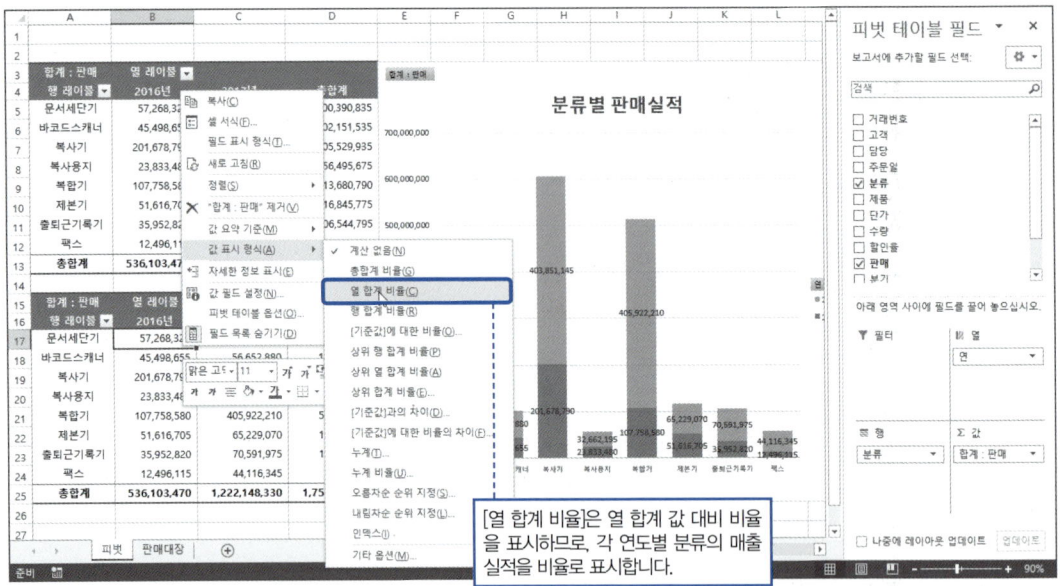

04 '합계 : 판매' 필드의 값이 각 연도별 매출 비율을 표시하면, 데이터 레이블의 값을 표시된 비율 값으로 대체합니다. 피벗 차트의 누적 막대형 그래프 중에서 상단(2017년 계열)의 데이터 레이블을 더블클릭한 후 '데이터 레이블 서식' 작업 창에서 '레이블 옵션' 그룹 내 [값] 확인란의 체크를 해제하고 [셀 값] 확인란에 체크합니다. '데이터 레이블 범위' 대화상자가 표시되면 비율이 표시된 C17:C24 범위를 선택하고 〈확인〉 버튼을 클릭합니다.

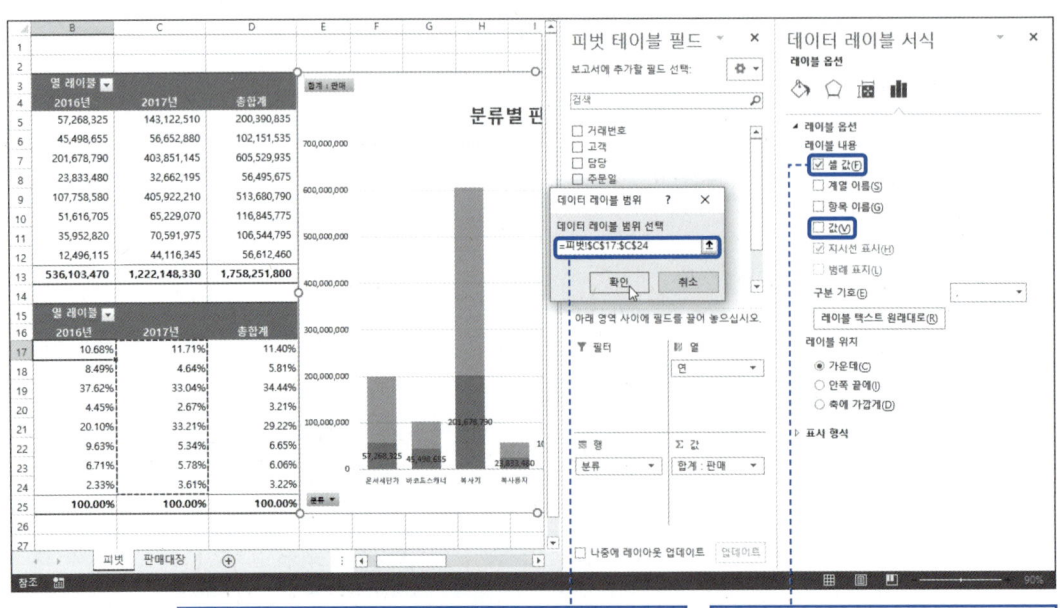

05 2017년 계열의 막대 그래프에 숫자 값 대신 두 번째 피벗 테이블 보고서의 비율이 표시됩니다. 같은 방법으로 2016년 계열 막대 그래프의 데이터 레이블 값도 [셀 값] 옵션을 사용해 B17:B24 범위를 선택하고 〈확인〉 버튼을 클릭해 비율로 변경합니다.

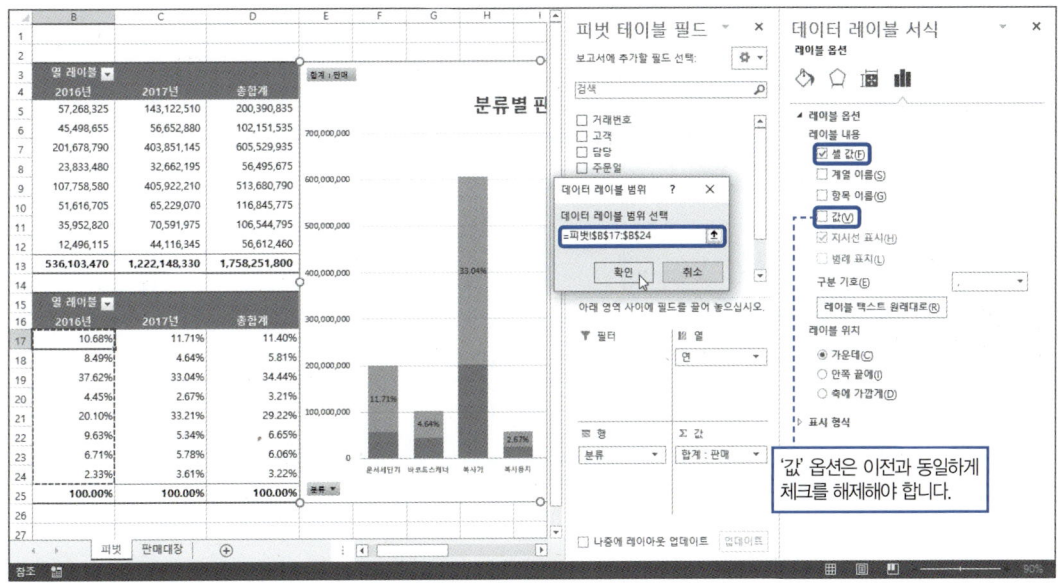

06 피벗 차트의 데이터 레이블이 모두 백분율로 변경됩니다.

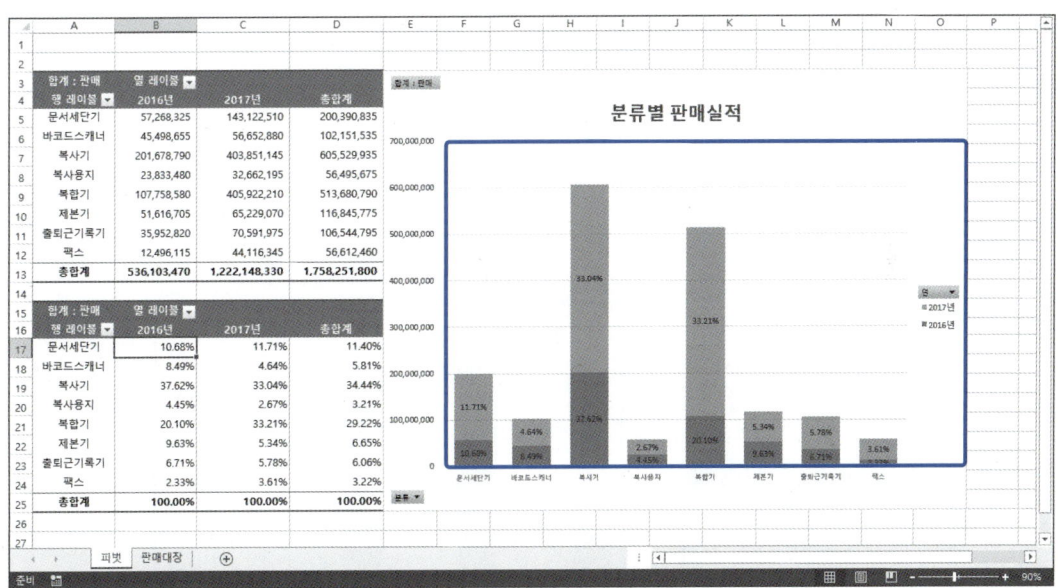

07 하단 범위(A15:D25) 피벗 테이블의 '합계 : 판매' 필드의 값을 변경하면 피벗 차트의 비율 값도 원하는 방식으로 표시할 수 있습니다. 다음 화면은 '합계 : 판매' 필드의 '값 표시 형식'을 '총합계 비율'로 변경한 결과입니다.

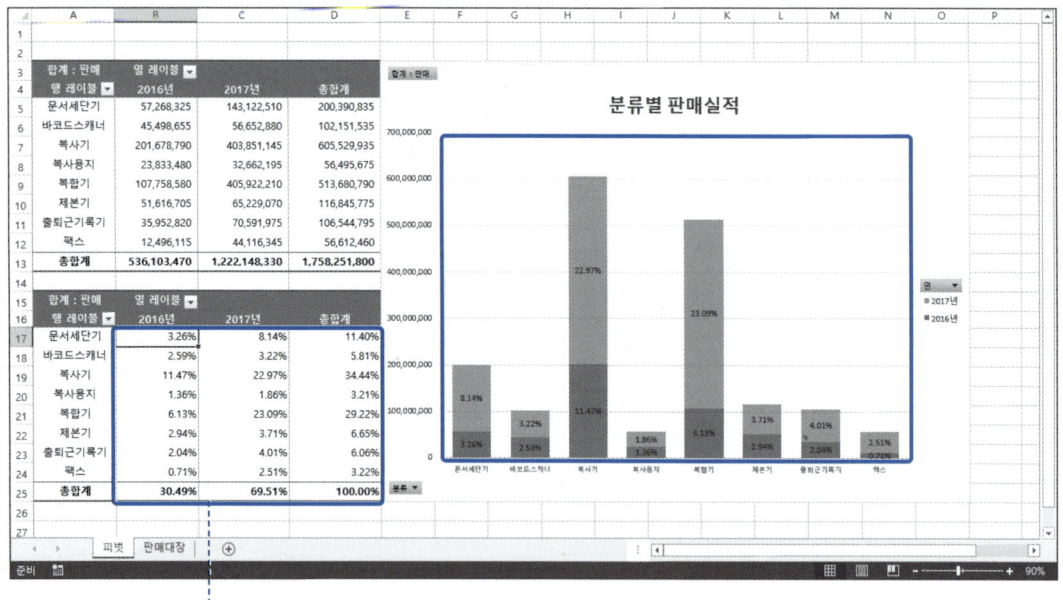

[값 표시 형식]-[총 합계 비율] 메뉴를 선택해 비율 계산 방법을 변경하면, 2년간의 매출총액(D25셀)을 100으로 설정하고 나머지 집계 값의 비율을 표시하므로 차트의 백분율 값이 06 과정에서 확인한 값보다 작아집니다.

08 다음 화면은 하단 피벗 테이블의 '합계 : 판매' 필드의 값을 '값 표시 형식'을 사용해 '행 합계 비율'로 변경한 결과입니다.

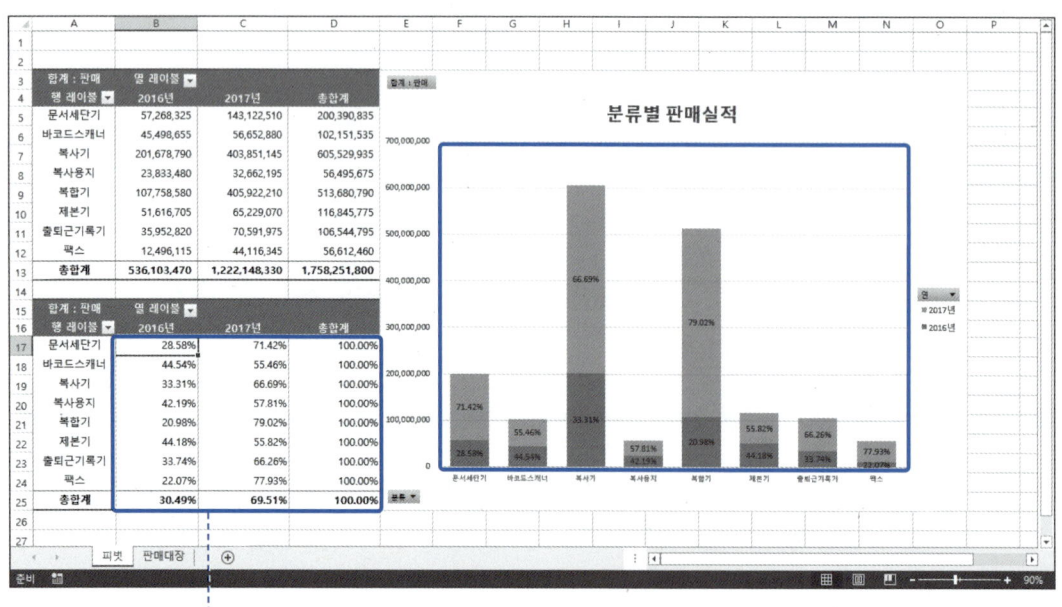

[값 표시 형식]-[행 합계 비율] 메뉴를 선택해 비율 계산 방법을 변경하면, 피벗 차트의 각 항목(분류)별 매출을 100으로 설정하고 나머지 매출의 비율을 계산하므로 분류별 막대 그래프의 비율 합이 모두 100%가 됩니다.

누적 막대형 그래프에 총합 표시하기 122

피벗 차트에서 누적 막대형 그래프를 사용할 때 그래프의 총합을 데이터 레이블로 표시하고 싶은 경우가 있습니다. 하지만 데이터 레이블에 합계 값을 표시하는 옵션은 따로 제공되지 않기 때문에, 이런 경우에는 합계 값을 계산해 계열로 추가한 다음 이를 이용해 합계를 표시해야 합니다. 누적 막대형 그래프에 총합을 표시하는 방법에 대해 자세하게 알아보겠습니다.

예제 파일 PART 02 \ CHAPTER 07 \ 피벗 차트-총액.xlsx

01 예제 파일의 '피벗' 시트에는 영업사원의 매출 실적을 표시한 피벗 테이블과 누적 막대형 그래프로 표현된 피벗 차트가 있습니다. 피벗 차트에 총합계 값을 표시해 보겠습니다.

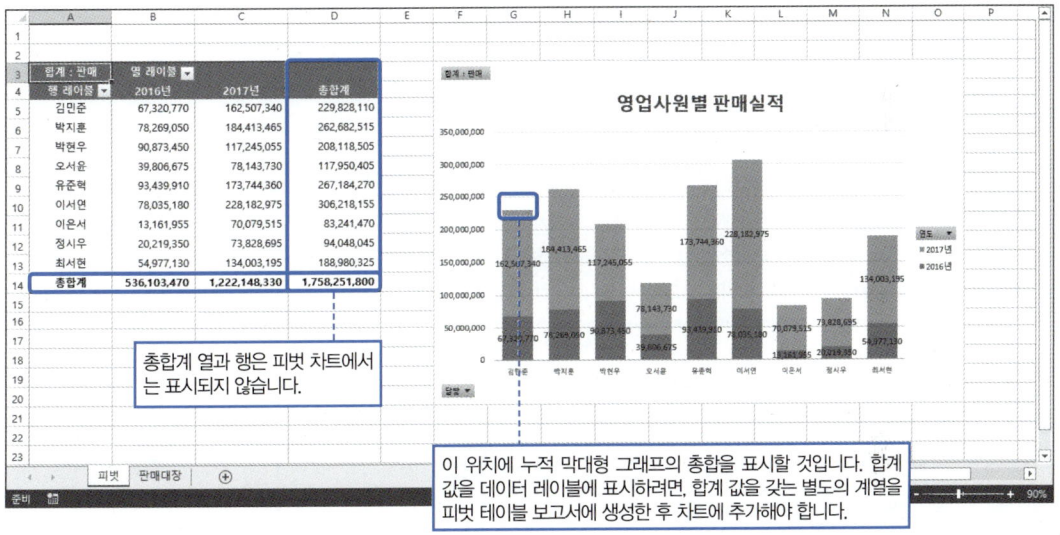

02 피벗 차트에 표시되지 않는 D열의 '총합계' 열을 제거하겠습니다. D4셀을 마우스 오른쪽 버튼으로 클릭하여 [합계 제거] 메뉴를 선택합니다.

03 삭제한 '총합계' 열을 대체할 '총합계' 항목을 '연도' 필드에 추가하겠습니다. '연도' 필드 내 항목(여기서는 C4셀)을 선택한 후 [분석] 탭-[계산] 그룹-[필드, 항목 및 집합] 명령 내 [계산 항목] 메뉴를 선택합니다.

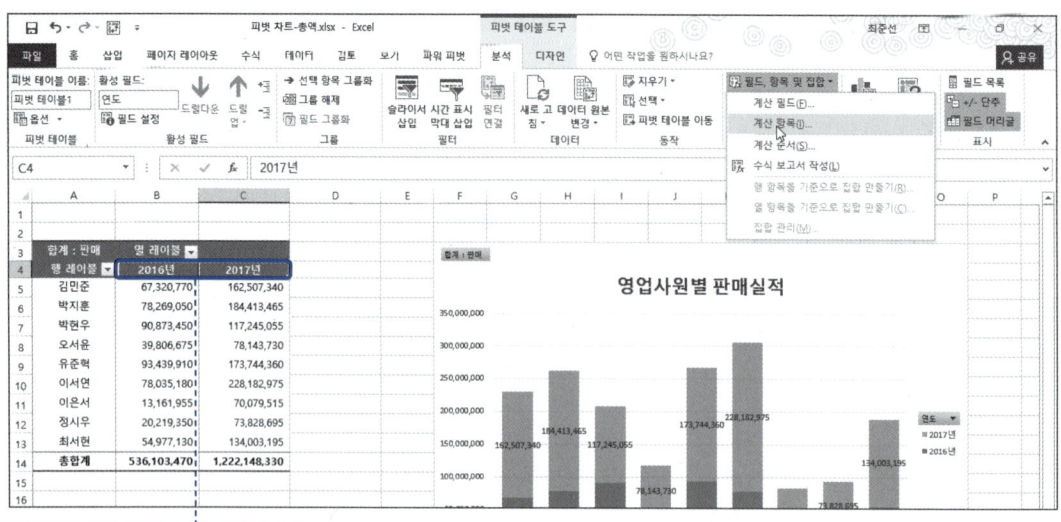

셀 선택 위치에 주의합니다. 반드시 삽입할 필드 내 항목(이번 경우는 B4:C4 범위 내 셀)을 선택하고 리본 메뉴의 [필드, 항목 및 집합] 명령을 클릭해야 [계산 항목] 메뉴를 선택할 수 있습니다.

Plus⁺ 총합계 열을 계산 항목으로 대체하는 이유

'총합계' 열이나 '총합계' 행은 피벗 차트에 표시되지 않으므로 피벗 차트에 총합계 계열이 표시되도록 하려면 열 영역에 삽입된 '연도' 필드 내에 '총합계' 항목을 추가해야 합니다. '연도' 필드에 '총합계' 항목을 추가하려면 2016년과 2017년 항목을 더할 필요가 있으므로, 계산 항목으로 생성하면 됩니다. 참고로 이 방법은 'No. 75 계산 필드의 제한 사항 이해하기'(254쪽)에서 설명했듯이 데이터 모델을 사용하는 피벗 테이블 보고서에서는 사용할 수 없습니다.

---

04 '계산 항목' 대화상자가 열리면 '이름'에 '합계'를 입력하고 '수식'은 다음과 같이 작성한 후 〈추가〉 버튼을 클릭해 항목을 생성하고 〈확인〉 버튼을 클릭합니다.

```
='2016년' + '2017년'
```

LINK 계산 항목을 생성하는 방법은 'No. 82 계산 항목 생성하기'(273쪽)를 참고합니다.

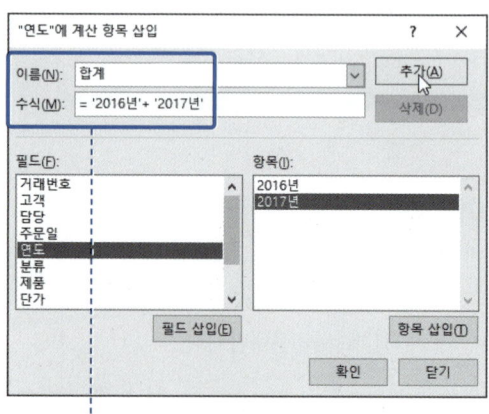

'합계' 계산 항목은 지정된 수식에 의해서만 계산되므로, '연도' 필드에 새로운 항목(예 : 2018년)이 추가될 경우 해당 항목은 '합계' 계산 항목에서 계산되지 않습니다. 그러므로 '연도' 필드에 새로운 항목이 추가되면 '합계' 계산 항목의 수식을 변경해야 합니다.

05 '연도' 필드에 새로운 '합계' 항목이 생성되면서 피벗 차트에 해당 계열이 표시됩니다. 추가된 '합계' 계열의 차트 종류를 꺾은선형으로 변경하기 위해, 피벗 차트를 선택하고 [삽입] 탭-[차트] 그룹-[콤보형 차트 삽입] 명령 내 [사용자 지정 콤보 차트 만들기] 메뉴를 선택합니다.

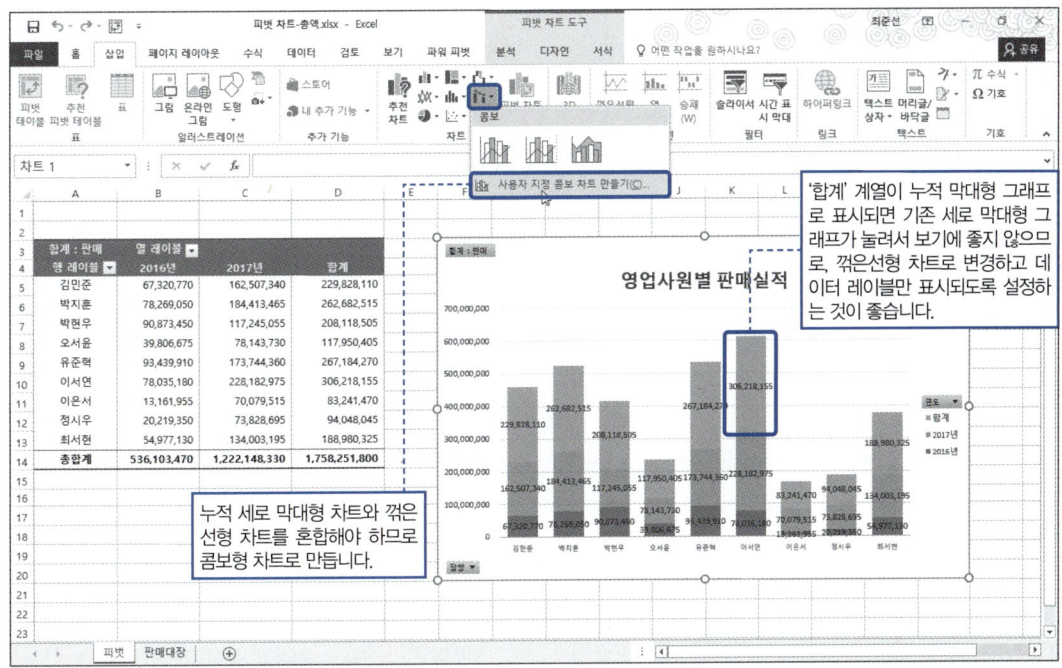

'합계' 계열이 누적 막대형 그래프로 표시되면 기존 세로 막대형 그래프가 눌려서 보기에 좋지 않으므로, 꺾은선형 차트로 변경하고 데이터 레이블만 표시되도록 설정하는 것이 좋습니다.

누적 세로 막대형 차트와 꺾은선형 차트를 혼합해야 하므로 콤보형 차트로 만듭니다.

06 '차트 종류 변경' 대화상자가 표시되면 각각의 계열을 다음과 같이 설정하고 〈확인〉 버튼을 클릭합니다.

계열	차트 종류
2016년	누적 세로 막대형
2017년	누적 세로 막대형
합계	꺾은선형

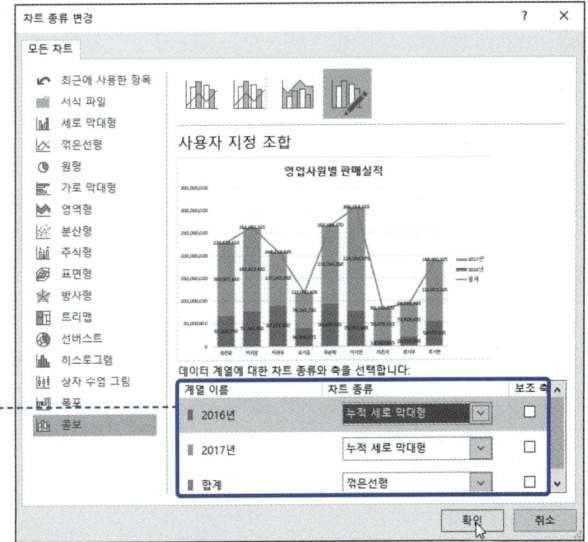

화면을 참고해 정확하게 설정해야 원하는 차트를 얻을 수 있습니다. 특히 '합계' 계열은 데이터 레이블만 표시할 것이므로 '표식이 있는 꺾은선형'이 아니라 '꺾은선형' 차트를 선택해야 합니다.

Plus⁺ '합계' 계열은 보조 축에 표시하지 않는 이유

피벗 차트의 차트 종류는 누적 세로 막대형 차트지만, '합계' 계열은 꺾은선형으로 변경했으므로 누적된 방식이 아닌 기본형 차트로 표시됩니다. 그러므로 굳이 보조 축에 표시하지 않아도 기본 축의 눈금이 변경되지 않으므로 기본 축에서 그냥 표시한 것입니다. 이렇게 콤보형 차트로 구성하면 기본형과 누적형 차트를 혼합해 표시할 수도 있어 차트 표현이 더욱 풍성해집니다.

07 '합계' 계열의 데이터 레이블 위치를 조정하겠습니다. '합계' 계열의 데이터 레이블을 선택한 후 피벗 차트 오른쪽 상단의 [차트 요소] 단추(田)를 클릭하고 [데이터 레이블]-[위쪽] 메뉴를 클릭합니다.

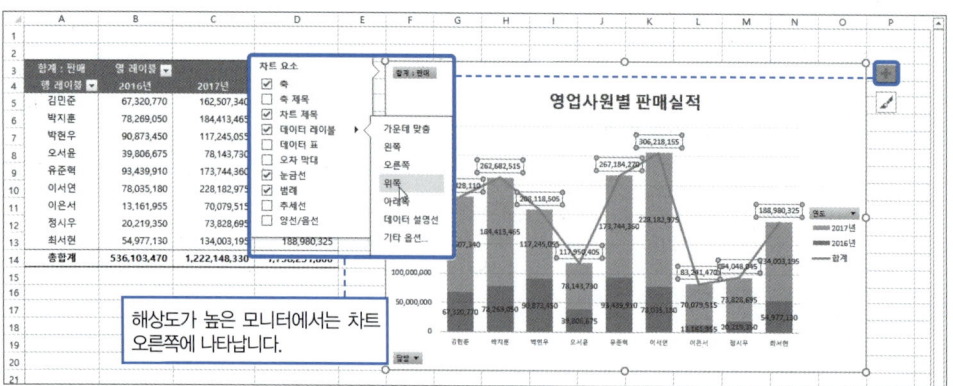

해상도가 높은 모니터에서는 차트 오른쪽에 나타납니다.

08 선 그래프는 표시할 필요가 없으므로 숨기겠습니다. 꺾은선 그래프를 선택하고 [서식] 탭-[도형 스타일] 그룹-[도형 윤곽선] 명령 내 [윤곽선 없음] 메뉴를 선택합니다.

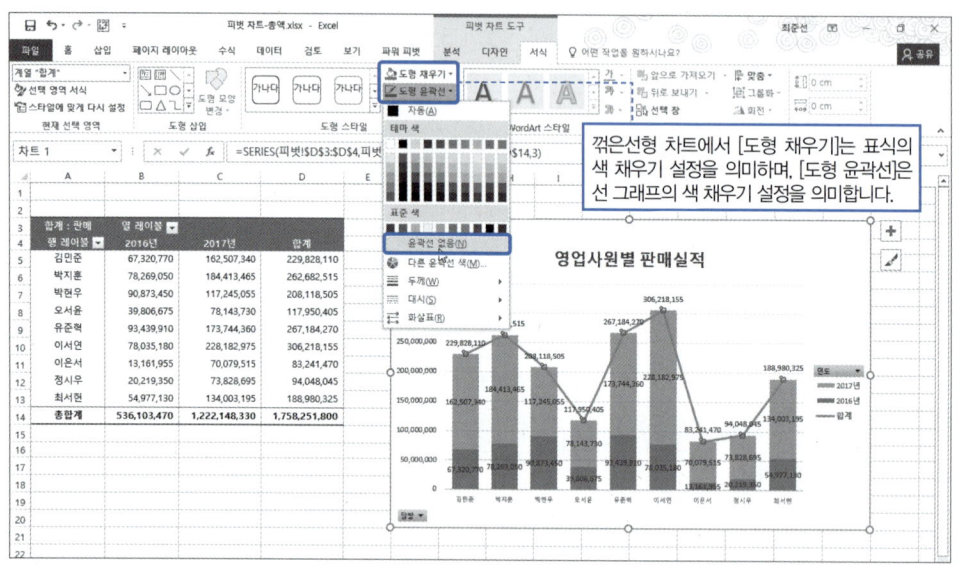

꺾은선형 차트에서 [도형 채우기]는 표식의 색 채우기 설정을 의미하며, [도형 윤곽선]은 선 그래프의 색 채우기 설정을 의미합니다.

09 '합계' 계열의 데이터 레이블을 원하는 색으로 강조해 표시하면 다음과 같은 피벗 차트가 완성됩니다.

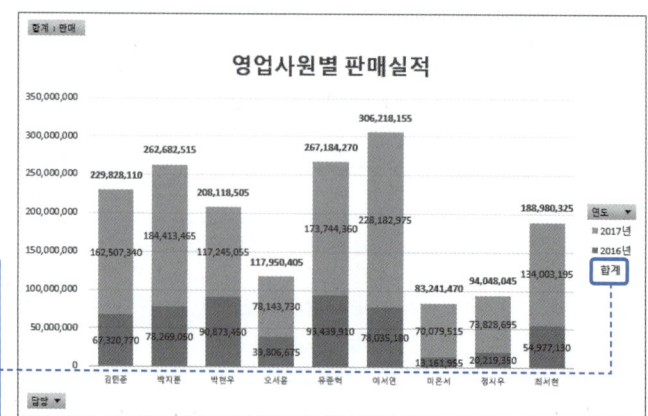

꺾은선 그래프는 **08** 과정에서 숨겼지만, '범례'에는 여전히 '합계' 계열이 표시되어 있습니다. 이런 점이 불편하다면, '합계' 계열 이름이 표시되지 않도록 할 수 있습니다. 범례를 클릭해 선택하고 다시 '합계' 계열 이름만 클릭해 선택한 후 Delete 키를 눌러 삭제하면 '범례'에서 '합계' 계열 이름이 표시되지 않습니다.

406 / PART 02 | 피벗 테이블 보고서

피벗 차트 표식에 회사 로고 삽입하기 123

피벗 차트에 꺾은선형 차트를 사용한 경우, 추이는 표시하기 좋지만 꺾은선 그래프만으로는 어떤 계열의 그래프인지 바로 식별하기 쉽지 않습니다. 이런 경우에 데이터 계열이 회사라면 로고와 같은 이미지를 표식에 표시해 시각적으로 이해하기 쉽게 표현할 수 있습니다.

예제 파일 PART 02 \ CHAPTER 07 \ 피벗 차트-로고.xlsx

01 예제 파일의 '피벗' 시트에는 두 업체의 분기별 매출 실적이 집계된 피벗 테이블 보고서와 꺾은선형 그래프가 표시된 피벗 차트가 있습니다.

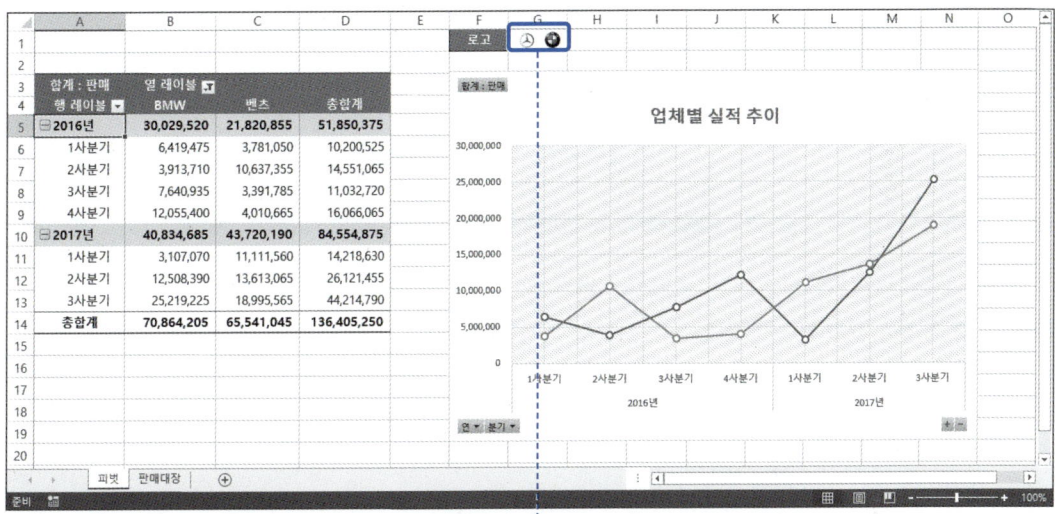

이 이미지는 [삽입] 탭-[일러스트레이션] 그룹-[온라인 그림] 명령을 이용해 웹에서 검색해 미리 받아 놓은 것입니다. 사용할 이미지가 있다면, [삽입] 탭-[일러스트레이션] 그룹-[그림] 명령을 클릭해 이미지를 워크시트에 삽입해 두어야 하며, 차트에 표시할 크기로 미리 이미지 크기를 조정해 두어야 합니다.

02 표식에 이미지를 넣기 위해, G1셀에서 벤츠 로고를 선택하고 단축키 Ctrl+C를 눌러 복사한 후 피벗 차트를 선택하고 벤츠의 꺾은선 그래프를 선택합니다. 그런 다음 [홈] 탭-[클립보드] 그룹-[붙여넣기] 명령을 클릭하면 해당 계열의 표식에 로고가 표시됩니다.

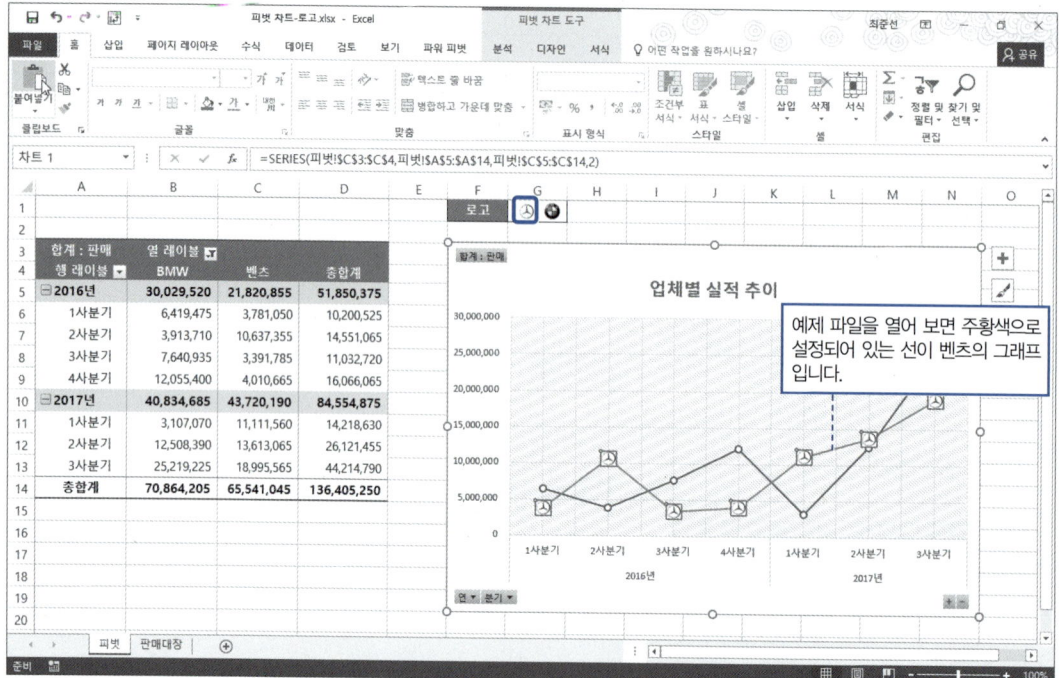

03 02 과정을 참고해 G1셀의 BMW 로고도 복사하여 그래프에 붙여넣으면 화면과 같은 차트가 만들어집니다.

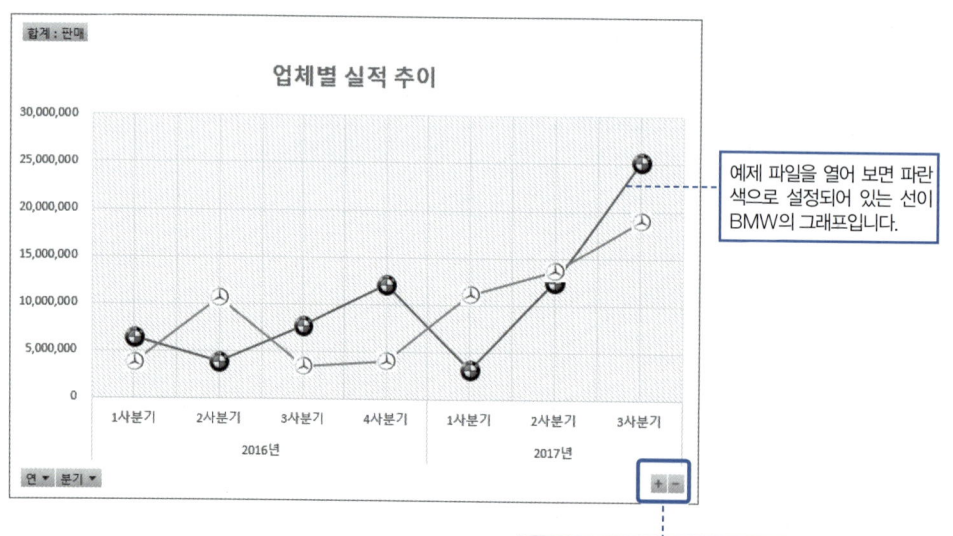

예제 파일을 열어 보면 파란색으로 설정되어 있는 선이 BMW의 그래프입니다.

피벗 테이블 보고서의 행 영역에 여러 필드가 삽입되어 있다면, 피벗 차트에 [확장/축소] 단추가 나타납니다. [축소] 단추를 클릭하면 연도만 X축에 표시되며, [확장] 단추를 클릭하면 연도와 분기가 모두 표시됩니다.

꺾은선형 차트에 그라데이션 효과 넣기

124

꺾은선형 차트는 보통 선 그래프만 표시되므로, 전체적으로 막대 그래프에 비해 차트에서 차지하는 공간이 적어 좀 허전한 느낌이 있습니다. 그래서 웹 또는 다른 매체에 실린 꺾은선형 차트를 보면 선 그래프 하단에 그라데이션 효과가 적용된 것이 많습니다. 엑셀의 꺾은선형 차트에는 그런 효과를 지원하는 옵션이 제공되지 않지만, 영역형 차트와 콤보형 차트로 구성하면 동일한 효과를 얻을 수 있습니다.

예제 파일 PART 02 \ CHAPTER 07 \ 피벗 차트-그라데이션.xlsx

01 예제 파일의 '피벗' 시트에는 월별 매출 실적이 집계된 피벗 테이블 보고서와 피벗 차트가 있습니다. 피벗 차트의 선 그래프에 그라데이션 효과를 적용해 보겠습니다.

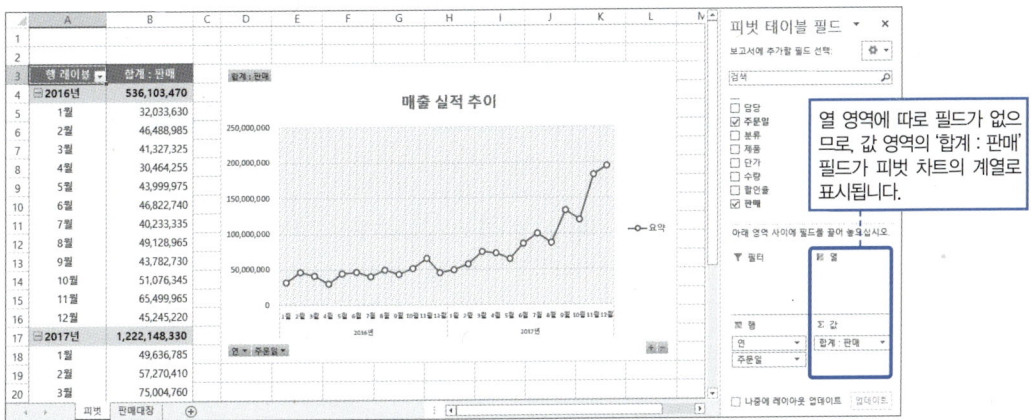

02 동일한 값의 데이터 계열을 하나 더 추가하기 위해, '피벗 테이블 필드' 작업 창의 필드 목록에서 '판매' 필드를 값 영역으로 드래그합니다. 값 영역에 '합계 : 판매2' 필드가 새로 생성되며, 피벗 차트에는 '합계 : 판매'와 '합계 : 판매2' 계열 두 개가 겹쳐 표시됩니다.

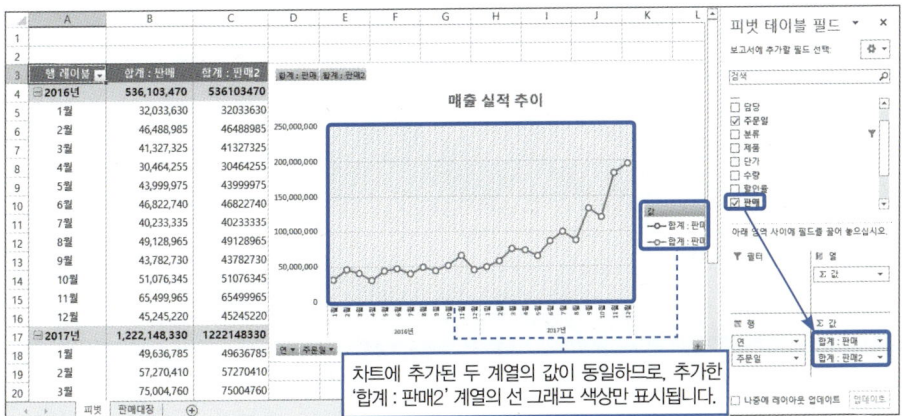

03 '합계 : 판매2' 계열을 선택한 후 [삽입] 탭-[차트] 그룹-[꺾은선형 또는 영역형 차트 삽입] 명령을 클릭하고 '2차원 영역형' 그룹의 [영역형] 차트를 선택합니다.

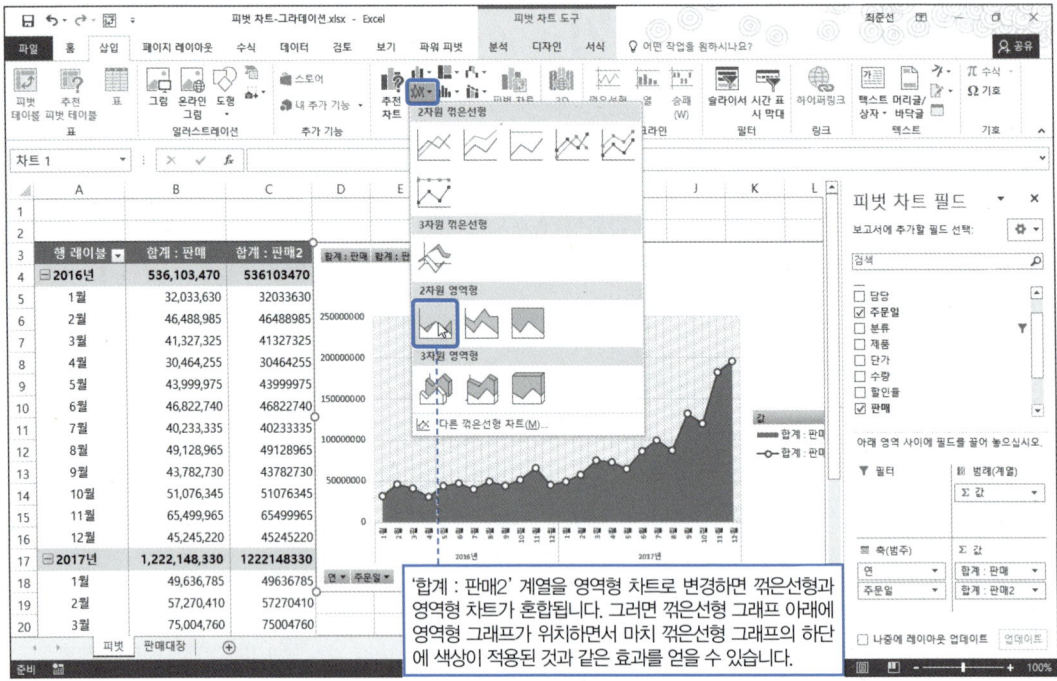

'합계 : 판매2' 계열을 영역형 차트로 변경하면 꺾은선형과 영역형 차트가 혼합됩니다. 그러면 꺾은선형 그래프 아래에 영역형 그래프가 위치하면서 마치 꺾은선형 그래프의 하단에 색상이 적용된 것과 같은 효과를 얻을 수 있습니다.

04 영역형 그래프의 색상을 꺾은선 그래프와 유사하게 변경합니다. 영역형 그래프를 선택하고 [서식] 탭-[도형 스타일] 그룹-[도형 채우기] 명령 내 '테마 색' 그룹에서 [파랑, 강조5]를 선택합니다.

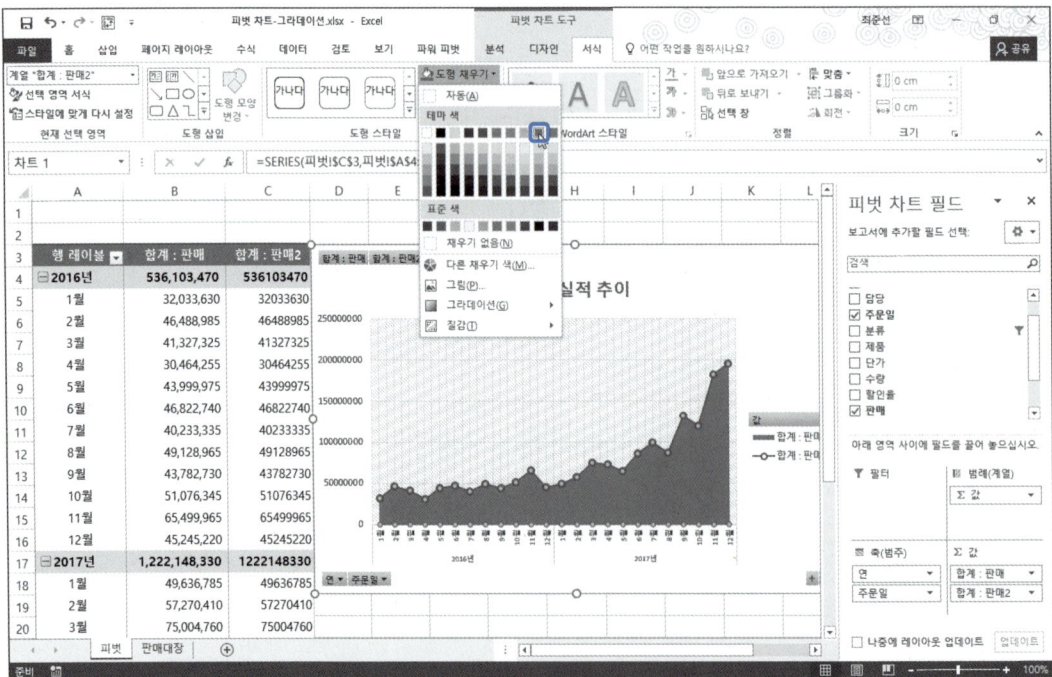

05 영역형 그래프에 그라데이션 효과를 적용합니다. 영역형 그래프가 선택된 상태에서 [서식] 탭-[도형 스타일] 그룹-[도형 채우기] 명령 내 [그라데이션]의 하위 메뉴에서 원하는 그라데이션 효과(여기서는 [선형 위쪽])를 선택합니다.

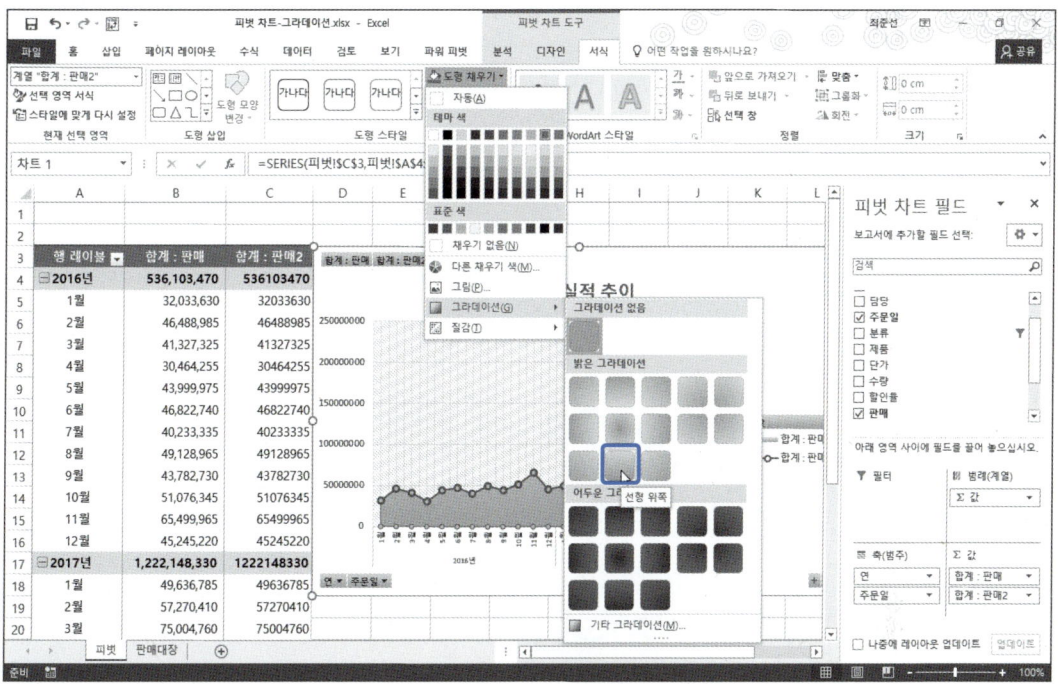

06 다음과 같이 그라데이션 효과가 적용된 꺾은선형 그래프를 표시하는 피벗 차트가 완성됩니다.

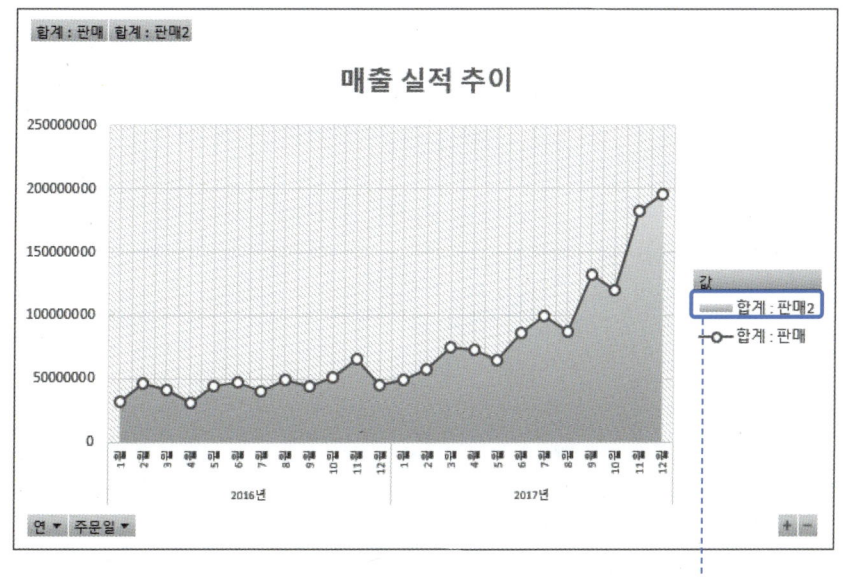

범례의 '합계 : 판매2' 계열 이름은 표시하지 않는 게 깔끔합니다. 범례를 클릭해 선택한 후 다시 '합계 : 판매2' 계열만 클릭하고 [Delete] 키를 눌러 삭제합니다.

피벗 차트와 피벗 테이블 보고서의 연동 끊기

125

피벗 차트는 피벗 테이블과 연동하므로, 피벗 테이블의 구성이나 값을 변경하면 피벗 차트 역시 변경됩니다. 피벗 테이블과의 연동을 해제하는 방법은 따로 제공되지 않으므로, 피벗 차트에서 확인한 그래프를 보관하고 싶다면 피벗 차트를 그림으로 변환하는 방법을 사용해야 합니다. 피벗 차트를 그림으로 저장해 보관하는 방법에 대해 알아보겠습니다.

예제 파일 PART 02 \ CHAPTER 07 \ 피벗 차트-그림.xlsx

01 예제 파일의 '피벗' 시트에는 월별 매출 실적을 집계한 피벗 테이블과 피벗 차트가 있습니다. 피벗 차트가 피벗 테이블과 연동되지 않도록 해 보겠습니다.

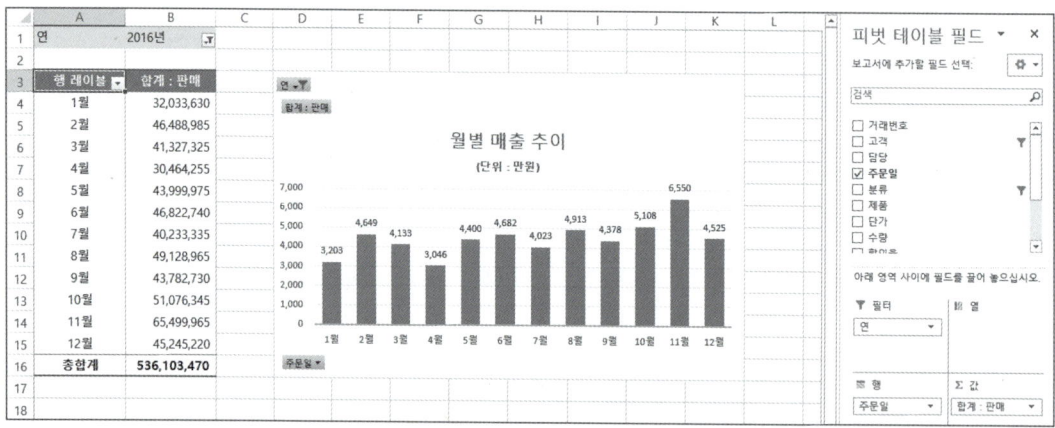

02 먼저 피벗 테이블과 연동이 되는지 확인합니다. B1셀의 '연' 필드의 항목을 '2016년'에서 '2017년'으로 변경하면 피벗 차트도 그에 맞게 변경됩니다.

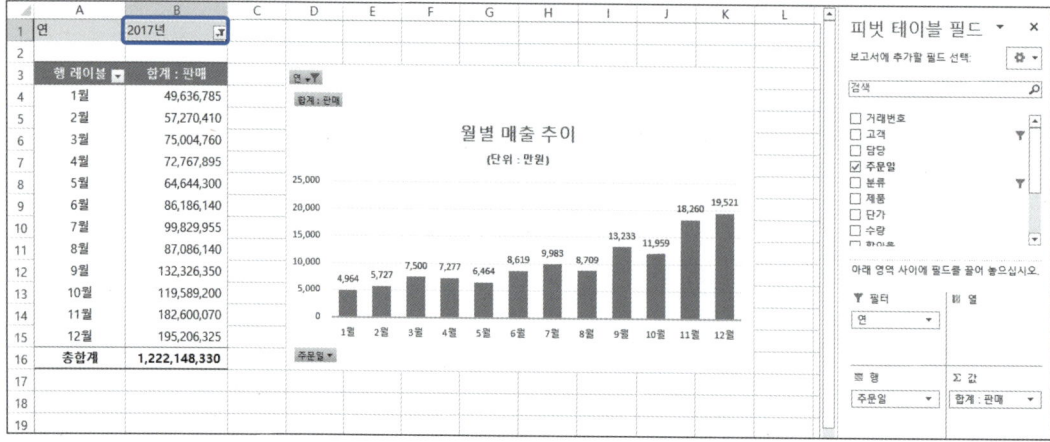

03 현재의 피벗 차트를 차트 오른쪽에 보관하겠습니다. 피벗 차트를 선택하고 단축키 Ctrl + C 를 눌러 복사한 후, L3셀을 선택하고 [홈] 탭-[클립보드] 그룹-[붙여넣기] 명령 내 [그림] 옵션을 선택해 붙여넣습니다.

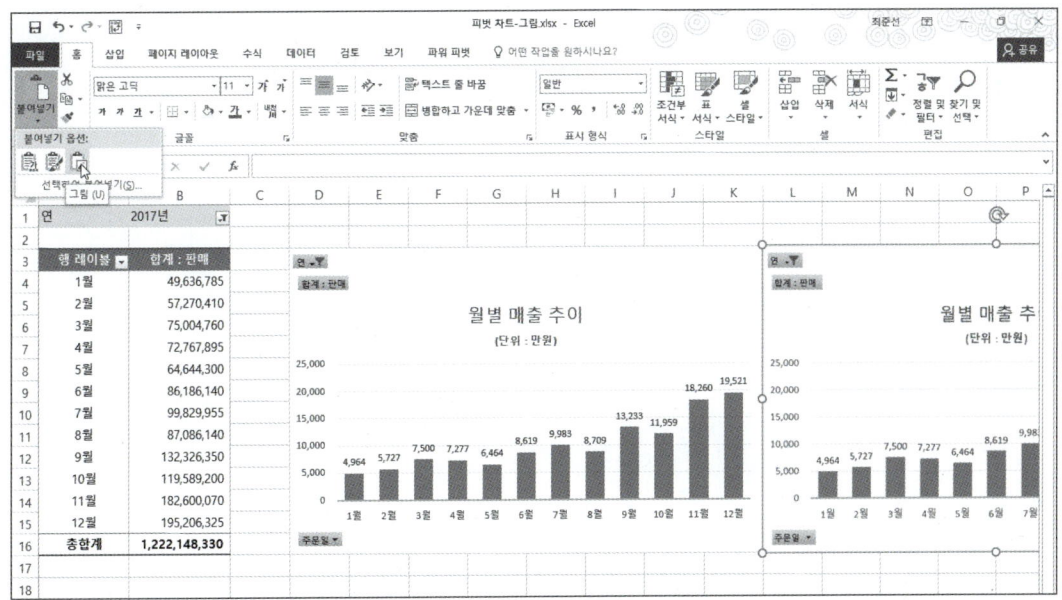

04 다시 B1셀의 '연' 필드의 항목을 '2016년'으로 변경해 봅니다. 왼쪽의 피벗 차트는 변경되지만 오른쪽에 복사한 피벗 차트는 그림이기 때문에 변경되지 않습니다.

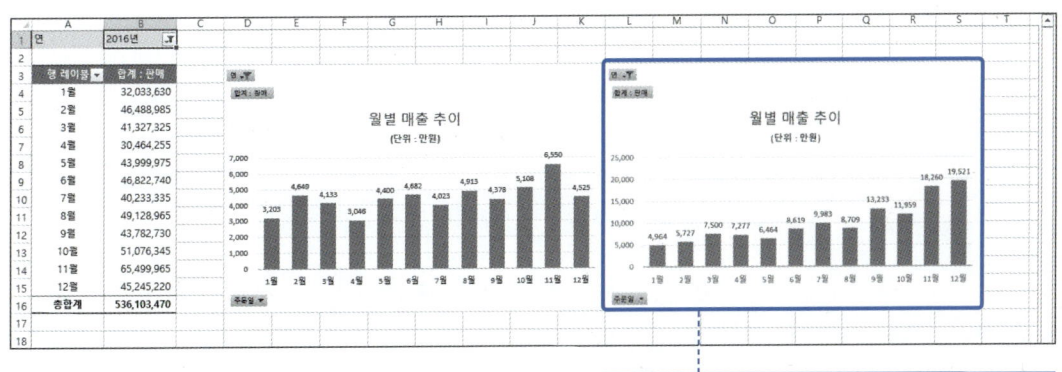

> 오른쪽 차트는 그림이기 때문에 차트 제목 등을 수정할 수 없습니다. 그러므로, 그림으로 복사해 놓으려 한다면 미리 차트 제목을 비롯한 서식을 완성하는 것이 좋습니다.

PART 03

엑셀 피벗&파워 쿼리 바이블

파워 쿼리

파워 쿼리는 엑셀 2010 버전부터 제공된 새로운 COM 추가 기능 중의 하나로,
표를 사용자가 원하는 형태로 빠르게 변환할 수 있는 기능입니다.
특히 2016 버전부터는 추가 기능이 아니라 리본 메뉴의 [데이터] 탭에 등록되어
더 간편하게 표를 변환할 수 있게 되었습니다.

파워 쿼리를 이용하면 다양한 프로그램 내 데이터를 엑셀로 가져와 처리할 수 있고,
표를 원하는 형식으로 빠르게 편집할 수 있으며,
여러 개로 나뉘어져 있는 표(파일, 시트)를 하나로 합치거나 관계로 연결하는 등
데이터 편집에 필요한 거의 모든 작업을 할 수 있습니다.

CHAPTER 08

파워 쿼리 소개

파워 쿼리는 별도의 쿼리 편집기에 엑셀 표를 연결해 편집하는 방법으로 사용하며,
표를 편집하는 과정에서 다양한 명령을 활용할 수 있습니다.
이런 특징 때문에 파워 쿼리를 제대로 이용하려면
표 편집에 대한 전체적인 방법을 학습해야 하고 배워야 할 내용이 많습니다.
이번 장에서는 파워 쿼리를 간단하게 사용하면서 파워 쿼리가 어떤 기능인지 확인해 보겠습니다.

파워 쿼리 설치하기   126

파워 쿼리는 엑셀 2016 버전에서는 리본 메뉴의 [데이터] 탭-[가져오기 및 변환] 그룹에 있는 명령을 사용하면 되지만, 2010, 2013 버전에서는 추가 기능을 설치해야 사용할 수 있습니다. 참고로 2007 버전에서는 파워 쿼리를 사용할 수 없습니다. 파워 쿼리 명령의 위치를 알아보고, 하위 버전 사용자를 위해 파워 쿼리 설치 방법도 알아보겠습니다.

예제 파일 없음

엑셀 2016 버전 사용자

엑셀 2016 버전에서는 리본 메뉴의 [데이터] 탭-[가져오기 및 변환] 그룹 내의 명령을 사용하면 됩니다.

파워 쿼리 기능이 [가져오기 및 변환] 그룹 내 명령으로 제공됩니다.

엑셀 2010, 2013 버전 사용자

2010 버전이나 2013 버전에서는 파워 쿼리 추가 기능을 다운로드하여 설치해야 합니다. 다만 다음 조건을 만족해야 설치할 수 있습니다.

첫째, 윈도우 7 이상의 운영 체제와 인터넷 익스플로러 9 이상을 사용하고 있어야 합니다.

둘째, 오피스 버전은 다음 조건을 만족해야 합니다.

버전	제품 종류
오피스 2010	Professional Plus 이상
오피스 2013	모든 제품

2010 버전에서는 [파일]-[도움말]을 클릭해 오른쪽 창에서 사용 중인 제품의 종류와 버전을 확인합니다.

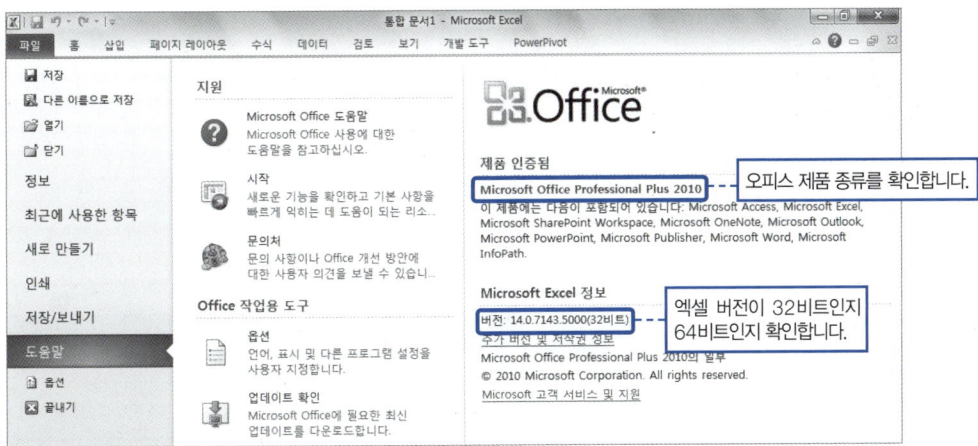

2013 버전에서는 [파일]-[계정]을 클릭한 후 〈Excel 정보〉 버튼을 클릭하여 'Microsoft Excel 정보' 창이 열리면 다음 위치를 확인합니다.

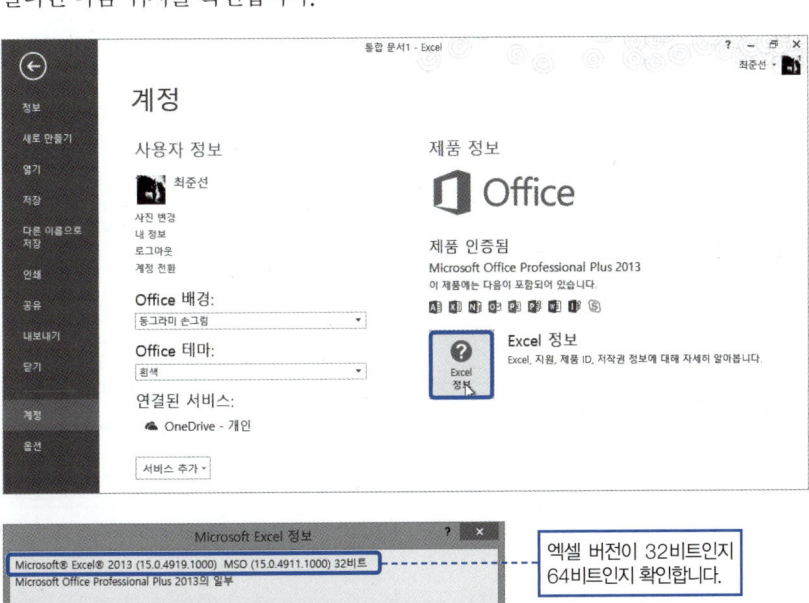

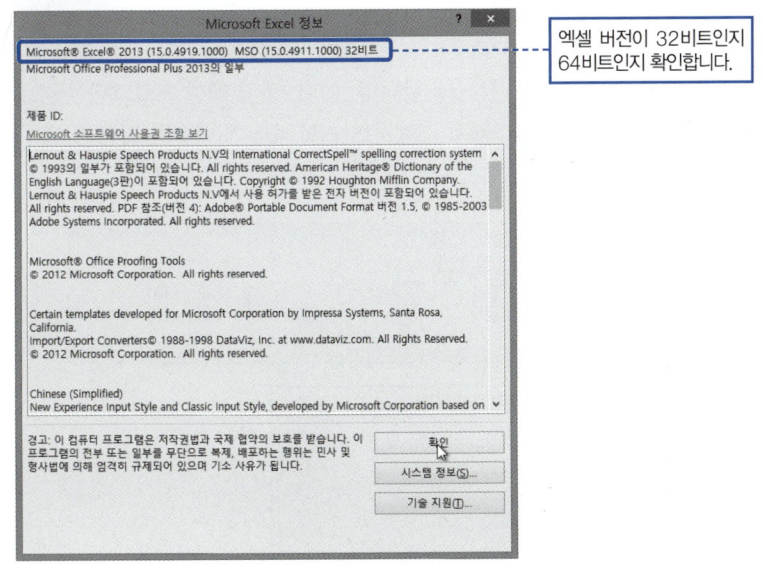

파워 쿼리 추가 기능은 정기적으로 업데이트되며, 업데이트 주기가 짧습니다. 다음 방법을 참고해 다운로드하고 설치합니다.

01 IE 또는 크롬 등의 웹 브라우저를 이용해 아래 사이트에 접속합니다.

```
https://www.microsoft.com/ko-kr/download/details.aspx?id=39379
```

02 사이트에 접속해 다음 화면이 표시되면 〈다운로드〉 버튼을 클릭합니다.

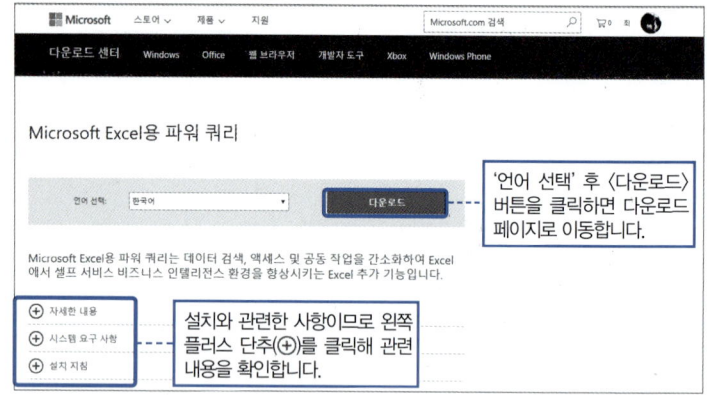

03 사용 중인 엑셀 프로그램에 맞게 32-bit 또는 64-bit 설치 파일의 확인란에 체크하고 〈다음〉 버튼을 클릭하면 다운로드가 진행됩니다.

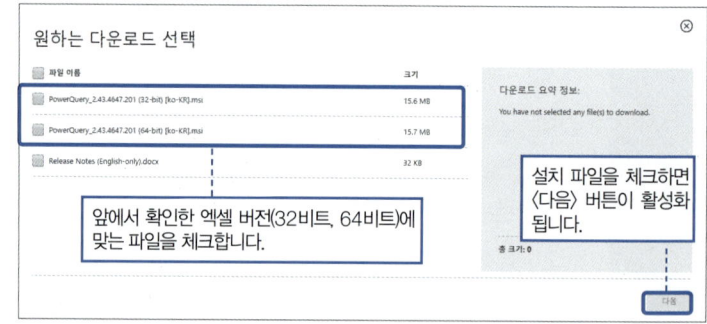

04 다운로드한 설치 파일을 윈도우 탐색기에서 찾아 더블클릭합니다. 이때, 먼저 엑셀 프로그램을 종료하고 작업하는 것이 좋습니다. 설치를 마치고 엑셀 프로그램을 실행하면 리본 메뉴에 다음과 같은 탭이 나타납니다.

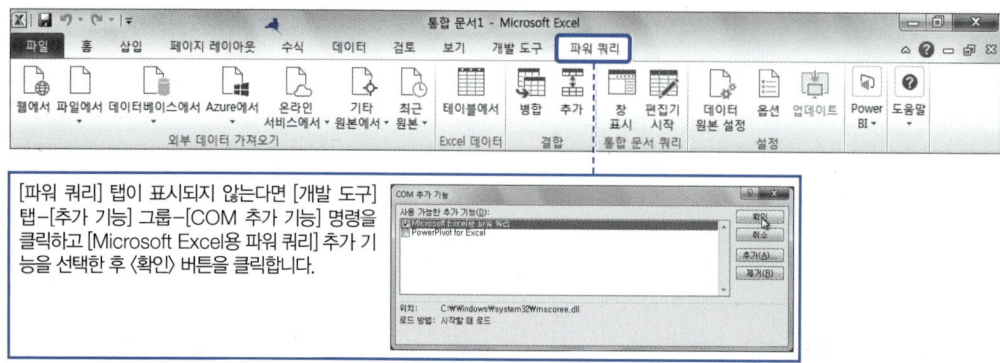

엑셀 2010, 2013 버전과 2016 버전의 명령 위치 비교

127

엑셀 2010, 2013 버전의 [파워 쿼리] 탭에서 제공되던 명령은 2016 버전에서는 리본 메뉴의 [데이터] 탭-[가져오기 및 변환] 그룹 내에서만 제공됩니다. 명령을 표시하던 공간이 줄었기 때문에 명령의 위치도 변경되었습니다. 그러므로 하위 버전에서부터 파워 쿼리를 사용하던 분들은 2016 버전에서는 자주 사용하던 명령의 위치를 찾기 어려울 수 있습니다. 2010, 2013 버전에 있던 파워 쿼리 명령의 위치가 2016 버전에서 어떻게 달라졌는지 알아보겠습니다.

예제 파일 없음

엑셀 2010, 2013 버전의 [파워 쿼리] 탭

엑셀 2010, 2013 버전에서는 별도의 [파워 쿼리] 탭이 제공되므로, 파워 쿼리를 동작시키는 명령이 다음 화면과 같이 고르게 분배되어 있습니다.

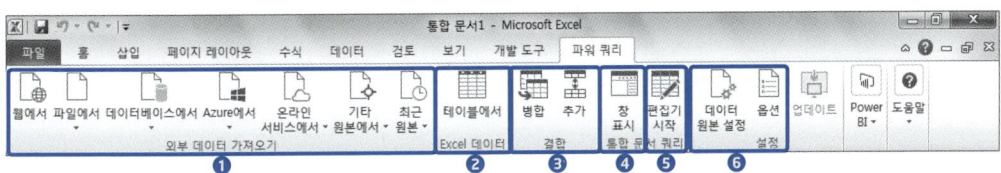

위 명령에 대한 설명은 다음을 참고합니다.

❶ 외부 데이터 가져오기
　외부 파일에서 편집할 데이터를 쿼리로 편집할 때 사용하는 명령을 제공합니다.

❷ 테이블에서
　현재 파일의 표를 쿼리로 생성할 때 사용합니다.

❸ 결합
　여러 표를 하나의 표로 합칠 때 사용하는 명령을 제공합니다.

❹ 창 표시
　파일 내 쿼리 목록을 표시하는 작업 창을 표시합니다.

❺ 편집기 시작
　쿼리 편집기를 열고, 파일 내 쿼리를 관리할 수 있습니다.

❻ 설정
　쿼리의 원본 데이터를 변경하거나 몇 가지 옵션을 변경할 수 있습니다.

엑셀 2016 버전의 파워 쿼리

엑셀 2016 버전에서는 리본 메뉴의 [데이터] 탭-[가져오기 및 변환] 그룹에 명령이 제공되므로, 많은 명령이 하위 메뉴에 숨겨져 있습니다. 2010, 2013 버전의 [파워 쿼리] 탭에 배치되었던 명령과 동일한 명령의 위치를 다음 그림에 번호로 표시해 두었으니 참고하기 바랍니다.

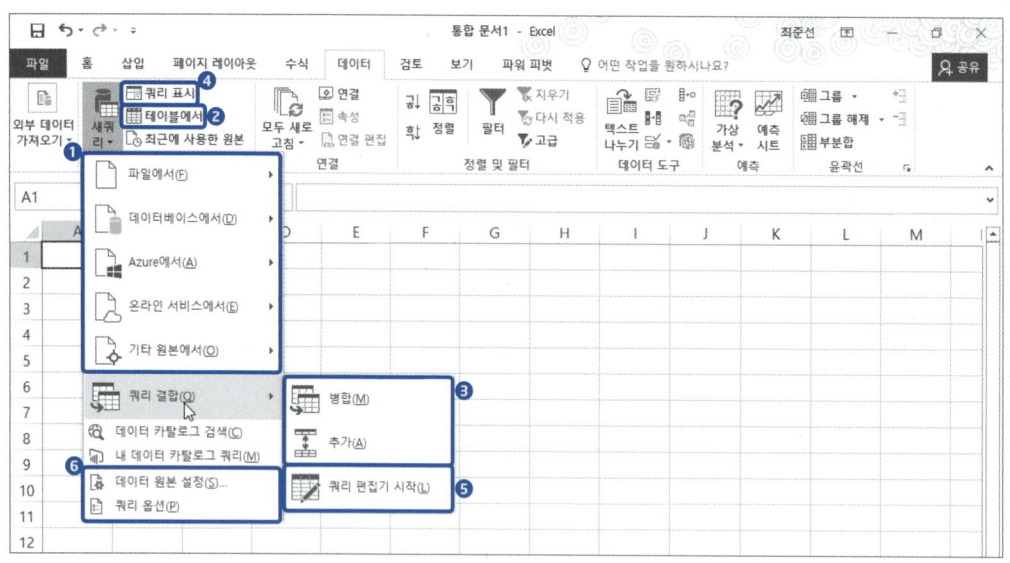

변경된 부분에 대한 설명은 다음과 같습니다.

> ❶ 외부 데이터 가져오기
> [파워 쿼리] 탭-[외부 데이터 가져오기] 그룹에 있던 명령이 [데이터] 탭-[가져오기 및 변환] 그룹-[새 쿼리] 명령의 하위 메뉴로 제공됩니다. [웹에서] 명령은 [새 쿼리] 명령 내 [기타 원본에서]-[웹] 메뉴로 제공됩니다.
>
> ❷ 테이블에서
> ❸ 쿼리 결합
> [파워 쿼리] 탭-[결합] 그룹에 있던 명령이 [데이터] 탭-[가져오기 및 변환] 그룹-[새 쿼리] 명령 내 [쿼리 결합] 메뉴의 하위 메뉴로 제공됩니다.
>
> ❹ 쿼리 표시
> ❺ 쿼리 편집기 시작
> [파워 쿼리] 탭-[통합 문서 쿼리] 그룹-[편집기 시작] 명령이 [데이터] 탭-[가져오기 및 변환] 그룹-[새 쿼리] 명령 내 [쿼리 결합]-[쿼리 편집기 시작] 메뉴로 제공됩니다.
>
> ❻ 설정
> [파워 쿼리] 탭-[설정] 그룹에 있던 명령이 [데이터] 탭-[가져오기 및 변환] 그룹-[새 쿼리] 명령 내 하위 메뉴로 제공됩니다.

엑셀 2016 버전에서는 전체적으로 이전 버전에 비해 명령을 실행하는 단계는 늘어났지만, 모든 명령이 빠짐 없이 제공되는 것을 확인할 수 있습니다.

128 피벗 테이블 보고서를 사용하기 어려운 표 살펴보기

엑셀에서 데이터를 요약, 분석하려면 피벗 테이블 보고서를 이용하는 것이 가장 빠르고 정확한 방법입니다. 만약 피벗 테이블 보고서로 요약, 분석 작업을 할 수 없다면 복잡한 수식이나 매크로를 이용할 수 있어야 하는데, 그런 작업은 수월하지 않습니다. 그런데 피벗 테이블 보고서를 사용하려면 항상 테이블 형식의 표에 데이터가 입력되어 있어야 합니다. 피벗 테이블 보고서를 사용하기 어려운 유형의 표를 살펴보겠습니다.

예제 파일 PART 03 \ CHAPTER 08 \ 잘못된 표.xlsx

01 예제 파일에는 생산 사원의 생산 내역을 기록한 표가 입력되어 있습니다. 이 표를 기반으로 각 부서의 사이즈별 생산 수량을 전체 생산량 대비 비율로 표시하는 집계 표를 만들어 보겠습니다.

생산 내역을 기록한 표이지만, 테이블 형식의 표라고 할 수는 없고 오히려 크로스-탭에 더 가까운 구조입니다.

LINK 표의 구분에 대한 설명은 'CHAPTER 01 표의 구분과 목적'을 참고합니다.

02 피벗 테이블 보고서의 [값 표시 형식]에는 집계된 숫자를 비율로 표시해 주는 '열 합계 비율', '행 합계 비율', '총합계 비율' 등이 제공되므로, 피벗 테이블 보고서를 이용해 작업해 보겠습니다. A2:K14 범위를 선택하고 [삽입] 탭-[표] 그룹-[피벗 테이블] 명령(📊)을 클릭합니다.

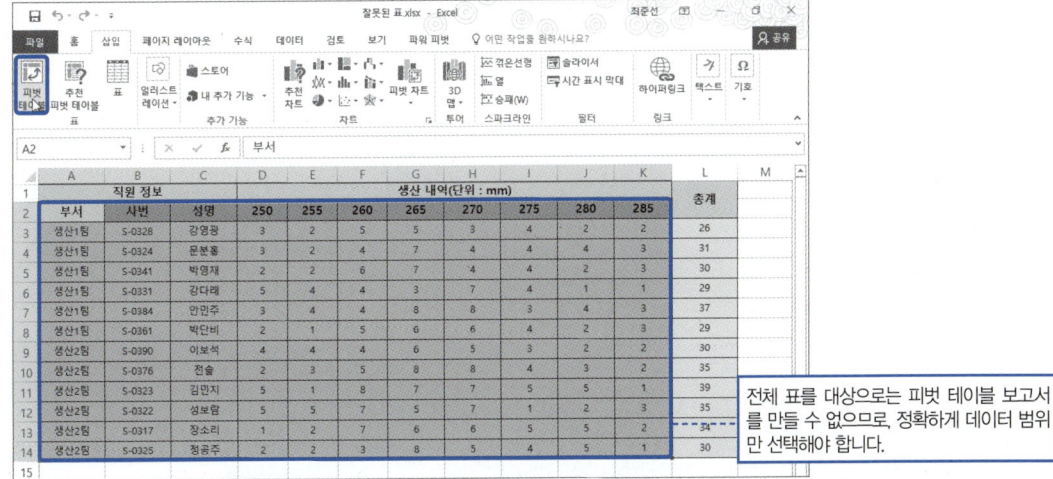

전체 표를 대상으로는 피벗 테이블 보고서를 만들 수 없으므로, 정확하게 데이터 범위만 선택해야 합니다.

03 '피벗 테이블 만들기' 대화상자가 열리면 〈확인〉 버튼을 클릭합니다.

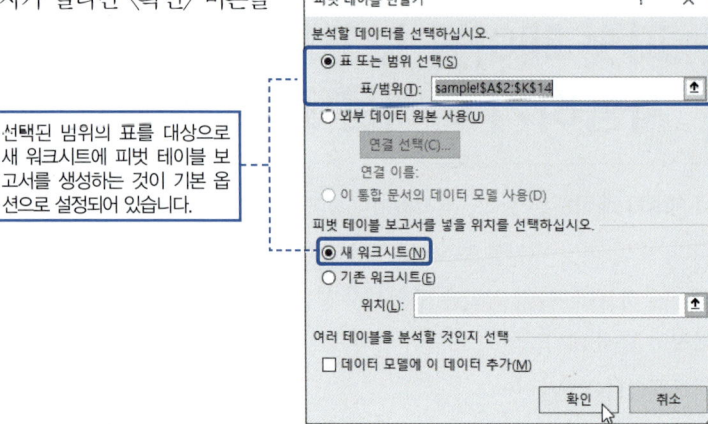

선택된 범위의 표를 대상으로 새 워크시트에 피벗 테이블 보고서를 생성하는 것이 기본 옵션으로 설정되어 있습니다.

04 새 워크시트에 피벗 테이블 보고서를 구성할 수 있도록 다음과 같은 레이아웃이 제공됩니다.

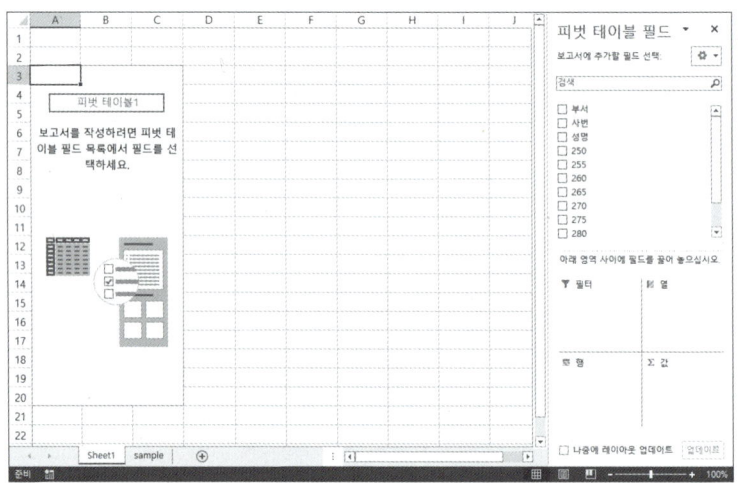

05 피벗 테이블 보고서로 집계표를 만들기 위해, '부서'는 행 영역에, 각 사이즈는 값 영역에 집계합니다.

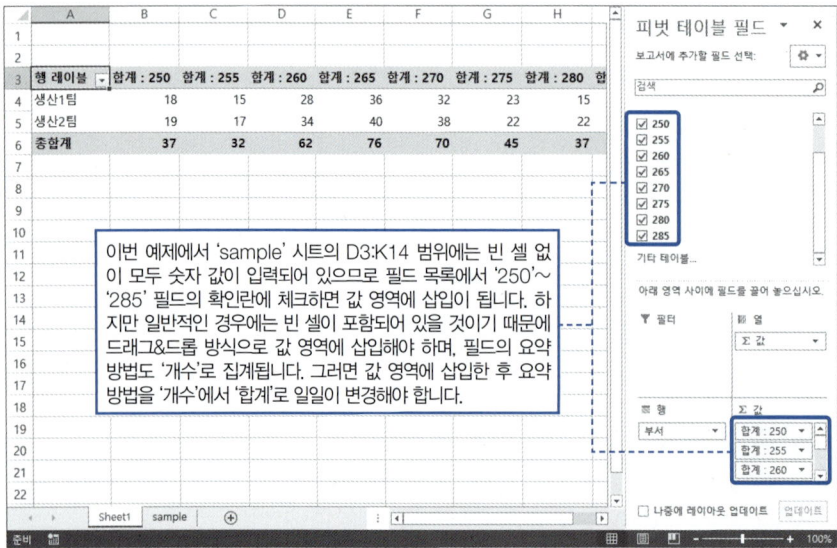

이번 예제에서 'sample' 시트의 D3:K14 범위에는 빈 셀 없이 모두 숫자 값이 입력되어 있으므로 필드 목록에서 '250'~'285' 필드의 확인란에 체크하면 값 영역에 삽입이 됩니다. 하지만 일반적인 경우에는 빈 셀이 포함되어 있을 것이기 때문에 드래그&드롭 방식으로 값 영역에 삽입해야 하며, 필드의 요약 방법도 '개수'로 집계됩니다. 그러면 값 영역에 삽입한 후 요약 방법을 '개수'에서 '합계'로 일일이 변경해야 합니다.

06 값 영역에 집계된 필드가 너무 많아 한눈에 들어오지 않으므로 열 영역의 [값] 버튼을 행 영역으로 이동하고, 행 영역의 [부서] 필드는 열 영역으로 옮겨 가독성을 높입니다.

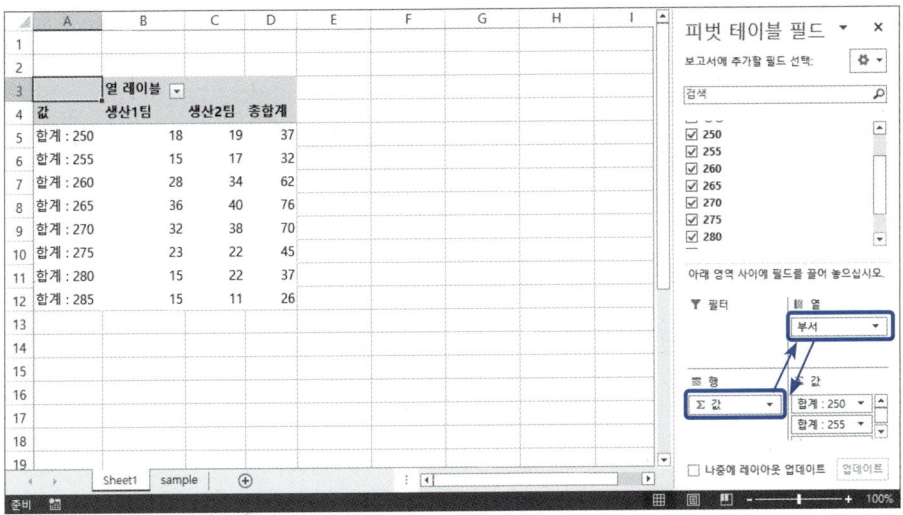

07 [값 표시 형식] 메뉴를 이용해 값 영역에 집계된 필드를 비율로 표시합니다. 그런데 다음 화면처럼 사이즈가 모두 개별 필드이므로 한 번에 하나씩밖에 변경되지 않습니다. 피벗 테이블 보고서를 이용해 사이즈별 수량의 전체 합계 대비 비율은 표시할 수 없다는 것을 알 수 있습니다.

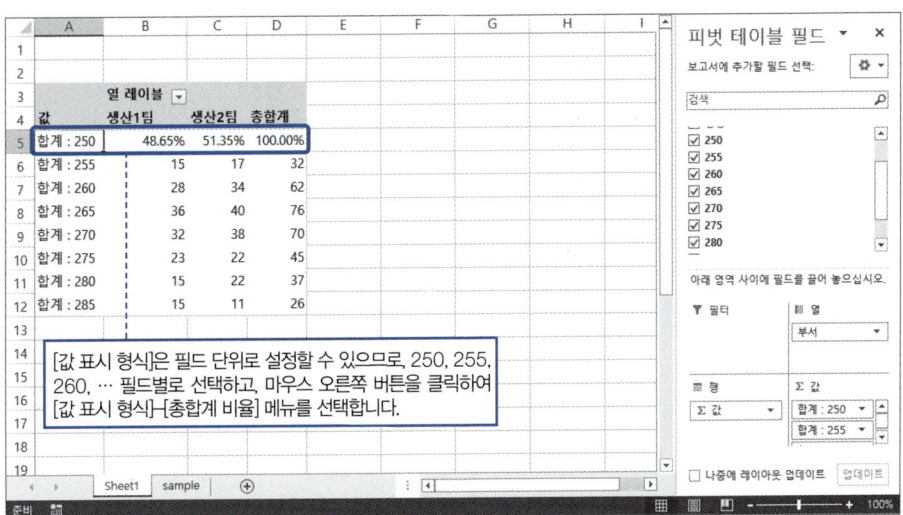

파워 쿼리를 이용해 표 변환하기 129

피벗 테이블 보고서를 이용해 집계 작업이 잘 되지 않는다면, 표를 변환하는 방법도 있습니다. 바로 이런 상황에서 파워 쿼리를 사용하면 됩니다. 모든 표를 원하는 형태로 변환할 수는 없지만, 대부분의 표를 몇 번의 클릭만으로 간편하게 원하는 형태로 가공할 수 있습니다. 파워 쿼리를 사용해 표를 테이블 형식으로 간단하게 변환하는 방법에 대해 알아보겠습니다.

예제 파일 PART 03 \ CHAPTER 08 \ 표 변환.xlsx

01 예제 파일에는 No. 128(421쪽)에서 사용한 표가 있습니다. 이 표를 쿼리로 편집해 보겠습니다. 먼저 편집할 부분을 엑셀 표로 등록합니다. A2:K14 범위를 선택하고 [삽입] 탭-[표] 그룹-[표] 명령(▦)을 클릭하여 '표 만들기' 대화상자가 열리면 '머리글 포함' 옵션이 체크되어 있는지 확인한 후 〈확인〉 버튼을 클릭합니다.

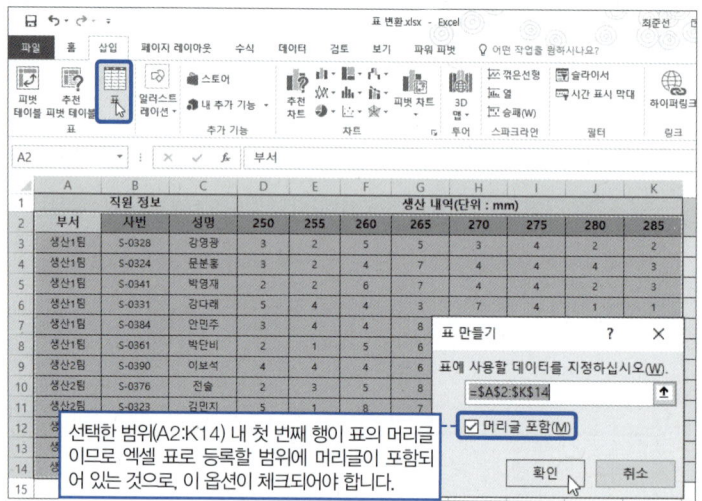

02 등록된 표를 쿼리로 편집하기 위해 범위 내 셀(여기서는 A2)을 하나 선택하고 [데이터] 탭-[가져오기 및 변환] 그룹-[테이블에서] 명령(▦)을 클릭합니다.

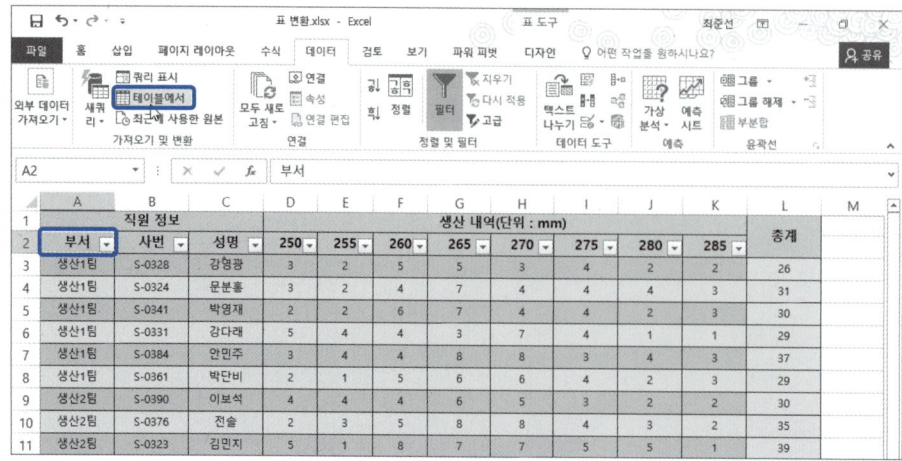

03 쿼리 편집기가 열리면서 엑셀 표 데이터가 미리 보기 화면에 표시됩니다.

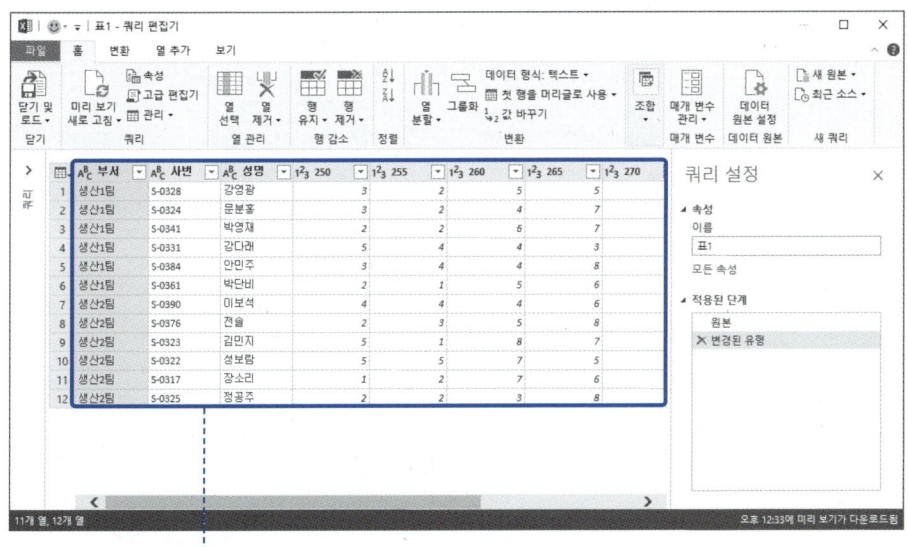

쿼리 편집기에 표시된 화면은 엑셀 표의 데이터를 미리 보기 화면으로 표시한 것이므로, 셀처럼 직접 데이터를 수정할 수 없습니다. 데이터를 수정하거나 표의 구조를 변경하려면 쿼리 편집기의 명령을 사용해야 합니다.

04 신발 사이즈를 의미하는 250~285까지의 숫자가 열별로 구성되어 있어 피벗 테이블 보고서를 사용하지 못하는 것이므로, 해당 열을 행 방향 데이터로 변환하겠습니다. 미리 보기 창에서 '250' 열을 선택하고 Shift 키를 누른 채로 '285' 열을 선택한 후 [변환] 탭-[열] 그룹-[열 피벗 해제] 명령(🔃)을 클릭합니다.

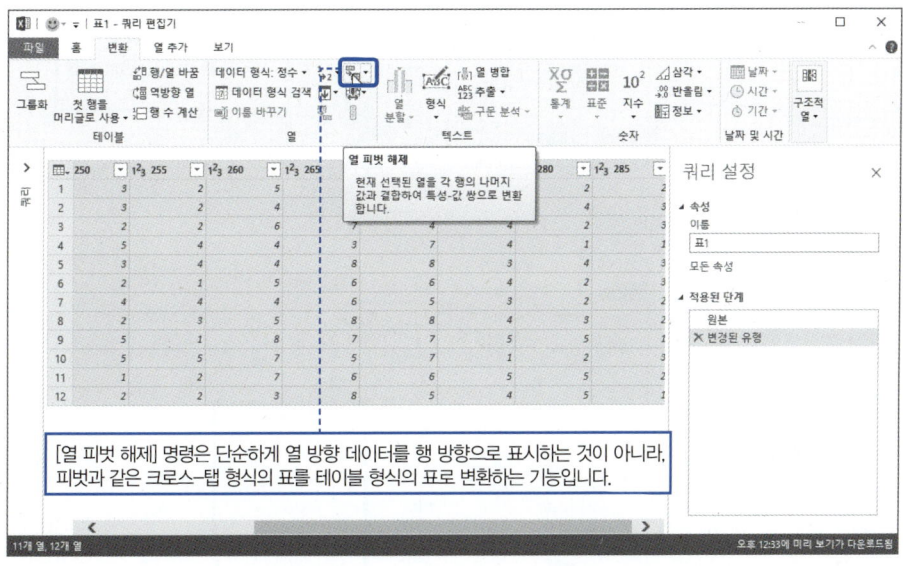

[열 피벗 해제] 명령은 단순하게 열 방향 데이터를 행 방향으로 표시하는 것이 아니라, 피벗과 같은 크로스-탭 형식의 표를 테이블 형식의 표로 변환하는 기능입니다.

LINK [열 피벗 해제] 명령에 대한 좀 더 상세한 설명은 'No. 148 행/열 바꿈, 피벗 열, 열 피벗 해제의 차이'(502쪽)를 참고합니다.

TIP 전체 열을 선택하려면 열 머리글을 클릭하면 됩니다.

05 그러면 '250' 열부터 '285' 열은 '특성' 열로, 데이터 범위는 '값' 열로 정리됩니다.

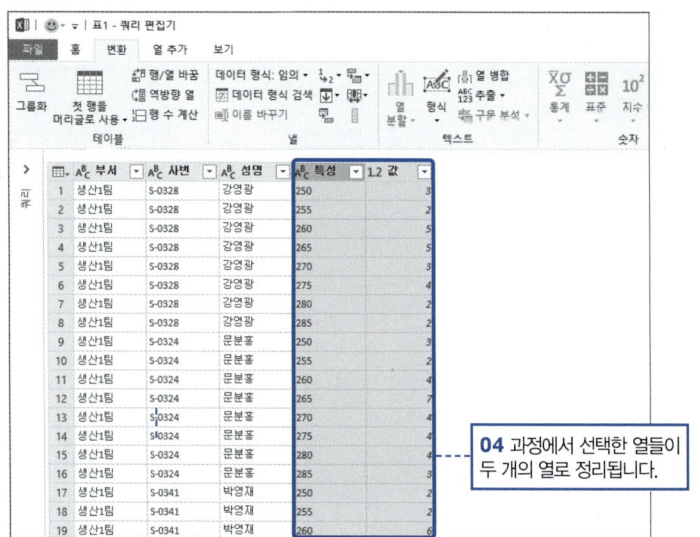

04 과정에서 선택한 열들이 두 개의 열로 정리됩니다.

06 열 머리글인 '특성'과 '값'을 변경합니다. 열 머리글을 더블클릭하고 '특성'은 '사이즈'로, '값'은 '수량'으로 각각 수정합니다.

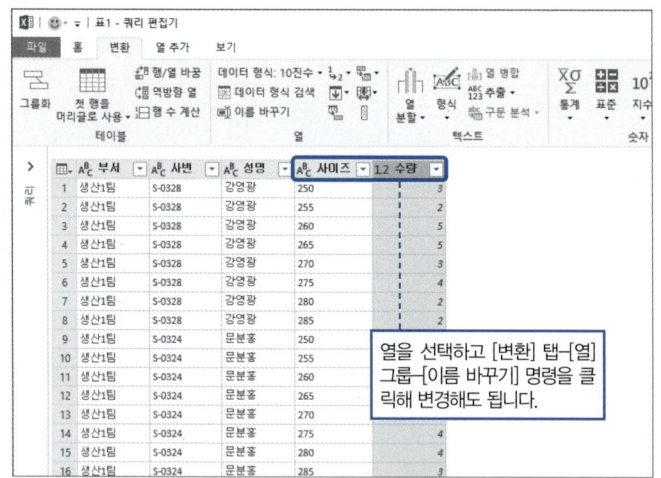

열을 선택하고 [변환] 탭-[열] 그룹-[이름 바꾸기] 명령을 클릭해 변경해도 됩니다.

07 각 열의 데이터 형식을 변경합니다. '사이즈' 열을 선택하고 [변환] 탭-[열] 그룹에서 [데이터 형식]을 [정수]로 변경합니다. '수량' 열 역시 같은 방법으로 [정수] 형식으로 변경합니다.

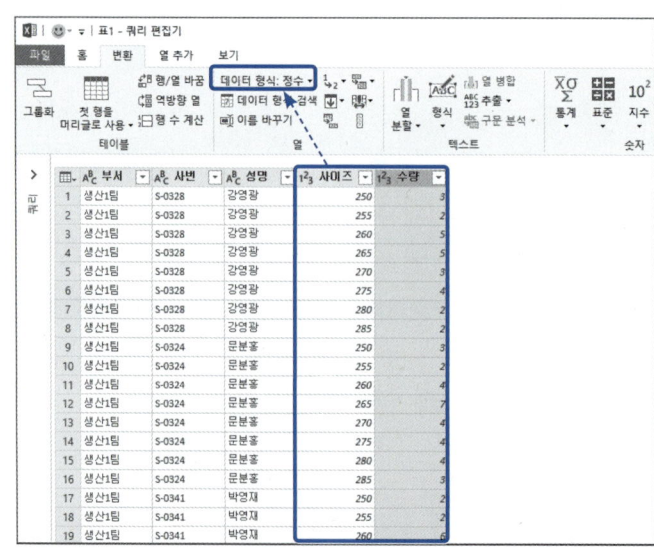

> **Plus⁺ 데이터 형식 중 '정수'와 '10진수'의 차이**
>
> 파워 쿼리의 데이터 형식과 엑셀의 표시 형식은 같아 보이지만 전혀 다릅니다. 엑셀도 데이터 형식을 구분하지만, 그 방법은 표시 형식을 이용해 숫자 데이터를 숫자, 통화, 회계, 분수, 지수 등 다양한 방식으로 표시하는 것입니다. 하지만 파워 쿼리에서는 '데이터 형식'이라는 용어를 사용하는데, 이는 VALUE 함수와 같이 데이터의 형식을 직접 변환하는 명령입니다. 아직 이런 설명이 의미하는 바가 정확하게 이해되지는 않겠지만, 엑셀의 표시 형식과 파워 쿼리에서의 데이터 형식이 전혀 다른 동작을 하는 기능이라는 것은 알고 있어야 합니다.
>
> 파워 쿼리에서는 데이터 형식을 구분할 때 오른쪽 화면처럼 숫자를 10진수, 통화, 정수, 백분율 형식으로 구분해 지정할 수 있습니다. 전체 형식에 대해서는 No. 132(436쪽)에서 자세히 알아보고, 여기서는 10진수와 정수만 구별해 보겠습니다.
>
> 10진수는 0~9로 이루어진 모든 숫자 체계를 의미하는 형식으로, 정수, 실수를 모두 아우르는 값을 의미하며, 정수와 실수는 소수점 이하 값이 존재하는지 여부로 구분합니다. 즉, 정수는 소수점 이하 값이 존재하지 않는 숫자, 실수는 소수점 이하 값이 존재할 수 있는 숫자입니다.
>
>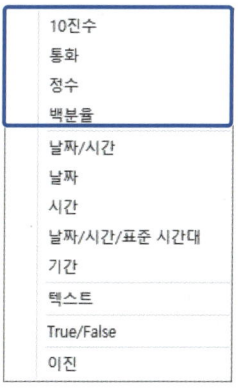
>
> 10진수 중 정수는 따로 데이터 형식이 제공되므로, 파워 쿼리의 데이터 형식 중 10진수는 실수 값까지 다룰 수 있는 숫자라고 생각하면 이해하기 쉬울 겁니다.
>
> 그러므로 열의 데이터가 정수 값만으로 구성되어 있다면(이번 예제에서 '사이즈'와 '수량'의 숫자는 모두 정수입니다.) 숫자 형식 중에서는 '정수'를 선택해야 하며, 소수점 이하 값이 존재 가능한 실수 값이 있을 수 있다면 '실수'를 선택해 변환해야 합니다. 만약 실수 값이 있을 수 있는 열의 데이터 형식을 '정수'로 지정하면, 소수점 이하 값이 모두 제거됩니다.
>
> 참고로 엑셀에서는 소수점 이하 값이 있는 셀을 정수 값만 표시되도록 해도 소수점 이하 값이 셀에서 제거되지는 않습니다.
>
> 그렇다면 무조건 실수를 선택하면 된다고 생각할 수 있지만, 데이터 형식을 실수로 지정하면 해당 열의 데이터를 다룰 때 더 많은 메모리 공간을 사용하게 되므로 대량의 데이터를 다룰 때 메모리 사용량이 커져 반응 속도가 더 늦어지는 등의 문제가 발생할 소지가 있습니다.
>
> 그러므로 파워 쿼리의 데이터 형식은 가장 정확한 형식으로 지정하는 것이 좋습니다.

08 이제 변환이 완료되었습니다. '쿼리 설정' 작업 창에서 '이름'을 '변환'으로 변경하고, [홈] 탭-[닫기] 그룹-[닫기 및 로드] 명령(📄)을 클릭해 엑셀로 내보냅니다.

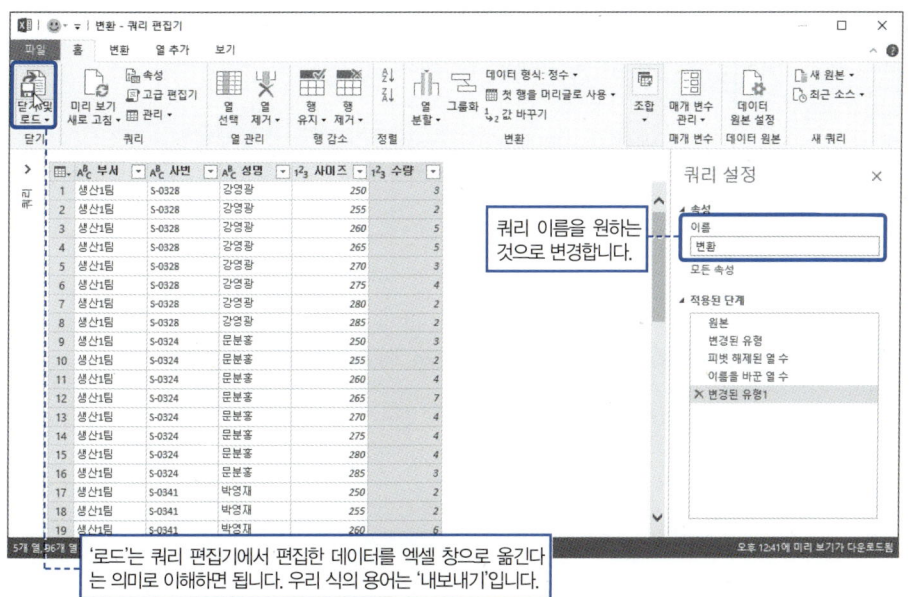

'로드'는 쿼리 편집기에서 편집한 데이터를 엑셀 창으로 옮긴다는 의미로 이해하면 됩니다. 우리 식의 용어는 '내보내기'입니다.

쿼리 이름을 원하는 것으로 변경합니다.

09 변환된 데이터가 새 시트에 엑셀 표로 반환됩니다.

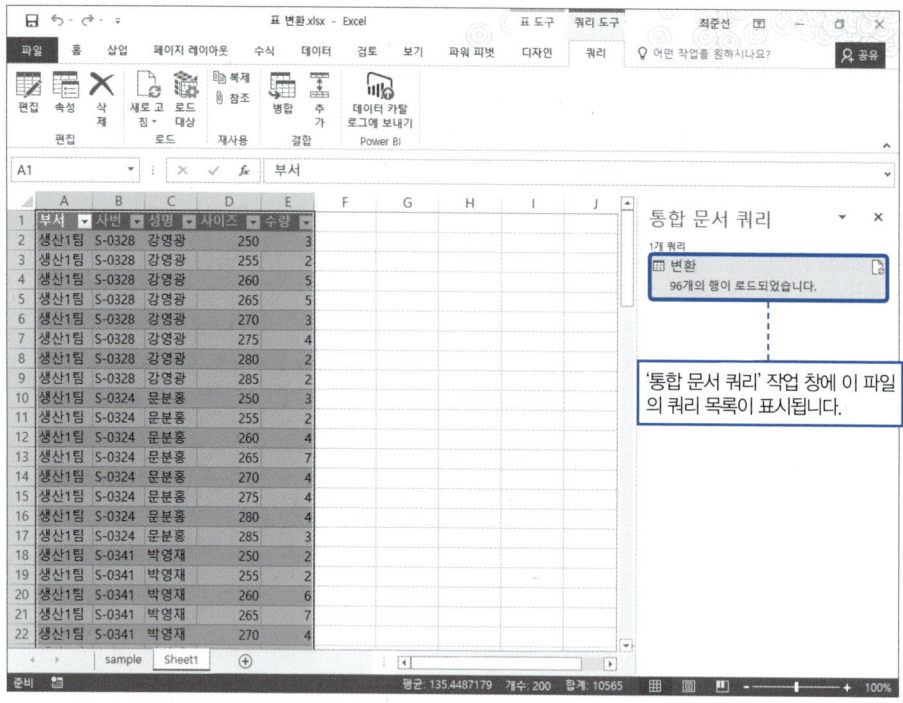

10 변환된 표로 피벗 테이블 보고서를 만들면 다음 화면과 같이 각 부서의 사이즈별 생산 비율을 전체 값 대비로 빠르게 확인할 수 있습니다.

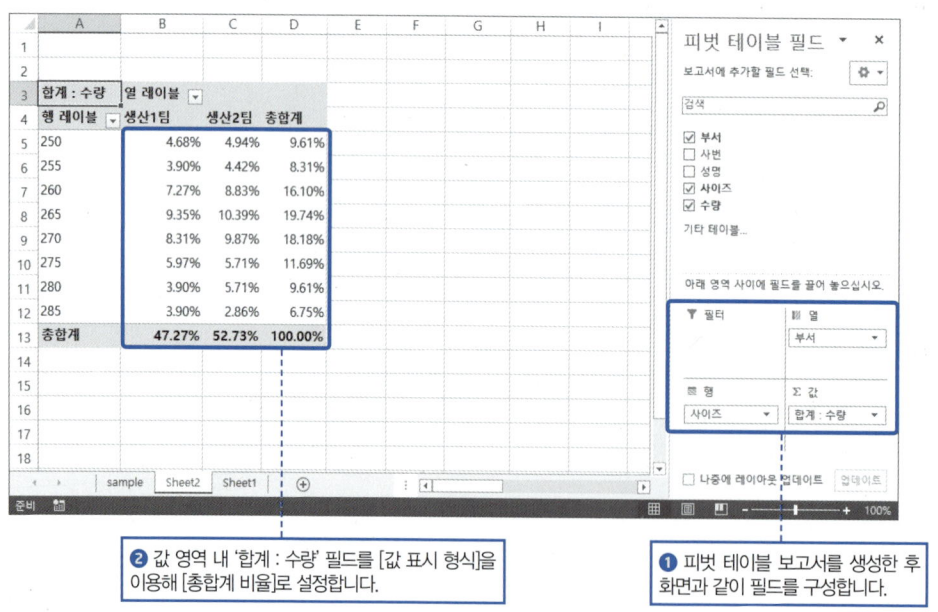

❷ 값 영역 내 '합계 : 수량' 필드를 [값 표시 형식]을 이용해 [총합계 비율]로 설정합니다.

❶ 피벗 테이블 보고서를 생성한 후 화면과 같이 필드를 구성합니다.

LINK 이 방법이 잘 이해되지 않는다면 'No. 102 전체 대비 비율 표시하기'(336쪽)를 참고합니다.

130 자동 필터를 이용해 쿼리 편집기에 연결하기

현재 파일에 있는 표를 파워 쿼리로 편집하려면 쿼리 편집기에 연결할 수 있어야 하고, 표를 연결하려면 표에 자동 필터를 적용하거나 엑셀 표로 등록해야 합니다. 둘 중에서 엑셀 표로 등록하는 방법이 좀 더 안정적이고 2016 버전에서는 엑셀 표로 등록된 경우만 인식하기 때문에 이 책에서는 엑셀 표로 등록하는 방법 위주로 설명합니다. 하지만 자동 필터를 이용하는 방법도 2013 버전까지 지원되던 방식이고 나중에 다시 지원될 수도 있기 때문에 알아 둘 필요는 있습니다. 자동 필터가 적용된 표를 쿼리 편집기에 연결하는 방법에 대해 알아보겠습니다.

예제 파일 PART 03 \ CHAPTER 08 \ 현재 파일.xlsx

> 표에 자동 필터를 적용하면 필터가 적용된 데이터 범위가 _FilterDatabase라는 시스템 이름으로 정의되고, 고급 필터를 사용했다면 원본 목록 범위가 _FilterDatabase라는 이름으로 정의됩니다. 이 경우 바로 쿼리 편집기에 연결할 수 있는데, 2016 버전(버전 2.43.4647.2013 32비트)에서는 현재 이 부분이 제대로 동작하지 않습니다. 이 방법은 MS가 업데이트를 통해 문제를 해결하지 않는다면 하위 버전(2010, 2013)에서만 사용할 수 있습니다. 그러므로 다음 방법은 2010, 2013 버전 사용자만 따라 하기 바랍니다.

01 엑셀 2010, 2013 버전에서 예제 파일을 열고 표에서 편집할 A2:K14 범위를 선택한 후 [데이터] 탭-[정렬 및 필터] 그룹-[필터] 명령(▼)을 클릭해 자동 필터를 적용합니다.

> 머리글이 입력된 행부터 데이터 범위까지, 변환할 범위만 정확하게 선택하고 자동 필터를 적용해야 합니다.

02 자동 필터를 적용했으면 [파워 쿼리] 탭-[Excel 데이터] 그룹-[테이블에서] 명령(▦)을 클릭합니다.

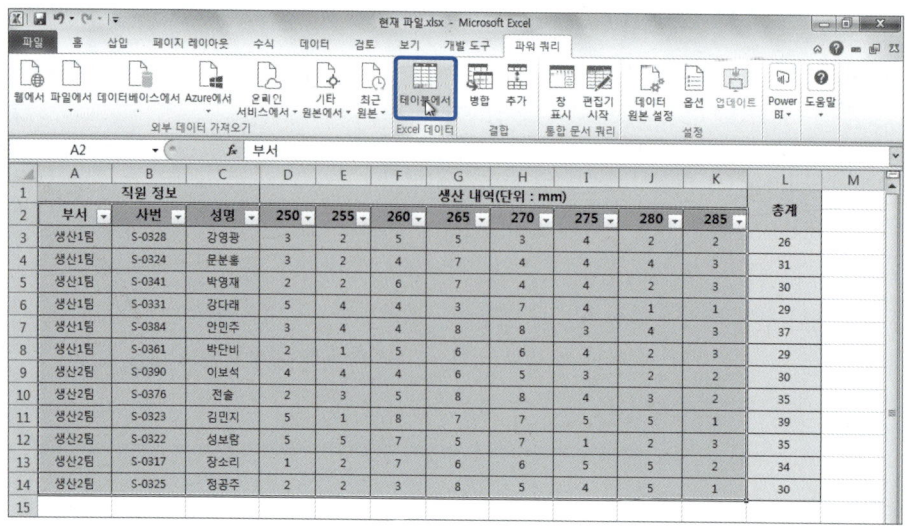

03 쿼리 편집기가 열리면서 엑셀 데이터가 표시됩니다. '쿼리 설정' 작업 창의 '이름'난을 보면 sample!_FilterDatabase라고 되어 있는 것을 확인할 수 있습니다.

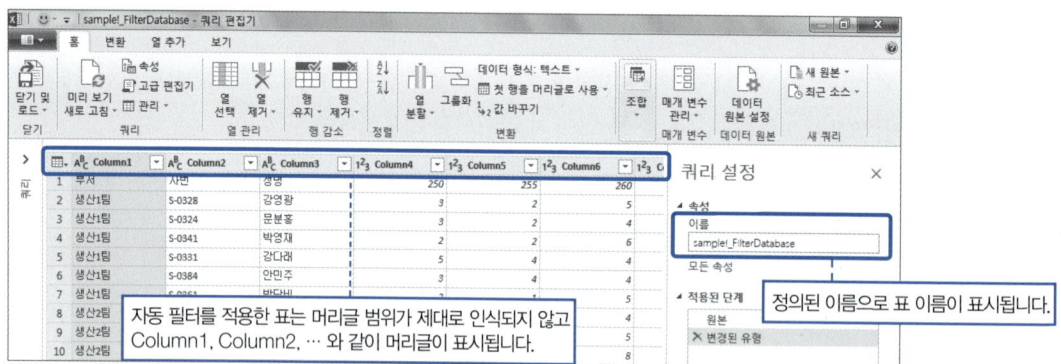

자동 필터를 적용한 표는 머리글 범위가 제대로 인식되지 않고 Column1, Column2, … 와 같이 머리글이 표시됩니다.

정의된 이름으로 표 이름이 표시됩니다.

04 쿼리 편집기에서 머리글이 제대로 표시되지 않는 문제를 해결하기 위해 [홈] 탭-[변환] 그룹-[첫 행을 머리글로 사용] 명령(▦)을 클릭합니다.

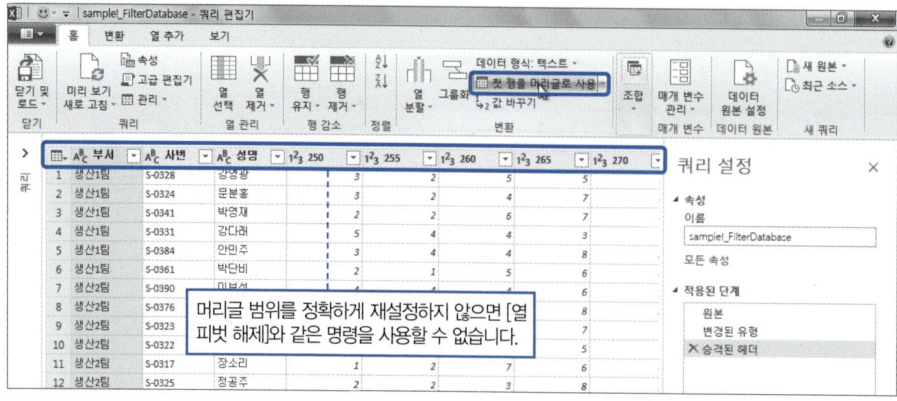

머리글 범위를 정확하게 재설정하지 않으면 [열 피벗 해제]와 같은 명령을 사용할 수 없습니다.

05 No. 129의 **04-08** 과정(425-427쪽)을 참고해 표를 편집합니다.

06 편집된 데이터를 엑셀로 로드하면, 다음 화면과 같은 표를 확인할 수 있습니다.

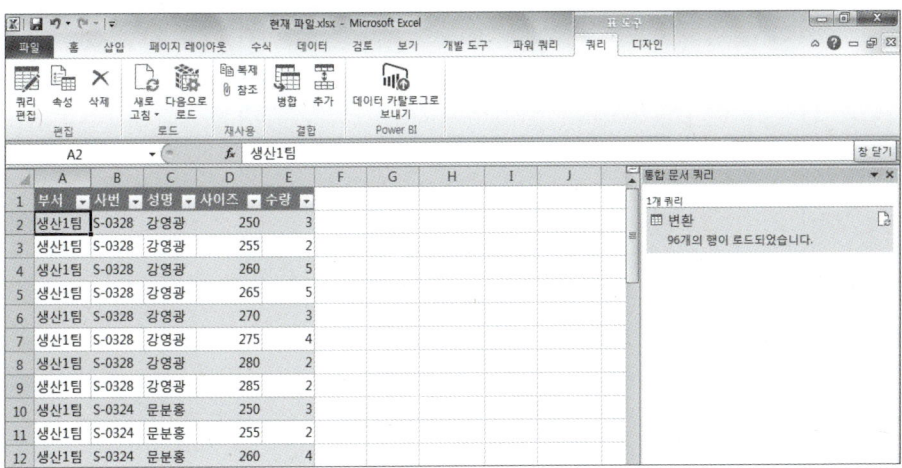

07 엑셀 표로 등록해 작업하는 방법과의 차이를 확인하기 위해 원본 표의 A15:K15 범위에 새 데이터를 추가해 넣습니다. 데이터 값은 중요하지 않으며, C15셀에 자신의 이름이 들어가도록 작업합니다.

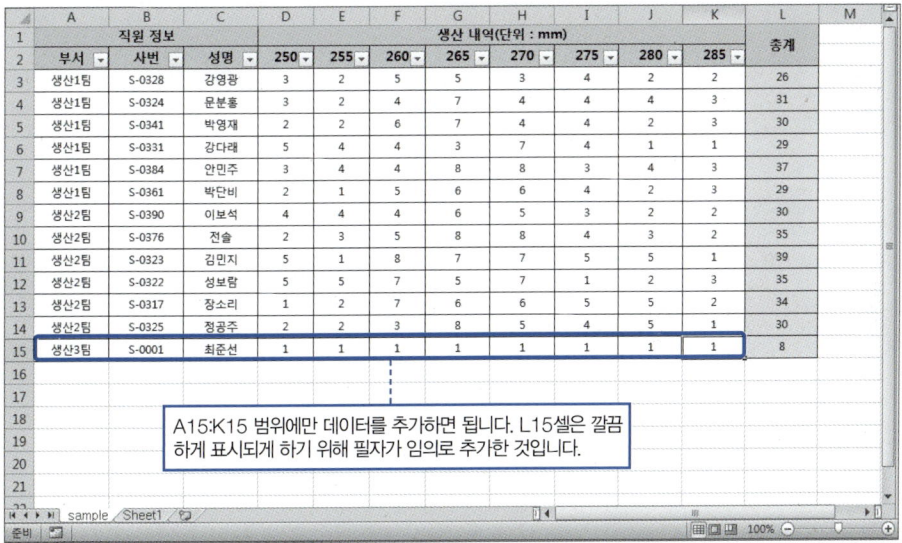

08 자동 필터에서 추가된 데이터를 인식하는지 확인하겠습니다. C2셀의 아래 화살표 단추를 클릭하고 필터 목록에 자신의 이름이 나타나는지 확인합니다.

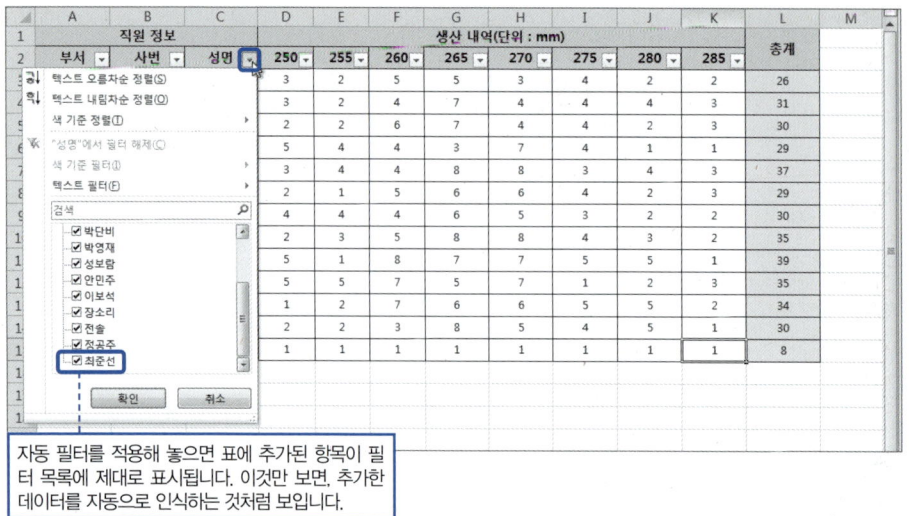

자동 필터를 적용해 놓으면 표에 추가된 항목이 필터 목록에 제대로 표시됩니다. 이것만 보면, 추가한 데이터를 자동으로 인식하는 것처럼 보입니다.

09 이렇게 추가된 데이터를 쿼리에서 인식할 수 있는지 확인하겠습니다. 추가된 'Sheet1' 시트에서 표 내부의 셀을 하나 클릭하고 [쿼리] 탭-[로드] 그룹-[새로 고침] 명령( )을 클릭합니다. 그런 다음 표 하단으로 이동해 보면, **07** 과정에서 새로 추가한 데이터가 표시되지 않은 것을 확인할 수 있습니다.

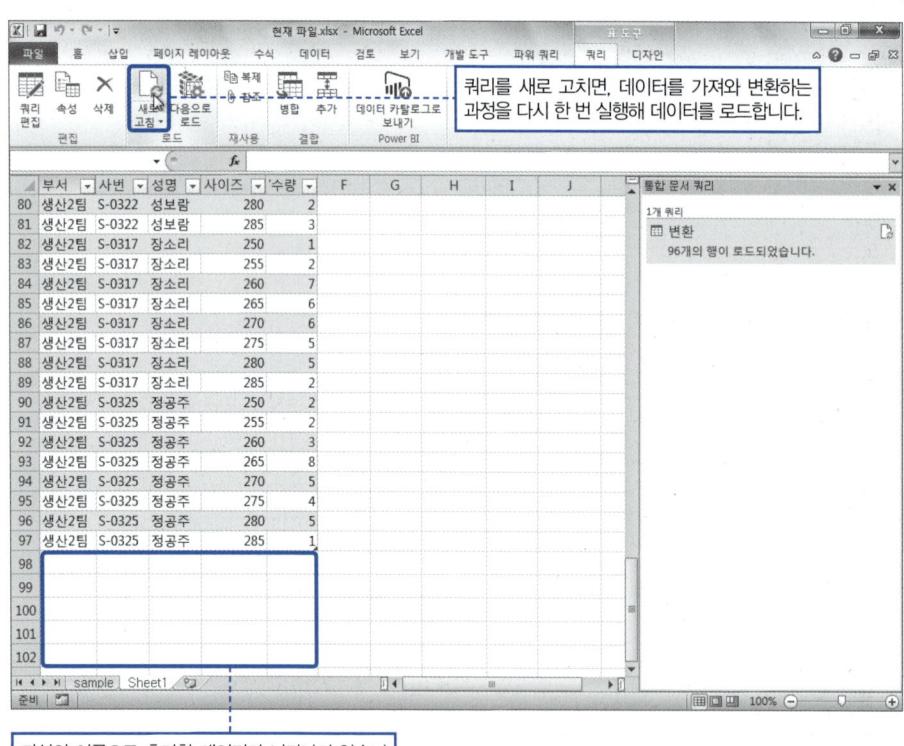

쿼리를 새로 고치면, 데이터를 가져와 변환하는 과정을 다시 한 번 실행해 데이터를 로드합니다.

자신의 이름으로 추가한 데이터가 나타나지 않습니다. 그렇기 때문에 자동 필터를 이용해 쿼리를 생성하는 방법은 데이터가 추가될 가능성이 없는 표를 간단하게 정리하고 싶을 때 사용하는 것이 좋습니다.

131 엑셀 표로 등록해 쿼리 편집기에 연결하기

No. 129(424쪽)에서 실습한 것처럼, 변환할 부분을 엑셀 표로 등록하고 쿼리 편집기에 연결해 편집할 수 있습니다. 이 방법은 원본 표에 데이터를 추가 또는 삭제하는 경우에도 데이터 범위를 정확하게 쿼리에서 인식할 수 있기 때문에 가장 권장됩니다. 즉, 자동 필터는 변환 없이 간단하게 쿼리를 사용할 때 좋고, 엑셀 표는 원본 표를 지속적으로 쿼리로 변환할 필요가 있을 때 사용하면 좋습니다.

\ 예제 파일 PART 03 \ CHAPTER 08 \ 현재 파일.xlsx

01 예제 파일을 열고, 파워 쿼리로 편집하기 위해 엑셀 표로 등록합니다. A2:K14 범위를 선택하고 [삽입] 탭-[표] 그룹-[표] 명령(▦)을 클릭하여 '표 만들기' 대화상자가 열리면 〈확인〉 버튼을 클릭합니다.

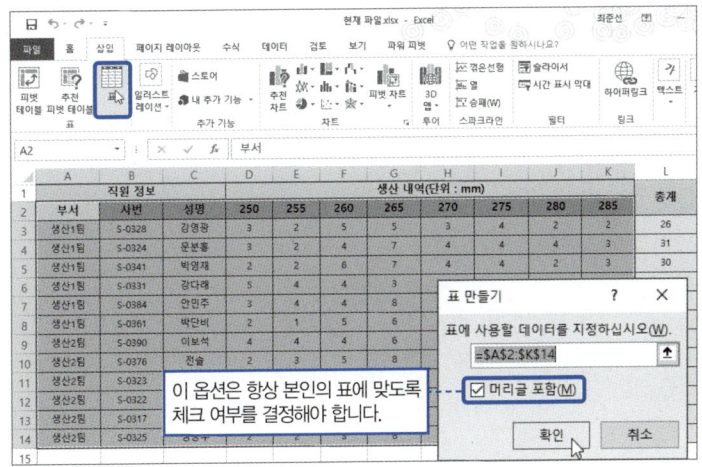

이 옵션은 항상 본인의 표에 맞도록 체크 여부를 결정해야 합니다.

02 엑셀 표로 등록되면 자동으로 표 스타일이 적용됩니다. 거슬리지 않는다면 상관없지만, 기존 표에 적용된 서식과 어울리지 않아 보기 싫은 경우가 많습니다. 이런 경우에는 표 스타일을 제거하는 것이 좋습니다.

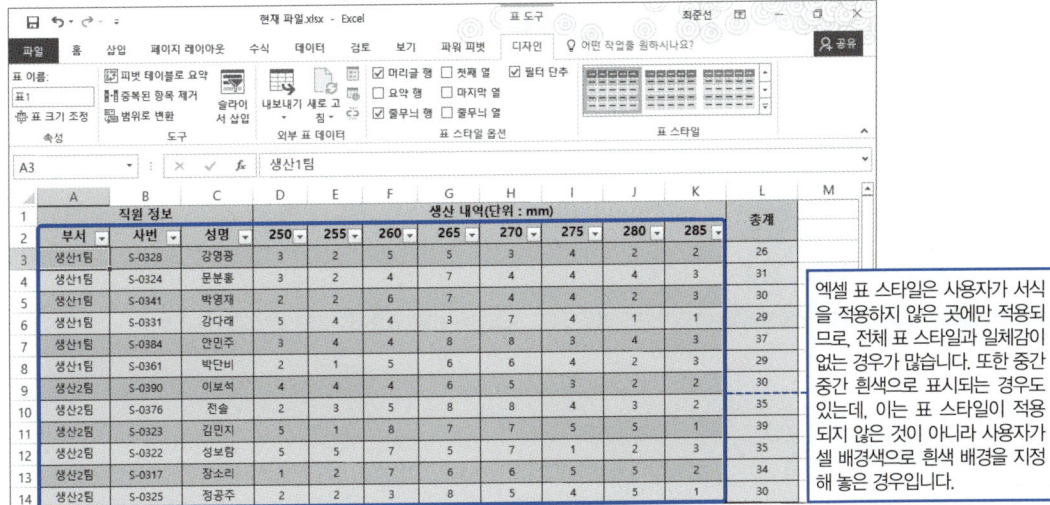

엑셀 표 스타일은 사용자가 서식을 적용하지 않은 곳에만 적용되므로, 전체 표 스타일과 일체감이 없는 경우가 많습니다. 또한 중간중간 흰색으로 표시되는 경우도 있는데, 이는 표 스타일이 적용되지 않은 것이 아니라 사용자가 셀 배경색으로 흰색 배경을 지정해 놓은 경우입니다.

03 [디자인] 탭-[표 스타일] 그룹에서 [없음]을 선택합니다. 그러면 엑셀 표 스타일이 제거되고 원래 표 서식만 남습니다.

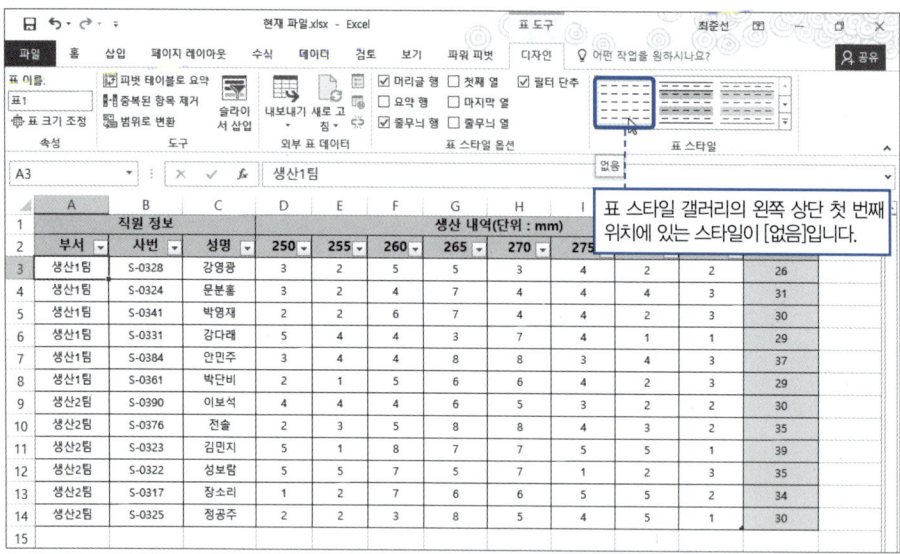

04 No. 129의 **02-09** 과정(424-428쪽)을 참고해 쿼리를 생성하고, 엑셀로 로드하면 다음과 같은 결과가 얻어집니다.

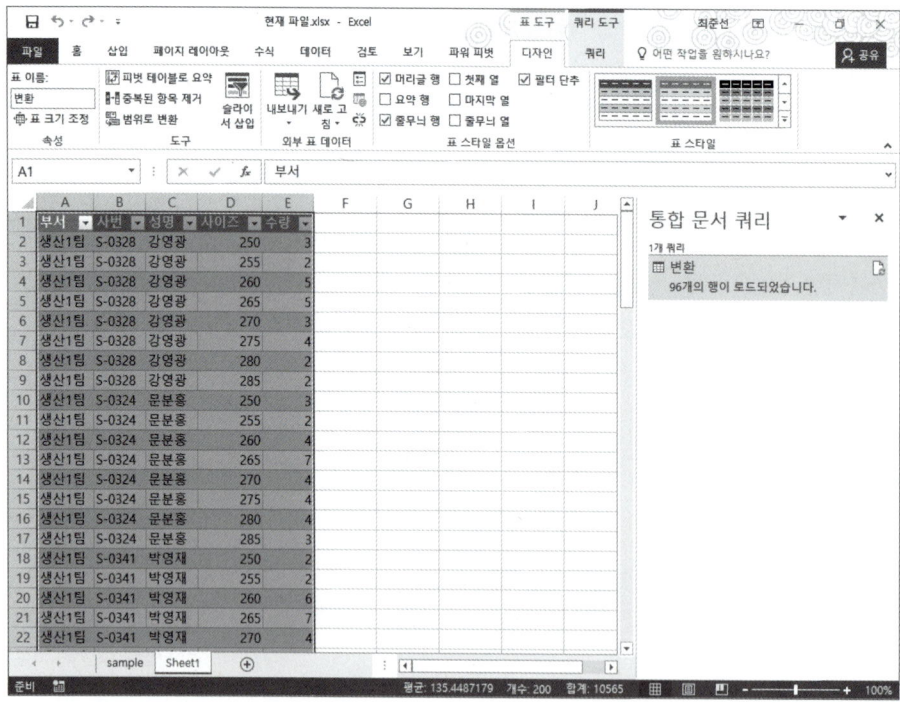

05 원본 표에 새 데이터를 입력하고 입력된 결과가 쿼리에 의해 표시되는지 확인하겠습니다. 'sample' 시트의 A15:K15 범위에 임의의 데이터를 추가합니다. 이때 확인을 위해 C15셀에는 자신의 이름을 입력합니다.

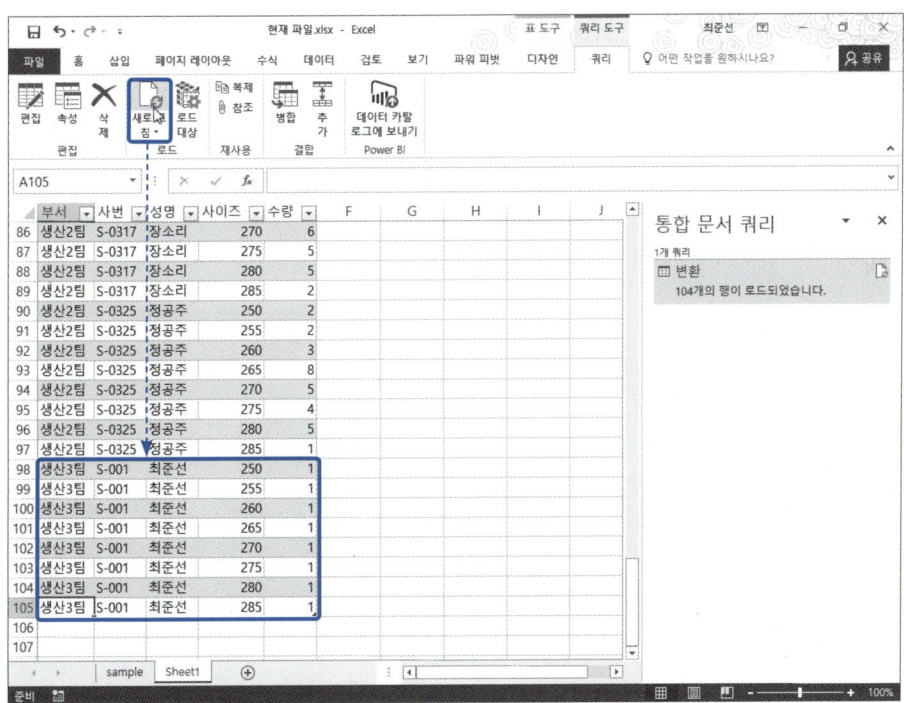

06 쿼리에서 반환된 데이터를 새로 고쳐 **05** 과정에서 입력된 데이터가 표시되는지 확인합니다. 'Sheet1' 시트로 이동하여 [쿼리] 탭-[로드] 그룹-[새로 고침] 명령(📄)을 클릭한 후 표 하단으로 이동해 보면 새로 입력된 데이터를 확인할 수 있습니다.

쿼리 편집기의 데이터 형식 변경 이해하기

132

쿼리 편집기에서 표를 편집할 때 데이터 형식을 변경할 수 있습니다. 이것은 엑셀 창에서 표시 형식을 변경하는 것과 유사해 보입니다. 하지만 두 작업은 서로 다른 것으로, 표시 형식은 보이는 모양만 바꾸지만, 데이터 형식은 TRIM 함수나 VALUE, DATEVALUE 함수 등을 사용해 데이터를 변환합니다. 쿼리 편집기의 데이터 형식 변경 방법에 대해 알아보겠습니다.

예제 파일 PART 03 \ CHAPTER 08 \ 데이터 형식.xlsx

01 예제 파일에는 A:G열에 걸쳐 날짜와 숫자 데이터가 다양한 방식으로 입력되어 있습니다. 이 표를 쿼리 편집기로 연결하고 데이터 형식을 변경하는 작업을 통해 쿼리 편집기의 데이터 형식을 정확하게 이해해보겠습니다.

	A	B	C	D	E	F	G
1	날짜1	날짜2	날짜3	숫자1	숫자2	숫자3	숫자4
2	2017-01-01	17.01.01	170101	95,000	54,000	64,000	5%
3	2017-01-02	17.01.02	170102	31,000	39,000	13,000	4%
4	2017-01-03	17.01.03	170103	24,000	24,000	82,000	4%
5	2017-01-04	17.01.04	170104	78,000	30,000	90,000	5%
6	2017-01-05	17.01.05	170105	88,000	65,000	82,000	8%
7	2017-01-06	17.01.06	170106	69,000	79,000	47,000	7%
8	2017-01-07	17.01.07	170107	100,000	44,000	83,000	7%
9	2017-01-08	17.01.08	170108	30,000	59,000	62,000	8%
10	2017-01-09	17.01.09	170109	69,000	22,000	92,000	1%
11	2017-01-10	17.01.10	170110	84,000	54,000	70,000	5%
12	2017-01-11	17.01.11	170111	34,000	89,000	67,000	4%
13	2017-01-12	17.01.12	170112	95,000	28,000	21,000	4%
14	2017-01-13	17.01.13	170113	85,000	56,000	94,000	2%
15	2017-01-14	17.01.14	170114	73,000	17,000	87,000	9%
16	2017-01-15	17.01.15	170115	94,000	72,000	38,000	8%

Plus⁺ 엑셀의 데이터 형식 구분

엑셀에서는 셀에 표시되는 값의 위치로 데이터 형식을 정확하게 구분할 수 있습니다.

셀 맞춤	데이터 형식
왼쪽	텍스트
가운데	논리 값
오른쪽	숫자, 날짜/시간

물론 [홈] 탭의 [맞춤] 그룹에서 [왼쪽], [가운데], [오른쪽] 명령을 클릭하지 않은 상태여야 합니다.

02 A:C열에는 날짜 값이 다양한 방법으로 입력되어 있습니다. 정확하게는 A열의 날짜 값만 제대로 입력된 것이고, B열은 텍스트 값, C열은 숫자 값으로 인식됩니다.

03 표시 형식을 이용해 데이터 형식을 변경할 수 있는지 확인하겠습니다. B2:B16 범위를 선택하고 [홈] 탭-[표시 형식] 그룹에서 [표시 형식]을 [날짜]로 변경해도 올바른 날짜 값으로 변환되지 않습니다.

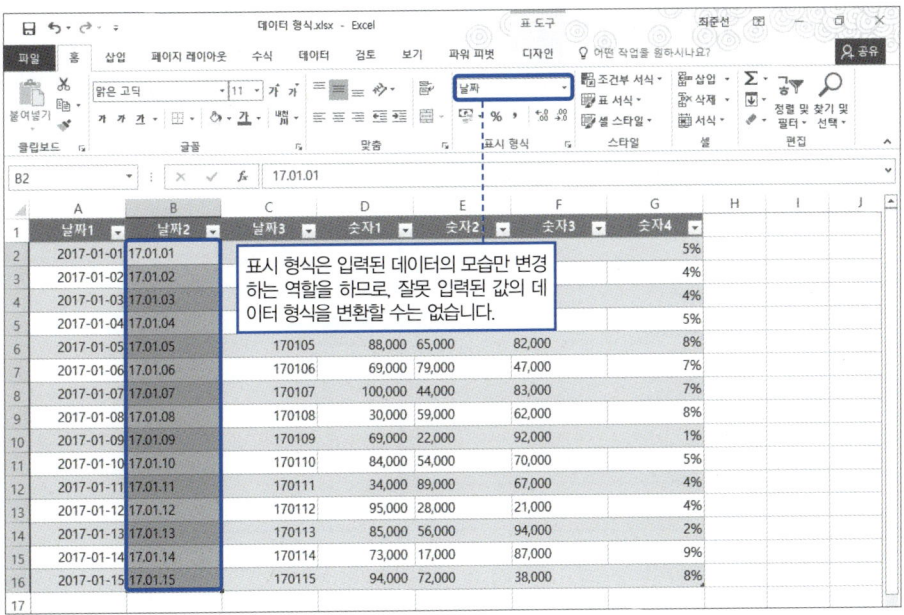

04 숫자 값이 입력된 D:G열을 보면, D열과 G열만 제대로 된 숫자이고 E열과 F열은 텍스트 값입니다. E열의 숫자는 다른 문자가 섞여 텍스트로 인식된 경우가 아니라 데이터 형식에서 텍스트로 인식된 값(텍스트형 숫자)입니다. 셀을 선택하고 수식 입력줄을 보면 확인할 수 있습니다. F열은 값 뒤에 공백 문자가 하나 입력되어 있습니다. 다음 화면과 같이 F2셀을 더블클릭하면 확인할 수 있습니다. 확인 후 ESC 키를 눌러 편집 모드를 해제합니다.

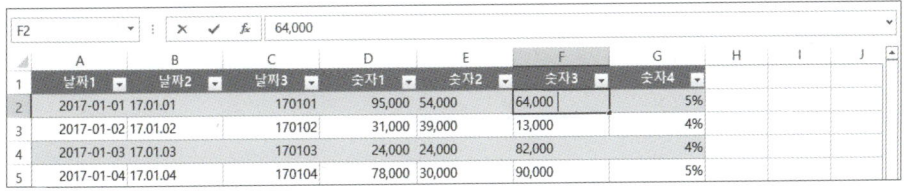

05 표를 쿼리 편집기에 연결해 편집하겠습니다. 셀을 하나 클릭하고 [데이터] 탭-[가져오기 및 변환] 그룹-[테이블에서] 명령(▦)을 클릭합니다.

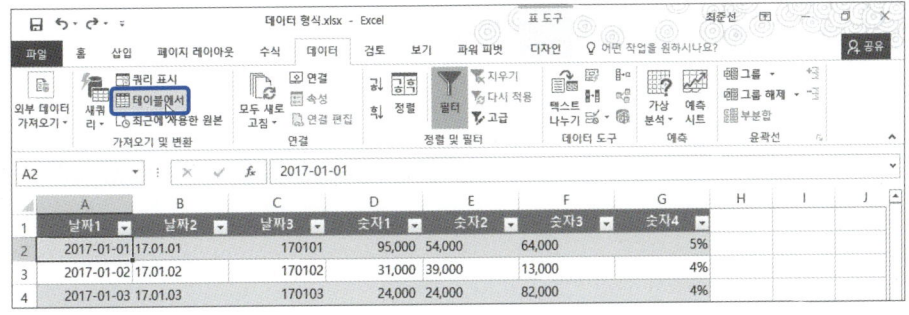

CHAPTER 08 | 파워 쿼리 소개 / **437**

06 쿼리 편집기에 연결된 표의 데이터가 표시됩니다. 엑셀 창에서 보던 값과 결과가 다른 것을 알 수 있습니다.

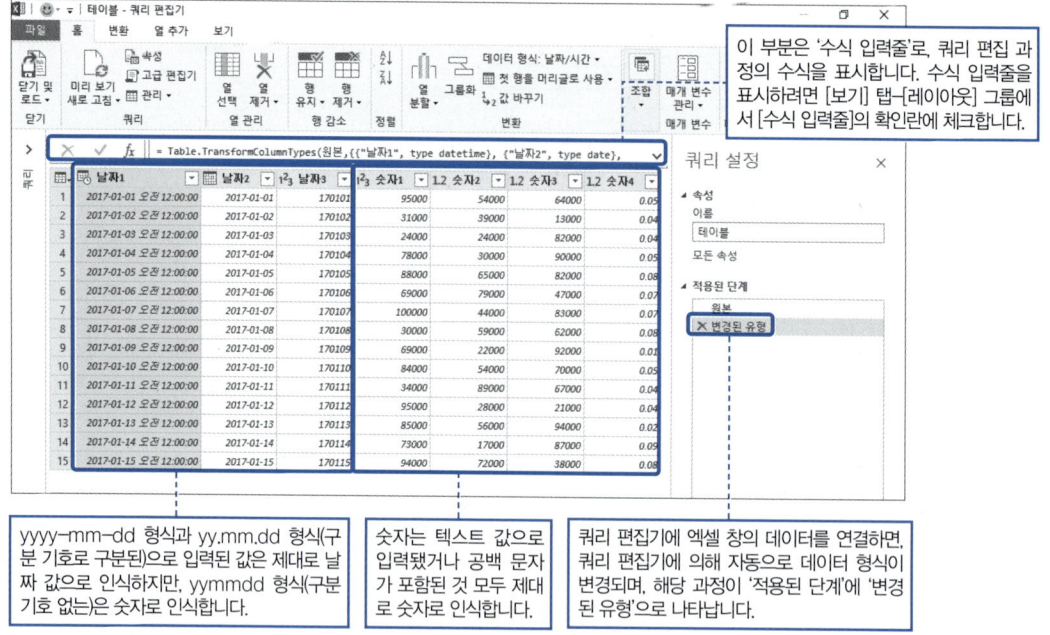

yyyy-mm-dd 형식과 yy.mm.dd 형식(구분 기호로 구분된)으로 입력된 값은 제대로 날짜 값으로 인식하지만, yymmdd 형식(구분 기호 없는)은 숫자로 인식합니다.

숫자는 텍스트 값으로 입력됐거나 공백 문자가 포함된 것 모두 제대로 숫자로 인식합니다.

쿼리 편집기에 엑셀 창의 데이터를 연결하면, 쿼리 편집기에 의해 자동으로 데이터 형식이 변경되며, 해당 과정이 '적용된 단계'에 '변경된 유형'으로 나타납니다.

07 '날짜1' 열에는 날짜 값에 시간이 포함되어 있습니다. 원본 표에는 시간이 기록되어 있지 않으므로 시간 값이 표시된 부분은 제거하겠습니다. '날짜1' 열을 선택하고 [홈] 탭-[변환] 그룹의 [데이터 형식]을 [날짜]로 선택해 날짜 값을 yyyy-mm-dd 형식으로 변경합니다.

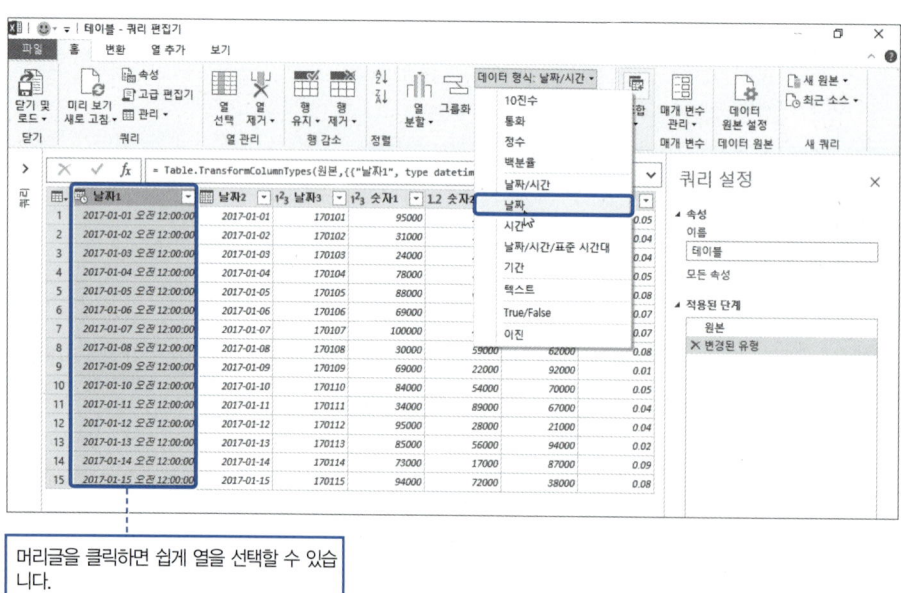

머리글을 클릭하면 쉽게 열을 선택할 수 있습니다.

Plus+ 데이터 형식 이해하기

쿼리 편집기에서 [홈] 탭-[변환] 그룹의 [데이터 형식] 명령을 클릭하면, 목록에 있는 다양한 데이터 형식을 선택할 수 있습니다. 각 열의 데이터 형식은 미리 보기 화면의 머리글 왼쪽에 아이콘으로 표시되며, 정확한 형식이 지정되어 있지 않은 경우에는 임의 ABC123로 표시됩니다. 각 형식에 대한 설명은 다음과 같습니다.

데이터 형식	아이콘	설명
10진수	1.2	소수점 이하 값을 갖는 실수로 변환합니다.
통화	$	통화 기호와 고정 소수점 연산 방식으로 계산하는 통화 형식의 값으로 변환합니다.
정수	1²3	숫자의 소수점 이하 값을 버리고 정수로 변환합니다.
백분율	%	0.0% 형식의 백분율 값으로 변환합니다.
날짜/시간	📅	yyyy-mm-dd AM/PM hh:mm:ss 형식의 날짜/시간 값으로 변환합니다.
날짜	📅	yyyy-mm-dd 형식의 날짜 값으로 변환합니다.
시간	🕐	AM/PM hh:mm:ss 형식의 시간 값으로 변환합니다. 날짜 값이 함께 존재하는 경우에는 Error가 발생합니다.
날짜/시간/표준 시간대	🌐	사용자 윈도우 설정에 맞는 날짜/시간 값으로 변환합니다.
기간	⏱	두 시간의 차이를 d.hh:mm:ss 형식의 값으로 변환합니다.
텍스트	A^B_C	텍스트 값으로 변환합니다.
TRUE/FALSE	✗	논리 값으로 변환합니다.
이진	📄	바이너리 값으로 변환합니다.

08 데이터 형식을 변경하면, '열 형식 변경' 창이 표시될 수 있습니다. '열 형식 변경' 창에서 〈현재 전환 바꾸기〉 버튼을 클릭합니다.

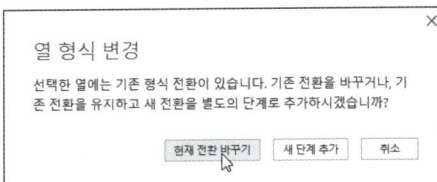

Plus+ '열 형식 변경' 창 이해하기

쿼리 편집기에서 진행된 모든 변환 과정은 모두 '쿼리 설정' 작업 창의 '적용된 단계' 목록에 표시됩니다. 쿼리 편집기에서 데이터 형식을 변경하는 과정을 반복하면 하나의 작업 단계로 기록하기 위해 '열 형식 변경' 창이 표시됩니다.

'열 형식 변경' 창에서는 〈현재 전환 바꾸기〉 버튼이나 〈새 단계 추가〉 버튼을 클릭할 수 있습니다. 〈현재 전환 바꾸기〉 버튼을 클릭하면 '적용된 단계' 리스트에 새로운 작업 단계가 추가되지 않고 '변경된 유형'에 현재 데이터 형식 변환 과정이 포함됩니다. 〈새 단계 추가〉 버튼을 클릭하면, 이번에 진행된 데이터 형식 변경 작업이 '적용된 단계' 목록에 새로운 작업 단계로 '변경된 유형 1'과 같이 추가됩니다.

이 두 버튼 중 하나를 고를 때는 파워 쿼리에서 인식한 데이터 형식 구분 과정에 내 작업을 통합 관리하고 싶은지, 아니면 별도의 작업 단계로 구분해 이후에 진행할 과정만 취소하려고 하는지에 따라 선택하면 됩니다. 자주 표시되는 창이므로 구분 방법을 잘 이해해 두어야 합니다.

09 '날짜1' 열에서 시간 값이 사라지고, 날짜 값만 남습니다.

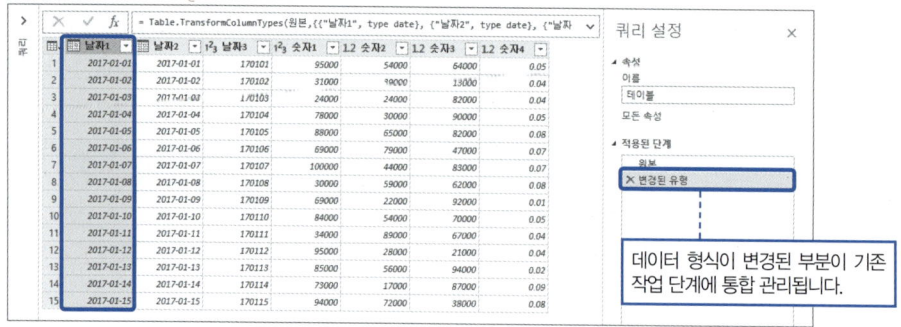

> **Plus⁺ 시간이 함께 표시되는 것을 날짜 형식으로 변환하는 이유**
>
> '날짜1' 열의 데이터 형식을 왜 변경해야 하는지 궁금할 수 있습니다. 만약 날짜/시간 값이 함께 표시된 쿼리를 이용해 피벗 테이블 보고서를 만들면 시간 값이 그대로 표시되기 때문에 별도의 서식 변경 작업을 거쳐야 하므로 불편해집니다.
>
> 그렇다면 왜 쿼리 편집기에서는 날짜 값에 시간 값이 함께 표시되는 것일까요? 엑셀에서 날짜는 날짜 일련번호에 해당하는 숫자입니다. 예를 들면 '2007-01-01'이라는 날짜는 존재하지 않고, '42736'이라는 값(날짜 일련번호)이 셀에 저장되는 것입니다. 만약 시간이 함께 포함되어 있다면 '2017-01-01 오전 12:00:00'와 같은 경우가 있을 텐데, 이 값이 셀에 저장될 때는 '42736.0'이 됩니다.
>
> '42736'과 '42736.0' 값은 구분하기 어렵습니다. 그러므로 엑셀 파일의 날짜 값을 쿼리 편집기에 연결할 때 셀에 입력된 날짜 값에 시간이 포함됐는지 여부를 구분하기가 쉽지 않아 가급적 손실 없이 모든 데이터를 표시하기 위해 날짜 값으로 입력된 경우에는 시간을 함께 표시하는 것입니다.

10 '날짜2' 열의 값은 엑셀에서는 yy.mm.dd 형식으로 입력된 텍스트 값이지만, 쿼리 편집기에 연결하면 날짜 값으로 자동 변환됩니다. 이렇게 구분 기호로 구분된 날짜 값은 쿼리 편집기에 의해 제대로 된 날짜 값으로 변환되는데, 시간은 포함되지 않은 경우이므로 날짜만 표시됩니다.

11 '날짜3' 열은 그대로 숫자로 인식되는데, '날짜3' 열을 선택하고 [홈] 탭-[변환] 그룹의 [데이터 형식]을 [날짜]로 변경하면 잘못된 날짜 값으로 변환됩니다.

LINK 올바른 날짜 값으로 변경하는 방법은 'No. 149 계산된 열 생성하기'의 514-515쪽을 참고합니다.

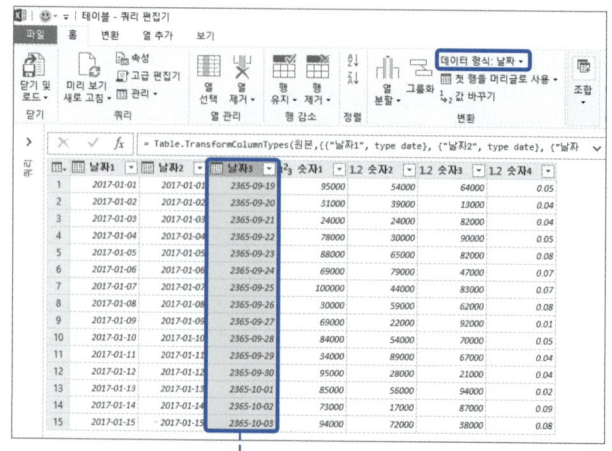

날짜는 구분 기호로 분리되어 있거나 yyyymmdd 형식으로 정확하게 입력되어 있어야만 날짜 값으로 변환할 수 있습니다. 이번 경우는 연도 부분이 두 자리만 입력되어 있어 변환이 제대로 이뤄지지 않은 것으로, 이렇게 입력된 값은 별도의 변환 과정을 거쳐야 합니다.

12 숫자 값이 입력된 '숫자1', '숫자2', '숫자3' 열은 모두 제대로 숫자로 변환됐습니다. 다만 '숫자1' 열과 '숫자2', '숫자3' 열은 데이터 형식이 다릅니다. '숫자1'은 정수이지만, '숫자2', '숫자3' 열은 10진수로 인식됩니다. '숫자2' 열을 선택하고 [홈] 탭-[변환] 그룹의 [데이터 형식]에서 [정수]를 선택해 데이터를 변환합니다. '열 형식 변경' 창이 표시되면 **08** 과정을 참고해 작업합니다.

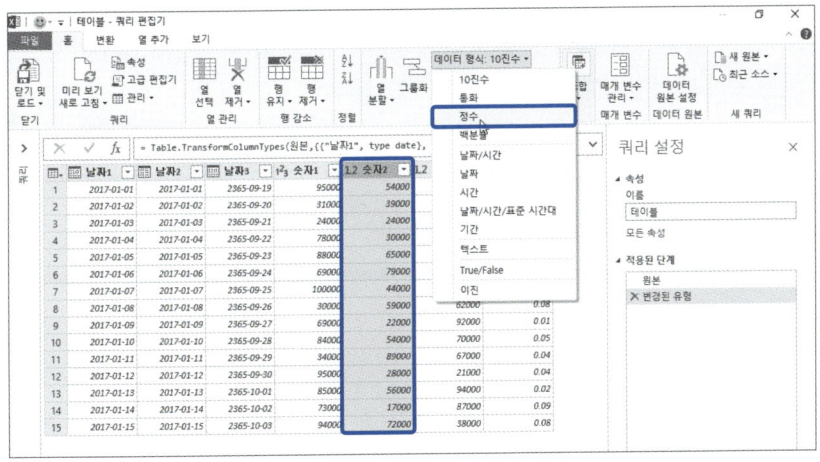

> **Plus⁺ 숫자와 날짜의 데이터 형식 변경의 차이**
>
> 쿼리 편집기에 연결된 표의 데이터를 변환하는 데 있어, 날짜와 숫자의 데이터 변환 방식에는 차이가 있습니다. 날짜의 경우 정확한 날짜 데이터는 쿼리 편집기에서 날짜+시간으로 변환되고, 잘못된 날짜 데이터를 변환할 때만 날짜로 표시됩니다. 하지만 숫자의 경우 정확한 숫자 데이터는 쿼리 편집기에서 정수 또는 10진수로 변환되며, 잘못된 숫자 데이터를 변환할 때만 10진수로 변환됩니다. 그러므로 숫자의 경우는 변환되는 열을 해당 열의 데이터 형식에 맞게 변환하는 과정을 반드시 거쳐야 합니다.

13 '숫자3' 열도 10진수로 변환되어 있으므로, **12** 과정과 마찬가지로 정수 형식으로 변경합니다. '숫자4' 열은 10진수인데, 그대로 두어도 상관없지만 가독성을 위해 데이터 형식을 백분율로 변환합니다.

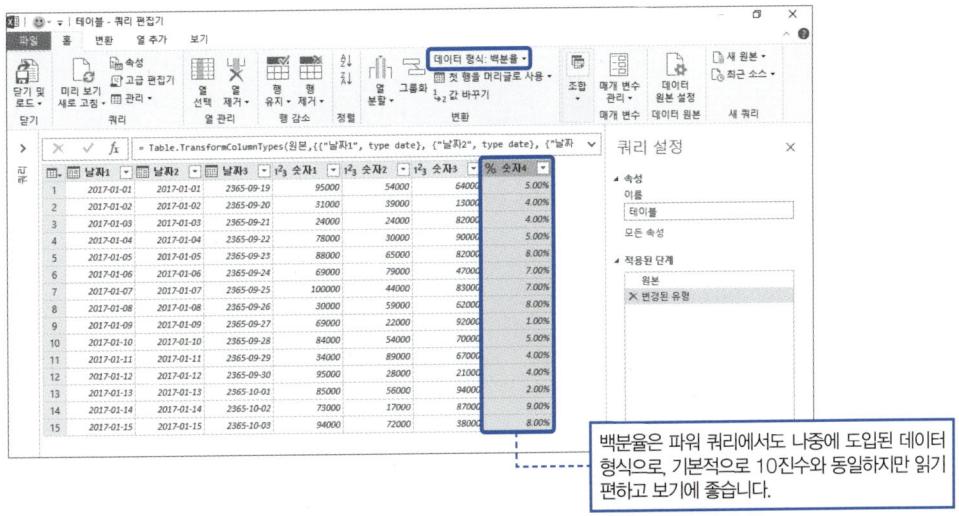

백분율은 파워 쿼리에서도 나중에 도입된 데이터 형식으로, 기본적으로 10진수와 동일하지만 읽기 편하고 보기에 좋습니다.

쿼리 편집기의 '적용된 단계' 이해하기 133

쿼리 편집기에서 표를 편집하면, 편집 과정이 '쿼리 설정' 작업 창 내의 '적용된 단계' 목록에 한 단계씩 추가됩니다. 이것은 마치 엑셀 창에서 작업 내용을 순차적으로 기억했다가 [실행 취소]나 [다시 실행] 명령을 이용해 작업을 취소하거나 다시 실행하던 방식과 유사해 보입니다. 쿼리 편집기의 '적용된 단계'는 [실행 취소] 명령보다 진화된 방식이지만, 취소된 명령을 다시 실행하는 기능이 없다는 단점이 있습니다. 쿼리 편집기의 '적용된 단계' 목록을 이용해 편집 작업을 제어하는 방법에 대해 알아보겠습니다.

예제 파일 PART 03 \ CHAPTER 08 \ 적용된 단계.xlsx

01 예제 파일의 'query' 시트에는 쿼리에서 로드된 표가 있습니다. 쿼리에서 표가 어떤 순서로 편집됐는지 확인하고 이를 변경해 보겠습니다. [쿼리] 탭-[편집] 그룹-[편집] 명령(🖉)을 클릭해 쿼리 편집기를 호출합니다.

TIP 만약 파일을 열 때 쿼리 때문에 외부 데이터 연결에 대한 보안 경고 메시지 창이 표시되면 〈콘텐츠 사용〉 버튼을 클릭합니다.

02 쿼리 편집기가 열리면 '쿼리 설정' 작업 창의 '적용된 단계' 리스트에서 해당 쿼리가 어떤 순서로 편집되었는지 확인할 수 있습니다.

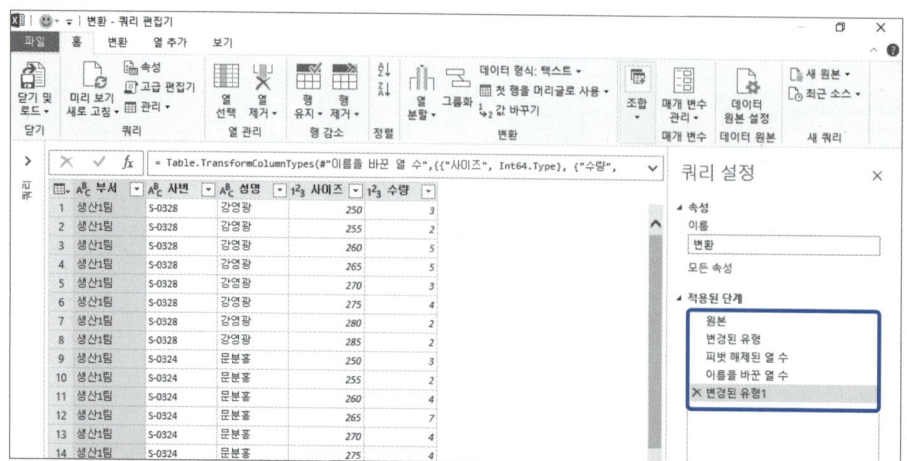

03 '적용된 단계' 목록에서 단계를 하나씩 거슬러 올라가 '원본'을 선택하면 편집되지 않은 원본 표를 확인할 수 있습니다.

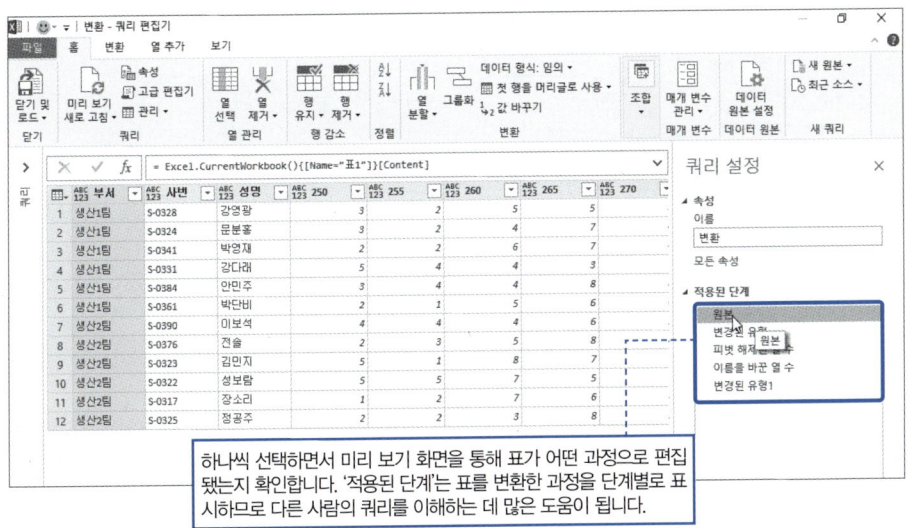

하나씩 선택하면서 미리 보기 화면을 통해 표가 어떤 과정으로 편집됐는지 확인합니다. '적용된 단계'는 표를 변환한 과정을 단계별로 표시하므로 다른 사람의 쿼리를 이해하는 데 많은 도움이 됩니다.

04 '적용된 단계' 목록의 '변경된 유형'은 열의 데이터 형식을 변경한 것으로, 목록을 보면 두 번 진행된 것을 확인할 수 있습니다. 이를 한 번의 작업 과정으로 통일하겠습니다. '적용된 단계' 목록 두 번째의 '변경된 유형'을 선택하고 왼쪽의 [삭제] 단추(✖)를 클릭합니다.

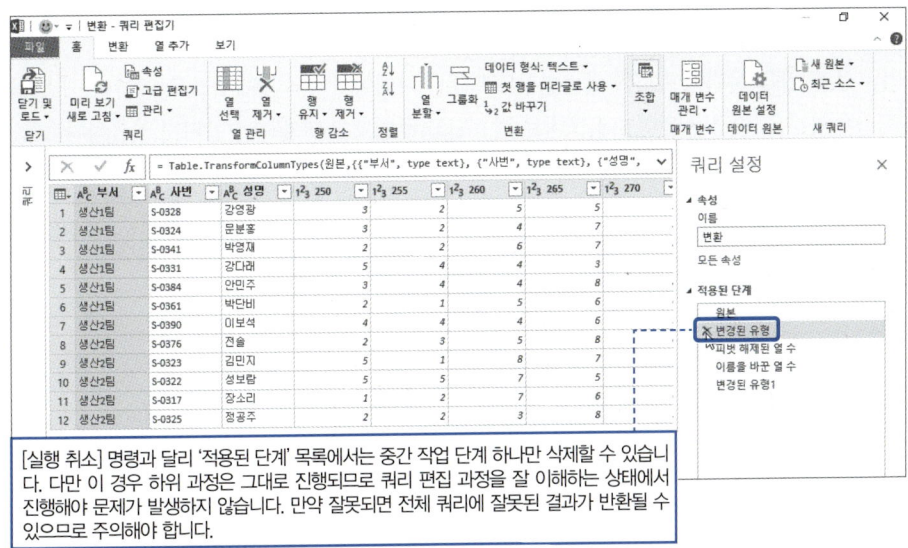

[실행 취소] 명령과 달리 '적용된 단계' 목록에서는 중간 작업 단계 하나만 삭제할 수 있습니다. 다만 이 경우 하위 과정은 그대로 진행되므로 쿼리 편집 과정을 잘 이해하는 상태에서 진행해야 문제가 발생하지 않습니다. 만약 잘못되면 전체 쿼리에 잘못된 결과가 반환될 수 있으므로 주의해야 합니다.

05 다음과 같은 경고 메시지 창이 뜨면 〈삭제〉 버튼을 클릭합니다.

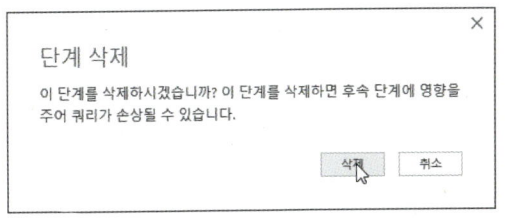

06 '적용된 단계' 목록에서 '변경된 유형1'을 선택하면, '사이즈', '수량' 열의 데이터 형식은 정수로 변환되는데, '부서', '사번', '성명' 열은 임의 형식인 것을 확인할 수 있습니다.

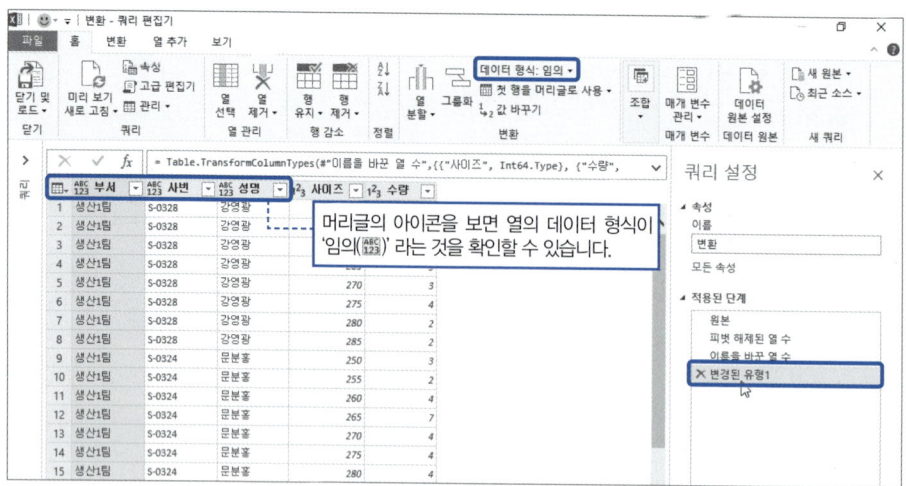

> **Plus⁺** '임의(ABC 123)' 데이터 형식 이해하기
>
> '임의' 데이터 형식은 데이터 형식이 지정되지 않은 열로, 보통 쿼리 편집기에서 인식하지 못한 열에 부여하는 형식입니다. 이렇게 형식을 정확하게 지정하지 않으면 나중에 피벗 테이블 보고서로 데이터를 집계할 때 원하는 결과를 얻기 어려우므로 반드시 데이터 형식을 올바로 변경하는 것이 좋습니다.

07 '부서', '사번', '성명' 열을 선택하고 [홈] 탭-[변환] 그룹에서 [데이터 형식]을 [텍스트]로 선택해 열의 서식을 변경합니다. 이 과정은 '변경된 유형1'에 그대로 적용되므로 별도의 단계는 생성되지 않습니다.

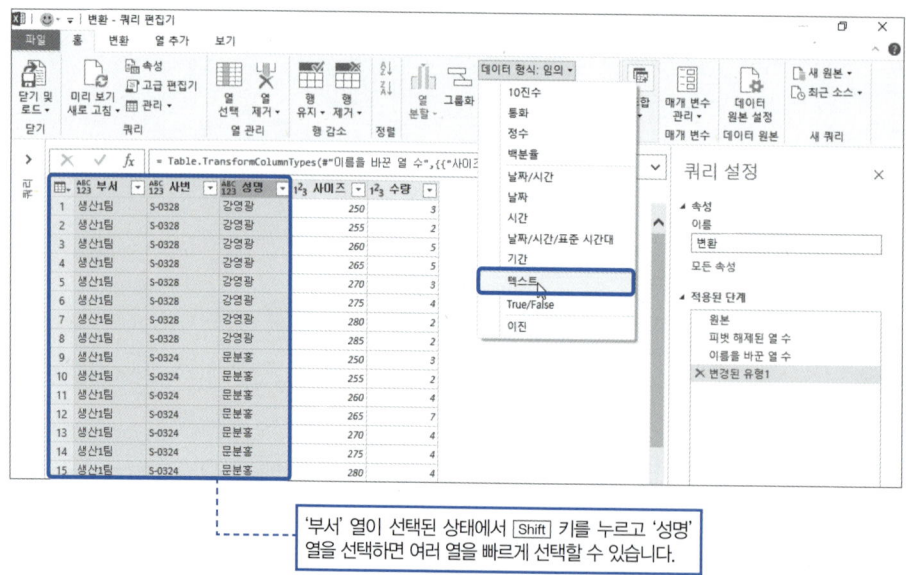

'부서' 열이 선택된 상태에서 [Shift] 키를 누르고 '성명' 열을 선택하면 여러 열을 빠르게 선택할 수 있습니다.

08 '적용된 단계' 목록에 표시되는 단계 이름을 변경할 수 있습니다. '변경된 유형1'을 마우스 오른쪽 버튼으로 클릭하여 [이름 바꾸기] 메뉴를 선택합니다.

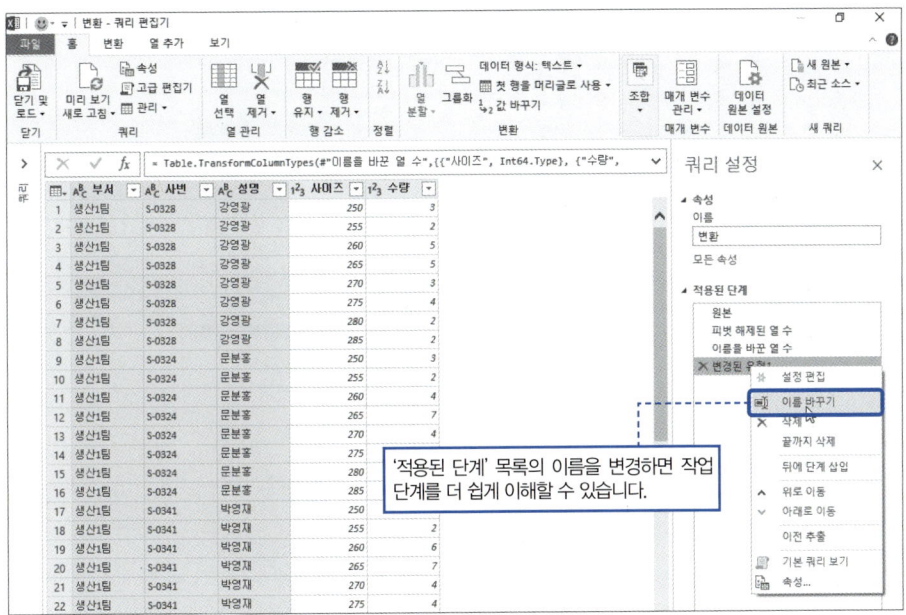

09 '적용된 단계' 목록의 이름이 편집 상태가 됩니다. '데이터 형식 변경'이라고 수정하고 Enter 키를 눌러 변경합니다.

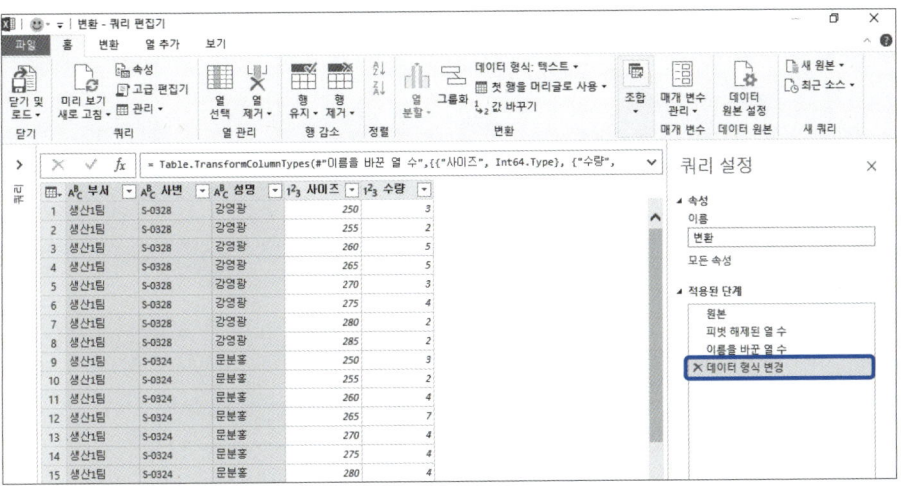

10 같은 방법으로 '이름을 바꾼 열 수'는 '필드명 변경'으로, '피벗 해제된 열 수'는 '피벗 해제'로 각각 수정하면 '적용된 단계' 목록의 작업이 더 잘 이해될 것입니다.

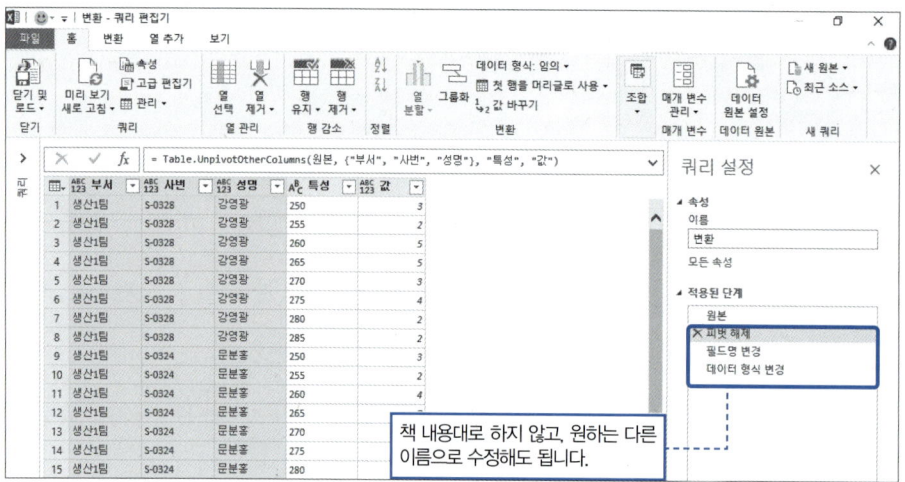

11 '적용된 단계' 목록의 작업 단계 순서도 변경할 수 있습니다. '적용된 단계' 목록의 마지막 단계인 '데이터 형식 변경'을 '필드명 변경' 전으로 옮기겠습니다. '데이터 형식 변경' 단계를 마우스 오른쪽 버튼으로 클릭하여 [위로 이동] 메뉴를 선택합니다.

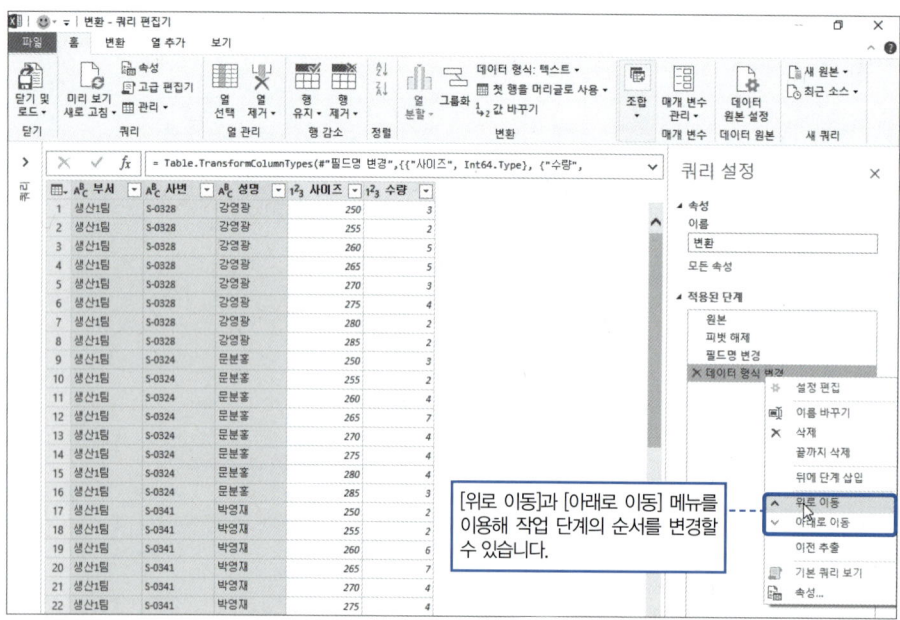

12 '적용된 단계' 목록에서 작업 순서가 변경되고, 왼쪽의 데이터 미리 보기 화면에 에러 메시지가 표시됩니다. 에러가 발생한 이유는 '데이터 형식 변경' 단계에서 '사이즈', '수량' 열을 정수로 변경하게 되는데, '사이즈', '수량' 열의 머리글은 '필드명 변경' 단계에서 진행되기 때문입니다. 즉, '필드명 변경' 단계를 거쳐 '데이터 형식 변경'을 하면 정상적으로 변경되지만, 이 순서를 바꾸면 '사이즈', '수량' 열이 아직 존재하지 않기 때문에 에러가 발생하는 것입니다.

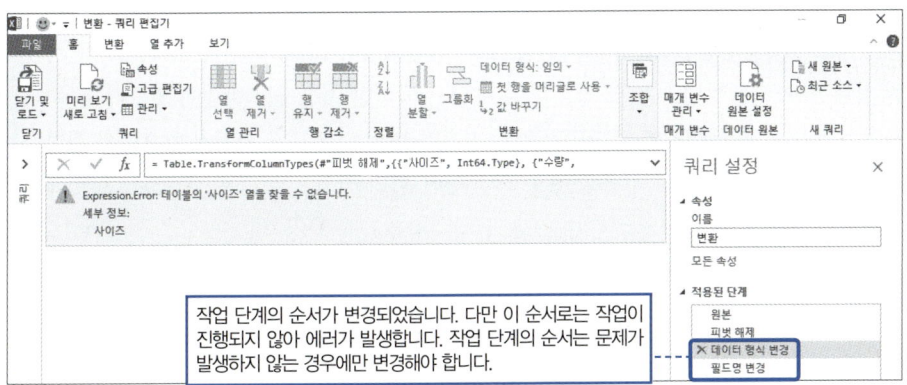

작업 단계의 순서가 변경되었습니다. 다만 이 순서로는 작업이 진행되지 않아 에러가 발생합니다. 작업 단계의 순서는 문제가 발생하지 않는 경우에만 변경해야 합니다.

13 '데이터 형식 변경' 단계를 마우스 오른쪽 버튼으로 클릭하여 [아래로 이동] 메뉴를 선택하면 미리 보기 화면에 에러가 발생하지 않습니다. [닫기 및 로드] 명령(📄)을 클릭하면 수정된 데이터가 엑셀 창에 로드됩니다.

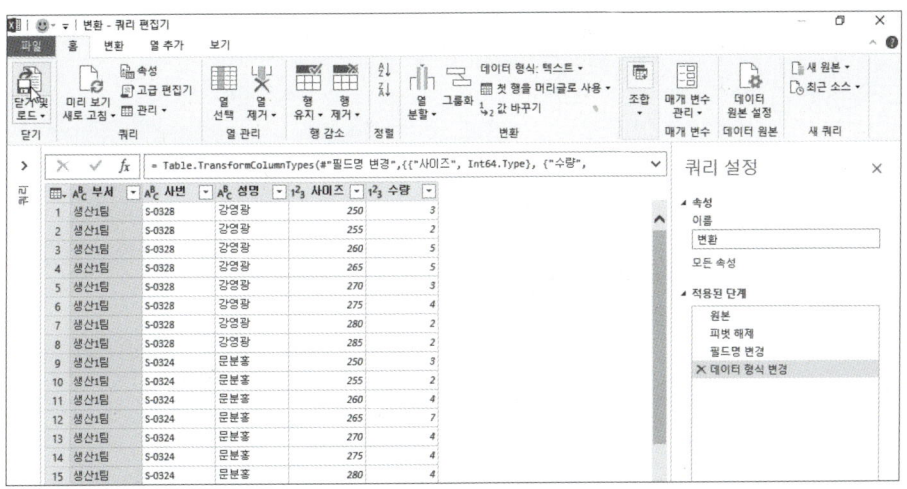

> **Plus⁺ '적용된 단계' 목록과 [실행 취소] 명령**
>
> 쿼리 편집기의 '적용된 단계' 목록은 엑셀 창의 [실행 취소] 명령에 비해 다음과 같은 장점이 있습니다.
> 첫째, 작업 단계 중 중간 단계를 수정할 수 있습니다.
> 둘째, 작업 단계의 순서를 변경할 수 있습니다.
> 셋째, 작업 단계의 이름을 변경할 수 있습니다.
> 단점은 작업 단계를 삭제할 경우, [실행 취소] 명령과 같이 다시 실행할 수 있는 방법은 제공되지 않으므로 다시 생성하는 방법밖에 없다는 것입니다.

쿼리의 로드 방법 이해하기 134

쿼리 편집기에서는 연결된 표를 원하는 방식으로 편집할 수 있고, 편집한 데이터를 엑셀로 내보낼 수도 있습니다. 데이터를 내보내는 작업을 '로드'라고 하는데, 쿼리 편집기에서 표를 로드하는 방법에는 편집된 데이터를 엑셀 창에 내보내는 방법과 편집 정보를 담고 있는 쿼리만 저장하는 방법이 있습니다. 쿼리만 저장할 경우에는 엑셀 창에 데이터가 로드되지 않기 때문에 파일 사이즈가 커지지 않으면서 쿼리만 피벗 테이블 보고서의 원본 데이터로 지정해 사용할 수 있어 편리합니다. 쿼리를 로드하는 방법에 대해 알아보겠습니다.

예제 파일 PART 03 \ CHAPTER 08 \ 쿼리 로드.xlsx

로드 방법 이해하기

쿼리 편집기에서 편집을 모두 끝내고 [홈] 탭-[닫기] 그룹-[닫기 및 로드] 명령() 내 [닫기 및 다음으로 로드...] 메뉴를 선택합니다.

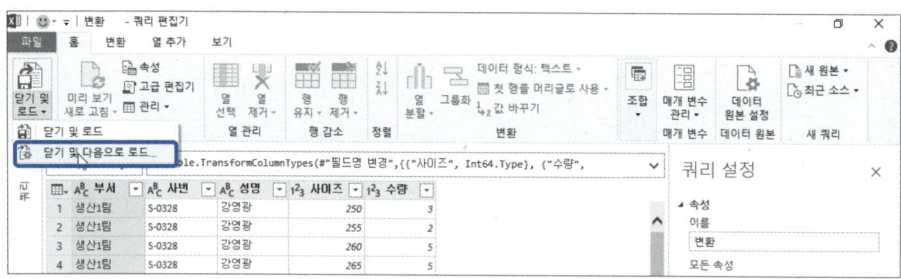

TIP [닫기 및 로드] 메뉴를 선택하면 바로 엑셀 표로 데이터가 로드됩니다.

'다음으로 로드' 창이 열리면 다음 설명을 참고해 원하는 옵션을 선택하고 〈로드〉 버튼을 클릭합니다.

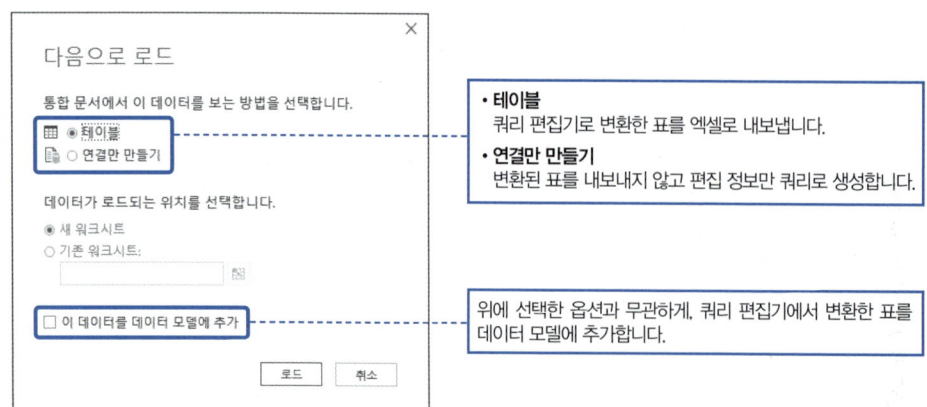

- **테이블**
  쿼리 편집기로 변환한 표를 엑셀로 내보냅니다.
- **연결만 만들기**
  변환된 표를 내보내지 않고 편집 정보만 쿼리로 생성합니다.

위에 선택한 옵션과 무관하게, 쿼리 편집기에서 변환한 표를 데이터 모델에 추가합니다.

[연결만 만들기] 옵션을 선택한 경우에는 엑셀로 데이터가 로드되지 않고, '통합 문서 쿼리' 작업 창에 표 이름과 '연결 전용입니다'라는 메시지가 표시됩니다.

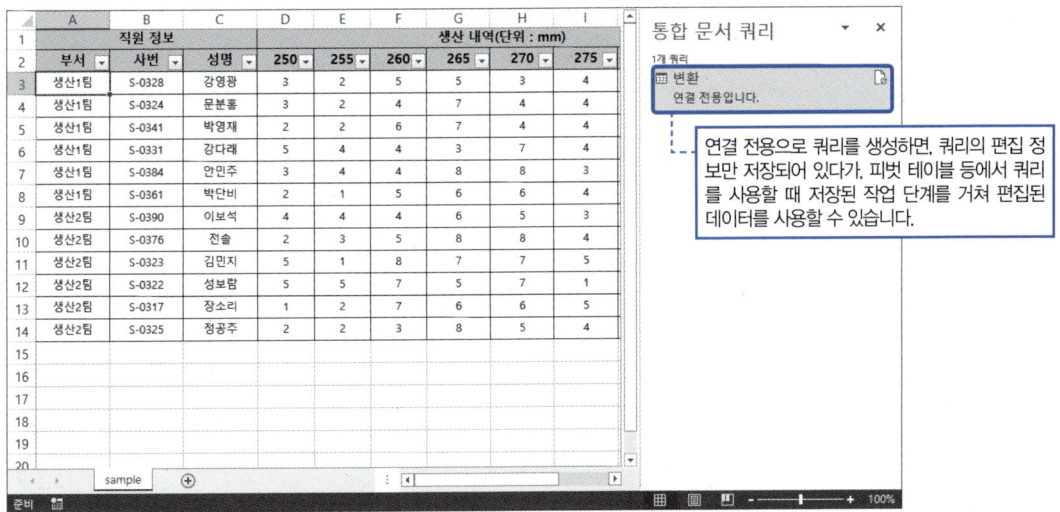

연결 전용으로 쿼리를 생성하면, 쿼리의 편집 정보만 저장되어 있다가, 피벗 테이블 등에서 쿼리를 사용할 때 저장된 작업 단계를 거쳐 편집된 데이터를 사용할 수 있습니다.

연결 정보만 저장된 쿼리를 이용해 피벗 테이블 보고서 만들기

쿼리 편집기에서 엑셀로 데이터를 내보내지 않고 쿼리만 저장한 경우, 저장된 쿼리를 이용해 피벗 테이블 보고서를 바로 생성할 수 있습니다. 다만 데이터 모델에 추가한 경우와 추가하지 않은 경우에 사용 방법이 약간 다르므로 주의해야 합니다.

01 예제 파일을 열고 [데이터] 탭–[가져오기 및 변환] 그룹–[쿼리 표시] 명령(▥)을 클릭하면, 오른쪽의 '통합 문서 쿼리' 작업 창에서 쿼리 목록을 확인할 수 있습니다.

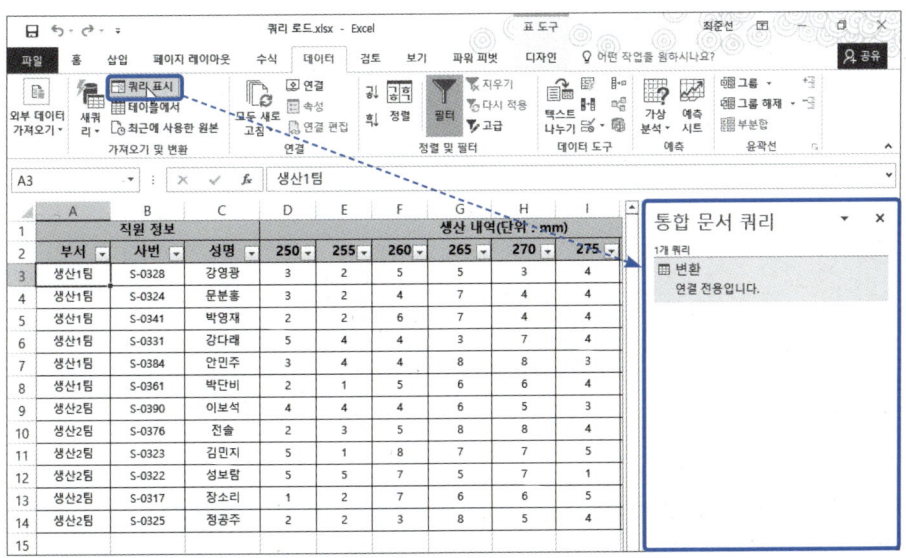

TIP 파일을 열 때 쿼리 때문에 외부 데이터 연결에 대한 보안 경고 메시지 창이 표시될 수 있습니다. 〈콘텐츠 사용〉 버튼을 클릭합니다.

02 쿼리를 원본으로 피벗 테이블 보고서를 만들어 보겠습니다. [삽입] 탭-[표] 그룹-[피벗 테이블] 명령(📊)을 클릭해 '피벗 테이블 만들기' 대화상자가 열리면 [외부 데이터 원본 사용]을 선택하고 〈연결 선택〉 버튼을 클릭합니다. 생성된 쿼리를 확인할 수 있는 '기존 연결' 대화상자가 열리면 쿼리를 선택하고 〈열기〉 버튼을 클릭합니다. '피벗 테이블 만들기' 대화상자는 〈확인〉 버튼을 클릭해 닫습니다.

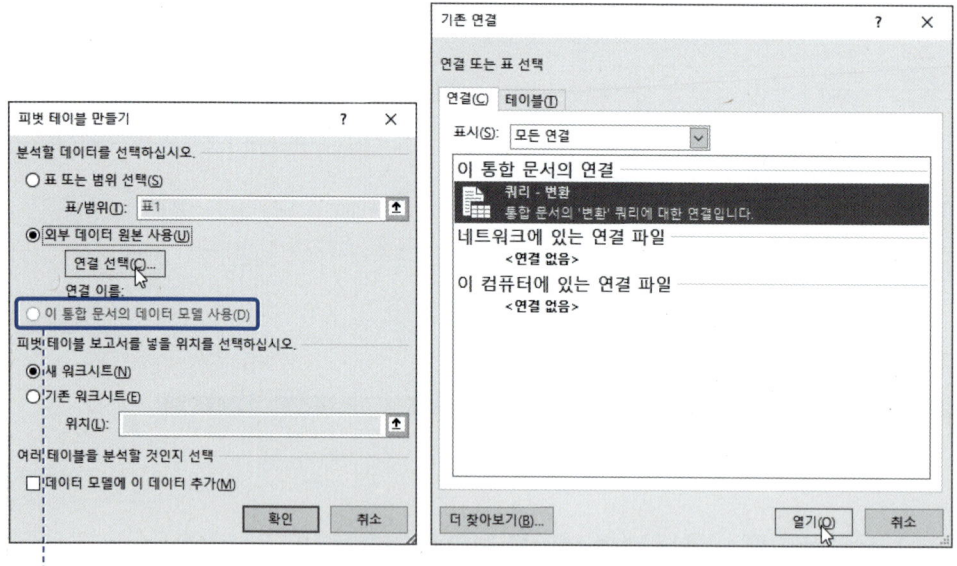

'다음으로 로드' 창에서 [이 데이터를 데이터 모델에 추가] 옵션에 체크했다면 [이 통합 문서의 데이터 모델 사용] 옵션이 활성화됩니다. 이 옵션을 선택하고 〈확인〉 버튼을 클릭하면 바로 피벗 테이블 보고서가 생성됩니다.
2013 버전에서는 이 옵션이 표시되지 않으므로, 〈연결 선택〉 버튼을 클릭하고 작업해야 합니다.

LINK 자세한 내용은 'No. 43 관계로 연결된 표를 피벗 테이블 보고서로 분석하기'(152쪽)를 참고합니다.

03 이제 쿼리를 원본으로 피벗 테이블 보고서를 생성할 수 있습니다.

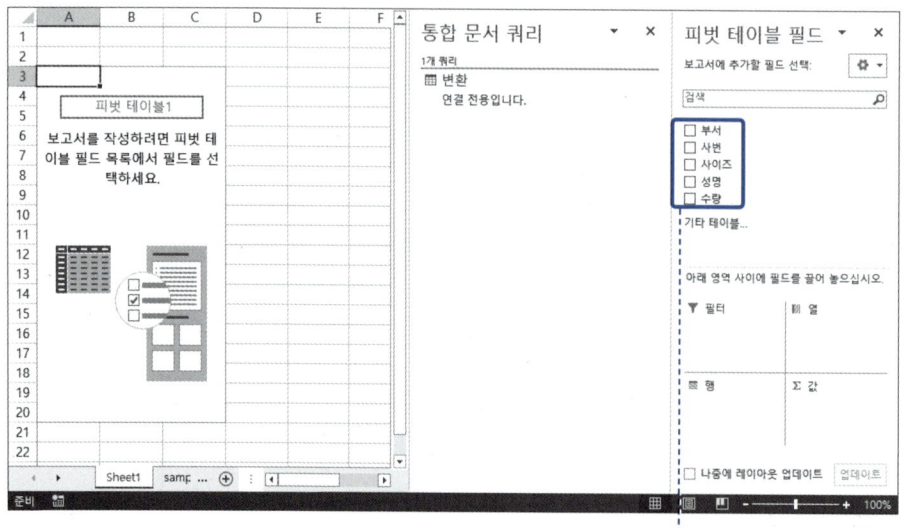

피벗 테이블 보고서의 필드 목록에 'sample' 시트에 있는 표의 머리글이 아니라 쿼리에서 수정된 열의 머리글이 표시됩니다.

로드 방법 변경하기

135

쿼리 편집기에서 쿼리를 로드한 후에 로드 방법을 변경해야 할 수 있습니다. 예를 들면 쿼리만 저장했는데 쿼리에서 반환하는 표를 참고해 수식을 작성해야 하는 경우가 생기면 엑셀 표로 내려받아야 합니다. 또는 표로 내려받았는데 더 이상 데이터를 확인할 필요가 없어져 쿼리만 저장하면 될 수도 있습니다. 이때는 로드 방법을 변경하면 됩니다. 쿼리의 로드 방법을 변경하는 방법에 대해 알아보겠습니다.

예제 파일 PART 03 \ CHAPTER 08 \ 로드 방법 변경.xlsx

01 예제 파일을 열고 [데이터] 탭-[가져오기 및 변환] 그룹-[쿼리 표시] 명령(🔲)을 클릭하면 '통합 문서 쿼리' 작업 창에서 쿼리만 확인할 수 있습니다. 쿼리의 표를 엑셀 창으로 로드해 보겠습니다. 쿼리를 마우스 오른쪽 버튼으로 클릭하고 [다음으로 로드...] 메뉴를 선택합니다.

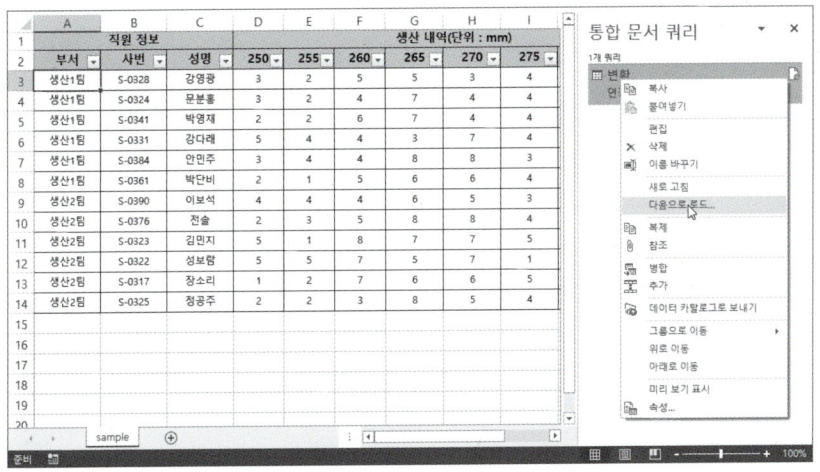

TIP 파일을 열 때 쿼리 때문에 외부 데이터 연결에 대한 보안 경고 메시지 창이 표시될 수 있습니다. 〈콘텐츠 사용〉 버튼을 클릭합니다.

02 '다음으로 로드' 창이 열리면 [테이블]을 선택하고 〈로드〉 버튼을 클릭합니다.

위 옵션에서 [테이블]을 선택하면 데이터를 로드할 위치를 선택해야 합니다. 기본 값인 [새 워크시트]가 선택된 채로 두면 무조건 새 워크시트가 생성되고 A1셀 위치에 데이터가 로드됩니다. 원하는 위치가 있다면 [기존 워크시트]를 선택하고 원하는 셀을 마우스로 클릭해 선택합니다.

03 새 워크시트가 하나 생성되면서 쿼리의 데이터가 엑셀 표로 반환됩니다.

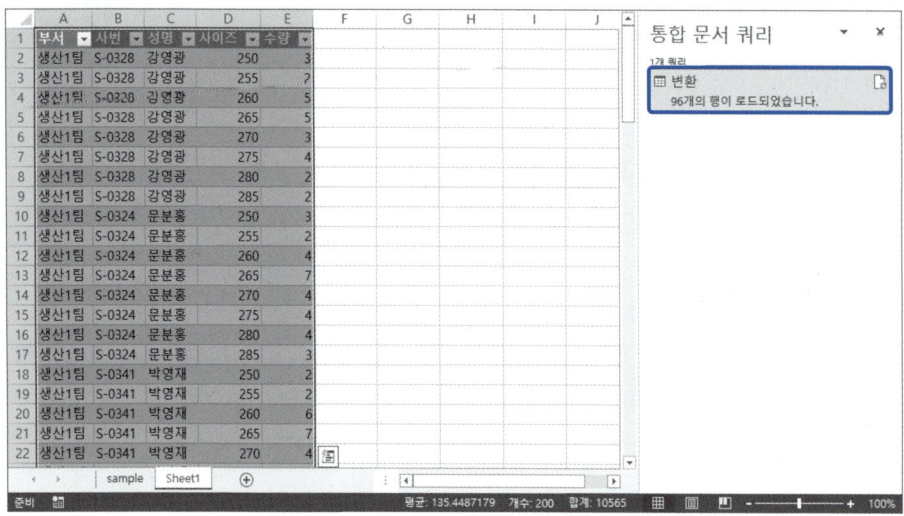

04 쿼리를 엑셀로 로드한 경우에도 다시 쿼리의 연결 정보만 저장되도록 변경할 수 있습니다. **01** 과정을 참고해 '통합 문서 쿼리' 작업 창에서 [다음으로 로드...] 메뉴를 선택하고 '다음으로 로드' 창에서 [연결만 만들기] 옵션을 선택한 후 〈로드〉 버튼을 클릭합니다. 다음과 같은 경고 메시지 창이 표시되면 〈계속〉 버튼을 클릭합니다.

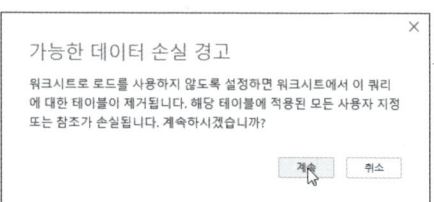

05 반환된 쿼리의 표 데이터가 삭제되고, '통합 문서 쿼리' 작업 창의 쿼리가 연결 전용으로 표시됩니다.

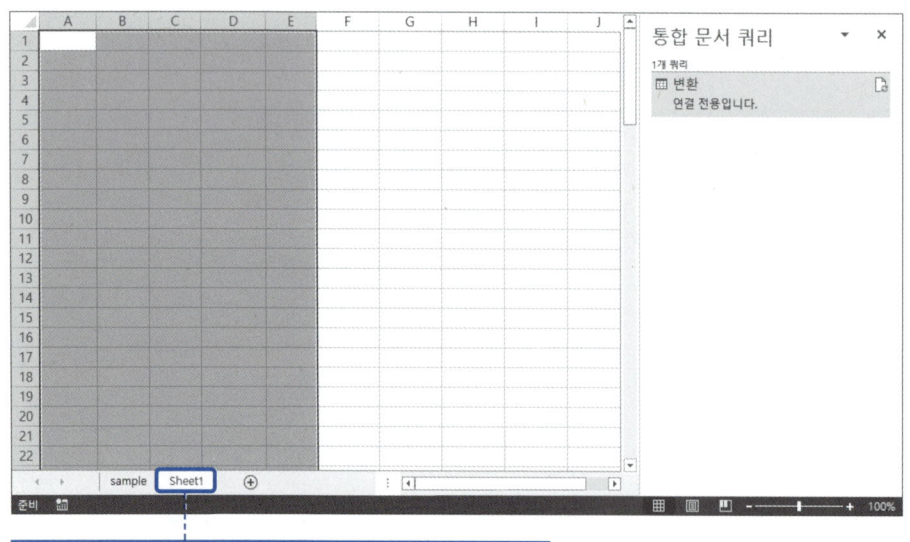

생성된 워크시트는 그대로 유지되는데, 워크시트 내 데이터는 [값 지우기] 명령과 동일하게 삭제됩니다. 그러므로 이 표를 참조한 수식이 있는 경우, 구조적 참조를 사용했다면 #REF! 오류가 발생하고 셀 주소를 참조했다면 0 값이 반환됩니다.

쿼리에서 로드된 표 연결 끊기 136

쿼리에서 로드된 표를 수정한 경우, [새로 고침] 명령을 클릭하면 다시 원본 데이터가 편집된 후 데이터가 새로 쓰이기 때문에 수정한 내용이 복원됩니다. 그러므로 데이터를 수정하려면 쿼리에서 로드된 표가 아니라 원본 표의 데이터를 수정해야 합니다. 이런 부분이 불편하다면 쿼리와 연결을 끊고 별도의 표로 관리하면 됩니다. 연결을 끊는 방법은 두 가지로, 단순하게 쿼리와의 연결만 끊거나 쿼리 자체를 삭제할 수 있습니다. 두 방법 모두 장점과 단점이 있으므로 상황에 맞게 선택합니다.

예제 파일 PART 03 \ CHAPTER 08 \ 연결 끊기.xlsx

쿼리와의 연결만 끊기

쿼리와의 연결만 끊으면, 표에서 수정한 데이터를 영구적으로 보존할 수 있고 필요한 경우 쿼리를 다시 로드해 작업할 수도 있습니다. 이때 쿼리와 연결을 끊은 표에서 수정한 데이터를 원본 표에 적용할 수는 없으며, 끊어진 표를 다시 쿼리와 연결할 수도 없습니다.

01 예제 파일을 열면 '보안 경고' 메시지 줄이 표시됩니다. 쿼리에서 데이터를 고칠 수 있도록 〈콘텐츠 사용〉 버튼을 클릭합니다. 'query' 시트에는 쿼리에서 로드된 표가 있습니다.

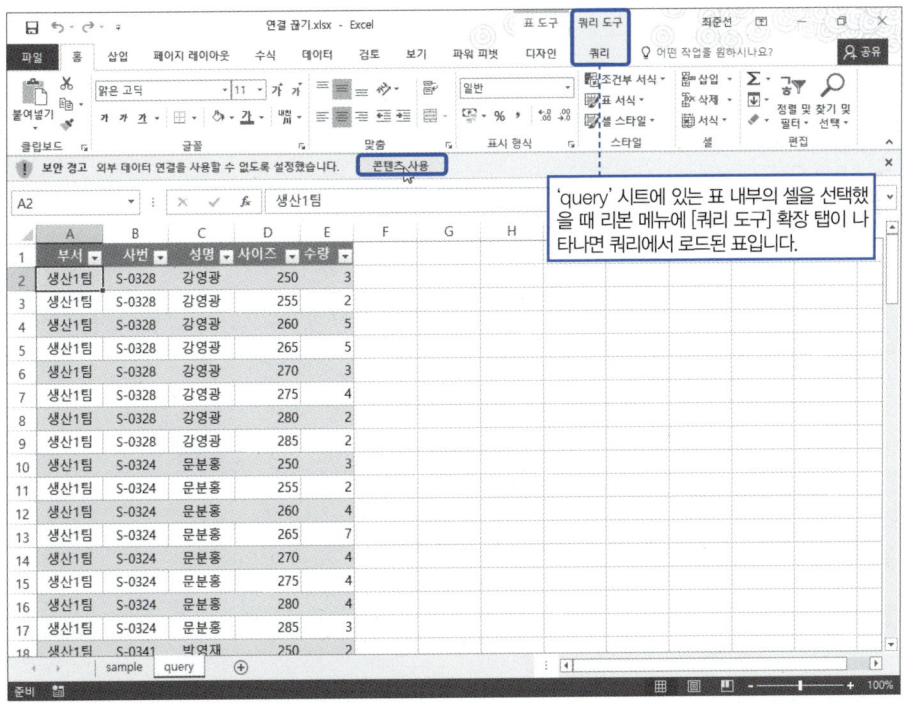

02 파일 내에 저장된 쿼리를 확인하기 위해 [데이터] 탭-[가져오기 및 변환] 그룹-[쿼리 표시] 명령(🔲)을 클릭해 '통합 문서 쿼리' 작업 창을 표시합니다. 그런 다음 쿼리에서 로드된 표의 데이터를 수정할 수 있는지 확인하기 위해, E2셀의 숫자를 '100'으로 변경해 봅니다.

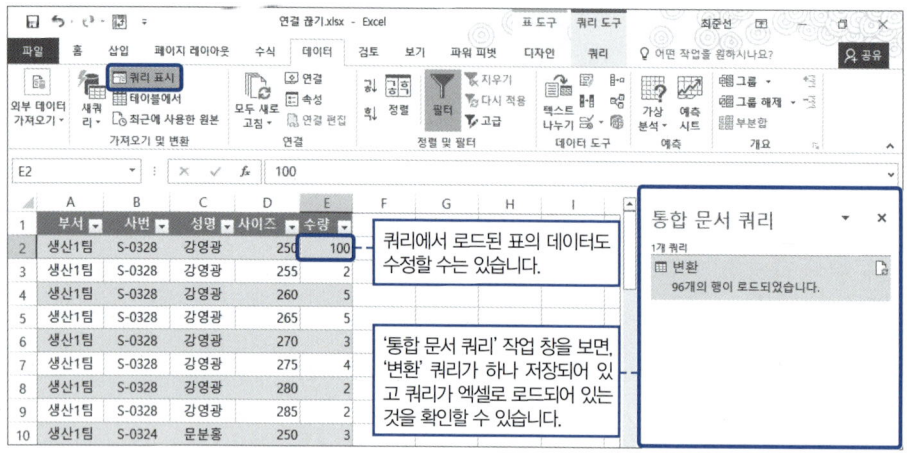

03 쿼리를 다시 로드해도 수정된 데이터가 유지되는지 확인하겠습니다. [디자인] 탭-[외부 표 데이터] 그룹-[새로 고침] 명령(📄)을 클릭합니다. 그러면 E2셀의 값이 다시 '3'으로 변경됩니다.

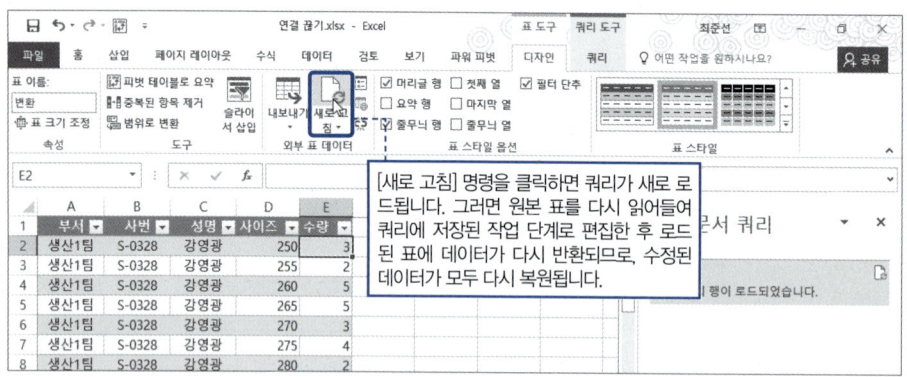

04 표와 쿼리의 연결을 끊기 위해 [디자인] 탭-[외부 표 데이터] 그룹-[링크 끊기] 명령(⛓)을 클릭합니다. 경고 메시지 창이 표시되면 〈확인〉 버튼을 클릭합니다.

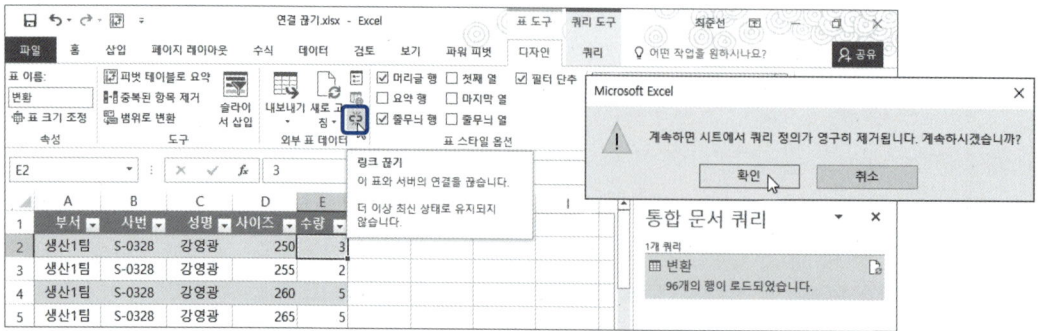

TIP 쿼리와의 연결을 끊는 동작은 수식을 값으로 변환하는 것과 동일합니다. 즉, 독립적인 표가 되므로 자유롭게 편집할 수 있습니다.

Plus⁺ 쿼리에서 내보낸 표의 행 높이를 유지하기

03 과정을 거치면 표의 행 높이가 줄어듭니다. 쿼리가 새로 고쳐지면서 사용자가 지정한 행 높이가 원래대로 복원되었기 때문입니다. 쿼리를 새로 로드해도 사용자가 지정한 서식 설정이 유지되도록 하고 싶다면 다음 과정을 참고합니다.

❶ 워크시트 왼쪽 상단의 [모두 선택] 단추를 클릭해 워크시트 전체를 선택하고 표의 행 높이를 26픽셀로 수정합니다.

❷ [디자인] 탭-[외부 표 데이터] 그룹-[데이터 범위 속성] 명령을 클릭합니다.

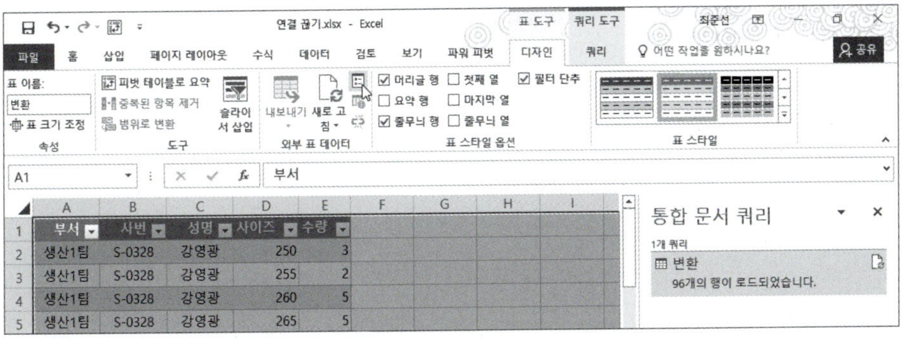

❸ '외부 데이터 속성' 대화상자가 열리면 [열 너비 조정] 확인란의 체크를 해제하고 〈확인〉 버튼을 클릭합니다.

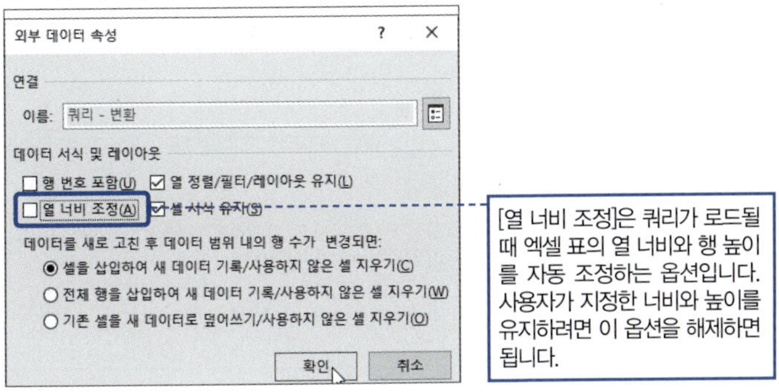

> [열 너비 조정]은 쿼리가 로드될 때 엑셀 표의 열 너비와 행 높이를 자동 조정하는 옵션입니다. 사용자가 지정한 너비와 높이를 유지하려면 이 옵션을 해제하면 됩니다.

❹ 이제 [디자인] 탭-[외부 표 데이터] 그룹-[새로 고침] 명령을 클릭해 데이터를 새로 고쳐도 행 높이가 변경되지 않습니다.

05 '통합 문서 쿼리' 작업 창의 '변환' 쿼리가 연결 전용으로 변경되며, [디자인] 탭-[외부 표 데이터] 그룹-[새로 고침] 명령(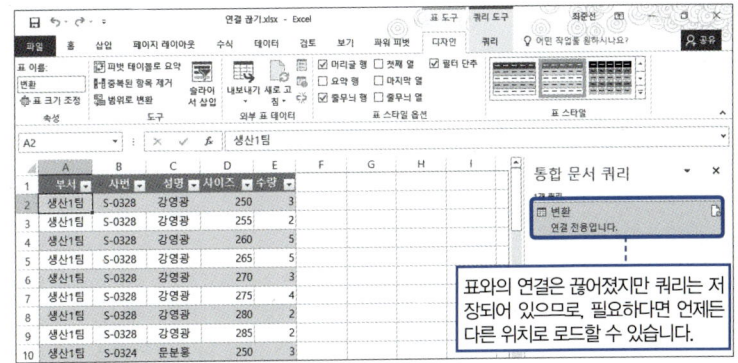)이 비활성화됩니다.

LINK 저장된 쿼리를 다시 로드하는 방법은 'No. 135 로드 방법 변경하기' (451쪽)를 참고합니다.

> 표와의 연결은 끊어졌지만 쿼리는 저장되어 있으므로, 필요하다면 언제든 다른 위치로 로드할 수 있습니다.

06 파워 쿼리와 관련해서 진행된 작업은 실행 취소가 되지 않으므로, 다음 작업을 위해 파일을 저장하지 않고 닫습니다.

쿼리 삭제하기

쿼리를 삭제하면 쿼리에서 로드된 표 역시 연결이 끊어집니다. 이 방법은 완전히 쿼리를 제거하는 것이므로, 복제된 표만 필요하고 연결은 더 이상 필요하지 않은 경우에만 사용합니다.

01 예제 파일을 다시 열고 [데이터] 탭–[가져오기 및 변환] 그룹–[쿼리 표시] 명령(▦)을 클릭해 '통합 문서 쿼리' 작업 창을 표시합니다. 연결된 쿼리를 삭제하기 위해 'query' 시트에 있는 표 내부의 셀을 하나 선택하고 [쿼리] 탭–[편집] 그룹–[삭제] 명령(✕)을 클릭합니다.

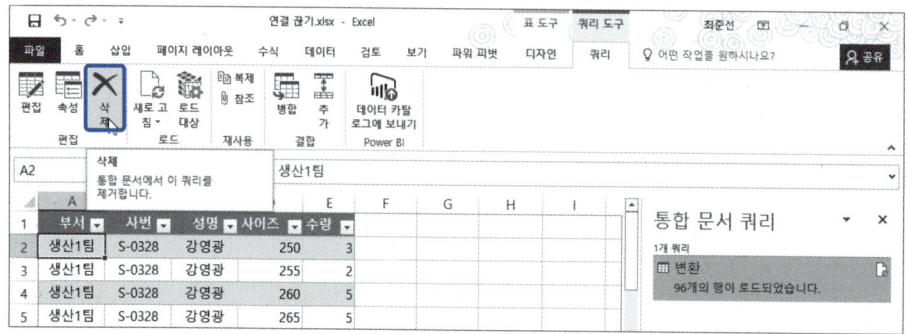

02 다음과 같은 경고 메시지 창이 표시되면 〈삭제〉 버튼을 클릭합니다.

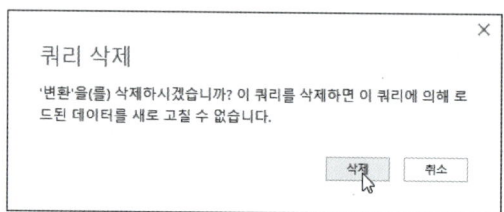

03 '통합 문서 쿼리' 작업 창에서 쿼리가 삭제됩니다. 리본 메뉴에서 [쿼리] 탭이 사라지고, [디자인] 탭–[외부 표 데이터] 그룹–[새로 고침] 명령은 비활성화됩니다.

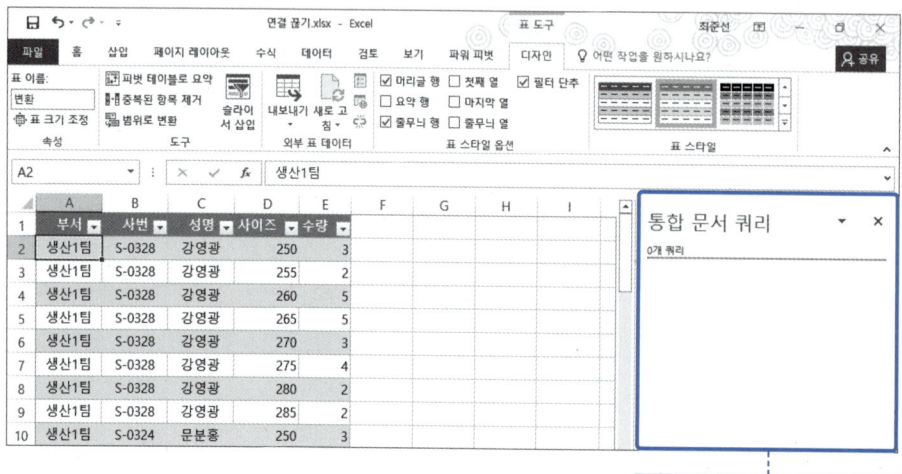

파일에 저장된 쿼리가 더 이상 없으므로, 편집된 데이터가 다시 필요해지면 쿼리를 새로 생성해야 합니다.

CHAPTER

09

외부 데이터 가져오기

파워 쿼리를 이용하면 현재 파일 내 표뿐만 아니라 다양한 외부 데이터를 가져와 처리할 수 있습니다.
여기서 외부 데이터란 다른 엑셀 파일뿐 아니라 CSV 파일, Text 파일, Access, Oracle, SQL Server 등의
데이터베이스 파일, 그리고 웹 페이지의 데이터 등 사용자가 접근할 수 있는 다양한 데이터를 말합니다.
물론 파워 쿼리를 이용하기 전에도 외부 데이터를 가져올 수 있었지만,
단순하게 파일을 연결해 데이터를 가져오는 정도의 기능이었습니다.
그에 비해 파워 쿼리는 외부 데이터를 원하는 방법으로 편집해 가져올 수 있을 뿐 아니라,
엑셀 창에 데이터를 반환하지 않고 쿼리 정보만 저장해 놓고
필요할 때 불러와 편집된 데이터를 다룰 수 있다는 장점이 있습니다.

다른 엑셀 파일의 표 가져오기 137

파워 쿼리를 이용하면 다른 엑셀 파일의 데이터를 가져올 수 있습니다. 가져올 수 있는 데이터의 종류를 구체적으로 보면, 시트, 엑셀 표, 이름으로 정의된 범위입니다. 시트를 연결하거나 정의된 범위 내 데이터를 가져오는 방법은 파워 쿼리 이전에도 외부 데이터를 연결해 가져올 때 사용했습니다. 하지만 엑셀 표로 등록된 표를 가져오는 것은 현재까지는 파워 쿼리에서만 지원되는 기술로, 좀 더 다양한 방법으로 외부 데이터를 가져올 수 있게 되어 선택의 폭이 넓어졌다고 볼 수 있습니다.

예제 파일 PART 03 \ CHAPTER 09 \ 엑셀 파일.xlsx

01 예제 파일에는 '직원' 시트와 '거래업체' 시트가 있습니다. '직원' 시트에는 엑셀 표로 등록된 직원 데이터를 기록한 표가 있으며, 표 이름은 [디자인] 탭-[속성] 그룹-[표 이름:]에서 확인할 수 있듯이 '직원명부'입니다.

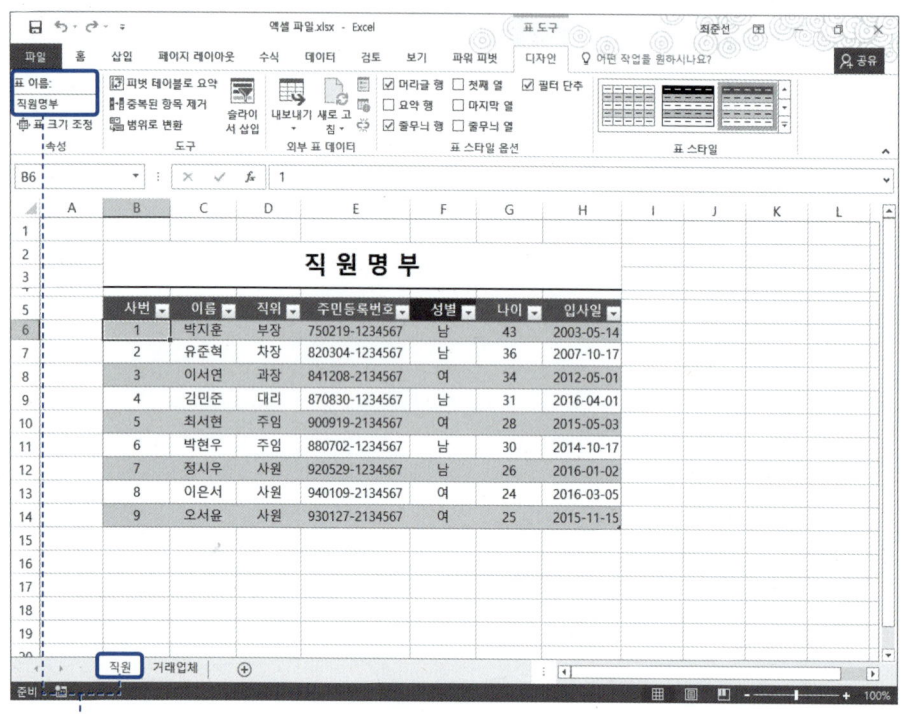

다른 파일에서 파워 쿼리를 이용해 이 파일과 연결해 데이터를 가져갈 때, 워크시트 또는 엑셀 표를 선택해 가져갈 수 있습니다.
시트에 연결해 가져가려는 경우에는 B2:H3 범위와 같은 병합 셀은 없는 것이 좋고 위치는 A1셀부터 있는 것이 좋습니다.
그렇지 않은 경우에는 정의된 이름이나 엑셀 표로 등록된 범위를 선택해 가져가는 것이 편리합니다.

02 '거래업체' 시트에는 거래 중인 업체 명단이 등록되어 있으며, F열과 G열은 '공급업체'와 '고객업체'를 구분하는 열입니다.

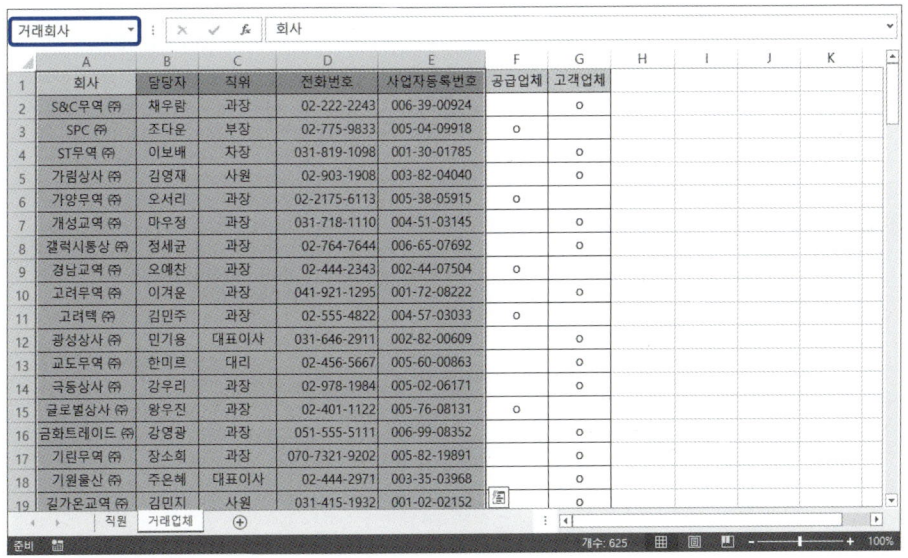

03 정의된 이름이 있는지 확인하겠습니다. 이름 상자 오른쪽의 아래 화살표 단추를 클릭하면 '거래회사' 이름을 확인할 수 있고, 이름을 선택하면 F열과 G열을 제외한 데이터 범위가 이름으로 정의된 범위라는 것을 알 수 있습니다.

04 예제 파일의 표 구성을 모두 확인했으면 예제 파일을 닫습니다. 엑셀 프로그램을 실행하고 빈 파일을 하나 생성한 후 예제 파일의 데이터 중에서 고객업체에 해당하는 거래 회사의 정보를 파워 쿼리로 가져와 보겠습니다.

05 빈 파일에서 [데이터] 탭-[가져오기 및 변환] 그룹-[새 쿼리] 명령 내 [파일에서]-[통합 문서에서] 메뉴를 선택합니다.

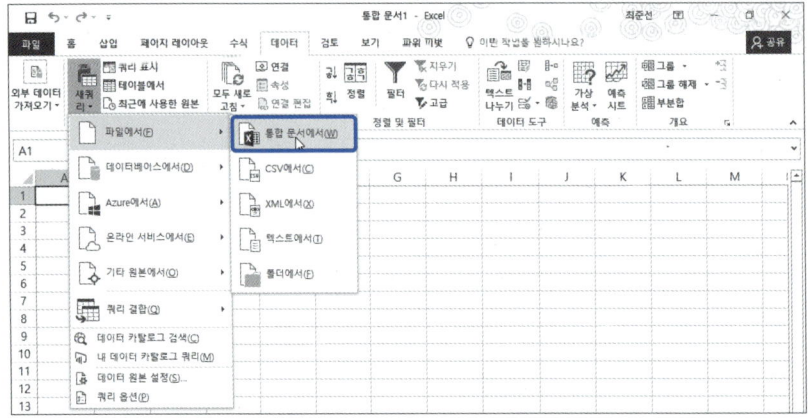

06 '데이터 가져오기' 대화상자가 열리면 예제 폴더에서 '엑셀 파일.xlsx' 파일을 선택하고 〈가져오기〉 버튼을 클릭합니다.

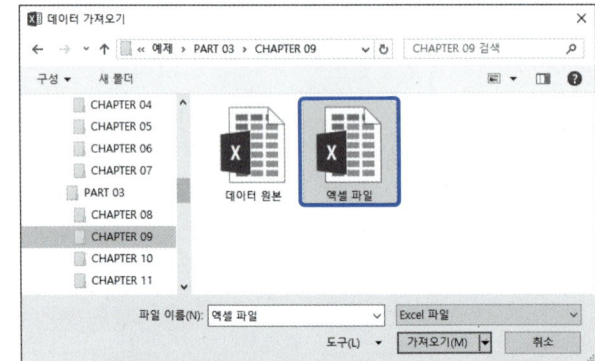

07 '탐색 창'이 표시되면, 파일의 표 목록에서 '거래업체' 시트를 선택하고 〈편집〉 버튼을 클릭합니다.

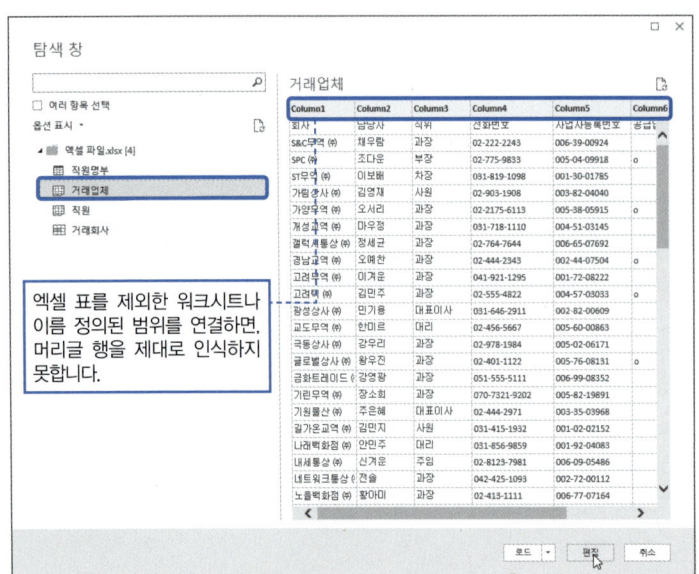

엑셀 표를 제외한 워크시트나 이름 정의된 범위를 연결하면, 머리글 행을 제대로 인식하지 못합니다.

Plus⁺ 탐색 창의 목록에 표시되는 데이터의 종류

엑셀 파일을 연결하면 워크시트, 엑셀 표, 이름 정의된 범위를 선택해 데이터를 가져올 수 있습니다. 각각의 장단점은 다음과 같습니다.

구분	아이콘	설명
워크시트	⊞	워크시트와 연결해 데이터를 가져옵니다. A1셀부터 데이터가 입력되어 있는 것이 좋으며, 워크시트에 표가 하나만 있는 경우에 사용하는 것이 좋습니다. 표 데이터가 추가되면 추가된 데이터를 가져올 수 있다는 장점이 있습니다.
엑셀 표	⊞	파일 내 엑셀 표 데이터를 가져옵니다. 위치는 자유롭게 구성할 수 있고 워크시트에 엑셀 표가 여러 개 있어도 됩니다. 엑셀 표에 추가된 데이터도 정확하게 가져올 수 있습니다.
이름 정의	⊞	이름으로 정의된 범위 내 데이터를 가져옵니다. 엑셀 표와 동일하지만 추가된 데이터는 이름 정의된 범위를 수정하기 전까지는 가져올 수 없습니다.

08 쿼리 편집기가 표시되고, 머리글이 정확하게 지정되지 않은 것을 확인할 수 있습니다. [홈] 탭-[변환] 그룹-[첫 행을 머리글로 사용] 명령(⊞)을 클릭해 첫 행을 머리글로 설정합니다.

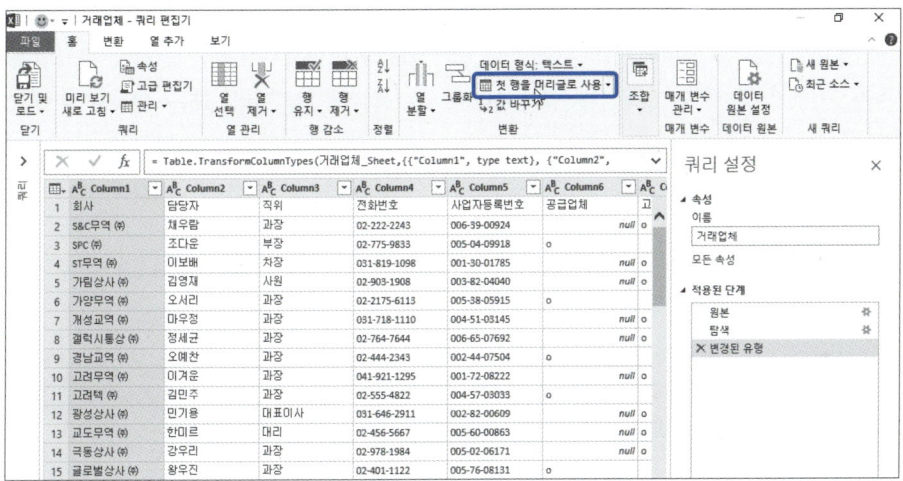

Plus⁺ 머리글 행에 병합이나 중복이 있는 경우

[첫 행을 머리글로 사용] 명령을 사용할 때 병합된 셀이나 동일한 머리글이 있으면 다음과 같이 처리됩니다.

구분	설명
병합	병합은 모두 해제되며, 첫 번째 열에만 머리글이 그대로 입력되고 두 번째부터는 'Column1', 'Column2' 등으로 이름이 부여됩니다.
중복	첫 번째 열의 머리글은 그대로 입력되고, 두 번째부터는 머리글 뒤에 순서대로 '_1', '_2'가 붙습니다.

09 고객업체 데이터만 가져오기 위해, '고객업체' 열의 아래 화살표 단추를 클릭하고 소문자 o에만 체크한 후 〈확인〉 버튼을 클릭합니다.

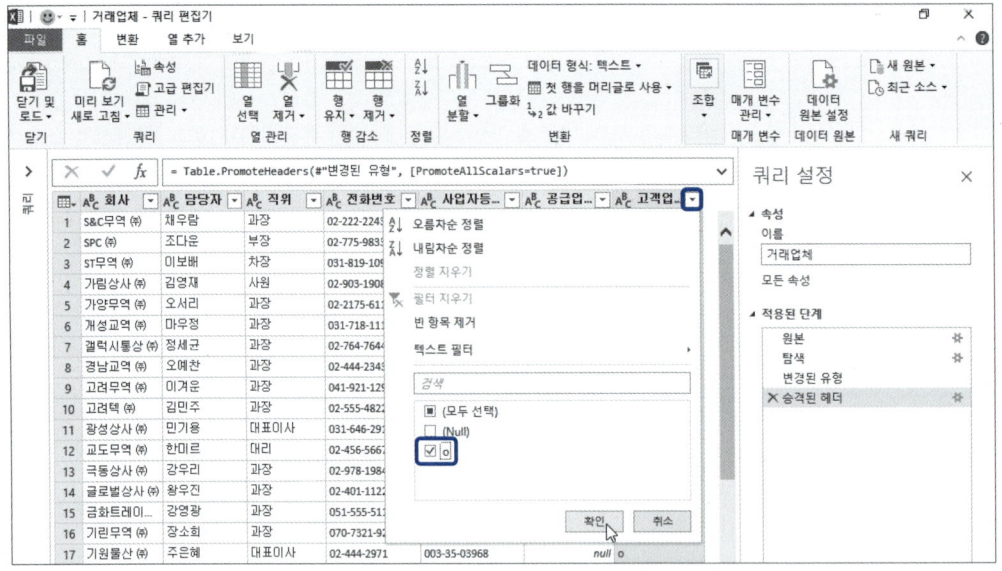

10 데이터가 필터링되었으면 '공급업체' 열과 '고객업체' 열은 필요하지 않으므로 삭제합니다. '공급업체' 열을 선택하고 Shift 키를 누른 채로 '고객업체' 열을 선택한 후 [홈] 탭-[열 관리] 그룹-[열 제거] 명령(🗙)을 클릭합니다.

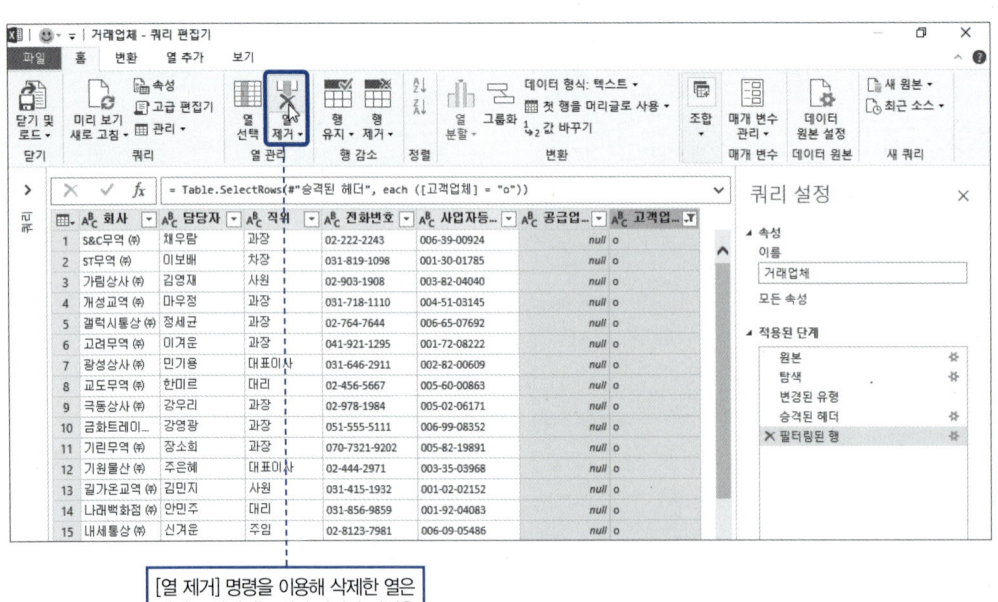

[열 제거] 명령을 이용해 삭제한 열은 실제로 삭제되는 것이 아니라 가져올 데이터에서만 제외됩니다.

11 '쿼리 설정' 작업 창에서 '이름'을 '거래업체'에서 '고객업체'로 변경하고 [홈] 탭-[닫기] 그룹-[닫기 및 로드] 명령(📋) 내 [닫기 및 다음으로 로드...] 메뉴를 선택합니다.

12 '다음으로 로드' 창이 열리면 [연결만 만들기] 옵션을 선택하고 〈로드〉 버튼을 클릭합니다.

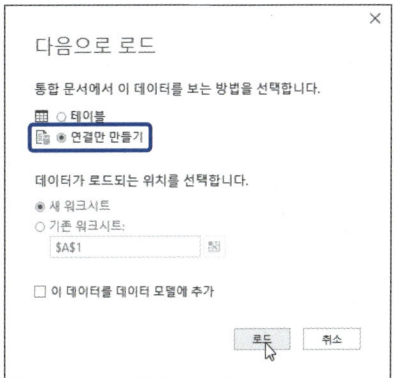

13 '통합 문서 쿼리' 작업 창을 보면 '고객업체' 쿼리만 있습니다. '고객업체' 쿼리를 선택하면 미리 보기 창이 표시되어 편집된 데이터를 확인할 수 있습니다.

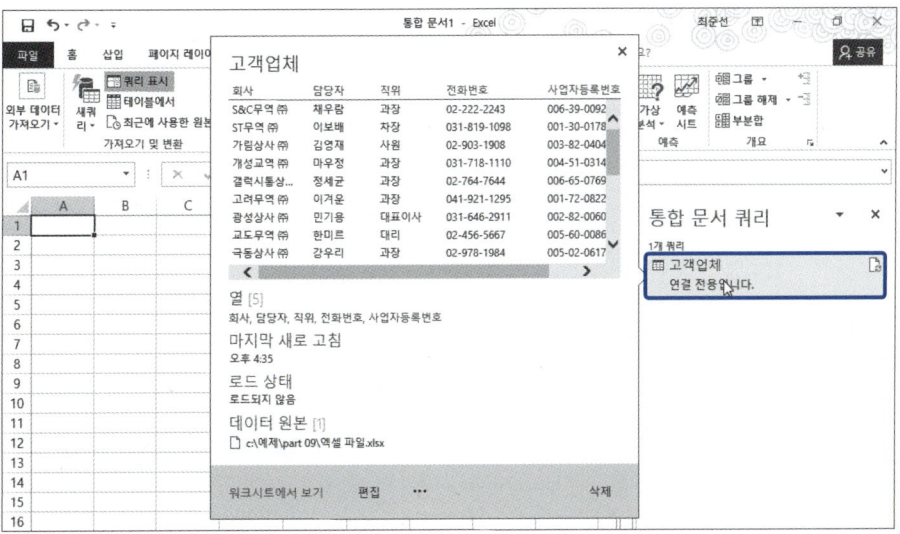

액세스 데이터베이스에서 데이터 가져오기

138

액세스를 비롯한 데이터베이스로 데이터를 관리하고 있다면, 해당 데이터베이스에 접속해 필요한 데이터만 파워 쿼리로 가져와 사용할 수 있습니다. 액세스는 테이블과 쿼리 개체를 사용해 데이터를 관리하는데, 두 개체에서 모두 데이터를 가져올 수 있습니다. 여기서는 액세스 데이터베이스에 접속해 데이터를 가져오는 방법에 대해 알아보겠습니다.

예제 파일 PART 03 \ CHAPTER 09 \ 액세스 DB.accdb

01 예제 파일을 열면 왼쪽 탐색 창에서 테이블 세 개와 쿼리 한 개를 확인할 수 있습니다. 탐색 창에서 테이블이나 쿼리를 더블클릭하면 오른쪽 창에 해당 개체의 데이터가 표시됩니다. '직원(상세)' 쿼리의 데이터 중에서 직위가 '사원' 또는 '주임'이면서 성별이 '남'인 직원 데이터만 빈 엑셀 파일에 가져와 보겠습니다.

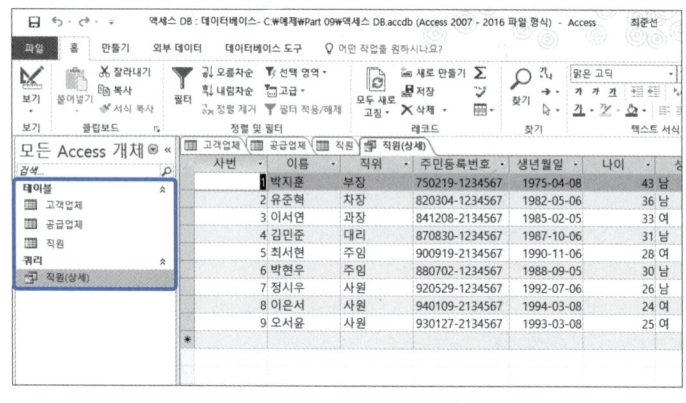

Plus⁺ '직원' 테이블과 '직원(상세)' 쿼리의 차이

'직원' 테이블은 다음과 같습니다.

이에 비해 '직원(상세)' 쿼리에는 더 다양한 데이터가 있습니다. '직원(상세)' 쿼리는 '직원' 테이블의 데이터를 이용해 더 많은 열(필드)이 표시되도록 계산해 놓은 것입니다. 엑셀과 달리 액세스는 수식을 사용해 계산된 열을 표시하려면 쿼리를 사용하고, 입력할 데이터만 테이블에 저장합니다.

02 엑셀을 실행하고 빈 파일을 생성한 후 [데이터] 탭-[가져오기 및 변환] 그룹-[새 쿼리] 명령 내 [데이터베이스에서]-[Microsoft Access 데이터베이스에서] 메뉴를 선택합니다.

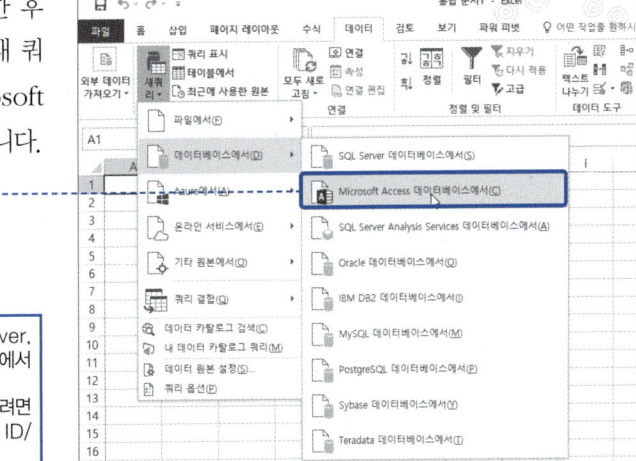

> Access 데이터베이스 외에도 SQL Server, Oracle, DB2, MySQL 등의 데이터베이스에서 데이터를 가져올 수 있습니다.
> 단, 다른 데이터베이스에서 데이터를 가져오려면 서버에 접속해야 하므로, 접속 권한이 있는 ID/Password를 입력해야 합니다.

03 '데이터 가져오기' 대화상자가 열리면, 예제 폴더에서 '액세스 DB.accdb' 파일을 선택하고 〈가져오기〉 버튼을 클릭합니다.

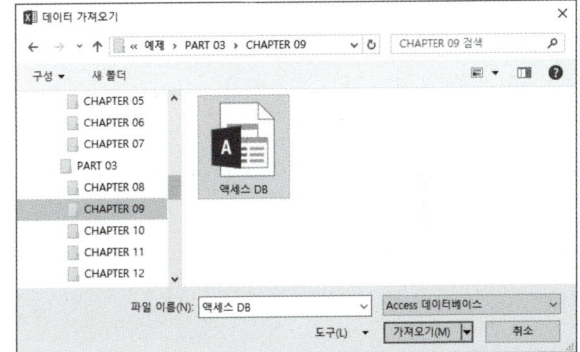

04 '탐색 창'이 열리면, 파일 목록에서 '직원(상세)' 쿼리를 선택하고 〈편집〉 버튼을 클릭합니다.

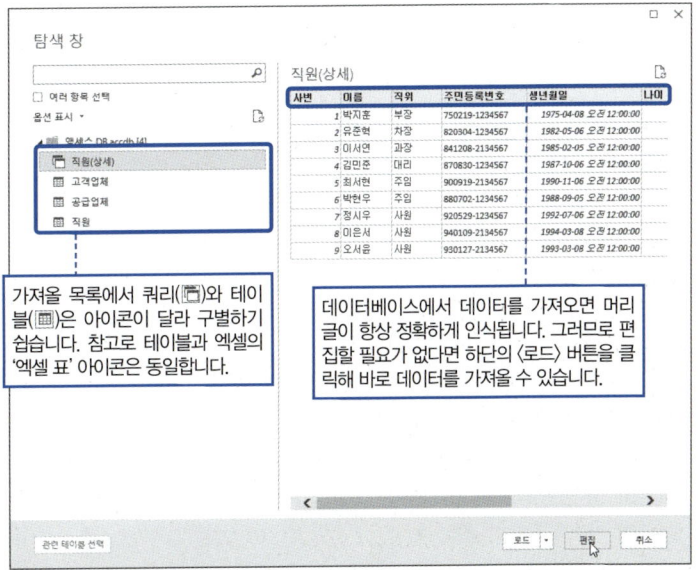

> 가져올 목록에서 쿼리(🗐)와 테이블(▥)은 아이콘이 달라 구별하기 쉽습니다. 참고로 테이블과 엑셀의 '엑셀 표' 아이콘은 동일합니다.

> 데이터베이스에서 데이터를 가져오면 머리글이 항상 정확하게 인식됩니다. 그러므로 편집할 필요가 없다면 하단의 〈로드〉 버튼을 클릭해 바로 데이터를 가져올 수 있습니다.

05 쿼리 편집기가 열리면 '직위' 열에서 '주임', '사원'만 필터링하고 '성별' 열에서 '남' 데이터만 필터링합니다.

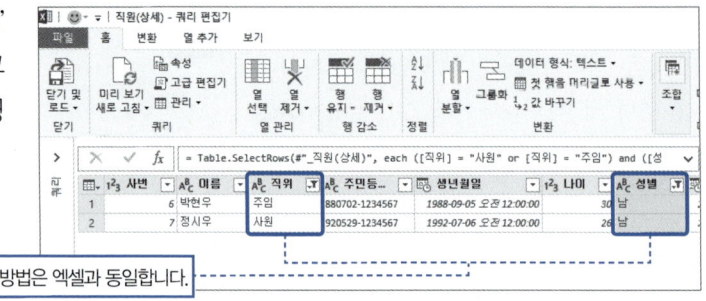

필터를 사용하는 방법은 엑셀과 동일합니다.

06 '생년월일' 열과 '입사일' 열에는 날짜+시간이 모두 표시되어 있는데, 날짜 값만 표시되도록 데이터 형식을 변환하겠습니다. '생년월일' 열을 선택하고 Ctrl 키를 누른 채 '입사일' 열을 선택한 후 [홈] 탭-[변환] 그룹에서 [데이터 형식]을 [날짜]로 변경합니다.

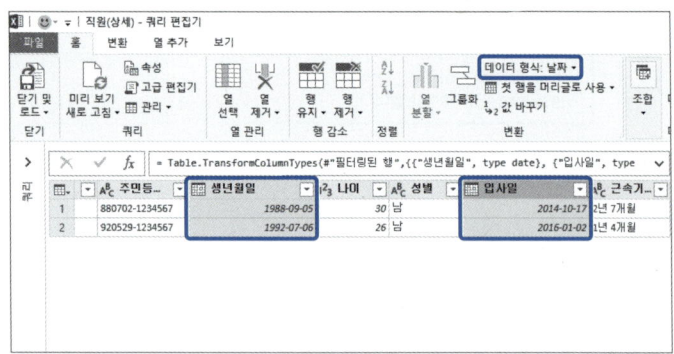

07 '쿼리 설정' 작업 창에서 표의 이름을 '직원(상세)'에서 '남자 사원,주임'으로 변경하고 [홈] 탭-[닫기] 그룹-[닫기 및 로드] 명령( )을 클릭합니다.

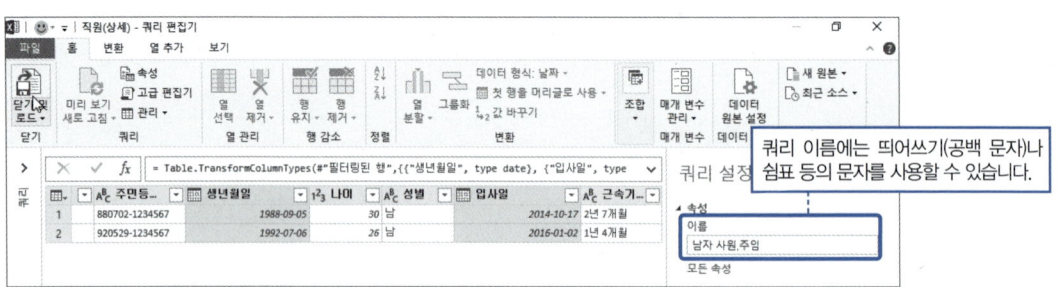

쿼리 이름에는 띄어쓰기(공백 문자)나 쉼표 등의 문자를 사용할 수 있습니다.

08 편집된 데이터가 엑셀 창에 반환됩니다.

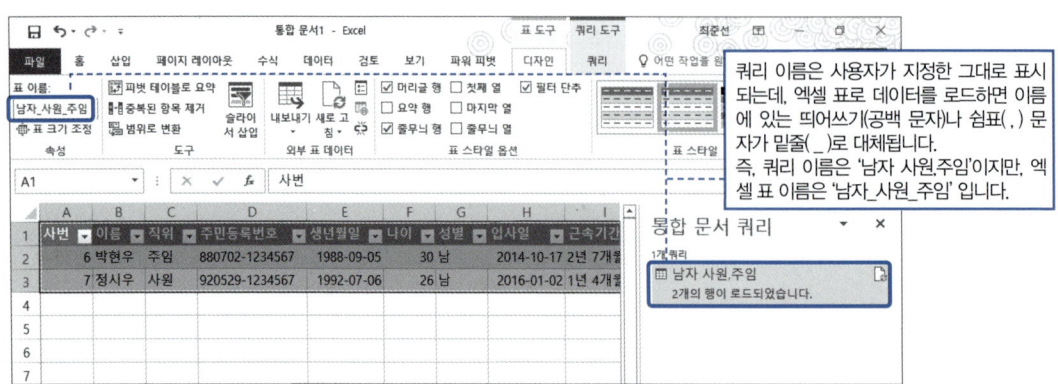

쿼리 이름은 사용자가 지정한 그대로 표시되는데, 엑셀 표로 데이터를 로드하면 이름에 있는 띄어쓰기(공백 문자)나 쉼표(,) 문자가 밑줄(_)로 대체됩니다. 즉, 쿼리 이름은 '남자 사원,주임'이지만, 엑셀 표 이름은 '남자_사원_주임' 입니다.

텍스트 파일에서 데이터 가져오기

139

엑셀 사용자는 다양한 텍스트 파일(txt, csv)에서 데이터를 가져와 작업하는 경우가 많습니다. 단순하게 텍스트 파일의 데이터만 가져와 작업할 것이라면 [열기] 명령으로 파일을 열면 되지만, 표를 원하는 형태로 변환해 가져오려면 파워 피벗을 이용하는 것이 편리합니다. 파워 쿼리를 이용해 텍스트 파일 데이터를 변환해 가져오는 방법에 대해 알아보겠습니다.

예제 파일 PART 03 \ CHAPTER 09 \ 텍스트 파일.txt

01 예제 파일에는 연도별 총인구 통계 데이터가 입력되어 있습니다. 이 데이터를 엑셀로 가져와 인구 변동 추이를 차트로 나타내 보겠습니다.

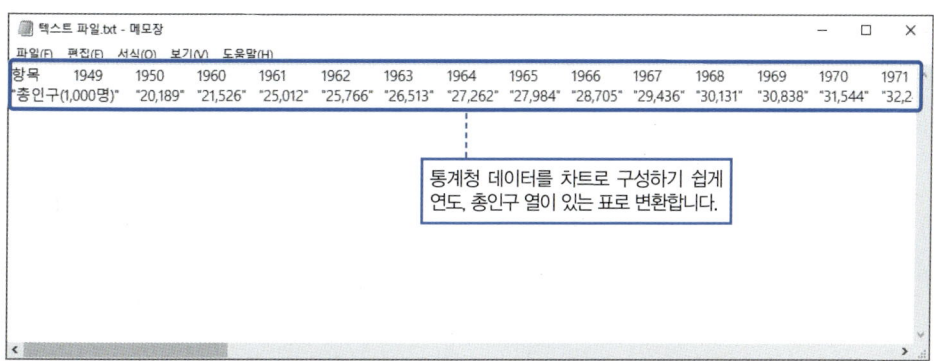

통계청 데이터를 차트로 구성하기 쉽게 연도, 총인구 열이 있는 표로 변환합니다.

02 엑셀을 실행하고 빈 엑셀 파일을 하나 엽니다. [데이터] 탭-[가져오기 및 변환] 그룹-[새 쿼리] 명령 내 [파일에서]-[텍스트에서] 메뉴를 선택합니다.

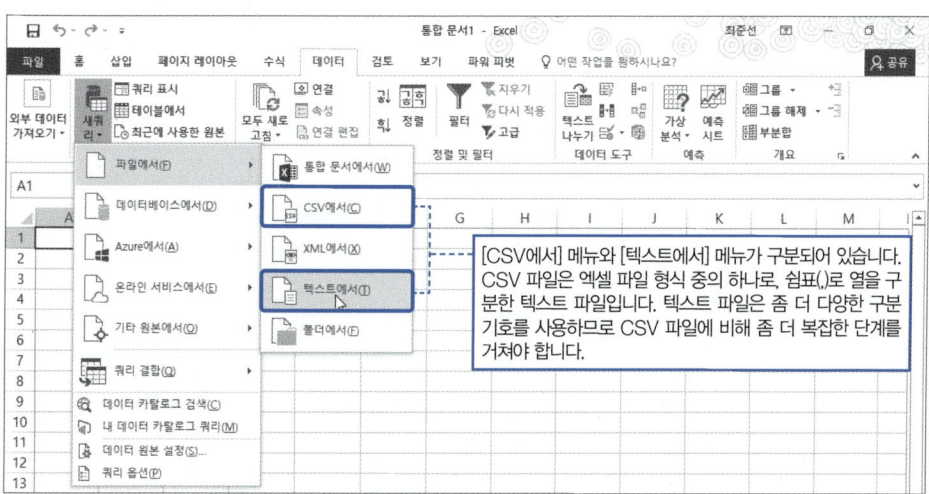

[CSV에서] 메뉴와 [텍스트에서] 메뉴가 구분되어 있습니다. CSV 파일은 엑셀 파일 형식 중의 하나로, 쉼표(,)로 열을 구분한 텍스트 파일입니다. 텍스트 파일은 좀 더 다양한 구분 기호를 사용하므로 CSV 파일에 비해 좀 더 복잡한 단계를 거쳐야 합니다.

03 '데이터 가져오기' 대화상자가 열리면 예제 폴더에서 '텍스트 파일.txt' 파일을 선택하고 〈가져오기〉 버튼을 클릭합니다.

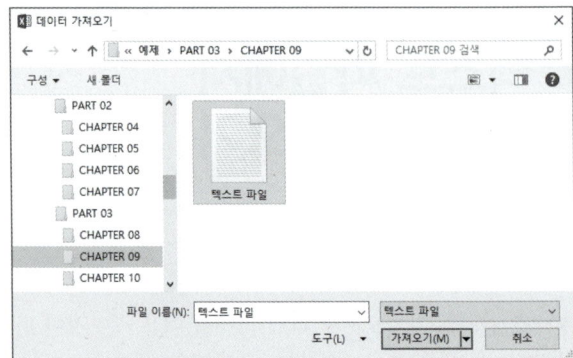

04 '텍스트 파일.txt' 창이 열리면 〈편집〉 버튼을 클릭합니다.

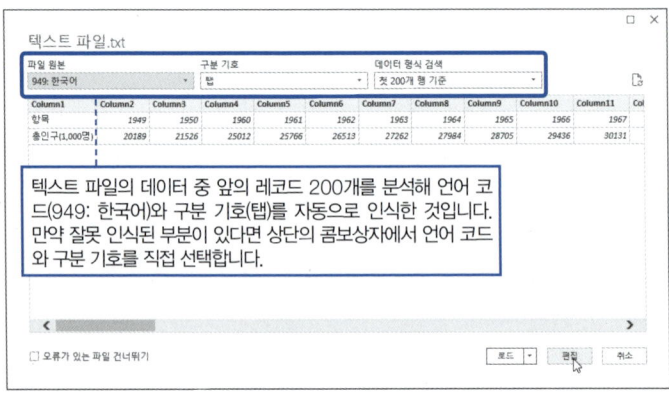

텍스트 파일의 데이터 중 앞의 레코드 200개를 분석해 언어 코드(949: 한국어)와 구분 기호(탭)를 자동으로 인식한 것입니다. 만약 잘못 인식된 부분이 있다면 상단의 콤보상자에서 언어 코드와 구분 기호를 직접 선택합니다.

05 쿼리 편집기에서 첫 행을 머리글로 사용하기 위해 [홈] 탭-[변환] 그룹-[첫 행을 머리글로 사용] 명령(▥)을 클릭합니다.

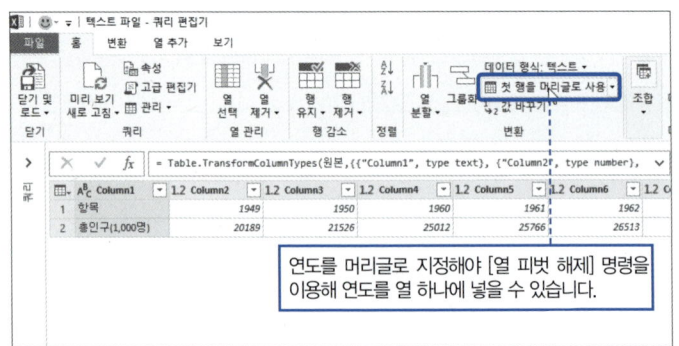

연도를 머리글로 지정해야 [열 피벗 해제] 명령을 이용해 연도를 열 하나에 넣을 수 있습니다.

06 현재의 표로는 차트를 구성하기 쉽지 않으니 표의 구성을 변경하겠습니다. 두 번째 열(1949)부터 마지막 열(2017)까지 모두 선택하고 [변환] 탭-[열] 그룹-[열 피벗 해제] 명령(▥)을 클릭합니다.

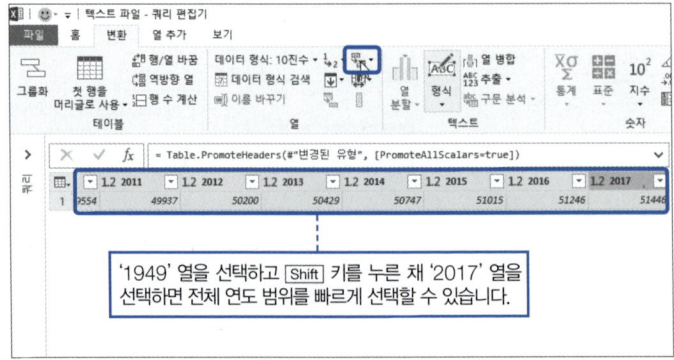

'1949' 열을 선택하고 Shift 키를 누른 채 '2017' 열을 선택하면 전체 연도 범위를 빠르게 선택할 수 있습니다.

07 첫 번째 '항목' 열의 값은 필요가 없으므로 삭제합니다. '항목' 열을 선택하고 [홈] 탭-[열 관리] 그룹-[열 제거] 명령(🗙)을 클릭합니다.

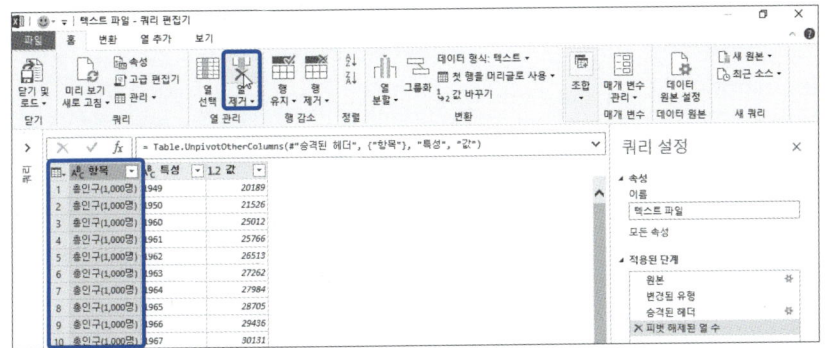

08 두 열(특성, 값)의 데이터 형식을 숫자로 변경합니다. '특성' 열과 '값' 열을 각각 선택하고 [홈] 탭-[변환] 그룹에서 [데이터 형식]을 [정수]로 변환합니다.

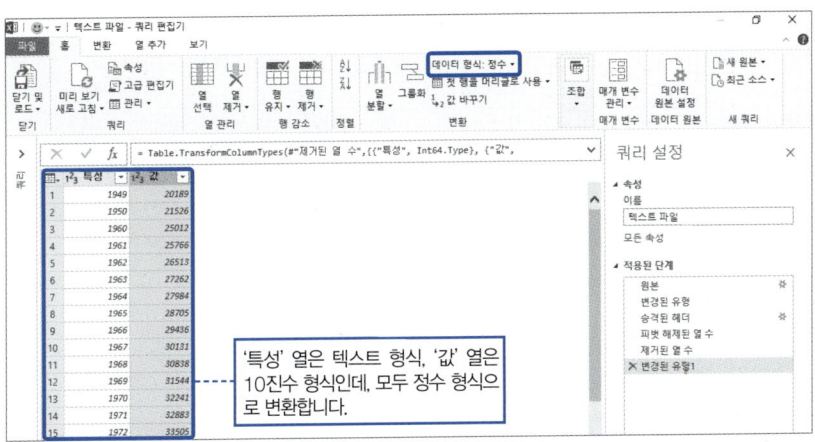

09 표의 열 머리글을 식별하게 쉽게 바꾸겠습니다. '특성' 열은 '연도'로, '값' 열은 '총인구'로 변경합니다. '쿼리 설정' 작업 창에서 '이름'을 '인구통계'로 변경하고 [홈] 탭-[닫기] 그룹-[닫기 및 로드] 명령(📥)을 클릭합니다.

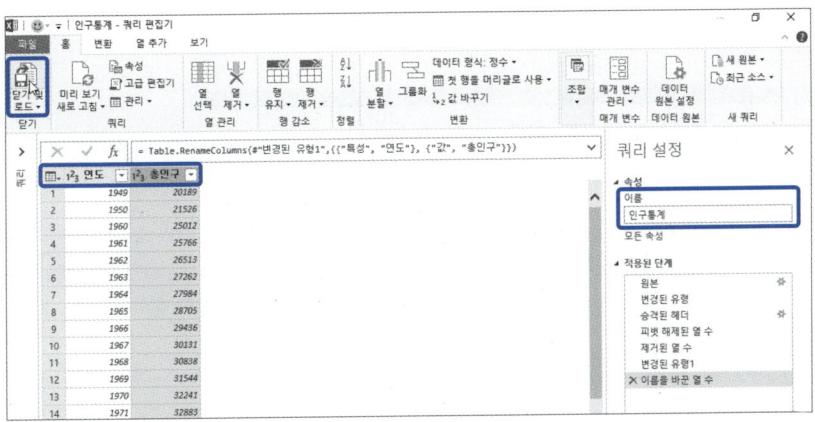

10 새 시트가 삽입되면서 쿼리 편집기에서 편집된 데이터가 그대로 반환됩니다.

11 A2:B61 범위를 선택한 후 [삽입] 탭-[차트] 그룹-[분산형 또는 거품형 차트 삽입] 명령을 클릭하고 '분산형' 그룹의 [직선이 있는 분산형] 차트를 선택하면 다음 화면과 같은 차트가 만들어집니다.

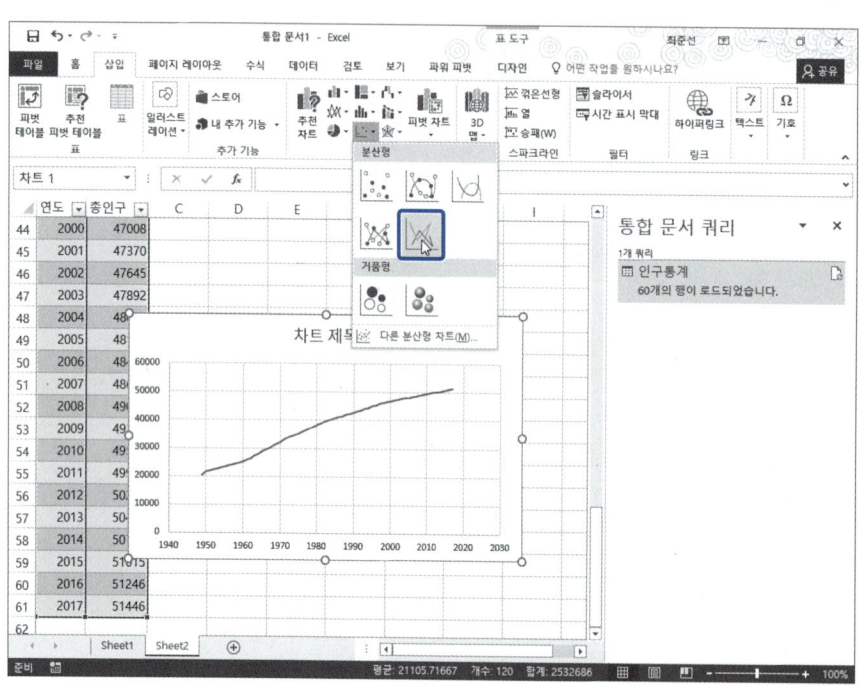

> **Plus⁺ 분산형 차트를 선택한 이유**
>
> 10 과정의 화면에서 A열의 연도를 보면 1949, 1950, 1960, 1961, … 이라는 값이 있습니다. 꺾은선형 차트를 생성하면 이 값의 간격이 모두 한 칸으로 동일하게 표시됩니다. 그런데 1949와 1950은 1년 차이지만 1950과 1960은 10년 차이이므로 숫자 값이 왜곡될 수 있습니다. 그러므로 숫자 값으로만 차트를 생성하는 분산형 차트를 사용해 X축의 간격도 정확하게 연도 차이를 반영하도록 한 것입니다.

웹 사이트의 데이터 가져오기

140

웹 사이트에 있는 다양한 데이터를 엑셀로 가져와 작업하고 싶은 경우에도 파워 쿼리를 이용할 수 있습니다. 파워 쿼리는 웹 사이트의 HTML 코드를 분석해 Table 태그를 사용하는 표를 찾아 원하는 표만 엑셀로 가져올 수 있도록 해 주므로, 웹 쿼리 기능에 비해 훨씬 사용하기 편리합니다. 물론 모든 웹 사이트의 데이터를 가져올 수 있는 것은 아니므로 데이터를 가져올 수 있는 사이트인지 여부를 먼저 확인해야 합니다. 웹 사이트의 데이터를 엑셀로 가져오는 방법에 대해 알아보겠습니다.

예제 파일 없음

01 웹 브라우저에 아래 주소를 입력하면 네이버에서 제공하는 국내 증시 정보를 확인할 수 있습니다. 이 페이지에 있는 표 중에서 '외국인 순매수' 표를 엑셀로 가져와 보겠습니다.

```
http://finance.naver.com/sise
```

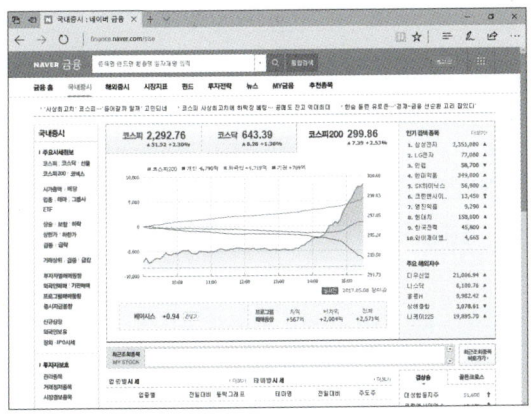
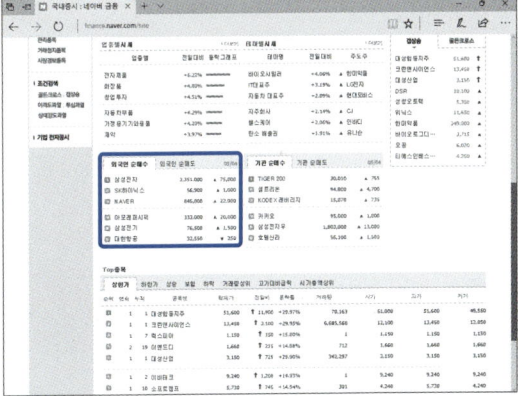

02 빈 엑셀 파일을 열고, 웹 사이트 데이터를 가져오기 위해 [데이터] 탭-[가져오기 및 변환] 그룹-[새 쿼리] 명령 내 [기타 원본에서]-[웹] 메뉴를 선택합니다.

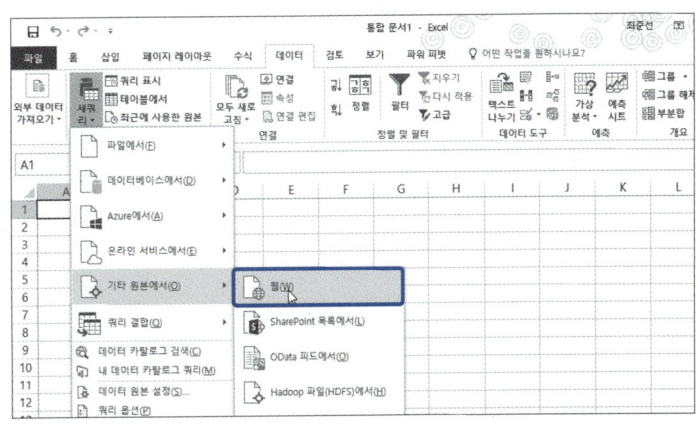

03 '웹에서' 창이 열리면 **01** 과정에서 확인한 웹 사이트 주소를 URL 입력 상자에 입력하고 〈확인〉 버튼을 클릭합니다.

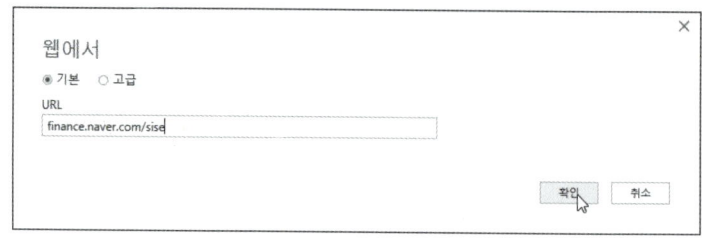

04 웹 사이트에 접속하면 '탐색 창'이 열리면서 해당 사이트에 있는 테이블이 목록에 표시됩니다. '외국인 순매수' 테이블을 선택하고 〈편집〉 버튼을 클릭합니다.

TIP 접속한 사이트에 table 태그로 구성된 표가 존재하지 않는다면, 표 목록에 아무것도 표시되지 않습니다.

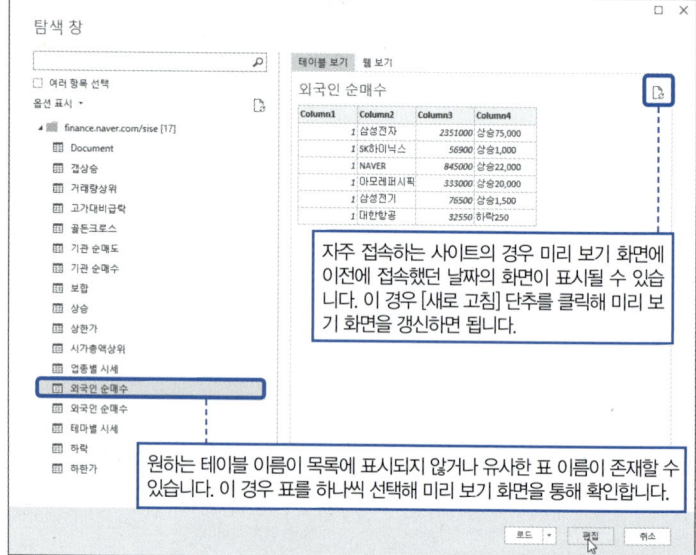

05 쿼리 편집기에 '외국인 순매수' 표의 데이터가 표시됩니다. 'Column1' 열은 필요하지 않으므로 삭제하겠습니다. 'Column1' 열을 선택하고 [홈] 탭-[열 관리] 그룹-[열 제거] 명령(🗙)을 클릭합니다.

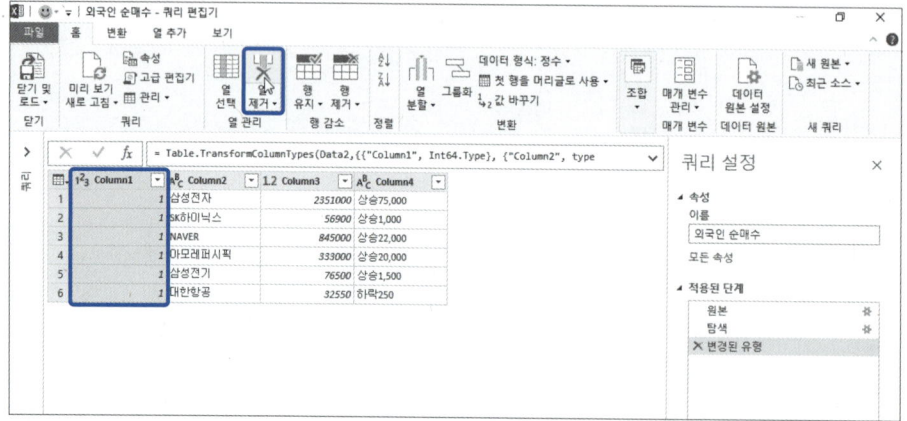

06 표의 머리글이 내용을 정확히 반영하도록 변경합니다. 'Column2' 열의 머리글을 더블클릭하고 '종목명'으로 변경합니다. 'Column3' 열과 'Column4' 열의 머리글도 '현재가'와 '전일비'로 변경합니다.

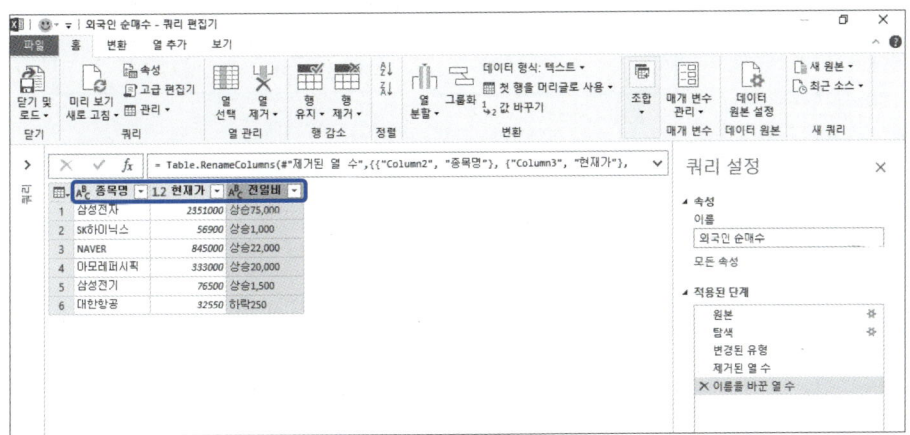

07 '전일비' 열을 숫자로 관리하려면 '상승', '하락' 문자는 삭제해야 합니다. '전일비' 열을 선택하고 [홈] 탭–[변환] 그룹–[값 바꾸기] 명령(🔁)을 클릭합니다.

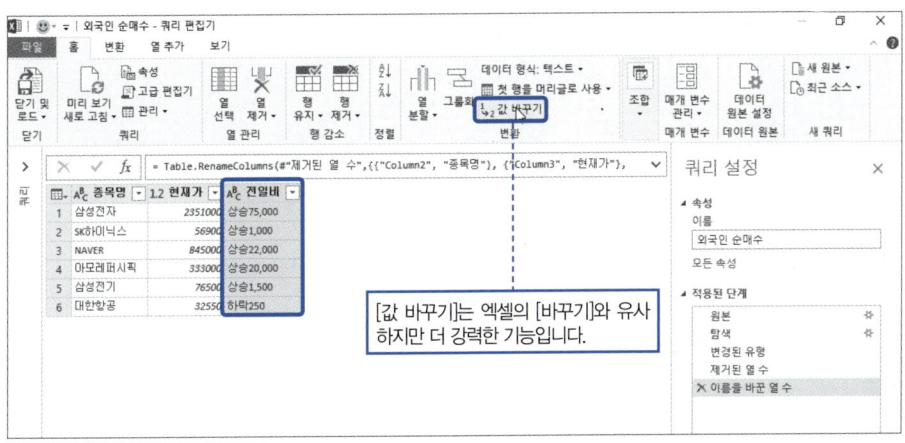

08 '값 바꾸기' 창이 열리면 '찾을 값'에 '상승'을 입력하고 '바꿀 항목'은 그대로 둔 채 〈확인〉 버튼을 클릭합니다.

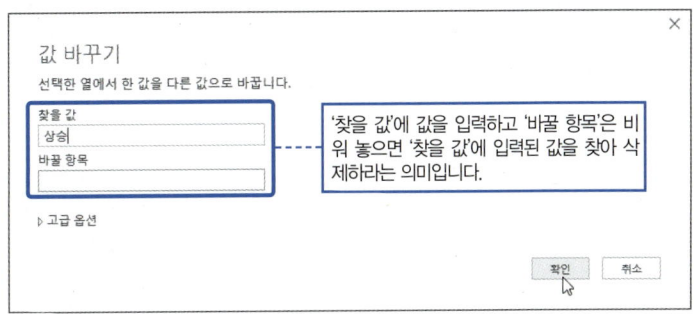

09 '하락'은 마이너스 값으로 변경해야 합니다. [홈] 탭-[변환] 그룹-[값 바꾸기] 명령( )을 클릭해 '값 바꾸기' 창을 열고 '찾을 값'에는 '하락'을, '바꿀 항목'에는 '-'를 입력한 후 〈확인〉 버튼을 클릭합니다.

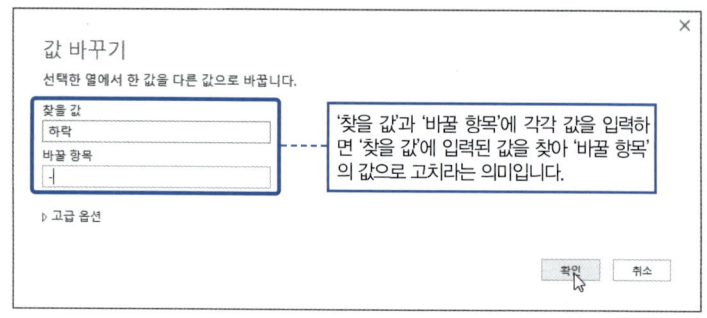

'찾을 값'과 '바꿀 항목'에 각각 값을 입력하면 '찾을 값'에 입력된 값을 찾아 '바꿀 항목'의 값으로 고치라는 의미입니다.

10 '전일비' 열의 데이터를 수정해도 숫자 값이 되는 것은 아니므로 데이터 형식을 변경하겠습니다. '전일비' 열을 선택하고 [홈] 탭-[변환] 그룹에서 [데이터 형식]을 [정수]로 변경합니다. 이제 [홈] 탭-[닫기] 그룹-[닫기 및 로드] 명령( )을 클릭해 편집된 데이터를 엑셀로 로드합니다.

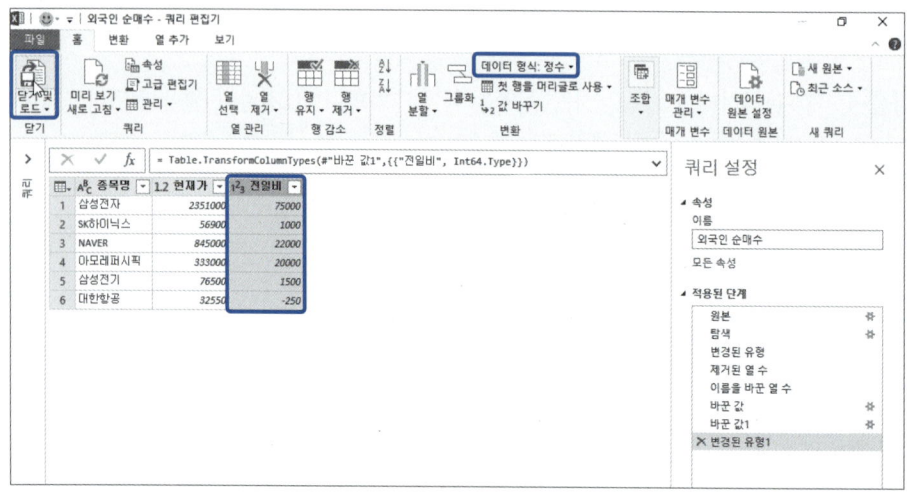

11 편집된 웹 페이지 데이터가 엑셀로 반환됩니다.

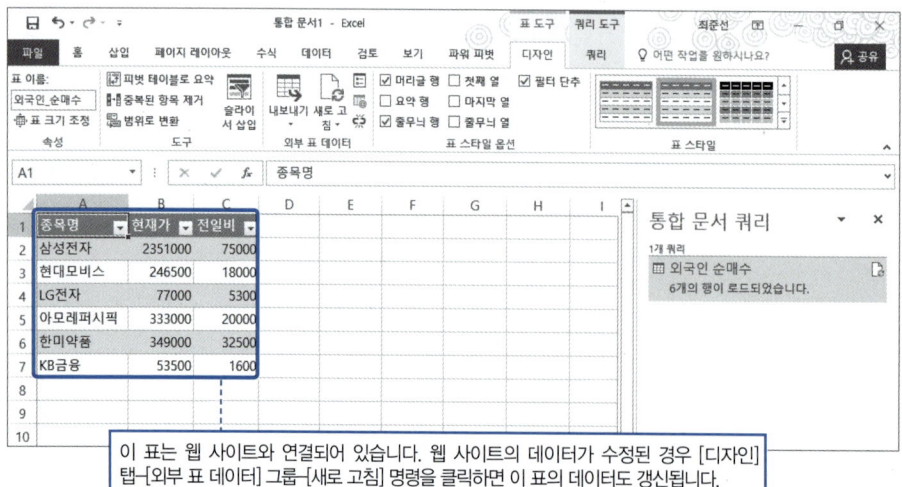

이 표는 웹 사이트와 연결되어 있습니다. 웹 사이트의 데이터가 수정된 경우 [디자인] 탭-[외부 표 데이터] 그룹-[새로 고침] 명령을 클릭하면 이 표의 데이터도 갱신됩니다.

XML 파일에서 데이터 가져오기

141

XML 파일의 데이터도 파워 쿼리를 이용해 가져올 수 있습니다. [데이터] 탭-[가져오기 및 변환] 그룹-[새 쿼리] 명령 내 [파일에서]-[XML에서] 메뉴를 선택해도 되지만, 이 방법은 좀 불편한 면이 있습니다. 그래서 리본 메뉴에 [개발 도구] 탭을 추가하고 [XML] 그룹 내의 명령을 사용하는 방법을 권장합니다. [개발 도구] 탭의 명령을 사용해 XML 데이터를 가져오는 방법에 대해 알아보겠습니다.

예제 파일 PART 03 \ CHAPTER 09 \ XML 파일.xml

01 엑셀을 처음 실행하면 리본 메뉴에 [개발 도구] 탭이 표시되어 있지 않습니다. 먼저 [개발 도구] 탭을 표시하는 작업을 진행하겠습니다.

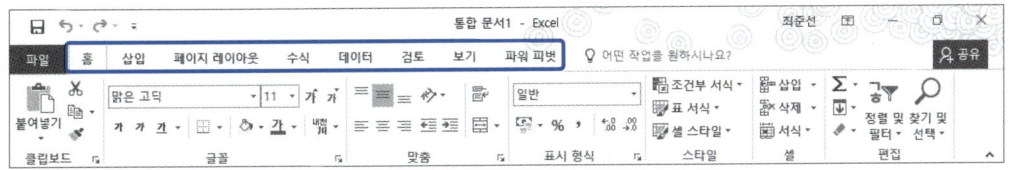

02 빈 파일을 하나 열고, 리본 메뉴의 [파일]-[옵션]을 클릭합니다. 'Excel 옵션' 대화상자가 열리면 '리본 사용자 지정' 범주를 선택하고 오른쪽 목록에서 '개발 도구' 확인란에 체크한 후 〈확인〉 버튼을 클릭해 [개발 도구] 탭을 추가합니다.

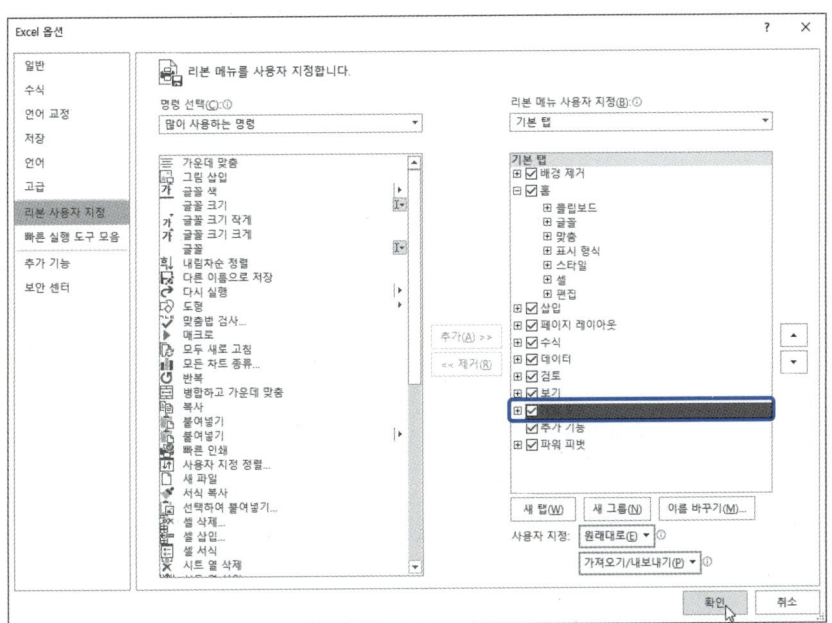

03 가져올 XML 파일을 먼저 확인합니다. 예제 폴더에 있는 'XML 파일.xml'을 웹 브라우저나 텍스트 편집 프로그램에서 열면 다음 화면과 같이 XML 태그로 구성된 화면을 볼 수 있습니다.

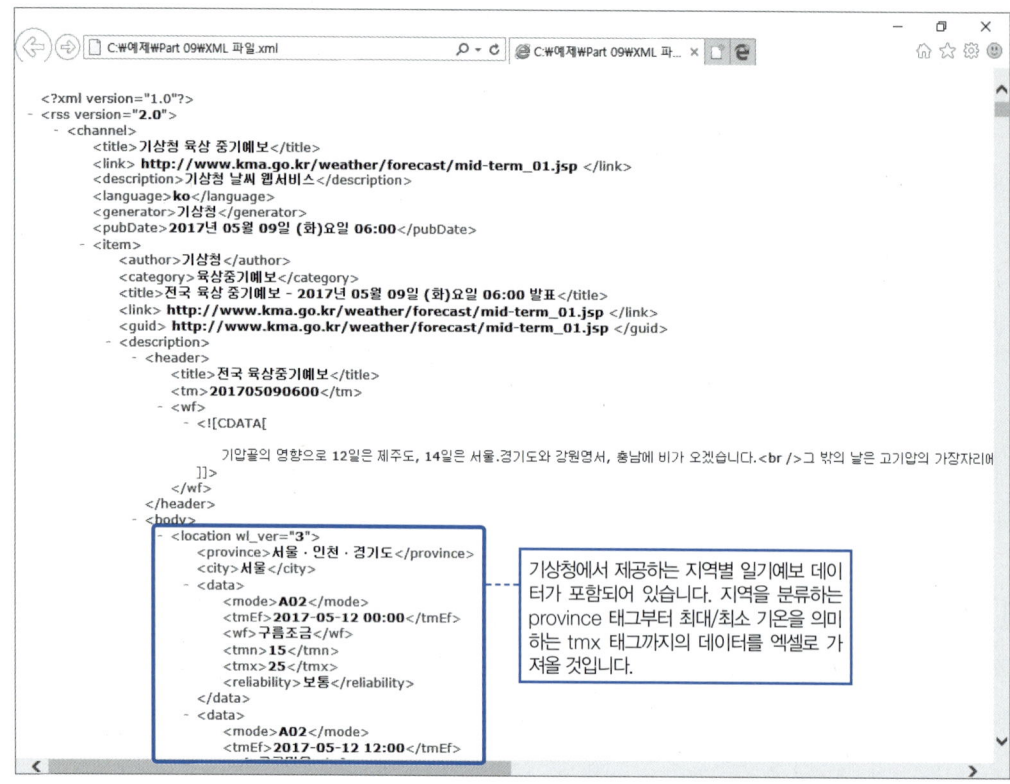

04 필요한 데이터가 담긴 XML 태그를 엑셀로 가져오겠습니다. [개발 도구] 탭-[XML] 그룹-[원본] 명령(🗔)을 클릭합니다. 'XML 원본' 작업 창이 표시되면 하단의 〈XML 맵…〉 버튼을 클릭합니다.

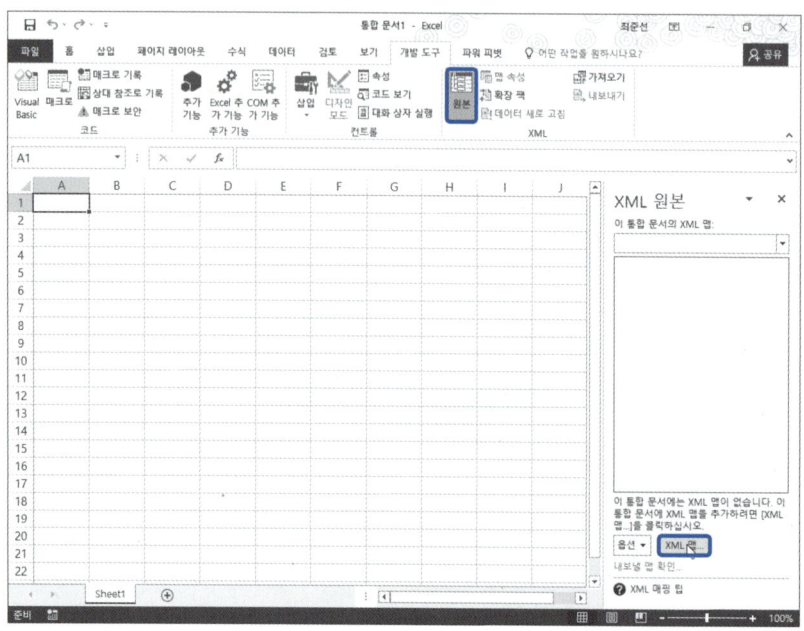

476 / PART 03 | 파워 쿼리

> **Plus⁺ 태그란?**
>
> XML이나 HTML에서 하나의 데이터를 저장하기 위한 단위를 의미하며, 구조는 다음과 같습니다.
>
> <시작 태그>데이터</종료 태그>
>
> 태그는 실제 데이터뿐만 아니라 문서 구조를 설명하는 다양한 값으로 구성되어 있으며, 구조화된 문서를 만드는 데 중요한 역할을 합니다. XML과 HTML 태그의 가장 대표적인 차이는 대/소문자 구분 여부입니다. XML 태그는 대/소문자를 구분하고, HTML 태그는 구분하지 않습니다.

05 'XML 맵' 대화상자가 열리면 〈추가〉 버튼을 클릭해 예제 파일을 열고 〈확인〉 버튼을 클릭합니다.

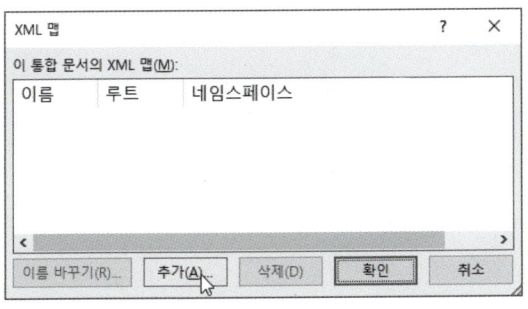 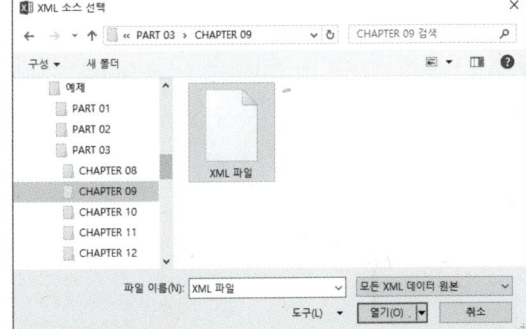

> **Plus⁺ XML 맵이란?**
>
> 엑셀로 XML 데이터를 가져오거나 내보내기할 때 XML 파일과 워크시트 내 셀/범위를 연동하기 위해 생성하는 개체를 'XML 맵'이라고 합니다. XML 파일의 구조를 설명하고 있는 스키마 파일이 따로 존재하지 않으면 엑셀에서 XML 파일을 분석해 자체적으로 맵을 생성합니다.

06 왼쪽 화면과 같은 경고 메시지 창이 표시되면 〈확인〉 버튼을 클릭합니다. 'XML 맵' 대화상자에서 스키마 파일을 확인하고 〈확인〉 버튼을 클릭합니다.

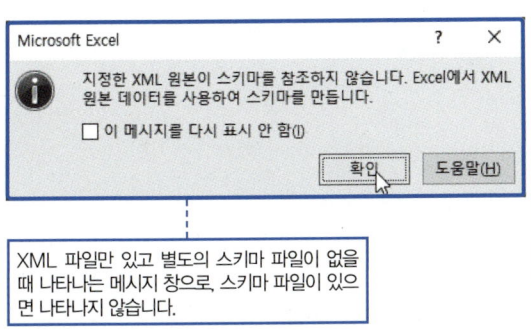 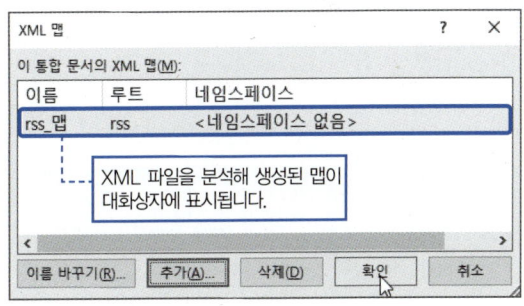

07 생성된 맵 정보에 의해 불려온 태그가 'XML 원본' 작업 창에 모두 표시됩니다.

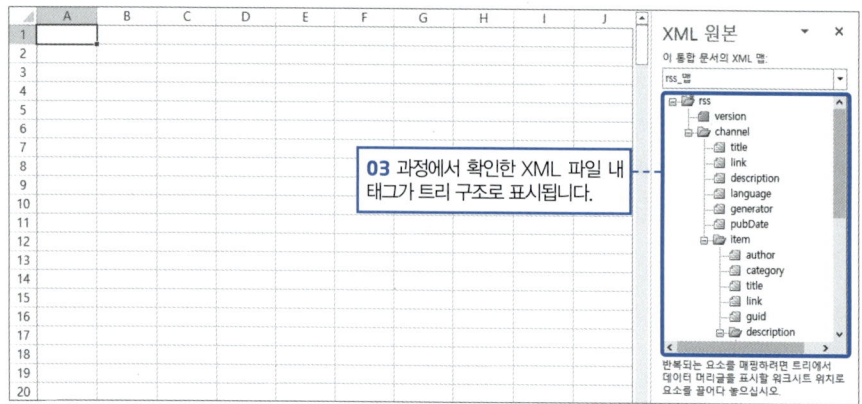

08 가져올 태그를 맵 목록에서 선택합니다. 가져올 태그가 있는 location 폴더에서 하위 태그를 모두 선택한 후, 제외할 태그(wl_ver, mode, reliability)를 Ctrl 키를 누른 채로 차례로 클릭합니다. 선택된 태그를 드래그해 A1셀(반환될 위치)에 드롭하면 해당 태그를 머리글로 사용하는 엑셀 표가 생성됩니다.

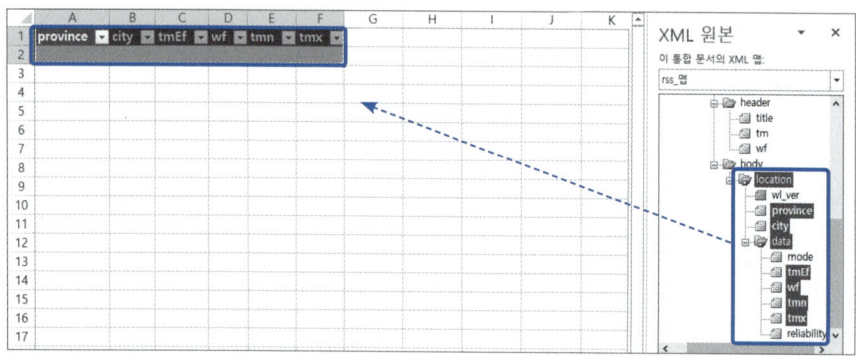

09 [디자인] 탭–[외부 표 데이터] 그룹–[새로 고침] 명령( )을 클릭하면 다음 화면과 같이 XML 데이터가 반환됩니다.

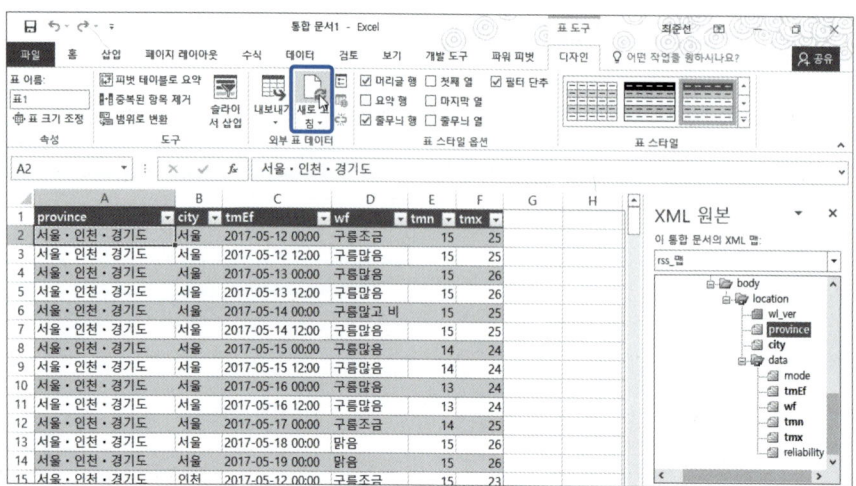

특정 폴더 내 파일 정보 가져오기 142

파워 쿼리를 이용하면, 특정 폴더에 있는 파일들의 정보를 엑셀로 가져올 수 있습니다. 또 정보를 가져온 파일의 워크시트, 엑셀 표, 이름 정의된 표를 하나로 취합할 수도 있습니다. 특정 폴더 내 파일을 인식하고 목록으로 불러오는 방법에 대해 알아보겠습니다.

\ 예제 파일 없음

01 빈 엑셀 파일을 열고, 예제로 제공되는 'CHAPTER 08' 폴더에 있는 파일들의 이름을 엑셀로 가져와 보겠습니다. [데이터] 탭-[가져오기 및 변환] 그룹-[새 쿼리] 명령 내 [파일에서]-[폴더에서] 메뉴를 선택합니다.

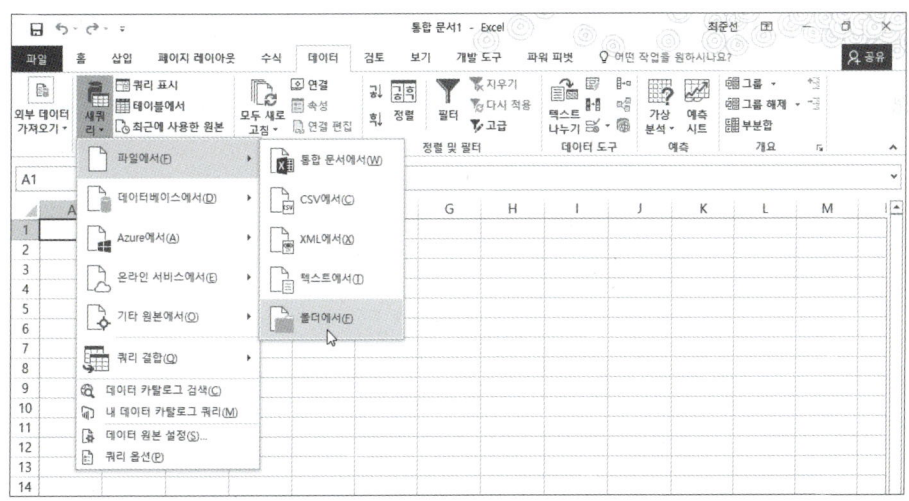

02 '폴더' 창이 표시되면 '폴더 경로'의 〈찾아보기〉 버튼을 클릭합니다.

03 '폴더 찾아보기' 대화상자가 열리면 예제 폴더 중 'CHAPTER 08'를 선택하고 〈확인〉 버튼을 클릭합니다. '폴더' 창에 선택한 폴더 경로가 표시되면 〈확인〉 버튼을 클릭합니다.

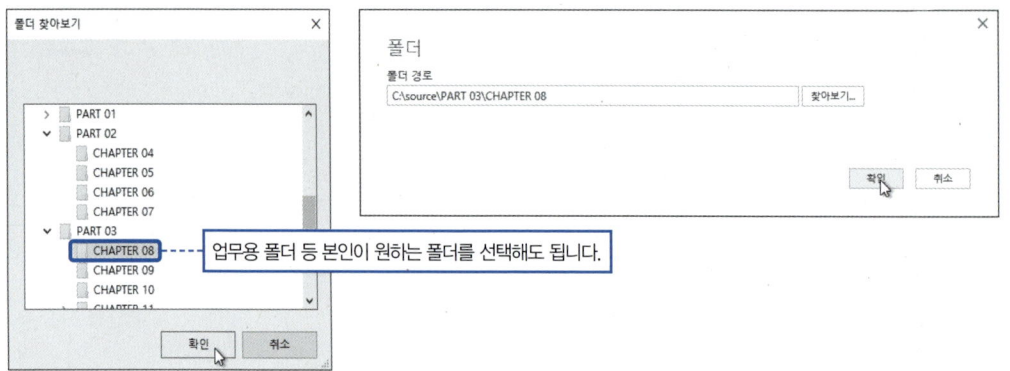

업무용 폴더 등 본인이 원하는 폴더를 선택해도 됩니다.

04 선택한 폴더의 파일 정보가 미리 보기 화면에 표시됩니다. 원하는 부분만 가져오기 위해 〈편집〉 버튼을 클릭합니다.

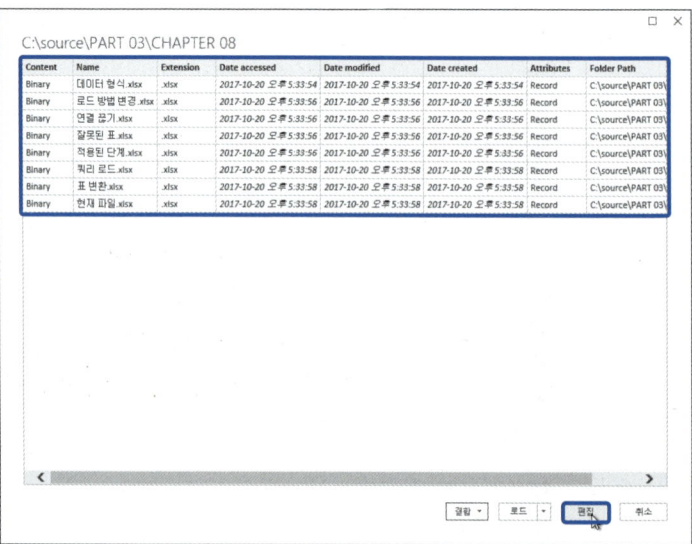

05 쿼리 편집기가 표시되면 'Name' 열을 선택하고 [홈] 탭-[열 관리] 그룹-[열 제거] 명령(⊠) 내 [다른 열 제거] 메뉴를 선택해 'Name' 열만 남기고 다른 열은 모두 삭제합니다.

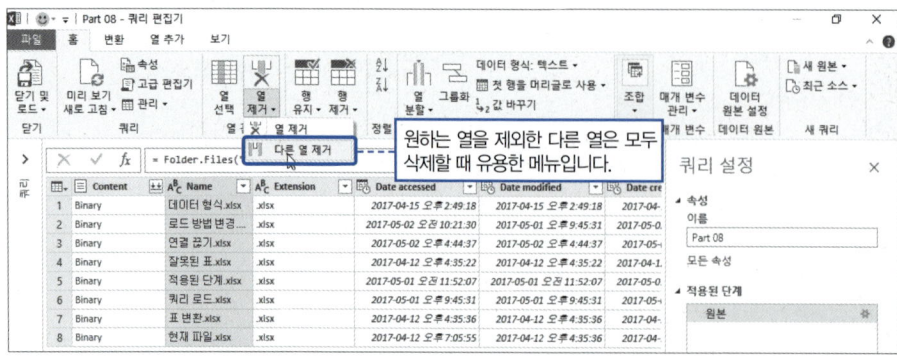

원하는 열을 제외한 다른 열은 모두 삭제할 때 유용한 메뉴입니다.

Plus⁺ 폴더 내 파일 제한

폴더 내 파일 중 특정 형식의 파일(예를 들면 xlsx, csv, txt, png 등)만 불러오고 싶다면, 'Extension' 열의 아래 화살표 단추를 클릭해 원하는 파일 형식만 필터링한 후 05 과정을 진행하면 됩니다.

또는 특정 시점의 파일(예를 들면 최근에 수정한 파일 등)만 확인하고 싶다면, 'Date modified' 열의 아래 화살표 단추를 클릭해 필터 목록에서 [날짜/시간 필터]를 선택하고 원하는 필터 조건을 설정하면 됩니다.

앞의 05 단계에서 열을 모두 삭제해 이 화면을 확인할 수 없다면, '쿼리 설정' 작업 창의 '적용된 단계' 목록에서 '제거된 다른 열 수' 단계를 삭제한 후 작업을 진행하면 됩니다.

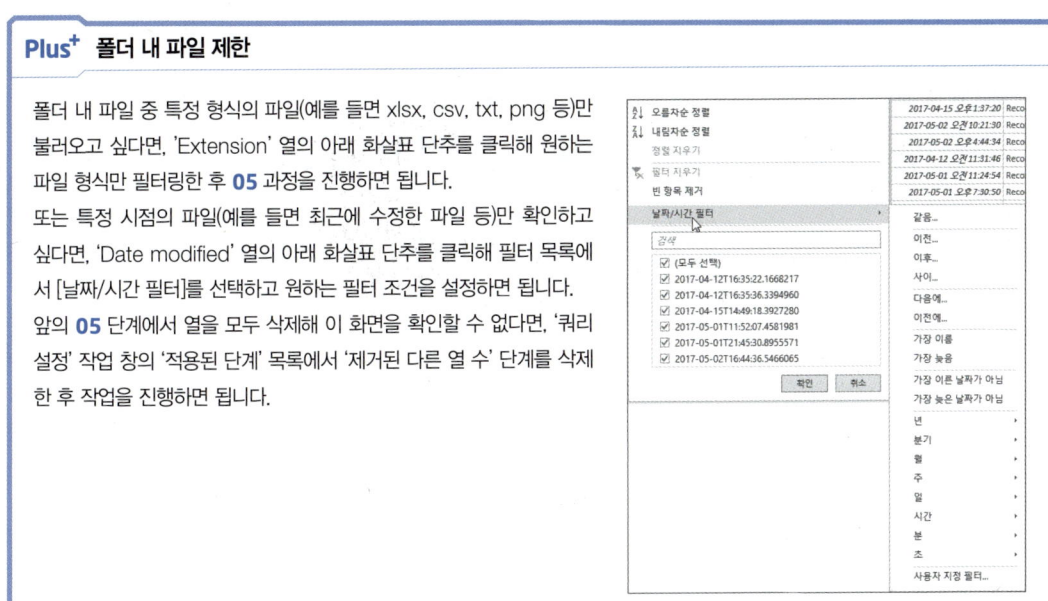

06 다른 열은 모두 삭제되고 Name 열만 남습니다. '쿼리 설정' 작업 창에서 '이름'을 '예제'로 변경하고 [홈] 탭-[닫기] 그룹-[닫기 및 로드] 명령(📄)을 클릭합니다.

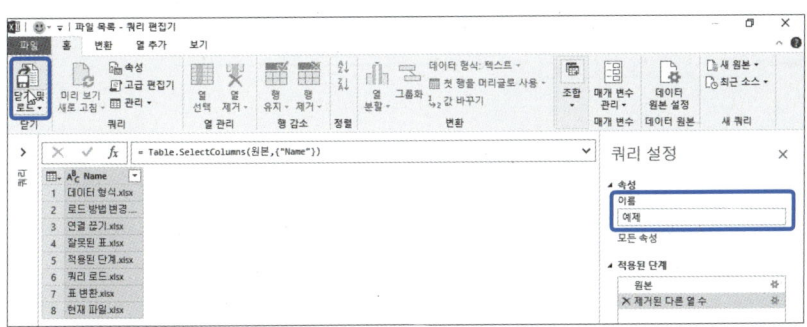

07 엑셀 창의 쿼리 편집기에서 편집한 파일 정보만 표시됩니다.

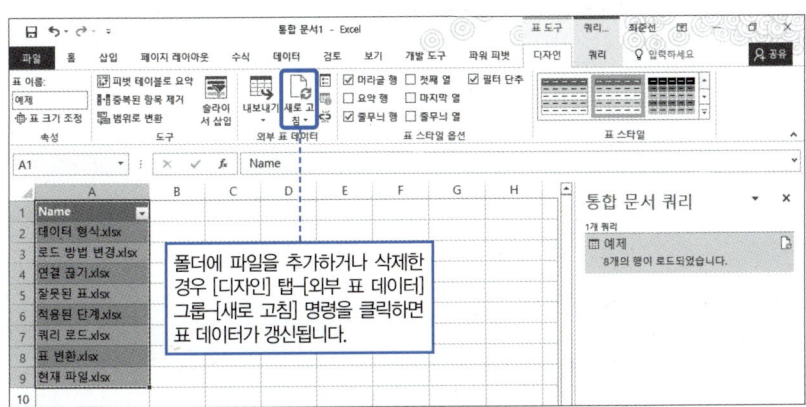

폴더에 파일을 추가하거나 삭제한 경우 [디자인] 탭-[외부 표 데이터] 그룹-[새로 고침] 명령을 클릭하면 표 데이터가 갱신됩니다.

👆 폴더에 파일을 추가하고 [새로 고침] 명령을 클릭해 확인해 봅니다.

143 폴더를 변경하거나 파일 이름을 수정한 경우 데이터 원본 재설정하기

쿼리는 항상 데이터 원본에 연결하여 편집된 데이터를 로드하므로, 폴더를 변경하거나 파일 이름을 수정하면 쿼리와 원본 데이터의 연결이 끊어집니다. 이런 경우에는 데이터 원본 설정을 변경하면 됩니다. 쿼리의 데이터 원본을 재설정하는 방법에 대해 알아보겠습니다.

예제 파일 PART 03 \ CHAPTER 09 \ 데이터 원본.xlsx

01 예제 파일을 열면 '보안 경고' 메시지 줄이 표시됩니다. 〈콘텐츠 사용〉 버튼을 클릭해 외부 데이터와 연결할 수 있도록 설정합니다.

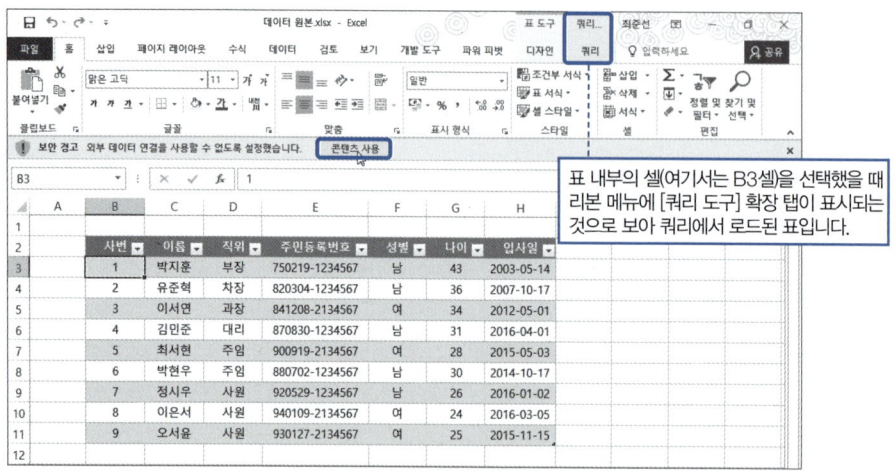

표 내부의 셀(여기서는 B3셀)을 선택했을 때 리본 메뉴에 [쿼리 도구] 확장 탭이 표시되는 것으로 보아 쿼리에서 로드된 표입니다.

02 [디자인] 탭-[외부 표 데이터] 그룹-[새로 고침] 명령( )을 클릭해 봅니다. 화면과 같은 경고 메시지 창이 표시되고, 데이터가 갱신되지 않습니다.

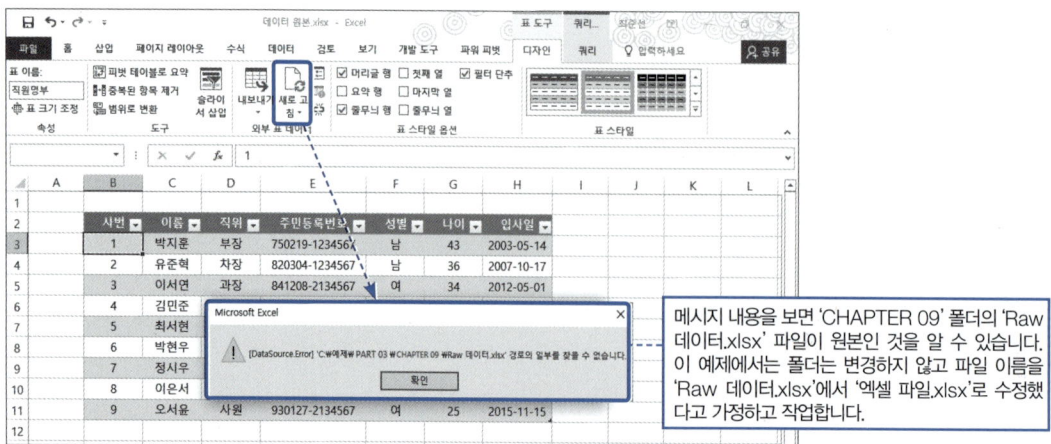

메시지 내용을 보면 'CHAPTER 09' 폴더의 'Raw 데이터.xlsx' 파일이 원본인 것을 알 수 있습니다. 이 예제에서는 폴더는 변경하지 않고 파일 이름을 'Raw 데이터.xlsx'에서 '엑셀 파일.xlsx'로 수정했다고 가정하고 작업합니다.

03 데이터 원본을 확인하고 변경하기 위해, [데이터] 탭-[가져오기 및 변환] 그룹-[새 쿼리] 명령 내 [데이터 원본 설정] 메뉴를 선택합니다.

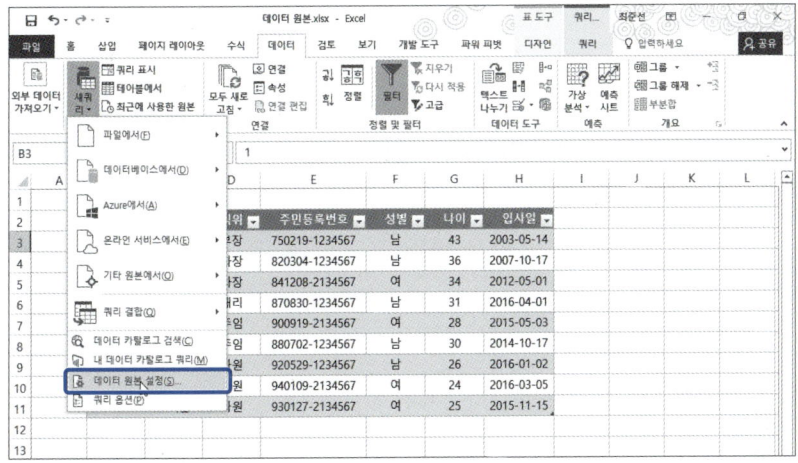

04 '데이터 원본 설정' 창이 열리면 〈원본 변경〉 버튼을 클릭합니다.

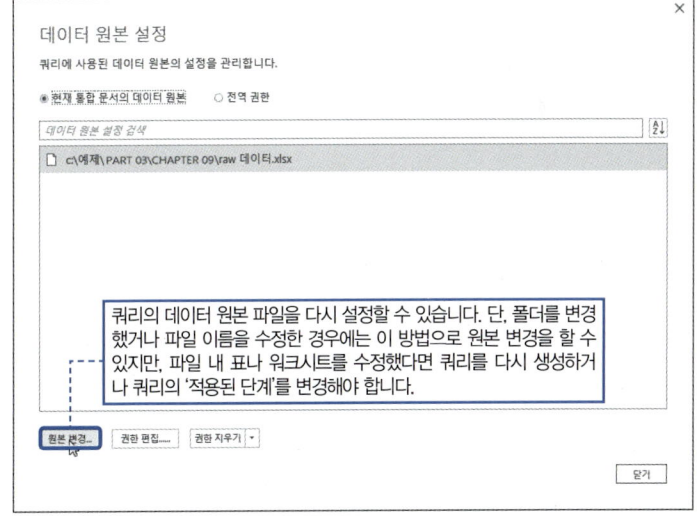

05 'Excel' 창이 열리면 〈찾아보기〉 버튼을 클릭해 원본 파일을 새로 지정합니다.

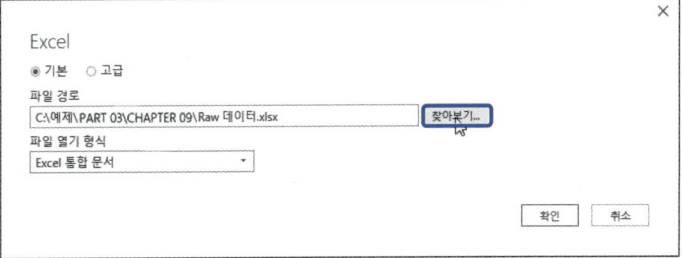

CHAPTER 09 | 외부 데이터 가져오기 / **483**

06 '데이터 가져오기' 대화상자에서 예제 폴더의 '엑셀 파일.xlsx'을 선택하고 〈가져오기〉 버튼을 클릭합니다.

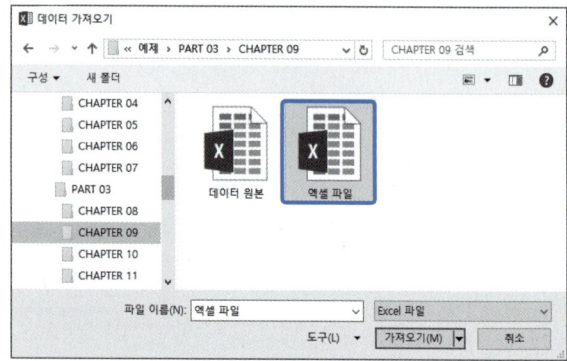

07 'Excel' 창의 '파일 경로'에 06 과정에서 선택한 파일 정보가 표시되면 〈확인〉 버튼을 클릭하고, '데이터 원본 설정' 대화상자도 〈닫기〉 버튼을 클릭해 닫습니다.

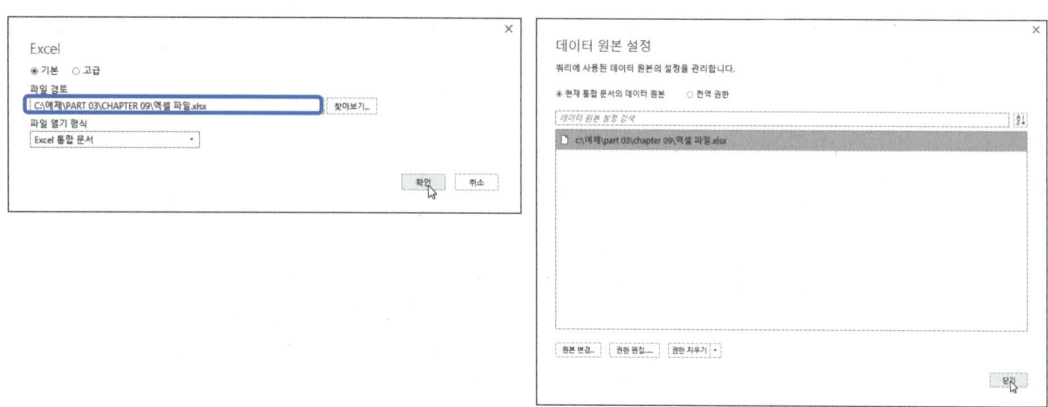

08 이제 [디자인] 탭-[외부 표 데이터] 그룹-[새로 고침] 명령(📄)을 클릭하면 에러 메시지 없이 데이터가 갱신됩니다.

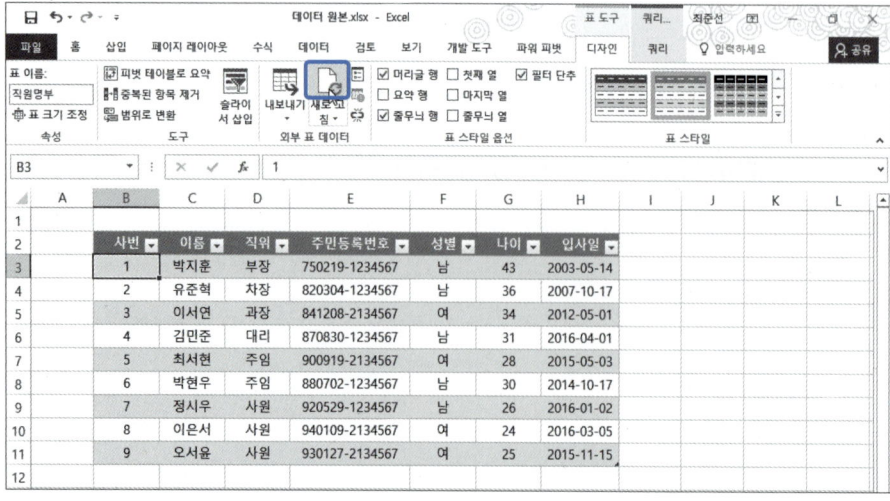

CHAPTER

10

쿼리 편집기의 표 변환 명령 이해하기

CHAPTER 09에서 살펴본 것처럼 파워 쿼리에는 다양한 표 변환 명령이 제공됩니다.
이미 경험한 표 변환 명령 중에는 [값 바꾸기]와 같이 엑셀에서 사용하던 명령도 있고,
[열 피벗 해제]와 같이 엑셀에서는 지원하지 않던 명령도 있습니다.
쿼리 편집기에서 제공되는 대부분의 편집 명령은 엑셀에서 제공되던 것을 더욱 발전시킨 형태이며,
추가로 엑셀에서 지원되지 않는 명령들을 다수 포함하고 있다고 생각하면 됩니다.
여기서는 쿼리 편집기에서 반드시 알아야 하는 명령들과
이를 이용해 표를 편집하는 방법을 구체적으로 설명합니다.

쿼리를 복제하거나 참조해 새로 만들기 144

쿼리 편집기의 [홈] 탭-[쿼리] 그룹에는 쿼리 자체를 컨트롤하는 데 유용한 몇 가지 명령이 있습니다. 미리 보기 화면을 새로 고치거나 쿼리를 복제하는 등의 명령을 제공하는데, 특히 복제 명령을 활용하면 하나의 쿼리를 복제해 원본 데이터를 편집하는 여러 개의 쿼리를 생성할 수 있습니다. 쿼리 편집기의 [홈] 탭-[쿼리] 그룹에 있는 명령들을 사용하는 방법에 대해 알아보겠습니다.

예제 파일 PART 03 \ CHAPTER 10 \ 쿼리.xlsx

01 예제 파일의 표를 쿼리 편집기에 전송하고, 생성된 쿼리를 여러 방법으로 복제해 사용해 보겠습니다. 표 내부의 셀을 하나 선택하고 [데이터] 탭-[가져오기 및 변환] 그룹-[테이블에서] 명령(▦)을 클릭해 쿼리 편집기에 표를 연결합니다.

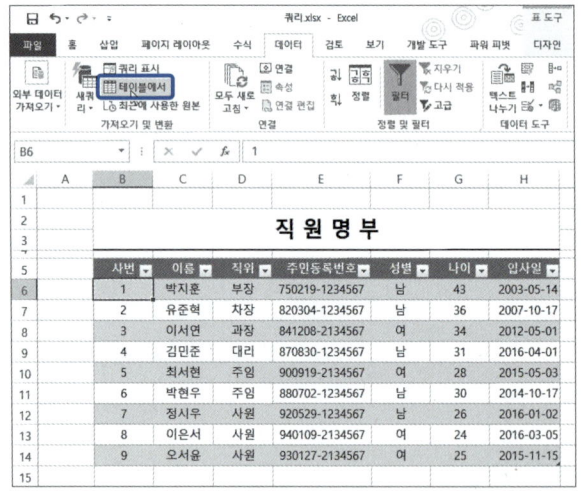

02 쿼리 편집기가 열리면 창 하단의 상태 표시줄 오른쪽에 '오후 6:45에 미리 보기가 다운로드됨'이라는 내용이 표시되어 있는 것을 볼 수 있습니다. 쿼리 편집기에 표를 연결한 시간을 의미합니다.

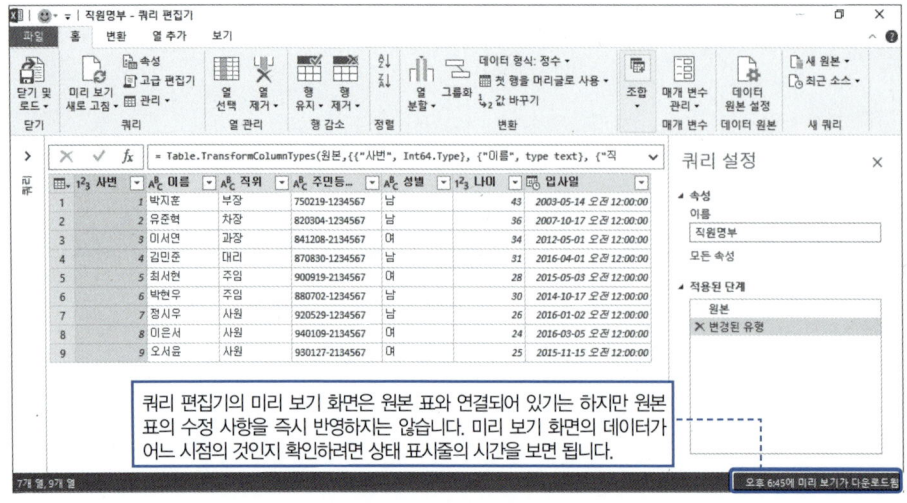

쿼리 편집기의 미리 보기 화면은 원본 표와 연결되어 있기는 하지만 원본 표의 수정 사항을 즉시 반영하지는 않습니다. 미리 보기 화면의 데이터가 어느 시점의 것인지 확인하려면 상태 표시줄의 시간을 보면 됩니다.

03 잠시 후에 [홈] 탭-[쿼리] 그룹-[미리 보기 새로 고침] 명령(🗔)을 클릭합니다. 표 데이터가 갱신되고, 상태 표시줄 오른쪽에 표시되는 시간도 고쳐집니다.

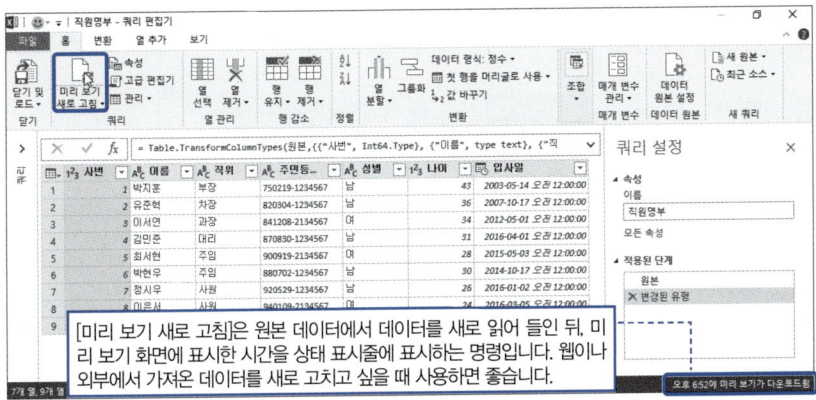

[미리 보기 새로 고침]은 원본 데이터에서 데이터를 새로 읽어 들인 뒤, 미리 보기 화면에 표시한 시간을 상태 표시줄에 표시하는 명령입니다. 웹이나 외부에서 가져온 데이터를 새로 고치고 싶을 때 사용하면 좋습니다.

04 편집 중인 쿼리를 복사하거나 연결해 새로운 쿼리를 만들 수도 있습니다. 쿼리의 복사본을 만들려면 [홈] 탭-[쿼리] 그룹-[관리] 명령 내 [복제] 메뉴를 선택합니다. 화면 왼쪽에 쿼리 탐색 창이 열리고, 새로 생성된 '직원명부(2)' 쿼리가 목록에 표시됩니다.

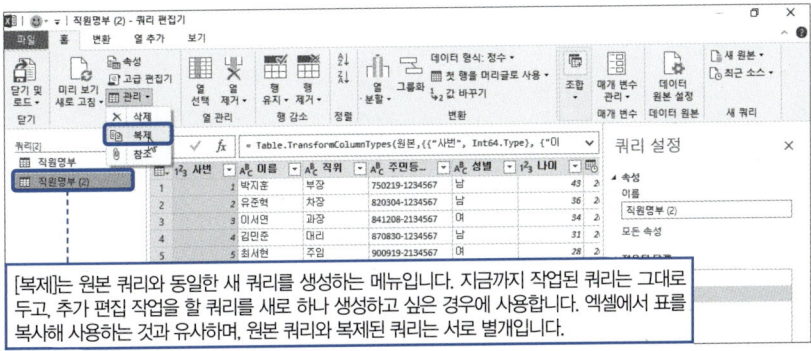

[복제]는 원본 쿼리와 동일한 새 쿼리를 생성하는 메뉴입니다. 지금까지 작업된 쿼리는 그대로 두고, 추가 편집 작업을 할 쿼리를 새로 하나 생성하고 싶은 경우에 사용합니다. 엑셀에서 표를 복사해 사용하는 것과 유사하며, 원본 쿼리와 복제된 쿼리는 서로 별개입니다.

05 쿼리를 연결해 복제할 수도 있습니다. 왼쪽의 쿼리 탐색 창에서 '직원명부' 쿼리를 다시 선택하고 [홈] 탭-[쿼리] 그룹-[관리] 명령 내 [참조] 메뉴를 선택합니다. '직원명부(3)' 쿼리가 새로 생성됩니다.

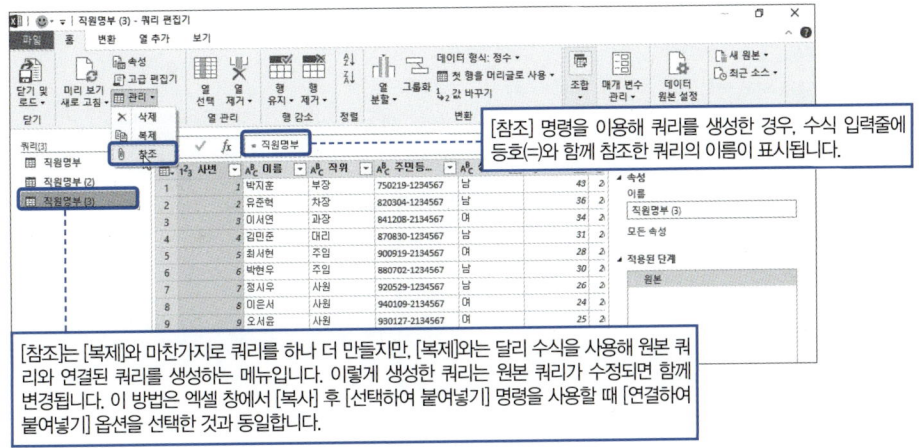

[참조] 명령을 이용해 쿼리를 생성한 경우, 수식 입력줄에 등호(=)와 함께 참조한 쿼리의 이름이 표시됩니다.

[참조]는 [복제]와 마찬가지로 쿼리를 하나 더 만들지만, [복제]와는 달리 수식을 사용해 원본 쿼리와 연결된 쿼리를 생성하는 메뉴입니다. 이렇게 생성한 쿼리는 원본 쿼리가 수정되면 함께 변경됩니다. 이 방법은 엑셀 창에서 [복사] 후 [선택하여 붙여넣기] 명령을 사용할 때 [연결하여 붙여넣기] 옵션을 선택한 것과 동일합니다.

06 원본 쿼리를 수정한 후 복제된 쿼리를 확인해 [복제]와 [참조]의 차이를 확인해 보겠습니다. 쿼리 탐색 창에서 '직원명부' 쿼리를 선택해 열고 '입사일' 열을 선택한 후 [홈] 탭-[변환] 그룹에서 [데이터 형식]을 [날짜]로 변경합니다.

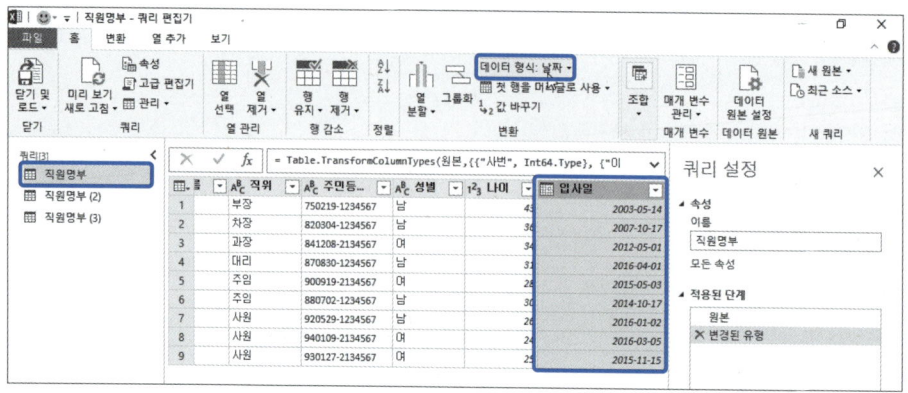

07 [복제] 명령으로 생성한 '직원명부 (2)' 쿼리를 선택해 보면, '입사일' 열의 값이 수정 전과 동일하게 날짜와 시간이 함께 표시되어 있습니다.

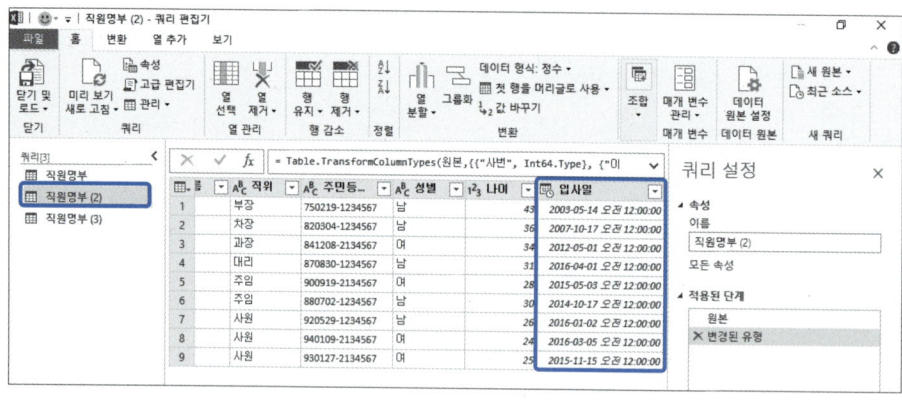

08 [참조] 명령으로 생성한 '직원명부 (3)' 쿼리를 선택해 보면, '입사일' 열의 값이 '직원명부' 쿼리에서 수정한 것처럼 '날짜' 형식으로 변경되어 있는 것을 확인할 수 있습니다.

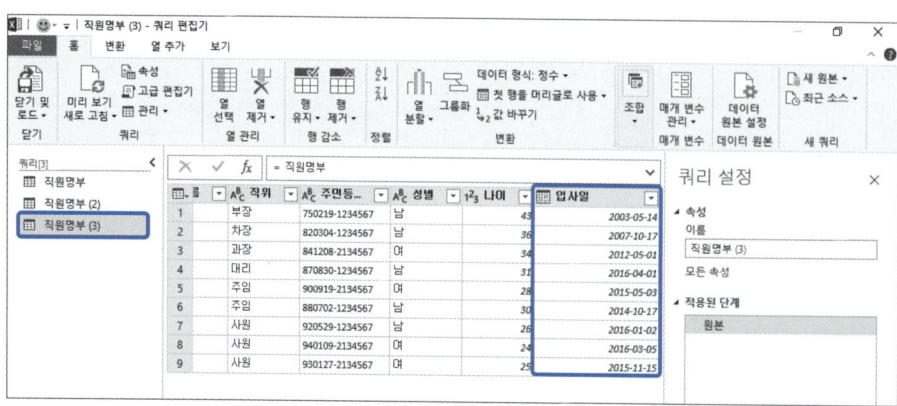

중복 없이 고유한 항목 값을 갖는 표로 변환하기

145

쿼리 편집기에 연결된 표에는 다양한 열/행이 있는데, 모든 열/행이 항상 필요한 것은 아닙니다. 쿼리 편집기의 [홈] 탭-[열 관리]/[행 감소] 그룹에는 필요한 열/행만 남겨 놓을 수 있는 다양한 명령이 있습니다. 쿼리 편집기의 명령을 사용해 필요한 열/행만 추출하는 방법에 대해 알아보겠습니다.

예제 파일 PART 03\CHAPTER 10\열, 행 관리.xlsx

01 예제 파일을 열고 표에서 A:D열 중 중복 없는 값만 쿼리로 반환받을 수 있도록 작업해 보겠습니다. 표 내부의 셀을 선택하고 [데이터] 탭-[가져오기 및 변환] 그룹-[테이블에서] 명령(🔲)을 클릭해 쿼리 편집기에 표를 연결합니다.

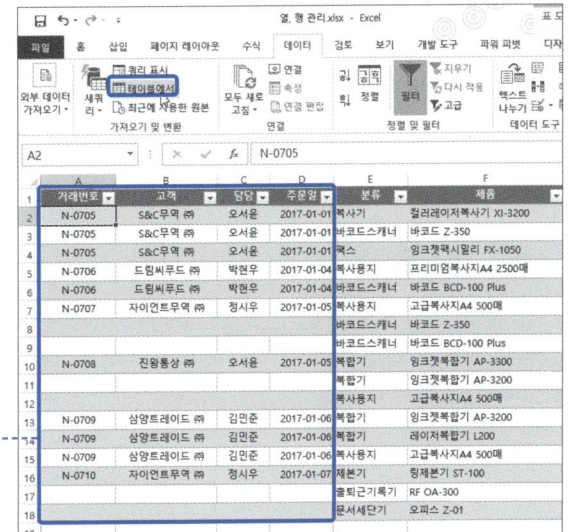

처리할 작업 내용만 보면 필요한 범위만 원하는 위치에 복사하고 [데이터] 탭-[데이터 도구] 그룹-[중복된 항목 제거] 명령을 사용해 결과를 얻는 것이 더 쉽지만, 그러면 원본 표에 데이터가 추가될 때마다 작업을 반복해야 합니다. 하지만 쿼리를 생성해 놓으면 표에 데이터가 추가되어도 갱신된 데이터에서 중복이 배제된 값만 얻을 수 있어 편리합니다.

02 쿼리 편집기가 열리면 '거래번호' 열부터 '주문일' 열까지만 남기기 위해, [홈] 탭-[열 관리] 그룹-[열 선택] 명령(🔲)을 클릭합니다. '열 선택' 창이 표시되면 '(모든 열 선택)' 항목의 체크를 해제하고 '거래번호', '고객', '담당', '주문일' 열만 체크한 후 〈확인〉 버튼을 클릭합니다.

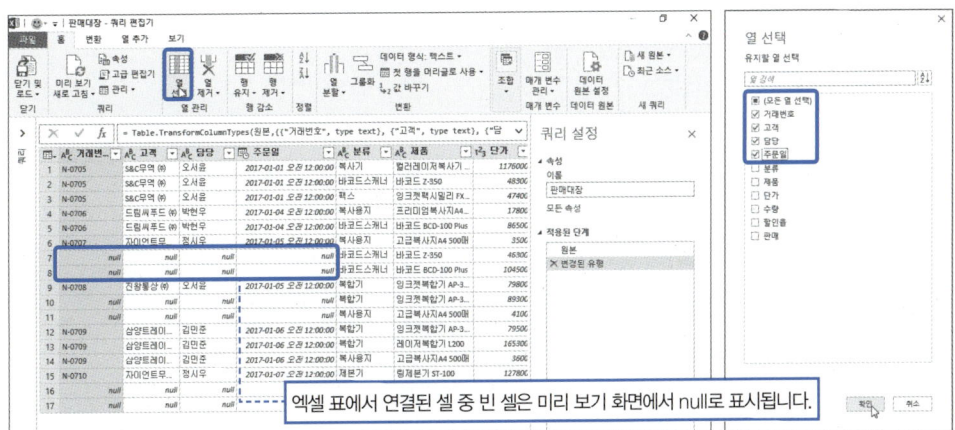

엑셀 표에서 연결된 셀 중 빈 셀은 미리 보기 화면에서 null로 표시됩니다.

03 선택된 열만 쿼리 편집기에 표시되고 나머지 열은 모두 제거됩니다. 이 작업을 다른 방법으로 한 번 더 해 보겠습니다. '적용된 단계'에서 '제거된 다른 열 수' 항목 왼쪽의 '삭제' 단추(X)를 클릭해 **02** 과정의 작업을 취소합니다.

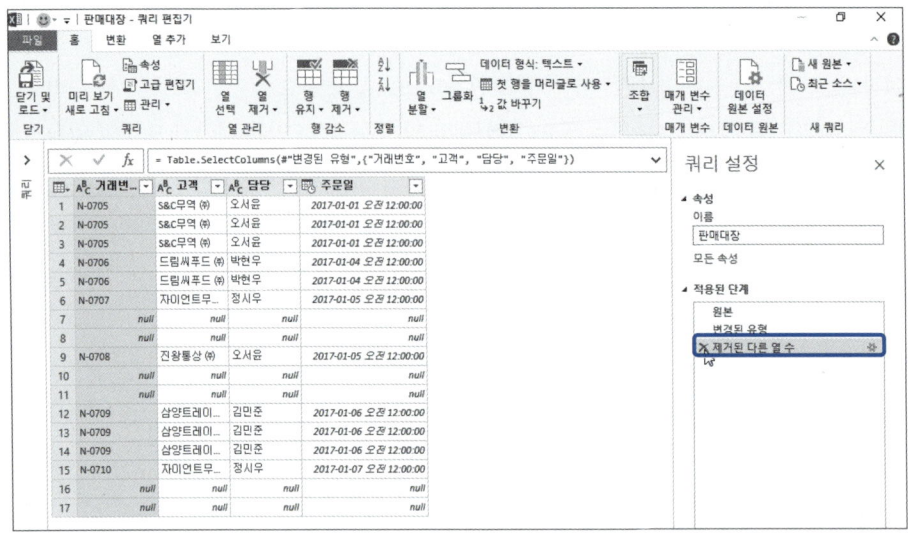

> **Plus⁺ [열 선택] 명령**
>
> [열 선택] 명령은 기존에 사용했던 [열 제거] 명령과 유사하면서 열을 선택하는 방법으로, 나머지 열을 제거하는 방법으로 동작합니다. [열 선택] 명령은 복잡한 표에서 서로 떨어져 있는 열 중에서 필요한 열만 선택해 표시하고 나머지 열은 한 번에 삭제하고 싶을 때 유용합니다.

04 사용할 열('거래번호', '고객', '담당', '주문일')만 선택하고, [홈] 탭-[열 관리] 그룹-[열 제거] 명령(🗙) 내 [다른 열 제거] 메뉴를 선택합니다.

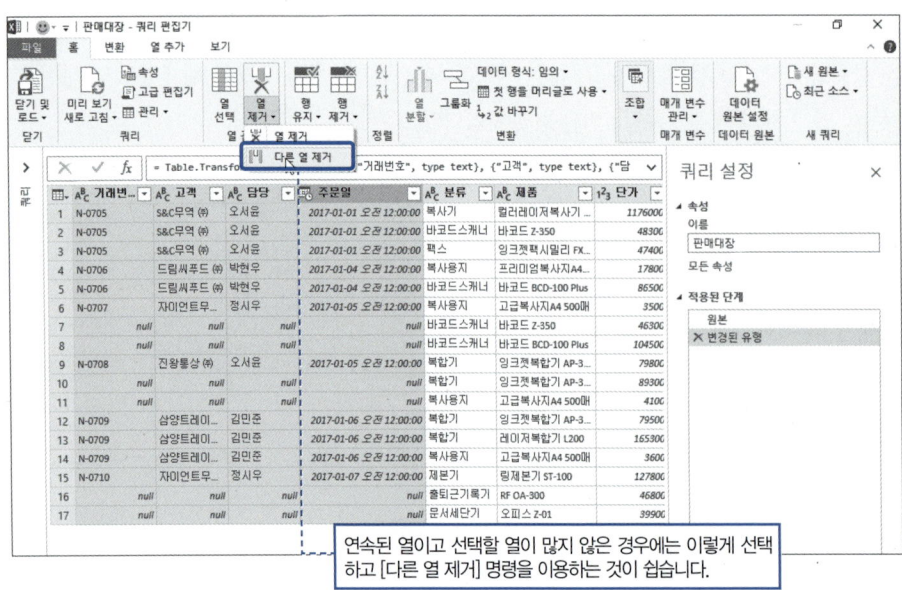

연속된 열이고 선택할 열이 많지 않은 경우에는 이렇게 선택하고 [다른 열 제거] 명령을 이용하는 것이 쉽습니다.

05 사용할 열만 남고 다른 열은 모두 제거됩니다. 이제 아무 값도 입력되지 않은 빈 행을 모두 삭제하겠습니다. [홈] 탭-[행 감소] 그룹-[행 제거] 명령 내 [빈 행 제거] 메뉴를 선택합니다.

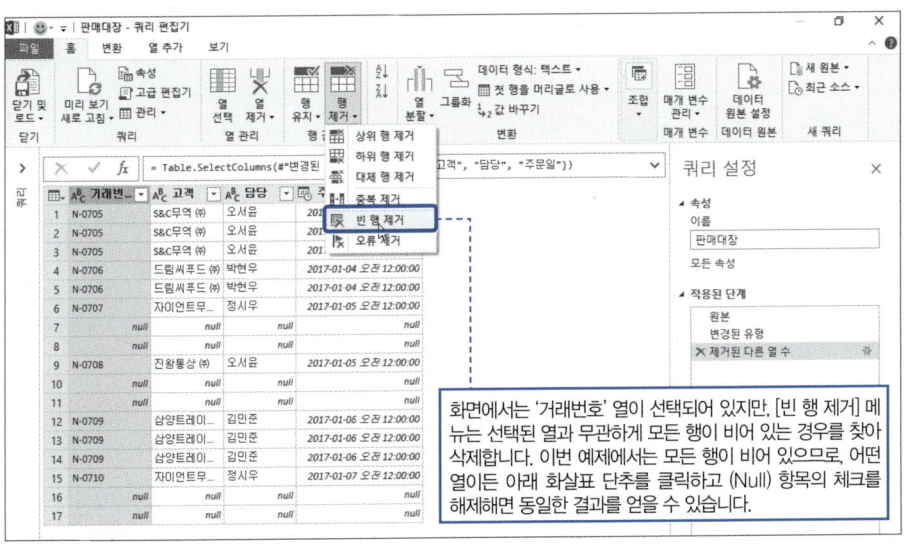

06 null 값을 가진 행만 삭제됩니다. 마지막으로 중복된 데이터를 모두 삭제하기 위해 [홈] 탭-[행 감소] 그룹-[행 제거] 명령 내 [중복 제거] 메뉴를 선택합니다.

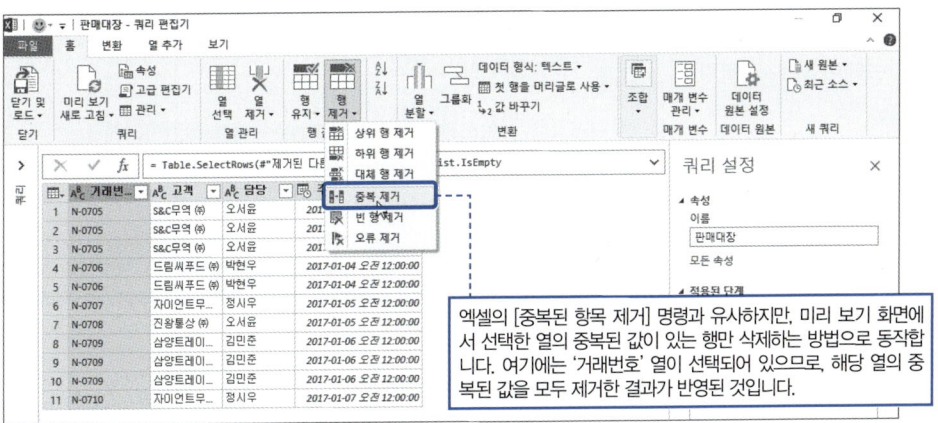

07 중복된 값은 제거되고 고유한 항목만 남습니다.

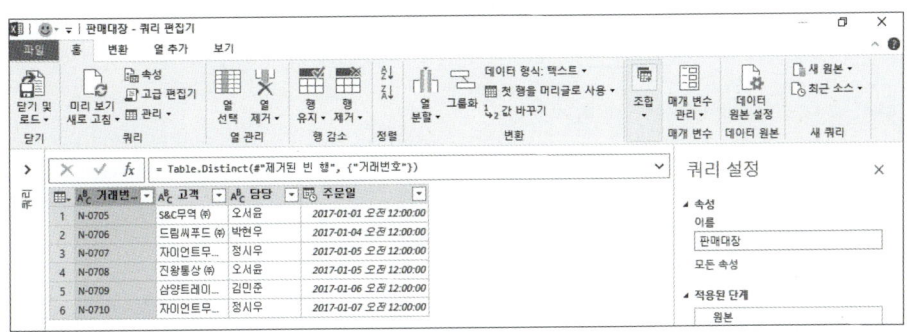

146 쿼리에서 열을 나누고 간단하게 요약하기

피벗 테이블 보고서 정도는 아니지만 쿼리 편집기에서도 데이터를 요약할 수 있습니다. 쿼리 편집기의 [홈] 탭-[변환] 그룹에는 데이터를 요약할 때 사용할 수 있는 유용한 명령들이 있습니다. 이번에 설명하는 명령은 다양한 쿼리 생성에 중요하게 사용되므로 사용 방법을 잘 알아두어야 합니다. 쿼리를 이용해 간단하게 표를 요약하는 방법에 대해 알아보겠습니다.

예제 파일 PART 03 \ CHAPTER 10 \ 열분할과 그룹화.xlsx

01 예제 파일에는 회사와 거래 중인 업체의 데이터가 입력된 표가 있습니다. 지역(시도)별로 거래하는 업체 수를 세는 작업을 파워 쿼리를 이용해서 해 보겠습니다. 쿼리 편집기에 표를 연결하기 위해, 표 내부의 셀을 선택하고 [데이터] 탭-[가져오기 및 변환] 그룹-[테이블에서] 명령(▦)을 클릭합니다.

'주소' 열에서 시도 값만 잘라, 거래 중인 업체 수가 지역별로 얼마나 되는지 요약할 것입니다. 이때 주의할 점은 입력 방법이 통일되어 있지 않다는 것입니다. 예를 들어 서울은 '서울시'와 '서울특별시' 두 가지 방법으로 입력되어 있습니다.

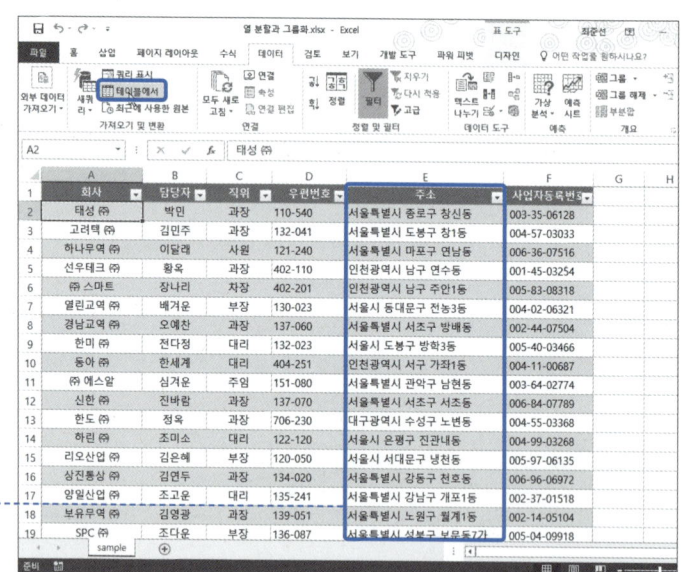

02 쿼리 편집기가 열립니다. '주소' 열에서 시도 명만 잘라내겠습니다. '주소' 열을 선택하고 [홈] 탭-[변환] 그룹-[열 분할] 명령 내 [구분 기호 기준] 메뉴를 선택합니다.

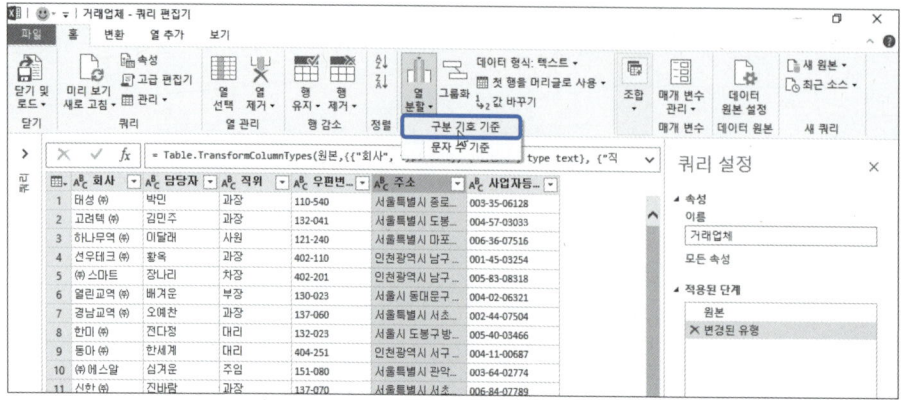

03 '구분 기호로 열 분할' 창이 표시되면 '분할' 옵션을 [맨 왼쪽 구분 기호에서]로 변경하고 〈확인〉 버튼을 클릭합니다.

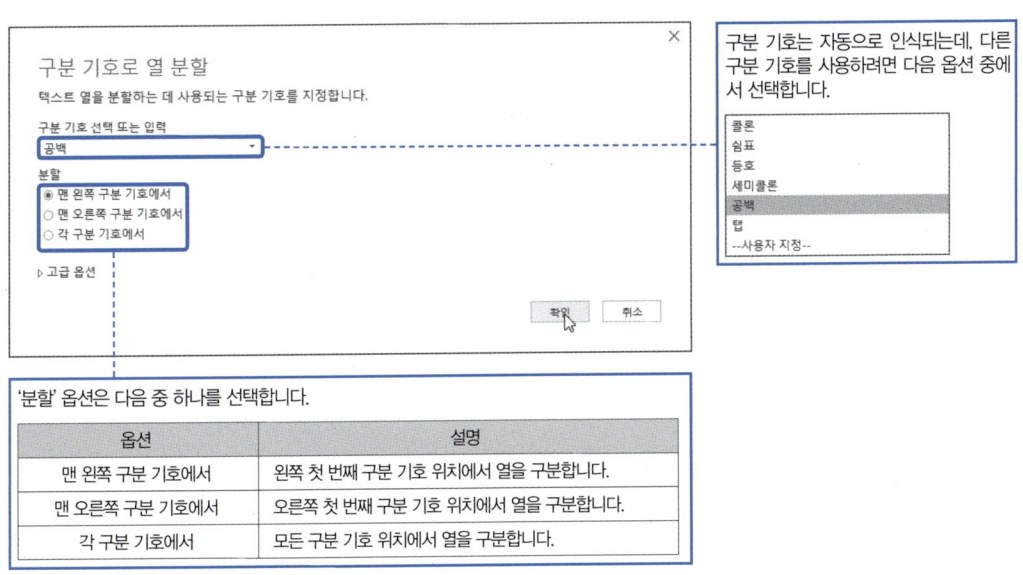

'분할' 옵션은 다음 중 하나를 선택합니다.

옵션	설명
맨 왼쪽 구분 기호에서	왼쪽 첫 번째 구분 기호 위치에서 열을 구분합니다.
맨 오른쪽 구분 기호에서	오른쪽 첫 번째 구분 기호 위치에서 열을 구분합니다.
각 구분 기호에서	모든 구분 기호 위치에서 열을 구분합니다.

> **Plus+** '구분 기호로 열 분할' 창의 '고급 옵션' 이해하기
>
> '구분 기호로 열 분할' 창은 엑셀의 [텍스트 나누기] 명령과 동일해 보이지만, '분할' 옵션에서도 확인할 수 있듯이 열을 구분하는 좀 더 다양한 방법을 지원합니다. 두드러지는 특징은 구분할 값을 '열'뿐 아니라 '행'으로도 구분할 수 있다는 점입니다. '구분 기호로 열 분할' 창의 '고급 옵션'을 확장하면 '열'(기본 값)과 '행' 중 하나를 선택할 수 있는데, '행'을 선택하면 구분된 값이 새로운 행에 써집니다.
>
>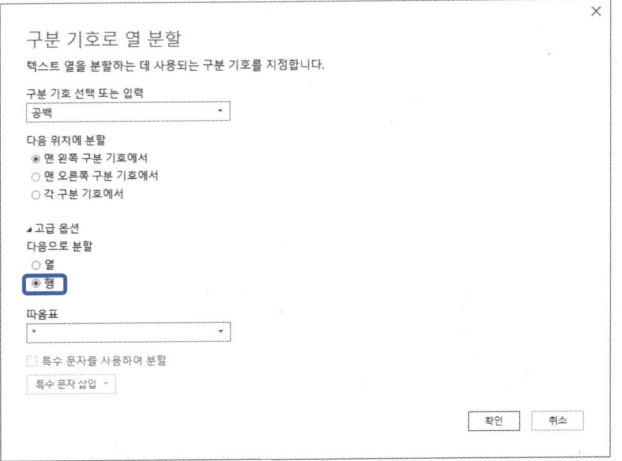
>
> 다음은 '행' 옵션을 사용해 데이터를 구분한 경우의 미리 보기 화면입니다.
>
> | | 회사 | 담당자 | 직위 | 우편번호 | 주소 | 사업자등록... |
> | --- | --- | --- | --- | --- | --- | --- |
> | 1 | 태성㈜ | 박민 | 과장 | 110-540 | 서울특별시 | 003-35-06128 |
> | 2 | 태성㈜ | 박민 | 과장 | 110-540 | 종로구 창신동 | 003-35-06128 |
> | 3 | 고려텍㈜ | 김민주 | 과장 | 132-041 | 서울특별시 | 004-57-03033 |
> | 4 | 고려텍㈜ | 김민주 | 과장 | 132-041 | 도봉구 창1동 | 004-57-03033 |
> | 5 | 하나무역㈜ | 이달래 | 사원 | 121-240 | 서울특별시 | 006-36-07516 |
> | 6 | 하나무역㈜ | 이달래 | 사원 | 121-240 | 마포구 연남동 | 006-36-07516 |
> | 7 | 선우테크㈜ | 황옥 | 과장 | 402-110 | 인천광역시 | 001-45-03254 |
> | 8 | 선우테크㈜ | 황옥 | 과장 | 402-110 | 남구 연수동 | 001-45-03254 |
> | 9 | ㈜스마트 | 장나리 | 차장 | 402-201 | 인천광역시 | 005-83-08318 |
> | 10 | ㈜스마트 | 장나리 | 차장 | 402-201 | 남구 주안1동 | 005-83-08318 |
>
> 이렇게 열/행을 구분하는 방법은 표를 편집할 때 매우 중요하게 쓰일 수 있으므로, 사용 방법을 잘 알아두어야 합니다.

04 '주소' 열이 '주소.1' 열과 '주소.2' 열로 구분됩니다. '주소.1' 열의 데이터를 보면 시도명이 통일되어 있지 않습니다. 이것을 통일하기 위해 값을 고치겠습니다. '주소.1' 열을 선택하고 [홈] 탭-[변환] 그룹-[값 바꾸기] 명령(🔁)을 클릭합니다.

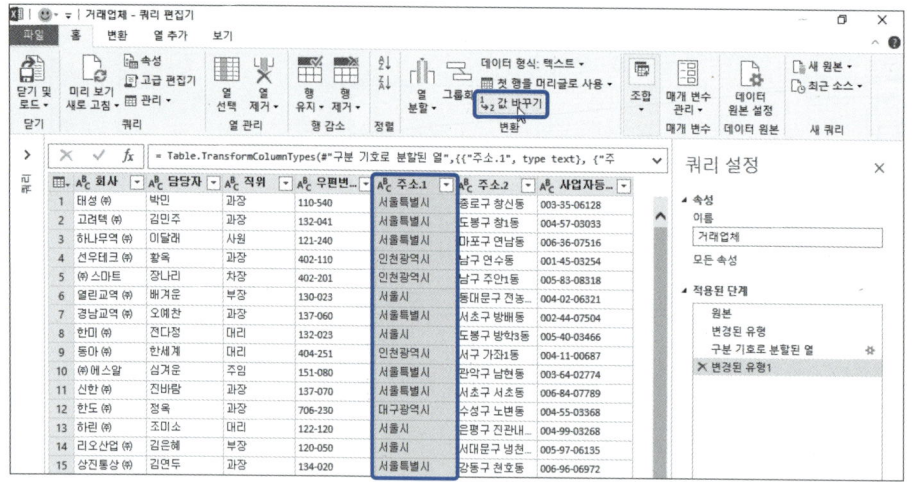

05 '값 바꾸기' 창이 표시되면 '찾을 값'에는 '서울시'를, '바꿀 항목'에는 '서울특별시'를 입력하고 〈확인〉 버튼을 클릭해 값을 고칩니다.

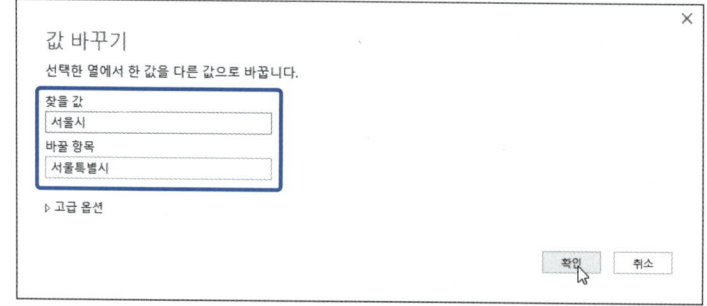

06 그러면 '주소.1' 열에서 '서울시'가 모두 '서울특별시'로 변경되면서 시도 명이 통일됩니다. 이제 시도 별로 거래 업체 수를 확인하기 위해, '주소1' 열이 선택된 상태에서 [홈] 탭-[변환] 그룹-[그룹화] 명령(🔁)을 클릭합니다.

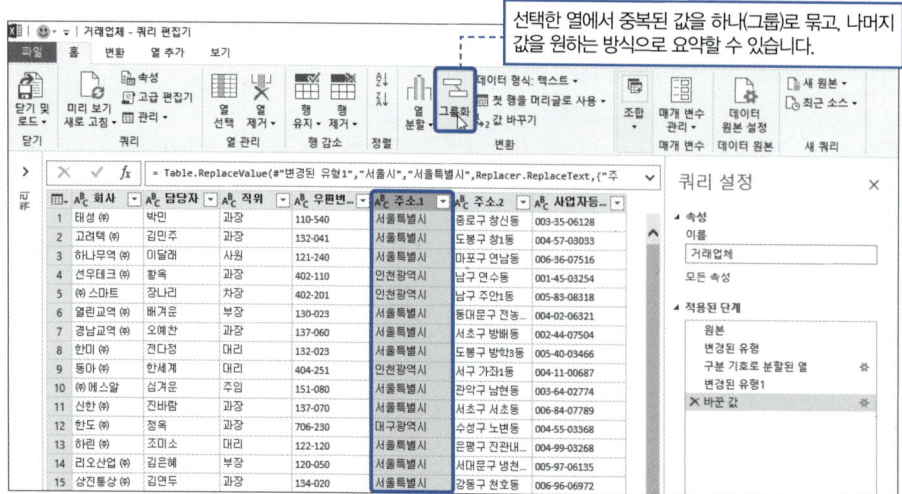

07 '그룹화' 창이 표시되면, '새 열 이름'을 '거래처수'로 변경하고 〈확인〉 버튼을 클릭합니다.

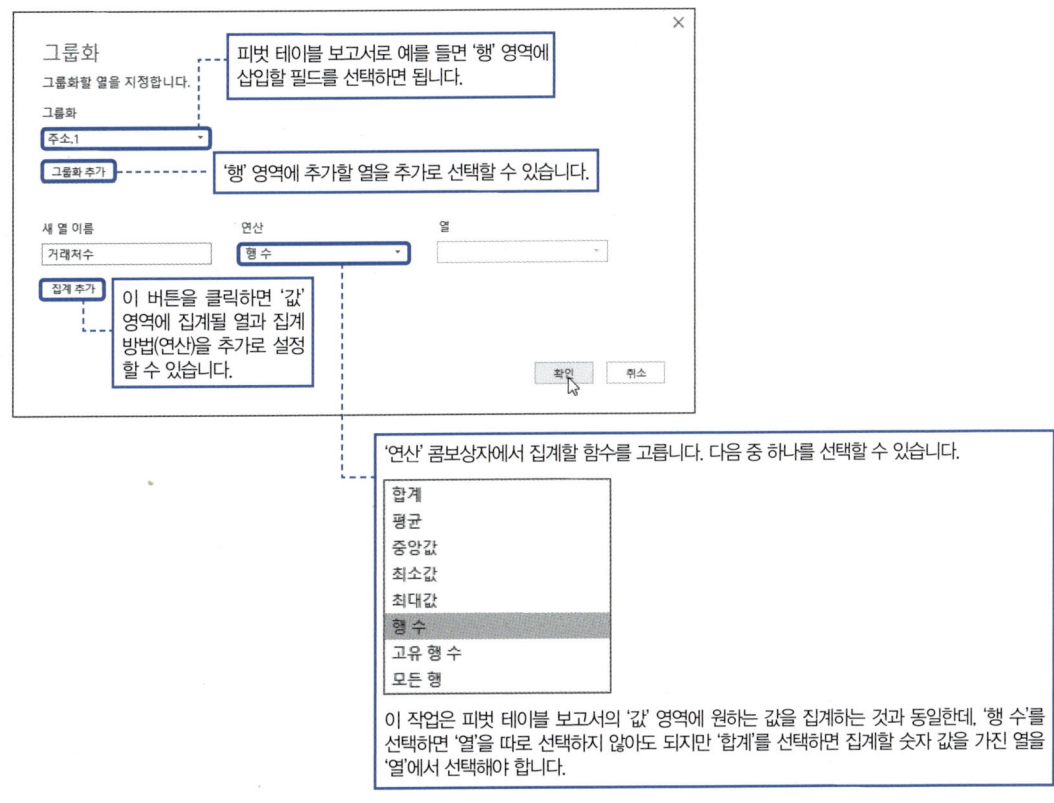

08 시도별 거래처 수를 쿼리 편집기에서 확인할 수 있습니다.

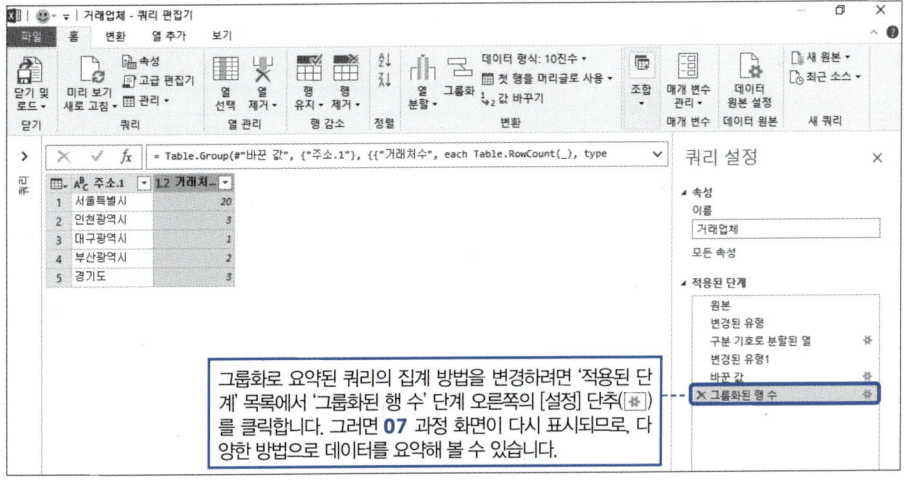

매개 변수를 이용해 시나리오 설계하기

147

엑셀에는 변수 값의 변화에 따라 달라지는 계산 결과 값을 표시할 수 있는 시나리오 기능이 있습니다. 파워 쿼리에도 이와 유사한 매개 변수 기능이 있습니다. 이 기능을 이용하면 매개 변수에 변경할 변수의 값을 저장해 놓고 변수의 값이 변경됨에 따라 쿼리의 계산된 열의 결과가 어떻게 바뀌는지 확인하면서 작업할 수 있습니다. 파워 쿼리의 매개 변수를 이용하는 방법에 대해 알아보겠습니다.

예제 파일 PART 03 \ CHAPTER 10 \ 매개 변수.xlsx

01 예제 파일에는 견적을 받아 정리된 표가 있습니다. 견적 내역의 총합이 현재 522만 2650원인데, 이를 500만 원에 근접하게 만들고 싶은 경우 적절한 할인율을 파워 쿼리를 이용해 알아보겠습니다. 표 내부의 셀을 하나 선택하고 [데이터] 탭-[가져오기 및 변환] 그룹-[테이블에서] 명령(▦)을 클릭해, 쿼리 편집기에 표를 연결합니다.

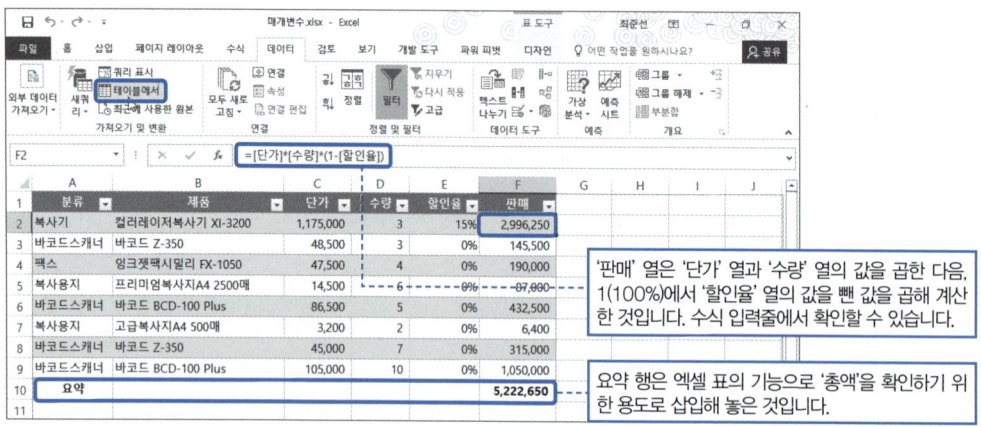

02 쿼리 편집기에 엑셀 표 데이터가 표시되면, 요약 행을 먼저 제거합니다. '분류' 열의 아래 화살표 단추를 클릭하고 필터 목록에서 '요약' 항목의 체크를 해제한 후 〈확인〉 버튼을 클릭합니다.

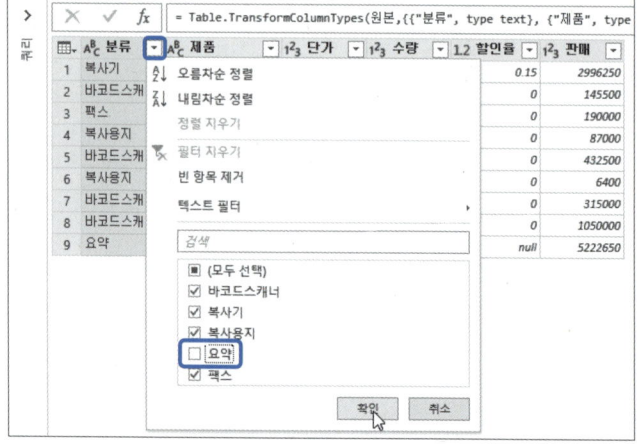

03 '할인율' 열의 값을 최대 15%까지 5%씩 조정해 보기 위해, 조정할 값을 매개 변수에 등록합니다. [홈] 탭-[매개 변수] 그룹-[매개 변수 관리] 명령 내 [새 매개 변수] 메뉴를 선택합니다.

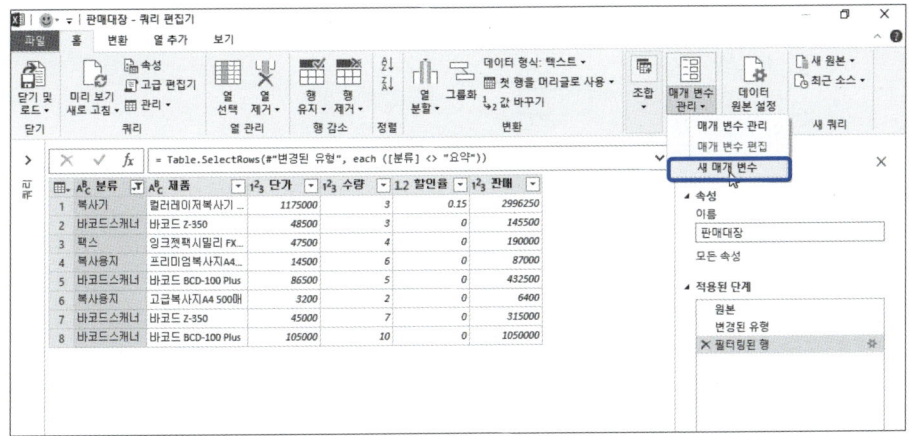

04 '매개 변수' 창이 열리면 '이름'을 '할인율조정'으로 설정하고, '형식'은 '10진수'로, '제안 값'은 '값 목록'으로 변경한 후 하위 목록에 '0%', '5%', '10%', '15%'를 입력합니다. '기본값'과 '현재 값'은 모두 '0(0%)'으로 설정하고 〈확인〉 버튼을 클릭합니다.

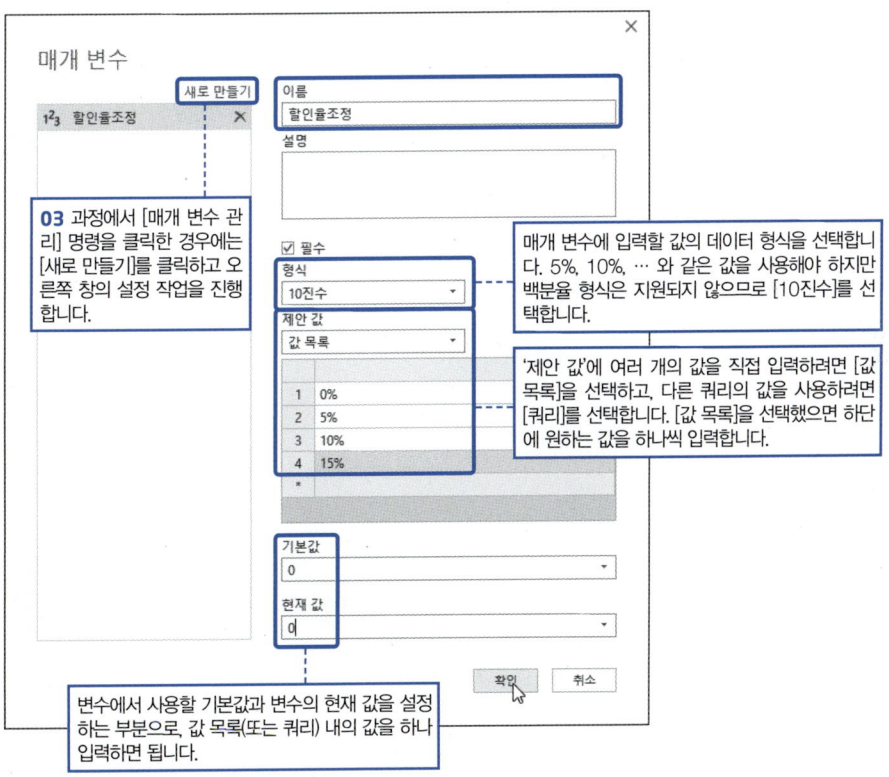

05 '할인율' 열의 값이 매개 변수에 따라 변경되도록 설정하겠습니다. '할인율' 열을 선택하고 [홈] 탭-[변환] 그룹-[값 바꾸기] 명령(🔁)을 클릭합니다.

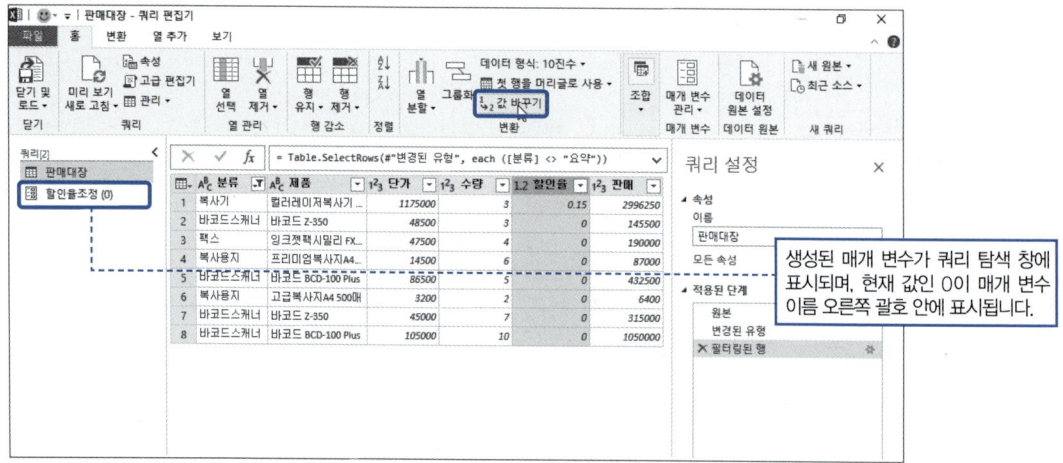

생성된 매개 변수가 쿼리 탐색 창에 표시되며, 현재 값인 0이 매개 변수 이름 오른쪽 괄호 안에 표시됩니다.

06 '값 바꾸기' 창이 표시되면 '찾을 값'에 '0'을 입력합니다. '바꿀 항목'에는 왼쪽 콤보상자에서 '매개 변수'를 선택한 후 **04** 과정에서 생성한 '할인율조정' 매개 변수를 선택하고 〈확인〉 버튼을 클릭합니다.

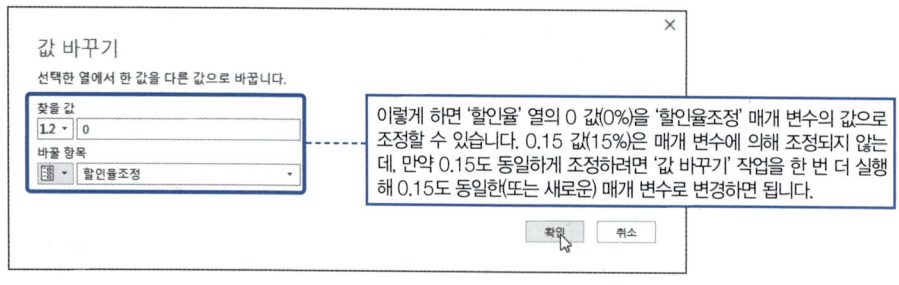

이렇게 하면 '할인율' 열의 0 값(0%)을 '할인율조정' 매개 변수의 값으로 조정할 수 있습니다. 0.15 값(15%)은 매개 변수에 의해 조정되지 않는데, 만약 0.15도 동일하게 조정하려면 '값 바꾸기' 작업을 한 번 더 실행해 0.15도 동일한(또는 새로운) 매개 변수로 변경하면 됩니다.

TIP '값 바꾸기' 기능을 이용해 특정 열의 값을 매개 변수로 대체할 수 있습니다.

07 쿼리 탐색 창에서 '할인율조정' 매개 변수를 선택하고 '현재 값' 항목을 '0.05(5%)'로 조정합니다.

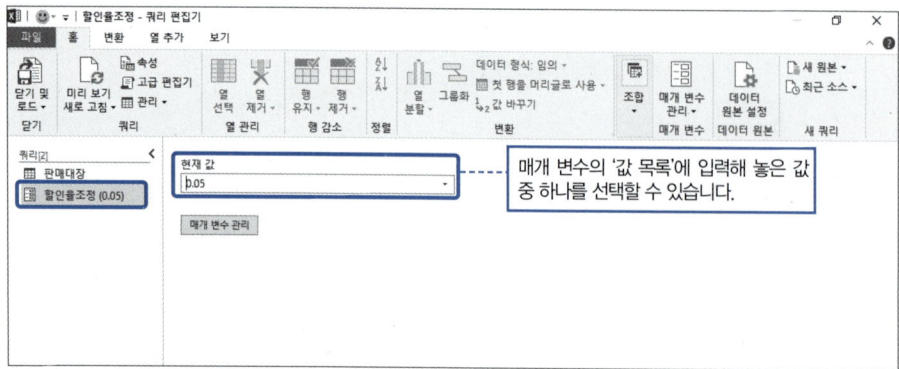

매개 변수의 '값 목록'에 입력해 놓은 값 중 하나를 선택할 수 있습니다.

08 다시 '판매대장' 쿼리를 선택해 보면 '할인율' 열의 값 중 0.15를 제외한 나머지 값은 모두 0.05로 변경된 것을 확인할 수 있습니다.

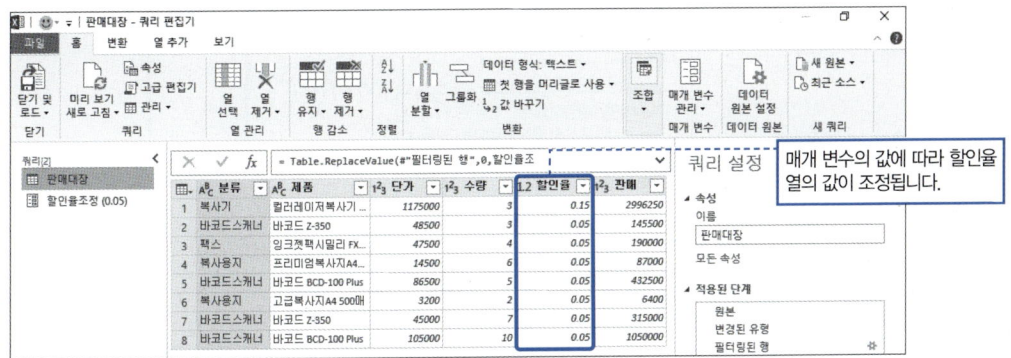

09 그런데 '할인율' 열의 값은 변경되어도 '판매' 열의 값은 변경되지 않습니다. 엑셀 표에서는 수식을 사용하고 있었지만 파워 쿼리는 엑셀 표의 값만 표시하기 때문입니다. 이러면 매개 변수를 사용할 의미가 없으므로, '판매' 열을 제거하고 수식을 사용하는 '판매' 열을 따로 생성합니다. '판매' 열을 선택하고 [홈] 탭-[열 관리] 그룹-[열 제거] 명령(🗙)을 클릭합니다.

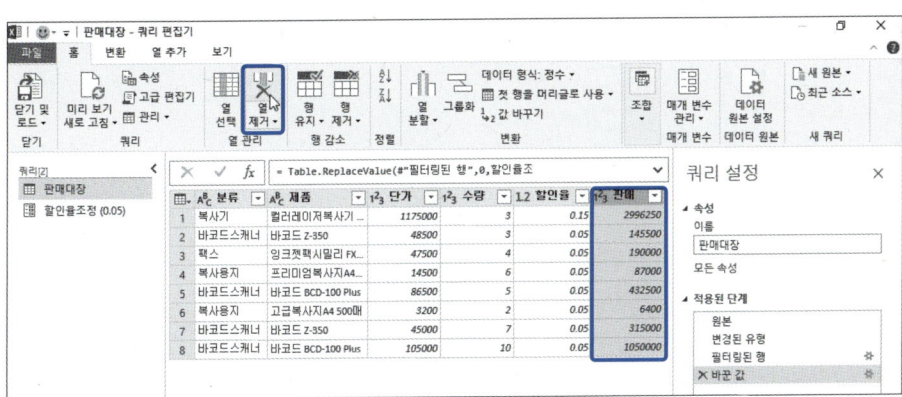

10 삭제한 판매 열을 새로 생성하기 위해, [열 추가] 탭-[일반] 그룹-[사용자 지정 열] 명령(📋)을 클릭합니다.

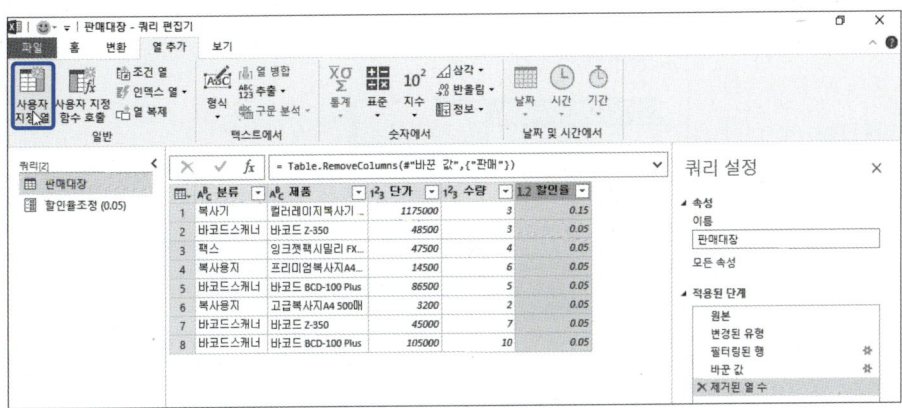

11 '사용자 지정 열 추가' 창이 표시되면 '새 열 이름'에는 '판매액'을, '사용자 지정 열 수식'에는 다음 수식을 입력하고 〈확인〉 버튼을 클릭합니다.

=[단가]*[수량]*(1-[할인율])

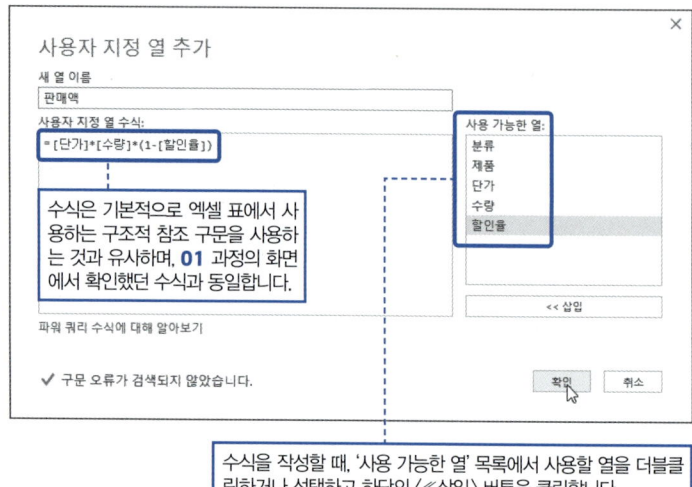

12 '판매액' 열이 새로 표시되면서 '할인율' 열의 값에 따라 변경된 판매금액이 표시됩니다. 총액이 500만 원에 근접했는지 확인하기 위해 그룹화 기능을 이용하겠습니다. [홈] 탭-[변환] 그룹-[그룹화] 명령(📊)을 클릭합니다.

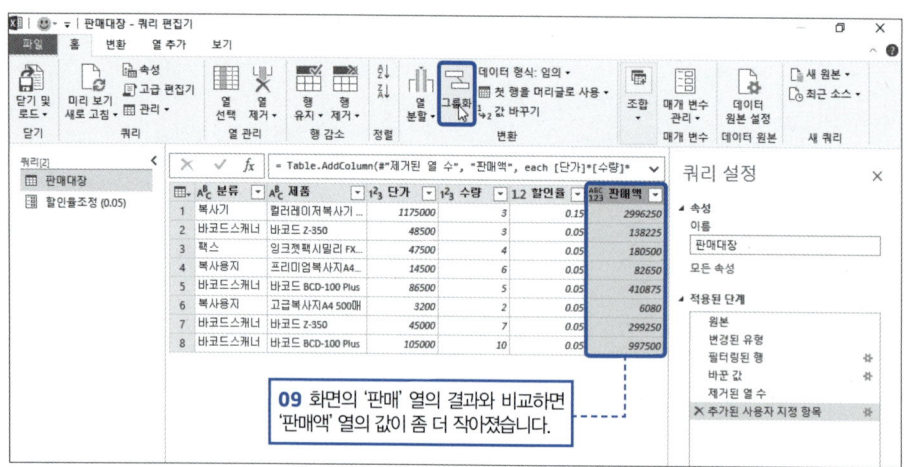

13 '그룹화' 창이 열리면 총액만 확인하기 위해 '그룹화' 기준 열은 삭제합니다. '판매액' 오른쪽의 '…'를 클릭하고 하위 메뉴에서 [삭제] 메뉴를 선택합니다.

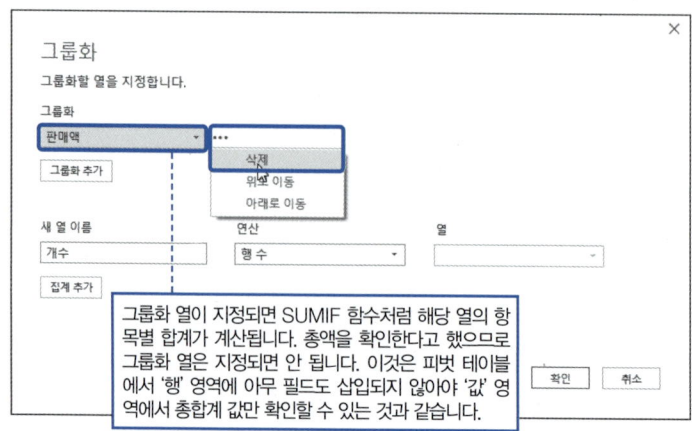

14 '새 열 이름'은 '총액'으로 변경하고, '연산' 콤보상자에서는 '합계' 함수를, '열'에서는 '판매액' 열을 선택한 후 〈확인〉 버튼을 클릭합니다.

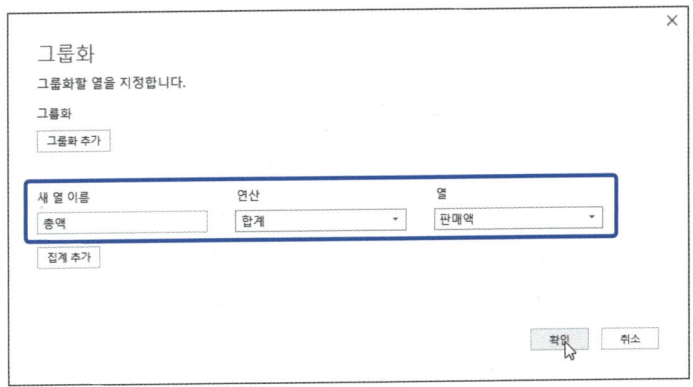

15 쿼리 편집기에 표 데이터가 더 이상 표시되지 않고 '판매액' 열의 합계 값만 '총액' 열에 표시됩니다.

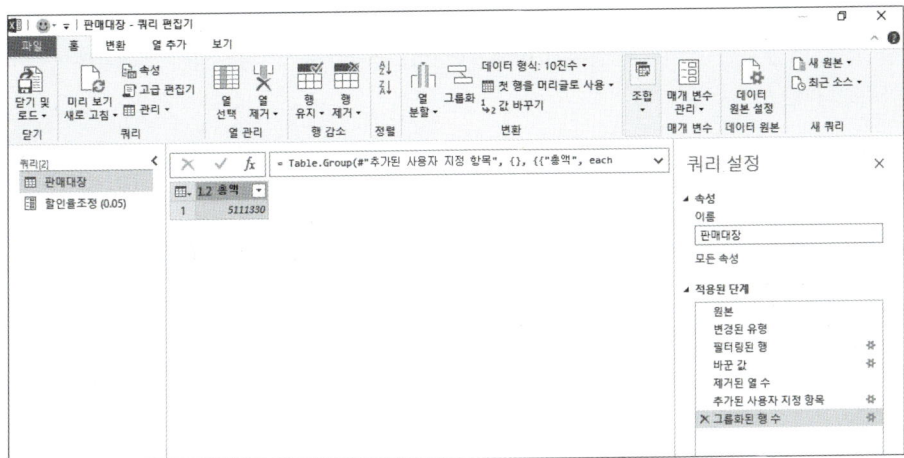

16 쿼리 탐색 창에서 '할인율 조정' 매개 변수를 선택하고 매개 변수의 값을 0.1(10%)로 조정하고 '판매대장' 쿼리로 다시 돌아오면, '총액' 열의 값이 500만 원에 가장 근접한 값이라는 것을 확인할 수 있습니다.

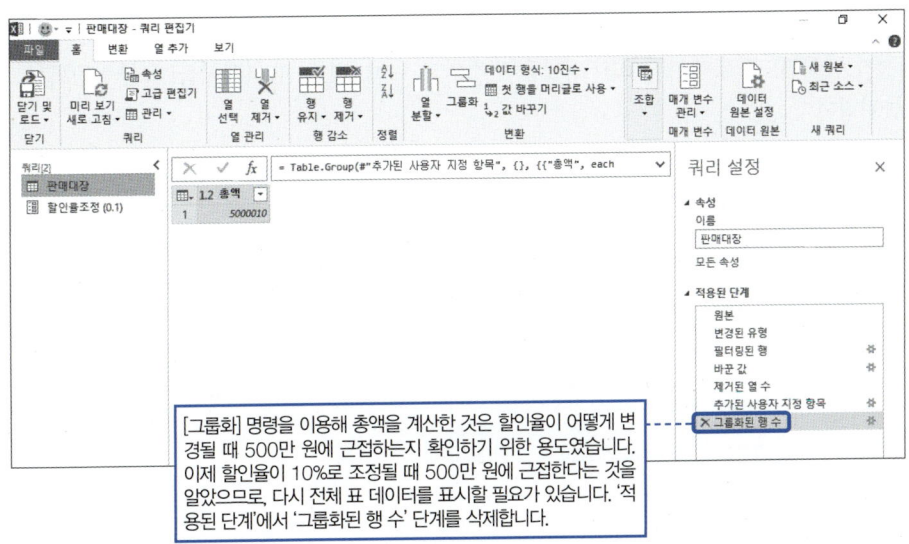

[그룹화] 명령을 이용해 총액을 계산한 것은 할인율이 어떻게 변경될 때 500만 원에 근접하는지 확인하기 위한 용도였습니다. 이제 할인율이 10%로 조정될 때 500만 원에 근접한다는 것을 알았으므로, 다시 전체 표 데이터를 표시할 필요가 있습니다. '적용된 단계'에서 '그룹화된 행 수' 단계를 삭제합니다.

행/열 바꿈, 피벗 열, 열 피벗 해제의 차이 148

쿼리 편집기에는 데이터의 표시 방향과 표의 구조를 변경할 수 있는 여러 명령이 제공됩니다. 이런 명령은 사용하기 쉬운 것 같으면서도 미묘한 차이가 있는데, 그 차이를 정확하게 구분하지 못하면 표를 원하는 형태로 편집하기 어렵습니다. 행 방향 데이터와 열 방향 데이터의 위치를 서로 바꾸는 명령의 사용 방법에 대해 알아보겠습니다.

예제 파일 PART 03\CHAPTER 10\표의 구조.xlsx

01 예제 파일을 열고, 엑셀 표를 쿼리로 편집하기 위해 [데이터] 탭-[가져오기 및 변환] 그룹-[테이블에서] 명령(▥)을 클릭합니다.

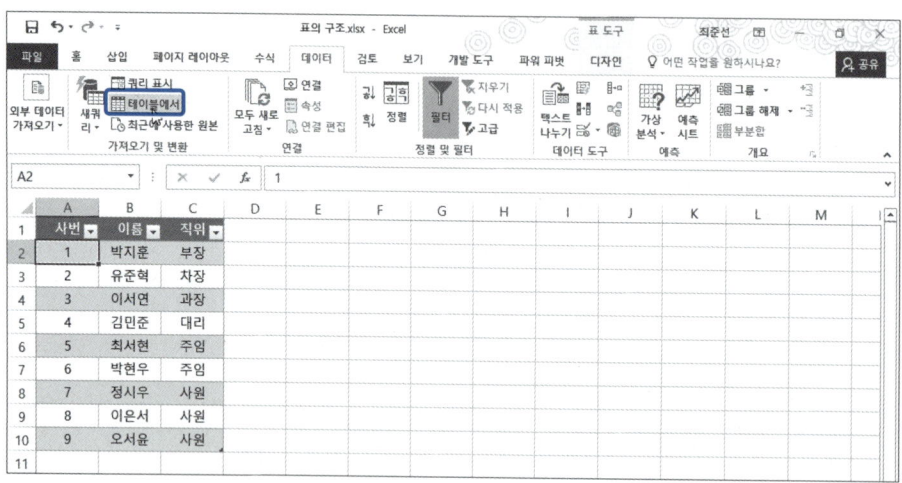

02 쿼리 편집기가 열리면, 표의 데이터 표시 방향을 변경하기 위해 [변환] 탭-[테이블] 그룹-[행/열 바꿈] 명령(🔁)을 클릭합니다.

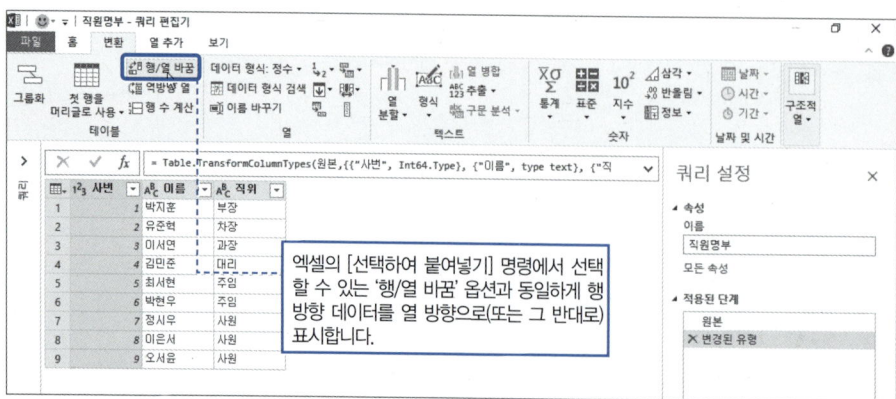

엑셀의 [선택하여 붙여넣기] 명령에서 선택할 수 있는 '행/열 바꿈' 옵션과 동일하게 행 방향 데이터를 열 방향으로(또는 그 반대로) 표시합니다.

03 행 방향으로 누적된 데이터가 열 방향으로 표시됩니다. 이 과정에서 '사번', '이름', '직위'와 같은 열 머리글은 삭제됩니다. 다시 원래대로 복원하기 위해 [변환] 탭-[테이블] 그룹-[행/열 바꿈] 명령( )을 클릭합니다.

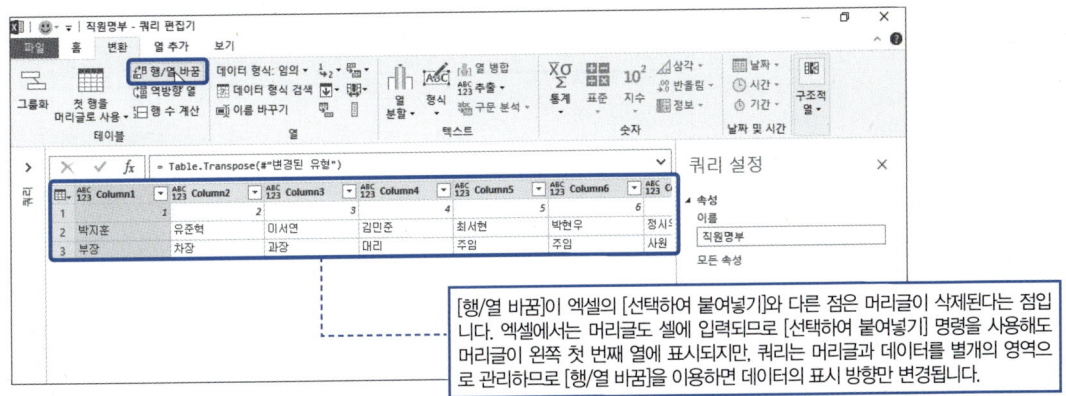

[행/열 바꿈]이 엑셀의 [선택하여 붙여넣기]와 다른 점은 머리글이 삭제된다는 점입니다. 엑셀에서는 머리글도 셀에 입력되므로 [선택하여 붙여넣기] 명령을 사용해도 머리글이 왼쪽 첫 번째 열에 표시되지만, 쿼리는 머리글과 데이터를 별개의 영역으로 관리하므로 [행/열 바꿈]을 이용하면 데이터의 표시 방향만 변경됩니다.

04 원래대로 행 방향으로 데이터가 표시되지만 머리글은 복원되지 않습니다. '적용된 단계'를 삭제해 원래대로 복원하겠습니다. '적용된 단계' 목록에서 '행/열을 바꾼 테이블1'과 '행/열을 바꾼 테이블'의 삭제 단추( )를 클릭해 **02-03** 과정에서 진행한 명령을 모두 실행 취소합니다.

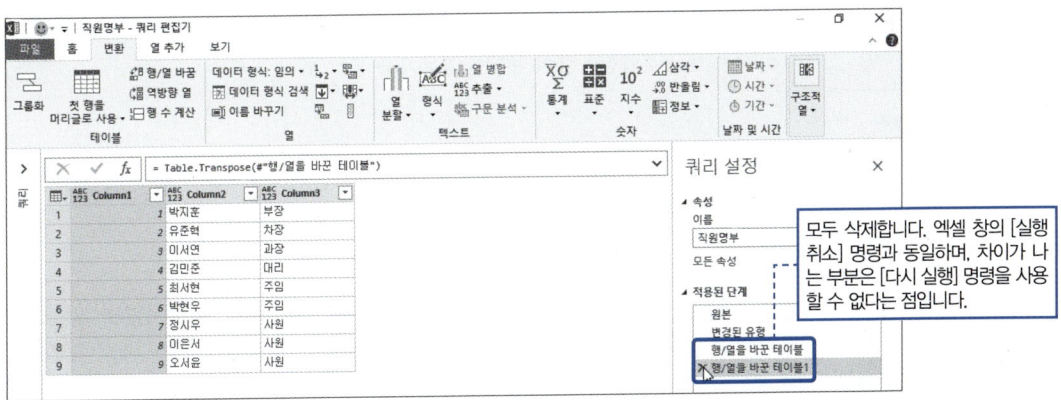

모두 삭제합니다. 엑셀 창의 [실행 취소] 명령과 동일하며, 차이가 나는 부분은 [다시 실행] 명령을 사용할 수 없다는 점입니다.

05 이번에는 [피벗 열] 기능을 이용해 보겠습니다. [피벗 열]은 선택한 열을 열 방향으로 중복 없이 표시하는 기능으로, [그룹화] 기능과 유사합니다. 직접 기능을 실행해 동작을 확인하겠습니다. '직위' 열을 피벗 열로 설정하기 위해 '직위' 열을 선택하고 [변환] 탭-[열] 그룹-[피벗 열] 명령( )을 클릭합니다.

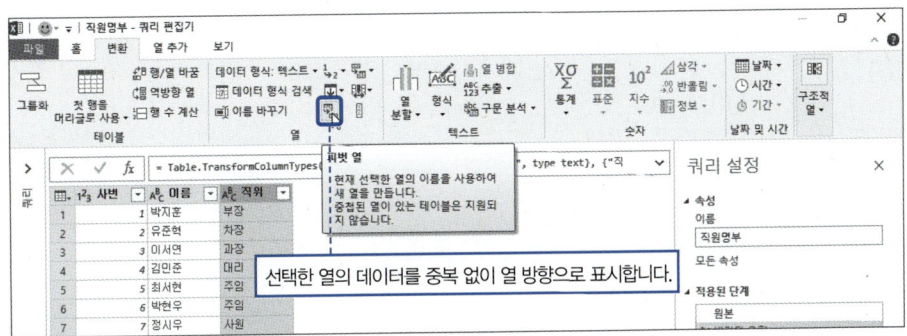

06 '피벗 열' 창이 표시되면, '값 열'은 '사번' 열로 선택하고, '고급 옵션'을 클릭한 다음 '값 집계 함수'가 '합계'인 것을 확인하고 〈확인〉 버튼을 클릭합니다.

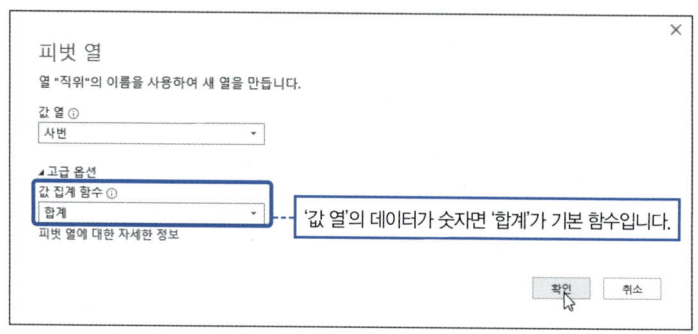

Plus+ 피벗 열 창 설정 이해하기

'값 열'은 다음과 같은 크로스-탭 표의 값 영역에 표시할 열로, 집계할 열을 의미합니다. '사번' 열을 선택했으므로 피벗 열의 결과는 다음과 같은 방식으로 표시됩니다.

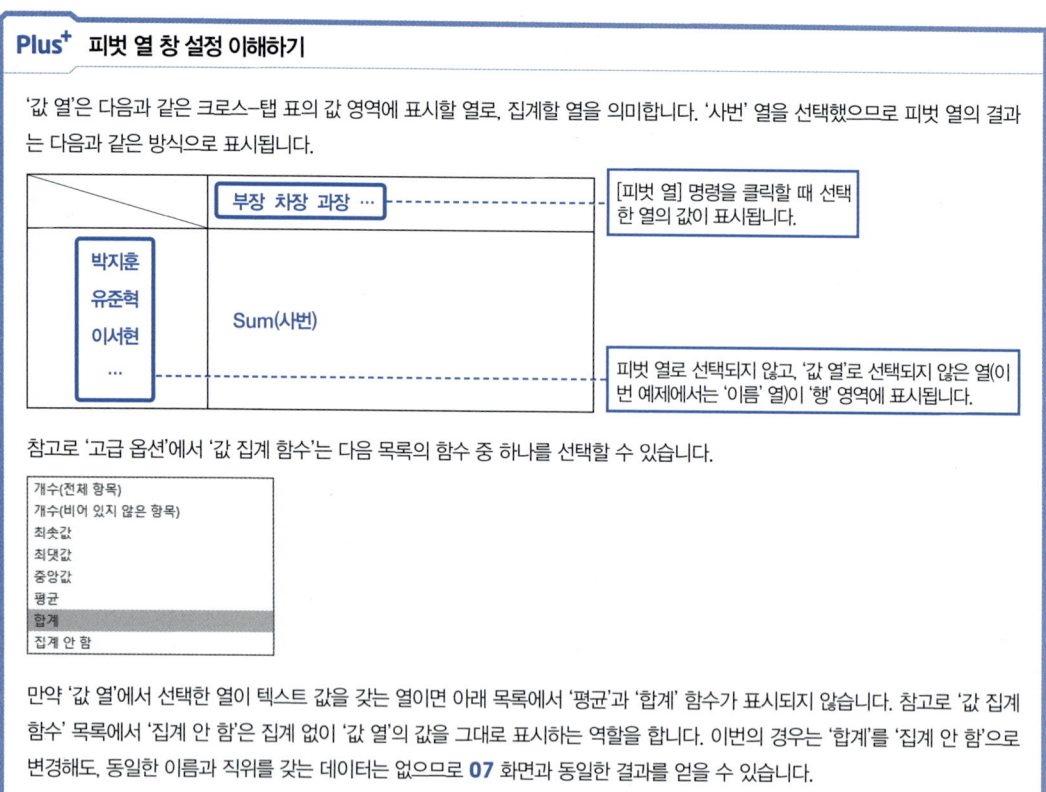

참고로 '고급 옵션'에서 '값 집계 함수'는 다음 목록의 함수 중 하나를 선택할 수 있습니다.

만약 '값 열'에서 선택한 열이 텍스트 값을 갖는 열이면 아래 목록에서 '평균'과 '합계' 함수가 표시되지 않습니다. 참고로 '값 집계 함수' 목록에서 '집계 안 함'은 집계 없이 '값 열'의 값을 그대로 표시하는 역할을 합니다. 이번의 경우는 '합계'를 '집계 안 함'으로 변경해도, 동일한 이름과 직위를 갖는 데이터는 없으므로 07 화면과 동일한 결과를 얻을 수 있습니다.

---

07 그러면 표가 다음과 같이 변환됩니다. '피벗 열'의 설정을 변경해 다른 결과를 반환받아 보겠습니다. '적용된 단계' 목록에서 '피벗 열' 오른쪽의 [설정] 단추(⚙)를 클릭합니다.

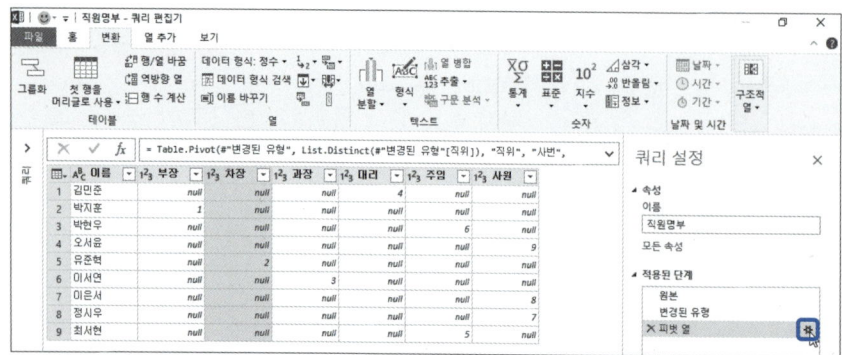

Plus⁺ null 값을 0으로 바꾸기

null 값이 보기 싫다면 0으로 바꿀 수 있습니다. [홈] 탭-[변환] 그룹-[값 바꾸기] 명령을 클릭하고 '값 바꾸기' 창에서 오른쪽 화면과 같이 설정하면 됩니다.
이때 '찾을 값'에 반드시 'null' 값을 입력해야 한다는 점에 주의합니다. 만약 이 작업을 진행했다면 '적용된 단계'에 '바꾼 값' 단계가 생성되므로, 확인 후 단계를 삭제합니다.

08 '피벗 열' 창이 다시 표시됩니다. '값 열'의 항목을 '이름'으로 변경하고 '고급 옵션'을 클릭해 '값 집계 함수'가 '개수(전체 항목)' 함수인 것을 확인한 후 〈확인〉 버튼을 클릭합니다.

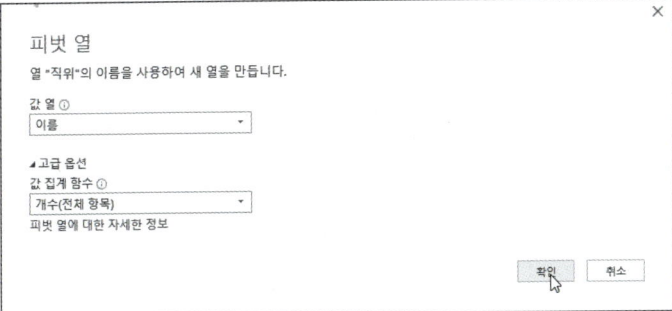

Plus⁺ 피벗 열 창 설정 이해하기

이번 '피벗 열' 창의 설정은 다음과 같은 크로스-탭 표로 변환하게 됩니다.

	부장 차장 과장 …
1 2 3 …	CountA(이름)

09 다음 화면과 같이 사번의 직위별 인원 현황을 의미하는 표로 변환됩니다.

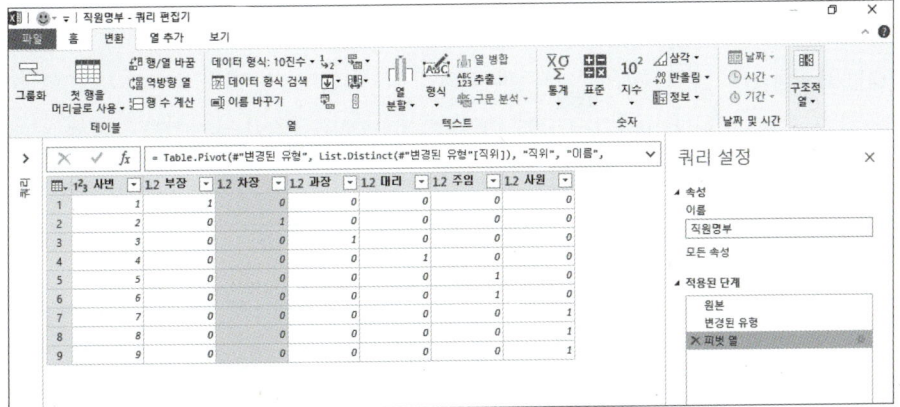

Plus⁺ '사번' 열 없이 직위별 인원수를 피벗 열로 표시하기

09 과정의 결과 화면에서 '사번' 열 없이 직위별 인원수가 표시되도록 하려면, '사번' 열을 없애고 '적용된 단계' 순서를 조정합니다. 다음 과정을 참고합니다.

❶ '사번' 열을 선택하고 [홈] 탭-[열 관리] 그룹-[열 제거] 명령을 클릭해 열을 삭제합니다.
❷ '쿼리 설정' 작업 창 내의 '적용된 단계'에서 '제거된 열 수' 단계를 선택하고 마우스 오른쪽 버튼을 클릭해 [위로 이동] 메뉴를 선택합니다.

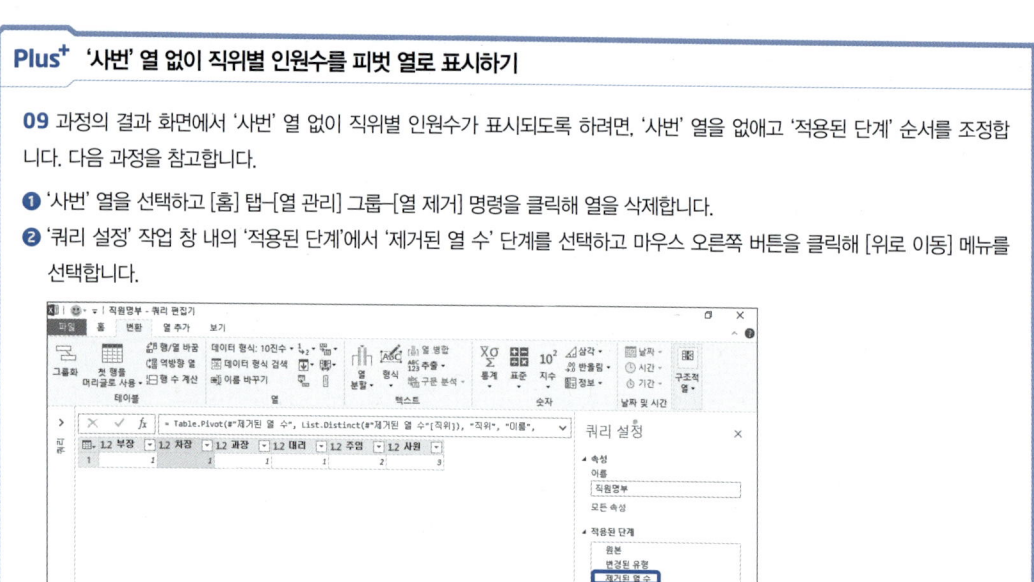

이 작업을 진행했다면 다시 원래 순서대로 작업하기 위해, '적용된 단계' 목록에서 '제거된 열 수' 단계를 삭제하면 됩니다.

---

10 '적용된 단계' 목록에서 '피벗 열'의 설정 단추(⚙)를 클릭하고 **06** 과정 화면을 참고해 동일하게 설정해 화면을 다음과 같이 조정한 후 피벗 열을 다시 해제해 원래 표로 변환합니다. '부장' 열부터 '사원' 열까지 모두 선택하고 [변환] 탭-[열] 그룹-[열 피벗 해제] 명령(🗔)을 클릭합니다.

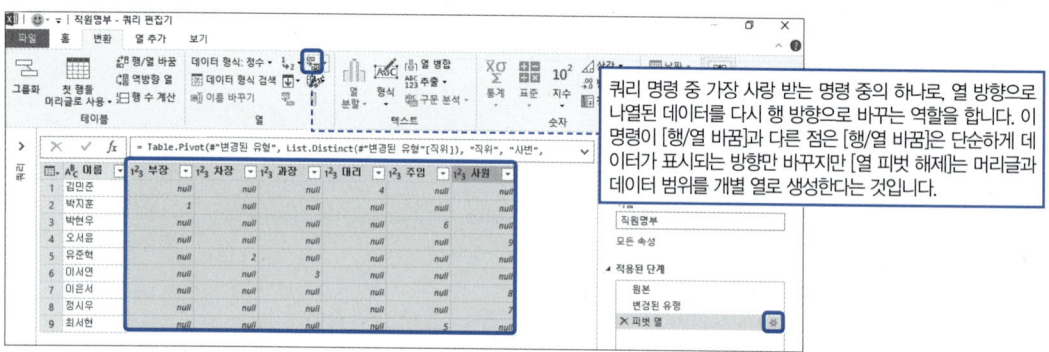

> 쿼리 명령 중 가장 사랑 받는 명령 중의 하나로, 열 방향으로 나열된 데이터를 다시 행 방향으로 바꾸는 역할을 합니다. 이 명령이 [행/열 바꿈]과 다른 점은 [행/열 바꿈]은 단순하게 데이터가 표시되는 방향만 바꾸지만 [열 피벗 해제]는 머리글과 데이터 범위를 개별 열로 생성한다는 것입니다.

11 표가 원래대로 복원됩니다. 다만, 열 머리글이 '특성'과 '값'으로 표시됩니다. 머리글은 더블클릭해 원하는 값으로 수정할 수 있습니다.

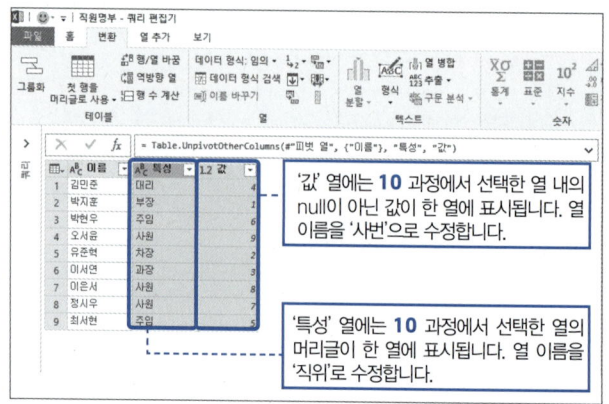

'값' 열에는 **10** 과정에서 선택한 열 내의 null이 아닌 값이 한 열에 표시됩니다. 열 이름을 '사번'으로 수정합니다.

'특성' 열에는 **10** 과정에서 선택한 열의 머리글이 한 열에 표시됩니다. 열 이름을 '직위'로 수정합니다.

계산된 열 생성하기

149

수식 계산이 필요할 경우에는 엑셀 표에서 진행하고, 쿼리 창에서는 표의 구조만 변환하는 방식으로 작업하는 것이 일반적입니다. 하지만 쿼리 편집기의 명령에는 수식을 대체할 수 있는 다양한 기능이 있으므로 모든 작업을 엑셀에서만 진행할 필요는 없습니다. 또한 파워 쿼리는 엑셀의 워크시트 함수와는 다른 전용 함수도 제공하므로 엑셀에서 진행했던 작업을 대부분 소화할 수 있습니다. 여기서는 쿼리에서 필요한 열을 생성하는 방법에 대해 알아보겠습니다.

예제 파일 PART 03 \ CHAPTER 10 \ 계산된 열.xlsx

01 예제 파일에는 직원 데이터가 입력된 표가 있습니다. 이 표의 '주민등록번호' 열에서 생년월일, 성별, 나이 등을 계산하고, 입사일로부터 근속기간 등을 계산하는 작업을 쿼리에서 진행해 보겠습니다. 먼저 표를 쿼리 편집기에 연결하기 위해 표 내부의 셀을 하나 선택하고 [데이터] 탭-[가져오기 및 변환] 그룹-[테이블에서] 명령(▦)을 클릭합니다.

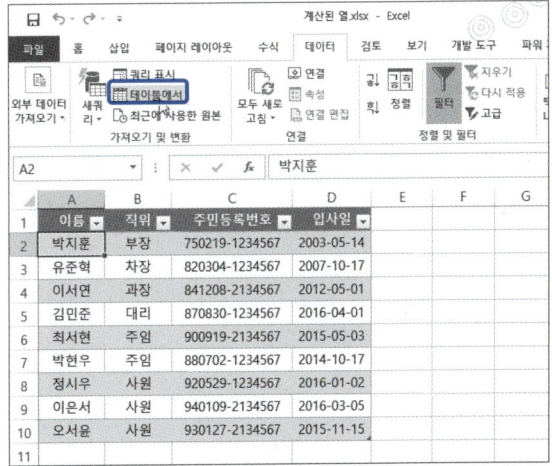

02 쿼리 편집기가 표시되면 '입사일' 열을 선택하고, [홈] 탭-[변환] 그룹에서 [데이터 형식]을 [날짜]로 변경합니다. '열 형식 변경' 창이 표시되면 〈현재 전환 바꾸기〉 버튼을 클릭합니다.

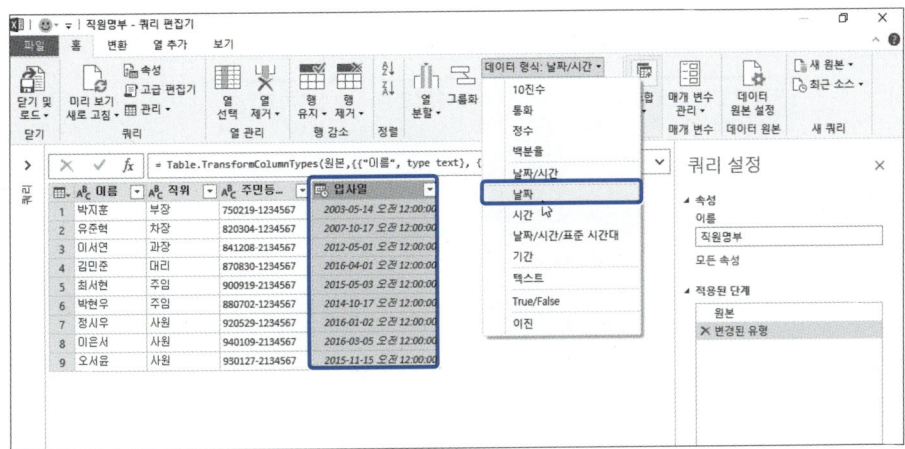

03 일련번호 값을 갖는 사번 열을 먼저 생성하겠습니다. [열 추가] 탭–[일반] 그룹–[인덱스 열] 명령 내 [1부터] 메뉴를 선택합니다.

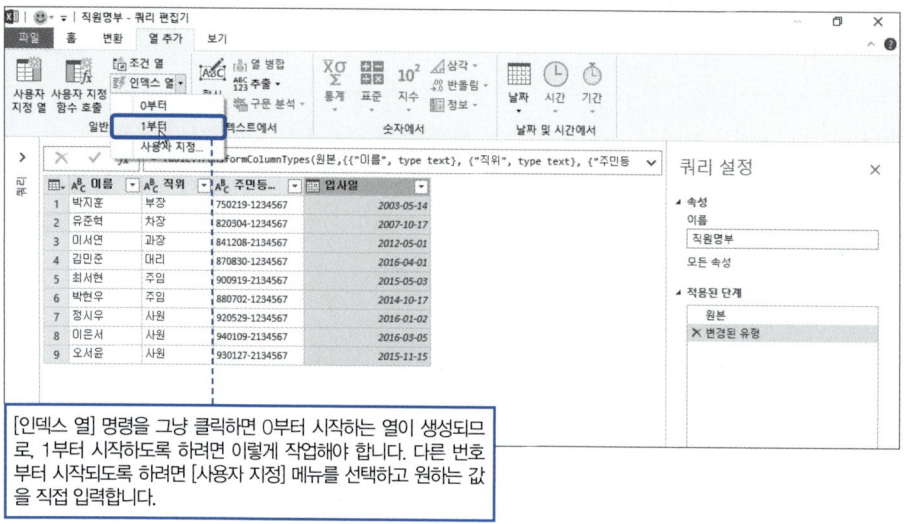

[인덱스 열] 명령을 그냥 클릭하면 0부터 시작하는 열이 생성되므로, 1부터 시작하도록 하려면 이렇게 작업해야 합니다. 다른 번호부터 시작되도록 하려면 [사용자 지정] 메뉴를 선택하고 원하는 값을 직접 입력합니다.

04 '인덱스' 열이 생성되면 열 이름을 변경하기 위해 [변환] 탭–[열] 그룹–[이름 바꾸기] 명령(📝)을 클릭합니다. 머리글을 '사번'으로 수정하고, '사번' 열을 드래그해 왼쪽 맨 앞에 드롭해 '사번' 열이 표의 왼쪽 첫 번째 열이 되도록 합니다.

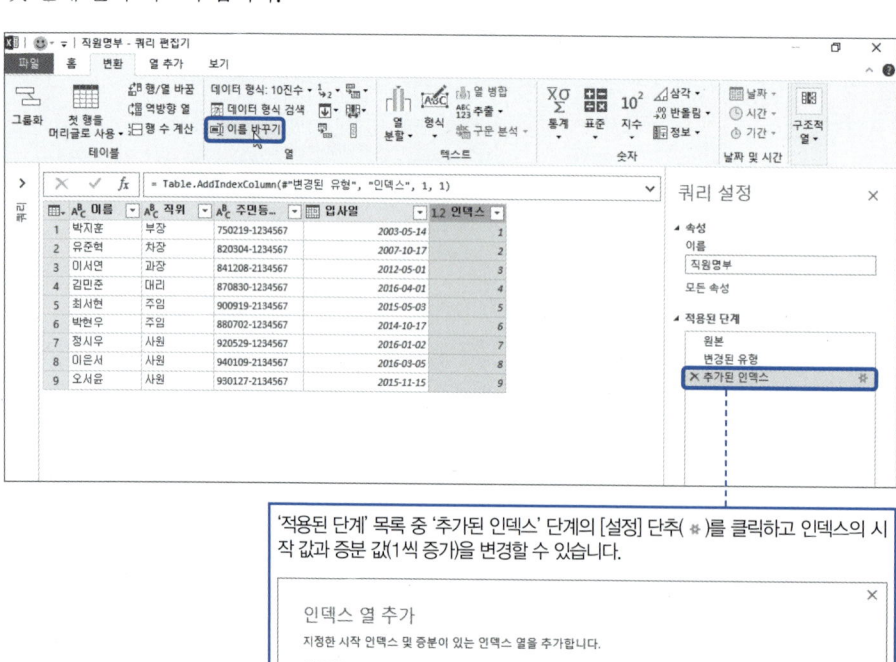

05 '주민등록번호' 열로부터 성별과 생년월일 열을 쿼리에 추가하겠습니다. '주민등록번호' 열을 선택하고 [열 추가] 탭-[일반] 그룹-[열 복제] 명령을 두 번 클릭해 두 번 복사합니다.

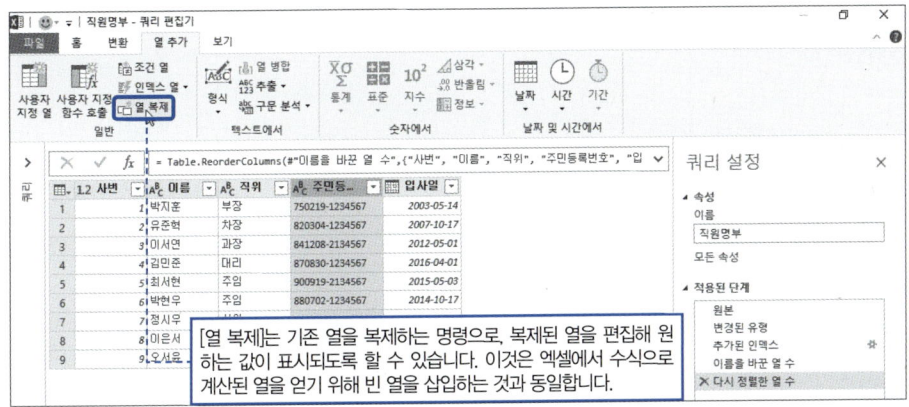

[열 복제]는 기존 열을 복제하는 명령으로, 복제된 열을 편집해 원하는 값이 표시되도록 할 수 있습니다. 이것은 엑셀에서 수식으로 계산된 열을 얻기 위해 빈 열을 삽입하는 것과 동일합니다.

06 '주민등록번호' 열을 복사한 두 열의 머리글을 더블클릭해 머리글 이름을 '성별'과 '생년월일'로 각각 변경합니다.

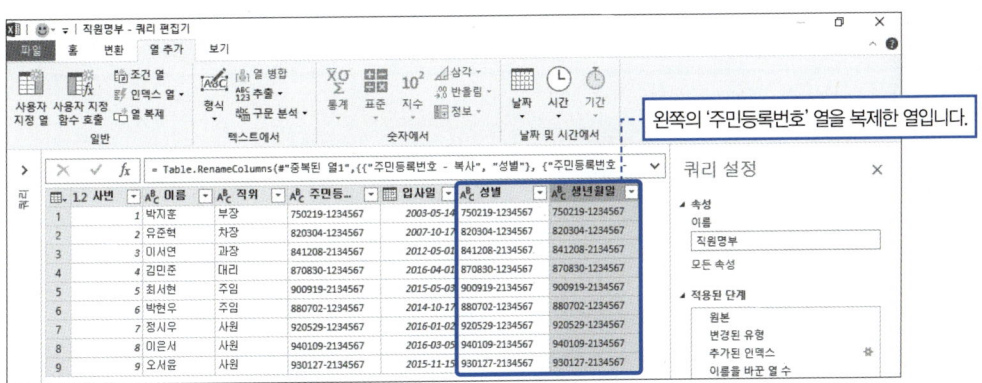

왼쪽의 '주민등록번호' 열을 복제한 열입니다.

07 '성별' 열을 선택하고, 성별을 구분하기 위해 주민등록번호 뒤 첫 번째 숫자만 잘라냅니다. [변환] 탭-[텍스트] 그룹-[추출] 명령 내 [범위] 메뉴를 선택합니다.

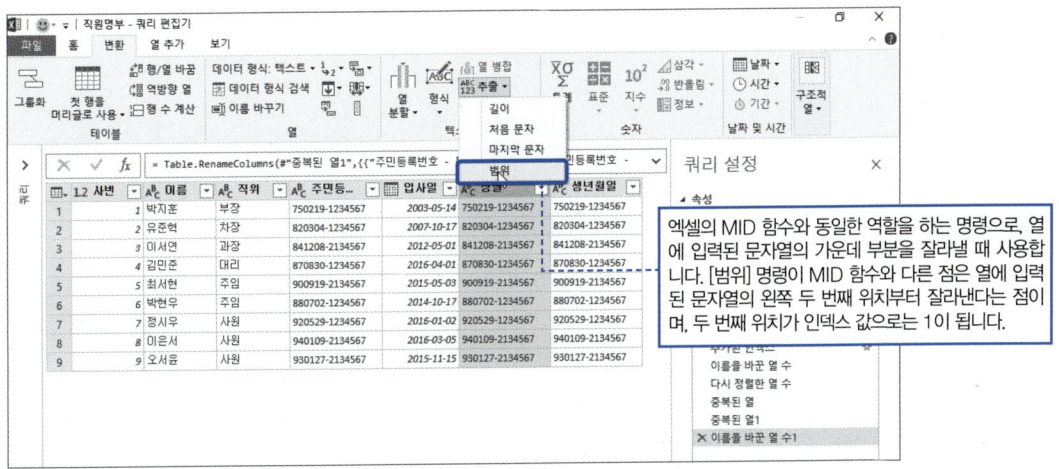

엑셀의 MID 함수와 동일한 역할을 하는 명령으로, 열에 입력된 문자열의 가운데 부분을 잘라낼 때 사용합니다. [범위] 명령이 MID 함수와 다른 점은 열에 입력된 문자열의 왼쪽 두 번째 위치부터 잘라낸다는 점이며, 두 번째 위치가 인덱스 값으로는 1이 됩니다.

CHAPTER 10 | 쿼리 편집기의 표 변환 명령 이해하기 / **509**

08 '텍스트 범위 추출' 창이 표시되면 '시작 인덱스' 값에는 '7'을, '문자 수' 값에는 '1'을 입력하고 〈확인〉 버튼을 클릭합니다.

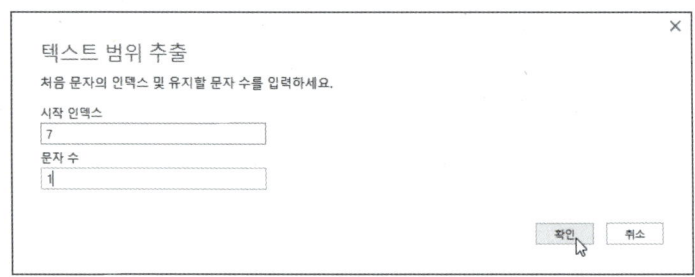

> **Plus⁺ '텍스트 범위 추출' 창의 설정 이해하기**
>
> [범위] 명령을 잘 이해하려면 엑셀의 MID 함수에 대해 이해하고 있어야 합니다. MID 함수는 MID(text, start_num, num_chars)와 같은 구문을 사용합니다. 즉 text의 왼쪽 start_num 위치의 문자부터 num_chars 개수만큼의 문자(열)를 자르는 함수입니다.
> '텍스트 범위 추출' 창의 '시작 인덱스'가 start_num 인수와 같고, '문자 수'가 num_chars 인수와 동일합니다. 다만 다른 부분은 [범위] 명령은 문자열의 두 번째 위치부터 자를 수 있으며 두 번째 위치가 인덱스 값으로는 1이 된다는 점입니다. 그러므로 MID 함수와 같이 생각할 때는 '시작 인덱스'는 항상 start_num 인수의 값에서 1을 뺀 값이라고 생각해야 실수가 발생하지 않습니다.
> 이렇게 생각하면 '텍스트 범위 추출' 창에서 입력된 '시작 인덱스' 값인 '7'은 왼쪽부터 순서대로 여덟 번째 위치를 의미하며, '문자 수'는 1이므로, '성별' 열의 왼쪽 여덟 번째 위치의 문자 한 개를 반환하라는 의미가 됩니다.

09 그러면 주민등록번호의 뒤 첫 번째 숫자만 '성별' 열에 남습니다. 이 값을 숫자로 변환하기 위해 [변환] 탭-[열] 그룹의 [데이터 형식]을 [정수]로 변환합니다.

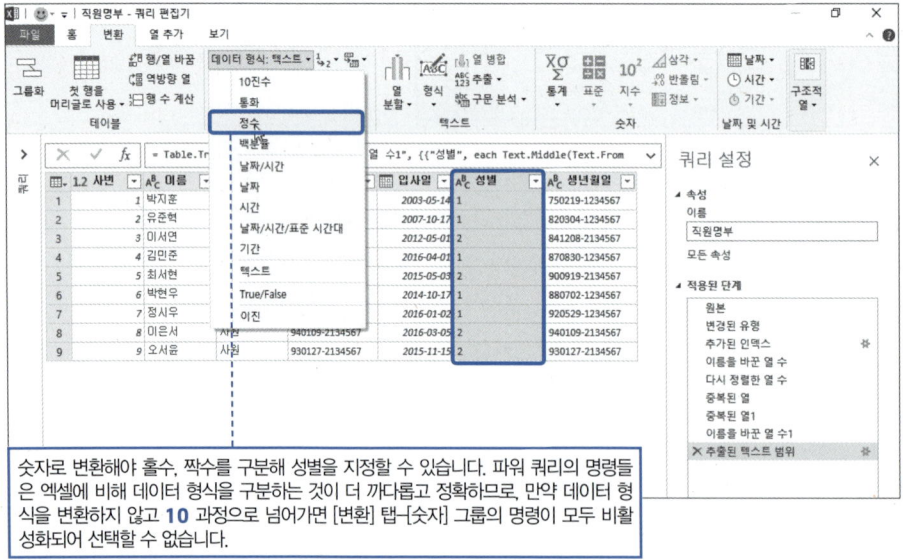

> 숫자로 변환해야 홀수, 짝수를 구분해 성별을 지정할 수 있습니다. 파워 쿼리의 명령들은 엑셀에 비해 데이터 형식을 구분하는 것이 더 까다롭고 정확하므로, 만약 데이터 형식을 변환하지 않고 **10** 과정으로 넘어가면 [변환] 탭-[숫자] 그룹의 명령이 모두 비활성화되어 선택할 수 없습니다.

10 '성별' 열의 값을 홀수와 짝수로 구분하기 위해 [변환] 탭-[숫자] 그룹-[정보] 명령 내 [홀수] 메뉴를 선택합니다.

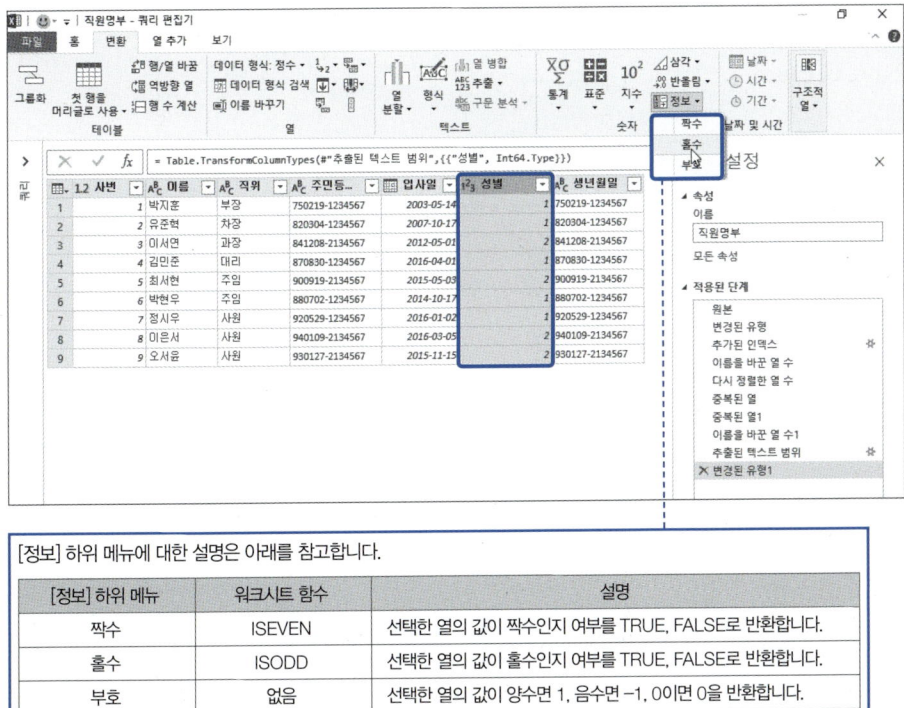

[정보] 하위 메뉴에 대한 설명은 아래를 참고합니다.

[정보] 하위 메뉴	워크시트 함수	설명
짝수	ISEVEN	선택한 열의 값이 짝수인지 여부를 TRUE, FALSE로 반환합니다.
홀수	ISODD	선택한 열의 값이 홀수인지 여부를 TRUE, FALSE로 반환합니다.
부호	없음	선택한 열의 값이 양수면 1, 음수면 -1, 0이면 0을 반환합니다.

11 '성별' 열의 값이 TRUE, FALSE 값으로 변경됩니다. 이 값을 '남', '여'로 변경하기 위해 [열 추가] 탭-[일반] 그룹-[조건 열] 명령(🔳)을 클릭합니다.

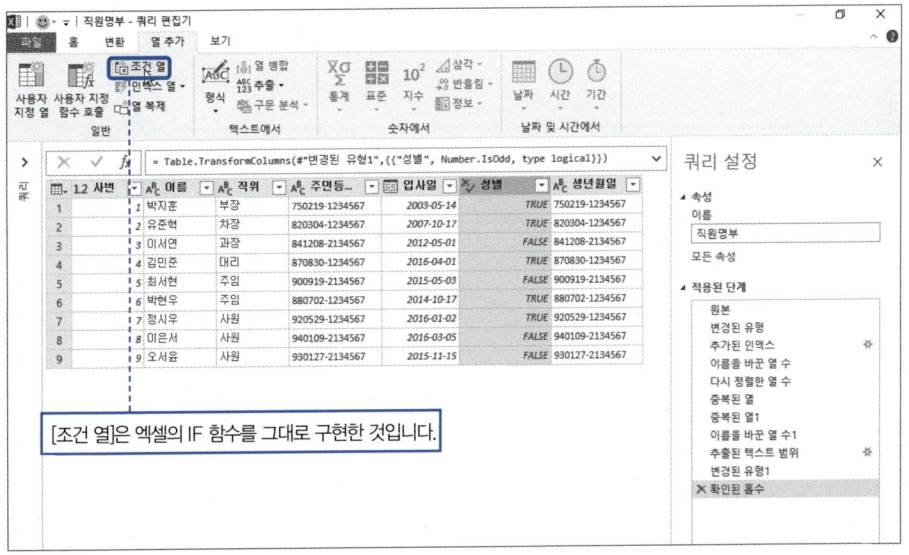

[조건 열]은 엑셀의 IF 함수를 그대로 구현한 것입니다.

12 '조건 열 추가' 창이 표시되면 '열 이름'은 '성별' 열로 선택하고, '값'에는 'TRUE'를, '출력'에는 '남'을 입력합니다. '그렇지 않은 경우' 값을 '여'로 변경하고 〈확인〉 버튼을 클릭합니다.

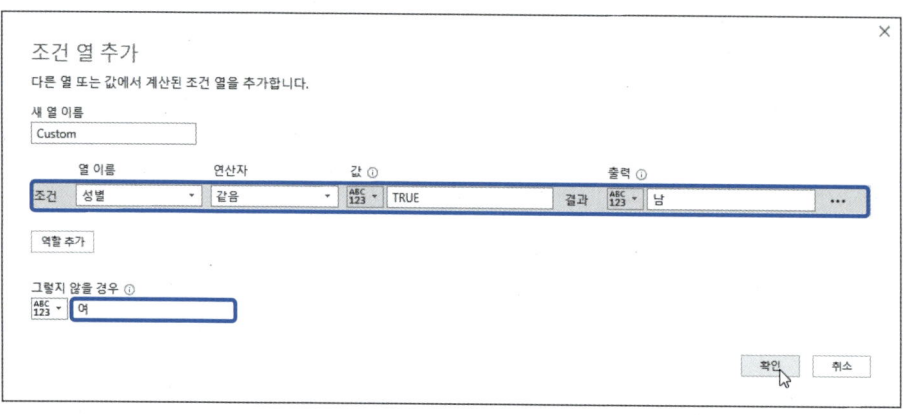

> **Plus⁺ '조건 열 추가' 창의 설정 이해하기**
>
> '조건 열 추가' 창의 '조건' 부분(❶)은 IF 함수의 첫 번째 인수와 두 번째 인수 부분을 의미하며, 구체적으로는 다음과 같습니다.
>
> =IF(성별=TRUE, "남"
>
> '그렇지 않은 경우'(❷)는 IF 함수의 세 번째 인수를 의미하며, 이 부분을 포함하면 IF 함수가 다음과 같이 완성됩니다.
>
> =IF(성별=TRUE, "남", "여")
>
> 만약 조건을 추가하고 싶다면 〈역할 추가〉 버튼을 클릭하면 되고, 만약 **10** 과정에서 [부호]를 선택해 양수, 음수, 0을 구분하고 이를 '상승', '하락', '보합'과 같은 방법으로 구분하고 싶은 경우라면 '조건 열 추가' 창을 다음과 같이 구성할 수 있습니다.
>
> 위와 같이 구성한 경우에는 다음 수식을 사용하는 것과 동일합니다.
>
> =IF(숫자=1, "상승", IF(숫자=0, "보합", "하락"))
>
> 이렇게 '조건 열 추가' 창을 설정하면 다양한 방법으로 원하는 결과를 반환받을 수 있습니다.

13 'Custom' 열이 생성되면서 성별 값이 쿼리 편집기에 표시됩니다. '성별' 열을 선택하고 [홈] 탭–[열 관리] 그룹–[열 제거] 명령(🗙)을 클릭해 제거한 후 'Custom' 열의 머리글을 더블클릭하여 '성별'로 수정합니다.

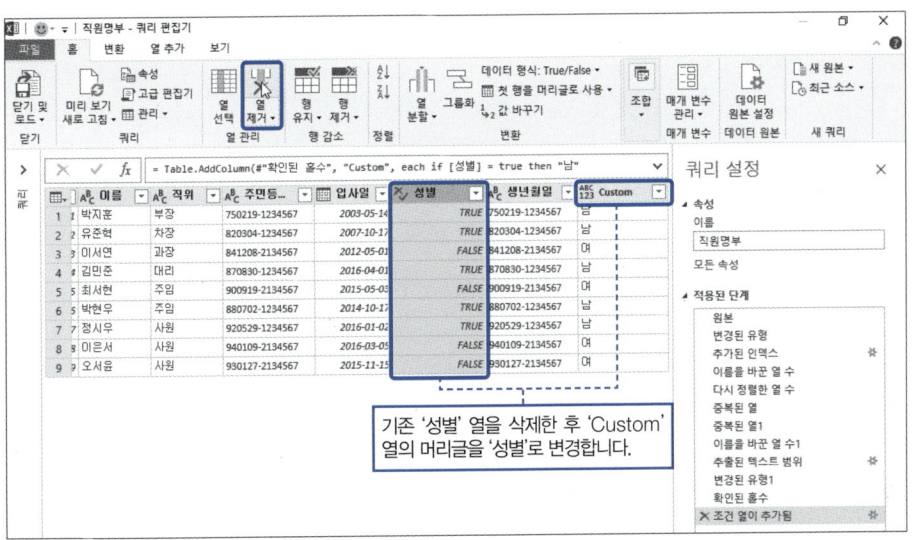

기존 '성별' 열을 삭제한 후 'Custom' 열의 머리글을 '성별'로 변경합니다.

14 이번에는 '생년월일' 열을 변경하겠습니다. '생년월일' 열을 선택하고 앞 여섯 자리만 남기기 위해 [변환] 탭–[텍스트] 그룹–[추출] 명령 내 [처음 문자] 메뉴를 선택합니다.

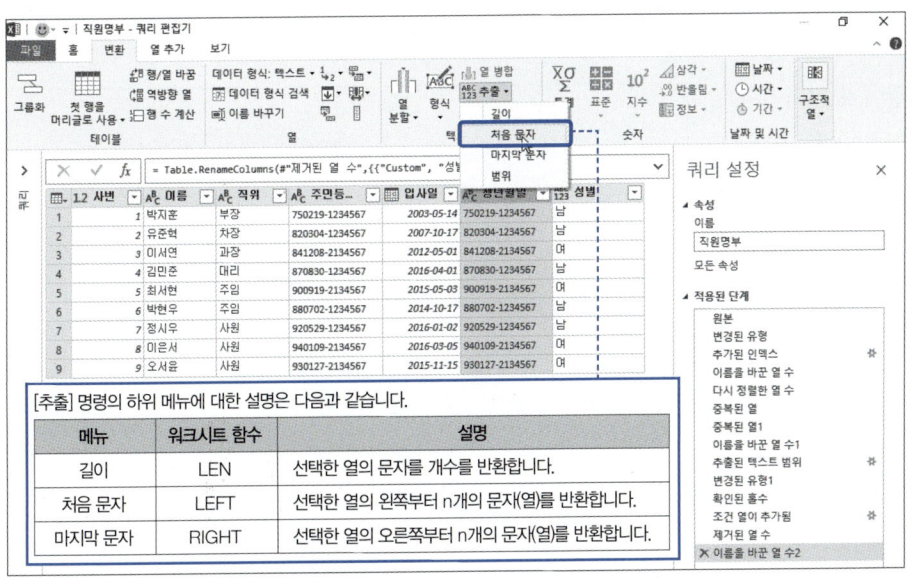

[추출] 명령의 하위 메뉴에 대한 설명은 다음과 같습니다.

메뉴	워크시트 함수	설명
길이	LEN	선택한 열의 문자를 개수를 반환합니다.
처음 문자	LEFT	선택한 열의 왼쪽부터 n개의 문자(열)를 반환합니다.
마지막 문자	RIGHT	선택한 열의 오른쪽부터 n개의 문자(열)를 반환합니다.

15 '처음 문자 추출' 창이 표시되면 왼쪽에서부터 잘라낼 문자 개수인 '6'을 입력하고 〈확인〉 버튼을 클릭합니다.

CHAPTER 10 | 쿼리 편집기의 표 변환 명령 이해하기 / **513**

16 그러면 앞 여섯 자리만 남는데, 날짜로 변환하려면 연도가 네 자리 값이어야 합니다. 앞에 연도 '19'를 붙이기 위해 [변환] 탭-[텍스트] 그룹-[형식] 명령 내 [접두사 추가] 메뉴를 선택합니다.

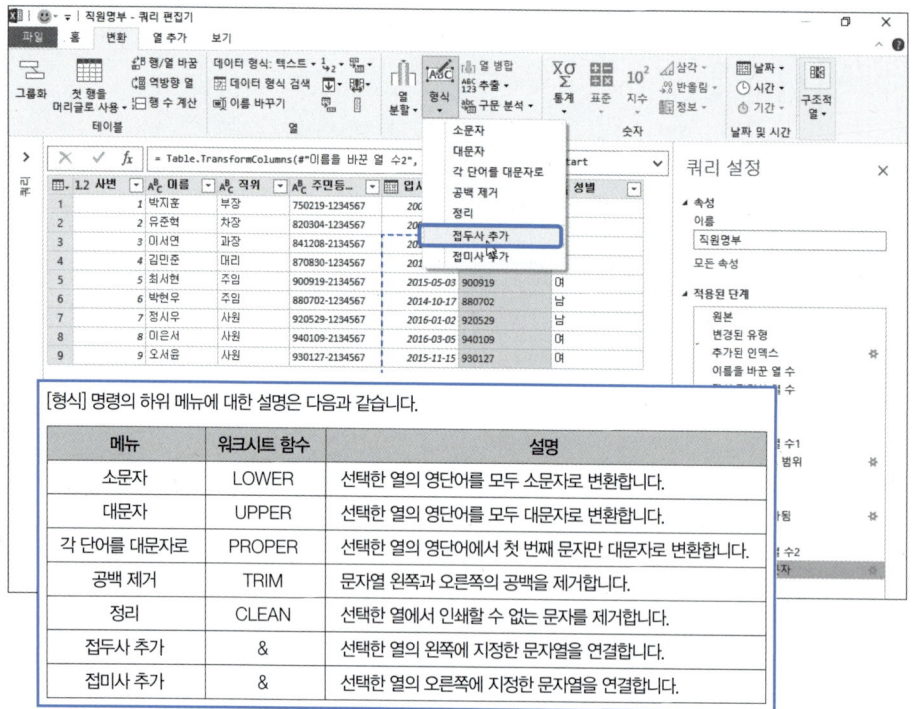

[형식] 명령의 하위 메뉴에 대한 설명은 다음과 같습니다.

메뉴	워크시트 함수	설명
소문자	LOWER	선택한 열의 영단어를 모두 소문자로 변환합니다.
대문자	UPPER	선택한 열의 영단어를 모두 대문자로 변환합니다.
각 단어를 대문자로	PROPER	선택한 열의 영단어에서 첫 번째 문자만 대문자로 변환합니다.
공백 제거	TRIM	문자열 왼쪽과 오른쪽의 공백을 제거합니다.
정리	CLEAN	선택한 열에서 인쇄할 수 없는 문자를 제거합니다.
접두사 추가	&	선택한 열의 왼쪽에 지정한 문자열을 연결합니다.
접미사 추가	&	선택한 열의 오른쪽에 지정한 문자열을 연결합니다.

17 '접두사' 창이 표시되면 '값'에 '19'를 입력하고 〈확인〉 버튼을 클릭합니다.

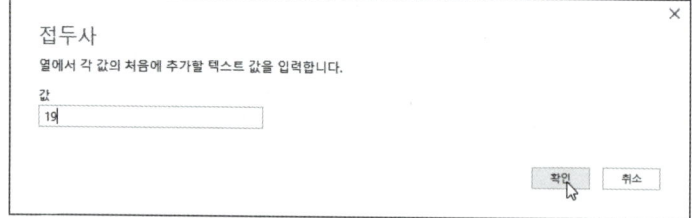

18 마지막으로 [변환] 탭-[열] 그룹에서 [데이터 형식]을 [날짜]로 변경합니다.

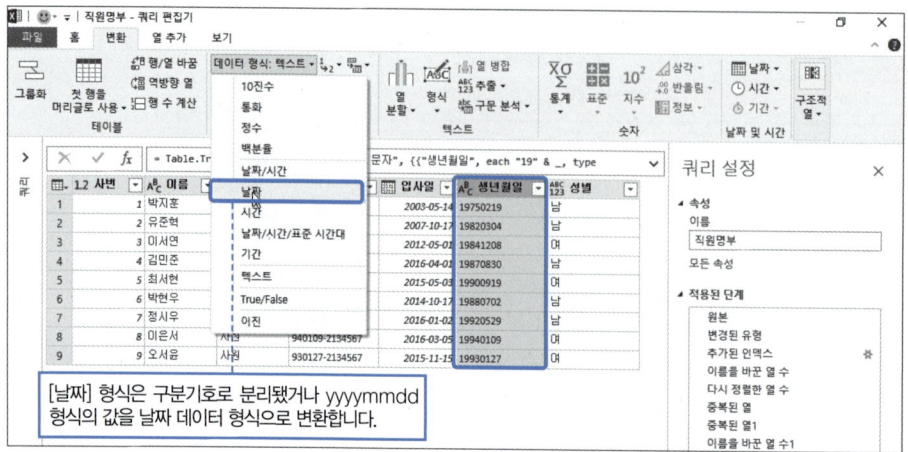

[날짜] 형식은 구분기호로 분리됐거나 yyyymmdd 형식의 값을 날짜 데이터 형식으로 변환합니다.

19 '생년월일' 열이 제대로 된 날짜 열로 변환됐으므로 이제 나이를 계산하겠습니다. 나이를 구하는 방법은 제공되지 않으므로 별도의 열을 추가하고 수식을 사용해 계산해야 합니다. [열 추가] 탭-[일반] 그룹-[사용자 지정 열] 명령(📄)을 클릭합니다.

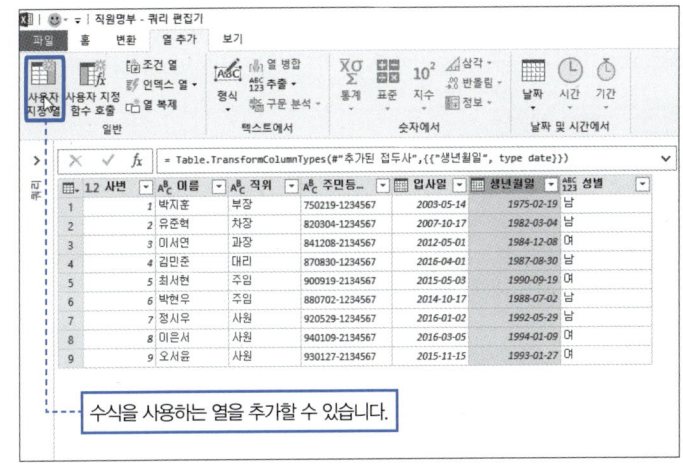

수식을 사용하는 열을 추가할 수 있습니다.

20 '사용자 지정 열 추가' 창이 표시되면, '새 열 이름'은 '나이'로 변경하고 '사용자 지정 열 수식'에 다음 수식을 입력한 후 〈확인〉 버튼을 클릭합니다.

```
=Date.Year(DateTime.LocalNow()) - Date.Year([생년월일]) + 1
```

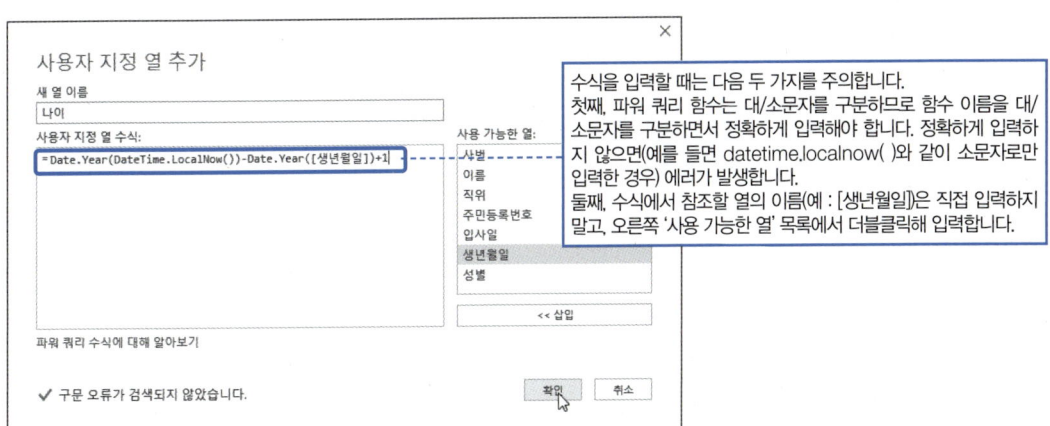

수식을 입력할 때는 다음 두 가지를 주의합니다.
첫째, 파워 쿼리 함수는 대/소문자를 구분하므로 함수 이름을 대/소문자를 구분하면서 정확하게 입력해야 합니다. 정확하게 입력하지 않으면(예를 들면 datetime.localnow( )와 같이 소문자로만 입력한 경우) 에러가 발생합니다.
둘째, 수식에서 참조할 열의 이름(예 : [생년월일])은 직접 입력하지 말고, 오른쪽 '사용 가능한 열' 목록에서 더블클릭해 입력합니다.

Plus⁺ 수식 이해하기

파워 쿼리에서 사용하는 함수는 워크시트의 함수와 이름이 다릅니다. 그래서 처음 사용할 때는 혼동될 수 있지만, 함수 이름만 안다면 기본적인 사용 방법은 동일하므로 어렵지 않게 사용할 수 있습니다. 이번에 사용된 함수는 다음과 같습니다.

파워 쿼리 함수	워크시트 함수	설명
Date.Year	YEAR	날짜 값에서 연도 값을 반환합니다.
DateTime.LocalNow	NOW	오늘 날짜와 현재 시간을 반환합니다.

그러므로 이번 수식을 엑셀 워크시트에서 사용하면 다음과 같습니다.

```
=YEAR(NOW()) - YEAR([생년월일])+1
```

참고로 오늘 날짜만 반환하는 워크시트의 TODAY() 함수는 파워 쿼리에서는 따로 제공되지 않습니다.

21 '나이' 열이 생성되면서 나이가 표시됩니다. 마지막으로 '입사일'로부터 근속기간을 계산하기 위해, [열 추가] 탭-[일반] 그룹-[사용자 지정 열] 명령(📄)을 클릭합니다.

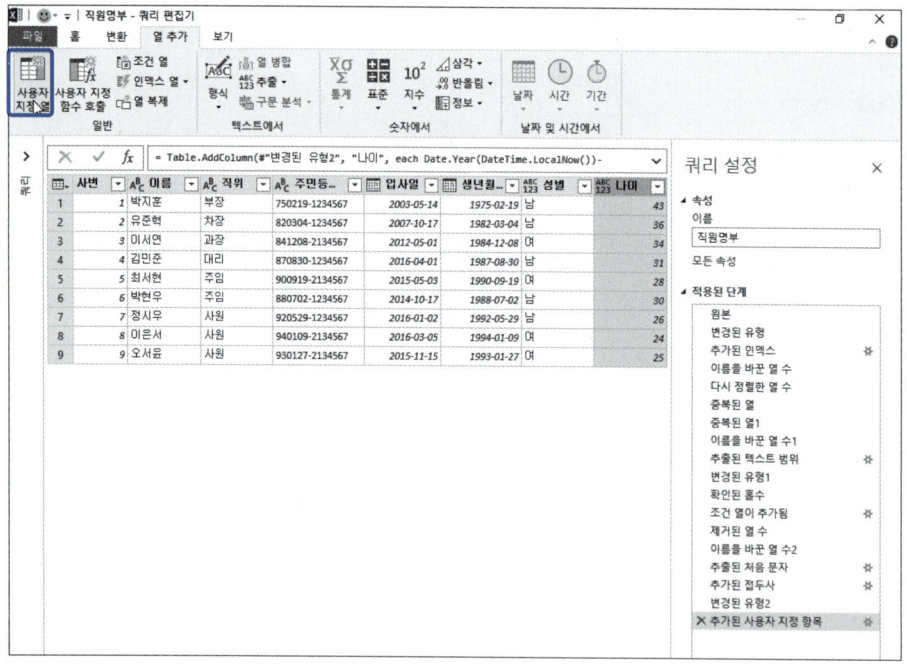

22 '사용자 지정 열 추가' 창이 표시되면 '새 열 이름'은 '근속기간'으로 변경하고 '사용자 지정 열 수식'에 다음 수식을 입력한 후 〈확인〉 버튼을 클릭합니다.

=(Duration.Days(DateTime.Date(DateTime.LocalNow()) - [입사일])+1)/365.25

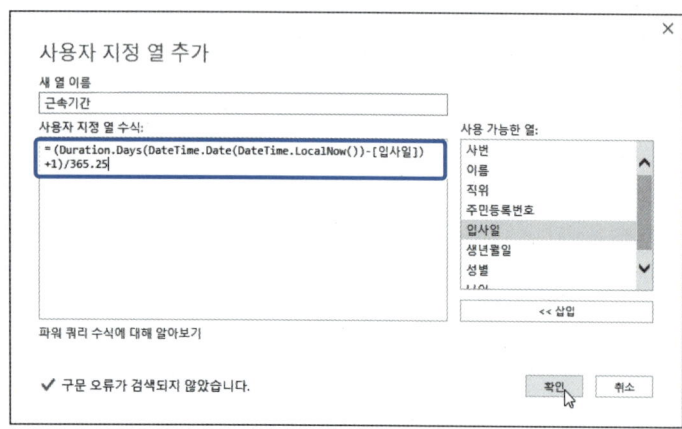

Plus⁺ 수식 이해하기

근속기간을 계산하려면 엑셀 워크시트에서는 DATEDIF 함수를 사용하지만, 파워 쿼리에서는 DATEDIF 함수와 동일한 동작을 하는 함수가 제공되지 않으므로 조금 복잡한 방법으로 계산해야 합니다. 이번 수식에서 사용된 파워 쿼리 함수는 다음과 같습니다.

파워 쿼리 함수	워크시트 함수	설명
Duration.Days	없음	계산된 기간의 일수만 반환합니다.
DateTime.Date	없음	날짜/시간 값을 갖는 데이터에서 날짜 값만 반환합니다.

이번 수식에서 먼저 이해해야 할 부분은 DateTime.Date 함수로, 다음과 같이 사용되었습니다.

```
DateTime.Date(DateTime.LocalNow())
```

이것을 엑셀 워크시트에서 사용하면 다음과 같이 대체할 수 있습니다.

```
TODAY()
```

그리고 Duration.Days 함수는 두 날짜의 차이를 계산한 값에서 일수만 반환하는 함수로, 파워 쿼리의 식인 **DateTime.Date(DateTime.LocalNow( ))-[입사일]**을 계산하면 d.00:00:00과 같은 결과가 반환되므로, 이 결과에서 일(日) 부분에 해당하는 d 값만 반환받는 역할을 합니다.

여기에 근속기간은 단순한 차이가 아니라 일수를 세어야 하므로, 1을 더한 다음 이 값을 1년에 해당하는 365.25 값(4년에 한 번 윤년이 있으므로, 1년을 365로 계산하지 않고 365.25 값을 사용합니다.)으로 나눠 근속기간을 계산한 것입니다.

이번 수식을 엑셀의 수식으로 변환하면 다음과 같습니다.

```
=DATEDIF([입사일], TODAY()+1, "Y")
```

엑셀의 수식과 동일한 방법의 계산식이지만, 파워 쿼리에서는 연의 차이를 반환하는 함수가 제공되지 않아 복잡해진 것입니다.

---

23 '근속기간' 열이 생성되면서 계산 결과가 쿼리 편집기에 표시됩니다. 소수값은 버리기 위해 [열 추가] 탭-[숫자에서] 그룹-[반올림] 명령 내 [내림] 메뉴를 선택합니다.

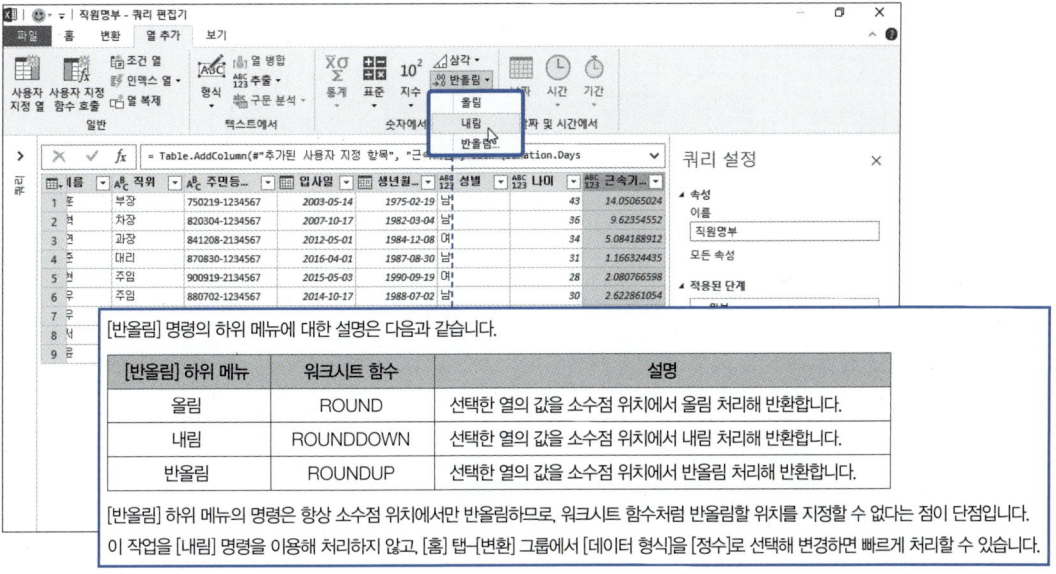

[반올림] 명령의 하위 메뉴에 대한 설명은 다음과 같습니다.

[반올림] 하위 메뉴	워크시트 함수	설명
올림	ROUND	선택한 열의 값을 소수점 위치에서 올림 처리해 반환합니다.
내림	ROUNDDOWN	선택한 열의 값을 소수점 위치에서 내림 처리해 반환합니다.
반올림	ROUNDUP	선택한 열의 값을 소수점 위치에서 반올림 처리해 반환합니다.

[반올림] 하위 메뉴의 명령은 항상 소수점 위치에서만 반올림하므로, 워크시트 함수처럼 반올림할 위치를 지정할 수 없다는 점이 단점입니다. 이 작업을 [내림] 명령을 이용해 처리하지 않고, [홈] 탭-[변환] 그룹에서 [데이터 형식]을 [정수]로 선택해 변경하면 빠르게 처리할 수 있습니다.

24 그러면 'RoundDown' 열이 생성되면서 '근속기간' 열의 정수 값만 표시됩니다. '근속기간' 열을 선택하고 [홈] 탭-[열 관리] 그룹-[열 제거] 명령( )을 클릭해 삭제합니다.

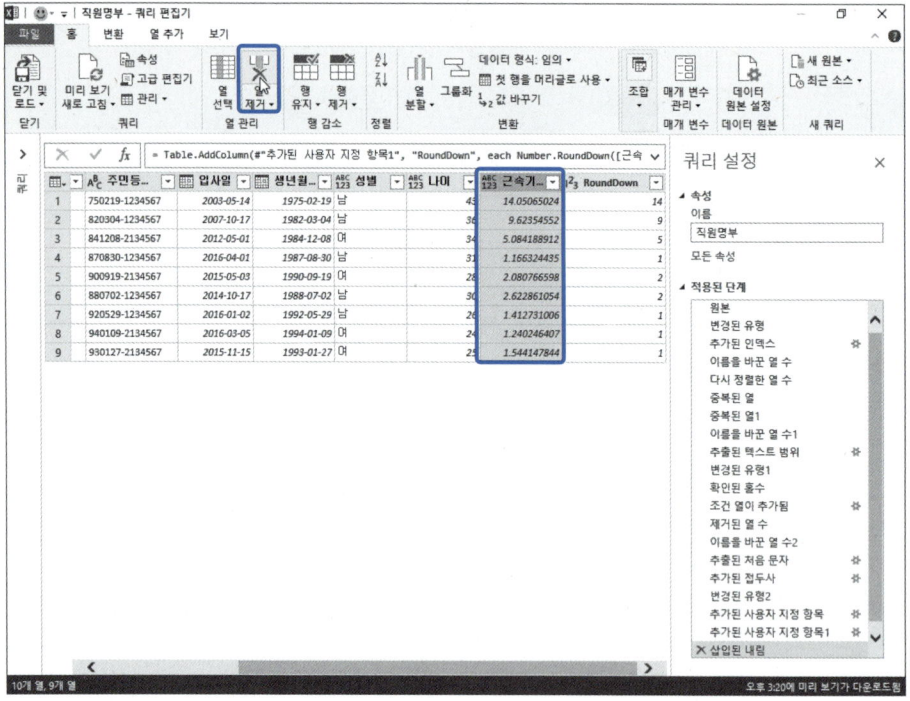

25 마지막으로 'RoundDown' 열의 머리글을 더블클릭하고 '근속기간'으로 변경합니다.

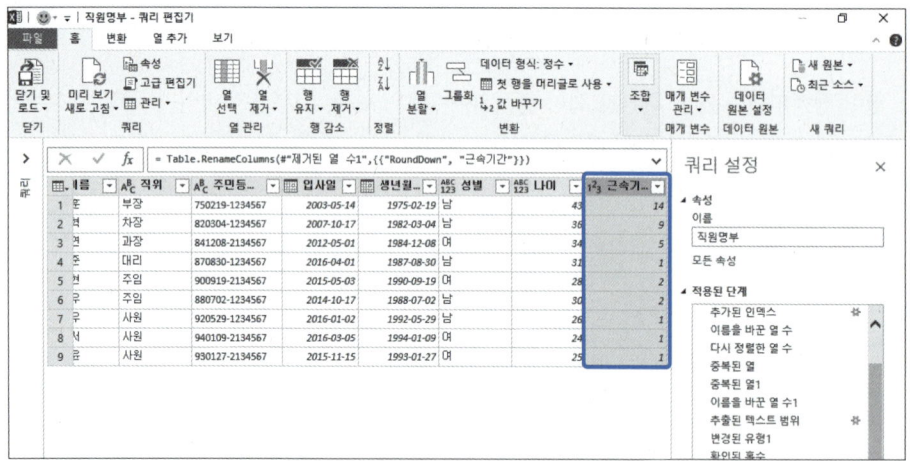

CHAPTER

11

병합과 추가 이해하기

파워 쿼리는 여러 개의 표를 하나의 표처럼 사용할 수 있도록 [병합]과 [추가] 명령을 지원합니다.
[병합]은 두 표를 하나의 표처럼 사용할 수 있도록 관계로 연결하는 기능이며,
[추가]는 표에 데이터를 더해도 하나의 표처럼 사용할 수 있도록 하는 기능입니다.
[병합]은 엑셀 창에서 지원하는 [관계] 명령보다 더 다양한 연결 방법을 지원하며,
직관적인 화면으로 좀 더 쉽게 두 표를 연결할 수 있도록 합니다.
[추가]는 엑셀 창에서는 지원하지 않는 명령으로,
하나의 표를 시트별, 파일별로 분할해 사용할 경우에 특히 유용합니다.
여기서는 [병합]과 [추가] 명령을 사용하는 방법에 대해 알아보겠습니다.

150 여러 형식의 표를 하나로 통합해 분석하기

엑셀 사용자는 텍스트, 데이터베이스, 엑셀 등 여러 종류의 데이터로 작업하는 경우가 많습니다. 만약 다양한 형식의 파일에 여러 데이터가 분산되어 있고 이를 하나의 표로 통합해 작업하고 싶다면, 파워 쿼리를 이용해 데이터를 통합한 후 피벗 테이블 보고서로 분석할 수 있습니다. 파워 쿼리의 [추가] 기능을 사용해 여러 형식의 표를 하나로 모으는 방법에 대해 알아보겠습니다.

예제 파일 PART 03\CHAPTER 11\150\AC 주문서.accdb, TE 주문서.txt, XL 주문서.xlsx

01 통합할 데이터를 먼저 확인합니다. 예제 중 'AC 주문서.accdb' 파일을 열고 왼쪽의 탐색 창에서 'AC 주문서' 테이블을 더블클릭한 후 설명을 참고해 데이터를 확인하고, 파일을 닫습니다.

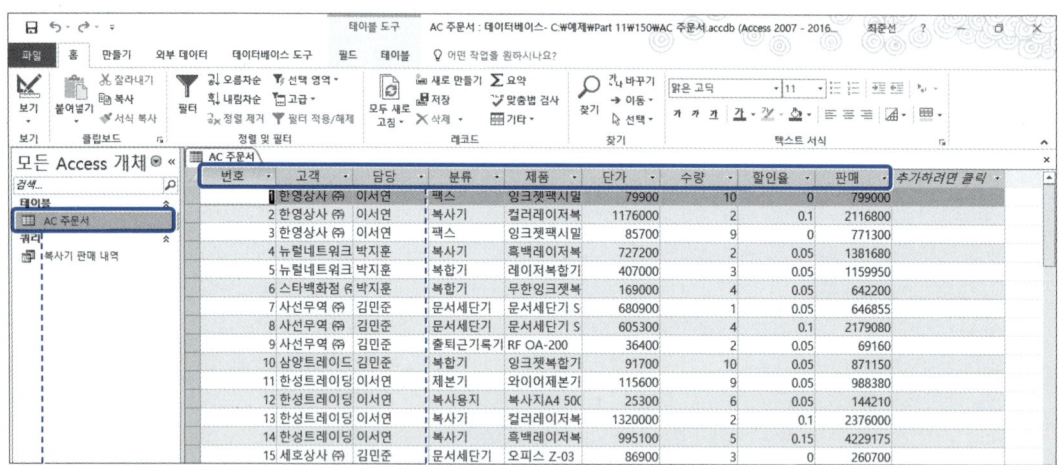

가져올 테이블(또는 쿼리)의 이름을 정확하게 확인합니다.

테이블을 열고 머리글(필드명)을 확인합니다. 추가 기능을 이용해 쿼리를 하나로 합치면 머리글을 인식해 열이 합쳐지므로, 머리글을 정확하게 확인해야 합니다.

> **Plus⁺ 액세스 테이블과 액세스 쿼리**
>
> 엑셀 사용자에게는 액세스에서 사용하는 '테이블', '쿼리' 등의 용어가 익숙하지 않을 것입니다. 액세스 테이블은 액세스 프로그램에서 데이터를 저장하기 위한 개체로, 데이터를 보관하기 위한 그릇이라고 생각하면 됩니다. 엑셀에서의 테이블은 워크시트입니다. 액세스 쿼리는 테이블 내 데이터를 조회하고 요약 및 변경할 수 있는 개체로, 엑셀에서는 필터, 피벗, 찾기/바꾸기 등의 다양한 기능으로 처리할 수 있습니다.
>
> 참고로 '쿼리'는 액세스에서만 사용하는 이름이고, 다른 데이터베이스 프로그램(오라클, SQL-Server, DB2, … 등)에서는 '뷰(View)'라고 합니다.

02 두 번째 데이터인 'TE 주문서.txt' 파일을 열면 다음 화면과 같이 열어 보면 쉼표(,)로 구분되어 있습니다. 설명을 참고해 데이터를 확인하고 파일을 닫습니다.

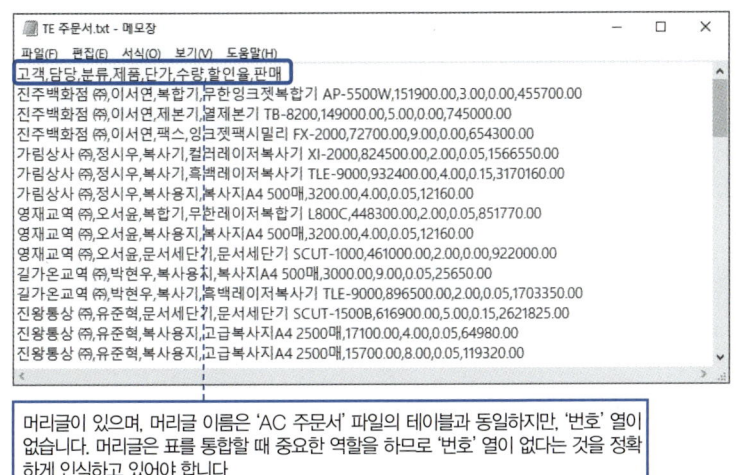

머리글이 있으며, 머리글 이름은 'AC 주문서' 파일의 테이블과 동일하지만, '번호' 열이 없습니다. 머리글은 표를 통합할 때 중요한 역할을 하므로 '번호' 열이 없다는 것을 정확하게 인식하고 있어야 합니다.

03 마지막 데이터인 'XL 주문서.xlsx' 파일을 열고 '주문서' 시트를 선택해 데이터를 확인한 후 파일을 닫습니다.

번호	고객	담당	분류	품명	단가	수량	할인율	판매
1	갤럭시통상	오서윤	복사용지	복사지A4 5000매	23,200	8	5%	176,320
2	갤럭시통상	오서윤	문서세단기	오피스 Z-05C	102,000	5	5%	484,500
3	갤럭시통상	오서윤	복합기	무한레이저복합기 L500C	301,300	5	5%	1,431,175
4	갤럭시통상	오서윤	복사용지	복사지A4 1000매	5,900	5	5%	28,025
5	진주백화점	이서연	복합기	레이저복합기 L200	161,000	3	0%	483,000
6	진주백화점	이서연	복사용지	프리미엄복사지A4 5000매	30,000	1	0%	30,000
7	진주백화점	이서연	복합기	무한잉크젯복합기 AP-3300W	117,000	2	0%	234,000
8	보람무역	최서현	출퇴근기록기	RF OA-400	64,200	6	5%	365,940
9	보람무역	최서현	복합기	무한잉크젯복합기 AP-3300W	110,000	4	5%	418,000
10	보람무역	최서현	출퇴근기록기	지문인식 FPIN-1000+	133,800	9	5%	1,143,990
11	동남무역	최서현	문서세단기	오피스 Z-03	87,700	5	0%	438,500
12	동남무역	최서현	복사용지	복사지A4 2500매	15,000	8	0%	120,000
13	보람무역	최서현	복합기	레이저복합기 L500	286,200	3	5%	815,670
14	반디상사	유준혁	복사용지	복사지A4 500매	3,000	1	5%	2,850
15	반디상사	유준혁	복사용지	복사지A4 500매	28,900	4	5%	109,820
16	반디상사	유준혁	제본기	링제본기 ST-200X	194,700	5	5%	924,825
17	미르무역	김민준	복합기	무한잉크젯복합기 AP-5500W	178,300	2	0%	356,600
18	미르무역	김민준	문서세단기	문서세단기 SCUT-1000	412,700	3	5%	1,176,195

데이터를 가져올 시트를 확인합니다.

'AC 주문서' 파일의 테이블과 열의 구성은 동일하지만, E1셀의 '품명'은 'AC 주문서'나 'TE 주문서' 파일과 다릅니다. 다른 표를 추가해 하나로 통합할 경우 열 머리글 이름이 다르면 다른 열로 구분하므로 통합 작업을 할 때 이름을 변경해야 한다는 것에 주의합니다.

Plus⁺ 세 개의 서로 다른 형식의 표를 하나로 통합하기 위한 계획

앞에서 확인한 세 개의 표에는 다음과 같은 차이가 있습니다.

파일	대상 표	설명
AC 주문서.accdb	AC 주문서	
TE 주문서.txt		다른 표에 있는 '번호' 열이 없습니다.
XL 주문서.xlsx	주문서	다른 표의 '제품' 열을 '품명' 열로 명명하고 있습니다.

위 표를 하나로 통합할 때 편집이 필요한 열과 새로 생성할 열은 다음과 같습니다.

열	설명
번호	'AC 주문서'와 'XL 주문서' 파일을 보면 단순한 인덱스 번호이므로, 'AC 주문서'와 'XL 주문서' 파일의 번호 열을 모두 제거합니다.
품명	'XL 주문서'의 열 이름이 다르므로 쿼리에서 머리글을 '제품'으로 수정합니다.
코드	세 개의 표를 통합하면 어디에 있는 데이터인지 구분되지 않으므로 '코드' 열을 생성해 구분합니다. 파일의 앞 두 자리 값(AC, TE, XL)이 코드 값으로, 이 값이 별도의 열에 기록되도록 작업합니다.

참고로 각각의 표에서 열의 데이터 형식이 맞지 않으면 통합 후 다시 전체 열의 데이터 형식을 조정해야 하므로 개별 쿼리에서 데이터 형식을 동일하게 설정해 통합하는 방법으로 작업하는 것이 좋습니다.

04 이렇게 서로 다른 형식의 파일을 파워 쿼리로 통합하겠습니다. 빈 엑셀 파일을 열고 쿼리를 하나씩 생성합니다. 먼저 'AC 주문서.accdb' 파일에서 'AC 주문서' 테이블을 연결하겠습니다. [데이터] 탭-[가져오기 및 변환] 그룹-[새 쿼리] 명령 내 [데이터베이스에서]-[Microsoft Access 데이터베이스에서] 메뉴를 선택합니다.

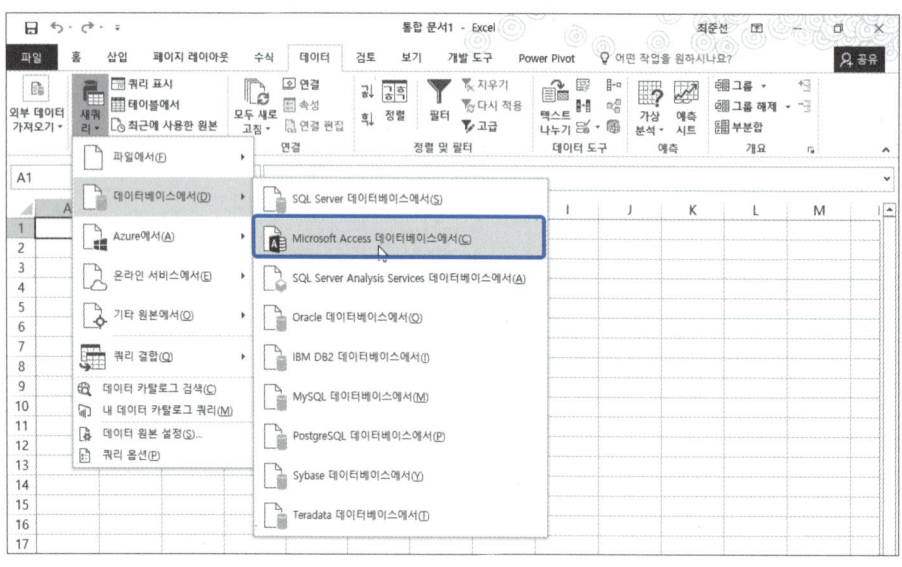

05 '데이터 가져오기' 대화상자가 열리면 예제 폴더에서 'AC 주문서.accdb' 파일을 선택하고 〈가져오기〉 버튼을 클릭합니다.

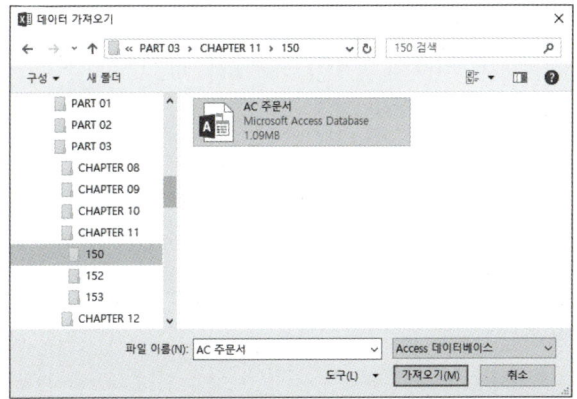

06 '탐색 창'이 표시되면 'AC 주문서.accdb' 파일 내 'AC 주문서' 테이블을 선택하고 〈편집〉 버튼을 클릭합니다.

테이블(▦)과 쿼리(▤)는 아이콘으로 구분할 수 있으며, 선택한 테이블(또는 쿼리)의 데이터를 오른쪽 창에서 미리 보기로 확인할 수 있습니다.

03 과정의 [참고] 부분에서 설명한 것과 같이, 연결된 'AC 주문서' 테이블의 값을 수정해야 하므로 〈편집〉 버튼을 클릭해야 합니다.

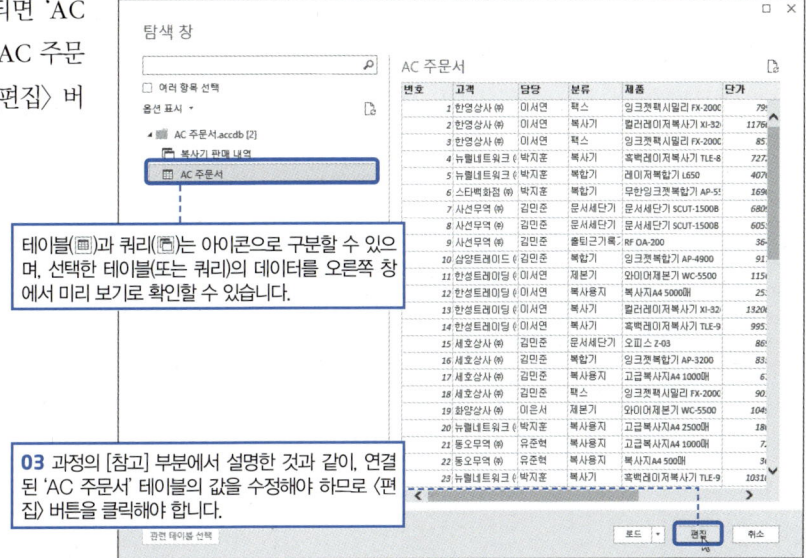

07 쿼리 편집기가 열리면 계획한 대로 '번호' 열을 삭제합니다. '번호' 열을 선택하고 [홈] 탭-[열 관리] 그룹-[열 제거] 명령(▨)을 클릭합니다.

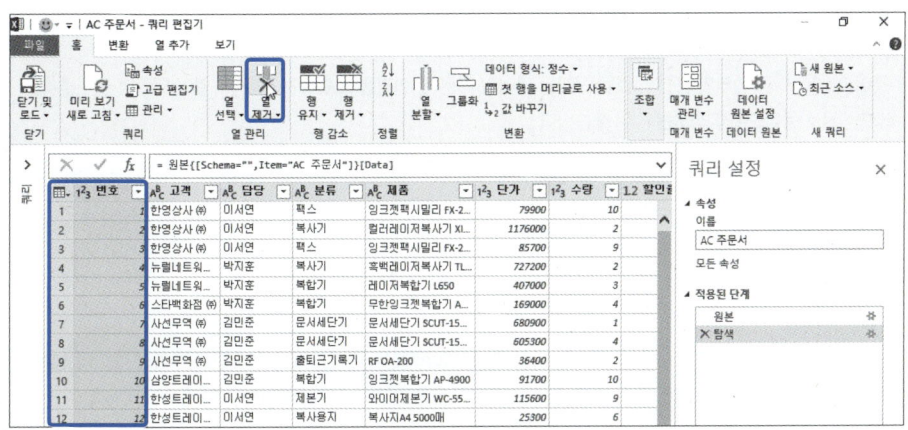

CHAPTER 11 | 병합과 추가 이해하기 / **523**

08 'AC' 코드 값을 갖는 열을 생성하겠습니다. [열 추가] 탭-[일반] 그룹-[사용자 지정 열 추가] 명령(📋)을 클릭합니다. '사용자 지정 열 추가' 창이 열리면 '새 열 이름'에 '코드'를 입력하고, '사용자 지정 열 수식'에 **="AC"** 수식을 입력한 후 〈확인〉 버튼을 클릭합니다.

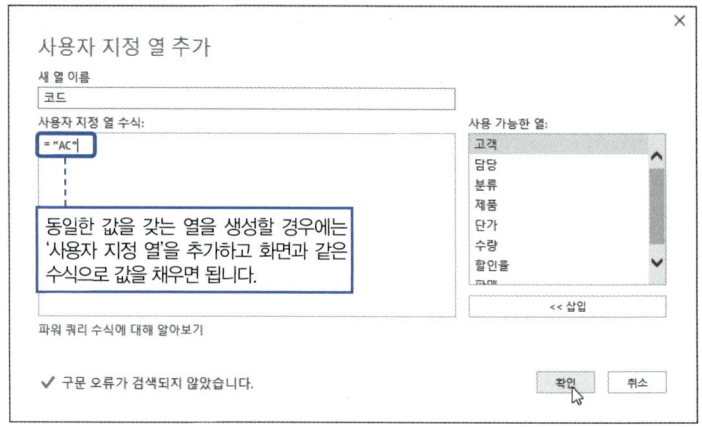

09 생성된 '코드' 열을 표의 첫 번째 열 위치로 드래그해 옮기고, [홈] 탭-[변환] 그룹에서 [데이터 형식]을 [텍스트]로 변경합니다. 그런 다음 쿼리를 생성하기 위해 [홈] 탭-[닫기] 그룹-[닫기 및 로드] 명령 내 [닫기 및 다음으로 로드...] 메뉴를 선택합니다.

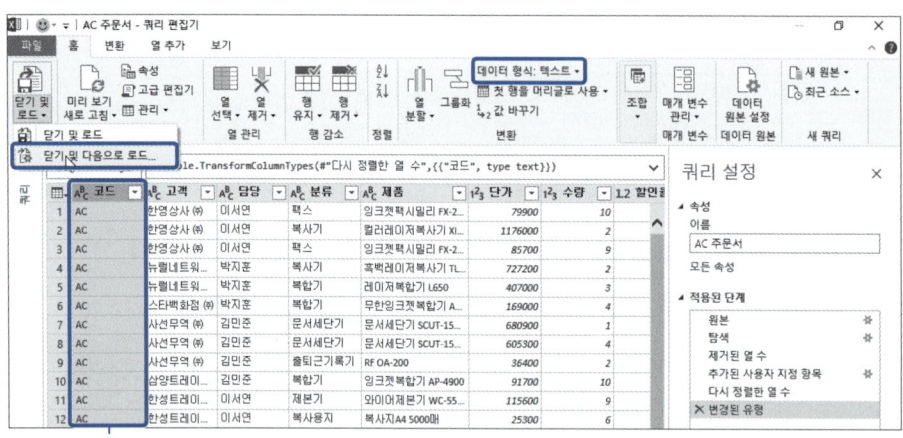

'코드' 열을 맨 앞으로 옮긴 이유는 코드 값이 맨 왼쪽에 있어야 통합된 표에서 데이터를 구분하기 쉽기 때문으로, 필수 작업은 아닙니다.

> **Plus⁺ 추가로 확인해야 할 내용**
>
> 이 쿼리만 사용할 것이 아니고 다른 쿼리와 통합 작업을 진행할 것이기 때문에, 쿼리를 로드하기 전에 각 열의 데이터 형식을 확인해 정확한 데이터 형식을 사용하도록 지정하는 것이 좋습니다.
>
> | 열 | 데이터 형식 |
> | --- | --- |
> | 코드, 고객, 담당, 분류, 제품 | 텍스트 |
> | 단가, 수량, 판매 | 정수 |
> | 할인율 | 10진수 |
>
> 여러 개의 쿼리를 통합할 때 열의 데이터 형식이 맞지 않으면 통합 후에 '데이터 형식'이 임의로 변경되므로 추가로 데이터 형식 변환 작업을 해야 합니다. 이런 번거로움을 없애려면 데이터 형식을 정확하게 확인하는 습관을 들이는 것이 좋습니다.

10 '다음으로 로드' 창이 열리면 [연결만 만들기] 옵션을 선택하고 〈로드〉 버튼을 클릭합니다.

이 쿼리는 표를 통합하기 위해 생성한 것이므로 엑셀 창에 반환하지 않고 편집된 쿼리만 저장합니다.

11 엑셀 창에 '통합 문서 쿼리' 작업 창이 열리면서 생성된 쿼리가 표시됩니다. 'AC 주문서' 쿼리에 마우스 포인터를 위치시키면 편집된 데이터를 미리 보기 창에서 확인할 수 있습니다.

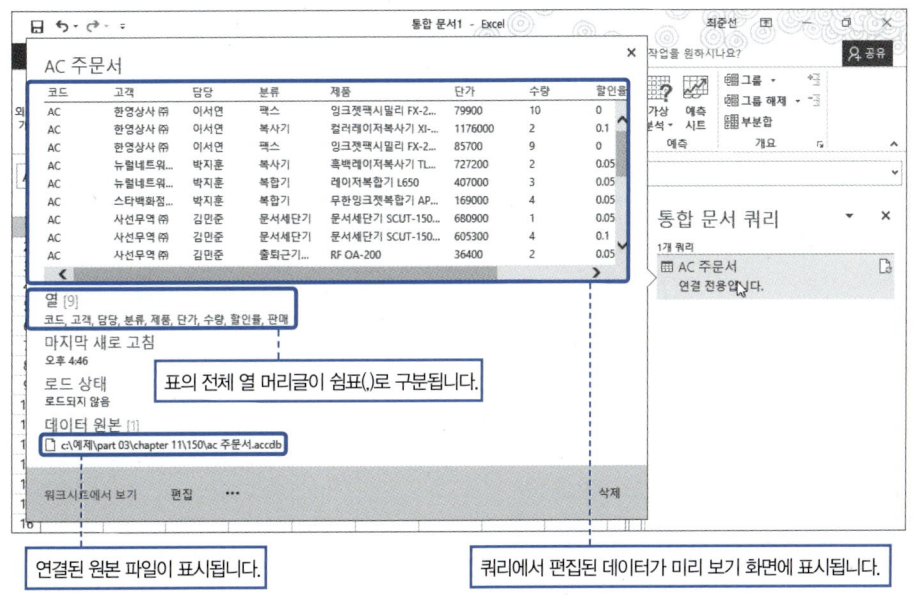

연결된 원본 파일이 표시됩니다.

표의 전체 열 머리글이 쉼표(,)로 구분됩니다.

쿼리에서 편집된 데이터가 미리 보기 화면에 표시됩니다.

12 이번에는 'TE 주문서.txt' 파일에 연결해 쿼리를 생성하겠습니다. [데이터] 탭-[가져오기 및 변환] 그룹-[새 쿼리] 명령 내 [파일에서]-[텍스트에서] 메뉴를 선택합니다.

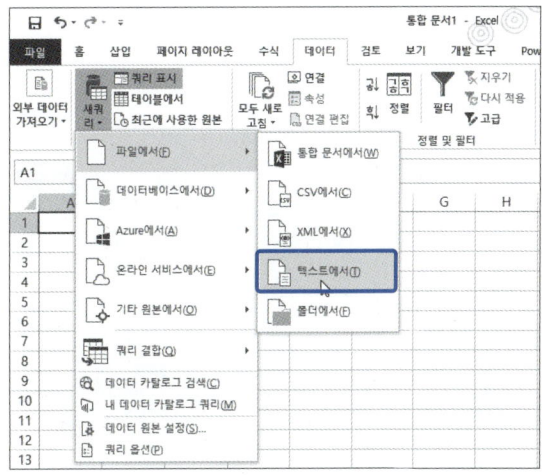

CHAPTER 11 | 병합과 추가 이해하기 / **525**

13 '데이터 가져오기' 대화상자가 열리면 예제 폴더에서 'TE 주문서.txt' 파일을 선택하고 〈가져오기〉 버튼을 클릭합니다.

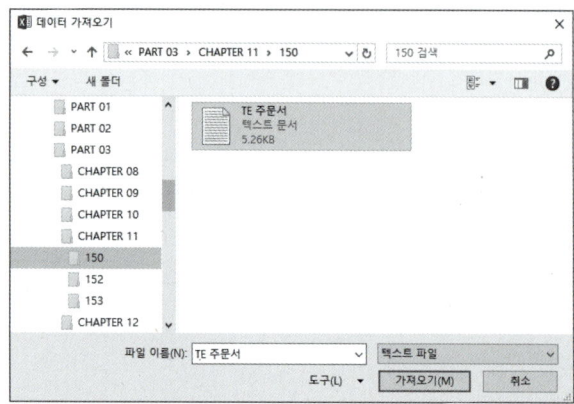

14 파일 탐색 창이 열리면, '파일 원본'의 국가 코드와 '구분 기호'를 확인하고 〈편집〉 버튼을 클릭합니다.

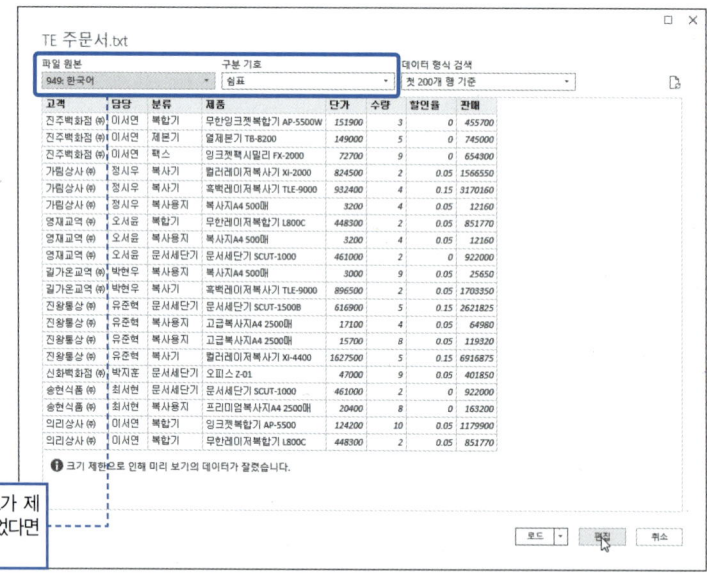

> 텍스트 파일을 인식해 국가 코드나 구분 기호가 제대로 표시되지만, 만약 이 부분이 잘못 설정되었다면 정확한 값을 직접 선택해야 합니다.

15 쿼리 편집기가 열리면, 'AC 주문서' 쿼리에 맞춰 데이터 형식을 변경합니다. '단가' 열을 선택하고 Ctrl 키를 누른 상태에서 '수량', '판매' 열을 선택한 후 [홈] 탭-[변환] 그룹에서 [데이터 형식]을 [정수]로 설정합니다.

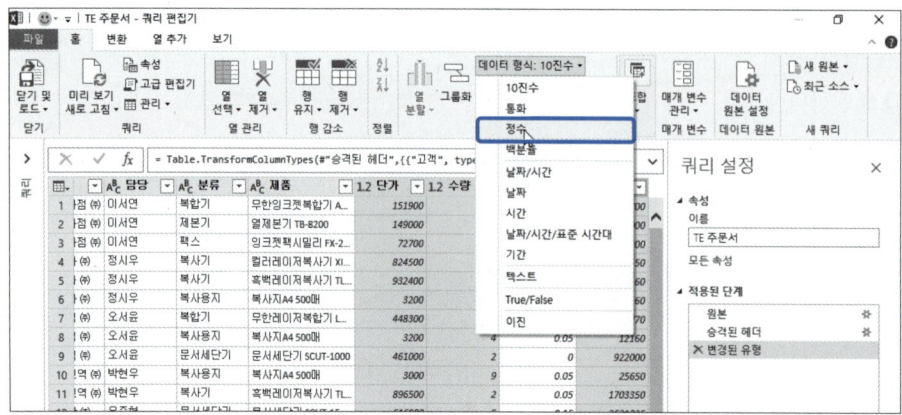

> **Plus⁺ 데이터 형식 변환 이해하기**
>
> 먼저 생성한 'AC 주문서' 쿼리와 데이터 형식이 맞지 않는 열을 찾아 데이터 형식을 변경합니다. 쿼리 편집기에서 '단가', '수량', '판매' 열은 모두 '10진수' 형식으로 인식되고 있으므로 이를 '정수'로 변경합니다. 이 작업을 진행하여 '열 형식 변경' 작업 창이 표시되면 〈현재 전환 바꾸기〉 버튼을 클릭해 닫습니다.
>
> **LINK** '열 형식 변경' 작업 창에 대한 설명은 'No. 132 쿼리 편집기의 데이터 형식 변경 이해하기'(436쪽)를 참고합니다.

16 이 쿼리에도 'AC 주문서' 쿼리와 마찬가지로 '코드' 열을 생성합니다. [열 추가] 탭-[일반] 그룹-[사용자 지정 열] 명령(📋)을 클릭하여 '사용자 지정 열 추가' 창이 열리면 '새 열 이름'에 '코드'를 입력하고 '사용자 지정 열 수식'에 **="TE"** 수식을 입력한 후 〈확인〉 버튼을 클릭합니다.

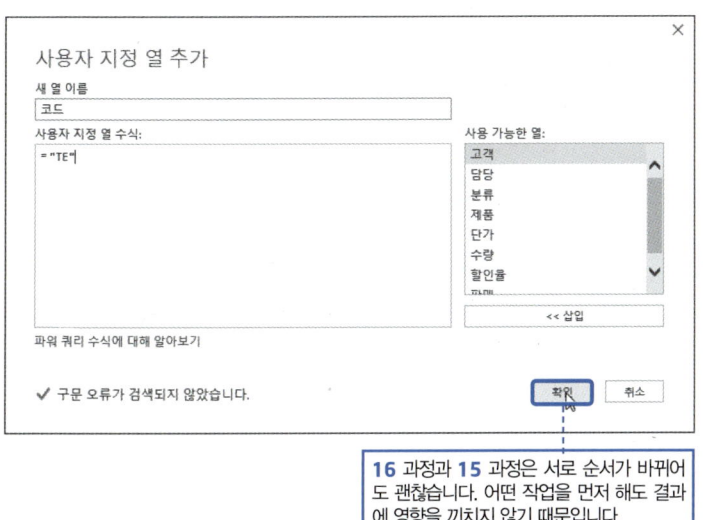

16 과정과 15 과정은 서로 순서가 바뀌어도 괜찮습니다. 어떤 작업을 먼저 해도 결과에 영향을 끼치지 않기 때문입니다.

17 생성된 '코드' 열을 쿼리의 첫 번째 열 위치로 드래그해 옮기고 [홈] 탭-[변환] 그룹에서 [데이터 형식]을 [텍스트]로 설정한 후 [홈] 탭-[닫기] 그룹-[닫기 및 로드] 명령 내 [닫기 및 다음으로 로드…] 메뉴를 선택합니다.

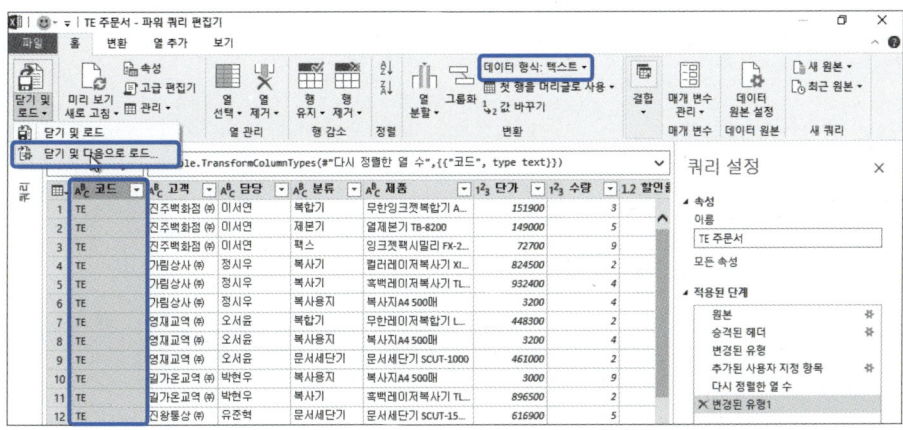

18 '다음으로 로드' 창에서 [연결만 만들기] 옵션을 선택하고 〈로드〉 버튼을 클릭하면 '통합 문서 쿼리' 작업 창에서 'TE 주문서' 쿼리를 확인할 수 있습니다. 'TE 주문서' 쿼리에 마우스 포인터를 위치시키면 다음 화면과 같은 미리 보기 창이 표시됩니다.

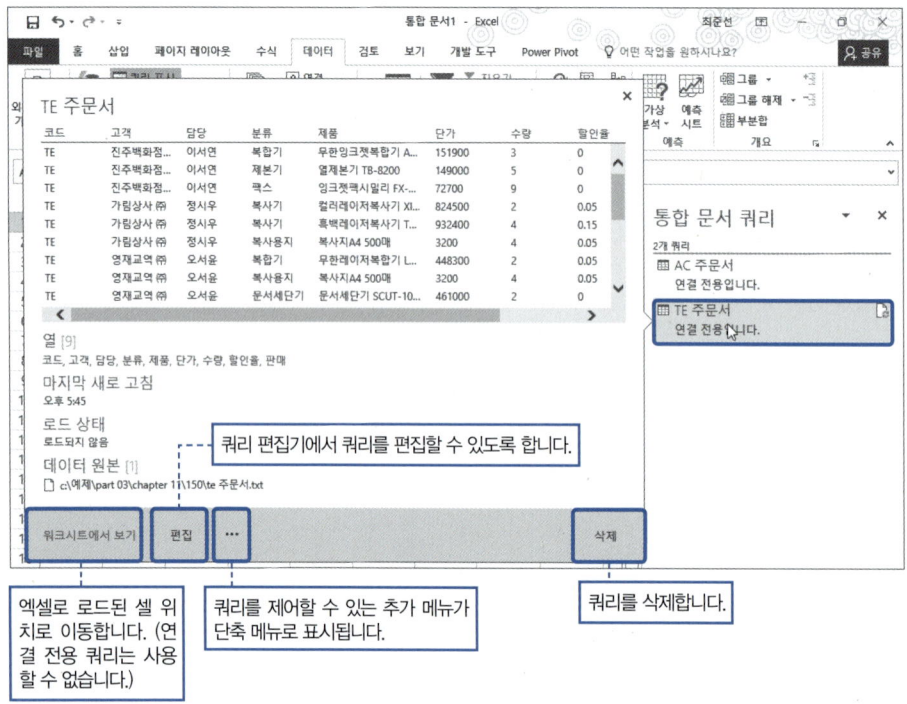

19 이제 마지막으로 'XL 주문서.xlsx' 파일에 있는 주문서를 쿼리로 생성하겠습니다. [데이터] 탭-[가져오기 및 변환] 그룹-[새 쿼리] 명령 내 [파일에서]-[통합 문서에서] 메뉴를 선택합니다.

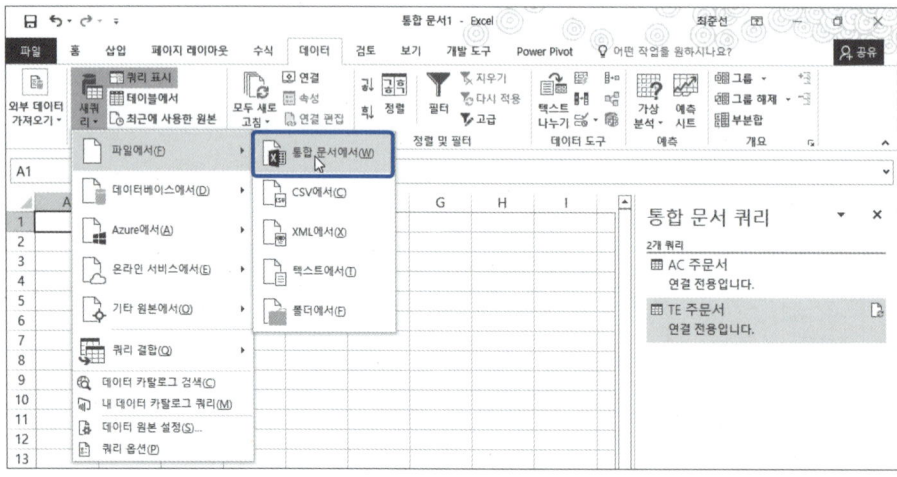

20 '데이터 가져오기' 대화상자가 열리면 예제 폴더에서 'XL 주문서.xlsx' 파일을 선택하고 〈가져오기〉 버튼을 클릭합니다.

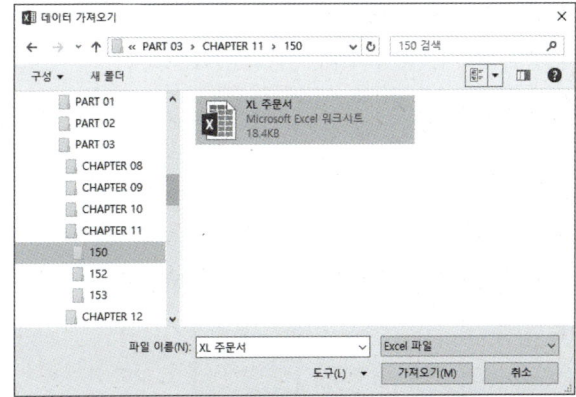

21 '탐색 창'이 표시되면 'XL 주문서.xlsx' 파일 내 '주문서' 시트를 선택하고 〈편집〉 버튼을 클릭합니다.

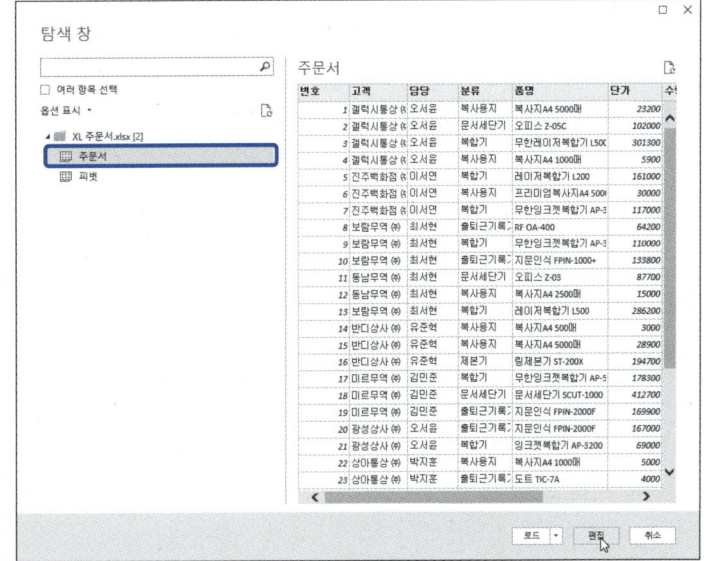

22 쿼리 편집기가 열리면, Access 테이블처럼 '번호' 열을 삭제합니다. '번호' 열을 선택하고 [홈] 탭-[열 관리] 그룹-[열 제거] 명령(🗙)을 클릭합니다.

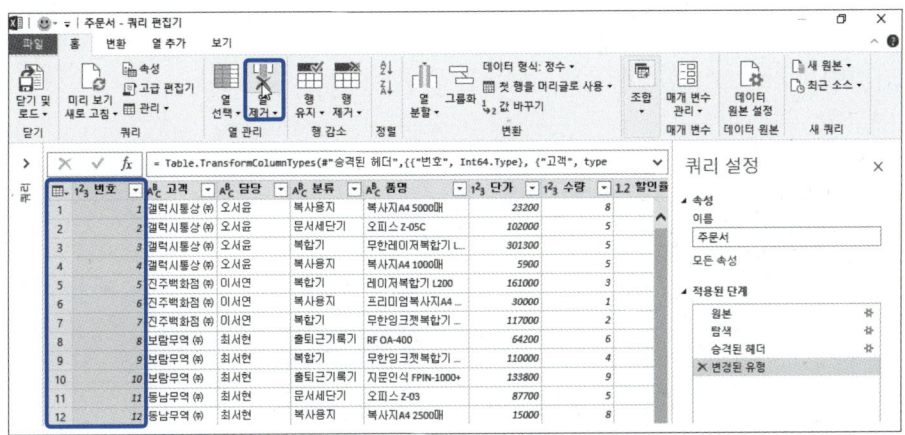

CHAPTER 11 | 병합과 추가 이해하기 / **529**

23 엑셀 데이터에는 '제품' 열이 '품명' 열이라고 되어 있으므로 다른 쿼리의 머리글 이름과 동일하게 수정해야 합니다. '품명' 열의 머리글을 더블클릭하여 '제품'으로 수정합니다.

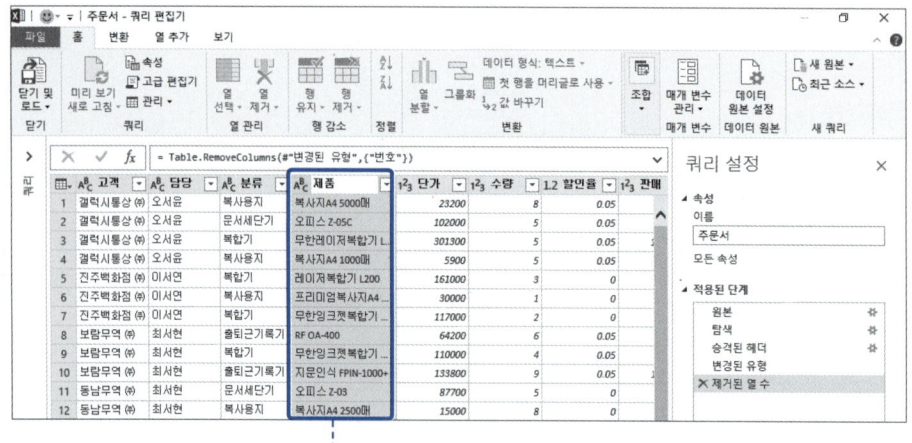

쿼리에서 머리글을 변경해도 원본 테이블의 머리글은 변경되지 않습니다. 파워 쿼리에서 [추가] 기능을 이용해 표를 통합하면 머리글을 인식해 같은 열인지 판단하기 때문에 머리글을 변경하는 작업은 매우 중요합니다.

24 다른 쿼리와 동일하게 '코드' 열을 생성합니다. [열 추가] 탭-[일반] 그룹-[사용자 지정 열] 명령(🏛)을 클릭해 '사용자 지정 열 추가' 창이 열리면 '새 열 이름'에 '코드'를 입력하고 '사용자 지정 열 수식'에 **="XL"**을 입력한 후 〈확인〉 버튼을 클릭합니다.

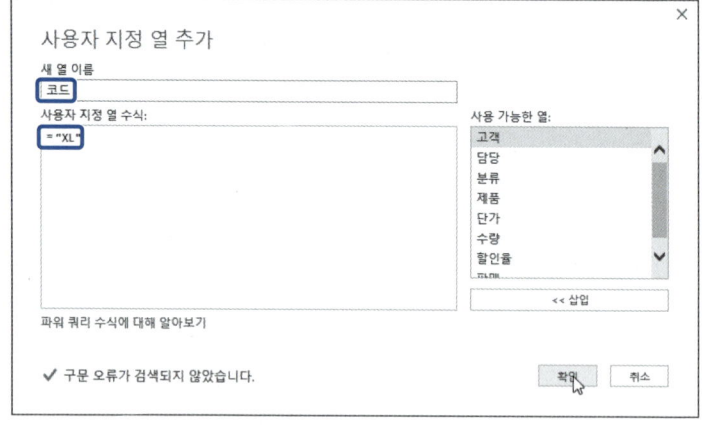

25 생성된 '코드' 열을 표의 첫 번째 열 위치로 드래그해 옮기고 [홈] 탭-[변환] 그룹에서 [데이터 형식]을 [텍스트]로 변경합니다. '쿼리 설정' 작업 창에서 '이름'을 'XL 주문서'로 변경하고 [홈] 탭-[닫기] 그룹-[닫기 및 로드] 명령 내 [닫기 및 다음으로 로드...] 메뉴를 선택합니다.

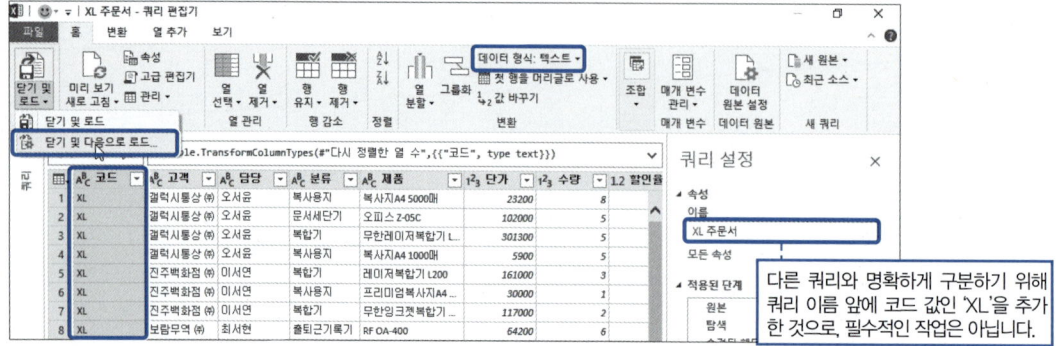

다른 쿼리와 명확하게 구분하기 위해 쿼리 이름 앞에 코드 값인 'XL'을 추가한 것으로, 필수적인 작업은 아닙니다.

26 '다음으로 로드' 창에서 [연결만 만들기] 옵션을 선택하고 〈로드〉 버튼을 클릭하면 '통합 문서 쿼리' 작업 창에서 'XL 주문서' 쿼리를 확인할 수 있습니다. 'XL 주문서' 쿼리에 마우스 포인터를 위치시키면 다음 화면과 같은 미리 보기 창이 표시됩니다.

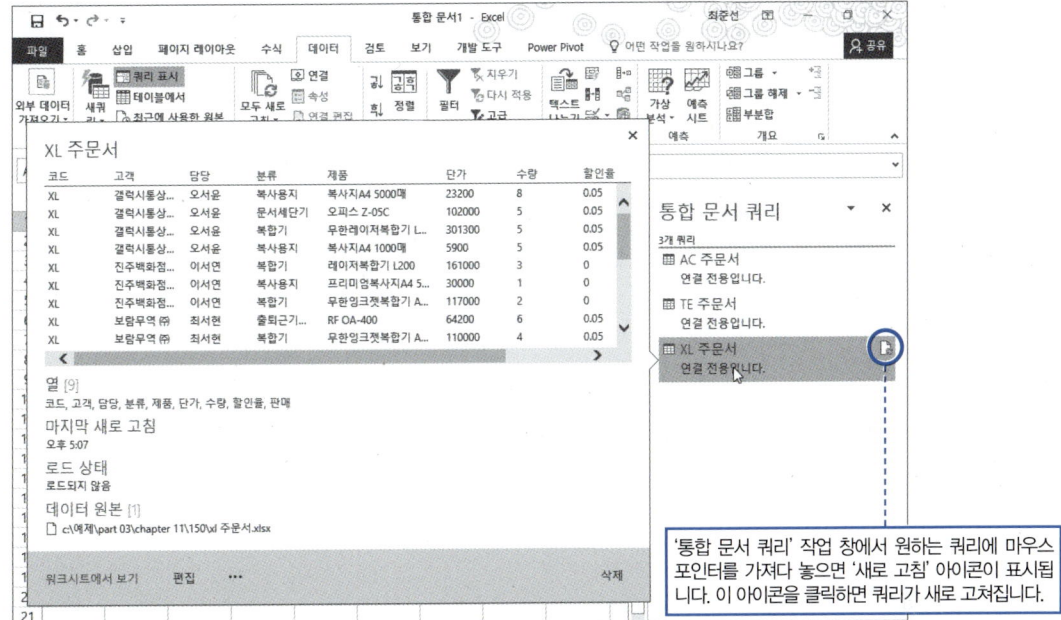

27 이제 생성된 쿼리를 하나의 쿼리로 통합하겠습니다. [데이터] 탭-[가져오기 및 변환] 그룹-[새 쿼리] 명령 내 [쿼리 결합]-[추가] 메뉴를 선택합니다.

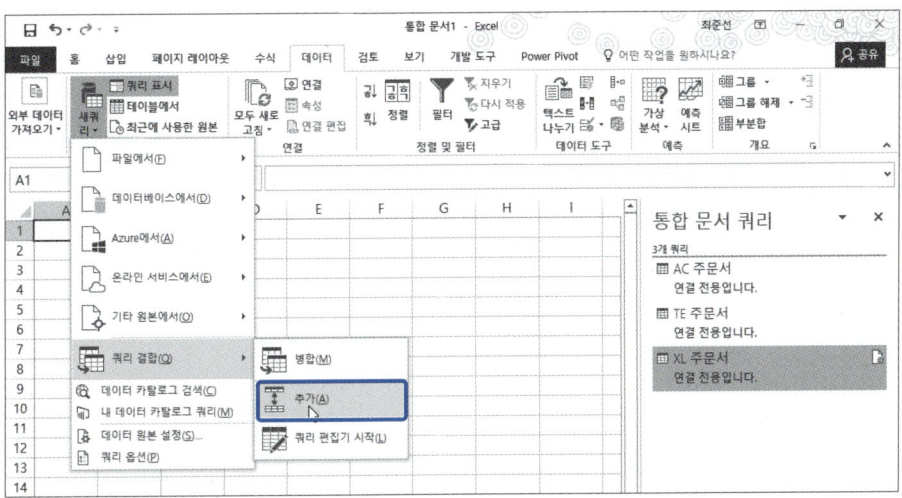

28 '추가' 창이 열립니다. 기본적으로 두 개의 테이블(쿼리)을 하나로 통합할 수 있도록 되어 있는데, 이번 예제는 총 세 개의 쿼리를 하나로 통합할 것이므로 [3개 이상의 테이블] 옵션을 선택합니다.

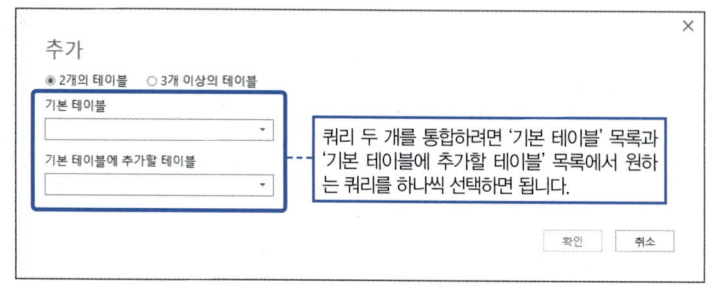

29 생성된 쿼리가 '사용 가능한 테이블' 목록에 모두 표시됩니다. 'AC 주문서' 쿼리를 선택하고 Shift 키를 누른 상태에서 'XL 주문서' 쿼리를 선택해 모든 쿼리를 선택한 후 〈추가≫〉버튼을 클릭합니다. 선택한 목록이 '추가할 테이블' 목록에 추가되면 〈확인〉 버튼을 클릭합니다.

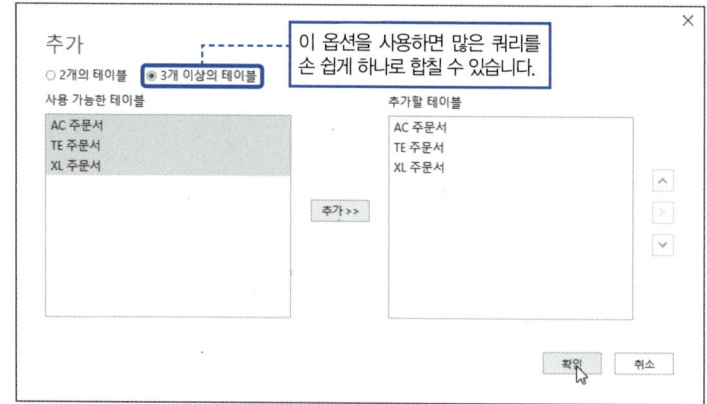

30 쿼리 편집기가 열리고, 선택된 모든 쿼리가 통합된 결과가 표시됩니다. '코드' 열의 아래 화살표 단추를 클릭해 목록에 모든 코드가 표시되는지 확인합니다.

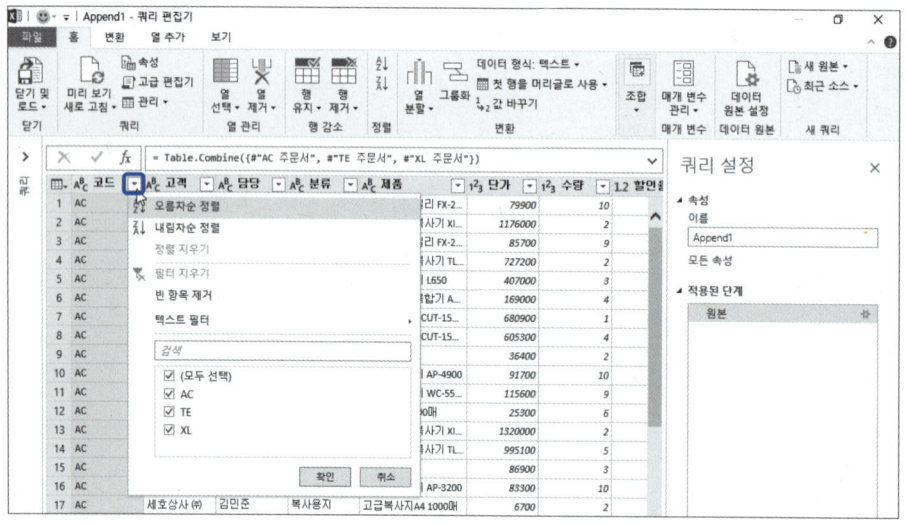

31 '쿼리 설정' 작업 창에서 '이름'을 '통합'으로 변경하고, [홈] 탭-[닫기] 그룹-[닫기 및 로드] 명령 내 [닫기 및 다음으로 로드...] 메뉴를 선택합니다.

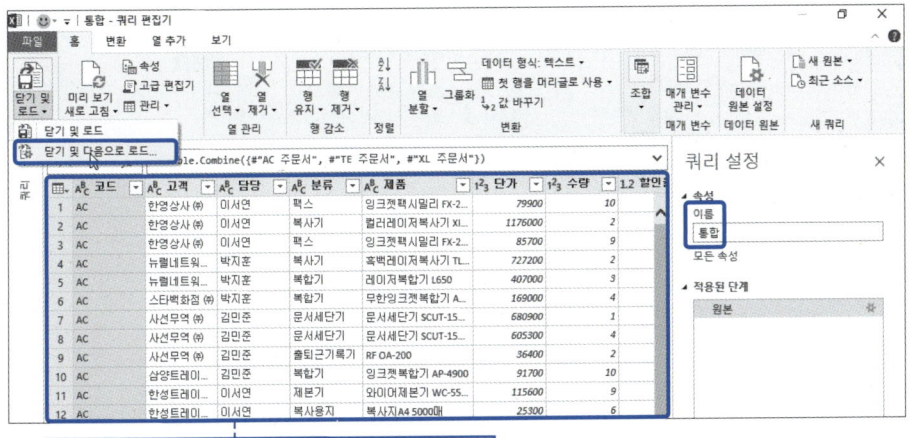

개별 쿼리에서 머리글과 데이터 형식 등 필요한 모든 사항을 맞춰 놓았기 때문에 따로 편집 작업을 할 필요가 없습니다.

32 '다음으로 로드' 창에서 [연결만 만들기] 옵션을 선택하고 〈로드〉 버튼을 클릭하면 '통합 문서 쿼리' 작업 창에서 '통합' 쿼리를 확인할 수 있습니다. '통합' 쿼리에 마우스 포인터를 위치시키면 화면과 같은 미리 보기 창이 표시됩니다.

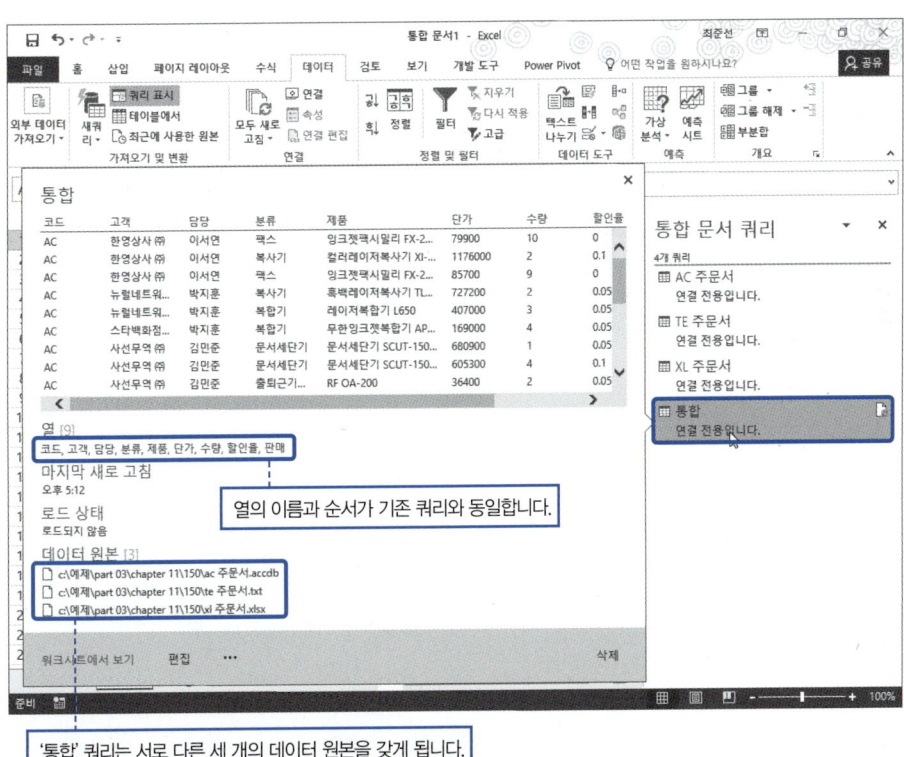

'통합' 쿼리는 서로 다른 세 개의 데이터 원본을 갖게 됩니다.

열의 이름과 순서가 기존 쿼리와 동일합니다.

33 통합 쿼리를 원본으로 하는 피벗 테이블 보고서를 생성해 코드별 매출을 집계해 보겠습니다. [삽입] 탭-[표] 그룹-[피벗 테이블] 명령( )을 클릭합니다.

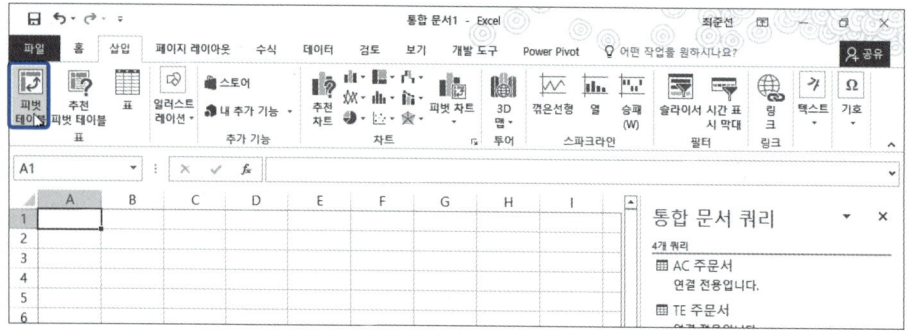

34 '피벗 테이블 만들기' 대화상자가 표시되면 [외부 데이터 원본 사용] 옵션을 선택하고 〈연결 선택〉 버튼을 클릭합니다. '기존 연결' 대화상자가 표시되면 '쿼리 – 통합'을 선택하고 〈열기〉 버튼을 클릭한 후, '피벗 테이블 만들기' 대화상자에서 〈확인〉 버튼을 클릭합니다.

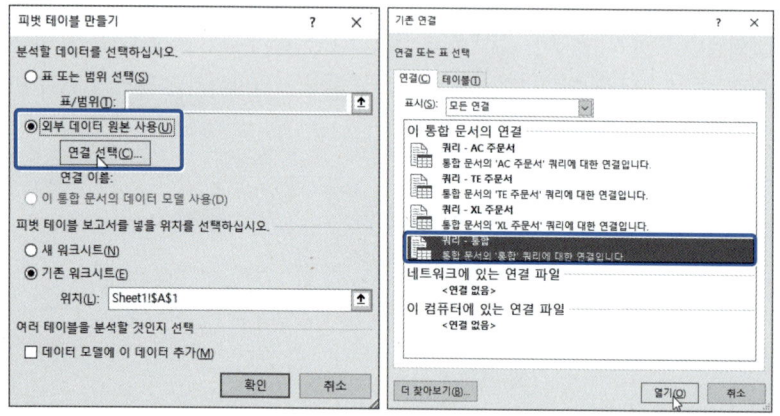

TIP 이런 과정이 불편하다면, **32** 과정의 '다음으로 로드' 창에서 [이 데이터를 데이터 모델에 추가] 옵션을 선택하면 됩니다. 그러면 '피벗 테이블 만들기' 대화상자에서 [이 통합 문서의 데이터 모델 사용] 옵션만 선택하면 쉽게 피벗 테이블 보고서를 생성할 수 있습니다.

35 '피벗 테이블 필드' 작업 창의 필드 목록에서 '코드' 필드와 '판매' 필드의 확인란에 체크해 화면과 같은 피벗 테이블 보고서를 구성합니다.

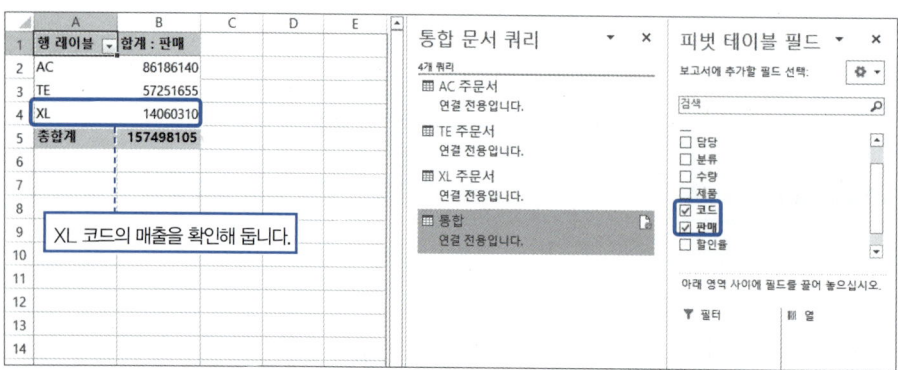

36 원본 데이터를 수정하거나 추가하면 피벗 테이블 보고서에 반영되는지 확인해 보겠습니다. 예제 중 'XL 주문서.xlsx' 파일을 열고 '주문서' 시트의 33행 데이터를 복사해 34행에 붙여넣은 후 A34셀의 값을 '33'으로, I34셀의 값을 '20,000,000'으로 변경합니다. 파일을 저장하고 닫습니다.

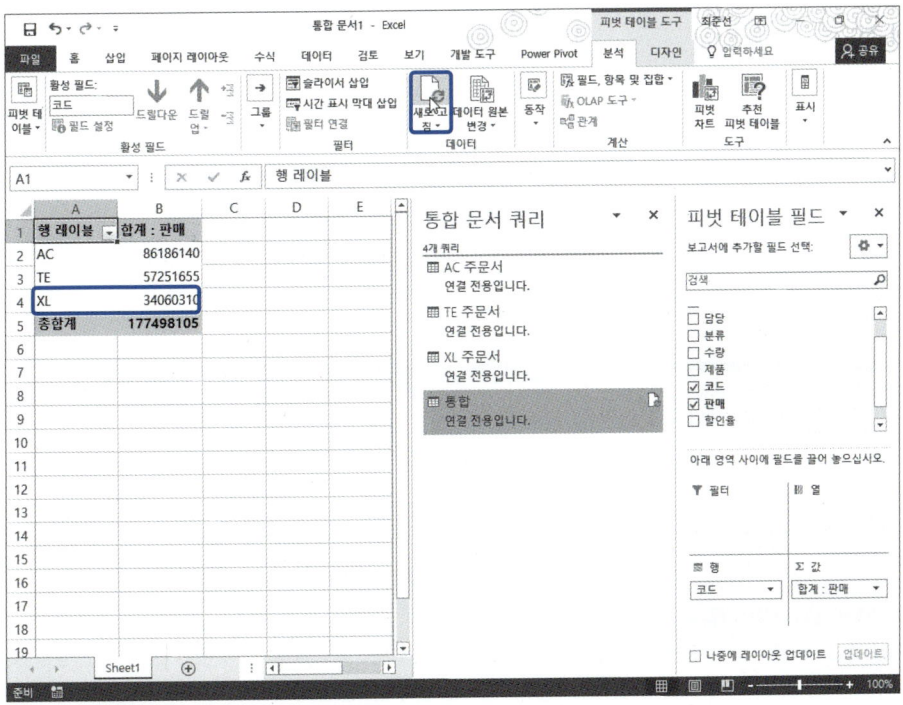

37 [분석] 탭–[데이터] 그룹–[새로 고침] 명령(🗔)을 클릭해 피벗 테이블 보고서를 갱신합니다. XL 코드의 매출이 새로 추가된 값만큼 증가(14060310 → 34060310)한 것을 확인할 수 있습니다.

두 개의 표를 관계로 연결해 병합하기 151

두 표를 비교하거나 하나로 병합해 새로운 표를 만들 때 엑셀에서는 VLOOKUP 함수를 주로 사용합니다. 파워 쿼리에서는 두 표를 키 값으로 연결해 하나로 병합한 쿼리를 생성할 수 있습니다. 엑셀 2013 버전에서 추가된 관계 기술을 파워 쿼리에서는 '병합'이라고 합니다. 엑셀의 관계보다 더 다양한 방법의 연결 기술을 지원하기 때문에, 관계가 필요한 경우에도 파워 쿼리를 적극적으로 활용하면 좋습니다.

예제 파일 PART 03 \ CHAPTER 11 \ 재고 조사.xlsx

01 예제 파일의 '입고' 시트에는 제품의 이월 수량과 입고 수량이 입력된 표가 있고, '출고' 시트에는 제품의 출고 수량이 입력된 표가 있습니다. '품번' 열의 값이 두 표의 키 값인 것을 알 수 있습니다. 두 표를 연결해 재고 관리 표를 쿼리로 생성해 보겠습니다.

	A	B	C	D
1	품번	제품	이월	입고
2	P00151	컬러레이저복사기 XI-4400	15	15
3	P00879	레이저복합기 L200	20	20
4	P00944	도트 TIC-7A	69	65
5	P01553	잉크젯복합기 AP-5500	20	20
6	P02063	링제본기 ST-200X	40	40
7	P02126	와이어제본기 WC-5100	61	55
8	P02378	도트 TIC-1A	35	35
37	P08686	잉크젯복합기 AP-3200	20	20
38	P08928	레이저복합기 L650	5	5
39	P09078	흑백레이저복사기 TLE-8100C	72	65
40	P09121	고급복사지A4 2500매	51	45
41	P09159	컬러레이저복사기 XI-3200	55	55
42	P09586	RF OA-200	5	5
43	P09685	컬러레이저복사기 XI-2000	25	25
44	P09742	바코드 BCD-100 Plus	40	40
45	P09763	프리미엄복사지A4 5000매	27	25

'입고' 시트의 표는 '품번', '제품', '이월', '입고' 열로 구성되어 있고, '품번' 열이 키 열입니다. 총 44행의 데이터가 있습니다.

	A	B	C
1	품번	제품	출고
2	P03412	RF OA-300	29
3	P07941	RF OA-400	34
4	P02615	고급복사지A4 1000매	26
5	P09121	고급복사지A4 2500매	81
6	P02378	도트 TIC-1A	56
7	P00944	도트 TIC-7A	123
8	P00879	레이저복합기 L200	11
33	P09159	컬러레이저복사기 XI-3200	53
34	P00151	컬러레이저복사기 XI-4400	18
35	P04459	프리미엄복사지A4 2500매	21
36	P09763	프리미엄복사지A4 5000매	41
37	P05488	흑백레이저복사기 TLE-5000	30
38	P09078	흑백레이저복사기 TLE-8100C	127

'출고' 시트의 표는 '품번', '제품', '출고' 열로 구성되어 있고, '품번' 열이 키 열입니다. 총 37행의 데이터가 있습니다.

> **Plus+ 두 표의 연결 방식 이해하기**
>
> 두 표의 공통 열은 '품번' 열과 '제품' 열입니다. 두 열 모두 중복된 값이 없는 키 열이지만, '제품' 열에는 여러 이유로 잘못된 값이 입력될 수 있으므로 '품번' 열이 좀 더 안전한 키 값입니다. 그러므로 두 표를 연결할 때는 '품번' 열만 있어도 됩니다. 또한, 두 표를 병합해 연결할 때는 반드시 두 표 중 하나의 '품번' 열에는 중복된 값이 있으면 안 됩니다. 여기에 대해서는 No. 39-42(139~151쪽)에서 관계에 대해 알아볼 때 자세하게 설명했으므로 아직 정확히 알지 못하겠다면 다시 학습합니다.
> 그리고 '입고' 시트의 표에 비해 '출고' 시트의 표에 데이터가 적은 것은 '입고' 시트의 표에만 존재하는 품번이 있을 수 있다는 의미입니다. 두 표를 연결할 때 매우 중요한 부분 중의 하나이므로 반드시 잘 기억하고 있어야 합니다.

02 예제 파일을 닫고, 두 표를 병합하기 위해 빈 파일을 하나 생성합니다. 그런 다음 예제의 두 시트에 연결하기 위해 [데이터] 탭-[가져오기 및 변환] 그룹-[새 쿼리] 명령 내 [파일에서]-[통합 문서에서] 메뉴를 선택합니다.

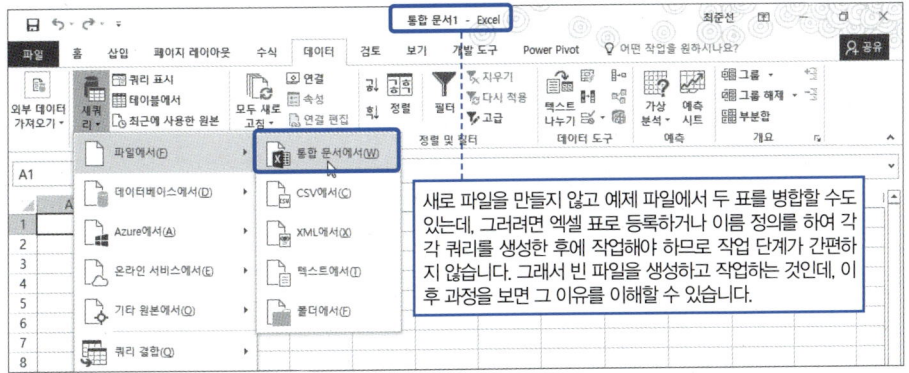

새로 파일을 만들지 않고 예제 파일에서 두 표를 병합할 수도 있는데, 그러려면 엑셀 표로 등록하거나 이름 정의를 하여 각각 쿼리를 생성한 후에 작업해야 하므로 작업 단계가 간편하지 않습니다. 그래서 빈 파일을 생성하고 작업하는 것인데, 이후 과정을 보면 그 이유를 이해할 수 있습니다.

03 '데이터 가져오기' 대화상자가 표시되면 예제 폴더에서 '재고 조사.xlsx' 파일을 선택하고 〈가져오기〉 버튼을 클릭합니다.

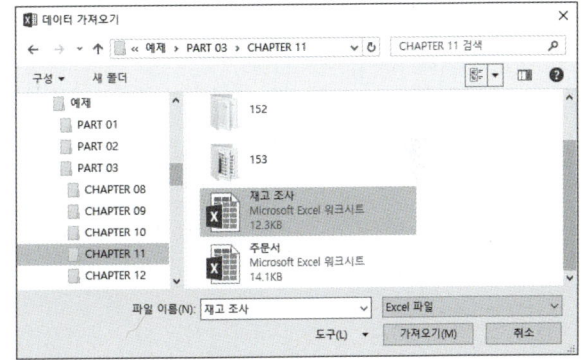

04 '탐색 창'이 열리면 두 시트를 개별 쿼리로 빠르게 생성하기 위해 [여러 항목 선택] 확인란에 체크하고 '입고' 시트와 '출고' 시트 확인란에도 모두 체크한 후 〈로드〉 버튼 내 [다음으로 로드...] 메뉴를 선택합니다.

이 옵션을 선택하면 파일 내 시트를 선택해 쿼리를 한 번에 생성할 수 있습니다.

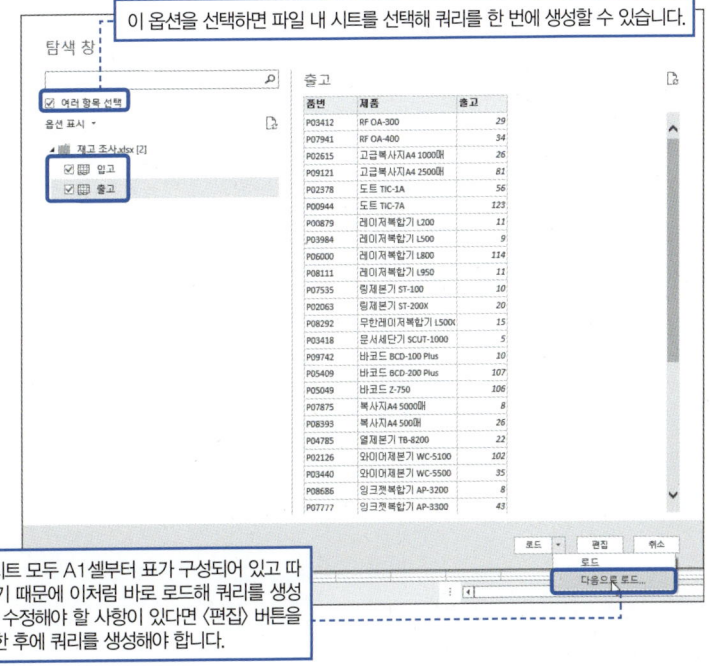

'입고' 시트와 '출고' 시트 모두 A1셀부터 표가 구성되어 있고 따로 수정할 내용이 없기 때문에 이처럼 바로 로드해 쿼리를 생성할 수 있는 것입니다. 수정해야 할 사항이 있다면 〈편집〉 버튼을 클릭해 수정 작업을 한 후에 쿼리를 생성해야 합니다.

CHAPTER 11 | 병합과 추가 이해하기 / **537**

05 '다음으로 로드' 창이 열리면 쿼리만 생성하기 위해 [연결만 만들기] 옵션을 선택하고 〈로드〉 버튼을 클릭합니다.

'탐색 창'에서 바로 로드하면 [이 데이터를 데이터 모델에 추가] 옵션이 자동으로 체크됩니다. 데이터 모델에 추가하고 싶지 않다면 이 옵션의 체크를 해제합니다. 여기서는 기본 옵션을 유지한 채 작업을 진행합니다.

06 선택한 '입고', '출고' 시트에 연결된 쿼리가 '통합 문서 쿼리' 작업 창에 표시됩니다. '입고' 쿼리에 마우스 포인터를 위치시키면 미리 보기 창을 통해 '입고' 시트의 데이터를 확인할 수 있습니다.

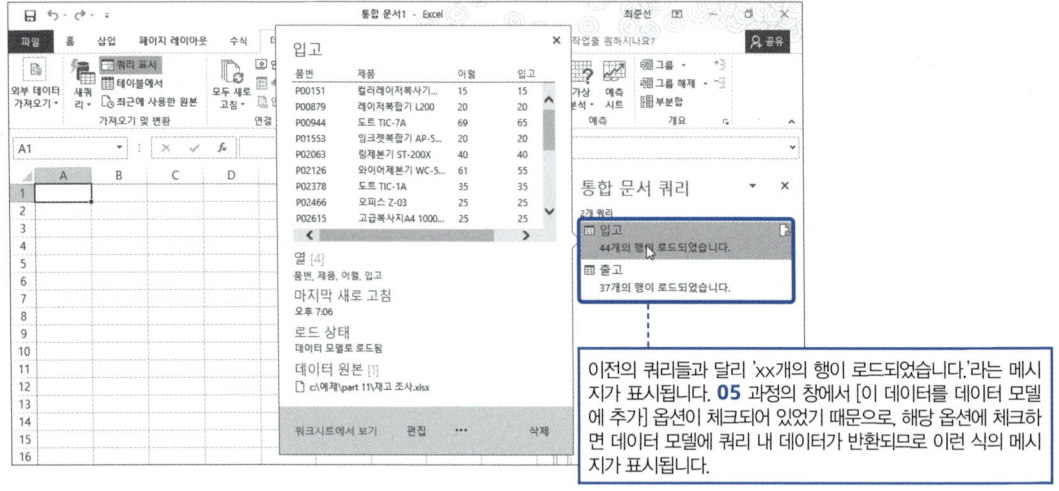

이전의 쿼리들과 달리 'xx개의 행이 로드되었습니다.'라는 메시지가 표시됩니다. 05 과정의 창에서 [이 데이터를 데이터 모델에 추가] 옵션이 체크되어 있었기 때문으로, 해당 옵션에 체크하면 데이터 모델에 쿼리 내 데이터가 반환되므로 이런 식의 메시지가 표시됩니다.

07 생성된 두 개의 쿼리를 병합해 재고를 계산하는 표를 생성하겠습니다. [데이터] 탭-[가져오기 및 변환] 그룹-[새 쿼리] 명령 내 [쿼리 결합]-[병합] 메뉴를 선택합니다.

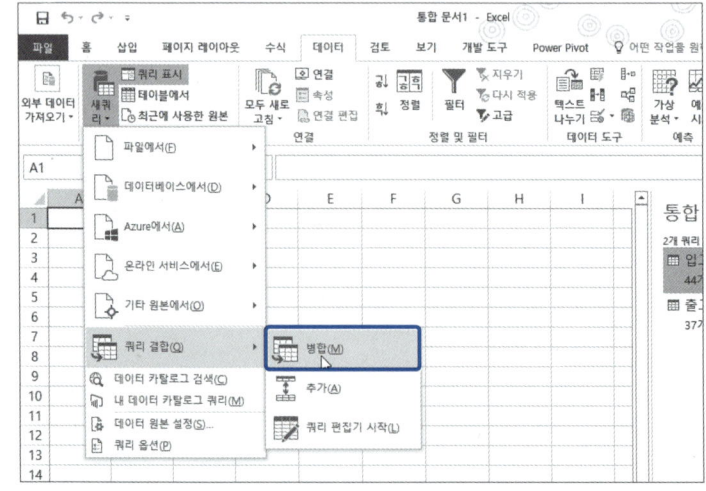

08 '병합' 창이 열리면 먼저 콤보상자에서 '입고' 쿼리와 '출고' 쿼리를 순서대로 선택한 후 하단의 리스트에서 키 값을 갖는 '품번' 열을 각각 선택합니다. '조인 종류'가 [왼쪽 외부(첫 번째의 모두, 두 번째의 일치하는 행)]로 선택되어 있는지 확인하고 〈확인〉 버튼을 클릭합니다.

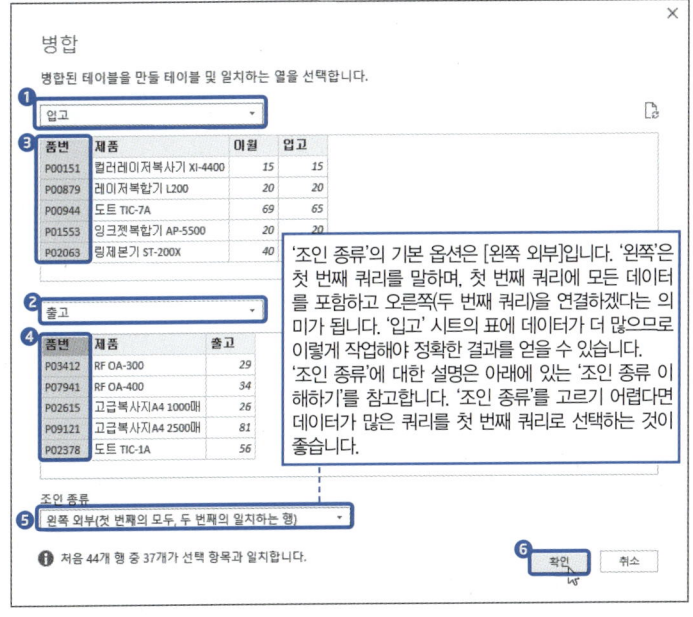

Plus⁺ 조인 종류 이해하기

'병합' 창에서 '조인 종류'의 콤보상자 목록을 열면 다음 중 하나를 선택할 수 있습니다.

> 왼쪽 외부(첫 번째의 모두, 두 번째의 일치하는 행)
> 오른쪽 외부(두 번째의 모두, 첫 번째의 일치하는 행)
> 완전 외부(양쪽의 모든 행)
> 내부(일치하는 행만)
> 왼쪽 앤티(첫 번째의 행만)
> 오른쪽 앤티(두 번째의 행만)

'조인'은 여러 표의 데이터를 하나의 표로 병합하는 것으로, 선택할 수 있는 방법은 다음과 같습니다.

조인	설명	다이어그램
왼쪽 외부	첫 번째 쿼리와 두 번째 쿼리를 연결할 때, 첫 번째 쿼리의 모든 키 값은 다 사용하고, 두 번째 쿼리에만 존재하는 키 값은 제외합니다.	
오른쪽 외부	첫 번째 쿼리와 두 번째 쿼리를 연결할 때, 두 번째 쿼리의 모든 키 값은 다 사용하고, 첫 번째 쿼리에만 존재하는 키 값은 제외합니다.	
완전 외부	첫 번째, 두 번째 쿼리의 모든 키 값을 사용해 연결합니다.	
내부	첫 번째와 두 번째 쿼리에 모두 존재하는 키 값으로만 연결합니다. 이렇게 하면 중복된 데이터를 확인할 수 있습니다.	
왼쪽 앤티	첫 번째 쿼리에만 존재하는 키 값으로만 연결합니다. 첫 번째 쿼리와 두 번째 쿼리에 모두 존재하는 키 값은 제외됩니다. 이렇게 하면 첫 번째 쿼리에만 존재하는 값을 확인할 수 있습니다.	
오른쪽 앤티	두 번째 쿼리에만 존재하는 키 값으로만 연결합니다. 두 번째 쿼리와 첫 번째 쿼리에 모두 존재하는 키 값은 제외됩니다. 이렇게 하면 두 번째 쿼리에만 존재하는 값을 확인할 수 있습니다.	

조인 방법에 따라 병합된 표의 결과가 다르게 표시되므로, 정확한 방법을 선택하는 것이 중요합니다.

09 쿼리 편집기가 열리고, 첫 번째 쿼리인 '입고' 쿼리에 'NewColumn' 열이 추가된 것을 확인할 수 있습니다. 'NewColumn' 열의 [확장] 단추(⇆)를 클릭하면 연결된 두 번째 쿼리의 열을 선택할 수 있습니다. '출고' 열만 가져오기 위해, [(모든 열 선택)] 항목의 체크를 해제하고 [출고]에만 체크한 후 [원래 열 이름을 접두사로 사용] 옵션의 체크를 해제하고 〈확인〉 버튼을 클릭합니다.

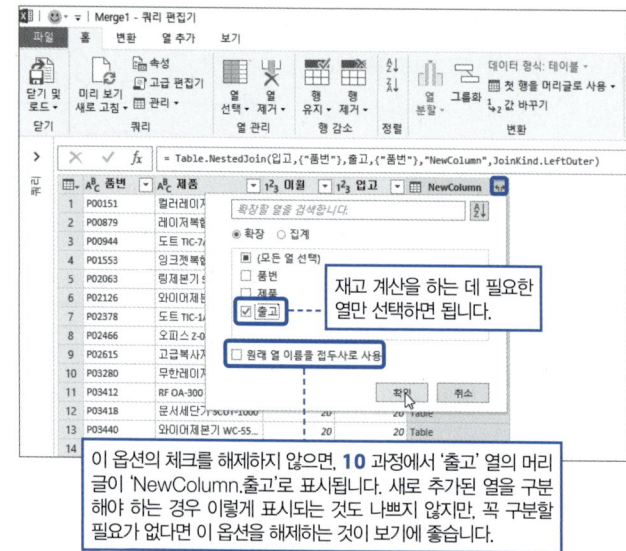

이 옵션의 체크를 해제하지 않으면, **10** 과정에서 '출고' 열의 머리글이 'NewColumn.출고'로 표시됩니다. 새로 추가된 열을 구분해야 하는 경우 이렇게 표시되는 것도 나쁘지 않지만, 꼭 구분할 필요가 없다면 이 옵션을 해제하는 것이 보기에 좋습니다.

10 'NewColumn' 열 대신 두 번째 쿼리인 '출고' 쿼리의 '출고' 열이 표시됩니다. 이제 재고를 계산하기 위해 [열 추가] 탭-[일반] 그룹-[사용자 지정 열] 명령(🗔)을 클릭합니다.

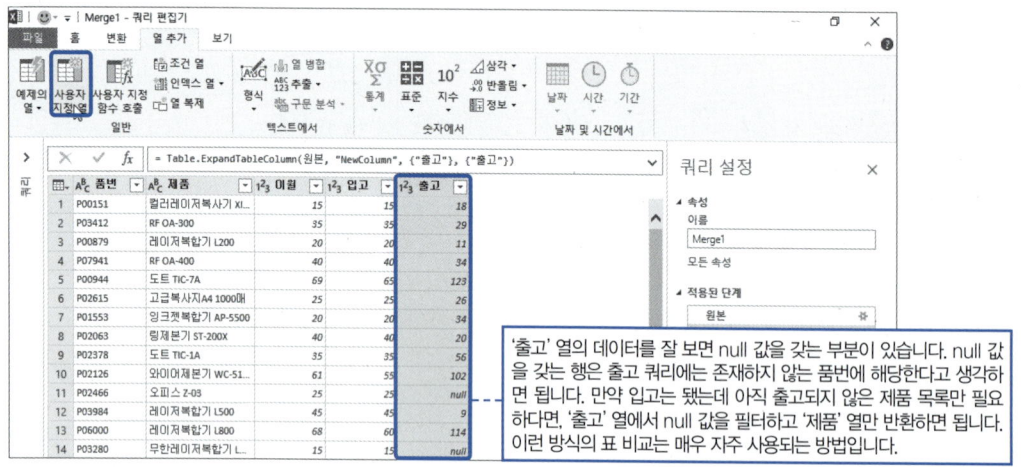

'출고' 열의 데이터를 잘 보면 null 값을 갖는 부분이 있습니다. null 값을 갖는 행은 출고 쿼리에는 존재하지 않는 품번에 해당한다고 생각하면 됩니다. 만약 입고는 됐는데 아직 출고되지 않은 제품 목록만 필요하다면, '출고' 열에서 null 값을 필터하고 '제품' 열만 반환하면 됩니다. 이런 방식의 표 비교는 매우 자주 사용되는 방법입니다.

11 '사용자 지정 열 추가' 창이 열리면 '새 열 이름'에는 '재고'를, '사용자 지정 열 수식'에는 다음 수식을 입력하고 〈확인〉 버튼을 클릭합니다.

=[이월]+[입고]-[출고]

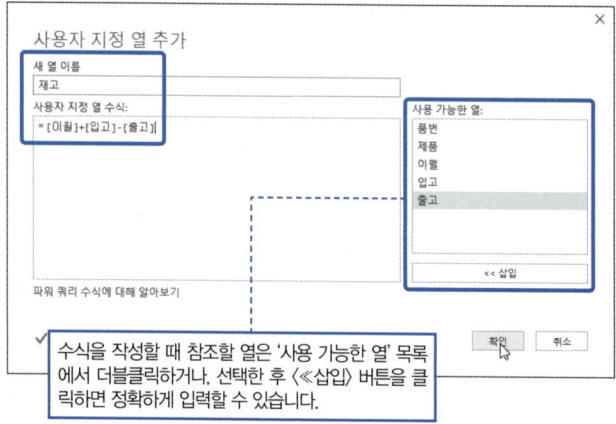

수식을 작성할 때 참조할 열은 '사용 가능한 열' 목록에서 더블클릭하거나, 선택한 후 〈《삽입〉 버튼을 클릭하면 정확하게 입력할 수 있습니다.

12 생성된 '재고' 열을 보면, 값이 모두 계산된 것이 아니라 null 값으로 표시된 행(여기서는 11행, 14행)이 있습니다. 이것은 '출고' 열에 null 값이 존재하기 때문으로, 엑셀에서 #N/A와 같은 오류가 있어 수식이 계산되지 못한 경우와 동일한 현상입니다.

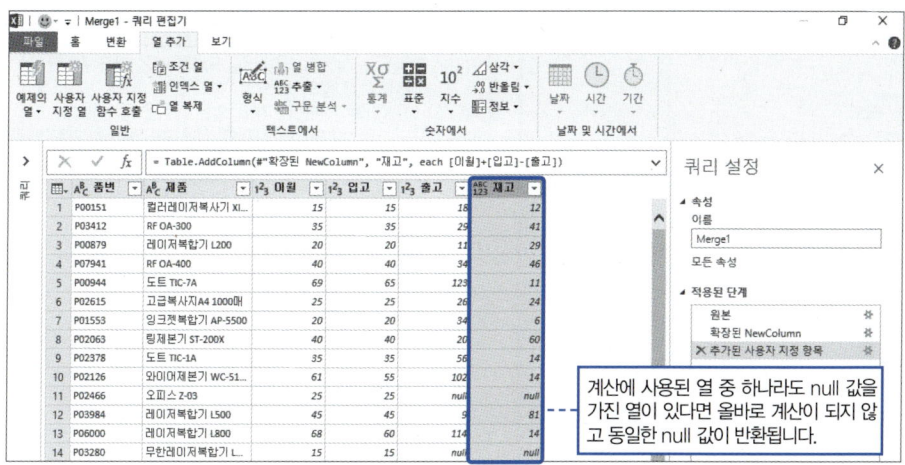

계산에 사용된 열 중 하나라도 null 값을 가진 열이 있다면 올바로 계산이 되지 않고 동일한 null 값이 반환됩니다.

13 '출고' 열의 null 값을 0으로 변경해 재고 계산이 가능하도록 하겠습니다. '출고' 열을 선택하고 [홈] 탭-[변환] 그룹-[값 바꾸기] 명령(📋)을 클릭합니다.

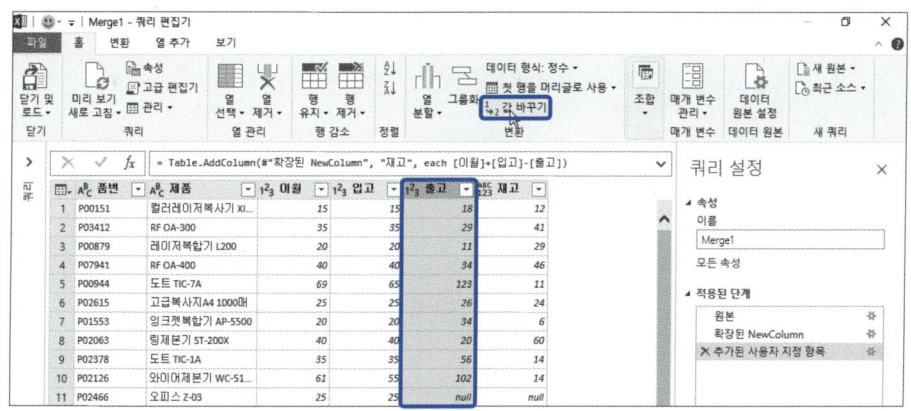

14 '값 바꾸기' 창이 표시되면 '찾을 값'에는 'null'을, '바꿀 항목'에는 '0'을 입력하고 〈확인〉 버튼을 클릭합니다.

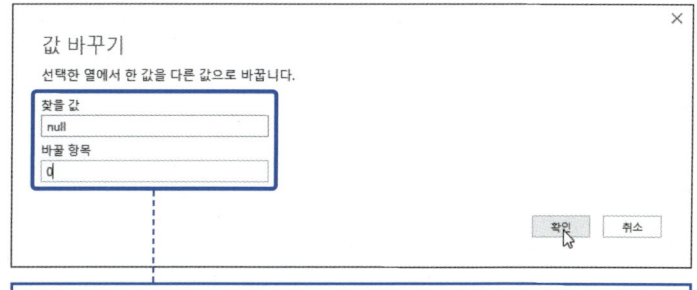

null 값은 비어 있는 상태를 의미하므로 엑셀 창의 빈 셀과 같습니다. 엑셀에서 '바꾸기' 대화상자를 이용해 빈 셀의 값을 바꿀 때는 '찾을 내용' 입력란을 비워 놓지만, 파워 쿼리에서는 null 자체가 하나의 값처럼 사용되므로 이렇게 입력해야 합니다.

CHAPTER 11 | 병합과 추가 이해하기 / **541**

15 '출고' 열의 null 값은 모두 0으로 바뀌었지만, '재고' 열에는 여전히 null 값이 존재하므로 '적용된 단계'에서 '바꾼 값' 단계가 '추가된 사용자 지정 항목' 이전에 진행되도록 순서를 변경합니다. '바꾼 값' 단계를 선택하고 마우스 오른쪽 버튼을 클릭해 [위로 이동] 메뉴를 선택합니다.

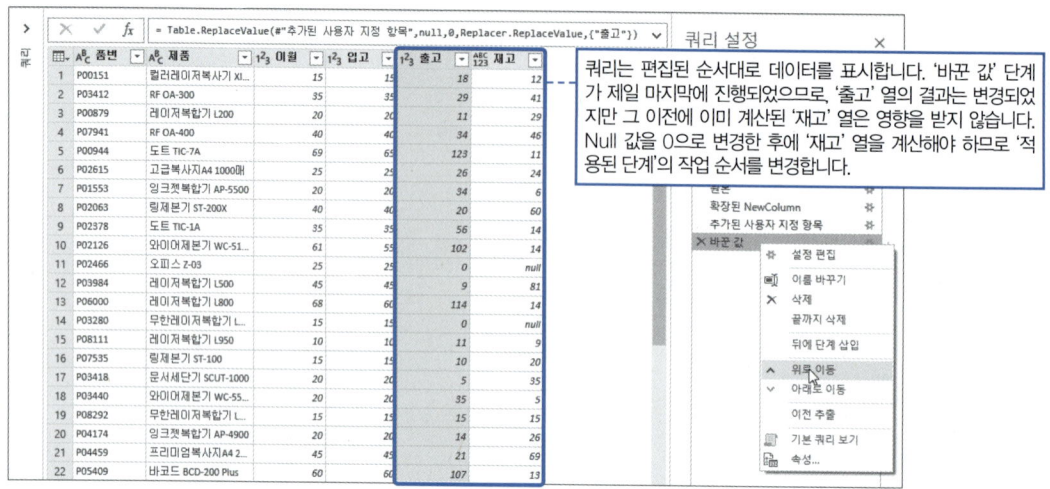

쿼리는 편집된 순서대로 데이터를 표시합니다. '바꾼 값' 단계가 제일 마지막에 진행되었으므로, '출고' 열의 결과는 변경되었지만 그 이전에 이미 계산된 '재고' 열은 영향을 받지 않습니다. Null 값을 0으로 변경한 후에 '재고' 열을 계산해야 하므로 '적용된 단계'의 작업 순서를 변경합니다.

Plus⁺ 수식을 이용해 동일한 작업을 하는 방법

'값 바꾸기'를 이용해 null 값을 0으로 수정하고 '적용된 단계'의 순서를 변경하는 과정이 복잡하게 느껴진다면 **11** 과정의 수식을 다음과 같이 변경해도 됩니다.

=if [출고] = null then [이월]+[입고] else [이월]+[입고]-[출고]

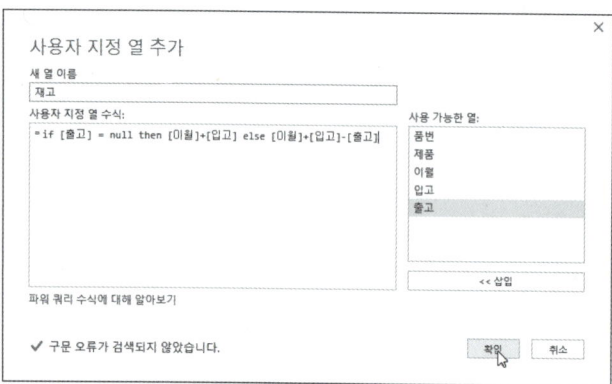

이렇게 하면 '출고' 열의 null 값을 변경하지 않아도 '재고' 열을 계산할 수 있습니다.

참고로 if … then … else는 파워 쿼리의 함수로, 워크시트 함수인 IF 함수와 사용 방법이 같습니다.

구분	함수
워크시트	=IF(logical_test, value_if_true, value_if_false)
파워 쿼리	=if logical_test then value_if_true else value_if_false

전체적인 구성은 동일하지만, 파워 쿼리의 함수는 대/소문자를 구분하므로 반드시 소문자로 구문을 입력해야 합니다.

16 '적용된 단계'에서 작업 단계를 변경하고 마지막 단계인 '추가된 사용자 지정 항목'을 선택하면 '재고' 열에서 null 값이 사라지고 재고 값이 모두 계산됩니다. 편집 작업이 모두 끝났으므로, 쿼리 이름을 '재고'로 변경하고 [홈] 탭-[닫기] 그룹-[닫기 및 로드] 명령( )을 클릭해 편집된 쿼리를 엑셀 창에 내보냅니다.

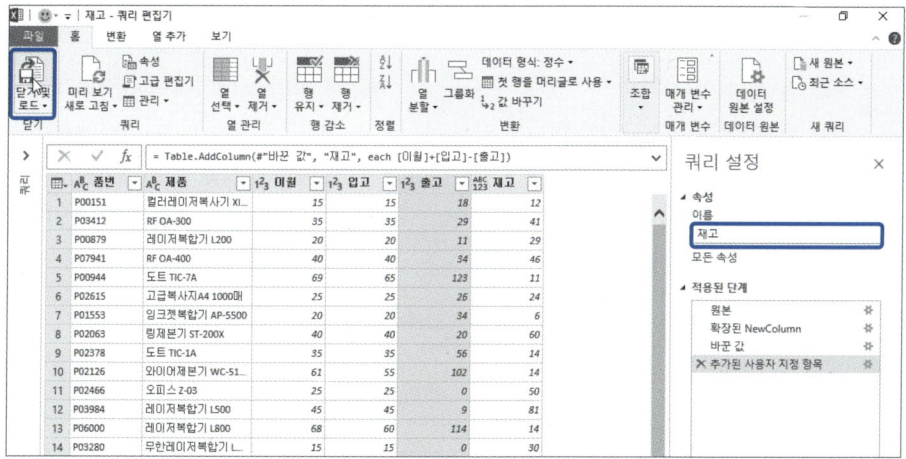

17 엑셀 창에 새 시트(Sheet2)가 하나 생성되면서 '재고' 쿼리 데이터가 반환됩니다.

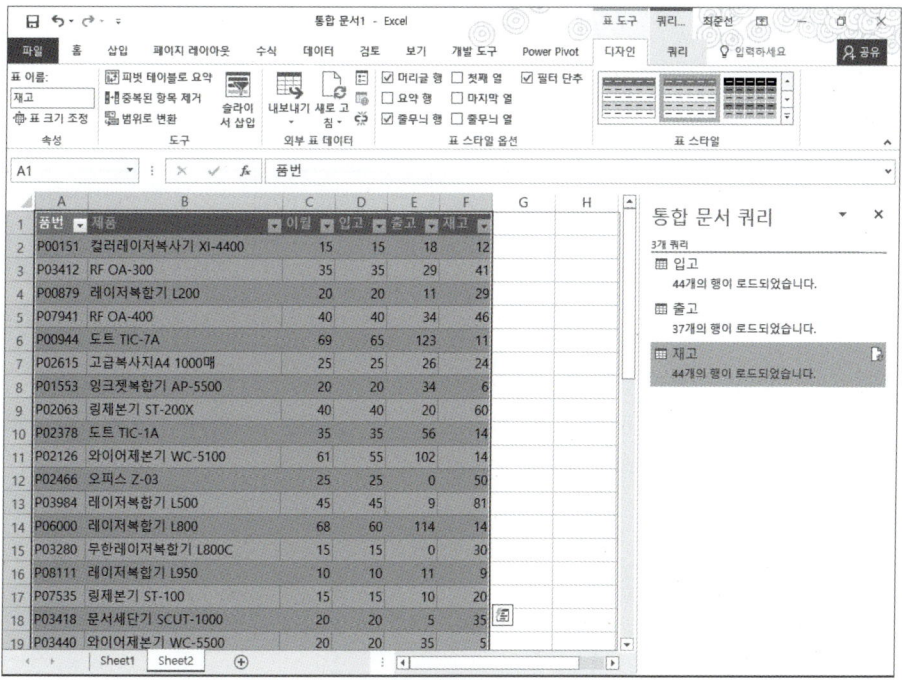

폴더 내 텍스트 파일을 하나로 합치기 152

엑셀 사용자는 사내 전산 프로그램이나 외부 회사에서 받은 다양한 텍스트 파일을 데이터로 가지고 있는 경우가 많습니다. 폴더 내 여러 텍스트 파일을 하나로 합쳐 분석하고 싶다면 파워 쿼리의 [폴더에서] 기능을 이용하면 됩니다. 폴더 내 파일을 읽어 한 번에 통합하려면, 텍스트 파일은 쉼표 등의 동일한 구분 기호를 사용해 열을 구분하고 있어야 하며 데이터가 표시되는 열의 위치가 동일해야 합니다. 폴더 내 텍스트 파일을 하나의 쿼리로 통합해 원하는 분석 작업을 하는 방법에 대해 알아보겠습니다.

예제 파일 PART 03 \ CHAPTER 11 \ 152 \ 강남대리점.txt, 강동대리점.txt, 강북대리점.txt, 강서대리점.txt

01 통합할 데이터를 먼저 확인하겠습니다. 윈도우 탐색기에서 예제 폴더 중 'PART 03\CHAPTER 11\152' 폴더로 이동하면 다음과 같은 파일이 있고, '152' 폴더 내 하위 폴더인 '추가' 폴더에는 '강북대리점.txt' 파일이 있습니다.

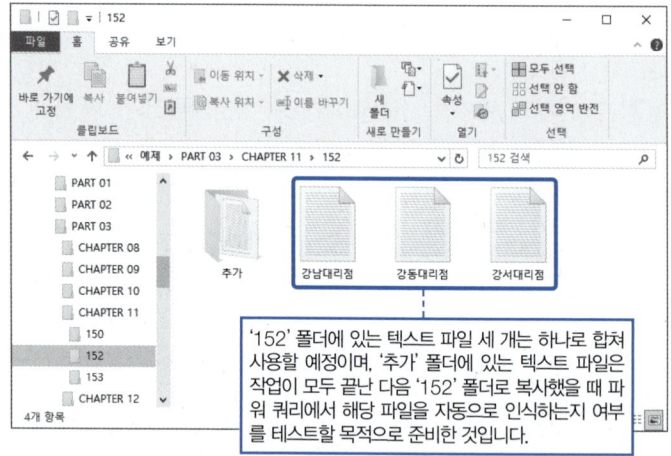

'152' 폴더에 있는 텍스트 파일 세 개는 하나로 합쳐 사용할 예정이며, '추가' 폴더에 있는 텍스트 파일은 작업이 모두 끝난 다음 '152' 폴더로 복사했을 때 파워 쿼리에서 해당 파일을 자동으로 인식하는지 여부를 테스트할 목적으로 준비한 것입니다.

02 '강남대리점.txt' 파일을 더블클릭해 열면 강남 대리점의 차량 판매 데이터를 확인할 수 있습니다. '대리점' 열이 있고, 모든 열은 쉼표(,)로 구분되어 있으며, 텍스트 값은 큰따옴표("")로 묶여 있습니다. 다른 파일도 열어서 구성이 모두 동일한지 확인합니다.

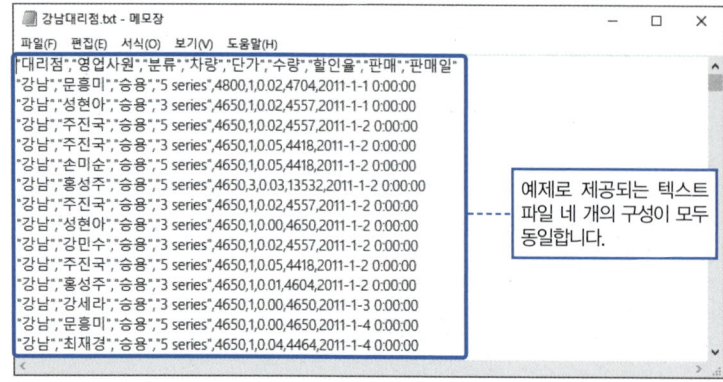

예제로 제공되는 텍스트 파일 네 개의 구성이 모두 동일합니다.

03 '152' 폴더의 텍스트 파일을 모두 통합해 대리점별 실적을 집계하는 피벗 테이블 보고서를 생성하겠습니다. 엑셀을 실행하고 빈 파일을 연 후 [데이터] 탭-[가져오기 및 변환] 그룹-[새 쿼리] 명령 내 [파일에서]-[폴더에서] 메뉴를 선택합니다.

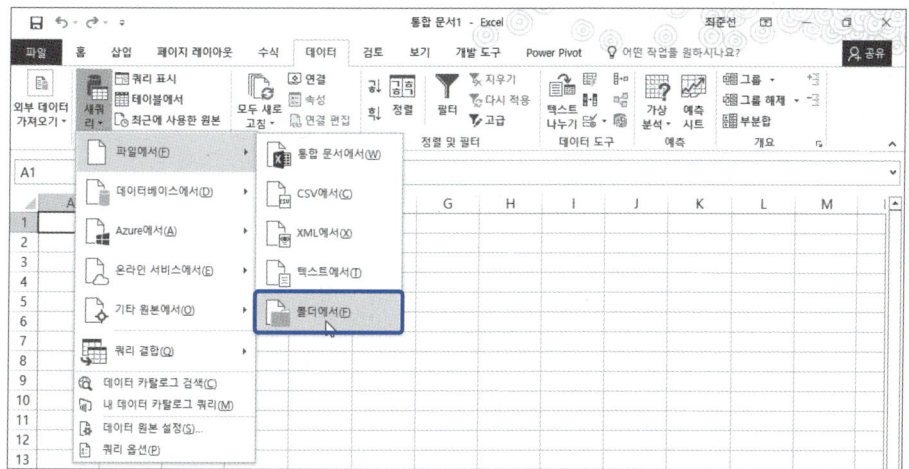

04 '폴더' 창이 열리면 〈찾아보기〉 버튼을 클릭하고 예제로 제공되는 'PART 11\CHAPTER 11\152' 폴더를 선택한 후 〈확인〉 버튼을 클릭합니다.

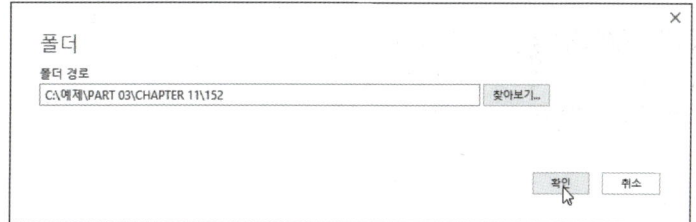

05 폴더 내 파일 리스트를 표시하는 창이 표시되면 〈편집〉 버튼을 클릭합니다.

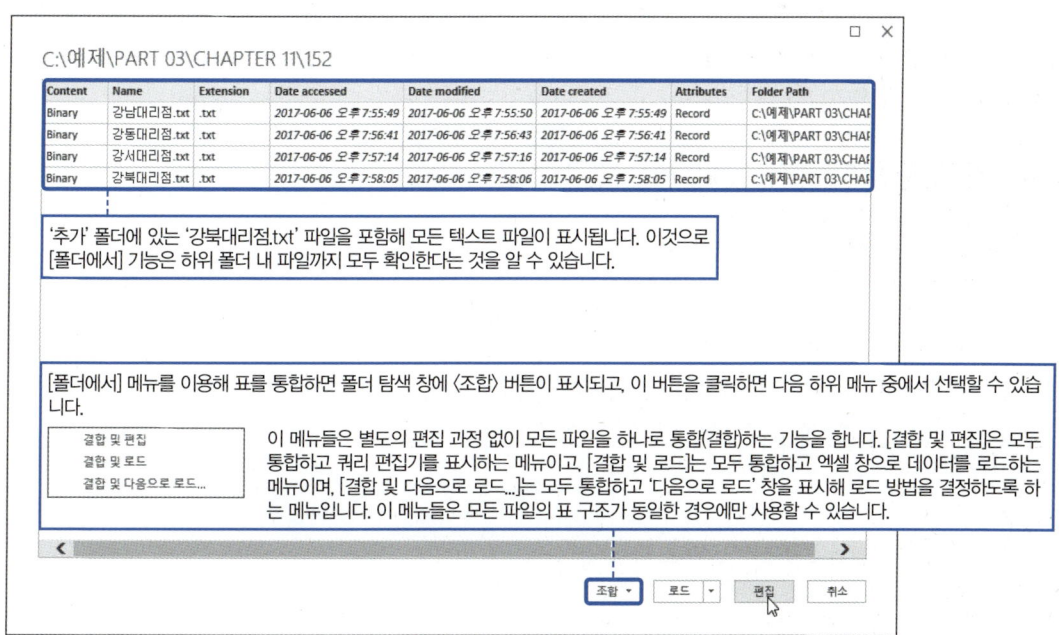

CHAPTER 11 | 병합과 추가 이해하기 / **545**

06 쿼리 편집기에 파일 목록이 표시되면, 선택한 폴더 내 파일만 작업하도록 하위 폴더를 제한합니다. 맨 오른쪽 열인 'Folder Path' 열의 아래 화살표 단추를 클릭하고 '추가' 폴더의 체크를 해제한 후 〈확인〉 버튼을 클릭합니다.

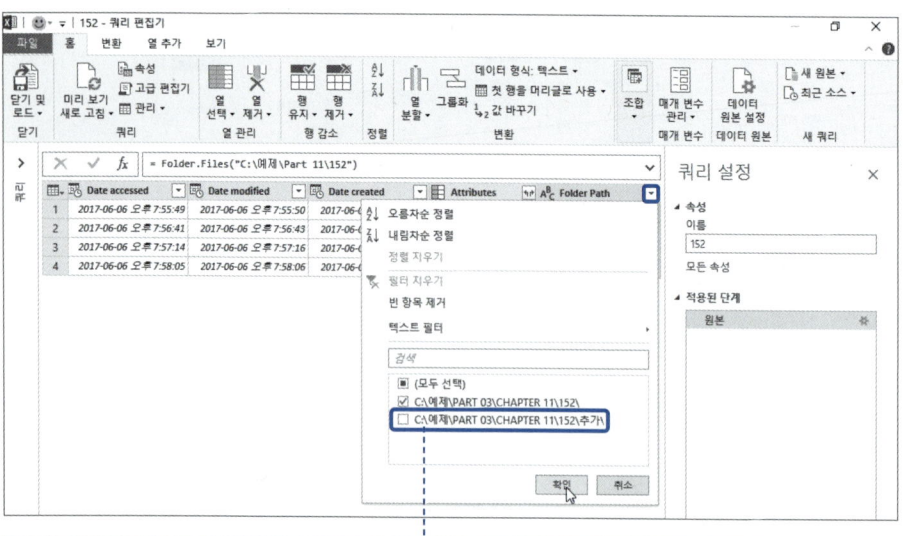

이 작업은 간단한 것 같지만 정확히 이해해야 합니다. 이번 예제와 달리 하위 폴더가 없는 경우라면 이 작업은 불필요합니다. 그런데 이 과정을 생략하고 나중에 하위 폴더를 추가하면, 쿼리를 새로 고치고 파일을 읽어 들였을 때 에러가 발생하는 경우가 있습니다. 그러므로 파일을 통합하려는 폴더의 하위에는 불필요한 폴더를 생성하지 말아야 하며, 나중에 하위 폴더를 생성할 가능성이 있다면 임의의 하위 폴더를 미리 만들어 놓고, 'Folder Path' 열에서 상위 폴더만 선택하는 과정을 거쳐야 합니다. 그래야 나중에 하위 폴더를 추가해도 정확하게 대상 폴더 내에서만 파일 목록을 읽어 들입니다.

07 텍스트 파일을 한 번에 병합하기 위해 첫 번째 열로 이동해 'Content' 열의 [파일 병합] 단추(⬇⬇)를 클릭합니다.

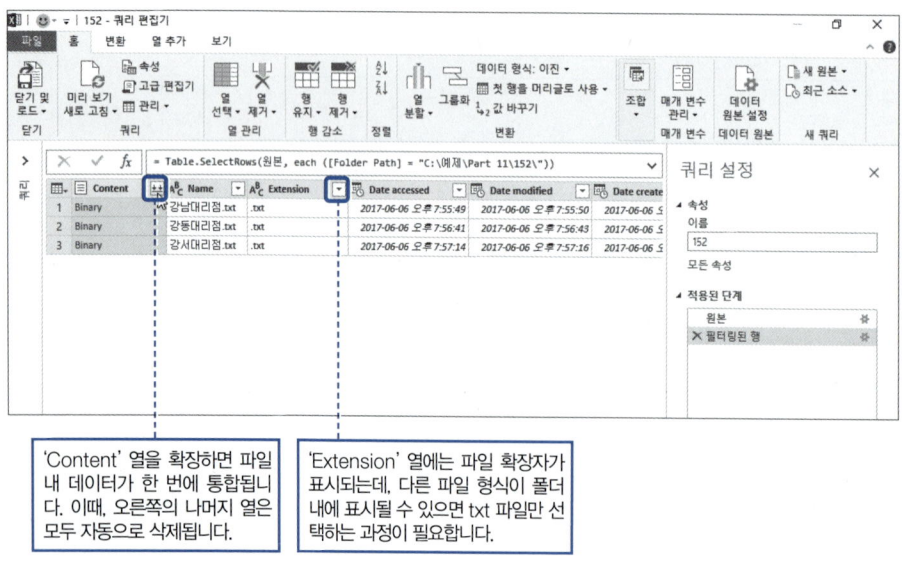

'Content' 열을 확장하면 파일 내 데이터가 한 번에 통합됩니다. 이때, 오른쪽의 나머지 열은 모두 자동으로 삭제됩니다.

'Extension' 열에는 파일 확장자가 표시되는데, 다른 파일 형식이 폴더 내에 표시될 수 있으면 txt 파일만 선택하는 과정이 필요합니다.

08 '파일 병합' 작업 창이 표시되면 국가 코드와 구분 기호가 제대로 설정됐는지 확인하고 〈확인〉 버튼을 클릭합니다.

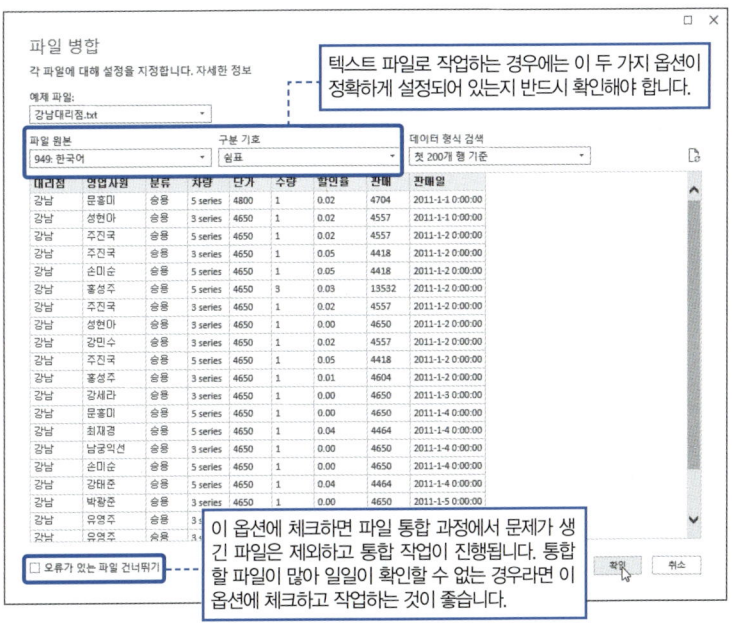

Plus⁺ '파일 병합' 작업 창에서 병합될 파일을 모두 확인하기

'파일 병합' 작업 창 상단의 '예제 파일' 콤보상자를 클릭하면 폴더 내 병합할 텍스트 파일이 모두 표시됩니다. 파일을 선택하면 하단의 미리 보기에 해당 파일의 데이터가 표시되므로, 하나씩 선택해 모든 파일의 열이 동일한 규칙으로 구분되어 있는지 확인할 수 있습니다.

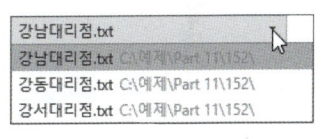

09 쿼리 편집기에 폴더 내 텍스트 파일이 모두 통합된 결과가 표시됩니다. 화면의 설명을 참고해 몇 가지 작업을 진행합니다.

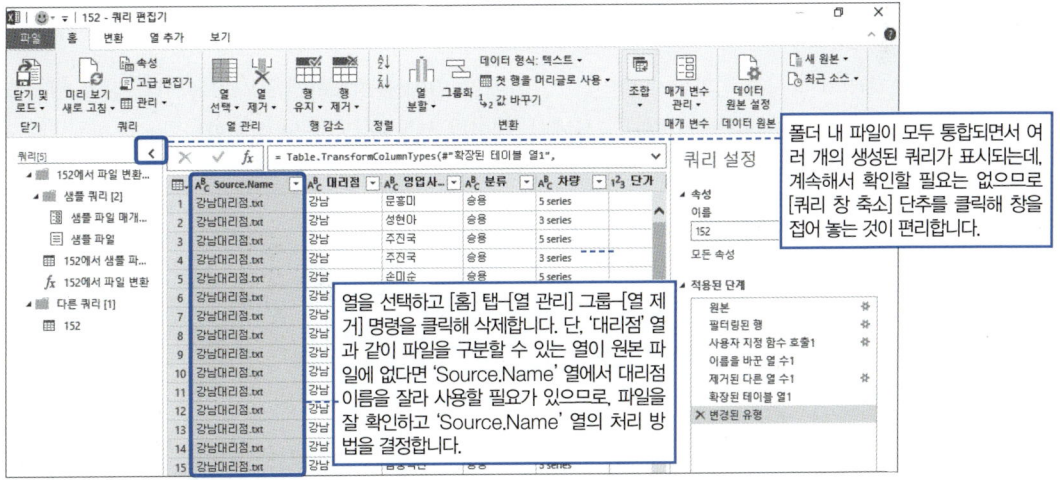

CHAPTER 11 | 병합과 추가 이해하기 / **547**

10 모든 텍스트 파일의 데이터가 제대로 합쳐졌는지 확인하기 위해, '대리점' 열의 아래 화살표 단추를 클릭해 목록의 항목을 확인합니다. 데이터가 많으면 모든 항목이 표시되지 않으므로 [더 로드하기] 하이퍼링크를 클릭해 모든 항목이 표시되도록 합니다. 모든 대리점 항목이 표시되면 〈취소〉 버튼을 클릭해 필터 목록을 닫습니다.

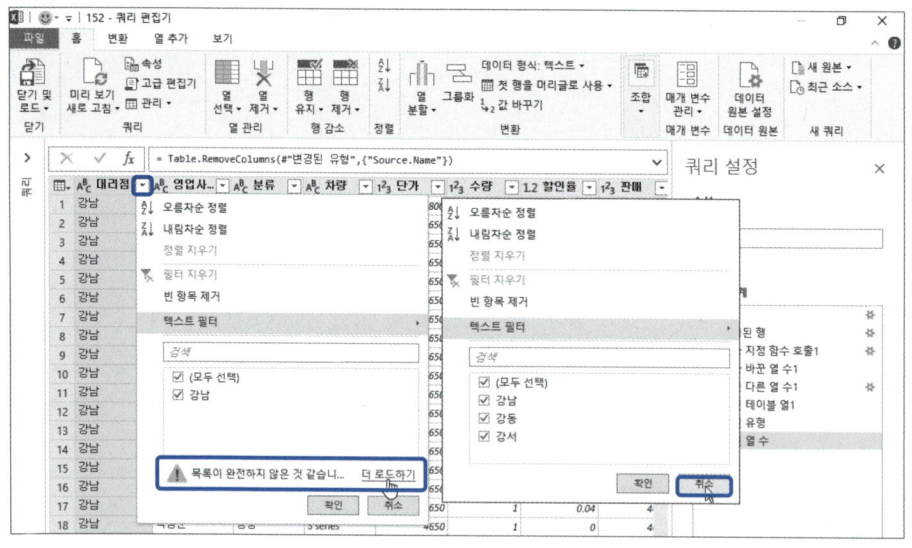

> **Plus⁺** '대리점' 열의 필터 목록을 확인한 다음 〈취소〉 버튼을 클릭하는 이유
>
> 통합된 쿼리에서 모든 항목이 제대로 합쳐졌는지 확인하기는 쉽지 않습니다. 이번 예제에는 세 개(강남, 강동, 강서)의 대리점 판매 실적 데이터가 있으므로, 제대로 합쳐졌다면 '대리점' 열의 항목도 세 개가 되어야 합니다. 이렇게 항목이 적으면서 확인이 쉬운 열의 필터 목록을 살펴보면 합쳐진 결과를 쉽게 유추할 수 있습니다.
> 그리고 필터 목록에서 항목을 확인하고 〈취소〉 버튼을 클릭하는 이유는 만약 〈확인〉 버튼을 클릭하면 '적용된 단계'에 불필요한 '필터된 행' 단계가 생성되기 때문입니다.

11 모든 열의 데이터 형식이 정확한지 확인하고, '판매일' 열에 불필요하게 표시되는 시간 값을 제거합니다. '판매일' 열을 선택하고 [홈] 탭-[변환] 그룹에서 [데이터 형식]을 [날짜]로 설정합니다.

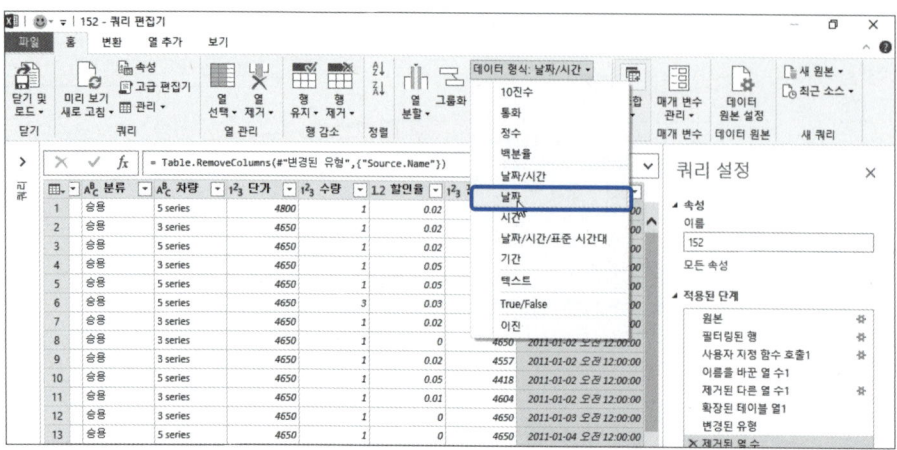

12 '쿼리 설정' 작업 창에서 '이름'을 '서울지역판매대장'으로 변경하고, [홈] 탭-[닫기] 그룹-[닫기 및 로드] 명령 내 [닫기 및 다음으로 로드…] 메뉴를 선택합니다.

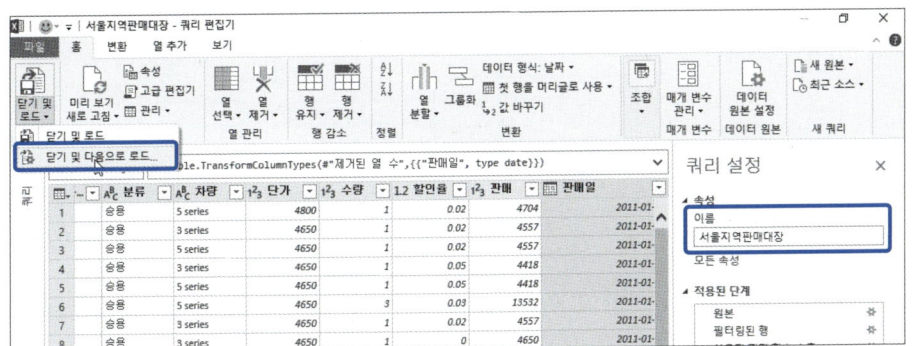

13 '다음으로 로드' 창이 열리면 [연결만 만들기] 옵션과 [이 데이터를 데이터 모델에 추가] 확인란에 체크하고 〈로드〉 버튼을 클릭합니다.

> 텍스트 파일의 데이터가 많으므로, 엑셀 창에 표로 데이터를 내보내지 않고 쿼리만 저장되도록 합니다.

> 쿼리를 피벗 테이블 보고서로 분석하려면 데이터 모델로 데이터를 로드해 두는 것이 좋습니다.

14 엑셀 창에 '통합 문서 쿼리' 작업 창이 표시되면서 '서울지역판매대장' 쿼리가 데이터 모델에 로드되었다는 표시가 나타납니다. 바로 피벗 테이블 보고서를 구성하기 위해 [삽입] 탭-[표] 그룹-[피벗 테이블] 명령(📊)을 클릭합니다.

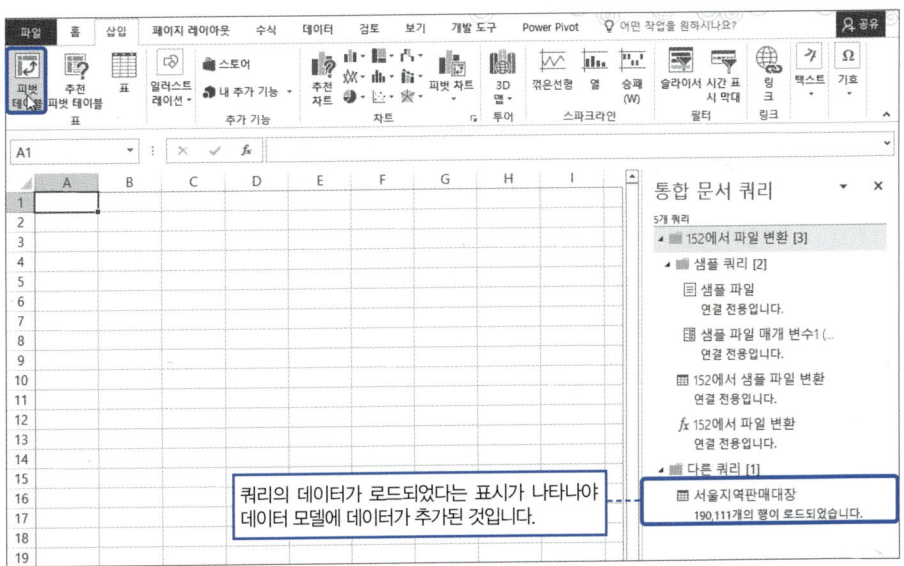

> 쿼리의 데이터가 로드되었다는 표시가 나타나야 데이터 모델에 데이터가 추가된 것입니다.

CHAPTER 11 | 병합과 추가 이해하기 / **549**

15 '피벗 테이블 만들기' 대화상자가 열리면, 기본 옵션을 그대로 유지한 채로 〈확인〉 버튼을 클릭합니다.

빈 파일에서 피벗 테이블 보고서를 만들 때 데이터 모델에 데이터가 존재하면 이 옵션이 기본값으로 설정됩니다.

16 피벗 테이블 보고서 레이아웃이 표시되면, 세 대리점의 연간 매출 실적을 확인하기 위해 다음 화면과 같은 보고서를 구성합니다.

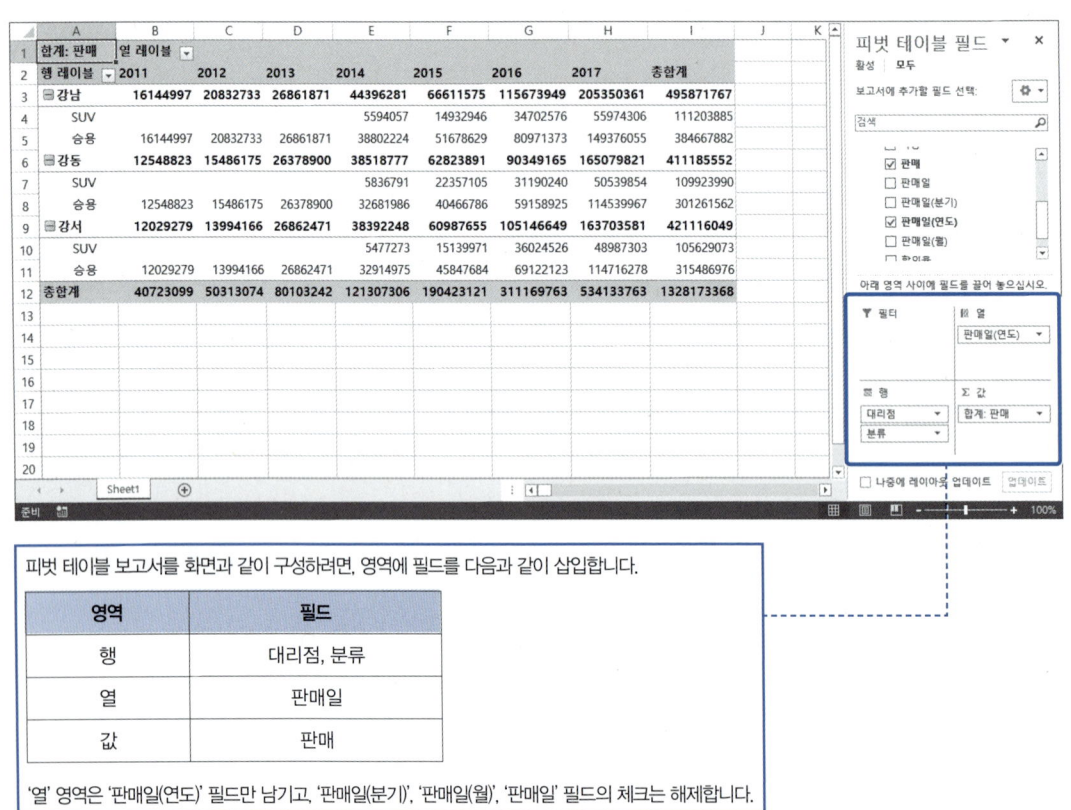

피벗 테이블 보고서를 화면과 같이 구성하려면, 영역에 필드를 다음과 같이 삽입합니다.

영역	필드
행	대리점, 분류
열	판매일
값	판매

'열' 영역은 '판매일(연도)' 필드만 남기고, '판매일(분기)', '판매일(월)', '판매일' 필드의 체크는 해제합니다.

TIP 보고서 확인을 위해 '통합 문서 쿼리' 작업 창은 닫았습니다.

17 폴더에 텍스트 파일을 추가하면 바로 피벗 테이블 보고서에 반영되는지 확인하겠습니다. 윈도우 탐색기에서 '152' 폴더 하위의 '추가' 폴더에서 '강북대리점.txt' 파일을 복사해 '152' 폴더에 붙여넣습니다.

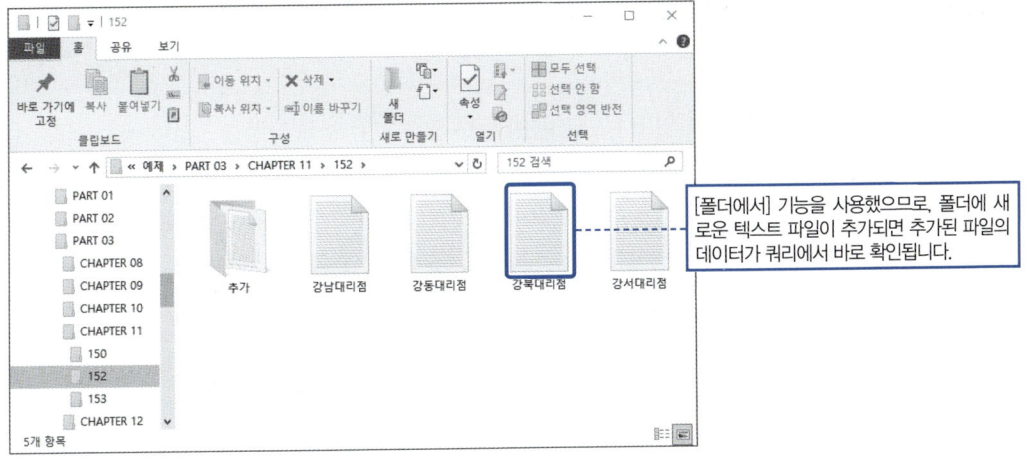

[폴더에서] 기능을 사용했으므로, 폴더에 새로운 텍스트 파일이 추가되면 추가된 파일의 데이터가 쿼리에서 바로 확인됩니다.

18 피벗 테이블 보고서가 있는 엑셀 파일로 창을 전환하고, 피벗 테이블 보고서를 선택한 상태에서 [분석] 탭–[데이터] 그룹–[새로 고침] 명령(📄)을 클릭하면 강북 대리점 실적이 피벗 테이블 보고서에 표시됩니다.

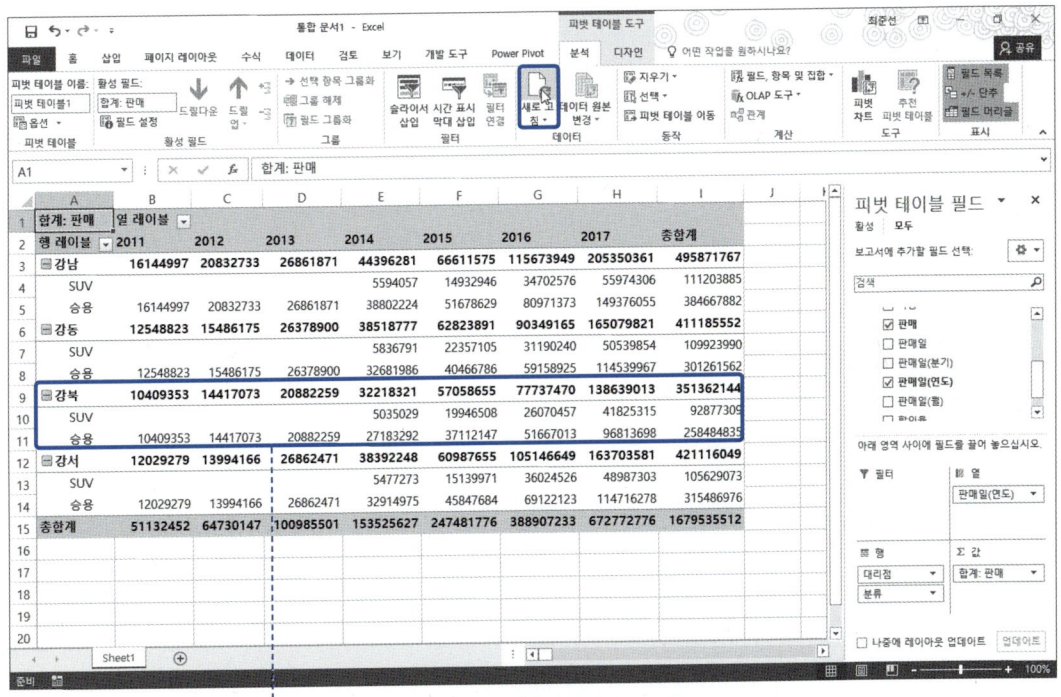

'152' 폴더에 추가된 강북 대리점의 연간 판매 실적이 피벗 테이블 보고서에 나타납니다. 반대로, '152' 폴더에 있던 텍스트 파일을 삭제하고 [새로 고침] 명령을 클릭하면 피벗 테이블 보고서에서 해당 데이터가 사라집니다.

폴더 내 엑셀 파일을 하나로 합치기 153

파워 쿼리를 이용하면 폴더 내 엑셀 파일도 하나로 통합할 수 있습니다. 엑셀 파일을 통합할 때는 표가 시트, 엑셀 표, 이름 정의 등의 다양한 방식으로 존재할 수 있기 때문에 파일별로 가져올 표를 선택하는 과정을 거쳐야 합니다. 그리고 머리글은 동일하지 않아도 되지만, 표의 구조는 모두 같아야 합니다. 만약 통합할 표의 열 순서가 다르다면 이번에 알아볼 방법은 사용할 수 없고, No. 150-151(520-543쪽)에서 설명한 것처럼 개별 쿼리를 생성하고 추가하는 방법을 사용해야 합니다. 폴더 내 엑셀 파일의 표를 하나로 통합해 원하는 분석 작업을 하는 방법에 대해 알아보겠습니다.

예제 파일 PART 03\CHAPTER 11\153\김민준 명단.xlsx, 박지훈 명단.xlsx, 유준혁 명단.xlsx, 최서현 명단.xlsx

01 윈도우 탐색기에서 예제의 'PART 03\CHAPTER 11\153' 폴더를 열면 다음 파일들을 확인할 수 있습니다. 각각의 엑셀 파일에는 관리하는 고객 명단이 입력되어 있고, 파일 안에는 중복 값이 없지만 파일 간에는 중복 값이 존재합니다. 이 파일들을 모두 통합해, 중복 없는 고객 명단을 쿼리로 만들어 보겠습니다.

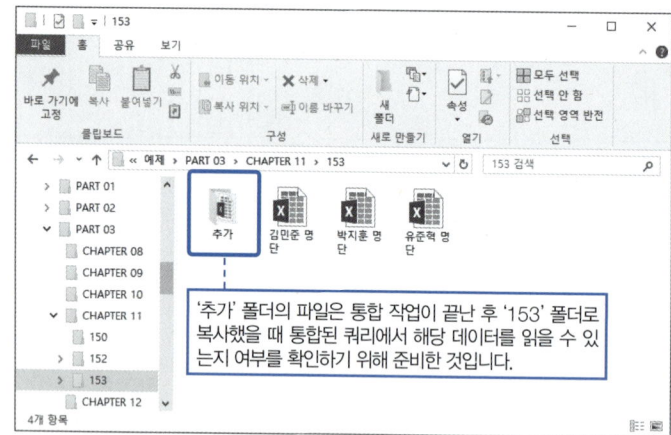

'추가' 폴더의 파일은 통합 작업이 끝난 후 '153' 폴더로 복사했을 때 통합된 쿼리에서 해당 데이터를 읽을 수 있는지 여부를 확인하기 위해 준비한 것입니다.

02 먼저 엑셀 파일을 하나 열어 파일 내 구조를 확인합니다. '김민준 명단.xlsx' 파일을 열면 다음과 같은 표가 있습니다. 화면에 설명된 부분을 참고해 확인하고, 파일을 닫습니다.

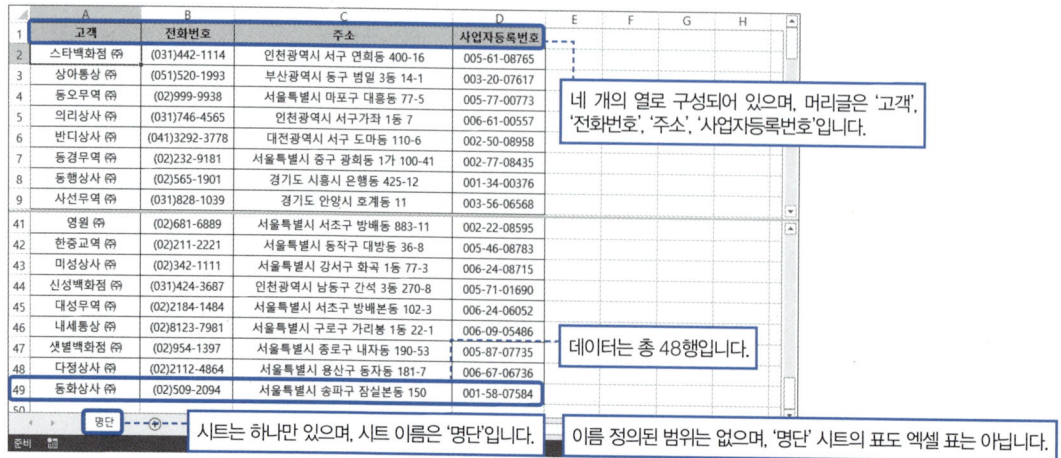

네 개의 열로 구성되어 있으며, 머리글은 '고객', '전화번호', '주소', '사업자등록번호'입니다.

데이터는 총 48행입니다.

시트는 하나만 있으며, 시트 이름은 '명단'입니다.

이름 정의된 범위는 없으며, '명단' 시트의 표도 엑셀 표는 아닙니다.

03 '박지훈 명단.xlsx' 파일을 열어 동일한 부분을 확인하고, 파일을 닫습니다.

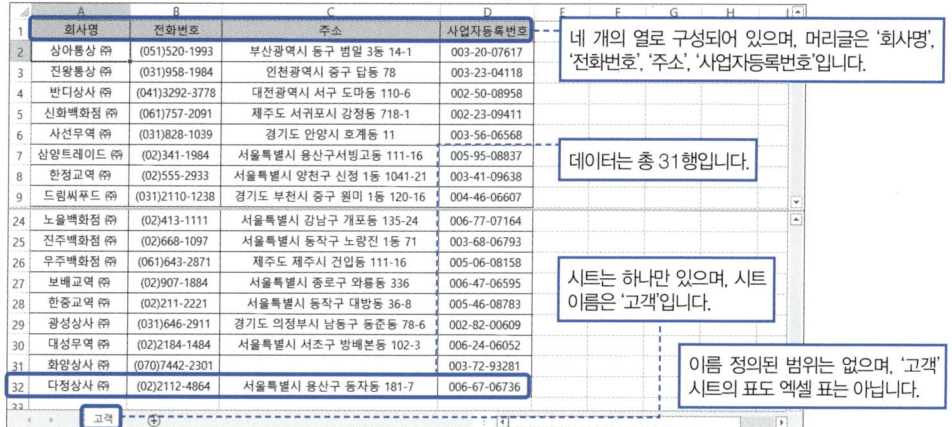

04 '유준혁 명단.xlsx' 파일을 열어 동일한 부분을 확인하고, 파일을 닫습니다.

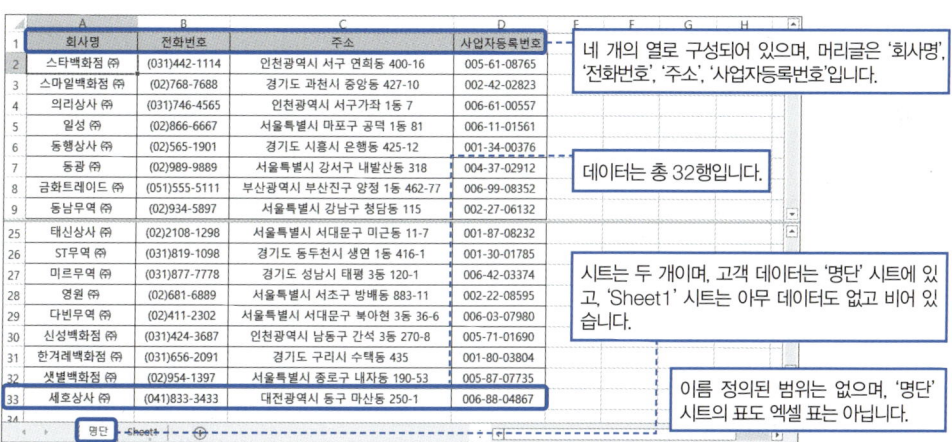

Plus⁺ 파일 간 차이점 이해하기

'153' 폴더의 엑셀 파일 세 개에는 다음과 같은 차이점이 있습니다.

파일	대상 시트	설명
김민준 명단.xlsx	명단	첫 번째 머리글이 '고객'으로, 다른 파일과 다릅니다.
박지훈 명단.xlsx	고객	시트 이름이 다른 파일과 다릅니다.
유준혁 명단.xlsx	명단	다른 파일에는 없는 'Sheet1' 시트가 있습니다.

폴더 내 파일을 읽어 표를 통합할 때, 시트에서 데이터를 읽어 들일지 엑셀 표로 등록된 표에서 데이터를 읽어 들일지에 따라 머리글을 인식하는 방법이 달라집니다. 시트에서 데이터를 읽어 들이는 경우에는 머리글을 인식하지 못하고, 열의 순서에 따라 데이터를 통합합니다. 이와 달리 엑셀 표로 등록된 표를 이용해 데이터를 읽어 들이는 경우에는 머리글을 인식하므로, 다른 머리글로 표를 구성했다면 이를 수정하는 단계를 거쳐야 합니다.

이 예제는 시트에서 데이터를 읽어 들일 것이기 때문에, 각 파일의 열 개수와 순서가 중요합니다. 이 경우에는 표의 열 개수와 순서가 모두 동일하므로, '명단'과 '고객' 시트에서만 데이터를 읽어 들이도록 만들면 됩니다.

05 우선 빈 엑셀 파일을 생성합니다. **02-04** 과정에서 확인한 고객 명단을 하나로 통합하겠습니다. [데이터] 탭-[가져오기 및 변환] 그룹-[새 쿼리] 명령 내 [파일에서]-[폴더에서] 메뉴를 선택합니다.

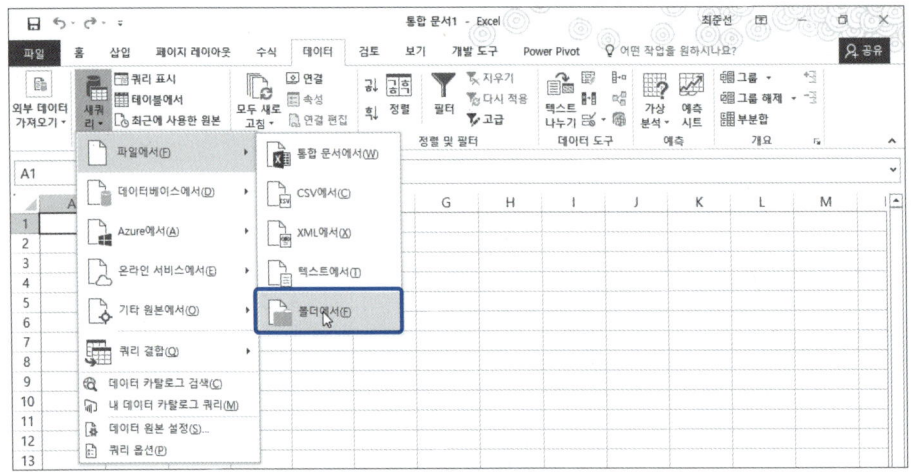

06 '폴더' 창이 열리면 〈찾아보기〉 버튼을 클릭하여 예제로 제공되는 'PART 03\CHAPTER 11\153' 폴더를 선택하고 〈확인〉 버튼을 클릭합니다.

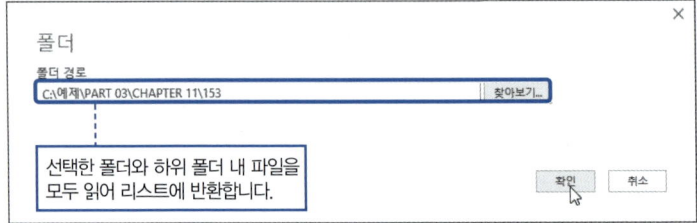

07 탐색 창이 표시되면 대상 폴더를 제한하기 위해 〈편집〉 버튼을 클릭합니다.

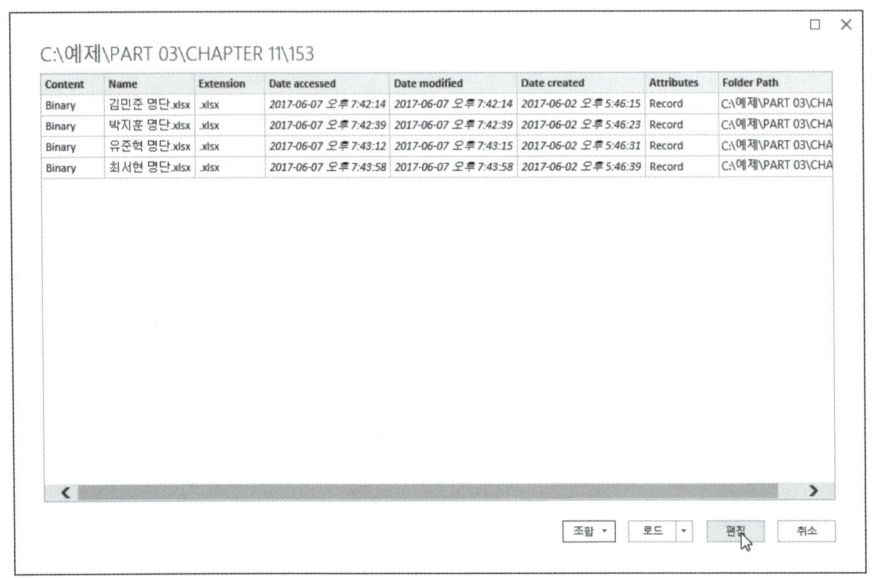

LINK 폴더 탐색 창에서 알아야 할 내용은 'No. 152 폴더 내 텍스트 파일을 하나로 합치기'(544쪽)를 참고합니다.

08 쿼리 편집기에 폴더 내 파일 목록이 모두 표시됩니다. '153' 폴더 내 파일로 제한하기 위해 'Folder Path' 열의 아래 화살표 단추를 클릭하고 '추가' 폴더의 체크를 해제한 후 〈확인〉 버튼을 클릭합니다.

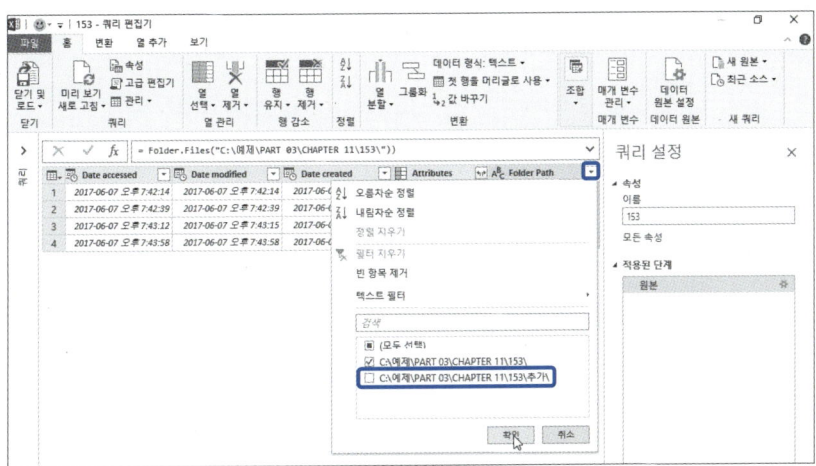

09 엑셀 파일의 시트 테이블 정보는 'Content' 열을 통해 확인할 수 있습니다. 이 예제에서는 'Content' 열을 제외한 나머지 열은 필요하지 않으므로 모두 제거합니다. 'Content' 열을 선택하고 [홈] 탭-[열 관리] 그룹-[열 제거] 명령 내 [다른 열 제거] 메뉴를 선택합니다.

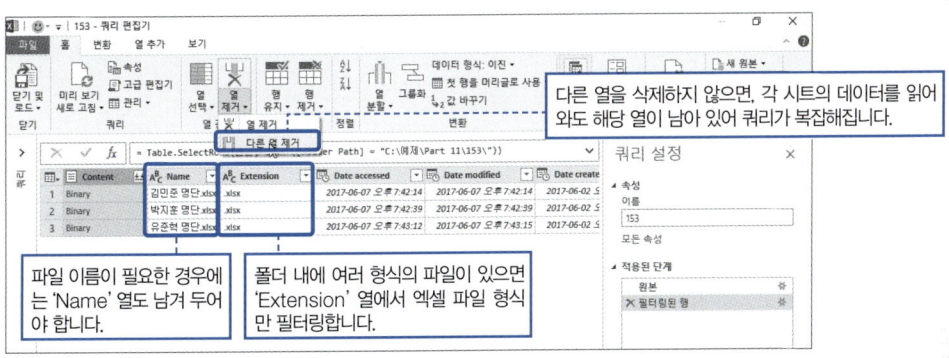

10 'Content' 열에서 파일의 시트 정보를 읽으려면 Excel.Workbook 파워 쿼리 함수를 사용해야 합니다. 해당 함수를 사용해 새로운 열을 추가하기 위해 [열 추가] 탭-[일반] 그룹-[사용자 지정 열] 명령(圖)을 클릭합니다.

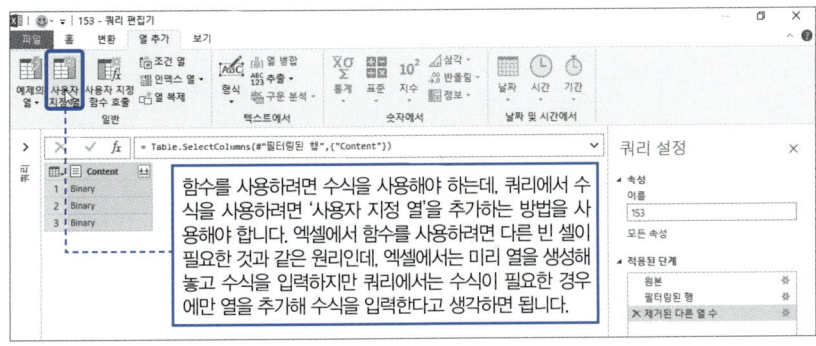

11 '사용자 지정 열 추가' 창이 열리면 '새 열 이름'에 '표'를 입력하고 '사용자 지정 열 수식'에는 다음 수식을 입력한 후 〈확인〉 버튼을 클릭합니다.

```
=Excel.Workbook([Content])
```

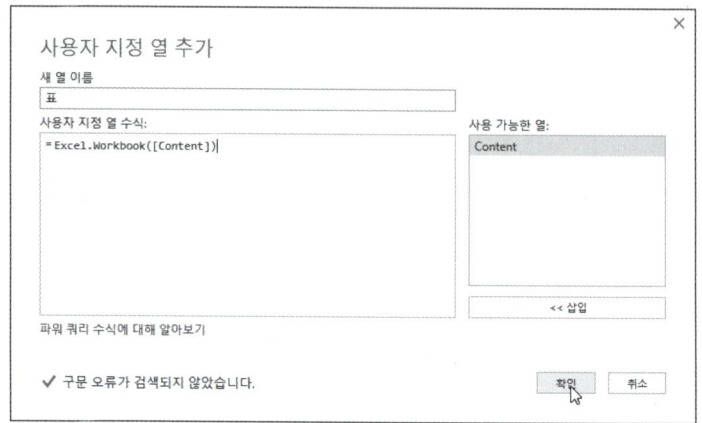

> **Plus⁺ 수식 이해하기**
>
> 이번 수식에서는 파워 쿼리 함수인 Excel.Workbook 함수가 사용되었습니다. Excel.Workbook 함수는 인수로 전달된 파일 내 시트 테이블 정보를 반환하는 함수로, 파워 쿼리 함수는 모두 대/소문자를 정확하게 구분하기 때문에 excel.Workbook이나 excel.workbook 등으로 입력하면 안 됩니다.
>
> Excel.Workbook 함수의 인수 구성은 다음과 같습니다.
>
> **Excel.Workbook(workbook, [useHeaders])**
> - **workbook** : 시트를 검색할 엑셀 파일을 의미합니다.
> - **useHeaders** : 시트의 첫 번째 행을 표 머리글로 지정할지 여부를 나타내는 인수로, 생략하면 첫 행을 머리글로 인식합니다.
>
> 그러므로 이번 수식은 파일 정보를 담고 있는 'Content' 열을 인수로 받아, 해당 파일 내 시트 정보를 읽어 반환합니다.

12 '표' 열이 추가됩니다. 표 열에는 Table이라는 값이 존재하며, 표 정보를 읽어 들이려면 '표' 열의 확장 단추(⇟)를 클릭하고 〈확인〉 버튼을 클릭합니다.

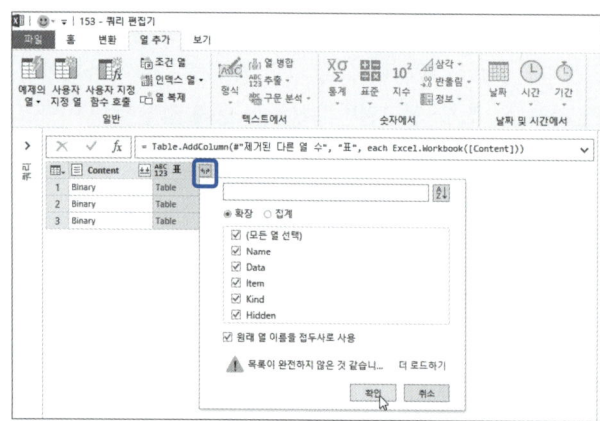

13 폴더에 있는 모든 파일의 시트 이름이 표시됩니다. '고객' 시트와 '명단' 시트에서만 데이터를 읽어 들여야 하므로 '표.Name' 열의 아래 화살표 단추를 클릭하고 'Sheet1' 확인란의 체크를 해제한 후 〈확인〉 버튼을 클릭합니다.

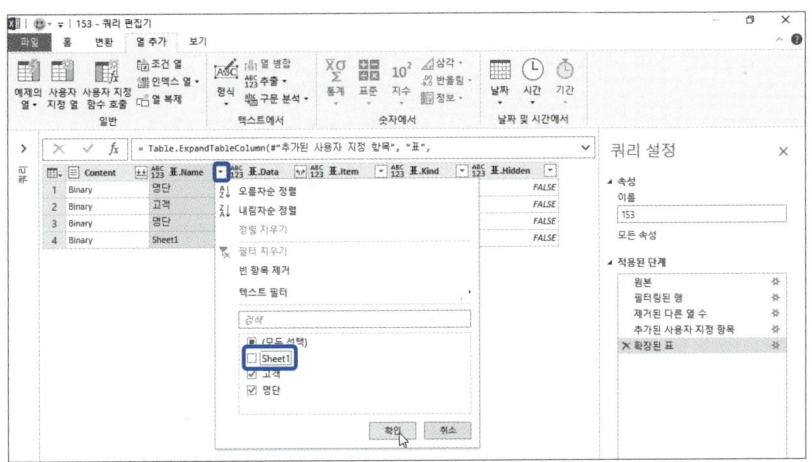

Plus⁺ 10-13 과정을 수식을 사용하지 않고 처리하는 방법

파워 쿼리 함수가 워크시트 함수와 다른 점이 많아 '사용자 지정 열'을 추가하는 방식이 조금 불편하게 느껴질 수 있습니다. 그러므로 Excel.Workbook 함수를 사용하지 않는 방법도 소개하겠습니다. **10** 과정에서 [사용자 지정 열] 명령을 클릭하는 동작부터 다음 단계로 대체하면 됩니다.

❶ 'Content' 열의 [파일 병합] 단추(⇊)를 클릭합니다.

❷ '파일 병합' 창이 열리면 왼쪽의 폴더 아이콘을 클릭하고 마우스 오른쪽 버튼을 클릭해 [편집] 메뉴를 선택합니다.

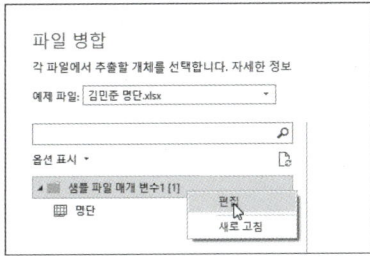

❸ 쿼리 편집기에 각 파일의 시트 테이블 정보가 반환됩니다. 이후 작업은 **13** 과정을 참고해 계속 진행하면 됩니다.

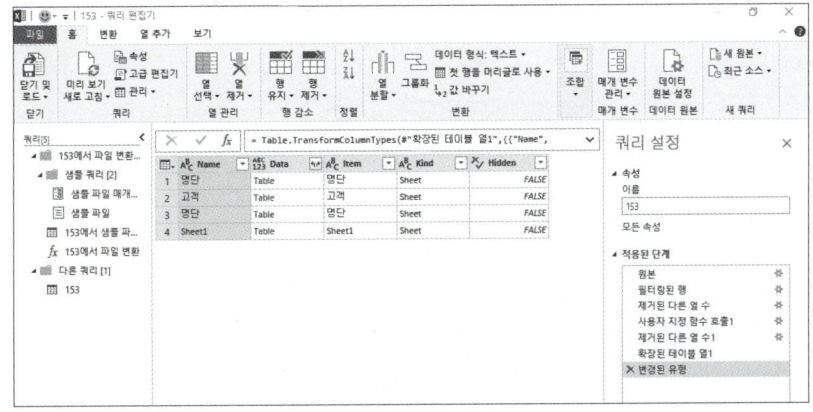

14 표 데이터를 가져오려면 '표.Data' 열만 확장하면 되므로, 나머지 열은 제거합니다. '표.Data' 열을 선택하고 [홈] 탭–[열 관리] 그룹–[열 제거] 명령 내 [다른 열 제거] 메뉴를 선택합니다.

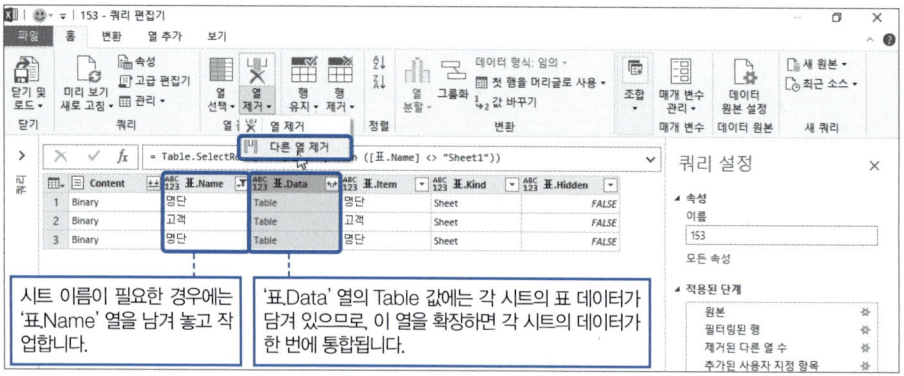

15 '표.Data' 열의 [확장] 단추(⇲)를 클릭하고 〈확인〉 버튼을 클릭합니다.

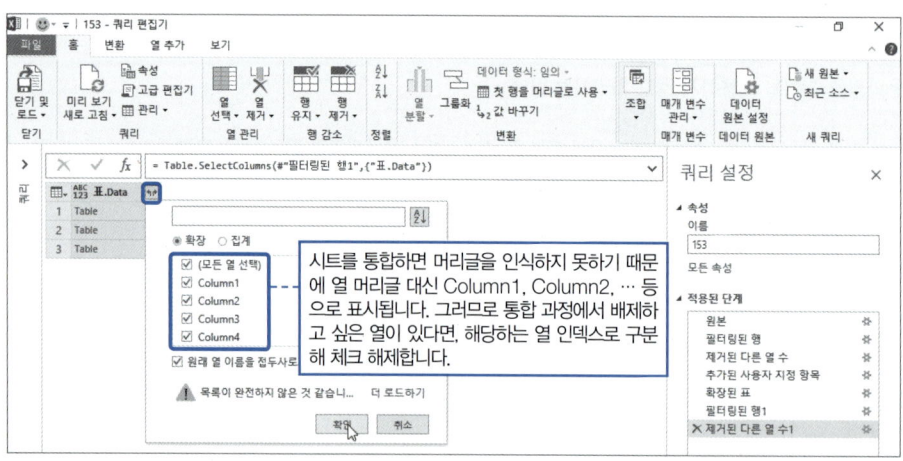

16 엑셀 파일 내 시트의 데이터가 열별로 통합됩니다. 미리 보기 화면의 첫 번째 행이 '김민준 명단.xlsx' 파일의 머리글이므로 이를 전체 표의 머리글로 지정합니다. [홈] 탭–[변환] 그룹–[첫 행을 머리글로 사용] 명령(▦)을 클릭합니다.

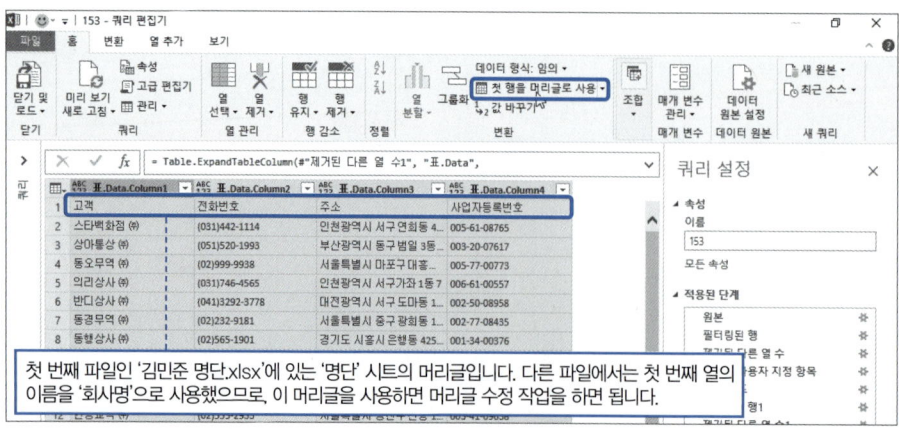

558 / PART 03 | 파워 쿼리

17 다른 표의 머리글도 데이터에 그대로 존재할 것이므로 삭제해야 합니다. '사업자등록번호' 열의 아래 화살표 단추를 클릭하고 목록 하단에 있는 [사업자등록번호] 항목의 체크를 해제한 후 〈확인〉 버튼을 클릭합니다.

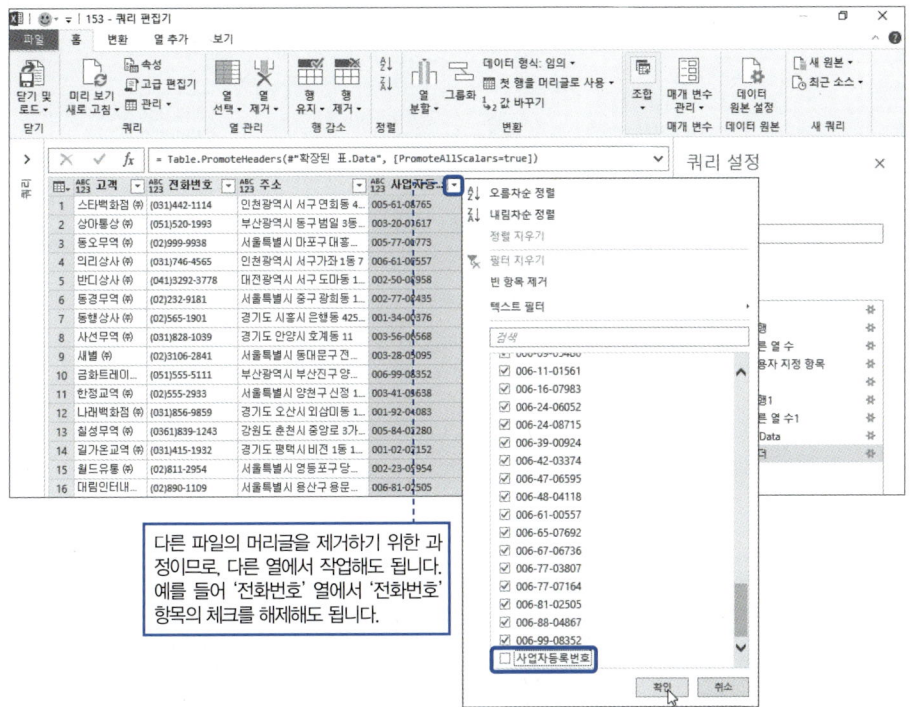

다른 파일의 머리글을 제거하기 위한 과정이므로, 다른 열에서 작업해도 됩니다. 예를 들어 '전화번호' 열에서 '전화번호' 항목의 체크를 해제해도 됩니다.

18 중복된 고객 명단을 제거합니다. '사업자등록번호' 열을 선택하고 [홈] 탭-[행 관리] 그룹-[행 제거] 명령 내 [중복 제거] 메뉴를 선택합니다.

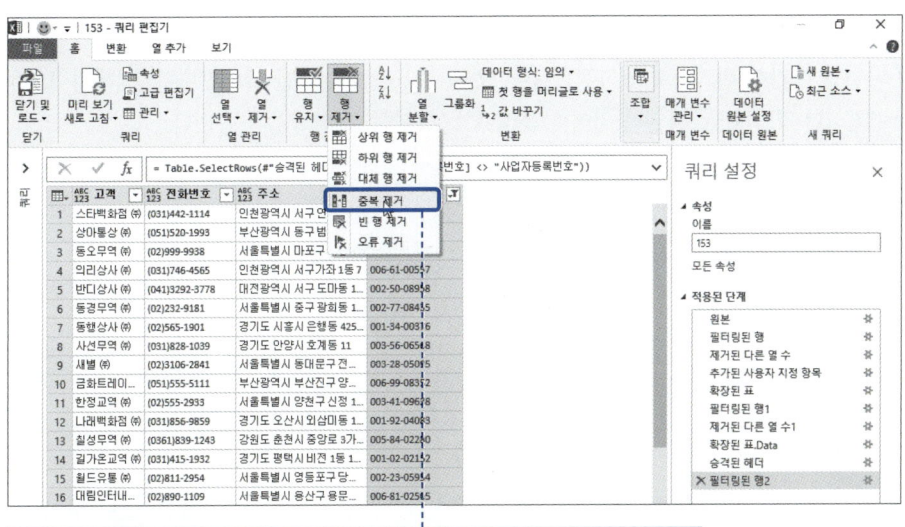

선택한 열의 중복을 제거합니다. 여기서는 '사업자등록번호' 열을 선택했으므로, 사업자등록번호가 동일한 데이터를 중복이라고 판단한 것입니다. 만약 여러 열의 데이터가 모두 같은 경우에만 중복에 해당한다면 [중복 제거] 메뉴를 선택하기 전에 중복 값이 입력된 열을 모두 선택합니다.

19 이제 다음 작업을 진행해 편집을 마무리하고 [홈] 탭-[닫기] 그룹-[닫기 및 로드] 명령(📁)을 클릭합니다.

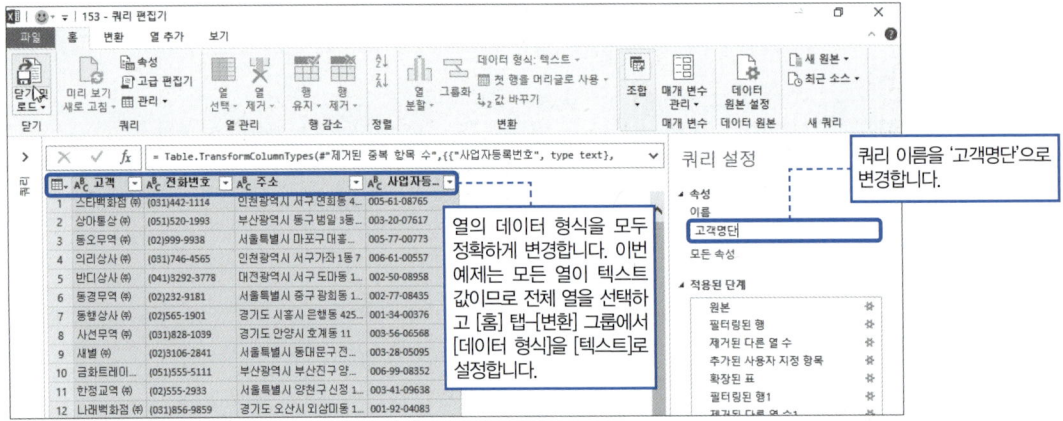

20 통합된 쿼리 데이터가 엑셀 창에 반환됩니다. 반환된 데이터는 중복이 배제된 79행의 고객 데이터입니다.

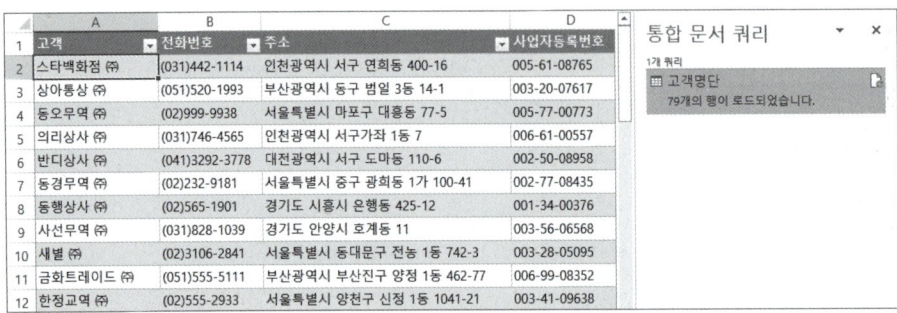

21 폴더에 새 파일을 추가해 결과를 확인하겠습니다. 먼저 추가할 데이터를 확인합니다. 예제의 '153\추가' 폴더에 있는 '최서현 명단.xlsx' 파일을 열어 다음 내용을 확인하고, 파일을 닫습니다.

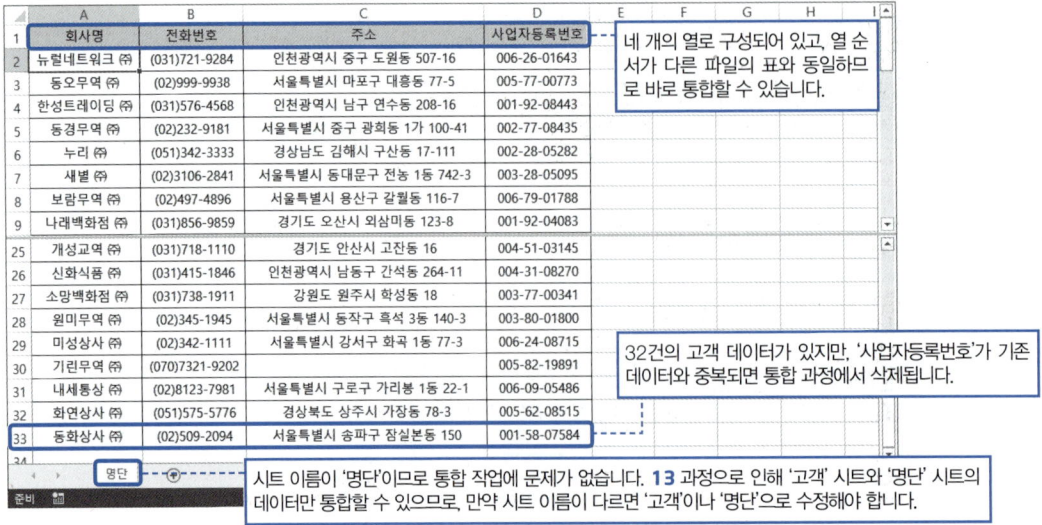

22 윈도우 탐색기에서 '추가' 폴더의 '최서현 명단.xlsx' 파일을 복사해 '153' 폴더로 붙여넣습니다.

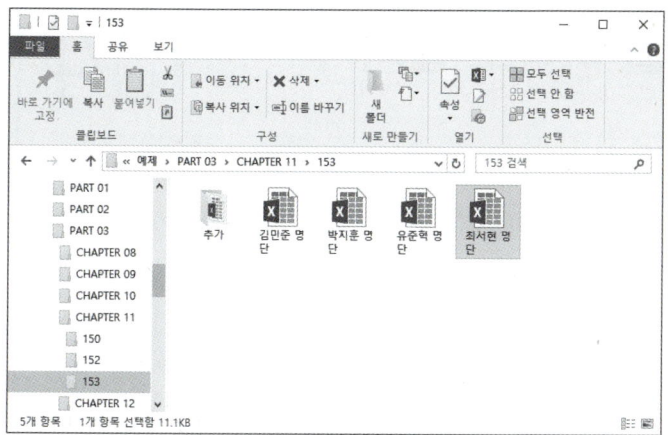

23 통합된 엑셀 파일로 전환해 [디자인] 탭-[외부 표 데이터] 그룹-[새로 고침] 명령(📋)을 클릭하면 '최서현 명단.xlsx' 파일의 데이터가 통합되어 쿼리가 다시 반환됩니다. 95건의 고객 데이터가 반환된 것을 '통합 문서 쿼리' 작업 창에서 확인할 수 있습니다.

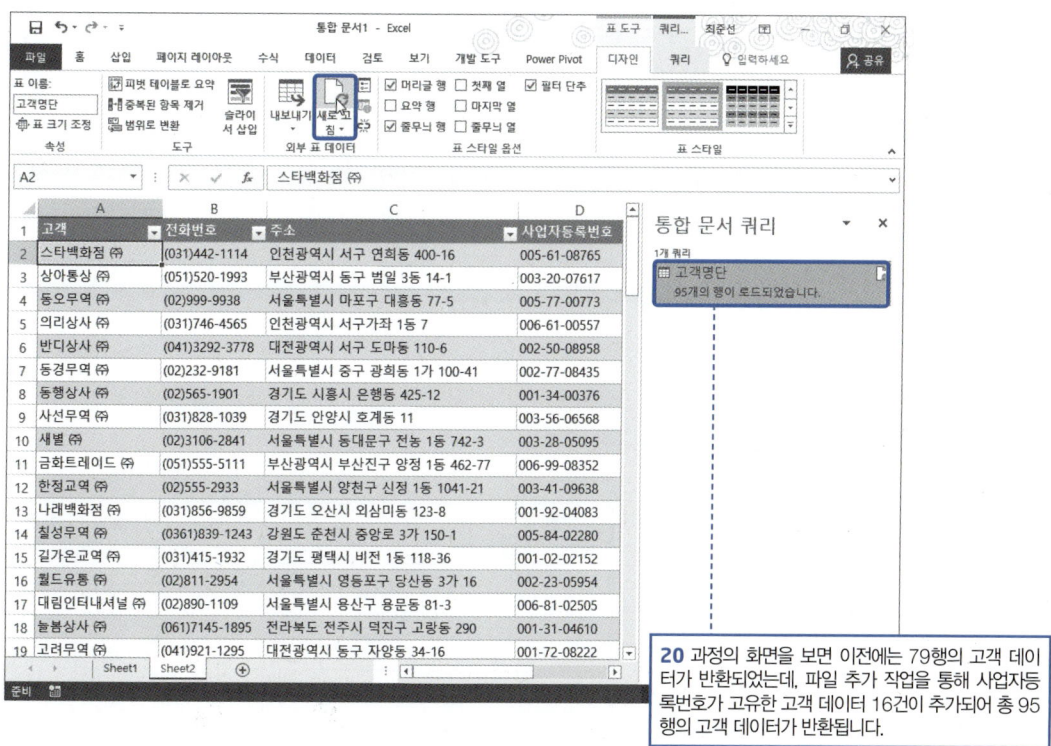

20 과정의 화면을 보면 이전에는 79행의 고객 데이터가 반환되었는데, 파일 추가 작업을 통해 사업자등록번호가 고유한 고객 데이터 16건이 추가되어 총 95행의 고객 데이터가 반환됩니다.

CHAPTER 11 | 병합과 추가 이해하기 / **561**

특정 파일의 시트를 하나로 합치기 154

특정한 파일의 여러 시트를 통합하고 싶은 경우에도 파워 쿼리의 [폴더에서] 기능이 유용합니다. 모든 시트를 통합하려면 각 시트에 있는 표의 구조가 동일하거나 모두 엑셀 표로 등록되어 있어야 합니다. 아무래도 전자의 빈도가 더 높을 것이므로 표의 구조가 동일한지 여부를 먼저 판단한 후에 통합 작업을 진행합니다. 특정 파일 내 시트를 하나로 통합해 작업하는 방법에 대해 알아보겠습니다.

예제 파일 PART 03 \ CHAPTER 11 \ 주문서.xlsx

01 예제 파일에는 시트 세 개가 있고, 각 시트의 이름은 고객 업체 이름으로 되어 있습니다. 이 파일에 있는 주문서의 주문 내역을 모두 통합해 보겠습니다. '갤럭시통상' 시트를 열면 다음 화면과 같은 주문서를 확인할 수 있습니다.

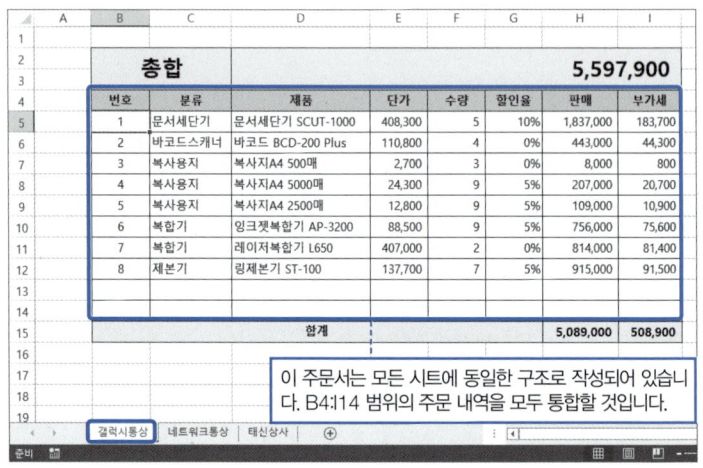

이 주문서는 모든 시트에 동일한 구조로 작성되어 있습니다. B4:I14 범위의 주문 내역을 모두 통합할 것입니다.

02 '네트워크통상' 시트를 열어 두 번째 주문서도 확인합니다. 두 개의 주문서는 구조가 동일하고 주문 내역만 다릅니다. '태신상사' 시트도 열어 표의 구조를 확인한 후 파일을 닫습니다.

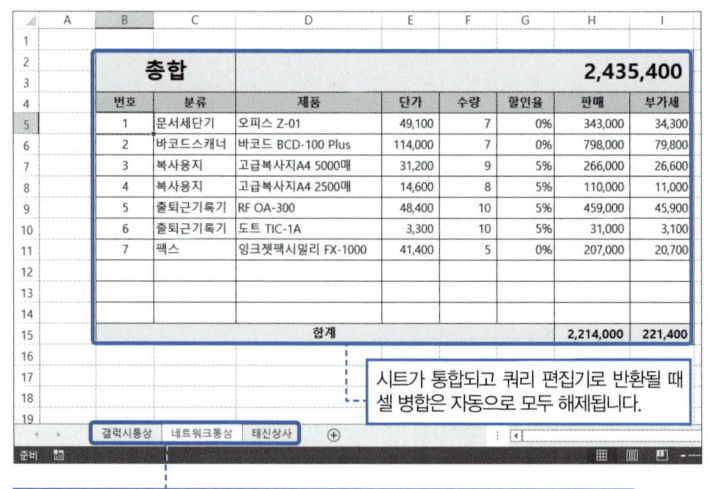

시트가 통합되고 쿼리 편집기로 반환될 때 셀 병합은 자동으로 모두 해제됩니다.

모든 시트의 표는 구조가 동일하고, 이름 정의나 엑셀 표는 없습니다. 정의된 이름이 있는지 확인하려면 [수식] 탭-[정의된 이름] 그룹-[이름 관리자] 명령을 클릭합니다.

03 빈 엑셀 파일을 생성한 후, 주문서를 모두 통합하기 위해 [데이터] 탭-[가져오기 및 변환] 그룹-[새 쿼리] 명령 내 [파일에서]-[폴더에서] 메뉴를 선택합니다.

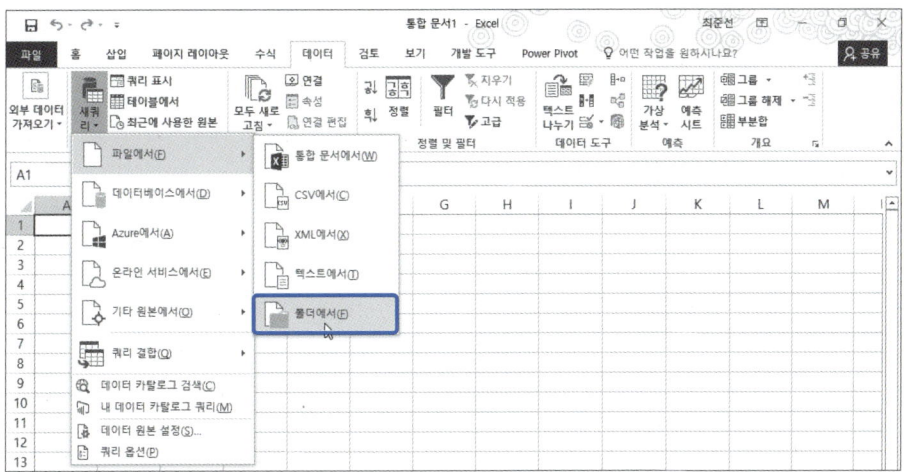

04 '폴더' 창이 열리면 〈찾아보기〉 버튼을 클릭하여 예제의 'PART 03\CHAPTER 11' 폴더를 선택하고 〈확인〉 버튼을 클릭합니다.

05 폴더 탐색 창이 표시되면 통합할 예제 파일만 선택하기 위해 〈편집〉 버튼을 클릭합니다.

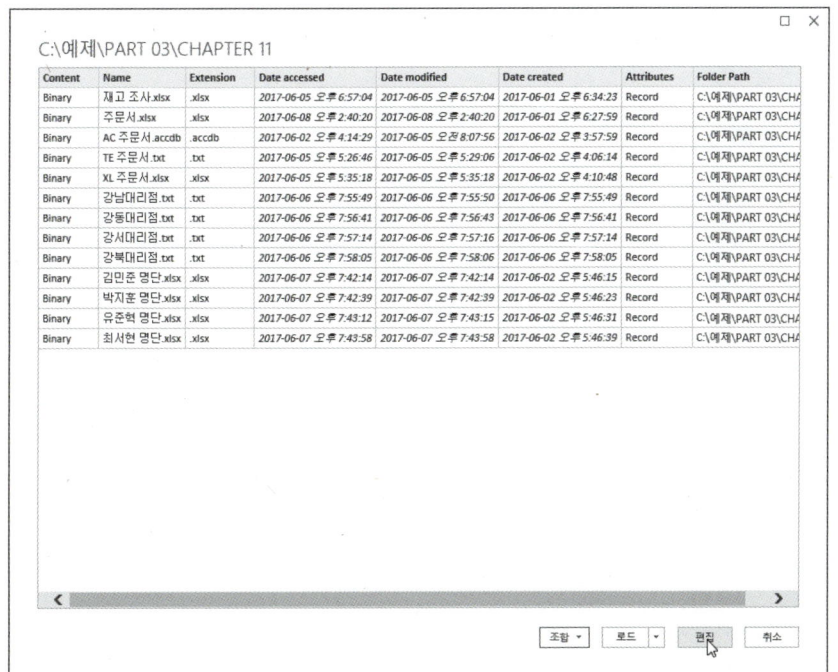

06 쿼리 편집기가 열리면 'Name' 열의 아래 화살표 단추를 클릭하고 '(모두 선택)' 항목의 체크를 해제한 후 '주문서.xlsx' 파일만 체크하고 〈확인〉 버튼을 클릭합니다.

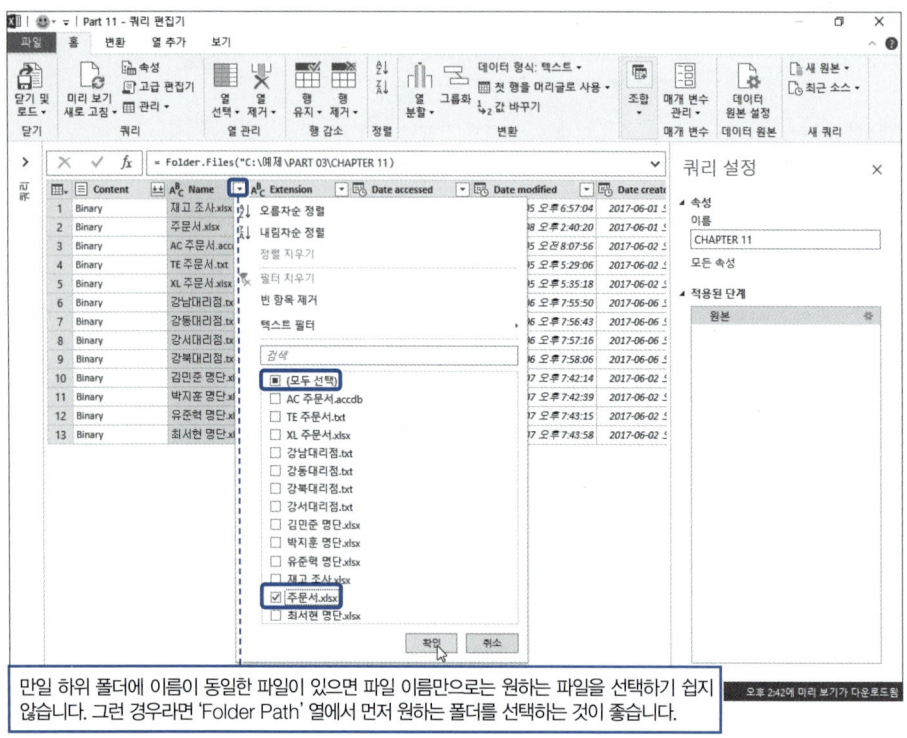

만일 하위 폴더에 이름이 동일한 파일이 있으면 파일 이름만으로는 원하는 파일을 선택하기 쉽지 않습니다. 그런 경우라면 'Folder Path' 열에서 먼저 원하는 폴더를 선택하는 것이 좋습니다.

07 'Content' 열을 선택하고 [홈] 탭-[열 관리] 그룹-[열 제거] 명령 내 [다른 열 제거] 메뉴를 선택해 'Content' 열만 남기고 다른 열은 모두 삭제합니다.

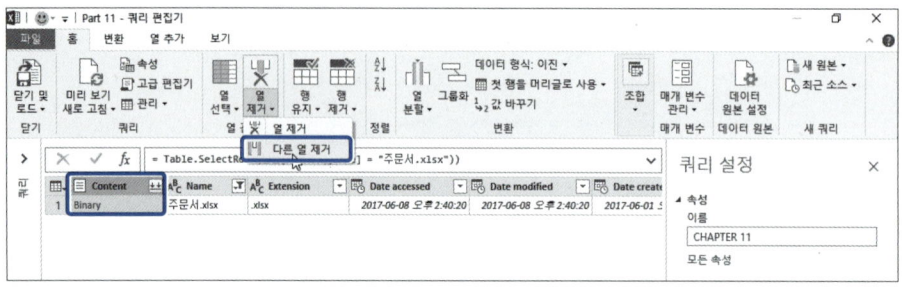

08 파일 내 모든 표 정보를 가져오기 위해 'Content' 열의 [파일 병합] 단추(⇊)를 클릭합니다.

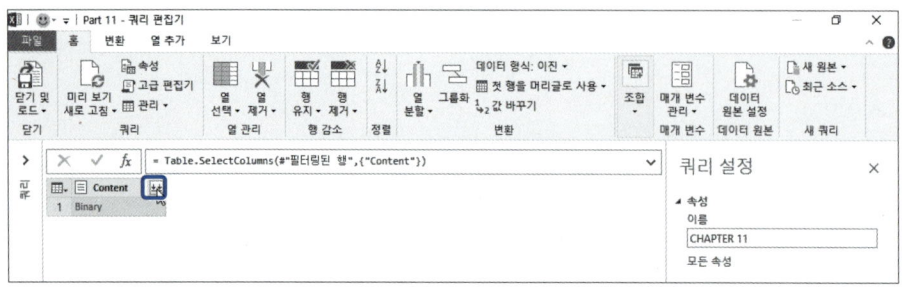

09 '파일 병합' 창이 열리면 '샘플 파일 매개 변수1 [3]' 폴더를 선택하고 〈확인〉 버튼을 클릭합니다.

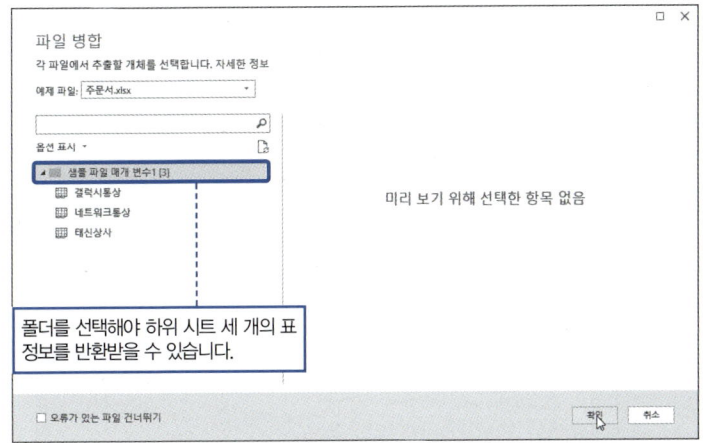

폴더를 선택해야 하위 시트 세 개의 표 정보를 반환받을 수 있습니다.

10 쿼리 편집기에 '주문서.xlsx' 파일 내 모든 표 정보가 반환됩니다. 'Name' 열에는 시트 이름 즉 고객 업체 이름이 입력되어 있고 'Data' 열은 각 시트의 데이터를 불러오는 데 사용되므로, 두 열만 남기고 나머지 열은 모두 삭제합니다. 'Name' 열과 'Data' 열만 선택하고 [홈] 탭-[열 관리] 그룹-[열 제거] 명령 내 [다른 열 제거] 메뉴를 선택합니다.

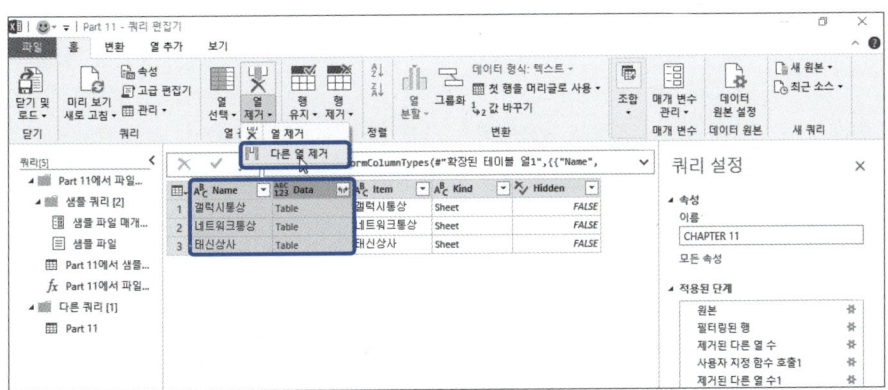

11 각 시트의 데이터를 모두 읽어 들이기 위해 'Data' 열의 [확장] 단추(⇳)를 클릭하고 [원래 열 이름을 접두사로 사용] 확인란의 체크를 해제한 후 〈확인〉 버튼을 클릭합니다.

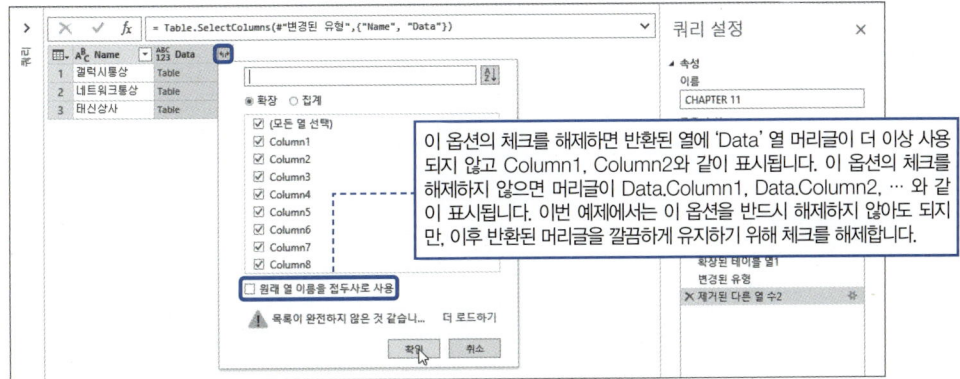

이 옵션의 체크를 해제하면 반환된 열에 'Data' 열 머리글이 더 이상 사용되지 않고 Column1, Column2와 같이 표시됩니다. 이 옵션의 체크를 해제하지 않으면 머리글이 Data.Column1, Data.Column2, … 와 같이 표시됩니다. 이번 예제에서는 이 옵션을 반드시 해제하지 않아도 되지만, 이후 반환된 머리글을 깔끔하게 유지하기 위해 체크를 해제합니다.

12 모든 시트의 데이터가 통합되어 반환됩니다. 쿼리 편집기 상의 null 값은 병합된 셀의 데이터가 없는 부분을 의미합니다.

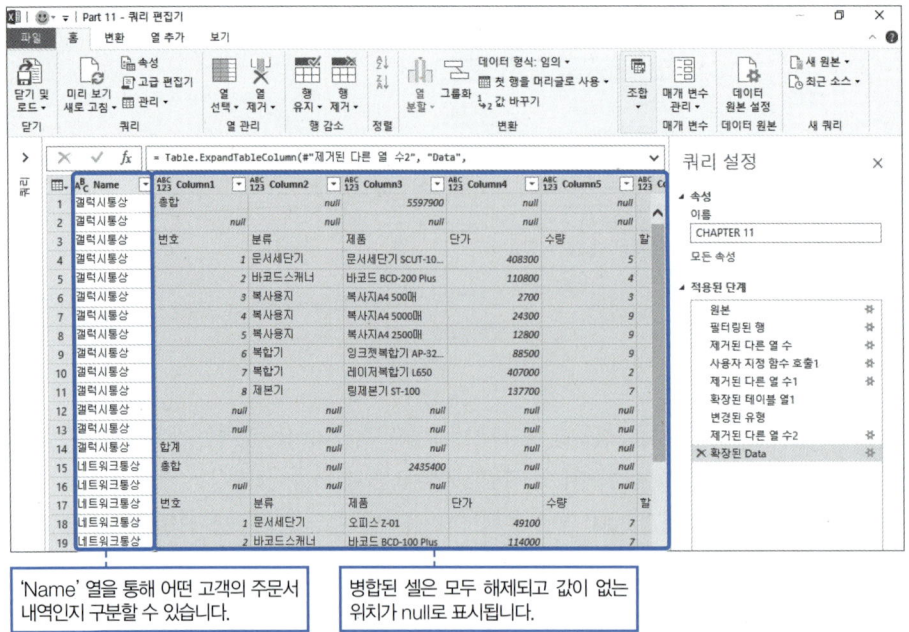

'Name' 열을 통해 어떤 고객의 주문서 내역인지 구분할 수 있습니다.

병합된 셀은 모두 해제되고 값이 없는 위치가 null로 표시됩니다.

13 'Column1' 열에서 '총합', null, '합계' 값을 갖는 행은 주문 내역과 무관하므로 모두 제거하겠습니다. 'Column1' 열을 선택하고 아래 화살표 단추를 클릭한 후 '(Null)', '총합', '합계' 항목의 체크를 해제하고 〈확인〉 버튼을 클릭합니다.

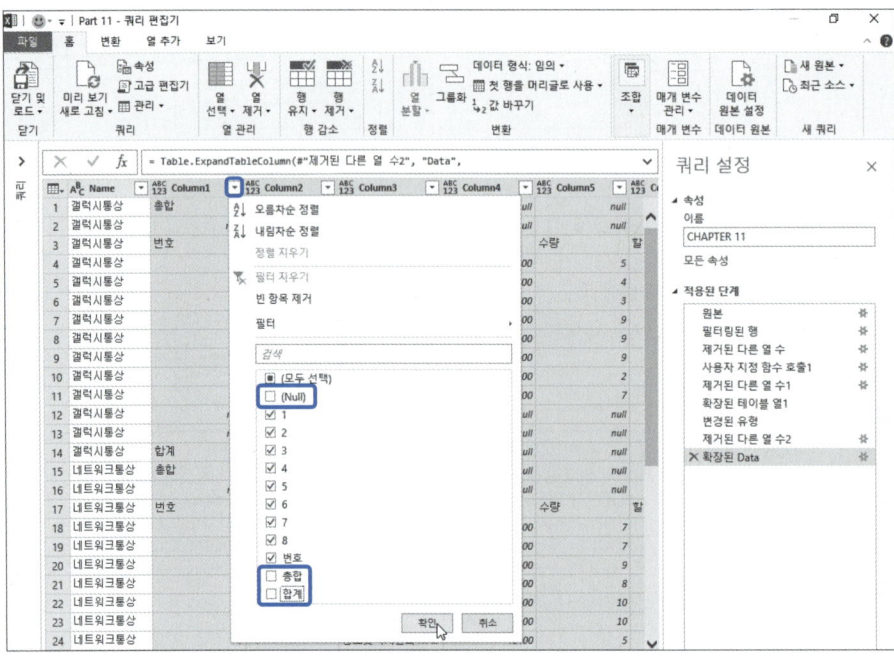

14 이제 주문서 내역만 확인할 수 있습니다. [홈] 탭-[변환] 그룹-[첫 행을 머리글로 사용] 명령(🔲)을 클릭해 첫 행을 머리글로 지정합니다.

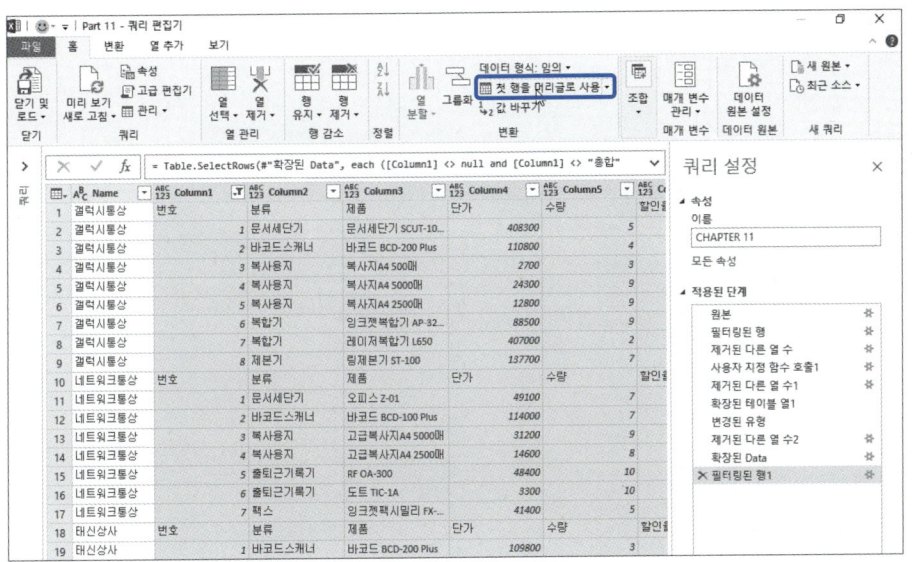

15 나머지 주문서의 머리글 행은 삭제합니다. '번호' 열의 아래 화살표 단추를 클릭하고 '번호' 항목의 체크를 해제한 후 〈확인〉 버튼을 클릭합니다.

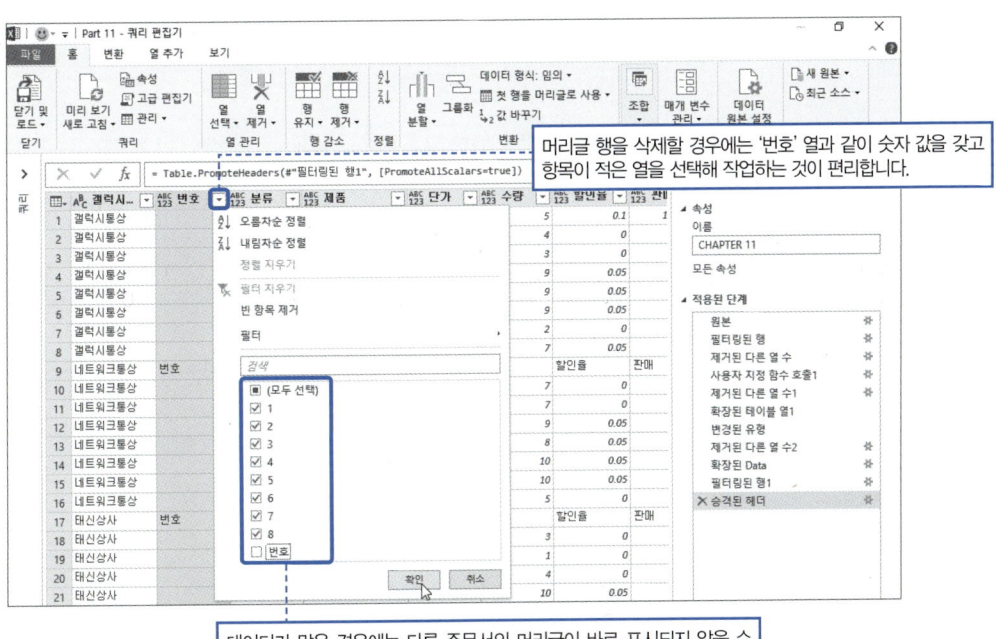

> 머리글 행을 삭제할 경우에는 '번호' 열과 같이 숫자 값을 갖고 항목이 적은 열을 선택해 작업하는 것이 편리합니다.

> 데이터가 많은 경우에는 다른 주문서의 머리글이 바로 표시되지 않을 수 있습니다. 그런 경우에는 [더 로드하기] 하이퍼링크를 클릭합니다.

16 첫 번째 열은 고객 이름이 머리글로 되어 있으므로 수정합니다. 열 머리글을 더블클릭하고 '고객'으로 변경합니다.

17 '번호' 열은 각 주문서의 인덱스 번호이므로 삭제합니다. '번호' 열을 선택하고 [홈] 탭-[열 관리] 그룹-[열 제거] 명령(🗙)을 클릭합니다.

18 모든 열의 데이터 형식을 다음 표와 같이 각각 변경한 후, '쿼리 설정' 작업 창에서 '이름'을 '주문서'로 변경하고 [홈] 탭-[닫기] 그룹-[닫기 및 로드] 명령 내 [닫기 및 다음으로 로드...] 메뉴를 선택합니다.

열	데이터 형식
분류, 제품	텍스트
할인율	10진수
단가, 수량, 판매, 부가세	정수

19 '다음으로 로드' 창이 열리면 [연결만 만들기] 옵션을 선택하고 [이 데이터를 데이터 모델에 추가] 확인란에 체크한 후 〈로드〉 버튼을 클릭합니다.

> 피벗을 만들어 분석하려면 이 옵션에 체크하는 것이 편리합니다. 단, 데이터 모델에 추가된 쿼리로는 피벗 테이블의 기능을 모두 사용하지 못하므로, 단순한 보고서를 만드는 경우에만 사용하는 것이 좋습니다.

20 '통합 문서 쿼리' 작업 창을 보면 '주문서' 쿼리가 데이터 모델에 21행 로드된 것을 확인할 수 있습니다. [삽입] 탭-[표] 그룹-[피벗 테이블] 명령(🔲)을 클릭하고, '피벗 테이블 만들기' 대화상자가 표시되면 〈확인〉 버튼을 클릭합니다.

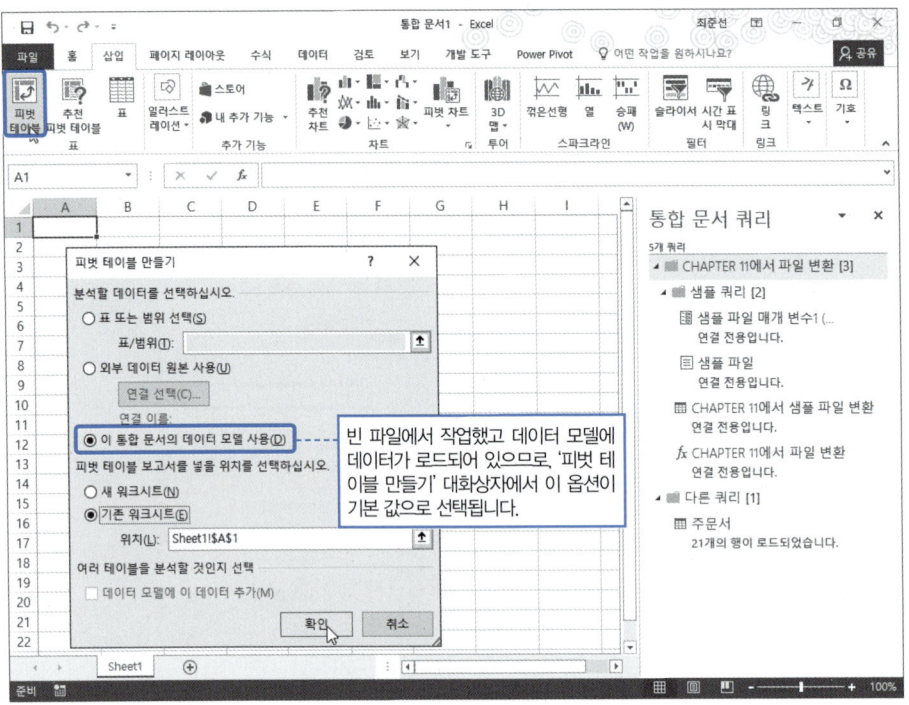

21 '피벗 테이블 필드' 작업 창에서 '열', '행', '값' 영역에 다음 필드를 추가합니다.

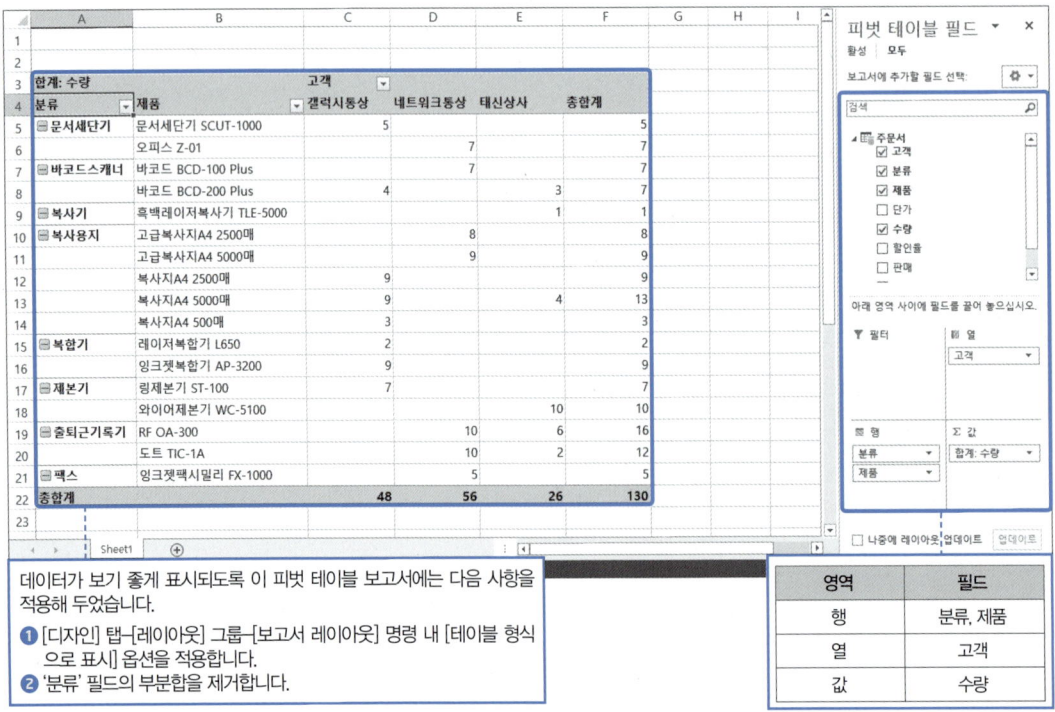

데이터가 보기 좋게 표시되도록 이 피벗 테이블 보고서에는 다음 사항을 적용해 두었습니다.
❶ [디자인] 탭-[레이아웃] 그룹-[보고서 레이아웃] 명령 내 [테이블 형식으로 표시] 옵션을 적용합니다.
❷ '분류' 필드의 부분합을 제거합니다.

영역	필드
행	분류, 제품
열	고객
값	수량

현재 파일의 표를 하나로 합치기 155

[폴더에서] 기능을 이용하려면 항상 다른 파일에서 작업해야 하는데, 현재 파일에서 다른 시트를 모두 통합한 결과를 표시하고 싶은 경우도 있을 겁니다. 현재 파일에 있는 표를 모두 통합하려면 Excel. CurrentWorkbook 함수를 사용해야 하며, 시트를 읽어 들일 수 없기 때문에 통합할 범위를 엑셀 표로 등록하거나 이름으로 정의하는 작업을 먼저 해야 합니다. 현재 파일 내 표를 하나로 통합하는 방법에 대해 알아보겠습니다.

예제 파일 PART 03 \ CHAPTER 11 \ 주문서.xlsx

이번 예제는 'No. 154 특정 파일의 시트를 하나로 합치기'(562쪽)와 동일한 예제를 이용하므로 다른 부분만 설명합니다.

01 예제 파일을 열고, 통합하려는 데이터 범위를 이름으로 정의하겠습니다. '갤럭시통상' 시트의 B4:I14 범위를 선택하고 이름 상자에 '갤럭시통상'을 입력합니다.

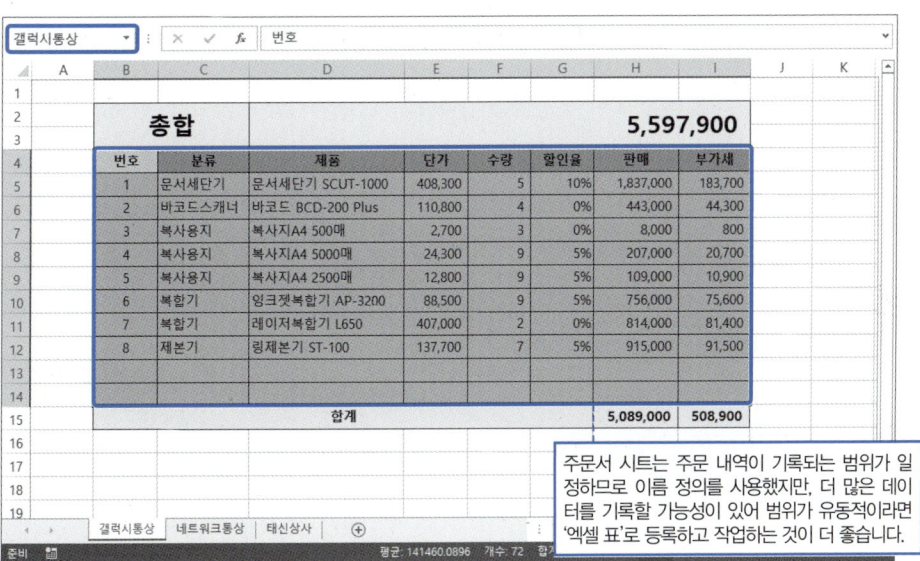

주문서 시트는 주문 내역이 기록되는 범위가 일정하므로 이름 정의를 사용했지만, 더 많은 데이터를 기록할 가능성이 있어 범위가 유동적이라면 '엑셀 표'로 등록하고 작업하는 것이 더 좋습니다.

02 '네트워크통상' 시트와 '태신상사' 시트도 **01** 과정과 동일한 방법으로 이름을 정의합니다.

시트	범위	이름
네트워크통상	B4:I14	네트워크통상
태신상사	B4:I14	태신상사

CHAPTER 11 | 병합과 추가 이해하기 / **571**

03 현재 파일 내 표를 통합하기 위해, 빈 쿼리를 하나 생성하겠습니다. [데이터] 탭-[가져오기 및 변환] 그룹-[새 쿼리] 명령 내 [기타 원본에서]-[빈 쿼리] 메뉴를 선택합니다.

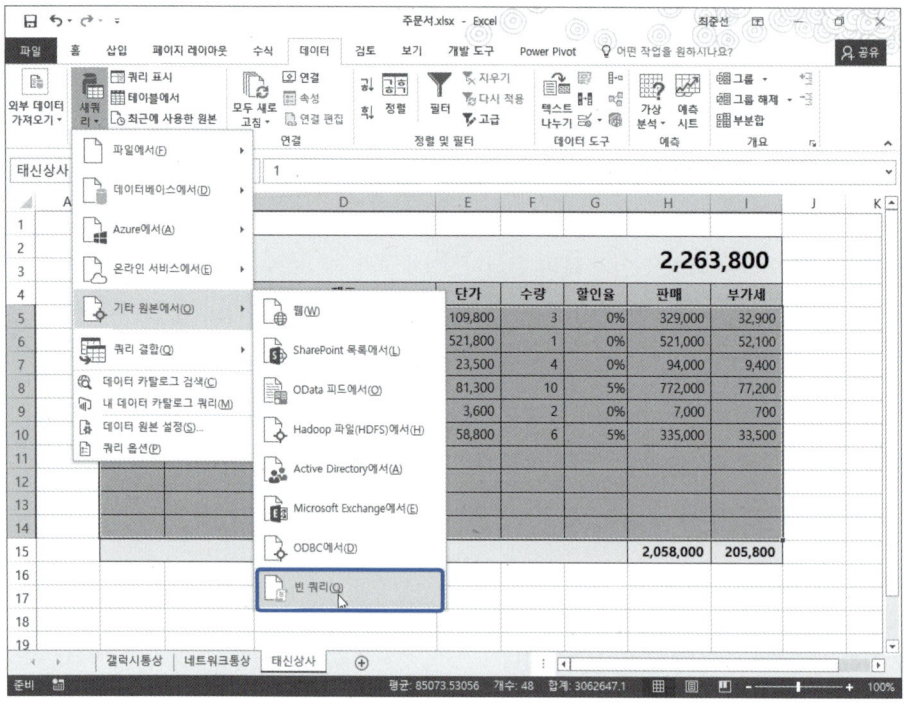

04 쿼리 편집기가 열리면, 수식 입력줄에 다음 수식을 입력하고 Enter 키를 누릅니다. 현재 파일의 '엑셀 표'나 정의된 이름이 목록에 나타납니다.

```
=Excel.CurrentWorkbook()
```

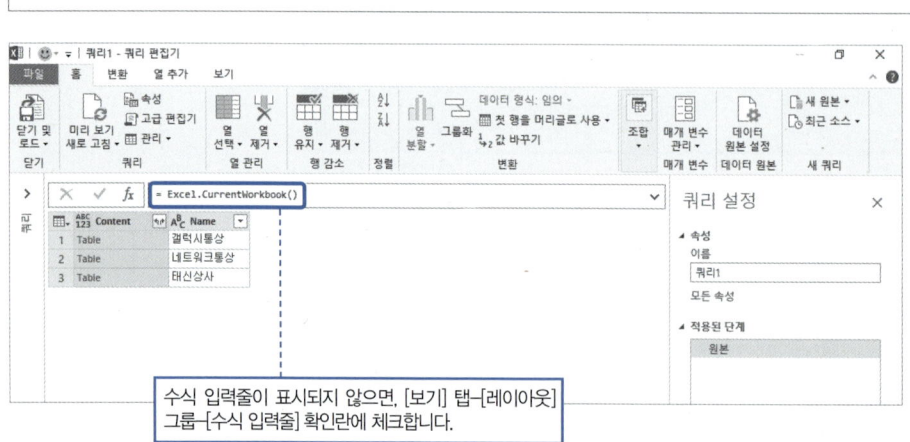

수식 입력줄이 표시되지 않으면, [보기] 탭-[레이아웃] 그룹-[수식 입력줄] 확인란에 체크합니다.

Plus⁺ 수식 이해하기

이번 수식에서 사용한 Excel.CurrentWorkbook 함수는 현재 파일 내 테이블 정보를 반환하는 함수입니다. 대/소문자 구분에 주의하면서 입력합니다. Excel.CurrentWorkbook 함수는 인수가 따로 없지만, 표의 이름을 알고 해당 표의 데이터만 쿼리로 반환받으려면 다음과 같은 구문을 사용할 수 있습니다.

```
=Excel.CurrentWorkbook(){[Name="표이름"]}[Content]
```

이렇게 하면 **05** 과정의 확장 작업 없이 바로 쿼리 편집기에 연결된 데이터가 표시됩니다. 예를 들어 이번 예제에서 '갤럭시통상'으로 이름 정의된 데이터 범위를 바로 연결하려면 다음과 같은 수식을 사용합니다.

```
=Excel.CurrentWorkbook(){[Name="갤럭시통상"]}[Content]
```

그러면, 다음과 같은 결과를 얻을 수 있습니다.

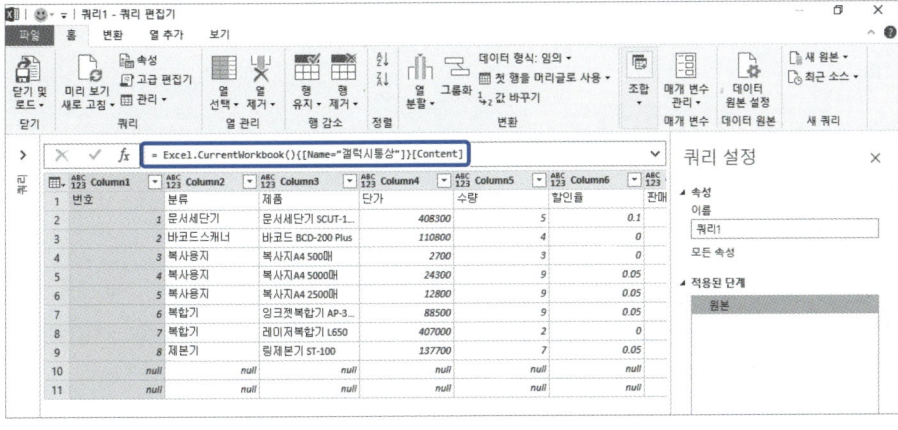

05 'Content' 열의 [확장] 단추(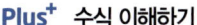)를 클릭하고 [원래 열 이름을 접두사로 사용] 확인란의 체크를 해제한 후 〈확인〉 버튼을 클릭합니다.

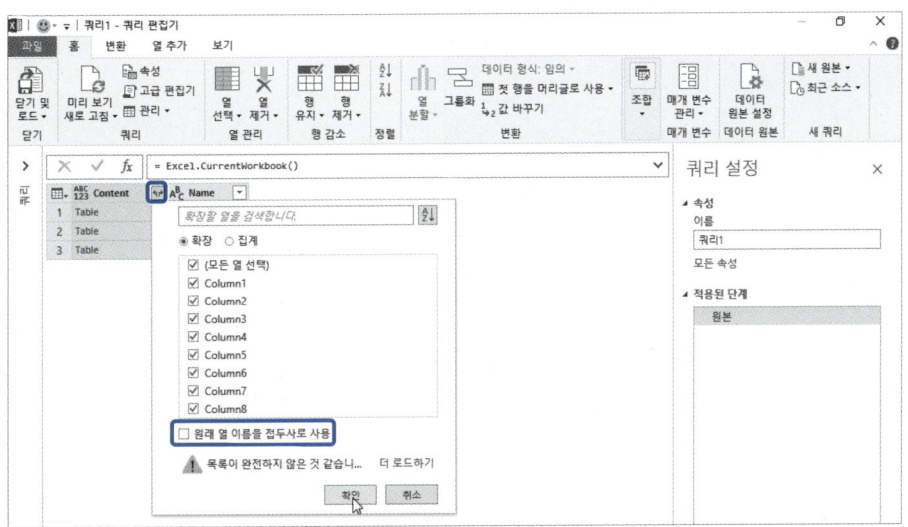

06 No. 154의 **13-18** 과정(566~569쪽)을 참고해 편집하면 화면과 같은 결과를 얻을 수 있습니다. [홈] 탭-[닫기] 그룹-[닫기 및 로드] 명령 내 [닫기 및 다음으로 로드...] 메뉴를 선택합니다.

07 '다음으로 로드' 창에서 [연결만 만들기] 옵션을 선택하고 [이 데이터를 데이터 모델에 추가] 확인란에 체크한 후 〈로드〉 버튼을 클릭하면 '통합 문서 쿼리' 창에서 '주문서' 쿼리를 확인할 수 있습니다.

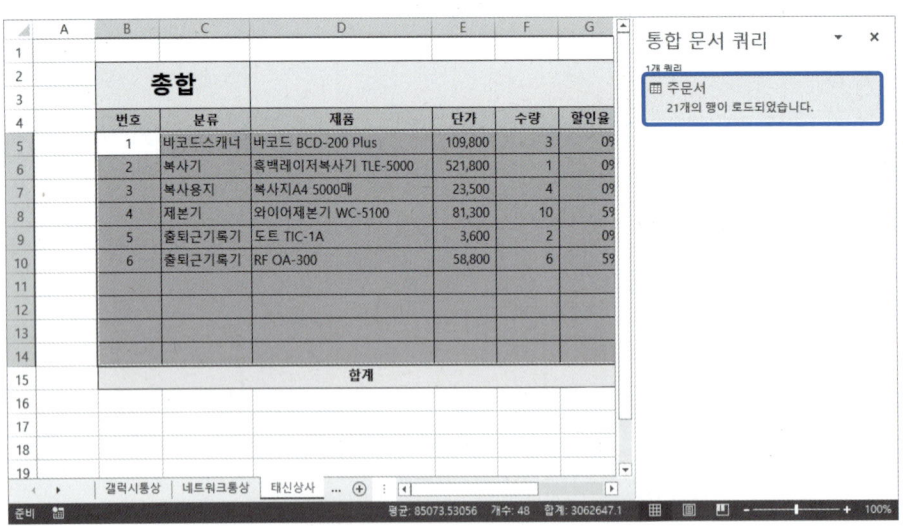

'No. 154 특정 파일의 시트를 하나로 합치기'의 **20-21** 과정(570쪽)을 참고해 생성한 쿼리로 원하는 집계 작업을 피벗 테이블 보고서로 진행해 봅니다.

CHAPTER

12

다양한 실무 표 변환 사례

CHAPTER 09-11까지 파워 쿼리를 사용하는 일반적인 방법에 대해 배웠다면,
여기서는 파워 쿼리를 활용해 다양한 표를 원하는 형식으로 변환하는 사례를 살펴보겠습니다.
사용자가 다루는 표와 유사한 사례가 있다면, 표가 어떻게 원하는 형식으로 변환되는지
또 앞에서 배운 기술이 어떻게 적용되는지 확인하면서 학습할 것을 권합니다.
파워 쿼리를 사용해 다양한 표를 변환하는 실제적인 방법을 이해할 수 있을 것입니다.

156 셀에 입력된 값을 구분해 고유한 단어가 얼마나 입력됐는지 확인하기

엑셀에서 만든 표를 보면, 하나의 셀에 여러 값을 입력한 경우가 많습니다. 그런데 그런 경우 엑셀의 수식이나 기능을 이용해 원하는 결과를 얻기가 쉽지 않습니다. 파워 쿼리의 다양한 명령을 이용하면 그런 방식으로 데이터가 입력된 표도 원하는 방식으로 편집할 수 있습니다. 한 셀에 공백 문자로 구분할 수 있는 여러 값이 입력되어 있을 때, 입력된 값을 중복 없이 세어 입력된 비율을 계산하는 방법에 대해 알아보겠습니다.

예제 파일 PART 03 \ CHAPTER 12 \ 강의장 선호도 조사.xlsx

01 예제 파일에는 직원 교육을 위한 강의장 선호 지역을 조사한 표가 있습니다. 화면의 설명을 참고해 왼쪽 표를 오른쪽 표와 같이 변환하는 작업을 파워 쿼리로 해 보겠습니다.

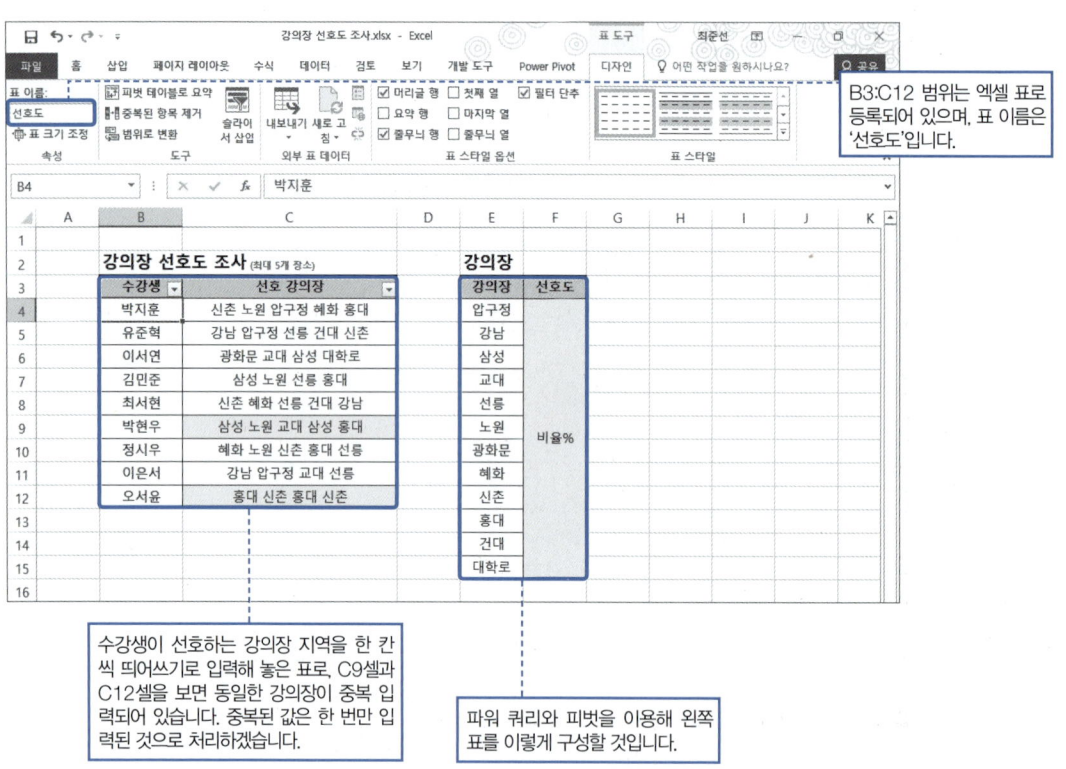

02 엑셀 표 내부의 셀을 선택(여기서는 B4셀)하고, 쿼리로 표를 편집하기 위해 [데이터] 탭-[가져오기 및 변환] 그룹-[테이블에서] 명령(⊞)을 클릭합니다.

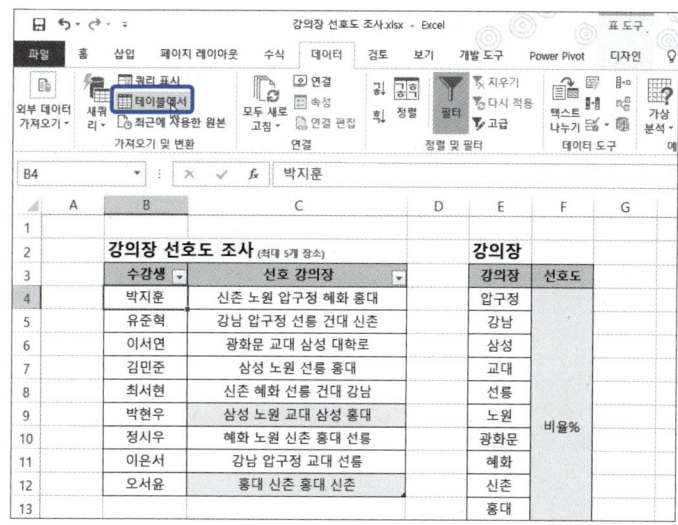

03 쿼리 편집기가 표시됩니다. '선호 강의장' 열의 값을 단어별로 구분하겠습니다. '선호 강의장' 열을 선택하고 [홈] 탭-[변환] 그룹-[열 분할] 명령 내 [구분 기호 기준] 메뉴를 선택합니다.

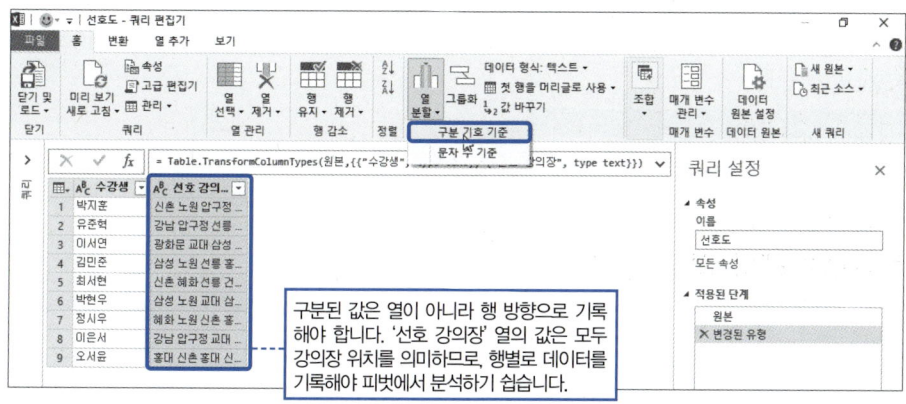

구분된 값은 열이 아니라 행 방향으로 기록해야 합니다. '선호 강의장' 열의 값은 모두 강의장 위치를 의미하므로, 행별로 데이터를 기록해야 피벗에서 분석하기 쉽습니다.

04 '구분 기호로 열 분할' 창이 표시되면 '구분 기호 선택 또는 입력'과 '다음 위치에 분할' 옵션을 확인한 후 '고급 옵션'을 클릭해 [행]을 선택하고 〈확인〉 버튼을 클릭합니다.

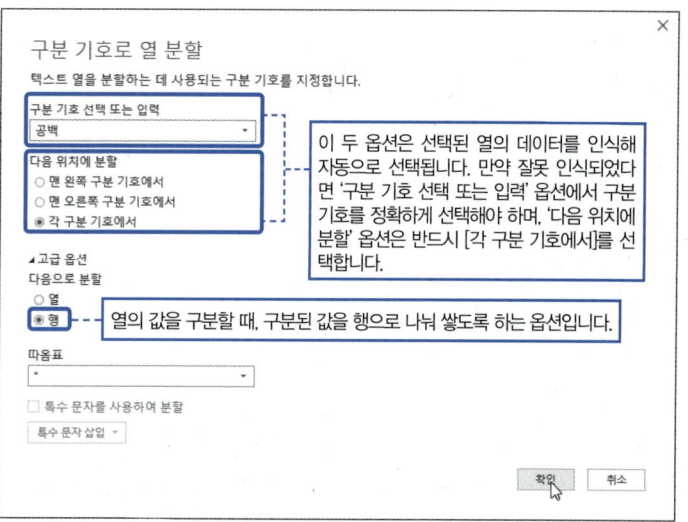

이 두 옵션은 선택된 열의 데이터를 인식해 자동으로 선택됩니다. 만약 잘못 인식되었다면 '구분 기호 선택 또는 입력' 옵션에서 구분 기호를 정확하게 선택해야 하며, '다음 위치에 분할' 옵션은 반드시 [각 구분 기호에서]를 선택합니다.

열의 값을 구분할 때, 구분된 값을 행으로 나눠 쌓도록 하는 옵션입니다.

05 '선호 강의장' 열의 값이 단어별로 한 열에 나뉘어 기록됩니다. 중복 입력된 강의장을 삭제하기 위해 '수강생' 열과 '선호 강의장' 열을 모두 선택하고 [홈] 탭-[행 관리] 그룹-[행 제거] 명령 내 [중복 제거] 메뉴를 선택합니다.

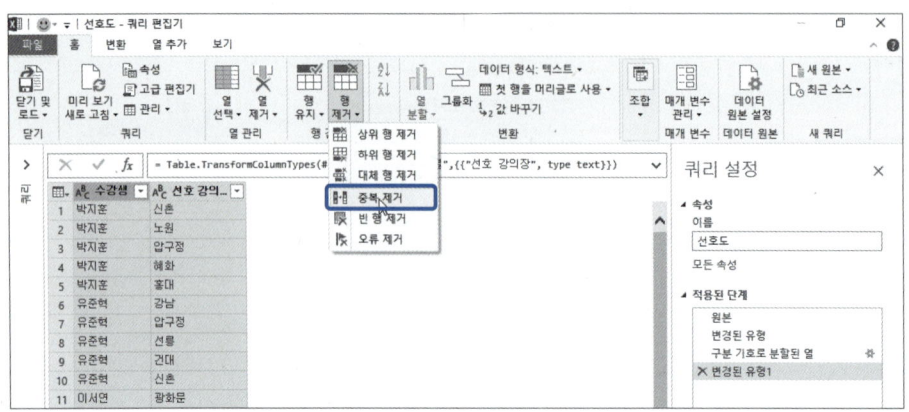

> **Plus⁺** [중복 제거] 메뉴 선택 여부 확인 방법
>
> [중복 제거] 메뉴를 선택해도 별다른 메시지 창은 표시되지 않습니다. 다만, 쿼리 편집기의 상태 표시줄에서 제거된 항목의 개수를 확인할 수 있습니다. [중복 제거] 메뉴를 선택하기 전에는 상태 표시줄에 다음과 같이 표시되는데, '2개 열, 41개 열'의 '41개 열'은 '41개 행'의 잘못된 표기입니다.
>
> 2개 열, 41개 열
>
> **TIP** 최근 업데이트되어 제대로 표시됩니다.
>
> [중복 제거] 메뉴를 선택해 실행하면 '2개 열, 38개 행'으로 기존에 비해 3행이 줄어든 것을 확인할 수 있습니다.
>
> 2개 열, 38개 열

06 편집이 모두 끝나면 쿼리를 데이터 모델로 로드해 피벗으로 요약합니다. [홈] 탭-[닫기] 그룹-[닫기 및 로드] 명령 내 [닫기 및 다음으로 로드...] 메뉴를 선택합니다.

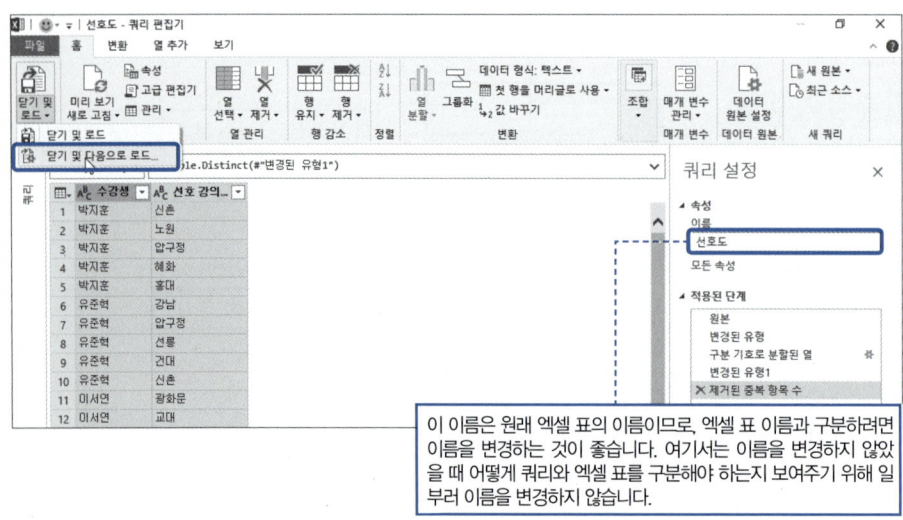

이 이름은 원래 엑셀 표의 이름이므로, 엑셀 표 이름과 구분하려면 이름을 변경하는 것이 좋습니다. 여기서는 이름을 변경하지 않았을 때 어떻게 쿼리와 엑셀 표를 구분해야 하는지 보여주기 위해 일부러 이름을 변경하지 않습니다.

07 '다음으로 로드' 창이 표시되면 [연결만 만들기] 옵션을 선택하고 [이 데이터를 데이터 모델에 추가] 확인란에 체크한 후 〈로드〉 버튼을 클릭합니다.

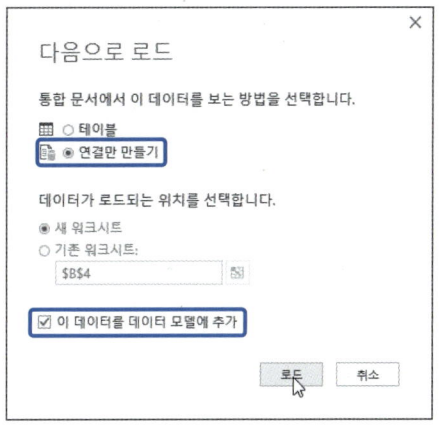

08 '통합 문서 쿼리' 작업 창에 '선호도' 쿼리가 로드된 것을 확인할 수 있습니다. 바로 피벗 테이블을 만들어 원하는 결과를 확인하겠습니다. [삽입] 탭-[표] 그룹-[피벗 테이블] 명령(📊)을 클릭합니다.

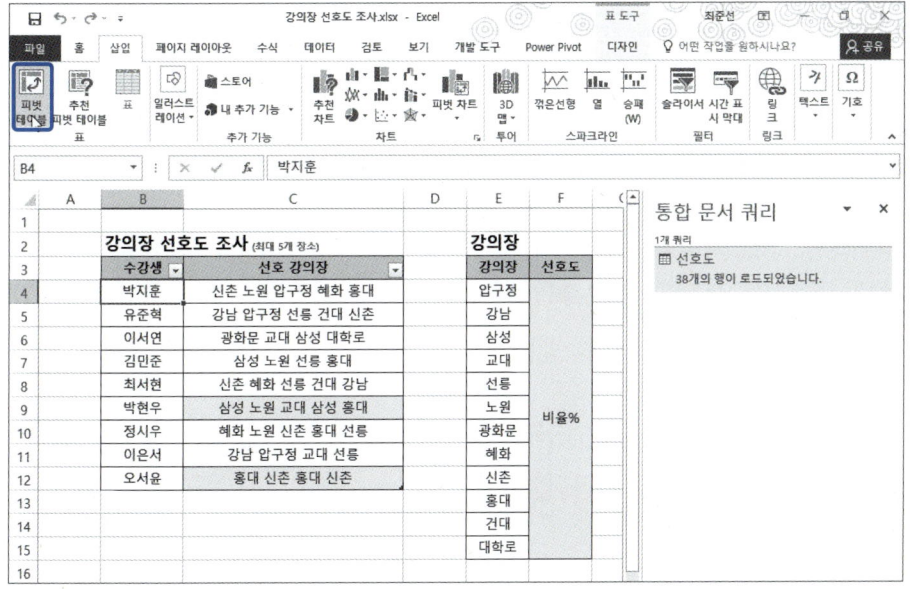

09 '피벗 테이블 만들기' 대화상자가 표시되면 [이 통합 문서의 데이터 모델 사용] 옵션을 선택하고 [기존 워크시트]를 선택한 후 'sample' 시트의 H3셀을 선택하고 〈확인〉 버튼을 클릭합니다.

> 기존 표와 쉽게 비교할 수 있도록 하기 위해 'sample' 시트의 오른쪽 빈 영역에 피벗 테이블 보고서를 구성합니다.

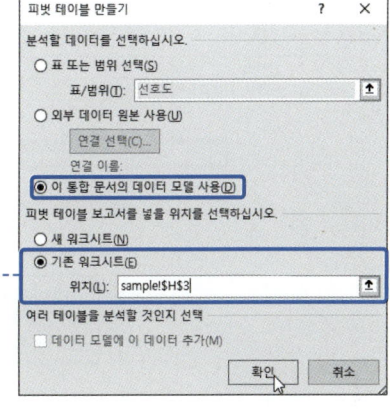

CHAPTER 12 | 다양한 실무 표 변환 사례 / **579**

10 피벗 테이블 보고서를 구성할 준비가 되면, '피벗 테이블 필드' 작업 창에서 '선호도' 쿼리(📋)를 선택하고 '선호 강의장'은 행 영역에, '수강생'은 값 영역에 각각 삽입합니다. 값 영역 내 '개수 : 수강생'은 [값 표시 형식]을 이용해 [열 합계 비율]로 표시합니다. 마지막으로 I4셀을 선택하고 [데이터] 탭-[정렬 및 필터] 그룹-[내림차순 정렬] 명령(힣↓)을 클릭합니다.

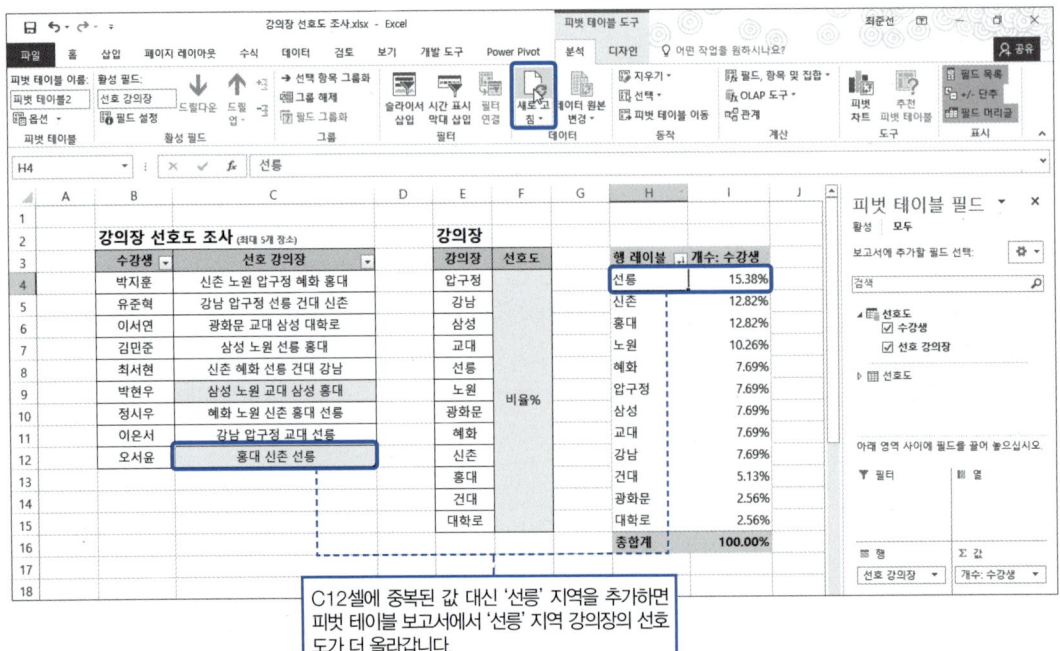

LINK [값 표시 형식]을 설정하는 자세한 방법은 'No. 102 전체 대비 비율 표시하기'(336쪽)를 참고합니다.

11 원본 표의 데이터를 고치고 피벗 테이블 보고서를 갱신하면 바로 변경된 결과를 확인할 수 있습니다. C12셀의 값을 '홍대 신촌 선릉'으로 변경한 후 피벗 테이블 보고서를 선택하고 [분석] 탭-[데이터] 그룹-[새로 고침] 명령(📋)을 클릭합니다.

157 평가 항목을 점수 표와 매칭해 직원 평가하기

한 셀에 여러 값이 구분 기호로 구분되어 입력된 경우, 이를 구분하는 작업은 앞에서 해 보았습니다. 이번에는 쉼표(,)로 구분된 값을 구분하고 다른 표의 값과 연결해 두 표로 원하는 집계표를 만들어 보겠습니다. 표를 연결해 분석하고 싶은 경우에는 엑셀의 '관계'나 파워 쿼리의 '병합'을 이용해야 하는데, 표를 변환하면서 연결해야 할 경우에는 파워 쿼리의 '병합'을 이용하는 것이 더 편리합니다.

예제 파일 PART 03 \ CHAPTER 12 \ 근무 평가표.xlsx

01 예제 파일에는 직원의 근무 평가표와 항목별 점수가 기록된 표가 있습니다. 화면의 설명을 참고해 표의 구조를 확인합니다. 먼저 근무 평가표를 쿼리로 연결해 편집하겠습니다. B4셀이 선택된 상태에서 [데이터] 탭-[가져오기 및 변환] 그룹-[테이블에서] 명령(▦)을 클릭합니다.

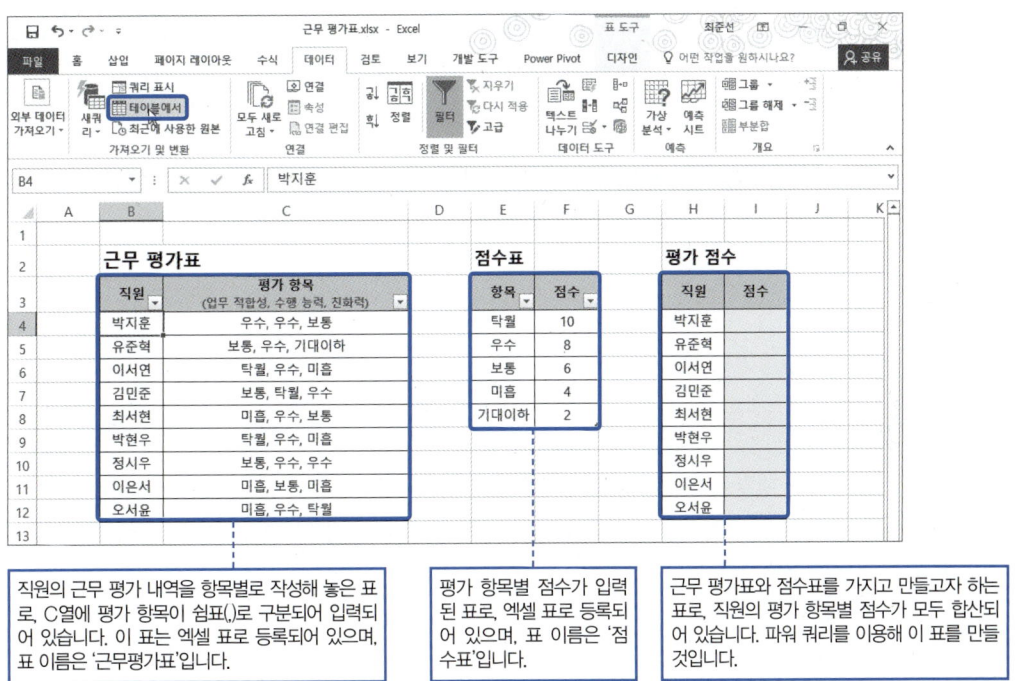

직원의 근무 평가 내역을 항목별로 작성해 놓은 표로, C열에 평가 항목이 쉼표(,)로 구분되어 입력되어 있습니다. 이 표는 엑셀 표로 등록되어 있으며, 표 이름은 '근무평가표'입니다.

평가 항목별 점수가 입력된 표로, 엑셀 표로 등록되어 있으며, 표 이름은 '점수표'입니다.

근무 평가표와 점수표를 가지고 만들고자 하는 표로, 직원의 평가 항목별 점수가 모두 합산되어 있습니다. 파워 쿼리를 이용해 이 표를 만들 것입니다.

02 쿼리 편집기가 표시됩니다. '평가 항목' 열의 데이터를 쉼표(,) 구분 기호 위치에서 구분하기 위해 '평가 항목' 열을 선택하고 [홈] 탭-[변환] 그룹-[열 분할] 명령 내 [구분 기호 기준] 메뉴를 선택합니다.

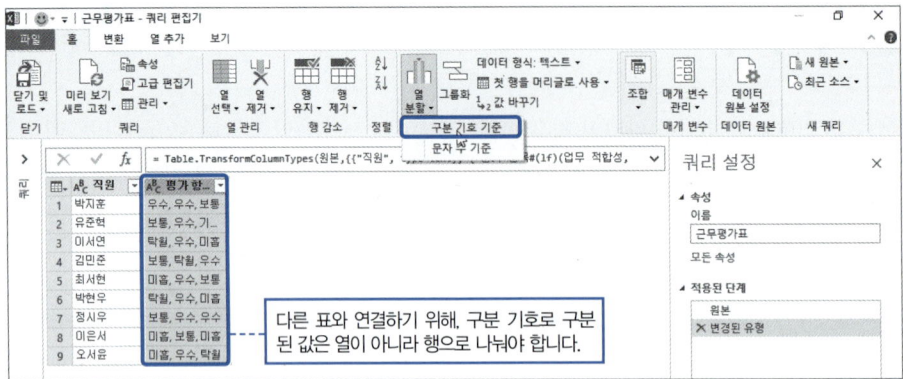

03 '구분 기호로 열 분할' 창이 열리면 '고급 옵션'을 클릭하여 [행]을 선택하고 〈확인〉 버튼을 클릭합니다.

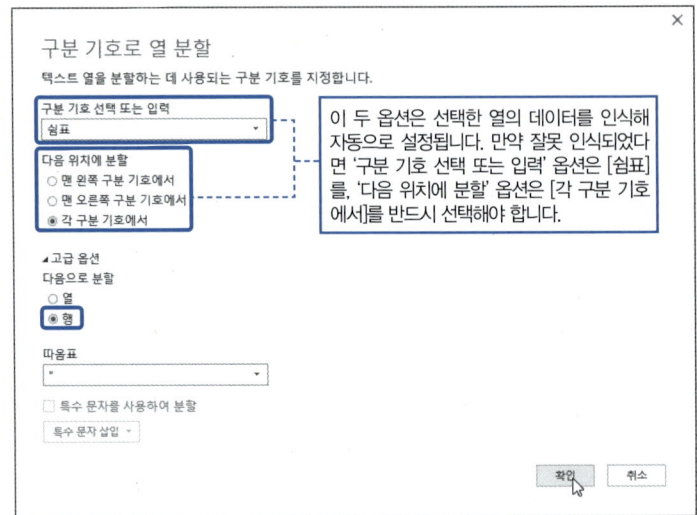

04 '평가 항목' 열의 값이 행별로 분할된 결과가 반환됩니다. 쉼표(,) 이후에 한 칸씩 띄어쓰기가 되어 있으므로 공백 문자를 지워야 합니다. '평가 항목' 열이 선택된 상태에서 [변환] 탭-[텍스트] 그룹-[형식] 명령 내 [공백 제거] 메뉴를 선택합니다.

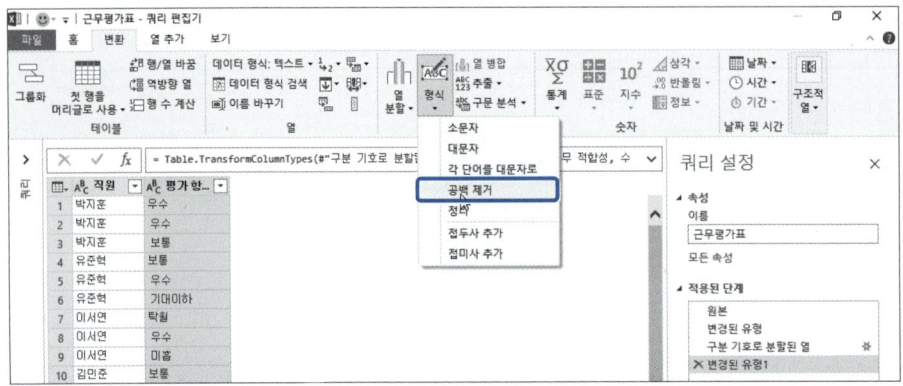

Plus+ '평가 항목' 열을 평가 항목별로 구분하는 방법

03 과정의 '다음으로 분할' 옵션으로 [행]을 선택하지 않고 [열]이 선택된 상태에서 데이터를 분할해야 합니다. 다음 화면은 [열] 옵션으로 데이터를 분할한 후 머리글을 고친 표의 모습입니다.

	직원	업무 적합성	수행 능력	친화력
1	박지훈	우수	우수	보통
2	유준혁	보통	우수	기대이하
3	이서연	탁월	우수	미흡
4	김민준	보통	탁월	우수
5	최서현	미흡	우수	보통
6	박현우	탁월	우수	미흡
7	정시우	보통	우수	우수
8	이은서	미흡	보통	미흡
9	오서윤	미흡	우수	탁월

04 과정에서처럼 공백 문자를 지워야 합니다.

이 표에 [변환] 탭–[열] 그룹–[열 피벗 해제] 명령을 사용하면 다음과 같은 결과를 얻을 수 있습니다.

	직원	항목	평가
1	박지훈	업무 적합성	우수
2	박지훈	수행 능력	우수
3	박지훈	친화력	보통
4	유준혁	업무 적합성	보통
5	유준혁	수행 능력	우수
6	유준혁	친화력	기대이하
7	이서연	업무 적합성	탁월
8	이서연	수행 능력	우수
9	이서연	친화력	미흡
10	김민준	업무 적합성	보통
11	김민준	수행 능력	탁월
12	김민준	친화력	우수
13	최서현	업무 적합성	미흡
14	최서현	수행 능력	우수
15	최서현	친화력	보통

머리글은 수정한 것입니다.

이처럼 다양한 방법으로 원하는 모양의 표를 만들 수 있습니다.

05 원하는 결과를 얻었으므로, 편집된 쿼리를 저장하겠습니다. [홈] 탭–[닫기] 그룹–[닫기 및 로드] 명령 내 [닫기 및 다음으로 로드...] 메뉴를 선택합니다.

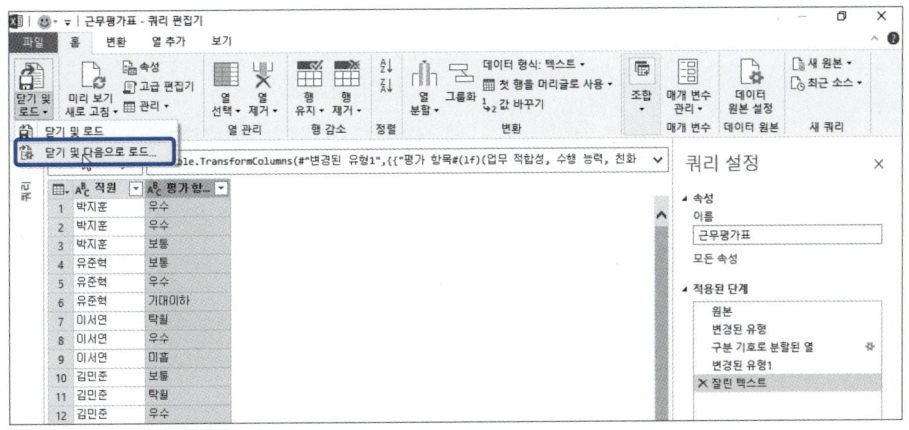

06 '다음으로 로드' 창에서 [연결만 만들기] 옵션만 선택하고 〈로드〉 버튼을 클릭해 쿼리를 저장합니다.

07 E:F열의 점수표를 바로 쿼리로 생성하겠습니다. E4셀을 선택하고 [데이터] 탭-[가져오기 및 변환] 그룹-[테이블에서] 명령(📊)을 클릭합니다.

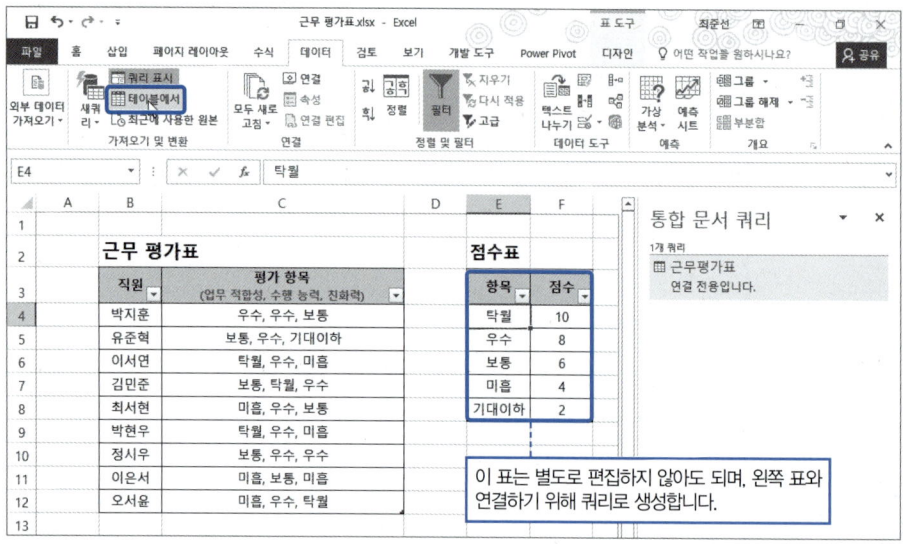

08 쿼리 편집기가 열리면 [홈] 탭-[닫기] 그룹-[닫기 및 로드] 명령 내 [닫기 및 다음으로 로드...] 메뉴를 선택하고 '다음으로 로드' 창에서 [연결만 만들기] 옵션을 선택한 후 〈로드〉 버튼을 클릭해 바로 쿼리로 저장합니다.

09 생성된 두 쿼리를 병합하겠습니다. [데이터] 탭-[가져오기 및 변환] 그룹-[새 쿼리] 명령 내 [쿼리 결합]-[병합] 메뉴를 선택합니다.

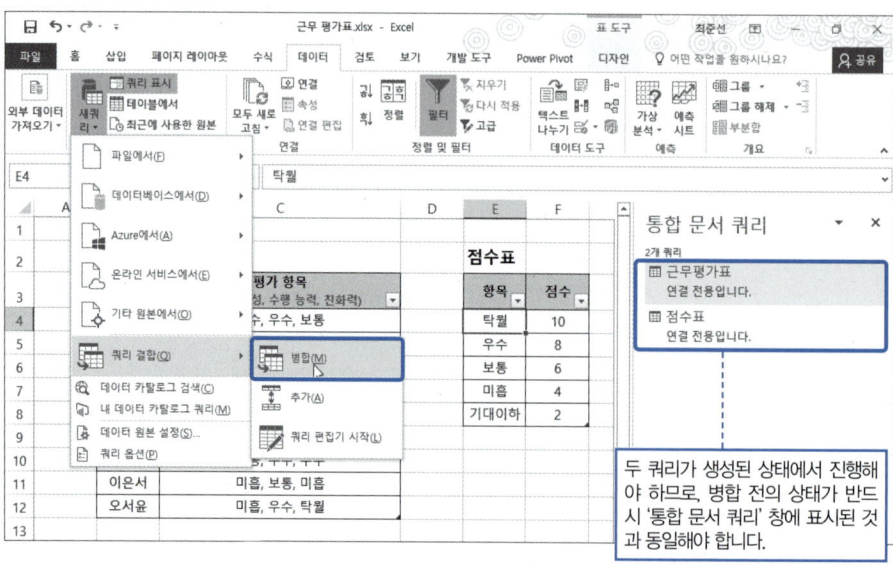

10 '병합' 창이 열리면 먼저 '근무평가표' 쿼리와 '점수표' 쿼리를 순서대로 선택합니다. 상단의 '평가 항목' 열과 하단의 '항목' 열을 선택하고 '조인 종류'는 [내부(일치하는 행만)]으로 설정한 후 〈확인〉 버튼을 클릭합니다.

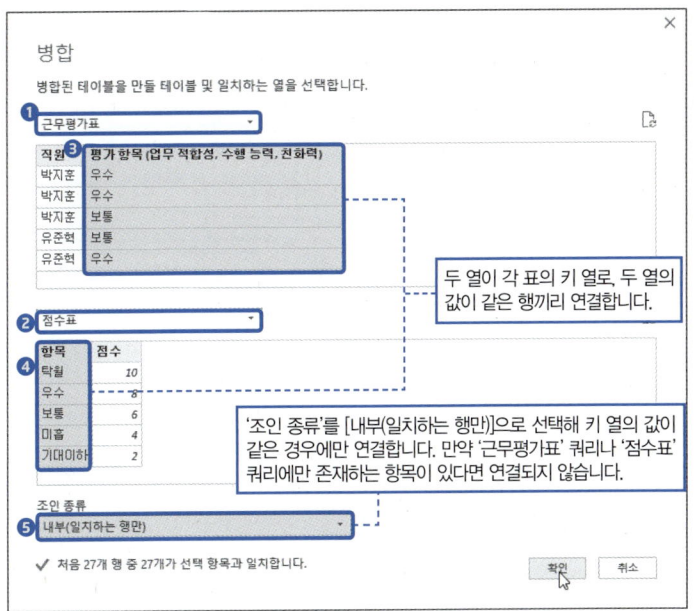

11 쿼리 편집기가 표시되면 'NewColumn' 열의 [확장] 단추(⇔)를 클릭해 '항목' 열의 체크를 해제하고 [원래 열 이름을 접두사로 사용] 확인란도 체크 해제한 후 〈확인〉 버튼을 클릭합니다.

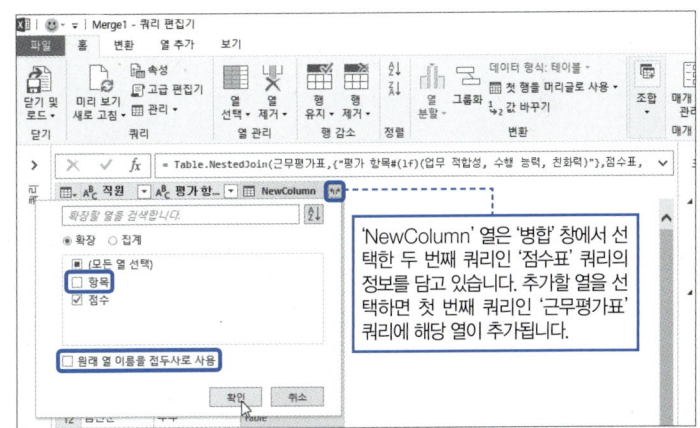

12 쿼리 편집기에 '점수' 열이 표시됩니다. 쿼리의 [그룹화] 명령을 이용해 직원별 평가 점수를 구하겠습니다. '직원' 열을 선택하고 [홈] 탭-[변환] 그룹-[그룹화] 명령(⊟)을 클릭합니다.

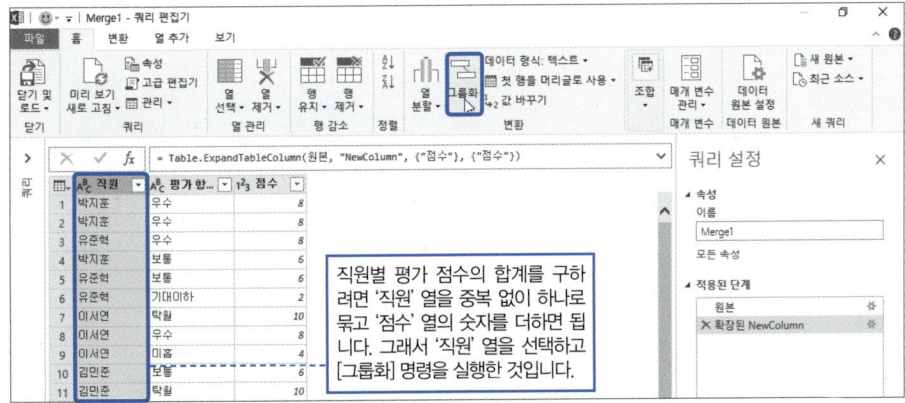

CHAPTER 12 | 다양한 실무 표 변환 사례 / **585**

13 '그룹화' 창이 열리면 '새 열 이름'을 '평가점수'로 변경합니다. '연산'은 '합계' 함수를 고르고 '열'은 '점수' 열을 선택한 후 〈확인〉 버튼을 클릭합니다.

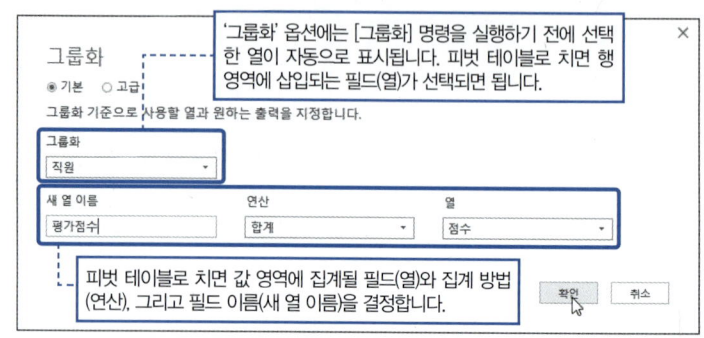

14 직원별 점수의 합계가 '평가점수' 열에 나타납니다. '평가점수' 열을 선택하고 [홈] 탭-[정렬] 그룹-[내림차순 정렬] 명령()을 클릭해, 큰 값 순으로 정렬합니다.

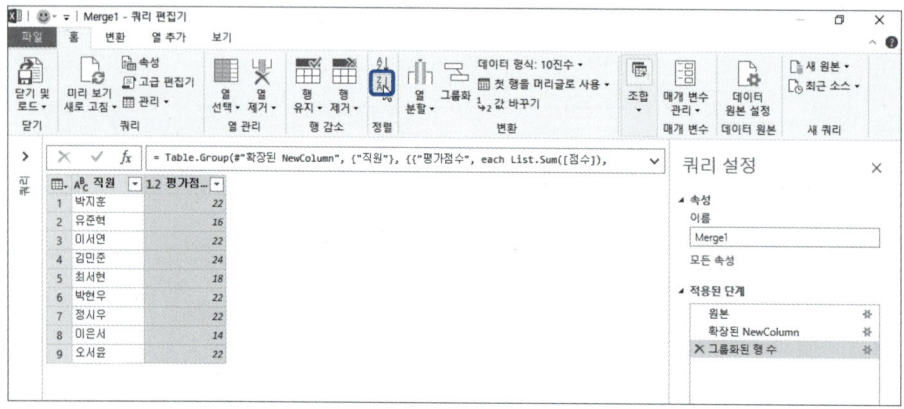

15 '쿼리 설정' 작업 창에서 '이름'을 '평가점수'로 변경하고, 쿼리를 엑셀 창에 반환하기 위해 [홈] 탭-[닫기] 그룹-[닫기 및 로드] 명령 내 [닫기 및 다음으로 로드…] 메뉴를 선택합니다.

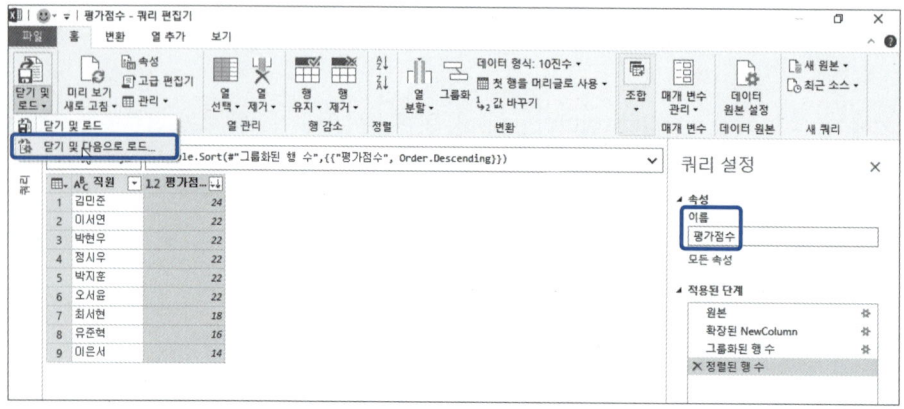

16 '다음으로 로드' 창이 열리면 [기존 워크시트]를 선택하고 반환할 표의 위치를 K3셀로 변경한 후 〈로드〉 버튼을 클릭합니다.

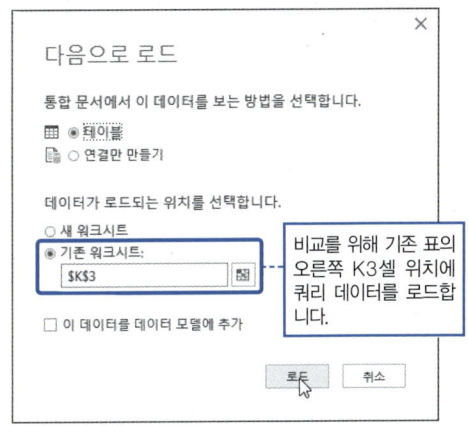

비교를 위해 기존 표의 오른쪽 K3셀 위치에 쿼리 데이터를 로드합니다.

17 쿼리에서 편집된 데이터가 K3셀 위치에 표시됩니다. 제대로 연동되는지 확인하고 싶다면 C4:C12 범위 내 평가 항목이나 F4:F8 범위 내 점수를 변경한 후, 쿼리에서 반환된 범위 내 셀을 하나 선택하고 [디자인] 탭-[외부 표 데이터] 그룹-[새로 고침] 명령( )을 클릭해 봅니다. 평가 항목이나 점수가 변경된 데 따른 결과가 반환되는 것을 확인할 수 있습니다.

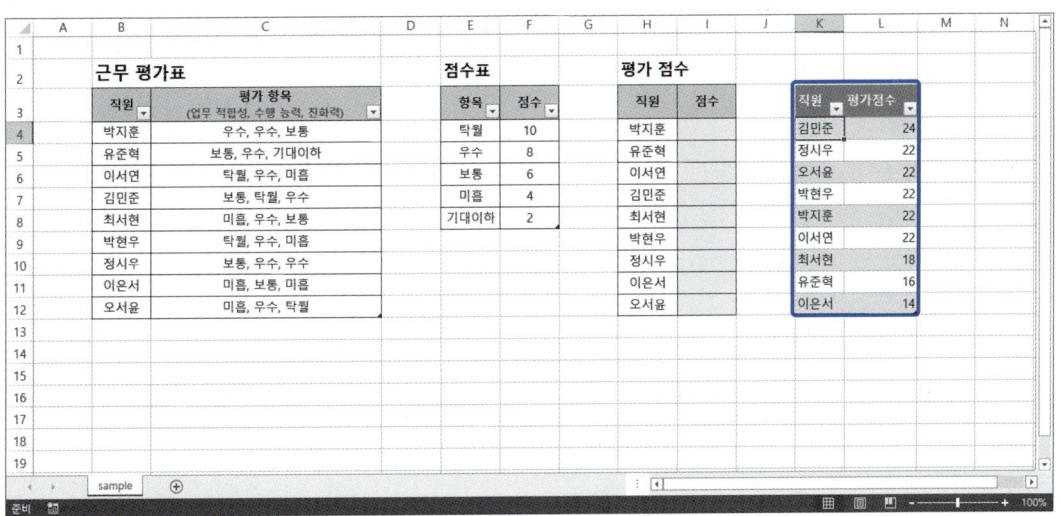

참조하기 좋은 형태로 표 변환하기 158

다른 표에서 값을 참조해 와야 하는데 표의 구조적 문제로 참조가 쉽지 않은 경우가 종종 있습니다. 표의 구조를 변경하기가 쉽지 않다면, 파워 쿼리를 이용해 원래 표를 그대로 둔 상태에서 원하는 구조의 표를 쿼리로 생성하면 됩니다. 여기서는 다양한 제품의 타입별 단가가 입력된 표를 참조가 용이한 형태로 변경하는 방법에 대해 알아보겠습니다.

예제 파일 PART 03 \ CHAPTER 12 \ 제품 단가표.xlsx

01 예제 파일에는 제품 단가표가 있습니다. 화면의 설명을 참고해 표의 구성을 이해하고, 표를 쿼리로 연결해 오른쪽 표와 같이 편집해 보겠습니다. B4셀이 선택된 상태에서 [데이터] 탭-[가져오기 및 변환] 그룹-[테이블에서] 명령(🖽)을 클릭합니다.

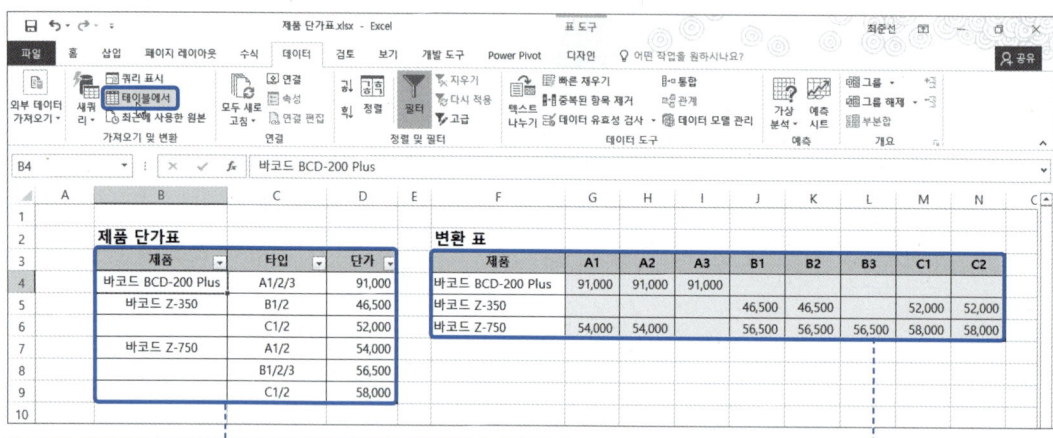

02 쿼리 편집기가 표시됩니다. 먼저 '제품' 열의 빈 셀에 제품명을 모두 채워 넣기 위해 '제품' 열을 선택하고 [변환] 탭-[열] 그룹-[채우기] 명령 내 [아래로] 메뉴를 선택합니다.

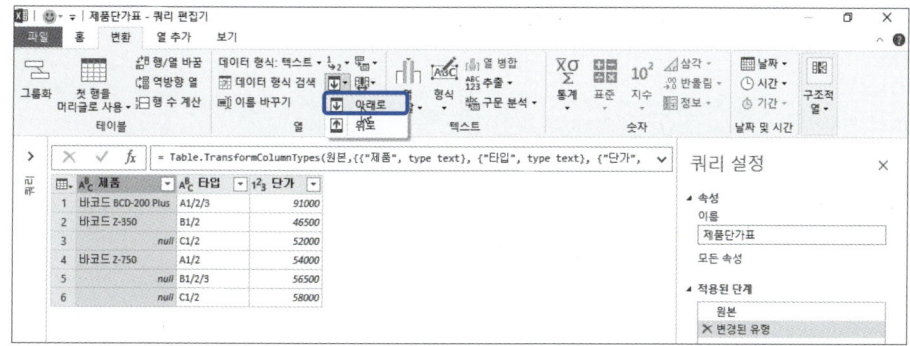

03 '제품' 열의 값이 모두 채워졌으면, '타입' 열을 분리해 작업합니다. 그러기에 앞서 A, B, C 값을 별도의 열에 저장해 놓겠습니다. '타입' 열을 선택하고 [열 추가] 탭-[텍스트에서] 그룹-[추출] 명령 내 [처음 문자] 메뉴를 선택합니다.

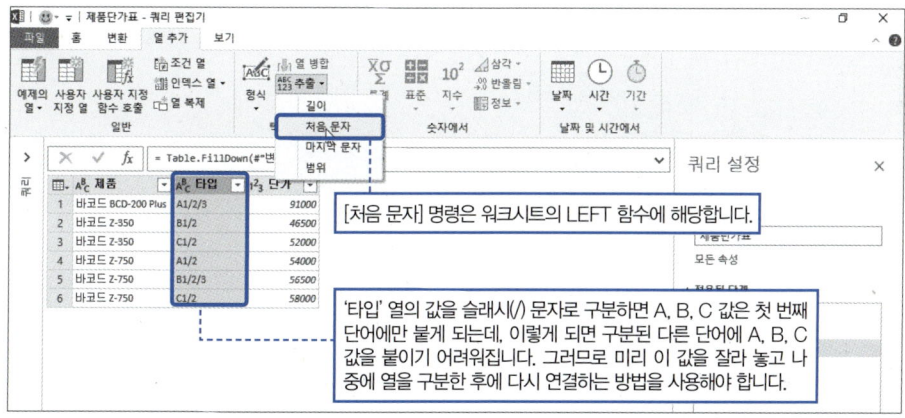

> **Plus⁺ 리본 메뉴에서 [추출] 명령의 위치**
>
> [추출] 명령은 [변환] 탭과 [열 추가] 탭에 모두 존재합니다. 두 명령은 사용 방법은 동일하지만 결과는 다릅니다. [변환] 탭에서 해당 명령을 사용하면 결과가 원본 열에 적용되지만, [열 추가] 탭에서 명령을 사용하면 결과가 새로운 열에 반환됩니다. 이번에 [열 추가] 탭에서 [추출] 명령 내 [처음 문자] 메뉴를 사용한 것은 잘라낸 값(A, B, C)을 별도의 열에 저장하기 위해서입니다.

04 '처음 문자 삽입' 창이 열리면 '개수' 입력란에 '1'을 입력하고 〈확인〉 버튼을 클릭합니다.

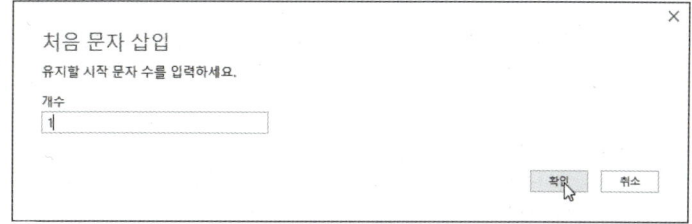

05 '처음 문자' 열이 표의 맨 오른쪽에 삽입됩니다. 이번에는 '타입' 열을 슬래시(/) 구분 문자 위치에서 행으로 나누겠습니다. '타입' 열을 선택하고 [변환] 탭-[텍스트] 그룹-[열 분할] 명령 내 [구분 기호 기준] 메뉴를 선택합니다.

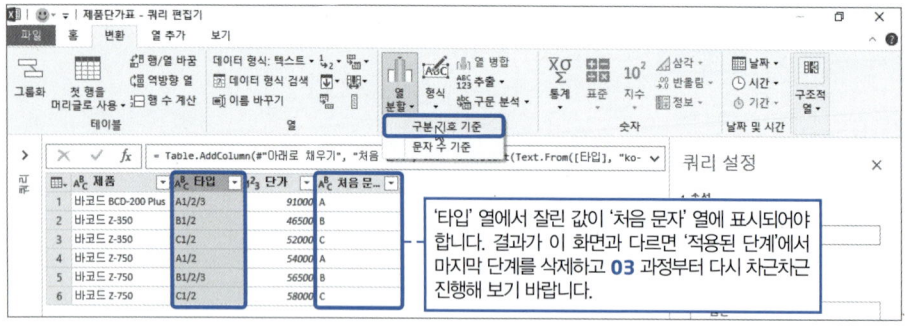

06 '구분 기호로 열 분할' 창이 열리면 '고급 옵션'을 클릭해 [행]을 선택하고 〈확인〉 버튼을 클릭합니다.

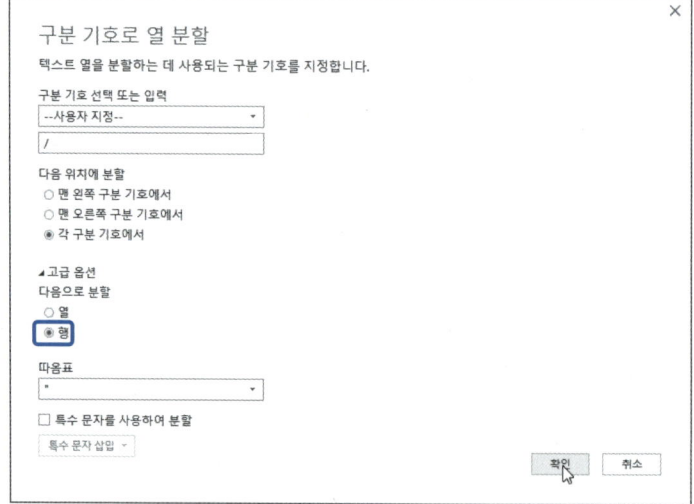

07 '타입' 열의 값이 행별로 구분되어 입력됩니다. '처음 문자' 열과 연결하기 위해 숫자 값만 남기겠습니다. '타입' 열을 선택하고 [변환] 탭-[텍스트에서] 그룹-[추출] 명령 내 [마지막 문자] 메뉴를 선택합니다.

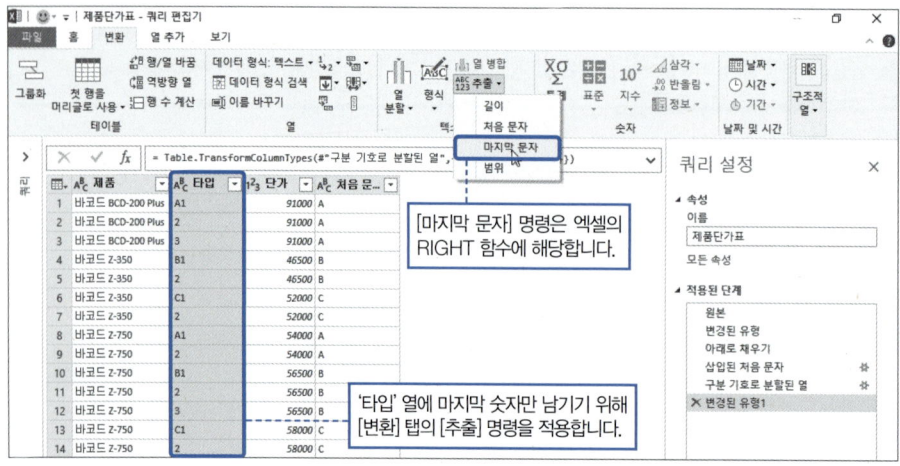

590 / PART 03 | 파워 쿼리

08 '마지막 문자 추출' 창이 열리면 '개수' 입력란에 '1'을 입력하고 〈확인〉 버튼을 클릭합니다.

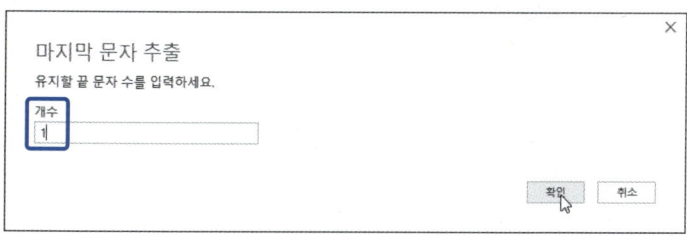

09 '타입' 열에 숫자만 남습니다. 이제 '처음 문자' 열과 '타입' 열의 값을 연결해 제대로 된 타입 값을 갖는 열을 생성하겠습니다. [열 추가] 탭-[일반] 그룹-[사용자 지정 열] 명령(圖)을 클릭합니다.

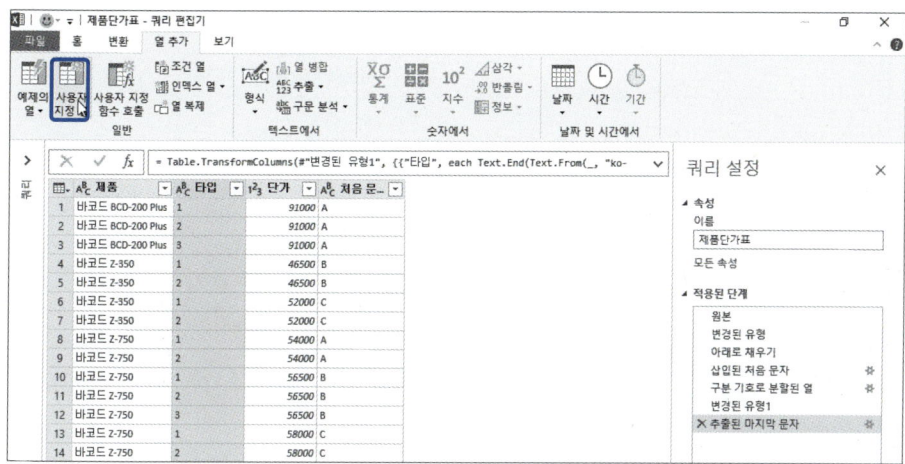

10 '사용자 지정 열 추가' 창이 열리면 '새 열 이름'을 '뉴타입'으로 변경하고 '사용자 지정 열 수식'에 다음 수식을 입력한 후 〈확인〉 버튼을 클릭합니다.

=[처음 문자] & [타입]

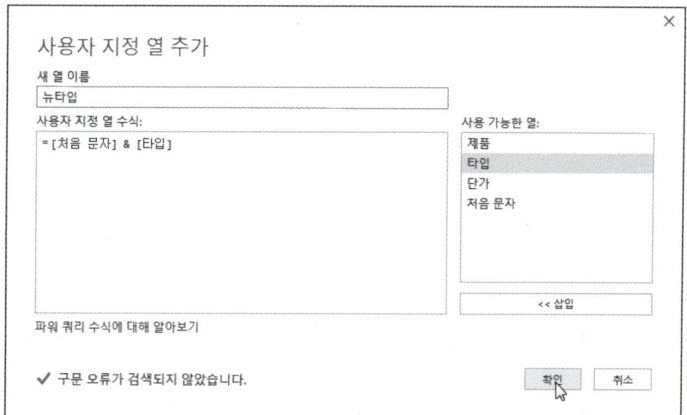

11 '뉴타입' 열이 생성되면 '타입' 열과 '처음 문자' 열은 삭제합니다. '타입' 열을 선택하고 Ctrl 키를 누른 상태에서 '처음 문자' 열을 함께 선택하고 [홈] 탭-[열 관리] 그룹-[열 제거] 명령(📄)을 클릭합니다.

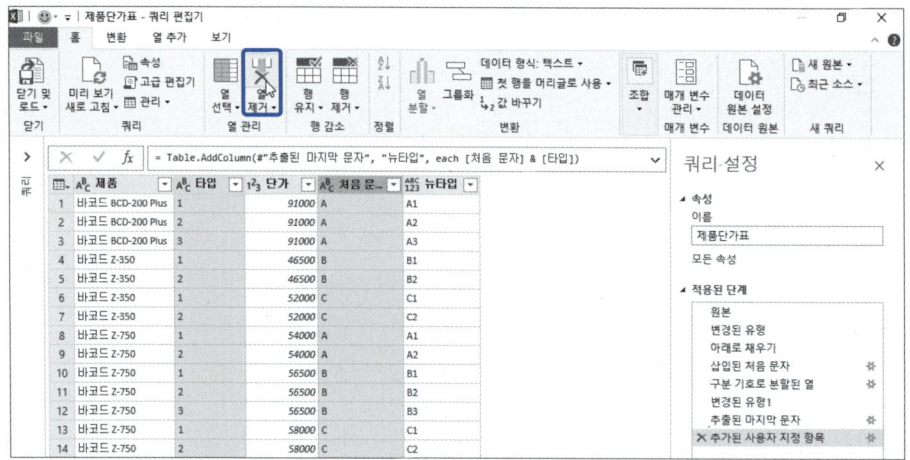

12 이 쿼리가 참조하기 쉬운 표가 될 수 있도록 '뉴타입' 열을 열 방향으로 표시하겠습니다. '뉴타입' 열을 선택하고 [변환] 탭-[열] 그룹-[피벗 열] 명령(📄)을 클릭합니다.

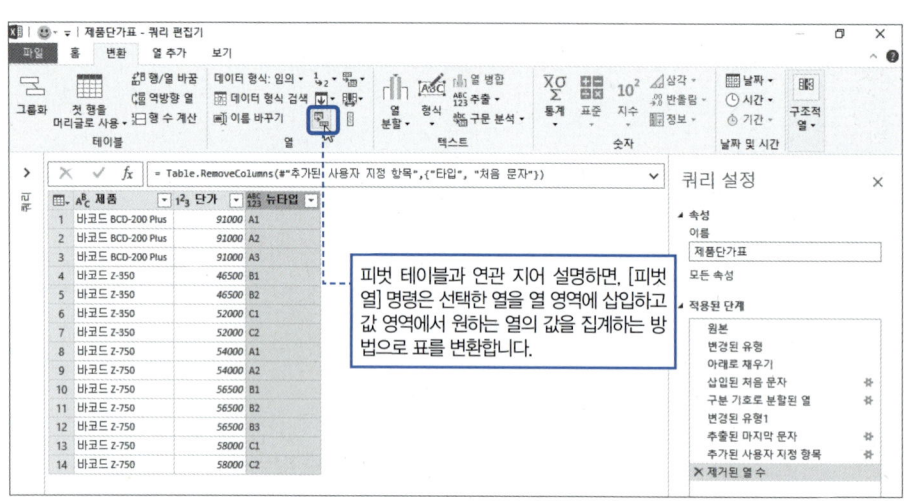

13 '피벗 열' 창이 표시되면 '값 열'은 '단가' 열로 변경하고, '고급 옵션'을 클릭해 '값 집계 함수'가 [합계]인 것을 확인한 후 〈확인〉 버튼을 클릭합니다.

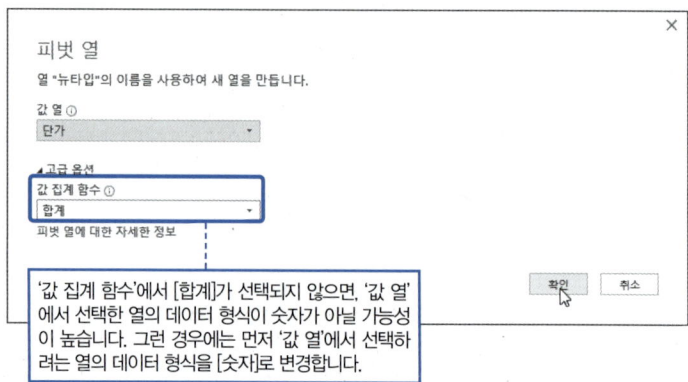

14 그러면 파워 쿼리 편집기의 표가 다음과 같이 표시됩니다. 표 변환이 제대로 된 것 같지만, A1~C3까지 순서대로 표시되지 않고 B3 타입이 맨 마지막 열에 표시됩니다.

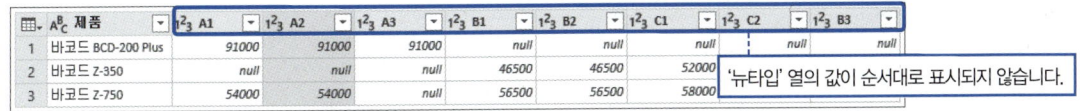

15 타입 값이 순서대로 표시되도록 하기 위해 먼저 정렬 작업을 하겠습니다. '적용된 단계' 목록에서 '제거된 열 수' 단계를 선택한 후 '뉴타입' 열을 선택하고 [홈] 탭-[정렬] 그룹-[오름차순 정렬] 명령(힣)을 클릭합니다.

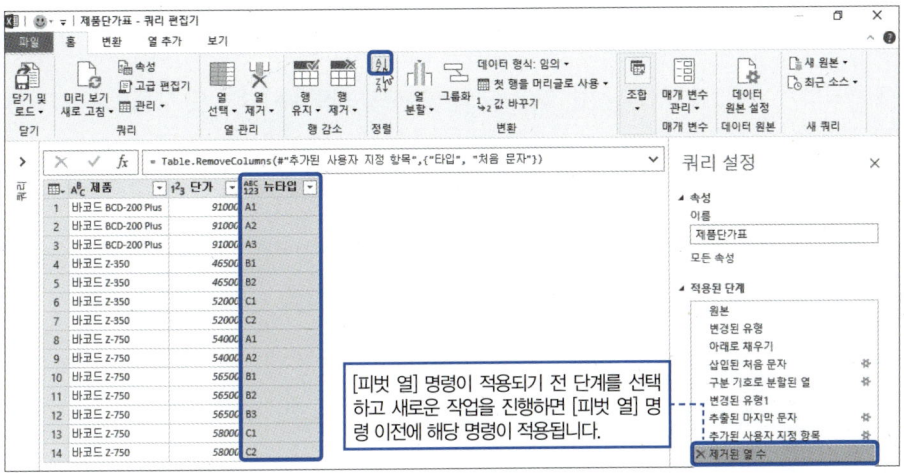

16 그러면 '제거된 열 수'와 '피벗 열' 사이에 새로운 작업 단계가 추가되는 것이므로, '단계 삽입' 창이 표시됩니다. 〈삽입〉 버튼을 클릭해 계속 진행합니다.

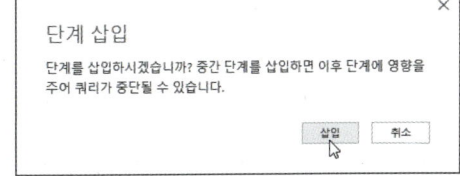

17 '적용된 단계' 목록에 '정렬된 행 수' 단계가 추가되면서 '뉴타입' 열이 오름차순으로 정렬됩니다.

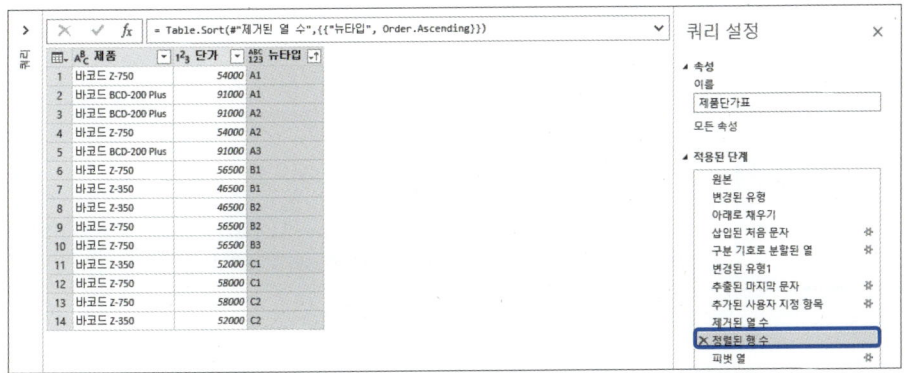

CHAPTER 12 | 다양한 실무 표 변환 사례 / **593**

18 이제 '적용된 단계' 목록에서 '피벗 열'을 선택해 봅니다. 타입 값이 순서대로 표시됩니다.

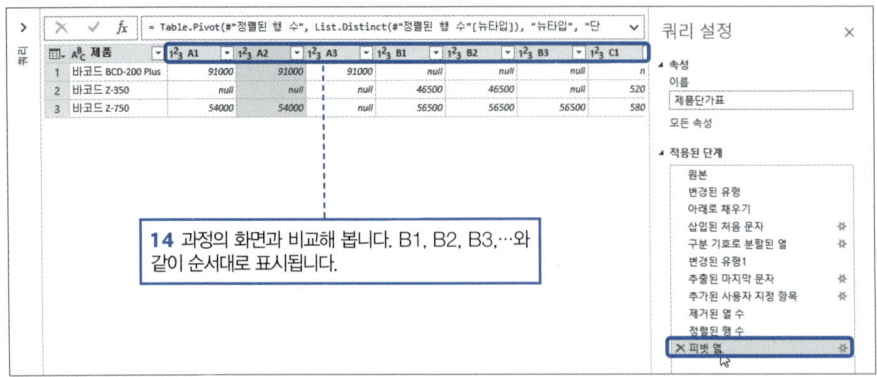

19 쿼리를 표에 반환하기 위해 [홈] 탭-[닫기] 그룹-[닫기 및 로드] 명령 내 [닫기 및 다음으로 로드...] 메뉴를 선택합니다.

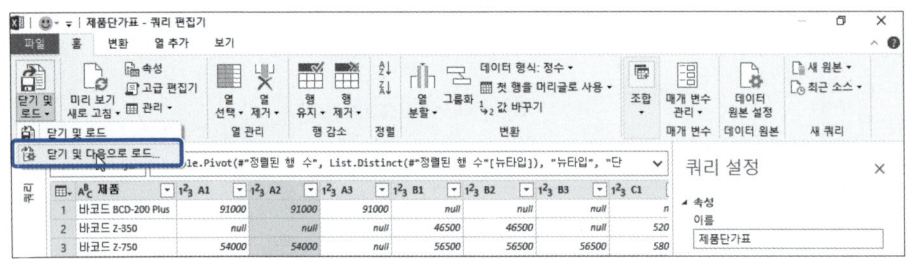

20 '다음으로 로드' 창이 열리면, [기존 워크시트]를 선택하고 F8 셀을 선택한 후 〈로드〉 버튼을 클릭합니다.

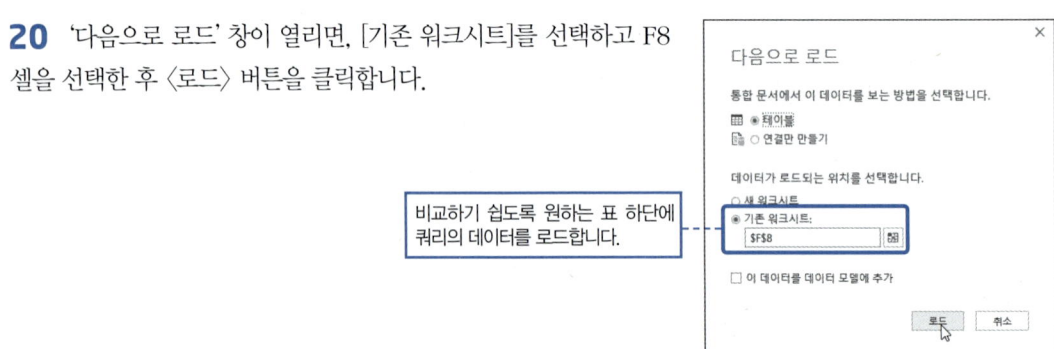

21 선택된 위치에 원하던 형식의 표가 변환됩니다.

원본 표의 데이터를 추가하거나 변경하고 쿼리를 새로 고쳐서 결과가 제대로 반환되는지 확인합니다.

변환된 표를 원하는 방식으로 정렬해 표시하기 159

엑셀에는 오름차순, 내림차순, 사용자 지정 정렬 등 다양한 정렬 방법이 지원되지만 파워 쿼리에서는 오름차순, 내림차순 정렬만 지원되기 때문에 텍스트 값을 원하는 순서로 정렬할 수 없습니다. 그러므로 텍스트 값을 원하는 순서로 정렬하려면 계획한 정렬 순서에 맞춰 입력한 쿼리와 병합하는 방법을 사용해야 합니다. 표를 변환한 후 원하는 순서로 정렬해 반환하는 쿼리 편집 방법에 대해 알아보겠습니다.

예제 파일 PART 03\CHAPTER 12\주간 판매표.xlsx

01 예제 파일에는 주간 판매 내역이 요일별로 정리된 표가 있습니다. 왼쪽의 표를 파워 쿼리를 이용해 오른쪽 표로 변환해 보겠습니다. 표를 쿼리로 편집하기 위해 B4셀을 선택하고 [데이터] 탭-[가져오기 및 변환] 그룹-[테이블에서] 명령(圖)을 클릭합니다.

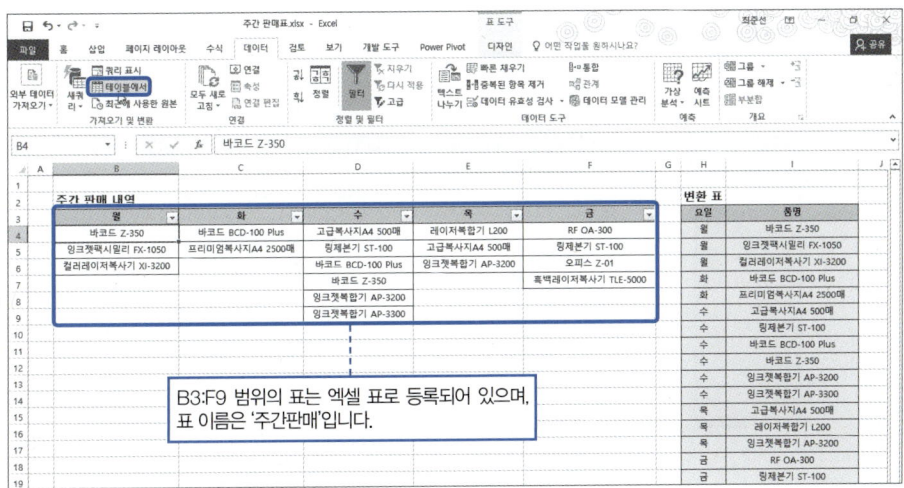

02 쿼리 편집기가 표시되면 '월' 열부터 '금' 열까지 모두 선택하고 [변환] 탭-[열] 그룹-[열 피벗 해제] 명령(圖)을 클릭합니다.

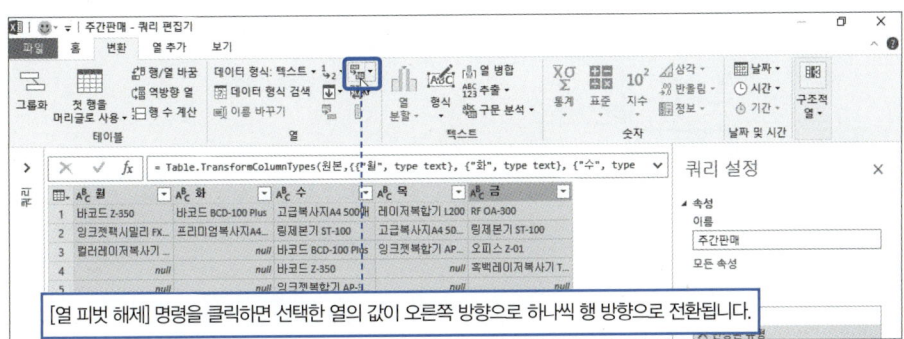

03 그러면 요일과 품명에 해당하는 '특성' 열과 '값' 열이 얻어지는데, '특성' 열을 보면 요일별로 정렬되어 있지 않습니다. 요일별 정렬 작업을 위해, 쿼리를 복사하고 요일 값과 인덱스 값을 갖는 쿼리를 생성하겠습니다. [홈] 탭-[쿼리] 그룹-[관리] 명령 내 [복제] 메뉴를 선택합니다.

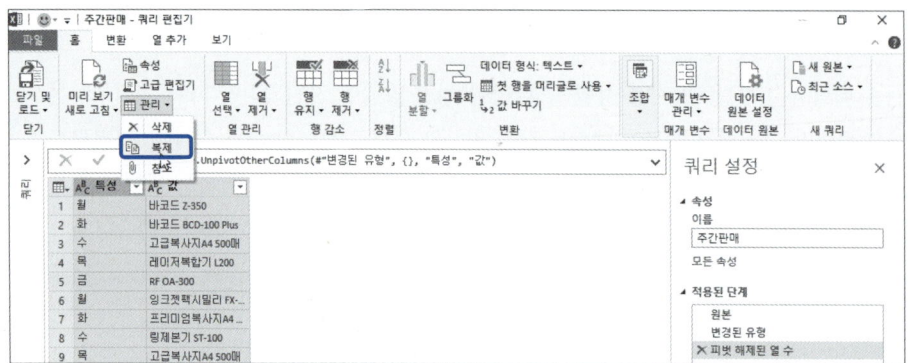

04 쿼리가 복제되면, 구분하기 쉽도록 '쿼리 설정' 작업 창에서 '이름'을 '요일'로 변경합니다. 필요하지 않은 '값' 열은 선택하고 [홈] 탭-[열 관리] 그룹-[열 제거] 명령(🗙)을 클릭해 삭제합니다.

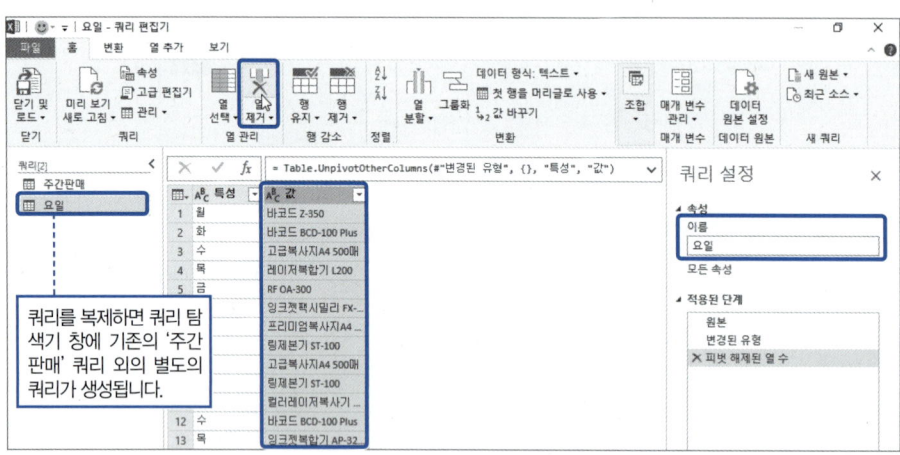

05 '특성' 열의 중복을 제거하기 위해 '특성' 열이 선택된 상태에서 [홈] 탭-[행 감소] 그룹-[행 제거] 명령 내 [중복 제거] 메뉴를 선택합니다.

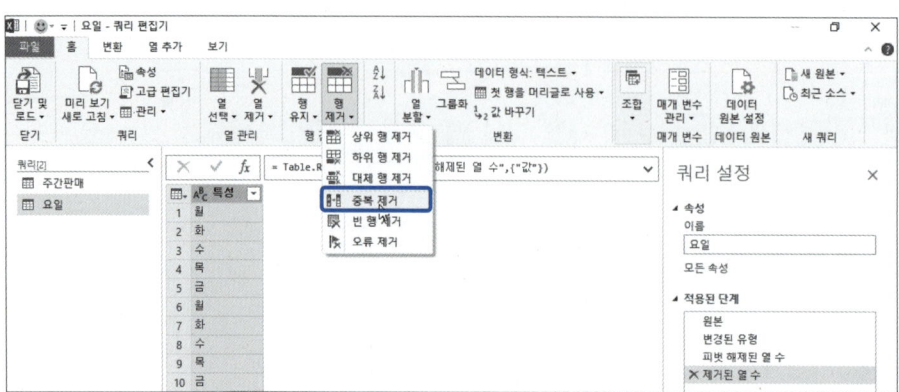

06 '특성' 열에 원하는 순서대로 중복되지 않은 값을 얻었다면, 인덱스 열을 추가합니다. [열 추가] 탭-[일반] 그룹-[인덱스 열] 명령 내 [1부터] 메뉴를 선택합니다.

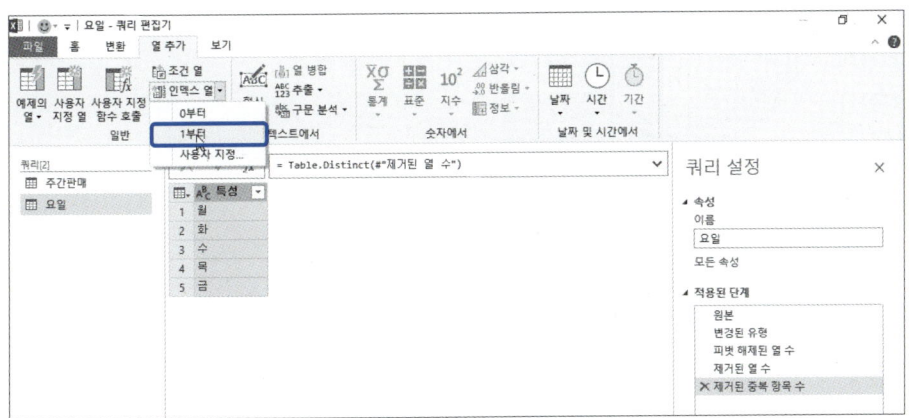

07 '인덱스' 열이 추가됩니다. 이렇게 인덱스 열이 존재하면, '주간판매' 쿼리와 병합한 후 '인덱스' 열을 전달해 정렬 작업을 할 수 있습니다.

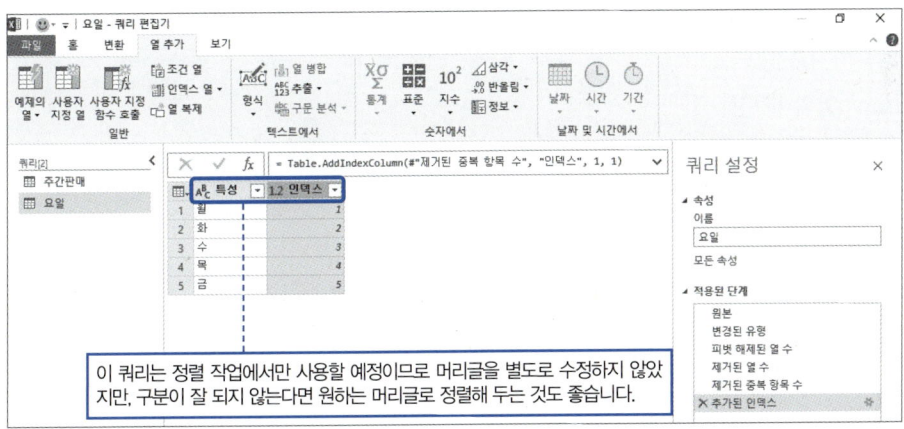

이 쿼리는 정렬 작업에서만 사용할 예정이므로 머리글을 별도로 수정하지 않았지만, 구분이 잘 되지 않는다면 원하는 머리글로 정렬해 두는 것도 좋습니다.

08 이제 준비가 됐으니 두 쿼리를 병합하겠습니다. 쿼리 탐색 창에서 '주간판매' 쿼리를 선택하고, [홈] 탭-[조합] 그룹-[쿼리 병합] 명령()을 클릭합니다.

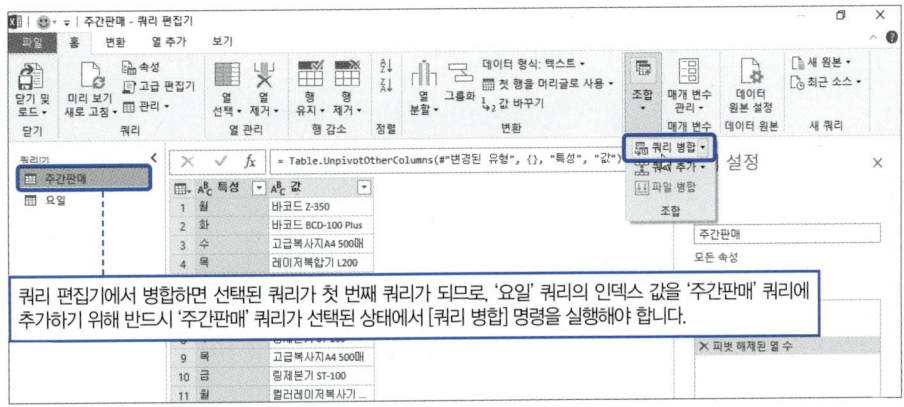

쿼리 편집기에서 병합하면 선택된 쿼리가 첫 번째 쿼리가 되므로, '요일' 쿼리의 인덱스 값을 '주간판매' 쿼리에 추가하기 위해 반드시 '주간판매' 쿼리가 선택된 상태에서 [쿼리 병합] 명령을 실행해야 합니다.

09 '병합' 창이 열리면 먼저 '요일' 쿼리를 선택한 후, '주간판매' 쿼리의 '특성' 열과 '요일' 쿼리의 '특성' 열을 각각 선택합니다. '조인 종류'를 [내부(일치하는 행만)]으로 변경하고 〈확인〉 버튼을 클릭합니다.

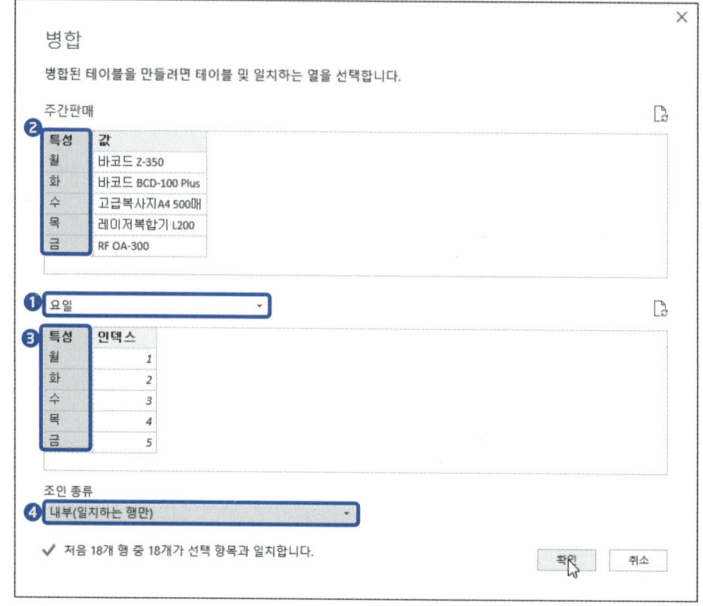

10 '주간판매' 쿼리에 '요일' 쿼리 내 '인덱스' 열을 가져오겠습니다. 'NewColumn' 열의 [확장] 단추(⇄)를 클릭하여 '특성' 열의 체크를 해제하고 [원래 열 이름을 접두사로 사용] 확인란의 체크도 해제한 후 〈확인〉 버튼을 클릭합니다.

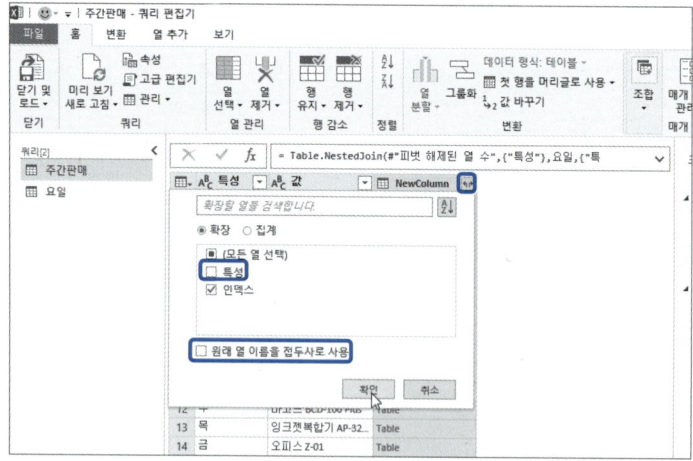

11 '인덱스' 열을 오름차순으로 정렬합니다. '인덱스' 열이 선택된 상태에서 [홈] 탭-[정렬] 그룹-[오름차순 정렬] 명령(↓)을 클릭합니다.

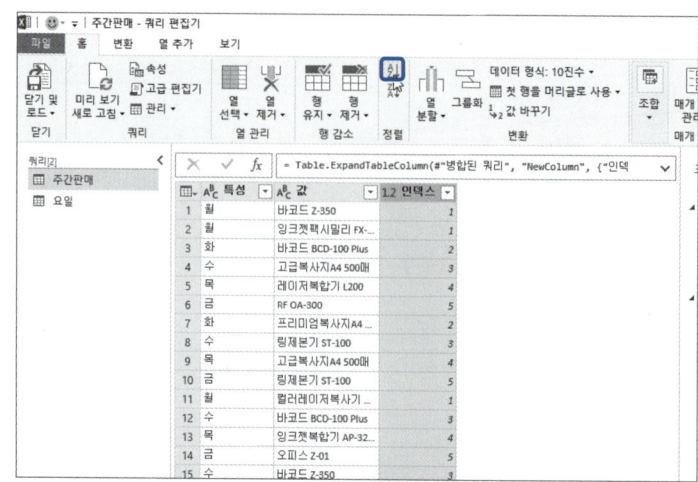

12 '특성' 열이 요일별로 정렬된 것을 확인하고, '인덱스' 열을 삭제합니다. '인덱스' 열이 선택된 상태에서 [홈] 탭-[열 관리] 그룹-[열 제거] 명령(🗙)을 클릭합니다.

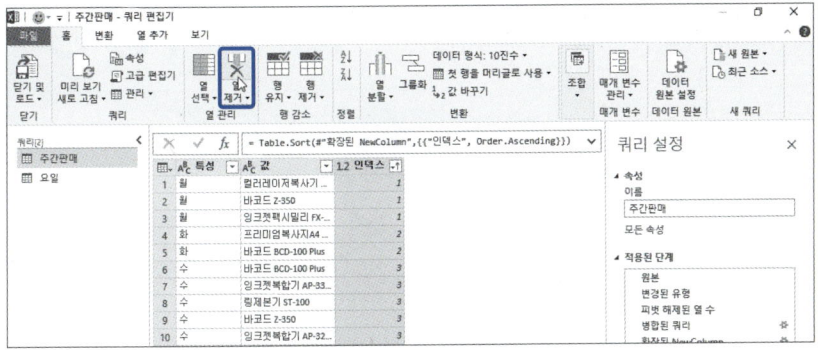

13 '특성' 열은 '요일'로, '값' 열은 '품명'으로 머리글을 각각 수정한 후 [홈] 탭-[닫기] 그룹-[닫기 및 로드] 명령 내 [닫기 및 다음으로 로드...] 메뉴를 선택합니다.

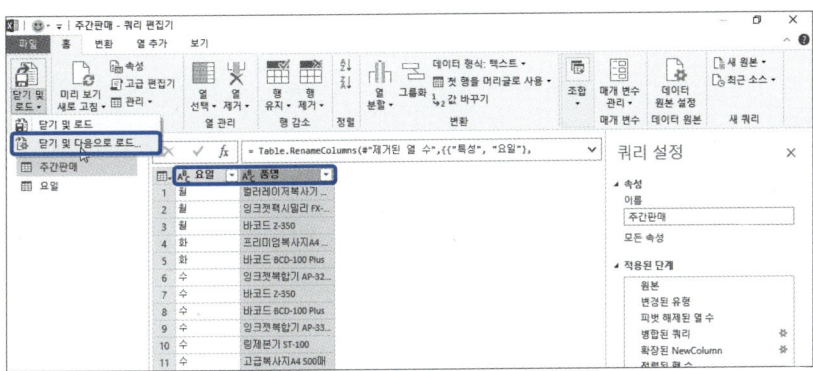

14 '다음으로 로드' 창이 열리면 [테이블] 옵션이 선택된 상태에서 〈로드〉 버튼을 클릭합니다. 'Sheet1' 시트와 'Sheet2' 시트가 새로 생성되면서 쿼리 편집기 내 쿼리가 모두 반환됩니다. 'Sheet1' 시트를 열어 다음 표를 확인합니다.

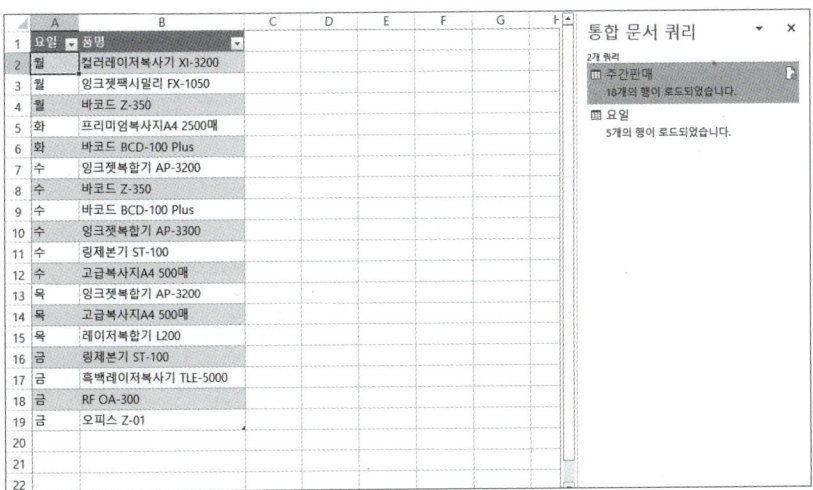

웹 데이터를 입맛에 맞게 편집하기

160

요즘은 사용자가 필요로 하는 대부분의 정보가 다양한 웹 사이트에서 제공되고 있습니다. 이런 데이터를 원하는 형태로 가공해 사용하고 싶다면 파워 쿼리가 가장 적합한 대안이 될 수 있습니다. 편집 방법은 사용자가 원하는 표의 구조에 따라 다를 것입니다. 여기서는 한 열에서 날짜와 시간이 다른 행에 입력되어 있는 경우에 이를 별도의 열로 분리하고, 원하는 표를 쿼리로 편집하는 방법에 대해 알아보겠습니다.

예제 파일 PART 03 \ CHAPTER 12 \ 웹 데이터.xlsx

01 예제 파일에는 프리미어 리그 2016-2017 시즌 경기 결과가 정리되어 있습니다. 이 표는 웹에서 다운로드한 것입니다. 이 표를 파워 쿼리를 이용해 오른쪽 표와 같이 정리해 보겠습니다. 쿼리로 표를 편집하기 위해 왼쪽 표 내부의 셀(여기서는 B4셀)을 선택하고 [데이터] 탭-[가져오기 및 변환] 그룹-[테이블에서] 명령(▦)을 클릭합니다.

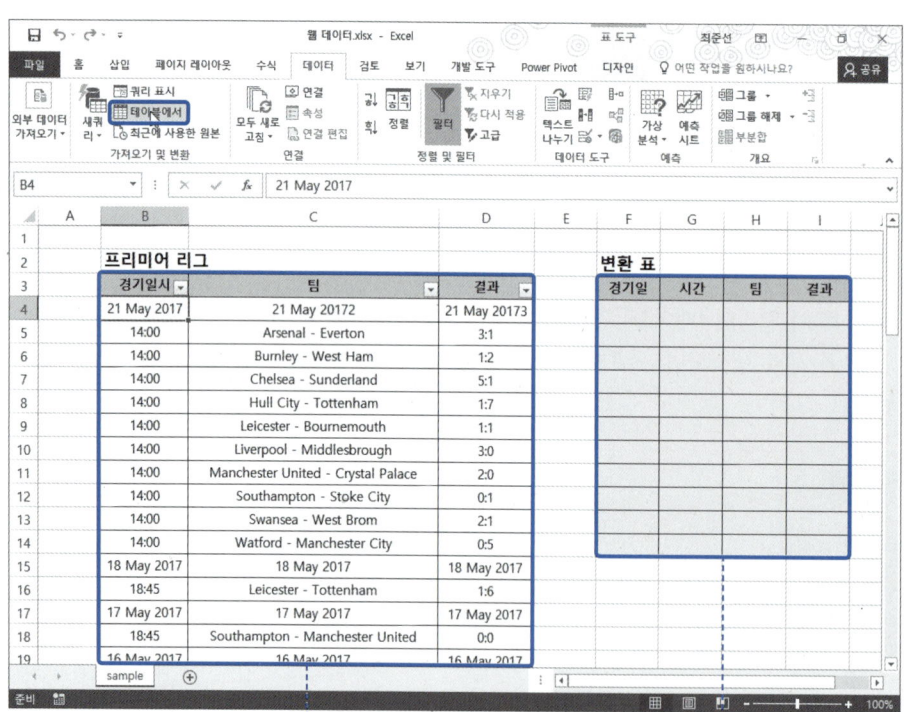

미리 엑셀 표로 등록해 두었으며, 엑셀 표 이름은 '프리미어'입니다. '경기일시' 열에는 경기일과 시간이 행으로 나뉘어 입력되어 있습니다.

왼쪽 표의 '경기일시' 열처럼 데이터가 입력되어 있으면 일별 데이터를 확인하기가 쉽지 않으므로 '경기일'과 '시간' 열로 나누어 표시합니다.

Plus⁺ 예제의 표를 웹에서 가져오지 않는 이유

예제의 표는 다음의 웹사이트에서 가져온 것으로, 예제를 따라 하는 시점에는 데이터나 표 구조가 달라질 수 있기 때문에 필요한 부분만 내려받아 놓은 것입니다.

```
http://www.oddsportal.com/soccer/england/premier-league/results
```

❶ 인터넷 익스플로러, 크롬, 엣지 등의 웹 브라우저에서 해당 주소로 접속하면 다음 화면을 확인할 수 있습니다.

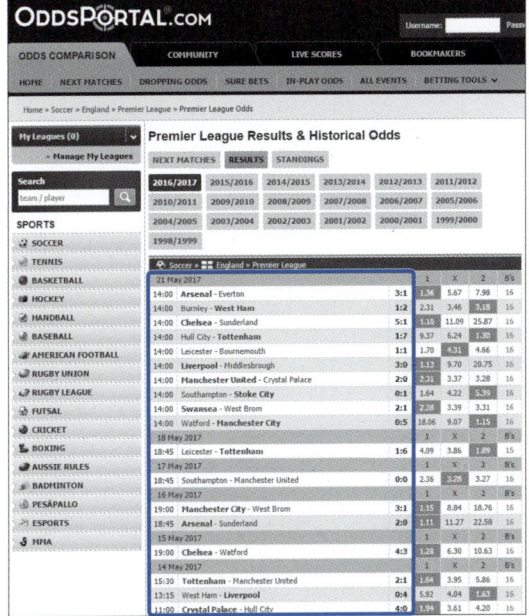

❷ 위 화면에 사각형으로 표시한 부분의 데이터를 엑셀로 가져와 원하는 표 형식으로 변환할 것이라고 가정합니다. 빈 엑셀 파일에서 [데이터] 탭-[가져오기 및 변환] 그룹-[새 쿼리] 명령 내 [기타 원본에서]-[웹] 메뉴를 선택한 후 URL 난에 주소를 입력하고 〈확인〉 버튼을 클릭합니다.

❸ '탐색 창'에 해당 웹 페이지의 테이블 정보가 반환되면 'Table 0' 테이블을 선택하고 〈편집〉 버튼을 클릭합니다.

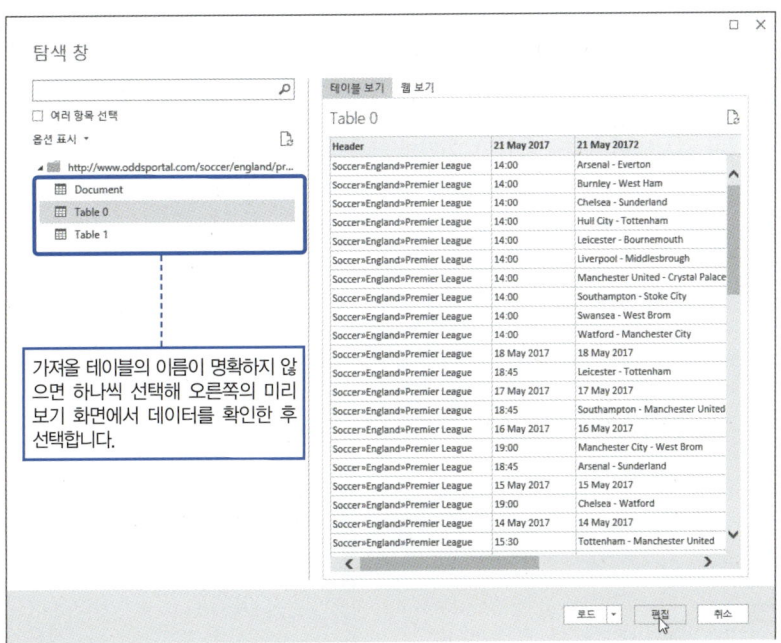

가져올 테이블의 이름이 명확하지 않으면 하나씩 선택해 오른쪽의 미리 보기 화면에서 데이터를 확인한 후 선택합니다.

❹ 쿼리 편집기가 표시됩니다. 머리글 위치에 날짜 데이터가 있으므로, 머리글을 데이터로 전환하기 위해 [홈] 탭-[변환] 그룹-[첫 행을 머리글로 사용] 명령 내 [머리글을 첫 행으로 사용] 메뉴를 선택합니다.

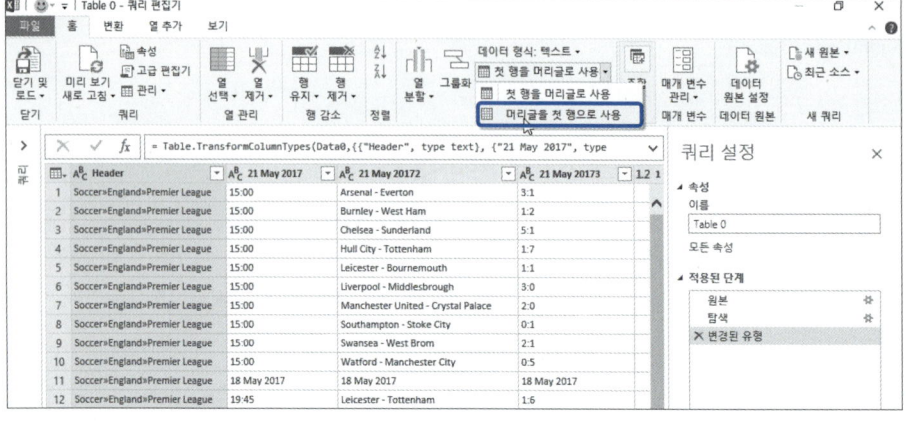

❺ 불필요한 열을 삭제하기 위해 'Column2' 열부터 'Column4' 열까지 선택하고 [홈] 탭-[열 관리] 그룹-[열 제거] 명령 내 [다른 열 제거] 메뉴를 선택합니다.

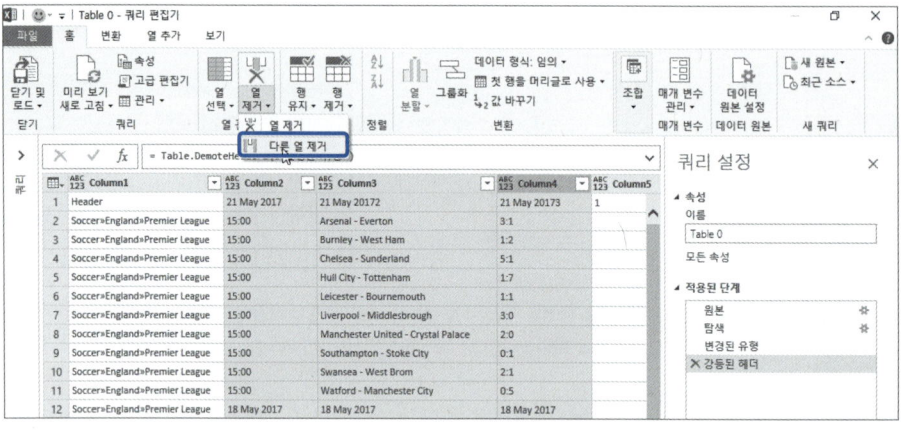

이렇게 하면 **01** 과정에서 확인한 엑셀 표와 동일한 결과를 얻을 수 있습니다.

02 쿼리 편집기에 데이터가 표시되면, 먼저 '경기일시' 열의 날짜와 시간 값을 분리하겠습니다. '경기일시' 열을 선택하고 [열 추가] 탭-[일반] 그룹-[열 복제] 명령(🗐)을 클릭해 '경기일시' 열을 복제합니다.

03 표의 오른쪽 끝에 열이 복제되면 선택하여 '경기일시' 열 오른쪽으로 드래그해 옮기고, '경기일시' 열은 '경기일'로, '경기일시-복사' 열은 '시간'으로 머리글을 변경합니다.

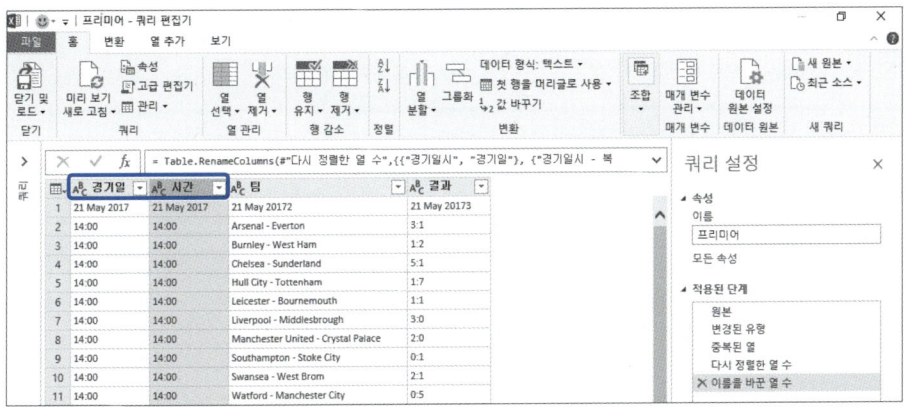

04 '경기일' 열을 선택하고 [홈] 탭-[변환] 그룹에서 [데이터 형식]을 [날짜]로 변경합니다. 같은 방법으로 '시간' 열의 [데이터 형식]은 [시간]으로 변경합니다.

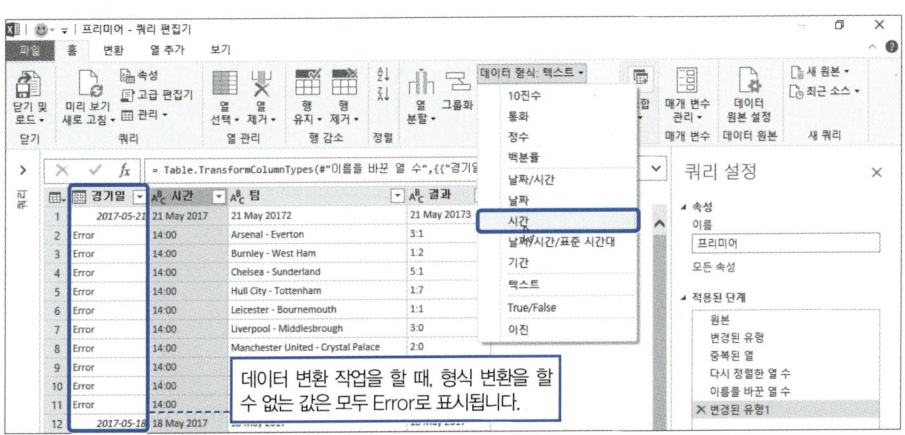

05 '경기일' 열과 '시간' 열의 Error 값을 null 값으로 수정하겠습니다. '경기일' 열과 '시간' 열을 선택하고 [변환] 탭-[열] 그룹-[값 바꾸기] 명령 내 [오류 바꾸기] 메뉴를 선택합니다.

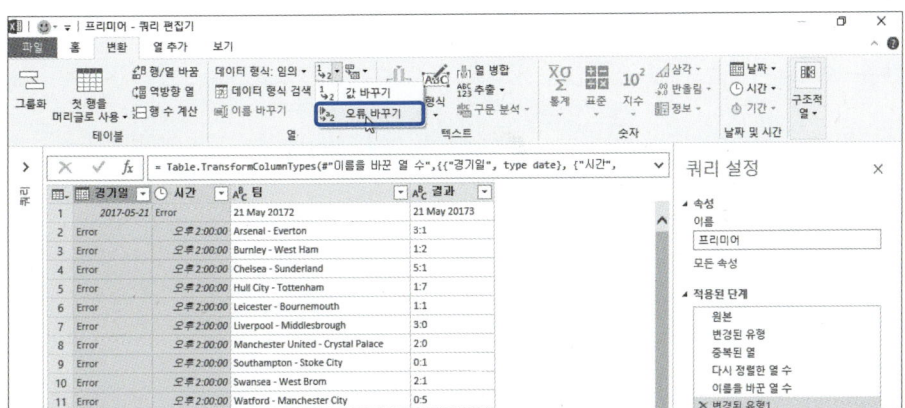

CHAPTER 12 | 다양한 실무 표 변환 사례 / **603**

> **Plus+ Error 값을 null 값으로 변경하는 이유**
>
> Error 값은 데이터 형식 변환에서 오류가 발생한 부분을 의미하며, 다른 값으로 대체하기 쉽지 않습니다. 이와 달리 null 값은 해당 위치에 아무 값도 없는 상태를 의미하므로 다른 값을 채워 넣을 수 있습니다. 그렇기 때문에 Error 값을 null 값으로 변경하는 것이고, Error 값을 자신이 원하는 값으로 빠르게 변경할 수 있는 [오류 바꾸기] 메뉴를 파워 쿼리에서 제공하는 것입니다.

06 '오류 바꾸기' 창이 표시되면 '값' 입력란에 'null'을 입력하고 〈확인〉 버튼을 클릭합니다.

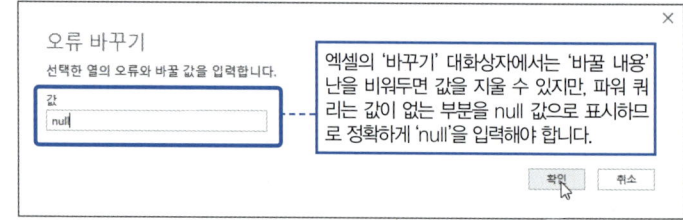

엑셀의 '바꾸기' 대화상자에서는 '바꿀 내용' 난을 비워두면 값을 지울 수 있지만, 파워 쿼리는 값이 없는 부분을 null 값으로 표시하므로 정확하게 'null'을 입력해야 합니다.

07 '경기일' 열을 선택하고 [변환] 탭-[열] 그룹-[채우기] 명령 내 [아래로] 메뉴를 선택해 '경기일' 열의 null 값을 상위 날짜 값으로 채워 넣습니다.

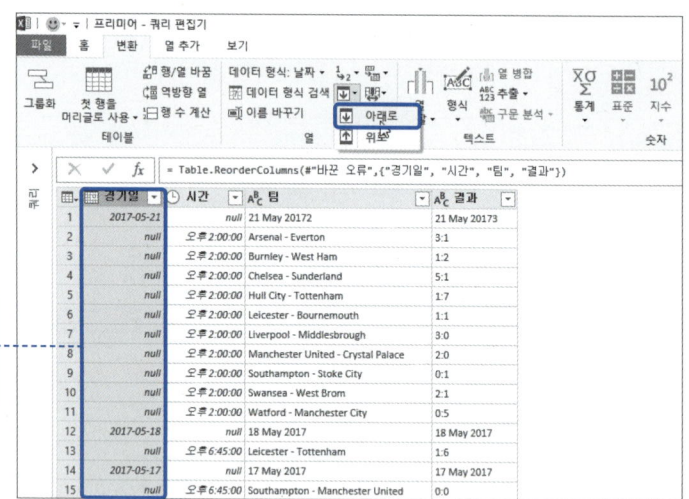

Error 값이 존재할 경우에는 [채우기] 명령을 사용할 수 없지만, null 값이 있으면 비어 있는 것과 동일하므로 [채우기] 명령을 사용할 수 있습니다.

08 '시간' 열의 null 값을 갖는 행은 필요하지 않으므로 제거하겠습니다. '시간' 열의 아래 화살표 단추를 클릭하고 목록에서 '(Null)' 항목의 체크만 해제한 후 〈확인〉 버튼을 클릭합니다.

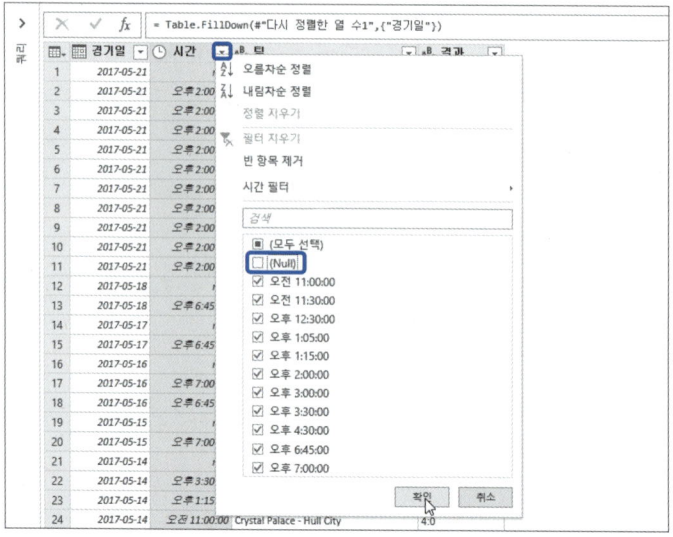

09 표 변환이 완료되었으면 [홈] 탭-[닫기] 그룹-[닫기 및 로드] 명령 내 [닫기 및 다음으로 로드...] 메뉴를 선택해 엑셀 창에 반환합니다.

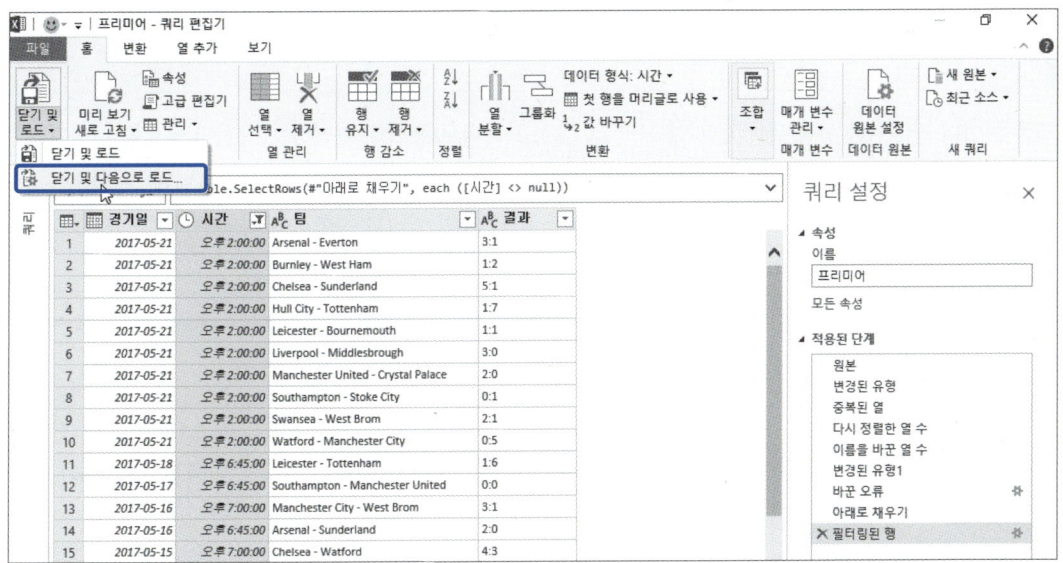

10 '다음으로 로드' 창이 열리면 [테이블] 옵션이 선택된 상태에서 데이터 로드 위치를 [기존 워크시트] 내 K3셀로 설정하고 〈로드〉 버튼을 클릭합니다. 다음과 같은 결과가 얻어집니다.

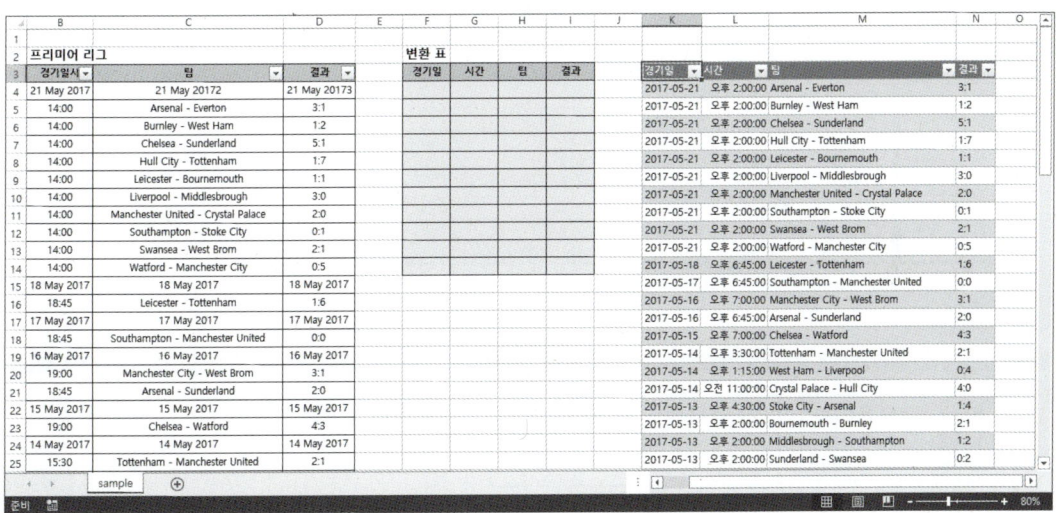

CHAPTER 12 | 다양한 실무 표 변환 사례 / **605**

판매처별 실적을 하나로 통합해 분석하기

161

제품을 여러 판매처를 통해 판매하고 있다면, 그 실적을 하나로 통합해 분석하는 작업이 필요할 것입니다. 이런 경우 파워 쿼리를 이용한 다양한 통합 방법은 CHAPTER 11에서 알아보았습니다. 여기서는 한 파일에 여러 판매처 실적이 정리되어 있는 경우에 이를 파워 쿼리로 통합하고 다양한 판매처별 실적을 피벗 테이블 보고서로 요약, 분석하는 방법에 대해 알아보겠습니다.

\ 예제 파일 PART 03 \ CHAPTER 12 \ 판매처별 실적.xlsx

01 예제 파일에는 다양한 판매처의 월별 매출 실적이 정리되어 있습니다. 판매처 이름은 각 시트의 이름을 통해 알 수 있습니다. '홈플러스' 시트를 열면 다음 화면과 같은 표를 확인할 수 있습니다. 화면의 설명을 참고해 데이터를 확인합니다.

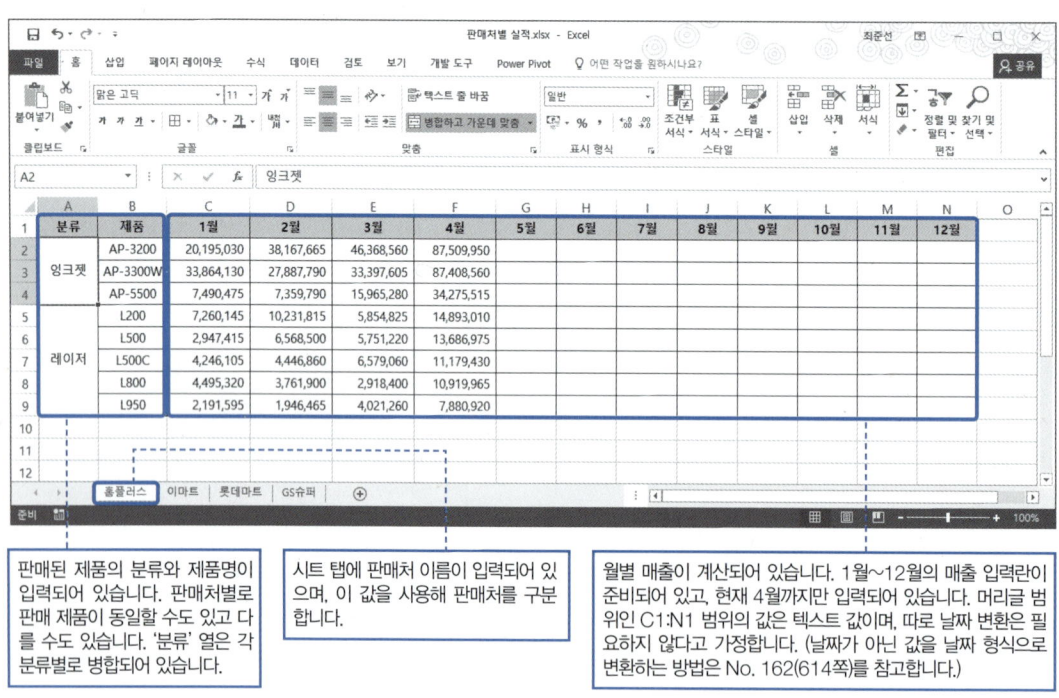

판매된 제품의 분류와 제품명이 입력되어 있습니다. 판매처별로 판매 제품이 동일할 수도 있고 다를 수도 있습니다. '분류' 열은 각 분류별로 병합되어 있습니다.

시트 탭에 판매처 이름이 입력되어 있으며, 이 값을 사용해 판매처를 구분합니다.

월별 매출이 계산되어 있습니다. 1월~12월의 매출 입력란이 준비되어 있고, 현재 4월까지만 입력되어 있습니다. 머리글 범위인 C1:N1 범위의 값은 텍스트 값이며, 따로 날짜 변환은 필요하지 않다고 가정합니다. (날짜가 아닌 값을 날짜 형식으로 변환하는 방법은 No. 162(614쪽)를 참고합니다.)

02 다른 시트도 모두 열어 데이터를 확인하고, 파일을 닫습니다.

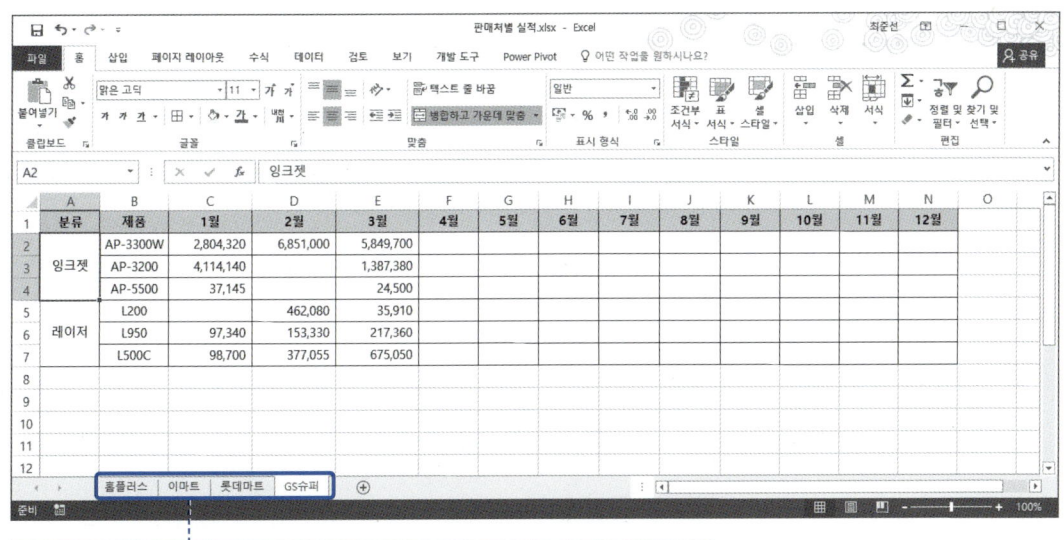

파일 내 시트를 읽어 통합 작업을 진행하려면 다른 파일에서 [폴더에서] 기능을 이용하는 것이 편리합니다. 현재 파일에서 작업하려면 Excel.CurrentWorkbook 함수를 사용해야 합니다.

LINK Excel.CurrentWorkbook 함수를 사용하는 방법은 'No. 155 현재 파일의 표를 하나로 합치기'(571쪽)를 참고합니다.

03 모든 시트의 실적을 통합하겠습니다. 빈 파일을 하나 생성하고 [데이터] 탭-[가져오기 및 변환] 그룹-[새 쿼리] 명령 내 [파일에서]-[폴더에서] 메뉴를 선택합니다.

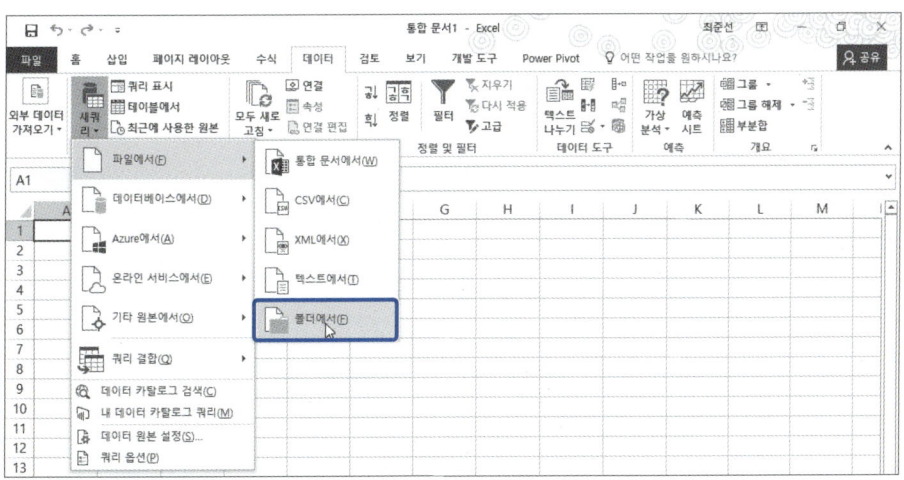

04 '폴더' 창이 열리면 〈찾아보기〉 버튼을 클릭하여 예제로 제공되는 'PART 03\CHAPTER 12' 폴더를 선택하고 〈확인〉 버튼을 클릭합니다.

05 폴더 탐색 창이 표시되면, 예제 파일을 선택하기 위해 〈편집〉 버튼을 클릭합니다.

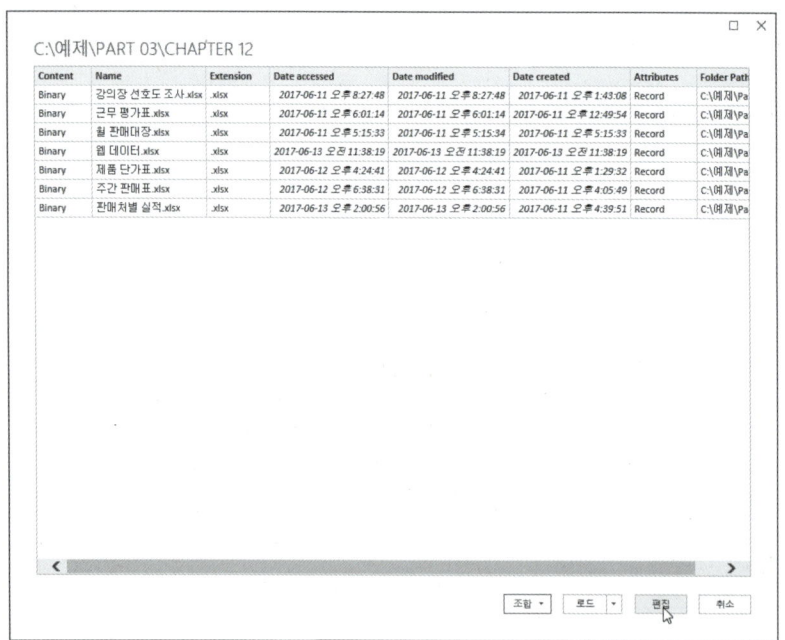

06 쿼리 편집기가 표시되면 'Name' 열의 아래 화살표 단추를 클릭하고 '(모두 선택)' 항목 확인란의 체크를 해제한 후 '판매처별 실적.xlsx' 파일의 확인란에만 체크하고 〈확인〉 버튼을 클릭합니다.

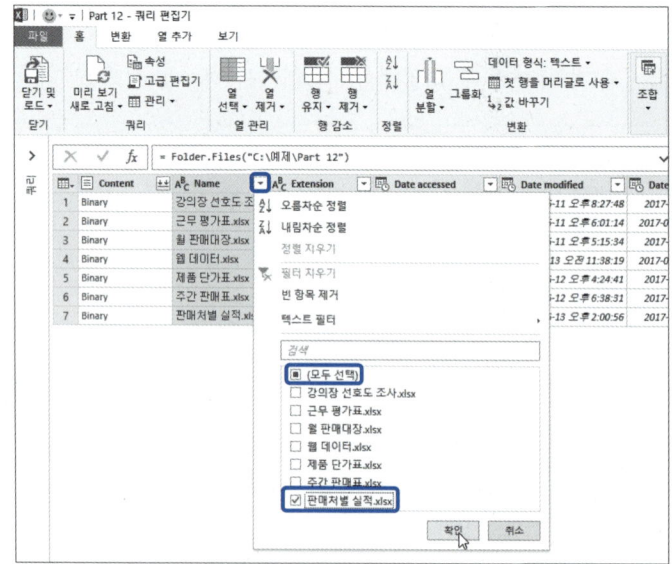

07 파일 정보가 담겨 있는 'Content' 열만 남겨 놓기 위해 'Content' 열을 선택하고 [홈] 탭-[열 관리] 그룹-[열 제거] 명령 내 [다른 열 제거] 메뉴를 선택합니다.

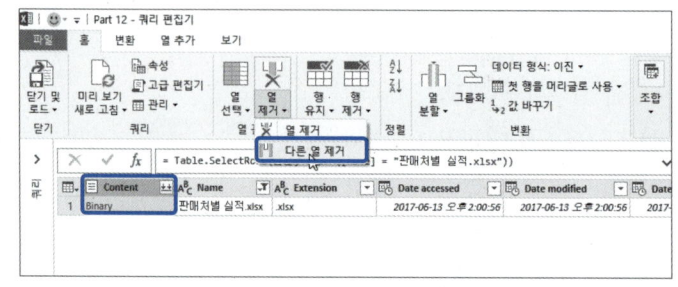

08 파일 내 시트 테이블 정보를 읽어 들이기 위해 'Content' 열의 [파일 병합] 단추(⬇)를 클릭합니다.

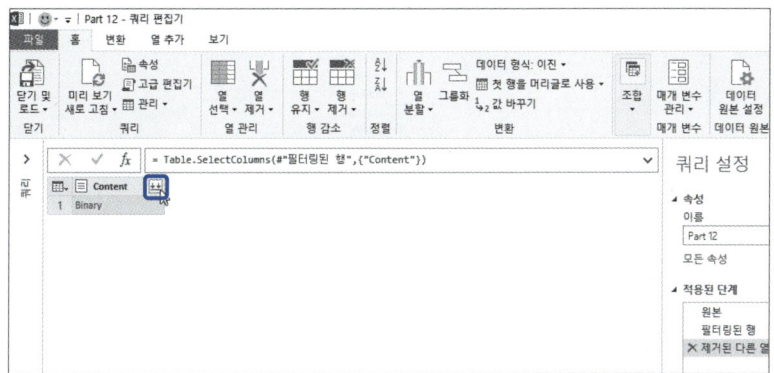

09 '파일 병합' 창이 표시되면 '샘플 파일 매개 변수1 [4]' 폴더를 선택하고 〈확인〉 버튼을 클릭합니다.

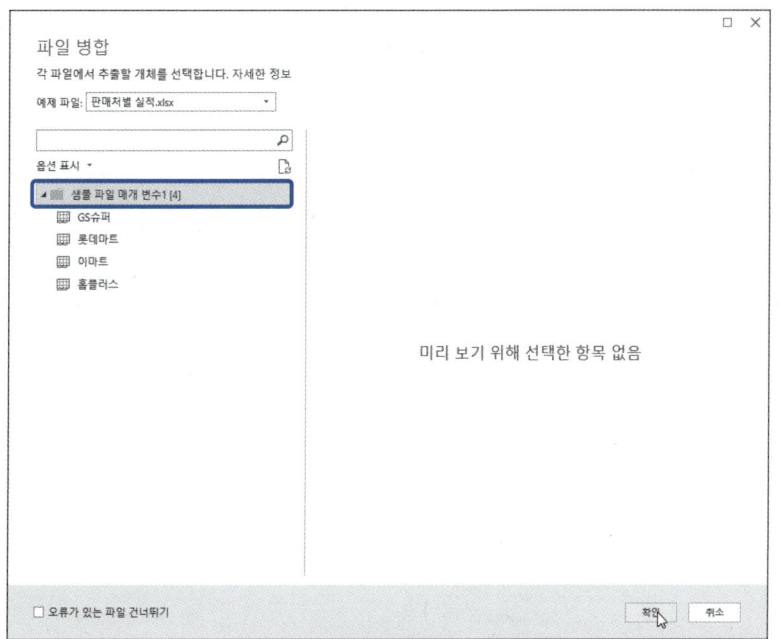

10 쿼리 편집기에 파일 내 모든 표의 정보가 표시됩니다. 시트 이름을 의미하는 'Name' 열과 시트 데이터를 담고 있는 'Data' 열만 남겨놓고 모두 삭제하겠습니다. 'Name' 열과 'Data' 열을 선택하고 [홈] 탭-[열 관리] 그룹-[열 제거] 명령 내 [다른 열 제거] 메뉴를 선택합니다.

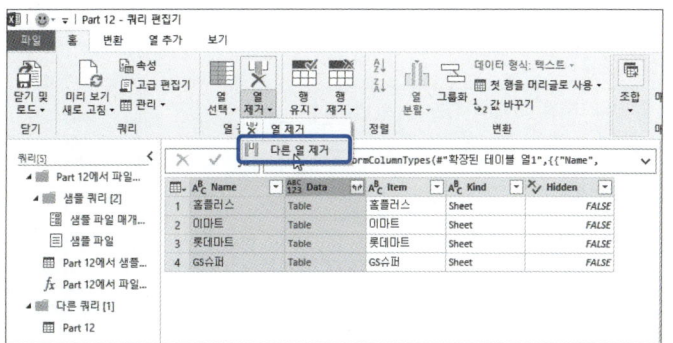

CHAPTER 12 | 다양한 실무 표 변환 사례 / **609**

11 이제 모든 시트의 데이터를 읽어 오겠습니다. 'Data' 열의 [확장] 단추(⇚)를 클릭하고 [원래 열 이름을 접두사로 사용] 확인란의 체크를 해제한 후 〈확인〉 버튼을 클릭합니다.

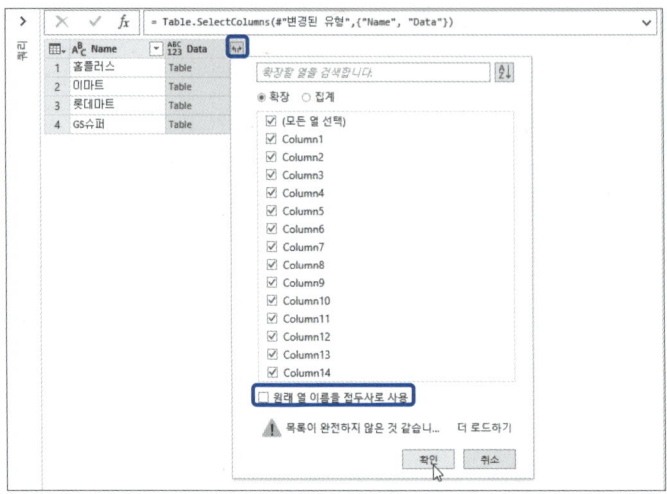

12 각 시트의 데이터가 다음과 같이 불러와집니다. 첫 행을 머리글로 하기 위해 [홈] 탭-[변환] 그룹-[첫 행을 머리글로 사용] 명령(▦)을 클릭합니다.

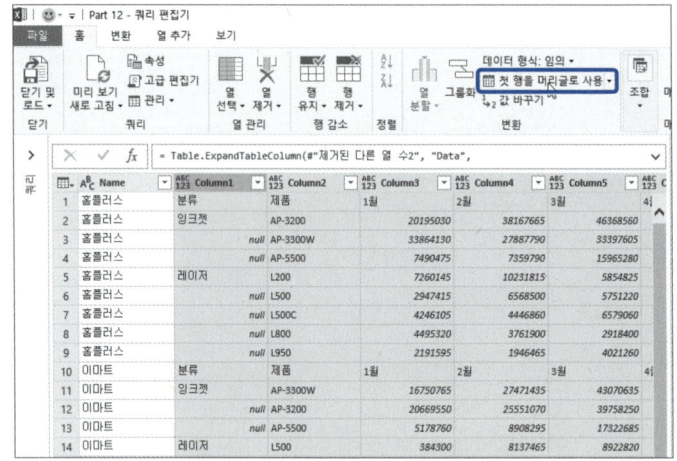

13 다음 화면에서 설명하는 작업을 순서대로 진행합니다.

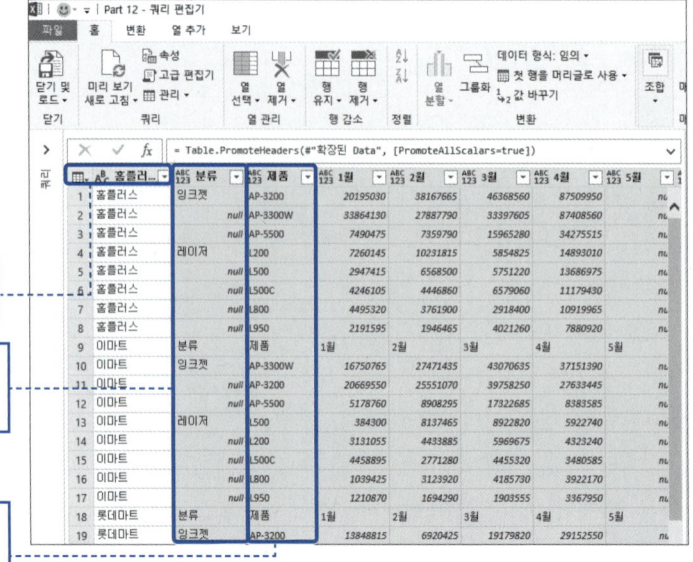

❶ 열 머리글을 더블클릭해 '판매처'로 변경합니다.

❷ '분류' 열을 선택하고 [변환] 탭-[열] 그룹-[채우기] 명령 내 [아래로] 메뉴를 선택해 null 값을 모두 상위 값으로 채워 넣습니다.

❸ 다른 시트의 머리글을 제거하기 위해, '제품' 열의 아래 화살표 단추를 클릭하고 목록에서 '제품' 항목의 필터를 해제합니다.

14 13 과정이 제대로 진행되면 다음과 같이 데이터가 정리됩니다.

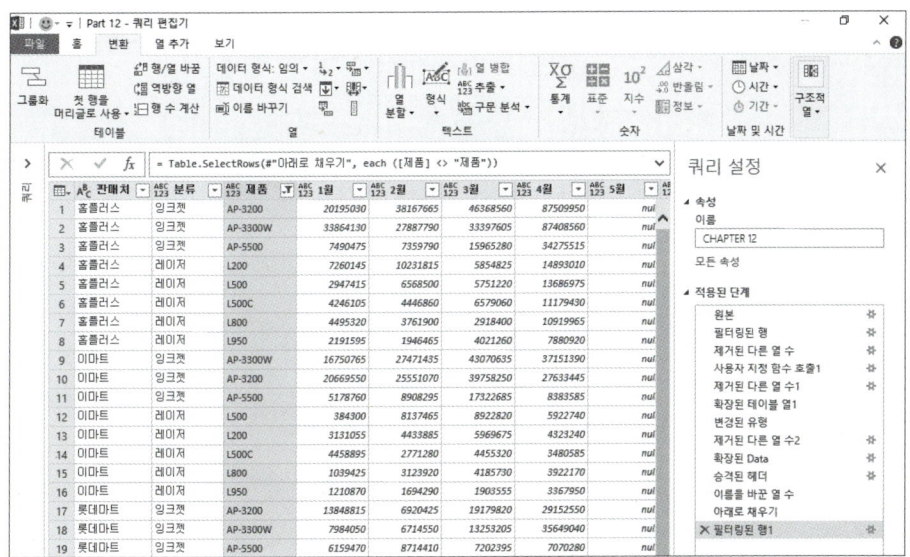

15 월별로 표시된 매출을 '월' 열과 '매출' 열로 배열하겠습니다. '1월' 열부터 '12월' 열까지 모두 선택하고 [변환] 탭-[열] 그룹-[열 피벗 해제] 명령(🔲)을 클릭합니다.

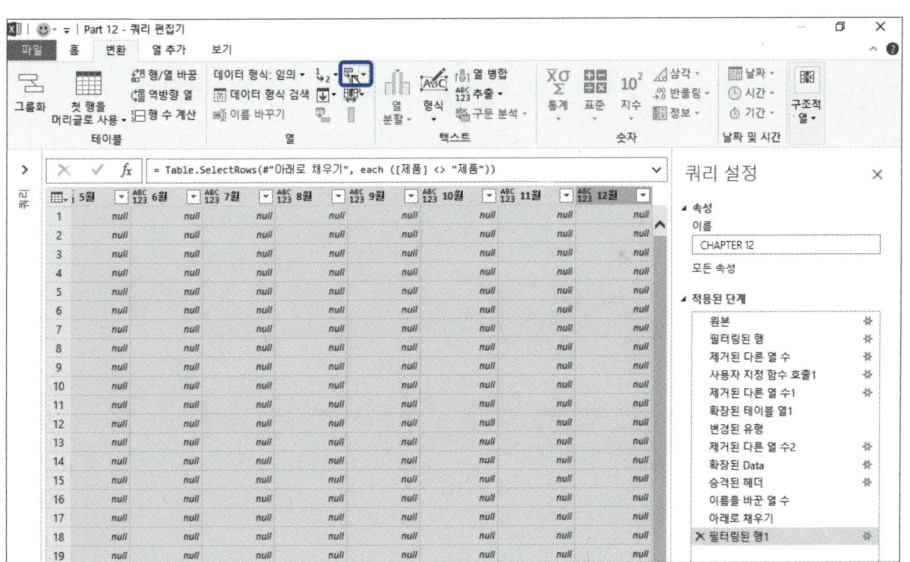

16 피벗 열이 해제되면 다음과 같은 결과가 반환됩니다. 화면을 참고해 머리글과 데이터 형식을 변경합니다.

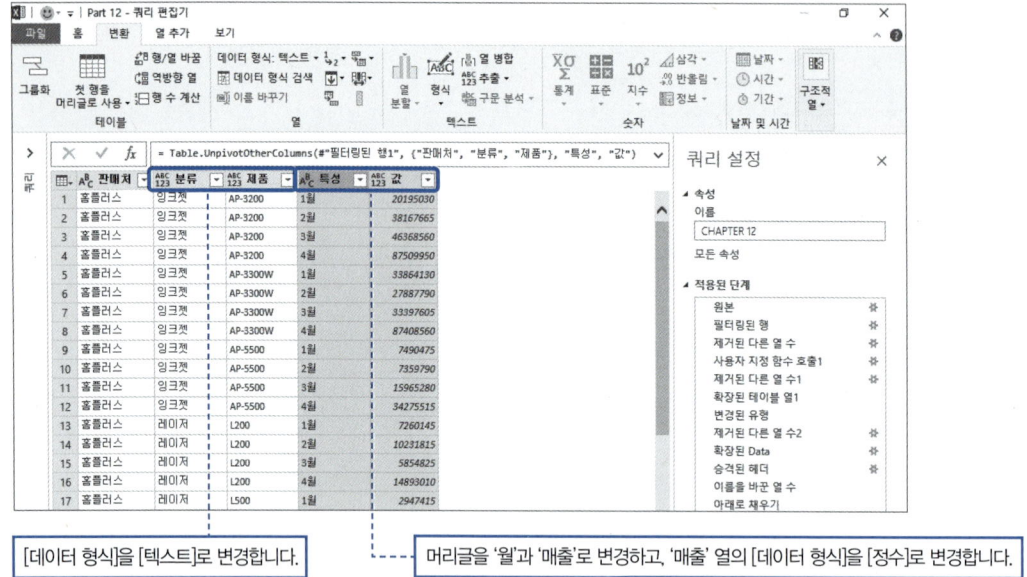

17 16 과정의 작업이 정상적으로 완료되면 다음 화면과 같은 결과가 얻어집니다. 모든 작업을 마쳤으므로 '쿼리 설정' 작업 창에서 '이름'을 '판매처실적'으로 변경하고, 엑셀에서 피벗 테이블로 실적을 요약하기 위해 [홈] 탭-[닫기] 그룹-[닫기 및 로드] 명령 내 [닫기 및 다음으로 로드…] 메뉴를 선택합니다.

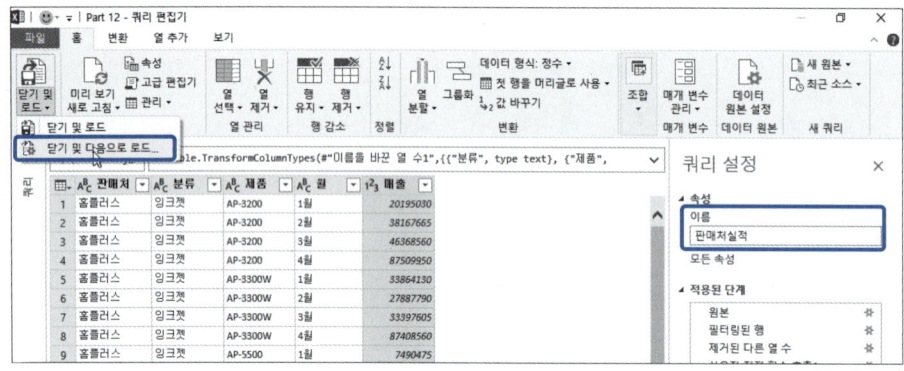

18 '다음으로 로드' 창이 열리면 [연결만 만들기] 옵션을 선택하고 [이 데이터를 데이터 모델에 추가] 확인란에 체크한 후 〈로드〉 버튼을 클릭합니다.

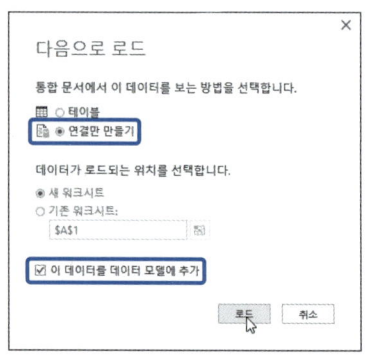

19 엑셀 창에 '통합 문서 쿼리' 작업 창이 열리면서 '판매처실적' 쿼리에 109개의 행이 로드되었다는 메시지를 확인할 수 있습니다. 피벗 테이블 보고서를 만들기 위해 [삽입] 탭-[표] 그룹-[피벗 테이블] 명령(   )을 클릭합니다.

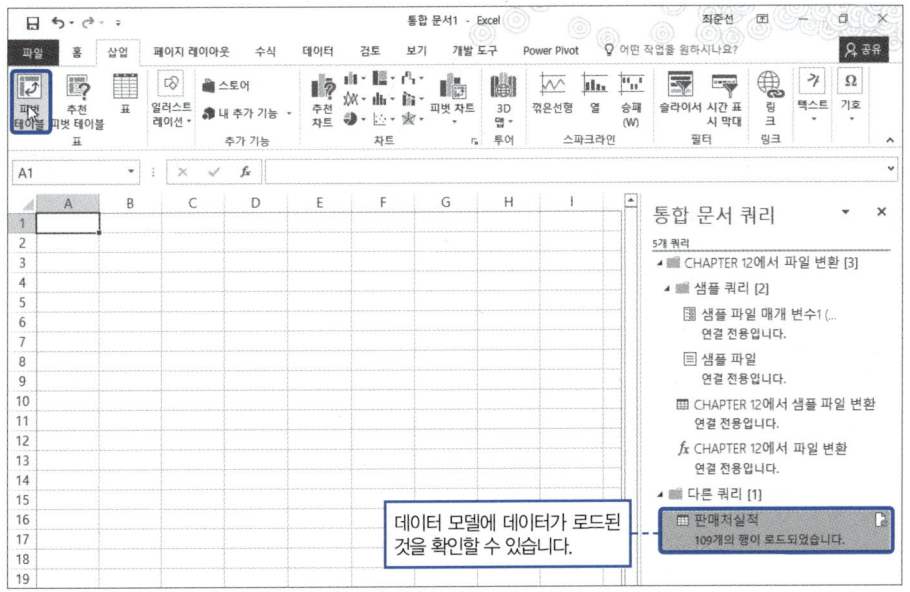

20 '피벗 테이블 필드' 작업 창이 표시되면, 화면과 같이 설정해 보고서를 생성합니다.

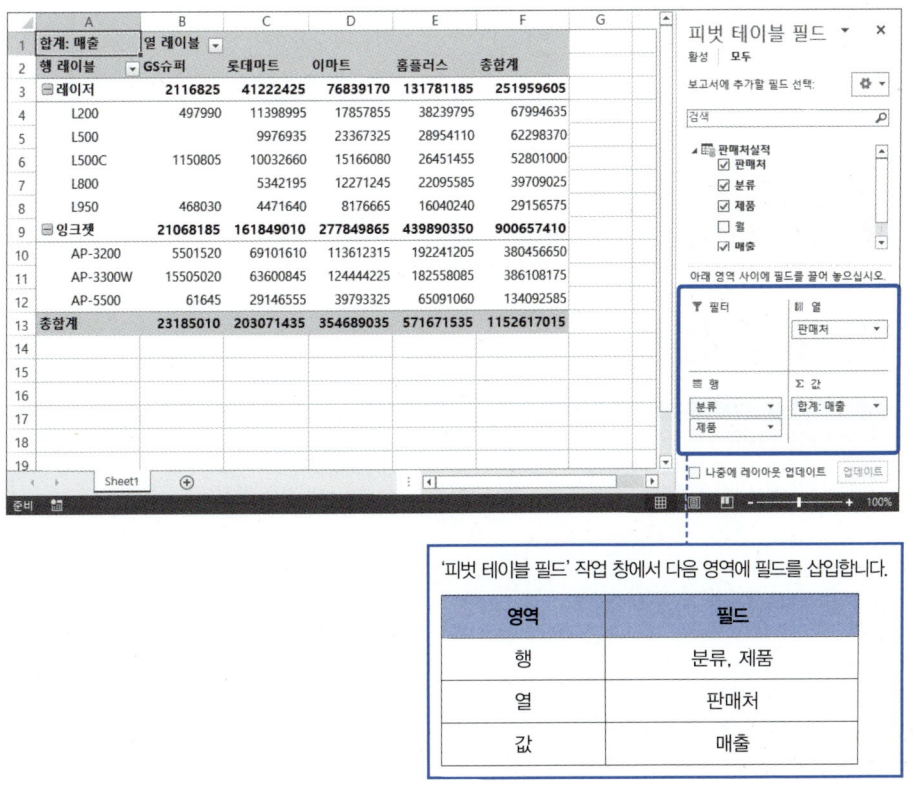

'피벗 테이블 필드' 작업 창에서 다음 영역에 필드를 삽입합니다.

영역	필드
행	분류, 제품
열	판매처
값	매출

월 시트별 판매 내역을
판매대장으로 변환하기

162

월별로 시트를 생성하고 관리하는 사용자가 꽤 있습니다. 월별로 관리한 시트를 하나로 통합해 데이터를 쌓아야 한다면 파워 쿼리가 가장 좋은 대안이 될 수 있습니다. 이번에는 다소 편집이 필요한 시트별 데이터 통합 작업을 진행할 것입니다. 이와 관련한 유사 예제를 갖고 있다면 이번 방법을 통해 원하는 표로 변환하는 방법을 더 잘 이해할 수 있을 것입니다.

예제 파일 PART 03 \ CHAPTER 12 \ 월 판매대장.xlsx

> 이 예제에서는 'No. 161 판매처별 실적을 하나로 통합해 분석하기'(606쪽)와 유사한 과정은 자세하게 설명하지 않으므로, 해당 예제를 먼저 실습한 후에 진행합니다.

01 예제 파일의 '7월' 시트를 열면 제품의 일별 판매 현황 표를 확인할 수 있습니다. 화면의 설명을 참고해 표 구조를 이해합니다.

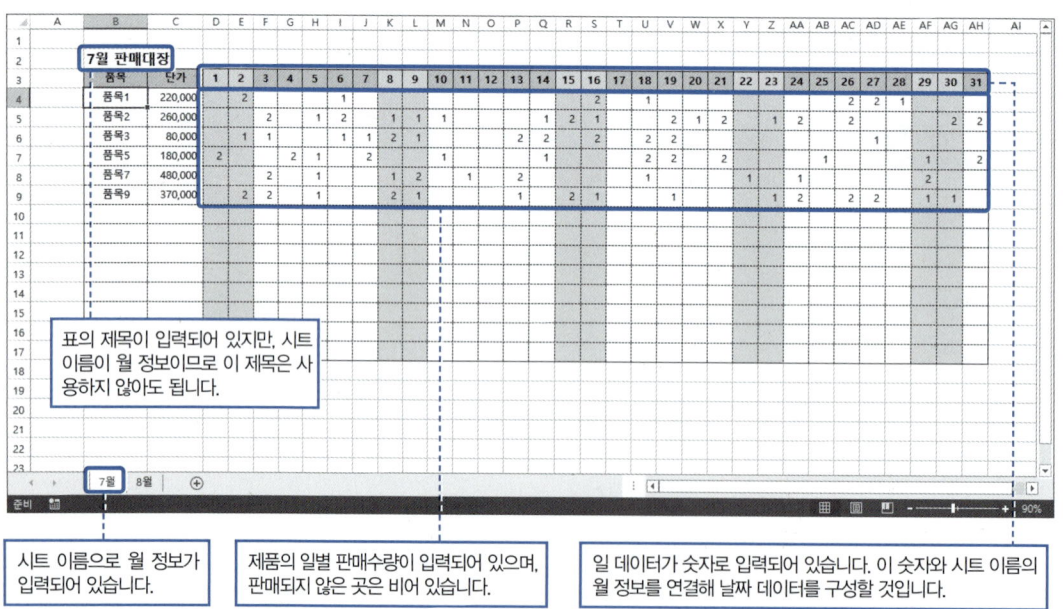

02 '8월' 시트에는 동일한 양식의 판매 현황 표가 있습니다. 표의 구조를 확인하고, 빈 파일에서 통합 작업을 진행하기 위해 파일을 닫습니다.

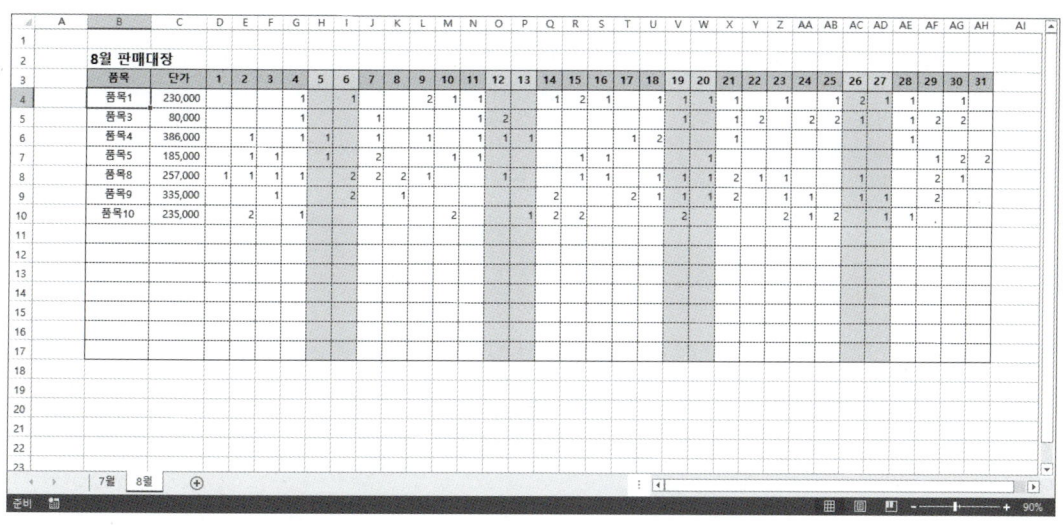

Plus⁺ 쿼리로 편집할 표 이해하기

월별 시트는 지속적으로 늘어날 수 있으며, 제품의 판매 내역도 더 누적될 수 있습니다. 다만 표의 구성은 월별(시트)로 모두 동일하며, 판매된 제품의 수량이 입력됩니다. C열의 단가는 해당 월에 판매된 제품의 단가로, 월별로 변화는 없습니다.

이렇게 누적된 데이터를 가지고 피벗 테이블 보고서 등으로 수월하게 분석하려면 표의 구조가 다음과 같은 열이 있는 테이블 형식이어야 합니다.

품목	판매일	단가	수량	판매액
품목1	2017-07-02	220,000	2	440,000

03 시트별 통합 작업을 진행하겠습니다. 빈 엑셀 파일을 하나 생성하고, [데이터] 탭-[가져오기 및 변환] 그룹-[새 쿼리] 명령 내 [파일에서]-[폴더에서] 메뉴를 선택합니다.

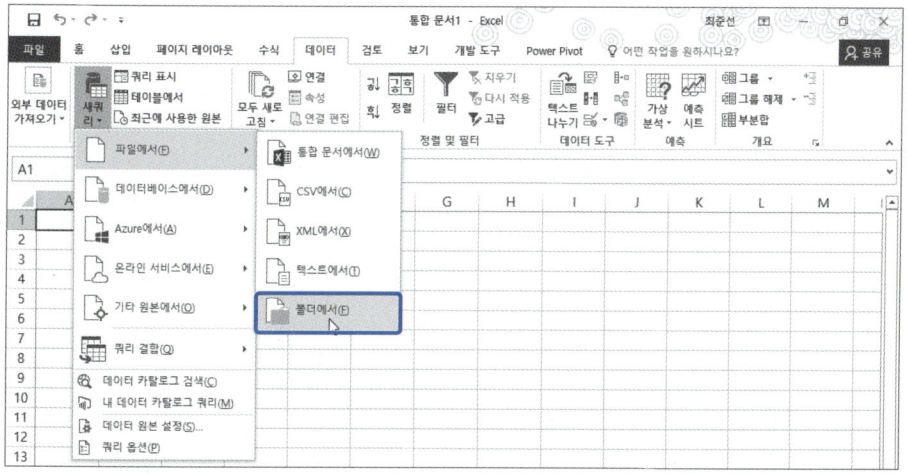

04 No. 161의 **04-07** 과정(607-608쪽)을 참고해 쿼리 편집기에서 '월 판매대장.xlsx' 파일만 남깁니다. 그런 다음 'Content' 열만 선택하고 [홈] 탭-[열 관리] 그룹-[열 제거] 명령 내 [다른 열 제거] 메뉴를 선택합니다.

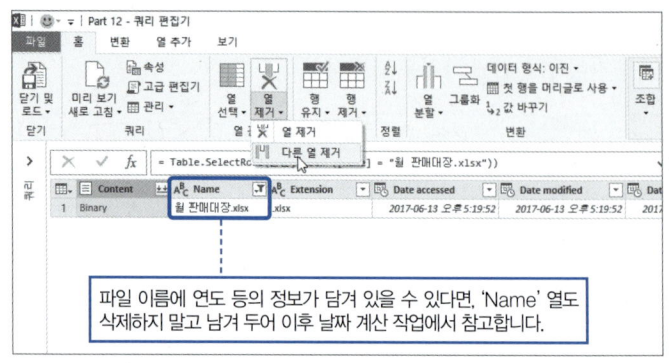

파일 이름에 연도 등의 정보가 담겨 있을 수 있다면, 'Name' 열도 삭제하지 말고 남겨 두어 이후 날짜 계산 작업에서 참고합니다.

05 No. 161의 **08-10** 과정(609쪽)을 참고해 남은 'Content' 열을 확장하여 파일 내 표 정보를 반환받습니다. 그런 다음 'Name' 열과 'Data' 열만 선택하고 [홈] 탭-[열 관리] 그룹-[열 제거] 명령 내 [다른 열 제거] 메뉴를 선택합니다.

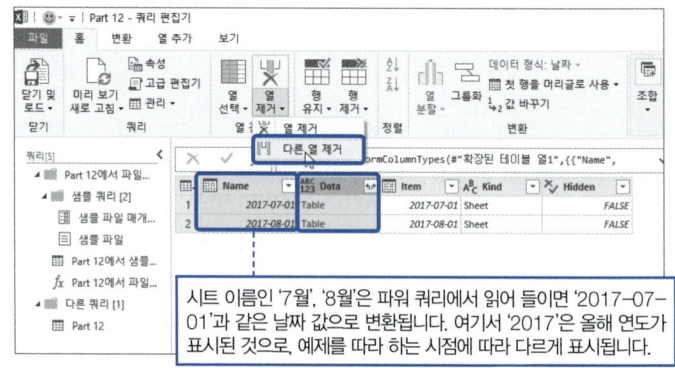

시트 이름인 '7월', '8월'은 파워 쿼리에서 읽어 들이면 '2017-07-01'과 같은 날짜 값으로 변환됩니다. 여기서 '2017'은 올해 연도가 표시된 것으로, 예제를 따라 하는 시점에 따라 다르게 표시됩니다.

06 No. 161의 **11-12** 과정(610쪽)을 참고해 표 내부의 데이터를 모두 읽어들인 후 'Column1' 열에서 불필요한 행을 선택해 제외합니다. 'Column1' 열의 아래 화살표 단추를 클릭하고 필터 목록에서 '(Null)', '7월 판매대장', '8월 판매대장' 항목의 체크를 해제한 후 〈확인〉 버튼을 클릭합니다.

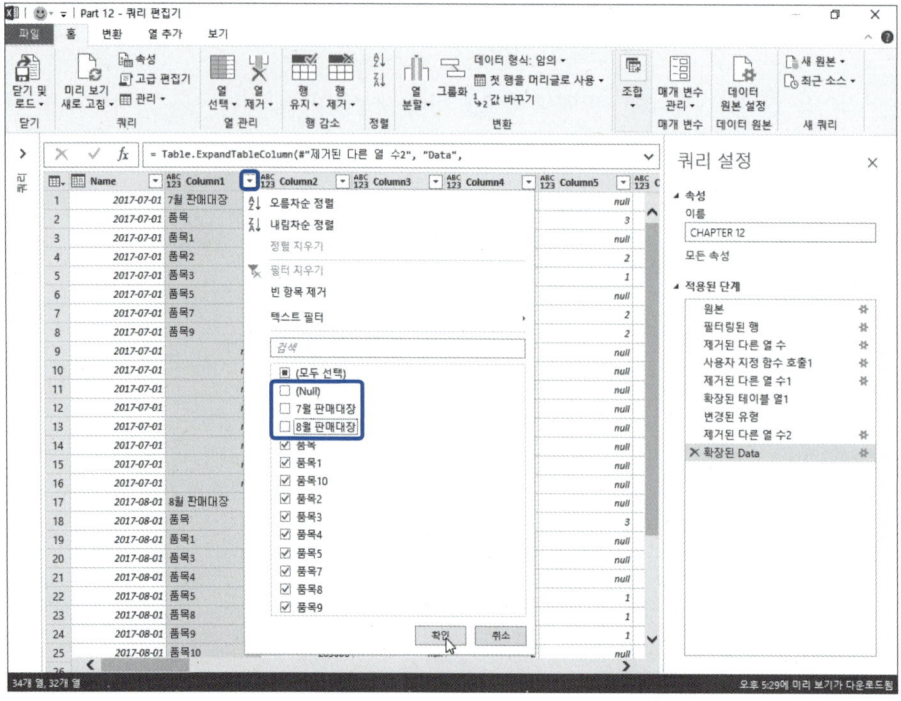

07 화면과 같은 표를 확인할 수 있습니다. 화면에 설명된 부분을 참고해 추가 작업을 진행합니다.

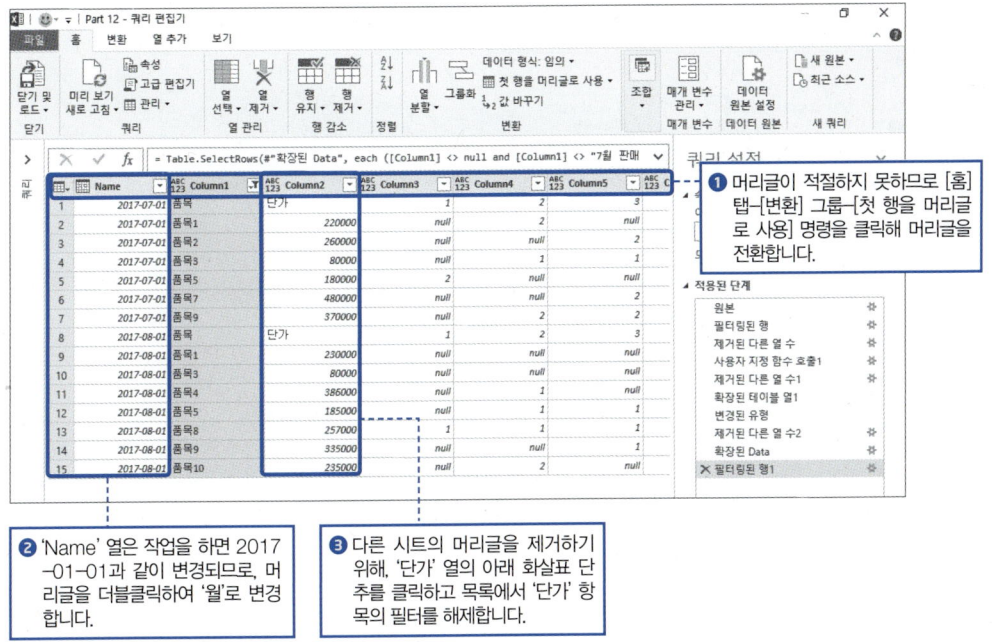

❶ 머리글이 적절하지 못하므로 [홈] 탭-[변환] 그룹-[첫 행을 머리글로 사용] 명령을 클릭해 머리글을 전환합니다.

❷ 'Name' 열은 작업을 하면 2017-01-01과 같이 변경되므로, 머리글을 더블클릭하여 '월'로 변경합니다.

❸ 다른 시트의 머리글을 제거하기 위해, '단가' 열의 아래 화살표 단추를 클릭하고 목록에서 '단가' 항목의 필터를 해제합니다.

08 07 과정의 작업을 마치면 다음 화면과 같은 결과가 얻어집니다.

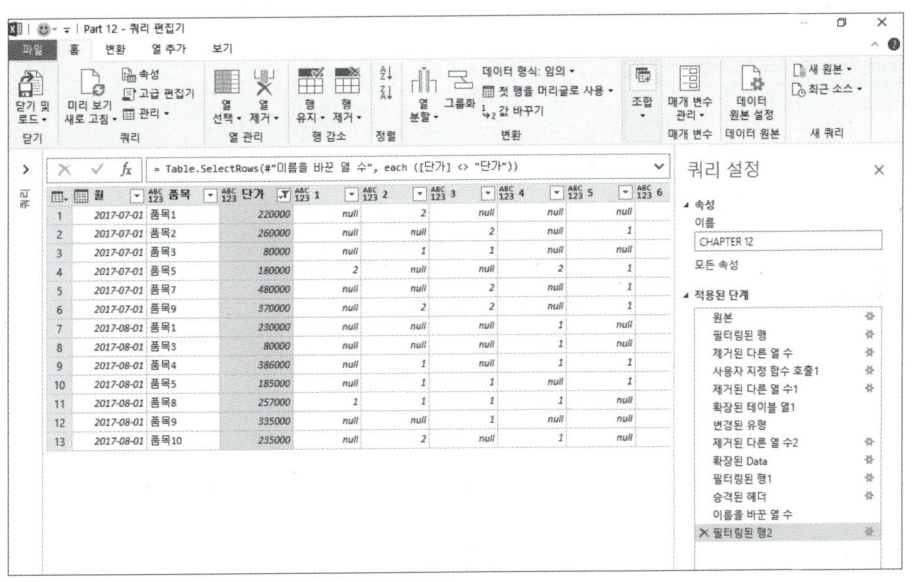

CHAPTER 12 | 다양한 실무 표 변환 사례 / **617**

09 이제 일별 데이터가 열 방향이 아니라 행 방향으로 누적되도록 변경하겠습니다. '1' 열부터 '31' 열까지 모두 선택하고 [변환] 탭-[열] 그룹-[열 피벗 해제] 명령(🔲)을 클릭합니다.

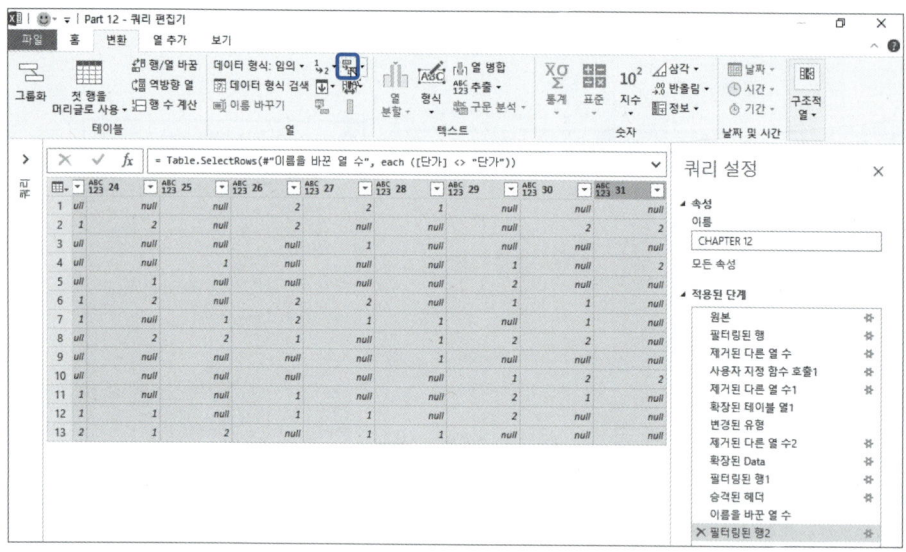

10 피벗 열을 해제하면 화면과 같은 표가 구성됩니다. 이제 데이터 형식과 머리글을 변경하기 위해 화면의 설명에 따라 추가 편집 작업을 진행합니다.

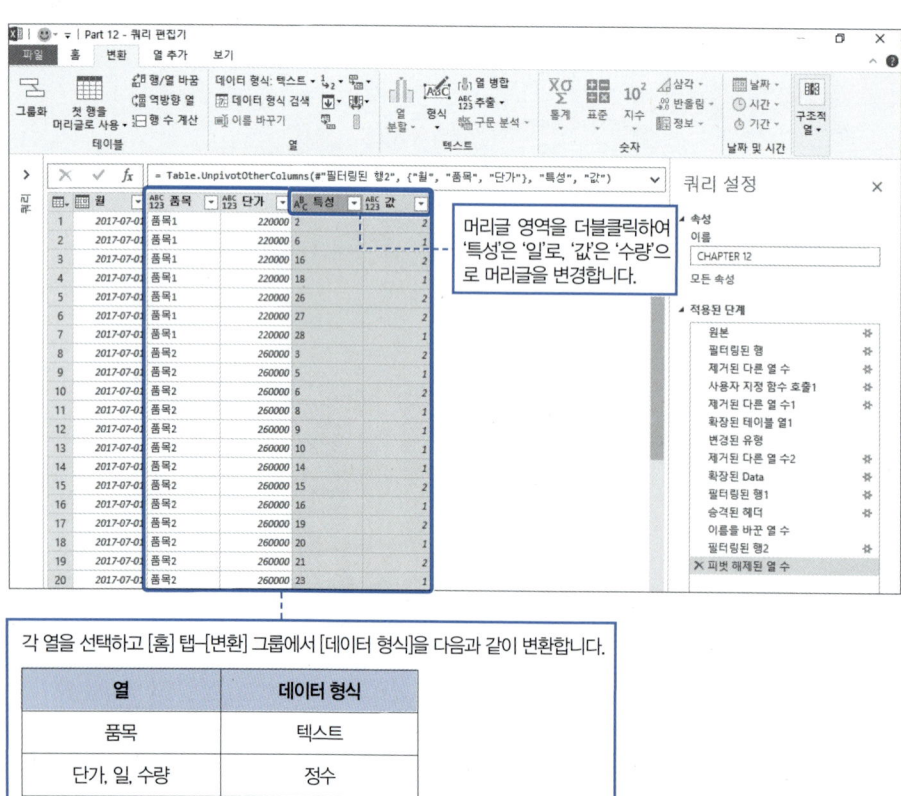

각 열을 선택하고 [홈] 탭-[변환] 그룹에서 [데이터 형식]을 다음과 같이 변환합니다.

열	데이터 형식
품목	텍스트
단가, 일, 수량	정수

11 작업을 종료하면 화면과 같은 표가 얻어집니다. 이제 '월' 열과 '일' 열로 '판매일' 열을 생성하겠습니다. 계산이 필요하므로 [열 추가] 탭-[일반] 그룹-[사용자 지정 열] 명령(📋)을 클릭합니다.

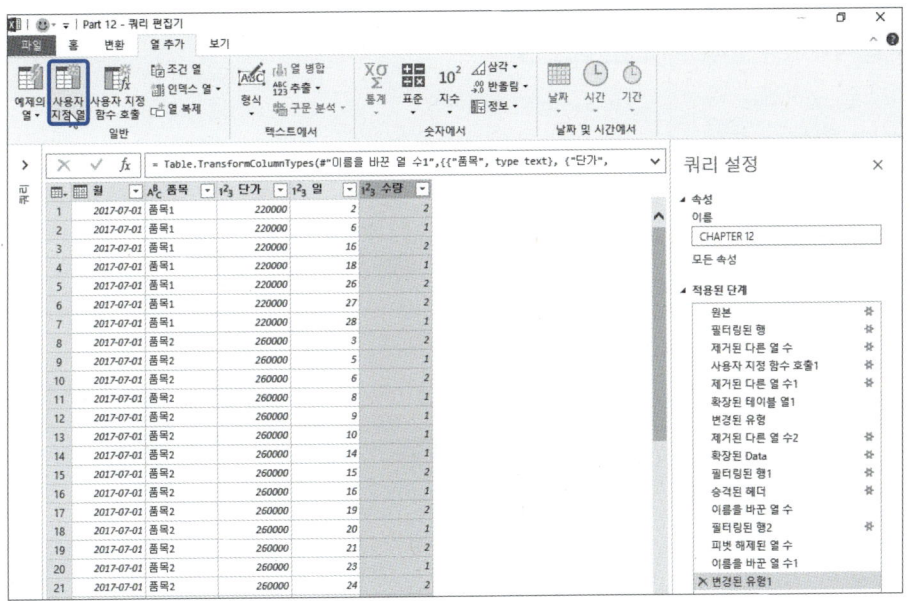

12 '사용자 지정 열 추가' 창이 열리면 '새 열 이름'은 '판매일'로 변경하고 '사용자 지정 열 수식'에 다음 수식을 입력한 후 〈확인〉 버튼을 클릭합니다.

=Date.AddDays([월], [일]-1)

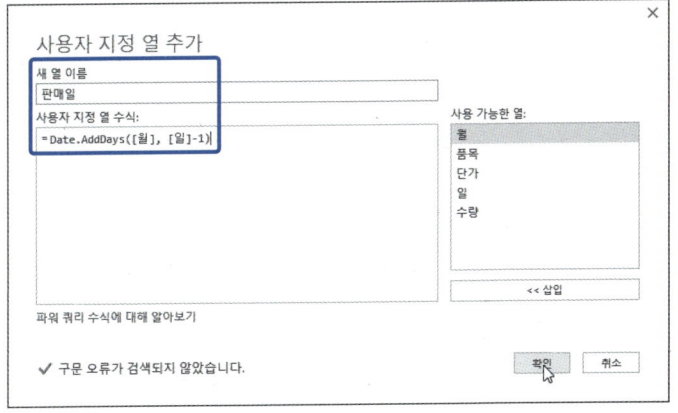

> **Plus⁺ 수식 이해하기**
>
> 이번 수식에는 파워 쿼리 함수인 Date.AddDays 함수가 사용되었습니다. Date.AddDays 함수는 날짜를 지정된 숫자만큼 증가/감소하는 함수로, 인수 구성은 다음과 같습니다.
>
> **Date.AddDays (date, days)**
> - date : 변경할 날짜 값입니다.
> - days : date 인수의 날짜를 증감시킬 숫자 값입니다.
>
> 그러므로 이번 수식은 '일' 열의 숫자에서 1을 뺀 숫자만큼 '월' 열의 날짜 값을 변경시킨 값을 반환합니다. '일' 열의 숫자가 정확한 일(日) 값이므로 '일' 열의 숫자가 2이면 7월 2일이 되어야 하므로, '월' 열의 날짜(2017-7-1)에 '일' 열의 숫자(2)를 바로 더하지 않고 1을 뺀 값을 더하는 것입니다.

13 '단가'와 '수량' 열을 곱해 판매액을 계산합니다. [열 추가] 탭-[일반] 그룹-[사용자 지정 열] 명령(📋)을 클릭하고 '새 열 이름'에는 '판매액'을, '사용자 지정 열 수식'에는 다음 수식을 입력한 후 〈확인〉 버튼을 클릭합니다.

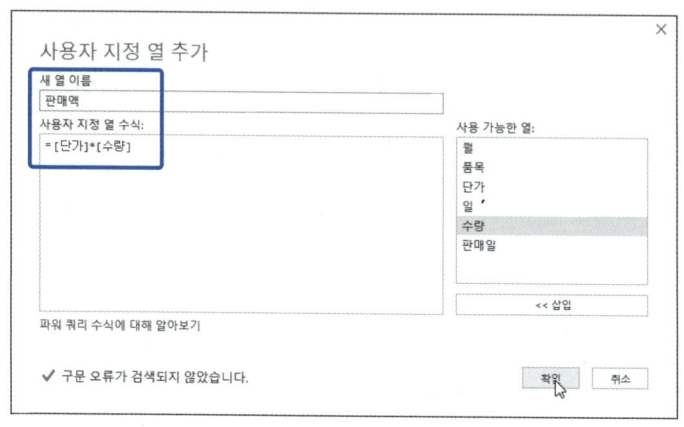

=[단가]*[수량]

14 이제 사용하지 않을 열을 정리합니다. '월' 열과 '일' 열을 각각 선택하고 [홈] 탭-[열 관리] 그룹-[열 제거] 명령(🗙)을 클릭합니다.

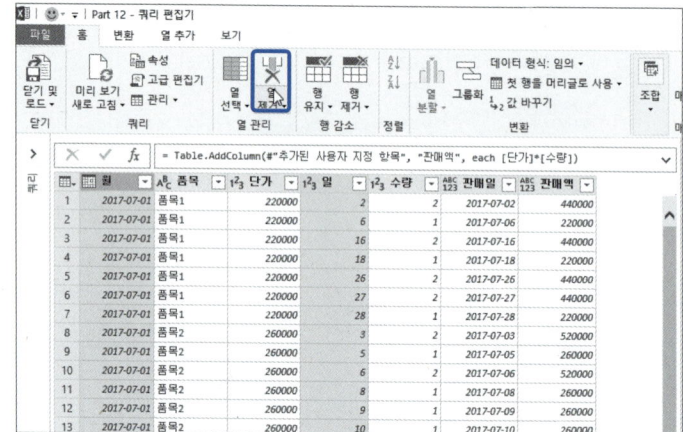

15 편집 작업을 마쳤으면 쿼리 이름을 변경하고 엑셀로 데이터를 내보냅니다. '쿼리 설정' 작업 창에서 '이름'을 '판매대장'으로 변경하고 [홈] 탭-[닫기] 그룹-[닫기 및 로드] 명령 내 [닫기 및 다음으로 로드...] 메뉴를 선택합니다.

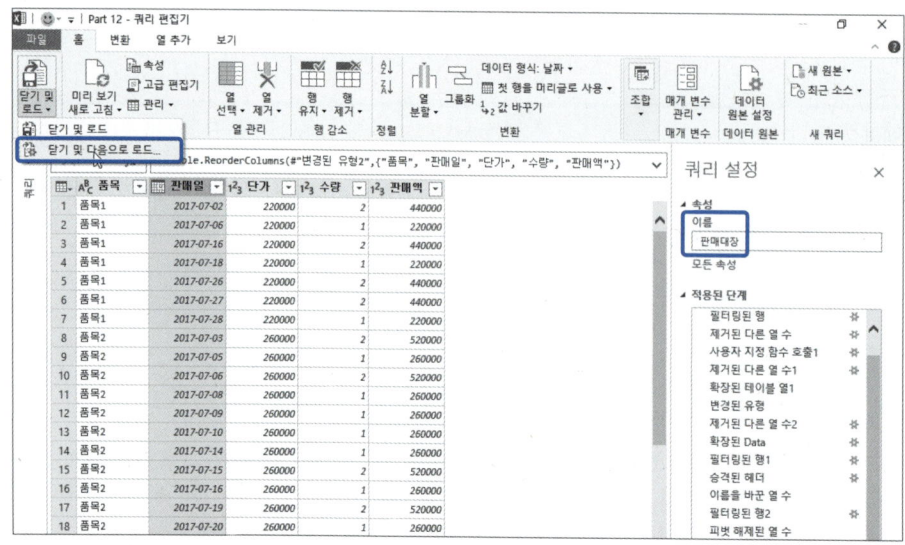

16 '다음으로 로드' 창이 열리면 [기존 워크시트] 옵션을 선택하고 〈로드〉 버튼을 클릭합니다. 다음 화면과 같이 편집된 데이터가 엑셀 창에 반환됩니다.

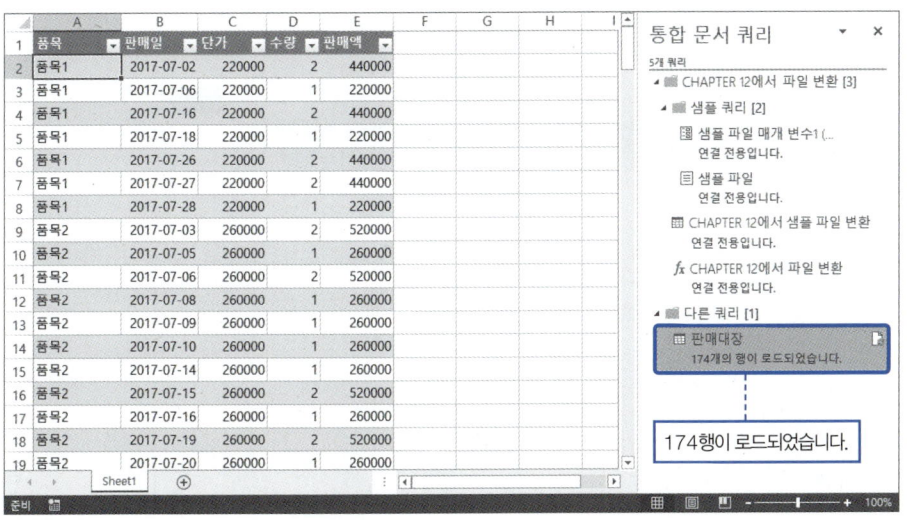

> **Plus⁺ 7–8월 데이터가 제대로 반환됐는지 확인하기**
>
> 쿼리에서 반환된 표를 스크롤하면 확인할 수 있지만, 그보다 빠르게 확인하려면 자동 필터를 이용하면 됩니다. '판매일' 열의 아래 화살표 단추를 클릭하면 다음과 같은 필터 목록이 표시되고, 2017년의 7월, 8월 데이터가 모두 존재하는 것을 확인할 수 있습니다.
>
> 월 항목을 확장하면, 일별 항목도 확인할 수 있습니다.

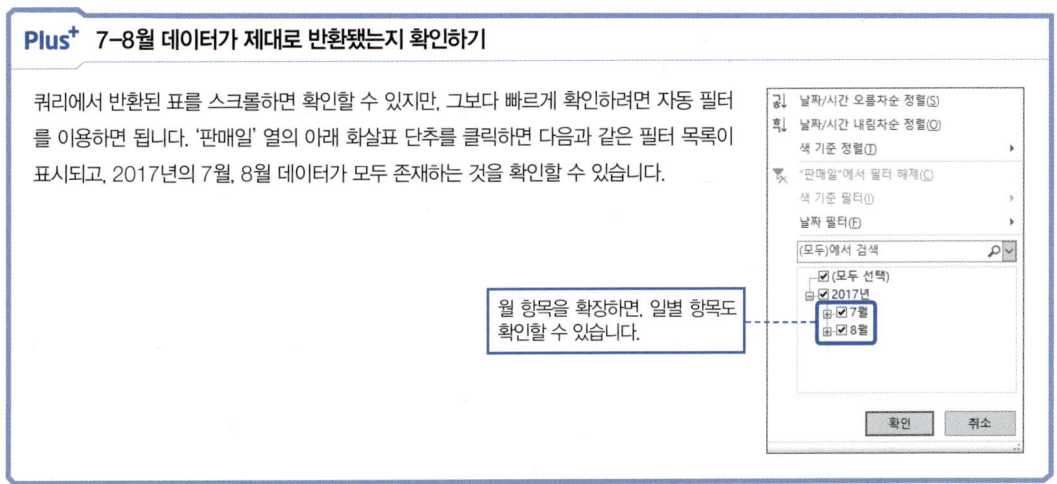

17 새로운 월을 추가했을 때 '판매대장' 쿼리에서 데이터를 가져올 수 있는지 확인하겠습니다. 예제 파일을 열고, '8월' 시트를 복사해 시트 이름을 '9월'로 변경한 후 파일을 저장하고 닫습니다.

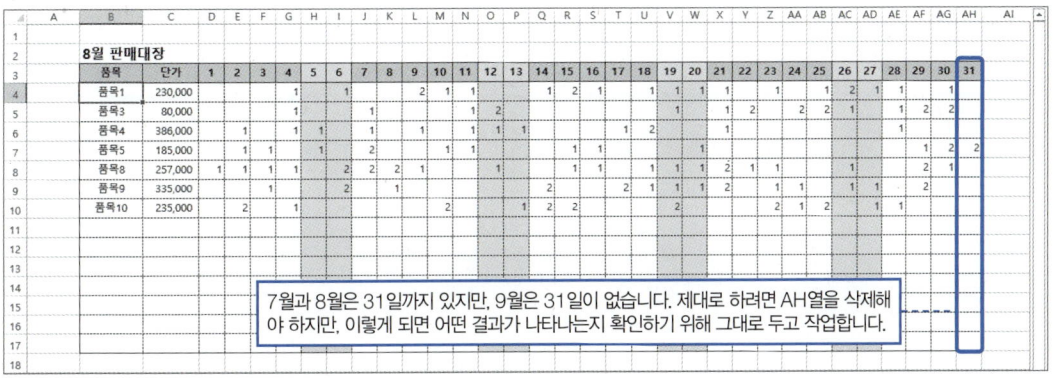

7월과 8월은 31일까지 있지만, 9월은 31일이 없습니다. 제대로 하려면 AH열을 삭제해야 하지만, 이렇게 되면 어떤 결과가 나타나는지 확인하기 위해 그대로 두고 작업합니다.

CHAPTER 12 | 다양한 실무 표 변환 사례 / **621**

18 쿼리가 반환된 파일로 돌아와서 [디자인] 탭-[외부 표 데이터] 그룹-[새로 고침] 명령(󰀀)을 클릭합니다. **16** 단계 화면에서 확인한 것보다 더 많은 데이터가 로드된 것을 '통합 문서 쿼리' 작업 창에서 확인할 수 있습니다.

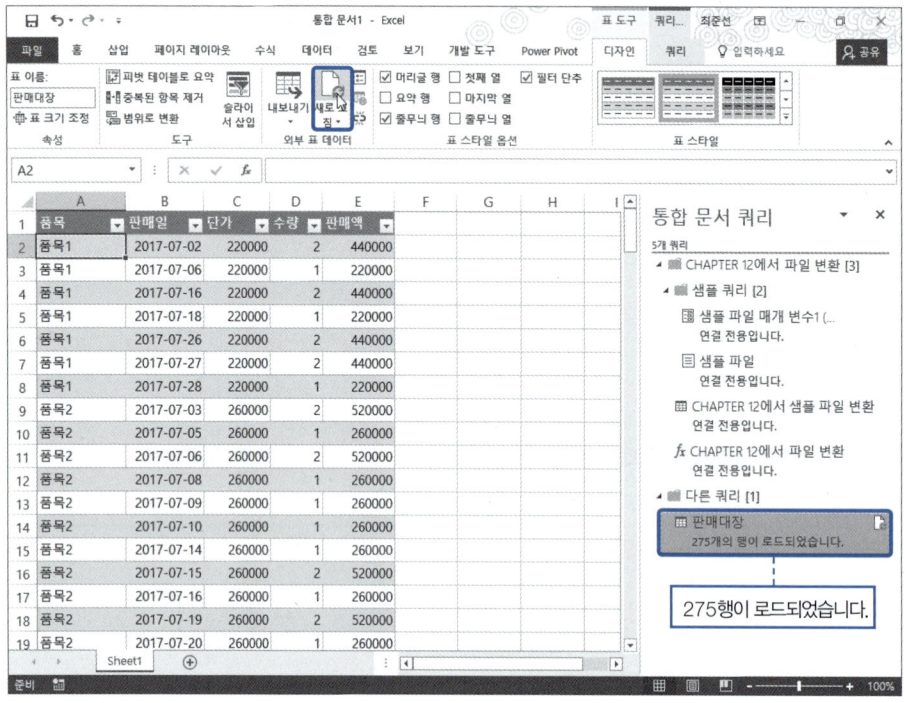

Plus⁺ 9월 데이터가 제대로 반환됐는지 확인하고 문제 해결하기

9월 데이터가 제대로 반환됐는지 확인하기 위해 '판매일' 열의 아래 화살표 단추를 클릭하면 '9월'과 '10월'이 추가된 것을 볼 수 있습니다. 9월은 제대로 반환된 것인데, 10월 데이터는 왜 추가된 것일까요? '10월'을 확장해 보면 '1일' 데이터만 있습니다.

이것은 조금만 생각하면 간단하게 이해할 수 있는 현상입니다. **17** 과정에서 추가된 '9월' 시트는 '8월' 시트를 복사했으므로 데이터가 31일까지 입력되어 있습니다. 하지만 올바른 '9월' 시트라면 31일이 존재하지 않아야 하므로 AH열을 삭제했어야 합니다. 9월 31일은 없으므로 10월 1일로 변환되었고, '판매대장' 표에 10월 1일 데이터가 표시된 것입니다. 다시 예제 파일을 열어 AH열을 삭제하고, 파일을 저장하고 닫은 후에 쿼리를 새로 고쳐 보면 '10월' 데이터는 삭제됩니다.

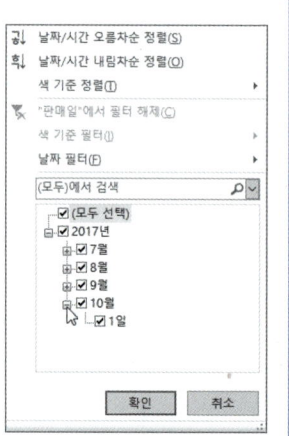

INDEX

ㄱ

가로 막대형 차트	382
값 바꾸기	494
값 영역	197
값 요약 기준	122, 209
값 집계 함수	504
값 표시 형식	334, 369, 400
값 필드 설정	130
개발 도구	475
결합 및 다음으로 로드	545
결합 및 로드	545
결합 및 편집	545
계산 순서	280
계산 필드	254, 258, 264
계산 항목	271, 404
계산된 열	93
고유 개수	211
관계	116, 139
관계 자동 검색	158
구분 기호로 열 분할	493, 577
구조적 참조	90, 266
그라데이션	411
그룹 필드	272, 293
그룹화	585
꺾은선형 차트	382

ㄴ

날짜 구분 기호	40
날짜 그룹 필드	294, 322
날짜 데이터 형식	40
날짜 필드	294, 314
날짜 필터	101
내림차순 정렬	206, 580
누계	342
누계 비율	343
누적 막대형 그래프	403
누적형 차트	399

ㄷ

다른 열 제거	480, 490, 555, 565, 616
데이터 막대	365, 367
데이터 모델	116, 202
데이터 원본 변경	193
데이터 원본 설정	483
데이터 형식	38, 427, 436, 439
데이터베이스	116
도형 윤곽선	406

ㄹ ㅁ

레코드	116
로그 눈금 간격	393
리본 사용자 지정	475
링크 끊기	454
매개 변수	496
매크로	176, 194
머리글	32
물결 차트	391

ㅂ

방사형 차트	382

INDEX

배열수식	60	숫자 필터	103
병합	21, 32, 34, 536, 581	슬라이서	109, 225
보고서 레이아웃	238	슬라이서 설정	348
부분합 행	186	시간 표시 막대	231
분산형 차트	470		
빈 행 제거	491		
빠른 채우기	48		

ㅅ / ㅇ

사용자 지정 목록	207	아이콘 집합	372
사용자 지정 목록 편집	112	액세스	19, 134
사용자 지정 숫자 서식	214	액세스 데이터베이스	464
사용자 지정 열	499, 555, 619	액세스 쿼리	520
사용자 지정 자동 필터	98	액세스 테이블	520
사용자 지정 콤보 차트	405	엑셀 표	76, 81, 116, 461
상위 10 자동 필터	104	엑셀 표 스타일	85
상위 10 필터	199	열 레이블	180
상위 열 합계 비율	340	열 복제	509, 602
상위 행 합계 비율	339	열 분할	492
색 기준 필터	107	열 선택	490
색조 서식	370	열 영역	196
서식 규칙 적용	358, 366	열 제거	499, 568, 592
서식 복사	366	열 피벗 해제	425, 468, 506, 583, 595, 611
선택 항목 그룹화	311	열 합계 비율	337, 400
세로 막대형 차트	382	열 형식 변경	439, 527
수식 보고서 작성	282	영역형 차트	410
수식 오류	215	오류 값 표시	216
수식 입력줄	438	오류 바꾸기	603
수식 조건	379	오름차순 정렬	206, 593
숫자 그룹 필드	308, 318, 328	외부 데이터	131
숫자 데이터 형식	43	외부 데이터 원본 사용	135
		요약 행	90
		원형 차트	382
		유령 문자	44

이동	36	측정값	287
이름 정의	68, 461	측정값 관리	291
이중 축 차트	396		
인덱스	351		
인덱스 열	508	**ㅋ**	
		캐시 영역	193
		콤보 차트	396
		쿼리 결합	531
ㅈ		쿼리 병합	597
자동 필터	81, 96, 429	쿼리 삭제	456
작은따옴표	51	쿼리 표시	449
적용된 단계	442	크기 조정 핸들	82
정의된 이름	459	크로스-탭	22, 27
조건 열	511	클래식 피벗 테이블 레이아웃	250
조건 열 추가	512	키 값	56, 139
조건부 서식	356, 365, 370	키 열	56, 139
조건부 서식 규칙 관리자	360		
조인 종류	539		
중복 값	142	**ㅌ**	
중복 제거	491, 559, 578, 596	태그	477
증감률	345, 374	테이블	18, 27, 116
		텍스트 나누기	41, 45
		텍스트 마법사	54
ㅊ		텍스트 범위 추출	510
찾기 및 바꾸기	40, 43	텍스트 파일	467
처음 문자 추출	513	텍스트 필터	98
첫 행을 머리글로 사용	430, 461, 468, 558, 567	템플릿	26, 27
총합계	219		
총합계 비율	336, 402		
추천 차트	395	**ㅍ**	
추천 피벗 테이블	163	파워 쿼리 설치	416
추출	589	파워 쿼리 함수	515
축 서식	389		

INDEX

파워 피벗	286
파워 피벗 추가 기능	284
파일 병합	546, 564, 609
페이지 필드	167
편집 모드	437
표 이름	458
표시 형식	263
피벗 열	503, 592
피벗 차트	382
피벗 테이블 마법사	165
피벗 테이블 만들기	118
피벗 테이블 스타일	234
피벗 테이블 옵션	194, 215, 240
필드	116
필드 그룹화	296, 308
필드 머리글	241
필드 버튼	122
필드 중첩	182
필드 표시 형식	352
필드 확장	296
필터 영역	196

ㅎ

하위 수준 표시 사용	222
합계 제거	403
항목	116
행 레이블	180
행 영역	196
행 제거	596
행 합계 비율	337, 402
행/열 바꿈	502

혼합형 차트	398

기타

@ 지정자	92
[기준값]과의 차이	346
[기준값]에 대한 비율	347
[기준값]에 대한 비율의 차이	347
1:1 관계	140, 141
1:다 관계	140, 146

A C

ADDRESS 함수	70
COLUMN 함수	380
COLUMNS 함수	69
COM 추가 기능	285
COUNTA 함수	57, 73
COUNTIF 함수	57, 143
CSV 파일	467

D E

Date.AddDays 함수	619
Date.Year 함수	515
DateTime.Date 함수	517
DateTime.LocalNow 함수	515
DAX 함수	289
DAY 함수	306
Duration.Days 함수	517
Error 값	604
Excel.CurrentWorkbook 함수	573, 607

F G

FIND 함수	49
GETPIVOTDATA 함수	244

H I

HTML 코드	471
if … then … else 함수	542
IF 함수	63, 261, 542
IFERROR 함수	63
INDEX 함수	60, 151
INT 함수	307

L M

LARGE 함수	377
LEFT 함수	49
MATCH 함수	60, 151
MID 함수	50
MOD 함수	380
MONTH 함수	303

N O

NOW 함수	515
null 값	505, 541, 566, 604
OFFSET 함수	73

P R

PERCENTRANK 함수	364
PERCENTRANK.EXC 함수	364
PERCENTRANK.INC 함수	364
ROUND 함수	265, 517
ROUNDDOWN 함수	265, 270, 290, 517
ROUNDUP 함수	265, 517
ROWS 함수	69

S T

SMALL 함수	377
SUBSTITUTE 함수	51
SUM 항목	277
SUMPRODUCT 함수	57
Table 태그	471
TEXT 함수	303

V W

VB 편집기	177
VLOOKUP 함수	59, 148
WEEKDAY 함수	307
WEEKNUM 함수	303

X Y

XML 맵	477
XML 태그	476
XML 파일	475
YEAR 함수	303, 515

실습 및 완성 파일 다운로드

이 책에 사용된 모든 실습 및 완성 예제 파일은 한빛미디어 홈페이지(www.hanbit.co.kr/media)에서 다운로드할 수 있습니다. 예제 파일은 따라 하기를 진행할 때마다 사용되므로 컴퓨터에 복사해두고 활용합니다.

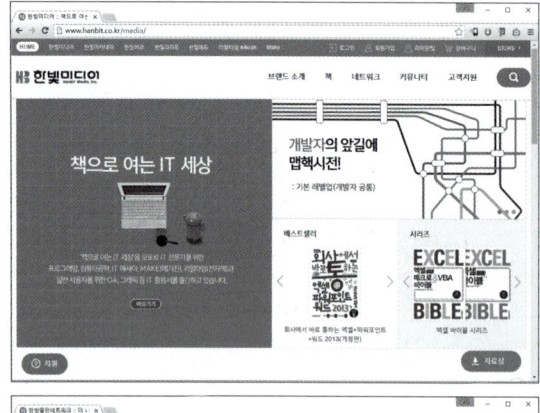

 한빛미디어 홈페이지 (www.hanbit.co.kr/media)로 접속합니다. 로그인 후 화면 오른쪽 아래에서 [자료실] 버튼을 클릭합니다.

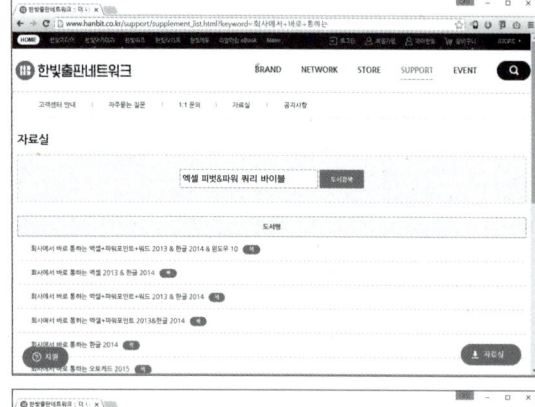

 자료실 도서 검색란에 도서명을 입력하고, 찾는 도서의 제목 부분을 클릭합니다.

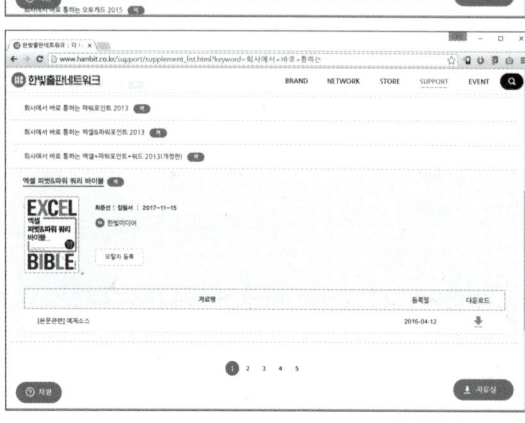

❸ 선택한 도서 정보가 표시되면 오른쪽에 있는 다운로드 아이콘을 클릭합니다.
- 다운로드한 예제 파일은 일반적으로 [다운로드] 폴더에 저장되며, 사용하는 웹브라우저 설정에 따라 다를 수 있습니다.

독자 Q&A

학습하다 부딪히는 문제가 있다면 한빛미디어 홈페이지(www.hanbit.co.kr/media)에서 화면 왼쪽 아래에 있는 [지원] 버튼을 클릭해 문의하거나 저자 네이버 카페로 보내 쉽게 해결할 수 있습니다.